KB071697

# "韓國史 年代記"

# 韓國 9,000年史

著者 金忠序

## 〈이 책을 내면서〉

학창시절, 우리는 적어도 10년 가까이 국사를 공부해왔다. 그러나 머릿속에 남아 있는 기억이라고는 "낙랑 진번 임둔 현도", "태정태세문단세…". 좀 더 생각해보면 "사색당쟁", 그리고 임진왜란 같이 외적에 당하기만 한 비굴한 역사. 한 술 더 떠서 나아가 보면 "한일합방이 몇 년도에 있었지?" 모두가 시험보고 나면 다 잊어버려 정리가 안 될 수밖에 없었던 역사상식.

역사와는 거리가 먼 나 같은 소시민의 입장에서, TV 역사드라마를 보다 보면 대체로 생소한 남의 이야기처럼 느껴지는 것이 비단 나뿐일까? 역사를 알고 싶어 한국사 책을 골라 보노라면 마땅치가 않다. 전문가 입장에서 기술한 내용들은 읽어 볼 엄두가 안 나고, 가벼이 읽어보기 위해 간추린 역사책을 보고 나면 수박 겉핥기가 되어 앞뒤 연결이 안 되고…, 사회생활에 바쁜 나 같은 사람들이 가벼이 접해 볼 수 있는 부담스럽지 않으면서 어느 정도 역사의 흐름을 알 수 있을 만한 그런 역사책이 어디 없을까? 아무 페이지나 펼쳐보아도 지루하지 않게 우리나라의 흐름을 알 수 있도록 한 책이 없을까? 살아있는 역사로…, 비록 나의 생각이지만, 이래서 취미삼아 역사 내용을 정리해보기로 했다.

내가 우리 역사에 충격을 받은 최초의 책이라면 '단재 신채호'의 작품인 〈조선상고사〉이었다. 여태까지의 비굴해 보이기만 했던 우리의 역사가 아니라, 너무도 당당하게 전개되어 왔다는 자부심과 함께, 새로이 우리나라의 존재를 다시 돌아보게 된 것이다. 그리고 나름대로 연도별로 정리를 해서 연표를 만들어 보았다. 이때가 1980년 9월경. 아마 이 책의 첫 시도일 것이다. 비록 엉성하긴 해도 나름대로 우리나라의 흐름은 알 수 있었다. 그런데 80년대 중반 즈음하여 〈한단고기(桓檀古記)〉가 출간이 되면서 다시금 엄청난 충격을 느꼈다. 이때부터 서점에만 가면 본격적으로 한국사 관련 책을 눈여겨보게 되었고, 그리고 부분 수정을 계속해 나갔다. 그래서 이들을 다시 종합하여 정리한 것이 1986년 9월. 나 혼자만의 역사 교과서가 완성되었다. 그러나 알면 알수록 더 많은 역사책이 보이는 것이다. 그래서 새로운 자료만 보이면 첨삭하고 수정하고 보충하기를 또한 30여 년, 그러니 이것이 책으로 만들어지기까지는 무려 40여 년이 넘게 걸린 셈이다.

나의 한국사 내용을 뒤져본 주변 가족이나 친구들은 이러한 책이 필요하니 가지고 싶다는 말을 서슴치 않았다. 그렇다고 펜으로 일일이 써서 만든 것을 복사해 나눌 수도 없었다. 이유는 수정작업이 한없이 계속되는 중이라서…

비전문가가 만든 아마추어 역사책이지만, 아마추어가 보기에는 아마추어의 작품이 더 쉬우리라. 자동차를 운전하고자 할 때 엔진의 연소장치를 이해하고 있다면 더할 바 없이 좋겠지만, 실제로 필요한 것은 교차로 통과하기나 좁은 골목길 빠져나가기, 혹은 지방도로에서 장애물 피하기, 면허증 유효기간 챙기기 등이 아닐까?

이 책에서 정치, 경제, 사회, 문화에 관한 분야는 제외하였다. 이는 전문가들의 몫이다. 사건 위주로 구성하다보니 마치 전쟁사 같이 되어졌다. 그러나 이것이 바로 우리의 지나간 참 역사이다. 끊임없는 공방전 속에 핀 꽃이 바로 우리 자신이다. 엄청나게도 많은 전쟁의 역사 속을 거치다 보니, 이러한 일이 또 있어서는 안 되리라. 그러나 과거에 있었던 일이 되풀이하지 않기 위해서는 과거를 알아야 한다는 것이 바로 역사의 교훈인 것을…

나는 이 책이 역사에 문외한인 나 같은 일반인들에게 부담 없이 가볍게 펴볼 수 있는 역사참고서가 되어주었으면 하는 바람이다. 비록 엄청나게 많은 책자 중에 단 한 권에 지나지 않겠지만…,

막상 세상에 내 놓으려니 걱정이 된다. 특히 고대사 부분에서는 강단사학과 재야사학 간에 아직까지 통일된 견해가 없기에 기준을 어디에 두느냐하는 문제에서 막힌다. 나는 재야 측의 편을 들었다고 할까? 나는 주류학계에서 위서(僞書)로 보이고 있는 〈환단고기(桓檀古記)〉의 내용을 주로 대입하였다. 아직도 단군시대를 신화(神話) 정도로 여기고 있는 상황에서 그 이전 시대까지 아우르는 인정된 종합적인 역사 기록이 없기 때문이기도 하다.

다시 말하면 BC 2333년부터 삼국시대 초기까지 신뢰성에 의심이 가는 〈환단고기〉 류의 역사서를 제외하고는 연속적인 역사 기록이 없기 때문인데, 중국의 역사 문헌을 보아도 단편적인 몇 가지 사실만의 기록이 전해지고 있을 뿐. 그러나 고구려 신라 백제 3국의 건국 이후부터는 연속적인 역사 기록이 존재하고 있기에 다행스럽다. 우리의 이웃인 중국은 진시황에 의하여 통일된 하나의 강국에서부터 시작하여 분열과 통일을 계속해오고 있음에 비교하여, 우리의 역사 속에도 고조선이 붕괴된 이후 분열된 여러 나라들이 등장했지만, 강력한 통일 국가를 형성하지 못했을 뿐인데, 그럼에도 고조선이 붕괴되기 전의 역사적 사실은 염두에 두지 않고, 고조선이 붕괴된 후에 조그마한 씨족 국가부터 우리의 역사가 새롭게 탄생하기 시작했다고 보는 것은 분명히 잘못일 것이다.

그렇다고 일본처럼 소설 같은 역사를 만들어서도 안 될 것이다. 다행인 것은 일부 학자들에 의하여 중국 내부에서 드러난 역사유물들을 비교해가며 우리의 역사를 복원해가고 있는 사실이 나에게 힘을 실어 주었다. 즉, 그 내용들이 〈환단고기〉 류의 고대사 내용들을 보완해주고 있다는 사실이다. 그러면 머지않아 단군조선과 어쩌면 그 이전의 상고시대의 내용까지도 순전히 창작된 엉터리 내용이라 말할 수는 없게 될 것이라 믿어진다. 그래서 내친 김에 〈환단고기〉를 중심으로 한 한인(桓因)시대부터 살리기로 하였다. 좀 성급할지는 몰라도….

그 이후에 전개되는 삼국시대 이후로는 별 문제가 없다. 이미 밝혀졌거나 아니면 역사로 인정된 사실들이 대부분이기 때문이다. 다만, 삼국시대에서 백제의 강역이 문제가 되겠는데, 대륙백제에 관한 내용을 기존 역사 내용에 어떻게 연결해야 할지…. 백제의 강역이 중국대륙 내에 존재했다는 기록들인데, 이를 속단할 수 없어 연구과제로 주를 달아 처리했다. 아무튼 이렇게 상고시대부터 한 두름에 엮다보니 현대까지 벌어졌던 사건들의 종합적인 한국사 개괄서가 되었다고 할까? 여하튼 주마산간 스쳐가듯 할지는 몰라도 개략적으로 정리가 되었다.

또 다른 문제는 현대사를 어느 시점을 기준으로 마감하느냐 이었다. 이미 시점은 대한민국 20대 대통령 윤석열 정부에 이르기까지 왔다. 사건의 사실만을 중심으로 엮으니 정치적인 오해는 없으리라 판단하지만 그래도 부담스럽다. 현대사의 주인공들이 살아있기 때문이다. 그래도 일단 문제인 정부까지 엮기로 하였다. 막상 점검해보니 그리 불편하지 않은 역사 사전이 되었다고 할까…

한 가지 추기할 점은 내용을 선택할 때, 어떤 이념이나 종교에 오염되었다고 여겨지는 것들은 철저히 무시했다. 하도 여러 책을 섭렵하다보니 그때마다 대뜸 거부감이 느껴졌기에….

워낙 오랜 시간을 두고 짜 맞추어 온 과정을 지나다보니 예전에 만들었던 내용들이 기억이 아물아물한 채로 헷갈리고 뒤 섞이기도 한다. 또한 어느 부분의 내용을 어느 책에서 참고하였는지도 전혀 깜깜할 뿐이다. 아무튼, 초기의 의도한 바와는 많이 다르게 되었다. 간단한 역사 정리로 시작했던 것이 결국 상당히 미세한 부분까지 첨삭해오면서 꽤나 복잡해져서 한 눈에 훑어보기가 불편해졌다. 그래도 이 내용을 세상에 내보내라고 격려해준 주변의 여러 친구들과 가족들의 권유대로 과감히 결단을 내려 보았다.

**2023년 12월 3일**

**지은이 김 충 서**

# 목차

일러두기 :

① 내용 중 삼국시대(三國時代) 이전의 기록은 〈환단고기(桓檀古記)〉를 기본으로 하였다.

② 국가별(國家別) 또는 사건별(事件別) 분류를 무시하고 일률적으로 연도별(西紀歷)로 나열하여 시간 흐름에 따른 민족의 활동사(活動史) 파악에 목표를 두었다.

③ 옛 지명(地名)은 ( )를 넣어 가능한 현재의 지명을 삽입하였다.

④ 부가적(附加的) 내용은 주(註)를 삽입하여 보충하였다.

⑤ 중국의 지명은 혼란을 피하기 위하여 한자음(漢字音) 그대로 표기하였다.

# 三神時代

우리 한나라(桓國)가 가장 오래 되었다. 사백력(斯白力: 시베리아)의 하늘 아래 한얼님(一神)이 있었으니 스스로 신이 되어 광명이 우주를 비추었다. 세상에 나타나서 만물을 낳고 오래 살면서 언제나 즐겁게 지냈다. 어느 날 흑수(黑水)와 백산(白山)의 땅 사이에 어린 남녀 8백 명이 내려왔는데, 이때에 환인(桓因)이 불을 만들어 음식을 익혀 먹는 법을 가르쳤다. 천계를 한나라(桓國)라 하였는데, 환인(桓因)씨를 천제환인(天帝桓因), 또는 안파견(安巴堅)이라 하였다. (三聖紀 上篇)

인류의 시조는 나반(那般)이다. 처음에 아만(阿曼)과 만난 곳이 아이사타(阿耳斯它) 또는 사타리아(斯它麗阿)이며, 이들의 자손이 점점 불어나니 9한족(九桓族)이 모두 그 후예들이다. 천해(天海: 바이칼호), 금악(金岳), 삼위(三危), 태백(太白)은 본래 9한(九桓)에 속했고 9황(皇) 64민(民)이 다 그 후손이다. 그런데 각 산과 골짜기에 한 나라씩 이루어 무리들이 서로 경계를 나누고, 경계에 따라 나라별로 다르고 또 오랜 세월이 흐르니 창세(創世條序) 후로 알 길이 없다. 오랜 후에야 제(帝) 환인(桓仁)이 나타나니 사람들에게 받들려 안파견(安巴堅) 또는 거발한(巨發桓)이라 했다. (三聖紀 下篇)

註) 구약성서 창세기(創世記)편에 나오는 신화의 뿌리를 여기에 둔다고 주장하는 사람도 있다. 전 세계의 인류조상을 한족(桓族)으로 보고, 모든 종교의 발상지(근본 뿌리)도 한민족의 고유 신앙에서 찾으려 하기도 한다. 나반(나바이-아바이-아버지)과 아만(아마니-어머니)이 만난 곳 '시베리아'를 현재의 지도 개념으로 생각하면 안 된다. 당시의 지구 회전축과의 관계와 기상상태 등을 추적하여야 하며, 현재와 같은 추운 한대지방의 시베리아가 아닌, 당시는 온대지역으로 보아야 한다.

註) 흑수(黑水), 백산(白山): 여기에서 백산(白山)은 건국의 주산(主山)이다. 이는 천산(天山)이며, 천산의 옛 이름이 바로 백산(白山)이다. 그리고 흑수(黑水)와 백산(白山), 파내류산(波奈留山)이 일치하는 곳은 바로 지금의 천산산맥(天山山脈)이다. 즉, 천산(天山) = 파내류산(波奈留山) = 백산(白山)이다(백산의 상세 설명은 환국과 배달나라 관련 기사 참조). 여기서 흑수백산(黑水白山)은 물과 산을 동시에 얻을 수 있는 곳으로, 백산은 산 정상이 눈으로 덮여있어 백산이라 했지만 (후에 천산이라 고쳐 부르게 되었으며), 흑수는 천산의 북쪽을 흐르는 강물의 색이 검은 색이어서가 아니라 북쪽 방향으로 흐르기 때문이었다. 결론적으로 흑수백산은 신장(新疆) 위그루 자치주에 있는 천산(天山)과 이리하(伊犁河)이다.

註) 아이사타(阿耳斯它): 아이사타(阿耳斯它)의 어휘 변화를 보면 땅과 국가를 의미하는 고유명사인 이스

탄(istan)이 중앙아시아 지역에 널리 분포되어있음을 볼 수 있다. 그런데 중앙아시아뿐만 아니라 환국, 배달국, 단군조선으로 이어지면서 단군조선의 수도를 아사달(阿斯達, isatal)이라 한 것도 바로 아이사타의 어원이 이어진 것이다, 즉 아이사타(isata) 〈이사타(isata) 〈이스타(ista) 〈이스탄(istan) 〈아사달(isatal). 여기서 아이사(阿耳斯)의 뜻은 '아침, 처음, 첫, 새로운, 광명, 동녘, 동방, 태양'의 뜻인 우리말이다. 다음으로 타(它, ta), 탄(坦, tan), 달(達, tal)에서 양지를 우리말로 '양달'이라 한다. 즉 양지의 땅이란 말이다. 즉 아사달은 '아침의 땅'이란 말이다. 여기서 달은 땅이다. 즉 타(它, ta) 〈탄(坦, tan) 〈달(達, tal)은 땅이란 말이며, 또한 나라가 있는 국가라는 고유명사가 되었다. 결국 이스탄(istan)은 '아침의 땅, 광명의 나라, 태양의 나라, 해 뜨는 동방의 나라'라는 뜻이다. 그래서 단군조선의 도읍지인 '아사달'도 '아이사타'와 같은 말이다.

註) 사타리아(斯它麗阿): 내용 중에 '아이사타(阿耳斯它) 또는 사타리아(斯它麗阿)'라 했는데, 이곳은 반드시 천산산맥(天山山脈) 근처에서 찾아야 한다. 그런데 아이사타에 대한 변화된 언어들은 주로 중앙아시아에서 나타나지만, 사타리아(斯它麗阿)라 불렀던 곳은 동유럽 쪽에 나타난다. 여기서는 '아이사타(isata)'를 '사타리아(sataria)'로 불렀다는 기록이다. 사타려아(斯它麗阿)는 사타리아로 불러야 한다. 리아(lia, ria)는 이탈리아, 시베리아, 불가리아, 세르비아, 소말리아 등에서처럼 영어에서 'Country, State, Nation'이라는 의미로 '지역의 땅'이라는 뜻이다. 즉 '만주리아'는 '만주의 땅'의 의미이다. 이렇게 사타리아(sataria)란 단어가 어원이 되어 고유명사가 되면서 많은 지역의 나라 이름으로 사용되고 있다.

註) 환인 또는 한인(桓仁, 또는 桓因)의 인(因 또는 仁)은 임(任)으로도 표기한다. 즉, 한님(桓任)은 '하느님'을 뜻하며, 또한 한(桓)은 한(韓)의 옛글자(古語)이다. 안파견(安巴堅)은 계천입부(繼天立父)의 이름으로 「아버지」를 나타내고, 정치적인 호칭으로서의 안파견은 현재의 말인 '아버지'의 원어로 본다. 또한 거발한(巨發桓)은 천지인(天地人)을 하나로 정하여 부르는 종교적인 호칭으로 대광명(大光明)의 지도자(거→ 큰, 大. 발→ 밝, 밝음, 光明. 한→ 汗, 칸, 王, 지도자)라는 뜻이다. 또한, 하늘에서 나오는 광명은 환(桓, 환함)이고, 땅에서 나오는 광명은 단(檀, 밝음)이라 했다.

註) 9한족(九桓族): 나반의 자손이 불어나 9갈래로 나누어지니, 이들을 일컬어 9한족(九桓族), 또는 9한겨레(九韓族)가 되었다. 이들이 9이(九夷)인 듯하다. 9이(九夷)는 견이(畎夷), 우이(嵎夷), 방이(方夷), 황이(黃夷), 백이(白夷), 적이(赤夷), 현이(玄夷), 양이(陽夷), 풍이(風夷 또는 藍夷)로서 9한족(9桓族)을 말한다. 대개 서방민족들은 창(戈)을 잘 썼고, 동방민족은 활(弓)을 잘 쏘았으므로, 서방인을 융(戎)이라 했고, 동방인을 이(夷)라 하였다.

註) 〈부도지(符都誌)〉는 우리 민족의 역사가 1만여 년 전에 황궁(黃穹)씨가 파밀고원의 마고성(麻姑城)에서 나온 이후 유인(有因)씨의 시대를 거쳐, 환인(桓因)씨가 남쪽으로 내려가 적석산(積石山)에서 등극한 다음, 환웅(桓雄)씨가 동쪽으로 이동하여 태백산(太白山: 섬서성)에서 개천하고 배달국을 세웠으

며, 단군(檀君)이 아사달(阿斯達)로 도읍을 옮기고 나라 이름을 조선(朝鮮)이라고 했다고 한다. 역년은 황궁 씨가 마고성에서 나온 이후 유인(有因), 환인(桓因), 임검(壬儉), 부루(扶婁), 읍루(邑婁)까지 7천년이라고 하여, 한국시대(桓國時代) 이전의 역사까지 말해주고 있다.

註) 환(桓): 환(桓)은 광명(光明)을 뜻하는 말이다. 한민족 최초의 국명이 광명을 의미한다. 우리말에 '환하다'라는 말의 의미를 담고 있는 나라 이름이 환국(桓國)이며, '환인(桓因)이 다스리는 나라'라는 의미이다. 또한 환국(桓國)과 한국(汗國)은 같은 발음이다. 환국을 이은 배달국(倍達國)에서도 통치자를 환웅(桓雄)이라 불렀다. 배달은 밝은 땅이라는 의미로 '밝달'에서 유래했다고 한다. 즉, 광명(光明)의 의미로 환(桓)을 그대로 사용하고 있다. 시대별로 보아도 ①단군조선(檀君朝鮮)은 진한(辰韓), 변한(弁韓), 마한(馬韓)의 삼한(三韓)으로 나누어 나라를 다스렸는데, 한(韓)은 바로 환(桓)과 같은 말이며, 오늘날의 국호 대한(大韓)의 유래이다. ②신라의 시조는 혁거세 거서간(赫居世 居西干)으로 불렀다. 거서간에서 간(干)은 삼한(三韓) 중 진한(辰韓) 말로 임금을 뜻한다. 이를 살펴보자면 거서간은 '서쪽에 살았던 진한의 통치자'를 말하는 것이다. 여기서 간(干)은 환(桓), 한(韓), 칸(Khan), 한(汗)과 같은 말이다. ③몽골족은 그들의 통치자를 칸(Khan)이라고 했는데, 칭키스칸(CHingiz Khan)은 한자로 기록할 때 성길사한(成吉思汗)으로 표기되었다. 즉, 칸(Jhan)은 한(汗)이다. 칭기스칸의 아들들에 의해 세워진 나라 이름의 킵자크한국(汗國), 오고타이한국(汗國), 차카타이한국(汗國), 일한국(汗國)은 12환국(桓國)의 구막한국(寇幕汗國), 객현한국(客賢汗國)에서보이는 한국(汗國)과 같은 말이다.

# 桓國時代

BC7199 파나류산(波奈留山) 아래에 환인(桓仁)씨의 나라가 있었다. 천해(天海) 동쪽의 땅을 또한 파내류국(波內留國: 밝은 나라)이라 한다. 넓이는 남북 5만 리 동서 2만 리로서 합하여 한국(桓國: 韓國)이라 하고, 12개 나라로 나누어져 있었다. 환인(桓仁)이 7세(世)를 전하여 역년(歷年) 3,301년 또는 63,182년이나 재위년(在位年)은 알 수 없고, 한인(桓仁)의 역대 천왕(天王)의 명칭은 다음과 같다.

| | |
|---|---|
| 1세 | 환인(桓仁, 桓因 또는 檀仁) 안파견(安巴堅) 또는 거발한(居發桓) |
| 2세 | "혁서(赫胥) |
| 3세 | "고시리(古是利) |
| 4세 | "주우양(朱于襄) |
| 5세 | "석제임(釋提壬) |
| 6세 | "구을리(邱乙利) |
| 7세 | "지위리(智爲利) |

註) 파나류산(波奈留山), 파나류국(波奈留國): 최초의 나라 환국이 파나류산 아래 있었다는 의미인데, 결론적으로 파나류산의 '파내류'는 '하늘'이다. 순 우리말을 한자를 이용하여 그 소리를 적은 이두(吏讀)식으로 표현한 것이다. 즉 하늘 산은 천산(天山)이다. 그리고 천산산맥 근처에 천해(天海)가 있다는 것이다. 그 동쪽의 땅이 바로 천국(天國) 즉, 환국의 땅이다. 천산산맥은 지도에서 보면 중국 서부 국경 산맥이며, 타지키스탄의 전 국토가 천산산맥 안에 있으며, 키르기스탄의 대부분도 천산산맥의 기슭에 있다. 또한 카자흐스탄은 천산산맥의 빙하가 녹은 빙하수가 모여 이지크굴호, 아랄해, 발하슈호가 있다. 특히 발하슈호는 천산산맥에서 발원하는 이리하(伊犁河)가 합류한다. 그리고 파내류국은 '밝은 나라'의 의미이며, 파내류는 '하날'을 이두식으로 표기한 것이다. 즉, '파내류〈하나루〈하날〈하늘'로 변화한 것으로 본다.

註) 환국(桓國)에 속한 12국(國: 나라)은 ① 비리국(卑離國), ② 양운국(養雲國), ③ 구막한국(寇莫汗國), ④ 구다천국(句茶川國), ⑤ 일군국(一群國), ⑥ 우루국(虞婁國, 一名 필나국(畢那國): 우루는 말갈족의 한 갈래이며 후대에 발해에 통합된다. ⑦ 객현한국(客賢汗國), ⑧ 구모액국(句牟額國), ⑨ 매구여국(賣句餘國), 一名 직구다국(稷臼多國), ⑩ 사납아국(斯納阿國), ⑪ 선비국(鮮卑國), 또는 시위국(豕韋國), 통고사국(通古斯國), ⑫ 수밀이국(須密爾國)의 12개 나라이며, 환국(桓國) 12개 나라의 무대는 대략 파미르고원, 히말라야산맥, 천산(天山), 태백산(太白山), 바이칼호와 만주(滿洲) 일대로서, 아시아 지역 전체를 통틀어 분포한 것으로 해석된다. 또한, 〈흠정만주원류고〉에서는 조선에 관해 다음과 같이 말했는데: "조선(朝鮮)인 숙신국(肅愼國)이 남쪽으로 태백산(太白山, 長白山)을 포함하고, 북쪽으로는 약수(弱水: 흑룡강)에 닿아있고, 또 그 안에는 길림성 영고탑(吉林省 寧古塔)이 있다. 숙신국이 서쪽으로 구막한국(寇莫汗國)에 닿아 이었는데, 이 나라에서 양운국(養雲國)까지는 말 타고 50일을 가야한다. 숙신국의 서북쪽에 있는 비리국(卑離國)은 200일이 다 지나야 다 지날 수가 있다" 고 했다. 또한 〈진서 사이전〉에서는 "비리국은 숙신 서북에 있다. 숙신에서 말을 타고 200일을 가야 한다. 이 나라는 2만 호(戶)이다. 또한 양운국은 비리국에서 또 100일을 가야한다. 이 나라의 호수(戶數)도 2만이다. 구막한국은 양운국에서 또 100일을 가야한다. 이 나라의 호수는 5만 여나 된다. 일군국은 구막한국에서 150일쯤 가야한다. 이곳은 숙신으로부터 따지면 거리가 5만여 리가 된다. 그 지방의 풍속이나 땅의 성질 같은 것은 모두 자세히 알 수가 없다"고 하여 환국의 존재와 그 규모를 짐작하게 해 준다.

註) 환인(桓因)은 신정일치(神政一致)의 우두머리를 나타내는 칭호이며, 거발한(居發桓)은 종교적인 호칭, 안파견(安巴堅)은 정치적인 호칭이다. 또한, 파나류는 밝은 나라(파 → 밝. 나류 → 나라)의 의미이며, 천산(天山)은 옛 이름이 백산(白山), 운산(雲山), 기연산(祈連山)으로, 천산산맥(天山山脈) 동쪽에 제일 높은 산이다. 환인(桓仁)이 처음 내려온 곳 또는 환국(桓國)이 있었던 곳으로 파내류산, 천해(天海)와 천산(天山)과 흑수(黑水) 사이를 들고 있으며 히말라야 산도 관련 짖고 있다. 〈규원사화〉에서 환(桓) 자는 광명(光明)이요, 밝다는 것은 그 형체를 말하는 것이다. 인(因) 자는 본원(本源)을 말하는 것이며 만물이 여기에서 생겨나는 것이라고 해석했다.

註) 역년(歷年) 3,301년 또는 63,182년: 역년 63,182년은 대략 7만 년 전이 되는데, 약 65,000년 전의 빙하기에 지구 대변동이 있기 전의 시기이다. 티벳 사원에서 발견된 나아칼 점토판의 '수메르 왕명표'를 보면 7만 년 전의 어떤 왕국이 있음을 나타내는데, 인류 멸절의 재해에 해당하는 대홍수를 기록하고 있다. 그때부터 현재까지 4회에 걸쳐 빙하기에 해당하는 지구대변동의 재앙이 있어왔다고 하며, 한편 멕시코에서 발견된 매몰된 도시에서는 약 5만 년 전의 아시아인에 해당하는 유골의 형태와 유물을 다수 발견했다고 한다. 이로 미루어 7만 년 전에 전(前)인류의 조상이 인도양에 침몰한 레므리아 대륙에서 활동한 시기부터 중앙아시아를 배경으로 활동한 전체기간을 나타낸 것으로 추측된다. 또한, 역년 3301년은 환국의 이동 과정상 마지막으로 정착했던 곳에서부터의 존속기간을 말하는 듯하다.

註) 지금으로부터 1만 년 전, 세계적으로 빙하기가 끝나고 후빙기에 접어들면서 당시 한반도와 만주 지역은 현재보다 연평균 기온이 3~5도 정도 높아 농사와 목축에 좋은 조건이었다. 이 시기 유적지에서 출토된 생활도구와 탄화곡물류를 보면 이미 다양한 곡물류를 재배했던 것으로 보인다. 방사성탄소 측정에 의해 기원전 5000년 때의 것으로 밝혀진 요령성 신락(新樂) 유적에서는 탄화조가 출토되었다. 당시 만주 지역의 주된 재배 곡물 중의 하나가 조였다는 뜻이다. 그 외에도 벼, 보리, 기장, 콩, 팥, 수수 등의 곡물과 대마나 황마 같은 섬유식물이 재배되었다. 근래 경기도 일대에서 출토된 볍씨는 기원전 3000~2000년경에 벼농사를 했음을 알려준다. 곡물 재배 외에 물고기를 잡고 사냥을 했을 뿐만 아니라 누에치고 길쌈을 하며 옷감도 만들어 입었음을 출토 유물로 확인할 수 있다.

註) 또한 7대를 전한 환국의 역사가 기록된 것이 있는데, 그 중에 중국의 고전 장자(莊子, BC369~286)가 구전되어오던 이야기를 기록한 부분에 〈장자(莊子) 제9장 마제(馬蹄)에 보면 '고대 혁서(赫胥)씨 시절에는 백성들이 편안히 살면서 다스림을 몰랐고, 여행을 하지만 가야할 곳을 몰랐다. 젖을 물고 기뻐하는 아이처럼 배를 두드리며 놀았으니 백성들이 할 수 있는 것이란 이것뿐이었다. 그러나 성인시대에 이르자 몸을 굽히고 꺾는 예약으로 천하 사람들을 모두 곱사등이로 만들고, 인의를 내세워 천하의 인심을 우울하게 했다. 이에 백성들은 발돋움하여 지혜 겨루기를 좋아하고, 이익을 차지하려는 다툼이 그치지 않았다. 이 또한 성인의 잘못이다…'라고 했다. 유일한 환국에 대한 생활 기록으로 모범적인 정치의 이상으로 설명하고 있다는 점이다.

# 倍達國 時代

BC3898 1세 桓雄 거발한(巨發桓)

10월 3일, 환국(桓國)의 인구가 많아지자, 환인(7세 지위리 桓仁)이 아들인 서자부(庶子部) 대인(大人)

환웅(桓雄)에게 홍익인간(弘益人間)하도록 하여 금악(金岳)과 삼위(三危: 감숙성 돈황현에 있는 산)와 태백(太白: 섬서성에 있는 태백산) 중에 태백을 골라 지상(地上)에 광명세계(光明世界)를 만들도록 천부인(天符印) 3개를 주어 보냈다. 이에 환웅이 풍백(風伯), 우사(雨師), 운사(雲師)와 함께 무리 3천을 거느리고 태백산 신단수(神檀樹) 아래 내려와 신시(神市)라 이르니, 이가 곧 신시 배달나라(神市 倍達國)의 1대 환웅 거발한 즉, 환웅천왕(桓雄天王)이 되었다. 인간의 360여 가지 일을 주관하였으며, 백성과 같이 있으면서 모든 사람을 널리 이롭게 다스렸다(在世理化 弘益人間).

註) 개천(開天) 10월 3일: 현재는 서양력(陽歷)을 기준으로 한 10월 3일을 개천절(開天節)로 정하고 있으나, 원래는 음력(陰曆)이 맞다. 환웅(桓雄)이 신시(神市)를 개천(開天)한 날이며, 또한 단군왕검이 조선을 개국한 날이기도 하다.

註) ① 서자부(庶子部) 대인(大人): 〈삼국유사(三國遺事)〉에서는 오직 서자 환웅(庶子 桓雄)으로 표기하여 환인의 아들인양 오해토록 되어있으나, 당시 각 부족의 명칭 중 '서자부(庶子部)'에 유의, 서자부 대인이란 이 부족집단을 대표하는 군장(君長)로 보아야 한다.

② 천부인(天符印) 3개는 천부(天符)와 인3개로 나누어보아, 천부는 천부경(天符經)이고, 인3개는 당시의 종교적인 징표로서 지팡이(笏), 북, 가면(탈 또는 부채, 방울)으로 볼 수 있다.

③ **신시배달국(神市 倍達國):** 「배달」은 「박달」과 같은 말이므로, 따라서 배달국은 단국(檀國)이 되는데, 단국은 한국(桓國)의 전음(轉音)으로 같은 뜻이다.

풍백(風伯): 천신(天神)이 바람에 있다는 뜻으로 입법관(立法官).

우사(雨師): 천제(天帝)의 명(命)이 비에 있다는 뜻으로 행법관(行法官).

운사(雲師): 결혼과 부자(父子)의 도덕을 맡은 사법관(司法官).

④ **삼위(三危), 태백(太白):** 산 이름의 유래를 따져보면 구환족(九桓族)이 곤륜산에서 북쪽으로 이주하여 터전을 잡았던 천산(天山)의 옛 이름이 백산(白山)이다. 산 정상이 여름에도 만년설로 덮여 백색(白色, 흰색)이었기에 지어진 이름이다. 그 곳에서 삼천여 년(3,301년)을 이어오다가 새로운 곳으로 옮길 때, 더 큰 백산이라는 의미로 태백산(太白山)이라 하고 환웅천황으로 하여금 부족을 이끌고 이주하게 하였다. 이때에도 태백산 정상에 제천단을 만들고 하늘 제사를 지내는 천제를 봉행하는 것이 문화가 되었다. 이는 바로 삼위산(三危山)과 근거리에 있는 섬서성 태백산이다.

⑤ **재세이화(在世理化) 홍익인간(弘益人間):** 홍익인간을 통치이념으로 한다면 재세이화는 시정방침에 해당된다. 제세이화는 백성과 같이 있으면서 다스린다는 뜻이며, 홍익인간은 모든 사람을 널리 이롭게 한다는 뜻이다.

⑥ **홍산문화(紅山文化):** 고조선 지역의 후기 신석기 문화로서 기원전 3500년경의 유적으로 중국 내몽골 적봉시(赤峰市) 홍산후(紅山后), 요령성 동산취(東山嘴), 요령성 건평현 우하량(牛河梁)에서 발견됐다. 그 중 몽골사람들이 '우란하따(烏蘭哈達)'라고 부르는 이 붉은 바위산(紅山) 인근에서

학계를 놀라게 한 거대한 제단(壇)과 신전(廟), 적석총(塚) 등 거대한 후기 신석기 문화가 발견됐다. 대략 100년 전의 일이다. 중국 요녕성과 내몽골, 하북성 경계의 연산(燕山) 남북, 만리장성 일대에 널리 분포된, 국가 체제를 완벽하게 갖춘 이 유적을 '홍산문화'라고 부른다. 황하문명보다 앞서서 통상 청동기 시대에나 출현 가능한 분업화가 이뤄진 국가형태를 띠고 있다. 특히 가면과 옥(玉) 장식 등에 곰 형상이 투영된 유물이 대거 발견되었으며, 곰 토템을 지닌 웅족과 고조선(청동기 시대) 이전 한민족 원류 중 하나인 배달국(신석기 시대)이 자리했던 곳이라고 여겨진다.

이때에 반고(盤固, 盤古)라는 자가 신기한 재주를 좋아하여 길을 나누어 따로 가기를 청하므로 허락하자, 마침내 십간십이지신장(十干十二支神將)과 공공(工共: 水神), 유소(有巢), 유묘(有苗: 苗族의 始祖), 유수(有燧: 燧人씨)를 거느리고 삼위산(三危山) 납목동굴(拉木洞窟)에 이르러 임금이 되어 스스로 제견(諸畎)이라 하고 또한 반고가한(盤固可汗)이라 했다.

註) **반고(盤固, 盤古)**: 무릉만(武陵蠻), 묘족(苗族)의 시조. 중국의 천지창조신화에 등장하는 거인신(巨人神)으로, 세계가 아직 혼돈(混沌)상태였을 때, 반고가 태어났고 또 천지가 생겨났는데, 반고의 키가 자라남에 따라 하늘과 땅도 자라면서 점점 멀리 떨어져 1만 8000년 후에 오늘날과 같이 되었다고 한다. 이것은 3세기 오(吳)나라의 서정(徐整)이 쓴 〈삼오역기(三五歷記)〉에 기록되어 있는데, 6~7세기 양(梁)나라의 임방(任昉)이 쓴 〈술이기(述異記)〉에 의하면, 반고가 죽은 후, 그 사체가 화생(化生)하여 머리는 사악(四岳)으로, 눈은 일월(日月)로, 기름(脂)은 강과 바다로, 모발은 초목으로 되었다고 한다. 지금까지 중국인(漢族)들은 배달나라의 일개 제후국의 군장이었던 반고를 천지창조의 신으로 믿고 있다.

註) **십간십이지신장(十干十二支神將)**: 이때 반고(盤固, 盤古)가 동행한 인물들이 십간(10干) 십이지(12支)이다. 십간은 오행(五行)으로 분류할 때 동방갑을목(東方甲乙木), 남방병정화(南方丙丁火), 중앙무기토(中央戊己土), 서방경신금(西方庚辛金), 북방임계수(北方壬癸水)가 된다. 십이지는 인묘목(寅卯木), 사오화(巳午火), 진술축미토(辰戌丑未土), 신유금(申酉金), 해자수(亥子水)가 된다. 즉 십간십이지는 오행사상이 발전된 사상으로 이미 환국시대에도 널리 알려진 철학으로 봐야 할 것이다. 목-청색, 화-적색, 토-황색, 금-백색, 수-흑색이다.

註) **감숙성 삼위산(甘肅省 三危山)**: 삼위산의 높이는 1,947m로 유서 깊은 산이다. 삼위산의 막고굴(莫高窟, Mokaoku)에서 20Km 떨어진 곳에 돈황(돈煌, Dunhaung)이 있다. 돈황은 하서(河西) 회랑 서쪽 끝에 위치한다. 돈황은 북경에서 2,000Km, 서안(西岸)에서 1,300Km 떨어져있다. 근처에 기련(祁連)산맥이 있고, 삼위산과 명사산(鳴沙山)이 있다. 천산산맥에 터전을 잡았던 구환족은 환국 말기에 반고가한 무리들은 삼위산으로 터전을 잡고, 환웅천황은 더 남하하여 태백산에 자리 잡았다.

註) **섬서성 태백산(陝西省 太白山)**: 1785년 제작된 〈대청광여도(大淸廣輿圖)〉에 보면 중간에 서안(西安) 서쪽에 태백산에 그려져 있다. 섬서성 태백산이다. 환국에서 구환족의 새로운 개척지로 이동할 때

삼위태백(三危太白)으로 이주하여, 삼위산에는 반고가한이, 태백산에는 배달국 도읍지인 신시(神市)로 정하고 완웅천황께서 나라를 세운 곳이다. 6월까지 정상에 눈이 쌓여있고, 해발 3,767m이다. (※ 지금의 백두산은 배달국의 주산이 아니다.)

환웅천왕(桓雄天王)이 고시례(高矢禮)로 하여금 농사일을 맡게 하였더니, 고시(高矢)씨가 고목들이 바람에 부딪쳐 불이 일어나는 것을 보고 불을 만드는 방법을 깨우쳐 사람들이 음식을 익혀먹게 되었고, 쇠를 달구어 연장을 만드는 기술도 일어나게 되었다. 다시 신지(神誌) 혁덕(赫德)에게 서계(書契: 문자와 부호)를 만들게 하고, 풍백(風伯) 석제라(釋提羅)는 들짐승이나 해충의 피해가 없도록 했으며, 우사(雨師) 왕금(王錦)은 사람들이 집을 지어 살면서 가축을 길러 이용하게 했다. 운사(雲師) 육약비(陸若飛)는 남녀 간의 혼인법을 정했고, 치우(蚩尤)는 병마(兵馬)와 도적을 막는 일을 맡았다.

註) 고시례(高矢禮), 혁덕(赫德), 그리고 치우(蚩尤): 고시례는 근방을 다스리는 지신(地神)이나 수신(水神)에게 먼저 인사를 드리고 무사히 행사를 치르게 해달라는 기원의 뜻과 함께, 근처의 잡귀들에게 '먹고 물러가라'는 잡귀 추방의 주술적인 의미라 하고, 그 근원이 고시례에 대한 감사의 표시로부터 나왔다고 한다. 이러한 풍습은 지금까지도 남아있어 들판에서 음식을 먹기 전에 음식을 한 술 떠서 던지면서 "고시례!"하고 외치며 풍년을 기원하는 것이다. 신지 혁덕은 사냥을 나갔다가 달아나는 사슴의 흐트러진 발자국을 보고 사슴의 방향을 알 수 있음에 유의하여, 만물의 형상을 관찰하고 이에 맞는 글자를 창제했다. 이 문자를 사슴발자국을 보고 만들었다하여 녹서(鹿書)또는 녹도문(鹿圖文)이라고 하는데, 이 글자는 14세 치우천왕 시대에 황제 헌원의 사관(史官)인 창힐(蒼頡)이 발전시켜 오늘날 한문(漢文)의 기초가 되었다고 하며, 또한 녹도문은 훗날 3세 단군 가륵 때에 창제한 가림토(加臨土) 38자로 발전하여 오늘의 한글의 모체가 되었다. 또한 치우는 힘세고 날쌔고 술법(術法)이 있는 사람을 골라 군사 일을 맡기고는 그 벼슬 이름을 치우(蚩尤)라 하였다고 한다. 당나라 장수절(張守節)의 〈사기정의(史記正義)〉에는 "공안국(孔安國)이 '구려(九黎)의 임금 칭호가 치우이다(九黎君號蚩尤)'라고 말했다"라는 기록이 있다. 구려족은 지금의 산동성, 하남성, 하북성에 거주하던 민족으로 동이족의 거주 지역과 일치한다. 구려족의 임금 치우는 곧 동이족의 임금이 되는 것이다. 참고로 상고시대에 동북아시아에는 대체로 화하족(華夏族), 묘만족(苗蠻族), 동이족(東夷族)의 3개의 민족 집단이 있었다. 화하족은 지금의 섬서성(陝西省) 황토고원을 중심으로, 묘만족은 중국 남부를 중심으로, 동이족은 산동성(山東省)과 그 북부일대에 광범위하게 거주하고 있었다.

BC3512 (~3419) 5세 桓雄 태후의(太候儀)

태후의 천왕(天王)은 생각을 깊게 하고(黙念), 마음을 맑게 가지며(淸心), 호흡을 조절(調息)하고, 심신활동을 보전(保精)함으로서 얻어지는 장수(長壽)의 비법인 천경지도(天經之道)를 사람들에게 가르쳤다.

註) 이 천경지도(天經之道)는 단(丹), 선도(仙道), 국선도(國仙道) 등의 이름으로 오늘날까지 명맥을 유지해 오고 있다.

BC3419 (~3321) 6세 桓雄 다의발(多儀發)

복희(伏羲)는 신룡(神龍)의 변화를 보고 괘도(掛圖)를 지었으며, 신시(神市)의 계해역법(癸亥曆法)을 고쳐 갑자(甲子)로 세수(歲首)를 삼았다. 여와(女媧)도 복희(伏羲)의 제도를 이었으며, 주양(朱襄: 炎帝의 별호?)이 옛 문자로 육서(6書)를 전했다.

註) 5세 환웅 태후의(太候儀)의 아들 12인 중에 장남이 다의발 환웅이고 막내아들이 태호(太皞)였다(號는 복희). 또한 여와(女媧)는 복희의 여동생으로, 중국 신화의 창세신(創世神)으로 알려졌다. 흙을 이겨 사람의 형상을 만들고 혼령을 불어넣어 7일 만에 마쳤다고 하여, 구약성서에 기록된 여호아와 이름과 기능이 비슷하므로, 여와와 여호아는 같은 사람이 아닌지? 유태인들이 신화를 쓰기 시작한 때가 BC 1000년 경 이후로 보아, 동이족의 여와 이야기를 사람의 이동과 함께 중앙아시아를 넘어 메소포타미아 지방으로 이주한 수메르(須密爾)인들로부터 이 전설을 전해들은 유태인들이, 이를 기초로 성서(창세기편)를 만들 것이 아닐까?

BC3240 (~3167) 8세 桓雄 안부련(安夫連)

고시(高矢)씨의 후손인 소전(少典)을 강수(姜水, 岐水: 섬서성 岐山 서쪽)에 보내 군사를 감독하게 하였다. 소전의 아들이 신농(神農)씨이다. 신농씨는 강수에 살았기 때문에 강(姜)씨라고도 한다. 후에 열산(烈山)을 다스리는 제후로 임명 되었다.

註) 염제(炎帝) 신농(神農)씨: 태백산 북쪽에 비서갑(斐西岬)이라는 땅이 있어 여기에 환웅천왕이 대대로 농사도 짓고 사냥도 하였다. 그러다가 안부련 환웅이 이곳에 살던 웅족(熊族)의 후예 중에 고시(高矢)씨의 자손인 소전(少典)을 강수에 보냈다. 소전의 아들이 염제(炎帝) 신농으로, 농사(農事)와 의약(醫藥)의 시조라 한다. 신농씨의 나라는 처음에 진(陣: 섬서성)에 도읍했다가 후에 곡부(曲阜: 산서성)으로 옮겼다고 한다. 열산(烈山)은 호북성 수현(隨縣) 북쪽에 여산(厲山) 또는 수산(隨山).

BC3071 (~2971) 10세 桓雄 갈고(葛古)

염제(炎帝) 신농(神農)씨의 나라와 경계를 확정하여, 공상(空桑: 중국 河南省 陳留縣) 서쪽을 신농씨에게 봉(封)해 주었다.

BC2774 (~2707) 13세 桓雄 사와라(斯瓦羅)

웅(熊)씨 부족의 후손 중에 여(黎)라고 하는 사람이 있었다. 천왕이 여를 단허(檀墟: 山西省 黎城 지방?)에 봉하여 제후로 삼았다. 여(黎)가 덕을 세워 정치를 하니 웅씨(熊氏) 부락이 점점 번성하여 갔다.

BC2707 (~2598) 14세 桓雄 자오지(慈烏支, 一名 蚩尤天王)

배달나라가 세워진 이래 1천여 년이 넘도록 평화로운 세월이 지속되었으나, 이즈음에 이르러 수백여 부족국가들 중에서 강한 힘을 가진 연맹체들이 나타나게 되었다. 치우천왕(蚩尤天王)은 이 중에 호씨 부족(虎族)을 따로 떼어서 하삭(河朔)으로 이주시키고, 용감한 병사를 양성하여 사태에 대비하였다. 이때 염제(炎帝) 신농(神農)의 8대 후손인 유망(楡罔)이 군장(君長)이 되면서 독립하고자 여러 부족들과 모의하고 공상(空桑: 하남성 동남쪽 陳留지역)을 습격하여 점령하고는 그곳을 도읍으로 정한 다음, 배달나라에 반하여 도전을 해왔다.

註) **치우천왕(蚩尤天王):** 동방지역(東方地域)의 군신(軍神). 그의 무덤에서 연기 같은 것이 휘날리면 난리가 난다는 전설이 있고, 그 연기를 '치우의 깃발'이라 한다고 한다. 이 당시 황하 (黃河) 일대에서는 아직 신석기 시대로서 이미 청동기로 무장한 치우의 군사와 접전하니 황하인들은 얼이 빠졌다. 당시 표현으로 구리머리와 소 이마는 투구를 쓴 모습이며, 짐승 몸이라 한 것은 치우의 구여(九黎)가 갑옷을 사용하고 있음을 표현한 것이다. 우리나라에도 치우사당이 여러 곳에 있다고 한다.

註) 사마천의 〈사기(史記)〉는 황제(黃帝) 헌원(軒轅)과 치우(蚩尤)의 전쟁으로 시작한다. 황제는 예부터 중국인(漢族)의 조상으로 인정하지만 치우는 아니다. 치우가 중국 남부 삼묘(三苗)족의 시조라는 기록들이 있는데, 황제와 치우의 싸움터인 북경 서북쪽 탁록(啅鹿) 부근에서 남방으로 이주한 결과로도 해석한다. 〈사기〉 삼가(三家) 주석의 하나인 당(唐)나라 장수절(張守節)의 〈사기정의(史記正義)〉에는 '구려족의 임금 칭호가 치우이다(九黎君號蚩尤)'라는 공안국(孔安國)의 설명이 있다. 구려족은 중국 산동(山東), 하북(河北), 하남성(河南省) 등지에 살던 민족으로서 구이(九夷, 동이족의 별칭)족과 같은 뜻이다. 〈후한서(後漢書)〉 동이열전은 "이(夷)에는 아홉 종류가 있다"고 하면서 "공자(孔子)도 구이(九夷)에 가서 살고 싶어 했다"는 〈논어(論語)〉 자한(子罕)편의 글을 인용하기도 했다. 중국의 서욱생(徐旭生) 교수는 1940년대 출간한 '중국 고대사의 전통시대(中國古代史的傳統時代)'에서 치우를 동이족의 영수라고 주장했다. 치우가 한족(漢族)의 조상이 아님은 어의(語義)를 보면 분명해진다. 〈광아석고(廣雅釋?)〉는 "치(蚩)는 난리이다(蚩, 亂也)"라고 썼으며, 〈방언(方言)〉은 "치는 어그러진 것이다(蚩 , 悖也)"라고 썼고, 심지어 "치우의 우(尤)는 유우(由尤)인데, 뱃속의 벌레이다"라는 기록까지 있다. 이는 자신들과 싸웠던 이민족들에 대한 한족(漢族) 특유의 비칭(卑稱)이 분명하다. 홍콩의 친중국계 '문회보(文會報)'가 '중국 민족의 조상 중 한 명인 치우를 한국인들이 자신들의 조상이라고 주장한다'고 비난하는 중국 기류를 전하는 기사를 보도하기도 했다. 자기 조상을 '뱃속의 벌레'라고 표현해 왔다는 자백(?)인지 몰라도 중국은 동북·서남공정의 이론적 틀을 만들기 위해 치우를 자신들의 조상으로 편입시키는 환부역조(換父易祖)를 진행하고 있는 것이다.

註) 참고로 구이(九夷)라는 국호는 후대에 중국인들이 임의로 해석한 '아홉 동이(東夷)'라는 뜻이 아니라 '한 국가의 국호'임은 기원전에 기록된 다음 기록을 통해 알 수 있다. 서진(西晉) 시기(281년)에 도굴된 묘에서 발견된 편년체 사서로 전국시대(BC476~BC221) 위(魏)나라 사관이 기록했다고 하는 〈죽서기년(竹書紀年)〉에 보이는 〈(하나라) 소강 2년에 방이(方夷)가 찾아왔다〉 〈(하나라) 제분 3년에 구이가 말을 몰고 찾아왔다〉 〈(상나라) 중정 61년에 동쪽의 구이가 찾아왔다〉 〈(상나라) 중정 6년에 남이(藍夷)를 정벌했다〉. 즉, 하나라 제분왕 3년과 상나라 중정 6년에 구이(九夷)가 찾아왔다면, 구이는 아홉(九)으로 나뉜 동이족 국가들이 될 수 없다. 아홉 나라가 일시에 하나라를 방문할 수 없고, 하나라와 갈등 관계에 있던 동이 국가들이 하나라에 모두 방문할 이유가 없기 때문이다.

천왕은 형제와 친척 중에 81명을 뽑아 장군으로 삼고 군사를 일으키고, 갈로산(葛盧山)의 쇠를 캐내어 무기를 만들고는 일시에 기병(騎兵)을 휘몰아 1년 동안에 9제후(諸侯)의 땅을 함락하고, 이어서 양수(洋水, 洋川: 陝西省 서향현 남쪽에서 난하로 들어감)로 진출하여 유망과 공모하였던 12제후의 나라까지 토벌하니 시체가 들에 가득했다. 또한, 이때에 패하여 쫓겨 간 유망(楡罔)이 군사를 정비하여 군장(君長) 소호(小皞)와 함께 필사적으로 대항하다가 치우천왕에게 포위당하고 일거에 궤멸되면서 유망은 탁록(啅鹿: 하북성 탁록현의 동남쪽) 땅으로 피해 달아나고, 소호는 결국 항복했다. 천왕(天王)이 그대로 남진하여 황하(黃河江)를 건너 공상(空桑)까지 점령하였으니, 이곳은 신농(神農)씨가 도읍했다는 곡부(曲阜: 山東省)가 있는 곳이다. 이로서 다시 태평한 세월이 되었다.

註) 유망(楡罔)은 염제(炎帝) 신농(神農)의 8대 후손으로 소호(少皞: 黃帝의 아들)와 함께 모두 고시(高矢)씨의 방계 자손이다. 군장(君長)은 무리(君=群)의 우두머리(長)를 일컬음.

**"황하(黃河)와 동이(東夷)의 싸움"**

이후, 신농씨의 후손 중에 공손(公孫: 黃帝의 姓) 헌원(軒轅)이란 자가 있어, 여러 부족들을 포섭하여 세력을 키운 다음 배달나라의 경계에서 벗어나 황하(黃河)와 장강(長江) 일대를 근거로 맹주가 되고자 반란을 일으켜 탁록(涿鹿: 하남성 중부지방?) 등을 기습하여 점거했다. 천왕은 투항해 온 장수 소호(少昊)를 보내 탁록을 포위하고 쳐들어가 이를 격멸해 버렸다. 그러나 일방적으로 패하기만 했던 헌원은 굴복하지 않고 전열을 가다듬어 가면서 감히 100여 회에 걸쳐 반격해 옴으로, 천황이 9군(軍)에 명을 내려 네 길로 나누어 출전하게 하고 자신은 보기(步騎) 3천을 이끌고 탁록에 있는 웅의 벌판(熊之野)에서 적을 맞아 격파하고 기주(冀州), 연주(兗州), 회대(淮垈: 산동지방)지방을 모두 점령했다. 그 후에도 싸움은 장기전이 되어 10여 년 동안 헌원과 73회를 더 싸우고도, 헌원은 굴하지 않고 병갑(兵甲)을 굳게 보강하면서 대항하니, 이후 100여 회나 더 싸운 끝에야 싸움이 그쳤다. 그 후 천왕은 항복한 헌원을 제후로 삼아 기산(冀山: 황하 하류 기산 서쪽)을 봉해주어 살도록 했다. 이 싸움에서 장수 치우비(蚩尤飛)가 공을 급히 다투다가 진중(陣中)에서 전사했다.

註) 3황5제(三皇五帝): 중국인(漢族)이 역사와 민족의 우월성을 강조하기 위해 동이계열의 인물을 끌어들여 자기네 조상신으로 왜곡하여 오늘날까지 내려오고 있다. 3황(三皇)은 복희씨, 여와씨와 신농씨이며, 또한 황제(黃帝)로 불리는 헌원(軒轅), 고양(高陽)씨로도 불리는 전욱(顓頊), 제곡(帝嚳), 요(堯), 순(舜)의 5명을 한족의 신이면서 통치자인 오제(五帝)라고 하여 숭배하여 왔다. 이 시대는 태평성대로 칭송될 만한데, 이들은 배달나라의 제후(諸侯)로서 부족국가의 군장(郡長)이었을 뿐, 신(神)이 아님은 물론이고 한족(漢族)도 아니다.

치우천왕(蚩尤天王)은 비록 천하를 평정하였으나, 평생 편할 날이 없었다. 청구국(靑丘國)에 도읍하여 중심지로 삼았으며, 이후 300년 동안은 아무 일 없이 세상이 조용했다.

註) 청구국(靑丘國): 배달나라 환웅의 임명을 받은 운사(雲師) 황제 헌원은 탁록에서 유웅국(有熊國: 하남성)으로 나라를 옮겼다. 만주 일대에 있었던 환웅의 나라는 산서성 일대에서 탁록 지방을 포함한 하

북, 산동 일대로 옮겨가는데 이 일대가 모두 청구국이다. 치우천왕의 능(陵)은 산동성 동평군 수장현 관향성(東平郡 壽張縣 關鄕城) 가운데 있는데, 지금도 능에서 연기 같은 붉은 기운이 휘날리는 것을 '치우의 깃발'이라 하는데, 이 '치우의 깃발'이 보이면 전쟁이 일어난다고 한다.

BC2381 (~2333) 18세 桓雄 거불단(居弗檀, 혹은 壇雄)

인구증가와 함께 부족 간에 빈부의 차이가 생기면서 서로 이웃마을을 공격하기도 하고, 전쟁도 발생하여 도처에서 부족국가들이 서로 패권을 다투는 전국시대(戰國時代)를 이루는 형세가 되었다. 천왕은 이제 천하를 평정하여 관리하기가 쉽지 않게 되었다. 이 중에 4백여 년 전에 단허(檀墟)에 봉함을 받았던 웅씨부족(熊族) 여(黎)의 후손들이 가장 번성했다.

BC2370 18세 桓雄 거불단(居弗檀) 12년

5월 2일, 여(黎)의 후손들의 나라인 단허(檀墟國)는 점차 번성하여 웅씨부족(熊族)의 세력이 커져있었다. 거불단 천왕이 단허국의 왕녀(王女)와 혼인하여 왕검(王儉)을 낳았다.

註) **왕검(王儉)**: 임금(壬儉)이 와전된 글이며, 임(壬)은 크다는 뜻이다. 여기에 지극히 크다는 말의 "님"을 더하면 "임금님"이다. 청구 배달국(靑丘 倍達國)의 마지막 18대 환웅(桓雄) 거불단(居弗檀)이 웅씨 나라의 왕녀(熊氏女)와 혼인하여 BC2370년 5월 2일 인시(寅時)에 단수(檀樹) 아래에서 왕검을 낳았다. 이후에 웅씨 나라의 왕(熊氏王)이 왕검을 부왕으로 삼았고, 후에 그 뒤를 이어 받았다. 한편, 웅씨녀(熊氏女)는 웅(熊 또는 雄)이란 땅(하남성 熊耳山 부근?)에 있었다는 유웅국(有熊國)의 왕녀로도 해석되며, 또 한편으로 환웅(桓雄)님의 여자라는 뜻으로 웅녀(熊女)라 했다고도 볼 수 있다.

註) '하느님'을 한자로 표기한 것이 한인/환인(桓因)이고, "밝땅의 겨레"라는 뜻에서 "배달민족"이라는 말이 나오고, "밝달"의 뜻을 취하느라고 박달나무 '단(檀)'자를 일부러 국조의 이름에 붙여 '단군(檀君)'이라 했다는 주장도 있다. 즉, 천손(天孫) 단군(檀君)이다. 임승국은 '웅녀(熊女)' 즉 곰녀의 곰이란 말은 한웅/환웅(桓雄)의 대칭이 되는 말로, '한'이 '하늘'의 준말이라면 '곰'은 '땅'의 다른 말이다. '한님'이 하느님이니 '곰녀'는 곧 곰님의 여자이다. '여(女)'자가 붙은 것은 '웅'자의 대칭이 되는 글자가 계집 녀(女)이기 때문이며, 한웅과 웅녀의 결합은 천신족(天神族)과 지신족(地神族)의 결합을 뜻한다고 보았다.

BC2357 18세 桓雄 거불단(居弗檀) 25년

왕검(王儉)이 14세에 이르러 웅씨(熊氏) 나라 단허국(壇墟國)의 부왕(卑王)이 되어 나라의 일을 대리하여 종사하기 시작했다.

註) **단군(檀君)**: 웅씨부족(熊族)의 땅인 단허(壇墟)를 다스리는 군장(郡長)을 뜻하는 말로서, 이후 조선(朝鮮)나라를 개국한 이후에도 이 '단군'이라는 호칭을 그대로 계승한 것은 아닌지?

# 檀君朝鮮

BC2333 檀君 왕검(王儉) 원년

왕검(王儉)이 단허국(壇墟國) 부왕(卑王)으로 나라를 대신하여 관리한지 24년 후에 왕(熊氏王)이 싸움에 죽자, 왕검이 그 자리를 이어받아 9한(九桓)을 통일했다.

註) 이때는 청구국의 환웅이 요임금에게 쫓겨나면서, 열 개의 태양으로 비유된 동이족(東夷族) 군장들과 요(堯)임금 사이에 싸움이 치열했던 때였다. 요(堯)임금을 보필했던 순(舜)임금은 사이(四夷)와의 전쟁을 치렀는데, 환웅조차 전사할 만큼 시운이 급박한 시기였다.

10월 3일, 단군(檀君) 왕검(王儉)은 5가(5加)의 우두머리로 추대되어 아사달(阿斯達: 松花江 유역)에 도읍하고 나라 이름을 조선(朝鮮)이라 했다. 신시(神市, 배달국)의 옛 법을 부활하였으며, 비서갑(斐西岬: 하얼빈) 하백(河伯: 水神)의 딸을 들여 부인(后: 婦人)으로 삼았다.

註) **개천절(開天節):** 지금은 10월 3일을 개천절로 정하고 있으나 원래는 음력이다. 환웅(桓雄)이 신시(神市)를 개천(開天)한 날이며, 또한 단군(檀君 王儉)이 조선(朝鮮)나라를 시작한 날이기도 하다. 조선은 여러 부족들의 연맹체로 구성되는데, 전해지는 부족국가들의 이름은 다음과 같다: 개국(介國), 개마국(蓋馬國), 고구려국(高句麗國), 고죽국(孤竹國), 구다국(句茶國), 낙랑국(樂浪國), 달지국(達支國), 람국(藍國), 래국(萊國), 맥국(貊國), 발국(發國), 비류국(沸流國), 서국(徐國), 숙신국(肅愼國), 시라국(尸羅國), 실라국(失那國), 부여국(夫餘國), 양국(陽國), 여국(黎國), 엄국(淹國), 옥저국(沃沮國), 양이국(良夷國), 양주국(楊州國), 우국(隅國), 유국(俞國), 임둔국(臨屯國), 조나국(藻那國), 진국(辰國), 진번국(眞番國), 청구국(青丘國), 추국(追國), 행인국(荇人國), 현도국(玄兔國), 회국(淮國) 등이다.

註) 당시에 박달나무를 단목(檀木)이라 표기했으며, 부족의 지도자를 군장(君長)이라 하였으니, 이에 따라 단군(檀君)이란 「배달임금(朴達壬儉)」을 번역한 말이 된다. 오가(五加)는 우가(牛加)는 주곡(主穀: 농업), 마가(馬加)는 주명(主命: 제사), 구가(狗加)는 주형(主刑: 사법), 저가(豬加)는 주병(主病: 보건), 양가 또는 계가(羊加 一名 鷄加)는 주선악(主善惡: 도덕관리)한다. 환국(桓國)에는 5훈(訓)이 있고, 신시(神市)에는 5사(5事: 5加)가 있었다.

註) **아사달(阿斯達):** 당시는 126°E 58°N 의 일단 고원과 스타노보이 산맥 일대로 추정하며, 이후 홍수가 끝나 물이 빠지고 평야지대가 나타나자 송화강을 중심으로 하는 지역으로 이동했다. 사람의 이동에 따라 지명(地名)도 이동한다.

註) **조선(朝鮮):** 어원(語源)은 숙신(肅愼)이라 하며, 숙신의 옛 이름은 주신(珠申)이다. 주신은 소속 관경(管境: 관할 구역)을 가리키는 만주 말이다. 즉, 숙신은 조선의 고어(古語). 주신과 조선은 같은 음(同音)이며, 오늘날의 해석처럼 '아침의 나라'라는 의미는 관계가 없다. 한편, 한민족 최초의 국가 '조선'의 명칭에 대해 처음으로 분석한 사람은 3세기 위(魏)의 장안이라는 사람이다. 그는 '조선'의 명칭에 대해 "조선이란 명칭은 열수(列水)에서 나온 것이다. 조선에는 습수(濕水), 열수(列水), 산수(汕水)라는 3개의 강이 있다. 이 강들이 합쳐서 열수가 되었다. 낙랑과 조선이라는 명칭은 이로부터 나온 것이다"라고 하면서 습수, 열수, 산수를 합한 '습열산', 중국어로 '스리에산'이 조선이라는 명칭의 기원이라고 주장했다. 또한  금나라, 청나라를 세운 만주 지역 사람들인 여진족은 현대 영어로 줄천(Jurchen), 중국어로는 뉘전(Nu-zhen), 루전(Ru-zhen), 주천(Ju-chen), 여진어로는 주선(Jusen)으로 불리는데, 이는 모두 '조선'과 관계있는 이름이다.

왕검께서 네 아들을 두니, 부루(扶婁), 부우(扶虞), 부소(扶蘇), 부여(夫餘)다. 또 7 신하를 두었는데, 팽우(彭虞), 신지(神誌), 고시(高矢)의 3선관(三仙官)과 지제(持提), 옥저(沃沮), 숙신(肅愼), 여수기(餘守己)의 4 영장(四靈將)이다. 단군은 부루를 범가(虎加)로 삼아 여러 가(加)를 거느리게 하고, 부우는 의약(醫藥)을 맡게 하고(主病官), 부소에게는 불과 사냥으로 들짐승과 해충을 물리치게 하며(主刑官), 설유(契兪)가 소란을 피우므로 부여를 시켜 물리쳤다. 팽우(彭虞)는 곰가(熊加)로 삼아 산천을 개척하는 토지관(土地官)으로, 신지를 말가(馬加)로 삼아 인륜을 가르치는 서사관(書史官: 主命官)으로, 고시를 소가(牛加)로 삼아 곡식을 맡는 농관(農官: 主穀官)으로, 지제는 개가(狗加)로 하여 명령을 맡고, 옥저는 해오리가(鷺加)로 맡아 질병을, 숙신은 매가(鷹加)로 형벌을 맡았고, 수기(餘守己)는 학가(鶴加)로서 선악(善惡)을 맡게 하니, 이것이 단군의 8가(八加)라 하는 것이다. 또한, 왕검은 모든 무리들에게 8조의 공법(禁法八條)인 천부(天符)의 강전(綱典)을 잘 지켜 행하라고 했다. 이를 천부경(天符經)이라고 한다.

註) 단군조선은 초기부터 조직과 기능을 분명이 하여 삼정승과 같은 최고기관인 풍백, 우사, 운사를 두고, 그 밑에 후세의 판서(判署)와 같은 직책으로 주곡, 주명, 주질, 주형, 주선악을 담당하는 5부 장관, 그리고 그 밑에 360여 가지의 임무를 맡은 하급 관리를 두어 나라의 기관이 되었다. 최초의 법으로는 금법팔조(禁法八條)가 있는데, 살인한 자는 사형에 처하고 그 가족은 노비가 되게 하고, 남에게 상해를 입힌 자는 곡물로 배상하며, 도둑질한 자는 노예가 되는데 50만금의 속전을 바치고 처형을 면할 수 있으나 사람들이 그 범죄자와 상종하지 아니하였다는 등, 그러나 사람들이 법을 어기는 이가 없어 문을 잠그지 않고 살았다고 하며 부녀자는 정조를 지켰다고 한다.

註) 천부경(天符經): 조화경(造化經)으로 전문(全文)이 81자(9×9)로 되어있다. 一名 전비문(篆碑文)이라고도 하며 현재 3종류가 나와 있는데, (1) 묘향산 석벽에 신라 최치원(崔致遠)이 해자(垓字)한 묘향산 석벽본 (2) 노사 기정진(奇正鎭) 계통인 노사의 전비 본문 (3) 태백 유사본이 있다고 전해진다. 원래 배달나라 초기에 거발한 환웅천왕이 신지(神誌) 혁덕(赫德)에게 명하여 녹도문(鹿圖文)으로 남기게 한 것을, 신라 최치원이 전고비(篆古碑)를 보고 한문으로 옮긴 것이 오늘날에 전해지고 있다. 이 천부경을 일반 대중에게 보급하고 교육하기 위해 만든 것이 「윷놀이」이며, 이 윷놀이를 정리한 것이 환역(桓易)이라고 한다.

BC2301 檀君 왕검(王儉) 33년

번한(番韓)의 땅인 요중(遼中)에 12개의 성(城)을 쌓았다. 12성은 다음과 같다:

① 험독(險瀆: 하북성 昌黎),

② 영지(令支: 난하의 하류. 遼西의 옆),

③ 탕지(湯池: 요령성 開平府 동북쪽 湯池堡),

④ 통도(桶道: 高麗鎭. 北京 지역),

⑤ 거용(渠鄘: 北京 서쪽 지역),

⑥ 가한성(可汗城: 山東省 지역),

⑦ 개평(蓋平: 하북성 동북쪽 開平),

⑧ 대방(帶方: 하북성 동북쪽 開平),

⑨ 백제(百濟: 온조(溫祚)가 세운 나라인 백제 이전에 있었던 요중(遼中)의 성. 하북성 동북쪽과 열하성 남쪽, 온조는 국호를 백제(百濟)라 정할 때 '百濟'에서 왔기 때문에 호를 얻었다고 했다)

⑩ 장령(長嶺),

⑪ 갈산(碣山: 북경 지방에 있는 갈석산? 난하(요하) 하류에 있음. 열하성 능원현),

⑫ 여성(黎城: 창려성? 山西省 長治縣 지역)

BC2284 檀君 왕검(王儉) 50년

홍수가 범람하여 백성이 쉬지 못하니, 제(帝)는 풍백(風伯) 팽우(彭虞, 彭吳)에게 치수(治水)를 명하여 높은 산과 큰 내를 정하여 백성이 정착하여 살게 하였다.

註) 지질학적으로 보아 현재의 지구 모습은 약 5,000년 전의 형상에 불과하다. 지금은 제4 빙하기가 끝난 후 약 11,000년이 지난 시점이다. 그 이전까지는 한반도 기온이 평균 10℃ 정도 낮았고, 6,000년 전에는 기온이 현재보다 높아서 해수면이 10m 정도 높았다. 세계의 낮은 평야는 침수됐었고, 한국의 서해와 만주와 중국의 고산지대 외에는 물에 잠겼을 수도 있다. 그러나 5,000년 전부터는 현재의 상태처럼 되어, 이후 큰 변화는 없다. 따라서 현재의 지리부도를 보며 생각하면 안 된다. 이때의 홍수는 전 세계적인 현상이었다.

註) 대만의 기상학자인 류자오민(柳昭民)은 '기후의 반역'이란 책에서 〈고금도소집성 서징전(庶徵典) 같은 문헌과 식물 꽃가루 화석의 환경 정보 등을 토대로 중국의 기후를 5개 온난기와 4개 한랭기로 구분했다. 그는 BC3000~BC1000년은 줄곧 따뜻했던 것은 아니지만 대체로 온난 다습했던 제1차 온난기, BC1000~BC770년은 소빙하기에 해당하는 제1차 한랭기, BC770~BC30년은 제2차 온난기, BC29~AD600년까지는 제2차 한랭기로 나누었다.

BC2283 檀君 왕검(王儉) 51년

셋째 아들 운사(雲師) 부우(扶虞)를 혈구(穴口: 강화도)에 보내 삼랑성(三郎城: 三神수호의 관리가 지키는 곳)을 설치하고, 마리산(摩璃山: 머리산: 마니산)에 제천단(祭天檀: 강화도 마니산에 있는 참성단)을 쌓았다. 강남(江南)의 백성 8천인이 조역(助役)하게 하였다.

註) **삼랑성(三郎城):** 三神수호의 관리가 지키는 곳으로, 강화도 길삼면에 있는 정족산성인 듯.

註) 〈고려팔관잡기(高麗八觀雜記)〉에 「삼랑(三郞)은 배달신(倍達臣: 배달의 전통을 이어가는 직책)인데, 가종(稼種: 농업)과 재리(財利: 상업)를 주관하는 자를 업(業)이라 하고, 교화(教化: 교육)와 위복(威福: 보건)을 주관하는 자를 낭(郎)이라 하고, 취중원공(聚衆願功: 무리를 모아 제사지내는 일)을 주관하는 자를 백(伯)이라 했다. 곧 예전부터 전해오는 신(神)을 따르는 길이다. 다 능히 강령(降靈) 예언을 하여 신리(神理: 하늘의 일)를 누누이 적중하는 일이 많았다. 지금 혈구에는 삼랑성이 있다. 성은 곧 삼랑이 기거하던 곳이다. 낭(郎)은 곧 삼신을 수호하는 관리이다. 불상(佛像)이 처음으로 들어와 절을 짓고 대웅(大雄)이라 하였다. 이는 승도(僧徒)들이 고사(古事)를 답습하여 부른 것이요 본래는 승가(僧家)의 말이 아니다」라고 하였다.

### "도산회맹(途山會盟)"

BC2267 檀君 왕검(王儉) 67년

홍수가 9년 동안 범람하니 팽오(彭吳)가 치수(治水)를 완료했으나, 우(虞, 禹)가 물을 다스리지 못하고 도산(塗山: 안휘성 회남시에 있는 산)에서 회합할 것을 요청했다. 제(帝)는 팽오를 보내 우(虞)의 사공(司空)과 도산에서 만나게 하여 오행치수법(五行治水法)을 전해 주었다. 아울러 나라의 경계를 정하여 유주(幽州: 북경에서 동쪽지역)와 영주(營州: 하북성에서 요령성 및 그 동쪽)를 우리에게 속하게 했다. 또 회대(淮岱: 산동지방)지방의 제후들을 평정하여 분조(分朝)를 두고 이를 다스렸는데, 우순(虞舜)에게 그 일을 감독하게 하였다.

註) 도산회맹(途山會盟)이라고도 하는데, 최초의 국경회담이자 초기 강영을 따져 정한 회담이었다. 당시는 고정적인 국경이 설정되어있지 않고 먹거리를 좇아 이동하던 시기였다. 또한, 우(虞)는 중국 하(夏)나라 시조 우(禹)를 말하며, 사공(司空)은 하나라의 직명(職名)

또한 왕검은 태자 부루에게 여러 나라를 시찰하게 하였다. 부루는 가한성(可汗城)을 시찰하면서 각 지방의 소도(蘇塗)마다 경당(扃堂)을 세우게 하였다.

註) 소도(蘇塗): 죽은 이를 위하여 표하는 단(壇)이 제단(祭壇)으로 발전하고, 주위에 나무를 심어 이를 신수(神樹)라 했는데, 제단과 신수를 통칭하여 신단수(神檀樹)라 했다. 이후 신단수가 특정 부락의 제사장소로 발전하면서, 이를 소도(蘇塗)라 한 것이다. 소도는 하늘에 제사를 지내는 장소이면서 교육도 실시했다. 후세로 오면서 한인(桓仁), 환웅(桓雄), 치우(蚩尤)의 3황(三皇)도 소도제천(蘇塗祭天)의 대상이 되었으며, 단군(檀君)도 또한 제사를 받게 되었다. 소도제천은 점차 확대되어 나라 전체 모임(國中大會)과 지방 모임(地方大會)으로 나누어졌으며 가정에도 소도가 들어서게 되어 삼신(三神)을 모셨다. 또한 소도를 신시(神市)라 했다. 한편, 경당(扃堂)은 미혼 자제를 대상으로 학문과 무예를 가르치는 곳으로, 고구려의 경당도 여기에서 유래했다.

BC2251 番韓 2대 낭야(琅邪) 원년

3월, 가한성(可汗城)을 개축하여 뜻하지 않은 일에 대비하였다. 번한(番韓)에서 쌓았기 때문에 낭야성(琅邪城: 山東省 諸城縣)이라고도 한다.

BC2241 檀君 왕검(王儉) 93년

천하의 땅을 구획하여 삼한(三韓)을 나누어 다스리게 하고 진한(辰韓)은 스스로 통치했다. 삼한은 모두 5가(家) 64족(族)이다. 치두남(蚩頭男)은 치우천왕의 후손으로 용기와 지혜가 세상에 소문이 났으므로 단군이 그를 기특하게 여겨 바로 번한(番韓)을 다스리도록 하고 겸하여 우(虞: 夏)나라의 정사(政事)를 감독하게 하였다. 또한, 웅족(熊族)의 자손인 웅백다(熊伯多)를 마한왕(馬韓王)으로 삼아 달지국(達支國) 백아강(白阿岡: 대동강변 평양)에 두고 마한산(馬韓山)에서 한얼 제사를 올렸다.

註) 삼한(三韓): 진한(眞韓, 辰韓), 번(番韓, 弁韓), 마(馬韓, 慕韓)이며 각각 비왕(卑王)이 있고, 그 안에 여러 소국(小國)들이 있으며 그 우두머리를 칸(汗)이라 했다. 그 중 진한(辰韓)은 단군(檀君)의 직할이며, 비왕은 각각 1세 번한왕(番韓王) 치두남(蚩頭男), 1세 마한왕(馬韓王) 웅백다(熊伯多)를 임명했다. 대강의 상황은 다음과 같다.

| | 강역(彊域) | 도읍지 | 1세(世) 대표 |
|---|---|---|---|
| 辰 韓 | 만주 전역 | 아사달 :<br>송화강 유역 (합이빈) | 단군 왕검 |
| 番 韓 | 만주 서쪽지역<br>(요동, 산동, 북경지방) | 험독(險瀆), 탕지(湯池): (요동지방) | 치두남(蚩頭男) |
| 馬 韓 | 한반도 | 달지국(達支國)<br>(백아강(白阿岡):<br>대동강의 평양) | 웅백다(熊伯多) |

단군 왕검은 93년 재위에 있었다. 이는 〈환단고기(桓檀古記)〉 〈단기고사(檀記古事)〉 〈규원사화〉의 책이 동일하니 믿어 의심치 않는다. 다만, 단군 왕검의 수명은 각각 틀리며 오차도 크다. BC2241년 3월 15일 사망하였으니 〈환단고기〉에 의하면 130세가 된다.

註) **마한(馬韓):** 마한의 '한(Han)'은 북방 아시아인들이 왕 또는 국가로 사용하던 말로, 북방계 나라들이 자주 사용하던 말이다. 동한 시기(25~220)에 기록된 〈잠부론(潛夫論)〉에는 '한(韓)국'이 한반도에 있지 않고 연나라 근처에 있다가 이후 바다 가운데(한반도)러 옮겼다는 기록이 있다. 이는 마한이 원래 연나라 인근 요하 유역에 있었음을 뜻한다. "과거 주나라 선왕(?~BC782) 당시 한(韓)이라는 나라가 있었는데, 그 나라는 연(燕)나라와 가까웠다. 후에 바다 가운데로 이주해 거했다" 즉, 마한은 원래 북방계 예맥 국가임이 기록되어 있다.

BC2240 2세 檀君 부루(扶婁) 원년

치우천왕의 후손인 남이(藍夷)에게 봉해주었던 남국(藍國) 땅에 우(虞)나라의 순(舜)임금이 유주(幽國)와 영주(營國)를 설치하므로 이를 정벌한 후, 그 군(君)을 쫓아내고 동무(東武)와 도라(道羅)를 그 군(君)에 봉했다. 신시(神市) 이래로 국중대회를 열고 하늘에 제사를 지내며 덕을 기리고 서로 화합하는 노래인 어아가(於阿歌)를 불렀다.

註) 남국(藍國): 치우천왕의 후손이 세운 나라. 9이(九夷) 가운데 남이(藍夷)가 있음에 유의.

註) 어아가(於阿歌): "어아(於阿)"는 기뻐서 내는 소리이며, 고구려 광개토왕 때에는 언제나 진중에서 사졸들에게 어아가를 부르게 했다고 한다. 이 노래의 가사는 『어아어아 우리들 대조신(大祖神)의 큰 은덕을 배달나라 우리들이 백백천천 잊지 마세. 어아어아 선심(善心)은 활이 되고 악심(惡心)은 과녁되니 우리들 백백천천 활줄 같이 착한 마음 곧은 살로 동심(同心)이네. 어아어아 우리들 백백천천 한 활로 과녁 뚫어 비탕(沸湯)같은 선심 중에 한 점 눈이 악심이네. 어아어아 우리들 백백천천 활같이 굳은 마음 배달나라 광영이네 백백천천 높은 은덕 우리 대조신 우리 대조신』이다.

BC2238 2세 檀君 부루(扶婁) 3년

백성들에게 푸른 옷을 입게 하고, 머리카락을 땋아서 목을 덮도록 하니 이를 단계(檀戒) 혹은 단기(檀祈)라 하였다.

註) 오늘날의 '댕기'는 이로부터 유래한 것이다.

BC2229 2세 檀君 부루(扶婁) 12년

신지(神誌) 귀기(貴己)가 칠회력(七回歷)과 구정도(邱井圖)를 만들어 바쳤다. 부루 임금은 10월에 백성에게 칠회력을 반포하도록 명하였다.

註) **칠회력(七回歷):** 〈신시본기(神市本紀)〉에서 이르기를, 「신시(神市)의 세(世)에 7회 제신(祭神)의 역(曆)이 있었으니 첫 번째 날은 하늘에 제사(祭天神)하고, 두 번째 날은 달에 제사(祭月神)하고, 3번째 날은 물의 신에 제사(祭水神)하고, 4일째 날은 불의 신에 제사(祭火神)하고, 5일째 날은 나무의 신에 제사(祭木神)하고, 6일째 날은 쇠의 신에 제사(祭金神)하고, 7일째 날은 땅의 신에 제사(祭土神)하니 대개 역(曆)을 만드는 것이 이에서 비롯했다」고 하였다. 지금까지 일월화수목금토의 7요일과 1년 360일, 궁륭 180도, 원 360도의 분할은 바빌로니아에서 시작했다고 알려져 왔다.

BC2223 2세 檀君 부루(扶婁) 18년

나라는 태평하고 백성이 많았다. 국경은 동쪽이 창해(滄海), 서쪽은 요서(遼西), 남쪽은 남해(南海), 북쪽은 서비로(西非路: 시베리아)에 이르며, 큰 족속으로는 9부(9部: 9夷)가 있고 작은 족속으로는 14부가 있다.

BC2221 2세 檀君 부루(扶婁) 20년

물이 있는 밭(畓: 논)에 볍씨를 뿌려서 농사를 짓는 방법을 개발하여 보급하였다. 이로서 쌀 생산량도 획기적으로 많아지고 쌀의 질(米質)도 좋아졌다. 후에 사람들이 그의 공덕을 기리기 위하여 집안에 단(壇)을 설치하여 제사하고, 그릇(土器)에 벼를 가득 넣고 부루단지(扶婁壇地)라 했으며 이를 업신(業神)

이라 하고, 또한 모든 사람들이 수계(受戒)하는 것을 전계(佺戒)라 칭하고 업주가리(業主嘉利)라 했다.

註) 아이를 낳는 것을 축하하여 삼신(三神)이라 하고, 벼가 익은 것을 축하하여 업산(業山)이라 한다. 군생통력(群生通力)의 소업(小業)이며 생산작업(生産作業)의 신(神)이다. 그러므로 또한 업주가리(業主嘉利)라 칭한다. 대토(代土)에 발원하는 것을 토주대감(土主大監), 가택(家宅)에 발원하는 것을 성조대군(成造大君)이라 한다. 역시 세성가복(歲成嘉福)의 신이다. 묘원(墓園), 어렵(漁獵), 전진(戰陣), 출생(出生)에 다 제사가 있다. 제사에는 반드시 음식과 행동을 삼가며 근신하여 복을 받았다. 〈태백일사(太白逸史) 삼신오제본기(三神五帝本紀)〉

BC2215 2세 檀君 부루(扶婁) 26년

우(虞)왕 순(舜)의 아들 상균(商均)이 우리에게 귀환하여 관작을 받았다. 한편, 고시(高矢)씨의 형제인 고수(高叟)의 아들인 순은 제후국인 요(堯)나라에서 벼슬을 했었는데, 고수가 이를 못마땅하게 여기고 둘째 아들인 상(象)을 편애했지만, 순은 고수를 원망하지 않고 아버지와 계모를 지극한 효성으로 섬기자 요가 순에게 왕위를 물려주었던 것이다. 이후, 순은 우나라 임금이 되어 61년 동안 바른 정치를 폈다.

註) 그러나 순(舜)은 부루의 가르침으로 홍수를 극복한 우(禹)씨 일족에게 창오(蒼梧)에서 암살 당했고, BC 2205년에 우가 임금이 되어 나라 이름을 하(夏)라고 하였다.

**"우리 글(文字)을 만들다"**

BC2179 13세 檀君 가륵(嘉勒) 2년

상형표의(象形表意)의 글자가 있었으나 10가(家)의 지방(邑)의 말(方言)이 서로 틀리고 100리의 국가가 서로 이해하기가 어려웠다. 삼랑(三郎) 을보륵(乙保勒)에게 명하여 정음(正音) 38자를 찬하니 이를 가림토(加臨土)라 한다.

檀君世紀檀君嘉勒二年 三郎乙普勒撰正音三十八字是謂加臨多其文曰

註) **가림토(加臨土):** 가림토의 정음 부호는 15세기 근세조선의 세종(世宗) 시대에 재정 되었다는 훈민정음(訓民正音)의 표음부호와 거의 같다. 단지 차이가 있다면 가림토 정음(正音)의 기본부호 38자가 세종 시대에 와서 28자로 축소되었다는 성격 이외는 없다. 따라서 가림토(加臨土) 정음 글자가 훈민정음의 신(新)제정 28자보다 앞서 사용된 것도 틀림이 없다.

註) 신시배달국 때에 신지혁덕(神誌 赫德)이 사슴 모양의 녹도문(鹿圖文)을 만들어 천부경(天符經)을 기록해 왔었는데, 태호 복희 때에는 용 모양의 글자인 용서(龍書)가 있었으며, 선인(仙人) 발귀리(發貴理)의 후손인 자부선인(紫府仙人) 때에는 비 모양의 우서(雨書)가 있었고, 또 나무토막으로 숫자를 계산하는 산목표(算木表)가 있다가, 치우천왕 때에는 꽃 모양의 화서투전(花書鬪佃)이 있었고, 부여(夫餘) 때에는

글로써 계산하는 산서(算書)가 있었다. 단군에 이르러서는 9족(九黎族)이 두루 사용하고 있는 전자(篆字)가 있는데, 전자체가 번거로우므로 획을 줄여 예서(隸書)를 만들어 썼다. 그러나 여러 지역 사람들이 서로 통하기가 어려우므로, 이때 임금이 을보륵에게 명하여 쉬운 글자 38자를 만들게 한 것이다.

### "배달유기(倍達留記) 편찬"

BC2180 3세 檀君 가륵(嘉勒) 3년

신지(神誌) 고글(高契)에게 명하여 나라의 역사인 배달유기(倍達留記)를 편찬하게 하였다.

註) 배달유기(倍達留記): 최초로 역사를 기록한 책으로, 발해(渤海) 대조영(大祚營)의 아우인 대야발(大野渤)이 발해의 글로 옮긴 적이 있다고 하나 전해지지는 않는다. 내용에는 예부터 전해오는 환인(桓因)의 가르침인 신계(神誡), 성인의 가르침인 성훈(聖訓), 백성에게 내린 포고문인 칙교(勅教), 제후들에게 내린 유서(諭書)와 도덕, 풍속 등이 실려 있었다고 한다.

BC2177 3세 檀君 가륵(嘉勒) 6년

열양(列陽) 욕살(褥薩) 색정(索靖)이 덕(德)이 없으므로 약수(弱水: 중국 合黎山 근처에서 고비사막으로 흐르는 강)에 옮겨 종신형에 처한 후, 그 땅을 봉하니 이후에 흉노(匈奴)의 시조(始祖)가 되었다.

註) ① 열양(列陽)은 열수(列水)는 황화강(黃河)의 하류지대이며, 양(陽)은 산남수북(山南水北)을 양(陽)이라 한다는 말에 따라 열양(列陽)은 황하의 북쪽 지역. ② 욕살(褥薩)은 지방관의 우두머리의 직책이며, ③ 색정(索靖)은 반고 이후 두 번째로 잘려나간 흉노족의 시조가 되었다. 흉노족은 몽골지방에서 활약하던 북적(北狄)의 일파인 유목기마민족(遊牧騎馬民族)으로, BC 3세기 말부터 AD 1세기 말까지 몽골고원과 만리장성 일대를 중심으로 나라를 형성하게 된다.

BC2175 3세 檀君 가륵(嘉勒) 8년

강거(康居)가 반란을 일으켰다. 단군이 직접 나아가 지백특(支伯特: 티베트?)에서 토벌했다.

BC2173 3세 檀君 가륵(嘉勒) 10년

두지주 예읍(豆只州 濊邑: 춘천?)이 반란을 일으키니 여수기(余守己)에게 명하여 토벌하고 그 추장 소시모리(素尸毛犂)를 잡아 죽였다. 이후부터 이 땅을 소시모리라 했는데 후에 우수국(牛首國: 소머리 나라)이라 불렀다. 그런데 그 후손 중에 섬승노(陝野奴)라는 자가 바다건너 도주하여 삼도(三島: 일본 땅)에 자리 잡고는 스스로 천왕(天王)을 참칭했다.

註) **두지주 예읍(豆只州 濊邑):** 강원도 춘천 근처에 우수대촌(牛首大村)이란 지명이 있어 춘천지역으로 추정하며, 소시모리와 우수(牛首)는 모두 「소머리」란 말의 표기이다. 또한, 일본(日本) 고사(古史)에 이른바 스사노(天照의 동생)가 근국(根國)인 소시모리로 갔다는 말이 있고, 일본에는 우두천왕(牛頭天王: 스사노 오노미꼬도)을 모신 신사(神祠)도 있으며, 우두사(牛頭寺)를 일본인은 '소머리데라'라고 부른다.

BC2137 4세 檀君 오사구(烏斯丘) 원년

동생 오사달(烏斯達)을 북쪽지방에 보내 몽골리칸(蒙古里汗)으로 봉하니, 그 자손이 몽골족(蒙古族)이 되었다.

BC2133 4세 檀君 오사구(烏斯丘) 5년

임금께서 조개껍질에 둥근 구멍을 뚫은 화폐인 패전(圓孔貝錢)을 만들어 유통했다.

註) 뒷날 은(殷)나라와 서주(西周)까지가 패전(貝錢: 조개 화폐)의 시대였다.

BC2131 4세 檀君 오사구(烏斯丘) 7년

배를 만드는 조선소(造船所)를 살수(薩水) 상류에 설치했다. 우현왕 마한(莫韓) 근우지(近于支)가 민정(民丁) 30명을 보내 배를 만드는 일을 도왔다. 살수는 곧 진한(辰韓)의 남해안이다.

註) 살수(薩水): 개평(開平) 남쪽의 강, 난하(欒河)?. 평안도의 청천강이 아니다.

BC21194세 檀君 오사구(烏斯丘) 19년

하나라 왕(夏主) 상(相: 夏의 5대 왕)이 방자하게 행동하자, 신하들이 군사를 일으켜 왕위를 빼앗고자하므로, 오사구 단군이 식달(息達)에게 명하여 남진변(藍, 眞, 弁)의 3부(部)의 군사를 이끌고 가게 하여 반란을 진압하고 하(夏)나라를 구원해 주었다.

註) **복희(伏羲)**: 황하강 중류에 세워진 하(夏)나라는 BC 2205년에 건국되었다는 중국 전설 속의 왕조인데, 중국 문명의 시조로 불리는 동이족 출신 복희(伏羲)로부터 시작된다. 복희는 성이 풍(風)으로, 중국의 도덕을 정하고 점복(占卜)철학이 담긴 팔괘(八卦)를 창조했으며, 악기를 발명하고 관리를 두어 중원의 문명을 처음 시작한 중요한 사람으로 알려져 있다. 근대 중국학자들이 편찬한 고대 역사 논문집인 〈고사변(古史辯) 1926년 발행〉에는 하나라의 시조인 복희가 상나라(은나라) 시조와 함께 동이족이라 기록했는데, 이는 현대 중국학자들도 인정하고 있다. 이름의 한자명을 분석해 보면 '복희'가 한자와는 관련이 없고, '밝은 해(박희)'를 뜻하는 말임을 알 수 있다.

BC2109 4세 檀君 오사구(烏斯丘) 29년

10월, 목단봉(牧丹峰) 중턱에 별궁(別宮)을 지었다. 별궁이 완성된 후 기린굴(麒麟窟)에서 환인(桓因)에게 제사를 올린 다음, 삼일신고(三一神誥)의 지감(止感)과 조식(調息)과 금촉(禁觸)의 법을 수행하여 일정한 경지에 오른 선인(仙人)들을 선발하였다. 이들에게는 검은색의 조의(皁衣)를 하사하고 관을 머리에 씌어 주는 예식을 하였다. 또한, 매년 3월이 오면 마한(馬韓)의 군사를 사열하였다.

註) **삼일신고(三一神誥)**: 교화경(敎化經)이라고 한다. 단군 이전부터 내려오는 우리 민족의 경전. 천훈(天訓), 신훈(神訓), 천궁훈(天宮訓), 세계훈(世界訓), 진리훈(眞理訓)의 다섯 부분으로 되어있다. 신지(神誌)씨가 옛 우리글로 쓴 것을 왕수긍(王受兢)이 번역한 은문(殷文)은 모두 없어지고, 고구려 대 번역하고 발해 때에 해석해 놓은 한문본만 남아있다. 발해(渤海)의 식실본(石室本)과 천보산(天寶山)의 태소암본(太素庵本) 그리고 고경각(古經閣)의 신사기본(神事記本)이 있으며, 전문(全文)이 366자로 되어 있고 고경각(古經閣)의 신사기본이 가장 오래된 것으로 추정된다.

BC2096 5세 檀君 구을(丘乙) 4년

처음으로 60갑자(甲子)를 쓰고, 월력(月曆: 달력)을 만들었다. 10월을 상달이라고 했다. 한편, 유응(有應)씨가 무도하므로 소나벌(蘇奈伐)을 보내 토벌하여 평정했다.

BC2087 5세 檀君 구을(丘乙) 13년

별을 관측하는 관리인 감성관(監星官)에게 천체의 위치와 운행을 관찰하는 기계인 혼천기(渾天機, 또는 渾天儀)를 만들게 하였다. 혼천기로 일주야에 걸쳐서 하늘이 움직이는 단위인 천도(天度)와 합하게 한 후, 천문(天文)의 이치를 밝혀 농사일에 활용하도록 하였다.

BC2084 5세 檀君 구을(丘乙) 16년

임금께서 친히 장당경(藏唐京: 만주 길림성)에 삼신단(三神壇)을 쌓고, 그 주변에 하늘 꽃(桓花: 槿花, 무궁화)를 많이 심었다.

BC2076 6세 檀君 달문(達門) 8년

갈모후(葛毛候)가 반란을 일으켰다. 단군이 군사를 보내어 평정했다.

BC2049 6세 檀君 달문(達門) 35년

진한(辰韓)이 나라를 안정시키고 도(道)를 다스리니 모두 새로워졌다. 서쪽으로 알유(謁油)를 달래고 북쪽으로 앙숙(怏宿)을 편안하게 하고 남쪽으로 하(夏)를 물리치고 동으로 창해(滄海)에 이르니 10년 동안 사방이 조용하였다. 여러 고을의 대표자(諸汗)들과 봄에 구월산(九月山)에서 제사지내고, 신지 발리(發理)로 하여금 서효사(誓效詞: 한얼에 대한 맹세의 글)를 짓게 했다. 이때 소집된 제후들은 막한(幕韓)의 좌현왕과 번한의 우현왕, 그 외에 큰나라의 군장(君長)이 20명이고, 작은 나라의 군장이 360여 명이었다.

註) **서효사(誓效詞):** 삼신(三神)께 맹서하고 복(福)을 비는 글. 전문(全文)은 다음과 같다.

『아침 햇빛 먼저 받는 땅.

삼신(三神) 혁거임(赫世臨: 2세 혁서) 환인께서 나타나시어 먼저 넓고 깊게 덕을 세우시고, 여러 신(神)들과 의논하여 환웅을 보내 조칙을 이어받아 처음으로 하늘을 열게 하셨습니다.

치우(蚩尤)께서는 청구(青丘)에서 일어나 무(武)의 명성을 만고에 떨치시니

회대(淮岱: 하남성과 산동 지방)가 다 천왕(蚩尤天王)에게로 왔습니다.

천하가 능히 임금(王儉)을 침노할 수 없으므로 대명(大命)을 받으니 환성이 9한(九桓)에 진동하였습니다.

고기와 물처럼 가까운 백성은 풀과 바람의 덕화로 소생하여 원한이 있으면 먼저 풀고, 병이 있으면 먼저 없애 한마음으로 사니 인(仁)과 효(孝)가 사해(四海)에 가득하였습니다.밝고도 밝은 진한(辰韓)은 나라 안을 진정하여 치도(治道)는 모두 새롭기만 합니다.

마한(慕韓)은 진한의 왼쪽을 보전하고, 변한(番韓)은 진한의 남쪽을 당겨 낭떠러지가 사방을 에워싸서 벽이 되었습니다.

성주(聖主)께서는 저울추와 같은 신경(新京)을 행차하시었습니다.
저울판은 백아강(白牙岡: 평양)이요,
저울대는 합이빈(蘇密浪)이요, 저울추는 안덕향(安德鄕: 湯池)입니다.
수미(首尾)가 균형이 잡히면 덕(德)에 의뢰하여 정진(神精)을 지키고
나라가 흥왕하여 태평을 보전하며,
아침에 70국(國)이 조공을 바쳐서 항복을 하고
영원히 삼한(三韓)의 의를 보전하며 왕업(王業)이 흥융할 것입니다.
흥폐(興廢)는 말로써 되는 것이 아닙니다.
정성은 천신(天神)을 섬기는데 있습니다.』

BC2047 7세 檀君 한율(翰栗) 원년

임금은 요망스러운 말을 싫어하고 항상 바른 말과 행동을 좋아했다. 하(夏)나라의 군대가 강했으나, 남국의 제후(藍候)로 하여금 막게 하였다.

BC2023 7세 檀君 한율(翰栗) 25년

주부(主簿) 온백(溫伯)이 말하기를 "하(夏)나라가 혼란하여 외적의 침입이 쉬지 않으니, 이 기회에 정벌하기가 쉽다" 고 하자, 한율 단군은 "함부로 남의 나라를 치는 것은 단군의 도리가 아니다. 영토를 얻으려고 생명을 살상하는 것은 할 일이 아니다" 라며 거절했다. 이 말을 전해들은 하(夏) 임금이 사신을 보내와 사례하였다.

BC1990 8세 檀君 우서한(阿述) 4년

임금께서 평복으로 나라 밖으로 나가 하(夏)나라의 사정을 두루 살펴보고, 이를 참고로 하여 관리(官吏) 제도를 크게 고쳤다.

BC1984 9세 檀君 아술(阿述) 2년

아술 임금은 "땅이 똥으로 더러워 질 때도 있지만, 비나 이슬이 내려 씻어내는 것이다"라며 죄지은 자를 용서하고 벌하지 않으니, 백성들이 크게 감화되어 죄를 범하지 않았다. 청해의 제후(靑海候) 우착(于捉)이 반(叛)하여 궁궐을 침범하자, 아술 임금이 잠시 상춘(常春: 長春)으로 피하고 우지(于支)와 우속(于粟)을 보내 토벌한 후, 이듬해(BC 1983년)에 구월산(九月山) 남쪽에 신궁(新宮)을 짓고 환도(還都)하였다. 그러한 연후에 임금은 북쪽 지방을 순시하면서 백성들의 살림살이를 살펴보았다.

註) 우지(于支)와 우속(于粟): 〈단기고사(檀奇古史)〉에서는 지간속(支干粟)이라 했음.

BC1981 9세 檀君 아술(阿述) 5년

고소(高蘇)에게 명하여 환국시대부터 지금까지의 나라를 다스리던 법을 수정하고 보완하여 제도를 정비하였다. 이 법전을 국법전서(國法全書)라 한다.

註) 세계 최초의 법전(法典)이라고 알려진 바빌론 제1왕조 6대 왕인 함무라이가 만들었다는 함무라이 법전보다 무려 200여 년이나 앞선 것이다.

BC1976 9세 檀君 아술(阿述) 10년

엄년족(嚴年族)의 무리가 쳐들어오므로, 장군 우지(于支)와 우속(于粟)을 보내 물리쳤다.

BC1916 10세 檀君 노을(魯乙) 35년

처음으로 감성(藍星: 천문대)을 설치하였다.

註) 이 보다 2,600여년 뒤인 신라시대에 만든 경주의 첨성대는 최초의 천문대가 아니다.

BC1891 11세 檀君 도해(道奚) 원년

도해 단군은 즉위하자마자 5가(加)에 명하여 전국 12명산 중에 제일 좋은 곳을 택해 국선소도(國仙蘇塗)를 설치했다. 둘레에 단수(檀樹)를 많이 심고 제일 큰 나무를 가려내어 환웅상(桓雄像)을 모시게 하고 제사를 지내며, 이름을 "웅상(雄常)"이라 하였다. 10월에는 대조전(大祖殿)을 지었다.

註) **소도(蘇塗)**: 제천(祭天)을 하는 곳으로 교육도 실시했다. 후세로 오면서 환인桓仁), 환웅(桓雄), 치우(蚩尤)의 3황(三皇)도 소도제천(蘇塗祭天)의 대상이 되었으며, 단군(檀君)도 또한 제사를 받게 되었다. 소도제천은 점차 확대되어 국중대회(國中大會)와 지방대회로 나누어 졌으며 가정집에도 소도(蘇塗)가 들어서게 되어 삼신(三神)을 모셨다.

BC1884 11세 檀君 도해(道奚) 8년

하(夏)나라 근(厪, 14대 왕)의 사신이 하나라의 특산물을 진상했다.

BC1854 11세 檀君 도해(道奚) 38년

장정을 징집하여 모두 병사(兵士)로 만들고, 선사(選士) 20인을 하(夏)나라의 도읍(首都)에 보내 처음으로 나라의 학문을 전하고 위엄을 보였다.

註) 이때 하(夏)나라는 14대 공갑(孔甲)이 즉위하면서부터 놀이에만 정신이 팔려 국력이 쇠약해져있을 때였다.

BC1836 11세 檀君 도해(道奚) 56년

송화강 기슭에 배와 각종 도구를 만드는 관청을 설치하고, 새로운 기계를 발명하는 자는 상을 받게 하여, 이때에 각종 편리한 기구들이 크게 번창하였다.

註) 이러한 발명품들이 거칠부소사(居漆夫 小史)에도 기록되어있다고 하는데, 강우량을 재는 양우계(量雨計)와 측우기(測雨器), 강과 바다의 깊이를 재는 양해기(量海機), 바람을 재는 측풍계(測風計), 추위를 가늠하는 측한계(測寒計), 더위를 가늠하는 측서계(測署計), 바퀴달린 수레 자행윤차(自行輪車)와

자발뇌차(自發雷車), 별자리 관측용 측천기(測天機)와 천문경(天文鏡), 물 푸는 기계 양수기(揚水機), 대포의 일종인 진천뢰(震天雷), 악기의 일종인 소금(素琴), 확성기의 일종인 천리상응기(千里相應機), 물건 운반용 기구인 목류마(木流馬), 그림그릴 때 사용할 물감을 담아두는 연적(硯滴), 하늘에 높이 띄워 통신용으로 만든 어풍승천기(御風昇天機)와 경기구(輕氣球), 큰 군함인 황룡선(黃龍船) 등의 기계류 등을 발명하거나 개량하여 나라가 크게 번창하였다고 한다.

BC1833 12세 檀君 아한(阿漢) 2년

8월, 아한 임금이 나라를 순행하다가, 난하(灤河, 遼河) 좌편에 이르러 순수관경비(巡狩管境碑: 경계비)를 세우고, 역대 임금들의 이름을 새겨 전하도록 하니 이것이 처음으로 금석문(金石文)의 시초가 되었다.

BC1813 12세 檀君 아한(阿漢) 22년

용가래량(龍加來良)을 보내 하(夏)나라 왕 걸(傑)을 도와 은(殷)나라 왕 탕(湯)을 쳤더니 탕이 사죄했다. 그 후 용가래량은 회군할 때 염이(猒夷 = 九夷의 한 종족) 때문에 관중향서기(關中鄕西岐=岐山)에 가서 살았다.

註) 하(夏)왕조: 중국 전설 속에 최초의 왕조인 하와 그에 이어지는 은(殷).주(周)를 합하여 옛 중국에서는 이상적 성대(聖代)로 불려왔으나, 명확한 유적.유물이 남아 있는 것은 은나라 이후이다. 〈사기(史記)〉 하본기(夏本記)에 의하면, 하왕조(夏王朝)의 시조 우왕(禹王)은 BC 2070년 왕조를 개국하여, 황하강의 홍수를 잘 다스려 그 공으로 순(舜)이 죽은 뒤, 천자가 되었다. 우는 제위를 민간의 현자에게 양여하려고 했으나, 제후들이 우의 아들 계(啓)를 추대하여 이때부터 선양제(禪讓制)가 없어지고 상속제(相續制)에 의한 최초의 왕조가 출현했다고 한다. 왕위가 17대에 이르러 하나라 왕 이규(履癸), 즉 걸(桀)이 포악하여 민심을 잃고 은나라 탕왕(湯王)에게 멸망당했다.

註) 은(殷)왕조: 수도의 이름을 따라 상(商)이라고도 한다. 하(夏)왕조는 고전(古典)에만 기록되어 있을 뿐이나, 은 왕조는 20세기에 들어서 그 수도에 해당하는 은허(殷墟)의 발굴이 진행됨에 따라, 적어도 그 후기에는 당시의 문화세계였던 화북(華北)에 군림하였던 실재의 왕조이었음이 판명되었다. 따라서 은나라는 중국 최고(最古)의 역사적 왕조라 할 수 있다. 은나라 전기는 기원전 1600년부터 1300년까지이고, 도읍을 은으로 바꾼 은나라 후기는 1300년부터 1046년까지이다.

BC1806 12세 檀君 아한(阿漢) 29년

청아국(菁莪國) 욕살 비신(丕信)과 영고탑 동쪽의 서옥저(西沃沮) 욕살 고사침(高士琛), 그리고 맥성(貊城: 대흥안령산맥 서쪽에서 몽골 동쪽에 있던 맥국) 욕살 돌개(突盖)를 봉하여 열한(列汗: 諸侯君長)으로 삼고 영지를 주었다.

註) 〈단기고사(檀奇古史)〉에서는 한불배(韓不倍), 고사심(高士深), 신돌개(申突蓋)라 했다.

BC1805 12세 檀君 아한(阿漢) 30년

인재를 양성할 태학관(太學館)을 세우고, 유위자(有爲子)를 국태사(國太師)에 임명했다.

BC1797 12세 檀君 아한(阿漢) 38년

하나라 왕(夏主) 걸(桀)이 포악하고 무도하여 나라가 스스로 쇠망해 가는 것을 보고, 아한 임금이 스스로 더욱 근면하여 나라살림을 보살피니, 주변 나라에서 많은 어진이들이 신하되기를 자청하며 찾아왔다.

BC1767 13세 檀君 흘달(屹達) 16년

番韓 15대 소전(少佺) 4년

겨울, 은왕(殷主) 탕(湯: 殷의 始祖)이 하(夏)나라를 치려하자, 하나라 왕(夏主) 걸(桀: 夏의 17대 왕)이 구원을 청해왔다. 흘달 임금이 읍차(邑借) 말량(末良)에게 9한(九桓)의 병사를 이끌고 싸움을 돕도록 했더니 탕(湯)이 사신을 보내 사죄하므로, 임금께서 말량에게 군사를 물려 돌아갈 것을 명했다.

註) 번(蕃: 하북성 平山縣) 땅에 웅거하던 군장(君長) 계(契)가 근거지를 하남성 일대로 옮겨간 후, 그의 14대 자손인 탕(湯)에 이르러서는 세력이 커져 황하 중류지역의 패자인 하(夏)나라와 다툴 만큼 되었다.

그러자 이번에는 하주(夏主) 걸(桀)이 회맹(會盟)의 약속을 어기고 은(殷)을 치려하자 흘달 임금은 은나라와 함께 하를 치기로 방침을 바꾸고, 은밀히 신지(臣智) 우량(于亮)을 보내 견군(畎軍: 畎夷의 군대)을 이끌고 은나라 군사와 낙랑(樂浪)에서 만나 연합군을 이루며 진격하여 관중(關中)의 빈기(邠.岐: 섬서성의 빈현과 기현)의 땅을 점령한 다음, 그곳에 군대를 주둔하고 그곳에 살며 관제(官制)를 설치했다. 이때 변한왕(番韓王) 소전(少佺)은 장수 치운(蚩雲)을 보내 걸(桀)을 토벌하는 탕(湯)을 지원했다.

註) 읍차(邑借)는 제일 작은 지방의 군장(君長)을 나타내는 직명이고, 낙랑(樂浪)은 백하(白河)와 소능하(小凌河) 사이의 지방이며 절대로 한반도가 아니다. 이때 하나라 걸(桀)은 교만하여 스스로 천부(天父)이고 태양의 아들이라고 큰소리치면서 궁궐을 증축하고 매일 연회를 즐기다가, 은나라 탕의 공격을 받고 나라가 통째로 망해버렸다.

BC1733 13세 檀君 흘달(屹達) 50년

오성(五星)이 모이는 현상(五星聚婁)이 있었다.

註) 5개의 별이 일직선상에 위치하는 현상을 오성취루(五星聚婁)라고 하는데, BC1733년인 이때의 현상은 오차 범위 2~3천분의 1도 안될 만큼인 현재의 천문학을 총동원한 계산에서도 일치했다고 한다. 이러한 현상을 기록한 책은 〈한단고기〉 이외에는 없다고 한다.

BC1763 13세 檀君 흘달(屹達) 20년

소도단(蘇塗壇)을 많이 세워 천지화(天指花: 무궁화)를 심고 미혼자제가 독서와 습사(習射: 사격연습)를 하게하니 이들을 일컬어 국자랑(國子郎)이라 하였으며, 국자랑이 출행할 때에 머리에 천지화를 꽂으므로, 그때 사람들이 국자랑을 칭하여 천지화랑(天指花郎)이라 했다.

註) 천지화랑(天指花郎): 〈태백일사〉에 「원화(源花)는 여랑(女郎)을 칭한다. 남자는 화랑(花郎), 또는 천왕랑(天王郎)이라 했다. 임금이 명하여 오우관(烏羽冠)을 내려 가관(加冠)하고 의식을 치를 때 큰 나무

를 봉하여 황웅신상(桓雄神像)을 만들고 거기에 절을 하였다. 신수(神樹)를 일반적으로 웅상(雄商)이라 하는데 웅상은 항상 있었다」라고 했다. 신라의 화랑(花郎)제도의 뿌리가 여기에 있다.

BC1715 14세 檀君 고불(高弗) 7년

자부선생(紫府先生)인 광성자(廣成子), 포의자(浦衣子), 유위자(有爲子) 세사람의 신위(神位)를 영명사(永明祀)를 지어 봉안한 후 크게 제사를 지냈다.

註) 광성자(廣成子), 포의자(浦衣子), 유위자(有爲子) 세 사람은 3대 성인(聖人)으로, 특히 유위자는 향후 수천 년의 미래를 예언하며 이에 대비하도록 말한 것으로 알려졌다.

BC1712 14세 檀君 고불(高弗) 10년

만고후(晩考候)가 반란을 일으키므로, 오성(吳成)을 보내 토벌하여 평정했다.

BC 1698 14세 檀君 고불(高弗) 24년

현육(玄育)이 무리를 이끌고 쳐들어와 노략질을 했다. 고불 단군이 군사를 보내 진압했다.

BC1686 14세 檀君 고불(高弗) 42년

화폐인 원공패전(圓孔牌錢)을 보완하여 쇠를 녹여 주물을 부어 만들고 자모전(子母錢)이라했다. 자모전을 사용하자 교역이 더욱 원활하게 되었다.

註) 청동화폐인 명화전(明化錢)과 일화전(一化錢)이 한반도와 만주지역에서 출토되었는데, 이들이 원공패전이나 자모전의 다른 이름 같다. 또한 연(燕)나라 화폐라고 주장하는 명도전(明刀錢)도 중국사서에는 사용기록이 전혀 없으며, 출토되는 지역도 주로 요동과 한반도 지역이다. 주(周)나라와 그의 제후국인 연(燕)나라와 제(齊)나라 등에서는 출토되지 않았다.

BC1666 14세 檀君 고불(高弗) 56년

사방에 관리를 보내 전국의 호구(戶口)를 조사하니 인구가 총 1억8천만이었다.

註) 〈단군세기〉에는 가구(家口)로 표기했고, 〈단기고사〉에는 인구(人口)로 되어있다.

BC1661 15세 檀君 대음(代音) 원년

은(殷)나라 왕 소갑(小甲: 은나라 7대 왕)이 사신을 보내와 화친을 구했다.

註) 대음(代音)은 〈단기고사〉와 〈규원사화〉에는 벌음(伐音)으로 됨. 이때 은(殷)나라는 개국 초기로서 수시로 왕이 바뀌는 등, 안정이 되지 않은 상태였으며 조선과의 국력 차이는 비교할 수도 없는 상태였다.

BC1660 15세 檀君 대음(代音) 2년

10월, 양운(養雲), 수밀이(須密爾)의 사람들이 와서 방물(方物)을 바쳤다.

註) BC 4000년 전부터 메소포타미아에서 살면서 서양문화의 모체를 이룬 슈메르인을 가리키는 것으로 보인다.

BC1652 15세 檀君 대음(代音) 10년

신지(臣智) 우속(禹粟)에게 명하여 고유(膏油)에 있는 금(金)과 철(鐵)을 채취했다.

註) 지금까지 알려진 철(鐵)의 생산역사는 BC1500~BC1000 경에 터키 땅인 아나톨리아에서 시작되어 중국에는 BC 500년경에 전해졌고, 한반도에는 BC 400년~300년에 도입되었다고 전해져 왔다.

가을 7월에는 우루인(虞婁人) 20가(家)가 투항하여 오므로 염수(鹽水) 근처 땅에 정착하여 살도록 했다.

註) 우루(虞婁)는 슈메르의 도시국가(?)인 듯하며, 염수(鹽水)는 또 다른 명칭이 산동성에 있는 백하사(白沙河), 무함하(巫咸河)이다.

BC1634 15세 檀君 대음(代音) 28년

태백산(太白山: 백두산)에 역대 천왕과 단군 그리고 제후들의 공적을 새긴 비석을 세웠다.

BC1626 15세 檀君 대음(代音) 36년

대음 단군의 숙부(叔父) 고선(古仙)이 반란을 꾀하다 발각되어 자살하였다.

BC1622 15세 檀君 대음(代音) 40년

대음 단군의 동생 대심(代心)을 남선비(南鮮卑)의 대인(大人)으로 봉했다. 이로써 대심이 남선비족의 조상이 되었다.

註) 〈단기고사〉에는 아우 벌심(伐心)을 달단왕(達但王)으로 삼았다고 했다.

BC1596 馬韓 14대 을아(乙阿) 38년

탐모라(耽牟羅: 탐라국 - 제주도)인이 말 30필을 바쳤다.

BC1583 16세 檀君 위나(尉那) 28년

9한(九桓)의 모든 지도자들이 영고탑(寧古塔: 길림성 寧安縣)에 모여 삼신상제(三神上帝)에 환인, 환웅, 치우 및 단군왕검을 배향하여 제사를 지내고, 무리와 더불어 5일 동안 연회(五日大宴)를 베풀면서 둥그렇게 돌아가며 춤을 추며 애환가(愛桓歌)를 제창했다.

註) 애환가(愛桓歌)는 고신가(古神歌)의 한 종류로 백성의 번성함과 태평세월을 노래하고 있는데, 오늘날의 애국가(愛國歌)와 같은 것이다. 가사는 「산유화(山有花)야 산유화야 거년종(種) 만수(萬樹)요 금년종 만수로다. 불함(不咸山)에 봄이오니 꽃이 만홍(萬紅)이라. 천신(天神)을 섬기고 태평을 즐기네.」이다. 이때 둥그렇게 돌아가면서 경전을 외웠는데 이 유풍이 「지신밟기」로 남아있으며, 또한 둥글게 돌면서 춤을 추며 애환가를 부르는 의식은 오늘날 「강강술래」의 유래가 되었다고 한다.

이때 황극을(黃克乙)이 말하기를 "법이 오래되면 폐해가 생기고, 도(道)가 오래되면 마(摩)가 유혹합니다. 우리나라가 일어난 지 천년이 넘었는데 오랫동안 안락에 빠져 용맹을 본받지 않으니 고통을 모르고 퇴보하여, 문약(文弱)에 빠지면 간신들이 권력을 농단하고 나라가 망하게 됩니다."라고 했다. 위나 단군은 이 말을 듣고 법을 새로 고치게 하여 황극을을 재상에 임명했다.

BC1566 16세 檀君 위나(尉那) 45년

기국(杞國: 하남성 杞縣지방)의 군장(君長)을 왕으로 봉하면서, 새로 임명된 기왕(杞王)에게 나라의 형편을 물었다. 기왕은 "아무런 걱정이 없으며, 다만 하늘이 무너질까 걱정할 따름입니다"라고 했다. 이때부터 사람들은 쓸데없이 걱정하는 일을 "기우(杞憂)"라고 하였다.

BC1550 17세 檀君 여을(余乙) 3년

엄년(嚴年)의 무리가 반란을 일으키자 군사를 보내 토벌했다.

BC1510 17세 檀君 여을(余乙) 42년

나라가 태평하고 무사하니, 이때에 동등한 나라는 은(殷)나라 뿐이며, 그 외에는 모두 따르며 복종하는 나라(臣服國)뿐이고, 그 나머지는 제후(諸侯)들이 다스리는 나라뿐이었다.

BC1484 18세 檀君 동엄(冬奄) 원년

제후들이 서로 싸우는데, 우수주(牛首州: 소머리 마을)에 있는 앙골(盎骨)이란 자가 아우 장골(長骨)과 함께 전란을 일으켜, 서쪽 지역 백성들이 큰 피해를 입자 부여후(夫餘候)가 또한 편하지 못했다. 임금께서 충달(充達)을 보내 서쪽을 치게 하니 예후(濊候)와 숙신후(肅愼候)가 지원하므로, 이로부터 5년 만에 앙골을 쳐부수었다. 이후 충달을 시켜 서쪽 지역의 백성을 달래고 도와주게 하니 사람들이 기뻐하며 따라왔다.

BC1468 番韓 22대 소밀(蘇密) 3년

은(殷)나라가 조공을 바치지 않으므로 북박(北亳: 殷의 수도 - 殷은 여러번 도읍을 옮겼다)을 토벌하니, 은나라 왕(殷主) 하갑단(河壇甲: 殷의 12대 왕)이 곧 사죄하였다.

BC1426 19세 檀君 구모소(緱牟蘇) 10년

청동으로 만든 패엽전(貝葉錢)을 사용하게 하니, 교역이 더욱 번창하여 생활이 편해졌다.

BC1420 19세 檀君 구모소(緱牟蘇) 16년

닥나무 껍질로 종이를 만들고, 칡껍질로 실을 자아서 옷감을 만들도록 하였다.

註) 이때 만들어진 종이가 한지(韓紙)인데, 지금까지는 후한(後漢)의 화제(和帝) 시대인 105년 경에 채륜(蔡倫)이 나무껍질을 원료로 종이를 만든 것이 세계 최초라고 알려져 왔다.

BC1412 19세 檀君 구모소(緱牟蘇) 24년

섬라국(暹羅國) 사람 남상인(男常人)이 입조(入朝)하여, 단군이 남장인에게 벼슬을 주었다.

BC1391 19세 檀君 구모소(緱牟蘇) 45년

황운갑(黃雲甲)이 남쪽방향을 가르치는 지남거(指南車: 나침판)와 목행마(木行馬)를 개량하여 만들었다.

BC1382 19세 檀君 구모소(緱牟蘇) 54년

지리숙(支離叔)이 태양과 달과 별의 움직임을 관측하여 주천력(周天曆: 太陽曆)을 만들고, 또한, 팔괘(八卦)의 변화를 연구한 팔괘상중론(八卦相重論)을 저술하였다.

BC1377 20세 檀君 고홀(固忽) 4년

북흉노(北匈奴)가 변방에서 어른 노릇을 하려하기에 군사를 보내 물리치고, 임금께서 서남으로 순시하다가 은나라의 도읍(殷都)을 둘러보고 돌아왔다.

BC1341 20세 檀君 고홀(固忽) 40년

공홀(工忽)이 구환(九桓)의 전체 강역을 나타내는 구환지도(九桓地圖)를 만들어 바쳤다.

BC1333 21세 檀君 소태(蘇台) 5년

番韓 29대 소정(小丁) 원년

소태 단군이 우사(雨師) 소정(小丁)을 번한(番韓)에 보내어 왕위를 잇도록 했다. 그런데 소정이 떠날 때에 은(殷)나라 왕 무정(武丁: 은의 23대 임금)이 침범한다는 소식을 듣고 고등(高登)이 상장군(上將) 서여(西余)와 함께 무정의 군사를 격멸하면서 색도(索度)까지 추격하고, 병사를 놓아 불 지르면서 약탈까지 하고 돌아왔다. 이때 서여는 북박(北亳: 殷의 首都)을 점령했고, 탕지산(湯池山)에 주둔하던 중에는 자객을 보내 번한왕 소정을 죽이고는 아울러 병갑(兵甲)까지 싣고 돌아왔다.

註) 번한(番韓)은 29대왕 소정(小丁)이 암살된 연후로 전반기 왕조가 끝나며, 이후로는 후반기 번한으로 들어감.

BC1291 21세 檀君 소태(蘇台) 47년

은나라 왕(殷主) 무정(武丁)이 중흥된 국력으로 괴방(鬼方: 북방 靑海 지역에 사는 西戎族)을 쳐서 이긴 후, 많은 군사를 이끌고 우리에게 침공해 왔다. 그러나 고죽국(孤竹國) 주변에 있는 나라인 색도(索度)와 영지(令支) 등의 나라가 우리를 지원하자 무정이 크게 패하여 화의를 청하면서 조공을 바쳤다.

註) 영지(令支): 난하 하류에 있는 나라. 단군이 쌓은 요중(遙中) 12성 중에 하나.

註) 고죽국(孤竹國): 고구려의 어원인 '고리(高離)'는 처음에 한반도 북부가 아닌 발해만 북부, 즉 고죽국 일대에 있었다고 〈구당서(舊唐書)〉에 기록하고 있다. 즉, '고리(고구려) 땅은 본래 고죽국으로서 주(周)나

라 때에 기자에게 봉해진 지역이었다. 한(漢)나라 시기에 세 개의 군으로 분할되었다'라고 했다. 즉, 고리(고구려)는 BC1 1세기 상나라 유민들이 살던 고조선 서부 옛 고죽국 지역에 있었음을 알 수 있다.

BC1289 21세 檀君 소태(蘇台) 49년

개사원(蓋斯原) 욕살 고등(高登)이 괴방(鬼方)을 잠입 습격하여 격파했다. 그러자 이에 놀란 일군국(一郡國)과 양운국(養雲國) 두 나라가 사신을 보내 입공했다. 이후, 고등이 거듭 군사를 크게 일으켜 서북지방을 경략하여 크게 세력이 강성해지자, 스스로 사람을 보내 우현왕(右賢王)이 될 것을 요청해왔다. 그러나 소태 단군이 꺼리어 허락하지 않다가…

註) 우현왕(右賢王): 최고 통치자 아래에 있는 부왕(副王) 제도로서 몽골이나 흉노의 관제에 우현왕, 좌현왕이 있다. 제왕을 모시는 분봉왕(分封王) 내지는 제후(諸侯)에 해당한다.

BC1287 21세 檀君 소태(蘇台) 51년

馬韓 18대 아라사(阿羅斯) 원년

고등(高登)이 개성(開城)에 의거하여 반란을 일으켰다고 하므로 마한왕 아라사(阿羅斯)가 고등을 토벌하기 위해 군사를 이끌고 홍석령(紅石嶺)에 이르렀을 때, 소태 단군이 고등으로 우현왕(右賢王)을 허락했다는 소식을 듣고는 되돌아갔다. 소태 단군은 고등의 호(號)를 두막루(豆莫婁)라고 했다.

註) 이제는 도(道)를 통하여 천하를 다스리던 시대가 아니라 힘으로 지배할 수밖에 없는 시대가 되었다. 때문에 소태 임금은 이에 적응하지 못한 채로 권위를 잃어 스스로 단군을 사퇴하기로 하고 누군가에게 통치권을 넘기려하는데…

**"색불루(索弗婁)의 혁명"**

BC1286 21세 檀君 소태(蘇台) 52년

제18대 馬韓王 아라사(阿羅斯) 2년

우현왕(右賢王) 고등(高登)이 죽고 그의 손자 색불루(索弗婁)가 이어서 우현왕이 되었다. 소태 단군이 5가(加)를 소집하여 스스로는 늙어서 제위를 지키기가 어렵다 하면서 모든 정사(政事)를 해성(海城: 요동반도 서해안) 욕살 서우여(徐于餘)에게 넘기고자 살수(薩水) 주위 100리를 서우여에게 봉하고 기수(奇首)라 불리도록 했다. 이때 마한왕(馬韓王) 아라사(阿羅斯)와 우현왕 색불루가 반대했지만 소태 임금이 듣지 않으므로, 마침내 색불루는 엽호(獵戶: 사냥을 업으로 하는 부락) 수천을 거느리고 부여(夫餘)의 신궁(新宮: 백악산 아사달)에서 스스로 단군에 즉위했다. 그러나 이에 모든 욕살(褥薩) 등이 이를 인정하지 않고 거부하자, 여원흥(黎元興)과 개천령(蓋天齡)이 적극적으로 욕살들을 설득하여 따르게 했다. 소태 임금은 비로소 색불루에게 옥책(玉冊)과 국보(國寶)를 전하고, 서우여를 폐하여 평민으로 만들고는 붕어하자, 색불루가 정식으로 단군이 되었다. 이때 마한(馬韓)왕 아라사가 이를 끝내 거부하며 군사를 일으켜 왔지만 해성(海城)의 싸움터에서 색불루의 군사에게 패하고 죽었다.

註) 서우여(徐于餘): 이듬해(BC 1285)에 색불루(索弗婁)의 천거로 제30대 마한왕(番韓王)이 되었다. 중국측의

모략에 의해 조작된 기자조선의 기자(箕子, 혹은 奇子)의 존재가 바로 이 서우여이다. 또한 〈단기고사(檀奇古史)〉에서도 서우여를 기자조선의 시조(始祖)로 쓰고 있다. 고죽국(孤竹國)의 기자는 따로 있다.

이 시기에 고죽국(孤竹國)의 후손인 백이(伯夷)와 숙제(叔齊) 역시 나라를 벗어나 동해의 물가(東海濱)에 살면서 밭을 갈고 숨어살았다.

註) 백이(伯夷)와 숙제(叔齊): 중국 측에 의하면 주(周)나라 무왕이 은(殷)나라를 치려는 것을 말려도 듣지 않으므로 수양산에 들어가 고사리를 캐서 먹으며 살았다고 하였는데, 여기서는 은의 22대 무정(武丁) 때의 사람들이므로 연대가 맞지 않는다. 은나라는 BC1122년에 망한 것으로 되어있다. 고죽국(孤竹國)은 지금의 요령성 객좌현(喀左縣)에 있었던 나라로 번조선(番朝鮮)의 소국이다.

BC1285 22세 檀君 색불루(索弗婁) 원년

番韓(番朝鮮) 30대 서우여(徐于餘) 원년

1월, 색불루가 녹산(鹿山)에서 즉위하여 단군이 되니, 이곳이 백악산 아사달(白岳山 阿斯達)이다.

5월, 이때에 삼한(三韓)이 아울러 나라의 제도를 크게 개혁했다. 한편, 평민이 된 서우여(徐于餘)가 좌원(坐原)으로 숨어 들어가 엽호(獵戶) 수천과 모의하여 반란을 일으켰다. 개천령(蓋天齡)이 듣고 이를 토벌하려다 오히려 패하고 죽으니, 색불루 임금이 친히 삼군(三軍)을 이끌고 나아가 먼저 항복을 권하고, 비왕(裨王: 부왕)에 봉할 것이라 설득하여, 서우여를 번한왕(番韓王)으로 삼았다.

註) **제도 개혁**: 삼한(三韓)을 삼조선(三朝鮮)이라하고 관경(管境)을 조선(朝鮮)이라 했다. 진조선(眞朝鮮: 辰韓)은 단군이 다스리는 땅이고, 막조선(莫朝鮮: 馬韓)은 여원흥(黎元興)이 다스리게 하여 대동강(大洞江)을 지키니 또한 왕검성(王儉城)이라고 했다. 단군조선(檀君朝鮮) 첫 번째 대개혁을 종합하여 보면 삼조선(三朝鮮)은 이때부터이나, BC425년에 44세 단군 구물(丘勿)에 이르러 삼조선(三朝鮮)의 제도(制度)가 완전하게 되었다.

| 옛 명칭 | 개혁 후 | 통치자 |
|---|---|---|
| 진한(辰韓) | 진조선(眞朝鮮) | 단군(檀君) 색불루(索弗婁) |
| 마한(馬韓) | 막조선(莫朝鮮) | 비왕(裨王) 여원흥(黎元興) |
| 변한(番韓) | 번조선(番朝鮮) | 비왕(裨王) 서우여(徐于餘) |

11월, 색불루 임금이 친히 9한(九桓)의 장수들을 이끌고 여러 번 싸워 은(殷)나라의 도읍을 격파한 후, 일시 화해하였다가 다시 크게 싸워 은의 도읍(殷都)를 재차 점령했다. 그리고…

BC1284 22세 檀君 색불루(索弗婁) 2년

2월, 색불루 임금은 내친 길에 은나라 군사를 하상(河上: 황하강 상류)까지 몰아내고 회대(淮岱: 산동지방) 지방에 변한(弁韓)의 백성을 옮겨 살도록 한 다음, 목축과 농업을 장려하니 나라의 위세가 사방에 떨쳤다.

註) 이때 황하지방에 들어가 살게 된 변한 백성들이 주(周)나라 목왕(穆王) 때에 서이(徐夷)가 되었으며, 래이(萊夷)가 되었다. 서이와 래이는 춘추전국시절에 연(燕), 제(齊), 노(魯), 조(趙)나라가 되었다. 또

한, 회수(淮水) 일대로 옮겨간 변한의 백성들은 회이(淮夷)가 되었으며 춘추전국시대에는 초(楚), 오(吳), 월(越)나라가 되었다.

BC1280 22세 檀君 색불루(索弗婁) 6년

신지(神誌) 육우(陸右)가 "영고탑(寧古塔)에 왕기(王氣)가 서려있으니, 장차 도읍지입니다"라고 말했다. 색불루 임금은 "새로운 도읍에 집이 있는데 또 옮길 것인가?"하며 사람을 시켜 영고탑에 성(城)만 쌓도록 하였다.

BC1266 22세 檀君 색불루(索弗婁) 20년

이때에 제후국인 남국(藍國)이 자못 강하여 고죽국(孤竹國: 요서지방)의 왕(孤竹君)과 더불어 여러 도적을 몰아내고 은(殷)나라에 가까운 엄독홀(奄瀆忽)에 이르렀다. 색불루 임금께서 여파달(黎巴達)에게 군대를 주어 보내 빈.기(邠岐: 섬서성 지역)를 차지한 뒤 그 유민과 함께 나라를 세워 "여(黎)"라 하고, 은(殷)나라 제후(諸侯) 사이에 있는 서융(西戎)과 함께 살게 하였다. 남씨(藍氏)의 위세가 심히 강성하여 단군의 덕(德)이 항산(恒山: 大同에 있는 산 이름) 이남 먼 곳까지 미치게 되었다.

註) **여(黎):** 산서성 장치현(山西省 長治縣) 서남쪽에 있는 여주(黎州). 즉, 옛 여국(黎國)이 있으며 요(堯)임금 후손들로 세워졌다 함.

註) **동이(東夷):** 〈후한서(後漢書) 동이열전(東夷列傳) 풍속통(風俗通)〉 기록에 의하면 '왕제(王制)에 이르기를 동방(東方)을 이(夷)라 한다. 이(夷) 자란 근본이다. 그 말은 인자(仁慈)하여 살리기(生)를 좋아한다는 말이다. 만물이 땅에서 근거하여 출산되는 것과 같다'라 했다. 한편 다른 해석으로, 서쪽에 거주하는 인종은 창을 잘 써서 융(戎)이라하고 동쪽에 인종은 활을 잘 다루어 이(夷)하 했다는데, 서융(西戎)과 동이(東夷)는 이 말에서 유래했다고 한다.

BC1250 22세 檀君 색불루(索弗婁) 36년

변방의 장수 신독(申督)이 반란을 일으켜 색불루 임금이 영고탑(寧古塔)에 피난하였는데, 이때부터 많은 백성들이 뒤를 따라와 살게 되어, 영고탑이 동북방에 큰 도읍이 되었다.

BC1237 23세 檀君 아홀(阿忽) 원년

황숙(皇叔) 고불가(固弗加)에게 낙랑홀(樂浪忽)을 다스리게 하고 웅갈손(熊乫孫, 또는 熊加의 乙孫)을 보내 남국의 왕(藍國君)과 함께 남쪽으로 원정(南征)하는 군사를 돌보게 하였다. 은(殷)나라 땅에 6개의 읍(六邑)을 설치했더니, 은나라 사람들이 화합하지 못하고 서로 다툼으로 군대를 보내 쳐부수었다. 7월, 반신(叛臣) 신독(申督)을 주살하고 아사달에 환도하여 포로를 석방했다.

註) **낙랑홀(樂浪忽, 낙랑골):** 현재의 중국의 수도 북평(北平). 〈대명일통지(大明一統志)〉에 보면 「군의 명칭(郡名)은 고죽(孤竹)이 옛 명칭이요, 북평군(北平郡)은 진(秦)나라 때 이름이며, 노룡(盧龍)은 위(魏)나라 때 이름이고, 북연(北燕) 때는 평주(平州)와 낙랑군(樂浪郡)으로 나누어 부르더니, 북위(北魏) 때

에는 낙랑(樂浪)의 이름을 바꾸어 북평군(北平郡)이라 했다」. 그 다음 명(明)나라 때에는 북평을 영평부(永平府)라 했다.

BC1236 23세 檀君 아홀(阿忽) 2년

남국의 왕(濫國君) 금달(今達)이 청구국왕(靑丘君)과 구려왕(句麗君)과 함께 주개(周愷)에서 만나 몽골리(蒙古里)의 군사와 합하여 이르는 곳마다 은(殷)나라의 성(城)을 깨고 오지까지 깊이 들어가 회대(淮岱: 산동반도 지방)의 땅까지 평정한 다음, 포고(蒲古)씨를 「엄(淹)」에, 영고(盈古)씨를 「서(徐)」에, 방고(邦古)씨를 「회(淮)」에 각각 봉했다. 은(殷)나라 사람들이 두려워서 감히 가까지 오지 못했다.

註) 엄(淹)나라는 산동성 태산(泰山) 남쪽 곡부(曲阜: 孔子 출생지) 인근지방이고, 서(徐)나라는 강소성 사홍(泗洪) 홍택호(洪澤湖) 서북쪽이며, 회(淮)나라는 회수(淮水) 부근.

BC1226 23세 檀君 아홀(阿忽) 12년

돌궐(突厥: 터키 계열의 나라)에서 사절이 왔기에 후하게 대접하여 보냈다.

BC1219 23세 檀君 아홀(阿忽) 19년

반신(叛臣) 신독(申督)의 아들이 쳐들어 온 것을 아덕(亞德)이 나아가 쳐부수고 그의 목을 베었다. 이후 아덕을 재상(宰相)으로 임명하니 나라가 태평해졌다.

BC1212 番朝鮮王 31대 아락(阿洛) 13년

이선간(李仙干)을 보내 동북쪽에 있는 호(胡: 오랑캐)를 쳐서 꺾었다.

BC1207 番朝鮮王 31대 아락(阿洛) 18년

마이서(馬以西)를 보내 북적(北狄)을 쳤다. 그러나 왕이 정벌에 힘쓰며 토목공사를 크게 벌이니 백성들의 부역이 커지면서 생활이 어려워졌다. 이러한 중에도 상(相: 殷)나라를 치기 위해 병사들의 훈련을 강하게 시키다가 도중에 운명했다.

BC1160 24세 檀君 연나(延那) 2년

연나 임금은 처음부터 황숙(皇叔) 고불가(固弗加)에게 정치를 맡겼다. 이때 은(殷)나라가 남쪽 경계까지 쳐들어오므로, 남이(藍夷)의 제후(藍候)가 군사를 이끌고 나아가 쳐부수었다. 나라 안에는 소도단(蘇塗壇)을 더 많이 만들어 제사하고 여러 신(神)들에게 빌었다.

**"기자(箕子)"**

BC1140 番朝鮮王 32대 솔귀(率歸) 45년

은(殷)나라의 마지막 왕 주(紂)의 친척인 기자(箕子)가 주(周)나라의 신하될 마음이 없어 동쪽으로 나오니 강달(姜達), 궁흠(弓欽) 등 50명이 따라와 요수(遼水: 西遼河)변에 머물렀다. 번한왕(番朝鮮王) 솔

귀가 이들을 요서(遼西)의 한 모퉁이에 살게 해주었더니 은(殷)나라 백성들 중에 기자를 따르는 사람들이 모여 살게 되었다. 이를 기자정(箕子井)과 기자경(箕子畊)이라 했다.

註) **기자(箕子),** 은(殷)의 마지막 왕 주(紂)의 서숙(庶叔)으로, 이름은 서여(胥餘). 기(箕) 땅에 봉해져 자(子)라는 작위를 받은 제후이기에 기자(箕子)라 불렀다. 은나라 말기에 주왕이 폭정을 하자 비간(比干)이 간하다가 사형 당했다. 그래서 미자(微子)는 도망쳤고 기자도 해가 미칠까 두려워 미친척하다가 옥에 갇히게 되었다. 후에 은나라를 멸망시킨 주나라 무왕(武王)에게 석방되었는데, 은나라를 멸망시킨 주나라를 섬길 수 없다면서 '조선'으로 망명했다. 한편, 〈마한세가(馬韓世家)〉에 의하면 은(殷)이 멸망한 후 3년(BC 1120)에 아들 서여(胥餘)가 태행산(太行山) 서북 땅에 피난하여 살므로 막조선(莫朝鮮)이 그를 듣고 여러 주군(州郡)을 순회하며 열병하고 돌아갔다고 했는데, 서우여(徐于餘)가 번조선의 왕이 되고, 그 후로 수유(須臾)사람 기후(箕詡)가 다시 번조선 왕이 된다. 소위 말하는 기자조선의 기자의 정체는 해성욕살 서우여이다. 고죽국의 기자는 따로 있다.

BC1130 番朝鮮王 33대 임나(任那) 8년

천왕의 조(詔)를 받들어 동쪽 교외에 천단(天壇)을 쌓고 삼신(三神)에 제사하였다. 무리가 돌아가며 춤을 추면서 북을 치고 노래하였다.

註) 이때 노래하기를 "정성으로 천단을 쌓고 삼신주(三神主) 그 축수(祝壽)하세. 황운(皇運)을 축수함이여 만만세로다. 만민을 돌아봄이여 풍년을 즐거워하도다" 하였다.

BC1122 25세 檀君 솔나(率那) 29년

주(周)나라의 공격으로 은(殷)나라가 멸망하다.

註) 은(殷)왕조도 말기의 무을(武乙)과 주(紂)왕의 시대에 이르자, 방자해져서 자신이 신(神)같은 절대자라고 믿고 제후와 백성들에 대하여 잔혹한 압정을 가했다. 또한 동남아시아와의 무역을 활발히 하기 위해, 황하강 유역의 인방(人方)이라고 하는 동이족(東夷族)의 국가를 정복했다. 주(紂)왕이 전쟁에 국력을 다 써버린 틈에, 서쪽 산서성에서 실력을 길러 인망을 얻고 있던 주(周)나라의 문왕(文王)이 동진하여 화북평원으로 내려왔고, 문왕의 뒤를 이은 무왕(武王)은 더욱 동진하여 은나라 주왕의 대군을 목야(牧野)의 싸움에서 무찌르고 은의 수도에 입성하여, 주(紂)왕을 죽이고 주(周)나라를 일으켰다. 이로서 동이족(東夷族)에 의한 황하 중류지방의 지배권이 한족(漢族)에게 처음으로 넘어가게 되었다.

BC1114 25세 檀君 솔나(率那) 37년

기자(箕子)는 은나라가 망하자 이로 인한 슬픔으로 서화(西華: 河南省의 箕城)에 옮겨가 살면서, 일체 외부와의 접촉을 끊은 채로 인사 받는 일 조차 사절하고 죽었다.

註) 기자(箕子)는 상나라 제후국인 기국(기국)을 다스리던 왕족으로 고조선을 다스린 왕은 아니다. 여기서 기자는 상나라가 망한 후에 상(은)나라 유민을 이끌고 고조선 국경지대인 산서성 태원(太原)으로 이주하여 6년 정도 살다가 고향 땅 하남성 서화현(西華縣)으로 돌아가 생을 마감했다고 되어있다. 서

화(西華)는 옛 기(箕)의 땅으로 개봉부(開封府) 90리 거리에 있다는데, 〈대명일통지(大明一統誌)〉에서는, 처음 기자(箕子)가 송(宋)나라 기(箕) 땅에서 살았기 때문에 기자(箕子)라 했다고 했다. 하남성 서화(河南省 西華)지방은 남북조 시대에는 양(梁)나라 땅이었으니 기자(箕子)의 무덤이 있다는 양나라 몽현(蒙顯)이나 지금의 서화(西華)가 같은 곳이 아닌지? 지금까지는 있지도 않은 기자조선(箕子朝鮮)을, 그것도 한반도내 대동강 유역의 평양에다가 그려 넣고 있었다.

BC1112 25세 檀君 솔나(率那) 39년

7월, 도읍지를 영고탑(寧古塔: 만주 목단강 아래의 寧安지방)으로 옮겼다.

BC1105 番朝鮮 34대 노단(魯丹) 원년

북막(北莫)이 쳐들어오므로 노월소(路月邵)를 보내 토벌했다.

BC1096 番朝鮮 34대 노단(魯丹) 10년

북적(北狄)이 변경에 쳐들어오니 노일돌(路日突)을 구원군으로 보내 물리쳤다.

BC1083 番朝鮮 35대 마밀(馬密) 10년

상장(上將) 노일돌(路日突)을 보내 유주(幽州)와 영주(營州)를 얻고, 그 곳에 왕(番朝鮮王)의 셋째 아우 마석간(馬石干)을 제후로 봉했다.

註) 유주(幽州)와 영주(營州): 〈단기고사〉는 국한문본(國漢文本)으로 번역과정에서 이해하기 쉽도록 근대적인 지명과 술어들이 많이 삽입하였는데, 이 부분도 마찬가지이다.

BC10482 6세 檀君 추로(鄒魯) 15년

오성원(吳聖源)이 아뢰기를 "태평성세를 누린지 너무 오래되어 백성들이 교만하고 방자해져 교화하기 어려우니, 이를 살피어 고쳐 없애기 바랍니다"라고 했다.

BC10352 6세 檀君 추로(鄒魯) 28년

달단(韃靼)의 군장(君長)이 입조하였다.

註) 달단(韃靼 혹은 達達): 대흥안령(大興安嶺) 서쪽에서 유목생활을 하는 동이족의 한 갈래로, 타타르(Tatar: 塔塔兒)라고도 한다. 지금은 구(舊)소련 내의 흉노계(匈奴係: 터키계) 사람들을 타타르라고 부른다.

BC1012番朝鮮 39대 등나(登那) 원년

등나왕(登那王)은 즉위하면서 장자 해수(奚水)를 태자로 삼고, 아우 등로(登魯)를 가락후(加洛候)로 삼고, 둘째 아우 등원(登元)을 신주후(新州候: 제주도의 제후)로 삼았다.

註) 번조선의 강역은 요동과 요서지방인데, 당시에 한반도 남부에 존재가 의심스러운 가락국과 신주(제

주도)가 등장한다. 그렇다면 당시 한반도 남부지방에 자리하던 막조선의 위상은?

BC 9972 7세 檀君 두밀(豆密) 원년

군사를 보내 은(殷, 商)나라를 칠 때, 수신의 제후(撒侲候) 다홀(多忽)이 군사를 보내 동해(東海)를 지나 귀주(鬼州)를 치면서 그 전쟁을 잘 마무리 지었다. 천해(天海: 바이칼 호수)의 물이 넘쳐 사아란(斯阿蘭) 산이 무너졌다. 수밀이국(須密爾國), 양운국(養雲國), 구다천국(句茶川國)이 모두 사신을 보내 방물(方物)을 바쳤다.

BC 979 番朝鮮 40대 해수(奚壽) 5년

백악산(白岳山: 唐壯京 부근의 九月山?)에 삼성전(三聖殿)을 세우고 환인(桓因).환웅(桓雄).환검(桓儉: 王儉)의 신위(神位)에 제사하였다.

註) 삼성전(三聖殿): 현재 불교사찰 대웅전(大雄殿) 옆에 있는 삼성각(三聖閣)의 원류로 본다.

BC 942 29대 檀君 마휴(摩休) 2년

주태원(周太元)이 마휴 단군에게 아뢰기를 "지금의 호구(戶口)가 옛날의 10분지 6도 미치지 않는 이유는 급하지 않은 공사를 많이 벌여 백성들이 쉬지 못해 흩어지기 때문"임을 말하니, 천왕이 듣고 칭찬하며 백성을 보살폈다.

BC 925 43대 番朝鮮王 이벌(伊伐) 2년

한수(漢水)사람 왕문(王文)이 이두법(吏讀法)을 지어 마휴(摩休) 단군에게 바치니, 단군이 그를 가상히 여겨 삼한(三韓)이 같이 쓰도록 하였다.

註) **이두법(吏讀法):** 한문(漢文)을 읽기 위한 우리 고유의 한자 사용법. 一名: 吏道, 吏讀, 吏吐, 李套, 吏札.

BC 909 30대 檀君 내휴(奈休) 원년

내휴 단군이 남쪽을 순행하여 청구(靑丘: 산동지방)의 정사를 살핀 후, 치우천왕(蚩尤天王)의 공덕을 돌로 새기고, 서쪽으로 제후국(諸侯國)인 엄(奄: 산동성 曲阜縣)나라의 도읍인 엄독홀(奄瀆忽)에 이르러 여러 제후들과 함께 병사들을 사열하고, 주(周)나라와 화친했다.

BC 905 30대 檀君 내휴(奈休) 5년

흉노(匈奴)가 들어와서 공물(貢物을) 바쳤다.

BC 902 番朝鮮 43대 이벌(伊伐) 25년

상장군(上將) 고력(高力)이 회군(淮軍: 淮夷의 군사)과 함께 주(周)나라를 패하게 했다.

BC 900 30대 檀君 내휴(奈休) 10년

동돌궐(東突厥)이 사신을 보내왔다.

BC 895 番朝鮮 44대 아륵(阿勒) 6년

주(周)나라의 이공(二公)이 사신을 보내 방물을 바쳤다.

BC 892 30대 檀君 내휴(奈休) 28년

주태보(周太甫)가 태양태음설(太陽太陰說)과 현공설(懸空說), 복서(卜書), 천문설(天文說), 지수설(地水說) 등의 신주역서(新周易書) 13권을 단군에게 바쳤다. 단군이 읽어보고 "후세에 이 글로 인하여 세상을 어지럽히는 자들이 있을 것이다"라고 하였다.

BC 845 32세 檀君 추밀(鄒密) 4년

북적(北狄)이 쳐들어 온 것을 바로 물리쳤다.

註) **북적(北狄)**: 적(狄)은 융적(戎狄)이라고도 하여, 북방 이민족을 통틀어 가리키기도 한다. 출신 기원에 대해서는 은대(殷代)에 활약한 귀방(鬼方), 또는 투르크계의 민족이라고도 하며, BC 8세기~BC 5세기 춘추시대에는 섬서(陝西)에서 산서(山西) 지방에 걸쳐 활약했고, 적적(赤狄) 백적(白狄) 장적(長狄) 등으로 나뉘어 중원(中原)까지 진출했다. 춘추시대 초에는 위(衛)나라가 적에 의해 멸망하여, 제(齊)나라의 환공(桓公)이 적을 토벌하고 초구(楚丘)에 위나라를 재건하기도 했다. 또, 춘추시대에서 전국시대에 걸쳐 출현한 선우국(鮮虞國) 및 중산국(中山國)은 적이 세운 부족국가였다.

BC 823 32세 檀君 추밀(鄒密) 26년

손흥렬(孫興烈)이라는 신하가 난을 일으켰으므로, 군사를 보내 토벌했다.

BC 813 32세 檀君 감물(甘勿) 7년

영고탑(寧古塔) 서쪽 감물산(甘勿山) 아래에 삼성사(三聖祠)를 세우고, 단군이 친히 제사를 지내며, 삼신(三神)에게 맹세하는 글인 서고문(誓告文)을 읽었다.

註) **삼성사(三聖祠)**: 환인(안파견), 환웅(거발한), 단군(왕검)의 세 조상을 모시는 신당(神堂)으로, 단군조선 각처에 많이 지어져 있었다. 지금은 사찰 옆에 삼신을 모시는 삼성각(三聖閣)이란 별관으로 남아 자리를 지키고 있다. 그러나 한편, 황해도 구월산(九月山)에도 삼성사가 있는데, 조선조 문종대왕이 삼성사를 수리할 것을 명했다는 기록으로 보아, 삼성사는 조선왕조에 이르기 까지는 여러 곳에 남아 있었던 것 같다.

BC 795 34세 檀君 오루문(奧婁門) 원년

도읍을 낙랑골(樂浪忽)로 옮기고 진한과 번한의 제후(眞番候)로 하여금 옛 도읍(舊都)을 보살피게 하였다. 오곡이 풍성하게 익으므로 만백성이 기뻐하여 도리가(兜里歌)를 지었다.

註) **도리가(兜里歌)**: 풍년을 기리는 노래로, 「하늘에는 아침 해가 있어 밝은 빛을 비추네. 나라에는 성인(聖人)이 있어 큰 가르침 널리 입네. 큰 나라 우리 배달성조(倍達聖朝) 그 많은 사람들 정치 탓하는 것 못 보았네. 밝고 밝은 노래 소리 오래도록 태평일세」 이다.

BC 774 34세 檀君 오루문(奧婁門) 21년

백건적(白巾賊)의 난이 있어 오루문 임금이 견적(遣迪)으로 피난했다가, 이듬해 8월에 다시 환궁하였다.

BC 753 莫朝鮮 26대 사우(斯盧) 2년

주(周)나라 왕 선구(宣臼: 13대 平王)가 사신을 보내 하례(賀正)하였다.

**"왜지토벌(倭地 討伐)"**

BC 723 35세 檀君 사벌(沙伐) 50년

장수 언파불합(彦波弗哈)이 해상의 전투로 웅습(熊襲: 일본 九州의 熊本)을 평정했다.

※ 일본열도는 1만2,000년 이전부터 세계 최초의 토기를 만들만큼 문명이 오래된 땅인데, 외부의 충격 없이 오랫동안 신석기 문명을 유지하다가 BC 3세기 한반도인의 이주에 의해 비로소 청동기 문명이 시작된다. 일본 최초의 청동기 문명인들인 야요이인들은 한반도 남부 사람과 유전적으로 같은 것으로 판명되었는데, 이는 야요이 문명이 한반도 남부의 예맥족(왜족)이 일본으로 이주해 만든 문명이라는 사실을 말한다. 이때 한반도의 풍습 역시 일본열도에 전해졌다. 한반도에서 이주한 왜인들은 야요이 시대(BC 3세기~AD 3세기 중반) 전기에 고조선의 지표인 고인돌과 북방계 돌널무덤을 함께 사용했다.

BC 713 35세 檀君 사벌(沙伐) 60년

견융(犬戎)이 변경을 침범하므로, 군사를 보내 물리쳤다.

註) 이때 견이(犬夷)가 서주(西周)를 멸망시킨 강력한 힘으로 조선에 반란을 일으켜 소란을 떨었다. 여기에서 말하는 견융(犬戎)은 은(殷)과 주(周)나라 때 섬서성 부근에 살던 종족으로, 한족(漢族)들은 이들을 견이(犬夷), 견융(犬戎), 서융(西戎), 곤이(昆夷)라고도 불렀는데, 우리 동이족의 한 갈래이다. 한편, 사기 (史記)를 쓴 사마천은 서이(西夷)들을 통틀어 호(胡) 또는 흉노(匈奴)라고도 하였다.

BC 707 35세 檀君 사벌(沙伐) 66년

사벌 임금이 조을(祖乙)을 보냈더니, 곧 바로 연도(燕都: 燕의 수도)와 제(齊)의 군대를 뚫고 나아가, 임치(臨淄: 제나라의 수도, 광동성 광요현 남쪽)의 남쪽 들판에서 싸워 이기고 승첩을 알려왔다.

BC 703 番朝鮮 51대 엄루(奄婁) 5년

흉노(匈奴)가 번한(番朝鮮)에 사신을 보내 천왕(天王)을 알현할 것을 청하고, 스스로 칭신(稱臣: 신하라고 말함)하면서 공물을 바치고 돌아갔다.

BC 667 36세 檀君 매륵(買勒) 38년

莫朝鮮 27대 궁홀(弓忽) 11년

섬승후(陜野侯) 배폐명(裵幣命)을 보내어 해상(海上)을 토벌하게 하였더니, 전선(戰船) 500척을 이끌고 가서 12월에 해도(海島: 일본)를 공략하고 왜인(倭人)의 반란을 평정했다.

註) 〈일본서기(日本書紀)의 신대하(神代下)편〉에서도 이와 관련된 기사가 있는데, 『언파염무노자초즙불합존(彦波瀲武鸕鷀草葺不合尊: 언파불합)은 이모인 옥의희(玉依姬)를 비(妃)로 삼았다. 언오뇌명(彦五瀨命)을 낳았다. 다음 도반명(稻飯命: 배폐명), 다음 삼모입야명(三毛入野命), 다음 신일본반여언존(神日本磐余彦尊) 모두 4남을 낳았다 …(중략)… 일서(一書)에 말했다. 먼저 언오뇌명을 낳았다. 다음 도반명, 다음 삼모입야명, 다음 협야존(陜野尊), 다른 이름은 신일본반여언존이라 한다. 협야(陜野)라는 것은 어릴 때의 이름이다. 후에 천하를 평정하여 8주(州)를 다스렸다. 그러므로 또 이름을 더하여 신일본번여언존이라 한다.』 왜지 토벌전의 장수 언파불합과 배폐명의 비슷한 이름이 보인다. 또한, 이에 상응하는 기사로서 일본의 고대사 〈상기(上記)〉에 의하면, 『조선인이 선단 70척에 군사 1천을 싣고 왜(九州)로 쳐들어와 낭아스네히코(長髓彦)로 하여금 내란을 일으키게 하고 임금으로 내세웠다가 몇 십 년 후 평정됐다』고 했다. 여하튼 당시의 조선은 동북아시아 일대를 통제권으로 거머쥐고 있으면서 시행된, 당시의 금속기술을 바탕으로 한 군사기술의 소산일 것이다.

BC 665 36세 檀君 매륵(買勒) 40년

북적(北狄)이 반란을 일으켜, 군사를 보내 토벌하고 평정했다.

註) 북적(北狄)은 이 당시까지 진(晉), 형(刑), 위(衛), 정(鄭)나라 등과 국경을 마주하면서 한족(韓族)들을 제어하던 제후국(諸侯國)이었다.

BC 653 36세 檀君 매륵(買勒) 52년

매륵(買勒) 임금이 군사를 보내 기(箕)씨가 대대로 살던 수유(須臾) 땅의 군사와 함께 연(燕)나라를 치게 하니, 연나라 사람(燕人)이 제(齊)나라에 급함을 알렸다. 제(齊) 환공(桓公)은 10여 나라의 군사를 동원하여 연나라를 구하고 태행산(太行山)을 넘어 불리지국(弗離支國)을 파하여 대거 고죽(孤竹國)에 들어오니, 조선이 패하여 불리지의 옛 땅을 다 잃었다.

註) **수유(須臾)**: 번조선(番朝鮮)에 속한 지명(屬領). 기(箕)씨의 거주지(世居地).

註) **불리지국(弗離支國)**: 기원전 5, 6세기 경에 불이지(弗離支)가 조선의 군사를 거느리고 지금의 직례(直隸), 산서(山西), 산동성(山東省) 등을 정복하고, 대(代)현 부근에 불이지국을 세웠다고 한다.

註) 이 싸움은 춘추제국의 총력이 모아져 조선의 침입을 막은 대규모의 전투였으며, 이 방어전의 중심이 제(齊)나라 환공으로 제는 춘추제국 최초의 패자가 된 것은 이 싸움에 기인하였다. 이때 제나라가 소집하였다는 나라들은 노(魯), 진(晉), 송(宋), 위(衛), 진(陳), 채(蔡), 조(曹), 정(鄭), 연(燕)나라로서 모두 북쪽에 위치한 나라들이다. 동쪽에 위치한 초(楚)와 서쪽에 위치한 (秦)나라는 참여하지 않았다. 조선은 이 싸움으로 춘추제국에 대한 종주권을 잃게 되어 이로부터 단군조선이 쇠약해지는 전초가 되었다.

BC 639 37세 檀君 마물(麻勿) 8년

모문후(毛文侯) 유례(有禮)가 반란을 일으키므로 군사를 보내 토벌했다.

BC 556 38세 檀君 다물(多勿) 35년

몽골 땅에 흉노(匈奴) 사람 험윤(獫狁, 玁狁)이 서쪽으로 침범해 오므로, 임금께서 진번후(眞番候: 진한과 번한의 왕)를 시켜 예후(濊候)와 부여후(夫餘候)와 함께 험윤을 쳐서 나라 밖으로 물리쳤다.

BC 518 39세 檀君 두홀(豆忽) 28년

番朝鮮(弁韓) 60대 도을(道乙) 3년

노(魯)나라 사람 공구(孔丘: 孔子)가 주(周)나라에 가서 노자(老子) 이이(李耳)에게 예(禮)를 물었다. 이(耳)의 성씨(父性)는 한(韓)이고 이름은 건(乾)이며 그 선조는 풍인(風人: 風夷?)인데, 서쪽으로 관문을 나가 내몽골(內蒙古)을 경유하여 아유타(阿踰佗)에 이르러 그 백성을 교화하였다.

BC 509 40세 檀君 달음(達音) 원년

옛적에 부여 사람(夫餘人)들이 험윤(獫狁, 흉노) 땅으로 옮아가, 그곳 사람들과 살면서 사냥을 주로 하면서 짐승가죽으로 옷을 만들어 입었다. 이들이 부여의 자손으로, 곧 맥족(貊族)이다. 청구(靑邱) 서쪽에 있는 엄려(奄慮) 땅으로 이동하여 살다가, 드디어 남후(藍候: 藍夷의 왕)의 백성이 되었다.

BC 504 40세 檀君 달음(達音) 6년

견이(犬夷)가 와서 복종하였다.

註) 견이(犬夷)가 200여 년 전에 주(周)나라를 공략하여 서주(西周)를 멸망시켰는데, 당시에 주나라를 약화시킴으로 해서 주나라의 제후국들의 이합집산으로 수백 년간 전쟁을 일삼는 춘추전국시대(春秋戰國時代)를 열게 만든 주인공이 되었다. 한편으로, 단군조선과는 공격과 복종을 반복하는 형편이었다.

BC 491 41세 檀君 음차(音次) 원년

음차 임금이 자리에 오르자 정치가 다시 일어나고 여러 제후들이 인사를 올리러 왔다. 제후들 가운데는 한후(韓候)도 있는데, 이는 바로 우리 한국(桓國)의 후손이다.

BC 461 43세 檀君 물리(勿理) 원년

남국의 제후(藍候) 검달(儉達)이 청구후(靑邱候)와 구려후(句麗候)와 수신후(擻侲候)와 더불어 군사를 이끌고 은(殷)나라를 치고 깊이 들어가니, 회대(淮垈: 淮水와 垈山, 하남성과 산동성과 안휘성 일대)의 백성들이 모두 따라왔다. 여러 제후들이 회대 지역을 중심으로 하고 박고(薄姑)씨를 청주(菁州: 산동성) 땅에 세우니, 이곳이 엄나라(奄國)요, 영고(盈罟)씨를 회수 북쪽 서주(淮北徐州) 땅에 세우니, 이곳이 서나라(徐國)이다. 제후들이 서로 뭉쳐 도우며 지켜주므로 은나라가 감히 침범할 수 없었다.

BC 426 43세 檀君 물리(勿理) 36년

莫朝鮮(馬韓) 32대 가리(加利) ? 년

융안(隆安: 安南의 북쪽 변경지방) 지방 유목민의 족장인 엽호(獵戶) 우화충(于和沖)이 수만의 무리를 모아 반란을 일으켜 36개의 군(郡)을 점령했다. 물리 임금이 토벌군사를 보냈으나 패하고, 막조선왕(莫朝鮮王) 가리(加利) 역시 출전했으나 패한 끝에 전사했다. 겨울에 적이 도성(都城: 백악산 아사달)을 포위하고 급히 공격하자 물리 임금이 궁인(宮人)들과 함께 종묘사직과 신주(神主)를 받들고, 배를 타고 해두(海頭)로 내려간 후 죽었다.

註) 막조선(馬韓)은 32대 왕 가리(加利)가 죽은 후에 손자 전내(典奈)가 왕위를 이어 받았으나, 이로부터 국정(國政)이 쇠퇴해 갔다.

이때 백민성(白民城) 욕살 구물(丘勿)이 군사를 일으켜 먼저 장당경(藏唐京: 요하 중류 연안 삼양 북쪽?)을 점거하자, 9방면(九地)의 군사가 그를 따랐으며 또한, 동서 압록(鴨綠: 압록강이 아니고 큰 강이라는 뜻)의 18성(城)이 모두 군사를 보내 지원했다.

# 大夫餘

BC 425 44세 檀君 구물(丘勿) 원년

3월에 큰 홍수가 들어 물이 도성(都城)에 범람하자 적이 크게 동요하므로 구물(丘勿)이 군사 1만을 이끌고 토벌하니 적이 스스로 무너져 마침내 우화충(于和沖)을 잡아 참했다.

3월 16일, 구물이 장수들의 추대를 받아 하늘에 제사지내고 장당경(藏唐京)에서 즉위하면서 국호를 바꿔 ‘대부여(大夫餘)’라 하고, 삼한(三韓)을 삼조선(三朝鮮)이라 했다. 이때부터 삼조선(三朝鮮)의 통치제도는 단군의 명을 따랐으나 화전(和戰)의 권한은 각각의 자유였다.

7월, 해성(海城: 만주 奉天遼瀋道에 있음)을 개축하여 평양(平壤: 도읍지를 말함, 북한의 평양이 아님)이라 부르고, 이곳에 임금의 별장인 이궁(離宮)을 지었다.

註) 단군조선 2번째 개혁: 국호(國號)가 조선(朝鮮)에서 대부여(大夫餘)로 바뀌었다. 왕검(王儉)의 개국 후 1,908년이 되었는데, 이는 일연의 〈삼국유사〉에 기록된 존속기간과 일치한다. 조선(朝鮮)이란 국호로 1,908년 존속되었으니, 일연의 주장이 틀린 표현은 아니다. 그리고 조선의 연혁에 대부여(大夫餘)까지 포함시킨다면 총 2,096년이 된다. 이는 또한 〈환단고기〉와 〈단기고사〉에서 나타난 역년 2,096년과 일치한다. 이 또한 모두가 맞는 역년이다.

BC 416 44세 檀君 구물(丘勿) 10년

서백원(徐伯元)이 사람의 체질을 태양(太陽), 태음(太陰), 소양(小陽), 소음(小陰)의 4가지 체질로 나누어 치료하는 의술서(醫術書)인 사상의학(四象醫學)에 대한 책을 바쳤다.

註) 이 사상의학은 1894년 말엽에 이제마(李濟馬)의 사상체질의학으로 세상에 알려졌다.

BC 403 44세 檀君 구물(丘勿) 23년

연나라(燕)가 사신을 보내와 신정(新正)을 축하하였다.

BC 396 45세 檀君 여루(余婁) 원년

장령(長嶺: 길림성 영길현)과 낭산(狼山: 하북성 청원현)에 성(城)을 쌓았다.

BC 380 45세 檀君 여루(余婁) 17년

연(燕)나라가 변방의 군현(郡縣)을 침략하므로, 수비장(守將) 묘장춘(苗長春)을 보내 이를 격멸시켰다.

BC 365 45세 檀君 여루(余婁) 32년

番朝鮮(弁韓) 66대 가색(哥索) 11년

연(燕)나라가 기습하여 요서(遼西)를 함락시키고 운장(雲障: 요서 인접지역)까지 위협하자, 번조선(番朝鮮) 왕 가색이 상장(上將) 우문언(于文言)에게 명하여 막게 했다. 진조선(眞朝鮮)과 막조선(莫朝鮮)도 구원병을 보내왔으므로, 힘을 합하여 복병으로 오도하(五道河)에서 연나라와 제나라(燕.齊)의 군대를 궤멸시키고, 요서(遼西)의 여러 성들을 모두 수복했다.

註) 진한과 마한이 각각 진조선과 막조선으로 개혁되었으나, 춘추제국의 침입에 공동대처를 한 것은 너무나 당연했다. 이로써 춘추제국의 공격을 막을 수 있었다.

BC 364 45세 檀君 여루(余婁) 33년

연(燕)나라가 패한 후에 연운도(連雲島: 山東半島의 남쪽, 海州의 북쪽)에 주둔하면서 배를 건조하고, 기회를 보아 또다시 습격하려 하므로, 우문언(于文言)이 나아가 적을 추적하여 궤멸시키고 그 장수를 사살하였다.

BC 350 45세 檀君 여루(余婁) 47년

북막(北漠: 외몽고. 고비사막의 북쪽 변방) 추장 액니거길(厄尼車吉)이 와서 말 200필을 바치면서 연(燕)나라를 함께 정벌하자고 했다. 이에 번조선(番朝鮮)의 소장(少將) 신불사(申不私)가 군사 1만을 이끌고 나아가 북막의 군사와 연합하여 연(燕)나라의 상곡(上谷: 찰합이성)을 공격하여 점령하고, 점령지에 성읍(城邑)을 설치하였다.

BC 347 45세 檀君 여루(余婁) 50년

북견융(北犬戎: 犬夷)이 반란을 일으켜 쳐들어 온 것을, 군사를 보내 물리쳤다.

BC 343 45세 檀君 여루(余婁) 54년

상곡(上谷) 전투 이후 연(燕)이 해마다 침공하여오다가, 이에 이르러 사신을 보내 화평을 요청하므로, 허락하고 연나라의 성읍(城邑)인 조양(造陽: 난하의 상류 좌안. 지금의 察合爾省 회래현)으로 다시 서쪽 경계를 삼았다.

BC 341 46세 檀君 보을(普乙) 원년

番朝鮮 67대 해인(解仁, 一名 山韓) 원년

12월, 번조선왕(番朝鮮王) 해인(解仁)이 연(燕)나라에서 보낸 자객에게 죽자, 내부에 분란이 일어나 오가(五加)가 서로 다투어 서로 임금에 오르려 했다.

BC 339 46세 檀君 보을(普乙) 3년

番朝鮮 68대 수한(水韓) 2년

연(燕)나라 사람 배도(倍道)가 쳐들어와 안촌골(安寸忽)을 공격하고, 또 험독(險瀆: 요동성 瀋陽 서남쪽으로 요동만 동북단)까지 쳐들어오므로 수유(須臾)사람인 기후(箕詡)가 5천 명을 이끌고 와서 싸움을 도왔다. 군세가 점점 떨쳐, 진조선(眞朝鮮)과 번조선(番朝鮮)의 군사와 함께 연나라 군사(燕軍)를 격파했다. 또 한편으로 일부의 군대를 나누어 계성(薊城: 燕의 수도, 北京지방) 남쪽을 공격하려 했더니, 연(燕)나라가 사태가 불리해지자 사신을 보내어 공자(公子)를 인질로 하고 사죄했다.

註) 이때 연나라에서 보낸 인질 속에 장군 진개(秦開)가 있었는데, 후에 번조선왕이 그를 매우 신임하여 풀어주었다. 그런데 이 자가 귀국하여 번조선의 약점을 파악하고는 오히려 번조선을 습격하여 고죽국까지 땅을 점령(북경지방 일대인 상곡, 어양, 우북평 등지)하고 여러 군현을 설치했다. 이 바람에 번조선은 지금까지 이어오던 국경선이 무참히 무너졌다.

BC 336 46세 檀君 보을(普乙) 6년

혼서경(混西經)이 반란을 일으키어 쳐들어왔다가 곧 격퇴되었다.

BC 332 46세 檀君 보을(普乙) 10년

오성계(吳成桂)가 반역을 도모하다가 잡혀 죽었다.

BC 323 46세 檀君 보을(普乙) 19년

番朝鮮 69대 기후(箕詡) 원년

1월, 번조선왕(番朝鮮王) 수한(水韓)이 죽자, 수유(須臾) 사람 읍차(邑借) 기후(箕詡)가 군사를 이끌고 들어와 자칭 번조선왕이라 하고 보을 임금에게 허락을 청하므로, 이를 허락하고 연(燕)의 침략을 막도록 했다. 이때 연(燕)은 막조선(莫朝鮮: 마한)에게 같이 번한(番韓)을 함께 치자고 청했으나 막조선이 듣지 않았다. 그러자 연(燕)이 왕을 칭하고 장차 침입하려 하므로 기후가 명(命)에 따라 처음으로 번한성(番汗城: 번조선의 왕성)에 살면서 사태에 대비하였다.

註) 삼한의 나라들은 각각 장수가 있는데, 큰 자는 신지(臣智) 그 다음은 읍차(邑借)라 했다. 읍차 기후는 기자의 후손으로 조선의 제후국이다. 번한왕이 연나라의 자객에게 죽은 후 연나라가 변한을 침범했고 이때 기후가 연의 군사를 몰아내고는 번조선왕이 되고자 했다.

BC 308 46세 檀君 보을(普乙) 38년

외척(外戚) 환윤(桓允)이 정권을 농단하여 국정이 문란해져 있는 가운데, 장당경(藏唐京)의 도성(都城)이 큰 불이 나서 5천여 호가 타버리자, 보을 임금이 해성의 이궁(海城離宮)으로 거처를 옮겨갔다.

BC 296 46세 檀君 보을(普乙) 46년

한개(韓介)가 번한(番韓)의 고죽국 수유(須臾)의 군사를 이끌고 궁궐을 범하여 보을 단군을 죽이고 스스로 단군이라 하므로, 상장(上將) 고열가(高列加)가 의병을 일으켜 토벌했다. 이로부터 국력이 미약해져 나라의 비용이 늘어나지 못했다. 보을 임금이 죽어 후손이 없으므로 단군 물리(勿理: 4 3세 단군)의 현손인 고열가(高列加)가 한개를 몰아낸 공이 있으므로 추대 받아 47대 단군으로 즉위하였다.

BC 291 47세 檀君 고열가(高列加) 5년

북서쪽에 있는 견융(犬戎)이 고열가가 단군이 된 것에 불복하고 반란을 일으킨 것을, 군사를 보내 진압하여 평정했다.

BC 248 47세 檀君 고열가(高列加) 48년

겨울에 북막(北漠: 고비사막 북쪽, 외몽골 지역의 흉노족) 추장 아리당부(阿里當夫)가 군사를 내어 연(燕)을 칠 것을 청했으나 고열가 임금이 듣지 않으므로, 이로부터 북막이 원망하고 조공(朝貢)하지 않았다.

註) 〈사기(史記)〉에 흉노전(匈奴傳)의하면, 「흉노에 모돈(冒頓)이라는 난폭한 족장이 나타나 집권한 후에 흉노의 전 기병을 몰아 동이(東夷, 또는 東胡)의 서쪽(동몽골 지역)을 습격하여 약탈하니, 동이는 퇴각하여 선비산(鮮卑山: 홍안령 일대)으로 물러나 오랫동안 이웃과 겨루지 못했다. 동이(東夷 또는 東胡)는 흉노에게 망했는데 이때 선비산으로 쫓겨 간 동호왕이 선비(鮮卑)가 되었다. 선비는 동호의 잔여이다」라고 했다. 이즈음 고열가 단군은 부여 해모수에게 양여하고 아사달로 들어갔다. 동호(東胡)는 중국 춘추시대에서 한(漢)나라 초기에 몽골고원의 동부에서 생활한 유목민족으로, 결국 흉노의 모돈선우(冒頓單于:?~BC 174)에게 토벌되어 그에 복속되었다. 후의 오환(烏桓), 선비(鮮卑), 거란(契丹)은 모두 동호의 후예라고 한다. 동호란 퉁구스의 음역(音譯)이라는 설도 있으나 이것은 호(胡: 흉노)의 동쪽의 민족이라는 뜻으로 보기도 한다.

# 北夫餘

BC 239 47세 檀君 고열가(高列加) 57년

北夫餘 1세 해모수(解慕漱) 원년

23살의 해모수(解慕漱)가 웅심산(熊心山: 舒蘭, 만주 길림성 永吉縣 서북쪽?)에서 살다가 부여의 고도(大夫餘의 古都: 장당경)에서 군사를 일으키고 무리의 추대를 받아 나라를 세워 나라 이름을 『북부여(北夫餘)』라 했다. 그의 선조는 고리국(槀離國) 사람이다.

註) **고리국(槀離國):** 고리국의 서경(西京)은 압록부(鴨綠府라)라 하며, 본래 국명은 고리고국(槀離古國)으로 몽골 내륙에 위치하며, 부여국의 흘승골(訖昇骨)은 몽골의 할힌골 강이라고 한다. 고진(高辰)의 나라로서 해모수의 고향이고, 후에 건국되는 고구려(高句麗)는 해모수가 태어난 이 이름에 따라 "고구려"라고 하였다고 한다.

註) **4월 8일 석가탄신일(釋迦誕辰日):** 지금 불가(佛家)에서 4월 8일 석가탄신일을 기념하는 것은 본래 해모수(解慕漱)의 생일에서 유래되었다. 또한 우리나라 사찰(寺刹)의 중심건물은 대웅전(大雄殿)이 되는데, 이는 대조신(大祖神) 황웅(桓雄)을 의미한 것이다. 아울러 대웅전 옆에 작은 건물인 삼성각(三聖閣)이 위치하여 있는데 삼신(三神)을 모시는 곳을 의미한다. 삼신(三神)은 삼황(三皇)으로 환인(桓因), 환웅(桓雄)과 치우(蚩尤) 또는 단군(檀君)이다. 이는 민족 고유의 삼신신앙(三神信仰)이 불교에 섞이면서 융화된 결과이다.

**"5가공치(5加共治)"**

BC 238 47세 檀君 고열가(高列加) 58년

고열가 임금이 우유부단하여 명령을 내려도 시행되지 않고 여러 장수들이 환란을 자주 일으키자, 나라의 살림은 시행되지 않고 백성의 사기는 날로 떨어졌다.

3월, 하늘에 제사(祭天)지내는 날에 5가(加)와 더불어 의논한 이후, "이제 왕도는 쇄미하고 여러 왕들이 힘을 다투고 있다. 짐이 다스릴 능력이 없으니 그대들이 현인(賢人)을 찾아 추대하라"하고는 이튿날 제위(帝位)를 버리고 산으로 들어갔다(入山修道). 진조선(眞朝鮮, 辰韓)이 끝내 국력을 회복하지 못하고 끝이 왔다. 이때부터 6년 동안 5가(加)가 나랏일(國事)를 함께 관리(共治)하였다.

註) **단군조선 역년(歷年) 비교:** 단군조선은 BC 238년에 끝났다. 〈환단고기〉의 기록으로 보아 역년은 2,096년이고, 또한 〈단기고사〉도 2,096년(단, 책에는 2,089년으로 나와 있으나 실제의 재위 기간을 계산해보면 2,096년임)으로 일치한다. 반면에 〈규원사화〉는 단국조선 역년을 1,195년이라 했으나, 실제 계산해보면 1,205년이 된다. 무엇인가 잘못된 계산이다. 또한, 〈삼국유사(三國遺事)〉에서의 1,908년은 BC 425년에 국호를 '대부여'로 바꿀 때까지 만을 말한 듯하다. 여기서는 〈단군세기〉와 〈단기고사〉에 따라 2,096년을 택하였다.

### "해모수(解慕漱)가 진조선(眞朝鮮)의 단군이 되다"

BC 232 北夫餘 1세 해모수(解慕漱) 8년

番朝鮮 73대 기비(箕丕) 원년

기비(箕丕)는 종실(宗室) 해모수(解慕漱)와 더불어 천왕의 옥쇄를 바꾸기로 몰래 약속하고 해모수로 하여금 대권을 쥐게 했다. 해모수가 백악산(白岳山) 옛 도읍지를 점유하고 5가(加)를 설유하여 마침내 공화정치(共和政治)를 철폐하자, 이때에 백성들이 추대하여 단군(檀君)이 되었다. 수유후(須臾候) 기비(箕丕)를 번조선왕(番朝鮮王)으로 승격시키고 운장(雲障: 遼西 인접지역)에 가서 지키도록 했다.

註) **북부여와 고구려(高句麗)의 관계:** 단군조선 말기에 여러 제후들의 군웅쟁탈이 있었으며 그 중에 해모수가 백성들의 인심을 얻어 이때에 천하를 통일한 듯하다. 이때 해모수가 창립한 북부여를 고구려(高句麗)의 전신(前身)으로 보아야 한다. 이후에 제위(帝位)가 고구려의 주몽에게 전위(傳位)된 까닭이다. 이때부터 고구려 멸망인 AD 668년까지 기간을 통산하면 고구려의 역년(歷年)이 꼭 900년이다. 668년 고구려가 망할 때 당(唐)의 시어사(侍御史) 가언충(賈言忠)이 '고구려가 9백 년이 채 못 되어 망한다'고 했던 〈고구려의 비기(高句麗祕記)〉를 설명하며 "고씨(高氏)가 한(漢)의 시대부터 지금 9백 년이 되었고…" 라고 말했던 것과 일치한다. 이리하여 단군의 맥은 요동의 부여가 없어지지 않고 버티고 있으면서 부여의 해모수를 위시한 6대 임금이 단군이라 일컬어지게 되었다. 부여는 중국족(漢族)에 말려들지 않고 독립해 있으면서 흥망을 되풀이하다가 494년에 고구려에 합쳐져, 주로 고구려와 백제의 시원이 되고, 일부는 가락국을 거쳐 일본으로도 가서 일본국의 조상이 되었다.

註) 〈삼국유사(三國遺事)〉 '북부여(北夫餘)의 기사를 보면 "〈고기(古記)〉에 이르기를, 전한(前漢)의 선제(宣帝) 신작(神爵) 3년 임술(BC 59) 4월 8일에 천제(天帝)가 흘승골성(訖升骨城)에 내려왔는데, 오룡거(五龍車)를 탔었다. 도읍을 정하여 왕이라 일컫고 국호를 북부여라 했는데, 스스로 이름을 해모수라 하였다. 아들을 낳아 이름을 부루(夫婁)라 하고 해(解)로서 씨(氏)를 삼았다. 해부루는 후에 상제(上帝)의 명령으로 동부여로 도읍을 옮겼다. 동명제(東明帝: 주몽)가 북부여를 계승하여 일어나 졸본주(卒本州)에 도읍을 정하고 졸본부여가 되었으니, 곧 고구려의 시조이다."라 하였다. 당시의 역사를 압축하여 기록한 것으로 해당 연도인 BC 59년은 해석상의 차이인 듯하며, 주몽이 북부여를 계승하였음에 유의.

BC 229 北夫餘 1세 해모수(解慕漱) 11년

북막(北漠) 추장 산지객융(山只喀隆)이 영주(寧州: 감숙성)를 습격하여 순사(巡使) 목원등(穆遠登)을 죽이고 크게 약탈한 후 돌아갔다.

### "연(燕)나라 장군 진개(秦介) 침입"

BC 221 北夫餘 1세 해모수(解慕漱) 19년

番朝鮮 74대 기준(箕準) 원년

기비(箕丕)가 죽자 아들 기준(箕準)을 번조선왕(番朝鮮王)으로 봉하고 관리를 보내 군사를 감독하여 더욱 연(燕)을 방비토록 했다. 이때 연(燕)나라 장군 진개(秦介)가 서쪽 경계(西界)인 상곡(上谷: 山西省)과 어양(魚陽: 北京 근방)과 우북평(右北平: 永平府) 등지 2천여 리를 침범하여, 서쪽 끝의 만번한(滿番汗) 지방에 있는 패수(浿水, 沛水: 요령성 서쪽에서 흐르는 대릉하)를 경계로 삼았다.

註) 만번한(滿番汗)은 요동군의 문현(文縣)과 번한현(番汗縣)이며, 만주의 해성(海城), 개평(蓋平, 요녕성 蓋縣) 등지의 요동군 동쪽 끝부분이다. 그런데 연(燕)은 BC 222년에 진(秦)에 흡수되어 망했고, 진개의 침입이 연의 전성기인 연의 소왕(昭王: BC 312~279)으로 보는 것이 정설이니, BC221년에 관련된 〈한단고기〉의 이 기록은 연도가 틀린 것 같다.

註) 춘추 시대는 전쟁의 시기였으므로 무기를 주로 제작하는 청동기문화는 극성기에 이른다. 이때는 서기전 5세기 초 보다 큰 제후국들이 패권을 다투는 전국 시대로 들어가는데, 전국 시대 말기 화하족은 철제 병기를 만드는 기술을 개발했다. 철제 병기는 청동 병기에 비해 훨씬 강력했으므로 전쟁의 강도는 더욱 높아진다. 이러한 혼란을 겪으면서 화하족은 진(秦)나라로 통일됐다. 그러나 능하지역의 고조선족은 화하족만큼 큰 분열을 겪지 않았으므로, 청동병기의 개발과 그 연장선상에서 나온 철기 개발이 늦었다. 전쟁술의 발전도 더뎠다. 이러한 때에 중국 연(燕)나라 장수인 진개가 군대를 이끌고 고조선으로 쳐들어왔다. 그로 인해 고조선은 치명타를 입고 사실상 해체 단계에 들어간 것으로 보인다. 연나라의 진개 군은 고조선에 대해, 주나라를 공격한 견융 세력과 같은 역할을 한 것으로 보인다. 진개의 공격으로 고조선이 능하 지역에 대한 지배권을 잃자 고조선의 지배를 받던 작은 나라들이 일어나 중국의 춘추 시대처럼 패권을 다투는 열국 시대가 열렸다. 이로서 1만여년 전부터 동아시아 문명을 이끌었던 북경지역에서 요하까지의 발해만 연안지역은 이때의 연나라 침공으로 폐허가 되었다. 이로 인해 비파형동검을 사용하던 '동이'의 세력이 이곳에서 완전히 괴멸되어버린 것이다. 특히, 만리장성 동쪽으로 요하에 이르는 땅(요서)은 연나라 침공 이후 거의 사람이 살지 않게 되고, 그곳에 살던 사람들(맥족)은 요동과 한반도로 이주하게 된다.

註) 중원의 전국시대(BC5세기~BC221)에 이르러 연의 팽창(즉, 진개의 진입)에 밀려 번조선 (一名, 기자조선?)이 한반도로 이주한 사실이다. 이는 한반도 북부의 마한세력이 요서 지역의 기자계(흉노계)에 밀려 남쪽으로 남하한 것을 뜻한다. 이로 인해 한반도 전체가 큰 혼란에 빠져 한반도 사람들이 대거 일본으로 이주하여 일본의 길었던 신석기 시대를 마감하게 되는 결과를 만든다. 즉, 일본 열도에서 이전에는 남방계 특징을 가진 신석기 사람들(조몬인)이 존재하다가 이후 북방계 특징을 가진 한반도 청동기 사람들(야요이)이 등장한 것이다. 일본의 종합연구대학원대(가나가와현) 등으로 구성된 연구팀이 유전자 분석을 통해 밝혀낸 사실은 '현재의 일본인은 토착민인 조몬(繩文)인과 한반도에서 건너온 야요이(彌生)인의 혼혈로 드러났다'는 것이다.

BC 220 北夫餘 1세 해모수(解慕漱) 20년

해모수 단군께서 태백산 아사달에서 제사를 올리고, 366칸의 새 궁궐(新宮)을 지었다. 새 궁궐의 이름을 천안궁(天安宮)이라 하였다.

BC 218 北夫餘 1세 해모수(解慕漱) 22년

창해역사(滄海力士) 여홍성(餘洪星)이 한(韓)나라 사람 장량(張良)과 함께 박랑사(博浪沙: 하남성 박랑 모래밭)의 한 복판에서 진(秦)나라 왕 정(政: 秦始皇)을 저격했으나, 불행히도 수레(副車)를 잘못 맞추어 진왕이 화를 면했다.

註) BC 240~220년경에 진시황(秦始皇)이 중원을 통일해 나갈 즈음부터 동이족(東夷族)은 모두 흩어져 일반 백성이 되었다고 한다. 이로부터 단군조선은 회대(淮垈) 지방에 세운 구려분정(九黎分政)에 대한 종주권과 통제권을 잃게 되어 쇠망의 길로 접어들게 되었다.

BC 209 北夫餘 1세 해모수(解慕漱) 31년

진승(陳勝)이 봉기하여 진(秦)나라가 크게 소란해짐에 따라 연(燕)나라, 제(齊)나라와 조(趙)나라의 백성들이 번조선(番朝鮮)에 망명 귀화하는 수가 수 만 명이 되므로 운장(雲障: 요서 인접지역) 일대에 나누어 안치하고 장군을 보내 감독하게 하였다.

註) 진승(陳勝)은 하남성(河南省) 남부의 빈농 출신으로 오광(吳廣)과 함께 진(秦)나라 말기에 진시황(秦始皇) 2세에 반하여 봉기한 인물이다. 운장(雲障)은 산서성과 하북성 일대로서 운중(雲中)과 장(漳)을 가리키며, 그 북쪽이 연나라가 번성했을 때의 장성(萬里長城)이다.

BC 202 北夫餘 1세 해모수(解慕漱) 38년

한(漢)나라 고조(高祖)가 중국을 통일한 후, 노관(盧)에게 연(燕)나라를 다스리게 했다. 이때 노관(盧綰)이 요동의 옛 성(故塞)을 수복했는데, 동쪽 한계가 패수(浿水: 灤河, 遼河)였다.

註) **노관(盧綰)**: 원래 조선인으로 연(燕)나라에 망명하여 들어갔기 때문에 연나라 사람이라고 한다는 전설이 있다.

BC 195北夫餘 1세 해모수(解慕漱) 45년

노관(盧綰)이 한(漢)나라에서 반란을 일으켜 혼란에 빠지자, 노관은 흉노(匈奴)로 망명해 들어가고, 그의 부장으로 있던 위만(衛滿)이 1천여 명을 이끌고 패수(浿水)를 건너와 우리에게 망명을 청해왔다. 이때 해모수 단군이 병이 깊이 들어 스스로 판단할 수 없기에 허락하지 않았다. 그러나 이들이 때마침 번조선왕 기준(箕準)에게 항복하고 있을 곳을 구하자, 기준왕이 위만을 박사(博士)로 임명하고 헌후란(軒芋灤) 서쪽 변방(요하 일대) 100리 땅을 주어 살게 하면서 국경경비를 맡게 하였다.

註) **노관(盧綰)과 위만(衛滿)**: 노관은 한고조(漢 高祖) 유방과는 죽마고우요 창업공신이다. 그런데 유방이 노관의 허물을 감싸주는 유일한 지지 세력이었는데, 유방이 죽으니 신변의 위협을 느끼고 흉노(匈奴)로 망명했다. 노관의 부관인 위만(衛滿)도 마찬가지로 신변위협을 피하고자 조선으로 도망쳐 온 것이다. 중원의 전국시대 혼란을 피해 한반도로 밀려온 피난민 중 하나인 연나라 사람인 위만은 머리에 상투를 하고 동이(東夷)사람들의 옷을 입고 있었기에 동이 계통의 사람이라고 보며, 이 때문에 준왕이 그를 신임하여 변경 수비장으로 임명한 것으로 여겨진다. 〈사기(史記)〉나 〈삼국지(三國志)〉에서는 위만을 연나라 사람(燕人)이라고 기록했다.

이때에 낙랑왕(樂浪王) 최숭(崔崇)이 낙랑산(樂浪山)에서 진귀한 보물(珍寶)을 싣고 바다건너 마한(馬韓, 莫朝鮮)의 수도 왕검성(王儉城)에 이르렀다.

註) 낙랑왕(樂浪王) 최숭(崔崇): 낙랑군(樂浪郡)과 낙랑국(樂浪國)은 이름, 성격, 지역 등이 모두 다르다. 아직까지 낙랑국왕 최씨(崔氏)를 한국이나 중국에 어느 쪽 민족에 속하는지 밝혀 놓은 기록이 없다. 다만, 낙랑군은 후위(後魏) 때까지 북경(北京) 일대를 지칭했던 중국 측의 기록이 있을 뿐이고, 여기에 보이는 낙랑국은 만주 요동반도 서해안의 해성(海城)이 낙랑국에 인접해 있었을 것으로 여겨진다. 단순히 현재의 평양으로 단정 지을 수는 없다.

註) 마한(馬韓)의 수도 왕검성(王儉城): 마한의 수도이면 대동강변의 평양이 된다. 누구의 잘못인지는 알 수 없으나, 전후 문맥으로 보아 대동강변은 아니요, 중국 측 기록대로 하면 만주 요녕성 반산현 경내의 바닷가의 땅이라고 알려진 곳도 왕검성인 것이다.

註) 고조선을 대신해서 들어선 한나라 군현인 '낙랑(樂浪)'은 '태양'으로 해석하고 있다. 이 '낙랑(중국어로 러랑)'이라는 명칭은 8세기 이전 일본 고대역사의 중심지였던 '나량(奈良, 일본어로 나라)'과도 관계있는 국호로, 우리 고유어인 '나라(國)'를 의미한다고 본다.

### "위만(衛滿)의 반란으로 삼한(三韓)이 남으로 이동하다"

BC 194 番朝鮮 74대 기준(箕準) 27년

그 뒤 위만(衛滿)이 준왕(箕準)의 신임을 얻어 서쪽 변방을 지키게 되었는데, 점차 유민과 결탁하여 자기 세력을 키웠다. 마침내 위만은 번조선이 허약함을 엿보고 사람을 보내 거짓으로 "한나라의 군사가 십도로 쳐들어오니 들어가 왕을 호위 하겠다"고 하고는 갑자기 수천의 군사를 몰아 기습하여 준왕을 쳐서 왕위를 빼앗고 도읍을 왕검성(王儉城)에 정했다. 번조선이 침입군에게 패하여 나라가 망하자, 기준이 바다 쪽으로 나가 피신하고 여러 제후(諸加)들이 상장(上將) 탁대(卓大)를 받들어 한수(漢水: 한강)의 남쪽으로 옮겨가 곧 바로 월지(月支: 충청남도의 직산, 성환과 경기도의 평택지방)에 이르러 나라를 세웠다. 이를 중마한(中馬韓)이라 하고, 이때에 번한과 진한(番.眞 2韓) 역시 각각 그 무리를 이끌고 와서 마한(馬韓) 땅 100리에 봉함을 받고는 도읍을 정한 후 각각 번한과 진한이라 했다.

註) 위만(衛滿)은 번조선의 체제를 그대로 이어받아 국호를 그대로 조선이라 불렀다. 이때를 〈사기(史記)〉에서는 효혜고후시(孝惠高后時: B.C.194~B.C.180)라고 했다. 위만이 나라를 세울 무렵 한(漢)나라는 진승(陣勝)과 항우(項羽)가 일어나 천하가 어지러워서 연(燕), 제(齊), 조(趙)의 백성들 중에 번조선으로 피난 온 유망인(流亡民)들이 수만에 달했는데, 위만은 이를 바탕으로 세력을 신장시키면서 흉노족과도 긴밀한 관계를 유지하는 한편, 이웃의 작은 마을들을 복속하여 수천 리에 달하는 지역을 다스리게 되고 주위의 여러 씨족사회를 통합하여 갈등을 줄이고 정치의 안정을 도모했다. 위만은 강력한 국가를 형성하여 손자 우거(右渠)왕에 이르기까지 융성했던 나라로 꼽힌다. 그 여파로 우리 민족은 이 시기부터 재편성하게 되었다. 후에 건국되는 고구려, 백제, 신라와 가야는 망국 유민들이 흐트러지고 이동하면서 나라를 다시 일으킨 한국(桓國) 내지 단군조선(檀君朝鮮)의 계승국들이다.

註) **탁대(卓大):** 마한(馬韓)은 BC 238년에 망했다. 마한의 수도 왕검성 평양에는 BC 195년에 낙랑왕(樂浪王) 최숭(崔崇)이 건너와 차지하고 왕이 되었다. 마지막 번조선(番朝鮮)까지 BC 194년에 위만에게 망하고 만다. 바로 이때, 탁대(卓大)는 생향인 월지(月支)에 도착하여 나라를 세우고 마한(馬韓)이라 하였다. 한반도에는 다시 진한(辰韓)과 번한(番韓)이 세워지고 이들은 마한의 법을 따랐다. 진한은 「진(秦)나라가 망할 때 부역을 피해 사람들이 한국(韓國: 馬韓)으로 오자 마한이 동쪽 경계를 베어 주었는데, 언어가 진조선 사람과 같으므로 진한이라 했다」고 한다. 삼한(三韓)이 한반도 내로 좁혀졌다. 따라서 한반도 북단에는 낙랑국(樂浪國)이 성립되고, 만주 쪽에는 북부여(北夫餘)가 있으며, 요동 지역의 번조선(番朝鮮)땅이 위만의 영토가 되었다.

BC 193 北夫餘 2세 檀君 모수리(慕漱離) 2년

모수리 단군이 상장(上將) 연타발(延佗勃)을 평양(平壤: 요동군 遼寧省 海南에 있는 평양)에 보내 위만(衛滿)의 침입을 방비하기 위한 성책을 만들었다. 위만(衛滿) 또한 소요를 싫어하여 다시는 침입하지 않았다.

註) **연타발(延佗勃):** 고구려의 시조인 고주몽(高朱蒙)의 제2 부인이며 백제의 시조 온조(溫祚)의 어머니인 소서노(召西弩)의 아버지. 연타발은 졸본(卒本)인으로 남북 갈사를 왕래하며 거부가 되었고 또 주몽을 도와 고구려 건국에 공이 많았다고 한다.

註) **평양(平壤):** 평양은 우리말로 '벌내'이며, 여러 곳에 있었다. 길림성 송화강변, 요령성 요하 동쪽에 해성(海城), 오늘날의 대동강변의 평양, 옛 난하(灤河: 요하) 동쪽 영평(永平) 지역, 현재의 요하 서쪽 금주(錦州) 지역에 있는 평양, 그리고 반산현(盤山縣)에 있는 왕검성도 평양이다. "평양"은 변나(卞那), 평나(平那)로 써도 되었으며, 어원은 백악(白岳)인 "밝달"에서 나와 아사달(阿斯達) 이래 문화를 전승해오면서 도읍지를 정할 때마다 사용해 왔다.

BC 192 北夫餘 2세 檀君 모수리(慕漱離) 3년

해성(海城: 요동반도 서해안에 있는 성)을 평양도(平壤道)에 속하게 하여 동생(皇弟) 고진(高辰)으로 하여금 지키게 했다.

BC 169 北夫餘 3세 檀君 고해사(高奚斯) 원년

정월, 낙랑왕(樂浪王) 최숭(崔崇)이 북부여의 도읍인 해성(海城)에 양곡 300석을 바쳤다.

BC 128 北夫餘 3세 檀君 고해사(高奚斯) 42년

고해사 임금께서 몸소 군사 1만을 이끌고 남녀성(南閭城)으로 나아가 위만(衛滿)의 군사를 쳐서 격파하고 관리를 배치하여 관리하도록 했다.

註) 남여성(南閭城): 하북성 창현(滄縣) 부근이거나, 아니면 요녕성 해성(海城) 부근인 듯.

註) 이때 위만조선에 불만을 품은 예맥조선의 예군(濊君: 濊의 君主) 남녀(南閭)가 우거에 반하여 28만 명

을 이끌고 스스로 한(漢)의 요동군에 예속했다. 한은 이곳을 창해군(滄海郡)으로 삼았으나 유지하는 데 문제가 있어서 2년 후인 BC 126년에 스스로 철폐하였다고 한다.

BC 121 北夫餘 3세 檀君 고해사(高奚斯) 49년

일군국(一群國)이 사신을 보내 방물(方物)을 바쳤다.

BC 120 北夫餘 4세 檀君 고우루(高于婁, 또는 解于婁) 원년

장수를 보내 우거(右渠: 위만의 손자)를 치다가 불리하므로, 고진(高辰)을 발탁하여 서압록(西鴨綠: 요하 서쪽, 열하성에서 시작하는 南遼河)을 지키고 병력을 증강하여 성책을 많이 세워 우거를 방비하게 하였다. 고진이 굳건히 지키므로 공(功)이 있어 고구려후(高句麗候)로 승진시켰다.

註) **서압록**: 지금의 요하를 압록(鴨綠) 혹은 아리수, 구려하(九黎河)로 불렀다.

註) **고구려후**: 제후국인 고구려후가 중국 관할이 아니라 북부여 관할이란 점에 유의할 것.

BC 118 北夫餘 4세 檀君 고우루(高于婁) 3년

우거(右渠)의 군사가 대규모로 침입하여 아군이 크게 패하고, 해성(海城) 이북 50리 땅을 빼앗겼다.

註) 한(漢)나라는 중원을 통일한 이후에도 흉노의 위협으로 편할 날이 없어 동북방에 위치한 위만에 대해 관심을 가질 상황이 못 되었다. 이 때문에 위만은 손자인 우거에 이르기까지 북쪽에 있는 진.번조선과의 전쟁을 계속해 올 수 있었다.

BC 117北夫餘 4세 檀君 고우루(高于婁) 4년

장수를 보내 해성(海城)을 회복하기 위해 공격했으나, 3개월이 지나도 이기지 못했다.

BC 115北夫餘 4세 檀君 고우루(高于婁) 6년

고우루 단군이 친히 정예 5천을 거느리고 해성(海城)을 기습하여 되찾고, 적을 추격하여 살수(薩水)에 이르니, 서북방의 구려하(九黎河: 요하) 동쪽의 군현이 모두 항복했다.

BC 114北夫餘 4세 檀君 고우루(高于婁) 7년

좌원(坐原)에 목책을 설치하고 남여(南閭)에 군대를 배치하여 방비하니 근심이 없었다.

註) 좌원(坐原): 봉천성, 성창본계(城廠本溪), 고력영자(高力營子), 궁원(宮原) 부근.

### "한(漢)과의 4군 전쟁(四郡戰爭)"

BC 108北夫餘 4세 檀君 고우루(高于婁) 13년

衛滿朝鮮 2세 우거왕(右渠王) ?년

한무제(漢武帝) 유철(劉徹)이 우거(右渠)가 점유한 땅에 4군(四郡)을 설치하고자 누선장군 양복(楊僕)에게 5만 군사를 주어 산동(山東)에서 발해(渤海)바다를 건너게 하고, 또 좌장군 순체(荀彘)에게 대군을

주어 육로로 요동을 향하게 했다. 먼저 양복이 7천의 군사로 먼저 왕검성에 왔다가 우거에게 패하고, 이어서 순체도 조선패수(浿水: 灤河, 요하)의 서군(西軍)에게 패하여 궤멸되고 말았다. 이때에 서압록(西鴨綠) 사람 고두막한(高豆莫汗)이 의병(義兵)을 일으켜 이르는 곳마다 한군(漢軍)을 격파하였다. 유민(遺民)이 사방에서 호응하여 도우니 군세(軍勢)가 크게 떨쳤다. 이때 우거는 화친을 주장한 신하들의 권유를 듣지 않고 싸움을 벌이던 중에 이계상(尼谿相) 참(參)이 보낸 자객에게 살해되었다.

註) **평나(平那):** 우거(右渠)가 멸망한 곳이라면 왕검성 또는 험독이어야 하나, 평나가 되어 알 수 없다. 〈삼국유사(三國遺事)〉에 조선 옛 땅(朝鮮舊地)에 평나 및 현도가 있다고 했으니, 왕험성이 하북성 산해관(河北省 山海關) 남쪽의 창여성이니, 평나도 이 근처가 아닌지?

註) **사군전쟁(四郡戰爭):** 사마천의 〈사기(史記)〉중 조선열전(朝鮮列傳)이 가장 확실한 당시의 기록인데 여기에는 한사군(漢四郡) 설치에 관한 기록이 없고, 4군(四郡)의 명칭조차 없다. 오히려 우거(右渠)를 죽인 것은 한무제(漢武帝)가 아니요, 조선민중이며, 한(漢)의 장수들은 패전의 이유를 들어 모두 사형 당했다. 허구 투성이 한사군의 실상은 다음과 같다:

위만조선이 북부여와 한(漢)나라 사이의 교통을 방해하여 왔는데, 이를 교섭하러 온 한나라 사신 섭하(涉河)가 교섭 중인 위만조선의 부왕(裨王) 장(長)을 죽인 공으로 요동군동부도위(遼東郡東部都尉)가 되자, 그 보복으로 우거가 습격하여 섭하를 살해한 것이 그 발단이다. 이윽고 한나라 무제가 수륙군을 이끌고 침입하자, 우거는 화친을 주장한 대신들의 권유를 듣지 않고 싸움을 벌였다. 이 사이에 불만이 쌓였던 조선족이 정변을 일으켜 우거(右渠)와 대신 성기(成已)를 죽이고, 위만 정권을 타도한 다음, 주모자 참(參), 협(硤), 음(陰), 최(最) 4인에 의해 각각 홰청, 평주, 추저, 날양의 4개 군(郡)으로 분립(分立)한 것이다. (이들 4개 군은 BC107~91년 사이에 모두 폐지됨). 그리고 이들 세력이 한(漢)의 침략을 막아 싸웠다. 한 무제는 이 전쟁의 책임을 물어 사령관 순체(荀彘), 수군(水軍)의 양복(楊僕), 무제(武帝)의 사신 위산(衛山)과 공손수(公孫遂) 4명을 능지처참시켜 죽였다. 한(漢)나라는 4군은커녕 조선 땅에 발도 못 부쳤고 패전만 거듭했을 뿐이다. 북부여는 배후에서 두 나라의 싸움을 은근히 부추겼고, 결국 한(漢)나라의 힘으로 위만조선이 망한 다음에는 북부여가 지친 한나라를 공격하여 싸움이 장기화 되어갔다.

註) 일제(日帝)에 의해 강조된 '한사군(漢四郡)'의 근거: 한(漢)이 위만조선 땅에 현도, 임둔, 진번, 낙랑의 4군을 두었으므로 한반도 안에 있었다는 한사군(漢四郡)의 근거는 이 시점에서 200년이나 지난 후에 기록한 〈한서(漢書)〉와 〈한서지리지(漢書地理誌)〉에서 보이는 기록을 이용하였는데, 그 기록에는 그나마 곧 철수하면서 그 이유를 "개기종야(皆其種也)"라 했다. 즉, "조선족의 수가 많고 저항이 강해서 어떻게 할 수가 없다"라는 뜻으로, 설령 한사군을 두었다 하더라도 관리를 못했다는 말이다. 억지로 허세를 부리고자 말을 만들었던 한(漢)이나, 이를 철저히 이용해 먹은 일제(日帝)나…

北夫餘 5세 檀君 고두막(高豆莫) 원년

거듭되는 한(漢)나라의 공세에 맞서 북부여가 위만조선의 옛 땅을 회복하고자 한(漢)과의 전쟁으로 쇠약해지고 또, 한군(漢軍)이 날로 강함을 보이자, 고두막(高豆莫)이 스스로 세상을 구할 뜻이 있어 졸본(卒本:

혼강 유역)에서 즉위하고 호(號)를 '동명왕(東明王)'이라 했다. 고열가(高列加)의 후손이라고도 한다.

註) 동명왕(東明王)은 고구려 시조 주몽(추모왕)을 지칭한 것이 아니라, 부여 5세 단군 고두막(高豆莫) 또는 부여의 시조를 가리키는 말이다. 주몽과 동명왕은 다른 사람이다. 졸본(卒本)은 고두막이 기병한 곳으로, 홀본(忽本)과 같은 말임. 지금의 혼강(渾江) 유역.

BC 106北夫餘 5세 檀君 고두막(高豆莫) 3년

고두막(高豆莫)이 스스로 장수가 되어 격문을 전하니 10일이 못되어 5천 명이 모여 이르는 곳마다 한군(漢軍)을 몰아내니 적이 없었다. 마침내 군사를 이끌고 구려하(九黎河: 요하)를 건너 요동의 서안평(西安平)까지 진출했다.

註) 서안평(西安平): 옛날의 임황(臨潢)이며 본래는 고리고국(槀離古國). 요하 서쪽 구련성(九連城) 동북 안평하(安平河) 유역, 혼강(琿江) 하류.

BC 87 (前) 北夫餘 4세 檀君 고우루(高于婁) 34년

(後) 北夫餘 5세 檀君 고두막(高豆莫) 22년

고두막한(高豆莫汗)이 배천(裵川)에서 한군(漢軍)을 격파하고, 유민(遺民)과 힘을 합하여 닥치는 대로 공격하면서 적의 진격을 막았다.

10월, 동명왕(東明王) 고두막이 북부여 고우르 임금에게 군사로 위협하며 "내가 천제(天帝)의 아들이다"라 하며 압력을 넣어 내 쫓으려 하는데, 이때 고우루가 병환으로 죽으니 동생 해부루(解夫婁)가 즉위했다. 그런데도 동명왕 고두막한의 군사적인 협박이 그치지 않자, 국상(國相) 아란불(阿蘭弗)이 해부루에게 "통하(通河)의 물가에 가섭원(迦葉原: 琿春?)의 들판이 기름지니 도읍할 만하다"고 건의하여 북부여의 도읍을 가섭원으로 옮겨가기로 하였다.

註) 통하(通河)는 현재 송화강가에 통하(通河)라는 지명이 있는데, 할얼빈의 동쪽에 해당되며,가섭원(迦葉原)은 분릉수(坌陵水)지역으로 압록강 동북쪽, 지금의 혼춘(?).

## 東 夫 餘

**"동부여(東夫餘) 성립"**

BC 86(後) 北夫餘 5세 檀君 고두막(高豆莫) 23년

東夫餘 시조(始祖) 해부루(解夫婁) 원년

해부루(解夫婁)가 결국 가섭원(迦葉原)으로 도읍을 옮기며 이동해 가니, 북부여(北夫餘)에는 고두막이 들어오고, 해부루는 가섭원으로 가서 자리 잡아 이것이 동부여(東夫餘)이다. 고두막은 해부루를 후(候)로 삼아 분릉(坌陵)에 자리 잡도록 허락했다. 고두막은 도성에 들어가 스스로 북부여 단군이라 했다.

8월, 고두막이 서압록하(西鴨綠河) 위에서 한군(漢軍)과 여러 차례 싸워 모두 물리쳤다.

註) 분릉(岔陵)은 현재 길림성과 흑룡강성 일대의 어느 곳을 말하는 듯. 그리고 동부여가 옮겨간 가섭원을 왜국(日本)의 '가시와라' 평원으로 해석하는 사례도 있다.

BC 84東夫餘 해부루(解夫婁) 3년

해부루는 새로운 나라를 이끌어야 했다. 국상(國相) 아란불(阿蘭弗)에게 명하여 원근의 유민(遺民)들을 구제하도록 하여 백성들을 편안하게 이끌어나갔다.

BC 79東夫餘 해부루(解夫婁) 8년

5월 5일, 고주몽(高朱蒙)이 분릉(岔陵)에서 태어났다.

註) 고주몽(高朱蒙): 부여의 황손(皇孫)인 고진(高辰)의 손자 옥저후(沃沮候) 고모수(高慕漱, 본명은 弗離支)가 서압록(西鴨綠)을 지나다가 놀러 나온 하백(河伯: 水神, 사람이름이 아니고 물을 관리하는 지방관 명칭)의 딸 유화(柳花)를 만나 정을 통했다. 하백은 딸의 음행에 노하여 유화를 우발수(優渤水)에 버렸고, 우연히 구출된 유화는 주몽(朱夢)을 낳았다. 부여 말에 활잘 쏘는 사람을 '주몽'이라 하는데 이 아이가 어려서부터 활을 잘 쏘아 '주몽'이라 불렀다. 고모수가 죽은 후, 유화가 아들 주몽을 데리고 웅심산으로 돌아온 다음, 다시 사방을 떠돌다가 가섭원(迦葉原)에 살게 되면서 주몽이 관가(官家)에서 말을 관리하는 목마(牧馬)가 되었다.

註) ≪고주몽의 세계(世界)≫

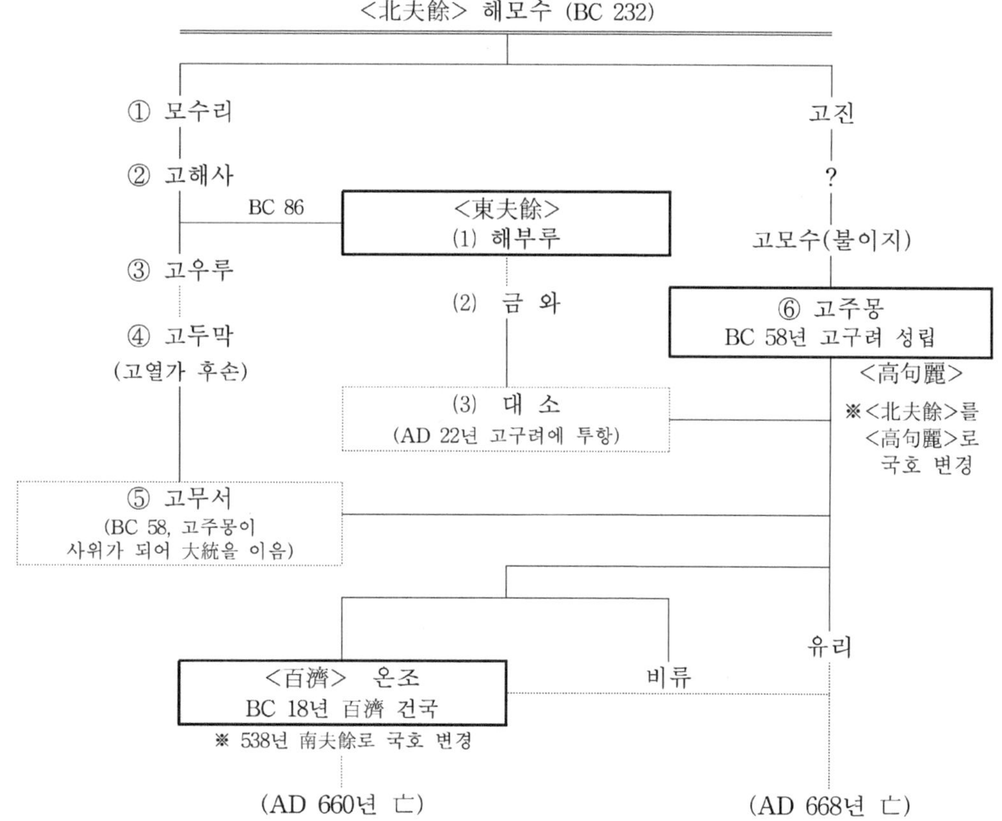

BC 77 東夫餘 始祖 해부루(解夫婁) 11년

해부루 임금이 늙도록 아들이 없었는데, 사냥을 마치고 돌아오던 중에 아기를 얻고는 데리고 들어가 이름을 금와(金蛙)라 하고 태자(太子)로 삼았다.

註) 해부루가 타고 가던 말이 큰 돌을 보고 눈물을 흘리기에, 이상히 여겨 그 돌을 떠들게 했더니 금빛 개구리 모양의 어린아이가 있어 "이는 하늘이 내게 아들을 준 것이다"하며 거두어 기르고 태자로 삼았다고 한다.

BC 59 東夫餘 해부루(解夫婁) 29년

금와왕의 일곱 왕자와 사냥을 하는 도중에 이들이 고주몽(高朱蒙)의 사냥 솜씨를 시기하여 왕에게 모함하고 해치려하자, 주몽은 어머니 유화(柳花)의 지시대로 부인 예씨(禮氏)와 작별하고 동남으로 도망하여 엄니대수(淹利大水: 분릉수, 松花江)를 건너 졸본천(卒本川)에 도달했다. 이때 오이(烏伊), 마리(摩離), 협보(俠父) 3인이 동행했다.

註) 협보(俠父 또는 협부): 주몽의 협력자로, 뒤에 고구려 2대 유리왕과의 갈등을 빚어 수백 여 호를 이끌고 남쪽으로 마한 땅에 정착했다가 다시 일본으로 건너가 구야한국(狗揶韓國: 加羅海의 북쪽 해안)에 도착한 다음 아소산(阿蘇山)에 살았다. 다파라국(多婆羅國, 또는 多羅韓國: 九州의 熊襲城?)의 시조라 한다. 졸본(忽本: 卒本)에서 왔으므로 고구려와 일찍 친교를 맺었으며, 일본 천황가(天皇家)에 대하여는 대대로 대립하며 맞서다가 신공후(神功候) 때에 평정되었다고 한다. 아마 고구려에서 펴지 못한 이상향을 일본열도에서 이루고자 한 듯하다.

北夫餘 6세 檀君 고무서(高無胥) 원년

고무서가 졸본천(卒本川)에서 즉위하고, 민심을 잘 관리하므로 소해모수(小解慕漱)라 칭하였다. 한군(漢軍)이 요하(遼河)의 동쪽에서 소란하므로 여러 번 싸워 물리쳤다.

# 高句麗

BC 58 北夫餘 6세 단군 고무서(高無胥) 2년

高句麗 고주몽(高朱蒙) 원년

10월, 고무서 단군이 딸이 셋에 아들이 없어 고주몽(高朱蒙 또는 鄒牟)을 보고 사람이 비상하므로 사위로 삼고 죽으니, 2 3세의 고주몽이 유명(遺命)에 따라 북부여의 대통(大統)을 이었다. 이로서 고주몽이 단군의 옛 법을 부흥하고, 해모수를 태조(太祖)로 삼고 제사지내니 비로소 건원하여 다물(多勿)이라 하며, 국호를 「고구려(高句麗)」라 했다.

註) 고구려(高句麗) 명칭은 高와 句麗의 복합어가 아니고 고을(忽, 洞, 城, Khor)의 한자음이라고 한다. 첫 연호로 정한 다물(多勿)은 "다(모두) 무르다"라 하여 "되물린다" "되찾는다"라는 뜻의 우리말. 그런데 광개토대왕 비문에는 시조가 건국했다는 표현 대신 건도(建都)했다고 적혀 있다. 또한 나라 이름은 정하지도 않았다. 〈삼국사기〉의 기록과는 다르다. 초기에 고구려 건국을 언급한 기록은 모두 '부여'라 적고 있다. 〈논형(論衡)〉에서는 동명(東明)으로 하여금 "부여에 도읍을 정하고 왕이 되게 했다"고 했다. 〈역림〉에서는 "스스로 부여왕이 되었다(自王夫餘)"고 했다. 비문을 참고하여 종합하면 주몽은 '북부여에서 부여에 도읍을 정하고 부여왕이 된 셈'이다. 결국 〈한단고기〉의 기록과 어긋나지 않는다.

註) 지금까지 고구려의 건국연대는 〈삼국사기〉를 기준으로 BC 37년으로 인정하였으나, 남북한 학계가 하나같이 BC37 보다 앞선다는 데는 의견이 일치한다. 또한 신라의 건국연대(BC 57)보다도 더 앞선다고 보고 있다. 〈환단고기〉에서는 고구려 BC 58년으로 〈삼국사기〉의 기록보다 21년 차이가 난다. BC 232년에 해모수가 북부여를 세우고, 5세 단군 고무서가 고주몽에게 대통을 전위했으니 북부여와 고구려는 동일선 상에서 보아야 한다. 따라서 AD 668년에 고구려가 망했으니 BC 232년부터 기산하면 그 기간은 900년이 되어 당시에 전해오는 〈비기(祕記)〉와 들어맞는다. 한편, BC 37년이라 표시한 〈삼국사기〉의 기사에는 그 내용이 서로 모순이 되는데, 주몽이 비류수에 나라를 세운 이듬해에 비류수 상류에 있는 고구려족의 소국인 비류국 송양을 친 기사가 있다. 그러나 송양이 "우리는 여러 대에 왕이 되었고…" 라는 말을 했다. 사건이 거꾸로 연결된다.

註) 북한은 고구려의 건국연대를 BC 277년으로 보고 있다. 2006년 북한의 과학백과사전출판사가 손영종 박사를 필자로 해서 펴낸 '조선단대사(고구려사1)'는 한사군이 요동반도에 있었다는 것을 비롯해 한국 역사학계에서는 거론되지 못하는 주장을 하고 있다. 한국 역사학계는 삼국사기를 근거로 광개토태왕을 동명성왕의 1 2세 손(孫)으로 정리했다. 그러나 광개토태왕릉비에는 광개토태왕을 동명성왕의 17세 손(孫)으로 밝히고 있다. 손영종 박사는 이를 근거로 삼국사기가 누락시킨 다섯 손(孫)의 다섯 왕을 찾아냈다. 삼국사기가 '고구려 2대왕인 유리(琉璃)왕의 이름은 유리(類利) 혹은 유류(孺留)이다'와 '5대인 모본왕은 해애루라는 다른 이름을 갖고 있었다'고 밝힌 것과 광개토태왕릉비에서 동명성왕의 세자를 유류로 표기한 것, 그리고 중국 사서들에 적혀 있는 것을 참고해 삼국사기가 누락시킨 5명의 고구려왕을 찾아냈다. 그는 고구려의 2대왕은 유리왕이 아니라 유류왕이고, 3대왕은 여률왕, 4대왕은 대주류왕, 5대왕은 애루왕, 6대왕은 중해왕(추정 이름), 7대왕이 삼국사기에서 2대왕으로 설명된 유리왕이라고 밝혔다. 손영종 박사는 삼국사기가 2대 유류왕에서 6대 중해왕까지를 7대왕인 유리왕에 합쳐버린 것이 삼국사기의 실수라고 주장하고 있다.

# 新 羅

BC 57 옛날 부여(夫餘) 왕실(王室)의 딸 파소(婆蘇)가 있었는데, 남편 없이 아이를 배었으므로 의심을 받아 눈수(嫩水: 만주 흑룡강성에 있음)로부터 도망하여 동옥저(東沃沮: 함경도 지역)를 지나 배를 타고 남하하여 진한(辰韓)의 내을촌(奈乙村)에 닿았다. 이곳에는 진한(辰朝鮮)의 유민들이 분포하여 살았는데, 이때에 소벌도리(蘇伐都利: 沙梁部의 촌장)가 이들 모자를 거두어 집에서 기른 지 13년 만에, 진한 6부(6村) 촌장들이 선도산(仙桃山: 경주시 남산 서쪽에 있는 봉우리) 옆 우물터인 나정(蘿井)에 모여 모두 추대하여 거세간(居世干: 小國의 君長)이라 하고 박혁거세(朴赫居世)라 불렀다. 도읍을 서라벌(徐羅伐: 경주)로 정하고, 나라 이름을「사로(斯盧: 新羅의 옛글, 새 나라)」라고 하였다.

註) 신라(新羅)의 명칭: 초기의 국호는 신라(新羅), 신로(新盧), 사라(斯羅), 서나(徐那: 徐那伐), 서야(徐耶: 徐耶伐), 서라(徐羅), 서벌(徐伐) 등으로 표기했는데, 모두 새로 생긴 마을(邑里)이라는 의미의 '사로(斯盧)'로 해석된다. 그런데 이는 고유어를 한자로 음차(音差)했기 때문인데, 앞에 붙는 '사(斯)' '서(徐)'를 해석해 보면 중국어와 비슷한 발음의 유사한 단어는 '새'가 된다. 이는 '나는 새(bird)' 또는 '새것(new)'의 의미인데, 또 한편 계림의 계(鷄)는 '새벽을 알리는 새'의 의미로 이 모두 'Bird' 혹은 'New'의 뜻이다. 즉 신라는 '새와 태양의 나라'로서 '새롭게 떠오르는 태양' 또는 '새로운 태양을 맞이하는 새'라 볼 수 있다. '신라(新羅)'의 국호는 진한(辰韓)의 속국이었던 사로국 단계와 혁거세를 왕으로 추대한 서라벌(徐羅伐) 단계를 거치고, 한동안 계림(鷄林)이라고 부른 뒤, 307년부터 정식으로 통일하여 사용되어진 나라 이름이다.

註) **혁거세(赫居世):** 신라 첫 임금이 혁거세(赫居世)인데, 혁(赫)은 우리말로 밝음이고 거세(居世)는 '갓, 간"이란 뜻으로, 혁거세는「첫 밝음(光明)」이란 말이다. 즉, 신라를 처음세우고 만든 시조(始祖)요, 아버지로서의 임금님의 자리를 상징한다는 이름이다. 혁거세의 조상인 박(朴)씨의 행적을 옮겨보면, 번한(番韓)의 탕지산(湯池山)에서 출발하여, 졸본에 머물면서고두막한의 사위가 되었고, 그 후 혁거세의 어머니는 남태백산(南太白山, 강원도 태백산)을 거쳐 배를 타고 경주로 오게 되는 유래를 갖는다. 박(朴)은 단(壇)의 어음(語音)이 박달(朴達)이기에, 이것을 취하여 성(性)을 삼았다고 한다.

註) **진한(辰韓):** 대체로 기원 전후부터 4세기경에 지금의 대구, 경주 지역에 분포한 12개의 소국으로 여기에는 맹주(盟主)인 경주의 사로국(斯盧國)을 위시하여, 기저국(己猪國), 불사국(不斯國), 근기국(勤耆國), 난미리미동국(難彌理彌凍國), 염해국(冉奚國), 군미국(軍彌國), 여담국(如湛國), 호로국(戶路國), 주선국(州鮮國), 마연국(馬延國), 우유국(優由國)이 있다. 〈삼국지 위지 동이전〉에 따르면 진한 12개

의 소국은 큰 나라는 4,000~5,000가(家), 작은 나라는 600~700가(家) 정도였다고 한다. 진한의 형성 주체에 관해서는 의견이 분분한데, 〈삼국사기 신라본기(三國史記 新羅本紀)〉에 보면 '이전에 (단군)조선이 망한 뒤 유민들이 산골자기 사이에 나누어 살면서 여섯 마을을 이루었다. 이것이 진한 육부가 되었다'라고 했다. 이들 소국들은 3세기 후반에 신라의 세력으로 편제되어갔으며, 그 중 일부는 가야(伽倻)의 소국(小國)으로 발전한 듯하다.

BC 50 新羅 혁거세(朴赫居世) 8년

왜인(倭人)이 군사를 몰고 와 변방에 이르렀다가 혁거세가 성덕(聖德)이 있다는 말을 듣고 이내 돌아갔다.

註) **왜(倭)**: 학계에서는 왜가 일본열도에만 있지 않았을 것이라는 사실을 일반적으로 인정하고 있다. 조선시대 사람들은 왜(일본)를 일컬어 '예(iee)'라 발음했는데, 이는 왜(倭)와 예(濊)가 맥족(부여족) 사람들이 같은 의미로 사용하던 고유어였음을 뜻한다. '예(왜)'는 북방 맥족(조선, 낙랑, 마한) 입장에서 볼 때 한반도 원주민인 '예족(부여족)' 사람들로, 한반도 동부(동예)와 남부(가야)와 일본 서부(왜) 사람을 통칭해서 부른 호칭으로 볼 수 있다. 하여튼 왜는 이후 신라와 수백 년 동안 큰 이유 없이 원수처럼 지내면서 공격한다. 이는 예족(왜족)의 땅인 진한에 외부 정권인 한나라 낙랑 사람들이 유입되어 국가를 이루어가는 것에 대한 토착민(왜)의 반발로 해석할 수 있다〈동이한국사〉.

BC 42 高句麗 고주몽(高朱蒙) 17년

고주몽이 "첫 부인 예씨(禮氏)의 아들인 유리(琉璃)가 오면 당연히 태자로 봉 하겠다"고 했기에, 둘째 부인인 소서노(召西弩)는 장차 두 아들(비류와 온조)에게 불리할 것이라 판단하고, 3월에 남쪽으로 내려가 요동지방 진번(辰番) 사이의 바닷가 벽지에 살면서 땅을 개척해 나갔다. 이후 그녀는 큰 부자가 되자 원근에서 소문을 듣고 찾아오는 자가 많았는데, 이로부터 10년 후(BC 32년경)에는 개척한 땅이 북으로 대수(帶水: ?)에 이르고 서(西)로는 바다까지 5백 리에 달했고 한다.

註) 〈동사강목〉에 의하면 〈북부여세가〉에서 나오는 고무서 단군의 딸이 소서노(召西弩)가 되는데, 비류(沘流)와 온조(溫祚)는 소서노의 아들인 동시에 북부여의 황손이어서 고구려의 고(高)씨 성을 따르지 않고 부여(夫餘)씨라 했다고 한다.

BC 39 新羅 혁거세(朴赫居世) 19년

변한(弁韓)이 나라를 바치고 항복해 왔다.

註) 이곳의 변한(卞韓)은 한반도에 정착한 조선의 유민(流民) 집단 중 한 나라.

BC 37 新羅 혁거세(朴赫居世) 21년

도읍지 서라벌에 성을 쌓고 금성(金城)이라 했다.

BC 36 高句麗 고주몽(高朱蒙) 23년

6월, 비류국(沸流國) 송양왕(松讓王)이 나라를 바치고 항복하므로, 그 땅을 다물군(多勿郡)으로 만들고 송양을 봉하여 지주(地主)로 삼았다.

註) **비류국(沸流國):** 압록강 지류인 동가강 유역에 있던 소국(小國)으로, 대표자 송양(松讓)이 주몽에게 항복하자 그 지방을 다물도(多勿都)로 개칭하고 송양을 그곳 우두머리로 삼았다. 이때의 그 교체는 정복 같은 형태가 아니라, 주몽과 졸본부 여왕의 딸인 소서노(召西奴: 졸본지역의 토착세력)와의 결혼이 상징하듯 일부 토착세력과 결합하여 서서히 세력을 확대해 나간 것으로 보인다. 초기 고구려 세력에 병합된 비류국은 송양의 딸이 유리왕의 비로 들어가는 등 주몽 집단과 혼인관계를 맺으면서 장차 유력한 지배집단이 된다.

BC 34 高句麗 고주몽(高朱蒙) 25년

재작년(BC 36)에 오이(烏伊)의 활약으로 송양(松讓)의 항복을 받아낸 이래 비류수(比流水: 만주 환인현 일대에 흐르는 혼강 渾江) 강가에 거처하다가, 이해에 오녀산성(五女山城: 오늘날의 遼寧省 高力墓子村)을 쌓고 성곽과 궁실을 지었다.

BC 32 高句麗 고주몽(高朱蒙) 27년

소서노(召西砮)와 비류(沸流), 온조(溫祚) 형제들이 10년 간 개척한 땅이 북으로 대수(帶水)에 이르고 서쪽으로는 바다까지 5백 리에 달했다. 그녀는 주몽에게 개척한 땅을 기부할 뜻을 전하자 주몽은 기뻐하며 '어하라(於瑕羅)'라는 책호(冊号)를 주어 지명을 삼았다.

註) **어하라(於瑕羅):** 어라하(於羅瑕)라고도 하는데, 백제와 고구려에서 '왕(王)'이나 '왕성(王城)'을 지칭하는 말임. 이발(居拔), 위례(慰禮), 위나암(慰那巖)도 같은 말이다.

10월, 주몽은 오이(烏伊)와 부분노(扶芬奴)로 하여금 태백산 동남쪽에 있는 행인국(荇人國)을 쳐서, 그 땅을 빼앗아 성읍으로 만들었다.

註) 산서성 태백산(山西省 太白山): 여기에서 언급한 태백산은 오늘날의 백두산이 아니다. 배달국시대의 터전인 섬서성 태백산(陝西省 太白山)에 이어 두 번째 터전인 산서성의 태백산(2,298m)을 말한다. 북경 남서쪽에 있으며 북서쪽으로는 항산(恒山, 2017m)이 있고, 남서쪽으로 오대산(五臺山, 1568m)이 있으며, 동남쪽으로는 백석산(白石山, 2018m)이 있다.

BC 27 高句麗 고주몽(高朱蒙) 32년

10월, 주몽은 부위염(扶尉猒)을 시켜 북옥저(北沃沮)를 쳐서 성읍으로 만들었다. 이때 연타발(延佗渤)이 5천 석의 곡식을 바치며 지원했다.

註) **북옥저(北沃沮):** 매구루(買溝婁)라고도 하는데, 옥저에서 북쪽으로 800여 리 떨어진 곳에 있었으며 두만강을 사이에 두고 읍루(挹婁: 후의 말갈, 여진)와 접경하였는데, 지금의 함경도지방이 이에 해당한다. 이곳의 주민들은 읍루의 해상침입으로 여름철에는 들에서 살지 못하고 산속으로 피해 굴속에서 살다가, 겨울에 바다가 얼어 배가 통하지 못하게 되어 읍루의 침입로가 막히면 다시 촌락으로 내려와서 살았다고 한다.

註) 연타발(延佗渤)은 졸본인으로 여걸 소서노(召西弩)의 아버지. 남북갈사를 왕래하며 거부가 된 상인으로 주몽의 고구려 창업에 공이 많았다. 뒤에 구려하(九黎河)로 옮겨가 살면서 어업과 소금 사업을 하던 중, 이때 식량을 전한 것이다. 또, 도읍이 눌견으로 옮긴 이후로는 죽을 때까지 유민들을 모아 안정시켜주면서 나라 일에 적극적으로 도움을 주어 고구려 건설에 크게 기여한 일등공신이다. 주몽은 이에 힘입어 건국 당시 주변 여러 나라에 둘러싸여 옴짝달싹하지 못할 것 같던 나라를 변모시켜 주변으로 팽창함으로써, 변두리의 위치에서 중심세력으로 나라의 위상을 세워나갈 수 있었다.

BC 26 高句麗 고주몽(高朱蒙) 33년

도읍을 졸본(卒本)에서 눌견(訥見: 常春에 주몽이 쌓은 성)으로 옮겼다.

註) 고구려 건국은 주몽이 부여를 떠나 엄리대수(淹利大水: 松花江)를 건너 남하할 때부터 시작된다. 주몽은 먼저 계루부를 이끌고 송화강을 건너 용강(龍崗)산맥을 넘으면서 여러 세력을 모은다. 이어 비류수를 따라 졸본에 이르러 소서노 등 토착인의 도움을 받아 졸본 서쪽 산에 도읍을 정하고(오늘의 五女山城) 군웅 할거하던 원고구려 사회의 여러 소국을 통합해 고구려를 열었다. 이후 주몽의 아들 유리왕은 전한을 계승한 왕망의 신(新)나라와 대립하고 손자인 대무신왕은 북의 동부여와 남의 낙랑을 멸망시키며 큰 왕국을 건설해 나갔다. 이어 5대 모본왕대에 이르러서는 요서(遼西)를 넘어 현재의 북경(北京) 외곽까지 한제국(漢帝國) 본토를 공략하는 강대한 국가로 웅비하게 된다.

BC 24 東夫餘 2세 금와(金蛙) 24년

高句麗 고주몽(高朱蒙) 35년

8월, 유화부인이 동부여에서 죽자 동부여왕 금와(金蛙)는 태후의 예로서 장사하고 신묘(神廟)를 세웠다. 주몽은 사자를 보내 토산물을 바치며 그 덕에 보답했다.

註) 후일에 고구려가 위병 수만으로 졸본에 반장(返葬: 시체를 고향으로 돌려가 장사지내는 일)하여 황태후의 예로서 산릉(山陵)을 만들고, 옆에 묘사(廟祠)를 세우게 했다고 한다.

BC 20 高句麗 2대 유리(琉璃) 원년

주몽의 적자인 유리(琉璃)는 동부여에서 옥지, 구추, 도조 등과 함께 남으로 내려와 주몽의 뒤를 이어 즉위했다. 또한, 불만세력인 소서노(召西弩)와 비류(沸流), 온조(溫祚) 형제를 몰아내고 골천(骨口川) 지역 유력자의 딸 화희, 한인(漢人) 치희와 혼인하면서 세력 강화에 힘썼다. 특히 골천 지역의 통합으로 보다 강한 고구려를 만들어 나갈 수 있었다.

註) **소서노(召西弩)의 남행(南行):** 주몽이 부여에서 탈출할 때 상황이 긴박하여 어머니인 유화부인과 임신 중인 아내 예씨(禮氏)를 남겨둔 채로 빠져나왔다. 그런데 이해 4월에 예씨가 낳은 아들 유리가 어머니와 함께 찾아오자 주몽은 유리를 태자로 삼는데, 졸본에서 만나 결혼하니 고구려 건국에 큰 공을 세운 소서노는 졸지에 정실왕비에서 밀려나게 된다. 9월에는 주몽이 죽고 유리가 왕위에 오르자 소서노는 슬하의 두 아들(전 남편 우대의 아들, 비류와 온조)이 장차 유리에게 해침을 당할까 우려하여 아들들을 데리고 패수(浿水, 예성강)와 대수(帶水, 임진강)를 건너 고구려를 떠나 남쪽으로 내려가며 새로운 땅을 찾고자 또 다른 개척 길에 나섰다.

한편, 비류는 온조와 어머니 소서노를 모시고 오간(烏干), 마려(馬黎) 등 10명의 신하와 함께 남쪽으로 떠나니 따르는 백성이 많았다.

**"온조(溫祚)의 남행(南行)"**

BC 19 高句麗 2대 유리(琉璃) 2년

소서노가 죽고, 비류(沸流)가 어하라의 대표가 되자, 오간(烏干), 마려(馬黎) 등 10여 명의 신하들이 온조(溫祚)에게 "마한(馬韓)의 쇠패가 끝이 왔으니 곧 가서 도읍을 정할 때입니다"라고 했다. 온조가 이들과 함께 즉시 바다건너 마한 미추홀(彌鄒忽)에 도착하여보니 사방이 텅 비어 사람이 없었다. 내륙으로 더 들어가 한산(漢山)에 도착하여 부아악(負兒嶽)에 올라 사방을 살피자 신하들이 말하기를 "오직 이 하남(河南)의 땅은 북으로 한수(漢水: 한강)를 끼고 동으로 높은 산을 의거하고 있으며, 남으로 비옥한 들판이 열리고, 서쪽으로 바다가 막으니 마땅히 이곳이 도읍지입니다"했다. 그러나 여기는 빈 땅이 아니라 마한(馬韓)의 관할 구역이므로, 온조는 마한왕을 찾아가 한강 주변에 1백여 리 땅을 허락 받았다.

註) **미추홀(彌鄒忽)**: 〈삼국사기〉에서 김부식은 인천(仁川)으로 보았으나, 〈삼국유사〉에서 일연은 인주(仁州)로 보았다. 김성호(金聖昊)씨는 〈비류백제와 일본의 국가기원〉에서 일연의 의견을 따라 충남 아산군 인주면(仁州面) 밀두리(密頭里)로 해석했다. 또한 한산 부아악도 서울 북한산 인수봉이 아니라, 경기도 용인에 있는 부아산(負兒山)이라 하였는데, 이 지점을 중심으로 보면 사방의 조건이 완전히 부합된다고 한다.

# 百 濟

BC 18 百濟 온조(溫祚 於羅瑕) 원년

온조가 10신하 의견에 따라 하남위례성(河南慰支城: 서울 송파구 풍납동, 풍납토성)에 도읍을 정하고, 국호를「백제(百濟)」라 정한 뒤에 왕위에 오르자마자 동명왕(東明王)의 사당을 세웠다. 후에 비류가 죽고 그 백성들이 그 땅을 가지고 귀부해 왔다.

註) **하남위례성(河南慰支城)**: 일반적으로 서울 강동구 몽촌토성으로 추정했고, 김성호 씨는 충남 천안시 입장면 호당리에 위치한 위례산(慰禮山)을 지적하기도 했다. 현재에도 위례산 아래 첫 부락인 호당리에는「溫祚舊國禮城遺墟(온조의 옛 나라. 위례성의 옛터)」라고 하는 문구가 포함된 동제문(洞祭文)이 전해오고 있다. 이곳은 아산시 인주면 밀두리에서 직선거리로 30Km 정도에 불과한 곳이다. 위례(慰禮)는 '울타리, 우리(柵)'의 뜻. 그러나 현재는 최근에 발굴된 풍납토성(몽촌토성 옆)을 위례성으로 보는 것이 정설로 보며. 또한 동명왕 사당의 위치도 토성에서 동쪽에 자리한 검단산(黔丹山: 경기도 하남시) 정상 부근일 것으로 보고 있다. 이에 관련하여 성곽의 규모, 축조에 필요한 노동력과 출토 유물로 보아 몽촌토성은 군사적 거점, 풍납토성은 정치적 거점인 왕성(王城)으로 보는 견해가 맞는 것 같다.

註) **백제(百濟)의 국호:** 백제(百濟)에서 왔기 때문에 호를 얻었다고도 하며, 당초에 온조는 십제(十濟)로 정했다가 비류계의 집단을 흡수하면서 백제로 고쳤다고도 하고, 백가제해(百家制海: 백여 집단이 모여 바다를 건너와 나라를 세웠다)라는 말을 줄여서 정했다고도 하며, 우리말에 '밝잣' 즉, '광명(光明)한 성(城)'이라는 뜻말의 음역이라는 등의 설이 있다. 그러나 이기훈의 〈동이한국사〉에 의하면, '그들은 한반도 중부 마한지역에 정착하면서 국호를 밝은(흰) 해(사람)의 나라'라는 의미로 '박지'라 불렀으며 그 음을 한자로 표기할 때 초기에는 '백제(伯濟)'로 음역해 표기하다가 후대(4세기 이후)에 '백제(百濟)'로 표기했다고 한다. 이는 백제의 백(伯)이 일백(100)의 의미가 아님을 말한다. 이는 그 지역 사람들(동이, 예맥인)이 모두 '밝음(白)'을 자신들의 대표적 호칭으로 불렀기 때문에 이를 중국인들이 '백, 박, 발, 박고' 등으로 기록했다. 이러한 점들을 감안할 때 백제는 박지, 즉 '밝은 사람(태양, 나라)'를 뜻한다고 볼 수 있다. 즉, 백제는 '밝은 해'인 것이다.

註) 백제의 건국과정을 종합해보면 비류는 온조와 달리 망명을 이끌어 냈다. 비류는 해양세력을 거느리고 해안지방에 나라를 세우려 했고, 온조는 내륙 쪽 세력에 편을 들었다. 비류는 엄연히 비류백제의 시조이다. 이 두 형제 집단은 갈등투쟁관계가 아니라 연맹관계였다. 또한, 온조가 모신 동명왕(東明王)은 아버지 고주몽보다는 북부여(北夫餘)의 5세 단군인 고두막한(高豆莫汗)을 지칭한 것은 아닌지?

BC 16 百濟 온조(溫祚王) 3년

온조는 주변세력들을 파악하고 "말갈(靺鞨)이 북쪽에 닿아있고 사람들이 날래고 간사하니 대비해야 한다"며 아저씨뻘이 되는 을음(乙音)에게 병마를 관리하게 했다. 아니나 다를까!

9월, 말갈 도적떼가 북쪽 변경에 나타난 것을 힘을 다해 쫓아가 격살시켰다.

註) **말갈(靺鞨):** 여기에 등장하는 말갈(靺鞨)은 남한강과 북한강 유역 양 지역에서 나오는 말갈세력의 흔적으로 적석총들이 있는데, 북쪽에서 남하한 동일한 집단이 한반도 중부지방에 정착하여 세력을 형성하고 일정 시기까지 병존하였다고 한다. 하지만, 원래 말갈(勿吉)은 만주 지역에 분포한 종족으로 BC 4세기 무렵 숙신(肅愼)으로, AD 3세기경에는 읍루(挹婁)로, 6세기경에는 물길로 불리다가 7세기에 이르러 말갈(靺鞨)로 불렸다. 이들은 뒤에 다시 여진(女眞)이라 호칭하였으며, 이들이 바로 금·청왕조를 건설한 종족이다. 이들은 일찍부터 송화강(松花江) 연안에 널리 퍼져 살면서 목축과 농업에 종사하였다. 그런데 온조의 백제 건국 당시에도 말갈족이 한반도에 내려와 정착해 있었다? 의문이다.

BC 15 百濟 온조(溫祚王) 4년

8월, 온조는 사신을 낙랑(樂浪)에 보내 인사를 했다. 걸음마 단계의 백제는 마한(馬韓)에 속한 작은 나라이기에 매사 조심해야 했다.

註) **마한(馬韓):** 대체로 BC 1세기~AD 3세기에 경기.충청.전라도 지방에 분포한 54개의 소국(小國)으로 《삼국지》 위지 동이전에 따르면, 마한 54소국은 큰 나라는 1만여 가(家), 작은 나라는 수천 가로서 모두 합하면 10여 만 호(戶)가 된다고 했다. BC 1세기 이후 위씨조선계 유민과 문화의 유입, 철기의 보급,

부여계 유민 집단의 정착 등의 정치 문화적 변화 속에서 철기문화를 배경으로 하는 새로운 세력이 형성되어가면서 청동기문화 수준인 마한의 영향력은 점차 위축되어갔고, 2세기 이후부터 백제가 마한을 통합할 때까지 한강 유역은 백제국 중심의 소국 연맹체와, 목지국(目支國) 중심의 토착세력권이 병존하는 상태였으나, 이후 백제 중심의 연맹체가 점차 주도권을 장악하면서 새로운 질서를 확립해간다.

註) **목지국(目支國)** 충남 직산(稷山)에 있던 마한의 소국으로, 《삼국지》 위지 동이전에는 월지국(月支國)으로 기록되어 있다. 우두머리를 진왕(辰王)이라고 했는데, 이것은 진국(辰國)의 왕이라는 뜻이다. 중국사서(史書)에는 삼한시대의 한강이남 여러 부족국가를 진국으로 총칭했다. 진국의 왕, 즉 진왕은 여러 부족국가 중 세력이 가장 큰 자로서 부족국가 연맹의 맹주(盟主)의 위치에 있었다. 여기서 마한 세력을 지역별로 세분하면, 백제 중심의 한강 유역권, 목지국 중심의 아산만 세력권, 건마국(乾馬國) 중심의 금강 유역권으로 구분한다.

BC 11 百濟 온조(溫祚王) 8년

2월, 이번에는 말갈 3천명이 들어와 위례성을 포위했다. 온조는 성책을 닫아 건 채 10여 일을 버티다가 양식이 부족한 말갈이 포위를 풀고 돌아서는 것을 추격하여 대부현(大斧峴:?)에서 5백여 명을 포로로 잡아 말갈의 기를 꺾었다. 온조는 장차 말갈의 침입에 대비하고자 7월에 마수성(馬首城)과 병산책(甁山柵)을 세웠더니, 낙랑왕이 시비를 걸어왔다.  그러나 낙랑은 미약하고 자신은 웬만큼 힘을 키웠다고 판단했다. 군사를 보내면 우리도 받아치겠다고 나섰다. 결국 무마하기는 했지만 이로부터 낙랑과는 불편한 관계로…

**"선비(鮮卑) 정벌"**

BC 9 高句麗 2대 유리(琉璃) 11년

4월, 유리왕은 북방의 강자인 부여를 견제하기 위해, 우선 고구려 측면에 있는 선비의 제압이 필요했다. 당시 서방에 있던 흉노족으로부터 밀려나온 선비족(鮮卑族)이 요하(遙河)부근까지 할거하게 되면서 고구려와 접하게 되어 충돌이 빈번했는데, 왕은 장군 부분노(扶芬奴)의 계책대로 병사에게 거짓으로 항복하게 하여 고구려가 약한 나라라고 선전하게 했다. 이후 약한 군사로 성을 치자 적은 고구려군을 우습게 보고 모두 성 밖으로 나와 공격하는 틈에, 백전노장(百戰老將) 부분노(扶芬奴)가 이끄는 정병이 비어있는 성을 기습 점령해 버리니, 이내 선비족은 대항을 포기하고 항복했다.

註) 〈위지(魏志)〉에 나타난 당시 고구려의 위치와 사정은 『고구려는 요동에서 동쪽으로 1천리쯤 떨어져 있는데 남쪽에는 조선(朝鮮=樂浪), 예맥(濊貊=東濊), 동쪽에는 옥저(沃沮), 북쪽에는 부여(夫餘)가 있다. 도읍은 환도(丸都=通溝)로서, 넓이는 사방 2천리, 가호는 3만이다. 큰 산과 깊은 계곡이 많지만 언덕과 못은 없다. 사람들은 산의 골짜기를 따라 살며 간수(澗水)를 먹는다. 좋은 밭이 없어 힘만 들 뿐 배를 채우기에는 곡식이 모자란다.』로서, 고구려는 지정학상 불가피하게 지속적으로 넓은 영역을 확장해 나갈 수밖에 없었다. 또한 여기에 등장하는 선비국(鮮卑國)은 동이족(東夷族)인 동호(東胡: 바이칼호 동쪽에 있던 종족)에서 나왔는데, 원래 환국(桓國) 12개 나라 중의 하나였다.

百濟 온조(溫祚王) 10년

10월, 말갈이 또다시 북쪽 경계에 침입해왔기에 군사 2백 명을 보내 곤미천(昆彌川: 개성 일대)가에서 막았으나 실패하고, 쫓긴 백제군이 청목산(靑木山: 개성 송악산)에 머무르자 왕은 기병 1백을 이끌고 나가 겨우 수습하고 돌아왔다.

BC 8百濟 온조(溫祚王) 11년

4월, 이번에는 관계가 나빠진 낙랑이 말갈을 시켜 병산책을 습격해 목책을 헐어버리고 병사들을 죽이면서 약탈을 하자, 느슨한 대비책으로는 말갈의 분탕질을 막을 수 없다고 여기고 온조왕은 7월에 독산(禿山)과 구천(狗川)에 각각 목책을 세워 낙랑의 통로를 막고 말갈의 침투에 대비한 근본 대책을 세워본다.

**"하루도 편할 날이 없구나. 도읍을 옮기자"**

BC 6 百濟 온조(溫祚王) 13년

2월에 국모(國母) 소서노가 6 1세로 운명하자, 5월에 왕은 "북으로는 낙랑이 있고 동으로는 말갈이 있어 하루도 편할 날이 없는데다가, 국모마저 돌아가니 한강 남쪽으로 도읍하여 장구한 계책을 도모하자"고 하며, 7월에 한강 아래에 책을 세우고 민가를 옮기기 시작하면서 마한에 사신을 보내 천도를 알리고, 경계를 북으로는 패하(浿河, 예성강), 남으로는 웅천(熊川, 공주에 있는 금강), 서로는 큰 바다, 동으로는 주양(走壤, 춘천)으로 정했다.

註) 비류와 함께 미추홀에 있던 소서노는 온조가 협력하지 않고 내륙으로 이동해 가자, 이를 한탄한 소서노가 남장을 하고 비류의 군사와 함께 온조의 궁을 습격했다. 그러나 국모를 알아보지 못한 온조의 군사에게 참살 당했다. 이에 다급해진 온조는 "국모를 시해하여 불안하니 급히 도읍을 전에 보아두었던 한수(漢水: 한강) 남쪽으로 옮겨 구안지계(久安之計)를 도모해야 겠다"고 하며 즉각 실행에 옮겼다. 이때 옮긴 도읍의 위치는 일반적으로 경기도 하남시 춘궁동 일대(서울 풍납동 몽촌토성은 별궁)로 보고 있다. 백제의 남쪽에는 마한(馬韓)이 있는데, 무시해서 득이 될 것은 없으므로 인사 치례는 꼭 챙겼다. 사냥한 짐승 등을 예물로 보내고, 중요 사안은 보고도 하며 관계를 유지했고, 힘이 빠진 마한왕은 이런 정도로 만족하고 있었다.

高句麗 2대 유리(琉璃) 14년

東夫餘 3세 대소(帶素) 원년

1월, 동부여가 고구려에 사신을 보내 서로 왕자를 볼모로 교환할 것을 청하자, 고구려 유리왕은 부여의 강함을 꺼리어 태자 도절(都切: 유리의 장남)을 보내려하는데 도절이 가기 싫어하자 왕은 아들을 보내지 않았다. 그러자 동부여 대소왕이 화를 내며 10월에 군사 5만으로 졸본성(卒本城)을 공격해왔는데, 다행히 큰 눈이 내려 물러갔다. 하지만 당시 최대 강국인 부여는 고구려에 대한 압박을 늦추지 않는데…

BC 1 高句麗 2대 유리(琉璃) 19년

10월, 도읍을 눌견(졸본)에서 국내성(國內城: 通溝)으로 옮겼는데, 성내에 환도성(丸都城)이 있어 산 위에 성을 쌓아 일이 있으면 거기서 살았다. 이 성을 국내 위나암에 쌓았다 하여 위나암성(尉那巖城)이라 한다.

註) **졸본(卒本):** 고구려의 5부족(部族) 중 계루부(桂婁部)가 위치한 지역으로, 광개토왕 비문에는 홀본(忽本)으로 되어 있다. 졸본은 북부여의 시조 해모수(解慕漱)의 옛 도읍으로서 발해의 솔빈부(率賓府), 금(金)나라의 휼품로(恤品路)에 해당하며, 현재의 수분하(綏芬河: 쑤이펀강) 남서 지방으로 추측되고 있다.

註) **국내성(國內城):** 만포진(滿浦鎭) 대안의 집안현소(輯安縣所)와 그 배후의 산성을 포함하는 지역. 여기의 산성(山城)이 바로 환도성(丸都城)임을 알 수 있다. 이때를 전후하여 왕은 기존 세력들을 견제하고 왕 중심의 국가 통치를 강화하였는데, 이 과정에서 주몽을 도왔던 협부가 남쪽으로 도망한 것과, 왕의 아들 해명태자가 졸본에 남아 있다가 죽음을 당한 것을 보면 내부 알력이 상당했던 것 같다.

AD 3 高句麗 2대 유리(琉璃) 22년

10월, 왕은 졸본(卒本)에서 국내(國內城)로 도읍을 옮기면서 위나암(慰那巖)에 성을 쌓았다. 왕은 산이 험준하고 물이 깊으며, 땅이 오곡을 심기에 알맞고 물고기가 풍부해 살기에도 좋을 뿐 아니라, 외적을 막기에도 좋은 곳이라고 했다.

AD 4 新羅 2대 남해(南解次次雄) 원년

7월, 낙랑(樂浪: 경북 영천)이 군사를 몰아 금성(金城: 서라벌)을 겹겹이 포위하자, 아직 군세가 미약한 신라가 대적을 아니 하니 한동안 분탕질만 하다가 돌아갔다.

註) **차차웅(次次雄):** 산라 말로 자충(慈充)이며 무당이고 스승이란 말도 된다. 곧, 차차웅=자충=무당이다. 거서간(居世干) 다음의 높은 어른(尊長)으로 오직 임금만을 이렇게 불렀다.

註) 여기에 등장하는 낙랑(樂浪)은 경북 영천 지방에 있던 작은 세력으로, 고구려와 접해있는 낙랑국과(樂浪國)는 별개이다.

百濟 온조(溫祚王) 22년

왕이 기병(騎兵) 1천을 거느리고 부현(斧峴)의 동쪽에서 사냥을 하다가 말갈적(靺鞨賊)을 만나 단번에 격파하고, 사로잡은 포로는 장사들에게 나누어 주었다.

**"백제의 마한(馬韓) 병합"**

AD 8 百濟 온조(溫祚王) 26년

2년 전(AD 6)에 웅천(熊川: 금강)에 목책을 세웠더니 마한왕이 이를 따지는 바람에 헐어버린 적이 있었다. 그러나 마한의 백성들이 백제에 속속 귀화해 오고 있기에, 왕은 세력이 미약해진 마한은 물론, 더 나아가 진한까지도 병탄하려는 결심을 굳히고 있는 중이었다.

10월, 왕은 "만일 다른 세력(신라 등)이 마한을 병탄하게 되면 걱정꺼리다"하며 사냥한다고 핑계하고는 군사를 이끌고 나가 마한을 습격하여 점령해버렸다. 졸지에 마한은 옛 신하에게 발등이 찍혀 넘어졌다. 나머지 세력은 더욱 남쪽으로 내려가 명맥만 유지하게 되고…

AD 12 高句麗 2대 유리(琉璃) 31년

신(新)나라의 왕망(王莽)이 흉노를 치기 위해 고구려군을 이용하려 했다. 왕은 위협에 못 이겨 군사를 내어 주었으나, 병사들이 전장에서 모두 도망쳤다. 사태가 이에 이르자 요서대윤 전담(佺擔)이 고구려군을 추격하다가 오히려 살해당했고, 이에 엄우(嚴羽)가 뒤를 쫓아와 고구려 장군 연비(延丕)를 유인하여 죽인 다음, 그 목을 왕망에게 바치니 왕망은 기뻐하며 고구려를 하구려(下句麗)라 불렀다고…

註) **왕망(王莽)**: 전한(前漢)의 황제 자리를 빼앗아 스스로 국호를 신(新)이라 하고는 15년간 정치를 한 손에 쥐고 있다가 AD23년에 한(漢)나라 황족의 한 사람인 남양(南陽)의 호족 유수(劉秀: 後漢의 光武帝)의 군대에게 곤양(昆陽 :河南省 葉縣)에서 대패하고, 장안(長安)의 미앙궁(未央宮)에서 부하에게 찔려 죽음으로써 나라가 망하고, 후한이 그 뒤를 이었는데, 전한과 후한(後漢) 사이에 잠시 동안 존재했던 신(新)나라 왕조의 우두머리.

AD 13 高句麗 2대 유리(琉璃) 32년

東夫餘 3세 대소(帶素) 19년

4년 전에 동부여가 유리왕에게 사신을 보내 부여에게 신하의 예의를 갖추라고 협박한 것을 거절한 적이 있었는데, 11월, 이에 대한 반응으로 대소왕이 대군을 동원하여 고구려를 침공하자, 왕은 왕자 무휼(無恤: 후에 대무신왕)을 보내 막게 했다. 무휼은 적은 병력으로 정면공격을 피하고자 학반령(鶴盤嶺) 아래에 매복 작전으로 기습하여 적을 혼란시킨 다음 말을 버리고 산으로 피해 올라가며 흐트러지는 적병을 모조리 도살하여 크게 이겼다.

AD 14 高句麗 2대 유리왕(琉璃) 33년

왕은 1월에 무휼을 태자로 삼고, 8월에는 오이(烏伊)와 마리(摩離)에게 명하여 군사 2만으로 서쪽에 양맥(梁貊)을 공격하여 멸망시키고 계속 진격하여 한(漢)의 현도군(玄菟郡)의 고구려현(高句麗縣)까지 습격하여 빼앗았다.

註) 현도군(玄菟郡)에는 고구려현(高句麗縣), 상은태현(上殷台縣), 서개마현(西蓋馬縣)의 3개 현이 있었고 B.C 107년에 한(漢) 무제(武帝)가 압록강 중류 지역에 설치했다고 하는데, 이때 왕망이 흉노를 정벌하기 위해 고구려현의 군대를 동원하려 하자, 고구려현이 이에 응하지 않고 새(塞)에서 벗어나 도둑질을 하니, 요서대윤 전담이 추격하다 도리어 피살되었다. 이 사건을 계기로 난이 일어나자, 이 틈에 유리왕이 한의 고구려현을 공략하고 고구려에 흡수시켰다. 유리왕은 주몽, 대무신왕과 함께 고구려의 개국신(開國神)으로 숭배 받았다.

**"왜인(倭人) 나타남"**

新羅 2대 남해(南解 次次雄) 11년

왜인(倭人)들이 병선 1백 척으로 해변에 침입하여 약탈과 노략질을 하므로, 신라는 6부의 군사로 막게 했다. 또 이틈에 낙랑(樂浪: 경북 영천)이 뒤를 엄습하여 금성이 위급하게 되었는데, 밤에 유성(流星)이 낙랑군 진중에 떨어지자 낙랑의 군사들이 스스로 철수했다.

註) 이때 나타난 왜인은 일본열도에서 온 왜인이 아니라, 한반도 내에 전남 나주지역에 있는 왜(倭)의 존재로 보아야 한다는 의견도 있으며(400년조 참조), 침입사건이 백제에 대하여는 한 건도 일어나지 않는 현상으로 보아, 당시 북규슈(北九州)에 존재하고 있는 것으로 보이는 백제계(百濟係)의 왜(倭)라고 보는 견해도 있다.

註) **차차웅(次次雄)**: 신라의 왕 명칭은 2대 남해왕이 차차웅(次次雄)이고, 3대 유리왕부터 16대 흘해(訖解)왕까지는 이사금(尼師今: 임금과 同音)을, 17대 나물(奈勿)왕부터 21대 소지(炤知)왕까지는 마립간(麻立干), 22대 지증(智證)왕부터 왕(王)을 사용했다.

AD 15 百濟 온조(溫祚王) 34년

10월, 마한의 장수이었던 주근(周勤)이 우곡성(牛谷城: 경남 진주의 서쪽지방 ?)에서 백제에 대한 반격을 시도했다. 온조왕이 스스로 5천의 군사를 이끌고 토벌에 나서자, 주근이 자결하므로 쉽게 평정했다. 이로서 온조는 마한의 영지를 모두 흡수하게 되었다.

AD 19 高句麗 3대 대무신왕(大武神王, 一名 朱留) 2년

1월, 백제 주민 1천여 호가 귀순해 왔다.

註) 당시 지리적으로 한강유역의 백제 주민들이 지상낙원도 아니며 풍토도 열악한 북쪽으로 갈 이유가 없다. 남쪽으로 내려간 온조계의 백제와는 별도로 만주지역에 백제세력이 있다는 반증이다. 〈송서(宋書)〉 백제전에는 '백제국은 본래 고구려와 함께 요동의 동쪽 천여 리에 있었다' 라고도 했다. 무시할 수 없는 기록이다.

**"부여(東夫餘) 정벌전"**

AD 21 高句麗 3대 대무신왕(大武神王, 一名 朱留) 4년

12월, 태자시절 부여의 침입을 학반령에서 격퇴했었던 왕자 무휼이 왕위에 오르자마자 부여에 대한 강공책으로 나왔다. 지금까지는 부여보다 힘이 약해 방어만 해왔지만 언제까지 시달리며 있을 수만은 없었다. 왕이 스스로 나서서 부여와 자웅을 겨루고자 군사를 일으켜 이듬해(AD 22년) 2월에는 부여 남쪽에 이르렀다.

**"동부여(東夫餘) 병합"**

AD 22 東夫餘 3세 대소(帶素) 28년

高句麗 3대 대무신(大武神王, 一名 朱留) 5년

2월, 대소왕이 군사를 총동원하여 고구려 군이 미쳐 진을 정비하기 전에 이를 기습하여 치명타를 가했다. 이 와중에 대소왕(帶素王)의 말이 진창 속에 빠지자 고구려 상장(上將) 괴유(怪由)가 이틈에 대소왕을 죽일 수 있었다. 그러나 부여군은 굴하지 않고 오히려 포위망을 겹겹이 좁혀와 전멸의 위기에 처하게 되었는데, 마침 큰 안개가 7일간이 계속 되면서 이틈에 고구려군은 허수아비를 대신 세워놓고 겨우 탈출에 성공했다.

4월, 대무신왕은 전쟁에는 졌으나 패한 싸움이 오히려 전화위복이 되었다. 동부여의 대소왕이 죽자 형제들 사이에 왕위다툼이 일어난 것이다. 대소의 동생이 종자 수백 명을 이끌고 달아나 압록곡(鴨綠谷)에

이르러 사냥 중인 해두왕(海頭王)을 죽이고 그 백성을 취한 다음 갈사해빈(曷思海濱)을 확보하여 나라를 세우고 자칭하여 왕이라 하니, 이것이 갈사국(曷思國)이다.

7월, 대소왕의 또 다른 동생이 "선왕(先王)은 죽고, 나라는 망하고, 인민은 갈 곳이 없고, 갈사는 한 구석에서 제나라도 지키지 못하니, 우리 또한 일어날 수 없다. 차라리 항복하여 살기를 도모하자"하고 인민 1만여 가구로써 고구려에 투항하니, 고구려가 그를 왕으로 봉하고 연나부(椽那部)에 안치했다.

註) 동부여는 왕(王) 대소(帶素)가 전사하니, 나라 전체가 흔들렸다. 고구려는 싸움에 지고도 이긴 것이다. 투항한 동부여인에게 낙(絡)씨 성을 주니 후에 점점 자립하여 개원(開原: 요하의 중류지방) 서북으로부터 백낭곡(白狼谷: 大城子의 동북, 열하성 조양현의 서남)으로 옮기고, 다시 연(燕) 가까운 곳에 이르렀다. 그들은 결국 494년 문자왕(文咨) 때 고구려에 투항하여 부여갈사(夫餘曷思) 계열의 끝이 왔다. 〈삼국사기〉에서는 이 세력을 "부여(夫餘)"로 표기했다.

百濟 온조(溫祚王) 40년

9월에 말갈(靺鞨)이 술천성(述川城: 경기 여주)을 공격해왔고, 또 11월에는 부현성(斧峴城)을 습격하여 백성 1백여 명을 죽이니, 왕은 날랜 기병(騎兵) 2백 명을 시켜 격퇴하게 하였다. 말갈의 침범이 두고두고 화근이다. 그래서 이듬해(23년) 2월에는 한수(漢水) 동북쪽 부락에서 15세 이상의 장정을 동원하여 [하남]위례성을 수리했다.

註) 삼국사기에 나타나는 말갈은 시간-공간적으로 볼 때, 만주 동북방에 있는 말갈과는 무관하며, 신라인들이 북에서 침입하는 이족(異族)을 말갈이라 한데서 비롯된 것이다. 한반도의 말갈 중에 영서지역의 말갈은 남한강과 북한강의 중,하류 지역과 태백고원 지대에 거주했다하며, 영동지역의 말갈은 함경남도 남부와 강원도 북부가 세력권이라고 한다.

AD 26 高句麗 3대 대무신(大武神王, 一名 朱留) 9년

10월, 왕은 내부의 국력을 다진 후 직접 군사를 이끌고, 압록강 상류 백두산 부근에 있는 개마국(蓋馬國)을 쳐들어가 왕을 죽이고 군현(郡縣)에 편입시켰다. 12월에는 이를 보고 압록강 상류 남쪽에 있는 구다국(句茶國)까지도 자진해서 항복해왔다. 왕은 이곳도 고구려 군현에 편입시켜 개척된 땅은 점점 넓어지고..

註) **구다국(句茶國):** 환국(桓國) 12개 나라 중의 구다천국(句茶川國)의 후예가 아닌지?

AD 28 高句麗 3대 대무신(大武神王, 一名 朱留) 11년

7월, 후한(後漢)의 요동태수가 군사를 이끌고 침공해와 위나암성(慰那岩城)을 포위했다. 고구려는 후한과의 전쟁을 치를 정도의 국력이 아니었으므로 왕은 좌보(左輔) 을두지(乙豆智)의 계략을 써서 수십 일간 싸우지 않고 지키기만 하다가 편지를 적에게 보내 성안에 식수가 충분함을 알게 하여 적으로 하여금 공성(攻城)을 포기하고 자진하여 철수하도록 유도했다.

註) 청야전술(淸野戰術)의 원조인 을두지의 이러한 방법은 후에 고구려의 주된 방어 전략으로 이용된다. 이는 고구려의 지형상 유력한 방법으로 적을 끌어들여 굶주리게 한 후 스스로 물러나게 한 다음 반

격하는 방법이다. 위나암성(慰那岩城)은 중국 안동성(安東省) 집안(輯安: 通溝)지방에 있으며, 427년(장수왕 15) 고구려가 서울을 평양성으로 천도하기까지 고구려 전기의 국도(國都)였던 국내성(國內城)과 동일한 성으로 추정되고 있다.

AD 30 高句麗 3대 대무신(大武神王, 一名 朱留) 13년

7월, 매구곡(賣溝谷) 사람 상수(尙須)가 그 아우 위수(尉須)와 종제 우도(于刀) 등과 함께 항복하였다. 한편, 이때에 한(漢)이 왕준(王遵)을 보내 낙랑군 왕조(王調)의 난을 평정했다.

註) 매구곡(賣溝谷)은 환국(桓國) 12개 나라 중의 매구여국(賣句餘國)의 자취가 아닌지?

### "비련(悲戀)의 호동왕자와 낙랑공주"

AD 32 高句麗 3대 대무신(大武神王, 一名 朱留) 15년

4월, 왕자 호동(好童)이 옥저지방에서 사냥하던 중 낙랑왕 최리(崔理)를 만나게 되자, 최리는 고구려와의 전쟁을 막고자 기회라 여기고 호동을 궁궐로 데리고 가서 사위를 삼았다. 호동은 고구려에 돌아가 부왕(父王)에게 결혼사실을 알리고 한편으로 아내가 된 낙랑공주에게 "그대가 무기고에 들어가 자명고(自鳴鼓)를 부수어 달라"고 비밀리에 전했다. 공주는 이 고각(鼓角: 북)을 부순 다음 호동에게 연락하니 고구려군은 즉각 낙랑국으로 공격해 들어갔다. 방심하던 낙랑왕 최리는 이 사실에 놀라 딸을 죽이고는 더 이상 방법이 없어 고구려에 항복하고 말았다.

註) 대무신왕의 아들인 호동왕자(好童王子)는 사랑하는 적국의 공주에게 적이 침입하면 자동으로 울리는 자명고(自鳴鼓)를 부수게 하여, 이틈에 낙랑국을 멸망시킬 수 있었지만, 결국 공주는 아버지인 낙랑왕에게 죽임을 당해 이루지 못한 사랑의 한을 남긴다. 그 후 호동은 원래 차비(次妃)의 소생으로 왕의 원비(元妃)가 호동에게 왕위가 넘어갈 것을 우려해 왕에게 끊임없이 이간질하자, 신하들은 왕자에게 무고함을 밝히라고 했지만 호동은 "그러면 왕비가 나쁜 사람이 되어 아버지에게 근심을 주게 되니 이는 효도가 아니다"고 하며 이해 11월에 죽임을 당했다.

AD 36 新羅 3대 유리(儒理尼師今) 13년

8월, 낙랑(樂浪)이 북쪽 변방을 침범하여 타산성(朶山城)을 쳐 함락시켰다.

註) 춘천의 토착세력을 지칭하는 정확한 표현은 맥국(貊國)으로 추정되지만, '낙랑'을 자칭했다는데, 옥저지역의 토착세력이던 최리(崔理)가 낙랑왕을 칭한 사실이 이를 말해준다. 〈삼국사기〉에는 평양의 낙랑군와 옥저의 낙랑국 외에 영서와 영동의 토착집단을 '낙랑(樂浪)'이라 불렀다

AD 37 高句麗 3대 대무신(大武神王, 一名 朱留) 20년

新羅 3대 유리(儒理 尼師今) 14년

대무신왕은 낙랑국(樂浪國)을 습격하여 잔여 세력을 멸망시키고 압록부(東鴨綠) 이남지역을 병합했다. 유독 해성(海城) 이남의 여러 성(城)만은 합병하지 못했다. 이때 낙랑 유민 5천명이 신라로 들어가자 신라 유리(儒理)이사금은 이들을 신라 6부에 나누어 살도록 했다.

註) 한반도 내의 낙랑은 이때 없어졌다? 그런데 AD44년에 후한에서 바다건너 낙랑을 쳐서 군현을 삼았다고 하는데??

AD 40 新羅 3대 유리(儒理尼師今) 17년

9월, 화려(華麗: 元山灣 부근 德原), 불내(不耐: 원산 남쪽 安邊) 두 고을 사람들이 합세하여 기병(騎兵)을 거느리고 북쪽 국경을 침범하니 맥국(貊國)의 거수(渠帥: 君長)가 군사를 거느리고 하서(河西: 강원도 강릉)에서 이를 가로막고 격파하여 패주시키니, 유리이사금이 기뻐하여 맥국과 우호를 맺었다.

註) **이사금(尼師今):** 곳한(始祖王)과 앞 임금(前王)을 이어가는 "잇는 임금"이란 말의 이두표기

註) **맥국(貊國):** 이 땅에 남하한 맥인(貊人)들의 도읍지는 우수주(牛首州: 춘천)로, '우수(牛首)'란 소머리를 가리킴이니, 지배층의 맥인들이 웅거했던 곳이란 뜻이다. 지금도 지위가 높은 사람을 '우두머리'라고 부르는 것이 여기에서 기인된 듯하다. 민족의 구분으로 보아 대개 서방민족은 융(戎)이라 했고, 화산(華山)에서 일어난 민족을 화인(華人)이라 했으며, 중토에서 일어난 민족을 하인(夏人), 동방민족을 이인(夷人), 북방민족을 적인(狄人), 남방민을 만인(蠻人)이라 했으며, 중국인을 화하(華夏) 또는 중화(中華)이라 했고, 우리 민족을 이적(夷狄), 이맥(夷貊) 또는 구이(九夷)라 칭했다. 상고시대에 백두산 주위에 살았던 서민층의 맥인(貊人)들이 남하하여 지금의 하북(河北), 산동(山東), 강소(江蘇), 안휘성(安徽省) 등에 분포하여 강대한 세력을 이루고 지냈으며, 뒷날 지배층의 맥인들이 강원도로 남하하여 신라초기까지 나라를 유지했다는 기록이 보이는데, 이때의 기사가 이에 해당하는 것 같다.

# 加　羅(伽倻)

AD 42 낙동강 유역 김해 지방을 중심으로 변진(弁辰) 12 자치부(自治部)가 있어 각 부에 우두머리들이 모여 김수로(金首露) 6형제를 추대하여 6가야(加羅)의 임금을 삼았다. 일찍이 이 지역에서 변진시대의 구야국(狗邪國)이 모체가 된 금관국(金官國)은 풍부한 수자원과 평야 그리고 해상교통의 요충지로서, 또한 철(鐵)을 생산하여 국제교류의 중심지로 번영해오고 있었다.

註) 가야산 깊은 골에 한 여신(女神)이 살고 있었다. 성스런 기품과 아름다운 용모, 착한 마음을 지닌 산신(山神). 정견모주(正見母主)였다. 산신의 소원은 인간이 살기 좋은 터전을 닦아 주는 것. 그는 밤낮으로 정성을 바쳐 하늘에 소원을 빌었다. 어느 봄날, 이를 가상히 여긴 하늘신 이비가(夷毗訶)가 오색 꽃구름 수레를 타고 가야산 중턱 상아덤(一名 가마바위)에 내려앉았다. 산신과 천신은 물 맑고 공기 좋은 산 속에서 감응하여 옥동자 둘을 낳았다. 형의 얼굴은 천신을 닮아 해처럼 둥그스름하고 불그레했고, 아우는 여신을 닮아 갸름하고 흰 편이었다. 형은 대가야의 1대 이진아신왕(伊珍阿豉王)이 되고, 아우는 금관가야의 시조 수로왕(首露王)이 되었더라. 가야산에 내려오는 설화(說話)이다.

註) 낙동강 하류 지방은 마한이나 변한(신라세력)의 지배력이 미치지 않아 주변세력으로부터 자유로울 수 있었다. 그래서 평화롭게 마을 대표들이 모여 대표를 정하고 구역을 나누어 자리 잡으니, 가락국은 다른 나라와는 개성이 아주 다르게 출발했다. 이들 대표들이 나눈 6개 나라는 ① 금관가야 (金官國, 金官伽倻, 南加羅: 우두머리의 뜻. 김해지방) ② 임나가야(任那伽倻: 고령군 근처, 大伽倻) ③ 아라가야 (阿羅加羅, 阿那伽倻: 함안지방) ④ 고령가야 (古寧加羅: 상주, 咸昌지방) ⑤ 성산가야 (星山加羅, 碧珍伽倻: 성주 근처) ⑥ 구지가야 (古資加羅: 고성의 중간 섬, 小伽倻)이다. 가야에 관한 역사책으로는 고려 문종 대 금관주지사(金官州知事: 김해지역에 파견된 지방관)를 지낸 문인이 저술한 〈가락국기(駕洛國記)〉가 있었다고 하나 현재 전하는 것은 이를 발췌하여 옮긴 〈삼국유사〉 뿐이다. 가야의 세력권은 크게 나누어 본가야권(김해, 熊州 지역), 대가야권(고령과 대구 중심), 안라가야권(함안과 진해 등)의 3세력권으로 볼 수 있다.

註) **변한(弁韓)**: 한반도 중부 이남 지역에 분포한 삼한(三韓) 중의 하나로서, 변진(弁辰)이라고도 한다. 대체로 지금의 김해-마산지역에 분포한 집단을 가리킨다. 진한과 변한의 구분은 종족과 지역적인 구분에 의하지만 〈삼국지〉 위지 동이전에 "변진은 진한과 잡거하며 언어.법속.의식주가 같고 다만 귀신의 섬김이 다르다"고 하여 전체적으로 같은 문화기반을 가진 집단이라고 할 수 있다. 〈삼국지〉에 변진은 12개의 소국 이외에 독립된 거수(渠帥)가 있는 여러 소별읍(小別邑)이 있다는 기록으로 보아 변진은 경상도 지역 여러 집단 가운데 진한연맹체에 속하지 않은 세력들을 통칭한 것으로 보인다. 변한 12개 소국 중에 구야국(狗邪國)은 경남 김해, 안야국(安那國)은 경남 함안, 반로국(半路國)은 경북 고령, 고자미동국은 경남 고성, 독로국(瀆老國)은 부산 동래 등지에 형성됐다. 이들 중 대부분이 가야 연맹체를 구성했다. 변한은 철산지로서 중국 군현과 왜에 철을 수출했고 왜와 인접한 지역에서는 문신(文身)의 풍속이 있었다고 한다.

註) 가야(加耶, 伽倻, 伽耶), 구야(狗邪), 가라(加羅, 伽羅) 등으로 불리던 가야 역시 한반도 고대 국가들의 국호인 '한(韓)', '간(幹)' '서나'. 사라(斯羅)'와 동일한 뜻인 '처음(새) 해'를 의미하고 있다. 가야 국호 앞에 있는 '가', '구'는 '한(韓)'의 고대음 '가라'의 '가'에 해당하며 '처음'을 의미하고, '라(羅)', 야(耶, 倻, 邪)'는 모두 '태양'에 해당한다. '야.를 표기한 한자들인 耶, 倻, 邪는 중국어로 모두 예(ye)로 읽히는데, '예'는 '해'를 뜻한다. 따라서 '가야' 역시 '새롭게 떠오르는 태양의 나라'를 의미한다.

註) 오늘날의 실크로드 일대를 지배하던 흉노(匈奴) 우현왕의 태자의 후손들이 김씨 성을 갖게 되면서 김씨가 탄생했다. 흉노의 고향은 원래 곤륜산(崑崙山) 서쪽에서 중앙아시아 일대였다. 이 지역의 나라 구국(狗國)이 있었다고 하였고, 구국의 구(狗 ), 즉 개를 흉노어로 구트야라 하므로 구야국(狗邪國)의 구야는 '구트야'의 한자 표기라고 한다. 이 흉노인들이 중국 북방으로 들어와 황하(黃河)를 지배했으며 기록상 황하의 최초 지배자는 하족(夏族)이라하는 흉노족이었다. 그리고 AD8~23년경 왕망(王莽)이 신(新)정권을 세웠지만 오래가지 않아 무너지면서 주변의 김씨들이 사방으로 흩어졌는데, 그

일부가 김해와 경주 지방에 들어와 BC 2세기 말에 고조선과 낙랑에서 내려와 살고 있던 피난민들과 어울려 새로운 세력을 이룬 결과, 김해 양동리에서 김시(金諟)가 김해가야를 열었다. 곧 이어 그 후손 김성(金星)이 경주로 진출하여 신라의 중심으로 부상하는데 이 사람이 '알지'라고 한다.

註) 〈삼국유사〉에서 전하는 〈가락국기(駕洛國記)〉에 따르면, 김수로가 장정들과 기술자들을 소집해서 성곽, 궁궐, 가옥, 관청, 무기고, 곡식창고 등을 가야 건국 3년(44년) 2월까지 건설했다는 내용이 기록되어있다. 그 후 북쪽(산동반도)에서 도래(渡來)해 온 흉노족 김일제(金日磾)의 후손 김수로가 가락국을 연지 2년 후 또 다른 외래 세력인 석탈해(昔脫解)의 무리가 도착해 온다. 이때 뒤늦게 도착한 석탈해와 먼저 와서 자리 잡은 김수로 간에 자리다툼(?)(삼국유사에는 둔갑술 대결로 묘사됨)의 결과로 석탈해가 바다 건너 경주(서라벌로 들어간다. 이때 김수로는 500척의 배로 뒤쫓아 확인하고 돌아왔다고 했다. 기록이 사실이라면 김수로도 수백 척의 배로 바닷길을 이용해 김해지방에 들어 온 것이 된다. 즉각 수백 척의 배를 건조할 수 없기 때문에 이미 소유하고 있던 배를 이용했다는 표현으로 보아야 한다. 이후 건국 7년(48년)에 또 다른 무리가 해상으로 들어온다. 이들이 허황옥 일행이다. 허황옥은 스스로 아유타국(阿踰陀國)의 공주임을 밝히는데, 이는 인도나 중앙아시아에 있는 나라로 보고 있다. 김수로는 이들을 받아들이고 허황옥과 혼인했다. 즉, 국제결혼인 것이다.

註) 김수로 집단이 도래하기 이전의 가야 땅은 상대적으로 낙후된 곳이었다. 후진적인 단계를 벗어나지 못했을 뿐만 아니라 강력한 왕권도 배출하지 못했다. 그런 이곳에 서북쪽에서 도래한 김수로 집단, 동북쪽에서 도래한 석탈해 집단, 서남쪽에서 도래한 허황옥 집단을 맞으면서 신문명 건설의 무대로 올랐다. 유라시아적 융합이라 할 만한 결합을 통해 새로운 문명의 터전으로 부각된 것이다. 특히 풍부하게 매장된 철을 이용한 철기문명의 본격화와 알맞은 날씨 풍토에 힘입어 농업, 어업, 무역 등에 두각을 나타내 한반도는 물론 중국 대륙과 일본 열도에까지 활동범위를 넓혀나가 이후, 가야는 철의 왕국의 입지를 굳혀나가는데, 〈삼국지 동이전〉에 보이는 '(가야) 나라에서 철을 생산하며 한(韓), 예(濊), 왜(倭)가 모두 와서 가져간다'라고 한 사실에서 가야의 대외 무역도 매우 활발했음을 알 수 있다.

**"한(漢)에게 낙랑을 빼앗겼다(?)"**

AD 44 高句麗 3대 대무신(大武神王, 一名 朱留) 27년

9월, 한(漢)의 광무제가 수군(水軍)을 동원하여 낙랑 땅을 빼앗고 그의 군현(郡縣)을 만들어 버렸다. 이 때문에 살수(薩水: 청천강?) 이남이 한(漢)나라의 영역이 되었다는데…

註) 단재 신채호는 〈조선상고사〉에서 이 사실을 인정하지 않았다. 김부식이 〈삼국사기〉에서 중국 측 사료의 낙랑 기사와 맞추기 위해 대무신왕이 한에게 낙랑국을 빼앗겼다는 거짓 기록을 했다고 했다. 고구려가 한과의 전쟁으로 살수 이남의 땅을 잃을 정도라면 큰 사건인데 대무신왕은 군사적으로 그리 호락호락한 왕이 아니다. 왕은 재위기간 동안 국력신장과 안정의 시대를 만든 군주였다. 또 다른 해석으로 살수는 한반도의 청천강이 아닌 만주 요하 서편에 있는 대릉하(大陵河)로 보는데, 이 경우라면 사건이 이해가 될 듯…

## "요서 공략(遼西 攻略)"

AD 49 高句麗 5대 모본(慕本王) 2년

중국 후한(後漢) 초에 왕망이 죽은 후 혼란한 틈을 타, 왕은 이틈에 요동(遼東)을 공격하여 회복한 후, 양평성(襄平城) 이름을 오열흘(烏列忽)이라 고치고, 선비, 오환과 협력하여 한(漢)나라의 심장부인 북평(北平), 어양(魚陽), 상곡(上谷: 하북성 북경지방 일대)과 태원(太原: 산서성 북경지방 남쪽) 등지를 습격하여 한의 철광석 등의 시설을 초토화시킨 다음, 요동태수 채융(蔡肜)의 항복을 받아내고 회군했다.

註) 2년 전(AD 47년) 10월에 토호인 대승(戴升)이 1만여 호를 이끌고 후한에 망명하는 사태가 있었다. 왕은 후한에게 이들의 송환을 요청했으나 지지부진하자 무력응징을 단행한 것이다. 이후 질겁한 후한은 다시 화해를 요청해와 양국 간에 화친이 다시 성립되었다.

註) 북평(北平): 북경 서남쪽 하북성 만성현(滿城縣) 부근

우북평(右北平): 북경 동쪽 300여리 지점의 하북성 풍윤현(豊潤顯)

어양(魚陽): 북경시 밀운현(密云顯) 부근, 북경 동부 지역

상곡(上谷): 하북성 회래현(懷來顯), 북경 북쪽, 중국의 북방 전진기지로서 요충지

태원(太原): 산서성 성도(省都) 태원시, 북중국의 중심지이자 훗날 당태종의 발원지

AD 53 高句麗 6대 태조(太祖武王) 원년

11월, 모본왕은 이어 옥저(沃沮)까지 정복한 다음, 이후 차츰 교만하고 포악해짐에 신하들이 왕을 폐하고, 왕의 종실 중에 왕을 세우니 이가 곧 태조(太祖)이다.

註) 모본왕이 폭군이라고 전해지는데, 그는 기상이변으로 아사자가 생기자 이들을 구제한 임금이다. 결코 교만한 왕이 아니다. 당시 태조왕 계열의 계루부 고(高)씨들이 왕권을 뺏기 위해 신하 두로(杜魯)로 하여금 비류나부 해(解)씨 계열인 왕을 살해하고 혁명을 일으킨 사건의 희생양일 뿐이다. 후임자인 태조는 고(高)씨이다.

AD 55 高句麗 6대 태조(太祖武王) 3년

왕은 한(後漢)의 역습에 대비하고자 요서(遼西) 지역에 10성(城)을 쌓아 방비하도록 했다.

註) 10성: 1. 안시성(安市城): 개평부(開平部) 동북쪽 70리

2. 석성(石城): 건안성(建安城) 서쪽 50리

3. 건안성(建安城): 안시성(安市城) 남쪽 70리

4. 건흥성(建興城): 난하(灤河) 서쪽, (山西省 晋城縣의 西北, 강소성 영현의 남동 등이 있으나, 지금 난하 中下流 萬里長城에 접한 建昌 부근 ?)

5. 요동성(遼東城): 창려(昌黎)의 남쪽

6. 풍성(豊城): 안시성(安市城) 서북쪽 100리

7. 한성(韓城: 番韓城?): 풍성(豊城) 남쪽 200리

8. 옥전보(玉田堡: 河北省 豊潤縣의 서쪽): 옛 요동국이며 한성(韓城) 서남 60리

9. 택성(澤城): 요택(遼澤) 서남쪽 50리

10. 요택(遼澤): 황하강 북부 상류 좌측 강변

註) **패수(浿水)와 요택(遼澤):** 〈신시본토기(神市本土記)〉의 저자인 장동균 씨에 의하면, 패수에 관하여 「BC 132년부터 바뀌기 시작한 황하 하류의 출구는 요동벌 500리를 호수로 만들더니 마침내 바다로 바꾸어 버렸다. 지금의 요동만이 바로 요동벌이며 이 요동벌에 많은 학자들을 미궁에 빠트린, 한(漢)나라와 고조선의 국경이었던 패수가 흐르고 있었다」라고 하여, 뒷날 당(唐)나라가 고구려를 치기 위해 당태종이 건너던 요택(遼澤)이 바로 이곳이며, 그리하여 고조선과 한나라의 국경이 되었던 패수는 없어져 버리고 뒷날 임류관(산해관)으로 새(塞)를 옮기고 바다로 변한 요동만을 국경으로 삼게 되었다고 한다.

註) **7세에 왕위에 오른 태조무왕과 부여태후(夫餘太后):** 23년 전 호동왕자를 죽음으로 이끈 대무신왕의 원비(元妃, 첫째 부인)는 소원대로 자기의 아들 해우(海憂)를 태자로 만들었으나, 왕이 일찍 죽는 바람에 왕제(王弟)인 해색주(解色朱)에게 왕위가 넘어가 4대 민중왕(閔中王)이 되었는데 그도 5년을 채우지 못하고 죽었다. 그제야 해우가 왕이 되어 5대 모본왕인데, 재위 6년 만에 신하에게 죽임을 당했다. 정쟁(政爭)이 심했던 모양이다. 신하들은 당시 7세인 궁(宮)을 즉위시켰는데, 이가 곧 태조왕이다. 그런데 나이가 어려 어머니인 부여태후(夫餘太后)가 왕이 장성할 때까지 수렴청정(垂簾聽政)하였다. 부여태후는 스스로 왕은 되지 못했지만 수렴청정 10여 년에 열정 어린 노력으로 동으로는 동해, 남으로는 청천강, 북으로는 부여국, 서로는 요서지방에 이르는 땅을 차지하여 어느 왕 못지않은 큰 일을 해낸 우리나라 최초의 여왕이라 할 수 있겠다.

AD 56 高句麗 6대 태조(太祖武烈帝) 4년

대무신왕이 이미 개척한 개마고원과 백두산 주변 지역의 개마국과 구다국에 이어, 왕은 7월에 동쪽의 동옥저(東沃沮: 함경남도 동해안 일대)를 정벌하여 항복을 받아 성읍으로 만들고 지경(地境)을 개척하니, 동으로는 바다에 남쪽으로는 살수(薩水: 청천강)에 이르렀다.

註) 임금의 호칭에 있어 〈한단고기(桓檀古記)〉에 의하면, 역대 고구려 임금은 모두 '열제(烈帝)'를 사용했고 또 고유의 연호(年號)도 가지고 있었다. 〈환단고기〉에는 초기 고려왕조까지도 자체의 연호를 사용한 것으로 기록되어 있다. 〈환단고기〉 〈태백일사〉중 고구려본기에 나타나는 제왕(帝王)의 명칭과 연호를 소개한다.

| 환단고기 기록 | 기존의 왕호(王號) | 연호(年號) | 제위 기간 |
|---|---|---|---|
| 고주몽 성제 | 1대 동명왕 | 다물(多勿) | BC58 ~ AD19 |
| 태조무열제 | 6대 태조왕 | 강무(講武) | 53 ~ 146 |
| 광개토경호태열제 | 19대 광개토왕 | 영락(永樂) | 391 ~ 412 |
| 장수홍제호태열제 | 20대 장수왕 | 건흥(建興) | 413 ~ 491 |
| 문자호태열제 | 21대 문자왕 | 명치(明治) | 492 ~ 519 |
| 평강상호태열제 | 25대 평원왕 | 대덕(大德) | 559 ~ 590 |
| 영양무원호태열제 | 26대 영양왕 | 홍무(洪武) | 590 ~ 618 |
| 보장제 | 28대 보장왕 | 개화(開花) | 642 ~ 668 |

AD 57 高句麗 6대 태조(太祖武烈帝) 5년

봄 정월에 백암성(白岩城: 요동성 동쪽 23Km)과 통도성(桶道城)을 쌓았다.

新羅 5대 탈해 이사금(脫解 尼師今) 원년

4대 유리(儒理) 이사금이 운명하면서 당시 6 2세인 석탈해(昔脫解)에게 왕위를 전하므로 이사금에 즉위했다. 탈해는 본래 다파나국(多婆那國) 출생으로, 2대 남해(南解) 이사금이 사위로 삼고 정사(政事)를 맡겨왔었다.

註) 다파나국(多婆那國, 또는 多婆羅國): 고주몽을 따르던 협보(俠父)가 일본에 건너가 규슈(九州)에 세웠다는 웅습국(熊襲國).

AD 59 新羅 4대 탈해(脫解 尼師今) 3년

신라는 왜국과 우호관계를 맺고 사절을 교환했다.

註) 이 기사는 일본열도가 아닌 한반도에 남부지방에 위치한 '왜'를 지칭해야 맞다(400년 해설 참조)고도 하며, 또 한편, 북규슈(北九州)에 존재하는 백제계 왜(倭)로 보는 견해도 있다.

註) 이기훈의 〈동이한국사〉에 의하면, 고대 사로국(신라)과 AD 1세기부터 대립을 보이던 한반도 남부 '가야'는 한반도 남부의 '예족(왜, 부여족)' 국가로 볼 수 있다. 학자들은 '한(韓)'의 고대 음이 가라(kara), 가나(kana)였음을 밝혔는데, 가라 가나는 가야의 다른 이름 중 하나이므로, 마한과 가야(변한), 진한이 모두 원래는 '가야(가라, 가나)'였음을 뜻한다. 가야의 '야(倻 , 중국어로 yae)'는 예(왜, 부여)를 뜻한다고 본다. 후대에 한반도 삼한을 장악한 백제, 신라, 고구려의 지배세력은 그들을 '예(왜)'로 부르며 그들과 구분하여 갈등하게 된다. 한반도 '예족(왜족, 부여족)' 국가들의 공통점은 그들의 땅을 침략한 외부 세력인 '기자조선, 위만조선, 낙랑, 한(漢)' 세력에 강한 적개심을 보인다는 점이다. 이들과 대립한 대표적인 국가로 마한, 가야, 왜(예)를 들 수 있다. 마한은 한군현(현도)과 직접적으로 대립했고, 왜(예)와 가야는 낙랑 세력이 유입된 신라(진한)와 수백 년 간 대립하였다. 이 예족(진조선) 공동체인 한(韓), 가야, 왜(예) 사람들 중 특히 '왜'는 건국 초부터 신라(사로국)를 지속적으로 괴롭히는데, 이 '왜'는 그 출처가 불분명하여 반드시 일본열도 사람을 의미하지 않는다.

AD 63 百濟 2대 다루(多婁王) 36년

新羅 4대 탈해(脫解 尼師今) 7년

이제 영역을 넓혀나가던 백제와 신라 사이에 충돌이 불가피해졌다.

10월, 백제군이 신라가 차지하고 있는 낭자곡성(娘子谷城: 충북 청주)을 쳐서 빼앗았다.

AD 64 百濟 2대 다루(多婁王) 37년

新羅 4대 탈해(脫解 尼師今) 8년

8월, 신라군이 반격의 기회를 노리고 와산성(蛙山城: 충북 보은)에 진을 치고 있는 것을 백제군이 공격하다가 실패했고, 10월에 군사를 옮기어 구양성(狗壤城:?)을 공격했더니 신라가 2천의 군사를 보내 지원해 온 것을 반격하여 쫓아 버렸다. 이래저래 신라 탈해왕은 내정보다는 외침에 시달렸다. 이때부터 앞으로 벌어질 끊임없는 전쟁의 시점이 되었다.

註) 백제는 어느 나라보다 호전적이었다. 이때부터 대략 222년(구수왕 9) 사이에는 거의 신라와의 갈등과 분쟁으로 나날을 보냈다. 이때의 와산성은 2년 후(66) 빼앗고 수비병을 남겨두었는데 얼마안가 도로 빼앗겼다. 와산성은 이후부터 해마다 신라와의 결전장이 되어 버렸다.

AD 68 高句麗 6대 태조(太祖武烈帝) 16년

8월, 갈사국왕(曷思國王) 도두(都頭: 갈사국 3대 임금)가 스스로 나라를 바치고 항복해왔다. 도두왕을 우태(于台)라 하고 혼춘(琿春)을 식읍으로 봉하고 동부여후(東夫餘侯)라 했다.

註) **갈사국(曷思國):** 22년에 부여의 왕 대소(帶素)의 아우가 부여의 멸망을 예견하고 1백여 명의 무리를 이끌고 남하하여 압록강 부근에 세운 소국으로, 이후 왕의 손녀가 대무신왕의 둘째 비가 되어 왕자 호동을 낳는 등 고구려와 관계를 맺으면서 독자적인 세력을 유지해 왔으나, 고구려의 세력은 날로 강대해지고, 갈사국의 국력은 미약해져 투항한 것이다. 갈사국이 AD22년부터 3대 47년 간 유지할 수 있었던 것은 기존의 해두국(海頭國)을 흡수 병합하여 세력을 유지할 수 있었기 때문일 것이다.

### "가자! 요동벌판으로"

AD 72 高句麗 6대 태조(太祖武烈帝) 20년

2월, 왕은 영토를 더욱 확장하고자 관나부의 패자(貫那部沛者) 달가(達賈)를 동쪽으로 보내 조나국(藻那國: 압록강 이남 지역?)을 쳐서 왕을 사로잡고…

註) 태조왕은 대외적인 면에서 뿐 아니라 내정에도 뛰어난 업적을 남겼다. 태조왕은 고구려의 주체 세력인 다섯 개의 정치집단을 나부(那部)로 편제하여 통치하는 체제를 완비했다. 이 체제의 본격적인 가동으로 체계적인 국정 운영이 가능해졌고, 고구려 전체가 하나로 결속되어 조직적으로 대외 군사활동을 벌이면서 폭발적인 힘을 발휘할 수 있게 되었다. 이에 따라 조나, 주나 등의 주변 소국들을 모두 통합한 다음 동옥저까지 복속시키는 등, 영토가 압록강 중류 유역을 벗어나 동쪽으로 동해 연안의 책성(훈춘), 남쪽으로 살수(청천강)까지 이르게 확대되었다. 이 과정에서 국내에서의 왕과 계루부왕실의 위상도 높아졌으며, 정치적 안정을 바탕으로 국가 발전도 이룰 수 있었다. 왕의 재위 후반기인 53년(105)부터 대중국 투쟁을 본격화할 수 있었던 것도 바로 내치에서 거둔 성공이 뒷받침해 주었기 때문이다.

### "신라의 사면초가(四面楚歌)"

AD 73 新羅 4대 탈해(脫解 尼師今) 17년

왜인(倭人)들이 목출도(木出島)에 침입하므로, 각간(角干) 우오(羽烏)를 보내 막게 했으나, 오히려 이기지 못하고 전사했다. 충격이었다. 신라는 사방으로 낙랑, 백제, 왜, 그리고 장차는 가야국에까지 맞서서 살아남아야 했다. 이듬해(AD 74) 8월에는 백제가 또 다시 변방을 침입하므로 탈해 임금이 이것을 힘겹게 막아내었다.

AD 74 高句麗 6대 태조(太祖武烈帝) 22年

10월, 왕은 또 이번에는 환나부패자(桓那部沛者) 설유(薛儒)를 보내 주나(朱那)를 쳐서 복속시키고, 그 나라 왕자 을음(乙音)을 사로잡아 고추가(古雛加)에 임명했다.

註) 고구려가 주나까지 합병한 것은 고구려가 남만주와 한반도 북부의 여러 작은 세력들을 전부 통합했음을 나타낸다. 이때 고구려는 북으로는 부여, 동북으로 연해주 일대(북옥저), 서쪽에는 후한(後漢)의 태자하 상류, 남으로는 살수(낙랑의 청천강 북방)와 접하고 있게 된다. 동쪽은 모두 평정한 상태. 이렇게 합병된 소국의 왕들은 모두 고구려의 관작인 고추가(古鄒加), 우태(于台), 조의(皂衣), 패자(沛者) 등의 작위를 주어 명실상부한 통합국가의 위치를 굳혔다.

AD 76 新羅 4대 탈해(脫解 尼師今) 20年

百濟 2대 다루(多婁王) 49년

9월, 탈해왕은 작년 8월에 백제에게 빼앗긴 와산성(蛙山城: 충북 청주)을 되찾고자 군사를 내어 찾아내고 여기에 사는 백제인 2백 명을 참살했다. 대항과 보복의 악순환…

**"가야(伽倻)도 도전해 오고…"**

AD 77 新羅 4대 탈해(脫解 尼師今) 21年

8월, 이번에는 가야(伽倻)국이 힘을 모아 대규모로 도전해 왔다. 황산진(黃山津: 낙동강 양산 지역 물금나루?)에서 마주친 신라의 아찬 길문(吉門)이 사력을 다해 가야 군사의 침입을 막고 1천의 적병을 잡았다.

註) 역사는 승자의 기록이다. 신라 초기의 기록을 보면 패해 쫓겨 들어간 기사가 별로 없다. 항상 이겼거나, 아니면 졌어도 금방 보복했다고…, 가야(伽倻: 加羅)는 초기부터 철기(鐵器)가 발달된 나라였고, 김해만을 끼고 해상운송이 발달하여 무력 활동도 활발했다. 철제무기로 무장하고 자주 쳐들어왔다. 땅 한 떼기라도 더 늘리기 위한 도전이다. 서쪽은 지리산이 막혀 못가고, 동쪽 신라를 향해 나왔다. 이때 쳐들어 온 가야는 금관가야(金官伽倻)일 것이다.

註) 김해지역 가야세력의 명칭은 금관가야(金官伽倻), 금관국(金官國), 가락국(駕洛國) 등 다양하나 당시의 명칭은 가라(加羅) 또는 가라국(加羅國)이었다. 단, 고령지역의 가야세력도 같은 명칭을 썼기 때문에 구분하기 위해 남가라(南加羅) 또는 남가라국(南加羅國)이라 썼다.

AD 85 新羅 5대 파사(婆娑 尼師今) 6년

1월, 이번에는 백제군이 변경을 또 다시 침범해왔다.

AD 94 新羅 5대 파사(婆娑 尼師今) 15년

2월, 가야(伽倻)가 7년 전에 쌓은 마두성(馬頭城: 낙동강 연안)을 침범하여 포위하자, 아찬 길원(吉原)이 기병(騎兵) 1천으로 물리쳤다. 8월에는 알천에서 열병식도 하고…

AD 96 新羅 5대 파사(婆娑 尼師今) 17년

9월, 가야(伽倻)가 남쪽 변경 남비(南鄙: 경주와 김해의 중간지점?)에 침범해 옴으로 가소성주(加召城主) 장세(長世)를 보내 막게 했더니 오히려 패하고 죽었다. 이에 왕이 직접 군사 5천을 이끌고 나가 싸웠다. 이듬해(97)에는 왕이 군사를 일으켜 직접 가야를 치려했더니, 가야에서 사신을 보내옴으로 출정을 중지했다고…

AD 98 新羅 5대 파사(婆娑 尼師今) 19년

4월에 가뭄이 극심하더니, 이때부터 파사 21년(100년) 10월 지진에 이르기까지 신라는 계속되는 자연재해에 시달렸다.

註) 이러한 일련의 사태는 단순한 자연재해로 끝나지 않아 전국을 메마르고 두들기고 갈라놓은 것이 아니라, 신라 정권까지 흔들리게 했다. 그래서 22년(101년) 봄에는 새로운 성을 쌓고 월성(月城)이라 이름하고는 왕이 거처를 그곳으로 옮기기까지….

102 新羅 5대 파사(婆娑 尼師今) 23년

8월, 음집벌국(音汁伐國: 변한 12국 중에 하나로서 경북 안강/포항 지방)이 실직곡국(悉直谷國)과 경계를 다투다가, 왕에게 찾아와 판결을 부탁했다. 왕은 나이가 많은 금관국(金官國: 금관가야)의 수로왕(首露王)을 초빙하여 문의하니, 수로왕은 다투던 땅을 음집벌국에 속하게 해주었다. 왕은 수로왕을 대접하고 논공행상을 하는데, 5부는 이찬을 주고 오직 한기부만이 낮은 자를 주로 삼으므로, 이를 본 수로왕이 화를 내어 노탐하리(奴耽下里)를 시켜 한지 부주 보제(保齊)를 죽이고 돌아갔다. 그런데 그 노비가 음집벌국으로 달아나 숨으니 왕이 사람을 시켜 내놓으라 했는데 보내주지 않으므로, 왕이 군사를 일으켜 음집벌국을 치자 스스로 항복해왔다. 이어서 인근에 실직국(悉直國)과 압독국(押督國: 경북 경산)이 스스로 나와 항복해왔다.

註) 〈가락국기(駕洛國記)〉의 김수로 재위 158년의 이야기는 김수로의 실존 가능성까지 의심하게 만들 정도로 황당하다. 게다가 금관가야(42~532) 490년의 역사에서 국왕으로 기록된 인물이 고작 10명이다. 실제로는 그보다 더 많은 국왕들이 있었고 어떤 이유에서인가 그중 일부가 국왕의 권위를 인정받지 못했을 가능성도 있을 것 같다. 그런 점에서 여기에 나오는 '금관국 김수로'는 초대 국왕 김수로가 아니라 제3의 임금일 것이다. 그래서 '금관국 김수로'라기보다는 당시 '가야연맹 맹주'로 보는 것이 타당할 것 같다.

103 新羅 5대 파사(婆娑 尼師今) 24년

7월, 뜻밖에 실직국(悉直國: 강원도 삼척과 울진 일부지역)이 배반하므로, 왕이 군사를 이끌고 나아가 평정하고 그 잔당을 남쪽 지방으로 이주시켰다.

**"한(後漢)에 대한 도전장(挑戰狀) - 요동 공격"**

105 高句麗 6대 태조(太祖武烈帝) 53년

왕은 이제 동쪽의 최강국인 후한(後漢)과의 접촉을 피할 수 없게 되었다. 1월에 먼저 군사를 일으켜 후한(後漢)의 요동지역을 공격하여 6개 현(縣)을 빼앗았다. 이곳을 9개월 동안 차지하고 있다가 요동태수가 강하게 반격하는 바람에 일단 후퇴하기로 했다. 이제부터는 후한과의 국운을 건 투쟁을 각오해야 했다.

註) 왕은 중요한 결정을 내렸다. "이제 부여도 복종하고, 주변의 나라들도 정복했다. 또한 우리 국력도 충실해졌다. 이제부터는 서쪽의 후한(後漢)을 쳐도 될 것이다. 이제 저들에게 내주었던 옛 땅을 되찾자!" 후한은 이즈음 전성기를 지나 환관과 외척의 세력이 커지면서 크게 어지러워졌다. 후한이 망해가는 조짐이 보이는 이 기회를 놓치지 않아야 했다.

百濟 3대 기루(己婁王) 29년

新羅 5대 파사 (婆娑 尼師今) 26년

백제 2대 다루왕 때(AD 61)부터 이어온 신라와의 잇따른 전쟁과 흉년으로 민생이 어려워지자 사신을 신라에 보내 화의를 청했다. 신라도 말갈과 가야와의 전란으로 피곤한 터이라 이에 응하여, 이로부터 두 나라는 잠시 우호관계가 유지되었다.

106 新羅 5대 파사(婆娑 尼師今) 27년

8월, 낙동강 가에 있는 마두성(馬頭城: 낙동강 하류 북쪽 강변)의 성주(城主)를 시켜 가야(伽倻)를 치게 하고…

108 新羅 5대 파사(婆娑 尼師今) 29년

5월, 홍수가 나서 백성들이 굶주리자 창고를 풀어 구호한 다음, 군사를 내어 사로국(斯盧國: 신라) 인근에 위치한 비지국(比只國, 比斯伐: 창녕), 초팔국(草八國), 다벌국(多伐國)을 쳐 합병시켰다.

111 高句麗 6대 태조(太祖武烈帝) 59년

왕은 예맥(濊貊)과 함께 보기(步騎) 8천으로 현도를 침공했다.

註) 〈삼국사기〉에서는「한(漢)에 사신을 보내 토산물을 바치고 현도에 속하기를 구했다고 하면서 [통감(通鑑)에는 고구려왕 궁(宮)이 예맥과 더불어 현도를 침략하였다고 하였는데, 이것은 예속을 원한 것인지 혹은 침략을 한 것인지, 그렇지 않으면 그중 하나가 잘못되었다」고 했다. 또 〈후한서(後漢書)〉에는「부여왕 시(始)가 보기 8천으로 낙랑을 습격하여 관리와 백성을 살상하였다가 나중에 귀부하였다」라고 했다. 확실한 것은 고구려가 아무런 사건도 없이 스스로 현도에 항복할 리가 없다. 무슨 사건이 있었기는 한 모양인데…

**"후한(後漢)과의 접전(接戰)"**

112 高句麗 6대 태조(太祖武烈帝) 60년

왕자 수성(遂成)은 당시 34세로 "고구려와 상곡(上谷)은 험하여 지키기에 용이하고 한(漢)은 평지이니 공격하기 편하다"하며, 이후 장기전으로 요동의 6현(縣)을 공취하고 선비(鮮卑) 등을 꾀어서 해마다 우북평(右北平), 어양(漁陽: 북경 지방), 상곡(上谷) 등지를 침략하니 한(後漢)의 피해가 컸다.

115 新羅 6대 지마(祇摩 尼師今) 4년

2월, 왕은 우선 가야(伽倻)의 남쪽을 침범해보고…

7월, 왕이 직접 가야를 치려고 황산하(黃山河: 낙동강 상류)를 지나던 중, 가야(金官伽倻)군의 매복에 걸려, 왕은 겨우 포위망을 뚫고 나왔다. 망신이었다. 두고 보자!

116 新羅 6대 지마(祇摩 尼師今) 5년

8월, 작년에 당한 보복을 겸해 가야를 치고자 별렀다. 먼저 선발대를 보내 가야로 향하게 하고, 자신은 1만의 군사를 동원하여 뒤를 받쳤다. 가야 쪽에서는 성문을 걸어 닫고 굳게 지키니, 승패가 어렵게 되어가자 군사를 물려 되 돌아왔다.

118 高句麗 6대 태조(太祖武烈帝) 66년

6월, 왕은 예맥(濊貊)과 더불어 한(漢)의 군현인 현도(玄兎)에 돌입하여 화려성(華麗城)을 공격했다.

**"요동 공략(遼東 攻略)"**

121 高句麗 6대 태조(太祖武烈帝) 69년

봄, 한(後漢)의 안제(安帝)는 고구려의 거듭되는 침략 행위를 더 이상 방관할 수 없었다. 유주자사 풍환(馮煥), 요동태수 채풍(菜諷)에게 명하여 고구려를 치게 했다. 후한의 동북쪽 군사력을 모조리 동원한 것이다. 왕은 동생 수성(遂成)을 출전시키자, 수성은 주력군을 험지에 매복시킨 후, 3천의 기병으로 샛길을 돌아, 적이 고구려를 치기 위해 비워두었던 요동군과 현도군을 습격하여 불바다를 만들고 2천여 명을 죽이며 적을 궁지에 몰아넣었다. 한(漢)은 북경의 어양, 탁군 등지의 군사와 요동의 기병 3천을 동원하여 급히 구원하고자 했으나 이미 고구려군사는 치고 빠진 뒤였다.

4월, 왕은 쉴 틈을 주지 않고 직접 요동 공격에 나섰다. 선비(鮮卑)와 연합전선을 형성하여 선비군(鮮卑軍) 8천과 함께 요동군의 후방 통로인 요수현(遼隧縣: 요동 海城縣 서쪽 40리)을 들이치자 이를 막으러 온 채풍의 군대를 신창(新昌)에서 궤멸시키고 채풍을 비롯한 적병들과 적장들을 모두 몰살시켰다. 이제 요동은 심한 타격을 받아 당분간 회복이 어렵게 되었는데…

12월, 이번에는 태조왕이 마한과 예맥의 1만 기병을 거느리고 현도성(玄菟城)을 포위하자, 현도태수는 급히 부여왕에게 구원을 청했다. 동부여왕이 왕자 위구태(尉仇台)에게 2만여 명의 군사를 주어 보내 후한군을 지원함으로 고구려군이 패하고 퇴각했는데…

註) **현도군(玄菟郡):** 현도군은 BC 107년에 한 무제가 창해군(滄海郡)을 설치한 예맥(濊貊)의 땅에 두었다고 하는데, 압록강 중류지역과 혼강(渾江: 佳江) 유역에 있었다. 그 후 BC 75년, 유민들에 의해 서북쪽으로 밀려나는데 이를 '제2 현도군'이라 하고 이에 속한 고구려현의 위치는 요동의 혼하(渾河: 蘇子河) 상류지역으로, 여기도 AD14년(유리왕 33년)에 고구려가 습격하여 점령해버렸다. 그러자 현도군은 다시 서쪽으로 이동하는데(제3 현도군) 이것도 121년 고구려 태조왕에게 밀려 다시 무순(撫順)지방으로 옮기고, 그 후 현도군은 낙랑군과 더불어 184년 요동태수가 된 공손탁의 지배 아래 들어간 다음, 238년 공손씨가 3대만에 망하자 위(魏)의 지배 아래 들어간 후에 다시 서진(西晉)에 속하게 된다. 319년 이후 현도군은 요동군과 더불어 모용씨(慕容氏)의 연(燕)나라 치하에 들어갔다가, 최종적으로 광개토왕 때 고구려에 흡수되었다.

122 高句麗 6대 태조(太祖武烈帝) 70년

百濟 3대 기루(己婁王) 46년

12월, 태조왕은 또 다시 직접 군사를 이끌고 요동 공격에 나섰다. 이번에는 백제(百濟)와 연합하여 백제와 예(濊)의 기병(騎兵) 1만으로 현도, 낙랑군을 공격하니 한(漢)은 계속 전쟁을 이끌 형편이 못되었는데, 동부여가 또다시 구원군을 보내 훼방을 놓았다. 때마침 한이 고구려에 포로에 대한 협상안을 내놓으면서 상호 타협이 이루어지자, 이로부터 한동안 한(後漢)과의 평화관계가 유지될 수 있게 되었다.

註) 고구려 태조왕은 거듭된 승리로 들떠서 부여를 속국으로 여길 정도였다. 이에 자존심을 상한 동부여의 반항이 작년에 이어 계속되는데, 이때에도 고구려군이 한(漢)의 요동을 공격하자 부여가 구원군을 보내는 바람에 또 다시 실패했다. 왕은 부여를 두고 더 이상 후한을 공격해봐야 승산이 없다고 여기는 참에, 후한에서 포로교환에 대한 타협이 들어오자 이를 수락하고 전쟁을 중지하기로 했다. 반면에 동부여는 이때부터 고구려와는 적국이 되고…

**"백제와 신라의 군사협력"**

125 百濟 3대 기루(己婁王) 49년

新羅 6대 지마(祗摩 尼師今) 14년

1월, 말갈(靺鞨) 대부대가 신라 북쪽 경계를 침범하여 관민을 죽이고 약탈이 막심했다.

7월, 말갈이 또 들어와 대령책(大嶺柵)을 습격하고 니하(泥河: 강원도 강릉 연곡천?)를 건너오니 지마 이사금은 급히 백제에 군사를 청했다. 백제 기루왕은 이에 응하여 장수 5명과 군사를 보내 구원하게 하여 말갈이 물러났고, 백제와 신라 간에는 우호관계 10년 만에 화해의 결실을 본 것이다.

註) 말갈로서는 지금까지 주로 백제 쪽을 치다가 실패로 끝나자 방향을 신라로 바꾸었다. 신라로서는 다행히 백제와 가야의 침입이 뜸한 때에부터 당하므로 행운이라고나 할까? 하여튼, 백제와 신라 사이에 우호관계는 이로부터 상당기간 (165년까지 40년 동안) 유지되었다.

**"북한산성(北漢山城) 축조"**

132 百濟 개루(蓋婁) 5년

2월, 왕은 말갈의 침입에 대비해 국력을 기울여 한성에 북한산성(北漢山城)을 쌓았다.

註) 백제와 신라가 우호적일 때는 약속이나 한 듯이 말갈이 집적거린다. 말갈은 수는 적으나 포악하기 그지없다. 그들의 침입 방향은 북쪽과 동쪽에 걸쳐 있다. 따라서 임진강과 북한산과 한강 상류가 그 요충지였다.

高句麗 6대 태조(太祖武烈帝) 80년

7월, 태조왕의 동생 수성이 왜산(倭山)에서 사냥하고 잔치를 열었다.

註) 고구려 지역에 왜산(倭山)이 있음을 볼 때. 왜(倭)는 반드시 일본열도를 지칭하는 고유 명칭이 아님을 짐작하게 한다.

137 新羅 7대 일성(逸聖 尼師今) 4년

2월, 말갈이 변방에 들어와 장령(長嶺: 강원도 강릉 부근)에 5곳의 책(五柵)을 불태웠다.

**"말갈(靺鞨) 떼거리들의 극성"**

139 新羅 7대 일성(逸聖 尼師今) 6년

8월, 말갈이 또 넘어와 장령을 습격해 민가를 약탈하고, 10월에도 들어와 노략질을…

註) 남으로는 왜구 떼, 서쪽으로는 가야세력, 북쪽은 말갈의 분탕질. 편할 때가 없구나…. 왜국과는 123년(지마 12년)에 강화(講和)하였고, 이듬해(140) 2월에는 장령에 목책을 세워 말갈 침입을 방비하는 한편, 대대적인 말갈 토벌을 계획했으나 때가 아니라고 중지했는데, 말갈은 이후로부터 후원세력인 낙랑이 고구려에 밀려 힘을 못 쓰자, 북쪽으로 올라가서 거의 자취를 감추게 된다.

142 高句麗 6대 태조(太祖武烈帝) 90년

왕은 막근(莫勤)과 막덕(莫德) 두 아들이 있지만, 후한과의 전쟁에서 공이 큰 아우 수성(遂成)에게 따르는 사람도 많았고, 또한 그 누구도 수성의 위세에 눌려 막근을 태자로 삼자는 말을 꺼내지 못했다. 그러나 왕이 장수하자 기회가 늦어지는데, 한편으로 왕은 수성을 제거하려 하기도 했으나 신하 고복장(高福章)의 만류로 일단 마음을 돌렸다.

146 高句麗 7대 차대(次大: 遂成) 원년

8월, 왕자 수성(遂成)은 한(漢)의 요동군에 서안평(西安平)을 습격하여 대방령(帶方令)을 죽이고, 낙랑태수의 처자를 사로잡는 등 많은 전과를 올렸다. 태조의 요동 공략은 후한의 동방경략을 무력화시켜 나갔다. 그런데 수성의 모반이 임박했다는 전갈이 있었다. 우보(右輔) 고복장이 태조왕에게 수성을 죽이라고 간청했지만…

11월, 태조(太祖)는 고민 끝에 고복장(高福章)의 만류도 뿌리치고 왕위를 당시 76세인 수성에게 물려주고 별궁으로 물러나 버렸다. 그러나 수성은 성품이 포악하고 잔인한 것이 흠이었다. 왕위에 오른 수성은 왕위 전위를 반대하던 고복장을 다음해 3월에 참살해버렸다.

註) 서안평(西安平)은 구련성(九連城) 동북 안평하(安平河) 유역에 위치하는데, 당시에는 평양에 위치한 낙랑군(樂浪郡)과 중국 본토를 연결하는 교통의 중심지였다.

註) 낙랑(樂浪)은 두 곳으로 나누어 보아야 한다. 한(漢)의 요동에 있는 낙랑군(樂浪郡)과 마한(馬韓)의 수도로 온 최숭(崔崇)의 낙랑국(樂浪國)은 각각 별개이다. 최숭의 낙랑국은 37년대무신왕(大武神烈帝)에 의해 망했다. 이 기사는 요동의 낙랑군(樂浪郡)에 관련된 것이다.

148 高句麗 7대 차대(次大: 遂成) 3년

4월 왕이 사람을 시켜 태조(太祖)의 장남인 막근(莫勤)을 죽이니, 동생 막덕(莫德)이 두려워 스스로 자결했다. 동생 백고(伯固)도 화가 미칠 것이 두려워 산골로 도망 다니고…

註) 차대왕은 재위 20년간 뚜렷한 업적도 남기지 못한 채, 연나부 출신 명림답부(明臨答夫)의 혁명으로

죽임을 당한다. 차대왕 재위 기간 동안 내내 피로 얼룩진 보복정치와 더불어 또한, 기상이변이 심해 민심이 흉흉했다. 어쨌든, 이러한 혁명으로 인해 왕권의 절대 권력이 무너지고, 이제부터 신하들의 힘이 매우 강해지는 새로운 시대가 시작된다.

註) 고구려 28대 제왕 중에 7명의 왕들이 혁명이나 반란과 관련되어 목숨을 잃었다. 차대왕을 비롯하여 창조리에 의해 쫓겨나 자살한 14대 봉상왕, 신하들에게 시해된 것으로 보이는 22대 안장왕, 두 왕비의 일가들의 싸움 중에 병사한 23대 안원왕, 연개소문에게 죽은 27대 영류왕. 이전으로 올라가면, 주몽의 경우는 스스로 하늘로 올라갔다고 미화되면서 그 아들로 자처한 유리왕이 계승했고, 5대 모본왕의 경우는 왕이 죽자 다른 소속의 부족에서 왕이 나왔다.

**"연오랑(延烏郎)과 세오녀(細烏女)"**

157 新羅 8대 아달라(阿達羅 尼師今) 4년

구룡반도(경북 포항시 남구 구룡포 일대)에 있던 작은 나라인 비미국(卑彌國)이 신라에 병탄되자, 비미국의 족장 연오랑(延烏郎)과 세오녀(細烏女)는 망명길에 올라 규슈(日本 九州)에 도착한 뒤, 그 곳을 "다다라(多多羅: '도착한 땅'이라는 뜻)"라 하고, 뒤이어 따라온 비미국 유민들을 모아 왜지(倭地)에 비미국을 다시 세웠다.

註) 그 후, 연오랑이 죽자 세오녀가 왕위에 올라 왜여왕(倭女王) 비미호(卑彌呼)가 되었다. 그녀는 171년 야마토 백제의 중애왕(仲哀王)의 3째 부인이 되어 자신의 원한이 맺힌 신라를 벌해줄 것을 요청했다. 그러나 중애왕이 그보다 더 급한 문제인 구마소(熊襲) 정복을 서두르다가 실패하자, 비미호가 스스로 중애왕을 죽이고 왕이 되었다. 이후에 신공여왕(神功女王)이라 불리게 된 이 비운의 여인은 야마토백제의 대권을 장악하여 규슈북부(北九州)의 큰 세력으로 성장하게 된다.

165 高句麗 8대 신대(新大) 원년

10월, 연나(椽那) 조의(皂衣) 명림답부(明臨答夫)가 포악한 차대왕을 죽이고, 당시 숨어있던 태조(太祖烈帝)의 막내아우 백고(伯固)를 왕위에 세우니 이가 신대왕(新大王)이다. 왕은 즉위하자 신하들의 만류를 뿌리치고 차대왕의 아들 추안(鄒安)을 불러들여 양국군(讓國君)이라 부르게 하고는 두 개 고을을 다스리게 했다. 또한 왕은 후한과의 전쟁도 가급적 피하고 내부의 단합을 다지는데 힘을 썼다.

**"60년 만에 깨어진 나제(羅濟) 협력"**

百濟 3대 개루(蓋婁王) 38년

新羅 8대 아달라(阿達羅 尼師今) 12년

10월, 신라의 아찬 길선(吉宣)이 반역을 꾀하다 탄로 나면서 백제로 도망쳤는데, 신라왕이 범인의 송환을 요구한 것을 백제 개루왕이 무시해 버렸다. 신라는 홧김에 큰 병력을 동원하여 백제의 성을 공격하게 했으나 백제군이 싸움에 응하지 않으므로 신라군은 얻은 것 없이 되돌아갔는데, 별 쓸모없는 반역자 한 사람 때문에, 60년 간 유지되어 오던 백제와 신라간의 우호관계가 엉뚱한 사건으로 깨지고 말았다. 그리고 2년 후…

167 百濟 4대 초고(肖古王) 2년

新羅 8대 아달라(阿達羅 尼師今) 14년

7월, 백제 초고왕이 몰래 신라의 서쪽에 성 2개를 공격하여 백성 1천여 명을 잡아가니…

8월, 신라 아달라 이사금은 즉각 복수에 나서 일길찬 흥선(興宣)에게 2만여 명의 군사를 주어 백제 동편을 치게 하고, 자신은 8천의 군사를 이끌고 한강 쪽으로 육박해 들어갔다. 크게 놀란 백제 초고왕은 즉각 포로를 돌려주고 화의를 빌었다. 신라는 이 기회에 백제의 기를 꺾어 버렸고, 또한 이제부터 한강은 백제의 독점물도 아니게 되었다.

註) 신라의 한강 침입 이후 두 나라는 다시 치열한 전투를 벌였다. 167년부터 204년까지 기록에 만도 10여 차례의 전쟁을 치른다. 지금까지는 일방적으로 백제 우세 일변도였으나 이제부터는 힘의 균형이 팽팽해진 것이다. 이제부터는 신라도 다시 백제나 왜구와 격렬한 전쟁을 치러 나가게 된다.

168 高句麗 8대 신대(新大) 4년

한(漢)이 요동을 회복하기 위해 현도군 태수 경림(耿臨)이 국경을 대거 침범했다.

그러나 이듬해(169년) 신대왕은 후한과의 충돌을 피하고자 한(後漢)의 요청을 받아들여 한군(後漢軍)과 함께 부산(富山: 서북쪽 거란족 근거지?)의 도적떼를 소탕하기도…

**"좌원(坐原)의 섬멸전"**

172 高句麗 8대 신대(新大) 8년

11월, 후한(後漢)과 오랫동안 유지되어 온 평화가 깨지는 날. 후한은 요동 일대의 군사를 총동원하여 밀고 들어오면서 고구려를 항복시키려는 결의가 대단했다. 수만 명의 적이 국내성까지 오자, 명림답부(明臨答夫)는 청야전술(清野戰術)로 싸우지 않고 굳게 지키다가, 적군이 식량이 떨어지고 추위에 떨며 퇴각하는 것을, 수천의 기병(騎兵)으로 좌원(坐原)까지 추격하여 섬멸전을 펼치니, 적은 한 필의 말도 살아가지 못했다.

註) **청야전술(清野戰術):** 당시의 주된 식량보급은 현지에서 해결하는 것이 일반이었다. 따라서 들판을 비워두어 민가(民家)나 먹거리를 없애버리면 침략군은 대책이 없게 된다. 이른바 '들판 청소작전'이다. 이 방법은 후에 고구려의 주된 방어 작전으로 활용된다.

註) **명림답부(明臨答夫):** 명림답부는 차대왕을 제거하고 신대왕을 옹립한 후로 패자(沛者)로 승진하여 고구려 최초의 국상(國相)이 되었으며, 정치와 병권(兵權)을 도맡아 나라를 위기에서 구한 인물이다. 이 싸움 이후로 고구려의 총력을 동원하여 한(漢)을 정벌하려고 계획하던 중 179년 11 3세로 병사(病死)한 당대 최고의 재상이었다.

179 高句麗 9대 고국천왕(故國川王) 원년

12월, 신대왕 백고(佰固)가 죽자 둘째 아들인 이이모(伊夷模)가 왕이 되니, 맏형인 발기(拔奇)는 왕이 되지 못한 것이 분해 소노가(消奴加)와 더불어 각각 3만여 명을 이끌고 요동태수 공손강(公孫康)에게 투항했다가, 곧 되돌아와 비류수(沸流水)가에 자리 잡았다.

註) 공손강(公孫康, ?~221)은 204년 아버지의 뒤를 이어 요동태수(遼東太守)가 되었다. 179년에 공손강이 요동태수이었다는 이 기록은 무엇인가 착오가 있은 듯…

184 高句麗 9대 고국천왕(故國川王) 6년

한(後漢)의 요동태수 공손탁(公孫度)이 과거의 복수를 벼르면서 고구려로 쳐들어 왔다. 왕은 막내아우 계수(罽須)를 보냈으나 이기지 못하자, 왕이 직접 나아가 정병으로 맞서 한군(漢軍)과 좌원(坐原)에서 싸워 크게 이기니 적의 시체가 산처럼 쌓였다고 한다. 공손탁이 요동에 자리 잡으면서 벌인 첫 싸움에 보기 좋게 나가떨어진 것이다.

註) 이즈음 후한(後漢)에 대규모의 농민 반란인 황건적(黃巾賊)의 난이 일어나면서 혼란에 빠져 한의 군현이 극히 약화되는 호기를 맞게 되었는데, 공교롭게도 공손씨의 세력이 흥기하면서 요동일대가 공손씨의 세력권으로 들어가게 되어, 이 때문에 고구려는 요동지역으로 진출을 하지 못하고 당분간 대외 정벌보다는 내치의 안정을 기해나갈 때였다. 공손씨는 이후 공손강→공손공→공손연으로 이어지면서 238년에 사마의에게 토벌될 때까지 50여 년간 요동과 산동지방을 지배하게 된다.

188 百濟 4대 초고 (肖古王) 23년

新羅 9대 벌휴 (伐休 尼師今) 5년

2월, 초고왕은 신라에 대한 정탐전으로 군사를 일으켜 신라 모산성(母山城: 충북 진천?)을 공격했다.

189 百濟 4대 초고 (肖古王) 24년

新羅 9대 벌휴 (伐休 尼師今) 6년

7월, 이번에는 백제군과 신라군이 구양(狗壤)에서 마주쳐 백제군이 5백 명이나 죽고…

190 百濟 4대 초고 (肖古王) 25년

新羅 9대 벌휴 (伐休 尼師今) 7년

8월, 초고왕은 신라에 대한 설욕을 벼르면서, 신라의 서쪽 원산(圓山: 경북 예천) 고을을 습격하고 나아가 부곡성(缶谷城: 경북 군위)을 포위하자 신라 장수 구도(仇道)가 5백의 기병을 이끌고 나타났다. 백제 초고왕은 퇴각하는 체하며 구도를 유인하여 와산(蛙山: 충북 청주)에서 박살냈다. 속이 좀 풀린다.

**"좌가려(左可慮)의 반란"**

高句麗 9대 고국천왕(故國川王) 12년

9월, 왕후 우(于)씨의 친척으로 세력을 얻은 좌가려(左可慮)와 패자(沛者) 어비류(於卑留) 등의 외척들이 권세를 남용하여 그 폐해가 커지자, 왕이 이를 벌하려하니, 외척들이 4부의 연나부(椽那部)와 더불어 반역을 꾀하고 무리를 이끌어 도성에 쳐들어왔다.

註) 부(部) 내에 또 부(部)가 있는 셈이다. 연나부만 하더라도 명림답부-명림어수-명림홀도로 이어지는 명림씨가 있고, 고국천왕-동천왕-서천왕의 왕비를 배출한 우씨 집안이 있었다. 중천왕의 왕비를 배

출한 연(椽)씨 집안도 있다. 명림씨, 연씨, 우씨, 어씨, 좌씨 등 연나부 내에도 최소한 5개의 유력한 집안이 존재하는데, 이중 4개 집안이 반란을 일으킨 셈이다.

191 高句麗 9대 고국천왕(故國川王) 13년

4월, 왕은 좌가려(左可慮) 등의 반란을 평정한 후, 외척의 등장을 막기 위해, 계루부를 제외한 4부로 하여금 인물을 추천하라 했다. 이때 동부(東部)의 안류(晏留)가 서압록곡 사람인 을파소(乙巴素)를 추천했다. 왕은 그의 인품이 큰 것을 보고 신하들의 만류에도 불구하고 국상(國相)에 임명하여 나라의 기강을 바로 잡아 나간다.

註) **을파소(乙巴素):** 을소(乙素)의 손자. 안류(晏留)의 천거로 중외대부(中畏大夫)에 우태(于台)로 등용되었으나, 정사를 하기에는 부족한 벼슬이라고 사양하자 고국천왕이 국상(國相)으로 임명했다. 신하들의 반대에도 불구하고 고국천왕의 신임을 받으며 정교(政敎)와 상벌(賞罰)을 명백히 했다. 진대법(賑貸法)을 실시하는 등 태평성대를 이루면서 그는 고구려 900년을 통틀어 최고의 재상으로 꼽힌다. 그가 시행한 진대법은 식량이 부족한 봄철과 여름철에 곡식을 풀어 백성들에게 빌려 주었다가 10월에 되돌려 받는 방법 등으로, 12년 동안 국상(國相)으로 서정(庶政)을 총리하여, 고구려 정치체제의 비약적인 발전을 가져오게 하였다.

註) 을파소(乙巴素)가 국상(國相)이 되어 젊은 영재를 선발하여 선인도랑(仙人徒郞)이라 하고, 교화(敎化)를 관장하는 자를 참전(參佺)이라 했다. 무리가 선출하고 계율을 지키며 신을 위하여 뒷일을 부탁했다. 무예를 선출하고 관장하는 자를 조의(皂衣)라 했다. 또한, 조의는 검은색의 조복이지만 옷에 검은 띠를 둘렀던 듯하다. 이 조의를 입은 사람을 고구려에서는 조의선인(皁衣仙人)이라 불렀으며, 유명한 화랑의 원류이자, 한국 선가(仙家)의 표본으로 여긴다. 이때 을파소가 인재 등용을 위해 제도화한 것이 그 시초이다.

## '발기의 반란(發岐의 叛亂)'

197 高句麗 9대 고국천(故國川) 19년

고국천왕이 갑자기 죽자 왕후 우(于)씨는 좌가려(左可慮) 사건 이후로 입을 봉하고 있다가, 다시 정치에 간여하고자 국상(國喪)을 숨기고 왕의 첫째 아우인 발기(發岐)에게 "왕은 아들이 없으니 그대가 왕위를 받을 사람이 아닌가" 하고 유혹하니 발기는 왕이 죽은 줄 모르는 상태에서 왕후의 소행을 꾸짖어 보냈다. 이어 왕후는 둘째 아우 연우(延優)에게 찾아가니 연우는 이를 허락하여 왕위에 오르게 되니 이가 10대 상산왕(上山王)이다. 당시 요동지방을 지키고 있던 발기는 격분하여, 수만의 인민을 이끌고 궁성에 쳐들어가 반란을 일으키나 3일간 동생이 나오지도 않고 백성들의 호응도 없자, 발기는 요동지방을 통틀어 한(後漢)의 공손탁(公孫度)에게 바치고 군사를 청하니, 공손탁은 크게 기뻐하면서 그에게 3만의 병사를 보내 지원했다. 3만의 발기군(發岐軍)이 환도성(丸都城)을 불지르고 졸본성(卒本城)을 공격하자, 셋째 동생 계수(罽須)가 이를 반격하여 격파하고 좌원(坐原)까지 추격하면서 다급한 발기에게 "왕위를 차지한 연우도 불의지만, 너는 외국에 항복하여 외국군대를 끌고와 조상과 부모의 나라를 유린하니 연우보다 더 불의하지 않은가?" 하니 발기는 크게 뉘우치고 배천(裵川: 沸流江)에서 자결했다. 이때 공손탁은 고구려를 치기 위한 두 번째의 호기를 이용하려 했지만 또 깨지면서, 이 과업을 손자인 공손연(公孫淵)에게 물려주었다.

註) 당시 풍속으로는 형이 죽으면 형수는 아우와 살았다. 이 풍습은 고구려 중기 이후 남성들의 권한이 강해지면서 급속히 쇠퇴했다. 공손탁(公孫度)은 후한(後漢) 말기 때의 장군으로, 본래 현도의 하급관리였다가 요동태수가 되었다. 고구려와 오환(烏丸)을 쳐서 세력을 확장했고, 190년에 요동군을 요서(遼西)와 중요(中遼)로 만들고 자립하여 스스로 요동후 평주목(遼東候 平州牧)이라 했다.

註) 이 당시 중원에서는 한(漢)나라가 환관과 지방 토호들의 발호로 멸망하면서 극심한 혼란에 빠지게 되며, 이러한 혼란을 피해 한나라 백성들 가운데 수많은 사람들이 고구려로 망명하게 된다. "(197년) 중원에서 큰 난리가 일어나 한인(漢人)들이 난리를 피하여 투항해 오는 사람이 매우 많았다〈삼국사기〉"는 기록이 있다.

199 新羅 10대 나해 (奈解 尼師今) 4년

7월, 백제군이 또 다시 신라를 넘보며 변경에 침입하고…

201 新羅 10대 나해 (奈解 尼師今) 6년

2월, 가야국이 화해를 청해왔다.

註) 116년부터 약 90년 동안 가야와 접촉기사가 없는데, 사료의 누락인지는 알 수 없으나, 소강상태를 유지하던 신라와 가야 사이에 다시 나타나는 기사이다.

203 新羅 10대 나해 (奈解 尼師今) 8년

10월, 말갈(靺鞨)이 군사를 일으켜 변경을 침범하다가 신라군에게 쫓겨 가고…

204 百濟 4대 초고 (肖古王) 39년

新羅 10대 나해 (奈解 尼師今) 9년

7월, 백제군이 신라의 요거성(腰車城)을 분탕질한 뒤 그 성주 설부(薛夫)를 죽이고 돌아 왔다. 그러자 신라 나해 이사금은 즉각 이음(利音)을 장수로 삼아 6부의 군사를 거느리고 백제의 사현성(沙峴城)을 공격했다.

註) 이후 두 나라는 당분간 자제하는 모습을 보인다. 이전까지는 백제군이 주로 충청도 청주, 보은 지방의 신라 땅을 주로 공격했으나, 이 이후로는 좀 더 올라가 소백산 줄기 남쪽과 더 나아가 동쪽의 땅까지도 공략하게 된다. 역시 백제는 처음부터 호전적인 나라였다.

208 新羅 10대 내해(奈解 尼師今) 13년

4월, 왜인(倭人)들이 변경을 침입하므로, 왕은 이벌찬 이음(利音, 奈音)을 보내 막게 했다.

註) 부산 지역에 해당하는 다물임나(地勿任那)가 가야세력권에 편입되자, 육지와 교통이 막힌 대마도(對馬島)와 규슈(九州) 지역의 백제세력들이 다물임나를 탈환하기 위해 원정군을 보낸 것이다.

### "적과 동지가 바뀌었다. 신라가 가야를 돕고"

209 新羅 10대 내해(奈解 尼師今) 14년

金官伽倻 2대 거등(居登王) 10년

7월, 백제는 작년에 담로국인 왜가 신라의 남해안을 치다가 실패한 것을 만회하기 위해 포상(浦上)의 8국을 동원했다. 이 포상8국이 공모하여 가야(加羅: 김해의 南加羅, 金官伽倻)를 침범하니, 가야가 신라에 원병을 청했다. 신라 내해이사금은 태자 우로(昔于老)에게 토벌군을 주어 출병하여 8국의 장수를 쳐 죽이고 6천여 명의 포로를 구출해 가야 거등왕에게 보내 주었다. 그러나 3년 후…

註) 이 때문에 신라와 가야 간에 우호관계가 이루어져 211년(내해 17년)에는 가야가 스스로 왕자를 보내와 볼모를 잡히기도 했다. 여기에 포상(浦上) 8국은 고성, 사천 지역을 중심으로 한 남해안지역과 진주 주변지역을 포괄한다.

高句麗 10대 상산왕(上山王) 13년

10월, 왕은 공손씨에 대한 위기감을 느끼고, 새로이 수도의 방어성인 환도성(丸都城)을 축성한 다음, 위나암성(慰那岩城)에서 이곳으로 도읍을 옮겼다.

註) 환도성(丸都城)은 상산왕 2년(198년) 2월부터 새로 증축공사를 시작했다. 국내성은 평지성(平地城)이기에 적침(敵侵) 시에는 문제가 있다고 보아 산성으로 궁궐을 옮긴 것이다.

210 百濟 4대 초고 (肖古王) 45년

2월, 왕은 말갈의 계속된 침범에 대비하여 적현(赤峴)과 사도(沙道)에 성을 쌓아 백성들을 옮겨 살게 했다. 그랬더니 역시나 한동안 잠잠하던 말갈이 10월에 사도성을 공격해왔고, 침입에 실패하자 적들은 성문에 불을 싸지르고 도망갔다.

### "이번에는 안라가야(安羅伽倻)에도"

212 新羅 10대 내해(奈解 尼師今) 17년

포상8국(浦上八國)이 또 모의하여 아라국(阿羅國: 安羅伽倻, 경남 함안 지방)을 공격하자 아라국이 도움을 청해오니, 왕은 태자 내음(棕音)과 장군 일벌(一伐)에게 인근의 군(郡) 및 6부의 군사를 주어 보내 구하게 했다. 포상국은 또 패배하여 돌아가고…

註) 초기 가야(伽倻)에 주요 3개 지역 연맹체는 남가라(南加羅: 김해지역) 연맹체, 안라(安羅: 함안 지역) 연맹체, 포상8국(남해안 일대) 연맹체가 있어 각기 성장과 부침을 거듭하는데…

214 新羅 10대 내해(奈解 尼師今) 19년

百濟 4대 초고 (肖古王) 49년

7월, 백제가 신라 서쪽에 있는 요거성(腰車城: 경북 상주)을 공격하여 성주 설부(薛夫)를 죽이자, 신라 내해이사금은 이벌찬 이음(利音)에게 정병 6천을 주어 보내 백제 사현성(沙峴城)을 공격하여 점령했다.

9월, 백제 초고왕은 말갈의 근거지를 공략해보고자 공세로 나섰다. 진과(真果)에게 군사 1천을 주어 보내 말갈의 석문성(石門城)을 빼앗았다. 이로부터 말갈의 분탕질이 더욱 거칠어져, 10월에는 말갈 기병(騎兵)이 북쪽 경계를 넘어 술천(述川: 경기 여주)까지 들어오고…

215 新羅 10대 내해(奈解 尼師今) 20년

이번에는 골포(骨浦: 마산, 창원), 칠포(柒浦: 칠원), 고사포(古史浦, 古自國: 고성) 삼국 군대가 갈화성(竭火城: 울산 지역)을 공격했다. 이번에는 내해왕이 직접 가야 지역에 나아가 3국의 군사를 크게 패배시키며 쫓아 보냈다.

註) 경남 남해안에 자리하던 포상8국은 포구(浦口)나 바다를 근거로 살아가던 나라로서 또 한편으로 농경지 등 내륙의 땅이 필요했다. 이들 해안지역 연맹체는 동남해안을 누비며 9년 동안 내륙진출을 모색하며 전쟁을 일으켰으나 신라의 개입으로 모두 실패했다. 그 결과는 오히려 승전국이 된 남가라(金官伽倻)와 안라국(安羅伽倻)과 신라의 약진을 가져오게 된다.

金官伽倻 2대 거등(居登王) 16년

다른 한편으로 금관국 거등왕은 군사를 이끌고 나아가 이서국(伊西國: 경북 청도)과 그 일대를 점령.

註) 금관가야는 세력을 확대하여 현재의 대구, 경산, 청도 지역에까지 세력을 넓혀나갔다. 이리하여 오늘날 가야고분이 동래, 안동, 의성 등지에까지 분포되는 광역을 가지게 된 것이다.

216 百濟 5대 구수 (仇首王) 2년

8월, 말갈이 또 들어와 적현성(赤峴城)을 포위하자, 왕이 군사 8백을 거느리고 뒤를 쫓아 사도성(沙道城) 아래에서 들이쳐 적을 무수히 많이 죽였다. 이듬해(217년)에는 2월부터 사도성과 적현성에 병력을 나누어 지키게 했더니 말갈의 침입이 조용해졌다.

註) 말갈은 추수가 끝난 계절이면 소규모의 무리로 도적질하러 오는 것이 통례였다. 두고두고 말썽인데, 이후에는 신라와도 분쟁을 일으키다가 미미한 존재로 전락한 뒤 고구려에 붙어 살게 된다. 이 당시의 말갈은 예맥(濊貊)의 일부 종족인 듯…

217 高句麗 10대 상산왕(上山) 21년

8월, 한(後漢)의 평주(平州, 북경 근처)에서 하요(夏瑤)가 백성 1천 호를 이끌고 투항해오자 왕은 이를 받아들여 책성(柵城)에 살게 했다.

註) 당시 중국 쪽에는 〈삼국지연의〉에 나오는 원소, 유비, 손책 등 군웅들이 한창 세력 싸움을 하는 중이다. 군웅들에게는 때를 만난 영웅들의 모습이지만, 반대로 백성들에게는 괴로운 시기였다. 농사도 못 짓고 전장에 끌려가야 하고…, 이래서 피해오는 난민이 많았다.

218 百濟 5대 구수 (仇首王) 5년

新羅 10대 내해(奈解 尼師今) 23년

7월, 백제가 신라의 장산성(獐山城: 경북 경산)을 포위하자, 신라 내해이사금이 직접 출전하여 백제군을 쫓아버렸다.

222 百濟 5대 구수 (仇首王) 9년

新羅 10대 내해(奈解 尼師今) 27년

10월, 백제 구수왕이 군사를 신라 우두진(牛頭鎭: 강원 춘천)에 보내 약탈을 했더니, 신라 장수 충훤(忠萱)이 군사 5천을 거느리고 왔다. 이들을 웅곡(熊谷)에서 들이쳐서 신라군을 격살시키니 충훤이 겨우 홀로 몸만 빼내어 도망쳤다. 왕은 선왕의 복수를 한 듯하여 시원해 했다. 그러나…

224 百濟 5대 구수 (仇首王) 11년

新羅 10대 나해 (奈解 尼師今) 29년

7월, 이번에는 신라군이 먼저 쳐들어 왔다. 충훤의 후임자인 연진(連珍)이 군사를 이끌고 침범한 것을 봉산에서 막았으나 오히려 패해 천여 명의 군사를 잃었다. 신라는 다음달 8월에는 이곳에 봉산성(烽山城)을 쌓아 지키고…

228 百濟 5대 구수 (仇首王) 16년

11월, 이번에는 말갈이다. 우곡(牛谷)에 들어와 마구 약탈을 자행하므로, 이를 토벌하고자 3백의 군사를 보냈더니 오히려 적의 매복에 걸려 엉망이 되었다.

232 新羅 11대 조분(助賁 尼師今) 3년

4월, 왜인(倭人)들이 갑자기 쳐들어와서 금성(金城: 경주)를 포위하므로 왕이 친히 군사를 거느리고 나가 적을 격퇴했다. 그리고 날랜 군사로 하여금 적을 추격하게 하여 1천여 명을 베었으나, 이때 신라도 피해가 막심했다.

註) 새로 즉위한 신라 조분이사금이 적극적으로 남쪽 지역을 병합하려 나서자, 왜지(倭地)의 백제 담로국들과 야마토 백제국이 육지의 교통이 막힘을 우려하여 군사를 일으킨 것이다.

233 新羅 11대 조분(助賁 尼師今) 4년

5월, 왜인들이 동쪽 변방을 침범하자 이찬 우로(于老)를 보내 막았고, 7월에는 사도(沙道: 경북 영덕지방)에 들어온 왜군을 우로가 바람을 이용하여 화공(火攻)으로 적선을 불태우고 물에 뛰어드는 적을 남김없이 베어 죽였다.

高句麗 11대 동천왕(東川王) 7년

당시 중국은 위오촉(魏.吳.蜀) 삼국이 치열하게 전쟁을 벌이고 있는 상태였다. 이때 오(吳)의 사자가 공손연(公孫淵: 공손도(公孫度)의 손자)에게 죽임을 당하기 직전에 고구려로 도망해오자, 왕은 오(吳)와 함께 요동(遼東)을 칠 것을 동맹한다. 그런데…

註) 당시 중원에는 220년에 후한(後漢) 왕조가 무너진 뒤, 북쪽 화북평원을 중심으로는 위(魏)나라가 섰고, 221년 사천분지에는 촉한(蜀漢)이, 그리고 222년에는 오늘의 남경을 중심으로 오(吳)가 세워져 이른바 삼국시대를 이루고 있었다. 이 때 요동의 실력자인 공손(公孫)씨는 거리가 멀어 도움이 안 되는 오나라를 멀리하고 위나라와 연계를 꾀했다. 때문에 공손연은 오나라 사신을 죽여 위에 보내려했고, 고구려는 공손씨를 견제하고자 도망쳐온 오의 사자를 환영하며 국교를 맺었다. 오왕 손권(孫權) 역시 이미 원수가 되어버린 공손씨를 견제할 세력으로는 고구려 밖에 없었다. 그런데, 그 후 동천왕은 답례로 찾아온 오의 사신에게도 잘 대접해 보냈지만 사신의 오만불손한 행동에 배신감을 느끼게 되는데…

### “위(魏)와 국교를 맺다”

236 高句麗 11대 동천왕(東川王) 10년

2월, 오왕 손권이 또 다시 사신을 보내오니, 이번에는 오의 사신을 유치했다가 7월에 죽여서 위(魏)의 유주(幽州)로 보냈다. 왕은 공손씨를 쳐서 요동을 차지하기에는 거리가 먼 오(吳) 보다는 위(魏)와 통하는 것이 옳다고 여겼다. 위의 사마의(司馬懿) 역시 공손씨를 제압하기 위해서는 고구려의 도움이 필요했다. 이리하여 위(魏)와 동맹군이 결성되고…

註) 이 공수동맹의 결과로 고구려가 요동을 칠 때에는 위가 고구려를 돕고, 위가 오를 치거든 고구려가 수군(水軍)으로 위를 도와, 두 적국이 병탄된 후에 요동은 고구려가, 오는 위가 차지하기로 했다. 당시는 위(魏), 오(吳), 촉(蜀漢), 요동(공손씨), 고구려, 백제의 5나라의 국력이 거의 비슷한 때이었다.

237 高句麗 11대 동천왕(東川王) 11년

왕은 장군 착자, 대고에게 명하여 수만의 군사로 요동의 공손연(公孫淵)을 치니, 위(魏)는 관구검(貫丘儉: 一名 毋丘儉)에게 수만의 병력을 출동시켜 고구려를 돕게 했다. 관구검은 요수(遼水)를 건너 공손연의 배후를 공격했지만, 그는 요동의 기후와 지리조건에 무지했다. 그래서 요동의 비연, 양조에게 패하여 물러가니, 공손연은 이 싸움 후 서둘러 자립하여 스스로 연왕(燕王)이라 했다.

238 高句麗 11대 동천왕(東川王) 12년

6월, 위(魏)의 사마의(司馬懿)가 요동정벌군을 일으켜 군사 10만으로 공격해 오니 공손연(公孫淵)은 고구려와의 싸움에 치중하던 중, 위(魏)의 배후 공격으로 뭉그러져, 공손연이 사마의에게 잡혀 죽고 공손씨의 연(燕)나라는 3대 50년 만에 망해 위(魏)에 복속되는데…,왕은 이때 1천명의 군대를 파병하여 사마의의 공손연 토벌을 도왔다. 이로부터 고구려는 위와 국경을 마주하게 되었다.

註) 위(魏)가 공손씨의 요동정권을 없앤 것은 오(吳)가 고구려와 연합하려는 등, 위의 동진정책을 위협하는 고구려라는 걸림돌을 치우기 위한 전 단계 행동에 지나지 않았다. 이 당시에 고구려의 파병은 〈삼국지 동이전〉에 의하면 파병한 군사가 수 천 명이었다고 한다.

242 高句麗 11대 동천왕(東川王) 16년

위나라(魏)가 약속을 어겨 요동을 점령한 후 끝내 고구려에 할양하지 않으므로, 왕은 요동(遼東)지역에 위협을 가하고자, 교통 요충지인 요동군의 서안평(西安平)을 쳐서 점령해 버렸다.

註) 서안평(西安平): 구련성(九連城) 동북 안평하(安平河) 유역에 위치. 임황(臨潢: 林東縣)이다. 서안평은 평양과 요동을 잇는 교통의 요충지였다. 특히 낙랑과 대방을 고립시키려면 반드시 확보해 두어야할 지역이므로 적극적인 공세를 폈다. 위가 오와의 싸움으로 생긴 빈틈을 이용한 것이다. 그러나 곧 위의 반격을 받게 되는데, 위는 고구려의 요동진출을 막으면서 종전의 지배체제를 유지하려는 속셈이었다.

### “고구려와 신라의 첫 접촉”

245 高句麗 11대 동천왕(東川王) 19년

新羅 11대 조분 (助賁 尼師今) 16년

10월, 고구려군이 신라 북쪽지역(강원도 지역 貊國 또는 말갈?)에 침범한 것을 병마사 석우로(昔于老)가 나아가 막았으나 패하고 물러나 마두책(馬頭柵: 경기도 포천?)을 지켰다. 아직 신라는 고구려의 상대가 못되었다. 비로소 신라와 고구려의 첫 접촉이 일어난 것이다.

註) 석우로(昔于老): 내해왕의 아들로서 209년(내해왕 2)에 가락국에 침입한 포상팔국(浦上八國)의 군대를 격파하고, 231년(조분왕 2) 감문국(甘文國) 정벌, 233년 왜구를 사도(沙道)에서 바람을 이용한 화공(火攻)으로 섬멸했다. 245년 병마지사(兵馬知事) 때 북방에 침입한 고구려군을 막으려다 실패했다. 첨해왕 초에 사량벌국(沙梁伐國)이 반란을 일으켜 백제에 투항하자 이를 정벌했으며, 249년 왜구를 막다가 전사한 신라의 명장.

**"위(魏) 관구검(貫丘儉)의 침입"**

246 高句麗 11대 동천왕(東川王) 20년

2월, 위(魏)는 오(吳)와의 긴장이 약간 느슨해 진 틈을 타서, 이제 요동의 지리에 익숙해진 위(魏)의 유주자사 관구검(貫丘儉)에게 1만의 병력으로 현도에서 환도성 쪽으로 고구려를 치도록 했다. 이 침략군을 왕이 직접 나아가 보기(步騎) 2만의 군사로 비류수(沸流水)에서 마주쳐 적 3천을 섬멸시키고, 또한 양맥(梁貊)의 골짜기에서도 적 3천을 죽이거나 사로잡았다. 왕은 "위의 큰 군사가 우리의 작은 군사보다 못하구나!"하며 적을 가볍게 여기고 철기(鐵騎) 5천을 이끌고 진격했다. 그러나 관구검의 4각 진법(4角陣法)에 걸려 크게 패하고 1만 8천의 군사를 잃은 채 겨우 1천의 기병만으로 압록원(鴨綠原: 압록강 상류?)으로 피한 후로, 환도성(丸都城)까지 빼앗긴 채 남옥저(南沃沮)를 거쳐 죽령(竹嶺: 함경북도 연안의 남쪽?)까지 패주했다. 큰 위기였다. 한편, 관구검은 환도성에 들어와 방화하고 분탕질까지 치면서 많은 서적을 약탈하는데, 위의 추격군을 밀우(密友)의 결사대가 죽기 살기로 막아 왕의 도피를 돕고, 이 사이 병력을 수습한 왕은 유옥구(劉屋句)을 보내 밀우를 구하면서 적을 일시 격퇴시키니, 그 사이 유유(紐由)는 적에게 거짓 항복하면서 적의 부장을 찔러 죽여 혼란에 빠트렸다. 이에 힘을 얻은 왕이 세 방향으로 군사를 나누어 반격에 나서자 적은 진지도 갖추지 못한 채 요동군 낙랑방면으로 쫓겨 가고 말았다.

註) 적의 침입이 있을 때면 보통 청야전술(淸野戰術)로 시간을 끌다가 반격하는 것이었으나, 이때는 즉각 왕이 직접 나서서 봉변을 당한 것이다. 왕의 오만이 빚은 참사였다. 이 덕분에 위군(魏軍)은 수도를 쉽게 점령하기는 했지만, 즉각 빠져나와야 했다. 그래서 위군의 입장에서는 별 성과 없이 군사만 잃은 꼴이 되었다.

註) 이 전투는 단지 양국 간의 일이 아니었다. 부여는 고구려와의 옛 원한으로 부여 위거왕이 군량을 보급해주어 위군이 보급로에 신경을 안 써도 되게끔 해 주었고, 모용선비는 고구려와 부여에 이웃해 있으면서 항상 위(魏)에 기생하며 교역의 대가로 위군을 도왔다. 이번에도 마찬가지였다.

百濟 8대 고이(古爾王) 13년

8월, 낙랑태수 유무(劉茂)와 대방태수 궁준(弓遵)이 관구검의 위군(魏軍)과 함께 고구려 공략에 참여하려 하자, 왕은 이틈을 타서 장군 진충(眞忠)을 보내 재빨리 낙랑에 쳐들어가 백성들을 포로로 잡아왔다. 그러나 낙랑태수가 이 사건을 그냥 넘기지 않으려 하자 왕은 아직 낙랑과 대결할 시기가 아니라고 여기고 그 포로를 되돌려 보냈다. 그러나 이듬해에…

註) 남쪽의 백제는 이번 전역에서 고구려를 직접 돕지 않았지만, 고이왕이 때마침 낙랑을 공격해주는 바람에, 낙랑은 군사를 내어 고구려 공격에 참여하지 못했다. 당시 낙랑군은 서한(西漢)의 낙랑(북경 난하 부근), 최리의 낙랑국(평양), 동찬의 낙랑(최리의 낙랑 후속국가) 등이 있었다. 여기서는 서한(西漢)의 낙랑이다.

**"백제에 기회가 왔다!"**

247 百濟 8대 고이(古爾王) 14년

고구려와 위가 격전을 벌이고 있는 기간 중에 고이왕은 서해대도(西海大島: 경기 강화도?)에서의 장기간 사냥과 상륙훈련을 통해 수군(水軍)을 양성해왔다. 이때 위(魏)의 부종사 오림(吳林)이 진한(辰韓) 8국을 분할하여 낙랑에 주려고 한 사실을 글자 번역 과정에서 잘못된 것이 발단이 되어 마한의 대표인 목지국(目支國)의 진왕이 대방군 기리영(崎離營)을 공격했는데, 대방(帶方)태수 궁준(弓遵)을 전사시킬 정도로 전과를 올리지만 오히려 패하고 수십 개의 부락이 항복하는 지경으로 되어 마한의 세력이 급속히 쇠퇴하게 된다. 이러한 낙랑지역에 힘의 공백상태를 이용하여 백제 고이왕은 좌장(左獎) 진충(眞忠)에게 명해 낙랑의 변방을 기습, 대방(帶方) 깊숙이 들어가 위군(魏軍)까지 격파했다. 대방(帶方)은 두려워 딸을 고이왕의 태자 책계(責稽)에게 시집보내면서 백제와 동맹을 맺기에 이르렀는데…

註) 마한과 대방의 전쟁 결과, 목지국 중심의 영향력이 상실되어 마한(馬韓) 54국을 묶어 놓았던 연맹이라는 사슬이 끊어지게 되었다. 이때 마한 세력으로 안나국(安邪國, 경남 함안, 安羅加羅)과 구야국(狗邪國: 김해, 金官伽倻)도 참전했다. 이틈에 백제는 한강이라는 교통로를 운송수단으로 하는 한강 연변에 소재한 여러 국읍 중심의 연맹체를 결성할 수 있었다.

高句麗 11대 동천왕(東川王) 21년

2월, 환도성이 수습을 못할 정도로 파괴되어, 평양성(平壤城)을 다시 쌓고 도읍을 옮겼다.

註) 이때의 평양성의 위치에 의견이 많은데, 현재의 평양인 듯. 도읍지는 고국원왕 14년(342)에 환도성으로 옮겼다가, 장수왕 15년(427)에 평양으로 도읍을 다시 옮기게 된다.

255 百濟 8대 고이 (古爾王) 22년

新羅 12대 첨해 (沾解 尼師今) 9년

9월, 고이왕은 군사를 내어 신라의 괴곡(槐谷: 소백산 부근)을 공략하여 신라 장수 익종(翼宗)을 죽였고, 이어서 10월에는 봉산성(蓬山城: 소백산 줄기, 경북 봉화?)까지 공격해보았으나 여기서는 성공하지 못했다.

258 百濟 8대 고이 (古爾王) 23년

말갈이 사절을 파견하여 좋은 말(良馬)를 헌상하며 관계개선을 시도했다. 백제가 예전 같지 않게 힘이 커지자 말갈은 예전처럼 함부로 덤빌 수 없게 된 상황이 되었다.

**"위(魏)의 재침(再侵)"**

259 高句麗 12대 중천왕(中川王) 12년

12월, 위(魏)는 그 동안 오(吳)와 촉(蜀) 등 다른 나라와 싸우느라 고구려에 눈을 돌릴 여가가 없었다가, 잠시 틈을 내어 13년 전의 실패를 만회하고자 위(魏)는 장수(魏將) 울지해(蔚遲楷 또는 慰遲階)에게 5만의 군사를 주어 고구려를 침공하게 했다. 왕이 직접 나아가 철기(鐵騎) 5천으로 양맥의 골짜기(梁貊谷)에서 매복공격을 퍼부어 적병 8천을 죽이며 침략군을 섬멸시키니, 이후부터 위나라는 고구려에 얼씬거리지 못했다.

註) 이후 위(魏)와 그 계승 국가인 서진(西晉)도 다시 고구려를 침범하지 못했다. 전략요충지인 서안평을 점령하려는 고구려의 의지는 결국 311년(미천왕12)에 이루어지는데, 상대적으로 서진(西晉)의 무력함이 호기가 되어주었다.

261 百濟 8대 고이 (古爾王) 28년

왕은 다원적인 대외정벌을 위해 작년에 본격적으로 관제를 정비하고 내부정리에 만전을 기해 나가면서 대규모 인사를 단행한 후, 3월, 자국의 체제의 안정을 위해 신라에도 사신을 보내 화친을 청해보았다. 그러나 신라왕으로부터 거부당하니…

註) 백제 고이왕은 북으로는 낙랑과 말갈, 동남으로는 신라라는 이름의 진한연맹 여러 부족들, 그리고 서쪽으로는 황해바다를 넘어 서진(西晉)과의 전방위적인 친선관계를 맺어나가 활발한 문물교류로 나라의 기반을 굳혀가면서 지배력을 확장하려 했다.

266 百濟 8대 고이왕(古爾王) 33년

新羅 13대 미추 이사금(味鄒 尼師今) 5年

8월, 고이왕은 화친을 거부당해 심사가 비틀렸다. 군사를 내어 신라 봉산성(蓬山城: 소백산 줄기, 경북 봉화?)을 들이치니, 성주 직선(直宣)은 2백의 결사대로 맞서 혼전 끝에 겨우 백제군을 물리쳤다. 또 한편으로 신라는 남쪽에서도 불시에 나타나는 왜구를 소홀히 할 수 없어 군비강화를 서두르는데…

272 百濟 8대 고이왕(古爾王) 39년

11월, 왕은 또다시 신라의 변방을 침범해보고…

278 百濟 8대 고이왕(古爾王) 45년

10월, 왕은 또 군사를 보내 신라 괴곡성(槐谷城: 소백산 부근)을 포위해 보고…

### "동북면에서부터 요하(遼河)까지 개척"

280 高句麗 13대 서천왕(西川王) 11년

10월, 숙신(肅愼)이 고구려가 관구검과의 전쟁 후 요동을 잃고 약해지는 기미를 보이자 드디어 반항을 하고 변방을 침범했다. 고구려는 힘을 비축하면서 동북쪽에 관심을 가지던 차에, 왕은 아우 달가(達賈)를 보내 숙신을 치게 했다. 달가는 적의 근거지 단로성(壇盧城)을 뺏어 그 추장을 죽이고 6백여 호를 부여 남쪽으로 옮기면서, 숙신 부락 6-7개소의 항복을 받아 다스렸다. 이에 왕은 서북쪽 무순지방의 신성(新城)을 개척하면서 요하(遼河) 가까이 진출하고, 달가에게 안국군(安國君)으로 삼아 병권을 맡기고 양맥과 숙신을 다스리게 했다.

註) 왕은 이로서 부여의 일부 지역을 유목민족에 대한 방어기지이자 더 북쪽에 자리한 구만한국(寇漫汗國)과 숙신 등 수렵족에 대한 영향력을 확대하기 위한 거점으로 삼고자 했다. 숙신(肅愼)은 후에 읍루(挹婁), 말갈(靺鞨), 물길(勿吉)로 불리다가, 조선조 때에는 여진(女眞)으로 불리면서 나중에 칼날에 피도 묻히지 않고 중원을 얻어 청(淸)나라를 세웠다.

283 百濟 8대 고이왕 (古爾王) 50년

新羅 13대 미추 이사금(味鄒 尼師今) 22년

9월, 백제 고이왕은 또 군사를 내어 신라의 변방을 건드려 보고…,

10월에는 또 괴곡성을 포위하니 신라의 일길찬 양질(良質)이 급히 와서 막았다.

註) 174년부터 283년까지 100여 년 동안 신라와 백제 간에 큰 전투만 따져도 12차례나 된다. 이때는 농사철을 피하지도 않고 신라 북쪽과 서쪽 양면에서 이루어졌다.

### "대방(帶方郡) 때문에 꼬인 백제-고구려의 관계"

286 百濟 8대 고이왕 (古爾王) 53년

高句麗 13대 서천왕(西川王) 17년

1월, 고이왕은 사신을 신라에 보내 두 번 째로 화친을 청해 보았는데, 회답 없이 시간만 끌다가 11월에 왕이 죽었다. 이어 왕위에 오른 태자 책계(9대 責稽王)는 즉위하자마자 장정을 모집하며 위례성을 수리하는 등 강한 확장 의지를 보였다. 그런데 하필 이때, 고구려의 공격을 받은 대방군에서 구원군을 요청해왔다. 왕비가 대방군의 왕녀인 까닭에 장인의 나라를 무시할 수 없어 군사를 보내기는 했는데, 이 때문에 고구려 서천왕(西川王)에게 원한을 사게 되었다. 고구려는 기회가 닿는 대로 낙랑과 대방을 공격하고 있는 중이었다.

註) 백제는 이제 고구려의 침구도 염려해야 했다. 그래서 한강 북쪽에 아차성(阿且城: 서울 광진구 아차산?)과 사성(蛇城: 백제와 대방의 경계선일 듯)을 쌓았는데 이후 백제의 방어기지로 역할을 훌륭히 해주었다. 여기서 대방은 진(晉)의 대방군과는 별 개의 지역으로 보아야 할 것 같다. 하여튼 삼국시대 초기 기록 중에 백제와 낙랑과 대방에 관련된 기사들은 그 위치가 일정하지 않다. 모두 한반도 내에서의 기록이라 보면 매우 헛갈리는데…

287 新羅 14대 유례(儒禮 尼師今) 4년

4월, 왜인(倭人)들이 일례부(一禮部: 경북 구미)를 습격하여 민가를 불 지르고, 1천여 명의 백성을 잡아갔다.

註) 이 기록은 또한 왜가 일본열도에서 온 왜가 아님을 말해준다. 즉, 1,000명을 사로잡아 갔다고 했는데 당시 선박 기술로 보아 한반도에서 일본열도로 잡아 가기보다는 인근 지역으로 잡아갔음을 의미한다. 당시 배로 1천 명을 태우고 갔다는 말이 어울리지 않는다. 당시 왜는 신라와 백제를 동시에 자주 공격하던 '예(동예, 동부여)'이다. 〈삼국사기〉를 지었던 김부식은 자신의 생존연대보다 1,000여 년 전에 신라를 괴롭혔던 '동예(예, 동부여)'를 모두 '왜'라고 표현하고 있다. 이는 친신라 경향을 가진 김부식이 '동예'가 원래부터 신라의 영토였다는 편견을 가지고 있기 때문인 것으로 보인다.〈동이한국사〉.

註) 당시 백제는 관구검의 침탈 후의 뒤숭숭한 고구려 분위기 덕분에 쉽게 신라 경략에 나설 수 있었다. 또한 백제와 신라의 군세(軍勢)의 팽창으로 왜지(倭地)에는 무역 교통로가 막혀 경제가 궁핍해져갔다. 신라로서는 백제와 전쟁이 소강상태에 이르자 왜가 이어서 또 극성을 떨었다. 한해 걸러 한번 씩 당하는 꼴이다.

292 新羅 14대 유례(儒禮 尼師今) 9년

6월, 왜병(倭兵)이 사도성(沙道城: 경북 영덕 해안지방)에 침입하여 성을 함락시키므로, 왕은 일길찬 대곡(大谷)으로 하여금 성을 구하게 하니, 적을 격퇴시키고 성을 완전히 회복했다. 그리고 성을 개축한 다음 사벌주(沙伐州: 경북 상주)에 살던 호민(豪民) 80여 호를 이주시켜 방비하도록 했다.

293 高句麗 14대 봉상왕(烽上王) 2년

8월, 왕은 어려서부터 교만하고 의심이 많은 성품인데, 즉위하기 7년 전(286년)에 동생 2명의 역모를 알고 제거했으며, 즉위하자마자 작은 아버지인 명장 달가(達賈)를 시기하여 죽이고 또한 동생 돌고(咄固)도 딴마음이 있다며 죽이려 했다.

이때 선비(鮮卑) 모용외(慕容廆)는 천하를 삼킬 꿈을 가지고 있다가, 고구려의 달가가 죽었다는 소식을 듣고 즉시 공격에 나섰다. 왕이 신성(新城)으로 피하기 위해 가는 도중, 곡림(鵠林)에 이르러 적군의 일부를 만나자, 마침 신성재(新城宰) 고노자(高奴子)가 기병(騎兵) 5백을 거느리고 왕을 맞이하러 나왔다가 즉시 출격하여 이들을 격퇴시켰다.

註) 흉노(匈奴)족의 내분으로 북몽골지역에 틈이 생기자, 이곳에 선비(鮮卑)족이 들어가 차지하면서 세력을 확장해 나아가 황하강 이북의 동서 1만4천리 남북 7천리의 넓은 지역을 차지했다. 이때 그 일파인 모용(慕容)씨가 고구려에 침공해 온 것이다.

9월, 왕이 드디어 아우 돌고(咄固)까지 모함하여 죽이니, 돌고의 아들 을불(乙弗)은 신분을 숨기고 이때부터 피해 도망 다녔다.

294 新羅 14대 유례(儒禮 尼師今) 11년

여름에 왜병(倭兵)들이 장봉성(長峯城)을 침입했는데, 신라군이 패해 쫓겨 왔다.

**"왜지(倭地) 명석포(明石浦) 정벌"**

295 新羅 14대 유례(儒禮 尼師今) 12년

왕은 빈번해진 왜인들의 침입에 따른 백성들의 고통을 근절하기 위해 왜국(倭國)을 치자는 의견에 따라, 1만 리의 바다 길을 넘어 오사까(大阪)에서 100리 떨어진 명석포(明石浦)를 들이쳐 크게 이기고 왜왕의 항복을 받아냈다. 이로부터 왜인들의 침입이 잠잠해졌다.

註) 역사에 기록된 왜국 정벌 기사 중 가장 멀리 원정하여 승전한 기록이다. 당시 전황으로 보아 수륙양용작전을 겸해야 하는 작전의 성격으로 쉬운 원정이 아니었다. 이 후 312년(16대 흘해 이사금 3년)에는 왜왕의 아들과 아찬 급리(急利)의 딸과의 혼인도 성사시키는 사태변화도 뒤따랐으며, 이로부터 50년 후인 346년까지 왜구의 침범이 사라졌다. 다른 한편으로, 왜인들이 백제를 침범했다는 기록은 〈삼국사기〉나 〈일본서기〉를 막론하고 유사 이래 처음부터 끝까지 단 한 줄도 없다. 있을 수가 없다는 말이다.

296 高句麗 14대 봉상왕(烽上王) 5년

모용외(貌容廆)가 졸본(卒本) 등지에서 재차 격퇴 당한 후에도 여러 번 자주 침범하여 그 피해가 적지 않자, 왕은 국상(國相) 창조리(倉助利)의 천거를 받아 고노자(高奴子)로 하여금 신성태수(新城太守)를 봉하자 한동안 저들의 침입이 잠잠해진다.

297 新羅 14대 유례(儒禮 尼師今) 14년

이서국(伊西國: 경북 청도)이 금성(金城)에 침입해오자 이병(異兵)과 힘을 합하여 물리쳤다.

註) 신라가 이서국의 침입을 막지 못해 위협당하고 있을 때, 이병(異兵)이 나타나 신라병을 도와 이서국을 물리쳤다. 이서국은 후에 유례왕이 점령하여 구도성(仇刀城)이라 했으며, 통일신라 경덕왕 때에는 대성군(大城郡)이 되었다가 고려 때에 청도군에 편입했다.

298 百濟 9대 책계왕(責稽王) 13년

고구려가 모용외와 싸움 속에 다른 곳을 돌보지 못하는 사이, 한(漢)의 맥인(貊人: 춘천방면에 있는 漢의 군현 세력의 주민?)이 백제를 공격함으로 왕이 직접 나가 방어하다가 전사했다. 책계왕은 전쟁터에서 죽은 최초의 백제왕이 되는데, 하필 하찮은 전투에서 허망하게 쓰러져서…

註) 이 당시는 이미 한(漢),위(魏)도 망하고 진(晉)의 영평(永平) 8년인데 어찌 한(漢)이 침입했다고 했는지 모를 일이다. 단, 평양의 낙랑국(樂浪國)이 멸망한 뒤 그 지배층 일부가 남하하여 춘천 지방에 세운 망명국가로 보는 견해도 있다.

**"창조리(倉助利)의 거사"**

300 高句麗 15대 미천왕(美川王) 원년

국상(國相) 창조리(倉助利)와 신하들은 봉상왕이 기상이변으로 백성들이 어려움을 겪는데도 궁궐을 증축하는 등, 사치를 부리자 왕을 폐하기로 하고, 왕이 후산(侯山)에 사냥 가는 기회를 틈타 거사를 감행했다. 사냥터에서 창조리는 사람들에게 "나와 마음을 같이하는 자는 내가 하는 대로하라"하고 갈대 잎을 모자 위에 꽂자 모두들 그렇게 했다. 이에 힘을 얻은 그는 왕을 쫓아내 가두고, 그간 떠돌이 머슴 생활을 하던 을불(乙弗)을 찾아 왕위에 세우니, 이가 15대 미천왕이다.

註) 부여에서는 흉년이 들면 신하들이 왕을 죽였다 하는데, 이 전통이 고구려에서 이루어진 것이다. 백성을 괴롭히는 왕은 쫓아내도 된다는 것이다. 왕위에 오른 을불은 그간 직접 체험한 백성들의 생활상을 참작하며 선정을 베풀어 훌륭한 왕도정치를 시행해 나간다. 또 한편으로 재위기간동안 영토를 넓히는데도 열심이었다.

302 高句麗 15대 미천왕(美川王) 3년

9월, 왕은 보기(步騎) 3만을 이끌고 서진(西晉)의 현도군(玄菟郡: 遼寧省 撫順 지방)을 침범하여 주민 8천을 남쪽의 평양으로 데려왔다. 당시 서진은 국력이 많이 약해져서 밖에 신경 쓸 상황이 아니었다.

註) 280년에 삼국(魏, 吳, 蜀)을 통일한 진(晋)나라가 건국 15년 만에 8왕자들의 반란을 시작으로 혼란에 빠져들어, 장안에서는 이웅(李雄)이 '성(成)'나라를 세우고, 낙양방면에서는 유연(劉淵)이 '한(漢)'을 수립하였으며, 북방의 열하성에서는 선비족 모용씨가 일어나는 등 천하대란에 빠졌다. 이러한 혼란을 틈타 왕은 기회를 놓치지 않고 서방공략에 나섰다.

註) 고구려는 초기부터 강철로 된 철제품이 많이 사용되었는데, 이때는 낫과 쟁기 등이 널리 쓰이는 우경(牛耕)이 발달되었다. 이에 농업생산력이 많이 향상되어, 고구려로서는 비옥한 농지가 많은 요하(遙河) 유역의 요동지방과 한반도 남쪽지방에 큰 관심을 기울였다.

304 百濟 10대 분서왕(汾西王) 7년

2월, 왕은 선왕의 유지를 이어 몰래 군사를 내어 낙랑(樂浪)의 서쪽 마을을 습격하고 점령해버렸다. 벼르고 벼르던 부왕의 보복전이었다. 그랬더니, 낙랑태수는 10월에 자객을 보내 분서왕을 암살해버렸다. 백제왕 부자가 연이어 낙랑에게 피살되는 사태에 이르렀고, 백제  왕들의 우환은 이후에도 계속되는데…

307 新羅 15대 기림(基臨 尼師今) 10년

국호를 신라(新羅)로 복구하였다.

註) 초기에 신라의 국호는 변진12국 때에 사용된 사로국(斯盧國)이었다. 나라 이름에 통일을 기하기 위해 '신라'로 다시 확정한 것이다.

311 高句麗 15대 미천왕(美川王) 12년

요동지방에는 동위교위와 요동태수 사이에 권력다툼이 일어나 살육전이 벌어지는 틈에, 선비족들이 자주 요동지방을 공격했다. 왕은 이 정세를 이용하여 서쪽으로 진군하기로 했다.

8월, 왕은 장수를 보내 요동군의 서안평현(西安平縣: 구련성(九連城) 동북 安平河 유역)을 공격하여 되찾고…

註) 당시 대륙 쪽에는 5호16국(五胡十六國)의 혼란 시대가 시작되어 춘추전국시대를 능가하는 혼란의 도가니로 들어가는 중이었다. 이때! 서방공략의 호기를 놓칠 수 없는 시기가 왔다. 태조왕 이래 수백 년간 서해안 진출과 중국세력의 진출을 차단하기 위해 열망했던 서안평 공격에 나선 것이다. (서안평을 압록강 북안 단동(丹東)으로 보는 견해는 틀리다고 본다.)

313 高句麗 15대 미천왕(美川王) 14년

百濟 11대 비류왕(比流王) 10년

고구려와 백제는 연합하여 낙랑과 대방을 동시에 정벌하기로 약속했다.

10월, 미천왕이 낙랑군(樂浪郡)을 공략하여 합병시키고 남녀 2천을 포로로 잡아왔으며…

註) 여기는 평양의 낙랑국이 아니고 요서 난하 하류 동쪽에 있던 낙랑이다.

314 高句麗 15대 미천왕(美川王) 15년

9월, 한(漢)의 대방군(帶方郡)을 공멸 합방시키고, 그 여세를 몰아…

註) 이즈음 요동의 장통(張統)이 낙랑군과 대방군 사이에 있으면서 고구려와 수시로 싸움이 있었는데, 왕은 작년 낙랑군을 쳐서 없앤 여세를 몰아 그 남쪽 대방군까지 진출하여 발버둥치는 진나라 사람인 장통의 세력을 무찔러 점령해 버렸다. 궁지에 몰린 장통은 낙랑왕 왕준과 함께 요동반도의 남해안을 거쳐 모용희에게 달아났다. 이제 고구려는 압록강 하구를 확보함으로서 해상으로 진출할 근거까지 확보하게 되었다.

百濟 11대 비류왕(比流王) 11년

왕은 흥현(興縣: 柳城)과 북경(北京) 간을 영지(領地)로 정한 뒤에 매라(邁羅), 벽중(辟中), 불중(弗中) 등지에 성을 쌓고, 요서군(遼西郡)과 진평군(眞平郡)의 2개 군을 설치하고는 담로왕(擔魯王)을 임명했다.

註) 또한, 백제는 서진(西晉)이 멸망(316년)하기 전에 양자강 북쪽의 성양군(成陽郡)과 남쪽의 광릉군(廣陵郡)도 병합하고, 그 영유권을 송(宋)과 진(西晉)에 통보했다. 담로(擔魯)는 백제 말의 음차(音叉)로 읍성(邑城)을 의미하는데, 중국의 군현(郡縣)과 같은 것으로 백제의 초기부터 설치한 제도이다. 〈양서(梁書)〉의 〈백제전(百濟傳)〉에 따르면 전국에 22담로를 두고 왕자나 왕족을 보내어 다스리게 하였다고 한다.

註) 비류왕이 집권하던 3세기 초 백제 영토는 비약적으로 확대된다. 그는 마한을 크게 몰아내고 금강 유역, 호남평야 일대까지 장악하게 되며, 그동안 백제가 차지하지 못했던 '말갈(동예, 왜)'의 영역이던 영서 지방까지 차지하게 된다. 이는 백제에 새로운 북방세력(동예, 왜)이 유입되었기 때문에 가능한 일이었다.

315 高句麗 15대 미천왕(美川王) 16년

왕은 연이어 요동으로 진출하여 현도군까지 공멸 합방하였고, 이로서 고구려가 요동(遙東) 일대를 모두 석권하여 서부 변경이 요하(遼河)까지 이르게 되었다.

註) 이제 한족(漢族) 세력을 완전히 퇴치하게 된 고구려와 백제는 그 후 서로 견제 세력이 되어 자주적으로 한반도와 동북아의 대외 관계를 재편성해 나가게 되는데…

317 百濟 11대 비류왕(比流王) 14년

왕은 강력한 수군(水軍)을 동원하여 하북성(河北省) 일대를 점령했다.

註) 당시의 상황을 잘 전하는 기록으로는 〈송서(宋書)〉에 백제국은 고구려와 더불어 요동의 동북 1천여 리에 있었으며 그 뒤에 고려는 요동을 공략하여 가지게 되었다. 그리고 백제는 요서를 공략하여 가지게 되었다. 백제가 다스리던 곳을 일컬어 진평군 진평현(晋平郡 晋平縣)이라 한다. 또한 〈양서(梁書)〉「백제전」에 그 나라(백제)는 본래 고구려와 더불어 요동의 동쪽에 있었으나, 진나라 때 고구려가 이미 요동을 공략하여 가지자, 백제 역시 요서군(遼西郡)과 진평군(晋平郡)의 땅에 자리하고 있으면서 스스로 백제군(百濟郡)을 설치했다. 백제는 북방의 주도권을 고구려가 거머쥐는 것을 허용할 수 없었다. 이로부터 요서와 요동에 대한 백제와 고구려의 대외 공략이 경쟁적으로 펼쳐진다.

319 高句麗 15대 미천왕(美川王) 20년

이제 요하(遙河) 방면에는 모용(貌容)씨와 고구려라는 두 세력의 전운(戰雲)이 감돌았다. 이때에 서진(西晉)이 망하자 남쪽에 새로 동진(東晋)이 생기면서 동진의 평주자사(平州刺史)가 된 최비(崔毖)가 고구려와 화해하면서 고구려의 힘을 빌려 모용외를 치려다가 뜻을 이루지 못하게 되자, 오히려 모용외가 최비를 치고자 공격했다. 최비는 대책이 없자 수천의 기병을 이끌고 고구려로 망명해 왔다. 당시 평주는 요동, 현도, 낙랑, 대방 등의 군현을 통솔하는 중요한 기관인데, 이 바람에 평주는 모용외가 차지해버리고…

註) 세력이 커지는 모용씨를 무너트리기 위해 최비는 고구려와 단선비, 우문선비와 연합하여 모용씨의 땅을 나누기로 계획하고, 이들이 연합하여 모용씨의 수도인 극성(棘城: 대릉하 중류지역)을 공격했으나, 모용선비가 대응하지 않자 우문씨를 의심하여 철군하는 바람에, 도리어 모용씨가 우문씨를 공격하여 격퇴했고, 이어 최비를 공격하자, 최비는 모용씨가 두려워 고구려로 도망 온 것이다. 이로부터 모용씨와 고구려 간에 긴장이 커지는데 고구려는 거듭 요동을 공격했고, 모용씨는 방어하는 입장이 되어 이후로는 양국 간에 휴전상태가 당분간 유지되지만…

註) 이때 중원에는 위오촉(魏, 吳, 蜀)의 삼국을 통일했던 진(晉)나라가 316년에 망한 후, 120여 년 동안 흉노 등 북방 이민족이 세운 나라가 무려 16개가 넘는 5호16국(5胡16國: 316~439) 시대로서 혼란의 와중이었다. 오호(5胡)는 후한(後漢) 이래 중원에 들어와 용병으로 활약하던 흉노(匈奴), 갈(羯), 저(氐), 강(羌), 선비(鮮卑) 등의 북방민족을 말한다. 여하튼 진(晉)은 쇠망해서 강남으로 밀려갔고 화북의 중원지역은 텅 빈 상태였다. 어떤 세력이라도 중원을 차지할 절호의 기회였는데, 고구려는 모용선비가 세력이 커지면서 가로막아 만리장성 넘어 진출할 수 있는 기회를 불행히도 놓쳤다. 비록 그의 서방 진출 노력은 이 시기에 이루지 못했지만, 나중에 그의 증손자인 광개토대왕 때에 이르러 이 결실을 보게 될 것이다.

320 高句麗 15대 미천왕(美川王) 21년

12월, 왕은 요동으로 군사를 몰아 쳤으나, 모용외(慕容廆)의 아들 모용인에게 패하였다.

327 百濟 11대 비류(比流王) 24년

백제는 내부적으로 우환의 연속이다. 7월, 왕의 동생인 우복(優福)을 내신좌평으로 삼았더니, 북한성(北漢城: 서울 북쪽?)을 근거로 반란을 일으켰다. 이를 토벌하기는 했지만, 한편으로는 한발과 홍수가 계속되기도 하고…

**"다시 나타난 왜군(倭軍)"**

334 新羅 16대 흘해(訖解 尼師今) 37년

작년에 왜왕이 절교한다고 통지해왔었는데, 왜병이 갑자기 풍도(風島)에 들어와 민가를 약탈하고, 또 내처 들어와 금성(金城: 서라벌: 경주)을 포위하므로, 군사를 내어 싸우려 하는데 이벌찬 강세(康世)가 말리어, 성을 지키고 대적하지 않다가, 왜적이 양식이 떨어져 퇴각하는 것을 날랜 군사로 추격하여 쫓아버렸다.

註) 300년(기림이사금 3)에 왜와 사절을 보내 외교관계를 맺은 후, 312년(흘해이사금 3)에는 왜국에서 며느리감을 청했는데 아찬의 딸을 보냈다. 그리고 32년 후인 332년(흘해 32)에 왜가 국혼을 청했는데 거절당했다. 신라의 미숙한 외교가 화를 부른 것이다. 이어 333년에 절교통지가 오고, 금년(334년)에 왜병의 공격이 시작된 것이다.

337 高句麗 16대 고국원왕(故國原王) 7년

모용외가 죽자 그 아들끼리 세력다툼 속에 장남 모용황(貌容皝)이 득세하여 스스로 연왕(燕王)이라 칭하면서, 하북(河北)의 후조(後趙: 갈(羯)족이 세운 나라)와 대결하는 중, 왕은 후조의 편을 들어 돕고자했다. 후조 왕 석호(石虎)는 고구려에 3백 척의 배로 식량 30만석을 보내고, 또 군사 1만으로 청주(青州: 산동반도 지역)에서 배 1천 척을 만들면서 모용씨를 함께 공격하자고 하기에 고국원왕이 승낙은 했지만, 실행하지는 못했다.

이를 지켜본 모용황은 고국원왕을 괘씸하게 여기면서 고구려를 치려고 벼르는데…

註) 미천왕의 아들로 왕위에 오른 고국원왕은 즉시 평양성을 증축하고, 북쪽에 신성(新: 서천왕 때의 신성과는 다른 서북쪽의 성)을 쌓았다. 동진(東晋)과는 우호관계를 만들면서…, 고국원왕은 고구려의 제왕 중 가장 많이 적에게 고통을 당한 군주이다. 문제는 그와 상대해야 했던 적들(주로, 모용씨와 百濟)이 마침 국운 상승기로 모두가 강력했다는 점이다.

339 高句麗 16대 고국원왕(故國原王) 9년

연(前燕)의 모용황은 동진(東晋)과 연합하여 후조를 견제하면서 후조의 군대를 격파했다. 그런 다음 모용황이 후조를 도운 고구려를 치고자 신성을 공격해왔다. 그러나 아직 전쟁준비가 덜된 왕은 먼저 화해를 청하고, 태자를 사신으로 연(燕)에 보내 전쟁을 피하고자 했다. 모용황도 역시 고구려를 굴복시키기에는 아직 힘의 보충이 필요하다고 여겼기에 상호 양보가 가능했는데…

註) 왕은 336년에 동진(東晋)과 연결하고, 335년에는 제3현도군 지역을 차지하여 신성(新城)을 축조, 338년에는 후조(後趙)와도 연결을 꾀하는 등, 전연(前燕)과의 대결을 준비했다.

### "모용황(貌容皝)의 환도성 분탕질"

342 高句麗 16대 고국원왕(故國原王) 12년

2월에 환도성을 수리하고 국내성을 쌓은 다음, 8월에 왕이 환도성으로 거처를 옮겼는데…

11월, 세력이 상당히 커진 모용씨는 도읍을 용성(龍城: 조양지방)으로 옮긴 다음, 대륙을 침범하고자 함에 우선 고구려부터 건드려야 했다. 봉상왕 5년(296년)에 고구려를 침입했던 모용외(貌容廆)의 아들인 모용황(貌容皝)이 행동을 개시하여 5만의 군사로 밀고 들어왔다.

왕은 아우 무(武)에게 5만 정예 군사를 주어 북쪽 평야지대로 보내고, 자신은 약한 군대로 남쪽의 험한 산록을 방어하기로 했는데, 적의 주력이 하필 남쪽으로 밀고 들어오는 바람에 크게 패하면서 환도성까지 내주고 말았다. 한편 태자는 북쪽 방면의 적 1만5천을 섬멸한 다음 환도성으로 돌아오기는 했는데, 이 때문에 모용황은 왕을 계속 추격하지 못하고 왕릉(王陵)을 파헤쳐 미천왕의 시신과 성에 남아있던 태후(太后)와 왕비까지 볼모로 잡아가면서 남녀 5만 명을 포로로 끌고 갔다. 피해도 막심했지만, 전대미문의 치욕이었다.

註) 이 모용(貌容)족은 세력이 뒤에 한족(漢族)까지 합쳐서 연(燕)나라를 세웠다. 이들이 두고두고 고구려에 화근이 되었다. 이후 왕은 미천왕의 시신을 돌려받기 위해 전연(前燕: 384년에 건국된 後燕과 구분하기 위해 前燕이라 함)에게 굴욕적인 태도를 취해야 했다. 미천왕의 시신은 이듬해에 찾아오고, 태후는 13년이 지난 355년에야 돌아올 수 있었다. 이후 고구려는 단 한 차례도 전연에 사신을 보내지 않았다. 고구려를 괴롭히던 전연은 370년에 저(氐)족이 세운 전진(前秦)에게 망하게 되는데, 이때 망명해 온 모용평(貌容評)을 전진에 보내 버렸다. 그래도 분이 안 풀렸다.

### "도읍을 평양(平壤)으로 옮기고…"

343 高句麗 16대 고국원왕(故國原王) 13년

2월, 왕은 굴욕을 참으며 전략적인 대결보다는 화해를 택했다. 동생을 시켜 연(前燕)에 진기한 물건을 선물하고 미천왕의 시신을 찾아왔다. 그리고 7월에는 불탄 환도성을 벗어나 임시로 도읍을 평양 동황성(東黃城: 평양 동쪽 목면산)으로 옮기며 재기(再起)를 다짐했다.

345 高句麗 16대 고국원왕(故國原王) 15년

10월, 이번에는 연(前燕)의 모용황이 모용각(貌容恪)을 시켜 남소성(南蘇城)을 쳐서 점령한 후에 주둔병을 두고 돌아갔다.

346 新羅 16대 흘해(訖解 尼師今) 37년

왜병(倭兵)이 또 다시 나타나 풍도(風島)에 침입하여 노략질하고, 이어 월성(月城: 경주 남산 앞에 쌓은 성)까지 포위하여 공세가 대단했다. 신라군은 지키기만 하니, 왜군은 식량이 떨어져 할 수 없이 물러갔다.

### "대륙 백제(百濟)와 부여(夫餘)"

百濟 13대 근초고왕(近肖古王) 원년

1월, 녹산(鹿山: 송화강 유역 농안 장춘 지역 또는 길림)에 있던 부여가 이미 백제의 공격을 받아 부락이 쇠잔해져 서쪽에 연(前燕) 근처로 옮겨가 있던 중에, 선비족(鮮卑族) 모용황(貌容煌)의 세자와 3명의 장수가 이끄는 1만7천의 기병(騎兵)에게 기습공격을 당하니, 부여는 이를 방비를 하지 않다가, 결국 연(前燕)의 군사에게 격파 당했다.

註) 이 시기는 요하 상류에 있던 선비족의 모용의가 일어나면서 요동과 요서 일대가 여러 군소 국가들 간의 패권을 다투던 때이다. 위 기사는 〈자치통감(資治通鑑)〉에 보이는 내용으로, 이해(346년) 이전에 백제세력이 요서지방에 자리 잡고 있다는 반증(反證)이다. 이해 이전이라면 마한(馬韓)이라는 기사가 〈진서(晉書)〉에서 자취를 감춘 290년(백제 책계왕 5년)을 전후한 시기로 백제가 요서, 요동지방에 있던 마한과 그 어떤 연계를 가지면서 요서지방에도 백제세력이 있던 것이다. 또한, 〈송서(宋書)〉 〈백제전(百濟傳)〉에는 '백제국은 본래 고구려와 함께 요동의 동쪽 천여 리에 있었다. 그 후 고구려가 요동을 약유(略有)하고 백제가 요동을 약유(略有)했다' 고 했다. 한편 김성호 씨는 백제의 요서 진출이 342년 이전이라고 주장했다.

347 高句麗 16대 고국원왕(故國原王) 17년

전연(前燕)이 부여를 침공하여 부여왕 현(玄)과 5만여 명을 포로로 잡아간 사건이 발생.

364 新羅 14대 내물(奈勿 尼師今) 9년

4월, 왜(倭)의 대군이 또 밀어닥쳤다. 왕은 궁리 끝에 토함산에 수천 개의 허수아비로 의병(疑兵)을 만들어 놓고 일부 군사를 매복해 놓았는데, 왜병은 숫자만 믿고 부현(斧峴) 동쪽 언덕으로 밀고 들어오다가 매복한 군사에게 습격을 당하고 패해 달아났다.

**"고국원왕의 거듭된 수모 - 백제와의 전쟁"**

369 高句麗 16대 고국원왕(故國原王) 39년

9월, 고국원왕은 연(前燕)이 수시로 국경을 침범한 배후에 백제가 연(前燕) 편에 든 것에 대한 보복으로 보기(步騎) 2만의 군사를 동원하여 남쪽에 백제를 공격했다. 그런데 오히려 백제 왕자 근구수(近仇首)는 반걸양(半乞壤: 치양(雉壤)지역, 황해도 배천)에서 고구려군을 크게 깨트리고 계속 추격하여 황해도 백천(白川)에서 신계(新溪)를 연결하는 예성강 이남을 백제 영토로 만들고 5천의 포로를 잡아갔다. 이제까지 전연(燕)에게 고통을 당한 고구려는 남쪽에서까지 강력한 적과 마주치게 되었다. 상황이 갈수록 꼬여져 갔다.

註) 고국원왕은 북쪽의 모용씨에게 당한 후부터 파괴된 도읍지를 재건하고 백성들의 생업을 도우면서 피해가 적은 평양일대를 개척하는데 주력했다. 그러다 보니 남쪽의 백제와의 마찰이 생기게 된 것이다. 당시 백제의 근초고왕은 백제의 전성기를 연 뛰어난 인물이다. 고국원왕은 연이어 강자를 만난 셈이다. 게다가 왕은 재위 41년(371년)에 평양에 침공한 백제군의 화살의 맞아 죽어 역대 제왕 중에 전쟁터에서 죽은 유일한 왕이 되었으며, 결국 북쪽의 모용씨와 남쪽의 백제에 시달리다가 고생만하고 생(生)을 마감했다.

**"백제의 가야 침공과 마한(馬韓) 지역 병합"**

百濟 13대 근초고왕(近肖古王) 24년

왕은 부장 막고해(莫古解)의 진언에 따라 수곡성(水谷城: 황해도 신계) 서북까지 진격한 뒤에 이곳에 전승 기념비(김부식이 삼국사기를 기록할 때까지도 그 흔적이 있었다고 함)를 세웠다.또 한편, 백제는 왜(倭)와 연합하여 낙동강 방면으로 비자발(比自炑, 非火伽倻: 창녕), 남가라(南加羅: 김해 세력), 훼국(喙國), 안라(安羅: 함안), 다라(多羅: 합천), 탁순(卓淳), 가라(加羅: 고령 세력)의 7국을 평정하고, 이어 서쪽으로 진출하여 고해진(古奚津: 전남 강진)을 지나 침미다례(忱彌多禮: 전남 해남)를 점령하자, 이 중간지역에 있는 비리(比利: 부안), 피중(辟中: 김제), 포미(布彌: 정읍), 지반(支半: 부안), 고사(古四: 고부) 부락들이 항복해 와서, 이때 가야(加羅)의 여러 나라를 세력권내로 복속시키고, 남쪽으로는 전라도 해안지방까지 내려가 남쪽의 마한 세력까지 일순에 병합했다.

11월, 왕은 금년도의 크나큰 승리를 자축하고자 한강 남쪽에서 대규모의 군대 사열식을 벌였다. 전 장병이 황색 기치를 나부끼는 물결 속에 왕은 황제(皇帝)와 같은 웅자를 화려하게 드러내면서…

註) **칠지도(七支刀)**: 백제는 절치부심 왜와 가야를 묶어 고구려와 신하관계에 있는 신라를 치려는 것이고, 또 중국의 동진(東晋)과 우호관계를 다지는 것인데 모두 쉽지 않았다. 이런 중에 백제왕은 왜왕에게 우호의 표시로 칠지도(七支刀)를 만들어 세자 근구수(近仇首)로 하여금 전하게 하였다. 일본 나라현(奈良縣) 텐리시(天理市) 이소노카미 신궁(石上神宮)에 소장되어 있는 이 칼은 길이 74.9cm로서, 곧은 칼의 몸 좌우로 가지 모양의 칼이 각각 3개씩 나와 있어 모두 7개의 칼날을 이루고 있으므로 칠지도라는 이름이 붙여졌다. 한국에는 이에 관한 문헌기록이나 실물이 없으나, 〈일본서기(日本書紀)〉 신공기(神功記)에 "백제가 일본에 하사하였다"는 기록이 있다. 단철(鍛鐵)로 만든 양날 칼로, 칼몸(刀身)의 앞뒷면에는 61자(字)가 금상감(金象嵌)되어 있는데, 최근의 명문해석에 따른 내용은: "(앞면) 태□(泰□) 4년 □월 16일 병오일 정오에 무쇠를 백 번이나 두들겨서 칠지도를 만든다. 이 칼은 백병(재앙)을 피할 수 있다. 마땅히 후왕(旨를 가리킴)에게 줄 만하다. (뒷면) 선세(先世) 이래 이렇게 좋은 칼이 없는데, 백제의 왕세□ 기생(奇生)이 임금의 분부로 왜왕 지(旨)를 위하여 만들었으니 후세에 길이 전할지어다(1993년 6월 蘇鎭轍의 해석)." 백제의 왕이 이렇게 귀한 예물을 왜왕에게 주면서 우호를 보인 것이다. 이 칼은 369년에 제작되어 372년 백제 사신 구저(久氐)가 왜국에 전달했다.

註) 백제는 근초고왕이 즉위(346)하면서부터 391년 고구려 광개토왕이 나타나기 전까지 반세기 가까운 시기는 역동적인 팽창시대였다. 또한 백제에 의한 일본열도의 야마토 왕국(大和倭)의 창건도 이 전성기에 이루어진 것이다.

370 高句麗 16대 고국원왕(故國原王) 40년

전연(前燕)의 모용황의 아들인 모용준(貌容儁)은 중원으로 진출하여 352년 하북(河北)에서 제위(帝位)에 올랐다. 이 전연제국(前燕帝國)은 또 하남(河南)방면으로 세력을 뻗쳐 협서(陝西)의 전진(前秦: 부(符)씨)과 더불어 대륙을 나누었으나, 곧 전진(前秦)에게 토멸되어 멸망하고만 사건이 북방에서 일어났다. 새로운 강국 전진(前秦)이 부상하게 되면서…

371 高句麗 16대 고국원왕(故國原王) 41년

百濟 13대 근초고왕(近肖古王) 26년

고국원왕은 재작년에 반걸양(半乞壤) 싸움에서 잃은 땅도 찾을 겸 백제에 대한 보복을 위해 밀고 내려갔다. 왕은 3만의 군사를 몰아 패하(浿河: 예성강?)를 건넜다. 이 소식을 들은 백제 왕자 근구수(近仇首)는 강가에 매복해 있다가 거침없이 내려오는 고구려군을 불시에 기습하여 들이치니 고구려군은 제대로 싸워보지도 못하고 패한 채 쫓겨 올라갔다.

註) **패수(浿水):** 재야 사학자 중에 패수를 난하를 보는 학자들이 많다. 〈수경주(水經註)〉의 원문인 수경에 나오는 패수(浿水)는 '낙랑 루방현에서 나와 동남을 지나 패현(浿縣)을 거쳐 동해 바다(발해만)로 들어간다'라는 기록이 있다. 그 루방현이 북경(北京)과 승덕(承德) 사이에 있다고 한다. 또 루방현은 낙랑 땅에 속한다고 했다. 그러니 이번에 백제가 옛 낙랑 지역을 차지했다는 말이 된다 이렇게 보면 이 기사는 백제가 한반도가 아닌 중국 대륙쪽에 위치하고 있다는 말이다. 그렇지 않으면 이듬해 372년의 기사에 나오는 당시 양자강 남쪽에 쫓겨 가 있던 동진(東晋, 현재 중국 남경 지역)과 무슨 상관이 있었겠나?

10월, 이번에는 백제 근초고왕이 3만의 군사로 평양성을 쳐들어갔다. 이미 준비된 작전으로 온 국력을 기울인 것이다. 이에 고국원왕이 직접 나가 맞서다가 어이없게도 백제 병사가 쏜 화살에 맞아 죽는 불상사가 발생했다. 다행이 백제군이 더 이상 추격을 포기하고 돌아갔기에 그나마 다행이었다. 이제 고구려 입장에서 백제는 응징의 대상이 되었고 그런 의미로 백제를 낮추어 백잔(百殘)이라 표시하기도 했다. 이어 즉위한 고구려 소수림왕은 도읍을 국내성(國內城)으로 옮기고, 한편, 백제는 도읍을 한산(漢山: 상한성(上漢城), 재령지방?)으로 옮겨 더욱 북방진출을 노리게 되는데…

註) 여기에 평양성은 현재의 평양이 아니고, 고구려 3경(京) 중에 남경(南京)이 위치한 황해도 신원에 있는 남평양(南平壤)으로 보는 것이 일반적이다.

**"불교(佛教) 들어옴"**

372高句麗 17대 소수림왕(小獸林王) 2년

전진(前秦)의 왕 부견(符堅)이 보낸 사절단에 의해 처음으로 불상과 경전과 함께 순도(順道)스님이 들어온다. 왕은 불교를 적극 받아들이고 지원하며 '불교(佛教)를 받들어 복을 구하라"고 하며 태학(太學: 오늘의 大學)을 세웠다.

註) 절체절명의 위기에서 새로 즉위한 소수림왕은 당혹스러웠다. 군대의 사기는 꺾이고 민심은 흩어졌고, 전연(前燕)에 대한 수치도 씻어야 하겠지만 백제에 대한 부친의 복수를 벼를 형편도 못되었다. 결단을 내려야 했다. 이 위기를 전화위복으로 돌리기 위해 왕은 먼저 북방의 외침을 막기 위해 북조의 새로운 강국인 전진(前秦)과 외교를 서두르는 한편, 이듬해부터는 왜래 종교인 불교를 받아들이면서 분위기 쇄신에 나서면서 교육을 위한 태학(太學)을 세우고 중국의 율령(律令)을 받아들여 반포하는 등, 초기 2년 간 집중적으로 개혁을 주도했다. 그 결과 소수림왕은 나라를 국망(國亡)에서 구해내면서 나라를 동아시아의 패자로 자리를 굳혀놓게 하는 기반을 마련해간 탁월한 군주였다.

註) **고구려의 초기 불교:** 374년에는 아도(阿道)스님이 건너와서 이듬해는 처음으로 절을 지어, 초문사(肖門寺)에는 순도스님이, 이불란사(伊弗蘭寺)는 아도스님이 관장하게 했다. 고구려는 신라와 달리 마찰 없이 불교가 수용되어 고구려인의 신앙의 일부가 되고 마는 정도였다. 고구려는 훨씬 다양한 문화를 지니고 있어서 획일화 된 사고를 가지지 않았던 것이다.

### "남조(南朝) 동진(東晋)과의 교류"

百濟 13대 근초고(近肖古王) 27년

1월, 백제는 지형은 해안에 굴곡이 많아 항만이 발달했는데, 이를 근거로 대륙과 왜지에 대한 외교활동이 빈번했다. 이때 동진(東晋)과 외교관계를 맺어 양국 간에 교류가 활발해지는데, 고구려가 자국의 이익을 챙기는데 급한 등거리 외교였다면, 백제는 명분을 중시한 점이다. 즉, 부여에 뿌리를 둔 예족(濊族) 국가의 정통성은 고구려가 아니라 백제라는 점을 강조하며 고구려와 대결구도에서 철저히 적용했다.

### "고약한 투항(投降) 사건"

373 新羅 14대 내물(奈勿 尼師今) 18년

百濟 13대 근초고(近肖古王) 28년

백제 독산성주(禿山城主)가 백성 3백 호를 인솔하고 신라에 귀부했다. 신라 내물왕이 이들을 받아들여 6부에 나누어 살게 했는데, 백제 근초고왕은 백성들을 돌려달라는 글을 보냈다. 그 대답이 시원치 않았는데 "대왕께서는 백성의 불안을 걱정하지 않으시고 과인만을 책망하니 어찌 그리 심하오"라고 했다. 근초고왕은 꾹 참았다. 말발이 꿀려서가 아니라, 고구려와 전쟁 중인지라 신라의 감정을 건드릴 때가 아닌 것이다. 고약했다.

註) 신라 내물왕은 고구려의 도움으로 전진(前秦)의 왕 부견(符堅)에게 공물을 바치며 새로운 외교도 벌이고, 또 고구려에도 화친의 뜻을 보내며 다각적인 외교활동을 벌였다. 단, 왜구에 대한 대비는 여전히 소홀히 한 채로…

### "백제의 대륙 경략"

374 百濟 13대 근초고(近肖古王) 29년

태자 큰구수(近仇首)는 요서군와 진평군에서 대군을 이끌고 후연(後燕)의 모용씨를 공격한 뒤 지금의 북경지방을 치고, 녹산(鹿山: 송화강 유역 농안 장춘 지역 또는 길림)까지 밀고 들어갔다. 때 마침 선비족인 부견(符堅)이 스스로 진황제(秦始皇帝)라 하고는 진(晉)과 다투다가 패하여 힘이 빠진 틈에, 큰구수의 백제군이 청구(靑丘: 산동반도)지역을 공격하여 확보했다. 큰구수는 더 나아가 남쪽의 진(晉)나라까지 쳐내려갔고, 진(晉)나라의 동해안(강소성과 절강성 일대)일대를 모두 점거하여 서해바다를 완전히 백제의 내해(內海)로 만들었다.

註) 〈양서(梁書)〉, 〈송서(宋書)〉, 〈통전(通典)〉 등에 나타난 내용을 풀이해 보면『백제는 고구려의 침입을 격퇴하고 수군(水軍)을 강화하여 바다건너 모용 씨를 쳐서 요서와 북경일대를 장악하여 요서군(遼西郡)와 진평군(晉平郡)을 설치했다. 백제자치군(自置百濟郡)이었다. 모용씨를 멸한 뒤 오늘의 섬서성에 사는 진왕 부견이 강성하매 근구수왕은 진(秦)과도 싸워 산동 등지를 정벌했고, 남으로는 강소(江蘇), 절강(浙江) 등지에 자리 잡고 있던 진(晉)나라를 공략하여 주군(州郡)을 빼앗았다』라고 기록했다. 고구려가 요동을 차지하자 거기에 대응하여 백제도 요서를 차지한 것이다. 한반도 남쪽에 위치한 백

제가 중국 대륙을 오가면서 통치했다? 그 보다는 당시 백제는 한반도가 아닌 대륙 국가였다고 보는 것이 오히려 잘 어울리겠다.

375 高句麗 17대 소수림왕(小獸林王) 5년

百濟 13대 근초고(近肖古王) 30년

7월, 소수림왕은 선왕의 원한을 갚기 위해 대군을 동원하여 백제의 북변 수곡성(水谷城: 예성강 상류의 新溪 부근)을 함락시켰다. 백제 근초고왕이 급히 군사를 보내 막아보았지만 실패했는데…, 이후 근초고왕은 다시 대군을 동원하여 설욕하려했지만 11월에 졸지에 죽게 되면서 이 계획은 무기한으로 연기되어져야 했다.

**"헛수고로 그친 서로간의 보복전"**

377 高句麗 17대 소수림왕(小獸林王) 7년

百濟 14대 근구수왕(近仇首王) 3년

10월, 근초고왕의 뒤를 이은 백제왕 근구수(近仇首)는 대규모 기습전을 벌이고자 3만 군사로 평양성을 공격했다. 그러나 별 성과 없이 회군했는데, 11월에는 고구려군이 반격에 나섰다. 그러나 서로가 성과 없기는 마찬가지였다.

註) 전쟁에는 그 동기와 목적이 분명해야 한다. 대개 고구려의 요동경략은 조선 고토회복과 영토 확장이라는 명분이 있고, 왜의 내침은 식량 확보나 문화적 욕구가 복합된 실리가 있었다. 그 외에 후기에 와서는 대부분 원칙도 명분도 없는 동네 패거리 싸움이나 다름없는 전쟁을 했다고 보아도 될 것 같다. 군대의 동원은 고구려의 경우 정부 친위대나 직할군의 성격이 짙었고, 신라에서는 필요에 따라 6부의 군사들이 동원되었다. 백제의 경우는 부(部)체제가 아닌 사방군, 즉 지역군이 동원되었다. 또 성(城)은 백성들의 피와 땀의 결실이다. 성을 쌓는 일도 전쟁의 하나이었다. 농사철을 제외하고는 15세 이상 남자는 다 나서야 했다.

**"거란족의 첫 접촉"**

378 高句麗 17대 소수림왕(小獸林王) 8년

9월, 거란족이 처음으로 나타나 북쪽 변경에 침입하여 8개 부락을 점령하자, 왕은 이에 대한 정벌 반격을 곧 착수하게 된다. 그러나 이때에는 지독한 가뭄으로 백성들이 사람을 잡아먹을 정도로 식량사정이 악화되어 군사를 낼 형편이 아니었다. 고구려는 물론 남쪽의 백제도 마찬가지로 흉년과 전염병으로 형편이 어려워지면서 상호 군사적인 충돌은 없었다.

註) 이에 대한 반격은 광개토대왕 5년(395년)에 거란에 대한 대규모 원정군으로 나타난다.

381 新羅 14대 내물(奈勿 尼師今) 26년

고구려의 도움을 받아 사신 위두(衛頭)를 전진(前秦)에 보내 토산물을 받쳤다. 이때 신라와 고구려는 상당히 우호적인 관계를 유지하고 있었다. 신라가 살아 나갈 길은 고구려와 전진과의 외교관계를 돈독히 하면서 지원을 받는 방법뿐이었다.

**"백제의 불교(佛教) 전래(傳來)"**

384 百濟 15대 침류왕(枕流王) 원년

9월, 인도 출신 승려(僧侶) 마라난타(摩羅難陀)가 진(東晋)에서 뱃길로 오니 왕이 맞아들여 궁내에 모시고 예와 공경을 극진히 하였다. 불법(佛法)이 여기서 비롯되었다. 이듬해 2월에는 한산(漢山)에 사찰(佛寺)을 창건하고 도승(度僧) 10명을 허락하였다.

385 高句麗 18대 고국양왕(故國壤王) 2년

중원지역에서 부(符)씨의 진(秦)이 세력이 커지면서 선비(鮮卑)의 모용(貌容)씨를 멸망시킨 다음, 90만의 대군으로 동진(東晋)을 치다가 크게 패한 사건이 있었는데…,

6월, 소수림왕의 아우로서 왕위에 오르게 된 고국양왕은 이 기회를 틈타 군사 4만을 직접 이끌고는 용성(龍城: 朝陽지방)을 격파하고 요동으로 밀고 들어갔다. 이때 모용좌가 반격해온 것을 격파하고, 이어서 요동군, 낙랑군, 현도군을 전부 회복하여 남녀 1만의 포로를 사로 잡아왔다.

11월, 이때 망했던 모용씨 중 모용수(貌容垂)가 다시 일어나 후연(後燕)이라 하고 요동을 수차 침범하여 요동과 현도를 다시 빼앗기는 혼전양상이 되었다. 또한 몽골지방의 나려족(倮麗族: 흉노족의 후예, 거란)이 강성해져 고구려의 신성(新城)을 공격하자, 왕은 이를 격퇴시키기는 했지만, 결국 요동에 대한 승부는 가리지 못하는 형국이 되었다.

386 百濟 16대 진사왕(辰斯王) 2년

진사왕은 즉위하자마자 고구려군 침입에 대비하고자 15세 이상인 자를 징발하여 청목령(靑木嶺: 개성부근)에서 시작하여 북쪽으로는 팔곤성(八坤城), 서쪽으로 황해에 이르는 대규모의 관방(關防)을 설치하여 방어선을 구축.

註) 진사왕은 침류왕이 죽자, 태자 아신(阿莘)의 나이가 어리므로 태자대신 즉위했는데, 〈일본서기〉에 의하면 왕위를 찬탈했다고 한다. 여하튼 총명하고 지략이 많은 진사왕은 재위 8년 동안 고구려의 남진 압박에 내내 시달려야 했다.

390百濟 16대 진사왕(辰斯王) 6년

高句麗 18대 고국양왕(故國壤王) 7年

백제의 북쪽 방어선은 일진일퇴를 거듭하는 유동적인 상황이었다. 고구려군이 아니면 말갈이 밀려오고, 그러면 백제군의 보복전이 뒤따랐다. 관미성(關彌城: 경기도 파주군 탄현면)에서 패했는가 하면 적현성(赤峴城)을 탈환하기도 했다. 이런 와중에 9월, 진사왕의 명을 받은 달솔(達率) 진가모(眞嘉謨)는 고구려로 쳐들어가 도곤성(都坤城)을 함락시키고 포로 2백여 명을 사로잡아왔다. 실로 감격스러운 승전이었다.

**"백제와 왜의 군사동맹"**

391 百濟 16대 진사왕(辰斯王) 7년

작년에 왜(倭)의 호무다(譽田)가 일본열도의 중부지역인 기내(畿內) 지역을 정복하고 야마토(大和倭) 왕국을 설립하자, 왕은 사절을 보내 우호관계를 다지며 군사동맹을 맺었다.

註) 진사왕은 내내 쉴 틈이 없었다. 389년에는 고구려의 남변을 치고, 390년 9월에는 진가모에게 고구려의 도곤성(都坤城)을 치게 하고, 391년 4월에는 고구려가 말갈병을 앞세워 변경을 점령하자 7월에 국서대도(國西大島: 강화도?)에 군사를 집결시켜 군사훈련을 독려하는 한편 신라의 견제세력인 왜(倭)와 군사동맹을 맺으면서 고구려와 맞서려고 했다. 이로부터 백제와 왜 사이에는 672년 사비성에 웅진도독부가 소멸될 때까지 무려 300여 년 간이나 우호적인 관계가 진행되었다.

**"목표는 백제 공략!"**

高句麗 19대 광개토대왕(廣開土好太皇) "영락(永樂)" 원년

4월, 고구려가 말갈병을 이끌고 백제 북쪽 변경에 적현성(赤峴城)을 점령했는데….

註) 광개토대왕 능비에 나오는 "신묘년(辛卯年)에 왜가 바다를 건너 와서 백제와 신라를 파해 신민으로 삼았다(倭以辛卯年來渡海破百殘‖‖‖羅以以爲臣)"의 기사 중에 신묘년은 이해(391년)에 해당한다. 이때 백제와 왜의 혼성군을 고구려가 격파했다는 내용이 아닐까?

註) 최근의 연구에 따르면 고구려, 발해, 고려의 왕들도 독자적인 연호와 황상, 태후, 태자 등 황제만이 사용할 수 있는 용어들을 사용했다고 한다. 예컨대 사후에 시호를 받은 광개토대왕도 공식적으로 황제를 칭하지 않았지만 '영락'이라는 연호를 만들어 사용했다. 대외적으로는 왕을 칭했지만, 국내적으로는 황제나 다름없었다는 의미로 보아야 할 것이다.

**"19세의 광개토왕과 40세 진사왕의 대결"**

392 高句麗 19대 광개토대왕(廣開土好太皇) 2년

百濟 16대 진사왕(辰斯王) 8년

7월, 고구려 19세의 젊은 소년왕 담덕(談德, 광개토왕)은 즉위 첫 사업으로 군사 4만을 이끌고 보아란 듯이 내려와 백제의 북쪽 변경을 한껏 유린했다. 백제의 석현성(石峴城: 개풍군 개성부근) 등 10여 성이 고구려군 수중에 속속 떨어져 한수(漢水) 이북이 고구려 땅이 되어 가는데도, 40세의 지략 많은 백제 진사왕은 기가 죽어 섣불리 나가지 못해 구경만 하고 있었다. 또 한편으로 광개토왕은 9월에 북으로 거란을 공격하여 남녀 5백을 사로잡고 포로로 잡혀갔던 백성 1만 명을 설득하여 귀국시킨 후,

10월, 이번에는 고구려 수군(水軍)이 백제 수군의 주요한 난공불락의 수군기지인 한강 하구의 관미성(關彌城: 강화 교동도)으로 밀고 들어갔다. 4면이 가파른 절벽에다 바닷물로 둘러싸인 천연요새임에도, 고구려군이 7개 길로 나누어 20여 일간 집요하게 공세를 퍼부은 끝에 함락시켰다. 진사왕은 철벽같이 믿었던 관미성의 함락으로 큰 충격을 받았다. 이 때문에 백제 조정의 분위기가 심상치 않게 돌아가게 되어, 마침내 권위가 떨어진 진사왕은 내부 혁명으로 행궁(行宮)에서 피살되고 말았다.

註) **광개토대왕(廣開土大王)**: 소수림왕의 정치적 안정을 기반으로 최대의 영토를 확장한 정복 군주로서 그의 완전한 묘호는 국강상광개토경평안호태왕(國岡上廣開土境平安好太王). 생존 시의 칭호는 영락대왕(永樂大王). 즉위 초부터 대방(帶方) 탈환전을 개시하여 재위 22년간 단군조선 이래 분할되어 흐

트러져 있던 영토를 서쪽으로는 요하에 북으로는 흑수(아므르강 유역)까지 뻗치고 동으로는 동해에, 남으로는 한강유역까지 이르는 광활한 영토를 경략했다. 왕의 정복활동은 고조선의 옛 영역을 회복했다는 의미도 크지만, 대릉하에서 한강 유역에 이르는 농경지대를 확보하여 하나의 문명권을 이룰 조건을 완비한 점이다. 이때 중국지역은 극도로 혼란하여 중심을 이룰 만한 나라가 없었고, 북방 초원에서도 마찬가지였다. 이 시기에 고구려를 강력한 제국으로 만들고, 백성들의 생활도 안정시켜 동아시아 문명의 중심이 고구려로 옮겨오는데 결정적 계기를 마련했다.

393 新羅 17대 내물(奈勿 尼師今) 38년

5월, 왜병이 들어와 금성(金城: 서라벌)을 포위한지 5일, 병사들이 나가 싸우기를 간청하나 적의 예봉을 피하고자 문을 닫고 나가지 않았다. 마침내 적이 스스로 물러가는 것을 기병(騎兵) 2백으로 적의 앞을 막고, 보병 1천을 보내 독산(獨山)으로 쫓아가 협공하여 격멸시켰다.

**"고구려와 백제의 관미성 공방전(攻防戰)"**

高句麗 19대 광개토대왕(廣開土好太皇) 3년

百濟 17대 아신왕(阿莘王) 2년

8월, 새로 왕위를 이은 백제 아신왕은 좌장 진무(眞武)에게 1만 병력을 주어 설욕전을 벌이게 했다. 진무는 석현성 등 5성을 회복하기로 작정하고 먼저 관미성을 에워쌌다. 고구려 광개토왕에 대한 도전장을 띄운 것이다. 그러나 고구려군이 완강하게 버티는데다가 군량수송이 제대로 되지 못해 회군하게 되니, 아신왕은 다음해에 다시 기회를 만들기로 했다.

註) 관미성(關彌城)은 임진강변으로 백제에게 절대 양보해서는 안 될 요충지였다. 서해의 지배권을 빼앗기는 것도 문제지만, 수도인 한성(漢城)이 고구려 위협에 노출되는 것이다. 반면에 고구려의 입장에서는 혼란스러운 주변 국제정세에 주도권을 확보하고 강력한 입지를 다지기 위해서는 육지와 바다를 아우르는 중심 국가를 이루어야 했다. 그러기 위해서는 남방(南方)의 안정이 무엇보다 중요했다. 백제와의 충돌은 어쩌면 필연이었다.

394 高句麗 19대 광개토대왕(廣開土好太皇) 4년

百濟 17대 아신왕(阿莘王) 3년

7월, 백제 아신왕은 이번에는 수곡성(水谷城: 황해도 예성강 상류 신계지역)을 되찾기 위해 쳐들어갔다. 이에 광개토왕이 기병 5천을 이끌고 나가 백제군을 깨트리자, 아신왕은 거듭된 패배에도 불구하고 패배를 인정할 수 없었다. 아니, 인정해서도 아니 되는 입장이었다.

**"대규모 북방 원정(北方遠征)"**

395 高句麗 19대 광개토대왕(廣開土好太皇) 5년

비려족(碑麗族: 흉노족의 후예, 거란의 일족)이 요동지방을 계속 침범하므로 왕은 대규모의 원정군을 일으켜 그 본거지인 비려(碑麗: 내몽골 깊숙한 사막지대)를 공략하기 위해, 거부산(巨富山: 요동벌 초원지대 끝에 나타나는 의무려산(醫巫閭山))과 부산(負山: 노노루 산맥)을 지나 염수(鹽水: 내몽골 자치구에 있는 시라무렌 강(西拉木倫 江))에 이르러 3개의 부족을 공략하여 6백여 영(營: 유목민이 모여 사는 마을, 또는 군사 단위)을 모두 확보하면서 수많은 우마군양(牛馬群羊)을 획득하고 돌아왔다.

註) 염수지역은 시라무렌강 유역으로 요하를 건너 서북쪽으로 한참 간 곳이다. 왕은 후에 후연을 공격하기 위한 전초전으로 여기며 공략하였으며, 이 때문에 돌아오는 길에 북풍(北豊) 부근 지역을 통과하면서 사냥을 핑계 삼아 후연과의 국경지대를 살피며 귀환했다.

百濟 17대 아신왕(阿莘王) 4년

8월, 아신왕은 이를 갈았다. 이번에는 작전을 바꾸어 평양을 기습하고자 고사성(古沙城: 군산)에서 대규모의 선단을 이끌고 나아가 적전 상륙을 감행했다. 그런데 진무(眞武)를 앞세운 상륙군 앞에 광개토왕이 직접 7천의 군사를 이끌고 나와 마주쳤다. 결국 8천의 전사자를 내며 또 참패하고 말았다. 한이 맺힌 아신왕은 설욕을 벼르며 11월에 다시 군사 7천을 이끌고 북진을 감행했지만, 한강 건너 청목령(靑木嶺: 개성)에 이르렀을 때 큰 눈을 만나 동사자가 속출하자, 공격도 못해보고 되돌아서야 했다.

**"백제 아신왕의 항복"**

396 高句麗 19대 광개토대왕(廣開土好太皇) 6년

百濟 17대 아신왕(阿莘王) 5년

이제까지 백제는 고구려에게 언젠가는 자웅을 결판내야할 힘겨운 상대였다. 광개토왕은 백제에 대한 결론을 내릴 때가 왔다고 여겼다. 왕이 직접 수군(水軍)을 이끌고 백제를 침공했다. 백제의 왕성(王城)이 목표였다. 고구려군은 한강변에 위치한 풍납토성(서울 강동구) 등 58개 성(城)을 격파하고 7백 개의 촌락을 점유하며 백제의 대신 10여 명을 볼모로 잡아가자, 백제는 나라가 망하지 않은 것을 다행으로 여길 만큼 큰 패배를 당했다. 백제 아신왕(阿辛王)은 패배를 인정하지 않을 수 없었다. 아신왕은 무릎을 꿇은 채 고구려에 대해 노객(奴客)의 맹서를 하고 세폐를 바친 다음 정식으로 항복했다. 아신왕은 곧 사산(蛇山: 직산 지방)으로 도읍을 옮기고 신위례성(新慰禮城)이라 했다.

註) 광개토왕이 공취한 58성은 지난 5년 간 점령한 27성(예성강 선에서 임진강 선 사이)과 나머지 31성은 경기도에서 백제 동남부 남한강 상류의 깊숙한 곳까지 나타나기 때문에, 아신왕으로부터 항복의 대가로 받아낸 것으로 보인다. 그런데 이 성들 중에는 한반도를 벗어나 왜지(倭地)에 있어야 할 지명도 보인다. 이 가운데에 모루성(牟婁城)은 왜지 임나4현(九州)에 속한다. 고구려의 남벌(南伐)은 왜국(倭國) 땅까지 영향을 미친 것으로 보아야 할까?

397 百濟 17대 아신왕(阿莘王) 6년

참담한 중에도 아신왕은 고구려에 대한 작년의 치욕을 참을 수 없었다. 잊을 수가 없었다.

5월에는 왜(倭國)와 우호관계를 맺고 청병사(請兵使)의 소임을 띤 전지(腆支) 태자를 왜국으로 보낸 다음, 7월에는 한강 남쪽에서 대규모의 군사 열병식을 가졌다. 기회를 벼르자!

註) 위기에 처한 백제는 그동안 자신들이 한수 아래의 제후국으로 여기던 '왜'에 도움을 청하기 위해 태

자를 인질로 보내기에 이른다. 당시 백제가 우호를 맺은 '왜'의 실체에 대한 다양한 견해가 있다. 주된 견해는 이 '왜'의 영토가 주로 한반도 남부와 일본 서부(구주, 九州) 지역으로 한정되어있다고 보고 있다. 당시 '왜'에 대한 학자들의 주장들은 왜가 가야라는 입장, 왜가 일본 열도에 있었다는 주장, 왜가 한반도 남부와 한반도와 가까운 구주(九州)에 거주했다는 주장, 구주 북부 지방에 있었다는 주장 등이 있으며, 이 가운데 '구주 북부'에 있던 사람들로 보는 것이 일반적이라고 한다.

### "숙신(肅愼) 정벌"

398 高句麗 19대 광개토대왕(廣開土好太皇) 8년

왕은 군대 일부를 동북면 목단강 방면으로 보내 숙신(肅愼)의 토곡(土谷)을 공략하고, 막신라성(莫新羅城), 가태라곡(加大羅谷)에서 남녀 3백을 포로로 잡아 돌아왔다. 이때부터 숙신은 "조공을 바치고 복종하여 고구려를 섬기겠다"고 했다. 그 후 이들은 백제와 신라에도 침입하지 않고 고분고분 고구려의 지시에 따랐다.

註) 숙신(肅愼)은 식신(息愼)이라고도 하는데, 영고탑(寧古塔: 만주 흑룡강성 영안현에 있는 성) 지역에서 연해주 일대의 넓은 지역에 흩어져 살고 있었다. 후일에 여진(女眞)이라고 불리게 될 이 만주족들은 이미 서천왕(西川王) 때에 복속됐지만, 일부는 세력권 밖에 남아 있었다. 왕은 이번에 이들을 모두 공략한 것이다.

百濟 17대 아신왕(阿莘王) 7년

왕은 2월에 무략(武略)이 풍부한 진무(眞武)를 병관좌평에 승진시키고 8월에 군대를 출동시켜 고구려로 향했다. 그러나 한강 건너 한산 북쪽에 목책에 이르렀을 때 유성(流星)이 병영에 떨어져 병사들이 동요하자, 불길한 징조로 여기고 되 돌아왔다. 그러나 고구려에 대한 아신왕의 불타는 복수심은 변함이 없는데…

### "백제-왜-가야 연합군의 신라 정벌"

399 百濟 17대 아신왕(阿莘王) 8년

백제 아신왕은 4년 전에 고구려와 맺은 맹서를 어기고 재기하고자 왜(倭)와 연락하여 군사지원을 이끌어낸 다음 고구려에 대항하기로 했다. 백제 전지 태자의 요청을 받은 왜국은 대병력을 신라국경 쪽으로 이동시켰다. 백제 아신왕은 왜국과 금관국(金官伽倻, 本伽倻)과 안라국(安羅伽倻)의 군사까지 연합하여 대규모로 신라를 공격해 들어갔다. 가야는 이때 신라를 멸망시키기 위해 총력을 기울였다. 연합군의 병력은 보기(步騎) 3만 이상. 신라 내물왕은 군사를 내어 막았지만 궤멸당하고 금성(金城: 서라벌)이 함락 당하면서 아수라장이 되었다. 이때 신라 사신이 고구려에 와 신민(臣民)임을 자처하면서 "백제인들이 신라 땅에 들어와 성과 못을 파괴하고 있으니, 저희 신라를 고구려의 백성이라 여기고 대왕께서 구원하여 주기를 원한다"고 했다. 이에 고구려 광개토왕은 고구려의 속국인 신라를 백제가 공격한 것은 고구려에 대한 공격이라 여기고 다시금 남쪽으로의 원정을 결심했다.

8월, 백제 아신왕은 신라 정벌에 이어 고구려까지 치려고 크게 병마를 징발하니, 많은 백성들이 신라 쪽으로 달아나 호구가 크게 줄어들었다. 이때에 왜지(倭地)로 이주한 백성들도 많았다고 한다.

註) **고구려와 신라와의 관계:** 신라와의 첫 접촉은 동천왕 19년(245년)에 국경에서의 가벼운 충돌이며, 소

수림왕 11년(381년) 신라 사신이 고구려 사신을 따라 전진(前秦)에 다녀왔는데, 신라는 고구려에 의탁하여야 할 만큼 자립할 여력이 아니었다. 최근에는 실성이사금이 고구려의 힘으로 왕이 되었고, 이후 내물이사금은 아들 복호(卜好)가 고구려의 볼모가 되는 등, 고구려의 속국으로 존속되어, 광개토왕 10년(400년)부터는 고구려군의 경주 주둔이 60여 년 간 지속되었으며, 신라의 고구려 예속은 6세기에 나제동맹(羅濟同盟)이 결성되면서 부터 끝이 나게 된다. 그러면 고구려가 신라를 고구려의 영토로 만들어도 쉬운 일이었는데, 당시 정복한 지역을 반드시 직영하지 않더라도 계속 영향력을 행사하면서 공물을 바치게 하거나 인력을 징발하거나 교역거점으로 활용할 수 있었다. 직접 다스리지 않더라도 사실상 주종(主從)관계를 이루어 놓으면 되는 때이었다.

**"신라 구원 작전: 남방(南方) 대토벌(大討伐)"**

400高句麗 19대 광개토대왕(廣開土好太皇) 10년

百濟 17대 아신왕(阿莘王) 9년

新羅 14대 내물(奈勿 尼師今) 45년

광개토왕은 5만의 보기병(步騎兵)을 이끌고 신라를 구원하기 위한 대공세에 나섰다. 고구려군이 신라성(新羅城: 마산?)에 당도하여 집결한 가야군과 왜군을 내몰고 이어서 종발성(從拔城: 임나가야에 속한 성으로 釜山 복천동으로 추정)까지 점령하여 금관국이 큰 타격을 입게 되자, 이어 안라군이 가세하여 잔여 왜군과 함께 고구려군을 막았지만 결국 또 무너졌다. 금관가야는 신라 침공에 성공한 후 남부의 패권을 쥐려는 찰나에 고구려군의 원정으로 재기불능의 피해를 입고 사실상 이때에 망한 것이나 다름없게 되었다. 이 싸움은 고구려와 신라 동맹군이 백제, 가야, 왜의 3국 연합군을 상대로 벌인 국제전이었다. 그러나 백제와 왜는 이 사건으로 사기가 꺾인 것은 아니었다. 백제 아신왕은 다시금 복수를 벼르는데…

註) 이때 가야지역까지 진출한 고구려군에 대항했던 금관가야(김해와 창원 일대)는 급속히 세력이 약해지고, 대항하지 않던 고령지방의 대가야가 상대적으로 세력을 키워가게 되어 가야지방의 세력판도가 바뀌게 된 전환점이 되었다. 이때의 남방정벌은 백제, 신라, 가야, 왜 등 여러 나라에 엄청난 정치적 변화를 초래한 큰 사건이 되었다. 광개토왕은 이번 원정을 통해 백제 영토를 크게 획득하고, 또한 이와 동맹관계에 있던 왜국과 남부 가야를 쳐 부수면서 신라를 수하에 두는데 성공한 것은 물론이다.

註) **한반도의 왜(倭):** 전남 나주군 반남면 자미산 일대에 산재한 30여 기(墳)의 고분군(古墳群)은 한국 고대사의 최대 수수께끼인데, 그 장법(葬法)과 관계 유물로 보아 왜인(倭人)의 것이 분명하여, 이 일대를 한반도 남부지역을 지배했던 왜(倭)라는 정치세력이 남긴 유산으로 보고 있다. 중국 삼국시대(220~265)의 정사(正史)인 〈삼국지(三國志)〉 위서(魏書) 한전(韓傳)에 "한(韓)은 대방(帶方) 남쪽에 있는데, 동쪽과 서쪽은 바다로 한계를 삼고, 남쪽은 왜와 접해있으며(南與倭接), 면적은 사방 4천리쯤 된다. 변진(弁辰)의 독로국(瀆路國)은 왜와 경계가 접해있다"고 했고, 또한 〈후한서(後漢書)〉 동이열전(東夷列傳) 한조(韓條)에서도 마찬가지로 왜의 위치가 한반도 안에 있음을 밝히고 있다. 그리고 중국 남북조 송(宋: 420~479)의 역사서인 〈송서(宋書)〉 이후로는 왜가 일본열도에 있음을 보여준다. 이로 유추하건데, 전남 나주지방을 중심으로 세력을 형성했던 왜(倭)는 고구려 광개토왕과의 대전쟁(400년)에서 참패한 이후에 세력이 무너지면서 어느 때인가 일본 규슈(九州)지방으로 건너간 것으로

해석된다. 나주지역에 있던 한반도의 왜(倭)는 백제와는 과거부터 사이가 좋아 정치, 문화 교류를 계속했다고 여겨지는데, 신라 벌휴왕 10년(193)에 "왜인이 큰 기근으로, 와서 먹을 것을 구하는 자가 1천여 인이다"라는 내용이 일본열도에서 구걸하러 바다건너 왔다는 것도 무리이다. 그렇게 보면 5세기 초까지 나타난 신라와 왜의 접촉 기록에 대한 의문이 풀릴 수 있다.

**"후연(後燕)이 고구려의 후방을 기습"**

한편, 광개토왕은 모용씨의 후연(後燕)에 대한 원한도 해결해야했는데, 백제와의 일이 더 급하므로 뒤로 미루고자 후연에 사신을 보냈지만, 이에 대해 후연왕 모용성(貌容盛)은 오히려 영락대왕이 거만하다고 하면서 2월에 3만의 군사를 동원하여 침공해왔다. 고구려군의 주력이 남쪽으로 몰린 틈을 이용해 쳐내려온 것이다. 이때 모용성은 고구려의 서쪽 방위선인 신성(新城)과 남소성(南蘇城)을 깨트리고 7백여 리 땅을 돌아다니며 5천여 호를 끌고 올라갔는데, 졸지에 후방에서 기습을 받은 왕은 남방원정을 조기에 마무리 지은 채 회군해야 했다. 그러나 왕은 한편으로 신라에 주둔군을 남겨 놓아 백제와 왜, 그리고 가야 3국에 대한 감시를 늦추지 않으면서…

**"후연(後燕)에 대한 반격전"**

401 高句麗 19대 광개토대왕(廣開土好太皇) 11년

재작년에 후방에서 후연(後燕)의 침공으로 곤란을 겪은 왕은 더 미룰 수가 없었다. 왕은 군사를 보내 후연의 요충지인 숙군성(宿軍城: 遼河 서편 대릉하 유역 의현 부근)을 공격했다. 이에 평주자사 모용귀(貌容歸)가 고구려군의 공세에 밀려 성을 버리고 도망가 버리는 바람에 2년 전에 잃었던 땅을 모두 손쉽게 회복할 수 있었다.

註) 2년 전부터 불거지기 시작한 후연(後燕)과의 불화에 따른 군사행동으로, 요서(遼西)지역에 자리한 숙군성을 들이친 것이다. 〈삼국사기〉에는 401년의 기사이고, 〈자치통감〉에는 402년으로 되어있다.

**"전지왕(腆支王)의 즉위"**

403 百濟 17대 아신왕(阿莘王) 12년

아신왕은 왜(倭)나라와 군사관계를 맺어 백제 동맹군으로 끌어들이려 하는 중에, 7월, 신라의 변경을 침공했다. 당시 신라에는 고구려 주둔군이 있기는 하지만, 고구려는 후연과 전쟁을 치르느라 국력이 요하(遼河)와 대릉하 방면에 몰려 있었다. 이때에 맞추어 고구려의 후방을 흔들어 보려는 것이다. 왕은 이후에도 설욕의 기회를 벼르지만…

**"후연(後燕)에 대한 두 번째 반격 및 계속된 왜군 추격전"**

404 高句麗 19대 광개토대왕(廣開土好太皇) 14년

왕은 재차 후연 정벌에 나서서 기병(騎兵)과 수군(水軍)으로 연군(燕郡: 북경지역, 혹은 난하 하류지역)까지 쳐들어가 1백여 명을 죽였다. 고구려 군대는 후연의 후방인 대릉하를 지나 만리장성(萬里長城)을 넘으면서 공격해 들어가 후연을 혼란에 빠트리고자 했다.

百濟 17대 아신왕(阿莘王) 13년

이때, 고구려 군사가 북쪽으로 몰리는 틈에, 백제 아신왕은 총동원령을 내리고 왜(倭)와 결탁하여 대방 지역(帶方界)으로 쳐들어갔다. 왕은 자신의 치욕을 씻고자 광개토왕과 직접대결을 택했다. 그러나 광개토왕이 나서서 백제-왜 연합군을 물리치고, 또 낙동강 중류 지역까지 추격하여 안라가라(安羅伽倻), 임나가라(任那伽倻, 大伽倻: 고령 지방)와 왜(倭)의 동맹군까지 신라 내물왕(柰勿 尼師今)과 연합하여 멀리 쫓아 버렸다.

註) 〈일본서기(日本書紀)〉의 단편적인 기록에 의하면, 이때 고구려-신라 연합군이 왜의 축자(筑紫: 후쿠오카)와 담로도(淡路島: 九州 지방)까지 침공해 온 것을 차지군(車持君)이 반격을 시도하다가 크게 패하여, 그 결과 이중천황의 부인(皇妃)까지 죽임을 당하매, 왜는 고구려에 대해 이 죄를 용서받기 위해 모든 죄를 차지군에게 돌리고, 축자의 차지부 지역을 고구려에게 바치는 표현이 나온다. 그러면 이때의 원정군은 왜지까지 추격했다는 결론이다.

또한 이 시기를 전후하여 많은 유민들이 왜지로 이주하였는데, 지난 396년 아신왕의 패배 당시 백제본토에서 왜지로 건너간 백제계의 응신(應神)대왕은 낙심 끝에 일본열도에 눌러 앉기로 하고, 나라이름을 왜(倭)에서 다이와(大倭: 큰왜: 大和)로 바꾸면서 왕호도 천황(天皇)이라 고치고 망명의 한을 달랬다. 이것이 일본국(日本國)의 시원이다. 당시 일본열도에는 수많은 왜국(倭國)이 있었으며, 일본인들이 일본을 대표한다는 역사상의 야마토왜(大和倭)도 그런 작은 나라들 가운데 한 왜(倭)에 불과했다. 과거 중국이나 한반도 측의 기록들은 이들을 구별하지 않고 모두 '왜(倭)'라고만 표현했다. 〈진서(晋書)〉에 의하면 '일본열도는 100여 개의 소왜국(小倭國)이 존재했으나 30국으로 통합되어 우리와 친교를 맺었다'고 되어있다. 또한, 일본열도가 고구려, 신라, 백제, 가야 등의 한반도 고대 지명으로 뒤덮여 있는 점도 이를 뒷받침하고 있다고 보아진다.

**"일본열도에 처음으로 말(馬)과 천자문을 전하다"**

405 百濟 17대 아신왕(阿莘王) 14년

2월, 아신왕은 작년에 처음으로 왜국에 말을 두 마리 보낸데 이어, 왕인(王仁) 박사에게 논어(論語) 10권, 천자문(千字文) 1권 등을 가지고 왜국에 가도록하여 왜인들에게 경전(經典)을 익히도록 했다.

註) 이전가지 일본 땅에 말의 존재에 관한 기사가 없다. 404년에 처음으로 일본열도에 말이 전해진 것으로 추정하고 있다. 또한, 일본에서 아라타와케(荒田別) 등을 백제에 보내 학자와 서적을 청하자, 왕인은 왕의 손자 진손왕(辰孫王)과 함께 〈논어〉 10권과 〈천자문〉 1권을 가지고 일본에 건너가 오진 천황(應神天皇)의 태자에게 글을 가르쳐 일본에 한문학(漢文學)을 일으키게 했으며, 그의 후손들은 서부 일본의 가와치(河內)에서 살았다. 그의 이름이 일본의 〈고사기(古事記)〉에는 와니키시(和邇吉師)라 기록되어 있고, 〈일본서기(日本書紀)〉에는 와니(王仁)라 기록되어 있다.

百濟 18대 전지왕(腆支王) 원년

9월, 아신왕은 고구려에 대한 한을 품은 채 재위 15년 만에 고생만 하다가 운명했다. 왜국(倭國)에 있던 전지(腆支)태자는 왕위를 잇기 위해 8년 만에 귀국하게 되었는데, 이 사이에 아신왕의 아우인 훈해(訓解)가

섭정하면서 태자의 환국을 기다리고 있던 중 변고가 생겼다. 아신왕의 막내아우인 첩례(牒禮)가 훈해를 죽이고 왕위에 오르니, 숙부가 조카를 죽이고 왕위를 찬탈하는 일이 벌어진 것이다. 마침 한성에 있던 해충(解忠)이 이러한 사실을 전지에게 알리자 전지는 왜군 1백 명의 호위를 받으며 궁에 들어가지 않고 대기하고 있던 중에, 사람들이 첩례를 죽이고 전지를 찾아와 왕위에 오를 수 있었다.

**"계속되는 백제인들의 도일(渡日)"**

新羅 18대 실성 이사금 (實聖 尼師今) 4년

2년 전(403년) 백제에서 왜지(倭地: 日本)에 망명해 온 궁월군(弓月君)이 응신천황(應神天皇)에게 보고하기를 "제가 인솔해 온 백제 120현민(縣民)이 신라 때문에 길이 막혀 가락국(駕洛國: 부산지역에 있는 임나가라를 말함)에 발이 묶였습니다. 이들을 데리려 습진언(襲津彦)을 보냈으나 3년이 지나도록 돌아오지 못하고 있습니다"고 했다.

4월, 왜의 응신천황(應神天皇)은 이들을 억류하고 있는 신라를 치고자, 야음을 틈타 해안에 상륙하여 명활성(明活城: 경주에 있는 명활산성)을 기습하다가 오히려 격퇴 당하고 물러가는 것을, 실성이사금이 기병(騎兵)을 거느리고 추격하여 독산(獨山: 경북 영일) 남쪽에서 받아 쳤다. 그러나 일이 여의치 못해 실성이사금은 두 번 싸움에 3백 명을 잃었다.

8월, 응신천황은 다시금 120현민을 데려오기 위해 신라 공격에 나섰다. 그러자 끝내 자력으로 백제와 왜의 공세를 피할 수 없다고 여긴 실성이사금은 120현민을 돌려보내 주었다.

註) 이즈음에 백제인들은 연이어 일본열도로 이주해 갔다. 때에 따라 술을 만드는 기술자 등 필요한 기술을 가진 백성들이 작은 단위로 가기도 했지만, 409년에는 17개 현의 백성들이 무더기로 현해탄을 건너가기도 했다. 9세기 초에 발간된 일본의 성씨 기록인 〈신찬성씨록(新撰姓氏錄)〉에는 수많은 도래인(渡來人)들이 중국 한(漢)나라, 진(秦)나라, 위(魏)나라 등에서 건너왔다고 기술했으나, 당시 광개토왕의 전성기를 누리고 있는 고구려와 이에 맞서는 백제, 신라, 가야의 제국들이 한반도에 버티고 있는 상황에서, 중국인들이 무주공산(無主空山)을 넘어가 듯 한반도 남단을 경유하여, 아무 연고도 없는 일본열도로 몰려 갈 수가 있었을까? 상식적으로 생각해도 심하게 왜곡한 억지이다.

**"모용(貌容)족과 의 대결"**

高句麗 19대 광개토대왕(廣開土好太皇) 15년

연(燕)의 모용희(貌容熙)가 대연황제(大燕皇帝)라 자칭하면서 오만하게 나오자, 왕은 내심을 알기 위해 사절을 모냈더니, 오히려 "조그만 나라가 대왕이라 칭한다"며 고구려 사신을 죽이고, 3만의 군사를 몰아 신성(新城: 심양 북쪽)과 남소성(南沼城: 심양 남쪽)을 함락하면서 국경 7백여 리를 유린했다. 왕이 직접 나서서 반격하자 적은 간단히 패주했고…

**"목저성(木底城) 공방전"**

406 高句麗 19대 광개토대왕(廣開土好太皇) 16년

12월, 모용희는 당시 고구려에 복속되어 후연의 북쪽을 압박하던 거란을 공격했으나 패했고, 갈 길을 잃고 다시 고구려 방향으로 공격했으나 곳곳에서 고구려군에게 반격 당해 3천여 리를 쫓겨 다니다가 한 곳의 성(城)이라도 얻어 피신하고자 목저성(木底城)에 이르렀다. 왕은 "지면 고구려가 망하고 굴욕은 천추의 한이 될 것이다" 라 하며 군사를 독려하면서 혹한의 추위 속에 보름 동안 대치하던 중, 강한 역풍(逆風)을 이용해 하루 만에 적을 섬멸시켰다. 이 사건이 고구려가 후연(後燕)을 실질적으로 멸망시킨 결정타가 되었다.

註) 광개토왕이 압록강 북쪽으로 여러 차례 대규모 작전을 벌인 끝에, 영토가 서쪽으로는 요동반도를 완전히 장악하고, 서북쪽으로는 심양을 넘어 시라무센 강까지 진출하여 몽골 땅을 바라보았다. 북으로는 송화강 언저리에 넓은 평야를 차지하고 하르빈 지역을 맞대며, 동북으로는 훈춘을 넘어 두만강 입구와 블라디보스톡 아래 지역을 확보했다. 대왕은 역사에 한 번도 없었던 커다란 대제국을 건설했다. 그의 웅지는 고스란히 아들 장수왕에게 이어진다.

**"고운(高雲)의 북연(北燕) 성립"**

407 高句麗 19대 광개토대왕(廣開土好太皇) 17년

왕은 5만의 군사로 사방에서 후연(後燕)을 공격했다. 후연의 도읍지인 용성(龍城)을 동남쪽인 북경 지역에서 공격하고, 북쪽에서는 거란의 군대를 이끌고 내려오고, 서북쪽에서는 고구려 정예군이 치고 들어갔으며, 서남쪽에서도 고구려군이 밀고 들어갔다. 이때 고구려는 적의 갑옷 1만여 벌을 비롯한 수많은 물자를 빼앗으며 크게 이겼다. 후연은 이제 바람 앞에 촛불 신세다. 사태가 이렇게 되자 후연 내부에 반란이 일어나 풍발(馮跋)이 고운(高雲)을 왕으로 추대하여, 그 자리에 대연(大燕: 北燕)이란 나라가 세워지는 상황이 되었다.

註) 후연(後燕)이 고구려와 또 다시 자웅을 겨루던 틈에 고구려 후손인 고운(高雲)이 모용족의 연나라를 뒤엎고 북연(北燕)을 세웠다. 이듬해 왕은 고운을 제후 왕으로 인정하고, 북연과 화친하면서 이미 차지한 요하 동쪽을 경략하고 서방의 국경도 잘 관리해 나갔다.

註) **고운(高雲: 고구려인.후연(後燕)의 황제, 一名 모용운(慕容雲):** 후연의 4대 황제 모용희(慕容熙)가 실정(失政)이 많아, 한인(漢人) 출신의 권신인 풍발(馮跋)의 정변으로 살해됐다. 그 후 풍발이 고운(高雲)을 추대하여 5대 황제가 되었다. 고운은 곧 국호를 대연(大燕)이라 하고, 고구려와 사신을 교환하여 호의를 표하고 동족임을 보였다. 그런데 즉위 초부터 신변이 불안하여 몇 명의 장사로 심복을 삼았는데, 결국 409년 재위 3년 만에 그들에게 암살당하고 말았다. (그 이후…) 제위는 풍발(馮跋)에게 돌아갔는데, 국호를 「북연(北燕)」으로 고치고 새 왕조를 시작하다가 북위(北魏)의 계속된 압력으로 고생만 하다가 죽었다. 그 뒤를 이은 풍홍(馮弘)은 고구려에 의지했으나, 2대만에 436년 북위(北魏)에게 망하고, 백성들은 고구려군의 도움으로 이주하여 고구려 백성으로 흡수되었다.

**"패하수전(浿河水戰)"**

百濟 18대 전지왕(腆支王) 3년

고구려가 선비족의 후연(後燕)과 대치하는 사이, 이번에는 백제와 결탁한 왜(倭)가 고구려에 대한 치욕을 씻고자 수만의 군사를 동원하여 패수(浿水: 예성강?)로 몰려 들어오니, 광개토왕은 수상전(水上戰)으로 왜병을 전멸시킨 다음 보기(步騎) 5만을 이끌고 들어가 사반성(沙溝城), 누성(婁城), 우전성(牛田城) 등 6성을 점령했다. 노획품이 산같이 쌓였다. 왜는 이때부터 두려워하여 남쪽이 조용해졌다.

註) 고구려가 5만의 대군을 동원하여 6성을 점령했다는데, 왜군을 패퇴시킨 후에 동원된 병력의 규모도 그렇지만, 그 성의 명칭과 위치도 의문이다. 한반도 내에서 지명을 찾기보다는 중원대륙 쪽에서 찾는 것이 더 쉽다. 이때는 중원에 5호16국의 대혼란 시기였다. 여기에 누성을 누현(婁縣)으로 보면 지금의 강소성 곤산현 동북 2리라고 하는데, 산동반도 남쪽 서해를 낀 해안 지방이다. 그러면 패수가 예성강이라는 위치 설정도 의문이다. 중원대륙 혼란기에 고구려가 대륙 침공을 시도한 것이 아닐까?

新羅 18대 실성 이사금 (實聖 尼師今) 6년

3월에 왜병이 들어와 동쪽 변방을 침범하더니, 6월에 또 남쪽으로 들어와 백성 1백 명을 잡아갔다. 이듬해(408년)에는 대마도에 왜군이 식량과 무기를 저장하여 신라를 또 습격할 준비를 한다는 소식을 듣고 대마도를 치려했다. 그러나 신하들이 "만약 실패할 경우는 후회막급이다"라고 저지하여 그만두었지만, 왕은 왜국이 두고두고 근심이었다.

### "동부여(東夫餘)를 다시 정벌하다"

411 高句麗 19대 광개토대왕(廣開土好太皇) 21년

"동부여(東夫餘)는 원래 주몽왕의 속민이었는데 후에 배반하고 조공을 바치지 않았다."고 하여 기습적인 정벌전을 벌여 철령(鐵嶺: 安邊, 함경도와 강원도의 경계) 이북의 동부여가 고구려의 판도 안에 들어오게 되었다. 이때 공취한 성이 모두 64개성이고 마을이 1,400여 촌이라는데…

註) 64개성과 1400여 촌의 영역을 유추하건데, 오늘날 간도와 두만강 유역, 우수리강 유역과 연해주 남부지역까지 이른 듯하다. 동부여는 이때 고구려에 완전히 병합된 것으로 보인다. 280년경에 형성된 동부여는 전과 같은 고구려가 모용씨 및 백제와의 싸움에서 연이어 패배하는 과정에서 일시 독립의 길을 가고 있던 것 같다. 이에 왕은 과거와 같은 속국의 관계를 회복하기 위해 정벌에 나선 것이다. 동부여는 이때 굴복했지만 최종적으로는 494년 문자왕 때에 완전히 점령 흡수된다.

414 高句麗 20대 장수왕(長壽弘濟好太列帝) "건흥(建興)" 2년

왕은 부왕(父王)의 업적을 후세에 길이 전하여 기념하기 위해 능비를 세웠다.

註) **광개토대왕비 (廣開土大王碑)**: 중국 길림성(吉林省 집안현(集安縣) 통구(通溝)에 있는 광개토대왕의 능비(陵碑)로 호태왕비(好太王碑)라고도 하며, 총 1,802자인 이 비문은 상고사(上古史), 특히 삼국의 정세와 일본과의 관계를 알려 주는 금석문이다. 내용은 크게, ① 머리말(序言) 격으로 고구려의 건국 내력을, ② 광개토대왕이 즉위한 뒤의 대외 정복사업의 구체적 사실을 연대순으로 담았으며, ③ 수묘인연호(守墓人烟戶)를 서술하여 묘의 관리 문제가 기록되어 있는데, 이 내용 중에 핵심 전쟁기사를 보건데, 이 능비는 당시 최대의 적국인 백제를 염두에 둔 전승비로서 왕의 조부인 고국원왕의 한을 말끔히 씻었음을 나타내고, 또한, 양국 간 정치적 역학관계의 재정립을 노리는 정치 선전문이기도 하다.

415 新羅 18대 실성 이사금 (實聖 尼師今) 14년

8월, 왜병이 풍도(風島)에 들어 온 것을 군사로 들이쳐서 쫓아버렸다.

425 百濟 19대 구이신(久爾辛) 5년

이때 왜(倭)는 중국 송나라에 좀 엉뚱한 요구를 하는데…

註) 〈송서(宋書)〉에 따르면, "태조 원가 2년(425)에 (왜국) 진이 왕위를 잇게 되고 사신을 보내 공물을 바친다. 그는 스스로를 '사지절, 도독 왜 백제 신라 임나 진한 모한 6국제군사, 안동대장군, 왜국왕'이라 칭하고는 이를 정식 관명으로 정해줄 것을 요청했다". 물론 송 왕조에서는 이러한 엉뚱한 요구에 '안동장군, 왜국왕'으로만 임명하여 한반도 지배를 인정하지 않는다. 당시 중원에서는 백제왕에게는 '대장군'의 존호를 붙이고(416), 왜왕에게는 '장군'의 작위를 주는데(425) 이는 송에서 볼 때, 객관적으로 백제가 왜보다 국력이 앞서 있던 사실을 말한다. 이 시기에 '왜'는 고구려에 의해 한반도에서 밀려나 일본 구주(九州) 지방으로 건너가 축소된 상태였다.

426 高句麗 20대 장수왕(長壽弘濟好太列帝) 14년

북연왕(北燕王) 풍홍(馮弘)은 북위(北魏)가 수만의 군사로 쳐들어오자 고구려에 구원을 청했다. 왕은 이틈에 연(北燕)의 도읍지 화룡(和龍)을 공격하여 격파하고, 풍홍(馮弘)과 함께 진귀한 노획품들을 나누었다.

註) **북연(北燕)과 북위(北魏):** 북위는 요동지방에서 선비족의 모용씨 세력이 사라진 후 이어 같은 선비족인 탁발(拓跋)씨가 일어나 386년 탁발규(拓跋珪)가 지금의 내몽골 중부지방에 북위를 세웠다. 398년에는 고구려 등지에서 관리와 각종 기술자 등 10만여 명을 옮겨와 국가적 면모를 마련하고 이어 418년 명원제(明元帝)는 요서방면으로 뻗어나가 그 후 북연의 수도인 용성(龍城)까지 차지했다. 북위가 빠른 속도로 세력이 커지자 장수왕은 화친관계를 돈독히 하면서 장차 군사적 충돌을 미연에 방지하고 도읍을 427년에 남쪽인 평양으로 옮겨 나라의 장기발전과 안정을 굳혀나갈 조치를 취한다. 한편, 북연은 후연(後燕)의 장군 풍발(馮跋)이 409년에 세운 한인(漢人)왕조로서 5호16국(五胡十六國)의 하나인데, 409년 연왕(燕王) 모용 운(慕容雲)이 근신에 의해 살해되자, 한인(漢人) 풍발이 즉위하여 북연을 세우고 도읍을 용성(龍城: 遼寧省 朝陽)으로 했다. 풍발은 거란족(契丹族)을 선무하여 농업을 장려하기도 했지만 항상 북위(北魏)로부터 위협을 받아 국세를 떨치지 못했고, 그의 아우 홍(豊弘)이 천왕의 자리를 이은 후, 436년에 북위의 군사에 의해 용성이 함락되면서 풍홍이 고구려로 피신하여 북연은 2대 28년 만에 없어진다.

**"평양천도(平壤遷都)"**

427 高句麗 20대 장수왕(長壽弘濟好太列帝) 15년

주변 정세가 북방보다는 남쪽의 백제, 신라. 가야(加羅) 등의 나라가 강해지자 남방경영을 위해, 도읍을 대동강변 평양(平壤)에 대궁전 안학궁(安鶴宮)을 짓고 천도한 후, 북위(北魏)와 송(宋)은 외교 수단으로 견제하면서 이후 남진정책으로 나가기로 했다.

註) 당시 북연(北燕)왕 풍홍(馮弘)이 고구려로 망명(436년)했음에도, 북위(北魏)와 남조(南朝: 宋)는 고구려를 견제하지 못하는 상황이었다. 고구려의 강한 군사력이 두려웠다. 이들은 고구려와 관계를 원만히 하고자 빈번한 외교사절 교환으로 관계유지에만 급급했다. 이러한 시점에서 장수왕은 남방경영을 꾀할 수 있었던 것이다. 그러나 평양 천도는 백제와 신라에 큰 위협으로 받아들여졌다. 두 나라는 433년에

나제동맹(羅濟同盟)을 맺고, 장수왕은 475년 백제를 공격하여 죽령 일대부터 남양만을 연결하는 선을 확보했다. 장수왕이 평양 천도를 단행한 또 다른 목적은 귀족 세력의 약화였다. 다섯 부족의 연합국가로 출범한 고구려는 귀족 세력이 강력했고, 이들의 근거지는 수도 국내성 일대였다. 귀족 세력은 평양 천도에 극력 반대했고, 장수왕이 이들을 숙청하자 그중 일부는 북위로 망명했다. 한편 평양 천도 후 부근의 호족과 고구려로 망명한 중국인을 새로 등용하여 신진 귀족이 형성됐다. 평양은 자연과 물산이 국내성보다 훨씬 좋았으며 역사, 문화적으로 발달된 지역이다. 또 대동강과 황해를 이용한 해상 활동에도 매우 유리한 조건이었기에 보다 수준 높은 국가 경영을 할 수 있었다. 한편, 백제 눌지왕은 신라와의 적대관계를 청산하고, 왜국과의 관계도 친선을 강화하면서 위기에서 벗어나려 했다.

431 新羅 19대 눌지 마립간(訥祇 麻立干) 15년

4월, 왜병이 동쪽 변방을 침범하여 명활산성(明活山城: 경주)을 에워쌌다가 소득 없이 돌아갔다.

**"나제 공수동맹(羅.濟 攻守同盟)"**

433 百濟 20대 비유왕(毗有王) 7年

新羅 19대 눌지왕(訥祇 麻立干) 17년

7월, 광개토왕의 신라 구원 작전 이래 고구려의 그늘아래 있던 신라는 고구려의 평양천도에 자극 받아 독립을 꾀하려고, 신라 눌지왕(訥祇 麻立干)이 고구려와 단교하고 백제와 화친하고자 하니, 백제의 또한 왜(倭)보다는 신라가 가까우므로 상호 사신을 교환하며 공수동맹(攻守同盟)이 이루어졌다. 그러나 고구려의 위세가 강했으므로 효과는 거의 없는 상징적인 동맹에 불과했지만…

註) 백제 비유왕은 전방위 외교를 펼쳤다. 즉위하면서부터 왜(倭)와의 교역을 강화하고 429년에는 남송(南宋)과 외교를 열어 사신의 왕래가 빈번해졌다. 특히 고구려가 도읍을 평양으로 천도한 이후로는 신라와의 관계를 트고자 진력하였는데 고구려의 남진 압박에 공동대처하기 위한 목적이 컸다. 신라도 또한 고구려의 영향권에서 벗어나고자 하였기에, 이듬해 10월에는 신라 눌지왕이 양질의 금과 명주를 보내와 동맹을 표시해왔다.

**"북연(北燕) 병합"**

436 高句麗 20대 장수왕(長壽弘濟好太列帝) 24년

광개토왕의 점령 이래 고구려의 속국으로 중국 북조 나라들과의 완충지역 역할을 해오던 북연(北燕)이 북위(北魏)의 공격으로 멸망지경에 이르자, 고구려에 도움을 청했다. 왕은 장군 갈로(葛盧)와 맹광(孟光)에게 2만의 군사를 주어 보내니, 원정군은 북연의 수도인 용성(龍城: 朝陽지방)에 이르러 궁성에 들어가 병장기를 꺼내 북연의 군사에게 내주고 성을 비운 다음 불태운 채, 북연의 백성들을 모두 고구려로 이주시켰다. 이때 망명자들의 대열이 80리에 달했는데, 이러한 북연 백성들의 이주를 위한 행군 과정에서 북위(北魏)의 장수 고필(高弼)은 공격을 하지 않았다. 왕은 작은 나라인 북연(北燕)을 그들의 요청으로 접수하는 동안, 북위군은 고구려와의 대결을 피하고자 고구려군의 행동을 그저 바라보기만 했다.

註) 지난해(435년)에 왕은 북위(北魏)에 대해 역대 왕의 계보를 바치라고 요구했다. 이는 그 나라의 역사를

바치는 것으로 신하의 나라가 임금의 나라에게 예를 갖추는 형국이었다. 당시 북위의 사신 이오(李敖)는 고구려가 삼국시대 위(魏)보다 인구가 3배나 많고 궁궐이 대단히 화려했다고 기록했다. 북위는 고구려에 필적할만한 국력이 못되었다. 한편 북연왕 풍홍은 고구려에 피신해 있으면서 재기하고자 했으나 왕의 견제로 뜻을 이루지 못하게 되자 438년에 송(宋)나라로 망명을 기도한 것을 왕은 그의 가족과 함께 모두 잡아 죽였다. 이후 북위와 고구려는 서로 우호관계를 유지하고자 사신왕래가 빈번해진다. (※ 북위는 534년에 동위와 서위로 나뉘며, 각각 동위는 550년에 북제(北齊)가, 서위는 556년 북주(北周)가 된다. 후에 북제를 흡수한 북주는 581년 양견(楊堅: 文帝)이 이끄는 수(隋)나라로 바뀐다)

440 新羅 19대 눌지 마립간(訥祇 麻立干) 24년

왜병이 남쪽에 들어와 백성을 잡아가더니, 6월에 또 동쪽으로 침범해왔다.

444 新羅 19대 눌지 마립간(訥祇 麻立干) 28년

4월, 왜병이 침입하여 금성(金城)을 포위한지 10일 만에 군량이 떨어져 돌아가는 것을, 왕이 추격하려하자 신하들이 "궁한 도둑은 그냥 두어야 한다"며 말렸지만 왕이 듣지 않고 독산(獨山) 동쪽으로 쫓아가 공격했다가 오히려 패하고 병사의 반이 죽었다. 왕은 급히 말을 버리고 산에 오르자 왜병이 왕을 겹겹이 에워싸 버렸다. 다행이 짙은 안개가 끼어 살아오기는 했지만…

450 高句麗 20대 장수왕(長壽弘濟好太列帝) 38년

新羅 19대 눌지왕(訥祇 麻立干) 34년

7월, 신라 하슬라(何瑟羅: 강원 강릉) 성주 삼직(三直)이 실직(悉直: 강원도 삼척 일대) 들판에서 사냥하던 고구려 변방의 장수를 습격하여 살해한 사건이 일어났다. 장수왕은 사신을 보내 항의하면서 동시에 군사를 보내 신라 변경을 침범했지만 더 이상 확대되지는 않았다.

註) 이 사건은 신라의 사과표명으로 수습되지만, 이로부터 고구려가 신라 쪽으로 진출하는 빌미를 주어 두 나라는 앞으로 200여 년 동안 잦은 전란을 치르게 되는 시작점이 되었다.

**"장수왕의 남진(南進)정책"**

454 高句麗 20대 장수왕(長壽弘濟好太列帝) 42년

新羅 19대 눌지왕(訥祇 麻立干) 38년

8월, 장수왕의 남진정책이 시작되는 순간. 고구려가 먼저 도발을 걸었다. 신라 북쪽 변경에 고구려군이 나타나는 사건이 발생. 좋은 이웃이었던 고구려가 이렇게 나오니 이제부터 신라 눌지왕은 고구려에 더 이상 매달릴 수 없게 되었다. 세상이 달라졌다. 독립해야겠다!!

註) 장수왕은 무려 79년간(413~491) 재위에 있으면서, 즉위 초기부터 중국의 진(晉), 송(宋), 위(魏) 나라 등과 국교를 맺고, 427년에는 만주 국내성(國內城)에서 평양(平壤)으로 천도하여 적극적인 남하정책을 추진했는데, 이는 한강 유역 일대를 차지함으로써 한반도 중부 이북의 해상권과 교역로를 차지하여 바다와 육지를 동시에 장악한 나라를 만들기 위한 장수왕의 승부수였다. 이러한 고구려의 위상은 정복군

주로 일컬어지는 광개토왕의 대륙진출로 동북아시아의 패자(覇者)가 되고, 그 아들 장수왕은 대륙은 물론 바다로도 뻗어나가 정치, 군사, 외교, 경제 등 여러 측면에서 명실상부한 동아시아 중심국가로 우뚝 서고자 했으며, 이러한 점으로 보아 장수왕은 변화하는 국제정세를 읽고 거기에 맞춰 국가목표를 세우고 실천할 줄 알았던 탁월한 외교가, 정치가, 전략가였던 것이다.

455 高句麗 20대 장수왕(長壽弘濟好太列帝) 43년

新羅 19대 눌지왕(訥祗 麻立干) 39년

10월, 고구려는 이제 백제 쪽으로도 공격을 돌렸다. 설마 하던 백제로서도 당혹스러웠다. 다행히 신라의 군사 지원으로 나제(羅濟) 연합군이 함께 물리침으로서, 신라는 고구려에 대한 독립의지를 강하게 들어내었는데…, 그러나 이는 장수왕의 남진전쟁의 전초전이었다.

459 新羅 20대 자비 마립간(慈悲 麻立干) 2년

4월, 왜병이 병선(兵船) 1백 척으로 동해안으로 들어와 월성(月城: 경주시 인왕동)을 포위하고 무차별 공세를 펴자, 왕은 대응하지 않고 굳게 성을 지켜냈다. 이윽고 왜군이 포기하고 물러나는 것을 뒤를 급습하여 해구(海口: 해안포구)까지 쫓아가며 몰아치니 적의 반수 이상이 물에 빠져 죽었다.

**"거듭되는 왜병의 침입"**

462 新羅 20대 자비 마립간(慈悲 麻立干) 5년

5월, 왜인이 이번에는 활개성(活開城)을 습격하여 깨트리고 백성 1천 명을 잡아가고…

**"금성 주둔 고구려군 피살사건"**

463 新羅 20대 자비 마립간(慈悲 麻立干) 6년

2월, 왜병이 또 들어와 삽량성(歃良城: 경남 양산)을 공격하다가 실패하고 돌아가는 것을 덕지(德智)가 군사를 이끌고 나가 매복공격으로 격멸시켰다. 왕은 왜인이 자주 침범하므로 해안에 성을 2곳에 쌓고 가을에는 열병식을 크게 열어 백성을 안심시키고자 했다.

그런데 한편, 금성(金星: 경주)에 주둔 중이던 고구려 병사가 '신라를 완전히 병합하고자 한다'는 말을 꺼낸 것이 화근이 되어, 이에 신라인들이 집단적으로 반발하고 1백여 명에 이르는 고구려 주둔군을 졸지에 몰살시켰다. 이제 일은 앞으로 커지게 되었다. 이후부터 수년간 왕은 곳곳에 성을 신축하며 만일의 사태에 대비해나갔다.

註) 이때 쌓은 성이 삼년산성(三年山城), 모로성(芼老城), 명활성(明活城), 또 이어서 474년에는 일모(一牟), 사시(沙尸), 광석(廣石), 답달(畓達), 구례(仇禮), 좌라(坐羅)에도 성을 쌓으며 전방위 방어망을 준비하는데…

468 高句麗 20대 장수왕(長壽弘濟好太列帝) 56년

新羅 20대 자비 마립간(慈悲 麻立干) 11년

봄, 결국 장수왕은 5년 전의 서라벌 주둔군 몰살 사건에 대한 보복으로, 고구려군의 전위대 역할을 해온 말갈군 1만과 자국군대를 동원하여 신라의 실직주성(悉直州城: 강원 삼척)을 공격해 빼앗아 공격의 화살을 신라 쪽으로 돌렸다. 자비 마립간은 이를 대비하기 위해 9월에 이천(泥川: 강원 강릉)에서 15세 이상의 장정을 징집하여 성을 쌓았다.

註) 고구려 장수왕은 자만에 차서 백제와 신라를 깔보았다. 신라가 구원군을 내서 백제를 돕는데도 별로 개의치 않고 이번에는 말갈병까지 동원했다. 이것은 고구려의 실수였다. 백제와 신라 두 나라는 동맹관계를 더욱 확고히 하면서 북쪽 국경지대에 방비를 세웠다.

469 百濟 21대 개로왕(蓋鹵王) 15년

백제 개로왕도 꾸준히 양성해온 군사력을 이용해 고구려의 손아귀에서 벗어나고 싶었다.

8월, 군사를 보내 고구려의 남부 변경을 공격해 보았는데, 적으로부터 아무런 반응이 없자, 왕은 고구려를 대대적으로 공격해 볼 야심을 가지게 된다. 그러나 혼자 힘으로 상대하기에는 벅차다고 여기고 요동에 위치한 나라인 북위(北魏)에 사신을 보내 함께 고구려를 치자고 해보았다. 그러나 북위는 막강한 고구려를 건드려 화를 자초할 수 없다고 보고 이를 거절했는데, 아니 한 수 더 떠서 사신을 고구려에 보내 이를 소상히 고자질까지 했다. 개로왕은 북위에게 진귀한 특산물만 떼이고 아무 성과를 못낸 채 망신만 당했다. 이후부터는 북위에 대한 조공도 끊어 버렸다. 이 사실을 알게 된 고구려 장수왕은 백제를 그냥 둘 수 없었다. 고구려는 광개토왕 이후 약 60년간은 백제가 고구려를 공격한 적이 없다. 그러나 백제가 반격을 해온 사건에 더하여, 북위(北魏)로부터 고자질까지 있자 장수왕은 백제에 대해서도 군사작전을 감행하기로 했다. 혼내주어야겠다!

註) 북위(北魏): 5호16국의 난을 평정시켜 439년에 강북지역을 통일한 왕조로서, 이 당시에는 고구려와 우호관계를 유지하고 있었다. 한편 고구려인(高句麗人) 고조는 조카가 왕이 되어 외삼촌으로 권력을 장악하고 있었기에 고구려와는 절친한 사이였고, 후에 반란으로 고조가 퇴위한 뒤에도 북위는 고구려에 대해 눈치를 계속 살피고 있는 형편이었다.

470 新羅 20대 자비 마립간(慈悲 麻立干) 13년

왕은 서쪽 변경인 오성산에 산성을 완성하고, 3년간에 걸쳐 쌓았다고 하여 삼년산성(三年山城: 충북 보은군 어람리)이라 했다. 모든 국력을 쏟아 이룬 대역사(大役事)였다.

註) 당시 충북 보은 지방은 삼국의 세력이 교차하는 지점으로, 백제에게는 한강으로 가는 중요한 길목이고, 신라도 한강유역까지 진출하는데 중요한 거점이었다. 그 전진기지로서 산성을 견고하게 쌓아 고구려에 대항하면서, 또한 장차 백제와의 대립할 경우에도 백제를 측면에서 공격할 수 있는 요충지대로서, 이후부터 벌어지는 삼국대결에서 큰 역할을 하게 되는데, 특히 신라가 한강 이북까지 영토를 확장하며 통일을 향한 막바지 준비를 할 200년 후에는 이 산성의 진가가 본격적으로 나타나게 된다.

472 百濟 21대 개로왕(蓋鹵王) 18년

왕은 북위(北魏)에 사신을 보내 군사를 빌어 고구려를 치고자 원병(援兵)을 청해보았으나, 응답이 없기에 외교관계를 끊어 버리기로 했다. 그러나 이 사건이 빌미가 되어 고구려의 장수왕으로부터의 침략을 유발하게 되니…

475 高句麗 20대 장수왕(長壽弘濟好太列帝) 63년

百濟 21대 개로왕(蓋鹵王) 21년

新羅 20대 자비 마립간(慈悲 麻立干) 18년

9월, 장수왕은 3만의 군사를 동원하여 전격적으로 신위례성(新慰禮城: 서울 송파구 풍납토성)을 들이쳐서 한성(漢城: 阿且山城과 풍납토성, 몽촌토성, 二聖山城을 모두 일컬은 듯)을 포위했다. 백제 개로왕은 7일7야에 걸쳐 항전했지만 북성(北城)과 남성(南城)이 차례로 함락 당하자, 사태가 절망이라고 판단하고 성을 빠져나가다가 고구려군에게 참살 당하고 말았다. 또한 이때 성이 함락 당하면서 비빈은 물론 왕자까지도 모두 죽임을 당했다. 한편 개로왕의 아우인 여도(餘都, 후에 문주왕)는 신라의 지원을 끌어들여 1만의 신라 지원군을 이끌고 도착했으나, 이미 한강 하류 일대가 모두 점령당한데다 고구려군이 많은 노획품과 8천의 포로를 데리고 개선한 뒤였다. 여기서 백제는 한번 망한 것이다. 이어 왕위에 오른 문주왕(文周王)은 도읍을 웅진(熊津: 공주)으로 급히 옮겼다.

註) **도림(道琳)의 간첩설화와 도미부인 이야기**: 장수왕이 불교승 도림을 백제에 보내 개로왕에 접근토록 하여 개로왕이 바둑에 빠져 정사(政事)를 돌보지 않게 하고 또, 개로왕을 들추어 대궐을 짓게 하고 사치와 향락의 길로 유도한 다음 귀국하여 고구려군을 끌어들여 백제를 망하기 했다는 도림의 간첩설화, 그리고 절세미인인 도미의 부인을 차지하기 위해 개로왕이 남편을 잡아 눈을 빼어 추방했다는 도미부인의 애절한 사랑 이야기가 전해져 오는데, 당시 고구려와 명운을 건 첨예한 대치기간이던 만큼, 왕이 바둑이나 여색을 밝힐 만큼 한가한 시기도 아니었고, 또 왕이 그렇게 어수룩하고 호락호락한 성격의 소유자도 아니었다. 이 이야기들은 704년에 한산주도독 김인문(金仁問)이 한산주(漢山州: 경기도 하남시 일원)에 부임해와 저술한 한산기(漢山記)에 전해지는데, 이 지역의 전설이나 풍물을 기록한 것이다. 신라 땅이 된 후 200년, 사건이 있은 후 300년이나 지난 시점에서 와전되어 온 이야기를 옮겨 실리게 되었을 뿐이다. 사실과 허구를 추린다는 것이 쉽지가 않다.

註) 당시 고구려의 국력으로 백제와 신라를 병합하는 삼국통일을 충분히 할 수 있었다. 충북 충주지방에 있는 『중원고구려비문』은 장수왕의 재위 시절의 업적을 기록한 비석인데 여기에 보면, "고구려 대왕과 신라임금(매금)이 영원토록 형과 아우가 되어 위아래 서로 조화를 이루며 하늘의 질서를 지키겠노라"했다. 그럼에도 이때 고구려는 어째서 삼국통일을 이루지 못했을까? 고구려는 서(西)로 북위(北魏)를 견제하고, 북(北)으로는 거란을 지배하고 돌궐과 북제(北齊) 등을 견제해야 하기에 남쪽에 과다한 힘을 쏟을 수 없었다. 보다 현실적으로는 삼국통일보다 역학관계를 필요로 했다. 사실상 백제와 신라는 고구려에 관한 한 위협의 대상이 아니었다.

476 百濟 22대 문주왕(文周王) 2년

고구려 장수왕에게 유린당한 이후 백제 왕실의 권위는 땅에 떨어져 말이 아니었다. 왕은 대두산성(大豆山城: 충남 예산)을 수리하면서 또 외교적 고립에서 벗어나기 위해 봄에 사신을 송(宋)에 보내 보지만 고구려 수군에 막혀 되돌아오고, 4월, 이런 침통한 가운데 탐라국(耽羅國: 제주도)에서 사신이 와서 토산물을 바치니 왕은 기가 막히도록 고마웠다. 즉각 그 사신에게 파격적으로 2품에 해당하는 달솔 관직까지 주었다.

新羅 20대 자비 마립간(慈悲 麻立干) 19년

6월, 왜병(倭兵)이 다시 들어와 동쪽 변방을 유린하자 왕은 장군 덕지(德智)를 보내 적 2백여 명을 죽이거나 사로잡았다.

477 百濟 22대 문주왕(文周王) 3년

2월, 왕은 궁실을 중수하면서 위엄을 과시하고자, 해구(解仇)에게 병권을 주고 아우 곤지(昆支)에게는 내신좌평에 임명하고 장자 삼근(三斤)을 태자로 삼았다. 그러나 7월, 곤지가 별안간 죽자, 조정이 병관좌평 해구의 세상으로 되더니 드디어 9월에는 왕까지 살해했다.

註) 곤지(昆支): 백제 개로왕(蓋鹵王)의 차남. 동성왕(東城王)의 아버지. 461년 일본에 건너가 약 15년간 머물면서 간사이(關西)지방 가와치(河內) 등을 개척하다가, 475년 개로왕이 고구려군의 공격을 받아 죽고 문주왕이 도읍을 한성에서 웅진(熊津)으로 천도하는 국난을 당하자, 급히 귀국하여 477년 4월 내신좌평(內臣左平)에 취임했으나, 그해 7월에 죽었다. 그 직후 병관좌평(兵官佐平) 해구(解仇)의 전횡(專橫)이 두드러지게 나타나 9월에 문주왕이 해구에게 살해된 후 그도 해구에게 살해됐을 것으로 추측된다.

新羅 20대 자비 마립간(慈悲 麻立干) 20년

5월, 왜병이 또 들어와 다섯 길로 침입했으나 이번에는 별 소득 없이 물러갔다.

**"해구(解仇)의 반란"**

478 百濟 23대 삼근 (三斤王) 2년

2월, 1 3세의 어린 나이로 왕이 된 삼근은 권한이 없었다. 이때 내부 권력다툼이 일어나 왕권을 쥐고 흔들던 해구(解仇)가 은솔 연신(燕信)과 함께 대두성(大豆城: 충남 예산군 신양면)에 근거를 두고 반란을 일으켰다. 좌평 진남(眞男)이 토벌군 2천 명을 이끌고 대두성을 쳤으나 실패하고, 이어 덕솔 진로(眞老)가 5천의 병력을 이끌고 쳐들어가 겨우 진압하고는 해구를 참살했다. 그러자 연신(燕信)은 고구려로 달아나 버리고…

479 百濟 24대 모대 (牟大,東城王) 2년

11월, 삼근왕이 15세 나이로 죽었다. 후손이 없어서 문주왕의 아우 곤지(昆支)의 아들인 15세의 모대(牟大: 東城王)가 선택되었다. 일본에서 태어난 모대는 왜국(倭國)에서의 생활을 정리하고 5백 명의 왜군의 호위를 받으며 귀국하여 왕위를 이었다.

註) 이때 무녕(武寧)의 나이가 18세이고, 모대는 그보다 더 어렸는데도 왕위에 오른 것은 요서분국(遼西分國) 군사를 이끌고 온 모도(牟都)의 지원에 힘입은 것으로 보인다. 동성왕(모대)이 즉위한 후 모도는 병관좌평과 내외병마사를 겸직하여 백제의 군권(軍權)을 장악하였고, 480년에 남제(南濟)로부터 사지절도독 백제제군사 진동대장군(使持節都督 百濟諸軍事 鎭東大將軍)의 관작을 받았다.

大伽倻 (?)대 하지(荷知) (?)년

대가야가 사신을 남제(南齊)에 보내니 남제왕 고제(高帝)는 "가라왕 하지가 해외에서 관문을 열어 달라고 두드리며, 동쪽 먼 곳에서 예물을 받으러 왔다. 보국장군 본국왕을 줄만하다"고 하여 남제로부터 「본국(本國: 가야를 뜻함)왕」이란 작호를 받았다. 한편, 하지왕은 낙동강을 따라 고령 궁 주변에만 10여 개의 산성을 쌓아 방어망을 구축한 뒤, 남쪽으로 세력을 뻗어나가 합천 지역을 확보하고 대야산성(大倻山城: 경남 합천)과 독산산성(禿山山城: 합천군 덕곡면)을 남쪽과 서쪽으로의 교두보로 삼았다.

高句麗 20대 장수왕 (長壽弘濟好太列帝) 67년

장수왕은 서북만주지역 흥안령(興安嶺: 몽골고원과 중국 동북 평원의 경계지역) 산록에 있던 유목부족 지두우(地豆于)를 유연(劉淵)과 함께 공격하여 그 지역을 분할했다. 이 지역은 풀이 무성한 초원지대로 말(兵馬)을 키우기에 매우 좋은 목장지대였다.

註) 이즈음에 동아시아 정세는 다원적인 균형을 이루었는데, 중국의 남북조(南北朝: 北魏와 宋), 몽골고원의 유연(劉淵), 동북아의 고구려, 서역의 토욕혼(吐谷渾: 티베트 북쪽) 등이 각각 중심이 되어 균형이 유지되면서, 제각각 번영과 발전을 이루고 있었다.

481 高句麗 20대 장수왕 (長壽弘濟好太列帝) 69년

新羅 21대 소지 (炤知 麻立干) 3년

百濟 24대 동성왕 (牟大.東城王) 원년

3월, 장수왕은 백제 신위례성 공격 때 신라가 구원병 1만을 보낸 사실을 잊지 않았다. 역시 혼내주어야 할 사건이다. 왕은 군사를 몰아 말갈병과 함께 신라 동북쪽을 공략. 호명성(狐鳴城: 경북 청송) 등 7성을 빼앗고 다시 미질부(彌秩夫: 경북 흥해, 포항 북쪽)로 진군했다. 신라군은 백제와 가야(大伽倻)의 연합군의 도움으로 이하(泥河: 강릉 북쪽 연곡천) 서쪽에서 겨우 고구려군을 격퇴하기는 했는데…

註) 이 무렵 주변정세가 급변하게 돌아가자 옛 가야 소국들이 다시 재기하면서 결속해 가는 중에, 그동안 축적한 힘을 바탕으로 고령지역의 가야세력이 대가야(大伽倻)라는 이름으로 옛 가야연맹의 판도를 복구해가면서 소백산 줄기를 넘어 전북 임실, 남원 지역을 일시 점령하는 등, 국력을 확장할 때였다. 마침 이때 신라의 협조요청을 받아들여 출병한 것이다.

482 百濟 24대 동성왕 (東城王) 2년

9월, 또 다시 말갈(東濊 세력)이 한산성을 습격하여 3백여 호를 약탈해 가고, 이어 다음 달에는 큰 눈이 내리는 등, 즉위 당시에 형편은 어려운 처지였다. 그러나 사냥을 매우 좋아하는 왕은 곧 사냥을 핑계로 주변 지세를 돌아보며 이에 맞는 대책을 세워나갔다.

484 新羅 21대 소지 (炤知 麻立干) 6년

百濟 24대 동성왕 (東城王) 6년

7월, 고구려가 또 신라 북쪽 변경(北邊)에 침입하자 신라군은 백제 구원군과 함께 모산성(母山城: 충북 진천 동쪽에 大母山城) 아래에서 격퇴시켰다.

註) 신라, 백제와 왜는 고구려의 막강한 수군력(水軍力)에 의해 교통로가 막혀 외교나 무역에 발이 묶이는 고약한 상황이었다. 동시에 고구려가 무시로 국경을 침탈하니 편할 날이 없었다. 특히 신라와 백제는 둘 중에 하나가 망하면 이후의 대책이 없기에 결사적으로 도우면서 버티는 수밖에 없는 실정이었다.

486 百濟 24대 동성왕 (東城王) 8년

3월, 왕은 사신을 남제(南齊)에 보내 외교적인 관계를 맺고 또 한편으로 신라와도 돈독한 관계를 맺어 자신의 위상을 높임은 물론, 고구려의 남진에 대처해 나가면서, 내부적으로는 궁실을 중수하고 우두성(牛頭城: 춘천)을 쌓은 다음, 10월에는 궁성 남쪽에서 열병식을 크게 벌였다.

註) 북중국 대부분을 통일한 북위(北魏)와 대치하고 있던 남제(南齊)는 북위를 견제하기 위해 고구려와 백제를 배후 세력으로 이용하려 한 것 같다. 남제는 480년에 고구려와 외교관계를 맺는데, 북위로부터 푸대접을 받았던 백제도 친(親)남제 정책을 펴 483년에 사신을 보내고 486년에도 같은 조치를 취했다. 이에 따라 북위는 백제와 남제의 밀착관계를 견제하고자 백제에 대한 공세를 펼치게 되는데…

**"북위(北魏)군의 1차 침공을 격퇴하다"**

488 百濟 24대 동성왕(東城王) 10년

북위(北魏)가 수십만의 기병(騎兵)으로 침공해오자 왕은 여러 장수들을 보내 이를 격퇴했다. 싸움이 끝난 후 왕은 3개 지역에 태수를 정하고 이를 남제(南齊)에 통지했다. 이들은 광양(廣陽: 북경 동북부 上谷지방)태수 겸 장사(長史)인 고달(高達)을 대방태수(帶方太守)에 봉하고, 조선태수 겸 사마(司馬)인 양무(楊茂)를 광릉(廣陵)태수에 봉하고, 선위(宣威)장군 회매(會邁)를 청하(淸河: 山東반도 임뇌, 창읍 지방)태수로 봉했다.

註) 대륙에는 304년부터 439년까지 16개 나라들이 흥망을 거듭한 5호16국(5胡16國)의 천하혼란시기를 정리하고 통일한 북방의 북위(北魏)와, 회수(淮水) 이남에 남제(南齊)가 남은 상황이었다. 당시 북위와 고구려 사이에는 화평이 이루어진 상태이므로, 남제와 동맹권을 형성한 요서지역의 백제세력이 북위의 입장에서 눈에 가시였다. 기회를 보고 있던 북위가 먼저 칼을 빼어들었다. 동성왕은 즉각 대군을 이끌고 황해(黃海)를 건너 요서군과 진평군의 군사와 합류하여 참전했다. 싸움은 488년에 1차, 2차는 490년, 3차 494년, 4차 497년, 5차 498년으로 10년간 5차에 걸친 전쟁을 치루면서 결국 북위(北魏)의 몰락을 가져오게 했다.

489 高句麗 20대 장수왕(長壽弘濟好太列帝) 77년

新羅 21대 소지(炤知 麻立干) 11년

9월, 고구려 장수왕은 군사를 보내 신라의 북변을 쳐서 과현(戈峴)에 이르렀고,

10월에는 호산성(狐山城: 충남 예산)까지 함락했다.

## "북위의 2차 침공 격퇴와 오월(吳越) 점령"

490 百濟 24대 동성왕(東城王) 12년

북위(北魏)가 수십만의 기병(騎兵)으로 침공해오자 왕은 서경(西京)인 거발성(居拔城: 산동반도 소재)에 근거를 두고 사법명(沙法名), 찬류수(贊首流), 해례곤(解禮昆), 목간나(木干那)를 파견하여 막게 했다. 백제연합군이 밤에 기습으로 번개같이 치니, 흉도가 당황하고 무너져 총퇴각하는 것을 추격하면서 마구 무찌르니, 시체가 들에 깔리고 피가 땅을 붉게 물들였다. 이어 왕은 승전한 무장들을 대방산 지역, 양자강의 좌안(左岸), 산동반도 일원 등지의 지역 태수로 임명하는 조치를 내렸다.

註) 〈구당서(舊唐書) 백제국전(百濟國傳)〉에는 "東北至新羅, 西渡海至越州, 南渡海至倭(동북쪽은 신라와 접하고, 서쪽으로는 바다건너 월주에 이르며, 남쪽은 왜국에 이른다)"라 하여 백제의 서쪽 경계가 옛 오(吳) 월(越)이 있던 양자강 유역에 이르렀음을 말해주고 있다. 또 동성왕이 제(濟)나라에 대해 큰 공을 세운 사법명, 찬수류, 해례곤 등을 각기 왕 또는 제후로 임명해 주도록 요청하는 한편, 490~495년간 중국내 백제 7군(郡)인 광양(光陽), 조선(朝鮮), 낙랑(樂浪), 성양(成陽)을 다스리는 장군을 태수(太守)로 봉해 줄 것을 요청하는 대목도 나온다. 〈만주원류고(滿洲源流考) 백제전(百濟傳)〉에 나타난 남제(南齊)에 보낸 국서의 내용은 『지난 庚午年(490) 북위(北魏)가 개전하지 않고 거병하여 깊숙이 쳐들어왔다. 이에 짐은 사법명(沙法名) 등을 보내 군을 이끌고 역습, 未明에 들이치니 우레 같은 함성에 북위군은 당황하여 바닷물이 밀리는 것과 같이 혼비백산하였다. 이에 도망하는 흉도(凶梨: 북위군)를 추격하여 참살하니 쓰러진 시체가 들판을 붉게 물들였다. 이에 저들의 예기는 꺾이고 노도 같은 횡포는 그 흉악함을 감추게 되었다. 이에 온 세상을 조용하여 안정을 누리게 되었으니 이는 실로 사법명 등의 위략 때문이었다. 이에 짐은 저들의 공훈을 참작하여 마땅히 표해야 하겠기로 사법명을 행정노장군(行政虜將軍) 매라왕(邁羅王)에, 찬류수(贊首流)를 행안국장군(行安國將軍) 불중후(弗中候)에 임명하고, 목간나(木干那)는 전에 군공이 있었고 또 일방(壹舫: 二帶方)을 함락 시켰으며 행광위장군(行廣威將軍) 면중후(面中候)에 임명하였으니 그리 알렸다.』이며, 또한 이 항목에는 『백제의 땅 서북쪽에 광녕(廣寧: 하북성 수경현의 서쪽)과 금주(錦洲: 하북성 광녕의 서쪽)가 있다. 거기서 신라를 보면 동남쪽이고 류성과 북평에서 신라를 보면 역시 동남쪽에 있다』하면서 『백제의 도성은 동경(東京)인 웅진과 서경(西京)인 거발성(居拔城)이 있다』고 하였다. 이를 종합하면 당시에 백제는 중국대륙의 유(幽: 直匠), 연(燕: 山西), 제(齊: 山東), 노(魯: 형주), 오(吳: 江蘇), 월(越: 浙江)의 땅을 모두 관할한 대제국(大帝國)이다. 따라서 동성왕은 요서일대와 일본의 대마도, 구주일대에 22명의 담로(儋魯)를 파견하여 거대한 해상왕국을 이룬 것이다. 이 기사는 분명한 기록이므로 지나치게 부정적 축소지향의 역사해석에 머물 필요가 없다고 본다. 다만, 고구려의 유주 지배설이나 백제의 요서 영유설은 중국에서 백제인들이 활동했음을 입증하는 유물이나 유적이 발견되지 않는 한 우선은 회의적인 견해가 일반적인 정설로 유지될 것 같다.

※ 박참범 저 〈하늘에 새긴 우리 역사〉에서 놀라운 점은, 한국 천문학을 연구한 저자는 고대부

터 관측된 천문 기록을 컴퓨터 시뮬레이션 방법으로 추적해 나가 비서(秘書)로 알려진 한단고기(桓檀古記)와 단기고사(檀奇古史)에 나오는 고대 천문기록과 삼국사기(三國史記)에 나타난 천문기록을 일일이 분석하여 각각의 관측 지역을 찾아나갔는데…. 그 결과 단군조선의 위치는 북만주 일대이고, 삼국은 고구려의 경우 단군조선의 위치와 대등소이한데, 신라의 경우는 상대(上代)라 할 수 있는 서기 201년 이전의 관측지는 중국 양자강 유역, 그리고 787년 이후에는 한반도 남부인 것을 밝혀냈다. 신라가 중국 산동반도 남쪽에 있었다는 점도 특이하지만, 특히 백제의 경우, 백제는 주요 관측지가 주로 발해만 북쪽 일대(산동반도 북방)이었다. 여기서 번쩍 눈에 띄는 점이 바로 벡제 동성왕 시절에 북위와 대규모 접전을 사실로 받아들일 경우에 그 조건이 딱 들어맞는다. 이를 어찌 보아야 할까?

**"신라와 백제, 혼인동맹을 맺고…"**

493 百濟 24대 동성왕(東城王) 15년

新羅 21대 소지(炤知 麻立干) 15년

3월, 동성왕이 신라에 사신을 보내 혼인을 청하니 신라 소지 마립간이 이에 응하여 이찬 비지(比智)의 딸을 보내 혼인 동맹을 맺었다. 이로서 동성왕은 자신의 위상을 높이며…

**"동부여(東夫餘) 합병(合倂)"**

494 高句麗 21대 문자왕(文咨好太列帝) "명치(明治)" 3년

2월, 동부여(東夫餘)의 후손 낙씨(絡氏: 淵那部의 낙씨)가 연(燕)의 모용(貌容)씨의 공격으로 나라가 망하게 되자, 부여왕이 나라를 들어 고구려에 투항해 옴으로 이를 합병했다.

註) 고구려로서는 복이 저절로 굴러 들어왔다고 해야겠다. 부여의 투항은 실익보다는 상징적으로 의미가 크다. 부여계통의 나라들 사이에서 정통성을 확보했음을 보여주게 된 것이다. 후(538년)에 백제도 이 영향을 받아 국호를 남부여(南夫餘)로 바꾼다.

新羅 21대 소지(炤知 麻立干) 16년

한편, 7월, 고구려군이 살수원(薩水原: 충북 괴산군 청천면 일대의 벌판)에서 신라군과 치열한 싸움 끝에 패한 신라군이 견아성(犬牙城: 경북 문경?)으로 피해 들어간 것을 고구려군이 포위했으나, 순간 백제군 3천이 뒤를 들이쳐 신라군을 구원한 사건이 발생.

註) 433년에 이루어진 나제동맹(羅濟同盟)의 효력이 이제야 나타나기 시작했다. 3년 전인 491년에 백제 동성왕(東城王)과 신라 이찬 비지(比智)의 딸이 혼인을 맺음으로서 양국 간에 혼인동맹이 이루어져 현실적인 동맹으로 발전하게 된 결과이다. 이어서 이듬해인 495년에는 백제의 치양성(충청도 ?지역)을 공격하자 신라군이 백제를 구원하러 와서 고구려군이 쓰라린 철군을 하기도 하고, 497년(문자왕 7년)은 고구려가 신라의 우산성을 빼앗기도 하지만 백제에게 영토일부를 내주기도 한다. 이 시기에 고구려는 백제와 신라를 정벌하기보다는 소극적인 대응만을 해와, 이제부터 백제는 다시 강국이 된 셈이다.

**"북위(北魏)가 남제(南齊)를 치려다 거듭 실패"**

百濟 24대 동성왕(東城王) 16년

12월, 낙양(洛陽)으로 도읍을 옮겨 전열을 정비한 위(北魏)는 다시 대군을 일으켜 4방면으로 남제(南齊)와 요서의 백제를 공격해왔다. 남제(南齊)의 영주(寧州)를 점거하고 3천의 포로를 얻은 위의 군사가 위문제(北魏의 文帝)가 있는 종리(終離)까지 들어온 것을, 백제군이 반격하여 4일 동안 격전으로 적장 풍탄(豊坦)이 죽자 위군(北魏軍)이 총퇴각하여 물러났다.

註) 북위는 497년에도 20만의 대군을 동원하여 백제와 남제 연합군을 치려다 실패하고, 498년에도 역시 침공해오다가 참패하고 말았다. 북위는 10여 년 동안 5회에 걸쳐 패한 이후로 국고가 탕진되고 재정이 파탄하여 결국 왕실과 궁중의 모든 경비를 절반으로 줄이고, 또 근위대의 태반을 축소해야 했다. 그 후 북위는 문제가 죽은 후 534년에 망했다.

495 百濟 24대 동성왕(東城王) 17년

8월, 고구려군이 치양성(雉壤城)을 포위하자 동성왕은 신라에 원병을 청했다. 이에 신라 장군 덕지(德智)가 군사를 이끌고 나타나 협격하는 바람에 고구려군이 무너지며 철병하게 되어, 백제와 신라와의 관계가 더욱 돈독하게 되었다.

496 高句麗 21대 문자왕(文咨好太列帝) 明治(명치) 5년

新羅 21대 소지(炤知 麻立干) 18년

7월, 고구려 문자왕이 군사를 보내 신라의 우산성(牛山城)을 쳤으나, 신라 장수 실죽(實竹)이 니하(泥河: 강릉 북쪽 연곡천)가에서 나와 기습하는 바람에 패해 돌아왔다. 이즈음 대가야는 신라에 꼬리 다섯 자 되는 흰 꿩을 보내와 가야와 신라 간의 화친을 도모하기도…

497 高句麗 21대 문자왕(文咨好太列帝) 明治(명치) 6년

新羅 21대 소지(炤知 麻立干) 19년

4월, 왜인들이 신라 변경에 또 나타나 도적질을 하고 돌아갔는데, 최근 들어서 왜병들의 침입회수가 부쩍 늘어갔다. 게다가 8월에는 고구려 문자왕이 다시 군사를 보내 신라 변경을 공격하여 우산성을 점령해 버리고…

**"탐라(耽羅國) 흡수병합"**

498 百濟 24대 동성왕(東城王) 20년

8월, 일시 고구려가 장악하고 있던 탐라(耽羅 또는 耽牟羅: 제주도)를 치기 위해 왕이 무진주(武珍州: 전남 광주)에 이르자 사신이 들어와 죄를 청하기에, 군사를 파하고 탐라를 영토에 복속시켰다.

註) **백제의 동남아 무역 항로(航路):** 이제 백제는 바다에서 생산되는 패류(貝類)로 말 재갈에 쓰던 가(珂)를 독점하게 되고, 또 탐라가 이용하던 남방항로를 더욱 확장 개척하게 되는데, 이 남방원양항로는 금강에서 서해안을 돌아 제주-북규슈(北九州)-오키나와를 중간 기항지로하고, 이어서 대만-인도지나 반도-인도에 이르는 해상 교역 루트의 완성을 보며 해상무역에 큰 발전을 보게 된다. 이 때문에 백제는 독점적

인 동남아 교역으로 왜(倭)와의 정치적 주도권까지도 여전히 유지할 수 있었는데, 왜의 무력적 기반과 물질문명이 향상됨에 따라 왜를 백제의 영향권 내에 묶어두기 위해 색다른 문화전파의 변화가 필요했다고 보아 이는 상업적인 필요보다는 정치적인 색채가 강했다고도 볼 수 있겠다.

500 新羅(斯盧) 21대 소지(炤知 麻立干) 22년

3월, 왜병이 장봉진(長峯鎭)에 침범하여 진(鎭)을 점령한 사건이 발생.

註) **왜(倭):** BC 50년경부터 시작된 왜인의 신라 침입은 이때까지 무수히 나오다가, 이후부터는 조용해진다. 그런데 이때까지 550여 년간 등장한 빈번한 왜인들의 침입 기사들을 보면 이들이 일본열도에서 출동한 것이라 여겨지지 않는다. 이때 일본열도에는 야요이 문화시대로서 청동기문화로 대표되는 정치집단이 없었던 시대였다.

501 百濟 24대 동성왕(東城王) 23년. 제25대 무령왕(武寧王) 원년

1월, 사마(斯摩: 후에 무령왕)가 반란을 일으켜 부여와 공주 부근에서 동성왕과 싸웠고, 그 결과 무녕왕계(武寧王係)가 승리하여…

註) 백제 본국에 있던 무녕왕계 세력들은 요서분국(遼西分國)과 중국 동해안 분국(大陸百濟)을 등에 업은 동성왕계 세력에게 눌려 지내다가, 작년(500년) 12월에 소연(蕭衍)이 반란을 일으켜 남제(南濟)를 장악하는 정변이 일어나니, 이제 백제본국에서 반란이 일어나도 대륙백제 분국의 군사가 본국으로 올 가능성이 없자, 다음 달인 501년 1월에 일본열도에 있던 무녕왕계 세력들이 금강을 거슬러 올라와 동성왕을 제거하고 무녕왕을 세웠다. 이리하여 무녕왕계와 동성왕계의 싸움에서 동성왕계가 패함으로서, 동성왕과 동성왕계인 요서분국과 중국 동해안 분국 출신 고위 관리들이 모두 몰락하였는데, 이에 중국 동해안 분국과 요서분국에 있던 백제 장군들이 백제본국에 등을 돌리고 고구려에 복속(502년)함으로써, 백제는 중국 동해안 분국와 요서분국을 모두 잃었다(김상천의 〈고조선과 고구려 역사를 다시 본다〉에서 발췌). 하지만, 의문이다. 그러면 당시 백제 세력이 한반도와 대륙에 걸쳐 분포했다고 보아야겠는데, 이 또한 연구과제이다.

### "백가(苩加)의 반역"

12월, 동성왕은 래주(策州: 산동반도 煙台)를 임시 도읍으로 정하고 이곳에 임류각(臨流閣)이라는 호화로운 궁을 짓는 등 본국으로 갈 생각을 않자, 위사좌평(衛士佐平) 백가(苩加)가 왕을 칼로 찔러 죽였다. 백가는 본국으로 돌아와 이듬해 (502년) 정월에 반란을 일으켜 가림성(加林城: 부여군 임천면 군사리)을 점거하자 새로 즉위한 동성왕의 아들 사마(斯麻, 무령왕)가 직접 토벌군을 이끌고 나섰다. 토벌군이 우두성에 이르러 한솔 해명(解明)을 보내자, 백가가 항복하러 나온 것을 잡아 죽이고 시체를 백강(白江: 백마강)에 던져버렸다.

502 高句麗 21대 문자왕(文咨好太列帝) "명치(明治)" 11년

12월, 백제의 정치가 문란해 진 틈에, 문자왕이 군사를 이끌고 나아가 오월(吳越) 지역의 백제 점유지를 탈취하여 고구려 령으로 만들었다는데…

註) 〈한단고기(桓檀古記)〉에 의하면, 당시 중국 대륙에서의 백제의 영토가 요서(遙西)의 진평(晉平)과 강남

(江南) 월주(越州: 折江省 지방)에 속한 군현으로 산음(山陰), 산월(山越), 좌월(左越)이었는데, 11월에 고구려가 월주를 점령하고 12월에 또다시 군사를 보내 요서군(遙西郡), 진평군(晉平郡) 등을 공격하여 취하고 백제의 군(郡)을 폐지했다. 이보다 먼저 백제는 군사를 일으켜 제(齊), 노(盧), 오(吳), 월(越)의 땅을 평정하여 관서(官署)를 설치하고, 민호(民戶)를 조사하여 왕작(王爵)을 나누어 봉했었다고 했다. 연구할 과제이다.

百濟 25대 무령왕(武寧王) 2년

11월, 왕은 백가의 반란을 평정한 후, 달솔 부여우영(優永)에게 5천의 군사를 주어 고구려를 치게 하니, 우영은 수곡성(水谷城: 황해도 신계?)을 빼앗고 성책(城柵)을 쌓아 철령(鐵嶺) 이남까지의 영토를 회복했다. 백제가 망하다시피 한 상황을 몸소 체험했던 무령왕은 무엇보다도 군사력 배양과 실지 회복에 특히 힘을 쏟았다.

註) **무령왕(武寧王):** 동성왕(東城王)의 둘째 아들로 백제의 제2의 전성기와 국제화를 심화시킨 군주로서, 흔히 성왕(무령왕의 아들)을 중흥의 군주라고 하지만, 그 토대는 무령왕 때에 마련된 것이다. 무령왕 시대에 백제가 설치한 22개 담로(擔魯)는 원래 읍성(邑城)을 의미하는 것으로 왕자나 왕족을 파견하여 다스리던 백제의 지방행정구역인데, 이것이 무령왕에 이르러 백제의 해외거점을 역할을 하게 되어 지금의 제주도인 탐라(耽羅), 일본의 담로(淡路, 현재 일본에선 아와지라고 읽음) 등이 바로 담로이다. 이런 담로가 대만.필리핀 등지까지 뻗어나갔으니 백제의 상권(商圈)이 그만큼 넓었다는 차원에서, 백제는 적어도 동아시아를 영역으로 한 해양 국가였던 것이다.

503 百濟 25대 무령왕(武寧王) 3년

9월, 고구려의 부용세력인 말갈족이 다시 나타나 마수책(馬首柵)을 불태운 다음 고목성(古木城)으로 쳐들어오는 것을, 왕이 5천의 군대를 출동시켜 격퇴했다.

**"국호를 신라(新羅)로 통일"**

新羅(斯盧) 22대 지증 마립간(智證 麻立干) 4년

10월, 사로(斯盧), 사라(斯羅) 등으로 쓰던 국명표기를 같은 신라(新羅)로 정하고, 니사금(尼師今), 마립간(麻立干) 등으로 쓰던 왕호를 왕(王)으로 확정.

註) 이때에 신하들이 아뢰기를 "시조께서 창업한 이래 국호를 정하지 못하고 혹은 사라(斯羅), 혹은 사로(斯盧), 혹은 신라(新羅)라 하였는데, 신(臣) 등은 '신(新)'은 덕업(德業)을 일신(日新)한다는 뜻이요, '라(羅)'는 사방을 망라한다는 뜻이 있는 것인즉 그로써 국호를 정하는 것이 마땅할 줄로 생각되오며 또 예로부터 국가를 지닌 분은 다 제왕(帝王)이라 칭하였는데 우리 시조께서 나라를 세워 22대에 이르도록 다만 방언만을 칭하고 존호를 바로 잡지 못하였으니, 지금 여러 신하의 총의(總意)에 의하여 삼가 신라국왕(新羅國王)이라는 존호를 올리오' 하니 왕이 이를 응락했다. 지금까지 왕호(王號)로 거서간(居西干)이 하나, 차차웅(次次雄)이 하나, 이사금(尼師今)이 16, 마립간(麻立干)이 넷이었다.

**"물길(勿吉) 제압"**

504 高句麗 문자왕(文咨明王) 13년

10년 전(494년)에 동부여가 망하고 난 다음, 주변 지역에 고구려의 지배가 강화되면서 이에 반기를 드는 세력이 나타났다. 아성(阿城: 하얼빈 부근)을 중심으로 한 물길(勿吉: 肅愼族)이 수년에 걸쳐 북위(北魏)와 백제에게 고구려를 공격하고자 협조를 요청한 일이다. 왕은 보고만 있을 수 없었다. 이후 507년까지 3년 간 군사를 일으켜 물길을 제압하고 40여 개에 달하는 성(城)을 두고서 물길을 비롯한 여러 부족들의 지배권을 강화했다.

註) 이 당시에 확보한 부여지방의 경략은 후에 수.당 전쟁에서 주요 전쟁터가 된 요하 일대를 뒷받침해 주는 고구려 최대의 후방 전략기지의 역할을 감당하게 된다.

註) **물길(勿吉)**: 말갈(靺鞨)은 BC 4세기 무렵 숙신(肅愼)으로, AD 3세기경에는 읍루(挹婁)로, 6세기경에는 물길로 불리다가 7세기에 이르러 말갈로 불렸다. 이들은 뒤에 다시 여진(女眞)이라 호칭하였으며, 이들이 바로 금(金).청(淸)왕조를 건설한 종족이다. 이들은 일찍부터 송화강(松花江) 연안에 널리 퍼져 살면서 목축과 농업에 종사하였다.

505 新羅 22대 지증왕(智證 麻立干) 5년

9월, 이때 고구려와 백제는 계속 변경을 다투는 중이고, 백제와 신라는 서로 충돌은 없었으나 서로가 변경을 정비하는 중이었다. 지증왕은 국경 주변으로 파리(波里: 삼척군 원덕면 옥원리), 미실(彌實: 포항시 흥해), 진덕(珍德:?), 골화(骨火: 영천) 등 12개의 성을 쌓고, 이듬해(506년)에는 실직주(悉直州: 삼척)에 군주(軍主)를 두는 등 주군현(州郡縣) 제도를 정비하면서 고구려에 침략에 대한 북쪽 동해안 교통로 확보에 힘을 썼다.

506 百濟 25대 무령왕(武寧王) 6년

봄에 거듭된 흉년으로 백성들이 굶주리는 상황이자 왕은 창고를 열어 구제조치를 내렸던 상황에서 7월에는 말갈이 고목성(高木城)을 깨트리고 들어와 백성 6백여 명을 살상했다.

11월에는 고구려 문자왕이 백제를 치고자 출진하던 중 큰 눈을 만나 회군하기도…

507 百濟 25대 무령왕(武寧王) 7년

高句麗 문자왕(文咨明王) 16년

5월, 무령왕은 연이은 말갈에 대비하고자 이듬해에는 고목성(古木城) 남쪽에 2개의 목책을 세우고 장령성(長嶺城)을 축조했다. 그런데 10월, 이번에는 고구려 장군 고로(高老)가 말갈과 함께 한성(漢城)을 치려고 횡악산(橫岳山: 서울 삼각산) 아래 나와 주둔하고 있다는 소식을 전해 듣고 왕이 직접 군사를 몰고 나가 고구려 말갈 연합군을 쫓아버렸다.

註) 무령왕은 한편으로 불구대천의 원수 고구려를 압박하고 중국 양(梁)나라와 왜(倭), 신라와 깊은 관계를 맺었다. 그는 당대 세계화 국제화의 기수였으며, 위기에 빠진 나라를 반석 위에 올려놓은 국가 중흥(重興)의 영주였다.

510 百濟 25대 무령왕(武寧王) 10년

무령왕은 또 한편 가야(大伽倻: 경남 고령지방)에 대한 반격을 개시하여, 지금의 경남 하동과 거창 지역으로 압박해 들어가고…

### "위천(葦川) 전투"

512 百濟 25대 무령왕(武寧王) 12년

9월, 고구려군이 가불성(加弗城)을 습격하여 점령한 후 군사를 옮겨 원산성(圓山城)을 쳐서 깨트리고는 죽이고 약탈한 것이 심했다. 무령왕은 고구려군의 침공에 대해서는 철저한 보복으로 일관했는데, 직접 정예기병 3천을 이끌고 위천(葦川)의 북쪽에서 기습으로 고구려 침공군을 격멸시켰다. 이 사실을 양(梁)나라에 "고구려군을 여러 차례 깨트렸다"고 밝히자 "다시금 강한 나라가 되었다"는 평을 얻게 된다. 이제 고구려에 대한 설욕을 한 셈이다. 왕은 또한, 이른바 가야국의 임나 4현(縣)인 상다리(上哆唎), 하다리(下哆唎), 사타(娑陀), 모루(牟婁)를 점령하여 섬진강 하구인 여수, 순천, 광양 일대에 위치한 이들 지역을 차지하면서 영향력이 가야(加羅) 지역에까지 미치게끔 영토를 확장해 나갔다.

註) 무녕왕은 간난(艱難)의 길을 걸었던 백제의 정치상황을 거울삼아 안정을 추구하면서, 권력기반을 강화하는 동시에 안정시책이 백성들의 지지를 받았다. 그랬기에 무녕왕에 대하여는 "인자 관후하여 민심이 귀부했다"는 호의적인 평을 남기고, 재위 21년(521)만에 운명했다.

### "우산국(于山國: 鬱陵島) 흡수"

新羅 지증왕(智證王) 13년

6월, 명주(溟州: 강릉) 동쪽에 위치한 우산국(于山國: 울릉도)이 사방 1백 리로 천험(天險)을 믿고 항복해오지 않자 신라 하슬라주(何瑟羅州)의 군주(軍主)인 이사부(異斯夫)가 병선(兵船) 여러 척에 나무로 깎아 만든 가짜 맹수를 싣고 우산국에 가 "항복하지 않으면 맹수를 풀어 모두 짓밟히게 하겠다"고 위협하니 우산국 사람들이 겁내어 즉시 항복했다.

註) 당시 우산국을 무력(武力)으로 공략하기 어렵다는 표현이 나오는데, 울릉도가 비록 작지만 만만하지 않았던 해상왕국이었던 것으로 추정된다. 울릉도는 신라에 병합된 이후에도 육지와 거리가 멀었던 관계로 반(半)독립적인 상태를 유지했을 것으로 추정된다.

513 百濟 25대 무령왕(武寧王) 13년

11월, 대가야(大伽倻)가 세력 확장을 도모하고자 서쪽으로 진출하여 백제의 기문성(己汶城: 전북 임실, 남원)을 공략했다. 그러자 백제군은 즉각 반격에 나서 기문을 탈환한 다음, 여세를 몰아 대가야의 왜국 통로인 대사(帶沙: 경남 하동 일대) 지역으로 몰려들었는데…

註) 대가야가 대사지역을 잃은 것은 왜국과의 교역 중심항구를 잃은 것이다. 이후 가야는 백제와는 접근을 끊고, 신라 쪽으로 기울어 결혼 동맹(522)을 맺고, 이 우호관계는 신라가 다시 가야지역에 진출을 도모한 529년까지 7년 간 유지된다.

514 百濟 25대 무령왕(武寧王) 14년

3월, 대가야는 백제 침공을 저지하고자 자탄(子呑: 진주), 대사(帶沙: 하동)에 성을 축조하면서 만해(滿奚: 광양)에 이르게 하고 봉수대와 저택을 설치하면서 백제와 왜의 침공에 대비하고, 또한 이열비(爾列比: 의령)와 마수비(麻須比: 삼가)에 성을 쌓아 마단해(麻旦奚: 삼랑진)와 추봉(推封: 밀양)에까지 뻗치고, 사졸과 병기를 모아 신라를 압박해보려 했다. 그러나 한편 왜국은 이제 백제 쪽으로 기울어 왜국에 대한 외교적인 효력도 잃어가게 되는데…

515 百濟 25대 무령왕(武寧王) 15년

대가야는 축성사업 이후에도 해안지대에서의 중개무역 권리를 보호하기 위해 안팎으로 무력행사를 벌여 주위에 공포의 대상이 되었다. 이즈음, 왜에 갔던 백제의 사신 문귀(文貴) 장군이 왜국에서 귀국할 때 왜장 모노노베노(物部連)가 호송했는데, 호송 선단이 사도도(沙都嶋: 거제도 사등성 일대)에 이르렀을 때 가야인이 사납게 군다는 소리를 듣고 모노노베노는 문귀 장군을 신라에 상륙시킨 후, 수군 5백 명을 이끌고 곧장 대사강(帶沙江: 섬진강 하류 하동 지역)에 갔다가 가야군의 공격을 받고는 쫓겨나서 문모라(汶慕羅: 남해군 일대?)에 가서 정박했다. 이들은 1년이 지난 이듬해(516년) 천신만고 끝에 기문(己汶: 남원)에 도착했고 백제는 이들을 불러들여 후하게 교역 물품을 교환했다.

註) 대가야는 백제와의 대사진(帶沙津: 하동) 영유권 분쟁에서는 이겼으나, 백제와 왜는 이후로 기문(남원) 지역을 통해 교역을 지속하여 대가야를 따 돌렸다. 결국 대가야는 대외적인 고립에 직면하게 된 결과로 되어갔다.

521 百濟 25대 무령왕(武寧王) 21년

12월, 양(梁) 고조(高祖)가 조서를 보내와 왕에게 영동대장군(寧東大將軍)이라 했다.

註) 양(梁)나라 고조(高祖)는 왕에게 조서를 보내 책봉하여 말했다. "행도독백제제군사진동대장군백제왕(行都督百濟諸軍事鎭東大將軍百濟王) 여륭(餘隆)은 바다 밖을 지키며, 멀리 와서 조공을 바치고 그 정성이 지극함에 이르니 짐은 이를 가상히 여긴다. 마땅히 옛 법에 따라 이 영예로운 책명을 수여하여 사지절도독백제제군사영동대장군(使持節都督百濟諸軍事寧東大將軍)으로 삼는다."고 했다. 중국 대륙 복판에 있는 양나라가 한반도에 위치한 백제왕에게 바다 밖을 잘 지켜서 영동대장군이라는 작호를 주었다고? 중국에서 주어지는 작호는 아무에게나 주어지는 것이 아니다. 국경을 접하고 있는 강국이 주변국과 원활하게 지내려는 선린외교 정책 중에 하나이다. 31명의 백제왕들 중에 중국의 작호를 받은 왕에 근초고왕, 동성왕, 성왕, 위덕왕 등이 보인다. 이는 490년에 있었던 북위(北魏)와의 전쟁 기사처럼 백제가 한반도 이외에 중국 내륙에도 있었다는 말이 아니고는 설명이 안 된다. 더구나 양나라에서 볼 때 한반도의 백제는 동쪽이 아니라 동북쪽에 바다 건너 멀리 있어야 한다.

### "대가야와 신라의 혼인동맹"

522 新羅 23대 법흥왕(法興王) 9년

대가야(大伽倻) 이뇌왕(異腦王)은 백제와의 대결에 실패한 이후, 왜와의 교통도 여의지 못한 상태에서 대외관계에 고립을 피하고자 신라에 혼인을 청해 신라 이찬 비조부(比助夫)의 딸을 맞아 혼인동맹을 맺으면서 열세를 극복하려고 애썼다. 한편으로 신라는 가야 방면으로의 영토 확장의 의지는 있으나 아직 움직일 수준은 아니었다. 마침 가야로부터 청혼이 들어오자 이를 장차 통합의 좋은 계기로 보고 수락했다. 그런데 7년 후…

註) 신라와 이루어진 혼인 동맹도 결국 서로간의 자존심 경쟁으로 7년 후(529년 3월)에 이른바 변복사건(變服事件)으로 깨지고 탁순국(卓淳國: 창원)까지 신라의 공격을 받게 되어 탁기탄국(㖨己呑國: 영산 또는 밀양)이 망하게 되면서 힘이 빠진 고령의 대가야는 불신을 받고, 반대로 함안의 안라가야가 가야의 주도세력으로 부상하게 되어 갔다.

523 百濟 26대 성왕(聖王) 원년

5월, 무령왕의 아들로서 즉위한 명농(明穠: 성왕)은 고토를 회복하기 위해 재위 32년 동안 내내 고구려와 그야말로 사투를 벌였다. "지혜와 식견이 뛰어나 사람들이 성왕이라 했다." 또한 인우(因友), 사오(沙烏) 등에게 명하여 한북주(漢北州)의 장정을 동원시켜 쌍현성(雙峴城)을 쌓았다.

8월, 한편으로 고구려군이 남하하여 패수(浿水: 청천강?)에 이르자 왕은 좌장 지충(志忠)에게 보기(步騎) 1만을 주어 보내 격렬한 공방전 끝에 고구려 침공군을 물리쳤다. 또한, 신라와는 사절을 보내 우호를 굳히면서 2년 후에는 정식으로 우호관계를 맺었다.

註) **무령왕릉의 발굴이 말해 주는 것** : 1971년에 발굴된 웅진 무령왕릉에 기록된 지석의 내용이 충격적이다. '영동대장군 백제사마왕이 62세 되는 계묘년(523년) 5월 7일 임진 날에 돌아가셔서 을사년(525년) 8월 12일 갑신 날에 이르러 대묘에 예를 갖추어 안장하고 이와 같이 기록한다.' '병오년(526년) 12월 백제왕 대비가 수를 다해 돌아가시니 서쪽 땅에 빈장으로 모셨다가 기유년(529년) 2월 12일에 개장하여 다시 대묘에 안치했다.' 이는 526년에 왕비가 죽고 529년에 무령왕 봉분에 합장하기 위해 3년 동안 빈장(殯葬)을 마쳤다는 기록으로 해석한다. 그런데 임종 전에는 서쪽 땅에서 살았다는 것이다. 서쪽이 어디인가? 진짜 중요한 부분은 '전일만문(錢一萬文)의 우건(右件)에 대하여 을사년 8월 12일 영동대장군 백제 사마왕은 전건(前其件))의 전(錢)으로 토왕과 토백 토부모 상하중관에게 이천석을 주고 신지(땅)를 사서 묘를 만들고 권(券)을 작성하노니 앞으로 이 토지에 관해서는 율령을 따르지 않을 것임을 명백히 해둔다.'인데, 즉, 다시 해석하면, 을사년(523년) 8월 12일에 백제 사마왕(무령왕)은 돈(錢) 이천석을 주고 신지(申地)땅을 사서 묘를 만들고 토지매입권(부동산 등기부)을 작성하니, 이곳 법령이 이 땅을 좌우할 수 없다.'는 권리 표시이다. 다시 말해서 이곳은 백제 땅이 아니란 말인데, 지석에 표시된 토왕은 이곳을 다스리는 왕국의 왕을 말하고, 토백은 이 지역을 관장하는 지역 책임자이며, 토부모는 땅 주인이고, 상하중관은 이 지역의 행정 관료를 뜻한다. 이러하니 이곳은 분명 백제 땅이 아니란 말이다. 자기 나라 땅에서 왕릉을 만드는데 토지 매입을 했다? 말이 안 된다. 무령왕과 왕비가 서쪽 땅에서 왔다면 그곳은 어디일까? 무령왕 21년(521년)에 양나라 고조는 왕에게 조서를 보내면서 '영동대장군(寧東大將軍)'이라 했다. 즉, 무령왕의 왕도가 양나라 동쪽에 있다고 봐야 한다. 백제가 한반도의 백제라면 '영동북대장군(寧東北大將軍)'이라 해야 맞다. 또한 무덤의 건축 양식과 화려한 유물들이 하나같이 양나라와 그 인접의 대륙 문화의 산물이다. 또한 관(棺)의 재질을 분석하니 중국 저장성 태주(台州)에서 생산되는 금송으로 만들어졌다는 주장도 있다. 당시 양나라는 지금의 난징(南京) 지역이었고, 그 동쪽 땅은 지금의 상하이(上海)와 저장성(浙江省)으로 보인다. 중국 문헌에는 이곳을 월주(越州)라고 한다. 구당서(舊唐書)에는 월주 백제의 존재를 밝히고 있다고 한다. 이를 종합하면 당시 백제는 한반도가 아니라 중국 대륙에 있었다고 보는 것이 맞다. 또한 백제의 유물로서 무령왕릉 말고는 한반도 지역에서 찾을 길이 없다. 역시 연구과제이다.

526 百濟 26대 성왕(聖王) 4년

10월, 웅진성(熊津城)을 보수하고 사정책(沙井柵)을 세웠다.

註) 사정책의 책(柵)은 본래 '우리(울타리)'를 경계 짓는 목책(木柵)에서 출발했는데, 안보의 방어선 구축으로 보아야 한다. 웅진성 방어의 보조 수단으로 보인다.

당시에는 불교 스님들의 중국 유학이 전성기를 이루는데, 주로 중국이 그 대상지였다. 그런데 백제 승려 겸익(謙益)은 521년에 바닷길로 인도로 출발하여 5년을 머문 후에 인도의 승려와 함께 불교 경전을 싣고 돌아오는데, 이는 중국을 거치지 않고 인도에서 직접 불교를 수입한 최초의 사례가 되었다.

註) 성왕은 겸익 일행을 크게 반겼으며 흥륜사에서 38명의 고승들과 함께 율부(律部) 72권을 번역하도록 했고, 이후 그는 율종(律宗)을 보급하는데 힘써 백제 율종의 비조(鼻祖)가 되었다. 당시 인도 불교의 중심지 나란다 사원에서는 고구려와 신라의 승려들을 쉽게 만날 수 있었다고 한다. 이밖에도 인도 각지에 삼국 승려들의 발길이 끊이지 않았다.

**"이차돈(異次頓)의 순교(殉教)"**

527 新羅 23대 법흥왕(法興王) 14년

8월 5일, 왕이 불교를 국교(國教)로 삼고자 했으나 재래의 토착신앙에 젖은 조신(朝臣)들의 반대로 뜻을 이루지 못하고 있었다. 이때 그는 조신들의 의견에 반대, 불교의 공인(公認)을 주장하던 끝에, 이차돈(異次頓)이 5순교를 자청하고 나서서 "만일 부처가 있다면 자기가 죽은 뒤 반드시 이적(異蹟)이 있으리라"고 했다. 그의 말대로 그의 잘린 목에서 흰 피가 나오고 하늘이 컴컴해지더니 꽃비가 내리는 기적이 일어나자 신하들도 마음을 돌려 불교를 공인하게 되었다.

註) 521년에 남조(南朝)인 양(梁)나라와 국교를 맺은 후 양나라 무제(武帝)가 보낸 승려 원표(元表)에 의하여 신라 왕실에 불교가 알려지자, 왕은 불교를 수용하고 이를 진흥시키려 했지만 귀족의 반대로 실패하고 왕의 총애를 받던 이차돈(異次頓)마저 희생시켰다. 실제로 이차돈의 목에서 흰 피가 나오는 기적은 없었다. 다만, 왕은 이를 왕권 중심의 새로운 지배체제로 개혁하기 위해 불교를 공인하여 나라의 정신적 지주로 삼아, 신라를 한 단계 도약시켜 중앙집권체제와 왕권강화를 기하고자 했던 것이다. 당시 고구려와 백제는 이미 중앙집권 체제를 구축하고 세력 확장을 하고 있을 때 신라는 아직도 6부 연맹 체제를 벗어나지 못하고 있었다. 이로서 이차돈의 순교는 신라의 전성기를 이루게 한 기적을 만들어준 계기가 된 사건이 되어 주었다.

**"춘향전의 원형: 연애전쟁(戀愛戰爭)"**

529 高句麗 22대 안장왕(安藏帝) 11년

百濟 26대 성왕(聖王) 7년

빼앗긴 한강유역의 확보를 위해 문자왕의 장자인 흥안(興安)이 왕자 시절에 정탐을 다니다가 백제군을 피해 개백(皆伯: 경기도 고양시 幸州지방)의 어느 집에 뛰어 들었다가 그 집 딸 한주(韓珠)를 보고 미모에 반해, 마침내 부부의 정을 통한 뒤 재회를 약속하고 도망친 적이 있었다. 그 후 흥안은 왕위에 오른 후에 계속

백제를 쳤으나 성공하지 못했다. 이때 개백현(皆伯縣) 태수가 한주를 첩으로 삼기 위해 모든 수법으로 달래던 중, 한주는 일편단심의 노래를 지으며 저항하니 태수는 한주를 죽이려 했다. 왕은 이 소식을 듣고 장수들에게 "개백현을 회복하고 한주를 구해오면 천금과 만호후에 봉한다"고 했다. 이때 을밀(乙密)이 왕의 딸인 안학(安鶴)공주를 좋아하고 이에 자청하여 한주를 구하겠다 하며, 성공하면 안학을 아내가 되도록 청하자 왕은 이를 허락했다. 을밀은 수군(水軍) 5천을 이끌고 바다로 가고, 왕은 육로(陸路)로 진격했다. 을밀이 결사대 20명으로 개백현을 습격하고 "고구려 10만이 쳐들어 왔다"고 소리치며 백제군을 혼란에 빠트렸다. 전격적인 기습으로 개백현과 혈성(穴城: 경기 일산 고봉산)을 빼앗아 항복을 받으니, 왕은 한주를 만나고, 을밀은 안학을 맞았다.

10월, 이때 백제 성왕은 혈성(穴城: 경기도 고양시 일산)을 탈환하고자 좌평 연모(燕謨)에게 3만의 군사를 주어 반격했으나, 고구려군과 오곡(五谷)의 벌판에서 격전 끝에 병사 2천을 살상 당하고 물러나면서 이로부터 한강 이북이 다시 고구려에 속하게 되었다.

註) 〈한단고기〉 중에서: 평양에 을밀대(乙密臺)가 있는데, 을밀선인(乙密仙人)이 세웠다고 전해진다. 을밀(乙密)은 안장왕 때 조의(皁衣)가 되었으며 본래 을소(乙素)의 후손이다. 독서하고 습사(習射: 활쏘기)하며 삼신(三神)을 노래하고 무리를 받아 수련하니 일세의 조의(皁衣)였다. 그 무리 3천이 운집하여 다물흥방의 노래(多勿興邦之歌)를 부르고, 이로 인해 그 몸을 버려 뜻을 온전히 하는 기풍을 일으켰다. 을밀선인은 일찍이 대(臺)에 살면서 제천연습(祭天修鍊)에 전념하였다. 대개 선인(仙人)수련의 법은 참전(參佺)으로 계(戒)를 하고, 이름을 건전히 하여 서로 영화롭고 나를 희생하여 사물을 존립시키며 몸을 버려 의(義)를 지킴으로써 백성을 위하는 식풍(式風)인 것이다. 천추를 우러러 감흥을 일으키니 역시 사람을 존중하는 상징인 것이다. 후에 그 대(臺)를 가리켜 을밀대(乙密臺)라 했다.

新羅 23대 법흥왕(法興王) 16년

대가야(大伽倻) 이뇌왕(異腦王)은 7년 전(522년) 신라의 왕족의 딸과 혼인을 할 때 신라가 시종 100인을 딸려 보냈었다. 이뇌왕은 이들을 여러 나라에 나누어 배치했는데, 나중에 신라가 이들에게 신라의 의복을 입도록 조치하자, 이에 탁순국(卓淳國: 창원) 아리사(阿利斯) 등이 몹시 화가나 시종들을 내쫓으려하니, 신라는 이를 트집 잡아 혼인을 파기하고 왕녀의 송환을 요청했다. 이뇌왕은 이미 아이가 있어 보낼 수 없다고 했다. 신라 법흥왕은 기회다 여기고 탁순국으로 쳐들어가 3개성(城)과 북쪽 변경 5개성을 함락했다.

### "안라회의(安羅會議)"

새로이 가야세력의 중심국이 된 안라국(安羅伽倻)이 주최한 안라회의(安羅會議)에 신라, 백제, 왜국이 초청되었다. 신라가 다시 가야지역으로 진출하려하자, 이를 외교적으로 막아보려는 의도였다. 백제는 적극적이었으나 신라는 불참했다. 백제는 고구려의 압박을 심히 받는 상황에서 가야와 왜국에 친밀감을 보이려 한 것이다. 그런데 안라국이 전과 달리 왜국에 친밀감을 보이며 백제의 말을 들으려하지 않아 고약했다. 백제 성왕은 불안하면서도 불쾌했다. 그런데 한편으로, 신라 이사부(異斯夫)가 군사 3천을 이끌고 나와 왜국 사신을 만나려하니 왜의 사신 게나노오미(毛野臣)는 그 군세에 놀라 웅천(熊神縣: 창원군 웅천면)에서 다시 기길기리성(己叱己利城: 마산)으로 이동했다. 이사부는 다다라(多多羅: 부산 다대포)에 나가 왜의 사신을 3개월이나 기다렸으나 반응이 없자 부근 4개 촌을 평정하고 돌아갔다.

註) 이 당시 남가라(南加羅: 김해 금관가야), 훼국(喙國), 탁순국(卓淳國: 창원지방)의 3가야국이 신라에게 지리멸렬되자, 백제 성왕이 주도가 되어 왜국과 위 3가야의 대표가 모여 망한 3가야국을 부흥시킬 방책을 의논하려 한 것이다. 그러나 신라는 끝까지 강경하게 나왔다. 이때 이사부가 평정한 4개 촌은 다다라(多多羅: 다대포), 수나라촌(須那羅村: 금관, 김해), 화다(和多:위타 ?), 비지(費智: 배벌 ?)로서, 이로 인해 남가라 즉, 금관국(金官伽倻)이 실질적으로 멸망한 것이라 하겠다.

530 百濟 26대 성왕(聖王) 8년

9월, 왜의 사신 게나노오미(毛野臣)는 구사모라(久斯牟羅: 창원)에 2년 동안이나 머물러 있으면서 여기에 세력을 심으려고 획책했는데, 이 때문에 탁순국(卓淳國: 창원) 아리사등(阿利斯等)은 이번에는 왜인 사신을 제외한 채, 탁순-백제-신라의 3자 협정으로 안정을 도모하고자 왜인을 쫓아내기 위한 군사지원을 요청했다. 그런데 이틈에 안라국 걸탁성(乞乇城: 경남 함안 부근)에 진주해있던 백제군이 게나노오미를 공격하여 패배시켰다. 게나노오미는 나중에 왜국으로 돌아가는 도중 대마도에서 죽었다.

**"가야(伽倻) - 바람 앞에 등불"**

531 百濟 26대 성왕(聖王) 9년

성왕은 고구려가 내부정변을 겪는 중이고, 왜국도 어떤 변고가 있다는 것을 알아내고는, 절호의 기회라 여기고 안라국(安羅伽倻)으로 공격해 들어가 걸탁성(乞乇城: 함안 부근)을 점령해버렸다. 안라국은 대책 없이 밀리면서 싱겁게 끝나는데…

註) 당시 백제는 남원, 임실 등 지리산 주변과 하동을 중심으로 섬진강 일대를 다스리고 있었다. 이번 진출로 진주 남강을 거쳐 함안 근방까지 세력을 넓힌 것이다. 함안의 안라국이 가야세력의 중심이 되어가면서 자주적이고 친왜적(親倭的)인 성향에 제동을 걸려고 한 것이 목적이었다. 이제는 서남 일대의 가야 여러 나라들까지 백제 영향권으로 들어가게 되었다.

**"금관가야(金官伽倻)의 신라 합병"**

532 新羅 23대 법흥왕(法興王) 19년

김수로(金首路)가 세운 금관가야(金官加羅: 경남 김해 지역)는 광개토왕의 남방정벌(400년) 이후 위축되어 명맥만 유지해 오던 중이었다. 게다가 대부분의 가야세력이 백제의 영향권으로 들어간 이후, 신라가 정벌군을 일으킨다 하니 대항할 여력이 없었다. 금관국왕 구해(仇亥)는 먼저 동생을 신라에 보내고, 뒤이어 와서 항복하고 나라는 신라에 병합했다. 이때 투항한 가야의 귀족들에게는 그 작위에 해당하는 관위를 주고 왕족은 진골(眞骨)에 편입시키는 등 파격적인 대우를 해주었다.

註) 가야는 이제 대가야(大伽倻: 任那伽倻, 고령지방)와 안라국(安羅伽倻: 함안지방)만 남았다. 이들은 신라와 백제에 치어서 혹은 협조하고 혹은 버티기도 하면서, 또 왜국에 외교를 트기도 하면서 나라 살림을 이어가게 되는데…

註) **금관가야(金官伽倻):** 낙동강 하류 김해 일대를 차지한 부족국가로 본가야(本伽倻)라고도 하며, 원래 9촌(村)의 장(長)이 있어서 각 촌을 다스리다가, 수로왕이 나와서 9촌을 통일했다고 한다. 수로(金首露)왕부터 구형(仇衡)왕까지 10대 491년 간 유지했으며, 그 지리적 위치가 낙동강 하류의 해안지대이므로 왜인(倭人)과 한인(漢人) 무역선의 왕래가 빈번했을 것으로 보아 경제, 문화적으로도 상당히 발달했었던 나라로 짐작된다. 이때 항복한 가야 구해왕의 아들 중 셋째아들이 서현(金舒玄)이고, 서현의 아들이 곧 유신(金庾信)이다.

### "안라왜신관(安羅倭臣館)"

534 百濟 26대 성왕(聖王) 12년

백제군은 530년에 게나노오미를 쫓아낸 이후, 탁순국(卓淳國: 경남 창원) 북방에 성을 쌓아 군대를 주둔시키고 이곳까지의 통로를 확보하면서 신라의 반격에 대비해 포나모라(布那牟羅: 함안군 일대) 등 구례산(久禮山) 5개 성을 확보해 두었다. 이제 가야 서남부지역에 군대를 주둔시키면서 신라의 진출을 일단 억제한 백제는 안라국(安羅伽倻)에 친백제 왜인관료 이키미(印岐彌)를 파견하여 안라왜신관(安羅倭臣館: 安羅日本府)을 설치했다.

註) 백제는 구례5성(久禮山 5城)을 축조하여 탁순국(창원)에 압력을 넣을 수 있게 되자, 가야 남부세력에 새로운 중심으로 떠오를 안라국에 친백제계 왜인들이 상주하는 기구를 설치하고, 이를 매개로 하여 대외 교섭에 유리한 탁순로(卓淳路: 함안의 안라국에서 창원의 탁순국을 거쳐 바다로 왜에 연결하는 통로)를 설치 운영하기 위해 이키미를 파견한 것이다.

註) **갈수록 위축되는 가야세력:** 신라가 낙동강 동쪽을 차지하자 백제는 가야의 서부지방으로 진출하고자 했다. 백제는 가야인들이 백제의 지원으로 동부의 부흥을 꾀하려하자 이를 기회 삼아 노골적으로 간섭하여 신라와의 동맹이 깨지는 단계까지 가는데, 한편 왜국은 김해지방에 임나일본부(任那日本府)와 함안지방에 위치한 안라국에 안라일본부(安羅日本府)를 두어 철과 선진문물을 수입해가고 있었다. 가야는 이들 일본부(日本府)를 적극 지원했는데, 아마 왜국의 군사지원을 얻는 것처럼 보이게끔 외교적으로 이용하기도 했을 것 같다. 당시 가야지역의 중심으로 안라(安羅: 함안), 가라(加羅: 고령), 졸마(卒麻), 산반해(散半奚), 다라(多羅: 합천), 사이기(斯二岐), 자타(子他: 거창), 구차(久嗟: 고성) 등이 있었으며, 이중에 왕을 칭할 수 있는 유력자는 가라왕, 안라왕 정도였다. 백제 중흥을 도모하던 성왕은 이들에게 문물을 베풀면서 유인하여 신라에 대한 견제를 하고자 할 때였다.

### "사비성(泗沘城)으로 도읍을 옮기고…"

538 百濟 26대 성왕(聖王) 16년

봄, 왕은 도읍을 사비(泗沘: 부여)로 옮기고 국호를 「남부여(南夫餘)」라 했다. 회복된 국력을 바탕으로 부여에서 이어지는 법통을 분명히 밝히는 한편 고구려와의 대등한 관계를 확고히 하면서, 내란과 음모로 점철된 좁은 지역인 웅진(熊津: 공주)을 떠나 넓은 평야를 끼고 있는 사비로 천도하여 새로이 국가 경영의 토대를 마련하고 싶었다.

註) **남부여(南夫餘):** 북쪽에 사라진 북부여(北夫餘)를 대신해서 부여의 정통을 이어 간다는 의미이겠다. 그러나 성왕 이후에 나타나는 묘지 명문에 '백제'라고 표기한 것으로 보아 '남부여'라는 국호는 오래 사용하지 않은 것 같다. 여기서 백제사를 도읍지별로 구분한다면, 한성시대(BC 18~AD475), 웅진시대(475~538), 사비시대(538~660)로 볼 수 있다. 이를 다시 세분하여 보면: ① 전기 한성시대(BC 18~AD369)는 한강 하류에 조그만 성읍(城邑)국가로 태어나 차츰 주변을 병합하면서 마침내 마한의 여러 나라를 정복하면서 큰 나라가 되기까지 기나긴 과정이고, ② 후기 한성시대(369~475)는 마한 합병부터 고구려의 침공으로 한성이 함락되어 웅진으로 내려간 1백년, ③ 웅진시대는 힘겹게 명맥을 이어가면서 회복을 몸부림치던 시대, ④ 사비시대는 삼국 간에 치열한 전란기(戰亂期)로 쉴 새 없이 전개된 신라와의 전쟁 등으로 국력소모가 많다가 망할 때까지의 기간으로 나누어 볼 수 있다.

**"우산성(牛山城) 전투"**

540 百濟 26대 성왕(聖王) 18년

高句麗 23대 안원왕(安原王) 10년

9월, 성왕은 장군 연회(燕會)를 시켜 고구려 우산성(牛山城: 충남 청양읍)을 포위하자, 고구려는 즉각 정병 5천을 별도로 보내 백제군을 물리쳤다.

**"제1차 사비회의(泗沘會議: 任那 復興會議)"**

541 百濟 26대 성왕(聖王) 19년

4월, 가야연맹은 대가야(大伽倻)와 안라(安羅伽倻)의 이원체제로 안정을 이루면서 서로가 공동보조를 유지하면서 신라 중심의 회의를 시도했으나 거절당하고, 다시 백제에 요청하여 모임이 이루어졌다. 이 회의에는 안라(安羅: 함안), 가라(加羅: 고령), 졸마(卒麻: 함양), 산반해(散半奚: 합천 초계), 다라(多羅: 합천 쌍책), 사이기(斯二岐: 의령 부림), 자타(子他: 진주) 등의 7개 소국 한기(旱岐)들과 안라왜신관 관리들 즉, 가야연맹을 대표하는 사신단이 백제 사비성에 모였다. 그러나 백제 성왕이 가야세력들을 마치 부용국(附庸國)으로 취급하려 하면서 회의는 실패로 끝났다. 왜신관의 친(親)안라계 왜인관리를 내쫓으려는 성왕의 뜻이 거절된 것이다.

7월, 그러나 백제는 가야 여러 나라들의 정사를 의논하기 위해 사신을 왜국에 파견했고…

543 百濟 26대 성왕(聖王) 21년

이즈음, 성왕의 영토 확장 사업은 계속되어, 가야지역에는 이들 점령지역에 군령(郡令)과 성주(城主)를 배치하여 행정지배를 단행했다.

註) 가야 남부지역에 유일한 독립지대였던 탁순국(卓淳國: 창원)이 538년 경 백제가 부여 천도 등 내부 수습으로 빈틈을 보이는 사이, 친신라계와 친백제계로 나누어진 골치 아픈 내부 세력싸움을 해결하고자 신라를 끌어들여 투항하니, 백제 성왕은 닭 쫓던 개 지붕 쳐다보기로 그냥 남부지역을 놓치고 말았다. 이후 왕은 서둘러 가야 서쪽을 점유해 나간 것이다.

11월, 한편으로 왜국은 백제에 사신을 보내 가야에 관한 정사를 논의하고 있어 이제 가야 문제에 관한 한 백제가 주도권을 잡아가는 분위기로 되어간다.

註) **백제와 왜의 관계:** 이즈음 백제와 왜의 관계를 용병(傭兵)관계로 볼 수 있는데, 백제는 선진문물을 왜는 군대를 서로 주고받는 관계로 굳혀졌다. 즉, 백제는 오경박사(514년), 부남(扶南)의 재물(543년), 학자(學者)(548년)를 보내는 대신, 왜국은 백제에 대해 군대 이외에도 말 43필(511년), 주사(舟師)(515년), 말 70필과 선박 11척(546년), 축성인부 370명(548년)을 보냈다. 결과적으로 왜국은 백제에의 대외 의존도가 심화되어 있는 상태이었다.

註) **백제의 해양 전통과 대외 개방성:** 이즈음 백제는 제주도, 일본 북부 규슈(九州), 오키나와, 타이완, 필리핀군도(群島) 흑치국(黑齒國), 인도차이나 반도, 인도에 이르는 일대 해상 교역로를 통해 먼 지역과 문물을 활발하게 교류할 때였다. 승려 겸익(謙益)은 뱃길로 인도에 들어가 불경을 구해오기도 했는데, 6세기 중반에는 오늘날 캄보디아 지역에 해당하는 부남국(扶南國)과도 교역했고, 페르시아 직물을 수입하기도 했으며, 인도양과 태평양에 서식하는 패류(貝類)인 야광패(夜光貝)도 들여왔다. 백제와 중국 지역의 교역 항로는 한반도 서남부, 요동(遼東)반도, 발해만, 산동(山東)반도, 남경(南京) 지역으로 이어져 있었지만, 고구려 연안을 거쳐야 하므로 안전했다고 보기는 어렵다. 백제는 고구려 수군(水軍)이라는 위험 요인을 극복하고 중국 지역과 교류했으며, 한반도 서남부에서 산동반도로 가거나 흑산도를 거쳐 곧바로 남경 지역으로 향하는 항로를 이용하기도 했다.

544 百濟 26대 성왕(聖王) 22년

3월, 탁순국이 자체 내분을 겪다가 신라에 투항한 이후, 신라는 한 걸음 더 나아가 구례산성(久禮山城: 함양군 칠원면)에 주둔한 백제 군사까지 쫓아냈다. 성왕은 회고하면서 "봄에 신라가 탁순을 취하고, 우리 구례산성을 쫓아내고 나서 마침내 그를 가졌다"고 했다.

註) 백제는 이로서 가야지역에 진출하기 위한 전진기지를 잃었다. 반면에 안라국은 백제가 설치하였던 왜신관(倭臣館)을 친(親)안라 왜인으로 재편성하여 그 기구를 장악하고 신라와의 교통에 안전을 기하면서 안정을 꾀했다.

**"제2차 사비회의(泗沘會議: 任那 復興會議)"**

11월, 외교적으로 왜국 사신이 안라국에 유리한 입장을 보이자, 성왕은 다시 회의를 소집했다. 3년 전 1차 회의에 참석했던 대표들 외에 구차(久嗟: 고성)국이 참여하여 8국 대표가 왜신관 관리와 함께 사비성에서 만났다. 여기서 임나(任那伽倻) 보호를 위해 왜군을 요청하는 문제, 백제의 군령이나 성주를 받아들일 수 없다는 문제, 일부 왜신관 관리들을 본처로 송환하는 문제 등. 그러나 최종 결론을 가야 세력들이 일본대신(日本大臣: 왜신관의 대신) 및 안라왕(安羅王), 가라왕(加羅王)에게 미루면서 회의는 또 결렬되었다.

註) 백제 성왕은 임나를 보호하기 위해 신라와 안라의 경계지역인 낙동강변에 6성을 쌓고, 그곳에 왜군 3천과 백제군을 함께 주둔하되 비용은 백제가 내겠다고 했다. 성왕은 이를 바탕으로 신라군을 공략하여 구례산 5성을 회복하여 탁순로를 다시 장악하고자 했다.

**"권력투쟁의 희생양 - 안원왕의 죽음"**

545 高句麗 23대 안원왕(安原王) 15년

12월, 내부 권력암투가 표면으로 터졌다. 안원왕의 첫 부인이 아들 없이 죽자, 중부인 세력인 추군(麁群)과 소부인 세력인 세군(細群)이 각기 자신들의 아들을 왕위에 앉히려고 쟁탈전을 벌여 5일간의 전쟁 같은 싸움판 속에 왕이 죽었다. 패배한 세군 쪽의 죽은 자가 2천 명이나 되었다고 한다. 얼마나 추잡한 작당이기에 "한쪽은 거칠고 추잡한 무리"라고 추군이고, 또 한쪽은 "잔달고 보잘 것 없는 무리"라고 세군이라 했을까…, 여하튼 승리한 쪽의 왕자가 8세의 나이로 즉위하니 이가 양원왕(陽原王)이다.

註) 당시 북위(北魏)는 534년에 내분이 일어나 동위(東魏)와 서위(西魏)로 분열되었고, 남조의 양(梁)나라가 이전의 송(宋)에 비해 국력이 약해졌으며, 북쪽의 유연도 쇠약한 상태이며 고구려 역시 마찬가지이어서 주변에 큰 변화는 없는 시기였다. 남쪽의 백제와 신라 또한 자체의 국력확보에만 급급한 상태인지라 외부의 위협이 없는 대신, 장기간의 평화의 탓인지 고구려에는 귀족층간의 내부 알력이 생겨 오히려 내란이 발생하는 지경이었다. 165년 명림답부의 혁명 이후 연나부가 오랫동안 왕비를 계속 배출해서 권력의 정상에 있단 상황이 후기까지 비슷하게 나타나지만, 이후 왕권이 현저하게 약화되고 귀족들의 상호견제로 운영되는 체제가 연개소문의 집권 직전까지 이어진다. 평화가 때로는 쓴 약이 된다.

547 高句麗 24대 양원왕(陽原王) 3년

양원왕은 북쪽 돌궐(突厥)의 세력이 강해짐에 대비하고자 서북방의 군사 요충지인 백암성(白岩城)을 개축하고, 신성(新城)을 수리했다.

註) **돌궐(突厥):** 새롭게 등장한 돌궐은 유연의 예속민으로, 추장 토문(土門)에 이르러 독자적인 세력으로 성장하여 542년에는 중국의 변방을 침공하기도 하고 545년에는 서위(西魏)와 교섭하여 실력을 키우다가 552년에는 유연을 공격하여 왕을 죽이며, 555년에는 유연을 멸망시키면서 새로운 지배자가 되어간다. 한편, 내부 분쟁을 수습한 고구려 양원왕은 3가지 일을 적극 추진한다. 도성(都城)건설과 요동방위, 그리고 고토(古土) 회복작전이다.

**"독산성(獨山城)의 사연"**

548 高句麗 24대 양원왕(陽原王) 4년

百濟 26대 성왕(聖王) 26년

新羅 24대 진흥왕(眞興王) 9년

1월, 왜국이 백제의 요청을 받아들여 군사를 보내줄 것을 약속하자, 안라국(安羅伽倻)은 위협을 느꼈다. 안라 부근에 백제-왜 연합군이 부근 6성에 주둔하면 결국 백제의 속국이 될 것이다. 그래서 안라국은 대항체제의 여유를 얻기 위해 고구려에게 백제 정벌을 요청했는데…, 이 때문에 고구려가 예(濊)의 군사 6천을 동원하여 불시에 독산성(獨山城: 馬津城: 충남 예산읍)을 공격했다. 성왕은 사태가 위급하게 돌아가자 신라에 구원병을 청하니…

2월, 신라 진흥왕(眞興王)은 즉각 장군 주령(朱玲)에게 군사 3천을 주어 보내자, 주령은 주야로 달려와 독산성 아래에 이르러 급히 백제군과 합세하여 한번 싸움으로 고구려군을 물리쳤다.

註) 결국 이 싸움은 안라국(安羅伽倻: 경남 함안)이 고구려를 부추김으로 해서 일어난 전쟁임이 드러났고, 이로 인해 백제 성왕은 가야에 대한 압박을 늦추지 않았으며, 또 신라와 백제 간에는 동맹을 더욱 굳게 다지는 결과로 발전되었다. 왜국은 이때 축성인부 370명을 보내왔다. 안라국으로 서는 갈수록 입장이 고약해졌다.

549 高句麗 24대 양원왕(陽原王) 5년

百濟 26대 성왕(聖王) 27년

고구려 양원왕은 더 많은 병력으로 도살성(道薩城: 청주 지방)에 진입하고, 백제는 금현성(金峴城: 충북 진천)에 웅거하여 반년동안 격전을 벌이며 승패 없이 대치했다. 이때 신라의 출병은 없었다. 이러한 중에 안라국은 더 이상 백제에 대항할 계책이 없었다. 백제 성왕은 안라국과 왜국에 선진 문물을 매개로 하여 영향력을 강화해 나아가 가야연맹을 반 속국으로 만드는 등 대맹주(大盟主)의 위치를 굳혀나가게 되었다.

**"한강(漢江) 유역 쟁탈전"**

550 高句麗 24대 양원왕(陽原王) 6년

百濟 26대 성왕(聖王) 28년

新羅 24대 진흥왕(眞興王) 11년

이번에는 1월에 백제 장군 달사(達巳)에게 군사 1만을 주어 보내 고구려군에게 빼앗겼던 도살성을 쳐서 탈환하였고, 3월에는 고구려군이 백제의 금현성을 함락하는 등 치열한 공방전으로 양군이 지친 틈에, 신라의 이찬(伊湌) 이사부(異斯夫)가 기습하여 이 두 성을 모두 빼앗아 버리고 성을 더 높이 쌓으면서 무장병 1천을 배치하는 사건이 발생했다. 이제 신라와는 우호이건 동맹이건 간에 다 끝장났다.

**"돌궐-고구려-백제의 난타전, 그리고 신라의 배신"**

551 高句麗 24대 양원왕(陽原王) 7년

百濟 26대 성왕(聖王) 29년

新羅 24대 진흥왕(眞興王) 12년

9월, 돌궐(突厥: 터키族)이 몽골지방으로부터 고구려에 침범해와 신성(新城: 요령성 무순)을 포위했다가 이기지 못하고 백암성(白岩城)으로 옮겨 공격하므로 양원왕은 고흘(高紇)에게 1만의 군사를 주어 보내 돌궐군 1천을 참살하며 격퇴했다.

註) **돌궐(突厥):** 돌궐(突厥)의 정식 명칭은 'Kok Turk'로 '하늘에 속한 신성한 투르크'라는 의미이다. 이로부터 투르크가 정식 종족명으로, 또한 국명으로 사용되어 오늘날까지 지구상에 다양한 투르크계 종족이 연대의식을 가지고 있다. 당시의 돌궐은 내륙(內陸) 아시아에서 패권을 장악하는 것이 제1의 관심사로서 남쪽 농경지대 국가를 자주 침략하기는 했지만 그 목적은 약탈에 있었고, 그 스스로 농경지대의 땅에 이주한다든지, 그 땅에 정복왕조를 세우겠다는 의도는 없었다. 따라서 이때의 침범도 약탈전이었던 것으로 판단된다.

그런데, 이틈을 놓치지 않고 백제 성왕(聖王)은 부여달기(夫餘達已)에게 1만의 군사를 주어 보내 가야(大伽倻) 연합군과 함께 평양을 습격하여 점령했다. 실로 76년 만에 이루어낸 한강 유역 회복이었다. 이에 고구려 양원왕은 달아나 이듬해에 장안성(長安城)을 새로 쌓고 도읍을 옮겼다. 양원왕은 북쪽 돌궐의 세력을 막아내느라 남쪽으로 총력을 기울일 수 없는 상황이었다. 이와 동시에 또 한편으로 신라 진흥왕은 거칠부(居柒夫)에게 대군을 주어 보내 죽령(竹嶺) 이북으로 진군하여 백제를 응원하는 체 하더니 급기야 백제군을 역습하여 죽령 밖의 백제와 고구려 군영을 모조리 휩쓸어 고현(高峴) 등 10여 고을(10郡)을 점거해 버렸다. 작년에 이어 실로 황당한 진흥왕의 배신이었다. 그래도 백제는 북쪽으로 한성(漢城: 서울 江東)과 남평양(南平壤: 서울 한강이북지역)등 본래 백제 영토이었던 한강 하류의 6개 군(郡)을 확보해두기는 했는데…

註) 여기서의 평양은 고구려의 수도 평양성이 아니라 오늘의 황해도 재령강 지방에 있던 남평양(南平壤)으로 추정되고, 고현(高峴)은 강원도-함경남도의 경계인 철령(鐵嶺)으로, 주로 예(濊: 또는 말갈)의 거주구역이며, 거칠부가 빼앗았다는 죽령 이외 고현(高峴) 이내 10군이란 지금의 강원도 지방 대부분을 가리킨다. 또한 최근에 발굴된 서울 광진구 구의동에 위치한 아차산 보루(堡壘) 유적은 이때 몰살당한 고구려 최전방 초병의 막사이다.

註) 당시 고구려는 내부 권력다툼으로 인한 소용돌이의 후유증으로 안정되지 못한 실정이었다. 왕은 실권이 없고 왕실 외척이 실제 권력을 행사하는 상황이었다. 이때 지방에 살던 혜량법사(惠亮法師)는 신라 장수 거칠부(居柒夫)를 만나 "지금 우리나라에 정치가 어지러워 망할 날이 얼마 남지 않았으니 신라로 데려가 주기 바란다"고 할 지경이었다. 또 양원왕 13년(558년)에는 환도성에서 간주리(干朱理)란 자가 반란을 일으켰다가 죽임을 당했는데, 이는 또한 국내성에 기반을 둔 귀족세력의 평양세력에 대한 불만의 표출이라 보아진다.

### "신라와 고구려의 불가침 협정"

552 高句麗 24대 양원왕(陽原王) 8년

百濟 26대 성왕(聖王) 30년

新羅 24대 진흥왕(眞興王) 13년

3월, 백제 성왕은 지난해의 관련된 신라에 대한 분을 삭이며 다른 궁리를 했다. 고구려가 힘이 빠졌을 때가 복수할 절호의 기회라 여기고, 비굴하긴 하지만 신라와 또다시 군사동맹과 타협을 모색하려했다. 그러나 신라 진흥왕에게 보기 좋게 거절당했다. 분통이 터졌으나 꾹 참고 가야(大伽倻)와 함께 왜병을 끌어들이기로 하고, 고구려 남부의 한강유역을 공격해보았는데, 이때 고구려의 반격은 없었다. 고구려는 북쪽 돌궐을 막는 것이 더 급한 일이라, 우선 남쪽을 포기하기로 하고 대신, 신라와 몰래 "한강 유역과 마운령과 황초령 이남의 동해연안을 차지하고 대신 신라는 백제의 침입을 막고 더 이상 고구려를 공격하지 않는다"라고 약속했다. 이는 상호 '불가침조약'의 효시라고 할 수 있겠다. 덕분에 신라는 이제부터 백제를 마음 놓고 쳐들어 갈 수 있게 되었다.

註) 고구려는 다급했다. 서북방에서 돌궐과 북제(北齊)를 상대해야 하는데, 남쪽의 백제와 신라까지 상대하게 되니 벅찰 노릇이다. 이에 고구려는 신라에 평화제의를 하게 되고 이 결과 백제와 신라는 적

대관계로 되었다. 고구려는 비록 남쪽의 영토를 일부 잃었지만 백제와 신라가 서로 싸우게 되어 남쪽의 국경의 안정을 찾게 되고, 이를 바탕으로 장차 돌궐과의 전쟁에서 전쟁을 승리로 이끌게 되어 갔다. 후에 고구려는 남쪽을 일단 포기한 채, 이 시기에 돌궐과의 전쟁을 광범위하게 전개했다. 돌궐의 이계찰대가 이끄는 대군과 고구려.말갈 연합군의 싸움에서 고구려가 돌궐을 크게 격파하고 멀리 외몽고 지역까지 쳐들어간 것이다. 그러나 이때 신라에게 양보한 한강유역은 후에 두고두고 양국 간의 마찰의 요인이 되었다.

553 百濟 26대 성왕(聖王) 31년

新羅 24대 진흥왕(眞興王) 14년

7월, 신라 진흥왕은 백제의 보복이 본격적으로 나올 것을 예상하고 기선을 잡기 위해, 백제의 점령지를 가로채어 이천(利川), 광주(廣州), 한산(漢山) 등 6군(郡)을 점거하고 신주(新州: 漢山州)라 했다. 신라의 거듭된 배신에 백제 성왕은 분노를 억제할 수 없었다. 즉각 왜국에 사신을 보내 출병을 독촉하면서 이듬해에는 '성왕의 대 복수전'이 벌어지게 된다.

註) 이 당시 주변 국가들의 상황을 살펴보면, 우선 고구려는 귀족사회의 내분으로 힘이 약화된 데다가 서북부에서 돌궐 등의 압박으로 힘이 분산되어 있었다. 서기 551년, 이 틈을 타서 백제는 신라와 가야의 지원을 받아 한강 유역을 탈취하는데 성공했다. 이에 백제는 신라를 무너뜨릴 의도로 552년에 백제, 대가야(大伽倻: 고령지방), 안라국(安羅伽倻: 함안 지방) 등의 명의로 왜에 사신을 보내 출병을 요청했다. 그런데 553년, 신라는 백제의 계략이 실효를 보기도 전에 한강 유역을 기습적으로 빼앗는데 성공하니 다급해진 백제는 속히 왜에게 원군을 요청했고, 이에 왜의 원군이 554년에 도착하였다. 이리하여 백제, 가야, 왜의 연합군은 554년 7월에 관산성에서 신라와 국운을 거는 일전을 벌인다. 이것은 그야말로 한강 하류와 가야에 대한 지배권을 다투는 일전이었다. 결국 이 전쟁에서 신라가 승리함으로써 가야는 결정적인 타격을 입게 되고, 백제도 가야 지역에 대한 지배권을 상실하게 되었다.

**"신라에 대한 백제 성왕의 보복전. 그러나…"**

554 百濟 26대 성왕(聖王) 32년

新羅 24대 진흥왕(眞興王) 15년

1월, 백제 성왕(聖王)의 분노는 국가총동원 체제가 되어, 대가야(大伽倻: 任那加羅)의 유민(遺民)에게 국원성(國原城: 충주)을 주고 군사연맹을 이룬 다음, 이어 백제와 가야(加羅), 왜(倭)의 연합군이 고시산(古尸山: 옥천)을 공격하니, 신라(新羅)와는 신주(新州)와 삼년산군(三年山郡: 충남 보은)에서 대병력으로 대회전(大會戰)이 벌어졌다.

註) 왜국은 백제와의 약속을 지켜 작년(553년)에는 말 2필, 전함 2척, 활 50장(張), 화살 50구를 보내왔고, 이번에는 전투병력 1천 명에 말 1백 필과 배 30척을 보내왔다.

**"운명의 갈림길 - 관산성(管山城)의 비극"**

7월, 성왕은 아들 창(夫餘昌)을 보내 백제, 왜, 가야 연합군을 이끌고 진성(珍城: 충남 금산)을 급습하도록 했다. 대부분의 병력을 새로 확보한 점령지에 보내 방비가 허술한 신라의 후방을 들이친 것이다. 생포한 백성이 3만9천, 말이 8천 필이나 되었다. 이로서 대가야를 위협하던 신라의 전초기지는 초토화되었다. 신라는 급했다. 각간 우덕(于德)과 이찬 탐지(耽知)를 보내 막게 했지만, 이들은 부여창이 관산성(管山城: 충북 옥천)에서 미리 대기하고 있다가 공격하자 삼년산성(三年山城: 충남 보은) 쪽으로 쫓겨났다. 이어서 부여창은 관산성까지 점령했는데, 그만 과로로 쓰러졌다. 이것이 사건의 발단이다. 이 소식을 들은 성왕이 이를 격려하기 위해 50여명의 수행원을 이끌고 은밀하게 관산성으로 향했다. 그러나 이 정보를 입수한 신라 장군 무력(金武力: 김유신의 祖父, 금관가야 출신)이 도로를 차단하고 성왕을 기다렸다. 성왕은 밤중에 구천(狗川: 백마강 상류)에 이르렀다가 신라 고간 도도(都刀)가 이끄는 복병에 걸려 진몰했다. 이 소식을 들은 부여창은 미친 듯이 신라군에게 달려 들었고, 김무력은 백제군을 서화천과 금천천이 만나는 곳으로 유인한 다음 매복 공격을 퍼부었다. 여기서 백제와 대가야의 연합군은 사졸 2만9천6백 명이 죽고 필마도 살아가지 못할 정도로 철저히 당한 채, 부여창은 좌평들의 투혼으로 겨우 빠져나올 수 있었다.

註) 대가야는 신라의 침략을 저지하기 위해 다시 백제.왜와 연합을 추진하고 541년과 544년에는 백제 성왕이 주재한 회의에 참석하기도 했지만, 이러한 외교정책도 554년 백제 성왕이 이끄는 백제-가야-왜 연합군이 관산성에서 신라군에게 패하면서 실패로 돌아갔다. 이 전투에 승리한 진흥왕은 555년 창녕지역에 비사벌정(比斯伐停)을 설치하여 가야정벌을 본격화했다. 가야세력은 관산성 싸움의 패배로 무기력해진 후 백제의 원조마저 끊기고 일부 세력마저 가야연맹에서 이탈하는 등 세력이 위축되어 가는 중, 마침내 562년 이사부(異斯夫)가 신라의 대군을 이끌고 쳐들어왔을 때, 대가야는 별다른 저항도 하지 못하고 항복했다. 이때 나머지 가야국들도 차례로 신라에 병합되어, 가야는 역사의 무대에서 사라져 갔다.

9월에 왕위에 오른 부여창(夫餘昌: 위덕왕)은 10월에 고구려군이 웅천성(熊川城: 공주?)을 공격해 온 것을 격퇴하여 일단 체면은 세웠으나…

**"북한산 순수비(北漢山 巡狩碑)"**

555 新羅 24대 진흥왕(眞興王) 16년

1월, 진흥왕은 승전한 기세를 몰아 비사벌(比斯伐: 창녕)을 쳐 이기고 완산주(完山州)를 설치하면서 백제와 가야 연합군 공격에 대비했다. 또한, 국원성(國原城: 충주)을 쳐 임나가야(任那加羅)를 격파하고 소경(小京)을 설치하는 등, 점령지역에 주(州)를 설치해가며 안정을 도모했다. 이때 백제와 가야는 작년에 있었던 관산성 싸움 이후 대군을 일으킬 여력이 없었다. 신라는 아울러 북쪽으로 고구려까지 공격하여 함경도 등지와 만주 동북면(東北面)까지 올라가 당시 신라 최대의 영토를 확보하면서…

10월, 진흥왕은 새로이 확보한 점령지를 순행하고, 수년 후 북한산(北漢山) 비봉(碑峰)에 비(碑)를 세웠다. 이는 그의 순수4비(巡狩四碑) 중에 하나이다.

註) 진흥왕은 '신라(新羅)'라는 나라 이름을 '덕업일신(德業日新) 망라사방(網羅四方). 즉, 덕으로 새롭게 해서 사방을 망라하겠다. 즉, 그 영향력을 확장하고 세력을 널리 떨치겠다는 의지로 해석하고 영토 확장에 주력했다. 영토 확장에 따른 왕의 행정개편은 이후에도 지속되어, 이듬해(556년)에는 비열홀

주(比列忽州)를 신설, 또 557년에는 국원(國原: 충주)을 소경(小京)으로, 사벌주를 폐하고 감문주(甘文州)를 신설하면서, 신주(新州)를 폐하고 북한산주(北漢山州)를 신설. 558년에는 국원에 6부의 호민(豪民)을 이주시켜 내실을 기하는데, 안라가야(安羅伽倻: 경남 함안 지방)도 이 시기 전후에 별 저항 없이 신라에 합병된 것 같다.

561 新羅 24대 진흥왕(眞興王) 22년

2월, 진흥왕은 여러 중신들을 데리고 점령지인 비사벌(比斯伐: 창녕) 지역까지 순행(巡幸)했다. 가야 내륙 깊숙이 들어와 영토를 확인하고 여기에 척경비(拓境碑)도 세웠다. 대가야를 위협하기 위한 조치이었다.

562 新羅 24대 진흥왕(眞興王) 23년

百濟 27대 위덕왕(威德王) 9년

7월, 백제 위덕왕이 군사를 보내 신라의 변경을 치도록 했더니, 신라군이 반격하여 백제군은 1천여 명의 사상자와 포로의 큰 손실을 보고 패하여 되돌아왔다. 또 한편 신라는 안라국 경계에 파사산(波斯山: 경남 함안의 城山山城)을 쌓아 백제의 또 다른 침공에 대비하고…

**"대가야(大伽倻) 멸망 - 가야 세력의 소멸"**

9월, 이제 마지막으로 남은 가야세력인 대가야(大伽倻: 任那加羅)는 10년 전 백제 성왕과 동맹하여 신라를 치다가 패한 이래 다시 국력회복을 꾀하던 중, 신라 이사부(金異斯夫)와 화랑 사다함(斯多含)이 이끄는 기병(騎兵) 5천의 침입을 받고 크게 당황했다. 신라군이 이미 성문 전단량(栴檀梁)을 깨고 들이닥치자 가야군은 우왕좌왕하며 막을 엄두를 못 냈다. 가야는 병력도 부족하고 싸울 마음도 없었다. 결국은 일시에 미을성(未乙城: 충주 지방)에 나아가 항복하니, 인근 지방의 나머지 가야의 잔존 세력까지도 모두 신라에 편입되었다.

註) **대가야(大伽倻)** 경남 고령 지역에 있던 가야국으로, 시조 이진아시왕(伊珍阿豉王)으로부터 도설지왕(道設智王)까지 16대 520년 간 존속했다. 금관가야를 중심으로 하는 초기 가야연맹은 400년 고구려의 침입으로 큰 타격을 입고 세력이 약화되면서 신라의 세력권으로 들어가는데, 반면 대가야는 5세기 이후에 고령, 합천 등 경상도 내륙 산간지방의 농업에 유리한 입지조건과 제철(製鐵)기술을 바탕으로 새로운 문화중심지로 떠오른다. 이어 합천.거창.함양.산청.아영.하동.사천 등지를 포괄하는 후기 가야연맹의 맹주로서 국제사회에도 등장하여 479년에 가야왕(加羅王) 하지(荷知)의 이름으로 남제(南齊)에 사신을 보내 작호를 받기도 하는데, 이후 진행된 급속한 발전에도 불구하고, 대가야는 554년 백제와 연합하여 신라를 공격하다 크게 패하고, 오히려 562년 신라에게 망했다.

註) **가야세력의 소멸과 백제의 외교전략 변화:** 이로서 초기의 6개이었던 가야(加羅)는 대가야를 마지막으로 완전히 역사에서 사라지게 되었고, 이후부터 백제로서는 한편의 우호세력을 잃게 되었다. 이제 백제의 동맹국은 왜국 밖에 없는데, 중국대륙에서는 통일의 기운이 익어 가는 판세이었다. 이로부터 위기감을 느낀 백제는 철저히 실리 위주의 등거리외교나 기만책으로 나왔다. 결국 이 때문에 주변국들로부터 "고구려와 화통하면서 간사한 마음을 가지고 중국을 엿본다"(〈수서〉 백제조), "백제는 반

복(反覆)하는 나라이므로 믿을 수 없다"(〈삼국사기〉 죽죽전), "백제는 반복이 심한 나라이다. 도로(道路) 사이에도 오히려 속임수를 쓴다"(〈일본서기〉 추고 31년조) 라는 인상을 받을 정도로 백제외교의 전방위 변화무쌍한 모습을 보여 주게 된다.

**"온달(溫達) 장군"**

高句麗 25대 평원왕(平原王, 平岡上好太烈帝) "대덕(大德)" 4년

북주(宇文씨의 北周) 무제(武帝)가 불시에 요동으로 군사를 몰아왔다. 천하통일의 야심을 품고 먼저 고구려를 쳐서 배후의 후환을 없애고자 했다. 상대는 완강했다. 요동의 배산(拜山) 들판에서 북주의 침입군을 막았다. 이때 선봉에 나선 장군 온달(溫達)이 좌충우돌 적진을 혼란(昆支)시키며 전세를 역전시켜 적을 격멸했다.

註) 북주(北周): 우문(宇文)씨가 북위(北魏)의 서쪽에 세운 나라. 후에 북주가 북제(北齊)를 정벌하고, 그 가운데 공을 세운 양견(楊堅: 隋의 梁帝)이 정권을 빼앗아 스스로 황제가 되자 중국 강북에 남아있는 고구려 세력을 없애기 위해 배후국인 고구려를 침공해 온 것이다. 이후 양견은 581년에 국호를 수(隋)로 바꾼다.

註) 온달(溫達)장군: 왕의 딸 평강공주(平岡公主)가 당시 산 속에 살던 바보 온달을 찾아가 시집을 가니, 왕은 없던 딸로 여겼고 더구나 사위의 존재는 알지도 못했다. 이후 온달은 공주의 뒷받침으로 명장이 되었다. 전설 속에 "바보 온달과 평강공주"의 그 주인공이다. 이번의 북주의 침공사건으로 인해 온달은 왕으로부터 사위로 인정받았고, 고구려군을 이끄는 장군이 되었다는 설화가 전해오는데, 어느 기록에도 온달이 '바보' 출신이라고 한 곳은 없다. 아마 평민출신의 특출한 인재를 발탁하고자 하여 평원왕이 지어낸 이야기가 아닌지? 온달은 우리 옛말에 100을 '온'이라 하고 산을 '달'이라 했으니 온달이란 산처럼 장대한 몸집의 사내란 뜻이고, 평강공주도 '평강대왕(平岡大王)의 딸'이란 뜻이지 공주의 이름이 아니다.

565 新羅 24대 진흥왕(眞興王) 26년

9월, 진흥왕은 가야세력이 거주하던 곳에 완산주를 폐하고 대야주(大耶州: 합천)로 개편.

註) 또, 568년에는 북한산주(北漢山州)를 남천주(南川州)로, 비열홀주를 달홀주(達忽州)로…

568 高句麗 25대 평원왕(平原王, 平岡上好太烈帝) 10년

신라가 고구려 도읍 평양의 배후지역인 옥저(沃沮) 지방 깊숙이 침투하여 진흥왕이 친히 순수비를 세우기까지 하자, 고구려 평원왕은 절박한 위기 속에 인재등용에 힘쓰며 국력보강에 힘쓰는 한편, 왕은 남쪽 지역을 회복할 의사도 버리지 않았다.

註) 평원왕 시기에 고구려는 차츰 안정을 찾아 나간다. 신라가 자기 영토보다 큰 한강유역을 차지할 수 있었던 내면에는 그 동안 고구려의 내우외환에 따른 부득이한 양보 때문이었다.

570 百濟 27대 위덕왕(威德王) 17년

북제(北齊)의 후주(後主)는 작년(569)에 위덕왕에게 사지절 시중 거기대장군 대방군공 백제왕(使持節侍中

車騎大將軍帶方郡公百濟王)으로 삼는다고 해오더니, 이번에는 사지절 도독 동청주 제군사 동청주 자사(使持節都督東青州諸軍事東青州刺史)로 삼았다고 알려왔다.

註) 백제는 오랜 기간 중국 쪽의 남조(南朝)의 나라들과 통교하다가, 이때에 와서 처음으로 북조(北朝)의 나라와도 통교가 시작되었다.

**"온달(溫達)의 유림관(楡林關) 원정"**

576 高句麗 25대 평원왕(平原王) 18년

북제(北齊)와 무력대결을 벌이던 북주(北周)가 엉뚱하게도 또 다시 고구려의 요동지역을 들이치는 급변이 일어났다. 항시 불안정한 정세에 대비하던 왕은 즉각 반격에 나서 적을 퇴치하고, 승전의 기세를 타서 대장 온달(溫達)을 보내 갈석산(碣石山: 열하성(熱河省) 웅원현(熊源縣)에 있으며, 만리장성의 시발점)과 배찰산(拜察山: 열하성 경붕현(經棚縣)의 경계에 있음)을 토벌하고 적을 계속 추격하여 유림관(楡林關: 하북성 경현(景縣)의 동북에 있는 관문)에 이르러 북주(北周)군을 격파하고 유림진(楡林鎭) 동쪽을 다 평정했다.

註) 당시 고구려는 후주(後周또는 北周)보다는 남쪽의 진(陣)과 가까이 지냈다. 후주로서는 후에 진을 공략하고자 배후에 위협이 될 만한 고구려를 견제하기 위해 선제공격을 시도한 것이다. 그러나 고구려군의 후주에 대한 완벽한 승리에 주변국들은 오히려 긴장하고…

**"화랑(花郞) 제도의 탄생"**

新羅 24대 진흥왕(眞興王) 37년

봄, "현좌(賢佐: 賢相)와 충신이 이로부터 솟아나고, 양장(良將)과 용졸(勇卒)이 이로 말미암아 나왔다"는 화랑제도(花郞制度)를 채택. 이로부터 많은 신라 젊은이들이 참여하여 도의(道義)를 연마하고 가악(歌樂)을 즐기기도 하고 산수(山水)를 유람하면서 수양을 쌓아 나라의 인재가 되어 가는 기풍이 만들어져 나가게 되었다.

註) **화랑의 기원:** 젊은 인재를 발탁하고자, 그 방법으로 젊은이들을 함께 놀도록 한 다음, 그 중에 사람을 뽑아 쓸 양으로, 남모(南毛)와 준정(俊貞)이라는 두 어여쁜 여성을 원화(源花)로 삼아 3백여 명의 젊은이들을 거느리게 하여, 이들의 행실을 보아 나라에 필요한 인재를 등용하려고 했더니, 두 계집이 서로 질투한 끝에 준정이 남모를 유인하여 술을 먹여 취하게 한 뒤 강물에 던져 죽였다. 이로써 준정을 사형에 처하면서 원화제도는 없어졌다. 그 뒤 외양이 아름다운 남자를 뽑아 이름을 화랑(花郞)이라 하고 다시 젊은이들을 모았다. 이렇게 탄생된 화랑도는 전래의 청소년 연령급단조직(年令級團組織)에서 더 나아가 건전한 청소년을 양성함으로써 신라의 삼국통일에 필요한 많은 인재들을 배출하게 되는데, 화랑도는 삼국통일이 완성된 시기까지 약 1세기 동안 융성하여, 국난을 극복하는 데 크게 기여했으나, 통일 후에는 태평시대가 되면서 쇠퇴한 채로 신라가 멸망할 때까지 존속했다. 화랑도는 다른 말로 국선도(國仙徒), 풍월도(風月徒), 원화도(源花徒), 풍류도(風流徒)라고도 한다.

577 百濟 27대 위덕왕(威德王) 24년

新羅 25대 진지왕(眞智王) 2년

10월, 신라왕이 바뀌자 백제 위덕왕은 군사를 내어 신라의 서쪽 변경을 침공했다. 그런데, 신라 진지왕은 이찬 세종(世宗)을 출병시키자 격전 끝에 일선군(一善郡: 경북 선산) 북쪽에서 백제군 3천8백 명이 죽었다. 서로가 녹녹한 상대는 아니었다.

註) 신라 진지왕은 24대 진흥왕의 돌연한 사망으로 즉위하였는데, 화백회의(和白會議) 의장이던 거칠부(居柒夫)의 지지로 왕위에 올랐다. 그러나 3년 만에 정사를 어지럽히고 주색에 탐닉했다는 이유로 폐위 당하고 사망했는데, 사실상 정변으로 폐위된 것이다. 진지왕의 자손도 성골(聖骨)에서 진골(眞骨)로 강등되었다.

### "서동왕자(薯童王子)와 선화공주(善花公主)"

582 百濟 27대 위덕왕(威德王) 29년

新羅 26대 진평왕(眞平王) 4년

백제 위덕왕의 증손 서동(薯童)과 신라 진평왕의 둘째 딸 선화(善花)는 서로가 적임을 알면서도 짝사랑했다. 서동왕자는 신라에 잠입하여 서라벌에서 불교승이 된 다음 공주와 만날 기회를 기다리는데, 법연(法筵)이 있는 날 서로 만나게 되어 선화의 궁에 들어가 부부의 정을 통했다. 그리고 노래로 소문을 내고, 공주는 진평왕을, 왕자는 위덕왕을 각각 설득시키니, 설한(雪恨)의 원수 집안 원수의 나라끼리 기묘한 사연으로 화해하여, 이후 20년 간 양국 간에 싸움이 없어졌다.

註) 백제는 주적(主敵)인 고구려 뿐 아니라 신라까지 적으로 만들 수는 없었다. 고구려가 계속 괴롭히자 전선을 확대할 수 없었던 백제 위덕왕은 신라와의 결혼동맹을 허락했다.

註) 2009년 1월 전북 익산 미륵사에서 사찰의 창건 내용을 밝힌 사리봉안기(舍利奉安記)가 발견되었는데, 이 내용 중에 선화공주는 「백제 좌평(佐平) 사택적덕(沙宅積德)의 딸」이라고 했다. 삼국사기의 내용과 상충되는데, 사실이라면 역사 해석이 다르게 나와야 할 듯…

585 高句麗 25대 평원왕(平原王) 27년

중원 쪽의 분위기가 더욱 살벌해져 가고 있었다. 북주(北周)의 양견이 오랫동안 중원 땅을 통일한 여세를 몰아 오랫동안 북쪽을 괴롭히던 돌궐을 정벌했는데, 돌궐에 이간책을 써서 동돌궐과 서돌궐로 나눈 다음 동돌궐을 공격하여 굴복시킨 사건이 일어났다. 이후 서돌궐도 연이은 수의 침공으로 세력이 약해져 고구려의 지원세력이 타격 받은 것이다. 왕은 만일의 사태에 대비해야 했다.

註) 돌궐(突厥)과 같은 강성한 북방의 유목민족들은 언제나 중국을 견제해 왔으므로 고구려의 안보에 큰 도움이 되어왔다. 그런데 이제부터는 형세가 변했다. 돌궐의 세력이 꺾이면서 고구려 단독으로 중원을 통일한 수(隋)제국을 상대해야 할 상황이 되어가고 있었다.

588 百濟 27대 위덕왕(威德王) 35년

왕은 왜(大和倭)에 관인(官人)와 승려, 도공 등을 파견하고 불사리(佛舍利)를 가지고 가서 아스카(飛鳥) 지역에 법흥사(法興寺: 또는 元興寺, 飛鳥寺)를 건립하게 하였다.

註) 백제는 무령왕 때부터 위덕왕 때까지 왜국(大和倭) 경영을 위해 관리를 파견해왔는데, 왜에 파견된

관리 중에 승려(僧侶)를 제외한 모든 백제인은 백제의 관직을 가지고 있었다. 이들의 파견기간은 무령왕 때에는 3년이었으나, 성왕과 위덕왕 때에는 7년으로 연장되었다. 위덕왕은 역대 임금 중에 왜에 불교와 정치 전반에 관하여 줄기차게 밀고 나간 왕이다. 왕은 607년에도 왜에 사찰 기술자를 보내 법륭사(法隆寺: 호류지)를 창건하게 하였다.

### "온달장군의 실패"

590 高句麗 26대 영양왕(嬰陽武元好太烈帝) "홍무(弘武)" 원년

40여 년 전(552년)에 북쪽 돌궐 등과의 싸움으로 부득이 신라에 양보했던 한강유역을 되찾으려는 숙제가 남아있었는데, 또한 장차 수(隋)가 위협해 오기 전에 남쪽 후방을 안정시킬 필요가 있었다. 마침 장군 온달(溫達)이 스스로 계립령(鷄立嶺: 鳥嶺과 竹嶺의 서쪽, 경북 문경의 북쪽)의 평야를 찾겠다고 하기에 왕은 이를 허락했다. 그러나 "한수(漢水) 이북을 찾지 못하면 돌아오지 않겠다"고 하던 온달이 아단성(阿旦城: 충북 단양군 영춘면 하리)에서 신라군과 접전 중 흐르는 화살에 맞아 전사하면서, 한강유역 회복작전은 또 미루어지는데…

註) 장차 수(隋)와의 전쟁에 대비하여 방비를 철저히 하던 평원왕이 세상을 떠나고, 맏아들인 대원(大元: 영양왕)이 즉위했다. 또한 영양왕은 온달과 처남매부 사이였는데, 온달은 몰락귀족의 후손으로 추측된다. 그리고 당시 고구려의 남쪽 강역은 백제 쪽으로는 현재의 남양만에서 충북 진천 일대, 신라 쪽으로는 경북 영천, 청송을 거쳐 청하(淸河)까지로 추정되지만, 현재 남아있는 유적을 통해 살펴보면 이보다 훨씬 남쪽으로 내려간다.

### "평양성(平壤城) 완공"

593 高句麗 26대 영양왕(嬰陽武元好太烈帝) 4년

양원왕(陽原王) 8년(552년)부터 시작한 평양성이 완성되었다. 무려 42년 간에 걸쳐 연인원 400만 명이 들어간 대역사(大役事)였다.

註) 왕궁인 안학궁(安鶴宮)의 뒤에 있으면서 전쟁 시에 이용할 비상용 성으로 대성산성(大城山城)이 있었으나 보다 효과적으로 적을 막고 궁을 보호하기 위해서는 새로운 구조의 철통같은 난공불락의 성이 필요했다. 이후 평양성의 성문은 적에 의해 한 번도 열린 적이 없다. 마지막 고구려가 망할 때에도 그랬다. 그때는 내분으로 인해 외부의 적이 아닌 평양성 안에 있던 승려가 열어주었던 것이다.

### "제1차 고수전쟁(高.隋 戰爭)"

598 高句麗 26대 영양왕(嬰陽武元好太烈帝) 9년

590년에 북주(北周) 우문(宇文)씨의 제위(帝位)를 빼앗은 수(隋)의 문제(文帝: 梁堅)는 이제 모든 세력을 다 꺾고 천하통일을 이루었다. 이제 남은 것은 고구려다. 이번에는 고구려로 방향을 돌려 "요수(遼水)가 넓다 하나 장강(陽子江)보다 넓겠는가?"라고 하며 오만 불손한 내용을 담은 국서(國書)를 작년(597년)에 고구려에 보내 왔었다.

註) 얼마 전까지 중화대륙에는 양자강 유역에 진(陣)이, 황하 상류에는 후주(後周), 황하 하류에는 북제(北齊)가 있었다. 먼저 후주가 577년에 북제를 멸망시키는데, 후주 왕실의 외척인 양견(梁堅)이 왕위를 빼앗아 후주를 없애고 수(隋)를 세웠다. 양견은 589년에 진(東陣)마저 멸망시키자, 실로 삼국시대

이래 350년 만에 비로소 통일된 중화문명권의 대표 국가가 등장한 것이다. 이제 천하를 통일한 수 문제(隋 文帝)는 그 과정에서 생긴 무장 세력들도 정리할 겸, 또 동쪽의 큰 세력인 고구려마저 꺾어 자존심도 세워야 했다. 반면에 고구려는 군사력 배양과 병기의 비축을 지속적으로 해오고 있었는데, 이를 수(隋) 문제 양견(梁堅)이 트집 잡고 국서를 보내온 것이다. 수문제의 국서 내용은 『요동의 넓이가 장강(長江: 양자강)과 비교해 어떠하며 고구려인의 수가 진(秦)나라와 비교해 또한 어떠한가? 만일 내가 너희 나라의 방자함을 꾸짖고자 한다면 한 명의 장군만 있으면 그만이요 많은 말이 필요 없다』라고 하면서 기세가 등등했다.

### "영주(營州) 진격전(進擊戰)"

2월, 이에 격분한 고구려 장수 강이식(姜以式)은 "붓으로 답할게 아니라 칼로 할 것이다" 하면서 북벌(北伐)을 주장했다. 그런데 수(隋)가 몰래 총관(摠管) 위충(韋沖)을 보내 관가를 부수고 읍락을 약탈한 사건이 일어나자, 왕은 전쟁은 피할 수 없음을 간파하고 적의 요충지를 선제공격하여 기선을 제압하고자 서부대인(西部大人) 연태조(淵太祚: 연개소문의 祖父)를 보내 등주(登州: 山東의 大連 근방)를 쳐서 위충을 잡아 죽이고, 또한 강이식에게 개전을 명하여 고구려 정병 5만으로 임유관(臨渝關: 북경의 북동쪽 만리장성의 출입관문)을 치고, 말갈(靺)병 1만은 요서(遼西)로 향하고, 글안병 수천은 산동(山東)을 들이쳐 수(隋)의 방어군을 섬멸하고 숱한 전리품을 노획하면서 적의 전방 침략 기지를 박살내 버렸다.

註) 고구려의 영주(營州: 요령성 대릉하 북방의 조양) 진격전은 수(隋)를 자극하여 문제(文帝)로 하여금 고구려 정벌을 군히게 했다. 수의 선전포고문을 검토해 보면 고구려가 요동과 예맥의 옛 땅을 이미 점유해있고, 또 화양(華壤: 요동, 현토, 낙랑지역)이 모두 고구려민이 되었으며 거란과도 군사동맹을 맺고 말갈인들도 끌어들여 국세를 확장한 기록을 읽을 수 있다.

### "수(隋의) 제1차 침공 격퇴"

6월, 수문제(隋 文帝)는 이를 핑계 삼아 양량(楊諒: 漢王 諒, 수 문제의 넷째 아들)과 이세적(李世勣) 등 30만의 수군(水軍)과 육군(陸軍)을 동원하여 본격적인 고구려 공략에 나섰다.

7월, 침략군이 정주(定州: 하북성 定縣)를 출발하여 임유관(臨渝關: 山海關 언저리)을 지나 요택(遼澤)에 이르기도 전에 대릉하와 요하에서 고구려군의 반격을 받고, 또 의무려성 등에서 격렬한 고구려군의 저항을 받으며 진격도 못한 채 9월이 되었다. 그러나 고구려군의 연이은 거센 공격을 감당하지 못한 수군(隋軍)은 요동성을 앞에 두고 전군이 거의 궤멸되는 참패를 당한 채로 무너졌다. 살아 돌아간 자가 열에 하나 둘밖에 안되었다. 한편, 수군(水軍)의 주라후(周羅睺)도 등주(登州)에서 전함 수 백 척을 이끌고 동래(東萊: 산동반도의 萊州)에서 출발하여 평양을 향해 오던 중, 고구려 수군(水軍)에게 발각되어 뒤로 돌려 방어하다가 전군이 몰살당하는 사태에 이르렀다. 결국 수(隋)의 육군은 임유관에서 전멸 당했고, 수군(水軍)도 또한 살아 돌아가지 못했다.

註) 〈자치통감〉에 의하면 이때 동원된 수(隋)의 군사는 전투병 30만 이외에 병참인원까지 합하면 1백만에 이르렀다고 한다. 이러한 대병력을 동원하고도 수군은 참패했다. 저들의 기록에 의하면 지상군은 홍수와 역병에 망하고 수군(水軍)은 폭풍우 때문에 실패했다고 했지만, 이는 상식적으로 억지이다.

수나라 군대의 행보를 보아도 6월부터 9월까지 3개월 간 요서 지역에서 장마와 역병 속에 머물 수 없다. 〈수서(隋書)〉에는 이세적이 겨우 유성(柳城: 지금의 조양)에서 돌아간 것으로 되어있어, 그들이 임유관을 나와 얼마 가지도 못한 채 괴멸 당한 것이다. 고구려군은 요하 지역만 방어한 것이 아니라, 적극적으로 만리장성까지 쳐들어갔다고 보아야 한다. 또한 주라후의 함대도 음력 6월에서 8월 사이가 이동 기간인데 이때는 태풍도 없고 바람도 강하지 않은 계절이다. 고구려 수군(水軍)에게 얼마나 창피할 지경으로 당했기에 진군과정의 기록을 남기지 못했을까? 기록만 보면 고구려군은 아무런 피해가 없다. 그런 고구려가 무엇 때문에 30만 대군이 몰살당한 수나라를 두려워한단 말인가? 이로서 수가 고구려에 대항할 힘을 잃었기에 이후 10년 간 고구려를 감히 넘보지 못한 것이다.

註) 영양왕은 이때 수나라를 물리친 자랑스러운 역사를 기록하라고 하여, 태학의 박사 이문진이 〈유기(留記) 100권〉을 다듬어 새로이 〈신집(新集) 5권〉을 편찬했다. 이 책은 600년에 완성되어 일반인에게 보급되었는데, 불행히도 이 책들은 전해지지 않고 있다. 이 책들이 발견된다면 고구려사에 많은 것을 알 수 있겠는데…

百濟 27대 위덕왕(威德王) 45년

9월, 백제는 이 틈에서 침체된 국력을 보완하고자 남조의 진(東陳)과 복조의 북제(北齊), 북주(北周)와 외교적인 활로를 찾고 있던 중, 위덕왕은 수(隋: 北周의 새나라)가 진을 평정했다는 소식을 듣고 작년에 수(隋)에 표를 올려 "축하"를 표했었는데, 이번에는 수가 고구려의 요동을 친다는 소식을 듣고 스스로 "군사의 길잡이가 되겠다"고 자청했다. 그런데 이게 사단의 원인이 되었다. 이 소식을 들은 고구려 영양왕은 즉각 군사를 내어 백제의 변경을 기습했고, 위덕왕은 이를 격퇴하기는 했지만 21년 만에 나타난 고구려군의 돌연한 침공으로 백제 조정은 크게 동요되었다.

**"백제 국토의 4방계산(國土四方界山)"**

599 百濟 28대 혜왕(惠王) 2년

작년 말, 위덕왕이 죽고 뒤를 이은 70세 노구의 혜왕은 즉위한지 얼마안가 역시 죽었다. 당시 태자 효순(孝順)은 작년 고구려와의 전승에 희생된 장병을 추념하는 호국사찰인 오합사(烏合寺: 충남 보령 소재, 聖柱寺址)를 창건하고, 국토4방의 경계에 해당하는 산악을 설정했다. 4방이란 동계(東界)의 계람산(鷄藍山: 계룡산), 서계는 단나산(旦那山: 전남 영암군 월출산), 남계인 무오산(霧五山: 지리산), 북계인 오산(烏山: 충남 보령군 오서산)이다.

600 新羅 26대 진평왕(眞平王) 22년

2월, 옛 가야지역에서 신라에 대한 반란이 일어나자, 왜(倭)의 스이코(推古) 여왕은 1만여 명의 군사를 가야지역에 보내 이를 지원하도록 했다. 왜군(倭軍)은 가야인들과 합류하여 남가라성(南加羅城:?) 등 6개의 성을 빼앗았으나 신라가 화해를 청해옴으로 상황을 파악한 후 철군하였더니, 신라 진평왕은 곧바로 가야 백성들의 반란을 진압해 버렸다.

602 百濟 30대 무왕(武王) 3년

新羅 26대 진평왕(眞平王) 24년

신라 진평왕은 아들이 없어 후계 왕위 결정에 난처해졌다. 장녀 선덕(善德)은 불교에 출가했고, 차녀 선화(善花)는 백제 무왕(武王: 서동)의 왕후이며, 삼녀 문명(文明)은 김용춘(金龍春)의 아내가 됐으니 누구에게도 전위(傳位)할 수 없어 난처했다. 부득이 불교에 출가한 첫째 딸인 덕만공주(德曼公主)를 환속시켜 왕태녀(王太女)로 삼고, 사위 김용춘을 중히 등용하고 나니, 백제 무왕은 아무런 언질 없이 자신이나 왕후(王后 선화)를 완전히 무시한 채로 왕태녀(王太女)를 정한 내막을 알고 격분하여 김용춘을 해하고자 군사를 일으켰다.

8월, 백제군은 아모산성(阿母山城, 阿莫城: 덕유산 운봉)으로 치고 나갔다. 신라군은 덕유산(德裕山) 위 능선에 4곳에 성책을 쌓으면서 백제의 좌평 해수(解讐)가 이끄는 4만의 백제군에 맞서 장군 귀산(貴山)과 추항(箒項)이 전사하는 등 치열한 공방전을 벌인 끝에 백제군을 물리쳤다. 이 사건은 동서(同壻) 간에 향후 10여 년간 16개 성에서 그칠 사이 없이 쇠를 녹이고 살을 먹는 참담한 전란의 시작에 불과했으니…

註) **무왕(武王)**: 29대 법왕(法王)의 뒤를 이어 즉위하는데, 어린 시절의 이름은 서동(署童)으로 익산 지역에서 마(麻)를 팔며 불우한 시절을 보냈다. 당시 백제는 한강일대를 신라에 강탈당하고 가야지역마저 아무 소리 못하고 내준 후, 게다가 대성8족(大姓8族)을 중심으로 한 귀족들이 나약한 위덕왕을 흔들어댔고, 뒤를 이은 혜왕과 법왕은 일찍 죽어 국내 분위기가 말이 아니었다. 무왕은 정략에 능한 인물이다. 귀족의 발호를 제거하고 침체된 분위기를 쇄신하면서, 신라와 다시 맞섰다. 한편으로는 수(隋)와의 동맹을 통해 고구려의 남진(南進)을 막고자했고, 또 관륵(觀勒)을 일본에 파견하여 천문(天文)․지리(地理)․역법(曆法) 등에 대한 서적과 불교를 전했다. 무왕은 백제를 나락에서 건져 올린 걸출한 군주였다. 그러나 후기에 들어 토목공사 등 낭비가 심했고, 밖으로는 신라 공격에 자주 군대를 동원하므로 국력(國力)을 많이 소모했는데, 이러한 경향은 뒤를 이은 의자왕(義慈王)에게까지도 이어졌다.

註) 동서전쟁(同壻戰爭)의 특징은 산성(山城) 쟁탈전이 되었고, 날마다 달마다 무수한 전사자(戰死者)와 전쟁영웅이 태어났다. 단순한 왕위 다툼에 불과한 원인에 너무나 엄청나게 비참한 전쟁으로 발전했다. 백제 무왕(武王)은 재위기간 중 누구보다도 가장 집요하게 신라를 공격해댔다. 신라의 아막산성(阿莫山城)․가잠성(岑城)․모산성(母山城)․늑노현(勒弩縣)․주제성(主在城), 그리고 신라 북서쪽의 두 성과 서곡성(西谷城)․독산성(獨山城) 등 주로 전북 무주 일대와 서부 경남일대가 수십 년 동안 전쟁터가 되면서, 무왕은 일방적인 승기(勝氣)를 쥐고 쉴 새 없이 신라를 몰아붙였다.

603 高句麗 26대 영양왕(嬰陽武元好太烈帝) 14년

新羅 26대 진평왕(眞平王) 25년

수(隋)의 침공을 격파한 고구려 영양왕은 14년 전에 온달이 실패한 이후로도 한강유역을 회복하겠다는 의지를 굽히지 않았다.

8월, 수와의 싸움이 조용해진 사이에 영양왕은 장군 고승(高勝)을 보내 북한산성을 쳤다. 신라에서는 진평왕이 1만의 군사를 동원하여 직접 한강을 건너와, 성안에서는 북을 치고 떠드는 것으로 보아 수적(數的)으로 고구려군이 열세였다. 고승은 할 수 없이 공격을 포기하고 군을 되돌려 철수했다.

註) 신라는 7세기 벽두부터 백제와 고구려로부터 쉴 새 없이 침략을 받았으며, 또한 왜국과의 관계도 악화되어 있었다. 왜국은 신라를 치려고 작년에 2만5000명의 대군을 편성하여 큐슈(九州) 북단의 축자(筑紫: 츠쿠시)에 집결, 도항준비에 들어갔다. 이 신라 침공계획은 2월에 군사령관이 병사하면서 취소되었다. 이처럼 적대세력으로 완전히 포위된 신라가 고립에서 벗어날 수 있는 길은 중국 대륙세력과 동맹을 맺는 길 외에는 달리 없었다.

605 百濟 30대 무왕(武王) 6년

新羅 26대 진평왕(眞平王) 27년

8월, 이번에는 신라군이 백제 동쪽 변경을 침범했지만, 서로 충돌 없이 물러서고…

한편으로 수(隋)나라에서는 문제(文帝)가 죽자 권력을 장악한 아들 양광(楊廣: 隋煬帝)이 먼저 고구려 침공을 위한 기반작업으로, 돌궐 기병(騎兵) 2만을 앞세운 위운기(韋雲起)에게 고구려에 복속하고 있던 거란을 공격하도록 하여 4만의 포로를 잡고 그 중에 남자는 모조리 죽여 버렸다. 고구려에 협력하면 이렇게 된다는 본때를 보이기 위함이었다.

註) 수양제는 이어서 국력을 보강하고자 방향을 남쪽으로 돌려 베트남의 임읍국(林邑國), 오키나와의 유구국(琉球國), 그리고 말레이반도의 마자가국까지 정벌했다.

**"고수전쟁(高.隋戰爭) - 개전전야(開戰前夜)"**

607 高句麗 26대 영양왕(嬰陽武元好太烈帝) 18년

百濟 30대 무왕(武王) 8년

5월, 고구려 영양왕은 군사를 내어 백제의 송산성(松山城: ?)을 치다 실패하자 대신 석두성(石頭城)을 습격하여 포로 3천을 데리고 왔다. 수(隋)와의 결전에 대비하여 남쪽 백제에 대한 정지작업이 필요했던 것이다.

註) 고구려는 수와의 대전을 앞두고 거란족과 말갈족 등 고구려에 복속한 무리들을 단속하여 적에게 도움이 되지 못하게 했고, 또 백제와 신라도 함부로 나서지 못하게 했다. 결국 백제는 말로는 수를 돕는다하면서 실제로는 중립을 지켰고, 신라도 역시 고구려의 후환이 두려워 움직이지 않았다. 이로서 고구려는 수(隋)만을 상대로 전력을 쏟을 수 있었다.

8월, 왕은 수(隋)를 견제하기 위해 동돌궐(東突厥: 내몽골)에 사신을 보냈다. 그런데, 하필이면 사신이 동돌궐의 왕인 계민가한(啓民可汗)의 장막에서 수 양제(隋 粱帝) 양광(楊廣)과 마주치게 되었다. 이에 양광은 고구려가 돌궐과 연합하여 수를 공격하려는 것이라 판단하고 고구려에 대한 침략을 더욱 굳히게 되는데…

註) **수(隋) 양제(煬帝):** 중국 역사상 손꼽히는 폭군인 양제는 자기 아버지와 형을 죽이고 왕위에 오른 희대의 망나니이다. 605년 제위에 오른 이후 천하의 모든 것을 자기 발아래 두고 싶었다. 백성들을 마

구 동원하여 낙양에 궁궐을 짓고 대운하(大運河)를 만들기도 하며, 만리장성을 쌓기 위해 100만 명을 동원했는데 태반이 죽었다 하니 상상을 초월한다. 이런 그가 엄청난 인원을 동원해 가며 고구려를 반드시 굴복시키겠다고 나섰다. 그는 귀국하자마자 즉각 신무기를 대대적으로 개발하라고 지시하고, 611년까지 동래(東萊)에서 전선 3백 척을 건조하도록 하면서, 회남(會南)이남 지방에서 1만의 수병(水兵)과 3만의 노수(弩手)를 징발, 광동(廣東)과 광서(廣西) 지방에서는 3만의 물자 운송병을, 황하 이남에서는 5만 대의 전투용 수레를 만들게 하고, 각종 군수물자를 하북(河北)지방으로 옮기도록 하여 고구려 정벌을 그의 지상 최고의 목표로 삼았다.

608 高句麗 26대 영양왕(嬰陽武元好太烈帝) 19년

新羅 26대 진평왕(眞平王) 30년

2월, 영양왕은 다시 군사를 내어 신라의 포로 8천을 잡아오고, 또 4월에는 신라의 우명산성(牛鳴山城)을 빼앗으니 진평왕은 고구려의 한강회복 의지를 막을 수 없다고 여기고, 수(隋)에 사신을 보내 고구려를 쳐달라는 국서를 보내기까지…

610 高句麗 26대 영양왕(嬰陽武元好太烈帝) 21년

12월, 드디어 수(隋) 양제가 고구려 원정을 위한 동원령을 내렸다. 어차피 벌어질 일이다.

611 高句麗 26대 영양왕(嬰陽武元好太烈帝) 22년

2월, 수(隋) 양제는 자신의 거처를 탁군(涿郡: 북경지방, 직예성 탁현)으로 옮기고 상황을 직접 챙겼다. 또 군함 3백 척을 동래(東萊: 烟台 海口)에서 건조하여 양자강 남쪽의 군사를 탁군으로 이동시켰다. 세상에 보이는 것이 없다.

6월, 그는 전선(戰船) 3백 척에, 병력 113만3천8백의 대군을 일으켜 고구려 정토령(征討令)을 내리면서, 전군이 이듬해 정월까지 탁군으로 모이라 했다. 이로부터 강과 바다에는 배들이 1천여 리에 널려있고, 육지에는 각지의 물건을 운반하는 일꾼이 항상 수십만 명이 동원되어 떠들어대는 소리가 밤낮으로 그치지 아니했다고 한다.

百濟 30대 무왕(武王) 12년

新羅 26대 진평왕(眞平王) 33년

10월, 한편으로 백제 무왕은 신라 가잠성(椵岑城: 경남 거창)을 포위 공격하여 100여 일의 격전을 벌일 끝에 성을 점령하고는 성주 찬덕(讚德)을 죽이고 성을 파괴해버렸다.

註) 수(隋)의 움직임을 간파한 백제 무왕은 수나라에게는 '고구려 공격에 협력하겠다.' 해놓고, 고구려에게는 수의 군사 정보를 주기도 하면서 중립을 지켰다. 실제로 수의 군대가 요하를 넘을 때 무왕은 군사를 고구려 국경에 보내 수나라를 돕는 척 꾸미기만 했다.

## “제2차 고수전쟁(高隋戰爭)”

612 高句麗 26대 영양왕(嬰陽武元好太烈帝) 23년

1월, 수(隋)나라 양제가 친히 이끄는 24개 군단(軍團)의 수륙대군(水陸大軍)이 요동(遙東)과 황해(黃海)로 쏟아져 나오기 시작했다. 보조인원까지 합하면 3백만이 넘는 엄청난 인원이 탁군을 출발하는데 40일이나 걸렸다고…

3월 중순, **요하전투(遼河戰鬪)**, 수군(隋軍)의 선봉이 회원진에 도달하여 요하(遙河)를 건너기 위해 부교를 설치하자, 미리 대기하고 있던 고구려 방어군이 즉각 공격에 나섰다. 적은 맥철장(麥鐵杖), 전사웅(錢士雄), 맹차(孟叉) 등 여러 장수까지 잃으며 도강을 시도했지만 군세만 꺾인 채 거듭 실패하자, 작전을 포기하고 후속부대를 기다리기로 했다.

4월 중순, 20여일 묶여 있던 수의 군대는 새로 도착한 많은 병력과 합세하여 밀고 나와 고구려의 요하(遙河) 방어선을 돌파하고, 하순부터 요동성(遙東城: 지금의 창려, 河北省 북쪽 동해안으로 山海關 남서해안)으로 몰려들었다. 고구려의 요하 수비군이 요동성에 들어가 합세하는 사이, 수양제는 요동성 서남쪽에 육합성(陸合城)을 만들어 이곳에 머물며 전쟁을 지휘하기 시작했는데, 아직도 침공군의 상당수는 아직도 요하를 건너지 못하고 요서(遼西)지방에서 진군 중에 있었다. 그런데 요하 서쪽에서부터 대릉하에 이르는 지역에서 수군의 보급을 차단하고 후방을 교란하고 있는 또 다른 고구려군의 공격을 막고자 수의 정예부대의 발목이 잡혀있었다. 이들은 6월 상순에 이르는 요동성 공격에도 참여하지 못하고 있다가, 나중에 요서에서 죽은 단문진(段文振)의 유언을 받아들인 양제의 명에 따라 평양으로 곧장 쳐들어가는 30만5천의 별동부대가 되었다.

**요동성 전투(遼東城 戰鬪),** 수양제는 수만의 고구려군이 주둔하고 있는 요충지인 요동성을 지나치고 진군할 수 없기에 이를 반드시 공략해야만 했다. 그러나 6월 초순, 고구려군의 수성작전(守成作戰)은 너무나도 치밀했다. 낮에는 각종 화기를 동원한 완벽한 방어전, 밤에는 기회가 보이는 대로 들이치는 야간기습. 곧 장마철이 오는데도 성은 난공불락이었으니 양제는 속이 타 들어간다. 전군을 동원하여 공격했으나 방어군의 격렬한 저항은 물론 주변의 여러 성으로부터도 공격을 받아 계획에 큰 차질이 생기자, 수양제는 우문술(宇文述)에게 별도로 30만을 주어 평양으로 직행하게 하고, 다른 병력은 요동과 만주의 여러 성들을 나누어 치게 했다.

**패강전투(浿江戰鬪),** 또한 내호아(來護兒)가 이끄는 수(隋)의 수군(水軍) 10만이 패강(浿江: 대동강)으로 몰아 닥쳐, 온 천지가 수(隋)의 깃발아래 덮이는 듯했다. 수나라 군대 24군 중에 7개 군이나 되는 엄청난 병력이다. 이에 맞선 고구려의 왕제(帝弟) 건무(高建武)는 평양 외성(外城)으로 수(隋)의 상륙군 4만 명을 유인한 후 일거에 섬멸시키고, 쉴 틈 없이 적의 병선(兵船)을 포위 공격했다. 내호아는 구사일생으로 살아남은 불과 수 척의 병선으로 잔여 병사와 함께 겨우 강을 거슬러 겨우 탈출하여, 간신히 패강 하구에 진을 치고 고구려군과 대치하지만, 이들은 8월 중순에 별동부대가 살수에서 전멸되었다는 소식을 듣고 서둘러 퇴각해야 했다. 한편, 수양제(隋 煬帝)는 오열홀(烏列忽)과 요동성에서 진퇴유곡이고, 평양까지 육로로 진격한 우문술(宇文述)은 을지문덕(乙支文德)의 계략에 말려 끝내 맹 기습에 견디지 못한 채 총퇴각을 서둘렀다. 이미 수군(水軍)과의 연결도 실패했다.

### "살수대첩(薩水大捷)과 을지문덕(乙支文德)"

수군(隋軍) 24군 중에 9개 군으로 구성된 최정예 부대인 별동대 30만5천은 양제의 명에 따라 우문술(宇文述)과 우중문(宇仲文)의 지휘 아래 대릉하 하류의 노하진과 요하 서쪽 회원진에서 평양성을 향해 출발했다. 그런데 보급은 자체 해결해야했기에 각각 1백일의 식량과 무기를 휴대했다. 이것이 문제였다. 짐이 무거워서 도중에 버리고 가는 병사들이 대부분이었다. 게다가 기병 4천, 보병 8천과 치중 8천 명으로 구성된 제1군이 오골성(烏骨城: 요령성 봉성현의 城, 지금의 蓮山關) 근처를 지날 때, 고구려 기병이 나타나 치중대(輜重隊)를 집중 공격하여 식량과 대부분의 공성무기를 파괴시켰다. 이에 따라 을지문덕(乙支文德)은 적정을 탐색하고자 항복을 자청하며 우문술을 만나보니 적병들의 식량부족으로 인한 굶주림이 확연했다. 무사히 탈출한 을지문덕은 그를 추격하는 수군(隋軍)에게 7번이나 계속 패주하면서 적을 깊숙이 끌어들여 보급선이 길어지게 한 다음, 적장에게 「神策究天文妙算窮地理戰勝功旣高知足願云止 (신묘한 그대 작전이 이미 하늘에 이르렀으니, 만족한 줄 알면 이제 그만 돌아가시오)」라는 시(詩)를 한 수 보내며 "철군하면 왕을 받들고 황제에게 조견(朝見)하리다" 했다. 막상 견고한 평양성에 이르러 이를 받아 본 우문술은 비로소 속은 것을 알고 진퇴유곡이 되어 철군을 시작하자, 을지문덕은 전군을 몰아 섬멸전을 벌였다. 살수(薩水: 청천강)의 상류를 막고 기다리던 고구려군은 우문술이 강을 건널 때, 막았던 보를 터트려 수공(水攻)으로 몰아치고, 또 을지문덕의 추격군이 뒤를 덮치니, 적군은 숨도 쉴 새 없이 필사적으로 도망쳐 하루 동안 450리를 달렸다고 한다. 요동까지 살아 돌아간 병사들은 대부분 기병(騎兵)으로 그 숫자는 겨우 2천7백 명에 불과했다.

8월, **오열홀 대첩(烏列忽 大捷),** 을지문덕은 계속 북진하며 전 고구려군을 모아 요동성 부근 오열홀(烏列忽)에 있는 수 양제(隋 煬帝)를 포위 공격하니, 이미 사기가 땅에 떨어진 수군(隋軍)은 반격도 제대로 못해본 채로 도처에서 패하여 정신없이 도주했다. 2백리 요택(遙澤: 요하 중하류로 보았으나, 황하강의 북쪽 상류 좌안(左岸)이다)의 늪지대를 빠져나가기에도 수양제는 눈앞이 깜깜했다. 추위가 오기 전에 고구려 정벌이 끝나리라고 믿으며 겨울 준비도 소홀히 했던 수군(隋軍)은 굶주림과 추위에 얼어 죽으며, 귀환한 수(隋)의 침략군은 왕성(王城)까지 살아 돌아간 자가 3천명도 못되었다.

### "수(隋)의 재침(再侵) - 제3차 고수전쟁"

613 高句麗 26代 영양왕(嬰陽武元好太烈帝) 24년

1월, 수양제는 눈에 핏발이 섰다. 서역과 돌궐을 누르고 황하와 양자강을 잇는 대운하를 건설한 힘으로도 고구려에게 당했다. 지난해 패전으로 체면이 말이 아니었다. 이에 대한 명예회복을 위해 다시금 전국에 30여만을 탁군으로 집결하도록 명령하고, 또다시 자신이 직접 고구려 정벌에 나섰다. 이때 수나라에는 무향요동낭사가(無向遼東浪死歌: 쓸데없이 요동에 가서 죽지 마라)가 유행할 정도로 민심은 흉흉해져 가는데…

4월, 수양제는 대군을 이끌고 요하를 쉽게 건넜다. 지난번 요하 서쪽 무려라(武厲羅)에서 일부 군부대를 철수하지 않았기에 도움이 된 것이다. 양제는 직접 요동성으로 진격하고, 일단의 병력은 왕인공(王仁恭)에게 주어 요동성 서북에 있는 신성(新城)을 치도록 했다.

註) 무려라(武厲羅): 요수를 건너는 자를 검찰하기 위한 고구려의 순군영(巡軍營) 진지.

5월, 이번에도 요동성은 난공불락이었다. 양제의 지휘아래 20여 일 동안 2개 성에 대해 각종 공성(攻城)기구를 총동원하여 주야로 공세를 퍼부어 댔다. 100만 개의 흙 포대를 성벽 높이로 쌓아 군사들로 하여금 그 위에 올라가 공격하도록 하는 한편, 성보다 더 높은 8층 수레로 성을 공격했다. 그래도 막심한 인명희생과 함께 시간만 지연되고 있을 뿐인데…

6월, 이때 본국에서 양현감의 반란이 일어났다는 급보가 있었다. 고구려 공격작전에서 군량수송 임무를 담당한 예부상서 양현감(楊玄感)이 반란을 일으켜 10만의 병력으로 세력이 커지면서 장안을 위협한다는 소식에 양제는 기겁했다. 게다가 병부시랑 곡사정(斛斯政)이 고구려로 망명한 사건까지 발생하자 방법이 없었다. 필수적인 개인 장비와 최소한의 식량만을 휴대한 채 황급히 퇴각을 서둘렀다. 막대한 장비와 군수품을 고스란히 접수한 고구려군은 추격을 서둘러 적의 후미를 들이치니, 양제는 혼비백산하여 돌아갔다.

**"실패한 수(隋)의 4차 침공"**

614 高句麗 26대 영양왕(嬰陽武元好太烈帝) 25년

2월, 양현감의 반란을 평정한 수(隋) 양제(煬帝)는 다시 고구려 정벌을 명령하며, 군사를 탁군에 집결하도록 했다. 그런데, 이번에는 이탈하는 병사가 늘어나 원정군 구성조차 여의치 못했다.

7월, 양제가 이끄는 군대가 요하 서쪽 회원진(懷遠鎭)까지 겨우 왔건만, 도망하는 병사도 많은데다, 한편으로 일부지방에서 반란도 계속 일어나는 판이다. 양제는 돌아가고 싶지만 이로 인해 천하의 웃음거리가 되는 것도 문제였다. 한편 수군(水軍)도 고구려의 비사성(卑奢城)을 공격했지만 여기서도 별다른 성과 없이 쫓겨나왔다. 양제의 속내를 간파한 고구려는 투항해온 적장 곡사정(斛斯政)을 넘겨주어 양제(煬帝)의 자존심을 세워주자, 침공군은 기다렸다는 듯이 철수하여 본국으로 돌아갔다. 이로서 16년간에 걸친 역사상 동아시아 최대의 전쟁인 수(隋)와의 전쟁은 이렇게 끝났다.

註) 고구려는 도주하는 수군(隋軍)을 뒤쫓아 만리장성 넘어 공격할 만큼 압도적인 힘의 우세를 갖추지는 못한 것 같다. 아마도 16년간에 걸친 장기간의 전쟁으로 인한 국력소모도 많았을 것이다. 그러나 엄청난 물량과 인원들 동원하고도 나라가 거덜 날 만큼 철저히 패배한 수(隋)의 경우는 3차례에 걸친 전쟁으로 인해 민심이 이반되어, 616년에 대규모의 반란이 일어나고, 급기야 617년 7월에 수양제(隋 煬帝)가 암살되면서 새로운 세력인 당주(唐主) 이연(李淵)에게 수 제국(隋 帝國)은 멸망하고 말았다.

616 百濟 30대 무왕(武王) 17년

新羅 26대 진평왕(眞平王) 38년

10월, 백제 무왕은 달솔 백기(苩奇)에게 8천의 군사를 주어 신라 모산성(母山城: 충북 진천)을 공격하게 했다.

註) 전후(戰後) 삼국의 갈등이 재연되었다. 신라와 백제는 이로부터 서로 지경(地境)을 침범하는 악순환이 거듭되는데, 무왕과 진평왕은 오래도록 왕위에 있으면서 둘 다 기질이 강하여 타협과 양보를 몰랐다. 한편으로 고구려는 내부를 단속하느라 남쪽으로 뛰어드는 것을 일단 삼가하고 있는 중이고…

### "가잠성(椵岑城) 공방전"

618 百濟 30대 무왕(武王) 19년

신라 26대 진평왕(眞平王) 40년

이번에는 신라 북한산주(北漢山 城主) 변품(邊品)이 7년 전(611년)에 잃었던 가잠성(椵岑城: 경남 거창)을 되찾고자 공격하여 탈취하는데 성공했다. 그러나 이 와중에 전(前) 성주 찬덕의 아들인 해론(奚論)이 적진에 뛰어들어 진격로를 열다가 전사하기도…

註) 가잠성(椵岑城): 577년 이후 신라.백제는 국경지대에서 치열한 공방전을 벌여 왔는데 그 격전지 중의 하나. 고구려와 백제는 신라가 당(唐)나라로 통하는 길을 막고자, 그 길목에 위치한 신라의 요충지를 주로 공략, 신라를 괴롭혔으며, 611년(백제 무왕 13)에 백제는 100여 일의 치열한 공방전 끝에 성주 찬덕(讚德)을 죽이고 성을 점령했었다.

### "당과 고구려 사이의 우호관계 성립"

622 高句麗 27대 영류왕(榮留王) 5년

당(唐) 태조 이연(李淵)이 국서를 보내와 "두 나라가 화목하면서, 수나라 시절 전쟁으로 폐해를 각기 가지고 있어 양국 간에 화친에 장애가 되고 있다" 하면서 "먼저 당에 있는 고구려 전쟁포로를 보낼 것이니 고구려에서도 수나라 포로를 보내 달라" 하면서 수만 명의 고구려인 전쟁포로를 보내왔다. 양국의 외교가 열리고 도교(道教)가 전파되는 등 우호적인 관계가 지속되었다.

註) 당(唐)은 비록 수(隋)를 멸망시켰지만, 두건덕, 왕세충 등 아직 굴복하지 않은 세력들이 많아 혼란 중에 있었고 더구나 세력이 커진 동돌궐의 위협이 문제였는데, 다행이도 고구려는 전쟁 후유증에 따른 평화를 갈구하고 있던 시기이었다.

623 百濟 30대 무왕(武王) 24년

신라 26대 진평왕(眞平王) 45년

무왕은 신라에 대한 압박을 늦추지 않았다. 진평왕과는 하늘아래 같이 할 수 없는 원수지간이다. 틈이 나는 대로 군사를 내었다. 이번에는 신라 늑로현(勒弩縣: ?)을 침략하고…

624 百濟 30대 무왕(武王) 25년

신라 26대 진평왕(眞平王) 46년

10월, 무왕은 또 대규모로 신라의 6성을 공략했다. 속함성(速含城), 앵잠성(櫻岑城), 기잠성(歧岑城), 봉잠성(烽岑城), 기현성(旗懸城), 용책성(冗柵城)을 포위하자 신라의 급찬 눌최(訥催)는 봉잠, 앵잠, 기현의 3성의 군사를 합쳐 집중 방어해보았지만 감당 못하고 전사했으며, 나머지 3성도 항복하거나 함락 당했다.

626 百濟 30대 무왕(武王) 27년

신라 26대 진평왕(眞平王) 48년

8월, 무왕의 복수전은 한이 없다. 신라의 주재성(主在城)을 공략하여 성주 동소(東所)를 잡아 죽이고 점령했다. 그런데, 한편으로 백제와 신라의 사신이 각각 당(唐)에 들어가 똑같은 목소리로 "고구려가 길을 막고 조공을 방해하며 자주 침범한다."고 하소연했다. 당태종은 돌궐과의 대결이 급한 때인지라 삼국 간에 강화하라고 중재를 하는 정도…

627 百濟 30대 무왕(武王) 28년

新羅 26대 진평왕(眞平王) 49년

7월, 무왕은 장군 사걸(沙乞)을 시켜 신라 서변에 2성을 탈취하여 백성 3백 명을 잡아오고는, 크게 군사를 일으켜 신라에게 당했던 지역을 모두 회복하고자 웅진(熊津)에 나가 주둔했다. 진평왕은 당황했다. 급히 당(唐)에 연락하여 급함을 말하니, 당의 사신이 와서 양쪽에 화해를 주선했다. 일시 전쟁은 피했지만, 서로가 앙금이 풀린 것은 아니었다.

628 百濟 30대 무왕(武王) 29년

新羅 26대 진평왕(眞平王) 50년

2월, 무왕은 작년에 당의 간섭으로 일시 물러서기는 했지만, 그렇다고 화해가 된 것은 아니다. 다시 군사를 보내 신라가 도로 찾아간 가잠성을 탈취하고자 포위했다. 이에 신라가 응원병력으로 맞서 공방전 끝에 별 소득 없이 돌아오기는 했지만…

### "당(唐)과의 전쟁은 피해야 한다"

高句麗 27대 영류왕(榮留王) 11년

당(唐)이 동돌궐(東突厥: 내몽골)을 평정하자 고구려는 이를 축하하여 봉역도(封域圖)를 보냈다. 이는 고구려의 영역을 표시한 지도로서, 자국의 국경을 분명히 밝혀 더 이상 확대하지 않겠다는 뜻과 함께 적대행위를 하지 않겠다는 뜻을 보인 것이다. 이때는 영류왕을 중심으로 한 온건세력이 정권을 이끌면서 당(唐)에 대한 유화책을 펴고 있는 중이었다.

註) 영류왕은 당(唐)과 이세민을 너무 몰랐다. 당나라와의 평화를 바랐지만, 당태종(唐太宗) 이세민은 중원의 대혼란을 거의 평정하고 골육상쟁까지 마다않은 채 집권한 인물로, 양자강 하류까지 병합하여 거의 중원 전 지역을 평정한 상태였으니, 이러한 상황에서 이세민이 고구려와 평화를 지속시킬 의사가 있다면 오히려 그것이 이상한 것이었다.

629 高句麗 27대 영류왕(榮留王) 12년

新羅 26대 진평왕(眞平王) 51년

8월, 신라 김용춘(金龍春)과 김서현(金舒玄) 대장군이 부장군 김유신(金庾信)과 함께 대군을 몰고 고구려 동남쪽 변경에 쳐들어와 낭비성(娘臂城: 충북 청주)을 에워쌌다. 대규모 군사를 동원한 노골적인 도발이었다. 고구려군이 성 밖에 나와 진을 벌이는데 군세가 왕성하여 바로 치지 못할 때, 김유신이 세 번이나 단신으로 들어가 고구려 장수의 목을 베어오자 이에 힘입은 신라군이 돌격하여 치열한 싸움 끝에 고구려군 5천을 죽이고 1천의 포로를 잡으면서 마침내 성을 함락했다. 영류왕은 큰 충격을 받았지만, 돌궐의 동향의 의심스러워 대응을 할 형편이 아니었다.

631 高句麗 27대 영류왕(榮留王) 14년

작년에 당(唐)은 동돌궐이 내분으로 세력이 약화된 틈을 타서 10만 군을 몰아 동돌궐을 굴복시킨 사건이 있어, 고구려 조정이 긴장하기 시작하는 중에, 마침 당의 사신으로 온 장손사(長孫師)라는 자가 고수전쟁 당시에 죽은 수나라 병사의 유골을 거두어 위령제를 지낸 후, 고구려가 수와의 전쟁의 승리를 기념하기 위해 세워두었던 경관(京觀)까지 제멋대로 헐어버리고 돌아간 오만방자한 사건이 발생했다. 분위기가 심상치 않게 돌아간다. 왕은 만일의 경우를 대비하여 천리장성의 축조를 시작하는데…

註) 천리장성(千里長城): 동북 부여성에서 서남쪽 발해만에 이르기까지 길이 천여 리로 16년 만에 완성했다고 하는데, 이는 중국의 만리장성(萬里長城)과는 다르다. 만리장성이 방벽(防壁)이라면 천리장성은 요새 네트워크이다. 즉, 신성, 요동성, 안시성, 건안성 등 천리에 이르는 요동의 주요 성들을 점과 점으로 연결하여 상호 보완적인 방어역할을 분담하게 한 것이다.

新羅 26대 진평왕(眞平王) 53년

아들이 없는 진평왕의 후계로 장녀 덕만공주(德曼公主: 선덕여왕)의 왕위계승이 확실시 되자 구(舊) 귀족 일부가 모반을 꾀해 631년에 이찬 칠숙(柒宿)과 아찬 석품(石品)이 모반을 꾀하므로 진평왕이 잡아 주살시켰다.

註) 구 귀족과의 세력다툼은 이후에도 나타나 16년 후인 647년에 상대등(上大等) 비담(毗曇)이 또 반란을 일으키게 되고, 이 와중에 선덕여왕이 사망하게 된다.

633 百濟 30대 무왕(武王) 34년

신라 27대 선덕왕(善德女王) 2년

8월, 신라의 왕이 바뀌어 결국 김용춘의 계략대로 덕만공주(德曼公主)가 왕위에 올랐다는 소식에 무왕은 다시금 칼을 들었다. 무왕은 군사를 보내 신라 서곡성(西谷城)을 쳐서 13일간의 공방전 끝에 점령해 버렸다.

**"여근곡(女根谷) 이야기"**

636 百濟 30대 무왕(武王) 37년

신라 27대 선덕왕(善德女王) 5년

5월, 무왕의 신라에 대한 공세는 여전했다. 무왕은 장군 우소(于召)에게 5백의 군사를 주어 독산성(獨山城: ?)을 습격하게 했다. 이때 신라 선덕여왕은 "개구리가 대궐 서쪽 옥문지(玉門池)에 모여드니 백제군이 부산(富山: 경주시 건천읍에 있는 산) 아래 여근곡(女根谷)에 몰래 침투한 것 같다"하고 장군 알천(閼川)을 급히 출격시켰다. 알천이 의아해 하며 2천의 군사를 이끌고 독산성 부근 여근곡에 가보니 과연 백제군이 휴식을 취하고 있는 것이다. 알천의 신라군이 급히 공격하여 격살시키니, 독산성으로 향하던 백제 장군 우소는 졸지에 포위된 상태에서 화살이 다해 포로가 되고 병사들은 모두 죽고 말았다.

638 高句麗 27대 영류왕(榮留王) 21년

신라 27대 선덕왕(善德女王) 7년

10월, 그래도 고구려 영류왕은 북쪽보다는 남쪽에 적을 만드는 분위기였다. 군사를 보내 신라의 칠중성(七重城: 경기도 파주군 적성면)을 공격했다. 백성들이 놀라 산으로 피해 도망치자 대장군 알천이 나서 불러들이면서 한편으로 고구려군을 받아 쳤다. 모처럼 신라 진격을 기획하던 고구려군은, 오히려 알천의 반격으로 실패하여 되돌아오고 말았다.

註) 영류왕의 대외정책은 영양왕과 상반됐다. 당에 대한 정책이 돌변하여 매우 유화적이 되어, 중원의 상황이 5호16국으로 어지러웠던 분열시기에 고구려가 아무런 조치를 취하지 않은 것은 납득할 수 없다. 이즈음 당고조(唐高祖) 이연(李淵)도 고구려에 대한 침공은 생각할 수 없는 상황이라 두 나라 사이는 원만하여 수나라 때 포로로 잡혀와 있던 한인(漢人)포로를 찾아 교환하기도 했다. 그리하여 영양왕은 애꿎은 남쪽으로만 신경을 써서 배후에 적을 만드는 어리석은 짓을 하고 있었으니…

639 高句麗 27대 영류왕(榮留王) 22년

당(唐)은 아직 고구려 정벌준비가 된 상태는 아니었다. 그러나 이해 9월, 신라로부터 고구려를 공격해 달라는 구원요청이 있었다. 당 태종은 고구려 후방에 지원세력이 있다는 자신감을 갖게 되고, 이로부터 본격적인 고구려 정벌 준비에 들어가는데…

### "당(唐) 간첩 진대덕(陳大德)"

641 高句麗 27대 영류왕(榮留王) 24년

5월, 작년(640)에 왕은 당과의 긴장을 완화해야 한다는 판단으로 아들 환권(桓權)을 당에 보내고 유학생들도 입학을 허가해달라고 했었다. 당태종은 이에 대한 답례형식으로 사신 진대덕(陳大德)을 고구려에 보냈는데, 그의 임무는 고구려의 군사기밀 정탐이었다. 그는 "내가 본시 산수(山水)를 좋아해 이곳 명승이 있다면 두루 구경하고자 한다."하고 전국을 고루 돌아다니며 정탐꾼으로서의 임무를 완벽히 해내, 태종의 고구려 정벌에 절대적인 도움을 주게 되지만 왕은 이를 전혀 눈치 채지 못했다. 아니 관심도 없었다.

註) 당태종 이세민은 정관의 치(貞觀之治)라고 하는 업적을 남기며 강대한 나라를 만들어 풍요하고 안정을 누리게 되자 국외로 눈을 돌려 동돌궐(몽골고원 일대), 토번(티베트), 서돌궐과 고창국(高昌國, 신강성 투루판, 天山山脈 동쪽) 등을 차례로 굴복시켰다. 이제 남은 나라는 고구려뿐. 그러나 고구려는 당에 위협적인 존재였다. 8월에 진대덕이 귀국하여 이세민에게 고구려 정탐 결과를 보고하자, 이세민은 "우리가 군사 수만을 이끌고 요동을 공격하면 다른 성들이 반드시 구원하러 올 것이다. 이와는 별도로 수군을 내어 평양으로 직격한다면 아주 쉬울 것이다."라고 했다. 이세민은 아직 준비가 덜되었기에 기회를 보기로 했다. 아직까지도 고구려 왕궁은 태평했다. 평화의 말만 오갈 뿐…

### "연개소문(淵蓋蘇文)의 정변(政變)"

642 高句麗 28대 보장왕(寶藏王) 원년

졸지에 엉뚱한 사건이 터졌다. 서해를 수비 중이던 한 해라장(海羅將)이 내정을 탐지하고 돌아가던 당의 밀사를 잡아 압수한 문서를 내던지며 "대적을 보고도 치지 못하는 나라에 무슨 조정이 있으랴!"하며 밀사 얼굴에 글자를 문신하여 「이세민(李世民: 唐 太宗)에게 말하노니 금년에 조공오지 않으면 내년에 문죄하리라. 연개소문 휘하 모모」라고 써서 보낸 사건이 문제가 되었다. 이로 인해 당(唐)과의 외교적인 문제가 되자 왕은 이를 구실로 연개소문을 제거하기로 하고 그 계획에 따라 연개소문을 천리장성 공사장(631년부터 공사중)의 감독으로 보내려 하니, 9월, 이를 탐지한 연개소문은 출정 열병식장에서 병란을 일으켜 왕과 180여 명의 신하를 모두 참살하고 왕의 조카인 장(藏)을 왕위에 앉혔다. 이가 보장왕이다. 연개소문 자신은 스스로 대대로(大對盧)가 되어 병권(兵權)을 장악했다.

註) 고수전쟁(高隋戰爭) 당시에 수(隋)의 수군(水軍)을 격멸시켰던 영류왕(建武)이 왕위에 오른 후부터 안이하게 평화정책으로 북방을 소홀히 하여오자, 북방진출에 적극적이던 소장파(少將派)들과의 갈등이 있어왔다. 더구나 작년(641년)에는 당(唐)의 사신이 곳곳에 돌아다니며 정탐을 하는데도 아무런 조치를 취하지 않아 무장들의 큰 불만을 사고 있던 터에, 왕을 끼고도는 주화파(主和派) 대신들이 사사건건 강경책을 주장하고 나서는 대표인물인 연개소문을 제거하기로 했다. 결국 연개소문이 선수를 쳐서 정변을 일으킨 것이다.

**"외교(外交) 전쟁"**

百濟 31대 의자왕(義慈王) 2년

新羅 27대 선덕여왕(善德女王) 11년

신라는 지난 611년부터 수나라에 고구려를 쳐달라고 권하기도 했고, 고수전쟁 당시에는 그 틈에 고구려 후방을 쳐서 죽령 이북 5백리 땅을 탈취하기도 했는데, 신라의 의도와는 달리 수나라가 고구려에 패했고, 또한 망해 버렸다. 상황이 변해 버린 것이다. 게다가…

7월, 고수전쟁 당시 중립을 지키던 백제가 갑자기 의자왕이 직접 나서서 신라의 미후성(獼猴城: ?) 등 40여 곳의 성을 쳐서 빼앗아 버리더니…

8월에는 백제 장수 윤충(允忠)이 1만의 군사를 몰아 서변의 요새인 대야성(大倻城: 합천)까지 함락하면서 성주 김품석(金品石, 김춘추의 사위)을 참살하는 사태가 일어났다. 이곳은 원래 망국의 한을 품은 가야(伽倻) 유민들의 땅이었는데, 이들이 백제 군사를 환영하며 인근 40여 성이 모두 백제에 귀부해갔다. 다급해진 신라는 급히 당에 위급함을 호소하고 한편으로 김춘추(金春秋)를 고구려에 보내 구원을 청해 보았다. 그런데 이번에 새로이 병권을 잡은 연개소문은 지난 고수전쟁(高隋戰爭) 당시 신라가 뒤에서 가로챈 "죽령 이북의 땅을 돌려주기 전에는 원병을 보낼 수 없다"하면서 오히려 백제와 연합하여 당항성(黨項城: 경기도 화성군 남양만)을 점거하고 신라의 대당(對唐) 통로를 봉쇄해 버렸다. 한편 당은 고구려에 사신 현장(玄奬)을 보내 신라와 화친하라는 뜻을 전하자 연개소문은 오히려 "당(唐)의 영주와 유주 땅이 그 옛날 모두 우리의 군현(郡縣)이었으니 반드시 되찾고야 말겠다."고 말했다. 당은 다시금 사신 장엄(蔣儼)을 보내 고구려를 염탐하려했더니, 연개소문은 당의 의도를 파악하고 이들을 모두 토굴 속에 가두어 버렸다.

註) 의자왕(義慈王): 의자(義慈)는 휘(諱)로서 왕의 시호는 없다. 무왕의 맏아들로 효성과 형제애가 지극하여 해동증자(海東曾子)라 일컬었다. 부친의 뒤를 이어 적극적으로 신라를 핍박해 나갔다. 660년에 나.당(羅唐) 연합군의 대규모 침공을 맞아 계백(階伯)의 황산벌싸움과 의직(義稙)이 이끄는 백강 전투

등에서 방어선이 무너진 후에 태자와 함께 시비성에서 웅진성(熊津城: 공주)으로 피신했다가 항복하여 태자 등 1만2천여 명과 함께 당나라에 압송되었고, 그곳에서 병사한 비운의 임금이 되었다.

**"당항성(黨項城) 사건"**

643 百濟 31대 의자왕(義慈王) 3年

新羅 27대 선덕여왕(善德女王) 12년

8월, 의자왕은 신라와 당(唐)을 해로(海路)로 연결시켜주는 요충지인 당항성을 쳐서 신라의 외교적인 목을 조이고자 했다. 그러나 신라는 기겁하여 당에 구원을 청하니, 당 태종은 영주도독 장검(張儉) 등에게 출병시켰지만 요하의 홍수로 되돌아 온 것을 다시 보내, 장검의 척후부대가 요하를 건너 고구려 진영을 탐지하는 것을 고구려군이 귀로를 끊고 공격했다. 11월에 의자왕은 더 이상 신라와 당의 결속을 다져지게 할 수 없기에 군사를 파하고…

註) 의자왕은 당(唐)과는 공존을 모색하고 왜(倭)와는 우호관계를 유지했다. 고구려와는 화해하고 신라에 대하여는 군사 외교적으로 압박을 늦추지 않아 신라를 고립시키고자 했으며, 주변 정세에 대한 감각도 탁월했다. 이에 대한 결과로 나온 것이 당항성 공략 작전이었다.

**"고당전쟁(高.唐戰爭)"**

644 高句麗 28대 보장왕(寶藏帝) 3년

1월, 당(唐) 태종은 고구려 정벌의 명분을 세우는 작업부터 했다. 우선 고구려에 국서를 보내 "고구려는 백제와 더불어 각기 전쟁을 그치라. 또다시 신라를 공격한다면 내년에 군사를 내어 고구려를 벌하겠다"고 했는데, 당 태종의 의중에는 장차 신라를 전쟁에 끌어 들이기 위함이었다. 연개소문은 이에 대한 답으로 죽령 이북의 신라 땅을 공격하여 2개 성을 빼앗았다. 고수전쟁 당시 고구려의 뒷덜미를 친 신라와는 감정이 많았던 터이다.

註) 당(唐) 내부에서도 고구려 정벌에 반대가 많았다. 이해 10월까지도 대신들 모두가 반대할 정도였다. 당시 사공(司空)이던 방현령(房玄齡)은「…고구려가 법을 어기면 벌주는 것이 옳고 백성이 소란을 피우면 멸하는 것이 옳고 다른 날 중국에 우환이 되면 제거하는 것이 좋지만, 지금은 이 세 가지 조건이 없습니다.…(中略)…바라건 데 군사를 파하면 화이(華夷)가 서로 기뻐하여 의지하고 멀리는 엄숙해지고 가까이는 편안해 질 것입니다」라며 말렸다. 그러나 당태종은 욕심도 욕심이지만, 중원 통일과정에서 많은 무장들이 세력가로 성장했는데, 이들의 정리도 급했고, 또한 그의 집권과정에서 형과 아우를 죽이고 아버지를 핍박해 제위에 오른 불륜도 중화시켜야 했다.

**"교두보를 확보하라! - 양군의 탐색전"**

2월, 연개소문은 당 태종의 침략을 앉아서 기다리지 않았다. 즉각 군사를 내어 당군의 보급기지인 영주(榮州)에 대한 선제공격을 명했다. 이때 영주를 지키던 당의 장검(張儉)은 고구려군을 막아낸 다음, 7월에는 교두보 확보를 위해 역공세를 벌이고자 나섰으나 고구려군이 두려워 요하(遼河)를 넘지 못하고 주변 정찰만 하고는 돌아갔다. 그런데 하필 고구려 첩자가 당군에 붙잡혀 연개소문이 영주까지 온 다는 사실이 밝혀지니, 당군은 이에 대항하기 위해 이세민은 장검에게 다시금 신성로로 나가게 했다. 그러나 정보가 새나간 사실을 알게 된 연개소문이 진군을 멈추게 하여, 결국 양군의 충돌은 없었다.

註) 이 결과 고구려는 당군이 영주를 충실한 보급기지로 만드는 것을 방해했고, 또한 당군은 요하를 건너는데 필요한 지형정보를 입수하는 성과를 각기 얻을 수 있었다. 이 전투에는 말갈군도 고구려군과 함께 출전했다.

11월, 당태종 이세민(李世民)은 드디어 전국에 총동원령을 내리고 정벌군을 탁군 지역에 집결하라고 명했다.

註) 이세민의 전쟁명분은 "요동은 본래 제하(諸夏: 중국)의 땅인데 수(隋)가 네 차례나 출병했어도 실패했다. 나의 지금의 출병은 제하자제(諸夏子弟)의 원수를 갚고자 한다"고 했는데, 구실이야 어쨌든 이미 결정한 사항을 실행할 절차에 불과할 뿐. 우선 장량에게 병사 4만3천과 병선 500척을 동원해 산동반도에서 평양으로 직격하게 하고, 이세적에게 보기 6만과 난주와 하주의 유목민 항호(降胡)를 거느리고 요동으로 나가게 했다. 총 동원병력은 밝혀지지 않았는데, 대략 추산한 전투 병력이 최고 30여만 명에 이를 정도인 듯하다.

新羅 27대 선덕여왕(善德女王) 13년

9월, 한편, 신라도 움직였다. 왕은 김유신에게 백제 변방을 치도록 하여, 김유신이 가혜성(加慧城), 성열성(省熱城), 동화성(同火城) 등 7성을 탈취했는데, 이곳들은 주로 가야 지역으로 고령-강양, 합천-성산을 잇는 연속된 지방이다. 장차 일어날 고구려 출병에 앞서 신라 배후를 위협하는 옛 가야지역에 대한 토벌이었다. 이 정벌을 마치고 돌아오니 다음해(645년) 정월이었다. 그러나 백제군이 매리포성(買利浦城)을 공격한다는 소식에 왕에게 복명도 못하고 다시 출전하여 백제군을 역습. 돌격하여 백제군을 쫓아내고 적 2천을 베었다.

645 高句麗 28대 보장왕(寶藏王) "개화(開化)" 원년

2월 12일, 당 태종은 대군을 이끌고 낙양을 출발하면서 직접 고구려 원정길에 나섰다. 선봉을 맡은 요동도행군 이세적(李世勣)은 이미 유주(幽洲: 하북성 일대)를 지나 3월 24일에는 영주(榮州)를 통과해 빠르게 진군하면서 4월 1일에는 고구려군이 미처 예상치 못한 북쪽 통정진으로 우회하여 요하(遼河)를 건넌 다음, 곧바로 현도성(玄都城)을 기습했다. 갑작스런 당군의 출현으로 당황한 성민들은 문을 굳게 닫고 항전했으나, 당군의 예봉을 견디지 못한 채로 함락 당하고 말았다. 한편 장량(張亮)이 이끄는 당의 수군(水軍) 병력 4만3천은 3월 중순에 전함 5백 척으로 산동반도에 내주(來州)를 출발하여 요동을 목표로 이동.

당태종은 당군(唐軍)의 육로군(陸路軍)을 세 길로 나누었다. 이세적은 요하 중류부에 위치한 신성(新城: 봉천 동북)으로, 장검(場儉)은 요하 하구의 건안성(建安城: 개평, 요동 서남쪽 300리)으로, 그리고 자신은 요동성(遼東城)으로 나가도록 했다.

**"건안성(建安城)과 1차 신성(新城) 전투"**

4월 5일, 강하왕(江夏王) 도종(李道宗)이 이끄는 당군은 신성(新城, 撫順의 北關山城)으로 몰려들었다. 급히 서두르는 당군의 작전계획을 파악한 고구려군은 수비위주의 지구전으로 맞서 신성은 요지부동이었다. 도

종은 10일간의 공세가 무위로 끝나자, 15일에 철수하여 더 쉬운 목표인 개모성(蓋牟城: 大連灣 北岸)으로 이동시켰다. 또 한편으로 같은 시기에 건안성(建安城)을 공격했던 장검의 군대는 고구려군에게 통타를 당해 이후부터 군대로서 역량을 잃을 정도가 되는데, 연개소문의 입장에서 신성과 건안성은 요동방어의 핵심이다. 이곳이 무너지면 안시성과 요동성이 위태롭기 때문에 방어에 총력을 기울여야 했다.

**"개모성(蓋牟城) 실함(失陷)"**

4월 16일, 이번에는 도종의 군대에 이세적군까지 합세한 6만의 병력이 신성 남쪽에 위치한 개모성(蓋牟城, 심양 교외 蘇家屯의 塔山山城)을 에워쌌다. 당태종의 친정군(親征軍)이 요하를 쉽게 건너기 위해서는 교두보의 확보가 절대적으로 긴요했기에, 당군은 전력을 다해 공세를 퍼부었다. 고구려군은 이웃한 작은 성인 가시성에서도 지원에 나서 당군의 행군총관 강확(姜確)을 활로 쏘아 죽이는 등, 치열하게 맞섰으나 10일 만인 4월 26일, 병력 부족으로 끝내 성이 함락 당하고 말았다. 당군은 이곳에서 10만석의 식량과 포로 1만을 힘들게 확보했다. 그리고는 서남쪽에 요동성(遼東城: 遼陽市)으로 방향을 정하고 몰려가고, 또 다른 방향에서 영주도독 장검이 남쪽 길을 택해 건안성(建安城, 蓋州 동북의 고려성산자산성)을 공격했다. 한편, 장량이 이끄는 수군(水軍)은 4월 초순부터 요동 남단에 상륙하여 비사성(卑沙城: 요동반도의 최남단 大連의 대흑산산성)으로 가서 한 달 동안 공격을 퍼부은 끝에 5월 2일 겨우 함락한 다음, 일부는 압록강 쪽으로 나가고, 주력부대는 성에 남아 대기하고 있게 되었다.

**"장렬(壯烈)! 요동성(遼東城)!!"**

4월 29일, 이세적이 이끄는 당군의 요동성 공략이 시작되었다. 이때 연개소문은 당태종이 요택(遙澤)을 건넜다는 정보를 입수하고 즉시 신성과 국내성에서 보기(步騎) 4만을 보내 요동성을 지원하도록 했다. 먼저 도착한 당군의 선봉인 장군예(張君乂)는 "적을 쓸어버리고 난 다음 황제의 행차를 맞이하자"고 하며 덤벼들었다가 전멸 당하고 자신은 겨우 살아남아 도망쳤다. 또한 도종(道宗)도 전공을 탐내어 기병 4천을 이끌고 나서기도 하고, 절충도위 마문거(馬文車)도 그의 경기병(輕騎兵)을 앞세워 나섰지만, 결과는 당군의 피해가 막심하기만 했다. 이윽고 5월 10일, 당태종이 도착하면서부터 양상이 바뀌었다. 황제의 체통이 걸린 문제였다. 태종의 친정군까지 합세한 수 십 만의 전군이 포차(抛車), 당차(撞車) 등을 무수히 동원하며 쉴 새 없이 몰아붙였다.

5월 17일, 지난날 수(隋) 양제조차도 어쩌지 못했었던 요동성은 처절한 공방전에서도 역시 난공불락이었으나, 하루 사이의 강한 남풍을 이용한 화공(火攻)에 성안이 불바다가 되면서 이틈에 성이 무너지고, 당군이 밀고 들어오면서 처절한 살육전이 벌어져 고구려군 1만이 전사하고, 1만의 군사와 백성 4만 명, 50만 석의 식량이 적의 수중에 들어가고 말았다. 요동성을 수중에 넣은 당군은 두 길로 나누어 1군은 안시성 방면으로 향하고, 2군은 다시 신성을 공략하기 위해 방향을 돌렸다.

**"2차 신성(新城) 전투"**

5월 중순, 당군으로서는 고구려 방어군의 요충인 신성(新城)을 두고 그대로 진군할 수 없었다. 다시 대군을 동원하여 겹겹이 에워싸고 공세를 펼쳤지만, 신성은 난공불락의 요새였다. 상황이 이렇게 되자, 당군 내부에서는 다시금 “요동을 포기하고 곧장 오골성(烏骨城: 요령성 봉성현의 城, 지금의 連山關)을 공격하고 압록수를 넘어 평양으로 직공하자”는 의견이 나올 정도였다.

註) 신성전투에 관하여는 상세한 기록이 없어 대략을 알 수 있을 뿐인데, 신성이 버티고 있음으로 해서 북쪽의 부여지역을 보호하고, 요동 방어의 배후기지를 지켜낼 수 있었다.

**“백암성(白巖城)의 실함”**

5월 28일, 신성공략에 실패한 당군이 곧 바로 옆에 위치한 조그마한 성인 백암성(白巖城: 요동성 동남쪽, 지금의 요령성 등탑현 연주성)으로 방향을 돌리자, 연개소문은 즉각 오골성(烏骨城)에서 보기(步騎) 1만의 증원군을 보냈다. 증원군은 성 밖에 이르러 당장(唐將) 설필하력(契必何力)의 군사와 마주쳤고, 격전 끝에 적장에게 중상을 입히면서 계속 몰아붙여 성안에 들어가 방어군과 합류했다. 이제 당군은 오로지 백암성 공격에 전념했다. 이세적은 서남쪽에서, 태종은 서북쪽에서 작은 성을 에워싼 채 이를 갈고 덤볐다. 그러나 6월 1일, 상황을 겁낸 성주 손벌음(孫伐音)이 몰래 당에 항복하면서 성루에 당군의 깃발을 꽂아 놓는 바람에, 방어군이 우왕좌왕하면서 어이없게 성이 점령당해 버렸다. 고구려 병사들은 끝까지 저항하면서 함몰했고 포로 1천4백을 내면서, 백성 1만과 양식 2만8천 석이 적의 수중에 들어갔는데…

6월 11일, 그러나 당군은 동쪽으로의 진로가 막혀 다시 요동성으로 돌아갔다.

註) 당군은 승승장구(乘勝長驅)하여 개모성, 요동성, 백암성을 점령하고 작전이 순조롭게 진행되어 가는 듯했지만, 고구려 해안방어와 요동방어의 핵심요충지인 요동성 남쪽에 있는 건안성(建安城)과, 북쪽에 위치한 신성(新城)이 굳게 버티고 있어 고구려군의 방어망에 막혀버린 꼴이 되었다. 그래서 백암성을 점령 후 곧바로 천산산맥을 넘어 오골성으로 나가려던 원래의 계획을 실행할 수 없게 되어, 일단 요동성으로 되돌아가야 했다.

**“안시성(安市城) 외곽 - 주필산(駐驆山)”**

6월 11일, 백암성에서 더 이상 동쪽으로 나가지 못한 당군은 요동성을 출발하여, 방향을 남쪽으로 정하고 안시성으로 향했다.

6월 20일, 당군은 안시성(安市城: 봉천성 海城 서남쪽 英聖子城)으로 몰려가면서, 제1군의 장사귀(張士歸)가 먼저 출발했다. 그 중에 제1군의 선봉으로 낭장 유군앙(柳君昂)이 앞에 나섰다가 안시성에서 출격한 고구려군에게 역습을 당해 전멸될 지경에서, 무명의 설인귀(薛仁貴)가 말을 몰고 나와, 고구려군을 흐트러트리면서 당군을 위기에서 구해냈는데…

6월 21일, 이때 연개소문은 대군을 동원하여 안시성 쪽으로 지원군을 보냈다. 대로(對盧) 고정의(高正義)가 이끄는 고구려와 말갈(靺鞨)의 15만 연합군으로, 선봉을 담당한 북부욕살 고연수(高延壽)와 남부욕살 고혜진(高惠眞)의 군사가 안시성에서 40리 떨어진 주필산(駐驆山)에 도착하여 보루를 만들고 병사를 놓아 적의 군마(軍馬)를 약탈하기 시작. 고연수는 고정의(高正義)의 지시에 따라 적이 오면 싸우고, 가면 그치고, 또 기병(騎兵)을 보내 적의 식량보급로를 끊으면서 기습하는 방법을 썼다. 고구려 말갈 연합군의 진세(陣勢)가 40리에 걸쳐 뻗쳐 있었다.

註) 고연수, 고혜진 두 장군의 전투의 내용에 대한 중국 측 기록이나 〈삼국사기〉에 나타난 기록에는 두

장수가 15만의 대군을 이끌고 맥없이 뭉그러져 항복하고 당의 작위를 받았다는데, 앞뒤가 맞지가 않다. 당태종이 전쟁을 회고하면서 신성과 건안성, 주필산 전투를 3대 전투로 꼽았던 것으로 보아 모든 역량을 주필산에 쏟았던 것이 사실이고, 〈지봉유설(芝峰類設)〉에 보면 "당태종이 침입했을 때 고구려 장수 고혜진은 15만 무리로 고구려를 구했다"는 대목으로 보아 당군이 여기서 간단히 승리했다는 기사는 전적으로 사실왜곡이다.

7월 5일에 당군은 일단 진영을 안시성 동쪽 고개로 이동하면서 이때까지 별다른 움직임은 보이지 않았는데…, 이때쯤에 병부시랑 양홍례가 24군을 지휘했으며, 또한 전군대총관 유홍기도 대군을 몰아 고정의가 이끄는 고구려군의 본진과 마주쳐 싸웠다.

註) 워낙 자신의 불리한 기록을 남기지 않다 보니 싸웠다는 기록은 〈신.구당서〉 양홍례열전에 전해오는데, 싸운 날짜도 기록하지 않았다. 만약 승리했다면 떠들썩하게 기록했을 텐데, 결과가 좋지 않았던 모양이다. 6월 21일에서 23일까지는 고연수의 군사를 깨트렸고, 7월 5일에 안시성 동쪽으로 군대를 이동할 때까지 조용했다. 안시성에 대한 공격은 8월 10일에 진영을 안시성 남쪽으로 옮기면서부터 본격적으로 개시되었다. 50일간의 공백 기간 동안 무슨 일이 있었을까?? 동원된 병력이 24군이나 된 것을 보면, 이는 고정의가 이끄는 고구려군과의 총력을 기울인 대결이 있었고, 고정의의 지구전 전략에 말려 50여 일이나 끌려 다녔다고 보아야 할 것이다.

### "2차 건안성(建安城) 전투"

7월 22일, 당의 육로군(陸路軍)은 이때까지도 요동성과 안시성 주변에서만 맴돌고 있는 상황이었기에 어떤 돌파구를 마련해야 했다. 보조 공격로도 뚫을 겸, 식량보급선도 확보할 겸해서 평양도행군 대총관 장량(張亮)에게 남쪽에 위치한 건안성(建安城) 공략을 지시했다. 비사성에서 출격한 장량의 당 수군은 명령에 따라 해로(海路)를 통해 건안성에 도착했지만, 미쳐 진영을 차리기도 전에 고구려군이 성안에서 뛰쳐나와 돌격전을 펼치니, 장량은 하도 놀라서 멍하니 앉아 있기만 했다. 장량의 당 수군은 건안성을 기습하려다가 오히려 역으로 기습당해 궤멸되고, 잔여부대는 즉각 비사성으로 완전히 퇴각했다.

8월 8일. 건안성이 지켜짐에 따라 당군은 진로가 마땅치 않았다. 건안성과 신성에 고구려군 10만이 버티고 있는 이상 앞으로 더 진군할 수가 없었다. 보급로가 고구려군에게 차단당할 위험 때문에 선택의 여지가 없었다. 결국 당태종은 안시성에 초점을 맞추기로 했다. 그물처럼 연결된 고구려 성들 가운데 중심을 차지하고 있는 안시성에 대해 총력을 기울이는 방법 외에는 선택의 여지가 없었다. 때마침 당태종의 지시로 도종(李道宗)이 7월 중순부터 안시성 아래에 토산을 만들어오고 있는 중에 있었다.

### "안시성(安市城)"

8월 10일, 당군(唐軍)의 안시성 공략이 본격적으로 시작되자 성민의 저항은 완강했다. 화가 난 당태종이 "성을 함락하면 성안에 남자는 씨를 발려 버릴 것이다"라고 하자 안시성주 양만춘(楊萬春)은 "내가 성문을 여는 날 모조리 짓밟아 한 놈도 남기지 않을 것이다"라고 응대했다. 먼저 양만춘의 결사대 1백 기(騎)가 야습으로 당군을 흩트려 놓은 이후부터, 당군은 각종 공성(攻城) 기구를 동원하여 연일 쉬지 않고 공격을 퍼부어 댔는데…
9월, 그런데, 뜻밖에도 어렵게 완성한 당군의 토산이 별안간 무너지면서 안시성의 성벽 일부가 무너졌다. 이 틈에 고구려군이 성의 헐린 곳을 따라 출격하여 토산을 뺏고는 참호를 파서 지키는 상황으로 돌변하니, 당군은 토산을 탈환하고자 4일간 격렬한 공방전을 펼쳤다. 그러나 끝내 토산은 고구려군의 전초기지가 되고 말았으니, 당태종은 대책이 막연했다. 사태가 이 지경에 이르고 또, 식량이 바닥 난데다가 겨울이 다가오니 결국…
9월 18일, 당 태종은 철군하기로 방침을 바꾸었다.

註) 고구려군은 4일간이나 토산을 사이에 두고 격렬한 공방전을 펼쳐 끝내 토산을 확보할 수 있었다. 성(城)이 아닌 토산이라 지키기가 쉽지 않았을 것이다. 이 사실에는 다른 전황이 있었을 것이다. 즉, 고정의가 이끄는 주필산 부대의 외곽 협동작전이 있었다고 해야 앞뒤가 맞는다. 또한, 안시성에서 전투 중이던 당군이 식량이 바닥났다는 것이다. 이 사실도 의문이 생긴다. 즉, 고정의가 이끄는 주필산 부대에 의해 보급로가 끊겼다고 보면서, 또한, 당 수군도 고구려 수군에 의해 길이 막혀 활동을 하지 못했다는 말이고, 또한, 개모성, 요동성, 백암성 등에서 접수한 식량조차도 고구려군에게 다시 탈취 당했다는 말은 아닌지?

註) 당 태종 이세민은 중국사에서 '정관(貞觀)의 치(治)'라 불릴 만큼 정치를 잘했다. 그는 고구려 정벌에 나서면서 "내가 지금 입고 있는 이 옷을 전쟁에서 돌아와 다시 태자를 보기 전까지는 갈아입지 않겠다"고 공언까지 했다. 속전속결하겠다는 얘기였다. 그러나 안시성 싸움에서 고구려 군사가 쏜 화살에 맞아 한쪽 눈을 잃었고, 수도 장안에 돌아간 뒤에 이때 맞은 화살 독이 원인이 되어 3년 후 독창으로 죽었다고 전한다.

### "당군의 비참한 철군(撤軍) 길"

당군은 쫓기듯이 빠르게 철군을 서둘렀다. 20일에 요동성에 들어가 배를 채우고는 다음날 21일에 곧바로 요수(遼水)를 건넜다. 이제부터는 요택(遼澤)의 늪지대이다. 장손무기(長孫無忌)가 1만의 병력으로 늪지대의 길을 개척하고, 후미에는 이세적(李世勣)과 도종(李道宗)이 보기(步騎) 4만으로 뒤를 엄호했다. 급했다. 당태종은 옷도 갈아입을 여유가 없었다.
10월, 당군은 철군을 서둘렀음에도 20일이나 걸려서 요택의 발착수(渤錯水) 늪지를 건넜다. 폭풍과 폭설 그리고 굶주림으로 병사들이 많이 죽어나가고 병장기도 대부분 포기했다.

註) 당태종은 물러갈 때, 왔던 길을 포기하고 군이 통행이 불가능한 요택의 늪지를 택했다. 신성과 건안성의 10만 고구려군이 버티고 있는 한, 그쪽으로 방향을 잡을 수는 없는 것이다. 이 때문에 당태종은 죽음을 각오한 비참한 퇴군 길을 각오해야 했다. 또한, 여기서 대부분의 병장기와 군사를 잃었다는 점에도 의문이 있다. 고구려군에게 후미를 공격당해 큰 피해를 입었다고 볼 수밖에 없다. 단순히 자연조건만을 탓하기에는 피해가 엄청났기 때문이다.

註) 단재 신채호 선생의 의견이나, 〈한단고기〉의 내용에 의하면 연개소문이 이세민을 쫓아 만리장성을

넘어 깊숙이 쳐들어가 북경(北京)은 물론, 당의 수도인 장안(長安)까지 추격하여 당태종의 항복을 받아내고, 더구나 영토까지 할양 받았다는데…. 특히, "연개소문이 고연수에게 명하여 통도성(桶道城)을 개축케 하니 지금의 고려진(高麗鎭)이다"라고 기록한 사실과 북경 교외에서 발굴되는 고려군영(高句麗軍營)의 자취 등으로 볼 때, 좀 더 연구가 필요하겠지만 고구려군이 만리장성 넘어 북경까지 추격해 간 것만큼은 확실한 것 같다.

12월, 당태종은 천신만고 끝에 태원(太原, 지금의 산서성)에 도착은 했는데, 그 사이에 전황을 관찰하던 몽골고원의 강자인 설연타(薛延陀) 부족이 당의 패전을 확인하고 오르도스(河南) 지역으로 쳐들어왔다. 이에 당태종이 급파한 전인회(全仁會)가 이끄는 당군과 집실사력(集實沙力)의 돌궐병이 합쳐 막아내기는 했는데, 설연타는 굴하지 않고 재차 오르도스를 침범…. 당태종의 체면이 말이 아니게 되었다.

### "백제의 지원 공격"

百濟 31대 의자왕(義慈王) 5년

新羅 27대 선덕여왕(善德女王) 14년

작년 9월에 백제 7성을 신라 김유신이 탈취한 사건이 있은 이래, 의자왕은 쉬지 않고 동시다발로 신라를 압박했다. 그러던 중 5월, 신라는 당에 협력하고자 3만의 대군으로 고구려의 남쪽 수곡성(水谷城)을 공격하려 하자, 이틈을 타서 백제 의자왕은 장군 계백을 출전시켜 작년에 빼앗긴 성열성(省熱城: 충북 제천시 청풍면) 등 7개의 성을 탈환하고, 또한 장군 윤충(允忠)은 부사달(夫斯達: 松都) 등 10여 성을 점령하여 수의 고구려 침공을 도우려는 신라의 기도를 꺾어 버렸다.

註) 선덕왕이 백제방어의 공백이 생기는 것을 무릅쓰고 병력을 이동한 것은 당과의 외교관계를 중시한 것이지만, 여러 곳에서 성을 잃게 되자 귀족 세력에게 많은 비난을 받게 되고, 이것이 비담(毗曇)의 반란으로 발전되어진다.

### "비담(毗曇)의 모반"

647 新羅 28대 진덕여왕(眞德女王) 원년

1월, 김유신(金庾信)이 5 3세 때, 상대등(上大等) 비담(毗曇)이 왕위를 노리고 명활산성(明活山城: 경주시 보문동)을 근거로 반란을 일으켰다. "여자가 왕이 되니 이웃나라들이 경멸하고, 도적들이 들끓는다"는 이유였다. 내란 속에 선덕여왕(善德女王)이 숨지고, 사촌 여동생 승만공주(勝曼公主: 진덕여왕)가 왕위를 이으면서 즉각 김유신을 내세워 토벌에 나섰다.

반란군의 군세가 워낙 강력했지만 김유신이 10여 일만에 어렵게 난을 평정했다.

註) 14개월 전인 645년 11월에 여왕 반대파의 수령 비담이 귀족회의 의장인 상대등에 취임했는데, 여왕이 정치를 잘 하지 못한다는 구실로 반란을 일으켰다. 어쩌면 그는 화백(和白)회의에서 폐위를 주장하다가 자신의 뜻이 관철되지 않자 군대를 일으킨 듯하다. 김유신이 지휘하는 관군은 왕경(王京) 안에서 반란군과 대치하다가 1월8일 여왕이 죽은 지 10일 뒤인 17일 반란군을 진압하고 비담을 처형했다.

高句麗 보장왕(寶藏帝) 6년

3월, 한편, 당 태종은 조정의 반대에도 불구하고 자존심이 매우 상하여 고구려에 대한 복수전을 구상하기 시작했다. 그러나 대신들이 "고구려는 식량난이 심각하므로 소규모의 군세로 고구려를 소란 시켜 피로하게 하면 인심이 이반되어 크게 싸우지 않고도 이길 수 있다"고 소규모 복수전을 주장하니, 당태종은 이들의 의견을 받아들여, 우선 요하(遼河) 방면으로 우진달(牛進達)에게 군사 1만을 주어 바다로 나가게 하고, 또 이세적에게 3천을 주어 신성도(新城道)에서 나가게 했다. 이세적은 요하를 재빨리 건너 남소성(南蘇城: 무순 동쪽 살이허 山城?)을 지나 목저성(木底城) 등 몇 개의 성을 공격했는데, 이름 없는 석성(石城) 한 곳을 불태운 외에는 이렇다 할 전과(戰果) 없이 3개월 동안 소란만 피우다가 물러갔다.

7월, 우진달의 수군(水軍)은 압록강 방면으로 나와 고구려군과 1백여 차례 접전으로 석성(石城: 봉황성 산 위에 돌성?)을 뺏기도 하고, 또 그 안쪽 적리성(積利城) 아래까지 육박하여 많은 사상자를 내며 4개월 만에 돌아갔는데 고구려군의 피해는 가벼웠다. 한편, 당태종은 내년에 있을 3차 보복전을 대비해 강남 12주의 기술자를 동원하여 선박 수백 척을 만들도록 지시했다. 수군의 성과에 만족하여 앞으로는 수전(水戰)으로 결판을 내고 싶었다.

新羅 28대 진덕여왕(眞德女王) 원년

10월, 한편으로 백제의 공격은 계속되었다. 백제 장군 의직(義直)이 보기(步騎) 3천으로 무산성(茂山城: 무주?) 아래 주둔하고 군사를 나누어 감물성(甘勿城: 충북 괴산?)과 동잠성(桐岑城)을 공격해왔다. 이를 김유신이 1만의 군사를 동원하여 격퇴했다. 한편으로는 김춘추를 왜에 보내 백제를 견제하도록 시도해보았으나 아무런 성과 없이 돌아오고…

648 高句麗 28대 보장왕(寶藏帝) 7년

1월, 당 수군(水軍) 설만철(薛萬徹)이 3만의 군사를 누선과 전함에 싣고 내주(萊州)에서 나오고, 또 한편, 4월에는 오호도(烏胡島: 산동반도 동북쪽 최전방)의 수비장인 고신감(古神感)이 나오다가 역산(易山)에서 5천 명의 고구려 수군의 습격은 일단 물리쳤지만, 밤에 또 한 차례 고구려군이 기습해와 당군의 배를 불 지르며 격돌하자 당해내지 못하고 황급히 되돌아갔다.

9월, 또 설만철이 압록강 하구에 군영을 설치하자 박작성(泊灼城: 압록강 북쪽 安東?) 성주 소부손(所夫孫)이 보기(步騎) 1만으로 공격하며 유인했다. 설만철이 고구려군을 쫓아 내륙 깊숙이 박작성까지 따라가 성을 공격하며 시간을 끌고 있는 중에, 고문(高文)이 오골성과 안시성의 군사 3만을 두 진영으로 나누어 이끌고 와서 앞뒤로 공격을 퍼붓자 당군은 전열도 정비하지 못한 채 지리멸렬이 되어 뿔뿔이 달아났다. 이에 당태종은 설만철의 패전을 물어 귀양 보내고는 명년에 또다시 30만의 대군을 일으키려고 준비하는데…

註) 당 태종은 한편으로 전함 1,100척을 만들면서 고구려 정벌의 야심을 버리지 않았다. 그러나 이 계획은 실행되지 못했다. 649년, 실행에 앞서 당태종이 죽었기 때문이다. 당태종은 처음에는 한족(漢族)의 자존심을 세울 겸, 고구려 땅도 차지하려고 정벌전을 시작했으나, 나중에는 오기로 밀고 나갔다. 고구려는 그 때문에 온 백성의 단결력은 과시했지만 연이은 당의 침략으로 국력을 너무나 많이 소진했다.

百濟 31대 의자왕(義慈王) 8년

新羅 28대 진덕여왕(眞德女王) 2년

3월, 의자왕도 계속 신라를 몰아붙였다. 장군 의직(義直)이 신라 서변에 요거성(腰車城) 등 10여 성을 점령하고, 4월에는 신라 김유신이 반격해 온 것을 옥문곡(玉門谷: 경주 외곽지역)에서 마주쳐 싸우다가 오히려 1천여 명이 전사했다. 그러나 두 번 싸움에서 신라군을 모두 패퇴시키고…

12월, 백제와 고구려의 압박으로 궁지에 몰린 신라는 김춘추(金春秋)를 당(唐)에 보내어, 태종 이세민을 만나게 했다. 당 태종은 김춘추의 요청으로 20만의 군을 동원하여 다시 고구려를 칠 것과, 고구려를 멸한 다음에는 평양 이남의 땅은 신라가 가진다는 내용에도 합의했다. 대신 신라는 관리의 복식을 당나라 방식으로 고칠 것과 자신의 아들을 인질로 남기기로 했다. 신라의 입장에서 살아남기 위한 방책이라 하지만…

649 百濟 31대 의자왕(義慈王) 9년

新羅 28대 진덕여왕(眞德女王) 3년

8월, 의자왕은 좌장(左將) 은상(殷相)에게 7천 군사를 주어 신라를 치게 했다. 은상이 석토성(石吐城) 등 7개 성을 점령하자, 신라 장군 김유신 등이 나서서 반격해왔다. 은상이 이들도 격파하여 내 몰자, 수세에 몰린 신라군은 도살성 아래까지 후퇴했다가 전열을 가다듬은 다음 재차 반격하여 백제군을 무너뜨렸다. 김유신은 내친김에 군사를 이끌고 신라 깊숙이 박힌 비수를 제거코자 협천 대야주(大耶州: 경남 합천)를 들이쳐 탈취하는데 성공하여 백제 장수 8인의 포로를 보내고 6년 전에 죽은 김품석(金品石)의 유해를 찾아왔다.

이때 김춘추(金春秋)는 당(唐)에 다시 가서 고구려와 백제 공멸 요청의 외교를 벌이고 있었다. 상황이 급했다. 당태종(唐太宗)이 죽으면서 아들에게 "요동전쟁을 그만두고, 앞으로도 고구려를 치지 마라" 라는 유언을 남겼기 때문이다.

註) 당태종(唐太宗)의 죽음은 안시성(安市城)에서 양만춘의 화살을 맞은 부위에 생긴 등창으로 인해 죽었다는 말이 사실인 듯하다. 〈구당서(舊唐書)〉에는 종기로 죽었다 했고, 〈신당서(新唐書)〉에는 감기로 죽었다 했고, 〈자치통감〉에는 이질로 죽었다고 했다. 황제의 죽음을 두고 이렇게 말이 다르다는 것은 있을 수 없다. 태종은 안시성 싸움 이후부터 계속 투병 중이었다. 아마도 분에 못 이겨 밤을 설칠 정도로 한이 맺혀 있었을 것이다.

653 高句麗 28대 보장왕(寶藏王) 12년

연개소문은 장군 안고(安固)를 보내 말갈병과 합세하여 거란을 쳤다. 이번 출정에 얻은 바도 크지만, 지난 전쟁에서 거란이 당에 복속하여 고구려에 대항한데 대한 교육이 필요했기 때문이다.

**"김춘추의 본격적인 사대외교(事大外交)"**

654 高句麗 28대 보장왕(寶藏王) 13년

百濟 31대 의자왕(義慈王) 14년

新羅 29대 태종무열왕(太宗武烈王) 원년

신라 김유신(金庾信)이 60세가 되던 해 진덕여왕(眞德女王)이 죽고, 5 2세의 김춘추(金春秋)가 왕위에 올라 왕호(王號)까지 당식(唐式)으로 고쳤다. 그래서 태종(太宗)이다. 의복양식도 모두 당식(唐式)으로 고쳤다.

8월, 당태종이 죽은 후 5년 동안 북쪽이 조용해지자, 연개소문은 신라에 대해 압박을 가하기로하고, 고구려, 백제와 말갈의 군사와 함께 신라 북쪽 변경을 침공하여 33개 성을 점령해 버렸다. 당황한 신라 태종왕에게는 나라의 존망이 달린 비상사태였다. 당과의 외교에 총력을 기울여 당의 출병을 거듭 요청해야 했다. 때마침 당에 가있던 김인문(金仁問)이 당 고종(唐 高宗: 당태종 李世民의 아들)에게 간청하여 마침내 당의 출병 약속을 받아냈다.

655 高句麗 28대 보장왕(寶藏王) 14년

百濟 31대 의자왕(義慈王) 15년

新羅 29대 태종무열왕(太宗 武烈王) 2년

1월, 고구려와 백제와 말갈의 연합군이 신라 북방에 30여 성을 유린하는 사태가 일어나자, 신라 태종은 당에 사신을 거듭 보내면서 구원을 청했다. 당은 우선 2월에 영주도독 정명진(程名振)과 좌위중랑장 소정방(蘇定方)에게 군사를 주어 고구려를 치게 했다. 정명진이 이끄는 당군은 5월에 요수(遼水)를 건너와 변경의 성 주위에 촌락을 불 지르며 신라에 대한 성의를 표시해 보았다. 고구려군은 이를 혼하(渾河)에서 맞아 간단히 격퇴해 버렸다. 또한, 이때에 신라도 당과의 약속이 있어 백제를 치기로 하고 낭당대감(郎幢大監) 김흠운(金欽運)을 보내 조천성(助川城: 충북 옥천 남쪽)을 공격하려했으나, 오히려 이를 알아차린 백제군의 야습으로 양산(陽山: 옥천 남쪽)에서 생존자 없이 모두 함몰되어 버렸으니…

**"백제의 황혼"**

656 百濟 31대 의자왕(義慈王) 16년

3월, 왕은 백제가 강국으로 성장함에 궁궐을 증축하고, 한편 신라를 가벼이 여기면서 왕의 서자 41명을 한꺼번에 좌평(佐平)으로 임명하기까지 했다. 왕의 인척들이 정치에 관여하니 조정이 어지러워졌다. 이에 상좌평 성충(成忠: 允忠의 형)이 자주 간하니, 왕은 듣기 싫었다. 오히려 이를 왕권강화에 반대하는 고위귀족을 숙청하는 계기로 삼았다. 성충을 옥에 가두어 버리고는, 이를 재고하라고 간언하는 원로대신 흥수(興首)까지 고마미지현(古馬彌知縣: 전남 장흥)으로 귀양 보냈다. 그러자 국정을 전담했던 좌평 임자(任子)는 이에 반발하여 신라 김유신과 내통하게 되었다. 나라의 말기증상이 한꺼번에 나타난다.

註) 의자왕은 이때부터 태자궁을 화려하고 사치스럽게 수리하고 왕궁 남쪽에 망해정(望海停)을 짓는 등, 대규모의 토목공사를 벌였다고 한다. 이에 상좌평(上左平) 성충(成忠)은 왕이 주변정세를 가벼이 여기자 극간(極諫)하다가 왕의 노여움을 사서 투옥되었다고 한다. 이어 신라 첩자 조미곤(租未坤)이 좌평 임자(任子)를 포섭하며 활동하고, 또한, 요녀로 일컫는 은고(恩古)라는 여인의 권력 전횡으로 왕의 판단력이 흐려져 갔다. 그런데 의문이 있다. 그리 총명하던 의자왕이 무슨 까닭으로 마지막 4~5년간 급작스레 황음무도한 군주로 전락했는지? 의자왕이 나라를 망친 무능하고 무도한 임금이라면 어떻게 백성들이 당나라로 끌려가는 왕을 바닷가까지 울며불며 뒤따라가 애통해 했을까? 역사는 이긴 자의 기록이다. 그 후 역사의 기록은 승리자들에 의해 마음껏 재단되었을 것이다.

657 高句麗 28대 보장왕(寶藏王) 16년

10월 7일, 연개소문이 임종하면서 아들 남생(南生)과 남건(南建) 형제에게 "너희는 사랑하기를 물같이 하여라. 화살은 묶으면 강하고 나뉘면 꺾인다. 이를 잊지 말아라"하였다.

註) 연개소문의 사망연도는 〈삼국사기〉 〈신.구당서(新.舊唐書)〉에는 666년, 일본서기에는 664년, 이병도는 665년, 신채호의 657년 등, 여러 설(說)이 있다. 단, 〈환단고기〉에는 출생이 603년에 사망이 657년으로 나온다. 이를 근거로 하면 연개소문 생존 시에는 고구려가 당에 패한 적이 없다고 했던 신채호의 의견이 정확한 것이 된다.

658 高句麗 28대 보장왕(寶藏王) 17년

6월, 당의 정명진과 설인귀(雪仁貴)가 요동의 적봉진(赤烽鎭)을 습격하여 점령해버린 것을, 고구려 장수 두방루(豆方婁)가 3만의 군사로 반격했다. 이에 정명진은 거란의 군사를 동원하여 맞섰는데, 결국, 당군은 소란만 피우다가 또다시 쫓겨 돌아간 꼴이 되었다.

註) 위 기사는 〈자치통감(資治痛鑑)〉에 있다. 당군이 습격했다는 적봉진(赤烽鎭: 遼北省에 있는 진)에 유의. 신채호는 645년 고당전쟁 시에 "연개소문이 적봉진에 있다가 퇴각하는 당 태종을 추격하여 만리장성 이남까지 쳐들어갔다"고 했다. 위 기사는 당시 적봉진이 고구려 영토이었음을 나타내는 증거이다.

659 新羅 29대 태종(太宗 武烈王) 6년

4월, 백제가 자주 국경을 유린하니, 왕은 또 사신을 당에 보내 구원을 청하면서 얼굴에 근심이 떠날 날이 없었다. 당으로부터 회보는 없고…

註) 당은 고구려의 국력을 소모시키고자 빈번하게 소규모 도발을 해보았지만, 효과도 없이 번번이 실패하던 차에, 때마침 신라 무열왕이 당에 사신을 보내어 백제에 대한 양면공격을 제안해왔다. 당은 고구려에 대한 전략상 그 배후에 근거지를 확보하는 것이 유리하다고 판단하고, 이로부터 고구려에 대한 전략을 수정하게 되었다.

高句麗 28대 보장왕(寶藏王) 18년

3월에 당(唐)의 좌효위대장군 설필하력(契苾何力)이 요동을 쳤으나 역시 성과가 없었고,

11월에는 설인귀(雪仁貴)가 또 들어와 횡산(橫山)까지 진출했다가 고구려 온사문(溫沙門)에게 패하고 돌아갔는데, 모두가 헛수고로 군사만 꺾였다. 안되겠다. 이제부터는 본격적으로 방향을 바꾸어 백제로 향하기로하고 당고종(唐高宗)은 소정방을 신구도행군대총관에, 좌효위대장군 유백영(劉伯英)을 우이도행군총관에 임명하면서 백제원정을 준비시켰다.

660 百濟 31대 의자왕(義慈王) 20년

新羅 29대 태종(太宗 武烈王) 7년

나당(羅唐) 연합군은 7월 10일에 신라군은 육로로, 당군은 수로(水路)로 백제 왕성 사비성(泗泌城: 부여)에서 만나기로 하고, 6월에 대공세를 위한 출병을 마쳤다. 당(唐)의 신구도행군대총관(神丘道行軍大摠管) 소

정방(蘇定方)은 13만의 대병력을 1,900여 척의 배에 나누어 싣고 6월 18일에 산동반도 내주(萊州)를 나와 21일에 덕물도(德勿島: 인천시 덕적도)에 도착하여 군량과 물을 보급 받고 대기 중이고, 동시에 신라 김유신은 5만의 병력으로 남천성(南川城: 경기도 이천?)에 도착했다.

**"계백(階伯)의 황산벌 전투"**

신라군은 삼년산성(三年山城: 충북 보은)에 병력을 집결한 다음 금돌성(今突城: 경북 상주)과 관산성(官山性: 충북 옥천)을 거쳐 황산벌(黃山原: 충남 논산시 연산면)을 향해 진군했다. 백제 의자왕은 급보를 받고 대책을 세우지도 못한 상태에서 "당군(唐軍)이 기벌포(伎伐浦, 게불: 금강 하구) 백강구(白江口: 금강 또는 백마강 하구)를 건너지 못하게 하고, 신라군은 탄현(炭峴, 숯고개: 대전시 동구 식장산 쑥고개)을 통과하지 못하게 하라"는 좌평 성충(成忠)의 유언(遺言)과 투옥 중인 충신 흥수(興首)의 건의에도 불구하고, 과단성 있기로 정평이 난 의자왕이었지만 이때만큼은 결론을 내리지 못하고 있는 가운데, 이미 당군은 백강(白江: 금강 하구) 북쪽 연안에 상륙했고, 신라군은 탄현(炭峴)을 지나 황산벌을 위협하고 있었다.

7월, 백제의 작전은 동쪽의 탄현과 황산벌에서는 신라군을 막고, 서남쪽의 백강구와 가림성(加林城 또는 聖興山城: 부여군 임천면 군사리)에서는 당군을 막는 방어계획을 세웠다. 그러나 머뭇대다가 두 나라 군사들이 나누어 출동했다는 첩보를 듣고야 방어군을 급히 내보내게 되는데…, 결국 때를 놓친 왕은 달솔(達率) 계백(階伯)에게 출전을 명하니, 계백이 황산벌에서 최후의 방어를 시도하고자 5천 병력을 이끌고 7월 9일에 신라의 5만 대군을 맞았다. 여기서 병사들은 최후를 각오했다. 죽기로 하고 맞서니 신라군이 당해내지 못하고 첫 접전에 맥을 못 쓴 채 퇴각했는데, 이렇게 나갔다가 물러났다 하며 격돌하기를 네 번. 계백이 이끄는 백제군이 모두 이겼다. 그러나 살아남은 백제군은 포로가 된 달솔 충상(忠常)과 상영(常永) 등의 부상자 20여 명뿐, 계백의 군대는 신라군 1만을 죽이면서 전몰(戰歿)했다.

註) 당시 백제는 적게 잡아도 10만 이상의 군사를 보유하고 있었을 것이며, 황산벌 방면에 신라군 5만을 막으러 나간 군사는 계백의 5천 선발대이었다. 의자왕은 황산벌 전투 이후 생존 병력을 수습하여 백강 방면에 투입했다. 전설 속의 '5천 결사대' 표현은 사실이 아니다.

註) **삼충신(三忠臣):** 계백(階伯), 성충(成忠), 흥수(興首)를 백제 말의 삼충신(三忠臣)이라 하여 지금도 부여 부소산(扶蘇山)에 있는 삼충사(三忠祠)에 모시고 있다. 나당 연합군의 20여만 병력이 몰려오니, 대신들 간에 의견이 안 맞아 판단을 못하는 차에 왕은 우선 탄현 쪽의 적을 계백에게 막도록 했다. 계백은 죽기를 각오한 채 군사를 이끌고 황산벌에 이르러 세 진영을 설치하고는, 신라의 김유신(金庾信)이 이끄는 5만의 군사를 맞아 네 차례나 격파했다. 이에 신라군이 사기를 잃고 있을 즈음, 신라의 장군 품일(品日)은 16세의 어린 아들 관창(官昌)으로 하여금 나가 싸우게 하나, 쉽게 생포되었다. 계백은 관창이 어리다고 살려 보냈으나, 다시 나와 또 붙잡았다. 계백은 관창의 목을 잘라 말안장에 묶어 신라군 진영으로 돌려보냈다. 예상했던 대로 신라군은 관창의 죽음으로 사기가 올라 총공격을 감행했고, 마침내 계백과 그의 군사들은 모두 전사했다고 한다.

### “백제 왕성 함몰(百濟 王城 陷沒)”

7월 12일, 당(唐)의 수군(水軍)이 백강(白江: 白馬江) 어귀에 몰려오자, 왕은 의직(義直)에게 방어를 부탁했다. 백제의 병사들이 모두 나섰다. 피아의 20여 만 명의 군사가 백강 하구에서 뒤엉켰다. 그러나 방어군은 1만 여의 전사자를 내며 무너지고 백전노장(百戰老將) 의직도 전사했다. 이제 당군은 물밀듯 사비성(泗泌城: 부여)으로 몰려들었다. 나당 연합군이 밀어닥치자, 의자왕과 태자 효(孝)는 웅진(熊津城: 충남 공주)으로 피신했다. 한편, 부여 사비성에는 제2왕자 태(泰)가 성을 사수하려 했지만 결국 1만 여의 전사자를 또 내면서 7월 13일 함락 당하고 말았다.

註) 사비성 함락의 근본 원인은 백제군이 약해서가 아니라, 왕과 태자가 성을 나가 웅진성으로 피해나간데 있다. 위기 상황에서 지도자가 목숨을 바칠 각오가 되어있을 정도의 책임의식이 있느냐 없느냐에 따라 나라의 존망이 걸릴 수 있다. 이 시기에 의자왕은 불행이도 개인적인 안전을 택한 한 순간의 판단 실책이 문제의 발단이었다. 한편, 의자왕이 무책임하게 성을 버리고 나갈 인물은 아닐 것이다. 즉, 만약 사비성이 함락되더라도 어떻게든 이후 수습을 도모해보려는 의도가 있었으니, 최고 통치자가 수도방위의 책임을 둘째 아들에게 넘기는 무리를 감수하면서 피신했다고 보아야 할 것이다.

註) **조룡대(釣龍臺)와 낙화암(落花岩):** 후에 의직 장군이 전사한 전장터를 조룡대라 불렀는데, 의직장군을 용(龍)에 비유하여 용을 낚은 곳이라는 뜻이다. 이 싸움에서 나당연합군의 피해가 엄청났다고 알려졌다. 또한, 부여성에 살던 부녀자들과 궁녀들이 몸을 던진 장소를 후에 낙화암이라 했다. 흔히 의자왕이 향락에 빠져 3천 궁녀와 황음을 즐긴 것처럼 전해져오나 “낙화암과 3천 궁녀”의 이야기는 후세에 신라의 사관들이 만들어낸 사설(邪說)일 뿐이다.

### “백제는 죽지 않았다! - 백제 부흥군(復興軍)”

7월 18일, 의자왕은 웅진성에서 당군의 철수를 조건으로 항복에 응했다. 이에 따라 모든 백제군도 일제히 저항을 멈추었다. 그런데 약속과는 달리 당군은 의자왕을 가두고 닥치는 대로 노략질을 해대는 것이다. 이건 약속이 틀리다. 게다가…

註) 최근 새롭게 밝혀진 사실에 의하면, 의자왕이 스스로 웅진성을 나가 항복한 것이 아니라, 신하였던 웅진방령(熊津方領) 예식(禮植)에 의하여 사로잡혀 항복했다는 것이다. 이 사실은 중국에서 예식에 관련된 비문이 발견됨으로서 확실해졌다.

8월 2일, 나당연합군의 전승축하연이 사비성에서 크게 벌어졌는데, 의자왕에게 술잔을 부어 올리게 하는 것이다. 이 광경에 백제인들은 울분을 삼켰다. 청년장군 군장(郡將) 흑치상지(黑齒尙之)는 즉각 사비성을 빠져나와 임존성(任存城: 충남 예산군 대흥면 대흥산성)으로 들어가 주민들을 모으고 성을 수리하자, 10일 만에 인근 백성 3만여 명이 몰려들었다. 또한 백제군은 남잠(南岑)과 정현(貞峴)에 모여들었고, 여기서 처음으로 백제부흥의 깃발이 올랐다. 이로부터 백제부흥운동이 전국 각지로 들불처럼 번져나갔다.

도처에서 부흥군이 일어났다. 의자왕 사촌형제인 달솔 복신(夫餘福信)은 임존성에서 흑치상지와 함께, 승려 도침(道琛)은 주류성(周留城)에서, 달솔 여자진(餘自進)은 구마노리성(久麻怒利城, 공주)에서, 정무(正武)는 두시이(豆尸伊: 청양군 정산면)에서 나당군을 깨트리며 합세했다. 이 무렵 흑지상지가 이끄는 나당연합군을 거세게 몰아붙이며 위세를 떨치자, 임존성이 반격의 표적이 되었다. 그래서…

註) **주류성(周留城):** 금강 입구에 있는 한산(韓山)이라고도 하고, 연기에 있는 산성이라고도 하는데, 또 홍성 장안면의 석성산성(石城山城)이라는 주장도 있다. 〈일본서기〉에는 척박한 자갈밭으로 농사를 지을 수 없고, 높고 험준한 산협을 끼고 바다와 가까운 곳이라 했기에, 이에 맞추면 전북 부안군 상서면에 있는 위금암산성(位金巖山城)으로 볼 수 있다.

8월 26일, 소정방이 이끄는 당군과 신라군의 엽합군이 임존성으로 몰려왔다. 흑치상지와 복신은 악에 바친 부흥군의 사기로 주변 지세를 이용하여 몰아붙이자, 나당연합군은 수많은 사상자와 포로를 내며 공격을 포기하고 퇴각했다. 쌍방 간에 대규모로 이루어진 첫 연합전투였다. 이때 쫓겨난 나당엽합군은 다시금 임존성에 대한 공략에 엄두를 내지 못했다.

9월 3일, 당은 곧바로 고구려 정벌에 병력을 투입하기 위해 군사 13만 중에 1만 명만 남겨두고 모두 돌아오게 했다. 소정방은 전쟁을 대강 마무리하고, 유인원(劉仁願)에게 1만의 잔류병을 주어 사비성에 남게 하고는, 의자왕과 태자 효(孝), 태(泰), 융(隆: 뒤에 唐의 웅진도독), 연(演) 등의 귀족 93인과 1만2천의 백성의 포로를 끌고 서둘러 귀환하고, 신라군도 잔류한 당군을 돕도록 7천의 병력을 남기고 모두 돌아갔다. 그러나 이제부터, 당의 주력이 빠져나가자 부흥군의 반격은 한층 더 거세어져 가는데…

註) 소정방은 본국에 돌아가 문책 당했다. "어찌 틈을 이용하여 신라를 치지 않았느냐"는 것이다. 다행이 이 문제는 적당히 넘어갔다. 고구려를 앞에 두고 신라와 전쟁할 수도 없거니와 고구려 정벌에 소정방이 필요했기 때문이다. 의자왕은 낙양에 도착 후 한 달이 못되어 울화병으로 죽었다. 끌려간 왕자나 나머지 신하들은 사면되어 현지에 눌러 살거나 또는 당의 작위를 받아 살아남았다. 물론, 끌려간 병사들과 백성들은 모두 노예가 되었지만…

백제부흥군의 흑치상지와 사택상여(沙宅相如)는 임존성에서 나당연합군을 격퇴한 후 복신과 도침에 합류했고, 이후 부흥군은 복신을 중심으로 하여 방어에서 공세로 전환했다.

9월 23일, 복신이 이끄는 부흥군은 유인원의 당군이 배치된 사비성을 포위한 다음, 외곽에 설치된 책(柵)들을 모두 깨고 군량을 탈취한 후 성을 공격했다. 부근에 4개의 성을 쌓고 공세를 취하자 신라군은 지원할 엄두도 못낸 채 구경만 했다. 또 백마강 맞은편에 왕흥사잠성(王興寺 岑城: 울성산성, 충남 부여군 규암면)에도 주둔하여 사비성을 남북으로 압박했다. 상황이 이렇게 되자 이례성(爾禮城: 충남 논산시 연산면) 등 부근 30개 성이 이에 호응, 성을 순식간에 점령할 듯했다.

10월에 이르자 복신은 왜(倭)에 좌평 귀지(貴智)를 보내 군사지원을 청했고, 9일에는 신라 무열왕이 태자 법민(法民)과 함께 이례성을 공격하여 9일 만인 18일에 함락했다. 이 여파로 부근 20여 성이 두려워해 신라군에 항복. 곧이어 무열왕은 유인궤가 지휘하는 당군과 합세하여 10월 30일, 사비성을 포위한 부흥군을 공격했다. 이 전투는 매우 치열했는데, 부흥군은 신라군의 공세를 감당하지 못한 채 물에 빠져 죽거나 하여 전사자가 1만여 명이 될 정도로 큰 타격을 입었다. 11월 5일에는 무열왕이 지휘하는 신라군이 계탄(溪灘: 낙화암 동편에 있는 여울)을 건너 왕흥사잠성(王興寺岑城)을 공격한 끝에 부흥군은 7백의 희생자를 낸 채로 성을 내주고 말았다. 이렇게 상황이 여의치 않자 부흥군은 사비성의 포위를 풀고 임존성으로 되돌아가서 본거지를 천혐의 요새인 주류성(周留城)으로 옮긴 다음, 웅진(熊津: 충남 공주시) 동쪽의 여러 성을 공격하여 확보해나갔다.

**"당(唐), 고구려 정벌군 일으키다"**

高句麗 보장왕(寶藏帝) 19년

10월, 왕은 백제의 원수를 갚겠다고 칠중성(七重城: 경기도 파주군 적성면)을 공격하게 했다. 고구려군은 20여 일 동안 세찬 공세를 퍼부어 11월 1일에 성을 불 지르고 성주 필부(匹夫)를 죽였으나 그 이상의 진격을 계속할 수가 없었다. 북쪽에 당군이 침략해 온다는 정보가 있었다. 한편, 당군은 설필하력(契苾何力)의 지휘아래 소정방(蘇定方), 유백영(劉伯英), 정명진 등으로 대군을 편성하여 고구려를 정벌하고자 했다. 내친김에 한꺼번에…

**"백제 부흥군의 사비성(泗沘城) 공방전"**

661 高句麗 보장왕(寶藏王) 20년

新羅 30대 문무왕(文武王) 원년

2월, **웅진강구(熊津江口) 전투**, 도침과 복신이 이끄는 부흥군은 당군 축출을 목표로 사비성을 포위했다. 1만이 훨씬 넘는 부흥군이 성을 옥죄어 오며 사태가 급해지자 당은 유인궤(劉仁軌)를 임명해 바다건너 급히 보냈고, 신라도 내부가 어려운 사정임에도 5개 방면에서 정예부대로 구성된 대군을 보내 지원했다. 이중 도침이 이끄는 부흥군은 유인궤의 군대가 사비성과 연결되는 것을 막기 위해 백강 하구에 2개의 목책을 세우고 막으면서 격렬하게 뒤엉켰다. 이때 유인원은 따로 1천의 군사를 내어 부흥군을 역습해보았지만 단 한 사람도 살아오지 못했다. 그 후 유인궤의 당군이 대거 밀고 들어와 웅진강구에서 대접전이 벌어졌고, 도침이 이끄는 부흥군이 몰리면서 강 건너편의 영채로 물러나게 되는데, 이 과정에서 좁은 다리에 부흥군의 많은 군사들이 뒤엉켜 무질서해지는 바람에 크게 패하고 말았다. 도침은 하는 수 없이 사비성 포위를 풀고 임존성으로 퇴각했다.

3월, **두량윤성(豆良尹城) 전투,** 신라의 5개 방면에서 출동한 신라군이 사비성 북쪽의 두량윤성(豆良尹城: 충남 청양군 정산면 계봉산성)과 남쪽의 고사비성(古泗沘城: 전북 고부)으로 몰려왔다. 신라의 정예군단이었다. 5일, 복신은 먼저 신라군의 선봉 분견대가 두량윤성에 도착하여 진을 치려고 하는 것을 불시에 기습하여 전멸시켰다. 고사비성 쪽으로 갔던 신라군까지도 이 소식을 듣고 놀라서 모두 두량윤성으로 몰려와 합류했고, 이날부터 쌍방 간의 대군이 맞닥트려 36일간에 걸친 대회전이 벌어졌다. 지금까지 한 번도 패배를 경험하지 않았던 신라군은 여기서 대참패를 맛보았다. 게다가 백제군이 양식까지 떨어져 후퇴하는 신라군을 또한 뒤쫓아 격멸했으니…, 이 소식을 들은 문무왕은 급히 구원군을 보냈으나, 구원군이 퇴각 중인 신라군을 가소천(加召川: 경남 거창 동북쪽의 하천)에서 만나게 되어, 신라구원군도 하는 수없이 4월 19일, 함께 철수하고 말았다.

註) 두량윤성 전투는 부흥백제군에게 또 다른 분기점이 되었다. 여기서 신라의 대군을 크게 격파하여 부흥군의 기세를 한껏 고조시키자, 남방의 2백여 개의 성이 부흥군에 적극 호응하여 왔다. 이를 토대로 부흥군은 병력보충은 물론, 각 지역의 군사와 유기적인 관계를 통해 병력의 운용과 무기조달까지도 원활하게 이어지게 되었다.

4월, 부흥군의 사기는 하늘을 찌를 정도였다. 19일, 부흥군은 후퇴하던 신라군을 빈골양(賓骨壤: 전북 태인)에서 습격하여 많은 군수품을 노획했는데, 한편 각산(角山)에서는 오히려 신라군에게 기습당해 2천의 희생자를 내고 패했다. 그러나 부흥군은 퇴각하는 신라군을 그냥 보내지 않았다. 도처에서 기습 공격하여 신라군을 가소천(加召川)까지 몰아내, 이 무렵 부흥군은 200여 개 성을 회복하여 백제 전역을 회복하기에 이를 정도였고, 신라는 부흥군의 맹렬한 기세에 쩔쩔매는 형편이었다. 이어 복신은 왜(倭國)에 있던 왕자 풍(夫餘豊)을 맞아 왕으로 삼았고, 이제 부흥군은 단순한 저항세력이 아니라 백제 왕조를 다시 이은 왕조의 군대가 된 것이다. 또 한편 왜(倭)는 화살 10만개를 보내 지원했다.

註) 왜국(倭國)은 9월에 풍(夫餘豊) 왕자의 호송 길에 병력 5천을 딸려 보냈으며, 이듬해 정월에는 화살 10만개, 견사 5백근, 풀솜 1천근, 베 1천단, 가죽 1천장, 볍씨 3천섬 등을 보냈다. 그리고 지속적으로 백제를 돕기 위해 무기를 손질하고 선박을 준비하며 군량을 비축해 나갔다. 가히 일본열도 전체가 백제를 구하기 위한 총동원 상태이었다고 할 수 있다.

이때 고구려는 신라의 정예병이 모두 백제에 가 있는 틈을 노리고 장군 뇌음신(惱音信)을 보내 말갈병과 함께 술천성(述川城: 경기 여주)에 신라군을 공격했다가 병력을 북한산성(北漢山城: 서울)으로 옮겨 20여 일 동안 필사적인 공세를 퍼부었다. 그러나 성을 함락하지는 못하고 돌아가야 했다. 당군이 몰려온다는 소식이다.

**"제2차 고당전쟁(高.唐 戰爭)"**

5월, 당은 고구려 정벌군의 편제를 확대 개편하여 전군을 무려 35개 군으로 재편성했다. 소정방과 설필하력의 임무가 바뀌고, 임아상(任雅相)과 방효태(龐孝泰)가 추가되었다. 고구려는 당의 공격에 대비해야 하는 한편, 북한산성(北漢山城: 서울)에서 신라군과 싸우는 등 양쪽에서 적과 맞서야 할 상황이었는데, 한편으로 연개소문은 왜국에 사신을 보내 백제 부흥군을 돕도록 원병을 요구했다.

註) 당의 군대가 35개 군이라는 것은 고수전쟁 당시에 수나라가 24개 군을 동원한 숫자가 113만 명임을 비교하건데, 이때도 병력을 1백만의 대군으로 편성했다고 보아야 할 듯.

8월, 소정방이 이끄는 당 수군(唐水軍) 20여 만은 곧장 바다를 건너와 위도(葦島: 대동강 하구?)에서 고구려 수군을 격파하고, 패강(浿江: 대동강)까지 진출하여 평양 부근에 있는 마읍산(馬邑山)을 점령한 다음, 북에서 내려 올 침공군과 합류하기 위해 대기.

9월 25일, 백제 부흥군에 대한 신라군의 토벌이 거세어졌다. 남천주(南川州: 경기 이천)에서 합류한 나당연합군은 문무왕까지 나서서 진두지휘하는 가운데 옹산성(甕山城: 대전 계족산성)에 몰려들어 처절한 공방전 이틀 만에 수천의 부흥군을 전몰시키면서 함락했다. 부흥군은 이어 우술성(雨述城: 충남 회덕)에서도 1천여 명의 희생을 내며 무너지는데…

이때, 한편으로 북쪽에서는 남생(男生: 연개소문의 아들)이 수만의 군사를 이끌고 설필하력(契苾何力)의 당군을 압록강에서 막아내고 있었다.

註) 설필하력의 당군이 요동을 거치지 않고 압록강에 나타난 것으로 보아 해로(海路)를 통해 상륙해 온 것 같다. 그런데 기록에 의하면 남생이 이끄는 압록강 방어군이 당장 설필하력의 공세에 밀려 패하고 남생이 겨우 혼자 몸만 빠져 나왔다고 했다. 그런데도 당군은 황제의 조서가 있어 즉각 철군했다. 사실일까? 이즈음에 당군이 고구려로 몰려간 틈을 이용해 위그르 부족이 당을 침공한 것을 설인귀 등이 물리쳤으나, 너무 깊숙이 추격하다가 추격군 1만4천이 몰살당한 일이 생겼다. 당은 부득이 고구려 원정군의 일부를 빼돌려야 했지만, 그래도 이런 상황에서 크게 이겼는데도 돌아섰을까? 더구나 평양 근처 마읍산에는 소정방의 주력부대까지 와 있는 판인데…. 거꾸로, 압록강에서 계필하력이 남생에게 참패하고 쫓겨 간 것은 아닌지…

662 高句麗 28대 보장왕(寶藏王) 22년

新羅 30대 문무왕(文武王) 2년

1월, 당군은 고구려 공격에 신라군을 이용하려했으나 도움이 되지 않자, 대신에 식량조달을 요구해왔다. 신라 김유신은 당군의 식량을 맡아 김인문(金仁問) 등 9장군과 함께 큰 수레(大車) 2,000량으로 쌀 4천 석, 조 2만2천 석을 싣고 출발했다. 그러나 운반하는 도중 태산(兌山: 충남 금산)에서 백제군이 방해하자, 당군과 합세하여 8일간의 격전 끝에 수천의 백제 의병(義兵)을 함몰시켰다. 한편, 우술성(雨述城: 충남 회덕 지방)의 백제군도 수십 일 간 격전을 치르며 나당연합군을 물리쳤으나, 어이없게도 내분이 일어나는 바람에 신라군에 함몰되고 말았다. 한편, 왜국은 우선 부여복신에게 화살 10만 본, 군복용 면포 1천 필, 가죽 1천 장, 벼 3천 석 등의 물자를 170척의 배로 급히 보내왔다.

2월에는 백제의 속국이던 탐라(耽羅: 제주도)가 신라에 항복을 청해왔으며,

3월에는 문무왕이 "이미 백제가 평정되었다"라고 말할만했다.

**"사수대첩(蛇水大捷)"**

같은 시기인 1월, 고구려에 진입한 당군(唐軍)에 대해 고구려 군은 먼저 패강 방면의 당군을 공격해 궤멸시키면서 총관 임아상을 죽이고, 그 여세를 몰아 옥저 방면의 방효태(龐孝泰)군을 포위 공격했다. 방효태는 영남(嶺南: 남중국의 江西省 지방)의 수군을 이끌고 장안성(長安城: 평양) 부근까지 들어 왔다가, 2차례에 걸친 고구려군의 공격을 받고 그의 13 아들과 함께 꽁꽁 얼어붙은 사수(蛇水: 평양부근에 합장수?)에서 그

의 10만 군사와 함께 생존자 없이 몰살당했다. 방효태는 화살이 고슴도치처럼 집중되어 죽었다. 고구려군은 이어서 마지막으로 남아있는 소정방의 수군에 대한 섬멸전을 벌이고자 했는데…

註) 전쟁 상황을 일거에 뒤집어 버린 사수대첩은 이에 대한 전투기록이 남아있지 않아 어떻게 이겼는지 전해지지 않지만, 이번 2차 고당전쟁의 분수령이 되었다.

2월, 한편, 지난 가을부터 당장(唐將) 소정방(蘇定方)은 평양에서 고립된 채 모든 진지를 빼앗기고 마지막 남은 2곳의 요새에 의지하며 신라 원병만 기다렸다. 그러던 중 신라 김유신이 천신만고 끝에 식량을 운반해오자, 소정방은 이것을 받아먹고는 재빨리 바다건너 도망쳐 버렸다. 이 때문에 고립된 김유신의 신라군은 회군 도중 고구려군의 추격을 받고, 큰 눈을 만난 데다, 백제군의 포위까지 당하여 살아 돌아간 자는 열에 하나도 안 되었다.

註) 당은 신라의 배후 세력까지 확고히 굳힌 여세를 몰아 고구려 쪽으로 엄청난 대군을 일으켜 몰려들었다. 그러나 차마 역사책에 기록을 남기지 못할 정도로 참패했다. 이후 당은 감히 고구려 공격에 엄두를 못 내게 되는데, 한편으로 북쪽에 자리 잡고 있던 돌궐세력들까지 반기를 들었다. 먼저 위그르가, 또 이어서 철륵(鐵勒: 돌궐 이외의 투르크계의 여러 부족)이 반란을 일으켜, 당의 장수들은 돌궐의 난을 평정할 때까지 모두 북쪽에 있어야 했다.

註) 고구려와 당은 2차 고당전쟁으로 경제, 군사적으로 막심한 피해를 보았다. 수십만 대군을 일으켜 6개 방면으로 진출했던 당군은 거의 붕괴되다시피 하여 재차 침공의 여력을 잃고, 특히 수천 척의 선박을 건조했던 민간인들의 수난이 극심했기에, 당 고종은 선박의 건조를 중지시키고 민생회복으로 정책을 바꾸었다. 고구려도 도읍지 부근이 주요 전장이 되고 보니 농사와 상업의 피해가 막심했다. 이제부터는 서로가 누가 먼저 회복을 앞당기느냐의 문제가 되었다. 이로부터 당분간은 당의 침공이 없게 되는 상황인데…

5월, 백제 부흥군에게 부여풍(豊) 왕자의 귀국이 이루어져, 이때 왜국에서 군선 170척에 군사 약 1만7천명이 함께 왔다. 이때에는 백제의 부흥이 거의 완료되어가고, 풍(豊)왕자가 왕위를 이었다. 복신은 이 시기에 유인궤를 응원하고자 대군을 이끌고 고사비성(古沙比城: 전북 고부)에 나타난 신라 김흠순(金欽純: 김유신의 동생)의 군대를 풍비박산 내버렸다. 이 바람에 신라는 다시는 출병할 수 없을 정도로 큰 타격을 받았고, 복신은 부흥군의 최강자로 떠올랐다.

### "비극으로 이어진 백제 부흥군의 내분(內紛)"

7월, 이제 당(唐)은 백제를 포기하고자 웅진도독 유인궤에게 철군령을 내렸다. 복신은 유인궤에게 "어느 때 돌아가려오? 마땅히 사람을 보내 전송하리다."라며 조롱까지 했다. 그런데, 백제군에 어이없는 불상사가 터졌으니. 이때 유인궤가 이끄는 1만7천 명의 퇴군 길을 기습하려는 복신의 계획을, 복신을 시기하던 도침이 당군에 밀고하는 사태가 발생했다. 복신은 즉각 도침을 잡아 죽였다. 백제왕 풍(豊)은 복신의 전횡을 매우 못마땅하게 여기며 불만을 품게 되는데, 잠시 백제군은 당군이 철수할 것으로 믿고 방비가 소홀한 때였다. 그런데 철군하려던 당군이 갑자기 군사를 움직여 웅진(熊津: 공주) 동쪽의 지라성(支羅城: 대전 회덕), 윤성(尹城), 대산책(大山柵), 사정책(沙井柵: 대전시 사정동) 등을 공격해 점령해버렸다. 당장 유인궤가 급변한 상황에 따라 역공을 취해 온 것이다. 복신은 급히 진현성(眞峴城: 대전서구 봉곡동)을 보강하고 산라군의 보급을 차단하게 했다. 그러나 이곳도 당군의 야습으로 8백 명의 백제군이 전몰하면서 함락당하니…

註) 복신과 도침과의 불화는 백제 부흥의 먹구름을 몰고 왔다. 총사령관은 도침이었지만 그는 웅진강 전투에서 크게 패했고, 반면에 복신은 두량윤성에서 대승첩을 이루었다. 날로 복신의 위세가 강해지자 자신의 거취에 대한 불만족이 배신으로 나타난 것일까? 여하튼 복신이 모든 군권(軍權)을 잡게 되자, 이제는 풍왕이 실권 없는 왕의 입장이 되어 가면서 또 다른 불씨를 잉태하게 되는데…

8월, 이제 전략거점을 잃은 백제군에 대한 공세를 활발하게 전개할 수 있게 되었다. 마침 내사지성(內斯只城: 대전 유성구 九城山城)에 주둔한 백제군이 신라군을 공격하자 김흠순 등 19명의 신라 장군이 힘을 모아 성을 공격하여 완강한 저항을 물리치고 성을 점령.

12월, 백제부흥군은 피성(避城: 碧城: 전북 김제시)으로 도읍을 옮겼다. 풍왕 자신의 정치적인 입지를 위한 조치이었는데, 왜군 장군 에치노다쿠쓰(朴市田來津)는 반대했다. 피성(전북 김제)이 군량조달에는 유리하지만 주로 평지이다 보니 지키기가 어렵다는 이유였다.

註) 부흥군은 도읍을 지난해(661년) 3월에 임존성에서 주류성으로 옮겼는데, 풍왕이 고집하여 다시 피성으로 옮겼다. 그런데 곧 신라군이 덕안성(得安城: 충남 논산시 은진면)을 점령하자 상황이 변했다. 결국 2개월 만에 다시 주류성으로 되돌아갔는데, 이 바람에 풍왕의 입장만 곤혹스러워 졌다.

663 신라 문무왕(文武王) 3년

2월, 금년에 접어들어 부흥세력은 현저히 약화되어갔다. 신라군이 국경 전면에 걸쳐서 공세를 펼쳤는데, 거열성(居列城: 경남 거창)과 거물성(居勿城: 전북 남원), 사평성(沙平城: 전남 승주)을 차례로 함락했고, 이제 남방 거점을 점거한 신라군은 북진해 덕안성(德安城: 충남 논산 은진면)도 공격하여 백제군은 1천여 명의 전사자를 내면서 전몰했다.

6월, 백제왕 풍(豊)과 부흥군의 주도권을 잡은 복신과의 갈등이 드러나, 풍이 선수를 쳐서 복신을 살해하고 말았다. 이 소식을 접한 당(唐)은 철수계획을 접어두고 7월에 손인사(孫仁師)에게 군사 7천을 주어 유인궤와 합류하게 하고, 또 신라 문무왕에게도 육로로 나오게 한 다음, 의자왕의 아들 융(隆)에게 백제왕으로 임명하면서, 대규모의 나당연합군이 주류성(周留城: 전북 부안 변산반도?)으로 몰려들었다. 이제 풍(豊)왕은 급히 사신을 고구려와 왜에 보내 구원군을 청했다. 고구려는 당의 침공을 우려하여 군사를 내지 못하고, 왜는 전선 4백 척을 포함한 도합 1천여 척의 배로 2만7천의 병력을 서둘러 보내기로 했다. 이때 왜의 사이메이(齊明) 여자 천황은 직접 축자(築紫: 후쿠오카)까지 나와 원정군을 지휘했다. 왜국은 백제를 구하기에 총력을 기울였다. 왜국 역사상 전무후무(前無後無)한 대규모 파병이 현실로 이루어지는 순간이다. 이제 풍

왕이 의지할 곳이라고는 왜군밖에 없다. 드디어

8월 1일, 왜군 2만7천의 병력이 1천척의 배로 부흥군에 합류하기 위해 출발하기 시작.

> 註) 왜는 661년 5월에 병선 170척에 병사 5천을 풍장과 함께 파견하였고, 662년 3월에는 다시 27,000명의 병력을 파견했다. 원군 5,000명의 파견을 위해 170척이 동원된 것으로 보아, 27,000명을 보내기 위해서는 900척의 배가 필요했을 것이다. 이로 보아 기록에 보이는 1천척의 배는 결코 과장이 아님을 알 수 있다.

8월 13일, 방어에 골몰하던 주류성의 부흥군은 마침 이호가라노기미오미(廬原君臣)가 이끄는 왜군 1만이 구원하러 온다는 소식이 있자 풍은 이를 마지하기 위해 백강구로 나갔다.

8월 17일, 신라군이 주류성을 포위하고, 당군은 유인궤가 이끄는 수군 7천 명이 병선 170척으로 백촌강 입구에 포진 완료. 27일에는 왜군 선발대와 당 수군 사이에 첫 교전이 있었지만, 왜군이 당군의 견고한 진형을 뚫지 못하고 퇴각했다. 그리고 다음날…

**"운명의 결전(決戰)! - 백강구 해전(白江口 海戰)"**

8월 28일, 최후의 결전. 나당연합군의 육군은 당군의 손인사와 유인원, 신라의 문무왕과 김유신 등은 주류성으로, 유인궤와 부여융은 당 수군(水軍)을 이끌고 백촌강(白村江: 錦江 河口 군산 앞바다)을 거쳐 육군과 합류하여 주류성으로 향했다. 수군에는 신라군도 포함되었다. 백제 풍왕은 부흥군을 거느리고 기벌포를 거쳐 백강 어귀 강가에 주둔하고 선단을 지키며 요격준비를 하니, 강 쪽에는 백제군이고 앞 바다에는 왜(倭)의 수군(水軍)이 포진했다. 강가의 부흥군은 기병(騎兵)을 앞세운 나당연합군의 4면 공세를 감당하지 못하고 접전 4번에 모두 패했다. 이와 동시에 당의 수군은 백강 어귀로 나오는 왜군 선단과 마주쳐 대해전(大海戰)이 벌어졌다. 왜의 선단은 방금 도착하여 병사들이 긴 항해의 피곤함이 채 가시지 않은 상태임에도, 왜장은 "우리가 먼저 선수를 치면 저들은 스스로 물러날 것이다" 하며 기상(氣象) 상태까지 무시한 채 대열이 정비되지 못한 중군(中軍)을 이끌고 급히 돌격전을 벌였다. 풍향(風向)을 무시한 공격으로 뱃머리와 고물을 돌릴 수 없는 조건에서 당의 선단 170여 척이 화공(火攻)으로 협격하니 순식간에 왜군 선단의 진용이 무너지면서 "연기와 불꽃이 하늘을 붉게 하고 바닷물이 빨개졌다"고 할 정도로 철저하게 당했다. 백제와 왜의 연합함대는 여기에서 전멸하고 말았다. 그 4백여 척의 왜의 선단(船團)이 불타니, 말 그대로 연기와 불꽃이 하늘을 태웠고 강물은 시뻘겋게 물들었다.

> 註) 당시 당의 수군은 800명을 태울 수 있는 5층으로 된 오아(五牙)와 100명을 태울 수 있는 황룡(黃龍)이라는 병선이 있었다. 이에 비해 30명을 태울 수 있는 왜선(倭船)과의 차이는 현격했고, 당군이 화공(火攻)을 펼 수 있었던 점도 갑판이 높은 곳에서 상대적으로 낮은 왜선을 공격하기가 매우 수월했을 것이다. 더구나 왜군은 대규모 병력을 동원한 전투를 전혀 경험하지 못한 상태이었다.

9월 7일, 백제군의 총 본영인 주류성(周留城)에 대한 수륙 양면 총공격이 나당 연합군에 의해 시작되었다. 총 병력 4만여 명. 이에는 신라 문무왕과 김유신도 30여 명의 장수를 이끌고 직접 참전했다. 사기가 꺾인 성안의 백제군은 병력의 열세를 만회하지 못한 채 보름을 버티지 못하고 성이 함락되자, 백제 풍왕은 몸을 빼어 뱃길로 고구려로 도망가고, 왕자와 흑치상지(黑齒常之) 등 여러 장군들은 모두 사로잡히거나 항복했다.

註) 왜왕은 이 사건으로 엄청난 충격을 받았다. "일을 어떻게 할 수 없다. 백제의 이름은 오늘로 끊어 졌다. 조상의 분묘가 있는 곳을 어찌 다시 갈 수가 있겠는가"하며 안타까워했다.

註) **흑치상지(黑齒常之):** 당에서 활약한 고구려 망국의 장수 고선지(高仙之)에 필적할 만한 백제 망국의 장수. 당에서 큰 활약을 하다가 고선지의 경우처럼 모함 받아 죽었다. 그는 백제의 달솔 겸 풍달군장(達率兼風達郡將)으로서 나라가 망한 후, 즉각 임존성(任存城: 大興)을 근거로 패잔병 3만여 명을 모아 나당연합군에 반격을 개시한 이래 1년여 만에 200여 성을 수복하면서 군세를 떨치고, 백제부흥운동에서 그 중심에 있었다. 그러나 백제군 내부에 분열이 생기고 나당연합군의 총공격으로 주류성(周留城)이 함락될 때, 당나라 사신의 초유(招諭)를 받고 유인궤(劉仁軌)에게 투항, 임존성 공략 때 당나라 군사에 끼어 참전, 그 공으로 당나라에 가서 좌령군원외장군양주자사(左領軍員外將軍佯州刺史)가 되고, 678년에는 토번(吐蕃: 중국의 서쪽 티벳 지역) 정벌에, 681년에는 토번의 잔도(殘徒) 찬파(贊婆) 토벌에 참가, 그 후 북으로 돌궐(突厥)의 정벌에도 연이어 결정적인 큰 공을 세우고, 하원도경략대사(河源道經略大使)를 거쳐 연국공(燕國公)의 작위를 받고 연연도대총관(燕然道大摠管)에 올랐으나, 이민족 출신으로 큰 작위에 오른 것을 시기한 주홍(周興) 등이 조회절(趙懷節)의 역모사건에 관련되었다는 터무니없는 무고를 하여 옥사한 풍운의 백제인.

### "백제의 최후 - 임존성(任存城)!"

이제 백제군의 마지막 거점인 임존성(任存城: 충남 예산). 남방 부흥군의 장군이던 흑치상지(黑齒常之)는 이미 당(唐)에서 보낸 사신의 초유를 받아 투항한 다음이어서, 그의 친구이던 지수신(遲受信) 장군이 끝까지 백제의 혼을 지키며 임존성에 버티고 있었다.
10월, 초순부터 신라군은 소나기 같은 공격을 퍼부었지만 임존성은 그야말로 철벽이었다. 살길은 죽음밖에 없다. 영예로운 죽음을 각오하고 맞서는 부흥군이다. 10월 21일부터 재개된 총공세에는 김유신까지 투입되어 한 달 남짓이나 집요하게 공격했지만, 지수신이 이끄는 임존성의 백제 부흥군은 끝내 요지부동이었다.
11월 4일, 결국에 신라군은 공성을 포기하고 철수하면서, 이제부터 당군이 임존성 공격을 맡았다. 그러나 마찬가지였다. 그래서 당장(唐將) 유인궤는 흑치상지를 이용했다.
11월 말, 결국 임존성을 잘 아는 흑치상지의 공격과 선무공작으로 성은 함락되고 마니…
지수신은 풍왕의 뒤를 따라 배를 타고 고구려로 가고, 살아남은 잔여 백제 군사들은 당산(堂山: 전북 부안 변산반도 채석강 부근)에 있는 이중산성(二重山城)에 가서 전몰했으며, 또 많은 유민들은 여기에서 배를 타고 바다건너 왜지(倭地)로 탈출해야 했다. 백제의 부흥은 좌절되었다. 이제, 떠도는 부흥군의 넋은 어디로 가야하나…

註) 여기서 백제의 역사는 막을 내리니 풍(豊)까지 32왕 681년이다. 못 다한 백제의 역사는 바다건너 왜지(日本)로 건너가 이어지게 되었다. 그들은 왜국으로 건너가 〈고사기(古史記)〉와 〈일본서기(日本書

紀)〉를 만들어 백제의 울분을 표현했다. 여기서 그들은 신라에 대한 증오심을 소위「임나일본부(任那日本府)」기사를 만들어 글로써 한풀이했다. 백제3서(百濟3書)는 〈백제기(百濟記)〉, 〈백제신찬(百濟新撰)〉, 〈백제본기(百濟本記)〉로서 〈일본서기〉에 전하는 내용에서 〈백제기〉는 한성도읍기를, 〈백제신찬〉은 웅진도읍기를, 〈백제본기〉는 사비도읍기를 대상으로 서술했다고 한다. 이 3서(書)는 왜로 망명한 백제인들이 정리하여 왜의 수사국(修史局)에 제출했는데, 이 과정에서 용어와 내용이 왜국 중심으로 조작되었다. 패자(敗者)의 기록은 제대로 남아내려 오는 적이 없다.

註) **일본서기(日本書紀):** 5세기 초 일본은 비로소 한자를 사용하여 자신들의 역사를 기록하게 되는데, 이때 일본서기(日本書紀)는 백제(부여계) 후손들이 주로 담당하여 집필되며, 그들은 자신들의 선조가 한반도 내에서 펼친 활동을 왜(일본 부여) 중심으로 엮게 되고, 그로 인해 일본 고대 역사에는 많은 왜곡이 있게 된 것이다.

註) 백제가 부흥하지 못한다면, 왜(倭)는 신라와 당의 칼끝을 피할 수 없다고 여기고 전 국력을 동원하여 백강구 전투에 참여했지만 패했다. 백강구 전투 후 국력까지 피폐해져, 위기감에 쌓인 왜는 이후부터 당과 신라의 비위를 거스르지 않도록 무진 애를 써야만 했으며, 한편으로는 백제 유민과 함께 예상되는 침공로를 따라 쓰시마(對馬島)에서 큐우슈유(九州) 북부, 또 세토 내해(內海)를 거쳐 나라 수도에 이르기까지 각처에 성과 봉수대를 신축하면서 온힘을 쏟아 방비를 서둘렀다. 이때 축성한 나가토지(長門城), 오오노(大野城), 카가야스(高安城) 등 30여 곳의 산성들을 일본학계에서는 '조선식 산성(朝鮮式 山城)'이라고 부른다. 이때 당시 돌아가는 왜군을 따라 많은 백제인들이 왜국으로 망명을 떠나기도 했는데, 이들 이주자 중에 왜국에 배치된 기록이 남아있는 사람이 3천여 명을 상회한다고 한다. 이들의 도움으로 짧은 기간 내에 방어 시설들이 만들어졌다. 그러나 왜국으로서는 다행히도 670년부터 신라와 당의 7년 전쟁이 이어지면서 서로 왜국을 자기 진영으로 끌어들이려는 공작을 벌였기 때문에 왜국은 존망의 위기에서 벗어나게 되었다.

664 신라 문무왕(文武王) 4년

2월, 나라 재건의 희망도 사라지고, 모든 근거지마저도 파괴된 후 살아남은 백제 유민들에게, 당군은 전후 복구에 성과를 올리면서, 백제 땅을 신라에 넘겨주기로 한 초기의 약속과는 달리 직접지배를 계획하고자, 년 초에는 융(夫餘隆)을 웅진도독(熊津都督)으로 삼아 옛 백제 관료들과 함께 대거 귀국시켰다. 3년 간 경험으로 보아 무력에 의한 지배는 한계를 느꼈기 때문이다. 그리고는 유인원이 주재한 가운데 웅령(熊嶺)에서 부여융(隆)과 신라 문무왕의 동생인 김인문(金仁問) 간에 서맹(誓盟)을 성사시켰다. 그러나 3월에는 백제 부흥군의 잔여 세력이 사비성에 웅거하여 반항하자 웅진도독이 군사를 내어 토벌한 사건이 발생했다. 아직 융에 대한 유민들의 믿음이 없다는 반증이다.

註) 작년에 부흥군을 소멸시킨 다음 당(唐)은 서라벌(경주)에는 계림도독부, 웅진(공주)에는 웅진도독부를 설치하고, 한 수 더 떠서 장차 평양에는 안동도호부, 왜지 축자(후쿠오카)에는 축자도호부를 둔다고 했다. 말 그대로 백강구 전투에서 백제 풍왕의 왕자 충승(忠勝)과 충지(忠志)가 항복하자, 당은 곧

바로 백제진장(百濟鎭將) 곽무종(郭務悰)을 왜국에 보내 축자에 도독부를 설치하고 왜국까지도 경영에 들어가려 시도했다.

**"취리산(就利山) 회맹"**

665 신라 문무왕(文武王) 5년

8월, 당의 유인원(劉仁願)의 주도 아래, 취리산(就利山: 공주 금강 북쪽)에서 김인문과 부여융의 서맹이 다시 강행됐다. 그러나 융(夫餘隆)은 신라의 은근한 압력이 있었는지 당나라로 잠적해 버렸다. 당은 작년에 설치한 5도독부(五都督府) 제도를 고쳐 이것을 웅진도독부(熊津都督府)로 단일화하고, 그 아래에 7주51현을 두어 백제 땅 전체를 통괄하게끔 했다.

註) 이때 유인원이 지은 회맹문(會盟文)은 「전 백제 왕자 부여융으로 웅진도독을 삼아 그 선조의 제사를 받들게 하고, 신라와 서로 의지하여 화친할 것을 서약한다」는 내용인데, 이미 나라의 실체가 없어진 백제와의 회맹이라니? 당은 한술 더 떠서 이 맹세가 끝나기 무섭게 신라, 백제, 탐라, 왜의 네 나라의 사신을 태산(泰山: 산동성 집안현)으로 데리고 가서 서로 화친관계를 맺도록 했다. 들어내 놓고 백제와 백제의 영향 아래 있던 왜국은 물론 662년 신라에 복속한 탐라(耽羅: 제주도)까지도 집적 복속하겠다는 뜻이다. 문무왕은 거듭 불편한 수모를 참아야 했다. 지금은 당과의 전쟁을 시작할 역량이 없기 때문이다.

**"비극으로 연결된 형제간의 불화(不和)"**

666 高句麗 28대 보장왕(寶藏王) 25년

연개소문(淵蓋蘇文)이 죽은 후, 귀족들 간의 세력다툼이 노골화된 상태에 이르러 장남인 남생(男生)이 지방순시를 나간 사이에, 아우 남건(男建)이 대신들의 이간질에 넘어가 형의 아들 헌충(獻忠)을 죽이고 스스로 대막리지(大莫離支)가 되었다. 고구려의 비극은 이렇게 시작되는데…, 평양에서 쫓겨난 남생은 국내성을 점거하고 글안.말갈과 맥을 통하는 한편, 아들 헌성(獻誠)을 당에 보내 항복을 청했다.

6월, 당은 사수대첩(蛇水大捷) 이후 고구려 공격을 포기하고 있다가, 고구려 내분의 호기를 맞았다. 즉각 좌금오위장군 방동선과 영주도독 고간(高侃)을 보내 헌성을 향도로 하여 남생을 구원하게 하고, 뒤이어 설인귀(雪仁貴)와 이근행(李謹行)을 후속부대로 보냈다.

9월, 남생은 국내성을 기반으로 하여 평양을 진공하기 위해 먼저 오골성을 함락했다. 그 후 전세가 불리하여 환도성으로 옮겨 있던 차에 방동선의 당군(唐軍)과 합류했다.

11월부터 당은 이세적(李世勣)을 고구려 정벌의 총사령으로 임명하면서 부랴부랴 전쟁준비에 나섰다. 한편, 요하(遼河)에는 고구려군 15만이 배치되어 있었고, 남소성(南蘇城: 만주 遼寧省 通化 북쪽)에도 말갈병(靺鞨兵) 수만 명이 주둔하고 있는 상황이었다.

12월, 상황이 이러한 지경에 이르자 연개소문의 아우 연정토(淵淨土)는 철령(鐵嶺: 함경남도 경계) 남쪽의 12개 성을 들어 신라에 투항하니 이때 따라온 사람이 3,543명이었다.

註) 연정토가 자신의 관할지역 12성을 들어 신라에 투항했는데, 그 지역은 비열흘(안변), 천정군(덕원), 각련군(회양) 등 지금의 강원도 북부와 함경남도 남부 일대이다.

註) 연개소문(淵蓋蘇文): 동부대인(東部大人) 연태조(淵太祚)의 아들. 15세에 부친의 직책을 계승하여 동부대인 대대로(大對盧)가 되었고 최대권력자로서 주변정세를 헤쳐 나가며 나라를 이끌었다. 항상 한족(漢族)에 대하여는 강한 적개심과 함께 옛 고구려의 영광을 회복하고자 전념했으며, 당과의 전쟁에서 당당하게 맞서 위태로운 시기에 나라를 지켜내고 국가 기강을 바로 잡은 뛰어난 장수였다. 다만 그가 어떠한 정치를 했으며 백성들에게는 어떤 권력자였는지 현재의 역사 기록으로는 알 수가 없다. 단지, 당과 신라의 왜곡된 시각으로 "그가 잔인무도하고 포악한 독재자였다"고 평가한 〈삼국사기〉의 기록만이 전해질 뿐이다. 그는 663년 10월에 죽어 묘소는 산해관(山海關) 부근에 있다.

**"당의 1차 공세 - 요하(遼河)지역 실함"**

667 高句麗 28대 보장왕(寶藏王) 26년

新羅 문무왕(文武王) 7년

1월, 당장(唐將) 이세적(李世勣)은 요하를 건너 신성(新城: 심양 동북지역)으로 향했다. 신성은 고구려 서변의 요충지로 이 성을 함락하지 않으면 다른 성의 공략이 어려웠다. 신성은 여기서 당군의 공격을 8개월이나 대치하며 버텼다.

8월, 신라 문무왕은 고구려를 공격하라는 당고종의 칙명을 받고 김유신 등 30여 명의 장군과 병력을 거느리고 서라벌을 출발해 9월에 한성정(漢城停: 경기 광주)에 이르러 정세를 살피다가 우선 칠중성(七重城: 경기 파주)을 공격했다. 그러나 칠중성은 한 달이 넘도록 요지부동.

9월, 신성(新城)에 내분이 생겨, 사부구(師夫仇)란 자가 성주를 묶고 문을 열어 항복하는 바람에 어이없게 함락 당하고 나니, 이웃 16개 성이 모두 항복해 버렸다. 이에 막리지(莫離支) 남건은 5만의 군사로 탈환을 기도했는데, 오히려 설인귀에게 패하면서 남소성(南蘇城: 南山城子), 목저성(木底城: 興京 서쪽), 창암성(倉巖城: 興京 남쪽) 등 요충지마저 빼앗기고. 한편, 곽대봉(郭待封)이 이끄는 당 수군(水軍)은 평양을 향하던 중, 식량을 실은 선단이 고구려수군의 기습으로 파괴되어 되돌아간 반면에, 신라군은 2만의 군사로 북진을 시작했다. 그럼에도 남건(南建)이 이끄는 고구려군은 압록강 전선에서 5만 이상의 전사자를 내었음에도 방어선을 굳게 지켰고, 당군은 10월에 일단 물러갔다. 신라군도 황해도 수안까지 왔다가 접전 없이 그냥 돌아갔다.

註) 김유신과 김인문이 이끄는 신라군은 원정에 적극적이 아니었던 데다가, 평양북방 200리까지 진입했다가 고립무원이 된 이세적군의 식량운송까지 맡았다. 그러나 11월 11일에 이세적이 철군했다는 소식을 듣고 되돌아갔다.

11월, 고구려군은 신성 부근에 주둔해 있는 방동선과 고간의 당군(唐軍)을 습격했다. 고간은 금산(金山)에서 패해 도주하다가 설인귀가 군사를 이끌고 나타나 구해주었고, 여기서 남생(南生)의 부대와 당군이 비로소 합류할 수 있었다.

**"당의 2차 공세 - 부여성(夫餘城) 실함.**

668 高句麗 28대 보장왕(寶藏王) 27년

2월, 이세적(李世勣)의 당군은 주공 방향을 북쪽 옛 부여(夫餘)로 향했다. 요동에는 안시성과 요동성이 굳게 버티고 있는데다가, 요동방어선을 확보하고자 지원에 나선 고구려군이 추가로 15만이나 버티고 있었다. 북쪽으로 돌아 부여성(夫餘城)에 이르니 선봉에 나선 설인귀가 갑작스레 나타나 공세를 펼친 데다 이세적의 본군이 합세하여 들이치니, 이미 사기가 떨어진 부여성의 고구려군은 1만의 사상자를 내며 성을 내주고 말았다. 그러자 이웃 40여 성이 모두 항복해버렸다. 남건은 최북단의 중요 병참기지인 이 성들을 회복하고자 5만의 군사를 보내 반격했으나 설하수(薛賀水)에서 이세적의 당군을 만나 3만의 인명손실을 본 채 퇴각했고, 이세적은 계속하여 대행성(大行城: 압록강 하류 의주 건너편 九連城)을 점령하고 압록강에 이르렀다. 또 한편…
6월 22일에는 신라군이 한성(漢城) 일대의 황해도 지방에 이르렀다. 이제 나당연합군은 다시 전열을 정비하면서, 마지막으로 남은 평양을 향한 대공세를 준비하게 되는데…

註) 이때 동원된 당군은 실로 엄청난 대군이었다. 신성에서 평양으로 향한 설필하력의 군사만 50만이나 되었다. 미루어 추측하건데 이 전역에 동원된 당군의 총병력은 무려 100만에 육박했다. 그러나 당군은 숫자만 많았지 적극적이지는 않았다. 과거의 경험으로 고구려군에 대한 두려움이 심하여 서로가 눈치만 보면서 시간을 끌고 있는 형국이었다.

### "3차 공세: 평양 실함 - 고구려의 한(恨)"

7월, 당장(唐將) 이세적(李世勣)은 당군을 압록강 북쪽에 집결시킨 뒤 설필하력(契苾何力)을 먼저 진격시키고 자신은 욕이성(辱夷城: 청천강변의 安州)을 함락했다. 동시에 남쪽에서는 신라군이 또한 5만의 병력으로 북상을 시작하고 백제 지역에 있던 당장 유인궤(劉仁軌)도 황해도 평산(平山), 재령 등지를 점거하고 북상 중이다.
9월, 드디어 나당연합군의 모든 병력이 평양성을 에워쌌다. 과거와는 달리 이제 평양성을 구원할 주변의 원군은 없었다. 먼저 설필하력이 한족(漢族)과 이민족 혼성군 50만을 이끌고 도착했고, 뒤를 이어 각지에서 집결한 나당연합군이 성을 겹겹이 에워싸고 공격을 퍼부었다. 그러나 평양 방어군은 한 달이 다 가도록 요지부동이었다. 그러나 외부와의 연계가 없는 고립무원 속에 결국 보장왕은 21일에 남산(男産: 남건의 아우)을 앞세워 이세적 진영에 투항을 결정. 그럼에도 남건은 굴하지 않았다. 끝까지 버텼다.
9월 21일, 남건(男建)은 승려(僧) 신성(信誠)에게 잠시 병권을 맡겼는데, 그만 신성이 당군과 내통하여 맥없이 성문을 열어주고 말았으니, 끝내 화려하고 장대한 평양성은 삽시간에 쑥대밭이 되고 말았다. 남건은 스스로 자결하지만 죽지 못하고 포로가 되었고, 보장왕은 이세적 앞에 끌려나와 두 번 절하고 당 황제에게 사죄했다. 고구려의 왕조는 이렇게 평양성이 불바다로 됨과 함께 끝이 나버렸다.

註) 평양이 함락되자 보장왕과 그의 두 왕자 복남(福男)과 덕남(德男), 막리지인 남건과 남산, 전(前) 백제왕 풍(夫餘豊), 그리고 고구려인 20여 만이 포로가 되어 곧 바로 당(唐)에 끌려갔다. 신라의 문무왕도 포로 7천을 이끌고 귀국했다. 당에 항복하여 나라를 거덜 낸 남생은 당에 철저히 아부하며 식읍 3천호를 받았고, 보장왕과 남산도 당의 작위를 받아 일신의 안녕을 누릴 수 있었다. 끝까지 저항했던 남건은 검주(黔州)로 유배되어 지난날 간신들의 말을 들었던 자신의 행위에 "죽어서 어찌 부모조상을 뵐 것인가" 라며 한탄하면서 여생을 마쳤고, 남건과 함께 끝까지 저항했던 부여풍도 오령(五嶺) 이남으로 유배되어 거기서 한탄 속에 생을 마쳤다.

註) **자연재해에 따른 대기근이 겹친 재앙:** 이 당시 가뭄에 따른 기근은 653년과 657년 백제에서도 「가뭄이 심하여 땅이 붉은 색으로 변했다」고 할 정도였는데, 이때의 자연재해는 광범위했고 기간도 길었다. 고구려가 망한지 4년이 지난 672년까지도 곡식이 귀해 사람이 굶주렸다고 하니, 고구려는 멸망 몇 해 전부터 장기간의 기근으로 위기상태였고, 당은 이 기회를 적극 활용, 지속적인 소모전으로 고구려의 힘을 빼놓아 결국에는 많은 성들이 끝까지 싸우기보다는 항복하는 길을 택했다고 보아야 한다. 고구려의 멸망으로 이어진 평양성에서의 항복도 이렇게 빚어졌다.

**"왕은 항복했지만, 우리는 항복할 수 없다"**

12월, 당(唐)은 긴 세월동안 그들의 자존심을 짓밟아 온 고구려에 대해 다시는 재기하지 못하도록 파괴하는 한편, 평양에 안동도호부(安東都護府)를 두고 42주 1백 현을 만들어 고구려 땅 전체를 통치하고자 설인귀로 하여금 2만의 군사를 주어 지키게 했다. 그러나 !!

"왕은 항복했지만, 우리는 항복할 수 없다"며 유민(遺民)들이 도처에서 들고일어났다.

註) 당시 고구려 전역에는 176개의 성이 있었는데, 이때 압록강 이북 32성 가운데 당이 공취한 성 3개, 도망간 성 7개, 항복한 성 11개, 그리고 아직 항복하지 않은 성이 11개인데 이 중에는 북부여성(北夫餘城), 신성(新城), 요동성(遼東城), 안시성(安市城), 백암성, 오골성 등도 들어있다. 이 가운데 신성과 북부여성은 667년 9월과 668년 2월에 일시 점령당했는데, 곧 탈환했다. 당군은 동부 만주 일대는 전혀 진출하지 못했으며, 부흥군의 중심은 안시성과 오골성 등 요동지역이었다. 황해도 일대에서도 검모잠의 부흥군이 활동 중이다. 고구려는 강국이었다. 결코 쉽게 없어질 나라가 아니다.

# 統 一 新 羅 (南北國 時代)

669 新羅 30대 문무왕(文武王) 9년

2월, 고구려왕의 서자 안승(高安勝)은 4천여 호를 거느려 신라에 항복하고,

4월, 당은 고구려가 다시는 부흥하지 못하도록 그 기반을 없애기 위해, 부유층과 귀족들의 유민 2만8천2백여 호(약 20만 명)를 강회(江淮: 양자강과 懷河) 이남지방과 산남(山南: 태행산 남쪽), 병주(幷州: 태원), 양주(涼洲: 감숙성) 등지의 황무지나 변방으로 강제 이주시켰다. 그래도 부흥운동은 그칠 줄 몰랐는데, 그중에도 당군이 포로 이송으로 병력이 줄어든 상태를 이용하여 패강(浿江)에서 당의 관리를 죽이고 의병을 일으킨 대형(大兄) 검모잠(劍牟岑)은 평양성을 탈환하는데 성공했다.

註) 국제정세가 당에 불리하게 돌아가기 시작했다. 토번(吐蕃: 티베트)이 동투르키스탄(신강-위그르 자치구지역)을 급습해 당군이 그쪽으로 몰려갔다. 안동도호부 도호(都護) 설인귀도 소환되어 옮겨갔다. 당의 입장에서 서역(西域)은 장안에서 가까운 지역이라 한반도 지역보다 더욱 중요했다. 이제 당

의 군사력이 서북쪽으로 몰려간 기회를 이용해 신라 문무왕은 본격적으로 한반도에서의 당군 축출을 구상할 수 있게 되었다.

註) 고구려에 대한 당의 지배는 그것도 극히 불완전한 상태에서 요하 유역과 요동반도 일부에 불과했다. 즉 안동도호부를 통해 지배하기도 하지만 유민들의 반발을 우려해 677년 보장왕을 불러와 요동도독조선군왕(遼東都督朝鮮郡王)에 임명하여 이중구조로 다스리려 하지만, 곧 보장왕이 고구려 부흥을 도모하자 686년에는 그를 불러들이고 보장왕의 손자 보원(寶元)을 조선군왕에 임명하고 요동지방을 관리하도록 했다. 699년에는 안동도호부를 안동도독부로 격하시키고 보장왕의 아들 덕무(德武)를 안동도독으로 임명하지만 당의 실질적인 지배는 끝나고, 오히려 덕무는 요동지역에 소고구려(小高句麗)라는 나라를 세울 정도였다. 그러나 인구가 줄어 나라라고 하기에는 미약했다. 아쉬운 점은 남생 형제간의 불화 없이 한 고비만 넘겼더라면, 이후에 전개되는 당의 내정문란으로 인해 외부에 힘을 쓸 형편이 되지 못하게 되어 고구려 왕조가 적어도 장차 수백 년은 무탈하게 더 이어갈 수 있었는데….

## 신라의 항당전(抗唐戰)이 시작되다

670 新羅 30대 문무왕(文武王) 10년

1월, 당(唐)에 사신으로 가 있던 양도(良圖)가 옥중에서 죽은 사태가 일어나자 신라 문무왕은 비로소 전쟁을 준비하면서, 북쪽 지리에 익숙한 고구려 유민들과 함께 북벌을 추진하기로 했다.

3월, 이찬 설오유(薛烏儒)가 이끄는 신라 북벌군과 고구려 부흥군인 고연무(高延武)의 유민군(流民軍)이 연합한 2만의 병력이 압록강을 건너 옥골(屋骨: 烏骨城)에서 개돈양(皆敦壤)에 진치고 있던 당군의 전초인 말갈 기병을 쳐서 대승을 거두었다. 적의 사상자를 셀 수가 없었다. 그러나 승리도 잠시뿐. 당군이 지원군을 보내 연이어 공격해 오므로 부흥군은 병력의 열세로 인해 결국 백성(白城)으로 후퇴하고 말았다.

4월, 또 한편, 검모잠(劍牟岑)은 사야도(史冶島: 西海 덕적도)에서 연정토(淵淨土)의 아들 안승(安勝)을 만나 6월에 왕으로 추대하고 문무왕에게 원조를 청했다. 문무왕이 검모잠의 부흥군을 금마저(金馬渚: 익산 지방)에 머물게 하니 당의 고간(高侃)이 공격해 왔다. 당군과 접전 중에 안승은 갑자기 검모잠을 죽이고 신라로 도망했는데…

註) 안승과 검모잠의 갈등: 부흥군을 이끌어 감에 있어 검모잠은 즉각적인 전면전을 주장했고, 안승은 군사의 힘이 모자라니 신라와 협력하자는 의견이 엇갈린 상태에서 당군이 밀고 들어왔다. 우선 부흥군의 전멸을 피하고자 안승은 검모잠을 없앤 다음 신라에 도움을 청하기로 한 것이다. 피차 서로에게 불행한 사건이었다.

6월, 신라 문무왕은 고구려 유민을 이용하여 당군을 몰아낼 계산이었다. 문무왕은 안승에게 금마저를 내주어 고구려 부흥군의 근거지를 삼게 한 다음 웅진도독부를 위협할 계획이었다. 한편, 당고종은 신라의 항당전에 맞서 증원군을 백제 쪽으로 보내 사태에 대비하고, 7월에 신라는 평양 방면의 당군과 충돌을 피하면서 한편으로 백제 땅을 조금씩 잠식해 나갔다. 이때 백제의 82개 성을 접수하여 당의 항의를 받았다. 한편으로 북쪽에서는 안시성이 당의 대대적인 공격으로 함락되고…

註) 백제가 멸망할 당시 성이 200여 개였다. 이때 신라가 거의 반을 차지했으니 그 전에 차지한 지역을 여기에 더하면 대략 백제의 땅 3분지 2를 장악한 셈이다.

8월, 문무왕은 안승(高安勝)을 항당전에 이용하고자 고구려왕으로 책봉했다. 또한, 신라에 있는 고구려 유민들이 반기를 들지 않도록 하기 위해서도 안승이 필요했다. 안승은 우선 당군의 예봉은 피할 수 있었지만, 신라군이 하라는 대로 당군과 맞서야 했다.

註) 이 무렵 당은 두 방명에서 전쟁을 치러야 할 판이었다. 서쪽에서 토번 토벌전에 설인귀에게 10만 군을 주어 투입했지만 8월에 대패하면서 오히려 당의 심장부가 위협을 받는 형세가 되었다. 동쪽으로는 요동 방변에서 고구려 부흥군과 신라군의 공격, 그리고 이 지역의 고구려 유민들의 봉기까지도 감당해야할 국면이었다.

**왜(倭)가 국호를 「일본(日本)」으로 정하다**

12월, 왜국(倭國)의 야마토(大和) 왕조는 정식으로 국호를 「일본(日本)」으로 바꾸었다.

註) 백제부흥전쟁의 패퇴와, 이후 백제 유민들이 대량으로 들어 온 이래, 고구려도 없어지고 한반도를 신라가 점유하자, 왜국(倭國)도 독립적인 왕조임을 나타내고자 했다. 일본이란 말은 왜지에서 백제를 '구다라' 라고 불러왔는데 이는 '큰 해(大日: 큰 태양)'라는 뜻의 고대 한국말로서 이를 한자로 옮겨 「일본(日本)」 이라 표기한 것이다. 그러나 이때부터 백제와 연관된 기록들은 모두 말소시키고, 태고적부터 내려오는 일본열도의 토착세력으로 전환시키는 작업이 시작되었다. 국호를 왜(倭: 大和=야마토)에서 일본으로 바꾼 후, 680년 초에는 역사의 기본 골격을 고쳐 쓰기 시작했고, 급기야 712년에는 〈고사기(古事記)〉가, 720년에는 편년체(編年體)로 정리한 〈일본서기(日本書紀)〉가 편찬되었다.

**당적(唐敵)을 죽여라!**

671 新羅 30대 문무왕(文武王) 11년

1월, 신라는 이제 본격적인 무력충돌로 나섰다. 백제 땅으로 들어가 웅진 남쪽에서 첫 접전을 가진 후, 말갈병이 설구성(舌口城)을 포위 공격하다 실패하고 물러나는 것을 급습하여 3백 명을 참살하니, 당군이 해로(海路)를 따라 구원군을 보낸다는 정보에 따라, 장군 진공(眞功)을 보내 옹포(雍浦)를 수비하게 했다.

6월, 옹포를 깨트리고 들어온 당군에 대해 장군 죽지(竹旨)를 보내 가림성(加林城: 부여 부근 임천)으로 쳐들어가 당군의 둔전(屯田)을 짓밟아 버렸다. 당군의 군량미를 박살낸 것이다. 신라군이 석성(石城: 부여군 석성면 일대)에 물러나 있을 때 당군이 들이닥치자 바로 공격하여 적 5천3백을 도륙하고 적의 장수 8명을 생포했다. 이것이 신라가 단독으로 벌인 첫 싸움이다.

8월, 웅진도독부(熊津都督府) 소재지인 부여 사비성(泗沘城)을 포위 공격하여 빼앗고, 이 지역에 소부리주(所夫里州)를 신설하여 아찬 진왕(眞王)을 도독(都督)으로 임명했다. 이에 당장(唐將) 고간(高侃)의 4만 병력이 안시성의 고구려군을 치고, 9월에는 평양까지 진출.

10월 6일, 당의 조선(漕船: 군수물자 수송선)이 들어온 것을 들이 쳐서 70척을 침몰시키고 당군 1백여 명을 포로로 잡았다. 이때 물에 빠져 죽은 당군의 수는 헤아릴 수가 없었다. 이 지경에 이르자 당군은 백제 지역에서 전면 퇴각하지 않을 수 없었다.

註) 이때부터 전개된 신라의 항전은 신속하고도 활발하여 성과도 컸는데, 상세한 전황 기록이 남아있지 않아 아쉽기만 하다. 또한 고구려 유민들의 저항도 쉬지 않고 계속되었는데 남아 있는 기록으로는 671년 7월 안시성 싸움, 672년 12월 백빙산(예성강구 부근) 싸움, 673년 5월 호로아(임진강) 싸움 들이 규모가 컸으며 쌍방이 수천의 사상자를 내며 혈전을 치른 전투들이다.

11월, 분위기가 바뀌어가자 웅진도독부에 파견되어있던 당의 관리와 백제유민들을 포함한 2천여 명이 47척의 배로 나누어 타고 왜(倭: 日本)로 탈출했다.

註) 왜(日本)에는 당(唐)이 664년부터 축자(築紫: 후쿠오카)에 도독부를 두어 관리하는 중이다.

672 新羅 30대 문무왕(文武王) 12년

1월, 신라는 백제의 고성성(古省城: 부여 백마강 부근)을 쳐서 이기고, 2월에는 가림성(加林城: 충남 부여 임천면 聖興山城)을 다시 쳤지만 실패했다. 신라의 반항에 평양 쪽의 당군도 글안과 말갈(靺鞨) 등, 수만 명의 증원 병력을 얻어 임진강 방면부터 신라에 대한 본격적인 공세를 시작하게 되는데…

註) 당(唐)이 토번과 평화교섭이 진행되면서, 여유가 생긴 당은 말갈과 거란을 주력으로 하는 대병력을 신라전선에 투입했다. 고간이 1만, 이근행이 말갈족 부대 3만을 거느리고 들어와 평양에 8개 군영을 설치했다. 이때의 당군은 주로 기병(騎兵)으로 구성되었다.

### 일본 땅에 있는 백제 세력 몰아내기 - 임신(壬申) 전쟁

6월, 일본 땅에도 큰 싸움이 벌어졌다. 백제 부흥에 주력했던 백제계 정권이 흐트러진 민심을 수습하지 못한 채로 이어오던 중, 당(唐)의 축자도독부(築紫都督府)가 5월에 철수해 갔다. 이에 신라의 지원을 얻은 천무(天武)측의 불의의 선제공격으로 발발한 전쟁은 1개월 만에 백제계의 토착세력인 천지(天智)를 일방적으로 몰아붙여 속전속결로 결판이 났다. 이로서 신라는 왜지에 당의 세력을 축출하면서 또한, 백제 반란의 배후 세력인 왜를 근본적으로 변혁시키게 하여 후환을 없앨 수 있었다.

註) 당은 백제와 고구려를 멸하고, 그 땅에 도독부를 두어 당의 영토화를 노렸는데 왜지(倭地)에도 마찬가지였다. 당군은 일본의 관문(關門)인 축자(후쿠오카)에 군대를 보내 도독부를 설치하여 664년 5월부터 672년 5월까지 8년간 일본을 관리하였는데, 이즈음에 신라가 당군으로부터 백제의 옛 땅을 거의 탈환하자, 신라는 이번에 당군의 축자도독부(築紫都督府) 철수시기를 기다렸다가 백제계의 친당(親唐) 정권인 천지(天智) 정권을 공격하여 타도하고 친신라계(親新羅係) 정권인 천무(天武) 정권을 수립한 것이다. 비록 1개 월 간의 짧은 전쟁이었으나, 일본 역사상 최대의 내란으로 기록되어있으며, 사실상 내란이 아닌 큰 전쟁이었다. 이로부터 일본은 역사상 최초의 왕으로 천무(天武天皇)가 등장하게 된 것이다. 반면에, 신라 문무왕은 중요성이 덜한 탐라(耽羅: 제주도)는 한반도에서 당의 세력을 완전히 축출한 다음인 679년 2월에야 사람을 파견하여 경영하게 하였다.

### 백수성(白水城) 전투

8월, 당의 고간(高侃)과 이근행의 4만 병력이 평양 부근의 한시성(韓始城)과 마읍성(馬邑城)을 휩쓸고, 백수성

(白水城: 황해도 백천)에 이르렀다. 이때 신라-고구려 연합군은 이에 맞서 대방(帶方: 황해도 평산?)의 들판에서 대회전이 벌어져 당군 수천을 참살하면서 추격하여 석문(石門: 端興)까지 쫓아갔다. 그러나 오히려 기습을 받아 참패하고 대아찬 효천(曉川) 등 많은 장수들이 전사했다. 12월에는 고간이 이끄는 당군이 고구려 유민이 지키고 있던 백수성(白水山城)을 쳐서 함락시키고, 이를 구원하러 온 신라군까지 격파했으니…

673 新羅 30대 문무왕(文武王) 13년

7월, 김유신이 세상을 떠나고 전세가 불리하게 돌아가자 모반하는 자가 생겼다. 아찬 대토(大吐)가 당에 붙으려하다가 적발되어 주살해버렸다. 왕은 그 동안의 친당 분위기에 싸여 있던 친당파를 회유하여 보국의 기회를 주면서 성곽을 보수하게 하고, 서해 요충지에는 병선 1백 척으로 당군의 움직임을 감시하게 했다. 또 임진강과 예성강 방면 고구려땅 황해도 지역에 군현(郡縣)을 설치했다.

9월, 당군 이근행(李謹行)이 말간과 거란병을 이끌고 호로아(胡虜啞: 임진강)에서 고구려군을 패퇴시키자, 신라군이 역습하여 호로아와 왕봉하(王逢河: 경기도 고양시 행주산성 부근)에서 9회에 걸친 전투로 2천여의 수급을 베고, 임진강과 한강에 익사시킨 수도 많았다. 그러나 겨울에 당군이 고구려 부흥군의 거점인 우잠성(牛岑城)을 함락시키고, 거란과 말갈병은 강화도의 대양성과 동자성(東自城)을 멸하는 등 싸움은 치열하게 이어졌다.

**고구려 부흥군의 소멸**

674 新羅 30대 문무왕(文武王) 14년

신라가 백제의 옛 땅을 거의 다 점거하고, 고구려 부흥군을 포섭하자 당은 이필, 이근행, 유인궤 등에게 명하여 조선반도를 일제 공격하도록 했다.

5월, 호로아(胡虜啞: 임진강) 주변에서 당군과 맞붙은 고구려 부흥군은 수천 명이 사로잡히는 등 궤멸 당하자, 이 전투에서 살아남은 대부분의 부흥군이 신라로 피신하면서 그 세력이 급속히 약해졌다. 또 겨울에는 부흥군이 지키던 우금성(禹金山城: 전북 변산반도?)마저 당군에게 함락된 이후 고구려 부흥군의 활동은 보이지 않게 되는데…

**당군의 신라 섬멸전, 그러나…**

675 新羅 30대 문무왕(文武王) 15년

2월, 신라의 동정을 살피며 한동안 잠잠하던 당군이 본격적으로 치고 나왔다. 당장(唐將) 유인궤(劉仁軌)가 칠중성(七重城: 파주군 적성)의 신라군을 공격하고, 또 한편으로 말갈군은 바닷길로 신라의 남쪽에 들어와 큰 피해를 입혔으나, 칠중성 만큼은 온전했다.

註) 어려운 시기에 신라는 운이 좋았다. 이즈음 당은 왕위계승 문제로 내분이 일어난 토번(吐蕃: 티베트)에 대규모 원정을 계획하면서 유인궤를 소환했다. 이제 이근행의 말갈부대만 남아 신라군을 상대하게 되었다. 문무왕은 연이은 패전으로 힘든 상황에서 활로가 보였다.

9월, 당장 설인귀는 약 4년 동안 별로 하는 일도 없이 바닷가에 죽치고 있다가 천성(泉城: 경기도 파주군 교하면)으로 몰려오는 것을, 신라 장군 문훈(文訓)의 군사가 역습하여 1천4백의 당군을 죽이고 40여 척의 군선과 1,000필의 말을 노획했다. 설인귀는 급히 포위를 풀고 말 1천 필을 남겨둔 채 평양으로 달아났는데…

**매소성(買肖城) 전투**

한편, 당고종은 유인궤를 불러들인 다음, 이근행에게 설인귀와 함께 신라 섬멸전을 벌이게 했다. 9월 29일, 당군이 매소성(買肖城: 경기도 연천군 청산면)에 주둔한 것을 신라군이 공격하여 무수한 마필과 병기구(兵器具)를 거의 줍다시피 했다.

註) 〈삼국사기〉에는 이근행이 20만의 군사를 지원받아 주둔했다가 신라군에게 패했다고 했는데, 이때는 토번(吐蕃: 티베트)이 당에 대한 공세를 강화할 때라서 이근행도 본국의 소환지시를 받고 돌아간 뒤였다. 또한 당군 20만이 있었다 하더라도 작은 성에 주둔한다는 것이 가능하지 않을 것이다. 이는 신라의 과장된 기록으로, 당군이 토번과의 전쟁을 위해 대부분의 병력이 철수한 후 그 잔여부대를 격파했다고 보는 것이 합당하다. 가을에는 당의 신라 원정군 대부분이 이미 철수한 상태였다.

일단 전열을 정비한 당군이 말갈과 거란군을 이끌고 칠중성과 적목성(赤木城: 강원도 고성, 회양 부근) 등을 공격하여 한때 성을 점령하고 성주를 죽였지만, 신라군이 세차게 반격하자 당군은 번번이 패해 후퇴하는데 이후, 크고 작은 18차례 싸움에서, 신라군이 6천의 당군을 참살하면서 쉴 새 없이 몰아붙였다.

676 신라 30대 문무왕(文武王) 16년

7월, 당군은 진용을 단단히 짜고 동쪽에 후미진 곳에 있는 도림성(道臨城: 강원도 통천)을 공략하면서 혈전을 벌였지만 전황은 이미 신라로 기울어져 있었다. 당군은 큰 성과 없이 피해만 엄청나게 보았다.

**당군(唐軍)과의 최후 결전 - 기벌포 해전(伎伐浦 海戰)**

11월, 당장 설인귀가 평양에 있는 수군을 이끌고 이제는 신라 땅이 되어버린 소부리주의 기벌포(伎伐浦: 장항, 금강 하구)로 밀고 들어왔다. 신라의 사찬 시득(施得)이 수군으로 맞받아 해전으로 크고 작은 22회의 싸움을 벌여 당의 설인귀 군을 쫓아 버리고 4천여의 수급을 베었다. 이로부터 제해권이 신라에 들어오게 되자, 당군의 활동은 급속히 위축되어 힘을 쓰지 못하게 되었는데, 이 기벌포 싸움이 나당전역(羅唐戰役)을 마무리한 결정타가 되었다. 이때의 당은 고종이 병약하여 황후가 전권하는 관계로 내부가 혼란하여 외부 일에 관여할 형편이 못되었고, 서쪽에는 토번(吐蕃: 티베트 왕국)이 강력하게 공세를 펼치는 통에 앞뒤로 전쟁을 계속 끌고 갈 수도 없는 상황이었다.

註) 이 해에 신라가 당군을 축출하여 전쟁이 종료되고 삼국통일이 완성된 것으로 볼 수 있으나, 이는 현재의 시각이고 사실은 당이 토번의 대대적인 공세에 밀리면서 양쪽으로 전쟁을 수행할 수 없게 되자, 신라 쪽에서 군사를 빼돌린 것에 불과했다. 당 고종은 이듬해(678) 9월에 다시 신라 원정군을 일으키려했다가, 토번이 또다시 침략해오는 바람에 무산됐고, 679년부터는 본격적으로 동돌궐의 부흥운동이 일어나 당은 이를 진압하느라 여념이 없게 되었다. 이후로는 당에게 신라를 공격할 기회가 끝내 오지 않았다.

註) 안동도호부가 요동의 신성으로 퇴각한 이후 사실상 신라는 예성강 이서(以西) 지역에 적극적인 조처를 하지 않았다. 이 지역을 당과의 충돌에 대비한 일종의 완충지대로 본 것이다. 당도 압록강 이남지역을 공지(空地)로 방임했다. 한편으로 일본은 신라의 사신을 맞아 우호적인 조치를 하고 있었다. 피차 당의 압력을 의식한 결과였다.

677 新羅 30대 문무왕(文武王) 17년

당 고종은 당지(唐地에) 끌려온 고구려 유민들을 요동에 보낸 다음 보장왕을 요동도독에 임명하고 조선군왕에 봉했는데, 그 후 보장왕은 말갈과 함께 반란을 기도한 것이 발각되는 바람에 소환되어 공주(邛州: 四川省)로 유배되고, 유민들은 다시 하남(河南: 황하 남쪽)과 농우(隴右: 감숙성 동쪽)로 강제 이주되었다. 남은 유민들도 불안을 견디다 못해 돌궐과 말갈 땅으로 흩어지면서 요동의 유민들은 수가 점점 줄어들고…

註) 보장왕(寶藏王): 당의 요동주도독 겸 조선왕으로 임명되어, 요동으로 돌아와 신성(新城)에 자리 잡았다. 보장왕은 호락호락한 인물이 아니다. 연개소문의 독재 아래에서도 자신의 권력을 행사한 군주였다. 그는 즉시 유민과 말갈인을 규합하여 고구려 복국(復國)을 도모했으나, 당의 방해공작으로 실패하고 681년 공주로 소환되어 682년에 객지에서 생을 마쳤다.

동시에 당은 평양에 설치한 안동도호부(安東都護府)까지 신성(新城: 요동의 요녕성 요양지역)으로 이전하면서 당의 관리들을 모두 파직시켰다. 이로서 신라는 패강(浿江: 대동강)과 원산 이남을 점유하여 명목상이나마 삼국통일(三國統一)을 이룰 수 있게 되었다. 반면에 당의 입장에서는 압록강 이남에 단 한 개의 주(州)나 현(縣)도 확보하지 못했다.

註) 문무왕은 전일에 무열왕과 당태종 사이에 약속이 있었다는 대동강 선에서 일단 북진을 멈추고, 대당(對唐)항전을 결말지었다. 애초부터 백제와 고구려의 옛 영토를 모두 차지할 뜻은 없었다. 물론 그럴 만한 능력도 없었다. 비록 반도의 3분지 2의 영역만을 점유했지만, 삼국의 백성들을 어우르기에도 쉬운 일은 아니었다. 한강 이남지역의 영유권을 확보한 것만으로도 큰 수확이었다. 그래도, 북쪽은 주인 없는 무주공지(無主空地)인데…

註) 이때 요동지역은 너무 황폐해져 제대로 관리할 수 없게 변해버렸다. 당은 보장왕을 요동에 보내 요동주도독(遼東州都督)겸 조선왕으로 삼아 고구려인을 다스리게 했는데, 보장왕은 오히려 유민을 모으면서 고구려 부흥의 본거지를 만들고자 했다. 왕은 4년간 치밀하게 준비하는 중에 이 계획이 681년 발각되면서 당에 소환되고, 사천성 공주에 유배되고 말아, 왕은 이듬해 682년 망국의 한을 품고 유배지에서 쓸쓸히 생을 마친다. 이로부터 구심점을 잃은 유민들은 사방으로 흩어지고, 또한 당은 더 이상 만주지역에 미련을 가지지 않게 되었다. 〈자치통감〉에는 이때에 이르러서야 고구려가 멸망했다고 기록하고 있다. 그러나 당은 고구려 정벌에 너무 막대한 힘을 쏟아 국력이 피폐해지면서 그 후유증이 나타나게 되었다. 토번이 당의 대군을 궤멸시키고, 돌궐이 다시 부흥하고, 신라도 당에 반기를 들었고…

### 고구려 유민들의 소발해국(小渤海國)

678 新羅 30대 문무왕(文武王) 18년

지난해에 보장왕이 유배되어 유민들의 실망이 적지 않았으나, 유민들이 계속 투쟁한 결과 반당(反唐) 조직이 모태가 되어 태백산 아래에 의거하여 나라를 세우고 국호를「발해」라고 하였다.

註) 위 기사는 〈삼국유사〉에 나오는 기록인데, 대조영의 발해 건국에 앞서 이의 모체가 되는 작은 발해국이 성립되었음을 의미한다. 이와 비슷한 기록이 비록 연도를 다르지만 〈제왕운기〉에도 나온다.

681 신라 31대 신문왕(神文王) 원년

신라 김법민(金法敏.文武王)은 신라의 통일을 마지막까지 확인하고, 숨을 거둔 뒤에 『동해구 대석상(東海口大石上)』에 안장되었다. 이것이 경주 토함산에 있는 석굴암에서 정동(正東)으로 80리 지점에 위치한 감포(甘浦)의 「대왕암(大王岩)」 해중능(海中陵)이다. 후손들은 "왕이 용(龍)으로 화(化)해 나라를 지키는 것"이라고 받기었다고 한다.

### 신문왕(神文王)의 일본(日本) 경영

왕은 문무왕의 유지를 이어받아 일본의 경영에도 만전을 기했다. 관리를 파견하여 일본의 체제를 개혁하도록 하고, 우선 일본의 복제(服制)를 모두 신라식으로 바꾸도록 조치했다.

註) 신문왕은 재위 11년간 7회에 걸쳐 일본에 관리를 파견하여 정치행정 전반에 걸친 개혁을 추진하였는데, 신라식 결발(結髮)과 승마제(乘馬制)의 도입, 신라식 불교 지도체제와 중국식 놀이의 금지 등, 이러한 경영방식은 701년까지 30여 년간 이어졌으며, 또한 당나라에 대한 일본 사절의 파견까지도 용납하지 않았다.

### 고구려 유민(遺民)들의 저항

684 新羅 31대 신문왕(神文王) 4년

11월, 금마저(金馬渚: 전북 익산 지방)에 근거한 고구려의 망명정부의 왕이던 안승의 조카인 고대문(高大文)은 그간 신라와 연합하여 벌인 항당전 승리 이후, 고구려의 재건이 신라의 계략적인 방해로 이루어지지 못하게 되자, 반란을 기도하던 중 발각되어 사형 당했다. 이 사건을 기화로 신라에 대한 고구려 유민들의 저항이 강하게 일어났는데, 고구려 유민들이 관리를 살해하고 성을 차지하여 토벌군 장수 핍실(逼實)을 죽이는 등 강력 저항했으나 결국 함락 당하고 주민들은 강제 이주되었다. 이들이 진압된 후부터 금마저에서 고구려 최후의 종말을 본 많은 유민들은 차츰 패강과 압록강을 건너 고향 땅을 찾아 북으로 올라갔다.

註) 안승은 신라의 귀족으로 만들어져 그나마 왕족답게 살게 된 것만으로 만족했다. 이에 대한 불만이 고대문을 통해 들어 나게 되는데, 결국 실패했다. 한번 망한 나라를 되살리기란 이처럼 어려운 일이다.

이 와중에 동모산(東牟山: 목단강 상류지역, 현재의 돈화(敦化) 지방)을 근거로 고구려 유민 대중상(大乞乞仲象)이 유민들을 모아 진국(辰國)을 세웠다. 이 소문을 듣고 사방에서 유민들이 찾아오는데…

註) 이 기사는 〈제왕운기(帝王韻紀)〉와 〈협계태씨 족보(陜溪太氏族譜: 발해국 왕세략사)〉에 보이는데, 대

조영의 발해가 성립되기 13년 전인 이때에 대중상을 중심으로 하여 고구려 땅 일부를 차지하고 있었다는 것이다. 678년의 소발해국과 함께 고구려 유민들이 세운 나라이다보니 단순히 '발해'라 부르기도 했다. 여기부터 따지면 발해는 926년 망한 때까지 역년 228년이 아니고 242년으로 1공14왕이 된다. 북한은 발해의 역사에 이를 채용하고 있다.

註) **일본 내 고마(高麗: Koma) 마을**: 일본 사이타마현(埼玉縣) 히다카정(日高町)에 있는 마을인데, 백제와 고구려가 망한 뒤 한반도에서 일본으로 건너간 고구려의 왕 약광(若光)을 비롯한 유민 1,799명을 716년에 이주시킨 곳이다. 고구려 귀화인의 마을로 알려지면서 고마촌(高麗村)이라고 하게 되었다. 옛 고마촌이 1955년 고마가와촌(高麗川村)과 합쳐져 히다카정의 한 지구를 이루었다. 고마역(高麗驛)에서 걸어서 10분 정도 거리에 긴차쿠전(巾着田)이 있는데, 이곳은 당시의 유민들이 고마천(高麗川)이 크게 곡류하는 지형을 이용하여 논으로 개척하던 곳이다. 근처에는 고구려의 왕 약광을 모시고 있는 고마신사(高麗神社)와 약광과 함께 일본으로 건너간 승려 승락(勝樂)이 세웠다는 쇼텐(聖天院)이 있다.

### 또 다른 고구려 유민의 나라 - 고려후국(高麗後國)

677년에 보장왕이 요동에 파견된 후, 뒤이어 당의 통치가 미치지 못한 요동 남쪽과 평안남북도 서부지역에 고구려 유민들이 유민의 나라를 세웠다. 첫 도읍은 평안남도 성천군(成川郡) 홀골산성(忽骨山城)으로 추정된다.

註) **고려후국(高麗後國)**: 유민들은 잃은 나라를 찾기 위해 대당(對唐) 투쟁을 지속적으로 펼쳤다. 특히 평안도의 성천 지방과 동모산(東牟山) 일대를 중심으로 큰 정치세력이 등장하여 권력기구가 형성되기까지 했다. 이 중에 요동반도 남쪽에서 평안도 연안에 이르는 고려국의 존재가 당의 〈책부권위(責付權威)〉에 684년조 이효일(李孝逸) 기사에서 '고려(高麗)'의 국명이 처음으로 나타나는데, 고구려나 왕건의 고려와 구분하기 위해 '고려후국(高麗後國)'으로 표시했다. 도읍지는 초기에는 홀골산성(忽骨山城: 평남 성천군 비류강 유역)이고, 국력이 안정된 후에 국내성(國內城: 신의주 야일포. 만주 집안현에 있는 고구려의 국내성과는 별개임)으로 옮긴 것이라 추정한다. 강역은 서쪽은 바다이고, 동쪽은 평안도와 함경도의 경계선이며, 남쪽은 대동강이고 북쪽은 적유령 대간과 피난덕 대간의 경계선으로 요동지방이다. 즉, 평안남북도 서부지역과 요동반도 남부지역을 관할하며, 뒤에 대조영의 발해와 통합하여 발해 영역 확장에 큰 역할을 한 것으로 여겨진다.

689 新羅 31대 신문왕(神文王) 9년

도읍지를 서라벌에서 달구벌(達丘伐: 대구 지방)로 옮기자는 천도설(遷都設)이 잠시 있었으나 왕족과 귀족들이 결사적으로 반대했다. 자신들의 정치기반을 버릴 수가 없는 것이다. 이로부터 서라벌에 안주한 채 다시는 천도를 거론하지 못했다.

註) 그렇다고 서라벌로 만족할 만큼 태평세월은 아직 일렀다. 왕은 당군의 침입에 대비하여 지속적으로 군사력 확충에 노력했는데, 다행히 운이 좋았다. 당은 토번과 해마다 침략해오는 돌궐을 동시에 막아야 했다. 그러다가 695년에는 당군이 토번에게 대패하자 곧이어 거란족의 봉기(696)와 발해의 건국(698)으로, 당은 신라 원정에 대한 미련을 완전히 버릴 수밖에 없었다. 당은 699년에야 신라의 조공을 받아들이고 적대관계를 해소했다.

### 영주(營州)지역에서 거란(契丹)의 봉기

696 고구려 멸망 이후 많은 고구려 유민들은 여러 곳으로 끌려가 살았고 또 일부는 말갈지역이나 거란 지역으로 들어가 정착하기도 했다. 당은 제 구실을 못하는 안동도호부(安東都護府)를 활성화시키고자 여러 방법을 써보지만 실효를 못 보는 사이, 당의 침략 전진기지인 영주(營州: 朝陽 지역)에 많은 유민들이 강제 이주되어 있었는데, 당에 측전무후(則天武候: 唐 高宗의 첩)가 권력을 잡고 있던 이 시기에 글안인(契丹人) 이진충(李盡忠)과 그의 처남 손만영(孫萬榮)이 당의 영주도독(營州都督) 조문홰의 소수민족 학대에 참지 못하고 살해한 다음 반기를 들어 대항했다. 기병 10여일 만에 수만 명이 된 반란군은 영주성을 함락한 다음, 5월에 단주(檀州: 북경 근처, 하북성 密雲縣)에까지 이르러 진압군을 섬멸하고 진격했다. 이때에 이진충이 9월에 전사하자, 손만영은 군사를 합하여 익주를 공격하고 유주를 탈취하며 기세를 올렸다.

註) 680년경부터 확대된 돌궐의 국권회복운동으로 당은 돌궐방면에 군사력을 집중해야만 했다. 이 바람에 중동부 만주지역은 당의 지배력이 못 미치는 공백지대가 되어, 고구려 멸망 이후 이를 대체할 지배세력이 없이 고구려, 말갈, 거란의 유민들이 각기 자치생활을 하고 있는 상태였으며, 이중 거란이 돌궐의 지원을 받고 당에 반기를 드는 등, 새로운 질서가 형성되어 가는 시기이었다. 이 틈에 당시 강제 이주되어 살던 글안(거란)족의 이진충과 손만영이 영주에서 당의 관리를 죽이고 반란을 일으킨 것이다.

### 대조영(大祚榮)의 영주(營州) 탈출

697 손만영의 폭동군이 동협석곡(동협석곡: 하북성의 平州) 싸움에서 17만의 당군을 섬멸하고 이어 유주(幽州 당: 북경 부근)와 그 주변의 성들을 함락. 당은 돌궐의 협력으로 안정을 찾은 다음 새로이 20만의 토벌군을 일으켜 유성 서북쪽 신성을 함락하자 손만영은 동쪽으로 달아나고 패잔병들이 속속 투항함으로서 반란 1년여 만에 거란군이 궤멸되고 손만영도 피살되어 반란은 진압되었다. 이 와중에 반란에 적극 가담하여 영주 일대를 점거했던 고구려인 대조영(大祚榮) 부자와 말갈(靺鞨)의 걸사비우(乞四比羽)는 틈을 보아 각각 무리를 이끌고 조양을 벗어나 요하를 건너 동쪽으로 탈출.

註) 말갈: 주(周)나라 때에는 숙신(肅愼), 위(漢魏) 때에는 읍루(挹婁), 남북조(南北朝) 때는 물길(勿吉), 수(隋).당(唐) 때에는 말갈(靺鞨)이라 불렀다.

당(唐)은 걸사비우(乞四比羽)와 대중상(大乞乞仲象)에게 각각 허국공(許國公)과 진국공(震國公)을 책봉하며 "과거의 죄는 사면한다"고 하며 회유해보았지만 실패하자, 곧 거란 출신의 장군 이해고(李楷固)에게 대군을 주어 추격하게 했다. 이해고는 먼저 말갈군을 공격하여 궤멸시키고 걸사비우를 죽이자, 장수를 잃은 말갈인들은 대조영이 이끄는 고구려군에 합류했다.

### 발해(渤海) 건국의 분수령 - 천문령(天門嶺) 전투

698 발해(大震國) 원년

1월, 이해고의 추격군 10만 병력이 육박해오자, 대조영은 글안의 장수 이진영(李盡榮)과 손잡고 2만의 병력을 합하여 천문령(天門嶺: 奉天省 長嶺子?) 깊숙한 골짜기의 밀림지대에 매복한 다음, 추격군을 유인하여 보병과 기병을 따로 분리한 다음 협곡으로 몰아 기습 공격으로 각개격파하면서 궤멸시켰다. 이해고는 겨우 몸만 빠져 나와 도망쳤다.

註) 천문령: 만주 집안(輯安) 북방의 운하와 휘발하(輝發河)의 분수령: 길림성 합달령으로 추정. 이 전투는 국가 건설에 결정적인 계기가 되었다. 당은 두 번 다시 천문령을 넘지 못했다. 돌궐이 영주지방을 유린해 북중국에서 만주로 이어지는 육로가 막혔고, 요동지방에 조차도 바다로 보급을 할 형편이 못 되었기 때문이다.

# 大震國(渤海)

### 발해(渤海: 震國)의 성립

698 5월, 대조영은 군사를 이끌고 계속 동진하여 속말수(粟末水)를 지나 동모산(東牟山)에 이르러, 나라 이름을 대진국(大震, 震國 또는 振國: 위대한 동쪽 나라)이라 선포하며 고구려의 뒤를 따른다고 했다. 대중상(大乞乞仲象: 大祚榮의 아버지)을 세조(世祖)라 하고, 시호를 진국열황제(振國烈皇帝)라 했다. 태자 대조영이 즉위하고 홀한성(忽汗城)을 쌓아 도읍을 정하고 군사를 모집했다. 유민(流民)을 보살피면서 신망을 크게 얻어 기강을 잡고는 연호를 "천통(天統)"이라 했다.

註) **대중상(大仲象)의 후고구려(後高句麗):** 평양성이 함락된 668년 9월에, 대중상 장군은 서압록(西鴨綠)을 지키고 있다가, 군사를 이끌고 개원(開原)을 향하던 중 따르는 백성이 많았다. 곧 동쪽으로 동모산에 이르러 국호를 후고구려(後高句麗)라하고 연호를 중광(重光)이라 하면서 격문을 전하니 많은 성들이 귀부해 왔다. 동모산은 이때부터 발해의 근거지가 되었다. 고구려 옛 땅의 수복을 염원해오던 고구려 유민들은 대조영의 나라로 속속 귀부해왔다. 고구려 멸망 후 평안도의 서부지역과 요동지방에 유민들이 세운 국가들이 스스로 발해에 후국(侯國)이 되는 등, 발해가 수립된 지 얼마 안 되어 영역의 확대가 급속도로 진전되었다.

註) **속말수(粟末水):** 제2 송화강(松花江)을 가리킨다. 송화강은 크게 북쪽으로 흐르는 부분과 동쪽으로 흐르는 부분으로 나뉘는데, 앞부분을 북류(北流) 송화강 또는 제2 송화강이라 부르고, 뒷부분을 동류(東流) 송화강이라 부른다.

註) **동모산(東牟山):** 목단강 상류지역 현재의 돈화(敦化) 지방이 있는 성산자산(城山子山)

註) **홀한성(忽汗城):** 발해의 수도 상경용천부(上京 龍泉府). 현 흑룡강성 영안현 동경성(東京城). 이 성 남쪽에는 경박호(鏡泊湖)가 북쪽은 목단강(牧丹江)이 둘러싸고 규모가 광대하고 기세가 웅장하다. 발해(渤海)는 926년 망할 때까지 이곳에 도읍를 정했다. 홀한하(忽汗河)는 현재의 목단강이다. 이 때의 영토는 서쪽은 거란과 접하고, 동은 동해에 닿고, 남으로는 니하(泥河: 강원도 이천 지방)를 경계로 신라와 접했다 가호 10만에 크기는 사방 2천리라 했다.

註) 발해가 건국될 때까지 30여 년간 만주일대엔 주인이 없었다. 대조영(大祚榮)의 부흥운동이 한쪽 모퉁이에 불과했고, 당(唐)은 날로 강성해지는 돌궐(突厥)족의 공세에 밀려 주변을 돌아 볼 틈이 없었다. 이때 신라는 무엇을 하고 있었나? 그동안 신라는 백제와 고구려의 멸망의 과정을 지켜보았다. 천하의 중심은 신라가 아닌 당임을 인정하고, 신라는 해동의 변방임을 자처했다. 신라의 입장에서는 생존을 위한 대안일 수밖에 없었을 것이다. 그러나…

705 당은 돌궐과 거란의 연속적인 침공으로 따른 정황으로, 세력이 커진 대조영의 진국(震國)을 위무하고자 어사 장행급(張行岌)을 보내니 진국도 호의를 보이면서 화해를 성립시켰고, 대조영도 아들 대문예(大門藝)를 당(唐)에 보내 이에 응답했다.

註) 묵철가칸(黙綴可汗: 카파간가한)이 이끄는 돌궐세력이 날로 강성해져 당의 토벌군이 번번이 패하여 지리멸렬인데다가, 작년에는 8만 당군이 몰살당하기까지 했다. 이때 당은 국내 정변으로 측전무후가 실각하고 중종(中宗)이 제위에 올랐는데, 중종은 돌궐과 거란을 견제하고자 이이제이(以夷制夷) 정책으로 발해를 인정하고 회유하는 자세를 취했다.

### 국호를 대진(大震)에서 발해(渤海)로

713 *渤海* 고왕(高王, 聖武高皇帝: 대조영) 16년

당은 돌궐과 거란이 매년 변경을 습격하는 사이, 711년 돌궐이 당에 화친을 표시하자 이에 응하고, 당은 713년 사신 최흔(崔忻)을 진국(震國)에 보내 대조영(大祚榮)에게 「발해군왕 홀한주도독(渤海郡王, 忽汗州都督)」으로 책봉하고는 지금까지 「말갈」이라 부르던 명칭을 버리고 이때부터『발해국(渤海國)』으로 호칭했다.

註) 작년(712)에 당은 요서지역에서 해족에게 크게 패했다. 요서지역의 거란족과 해족(奚族)은 돌궐에 복속돼있었는데, 당이 이들에 대응하기 위해 발해에게 우호를 표시해 온 것이다. 이때부터 비로소 당과 교역이 이루어지나, 대조영은 이듬해(714) 4월, 당이 거란을 공격했을 때 가담하지 않는 등 대외분쟁에 휘말리지 않고 내치에 힘썼다.

註) 발해가 자리 잡은 터는 원래 말갈족의 영토였으므로, 지금까지 당은 '진국'이란 국호를 무시한 채 '말갈'이라고 폄하하여 호칭하고 있었다. 「진국」도 또한 이때부터 「발해」와 「고구려」를 겸하여 외교적인 국호로 사용하였다. 그러나 당은 분위기에 따라 진국(震國)을「말갈발해」라 폄하하기도 했다.

註) 발해군왕 홀한주도독(渤海郡王, 忽汗州都督): 명목적이기는 하지만 당나라 발해군(渤海郡)에 왕으로 봉하는데, 당나라 봉작(封爵)제도에서 친왕(親王, 正1品으로 皇子에게 주는 직위) 다음에 군왕(群王)이 있다. 그리고 홀한주(忽汗州)는 발해 영토를 자신의 1개 주로 설정한 것으로, 발해왕을 명목상 그 책임자인 도독으로 삼는다는 의미이다.

新羅 33대 성덕왕(聖德王) 12년

12월, 신라는 비록 처음부터 발해를 인정해왔지만, 그 세력이 커지는 형세를 보고만 있을 수 없어 발해와 접경지역인 개성(開城)에 새로 성을 쌓고, 동쪽지역도 대비를 해둔다. 또한 당(唐)도 발해에 대해 다른 대비책을 준비하는데, 698년 폐지했던 안동도호부(安東都護府)를 부활시켜 요동의 군사기지로 만들고, 또 이듬해(714년)에는 평주(平州: 하북성 영평부)에 도호부를 두어 발해를 감시하게 되는데…

註) 신라는 유별난 경쟁의식 속에 뒷날 온갖 방법으로 발해를 헐뜯는데, 그 시초가 이때부터다.

719 渤海 2대 무왕(武皇帝) 인안(仁安) 원년

대조영이 죽자 아들 대무예(大武藝)가 대통을 이어, 거란(契丹)과 더불어 외교 관계를 맺고 오주목(烏珠牧) 동쪽 10리 임황수(臨潢水: 饒樂水)로 경계를 정했다.

註) 돌궐의 묵철(墨鐵)이 죽자 연이은 부족들의 반란으로 혼란 속에 세력이 약화되면서, 이실활(李失活)이 이끄는 거란족이 당에 항복했다. 당은 이틈에 영주도독부를 부활하고 이를 바탕으로 발해를 압박하기 위해 북쪽에 있는 흑수말갈을 포섭하므로, 무왕은 이에 대비하고자 거란과의 외교관계를 돈독히 해두었다.

721 新羅 33대 성덕왕(聖德王) 20년

7월, 성덕왕은 지속되는 발해의 발전에 위협을 느껴, 당에 사신을 보낼 때도 육지로 가지 못하고 뱃길을 택해야 할 정도가 되니 하슬라도(何瑟羅道: 강릉)에 장정 2천명을 징발하여 긴 성(長城)을 쌓는 등 군사적인 위협까지 대비해 두었다.

### 왕오천축국전(往五天竺國傳)

723 新羅 33대 성덕왕(聖德王) 22년

승려 혜초(慧超)는 16세에 불교를 공부하기 위해 당나라로 건너갔다. 그는 당나라 광주(廣州)에서 인도의 고승 금강지(金剛智))를 만나 가르침을 받았는데, 그의 권유로 723년 바닷길을 따라 인도로 떠났고, 이후 4년간 인도와 서역을 두루 여행하면서 왕오천축국전(往五天竺國傳)이라는 기행문을 남겼다. 중국인들은 인도를 천축(天竺)이라 불렀는데, 당시에는 5개의 나라로 분열되어있어서 오천축(五天竺)이라고도 했다.

註) 혜초(慧超): 혜초는 1천년 이상 그 존재가 잊혔다가 1908년 중국 돈황의 천불동 석굴에서 발굴한 고문서를 해외로 밀반출한 프랑스의 동양학자 폴 펠리오(Paul Pelliot)에 의해 다시 세상에 알려졌다. 도굴꾼 펠리오는 돈황의 고문서들을 살펴보던 중 겉표지가 떨어져나간 한 권의 책을 발견한다. 그는 제목도 지은이도 알 수 없는 이 책을 연구한 끝에 혜초의 '왕오천축국전'이라는 사실을 밝혀냈다. 왕오천축국전은 인도, 중앙아시아, 페르시아, 아라비아의 역사, 정치, 문화, 풍속, 종교 등을 정확하고 상세하게 기술하여 최고 수준의 사료적 가치를 지닌 기행문으로 평가 받는다, 이로부터 혜초는 일약 유라시아 교류사의 유명인사가 되었다. 그러나 혜초는 불교사에 획기적인 업적을 남긴 승려는 아니었다. 그럼에도 그의 이름이 널리 알려진 것은 왕오천축국전의 역사적 문화적인 가치 때문이라고 한다. 요컨대 혜초는 고승이라기보다 뛰어난 기행문을 남긴 훌륭한 여행가였던 셈이다.

## 흑수말갈로 인해 저질러진 당(唐)과의 분쟁

726 渤海 2대 무왕(武皇帝) 인안(仁安) 7년

흑룡강을 하류를 중심으로 자리 잡고 있던 흑수말갈(黑水靺鞨)의 추장 나수리지가 당과 화친하고자 귀의할 뜻을 전하자, 당은 이를 좋은 기회로 여기고 이 지역에 흑수부 도독부(黑水部 都督部)를 두어 흑수주(黑水州)라 하고 이들과 함께 발해를 노골적으로 견제하려 했다. 무왕은 그 동안의 우호관계가 가식이라는 사실에 분노하여 배반자 당을 응징하기로 하고 우선 돌궐의 지원 아래 발해를 배반한 흑수말갈부터 치고자 동생 대문예(大門藝)를 시켜 공격하려 했는데, 그가 말을 안 들었다. 왕은 사촌형이 되는 대일하(大壹夏)로 하여금 흑수부를 토벌하게 하여 마침내 항복을 받아내는데 성공하는 한편, 문예를 불러들이려 했더니 오히려 당으로 도망쳐버렸다. 대문예는 20년 전에 당의 볼모로 가서 생활한 경험이 있어 그쪽과 친분이 많았던 때문이었다. 당으로 도망친 대문예는 당의 비호 아래 피신하고, 왕은 변절자를 없애고자 사신을 당에 보내 처벌을 요구했더니, 당은 이를 거절하고 오히려 감싸고돌았다. 왕은 또 다시 자객을 보내 죽이려 했지만 모두 미수에 그쳤다. 그러나 왕은 물러서지 않고 보복의 기회를 벼르게 되는데…

註) 돌궐이 지도자 묵철(墨鐵)이 죽고 난 후 세력이 약해지자, 이 틈에 당은 돌궐에 붙어있던 해(奚)와 거란을 치려고 발해에 원병을 청했다. 무왕은 이를 거절했는데, 결국 당은 해와 거란을 쳐서 승리한다. 당은 그 다음에 발해에 의지하던 흑수말갈을 회유하여 복속시키니 무왕은 그대로 둘 수 없어 대문예(大門藝)에게 흑수부를 치라고 명했더니 흑수부 경계에 이르러 출정중지를 요청하는 것이다. 무왕은 종형인 대일하(大壹夏)로 교체하고 대문예를 불러들이자, 그는 죽임을 당할까 두려워 길을 바꾸어 당에 투항해버린 것이다.

## 일본과의 우호관계 수립

727 渤海 2대 무왕(武皇帝) 인안(仁安) 8년

무왕은 당나라는 물론 남쪽의 신라도 견제해야 했다. 그 대책의 하나로 일본과 수교를 추진하고자 고인의(高仁義) 등 24명의 사절단을 일본에 보냈다. 그랬더니 북해도(北海島)의 토번(土蕃) 에조(蝦夷) 거주지에 표착하여 고인의를 포함한 16인이 살해당하고, 나머지 고제덕(高齊德)이하 8인이 천신만고 끝에 교토(京都)에 들어가 신키(神龜)천황에게 국서를 바치고 수교를 열었다.

註) 이로부터 발해와 일본은 약 200여 년 동안 우호관계를 유지해 나간다.

731 新羅 33대 성덕왕(聖德王) 30년

4월, 왜선 3백 척의 대규모 침공군이 동해안에 들어와 격돌 끝에 왜의 선단(倭船團)을 격멸시킨 사건이 발생.

註) 이 무렵에 왜와 신라는 모두 수군력(水軍力) 향상에 심혈을 기울였다. 서로가 서로의 침공에 대비해 준비를 소홀히 할 수 없었던 입장이었다. 그 첫 격돌이 벌어진 것이다.

## 등주 침공(登州 侵攻)

732 渤海 2대 무왕(武皇帝) 인안(仁安) 14년

9월, 국력을 적극적으로 확장하던 대무예는 대문예에 대한 당의 회유책을 거절하고 대장 장문휴(張文休)에게 당의 군사적 요충지인 등래(登來: 登州, 산동성 봉래시)를 치도록 했다. 장문휴는 수군(水軍) 정예 2만을 이끌고 압록강구를 나와 해로(海路)로 등주를 전격 기습하여 방어군을 섬멸한 뒤, 곧바로 등주성을 공격하여 등주자사(登州刺史) 위준(韋俊)을 죽이고 성을 완전히 파괴한 다음 재빠르게 철수했다. 이때 거란의 가돌한이 발해와 연합하여 싸움을 도왔다. 당은 즉각 장군 갈복순(葛福順)을 보내 반격을 기도했지만, 장문휴의 수군은 이미 자취도 없이 사라진 뒤였다.

註) 무왕은 당으로 도망친 동생 대문예에 대한 당의 못마땅한 처사에 대한 응답으로 공격한 것이다. 무왕은 적극적이었다. 730년 5월에 거란인 가돌한(可突汗)이 왕 이소고(李邵固)를 죽이고 해족(奚族)과 더불어 돌궐과 연합해 당의 지배를 벗어나고자, 732년 3월에 당과 싸움을 벌였다. 그 결과 거란이 패해 유주가 당의 영향권으로 들어가자, 무왕은 거란, 돌궐 등과 연합해 이들의 측면 지원을 받으며 당을 공격해 들어가기로 했다. 물론 당과의 대전(大戰)을 각오한 것이었다. 이때의 발해군의 습격결과를 〈신당서(新唐書)〉에는 "발해가 당을 침공하여 성읍을 도륙하고, 많은 유민과 실업사태를 유발했다"라고 기록해 그 피해가 막심했음을 추측할 수 있다.

### 발해의 나당(羅.唐) 연합군에 대한 반격전(反擊戰)

733 渤海 2대 무왕(武皇帝) 인안(仁安) 15년

新羅 33대 성덕왕(聖德王) 32년

1월, 무왕은 장문휴의 수군(水軍)과는 별도로 직접 많은 군사를 거느리고 거란과 연합전선을 펴며 요하(遼河)와 대릉하(大凌河, 요령성 서쪽)를 건너 영주와 평주 지역의 성읍을 점령하고 마도산(馬都山: 북경 부근 만리장성 시발점인 갈석산 부근)까지 진출했다. 한편, 당은 발해의 예봉을 꺾기 위해 변절자 대문예에게 10만 군사를 주어 발해의 서쪽을 공격하게 하고, 신라로 하여금 발해의 남쪽을 치도록 했다. 신라는 김윤중(金允中) 등을 보내 발해의 여러 군(郡)을 급습하여 천정군(泉井郡: 함경남도 德源)에 이르렀지만, 발해의 보기(步騎) 2만 군사에게 격파 당했다. 더구나 이때 큰 눈을 만나 신라군의 동사자가 매우 많아지자 이하(泥河: 용흥강(龍興江): 강원도 강릉 북쪽의 이천(泥川) 지방)까지 추격당하여 해주 암연현(岩淵縣: 황해도 옹진) 동쪽이 신라와 경계가 되었다. 또한 발해의 수장(守將) 연충린(淵忠麟)이 수만의 군사를 이끌고 요서(遼西)의 대산(帶山)에서 갈복순과 대문예의 당군을 격파하니 당군은 군사의 반을 잃은 채 쫓겨 가고, 새로 부임해 온 당장(唐將) 오승비가 마도산 부근 통로를 틀어막으면서 서둘러 400리의 석축장성을 쌓아 방어선을 구축하자, 무왕의 발해군은 더 들어가지 못하고 군사를 돌렸다.

註) 당(唐)은 당황했다. 거란의 가돌칸(加乭汗)은 당에 접근하는 왕을 죽이고 돌궐에 투항했고, 또 해(奚)도 당을 배반했다. 이들 두 군사들이 당의 소속인 안록산을 공격한 것이다. 이와 관련하여 이후에 이어지는 발해의 발전은 당과 발해의 중간을 가로막고 있는 거란과 돌궐의 작용에 힘입은 바가 컸다. 지정학적으로 발해의 행운인 셈이다.

註) 신라가 당과 연합하여 발해를 공격한 점이 고약한데, 신라는 패강(浿江: 대동강)까지의 영토를 확보하고자 기회를 보고 있던 중, 당이 신라의 북진정책을 이용하여 발해와의 사이를 이간시켜 서로 화

합하지 못하도록 하는 정책을 펴며 신라에게 출병을 요청한 것이다. 이 사건으로 발해는 신라와, 거란은 당과 각각 맞서는 형세가 되었다.

734 渤海 2대 무왕(武皇帝) 인안(仁安) 16년

1월, 신라의 숙위 김충신(金忠信)이 당 현종에게 글을 올려 발해를 치겠다고 자청했으나 흐지부지되고 말았다. 그 뒤로 신라는 발해를 건드리려는 생각을 다시는 하지 못했다.

4월, 돌궐에 내란이 일어나 세력이 급속히 약해지자, 대무예는 돌궐과의 화친을 포기하고 상대적으로 강해진 당과 수교하면서 내치에 주력했다. 이로부터 당과의 무력충돌이 없어졌다. 이때 당의 현종은 주변 민족에 대한 안무정책(安撫政策)을 써서 되도록 충돌 없이 주변국을 포섭해가고 있는 중이었다.

註) 발해는 서쪽으로 당의 야욕을 꺾고, 동시에 남쪽으로 신라의 도발까지도 확실히 눌러놓아 이후 8세기 초까지 흑수말갈을 비롯한 동쪽과 북쪽의 여러 종족을 굴복시켜 광대한 영토를 개척하고, 일본까지 복속시킴으로써 동북아에서 당과 대등한 대제국(大帝國)의 위세를 펼칠 수 있게 발전되어 갔다

735 渤海 2대 무왕(武皇帝) 인안(仁安) 17년

거란족과 해족의 세력이 다시 강성해지자 돌궐이 사신을 보내와 협공을 제의했다. 그러나 돌궐의 약화를 감지한 무왕은 오히려 돌궐사신을 감금하고, 이를 당 현종에게 통보했다. 당과의 이해관계가 서로 맞아 양국 간에 평화가 이루어지면서, 발해는 만주일대에서 더욱 세력을 뻗어가게 되는데, 마침 구다(句茶, 캄차카반도), 개마(蓋馬), 흑수말갈(黑水靺鞨)의 여러 나라들이 그 나라를 들어 귀부해오자 이들을 받아들여 성읍(城邑)을 만들었다. 이로서 발해의 영토가 북으로 흑룡강(黑龍江)이 흘러 들어가는 오호츠크 해의 연안까지 이르게 되었다.

註) **흑수말갈(黑水靺鞨):** 이로부터 흑수족은 한때 발해의 통제를 받았지만 병합되지는 않았다. 이후에도 이들은 요(遼)와 금(金) 왕조시기에 각 부락이 단독으로 존재했는데, 그중 완안부(完顔部)가 금을 건국하게 되고, 누루하치(努爾哈赤)가 후금(後金)인 청(淸)을 세우니 현재에도 흑수말갈의 혈통은 이어지고 있다고 보아야 할 것 같다.

新羅 33대 성덕왕(聖德王) 34년

2월, 당은 발해가 강성해지고 압록강 남쪽의 고구려 옛 땅을 차지하자, 패강(浿江: 대동강) 남쪽을 신라의 영유로 인정해 주었다. 발해의 남쪽 진출을 막는 간접효과를 노린 것이다.

736 渤海 2대 무왕(武皇帝) 인안(仁安) 18년

송막(松漠)에 12성과 요서(遙西)에 6성을 쌓아 서쪽의 국경을 확고히 굳히며…

註) **발해의 일본과의 관계:** 발해가 건국한지 얼마 안 된 초기에 대무예는 발해정권을 유지하기 위해 신라.당.흑수말갈과는 강한 대치상태를 보이고 반면에 일본과는 우호관계를 유지하고자 727년부터 사신을 보내 통교하고 또한 일본도 적극적이었다. 이것이 후에는 무역의 형태로 발전해 나간다. 810년부터 일본의 쇄국정책으로 소홀한 때도 있기는 했지만 919년 마지막 왕래까지 193년 동안, 각각

발해는 34차례 일본은 13차례의 사절단 방문이 있었다. 물론 사신 왕래는 그 자체가 쉬운 일은 아니었다. 항해술이 모자라 동해의 풍랑에 난파기도 여러 번, 왜국 연안에서는 암초에 좌초되기도 하여 사절교환은 목숨을 건 모험이었다.

737 渤海 3대 문왕(光聖文皇帝) "대흥(大興)" 원년

무제(武帝)가 죽고, 태자 흠무(欽茂)가 즉위하고는 도읍을 동경용원부(東京龍原府: 훈춘지방)에서 상경용천부(上京龍泉府: 홀한성)로 옮겼다.

註) 무왕 대무예(大武藝)는 18년 간 재위하면서, 돌궐과 연합하고 일본과 통신하며, 신라와는 적대관계를 유지했다. 북으로는 돌궐의 지원아래 흑수말갈을 정벌했는데 이 때문에 당과는 등주점령(732년)과 마도산 전투(733년)로 충돌했다. 곧이어 돌궐이 당에게 궤멸되자 당에 대한 태도를 바꾸어 화해하고 밀접한 관계로 발전시켰다. 대를 이은 문왕 대흠무(大欽茂)도 재위 56년 간 선왕의 뒤를 이어 당과 교류를 활발히 하면서 안정된 정치로 영역을 확대하고 5경 3성 6부의 제도를 이루며 국가의 발전을 튼튼하게 잡아 나갔다. 이러한 평화적인 발전은 당이 멸망(907년)한 후에 성립된 후당(923년)과의 관계도 마찬가지였으며, 926년 거란에게 망할 때까지도 평화적인 나라로 발전과 번창을 지속해 나가게 된다.

註) 또한, 문왕은 취임 축하차 온 일본 사신에게 "이 땅은 고구려의 옛 땅이요, 이 나라는 부여의 유속을 이어 받았다. 그러니 너희 왜는 우리 발해를 옛 고구려 대하듯 하라" 고 하여 고구려의 계승국임을 분명히 했다. 일본은 이 사실을 전제로 발해와의 교류를 이어나갔다.

註) **고구려의 혼(魂), 고선지(高仙芝) 장군 (741~755)**

고선지의 아버지 고사계(高舍雞)는 고구려 멸망 때 당(唐)으로 강제 이송된 유민으로, 서역(西域)에서의 작전 등으로 안서사진(安西四鎭)의 장군이 되고, 아들 고선지는 서역에서 성장하여 20세에 벌써 안서도호부(安西都護府)의 장군으로 아버지와 동렬이 되었다. 747년 서역의 사라센(이슬람) 제국과의 충돌 직전에 토번(티베트) 왕국을 미리 제압하라는 당현종(唐玄宗)의 명을 받았다. 고선지는 [제1차] 파미르원정에 올라, 1만의 기병을 이끌고 '세계의 지붕' 이라고 하는 파미르 고원과 힌두쿠시 산백을 넘는 대규모의 산악전을 펴 100일 행군 만에 3000리를 넘는 험로를 지나 힌두쿠시 산맥의 북록인 '시그난'에 도착. 여기서 거꾸로 동쪽을 향하여 파미르 정상까지의 토번의 서북방 거점요새 '치트랄(煙雲堡)'을 공격하여 점령한 다음, 그는 부상병을 남겨두고 남으로 힌두쿠시 산맥의 주봉인 '단카트'를 넘어야 했는데, 티베트의 요격을 피하기 위한 행군치고는 백설과 빙하의 무생물의 세계를 고산병과 허리의 밧줄로 싸우면서 '카라코람' 산맥을 넘어 '단카트' 돌파에 성공, 또한 인더스강의 절벽 앞에서 3일간의 사투 속에 최종 목표인 '소발률국(길기트: Gilgit)'에 도착하여 이 나라를 간단히 점령했다. 약 6개월에 걸친 이 원정으로 동로마와 아라비아에 큰 충격을 주었고, 서방일대가 당의 세력 내로 들어왔다.

3년 후인 750년에는 [제2차] 타슈겐트 원정의 명을 받고 다시 '파미르'를 넘어 석국(石國: 타슈겐

트, 현재 우즈베키스탄의 수도)을 석권하고 그 왕을 당의 수도까지 압송했다. 이에 따라 당은 캐시미르, 아프칸 동부, 아무강, 시르강의 상류 등 파미르 고원을 중심으로 한 일대가 고선지의 손안에 들어왔다. 그런데 당 현종은 별 이유 없이 석국왕을 참살하자 중앙아시아의 나라들이 격분하여 연합하고 침범하면서, 고선지의 3차 원정인 '탈라스 대전(大戰)'이 일어나게 된다.

751년, [3차원정] 사라센제국(大食國: 아라비아 반도)과 중앙아의 연합군이 시르강 북방의 '탈라스'에서 고선지의 3만 군과 마주쳐 5일간의 대회전에서, 결국 사라센 군에게 참패하고 3만의 병력 중 겨우 1백여 명만 살아 돌아왔다. 이로서 고선지의 전적은 수포로 돌아가고 당 조정으로부터 고구려인이란 차별과 함께 거센 모략에 휘말렸다. 그후 고선지는 감숙성 태수로 좌천되는 등 괄시를 받다가 755년 뜻밖에 안록산(安祿山)의 반란이 터졌다. 안록산의 반군이 낙양을 점령하고 장안으로 밀려오자 당현종의 명을 받은 고선지는 10만의 관군으로 낙양 서쪽 삼문협(三門峽)을 지키다가 서쪽에 있는 동관(東關)으로 방어진을 옮겼다. 그런데, 여기서 고선지에게 뇌물을 거절당한 어느 감군(監軍)이 모함하자, 이미 제 정신이 아닌 현종은 고선지를 군수품 부정의 범죄인으로 몰아 사형시켰다. 고선지가 사형 당해 죽는 순간까지도 그의 장병들은 무죄임을 땅이 진동하도록 외쳤다. 그의 나이 40세 전후에 일대 호걸은 이역만리 남의 땅에서 고생만 하다가 갔다. 그의 1차원정인 힌두쿠시 산맥 등정은 나폴레옹의 알프스 돌파보다 훨씬 성공적이었고, 그 때문에 서양에는 중국의 종이 제조술이 전파되었고, 이때 제지술, 나침반, 화약 등이 유럽에 전해졌다.

743 新羅 35대 경덕왕(景德王) 2년

신라와 왜국 사이에는 서로 뻣뻣한 관계였다. 왜가 발해와 밀착된 관계를 유지하고 있기에 작년(742년) 왜의 사신이 왔을 때는 받아주지도 않고 왜국과 국교를 단절했다.

748 新羅 35대 경덕왕(景德王) 7년

8월, 발해의 남쪽 접경지역의 경계를 강화하고자 대곡성(大谷城: 황해도 平山 지방) 등에 14개의 군현(郡縣)을 두었다. 비로소 대동강을 경계로 발해와 국경선을 그은 것이다. 그러나 현실적인 군현의 설치는 757년에 가서야 지방 행정단위로 설정이 되었다.

註) 당은 신라를 통해 발해를 견제하려 했기에, 신라의 이러한 조치에 적극적인 지지를 표시했다. 이 때문에 신라와 발해의 대립은 더욱 조장되었는데, 이러한 상태는 발해 멸망 시까지 유지되었으며, 양국간에 외교교섭은 거의 없었다.

753 新羅 35대 경덕왕(景德王) 12년

8월, 왜의 사신이 또 왔다. 경덕왕은 사신이 거만하다고 만나주지도 않자, 사신 일행은 말도 못 붙여 보고 돌아갔다. 왜왕은 칼을 갈았다. 두고 보자!! 왜왕은 발해에 사신을 보내 신라정벌의 지원을 요청하기로 했다. 3년 안에 배 500척을 만든다는 계획도 세웠다.

註) 신라 조정은 왜와 발해가 서로 왕래가 빈번한 사실을 알고, 이들이 신라를 배척하는 것으로 해석했다. 끝까지 신라는 왜를 끌어들여 선린관계를 맺을 솜씨를 보이지 못했다.

756 渤海 3대 문왕(光聖文皇帝) 대흥(大興) 19년

문왕은 견실해진 국력을 아우르고자 도읍을 동모산(東牟山)에서 동북쪽으로 올라간 목단강 유역으로 옮기고 상경용천부(上京龍泉府: 후에 東京城, 흑룡강성 영안현)라 했다.

註) 도성은 분지 한 가운데 자리 잡고, 경박호에서 시작된 목단강이 둘러 흐르고 있어 삼면이 천연의 해자(垓字)를 이룬다. 성은 남북 3.5Km, 동서 5Km로 사방 총 둘레는 16Km가 넘어 이는 당시 아시아에서 두 번째로 큰 도성으로 꼽힌다. 문왕은 56년 재위에 있으면서 관직제도를 제정, 사적(史籍) 수입, 주자감(胄子監) 설립 등, 정치와 문화발전에 힘을 기울이면서 해동성국(海東盛國)의 기초를 다져놓았다.

758 渤海 3대 문왕(光聖文皇帝) 대흥(大興) 21년

3년 전(755년) 당에 평로절도사(平盧節度使)로 있던 안록산(安祿山)이 반란을 일으켜 낙양을 함락시키고 장안으로 밀고 들어가자 당 현종은 급히 서촉(西蜀) 산골 오지로 도망치고, 안록산은 대연국(大燕國)을 세웠다. 이에 당은 사신을 보내 기병 4만을 요청해왔는데 문왕은 끝까지 회답하지 않았더니, 이번에 새로 부임한 평로절도사가 또 군사협조를 요구해왔다. 그러나 문왕은 요지부동으로 대연국과 우호를 유지하며 끝까지 중립을 지켰다.

### 왜국의 신라 침공계획

762 渤海 3대 문왕(光聖文皇帝) 대흥(大興) 25년

왜국에서 사신으로 고마다이산(高麗大山)이 와서 함께 신라를 칠 것을 청했다. 그런데 4월, 당에 숙종이 즉위하면서 사신을 보내와 발해왕을 군왕(郡王)에서 국왕(國王)으로 인정한다면서 관계개선을 추진하자, 문왕은 신라공격을 포기하고 10월에 일본에 사신을 보내 이를 통보했다. 문왕은 내치(內治)를 다지기 위해서는 굳이 신라와의 전쟁은 벌이고 싶지 않았다.

註) 왜국의 실권자인 후지와라(藤原)는 '백제를 수복하자' 라는 기치 아래 756년부터 배를 건조하고 병사를 훈련시키던 중에, 때마침 신라와 우호관계에 있는 당이 안록산의 반란으로 혼란해진 틈을 타서, 왜국의 숙원사업인 신라침공을 계획했다. 신라도 이에 대비하여 치밀한 방어태세를 굳히자 후지와라는 발해에 협조가 필요했다. 사신을 발해에 보내 협공을 요청하고, 전국적인 군사동원체제를 정비하여 이때까지 394척의 배와 4만의 침공군을 편성했다. 그러나 곧바로 후지와라 정권이 실각함으로써 신라침공은 이루어지지 않았다. 이때 발해의 협공거절에도 불구하고, 발해와 왜국 사이에는 이후에도 사신이 계속하여 오고갔으며 단순 교류와 무역이 끊이지 않았다.

註) **발해국왕(渤海國王):** 당(唐)은 처음부터 발해를 독립국가로 인정하지 않고 발해군(渤海郡)으로 취급해오다가, 이때 비로소 명목적이기는 하지만 독립국가임을 인정한 것이다.

### 대공(金大恭)의 난

768 新羅 36대 혜공왕(惠恭王) 3년

7월, 일길찬(角干) 대공(大恭)이 아우 대렴(大廉)과 함께 왕위를 노리고 왕궁을 포위하면서 반란을 일으켰

다. 왕은 8세에 즉위하여 잠시 태후가 섭정을 맡았지만, 유독 천재지변과 흉년이 겹쳐 민심이 흉흉한 가운데 어린 왕은 사치와 놀이에 빠져 기강이 말이 아니었다. 반란군은 33일간이나 성을 포위하고 압박을 가했다. 이때 왕경(王京)과 각 고을에 퍼져있던 96 각간(角干)이 왕궁파와 김대공파로 갈라져 전국이 요동을 쳤다. 결국 난장판 속에 왕이 왕당군(王黨軍)을 모집한 위에야 겨우 왕궁파가 이길 수 있었다. 이후 대공과 대렴 그리고 그들의 피붙이들은 구족(九族)까지 깡그리 죽음을 당했다.

註) 이 반란은 그 후 각종 모반의 기폭제가 되어 770년 8월에 대아찬 김융(金融)이 모반하다 잡혀 죽었고, 775년 6월의 이찬 김은거(金隱居)의 모반, 또 두달 뒤 8월에는 김영상(金廉相)이 시중 김정문(金正門)과 연합하여 등의 모반사건이 이어졌다. 이로서 왕도(王都)와 오도(五道)의 주군(州郡), 그리고 96 각간(角干)이 상전대란(相戰大亂)하는 내란이 이후 3년 간이나 이어졌다. 신라 역대(歷代) 중 혜공왕 이후부터 하대(下代)에 속한다. 왕의 권위는 추락하고, 정권쟁탈의 표적이 되어 본격적으로 문란해지기 시작. 하위직의 말단까지 왕위를 노리며 반란을 일으키는 세상이 되었다.

771 (~774) 新羅 36대 혜공왕(惠恭王) 7년

이때를 문화의 극치로 보아, 에밀레종, 불국사(佛國寺) 등이 건축되어 통일신라시대 최대의 걸작품들이 탄생.

### 김지정(金志貞)의 난

780 新羅 36대 혜공왕(惠恭王) 16년

4월, 이찬 김지정(金志貞)이 왕위를 노리고 반란을 일으켜 왕궁을 포위 공격하여 혜공왕과 왕비를 살해한 후 성공하는 듯했지만, 곧 3개월 후 상대등 김양상(金良相)과 이찬 김경신(金敬信)의 반격으로 잡혀 죽었다. 김지정은 석 달 간의 천하를 누리고 죽은 것이다. 곧, 김양상이 왕위에 오르니 이가 37대 선덕왕(宣德王)이다.

### 이정기(李正己)의 제(齊)나라

781 渤海 3대 문왕(光聖文皇帝) 대흥(大興) 45년

고구려 유민의 후손인 당의 치청(淄青: 河南 二鎮의 하나로 河北省, 河南省 및 山東省 일대)절도사 이정기(李正己)가 군사를 이끌고 당에 반란을 일으켜 산동반도(山東半島) 일대를 근거로 자립하고자 했다. 이때에 발해가 장군을 보내 싸움을 도왔다.

註) **이정기(李正己):** 고구려 유민으로 당에서 크게 활동한 고선지(高仙之) 장군과 더불어 쌍벽을 이룰 인물이다. 784년 산동반도(山東半島)를 근거로 자립하고자 했는데, 이는 고구려 부흥운동을 벌인 것이 아니라 고구려 유민의 활동상을 보여주는 또 하나의 사례인데, 이정기는 평노(平盧) 출생으로, 22세 때에 장수들이 군사(軍師) 이희일을 쫓은 후 그를 즉위시켰으며, 뒤를 이어 아들 납(納)이 통솔했다. 56년 납도 죽고 아들 사고(師古)가 제위를 이었으며, 사고가 죽었을 땐 상을 알리지 않고 은밀히 사도(師道)를 맞아 즉위시켰다. 발해는 이정기의 제(齊)나라가 망할 때가지 우호를 맺고 끊임없이 무역을 벌였다. 제(齊)나라는 이사도가 내부 반역으로 잡혀 죽은 817년까지 55년간 대를 이어가며 유지되었다.

註) 연세대학교 지배선(池培善) 교수는 2003년 1월『고구려인 이정기의 아들 이납의 발자취』라는 논문을 통해, 고구려 유민인 이씨 일가는 서기 765년 제(齊)나라를 수립, 819년까지 55년간 산동(山東半島) 일대를 다스리며 당의 행정수도 낙양(洛陽)을 5회 이상 공략했다며 당 황제 덕종은 살아남기 위해, 783년 10월 봉천(奉天, 지금의 서안 서북쪽 80㎞)으로 도망가기까지 했다고 했다. 또, 제나라의 3대 임금 이사도(李師道)는 낙양의 물자 보관소 하음을 공격하여 무려 150만 개에 달하는 창고를 불 지른 뒤, 사저(私邸)를 짓고 군부대를 상주시키고 제나라 정벌을 주장했던 재산 무원형(武元衡)을 살해한 뒤, 806년부터 809년까지 4년간 수시로 게릴라전을 펼치면서 낙양을 장악했다고 했다. 이정기(李正己)의 후손인 이납(李納)과 이사고(李師古), 이사도(李師道) 등으로 이어지는 4대에 걸친 활약상이 학술적 밝혀지기는 처음이다.

782 新羅 37대 선덕왕(宣德王) 3년

2월, 왕은 패강진전(浿江鎭典: 황해도 평산)을 설치하여 패강(浿江: 대동강) 남쪽의 백성들을 위로하고자 한주(漢州: 서울)지역을 순행하면서 민가를 패강진으로 이주시켰다. 그리고는 김체신을 대곡주진(大谷鎭) 군주로 임명하여 개척 사업을 관장하게 했다.

註) 왕은 패강진을 개척하여 왕권을 옹호해 줄 배후세력을 양성하고, 반발하는 귀족의 축출을 꾀하고자 했다. 그러나 왕의 개혁의지는 오래가지 못했다. 즉위 5년 만에 중병에 걸리고 말았다. 무능력한 혜공왕 집권 중의 후유증은 컸다. 선덕왕은 재위 5년간 기강을 잡으려 애썼고, 죽을 때 유언으로 "화장하여 재를 동해에 뿌려 달라" 했다. 당시 화장은 불법(不法)이던 시절에…. 이어 784년에는 김경신이 왕위에 올라 제38대 원성왕(元聖王)이 되고.

790 新羅 38대 원성왕(元聖王) 6년

3월, 북쪽의 발해가 30여 년 전 왜국의 신라침공 계획을 거절했던 사실을 뒤늦게 알고 발해에 사신으로 일길찬 백어(伯魚)를 보냈다. 내부가 어지러운 판인데 말대로 전쟁이 있었다면 망하고도 남을 판이었던 것이다. 또 한편으로 김제에 벽골제(碧骨堤)를 증축하는 큰 공사를 벌였다. 왕은 나름대로 개혁조치를 하는 등 왕권을 잡으려고 노력했으나 균열을 보이기 시작한 사회 안정은 점점 멀어져 갔다. 게다가 홍수와 한발과 병충해도 극성을 떨어 백성들은 차츰 떠돌이로 전락해 가는데…

註) 이 무렵 신라는 모반사건이 줄줄이 터질 때였다. 그래도 대외적인 불안정이 없어야겠기에 803년(애장왕 4년)에는 일본국과 사절을 교환하며 우호관계를 회복하고, 810년(애장왕 11년)에는 발해에 사신으로 급찬 숭정(崇正)을 보냈다.

### 합천 가야산에 해인사(海印寺) 창건

802 新羅 40대 애장왕(哀莊王) 3년

사방에 유랑민이 늘어가는 분위기 속에 왕은 대규모의 불사를 벌였다. 당(唐)에 유학 중인 순응(順應)과 이정(利貞) 두 승려가 가야산에서 선정(禪定)에 정진하고 있던 중에 왕비의 등창을 말끔히 고쳐주자, 이에 대한 보답으로 가야산 밑에 40여 채의 건물을 지어 해인사(海印寺)를 창건했다. 왕은 여기에 엄청난 재물을 쓰면서도 민중의 고통은 등한시했는데…

註) 815년부터 서부 변두리에 큰 기근이 들어 도둑 떼들이 난무하여 군대가 동원되어 토벌할 정도가 되었는데, 819년에 이르러서는 전국에서 추적(草賊)이 벌떼처럼 일어나는 판이었다.

### 김언승(金彦升)의 난

809 新羅 40대 애장왕(哀莊王) 10년

38대 원성왕(元聖王)은 재위기간 중 788년에 독서삼품과(讀書三品科)를 두어 과거법을 시행하고, 790년에는 벽골제(碧骨提)를 두는 등 많은 치적을 쌓았으나, 자식 복이 없었다. 태자를 두 번이나 세웠음에도 모두 일찍 죽어 장손인 김준옹(金俊邕)으로 뒤를 잇게 했다. 이가 39대 소성왕(昭聖王)인데, 1년도 안되어 죽으니 태자인 13세의 애장왕이 왕이 되어 왕의 외삼촌 되는 김언승(金彦升)이 정사를 모두 관장했다. 그러나 조카인 애장왕이 장성하여 친정(親政)하게 되면 자신을 제거할 것을 염려하여 7월, 왕에게 칼을 들이댄 것이다. 결국 궁정에서 반란군과 아수라장이 된 싸움 끝에, 김언승은 왕을 살해하고 자신이 왕위에 올랐다. 이가 41대 헌덕왕(憲德王)이다. 줄줄이 엉망이다.

813 新羅 41대 헌덕왕(憲德王) 5년

해상에서 해적떼들이 무질서하게 횡행할 때이라, 왜(倭)의 해적을 왜구(倭寇)라 하면, 신라인 해적을 신라구(新羅寇)라 했다. 110명의 신라구가 왜에 상륙하여 싸웠다. 왜구와 다른 점은 규모가 작고 단시일에 치고 빠진다는 점이나, 전국에 극심한 흉년이 들어 유리걸식하는 유랑민이 범람하여 중앙정부는 아무런 조치도 할 수 없는 나약한 상태였다.

816 新羅 41대 헌덕왕(憲德王) 8년

거듭되는 흉년으로 유랑민들은 해외로도 빠져나갔는데, 170여 명이 당(唐) 절동(浙東)으로 떠나기도 했고, 또한 180명은 일본열도로도 이주했다. 나라꼴이 갈수록 엉망이다.

註) 이 시기를 전후한 유랑민의 빈번한 해외이주의 결과로 중국에는 여러곳에 신라방(新羅坊)이 세워졌고, 일본열도에도 수많은 신라인의 집단거주지가 형성되었다. 이중에 대화왜(大和倭)가 자리한 축자(築紫: 후쿠오카)에 있는 신라인 거주지는 당(唐)에 있는 신라인 거주지와 신라 본국과 밀접한 연락을 가지면서 일본인의 신라, 중국 도항과 귀국을 도움과 동시에 일본에서 필요로 하는 물건을 공급하는 기지 역할도 하였다.

818 渤海 10대 선왕(宣王 大仁秀) "건흥(建興)" 원년

2월, 오랜 기간 동안 문란했던 왕위 싸움이 정리되면서 새로운 중흥의 왕이 즉위했다.

註) 발해는 3대 문왕(대흠무)이 793년에 죽은 이후 25년 동안 6명의 왕이 바뀔 정도로 그동안 왕위 쟁탈 내분으로 혼란이 거듭되어왔다. 신라와 마찬가지로, 오랫동안 전쟁이 없이 안일과 나태에 빠진 상황에서 귀족들이 권력투쟁을 벌여온 결과였다. 새로 즉위한 선왕은 즉각 당과 왜국에 사신을 보내 즉위 사실을 통지하는 한편, 정복활동에 대비한 외교노력에 집중했다. 이와 더불어 왕은 재위 12년 동안 내부 혁신도 감행하여 "남으로는 신라와 경계를 안정시키고 북으로는 여러 부(部)를 정벌하여 큰

지경을 개척하면서, 아울러 경부(京府)와 주현(州縣)의 이름을 바로잡아 고쳤다". 왕은 발해의 중흥의 터를 갈고 닦아 새로운 성국(盛國)의 바탕을 이끌어간다.

註) 발해 선왕(宣王) 재위 기간(818-830) 중의 **해북(海北) 정벌전(征伐戰)**: 성왕은 더 나아가 요양지역을 공격하면서, 해북(海北: 흑룡강성의 송화강과 러시아 우수리강의 안쪽일대로 추정) 정벌전을 펼쳐 이를 복속시켰다. 여기에는 대규모의 상륙군이 동원되었다.

819 新羅 41대 헌덕왕(憲德王) 11년

7월, 당이 산동반도에 자리한 치청번진(淄青藩鎭: 이정기의 고구려 소국 중 하나 제(齊))을 치고자 신라에 군사를 청하자, 왕은 장군 김웅원(金雄元)에게 3만의 군사를 편성하여 지원하도록 지시했다.

註) 당(唐)은 안녹산과 이사고의 난으로 국력이 쇠퇴하여 덩치에 안 어울리게 주변 눈치를 보는 중이었다. 더구나 토번(吐番: 티베트)은 장안까지 위협하는가 하면 781년에는 실크로드의 중심인 돈황까지 차지했다. 다행히 이사도의 난은 2월에 종결되었지만 이 바람에 당의 군사력이 형편없다는 점이 드러난 것이다. 그런데 뒤늦게 신라에 병력지원을 요청했다. 내정이 어지러운 판에 3만이란 병력을 집결할 여력도 없는 신라가 출병할 리는 없겠고, 문서상으로 체면치레만 한 것 같다.

### 김헌창(金憲昌)의 난

822 新羅 41대 헌덕왕(憲德王) 14년

3월, 웅천주(熊川州) 도독 김헌창(金憲昌)이 자기 아버지 김주원(金周元)이 왕이 될 터인 즉, 김경신(元聖王)이 먼저 궁에 들어가 왕(37대 선덕왕)이 되어버려 명주(溟洲: 강릉)로 밀려나간 일이 있었다. 게다가 헌덕왕이 애장왕을 죽이고 스스로 왕이 된 일이 있은 후 김헌창(金憲昌)은 세력 밖으로 밀려 좌천되었다. 이에 불만이 쌓인 김헌창은 충청과 전라 지방을 근거로 웅천주(熊川州: 공주)에서 "백제의 부흥"을 내걸고 반란을 일으켜 국호를 장안(長安), 연호를 경운(慶雲)이라 하며 여러 고을들의 수령들을 자신의 부하로 삼고 기세를 올렸다. 왕은 일길찬 장웅(張雄) 등 8명의 장군을 보내 토벌하니 농민에 불과한 반란군은 계속 밀렸다. 먼저 도동현(道冬縣)에서, 그 다음 삼년산성(三年山城: 보은)에서, 이어 속리산, 성산(聖山) 등에서 계속 패한 김헌창은 마지막으로 웅진으로 되돌아와서는 공산성(公山城: 공주)에 들어가 10일간 버틴 끝에 자살하고 말았다. 왕은 난이 평정된 뒤 역모에 가담한 추종자 239명을 잡아들여 모두 참살했다.

註) 이는 단순 역모라기보다는 귀족들이 두 패로 나뉘어 왕경(王京)이 아닌 지방에서 싸움을 벌인 것이다. 왕족과 귀족들은 점점 더 깊은 수렁으로 나라를 끌고 들어갔다.

### 범문(梵文)의 난

825 新羅 41대 헌덕왕(憲德王) 17년

1월, 김헌창의 아들 범문(梵文)이 3년 전 몸을 빼어 달아나 도둑의 무리 속에 몸을 숨기고 있다가, 아비의 원수를 갚는다고 고달산적(高達山賊: 여주) 등지에서 모은 농민군 1백여 명과 함께 결탁하여 난을 일으켜 "고구려 부흥"을 표방하고 장차 평양에 도읍한다 하면서 북한산주(北漢山州)를 공격했다. 그러나 이때 일찍이 반란군의 움직임을 포착한 한산주도독 김총명(金聰明)이 선제공격으로 김범문을 잡아 죽임으로서 반란은 쉽게 평정되었다.

826 新羅 41대 헌덕왕(憲德王) 18년

7월, 왕은 발해의 침입에 대비해 한산(漢山) 이북에 1만 명을 징발하여 패강(浿江: 대동강) 경계에 300리 장성을 쌓도록 했다.

註) 왕은 반역사건으로 내정이 어려운데도 장성(長城) 공사를 벌였다. 완공 여부는 모르겠으나, 대동강 이북에서 압록강 연변에 이르기까지 발해의 행정력이 미치므로 경계를 풀 수는 없는 형세가 되었다. 당시 발해 선왕(宣王)은 쉽게 한반도 북방 지역을 접수할 수 있었다. 당은 이사고의 반란 등 각지에서의 봉기가 잦아 여기에 관심을 둘 형편이 아니었고, 신라는 대동강 이남에 안주하고 있는 중이라 이 지역은 무주공지(無主空地)였다. 이곳을 발해 선왕이 무혈(無血)로 접수한 것이다.

### 장보고(張保皐)의 청해진(淸海鎭)

828 新羅 42대 흥덕왕(興德王) 3년

이때를 전후한 중앙정치의 문란은 지방 세력가의 눈을 해외로 돌리게 하는 결과로 나타나 민간무역이 성행하게 되었다. 동시에 당, 신라, 왜의 해적들의 난무로 해상의 혼란이 극에 달하자, 당에서 귀국한 장보고(張保皐)는 왕에게 "저에게 군사를 주시면 이후로는 바다에서 백성을 잡아가는 일이 없게 해적을 싹 쓸어버리겠다."고 했다. 4월에 왕은 그의 열정에 감동하여 장보고에게 군사 1만을 주고 그를 청해진 대사(淸海鎭 大使)로 삼아 보냈다. 장보고는 곧 청해(淸海: 완도)에 진을 설치한 다음 해적 소탕에 나서기 시작.

註) 장보고는 젊어서 당(唐)에 건너가 군에 투신하여 서주(徐州)에서 무령군소장(武寧軍小將)이 되었는데, 당시 당의 해적들이 신라의 해변을 쓸어 약탈은 물론, 신라인을 잡아와 노예로 팔아넘기므로, 이들을 힘닿는 대로 빼내 숨겨주었다. 그러나 끊임없이 잡혀오는 신라인들을 보고 분개한 그는 해적소탕을 벼르며 828년 3월 귀국했다. 그리고 왕(흥덕왕)에게 1만의 병을 요청하자, 삼국통일 후 160여 년간 문약에 흘러 조정에 문제가 많았는데, 당시의 시중(侍中) 김우징(金祐徵)이 두둔하여 결국 장보고를 청해진 대사(淸海鎭大使)에 임명하고 바다를 지키게 했다. 청해(완도)는 일본 규슈(九州)와 당의 강소성을 연결하는 요충지로, 일본이나 당의 무역선들이 왕래할 때 들리는 중간 기착지였다. 그 후 장보고는 지금의 중국 땅 영파, 상해, 대련, 천진, 석도진(石島鎭) 등지를 넘나들며 해적을 그림자도 없이 소탕했고, 해상무역을 활발히 일으켜서 사람들은 그를 「황해의 왕자(黃海의 王者)」라 불렀다. 그의 교역 통로는 청해진이 폐쇄될 851년까지 20여 년 동안 동아시아를 넘어 아랍까지 미쳤으며, 중계무역을 포함하면 아프리카까지도 연결이 될 정도였기에 세계 해상무역의 한 축을 담당하였고 보아야 한다.

註) 이때 흥덕왕이 장보고에게 군사 1만을 내주었다고 하였는데, 당시 신라는 3년간에 걸친 김헌창과 범문의 난도 가까스로 진압한 끝이어서 1만은커녕 100명의 군사도 내주기 어려운 형편이었다. 그러므로 이때의 1만의 군사는 장보고가 재물을 풀어 모집하고 왕이 인정한 사설(私設) 군사로 보는 것이 맞을 것이다.

### "해동성국(海東盛國)"

830 渤海 10대 성종(聖宗宣皇帝) "건흥(建興)" 13년

동남으로는 신라와 접하고 고구려와 부여 등의 옛 영토까지 강토로 삼아 남으로는 이물(泥勿: 강릉의 북쪽),

철원(鐵圓), 사불(沙弗), 암연(岩淵) 등 7주(州)를 설치하고, 북으로는 염해(鹽海), 나산(羅珊), 갈사(曷思), 조나(藻那), 석혁(錫赫) 및 남북우루(虞婁)를 경략하여 각각 부(部)를 설치했다. 남북에 경계가 9,000리로 넓게 펼쳐 있어 주변 나라들이 발해국을 일컬어 '바다 동쪽의 융성한 나라' 라고 하여「해동성국(海東盛國)」이라 했다.

註) 성종(聖宗), 一名 선왕(宣王): 발해의 제10대 왕으로 이름은 대인수(大仁秀). 발해 중흥의 대업을 이룬 중흥군주(中興君主)로 이때 해동성국(海東盛國)이라는 칭호를 얻었다. 행정구역을 5경(京) 15부(府) 62주(州)로 개편하고 학술을 진흥시키는 등 발해의 전성기를 이루었다. 남쪽의 신라가 혼란 속에 나날을 지새울 때 발해는 영일 없는 발전을 이루어갔다. 북쪽으로는 송화강과 흑룡강을 경계로 삼았는데 이때 개척한 연해주(沿海州)는 고구려도 정복하지 못한 곳이다. 당시의 강역을 유추하건데 북으로는 하바로프스크 일대, 동으로는 연해주 바닷가, 그리고 서쪽으로는 요동반도에 이르렀다. 이것은 고구려 영토의 1.5배가 넘는 우리 역사상 가장 광대한 영토였다.

### 궁중(宮中)에 몰아친 피바람

836 新羅 42대 흥덕왕(興德王) 11년

12월, 장보고를 적극적으로 지원해주던 흥덕왕이 아들 없이 죽었다. 이것이 불행의 씨가 되었다. 한동안 잠잠하던 왕위 쟁탈전이 다시 고개를 든 것이다. 왕이 후계자를 정하지 않고 죽었으니 왕의 동생인 균정(均貞)과 조카인 제륭(悌隆)간에 왕위 다툼이 벌어져, 양파는 각기 족병(族兵, 私兵)을 이끌고 궁중에서 한바탕 피바람을 몰아치며 충돌한 끝에 균정이 칼에 맞아 죽고, 흥덕왕의 조카인 김양(金陽)은 화살에 맞아 부상당하고, 균정의 아들 우징(金祐徵)은 가까스로 도망쳤다. 이리하여 제륭이 이기고 왕위에 오르니 43대 희강왕이다.

註) 이해 12월에 왕자 의종(義琮)이 당(唐)에 가있는 틈을 타, 숙질 간에 왕위싸움이 벌어진 것이다. 835년 2월에 부 김균정이 상대등이 되자 시중에서 물러난 김우징은 조카 김양(金陽)과 함께 균정을 밀었는데, 결국 사태가 여의치 않자 장보고의 청해진으로 몸을 숨겼다.

### 다시 고개든 왕위 다툼

838 新羅 43대 희강왕(僖康王) 3년

1월, 왕은 신임해오던 상대등(上大等) 김명(金明)이 모든 권력을 틀어쥔 채로 반란을 일으키니 희강왕은 황당했지만 예상했던 일이기도 했다. "왜 진작 왕위를 내놓지 못했을까?" 하며 스스로 자결했다. 이로서 김명이 스스로 즉위하니 이가 곧 44대 민애왕(閔哀王)이다.

2월, 김우징과 함께 균정을 지지하던 김양은 사태가 이에 이르자 서라벌(徐羅伐: 경주)에서 빠져 나와 장보고 휘하에 와있던 김우징을 찾았다. 김우징이 장보고에게 원조를 청하자, 정치에 관심이 없던 장보고는 결국 승낙하고 부장 정연(鄭年, 또는 鄭連)에게 5천의 병사를 주면서 "네가 아니면 맡을 사람이 없다" 고 하며, 김우징은 형식상의 최고지휘관으로 했다.

3월, 김우징은 곧바로 무주와 남원을 습격했다. 놀란 민애왕은 왕군(王軍)을 보내 대항했지만 어이없게 무너지고…, 김우징은 일단 피로한 군사들을 이끌고 청해진으로 돌아왔다. 그 후 12월에 김우징이 다시 청해진의 병력을 얻어 나오니 무주군의 김양순(金亮詢)이 투항해왔다.

839 新羅 44대 민애왕(閔哀王) 2년

1월, 나주(羅州)에서 3천 기병(騎兵)으로 왕군(王軍)을 격파하고, 나아가 달구벌(達丘伐: 대구)에서 또 이긴 김우징은 서라벌로 직격하여 숨어있던 민애왕을 쳐 죽이고 4월에 스스로 왕이 되니 이가 곧 45대 신무왕(神武王)이다. 그런데, 7월에 김우징이 운이 없었던지 등창이 나서 즉위 석 달 만에 일찍 죽었다. 그래서 그의 아들이 즉위하니 46대 문성왕이다.

### 장보고(張保皐)가 암살당하니…

846 新羅 46대 문성왕(文聖王) 8년

봄, 왕은 청해진에 대한 심기가 불편했다. 아버지인 신무왕(神武王, 김우징)이 청해진에서 군사를 얻기 위해 장보고에게 "성공하면 장군의 딸을 며느리로 삼으리다"라고 한 약속이었다. 비록 선왕은 죽었으나 왕은 이일을 매듭 짓고자 신하들과 의논했는데, 모든 귀족들이 들고 일어나 "미천한 해도인(海島人) 출신의 딸을 왕비로 맞는 일은 만고에 없다"며 맹렬히 반대했다. 이 사실을 알게 된 장보고는 "급할 때는 와서 통사정하고, 원치도 않는 약속을 해놓고는 부귀를 누리게 되니까, 딴 소리한다" 며 신의 없는 조정의 처사에 격분하여 "그만둬! 썩어빠진 놈들!" 이라고 내뱉었다. 그런데 이 말이 소문이 되어 금성에 전해지자, 장보고가 홧김에라도 군사를 일으킬까봐 조정이 크게 놀라 우왕좌왕하는 사이 11월, 왕의 밀령을 받은 염장(閻長)이 청해진에 투항하는 듯 접근하여 장보고를 암살하고 말았다. 그 후 부장 이창진(李昌珍) 등이 장보고의 원수를 갚고자 거병하여 왕군에 대항해 보았지만 실패하고, 병마사 최훈(崔暈) 등은 당나라에 망명하고 나니 청해진은 폐허가 되었다.

註) 염장 일당은 주민들의 반발과 군사들의 분노를 피해 왜국(倭國)으로 도망쳤다. 조정은 반항세력들을 마저 소탕한 다음 청해진을 851년 2월에 폐쇄하고 그곳 사람들을 벽골제(碧骨堤: 전북 김제에 있는 국내 최초의 저수지 터)에 옮겼다. 이후 더 이상 제2의 장보고는 나타나지 않았다. 이로부터 좁은 땅안에서 집안싸움이나 하는 것이 전부였으니, 해적들이 무시로 나타나 분탕질 쳐도 속수무책이 되었다. 이런 상태는 신라가 망할 때까지 계속되었다.

### 모반(謀叛)과 반역(叛逆)이 유행인 세상

847 新羅 46대 문성왕(文聖王) 9년

5월, 혼란의 소용돌이 속에서도 귀족들은 각성할 줄 몰랐다. 이번에는 이찬 김양순(金良順)과 파진찬 김흥종(金興宗)이 모반을 도모하다가 사형 받고…

849 新羅 46대 문성왕(文聖王) 11년

9월, 이번에는 이찬 김식(金式)과 김대흔(金大昕) 등이 반역을 꾀하다가 사형 받고…

866 新羅 48대 경문왕(景文王) 6년

10월, 이찬 윤흥(允興)이 아우 숙흥(叔興)과 계흥(季興)과 더불어 반역을 꾀하다가 일이 사전에 발각되어 대산군(岱山郡)으로 도망쳤다. 왕은 이를 찾아내어 잡아 죽이고 그 일족을 몰살시켰다.

868 新羅 48대 경문왕(景文王) 8년

1월, 반역을 도모하던 이찬 김예(金銳)와 김현(金鉉)을 잡아 죽이고…

**신라 군사들의 해적질(新羅寇)**

869 新羅 48대 경문왕(景文王) 9년

6월, 이번에는 거꾸로 신라 해적(新羅寇)들의 배 2척이 일본 박다진(博多津)에 가서 공납선(貢納船)을 약탈하는 일이 발생.

註) 당시 일본은 관리들의 기강이 문란하여 외부의 침입에 대하여는 속수무책이었다. 신라군사들은 상인(商人)의 복장으로 위장한 채 일본에 들어가 분탕질치고 돌아다니면서도 조금도 두려운 기색이 없었다고 한다. 이 시기에 일본에는 군사가 없어, "만약 신라가 침공해 온다면 막을 수 있는 길은 오직 천지신명(天地神明)의 도움을 받는 것뿐이다"라고 할 정도였다. 이즈음에는 신라 군사들이 일본 전국에 아무 곳이나 상륙하여 횡포가 매우 심했다. 특히 894년부터 1년 4개월 동안에는 무려 48척의 신라 선박들이 북규슈(北九州) 일대를 집안 드나들 듯했다.

874 新羅 48대 경문왕(景文王) 14년

5월, 이찬 김근종(金近宗)이 군사를 이끌고 궁궐을 침범한 것을 궁중의 근위대가 물리치니, 김근종과 그 동조자들이 도성을 빠져나가면서 추격병에 붙잡혔다. 이들에게는 엄한 형벌을 가해 능지처참하기는 했는데…

註) 이와 비슷한 반역사건이 880년(헌강왕 5년)과 887년(정강왕 2년)에도 이어졌다. 왕족의 피붙이들은 누구나 한 번씩 왕위를 넘보며 반역을 일삼아, 신라의 내부 붕괴는 통치력을 약화를 가져와 재정은 비고, 수습할 수 없는 벼랑으로 몰려가는데…

874 新羅 49대 헌강왕(憲康王) 5년

6월, 일길찬 신홍(信弘)이 역모를 꾀하다 발각되어 사형에 처하고…

886 新羅 50대 정강왕(定康王) 2년

1월, 한주(漢州) 이찬 김요(金堯)가 반란을 꾀하므로 군사로 들이쳐서 잡아 죽였다.

# 後三國 時代

**민란(民亂)의 폭발**

889 新羅 51대 진성여왕(眞聖女王) 3년

여러 주군현(州,郡,縣)이 공세(貢稅)를 바치지 않아 국고가 비고 재정이 고갈되어 사자를 보내 독촉했더니 사방에서 도둑이 벌떼처럼 일어났다. 게다가 여왕이 신하와 미소년들과의 음란한 행각에 빠져 국정까지 문란해진데다가, 흉년까지 겹치고 백성들은 관리와 호족들의 착취와 왕권의 위계질서 문란 등으로 동요하다가, 급기야는 일대의 민란이 거의 동시다발로 일어난 것이다. 먼저 사벌주(沙伐州: 상주지방)에서 원종(元宗)과 애노(哀奴)가 반란을 일으키자 영기(令奇)에게 명해 토벌하라 하였더니 도망가 버리고 크게 패해 반란이 점점 더 확산되는데, 결국 우련(祐連)이 이끄는 왕군에게 토벌되었다. 이 와중에 아자개(阿玆盖)가 사불성(沙弗城: 상주)을 근거지로 하여 장군을 칭하고…, 또, 서남해 수군으로 있던 견훤(甄萱)이 예하의 병력을 이끌고 891년에 독립했는데 1개월 만에 5천의 무리가 모였다.

註) **견훤(甄萱):** 상주(尙州) 출신의 농부 아들로 태어나, 가출하여 군에 들어가 서남해의 변경 수비대장이 된다. 주변에 난무하는 반란에 휩싸이자, 즉시 거병하여 자립한 후, 900년에 완산(完山: 전주)을 도읍으로 하여 후백제(後百濟)를 건국하고 서남일대를 장악하며 후삼국시대의 한 주역이 된다. 그러나 말년에 아들간의 정권싸움에 희생되어 935년 왕건에 귀부하고, 이듬해 왕건과 함께 아들을 공격하여 자신이 세운 나라를 멸망시켜야 했던 풍운아.

892 新羅 51대 진성여왕(眞聖女王) 6년

궁예(弓裔)는 891년에 죽주(竹州: 안성)에서 거병한 기훤(箕萱)에게 투신했다가 푸대접 받고는, 북원(北原: 원주)으로가 양길(梁吉)에게 투신했다. 양길이 궁예에게 동쪽을 맡기니 주천(酒泉: 영월), 나성(奈城: 영월), 울오(鬱烏: 평창), 어진(御珍: 울진) 등 명주 관내의 여러 곳을 습격해 모두 항복 받았다. 또 한편으로, 견훤이 무진주(武珍州: 전남 광주)를 점령하고는 스스로 후백제(後百濟)왕이 되었지만, 감히 공개하지는 못했다.

註) **궁예(弓裔):** 신라 47대의 헌안왕의 서자라 하며, 上大等 균정(均貞)의 손자. 출생 때 불길한 운을 점지 받고는 산 속에 버려졌다가, 불가에 입산하여 몸을 숨기고 있었다. 981년 장년의 궁예는 절을 뛰쳐나와 죽주(안성)에 있던 기훤에 투신, 그후 양길 휘하에 있다가 독립하여 894년 철원(鐵原: 경기도 철원)에 근거를 정하고 국호를 후고구려(後高句麗)라 하며 자립했다. 896년에 귀부한 왕건(王建)을 앞세워 나주 등지를 점거하고 또 경기, 강원, 충청, 황해, 평안도 지방을 점거하며 국세를 펼치다가, 스스로 미륵불(彌勒佛)이라는 허황된 행위로 인해 918년 내부 반란으로 폐위되어 도주하던 중 지금의 산정호수 근처에서 백성들에게 맞아 죽었다.

894 新羅 51대 진성여왕(眞聖女王) 8년

10월, 궁예가 북원(北原: 원주)에서 명주(溟州, 何瑟羅: 강릉)로 들어가 스스로 장군이라 칭하고, 병력을 6백에서 3천5백으로 불린다.

### 왕건(王建) 부자, 궁예에 귀부

895 新羅 51대 진성여왕(眞聖女王) 9년

송악(松岳: 황해도 개성지방)의 대표적인 호족(豪族)인 왕륭(王隆)이 아들 왕건(王建)과 함께, 개성의 지배권을 궁예에게 바치면서 그의 막하에 들어가 금성(金城: 철원지방)태수가 되고, 왕건은 개성에 쌓은 신성(新城)의 성주(城主)로 임명된다.

註) 왕건(王建): 895년 아버지를 따라 궁예(弓裔)의 휘하에 들어가 900년에 광주(廣州).충주(忠州) 등을 접수하고, 903년에는 수군을 이끌고 전라도 지방을 공략, 계속하여 전라도와 경상도 지방에서 견훤(甄萱)의 군사를 격파하는 한편 정벌한 지방의 구휼(救恤)에도 힘써 백성의 신망을 얻었다. 918년 세력이 강대해짐에 따라 난폭한 행동을 자행하는 궁예가 민심을 잃자 홍유(洪儒), 배현경(裵玄慶) 등에 의해 왕으로 추대되어 즉위, 국호를 고려(高麗)라 하고 연호를 천수(天授)라 정하면서, 이듬해에 도읍을 송악(松嶽)으로 정했다. 지방 호족들을 회유하는 한편, 고구려의 전통을 이어받아 서경(西京)을 중요하게 여기며 북진정책의 거점으로 삼아 여진을 공략했으며, 거란과는 발해를 멸망시켰다 하여 국교를 끊었다. 935년 투항해 온 신라 경순왕을 맞아 합병하고 이듬해에는 앞서 항복해 온 견훤과 함께 신검(神儉)의 후백제를 공격, 이를 멸망시켜 마침내 후삼국(後三國)을 통일한다.

896 新羅 51대 진성여왕(眞聖女王) 10년

때 아닌 붉은 바지 부대가 서남방 전라도 지방에 출현. 옷이 특이해서 적고적(赤袴賊)이라는 단순 도적떼였는데, 서라벌 서쪽 모량리(牟梁里)까지 들어올 정도였다. 그런가 하면 황고(黃袴)부대라고 하는 누런 색깔의 표지를 단 도둑떼까지도 여러 곳에 등장…

897 新羅 51대 진성여왕(眞聖女王) 11년

6월, 각지에 할거하는 호족세력들이 극성을 떨자 여왕자신이 국정을 바로잡기 어렵다고 판단하고 태자인 김요(金嶢)에게 왕위를 물려주었는데, 이가 52대 효공왕이다. 그러나 이때에는 이미 반란이 문제가 아니라, 군웅(群雄)끼리 다투는 양상이 되었다.

**석차쟁장사건(席次爭長事件)**

新羅 52대 효공왕(孝恭王) 원년

渤海 14대 위해(瑋瑎) 4년

발해 왕자인 대봉예(大封裔)가 당(唐)에 사신으로 가서 발해의 국력이 신라에 앞서니 외교사절이 앉는 차례를 바꾸어 달라고 요구했다. 당 소종(唐小宗)은 좋은 말로 완곡하게 거절했는데, 이 소식에 신라는 조야가 시끄러웠다. 효공왕은 당에게 감사의 뜻도 전할 겸 앞으로도 이 문제에 대한 예방도 해둘 겸해서 최치원(崔致遠)에게 글을 올려 당에 전하라 했다. 이것이 유명한 "사불허북국거상표(謝不許北國居上表)"이다.

註) 이 무렵 신라는 분명히 발해에 밀리고 있었다. 외교적으로도 위기 상황에 처해있었다. 그러나 한편으로, 발해도 점점 쇠퇴의 길로 접어들고 있는 중인데…

898 新羅 52대 효공왕(孝恭王) 2년

7월, 궁예는 패서도(浿西道: 청천강 이북 평안도 지방)와 한산주(漢山州: 서울) 관내에 있는 30여 성을 취하고는 송악(松岳: 개성)으로 본거지를 옮기고, 이곳을 근거지로 정했다.

899 新羅 52대 효공왕(孝恭王) 3년

7월, 자신의 부하였던 궁예의 독립에 화가 난 북원(北原: 원주)의 두목 양길(梁吉)이 국원성(國原城: 충주) 등 10여 성의 성주를 시켜서 궁예를 공격해 보았지만, 오히려 궁예에게 선제공격을 당해 비뇌성(非惱城)에서 크게 패하고 쫓겨 달아났다.

### 견훤(甄萱)의 후백제(後百濟)

900 新羅 52대 효공왕(孝恭王) 4년

10월, 견훤(甄萱)이 전라도 일대에 웅거하며 민심을 모아들이는데 열중하던 중 완산주(完山州: 전주) 순시에 나서자 많은 사람들이 나와 환영이 대단했다. 그는 여기서 "백제 의자왕의 분을 설욕하겠다" 고 말하며 국호를 "후백제(後百濟)"라 하고 도읍을 완산주로 정했다. 34세의 견훤은 스스로 왕이 되면서 궁예에 앞서 선수를 치고 나왔다.

이때, 궁예(弓裔)는 왕건(王建)을 보내 광주(廣州: 경기 광주), 충주(忠州), 청주(淸州), 당성(當城: 경기 남양), 괴양(槐壤: 충북 괴산) 등의 지역을 평정하여 지금의 경기 남부와 충북 지역을 장악해 나가는 중이었다.

### 궁예(弓裔)의 후고구려(後高句麗)

901 新羅 52대 효공왕(孝恭王) 5년

궁예(弓裔)는 견훤이 칭왕했다는 소식에 한 발 늦었지만 "신라가 당에 청병하여 고구려를 멸하니 부끄러운 일이다. 내가 그 원수를 갚으리라" 하고 국호를 "후고구려(後高句麗)"라 하면서 스스로 왕위에 올라 연호를 무태(武泰)라 하고 송악(松岳: 개성)에 근거를 두었다.

8월, 한편, 견훤은 금성(金城: 나주) 남쪽의 10여 개 주현(州縣)을 공략하며 세력권을 확대해 나가면서, 이번에는, 신라의 목을 죄기 위해 낙동강에 이르는 최단 거리인 합천(陜川)을 이용하고자 대야성(大那城: 합천)을 공격했으나 여기서는 성공하지 못했다.

903 新羅 52대 효공왕(孝恭王) 7년

3월, 후고구려(後高句麗)의 왕건(王建)은 금성(錦城: 나주) 등 10여 성을 공격하여 점령한다. 금성의 명칭을 나주(羅州)로 고치고 군대를 나누어 지키게 한 다음 귀환.

註) 나주는 전남의 심장부이자 경제적 요충지로 당의 선진문물을 접근키 용이하였다. 더구나 유학생, 선승들이 들어오는 길목으로서 왕건은 실제로 당에서 귀국하는 선승들과 교류했고, 그 가운데 형미는 왕건이 철원으로 회군할 때 함께 돌아오기도 했다. 영산강 하구에 위치한 나주 회진은 중국 대륙으로 가는 중요한 항구였던 것이다.

904 新羅 52대 효공왕(孝恭王) 8년

궁예(弓裔)는 풍수지리의 영향인지 국호를 "후고구려"에서 '동방을 갈고 닦는다'는 의미의 "마진(摩震)"으로 바꾸었다. 이에 패강도(浿江道: 황해도 일대)의 10여 주현(州縣)이 궁예에게 귀부를 자청해 왔다.

註) 마진(摩震)은 마하진단(摩訶震壇)의 줄임말이다. '마하'는 범어로 '크다'는 뜻이고, '진단'은 동방을 말하니, 결국 궁예는 고구려뿐 아니라 신라, 백제, 그리고 만주와 연해주까지 아우르는 대동방국(大東方國: 東方의 大帝國)의 건설을 꿈꾸었던 것 같다.

905 新羅 52대 효공왕(孝恭王) 9년

8월, 마진의 군사가 신라의 변경 읍락을 침탈하자, 왕은 속수무책이 되어 반란군과 싸우기를 포기하고 성주(城主)들에게 "나가 싸우지 말고 성을 굳게 지키라"고만 했다. 이제 세상은 들어내 놓고 호족들의 각축장이 되었다. 이때에 궁예(弓裔)는 도읍을 송악에서 철원으로 옮겼는데, 궁예의 위세를 보고 평양 성주인 검용(黔用)이 투항해 오고, 대동강 일대에서 활동하던 적고(赤袴)부대와 황고(黃袴)부대들도 뒤따랐다. 궁예는 이에 따라 패서(浿西) 지역에 13진을 설치하여 고구려 땅 일부를 확보하고는, 이후부터 신라를 멸망시킬 수 있다는 자신감에 신라를 '멸도(滅都)'라 부르게 하고 "투항한 신라인은 모조리 죽여라"고 지시했다. 이것은 궁예의 큰 실수였는데…

906 新羅 52대 효공왕(孝恭王) 10년

4월, 왕건(당시 30세)은 정기장군 금식(金植) 등을 인솔하여 군사 3천을 거느리고 사화진(경북 상주)을 공격하면서 견훤과 여러 번 싸워 이겼다.

註) 이에 경북 상주(당시 상주는 루트가 교차하는 요충지), 문경, 영주 등 낙동강 이북 지역이 마진의 땅이 되었다. 이 지역은 조령과 죽령 등 소백산맥을 넘어 신라의 경주로 이어지는 길목으로 낙동강 상류 지역의 중심지역이다. 이후로는 나주를 확실하게 확보해두기 위해 궁예의 왕건 부대와 견훤 부대는 해상전(海上戰)을 자주 벌리게 된다.

907 新羅 52대 효공왕(孝恭王) 11년

견훤이 이끄는 후백제군이 신라 영역인 일선군(一善郡: 경북 선산) 이남 10여 성을 공격하여 점령했는데, 이는 낙동강 중류를 끊어 놓는 전략상의 큰 개가였다.

註) 이 무렵 당(唐)에서는 황소의 반란이 일어나 수도 장안이 함락되고, 이어 주전충(朱全忠)이 왕위를 찬탈하여 당은 힘없이 소멸되었다. 이때부터 중원은 혼란스러운 5대10국(5代10國)의 혼란기로 들어가는데, 이때 만주 땅에서는 거란의 추장 야율아보기(耶律阿保機)가 하늘을 찌를 만한 기세로 일어나 주변 세력을 아우르고 발해를 위협하고 있는 상황이었고, 신라는 영역이 이리저리 잠식당하면서 겨우 명맥만 유지한 채로 각 지역의 장군이나 성주들은 방어할 능력도 없는데다 군사들은 도망치고 물자 공급도 끊겨 유명무실한 상태로 모든 것이 엉망이었다.

註) **거란(契丹):** 원래 거란은 몽골 고원의 유목 국가, 만주의 고구려와 발해, 그리고 중국이라는 힘 센 '고래'들 사이에 낀 '새우' 신세에 지나지 않았다. 한때 고구려에 복속된 적도 있으니 말이다. 그러나 주변의 강국들이 점차 쇠퇴하면서 상황이 급변하게 된다. 몽골고원을 지배하던 위그루가 키르기스 연

합군에게 패해 중앙아시아의 오아시스 지대와 당나라의 북쪽 변경으로 뿔뿔이 흩어지자, 몽골고원은 이후 오래도록 여러 부족들이 다투는 분열 시대로 접어든다. 또한 10세기에 들어서면서 당나라, 발해, 신라가 마치 약속이나 한 듯 동시에 쇠약해진다. 거란은 이 기회를 틈타 만주와 북아시아를 재패했다. 당시 중국은 당나라가 멸망하고 각지의 군벌들이 흥망을 거듭하던 오대십국의 혼란기였다.

註) **5대10국(5代10國)**: 당(唐)나라가 망한 907년부터, 송(宋)이 전 중국을 통일하게 되는 979년까지의 약 70년에 걸친 전란의 시대를 말한다. 이 기간은 수많은 전쟁이 벌어졌고, 왕조가 다섯이나 잇달아 나타났다가 소멸한 문란한 시기였다. 5대는 화북(華北)의 중심지대를 지배하고 정통왕조의 계열로 볼 수 있는 양(後梁), 당(後唐), 진(後晉), 한(後漢), 주(後周)의 5왕조인데, 그 이전에 존재하였던 같은 이름의 왕조와 구별하기 위해 앞에 후(後)자를 붙였다. 10국은 화남(華南)과 기타 주변 각 지방에서 흥망한 지방 정권으로, 오(吳), 남당(南唐: 江西 ·安徽 ·福建), 오월(吳越: 浙江), 민(閩: 福建, 뒤에 南唐에 병합), 형남(荊南, 또는 南平), 초(楚: 湖南), 남한(南漢: 廣東-廣西), 전촉(前蜀), 후촉(後蜀: 四川), 북한(北漢: 山西)을 말한다. 이 밖에도 단기간 독립을 유지하고 있던 연(燕: 河北), 기(岐: 鳳州), 주행봉(周行逢: 建州) 정권 등도 있다. 이들이 서로 무질서하게 자웅을 겨루는 동안 북방에서 발해(渤海)를 멸망시키고(926) 급격하게 강대해진 거란(契丹)이 후당에 반역한 후진(後晉)의 건국을 도와준 대가로 연운(燕雲) 16주(州)를 할양받고, 후진까지 멸망시켜 하북(河北)을 점령해 나가게 된다. 또 한편 후주(後周)의 명군(明君)이라 일컬었던 세종(世宗)에 의해 통일의 기초가 거의 굳혀지고, 마지막으로 후주의 근위군(近衛軍) 총사령관이었던 조광윤(趙匡胤)이 일어나 960년에 송(宋)을 세우고 안일(安逸) 속에 빠져 있던 남당(南唐)을 비롯한 여러 나라를 병합해서 중원의 통일을 완성하게 된다.

渤海 15대 애왕(哀帝, 大諲譔) 2년

애왕은 즉위 이후 머리가 어지러웠다. 오랫동안 당(唐)에 유학생 출신 문관을 등용하다보니 무관들의 불만으로 번져 각기 사병을 거느리고 권력 싸움하는 것이 일상화되었다. 게다가 북쪽에는 거란족 추장 야율아보기(耶律阿保機)가 중원대륙의 5대16국 혼란기를 타고 마구 세력을 확장하면서 언제고 간에 발해를 넘볼 태세였다. 그런데, 마침 거란의 왕자 야율할저(耶律轄底)가 망명해온 것이다. 왕은 거란의 압박을 받고 있는 터이라 이들을 환영하고 극진히 대접했는데…, 황당하게도, 어느 날 말을 훔쳐 타고 달아나 버렸다. 망명을 가장한 위장 간첩인 셈이다.

註) 거란은 발해를 오랜 원수로 여기면서 늘 껄끄럽게 대했다. 그들은 발해 공략에 앞서 먼저 요동을 노려 발해 진출의 서방기지를 확보해가면서 차근차근 접근해왔다. 그리고 마침내 발해의 내정을 탐지해 간 것이다. 일이 벌어질 판인데 귀족들은 싸움질에만 열심이다.

### "궁예가 삼한 땅의 절반을 차지하다"

909 新羅 52대 효공왕(孝恭王) 13년

왕건은 궁예가 나날이 포악해지자 지방 군무에 뜻을 두었는데, 마침 궁예가 후백제의 배후인 나주를 점령하기 위해 왕건에게 출동을 명령하고 관등을 높여 해군대장군(海軍大將軍)에 임명했다. 왕건은 궁예가 날로 포악해지는 모습을 보면서 자신에게도 언제 화가 미칠지 모를 지경이기에 재빨리 군사를 이끌고 철원을 빠져나왔다. 이때부터 왕건은 나주를 기반으로 하여 독자적인 세력을 형성할 수 있는 발판을 마련하게 되었다. 그러나 견훤의 함선이 목포(木浦)에서 덕진포(德鎭浦: 전남 영광)까지 빽빽하게 방어하고 있는 판이다. 왕건은 이것부터 먼저 돌파해야 했다.

6월, 왕건은 우선 오월(吳越)에 보내는 후백제 사신의 배를 나포하고, 군사 2천5백을 거느리고 진도군(珍島郡: 전남 진도)을 쳐서 점령하고는 다시 진격하여 고이도(皐夷島)까지 점령한 다음, 나주 포구에 이르러 견훤의 함대와 마주쳤다. 왕건이 급히 공격하자 일시 견훤의 함대가 후퇴하는 틈을 이용하여 바람을 이용한 화공(火攻)을 펼쳐 후백제 함대는 절반이 불에 타고 5백여 명이 전사하면서, 견훤은 작은 배로 간신히 빠져나갔다.

註) 나주는 현재 바다에서 멀리 떨어진 내륙이 되었지만, 당시에는 영산포까지 바다로 이어진 포구였다. 여기에서 왕건은 이 한판의 싸움으로 해상주도권을 확보했으며, 나주를 중심으로 관내 지역을 계속 확보해 나갔다. 이로서 "궁예가 삼한 땅의 절반을 차지하게 되었다"라는 말이 나왔다.

910 新羅 52대 효공왕(孝恭王) 14년

1월, 견훤은 중국과의 뱃길이 막히자 목안의 가시같이 붙어있는 금성(錦城: 나주)공격에 나섰다. 견훤이 친히 보기(步騎) 3천으로 나주성(羅州城)을 10일 동안이나 공격을 퍼부었으나 쉽게 함락하지 못한 중에, 왕건의 구원군인 수군(水軍)이 움직였다. 여기서 견훤은 또다시 왕건에게 패했다.

### 궁예, 국호를 마진(摩震)에서 태봉(泰封)으로

911 新羅 52대 효공왕(孝恭王) 15년

1월, 궁예는 다시 왕건을 무진주(武珍州: 광주)로 출정시켰다. 왕건의 선단(船團)이 뭍에 올라 나주를 경유하여 광주로 진격한 것이다. 그러나 견훤의 사위 지훤이 잘 물리쳐 싸웠다. 궁예는 왕건이 서남 해상권(海上權)까지 장악하자 국호를 마진(摩震)에서 태봉(泰封)으로 변경하고, 연호도 수덕만세(水德萬歲)로 바꿨다.

註) 태봉(泰封)은 주역에 태(泰)는 '천지가 어울려 만물을 낳고 상하가 어울려 그 둣이 같아진다'는 뜻이고, 봉(封)은 '봉토'를 뜻하므로, '영원한 평화가 깃든 평등세계'를 염원한 의미이겠다. 그러나 이때쯤 궁예는 날로 포악해져갔다. "나는 미륵의 관심법(觀心法)을 체득하여 계집들이 사통하는 짓도 알아낼 수 있다"라고 하면서 무고한 신하들을 반역죄로 엮어 하루에도 여러 명을 죽이니 장수나 재상들도 해를 당하기 일수였다. 심지어는 부인 강씨까지도 음부에 불로 달군 무쇠공이로 찔러 죽일 정도였다. 사람들의 마음은 차차 궁예를 떠나면서 왕건에게로 돌아가는데…

註) 이때 궁예가 왜 포악해졌는지 의문이다. 이 정도면 미친 사람 밖에 안 된다. 역사는 승자의 기록이다. 궁예가 미쳤다기보다는 그는 삼한통일에 앞서 고구려 고토수복을 서둘렀으며, 중앙집권제 확립을 위해 개혁을 무리하게 강행했고, 이 과정에서 미륵신앙을 통한 불국토(佛國土) 건설이라는 이상에 너무 집착한 나머지, 반대세력들을 참혹하게 탄압하는 바람에 주위의 반감을 자초한 것 같다.

914 新羅 53대 신덕왕(神德王) 3년

왕건은 다시 나주 방면의 경략에 나섰다. 왕건이 수군(水軍)을 거느리고 나주에 출진하니 백제인들과 해상의 도적들이 얼씬거리지 못했다. 또 왕건은 100척의 선박을 더 건조했다. 이 배들 중 큰 전함 수십 척은 사방이 각각 16보인데 갑판 위에는 망루를 만들고 병마가 달릴 수 있도록 했다.

### 거란족 야율아보기의 등장

916 渤海 애황제(哀帝) "청태(淸泰)" 16년

몽골족의 일파로 흥안령(興安嶺) 동쪽 열하(熱河)지방 초원 등지에서 유목생활을 하던 거란(契丹: 또는 글안)의 추장 야율아보기(耶律阿保機)가 901년부터 보수파를 처단하면서 세력을 확대하여 거란의 모든 부락을 통일하였다. 이에 국호를 거란국(契丹國)이라 정하고 연호를 신책(神冊), 도읍을 임황부(臨潢府: 내몽골 昭烏達盟 巴林左旗 林東鎭 남쪽 波羅城)로 정하면서, 이때부터 본격적으로 무력에 의한 영토 확장을 시도하게 되는데…

註) 야율아보기의 점령정책은 계속 확대되어 916년에 돌궐, 토혼(吐渾: 티베트) 등을 정벌하고, 919년은 오고부(烏古部)로, 924년에는 주변 부락을 모두 정벌 흡수하여 대국의 면모를 갖추게 된다. 이어서 그는 국호를 "요(遼)"로 고치고, 야율아보기(耶律阿保機)가 태조(太祖)가 된다. 몽골 고원을 석권하니 청해(靑海)지방을 거쳐 천산산맥(天山山脈)에 이르고, 동으로는 발해국(渤海國)을 합병(926년)했다. 이어서 그는 북경대동(北京大同)으로 하는 소위 연운16주(燕雲16州)를 그 영토로 삼았다.

### 요동(遼東) 공방전의 시작

918 渤海 애황제(哀帝) "청태(淸泰)" 18년

거란은 마침내 요동(遼東) 일대를 석권하고 여기에 당과 발해의 포로들을 이주시켰다. 또 하북성 백성들은 그 옆 심양으로 이주시키니, 발해 애왕(哀帝)은 거란의 짓거리를 그냥 둘 수만은 없었다. 직접 군사를 몰아 요주(遼州: 요령성 신민현)를 공략하여 자사(刺史)를 죽이고 거주민을 빼앗아 왔다.

註) 요주(遼州)를 두고 거란과 발해는 이로부터 20여 년 간 서로 뺏고 빼앗기는 공방전을 벌였다. 이 과정에서 발해는 여진(女眞: 말갈) 등 주변세력을 끌어들였는데, 당시 야율아보기는 요동공격의 이유를 이렇게 말했다. "그때 동북의 여러 오랑캐가 모두 거란에 복속했으나 오직 발해만 복종하지 않았다. 거란의 임금은 중원 땅 침입을 꾀했으나 발해가 그 후방을 교란할까 두려웠다. 그래서 먼저 군사를 들어 발해의 요동을 쳤다." 물론 이러한 목적도 있었지만 그보다도 풍부한 목재와 철, 바다에서는 물고기와 소금도 중요했다. 이때의 거란의 요동공격은 거의 완전한 성공을 거두었던 것이다.

# 高 麗

918 高麗 태조(太祖) "천수(天授)" 원년

6월, 드디어 일은 터지고야 말았다. 기병장군 홍유(洪儒), 배현경(裵玄慶), 신숭겸(申崇謙), 복지겸(卜智謙) 등이 궁예에 반기를 들고 1만여 명의 무리와 함께 왕건(王建)을 추대하였다. 왕건은 "신하로서 임금을 치는 것을 혁명이라 하는데, 나의 부덕함이 어떻게 탕왕이나 무왕의 일을 본받겠는가"라고 주저했으나 결국 이를 수락하고 국호를 "고려(高麗)"라 하며 연호를 "천수(天授)"라 개원했다. 태봉왕 궁예(泰封王 弓裔)는 변을 듣고 허둥대며 철원에서 도망하여 평강(平康: 철원의 東北지방)까지 갔다가 백성들에게 죽임을 당했다.

8월, 왕건은 일단 정복전쟁은 피하고 내정개혁에 주력했다. 내정은 태봉의 제도를 버리고 신라의 제도를 따랐는데, 이 때문에 역모가 일어나기도 하여 공주(熊州), 운주(雲州: 홍성) 등 10여 개 주현(州縣)이 백제에 귀부하는 사태가 일어났다. 한편, 골암성(鶻巖城: 평안도 안변 부근) 성주 윤선(尹瑄)이 귀부해왔다.

註) 윤선(尹瑄)은 원래 염주(鹽州: 황해도 연백)에 있었으나 궁예의 박해를 피해 골암성 지역으로 옮겨가 흑수말갈 등 여진족과 교류하면서 독자적인 세력을 키우고 있었다. 이런 윤선이 귀부해 옴에 따라 고려의 서북방이 안정되어 질 수 있게 되었다.

9월에는 상주에 근거하던 견훤의 아버지 아자개(阿玆盖)가 고려의 귀부해 오고…

10월, 견훤의 조종으로 청주의 사(帥) 파진찬 진선이 그의 아우 선장과 함께 반역을 꾀하다가 죽음을 당했는데, 견훤은 파진찬 진선과 선장 형제 등 궁예 계열의 호족들을 포섭하면서 왕건(王建) 정권의 전복을 원격 조종하려 했다.

註) 이 당시의 외부 세계의 동향을 보면, 당(唐)이 멸망(907년)한 후, 중국대륙에 5대10국(五代十國)이 나타나 각축전을 벌이고 있었으며, 이중 오월국(吳越國)과 후당(後唐)이 각각 후백제와 고려에 수교했을 정도였다. 만주엔 발해가 있지만 문약하여 대외적인 활동이 없는 때이고, 다만 거란(契丹: 글안)이 세력이 커지며 여진(女眞: 말갈)이 북변에서 소란을 피울 정도였다. 왜(倭)는 왜구가 밖으로 나와 돌아다니기는 했으나 당시 폐쇄정치를 하고 있는 관계로 부담은 아니었다. 따라서 통일국가를 목표로 함에 있어 주변국들과의 외교적인 필요성은 없었으며 독자적인 세력으로만 이루어야 했던 시기였다.

919 高麗 태조(太祖) 2년

고려왕(高麗王) 왕건(王建)은 송악(松岳: 개성)으로 도읍을 옮기고 북방에 관심을 보이면서 발해와는 친척이 되는 관계라 했다. 또한 서경(西京: 평양)에 대도호부(大都護府)를 두고 당제(4촌 동생) 왕식렴(王式廉)과 열평을 보내어 수비하게 했다. 서경은 거란과 발해가 전쟁을 벌이면서 거의 관심을 두지 않아 황폐한 채로 방치되어 있던 곳이다.

註) 왕건은 이 지역의 정서를 잘 알고 있었다. 백성들은 옛 고구려에 대한 향수를 버리지 않고 있는 것이다. 국호 '고려'는 고구려의 정신을 이어받아 북방으로 진출하겠다는 의지를 들어낸 것으로, 결코 신라의 제도나 법통을 이어받지도 않았으며 또한 신라의 정통을 이었다고 표방한 적도 없다. 또 한편, 이곳 서경(평양)에는 3년 후인 922년부터 개경의 고관과 그 자제들을 옮겨 살게 하고, 이후 18년 동안이나 성곽을 수리하며 관부와 학교를 세우게 하는 등, 왕건이 직접 순행하면서 실정을 살피었고, 한때는 도읍지를 서경으로 옮기려는 결심을 한 적도 있었다.

920 高麗 태조(太祖) 3년

新羅 54대 경명왕(景明王) 4년

2월, 흑수말갈의 추장 고자라(高子羅)가 170인을 데리고 고려에 와서 내투하였다. 그런데 말갈의 별부인 달고(達姑)의 무리가 북방에서 소란을 피우자 장군 견권(堅權)이 삭주(朔州)에서 이들을 물리쳤다.

3월, 고려왕(高麗王)은 유금필(庾刃弼)에게 3천의 군사를 주어 북계(北界)에 골암진(鶻巖鎭) 축성을 명하고 북방 개척의 의지를 굳혔다. 이어서 4월에는 흑수말갈의 아어한(阿於閒)이 200명을 데리고 와서 또 내투하고…

註) 고려의 축성 사업은 쉬지 않고 계속되었는데, 925년에는 진국성(鎭國城)을 쌓도록 하고 통덕진(通德鎭: 숙천)으로 고쳐 불렀다. 930년에 쌓은 안북부(安北府: 안주)의 성은 길이가 910간이나 되는 완벽한 방어선이었다. 북방영토에 듯이 깊었던 태조는 즉위 초부터 서경성(西京城: 평양)을 중심으로 한 북방지역에 18개의 성을 쌓고 대도호부(大都護府)를 두어 북진의 뜻을 굽히지 않았다.

또한, 고려가 신라와 우호관계를 맺고 난 후, 후백제 견훤은 뜻밖에 진객을 맞았다. 당시 당나라 유학생으로 최치원(崔致遠)과 더불어 문명을 떨치던 최승우(崔承祐)가 후백제를 받들어 꿈을 펴보기 위해 스스로 찾아온 것이다. 견훤에게는 더할 나위 없이 영광이었다.

10월, 후백제 견훤은 보기(步騎) 1만의 군사를 거느리고 신라로 쳐들어가 대야성(大耶城: 합천)을 함락시키고 곧이어 진례성(進禮城)으로 진군하여 김해 일대까지 석권했다. 신라 경명왕은 황급히 고려에 구원을 요청하니 견훤은 이 소식을 듣고 일단 철수…

註) 견훤은 35세 때에도 대야성을 함락시키지 못했고 초로인 50세 때에도 공격했다 실패했던 대야성을 노인이 되어서야 쟁취한 것이니 감회가 컸을 것이다. 그러나 이후로 고려와 틈이 생겼다는 것은 그간 호의를 보여 왔던 왕건에게 자신의 공격의도를 보인 것이라, 이제까지의 단순한 국지전이 아닌 앞으로의 전면전 양상으로 전개될 것임을 암시한 것이 되었다.

921 高麗 태조(太祖) 4년

新羅 54대 경명왕(景明王) 5년

2월, 말갈의 별부(別部) 달고(達姑)의 무리가 북쪽 경계를 침범하자, 고려 장군 견권(堅權)이 삭주(朔州)를 지키다가 기병을 몰고 달려가 말갈군을 들이쳐서 말 한 필도 살려 보내지 않았다. 신라 경명왕은 고려에 사신을 보내 이를 사례하고…

9월에는 견훤의 특사 공달(功達)이 와서 선물을 전하며 서로간의 화호(和好)를 확인…

923 高麗 태조(太祖) 6년

4월, 고려 장군 유금필(庾刀弼)은 마군장군(馬軍將軍)으로 골암진(岩鎭)에 침입한 북번(北蕃)들을 평정하고 초유(招諭)하여 귀부해 온 자가 1천5백이고, 사로 잡혀간 우리나라 사람 3천명을 송환해 왔다.

924 高麗 태조(太祖) 7년

7월, 견훤은 오랜 침묵을 깨고 경상도 북부 지역으로 출병을 단행, 아들 수미강(須彌康)과 둘째 아들 양검(良劍)으로 하여금 대야성(大倻城: 합천)과 문소성(門小城: 경북 의성) 등 두 성의 군대를 동원하여 조물성(曹物城: 경북 구미 금오산성?)을 공격했다. 여기서 수미강은 견훤의 총애를 받던 금강(金剛)으로 여겨진다. 이에 왕건이 장군 애선(哀宣)과 왕충(王忠)을 보내 구원하게 했으나 고려 장군 애선이 혼전 중에 전사하고, 끝내 조물군 사람들이 굳게 성을 지키므로 수미강 등이 이기지 못하고 후백제군이 되돌아갔는데, 다음 달 8월에 견훤이 사람을 보내 준마(駿馬) 한 필을 보내며 침공사실을 사과했다.

발해(渤海) 15대 애제(哀帝) "청태(淸泰)" 24년

거란의 야율아보기가 919년부터 대륙 진출의 배후를 안정시키고자 도발을 시도해왔는데, 서쪽 변방에 들어와 유린하기도하고, 요동 남부를 점령하는 등…, 이에 대한 보복으로 거란의 요주(遼州)를 쳐서 많은 거란인을 살상하고 포로를 잡아왔다. 이제 피차간에 한판 승부는 피할 수 없게 되었다. 그 결과는 머지않아 나타나는데…

**조물성(曹物城) 전투**

925 高麗 태조(太祖) 8년

이번에는 태조왕이 먼저 견훤에게 싸움을 걸었다. 견훤의 조물성 진출 계획을 입수하고 선제공격을 한 것이다. 정서대장군(征西大將軍) 유금필을 앞세우고 백제의 영향권에 있던 연산진(燕山鎭: 청주)을 쳐 백제 장군 길환(吉奐)을 죽이고, 그 여세를 몰아 임존성(任存郡: 충남 예산)을 공략해 3천여 명을 죽이거나 사로잡았다. 그러나 견훤은 기어이 조물성을 탈취하고자 직접 나섰다. 왕건도 친히 군사를 거느리고 조물성에 와서 백제군과 교전하는 틈에 유금필이 합세하면서 견훤이 화의를 요청해와 쌍방 간에 강화(講和)가 이루어지는데…

註) 이때 유금필이 군사를 이끌고 와 합류했다. 그런데 견훤의 군사가 날래어 승부를 결단할 수가 없었다. 이에 왕건은 일시적으로 화친하여 견훤의 군사들이 피로하기를 기다리려고 글을 보내 화친할 것을 요구하면서 종제 왕신(王信)을 인질로 보내니, 견훤도 역시 진호(眞虎)를 보내어 교환했다. 이때에 고려는 후백제와의 화친을 깨고 신라와 동맹을 맺은 대가를 톡톡히 치렀다. 이 조물성 전투에서 왕건은 크게 불리하여 견훤에게 화해를 청하여 우선 견훤을 상부(尙父)라고 칭하여 존대하고 자신의 조카인 왕신을 인질로 보냈다. 이때 왕건이 견훤을 군영에 불러들여 일을 의논하려고 하니 유금필이 "사람의 마음은 알기 어려우니 어찌 가벼이 적과 서로 가까이 하겠느냐"고 간하여 왕건이 그만 두었다. 신라 경애왕이 이 소식을 듣고 사신을 파견하여 "견훤은 화친할 사람이 못 된다"고 일러주었다.

12월, 왕건과 회의한 견훤의 속셈은 따로 있었다. 화친으로 고려군을 묶어둔 견훤은 즉각 군사를 몰아 신라로 향하여 거창 등 20여개 성을 일거에 점령하면서, 더 나아가 마음 놓고 낙동강 일대까지 진출할 수 있었다.

### 발해 귀족들의 연이은 고려망명

발해(渤海) 15대 애제(哀帝) "청태(淸泰)" 25년

고려(高麗) 태조(太祖) 8년

년 초부터 발해 장군 신덕(申德) 등 5백인이 고려로 망명해 오고, 또 이어서 예부경(藝部卿) 대화균(大和鈞), 공부경(工部卿) 대복모(大福暮), 장군 대심리(大審理) 등이 백성 1백여 호를 이끌고 고려로 온 후, 12월에는 또 다시 좌수위소장(左首衛小將) 모두간(冒豆干) 등이 1천 호를 이끌고 고려에 망명.

註) 발해는 후기에 들어 당의 문물에 심취하여 나라의 근본이 흔들리면서 사치풍조와 함께, 통치 계급간의 갈등, 그리고 지배 계층와 백성들 간의 불화, 병역기피 현상 등으로 이완되어 가니, 일부 부족들은 발해를 버리고 당에 조공하여 작위를 받는 등 말기 현상이 나타나고 있었다. 이러한 가운데, 857년 11대 황제 대이진(大彝震)이 죽자 그의 동생 대건황(大虔晃)이 즉위하면서 왕권내부에 권력투쟁까지 일어나, 이에 밀린 집단들이 대거 고려로 망명하는 사태에까지 이르렀다.

註) 이즈음 거란은 911년에 동부해(東部奚)와 서부해(西部奚)를 평정하고는 6부로 나누어 해왕부(奚王部)를 두고 서북방면까지 제압하자, 마지막 남은 발해를 향해 칼을 갈았다. 918년부터는 소규모의 충돌도 발생하면서 924년에는 발해가 거란의 요주(遼州)를 공격하여 요주자사 장계실(張季實)을 죽이자, 이로부터 일촉즉발의 전쟁상태에 들어갔다.

### 발해 멸망

926 발해 15대 애제(哀帝: 애황제) "청태(淸泰)" 26년

1월, 거란(契丹: 글안)은 각 종족들의 원병을 연합하여 야율배(耶律倍: 아율아보기의 장남)가 동생 요골(堯骨)과 함께 선봉이 되어 부여성(夫餘城: 吉林省 農安縣)를 3일 만에 점령하고, 도중에 발해의 장수 노상(老相)이 이끄는 3만의 발해군도 격파하면서 발해가 닦아 놓은 거란도를 따라 직격하여 6일 만에 상경용천부(上京龍泉府)의 홀한성(忽汗城)을 포위했다. 발해 군사에게 예전에 용맹스럽던 기상은 찾아 볼 수 없었다. 발해의 애제(哀帝) 대인선(大諲譔)이 포위 된지 3일 만에 성 밖에 나가 항복하기로 하고 이를 거란에 통지했다.

1월 14일, 이제 거란군은 성내의 병기를 접수하기 위해 13명의 무장을 성안에 보냈는데, 발해의 병사들이 반항하며 모두 죽여 버렸다. 그러자 대인선도 마음을 바꾸어 다시 군사를 모아 반격을 시도하던 중, 적장 강묵기(康默記)가 동문을 깨트리면서 쳐들어와 성이 함락되고 말았다. 발해의 역사는 이렇게 종말을 맞았다.

註) **대진국 발해(大震國 渤海)**: 15대 229년 이어왔고, 고구려의 옛 법을 부흥하면서 단군(檀君)의 기상을 이어왔다. 지금까지 전해오는 대조영(大祚榮)의 아우 대야발(大野勃)이 지은 단기고사(檀紀古史 또는 檀奇古史)에도 잘 나타난다. 해동성국(海東盛國)으로 다른 나라가 감히 침범하지 못했던 강국이었다. 거란의 발해 점령은 한국사에 있어 엄청나게 큰 비극이다.

그러나 이렇게 왕과 귀족들은 항복했지만 유민들은 달랐다. 이후 발해 유민들은 신라와는 달리 7월까지 103개의 성에서 격렬하게 맞서 저항했다. 장령부(長嶺部: 요령성 해룡현)와 안변부(安邊部: 러시아 하바로프스키 일대) 등에서 군사들이 일어섰고, 이어 남해부(南海部: 북청)에서, 철리(鐵里: 중경현덕부 관내)자사 위균(委均)도 떨치고 일어났다.

註) 발해 조정은 망했으나 그 영역이 모두 거란에 들어간 것은 아니었다. 거란이 차지한 지역은 발해의 서부지역이었고 동부지역은 그대로 남아 있어 발해부흥운동이 할거했다. 이때의 부흥운동은 오래가지 못하고 모두 실패하기는 했지만, 유민들의 꿈은 향후 200여 년 간이나 대를 이어가며, 틈이 나는 대로 그리고 기회가 주어지는 대로 나타나게 된다.

註) 백두산 화산 폭발: 이즈음에 일어난 백두산 화산 폭발은 이탈리아 베수비오나 일본의 도와다 칼델라의 50배 이상의 마그마를 분출했다. 그런데 기이하게도 요사는 물론 중원의 국가나 고려, 이후에 건국한 금(金)이나 청(靑)도 발해사를 편찬하려 하지 않아 어느 사서에도 10세기 백두산 화산분화에 대한 기록을 전혀 볼 수가 없다. 백두산 폭발 시기는 일본 북해도에서 발굴된 화산재를 추적하여 937~938년으로 결론을 내렸으나, 이는 발해 멸망 10년 후의 시기가 된다. 그런데 이전에 9세기에도 화쇄류를 포함한 대규모 화산 분화가 있었다는 사실이 2004년에 밝혀졌는데, 또한 그 때부터 독한 냉해가 엄습하고 연이은 분화로 인해 발해인들이 거란과 적극적으로 저항하지 않고 고국을 포기하듯 고려로 연이어 망명해간 것이다. 이러한 사실은 발해 내부의 정치적인 문제로 볼 것이 아니라, 감당할 수 없는 천재지변에 따른 망국(亡國)의 길을 간 것으로 여긴다. 또한 거란도 발해를 멸망시키고 그 영역을 포기한 채 관리를 하지도 않았다. 화산재가 뒤덮이고 냉해가 심한 관계로 통치할 수 없었다. 뒤이어 세운 괴뢰나라 동란국(東丹國)도 세우는 둥 마는 둥하고 포기하게 된 것이 마찬가지 이유라고 볼 수밖에 없다. 결국 거란도 969년까지 발해인들을 이주시키고 많은 현을 포기했다.

### 발해 땅에 들어선 괴뢰 나라 - 동란국(東丹國)

2월, 야율아보기는 점령지를 위무하고 민족대립을 무마하기 위해 발해를 "동란국(東丹國, '동쪽의 거란국')"으로 명칭을 바꾸고 장남인 배(那律倍)를 파견하여 대권을 장악하게 하면서 인황왕(人皇王)이라 했다. 연호는 감로(甘露)라 하고 홀한성을 천복성(天福城)이라 고치면서 발해의 옛 제도를 그대로 잇도록 하되, 발해의 왕족들을 모두 거란의 내지로 이주시켜 감시와 통제를 편하게 했다. 그러나 928년에는 일부 발해의 백성들(약 50여 만 명)을 동평(東平, 요령성 요양 일대)으로 이주시키고 동란국을 이곳에 옮겨, 부여부(夫餘府)를 제외한 대부분의 영역에 대한 직접지배를 포기하기에 이른다.

註) 발해유민들은 거란의 강압에 강제 이주되어 요동과 요서 지방으로 흩어지는데, 이를 거부한 유민들의 대부분은 고려로 망명하던가, 각지에 남아서 국가부흥을 꾀했다. 이들의 부흥운동은 정안국(定安國, 972~1018), 오사국(烏舍國, 981~1114), 흥요국(興遼國, 1029~1030), 고욕국(古欲國, 1115), 대발해국(大渤海國, 1116)이라는 나라를 연이어 각각 세우면서, 1116년 대발해국이 마지막으로 망할 때까지 향후 190년 동안이나 부흥투쟁을 지속해 나갔다.

高麗 태조(太祖) 9년

4월, 고려에 인질로 간 견훤의 외조카 진호(眞虎)가 병으로 갑자기 죽었다. 무조건 고려가 조카를 죽인 것이라 판단한 견훤이 발끈하여 고려의 인질 왕신(王信)을 죽이고 웅진(雄津: 충남 공주)으로 진군하자, 왕건이 여러 성주(城主)들에게 명령하여 성을 고수하고 나가 싸우지 못하게 했다. 그 결과 공주(熊津), 운주(運州: 충남 홍성) 등 충남 일대 10여개 주현(州縣)과 충북 일대가 손쉽게 후백제의 영향권에 들어가게 되는데…

927 高麗 태조(太祖) 10년

新羅 55대 경애왕(景哀王) 4년

1월, 견훤의 거듭된 침공에 견디다 못한 왕건이 친히 후백제의 용주(龍宮: 경북 예천)에 침공하자 신라도 원병을 보내왔다. 왕건은 용주를 얻게 됨으로써 일단 소백산맥 이남으로 진출하는 교두보를 확보해 놓고…

註) 이때 견훤은 특유의 화해 제스처를 취했다. 진호의 죽음에 대한 앙갚음으로 처형했던 왕신의 시신을 정중히 돌려보낸 것이다. 그러나 예전과는 달리 북군의 공세가 심화되었다.

3월, 왕건은 이제부터 적극적인 공세로 나갔다. 고려군이 운주(運州: 충남 홍성)를 점령하고, 3일 후에는 왕건이 직접 근품성(近品城: 상주)을 함락시켰다. 4월에 고려는 수군까지 동원하여 후백제의 강주(康州: 진주)를 공격하여 점령하고 이 여세를 몰아 원정군은 평서산(平西山: 남해), 노포평(서산), 돌산(突山: 순천)까지 함락. 7월에는 고려, 애선과 원보 재충이 대야성을 공격하여 그 성의 장군 추허조를 사로잡았다.

9월, 견훤도 참을 수 없어 반격에 나서 근품성(近品城: 경북 상주)을 불지르고 경주에 근접한 고울부(高鬱府: 영천)를 습격하자 신라 경애왕은 급히 고려에 구원을 청했다.

註) 왕건이 군사 1만을 보내 구원하게 했다. 홍달의 투항에 분노한 견훤은 계립령로(문경일대) 주변의 탈환과 보복을 위해 출정했고 근품성을 공격하여, 불태운 후 신속히 남하하여 고울부로 진격했다. 백제군은 문경 쪽을 공격했지만 기실은 성동격서 전략으로 신라의 도성에 바짝 다가섰다. 그러나 신라는 이러한 백제군의 신속한 이동을 전혀 모르고 있었다.

### 후백제 견훤 - 신라의 왕경(王京) 서라벌 침입

11월, 견훤은 고려의 원병이 도착하기 전에 서라벌(徐羅伐: 경주)을 습격하여 포석정(鮑石亭)에서 제사를 지내고 있던 신라 경애왕을 죽이고 왕비와 궁녀들을 겁탈했다. 그리고는 왕족인 김부(金傅)를 억지로 왕에 앉히니 이가 곧 56대 경순왕(景順王)이다.

註) 당시 견훤은 궁중으로 들어가 억지로 왕비를 강간했다고 하는 기록을 역사서들은 한결 같이 남기고 있다. 그러나 자신의 손에 피를 묻히기 싫어 자결을 강요했던 견훤이 과연 그와 같은 금수와 같은 일을 할 수 있었을까? 하여간 이 일로 인해 견훤은 씻을 수 없는 오명을 입게 되는데 아마도 견훤을 악인으로 만들기 위해 조작한 기사일 것이다. 또한 11월이면 한참 추운 겨울이다. 경애왕이 포석정에서 놀다가 살해된 것이라고 알려져 왔는데, 이때는 야외에서 한가하게 놀이나 하고 있을 계절도 아닐 뿐더러 주변 정황이 그럴 때도 아니다. 이는 잔치를 벌인 것이 아니라 국가의 안위를 위한 제사를

지내다가 졸지에 참변을 당한 것으로 보아야 한다. 포석정은 화랑세기(花郎世記)에 기록되어있듯이 부근에서 발굴된 건축물인 포석사(鮑石祠)라는 사당(祠堂)으로 보아야 정황이 맞는다.

註) 견훤이 의자왕의 원한을 갚고 백제 부흥을 내세웠다고는 하지만 어디까지나 대의명분일 뿐이다. 결국 견훤이 경주에 침공한 목적은 신라의 멸망이 아니라 친고려주의자 경애왕의 제거였다. 당시 박씨 왕이었던 경애왕은 김씨 진골귀족들에게 또한 불만이었고 견훤의 침공당시 김씨 진골들에게 모종의 협조를 얻었을 것으로 보인다.

### 공산(公山) 전투

이때 왕건은 급히 고려의 1만 병력을 출동시켰으나 이미 늦었기에, 심숭겸과 함께 왕건이 친히 이끄는 5천의 기병(騎兵)으로 서라벌에서 철수중인 백제군이 통과할 공산(公山: 대구 팔공산)에서 매복하고 기다렸다. 그러나 이를 알아차린 백제군이 역포위 공격으로 고려군을 겹겹이 에워싸며 공세를 펼치자, 고려군은 여기서 궤멸되고 신숭겸과 김락(金樂)이 황제의 옷을 바꾸어 입고 스스로 포위망에 빠져 희생함으로서, 왕건은 겨우 몸만 빠져 나왔다.

### 거란(契丹)에 대한 강경책

3월, 거란에서 사신이 와서 방물을 바치자 태조 왕건은 "거란은 발해와의 맹약을 어기고 발해를 멸망시켰음은 무도한 일이다. 우리는 이와 영구히 외교관계를 맺을 이웃이 못 된다고 생각한다"고 하여 거란의 사신 38명을 섬에 유배하고 이들이 가지고 온 낙타 50필을 만부교(萬夫橋) 아래에 매어 굶겨 죽게 하고는, 거란과 외교를 단절하도록 했다.

註) 한편으로 거란은 백제에도 사신을 보냈다. 사고마돌 등 35인의 거란 사신을 견훤이 장군 최견(崔堅)을 시켜 배로 돌려보냈는데, 풍랑을 만나 표류하다 산동반도의 등주(登州)에 닿았다. 이들은 모두 여기서 후당(後唐) 사람들에게 살육 당했는데, 거란을 경계하던 후당은 고려와 우호를 맺은 상태에서, 거란과 백제의 연결을 차단하려 한 듯하다.

928 高麗 태조(太祖) 11년

2월, 태조는 또 한편으로 거란의 내정을 탐지하도록 하는 한편, 청천강변의 요새지인 안북(安北: 安州)에 부(府)를 설치하여 군사 700을 주둔시키고, 뒤이어 통덕진(通德鎭: 숙천)을 설치하여 국경을 신라 때의 대동강 선에서 청천강 지역으로 굳히기 위해 확대해 나갔다.

註) 또한 이듬해(929년)에는 안정진(安定鎭: 순천)과 영청진(永淸鎭: 永柔)을 설치하고, 9월에는 안수진(安水鎭: 价川)을 설치하여 서북면의 경계선은 청천강 선이 되었다. 또 대동강과 청천강 사이의 패서 13진(浿西 13鎭)을 두어, 영향력을 압록강 하구에 이르게 만들었다. 그러나 동북면(東北面)에 있어서는 신라 때의 원산 부근의 경계선을 보전과 확보에 주력하여 귀순해 오는 북번인(北蕃人)들을 맞아들이기만 했다. 이리하여 동북면과 서북면이라는 양계(兩界)가 생겨나는데, 서북면은 거란과 국경을 맞대고, 동북면은 여진과 경계를 이루는 형세가 된다. 하지만 완벽한 행정력이 미치지 못해 느슨한 관계로 서로 섞여 사는 형상이다.

5월, 견훤은 공산전투의 여세를 몰아 계속 밀어붙이기로 나왔다. 후백제군이 강주(康州: 경남 진주)를 기습하자 고려의 구원군이 출동했지만, 행군 중 후백제군의 기습공격으로 패하면서 3백 명이나 전사했다.

7월, 왕건은 전세를 만회해보고자 직접 삼년산성(三年山城: 충북 보은)을 공격했으나 또 다시 패해 청주로 돌아간 다음, 이틈에 후백제군이 청주를 침공했다. 이때 유금필이 탕정군에 성을 쌓고 있다가 소식을 듣고 달려가 적을 격퇴시키고 득기진까지 추격했다.

8월, 후백제군이 양산(陽山)에 성을 쌓기에 왕건은 명지성(命旨城: 경기 포천) 장군 왕충을 시켜 이곳을 쳐서 백제군을 쫓아냈다. 그런데 후백제군은 퇴각하면서 대야성을 확보하고 군사를 풀어 대목군(大木郡: 경북 안동)의 벼를 베고 또 오어곡(烏於谷: 경북 군위 지방)에 군사를 나누어 주둔하여 죽령 길을 막고, 10월에는 견훤이 신라의 무곡성(武谷城)을 함락.

9월, 고려는 청천강변에 안수진(安水鎭: 평안남도 개천)을 설치하여 국경을 청천강까지 닿게 하였으며…

11월, 견훤은 또다시 고려의 오어곡성(烏於谷城: 경북 군위)을 공격하여 고려군 1천을 죽이고…

### 거란 - 동란국(東丹國)의 본거지 철수

거란은 정책을 바꾸어, 유민을 다시 귀향시키는 한편, 동란국(東丹國)의 본거지를 홀한성(忽汗城)에서 요동지방의 요양(遼陽)으로 옮겼다.

註) 동란국의 본거지를 서쪽으로 이동한 것은 발해점령지역에서의 후퇴를 뜻하는 것으로, 이는 송화강 유역에서 두만강에 이르는 만주 동북지역에 대한 실질적 통치를 포기하는 것인데…

註) 이즈음 발해 유민들의 고려 귀부가 줄을 이었다. 925년부터 귀부가 이어지더니 이해 3월에는 공부경(工部卿) 오흥(吳興)이 50명과 함께, 승려 재웅(載雄)은 무리 60명과 함께, 김신(金神)이 60호를 이끌고 오고, 7월에는 대유범(大儒範)이 백성들을 두루 이끌고 왔으며 9월에는 은계종(隱繼宗)이 그의 휘하 사람들과 함께 왔다. 이듬해(929)에도 6월에 홍견(洪見)이 배 20척에 사람과 물건을 싣고 오고, 934년 7월에는 대광현(大光顯)이 무리 수 만 명을 이끌고 고려로 귀부해왔으며, 12월에는 진림(陣林)이 휘하 100명과 함께, 938년은 박승(朴昇)이 3천여 호를 이끌고 귀부해오는 등…

929 高麗 태조(太祖) 12년

년 초에 후백제가 나주를 점령했다. 고려에게 나주는 바닷길로 통하는 길이였던 만큼 엄청난 충격이었다. 이로서 후백제는 서해의 제해권(制海權)까지 확보하게 되는데…

10월, 다시금 견훤은 여세를 몰아 계속 밀어붙였다. 이번에는 고려의 가은현(加恩縣: 문경시 가은읍)을 포위했으나 이기지는 못했는데…

註) 비록 이기지는 못했지만, 그 위세가 가히 압도적이었다. 백제군은 절대 우세를 자랑하면서 고려군을 연파해왔고 이때까지 후백제 영역은 북쪽으로는 충청남도 당진에서 충북 청주, 보은, 충주로 이어지는 선이었다. 그리고 소백산맥 이남으로는 합천을 위시해 대구, 칠곡 그리고 의성을 확보했고, 그밖에 낙동강 서안의 진주를 비롯한 경남지역을 석권했다. 이와 더불어 대외 교섭의 걸림돌이었던 나주를 장악하여, 호남지역까지 석권하게 되었다.

12월, 견훤은 쉴 틈을 안주기로하고 밀고 나갔다. 후백제군이 고창군(古昌郡: 안동)을 포위하자, 고창 토속 세력이 3천의 수비군사와 함께 결사항전으로 성을 지켰다. 왕건이 예안진에 이르러 여러 장수와 의논하기를 "싸우다 이기지 못하면 어쩌지?"하니, 대상 공선과 홍유는 "마땅히 샛길로 가야지, 죽령으로 갈 수는 없다"하고, 유금필은 "죽을 마음으로 살려는 계책이 없어야 최후의 승리를 얻을 수 있는데 패배부터 염려함은 무슨 까닭이요. 만약 급히 구원하지 않으면 고창군 3천여 명을 그냥 적에게 주는 것이니 급히 공격해야 한다" 고 하여 왕건이 그 말을 따라 북쪽 지대인 병산(甁山: 경북 안동)에 진을 쳤다.

**안동 병산(甁山) 전투**

930 高麗 태조(太祖) 13년

1월, 견훤은 고창군을 치려고 군사를 크게 일으켜 석산(石山)에 영채를 마련하니 왕건의 고려군과는 5백보 가량을 격해 있게 되었다. 태조가 견훤과 더불어 병산(甁山) 아래에서 하루 종일 싸워 격전을 벌였다. 이때 유금필이 돌격대를 이끌고 저수봉에서 공격을 퍼부어 대자 백제군이 견디지 못하고 밀려나, 결국 견훤이 패하여 전사자만 8천에 달했다. 왕건은 드디어 고창성(古昌城: 경북 안동)에 입성하면서 고려가 소백산 지역을 확보하게 된 것이다. 왕건은 이를 치하하여 고창군을 "동쪽을 안정시켰다"라고 안동부(安東部)로 승격시켰다. 이제 전세가 역전되자 영안(永安: 영천), 하곡(河谷: 하양), 직명(直明: 안동), 송생(松生: 청송) 등 신라 동북부의 30여 군현(郡縣)이 차례로 항복해오고, 이어서 신라의 동쪽 연해의 명주(溟州: 강릉)에서 흥례부(興禮府: 안동)에 이르기까지 110여 성이 고려에 귀부. 또한 남.북 미질부성(彌秩夫城: 경북 興海)과 개지변(价支邊: 울산)도 스스로 귀부해 왔다. 왕건은 돌아오는 길에 대목군(大木郡: 천안 목천)을 돌아보고 동쪽 서쪽의 도솔(兜率)의 땅이 "세 나라의 중심이고 풍수상으로 용이 구슬을 다투는 땅"이라고 하여 이곳에 성을 쌓고 천안도독부(天安都督府)를 두어, 이때부터 천안이란 이름이 생겼다.

註) 이후의 전세는 고려에 급격히 유리하게 돌아가는데, 이것은 견훤 정권 내의 정치적 혼란에 기인한다. 즉 견훤왕의 후계를 둘러싼 내분이 이때부터 나타나기 시작한 것이다. 이후로 호족들은 왕건에게 흡수되어 갔고, 국가라기보다는 1개의 군읍(郡邑) 정도밖에 남지 않은 신라는 새로운 질서에 순응할 수밖에 없었던 것이다. 경순왕은 고창전투 승리에 대한 축하를 보내고 고려와 본격적으로 교류하기 시작했다.

931 高麗 태조(太祖) 14년

新羅 56대 경순왕(景順王) 5년

2월, 왕건은 경순왕의 초청을 받고는 50여 기를 이끌고 경순왕을 만나기 위해 서라벌을 방문하니 신라인들이 멀리 마중까지 나오면서 크게 환영했다. 경순왕은 왕건에게 "견훤이 왔을 때에는 승냥이를 만난 것 같더니, 지금 왕공을 보니 부모를 보는 것 같다"고 했다. 왕건은 5월에 돌아갔는데, 이제부터 신라는 고려의 세력권 안에 있는 셈이 되었다. 또 한편, 대우도(大牛島: 평북 용천)에 견훤이 침범하여, 전세가 불리하게 돌아가자 유금필이 무고로 곡도(鵠島)에 유배 중에 있음에도 출전을 자원하여 나가 백제군을 패주시켰다. 유금필은 그 공로로 정남대장군(征南大將軍)이 되어 의성부(義城府)를 맡았다.

932 高麗 태조(太祖) 15년

6월, 후백제 장수 공직(孔直, 매곡성 성주)이 고려에 투항해왔다. 매곡성(昧谷城: 충북 보은)이 중요한 군사 요충지이기 때문에 공직의 배반은 견훤에게 큰 충격이었다.

9월, 견훤은 매곡성을 잃은데 대한 보복으로, 후백제 수군이 고려의 예성강으로 쳐들어와 염주(鹽州: 황해도 연안), 백주(白州: 황해도 백천), 정주(定州: 개성 풍덕) 등 세 고을의 배 100척을 불사르고 저산도(猪山島) 목장에 있는 말 3백 필을 약탈해 갔으며,

10월, 복수는 여기서 끝나지 않고 견훤의 수군이 대우도(大牛島: 평북 용천)를 또 공격했다. 고려군이 구원하려 했으나 오히려 후백제는 고려의 해군력을 궤멸시키고 서해의 재해권까지 완벽하게 장악하게 되는데…

933 高麗 태조(太祖) 16년

5월, 유금필이 의주부(義州府)를 지키는데, 왕건이 "후백제가 혜산성과 아불진 등을 약탈한다고 하니, 만약 신라의 국도에까지 침공하거든 마땅히 가서 구원하라" 했다. 이에 유금필이 장사 80명을 뽑아 사탄에 이르러 후백제 신검 등을 만났는데, 후백제 군사들이 싸우지도 않고 저절로 무너졌다. 유금필이 신라에 이르니 백성들이 환호했다. 7일만에 서라벌에서 돌아올 때 다시 신검을 자도(慈島)에서 만나 격퇴시켰다.

934 高麗 태조(太祖) 17년

7월, 발해 유민인 대광현(大光顯: 발해의 태자)이 수만의 무리를 이끌고 고려에 귀부해 오니, 왕건은 대광현을 백천(白川: 황해도 백천)태수에 봉하고 그의 부하들에게도 알맞은 관작을 주면서 따라온 병사들에게도 농토를 주어 편히 살게 했다.

註) 발해유민들은 끊임없이 귀부해 오고 있었다. 927년엔 공부경 오흥(吳興)이 110여명과 함께, 929년 6월엔 홍견(洪見)이 배 20척에 사람과 물건을, 동년 12월에는 진림(陣林)이 160여명과 함께, 933년에는 박승(朴昇)이 3천여 호의 백성과 함께…. 귀순은 집단 적으로 오는 것이 많았다. 연구자에 따라서 〈고려사〉나 〈고려사절요〉를 근거로 계산하면, 총 유민의 수는 최소 5만에서 12만 명으로 추산되므로, 당시 고려 인구를 210만으로 추정할 때, 발해 유민의 점유율은 최소 2.4%에서 6%가 되어서 결코 적지 않은 규모라 할 수 있다.

9월, **운주(運州) 전투,** 병산대전(甁山大戰)에서 후백제를 참패시킨 4년 후, 운주(運州: 충남 홍성)에서 다시 후백제와 마주치게 되었다. 견훤으로서는 최후의 결전을 도모해야 할 판이다. 격렬한 접전 끝에 견훤이 갑사 5천명을 이끌고 이르러 "양편의 군사가 서로 싸우니 형세가 양편이 다 보전하지 못하겠소. 화친하여 각기 국경을 보전합시다"했다. 왕건이 전투의 추이를 염려하자 유금필이 "작금의 형세는 싸우지 않을 수 없으니, 임금께서는 근심하지 마소서"하고, 견훤이 진을 치기 전에 강한 기병 수천 명으로 돌격하여 3천명의 목을 베고 사로잡으니 백제군은 지리멸렬하여 붕괴되었다. 벼르고 별렀던 견훤의 작전이 싱겁게 끝나고 마니 많은 후백제의 장수들이 속속 고려에 투항하는 사태에 이르러 웅진(熊津: 공주) 이북 30여 성이 제풀에 항복해오고…. 견훤은 한탄했다. "아마도 하늘이 고려를 위하는 것 같구나…"

## 후백제(後百濟) 견훤의 투항

935 高麗 태조(太祖) 18년

70세의 견훤은 많은 비(妃)를 두었는데, 10여인의 아들 중 큰아들 신검(神劍)은 부왕(父王)을 모시었고, 둘째 용검(龍劍)은 광주도독(光州都督), 셋째 양검(良劍)은 진주도독(晉州都督), 넷째 금강(金剛)은 부왕(父王)이 편애하여 왕위를 물려주려 했으며, 아울러 고려와의 전쟁에 열세를 느낀 견훤은 고려에 귀부할 의향도 보였다. 왕자들이 이에 반대했는데…

3월, 뜻밖에도 신검이 부왕 견훤을 김제(金堤) 금산사(金山寺)에 유폐시키고, 금강을 죽인 뒤 스스로 왕위에 오른 사태가 일어났다. 견훤은 기가 막혔다. 이찬 능환(能奐)이 신검에 아부하여 신검으로 하여금 동생 양검과 용검을 회유하여 함께 모사하기로 하고 일을 저지른 것이다. 돌아가는 정세를 분석하며 북쪽에 귀순하면 어떻겠느냐고 말을 꺼낸 것이 화근이었다. 이제 견훤은 70세의 늙은이에 불과할 뿐이다.

6월, 견훤은 유폐생활 3개월 만에 수비 병사들에게 술로 잔뜩 취하게 한 다음 고려령인 나주(羅州)로 탈출하여 사람을 송악에 보내 왕건을 만나보고자 통지했다. 왕건은 재빨리 유금필에게 병선 40척을 주어 맞이하게 했다. 막상 견훤이 왕건을 만나니 자신이 안쓰러웠다. 그러나 왕건은 견훤을 맞아 예전처럼 "상보(上輔)"라 부르며 양주(楊州: 경기도 양주군) 땅을 식읍으로 주고 노비 40명과 말 9필을 주면서 대접이 소홀하지 않았다.

註) 이때 고려의 유금필이 나주를 정벌했는데, 이때 장악된 나주는 곧 견훤의 탈출로로 사용되었으며, 견훤의 고려 귀부는 견훤의 의사타진과 고려에 공작에 의해 치밀하게 전개되었을 것이다. 그래서 고려는 견훤의 탈출로로 나주를 선택하고 정벌한 것으로 여겨진다.

## "신라(新羅)의 종말"

新羅 56대 경순왕(景順王) 9년

10월, 고려에의 귀부를 결정한 신라 경순왕(景順王)도 머뭇거릴 때가 아니었다. 자신을 왕위에 앉힌 견훤이 고려로 가버리니 신하들은 말을 안 듣고, 장수와 호족들도 속속 고려에 투항하는 지경인 데다가 언제 신검의 자신을 죽이러 올지 모를 일이다. "나라가 위태로워 우리 힘으로 강해질 수도 없고 약해질 수도 없으니 백성들만 참혹해 질뿐이다"하고 11월에 사신을 고려에 보내 뜻을 알리면서 스스로 문무백관과 함께 송악(松岳: 개성)으로 향했다. 왕건은 의장을 갖추고 성문 밖으로 나가 이들을 크게 환영하며, 자기의 장녀 낙랑공주(樂浪公主)와 경순왕을 혼인하게 하고 서라벌(徐羅伐: 이때 신라의 국호를 없애면서 서라벌을 경주(慶州)라 했다)을 식읍(食邑)으로 주었다. 이리하여 신라는 56대 993년 만에 장구한 역사를 손쉽게 마감하게 된다. 경순왕의 행렬이 고려로 향할 때 두 왕자는 강원도 쪽으로 들어가 삼베옷을 입고 숨어살아 그래서 사람들은 이들을 마의태자(麻衣太子)라고 불렀다.

註) 고려는 신라와 한 번도 전쟁을 벌이 적이 없다. 왕건은 견훤과는 달리 신라에 대해 철저히 보호정책을 유지하여 끝내 투항을 유도해낸 것이다. 이미 신라의 지배세력과 일반의 민심은 자연스레 고려로 향하도록 되어있었던 것이다.

936 高麗 태조(太祖) 19년

6월, 마침 견훤의 사위 박영규(朴英規)까지 귀부해 오자 견훤도 반역자 신검(神劍)을 칠 것을 왕건에게 건의했다. 왕건은 이제 마지막 남은 후백제 신검을 정벌하기 위해 우선 보병과 기병 1만을 천안부(天安府: 충남 천안)로 가도록 했다.

9월, 신검의 백제군도 총동원령을 내리고 고려와 자웅을 결판내고자 북진하여 일선군(一善郡: 경북 선산)에서 서로 마주쳤는데, 왕건의 본진과 합류한 고려의 10만 대군은 백제군과 일리천(一利川: 경북 선산군 一善里 지역)을 사이에 두고 진을 쳤다.

註) 이때 왕건은 견훤과 함께 군사들을 사열하니 군사가 총 8만 5천이었는데, 당시 견훤은 박술희 등과 함께 마군, 즉 기병 1만 명을 지휘하였다. 이외에 왕건의 고려군은 능달이 지휘하는 보병 1만을 좌강에, 홍유 등이 지휘하는 기병 1만과 삼순 등이 이끄는 보병 1만을 우강으로 삼았으며, 김순식과 긍준, 왕렴, 왕예 등이 지휘하는 기병 2만, 유검필 등이 이끄는 흑수, 달고, 철륵 출신의 기병 9,500, 정순 등이 이끄는 보병 1천, 종희가 지휘하는 보병 1천, 김극종이 이끄는 보병 1천을 중군으로 삼았다. 또 공훤이 이끄는 기병 2백 등 10만 대군이라 일컬을 만했다.

### 일리천 싸움(一利川 戰鬪) - 후백제(後百濟) 소멸

먼저 유금필이 백제군의 좌군을 공격하여 치고 빠지자, 백제의 장군 효봉(孝奉)은 좌군을 이끌고 추격에 나서 일리천을 건넜다. 이때 유금필이 뒤돌아서서 반격에 나서고, 이를 공헌이 이끄는 고려군이 합세하여 포위한 후에 견훤이 나아가 항복을 설유하니, 백제의 장군 효봉 등 4명이 창을 버리고 항복했다. 이어서 고려군 5만 기병(騎兵)이 둘로 나눠 백제 중군을 협공하고, 뒤이어 2만이 넘는 보병과 기병이 들이쳤다. 이 전투에는 흑수말갈(黑水靺鞨), 달고(達姑), 철륵(鐵勒) 등 북방 유목민족의 기병 9천5백 명이 함께 출전했다. 왕건이 삼군과 함께 일제히 나가면서 맹렬한 돌격전으로 백제 장수 흔강, 견 달, 은술, 금식, 우봉을 비롯하여 3천2백 명을 사로잡고 5천7백을 죽였다. 이러한 와중에 후백제군사들은 창끝을 돌려 저희들끼리 서로 치고 싸우는 자중지란(自中之亂)의 사태까지 일어났다. 신검이 이끄는 후백제군은 후퇴를 거듭하여 황산군(黃山郡: 충남 논산)에 이르렀다가 다시 탄령을 넘어 마성(馬城)까지 쫓겨 갔다. 대세는 결정되었다. 하는 수 없이 신검은 아우 양검, 용검과 문무 관료와 함께 투항했다.

註) 이제 비로소 오랜 전란(戰亂)이 마감되고 새 시대의 문을 열게 되었다. 이후 신검(神劍)은 고려의 관직을 받았으나, 동생 2형제는 유배지에서 피살됐다. 견훤(70세)은 자신이 이루어 놓은 백제군이 무참히 무너지고 또 나라까지 망한 것을 한탄한 끝에, 황산(黃山)의 어느 이름 모를 불사(佛寺)에서 울화병으로 숨졌다.

938 高麗 태조(太祖) 21년

12월, 탐라국(耽羅國: 제주도)의 태자(太子) 말로(末老)가 송악에 와서 조공하였다.

註) 탐라와 우릉(芋陵: 울릉도)은 신라에 속해있었으나 당시에는 독립 상태였다. 우릉은 930년에 귀부해왔고, 탐라는 이해에 신하를 칭해왔다. 단, 탐라는 반 독립 상태로 있다가 정식으로 고려의 군현(郡縣)으로 편입된 것은 1105년(숙종 10년)의 일이다.

註) 이즈음 일본 내에서는 한반도의 혼란기를 틈탄 고려 침략론이 분분했었는데, 935년과 939년의 정치적인 반란사건 등으로 사회가 혼란해지면서 실행에 옮기지는 못했다.

### 전국 주요지점에 11주(州)를 두다

940 高麗 태조(太祖) 23년

통일을 완전히 이룩한 뒤인지라 전국에 주요지점에 주(州)를 11곳을 두었다. 이들은 광주(廣州: 경기도), 충주(忠州), 원주(原州), 청주(淸州), 공주(公州), 상주(尙州), 양주(陽州), 전주(全州), 광주(光州: 전남), 춘주(春州: 춘천), 명주(溟洲: 강릉)로, 이들 지명은 이때 처음으로 붙여졌으며 지방 세력가들이 자치적으로 행정을 수행했다.

註) 이후 970년에는 태주(泰州: 태천)와 연주(延州: 영변)을 두고, 981년에는 상주, 고부(정읍), 화주(함남지방) 등지에 상주하는 지방 관리를 보내는 등 행정력을 굳혀간다.

### 만부교(萬夫橋) 사건

942 高麗 태조(太祖) 25年

10월, 거란(契丹)이 낙타 50필을 보내왔으나, 발해를 멸한 원수의 나라라 하여 사신38명을 섬에 유배시키고, 낙타는 만부교(萬夫橋) 아래에 묶어두어 모두 굶겨 죽였다. 태조는 "북번인(北蕃人: 여진족)들은 지금은 복종하나 언제 배신할지 모르는 무상(無常)한 것들이다"고 하며 강경하게 거란과의 국교를 단절했다

註) 또한, 북방영토에 듯이 깊었던 태조는 즉위 초부터 서경성(西京城: 평양)을 기초로 한 북방지역에 18개의 성을 쌓고 대도호부(大都護府)를 두어 북진의 뜻을 굽히지 않았다. 이보다 앞서 태조는 928년 2월에 청천강변에 안북부(安北府: 안주)와 통덕진(通德鎭: 숙천)을 설치하고, 929년 9월에는 안정진(安定鎭: 개천)을 세워 청천강을 경계로 하고 사이에 패서13진(浿西13鎭)을 두어 영향력을 압록강변까지 이루게 했다. 이에 반해 동북면(東北面: 함경도) 지역은 상대적으로 보전과 방어에만 주력했다. 태조는 이제 거란과는 전쟁도 불사하겠다는 의지로 나왔다.

※ 거란(契丹), 거란이라는 이름을 사용하기 시작한 것은 북위(北魏, 386-532) 시대로 '강철' 또는 '정제된 철'이라는 뜻을 담고 있다. 오랜 기간 연(燕), 고구려, 튀그르(돌궐), 당 등 주변국에 부족단위로 예속되었다가 정치 체계를 갖추기 시작한 때는 7세기 경이다. 8개 부족의 연맹체인 8부를 형성하면서 부족의 결속을 강화해나가다 9세기 말 10세 초 세력을 확장할 기회를 잡았다. 몽골 유목지대에서 오랫동안 패권을 돌궐이 동서로 분열되고 중국 대륙 역시 당 멸망 이후 5대16국 혼란기에 허우적거리자 이 기회를 놓지지 않았다. 거란족을 통일한 사람은 아율아보기였다. 당이 망하던 907년에 부족연맹장이 되어 스스로 칸(汗)이라 하고 부족통일을 추진. 916년에는 명실상부한 황제로 등극하고 연호(年號)도 제정했다.

※ 여진(女眞), 중국 선진(先秦, BC.221 이전) 시대에 숙신(肅愼)이라는 이름으로 존재를 나타내기 시작한 퉁구스 계통에 속하는 민족. 초기에 거주한 지역은 흑룡강의 최대 지류인 송화강의 삼림

지대와 지금의 러시아 연해주 방면이다. 명칭은 시대마다 달랐는데 한(漢) 이후 읍루(挹婁)로 불리다가, 남북조시대에는 물길(勿吉), 수(隋) 시대에는 흑수부(黑水部), 당에서는 흑수말갈(黑水靺鞨) 등으로 불리다가 거란(僚) 야후로 여진으로 통용되었다. 여진은 지리적으로 고려와 거란의 중간에 끼어있으며, 일부는 거란에 편입되어 거란의 지배를 받은 숙여진(熟女眞)이 되고, 그 외에 다른 일부는 생여진(生女眞)이 되었다. 그리고 17세기 초인 명(明) 말기에 와서야 현재 사용하는 만주족으로 불리게 된다.

### 훈요십조(訓要十條)

943 高麗 태조(太祖) 26년

왕건이 훈요(訓要)를 지었는데 그 대략은『오직 우리 동방(東方)은 옛날에 당풍(唐風)을 숭모하여 문물(文物)과 예악(禮樂)이 다 그 제도를 따랐지만 지방과 풍토가 다르고 인성(人性)이 각각 다르므로 구차하게 동화(同化)할 필요가 없다』고 하였다. 왕건은 67세로 10조를 남기고 숨을 거두었다.

註) **훈요십조(訓要十條):** 고려 태조가 그의 자손들에게 귀감으로 남긴 10가지의 유훈(遺訓)으로 주요 내용을 보면 ① 국가의 대업이 제불(諸佛)의 호위와 지덕(地德)에 힘입었으니 불교를 잘 위할 것, ② 사사(寺社)의 쟁탈.남조(濫造)를 금할 것, ③ 왕위계승은 적자적손(嫡者嫡孫)을 원칙으로 하되 장자가 불초(不肖)할 때에는 인망 있는 자가 대통을 이을 것. ④ 거란과 같은 야만국의 풍속을 배격할 것, ⑤ 서경(西京)을 중시할 것, ⑥ 연등회(燃燈會), 팔관회(八關會) 등의 중요한 행사를 소홀히 다루지 말 것, ⑦ 왕이 된 자는 공평하게 일을 처리하여 민심을 얻을 것. ⑧ 차현(車峴) 이남 금강(錦江) 이외의 산형지세(山形地勢)는 배역(背逆)하니 그 지방의 사람을 등용하지 말 것, ⑨ 백관의 기록을 공평히 정해줄 것, ⑩ 널리 경사(經史)를 보아 지금을 경계할 것 등이다. 이《훈요 10조》는 왕실 가전(家傳)의 심법(心法)으로서 태조가 그의 후손에게만 전하기로 되어, 신민에게 공개될 유훈은 아니었다.

### 왕규(王規)의 반란

946 高麗 2대 혜종(惠宗) 3년

32세의 나이로 즉위한 혜종은 태조가 만들어 놓은 복잡한 인척 사이에 하루도 편한 날이 없었다. 왕건이 죽은 후 외척인 왕규(王規)가 병권을 틀어 쥔 채 그의 딸(太祖의 16妃)이 낳은 광주원군(廣州院君)을 왕에 앉히려 하자 혜종은 그의 세력을 두려워해 후계자도 지정하지 않은 채 불안 속에 죽으니, 3대 정종(定宗)이 혜종이 죽은 당일에 벼락같이 즉위했다. 이에 왕규는 일이 틀어진 것을 기화로 다음날 충신인 박술희(朴述熙)를 죽이면서 반란을 일으키고.. 이를 정종은 서경(西京)의 진장(鎭將) 왕식겸(王式兼)의 힘을 빌려 왕규를 제거하고 그 여당 3백여 명을 숙청했다. 그 후 왕은 개경(開京: 개성)의 적대세력을 의식하여 서경(西京: 평양)으로 도읍을 옮기려 했지만, 개경 토족 세력들의 반대로 이루지 못하고…

註) 왕건은 왕권을 안정시킬 방법의 일환으로 혼인정책에 큰 비중을 두었다. 왕건의 후비가 무려 29명이나 되었는데, 이는 왕실의 분열과 대립을 막고, 중첩된 혼인관계를 통해 호족들을 왕실 주변에 묶어두기 위해서였다. 이 방식이 당대에는 대성공이었는데, 이후 혜종과 정종 대에 이르러서는 정국불안을 야기 시키는 원인이 된 것이다.

947 高麗 3대 정종(定宗) 2년

고려 최광윤(崔光胤)은 진(晉)에 유학 중에 거란(契丹: 遼)에 발탁되어 관리로 있던 중. 거란이 고려가 거란의 사신을 쫓고 우호를 거절했다하여 침공하려하자, 최광윤이 거짓으로 고려의 강함을 주장하며 말렸다. 그리고는 이 사실을 고려에 알려주니 정종은 도읍을 서경(西京: 평양)으로 옮기려 계획하면서, 즉시 광군사(光軍司)를 설치하고 유사(有司)에게 명하여 군사 30만을 양성하고는 광군(光軍)이라 했다. 후에 최광윤은 고려에 돌아왔다. 또한 서북면에 덕창진(德昌鎭: 박천), 철옹진(鐵瓮鎭: 맹산), 박능진(薄凌鎭: 박천), 통덕진(通德鎭: 숙천), 덕성진(德城鎭: 영변)을 설치하고, 동북면에는 삼척진(三陟鎭: 삼척)을 설치하면서 발생할지도 모를 거란(遼)의 침입에 대한 대비를 해 나갔다. 이때 거란은 야율아보기의 둘째 아들 야율덕광이 후진(後晋)을 멸망시키고 국호를 대요(大遙)라고 하여, 본래 근거지와 중국 대륙 북부를 동시에 지배한 중국 최초의 이민족 왕조가 되었다.

註) **광군사(光軍司)**: 거란 침입에 대비한 특수부대로 30만 명이 소속되어 훈련을 받았는데, 이때의 광군사를 모태로 하여 고려의 군사제도가 확립되었다. 조직은 중앙군 4만5천과 지방군으로 나뉘어, 지방군에는 경기 지역과 5도에 둔 주현군(州縣軍) 4만8천과 동계와 북계에 둔 전투부대인 주진군(州鎭軍)으로 구성했으며, 주진군의 주력부대는 초군, 좌군, 우군으로 여기에는 마대(馬隊: 기마 부대)와 노대(弩隊: 궁수로 구성) 이외에 수군(水軍)과 공장대(工匠隊: 공병대)도 포함되었으며, 예비군을 포함하면 총 병력 60만으로 편성되었다. 실로 막강한 군사편제가 이로부터 이루어졌다.

950 高麗 4대 광종(光宗) '광덕(光德)' 2년

왕은 재위하자마자 장청진(長靑鎭: 영변과 태천 중간)과 위화진(威化鎭: 운산)을 쌓고, 건국이래 숙원사업이던 고구려 고토회복 정책을 잊지 않으며 자주정책을 고수해 나가기로 했다.

2년 후인 952년에는 북계(北界)에 안삭진(安朔鎭)도 쌓고…

註) 당시의 동양 정국은 오대십국(5代 10國)의 혼란의 와중이었다. 이틈에 패기 넘치는 왕은 스스로 황제라 하며 독자연호인 광덕(光德)을 사용하고 대륙 쪽의 가능성 있는 나라(後周)와 친선을 꾀하면서, 요(遼)와 여진의 협공과 방어계획을 세우기에 철저했다.

註) **5대10국(5代 10國)**: 당(唐)이 망한 후 907년부터 약 70여 년간 하남성의 낙양(洛陽)을 중심으로 한(漢)족들 사이에 중원을 지배한 다섯 왕조를 말하는데, 후량(後粱, 908~923), 후당(後唐, 923~936), 후진(後晋, 936~947), 후한(後漢, 947~950), 후주(後周, 951~959)라는 왕조들이 흥망과 명멸을 거듭하면서 비롯된다. 이들의 지배력은 황하유역과 그 부근에 국한되었고, 그 외의 지역에 대하여는 지배권을 인정받지 못한 채 제멋대로 싸우면서 흥망을 반복한다. 이들 중에는 양자강 남쪽의 오국(吳國, 902~936), 남당(南唐, 936~975), 오월국(吳越國, 908~970) 등이 서로 대립했고, 기타 지역에는 형남국(荊南國 925~963), 초국(楚國, 927~951), 남한국(南漢國, 917~971), 전촉국(前蜀國, 934~965), 북한국(北漢國, 951~979) 등이 흥망을 거듭하는 혼란기이었다. 이 혼란기 마지막에는 후주의 쇠퇴와 함께 새로 일어난 송(宋)의 세력이 호북(湖北)과 호남(湖南)을 평정하면서 차츰 커 가는 중이었다.

## 노비안건법(奴婢按檢法)

956 高麗 4대 광종(光宗) '광덕(光德)' 7년

후삼국을 통일한 뒤 태조 이래로 호족세력을 억압하는 정책을 폈으나 성과를 거두지 못하다가, 이때에 이르러 과거제 시행, 사색공복제(四色公服制) 제정, 칭제건원(稱帝建元) 등과 함께 왕권 강화책의 일환으로, 양민출신 노비를 해방시키는 노비안검법(奴婢按檢法)을 실시했다. 광종은 폭군이란 누명을 쓰면서도 지속적으로 과감하게 개혁을 추진해 나갔다.

註) 광종이 왕권을 안정시키려했던 의도 중에 과거제도(科擧制度)의 도입은, 그 시험과목으로 채택된 유교가 부상하게 되어, 이후부터 고구려계승의식에 변화를 가져오게 한 부작용을 낳게 했다. 즉, 건국의 기반이라 할 수 있는 전통사상(화랑도와 선종(禪宗) 중심의 불교사상과 풍수지리설 등)이 다소 퇴색하고 유학사상이 전면에 나서게 되면서, 정권 담당자들에게도 변화가 나타나 옛 신라계 후손들이 많이 등용되면서 장차 이들이 서경(西京)중심의 북벌주의자들과 마찰을 빚게 되고, 이것이 결국 '묘청의 반란(1135년)'이라는 정권싸움으로 발전하여, 이로 인해 비자주적인 사대사상이 뿌리를 내렸다고 볼 수 있다.

968 高麗 4대 광종(光宗) '광덕(光德)' 19년

5월, 작년(967)에 낙릉(落稜)을 점령하여 성을 쌓은 데 이어, 위화(威化), 영삭(寧朔), 장평(長平), 안삭(安朔) 등의 진(鎭)을 확보하고 각각 성을 쌓았다. 또 6년 후인 973년에는 박평(迫平), 고주(高州) 등을 점령하고 신도성(新都城)을 수축하면서 모두 13진(서북면 10진과 동북면 3진)을 쌓아, 국경을 청천강 이북 지역까지 굳혀갔다.

註) 광종의 뒤를 이은 5대 경종(景宗, 975~981)도 가장 북쪽에 위치한 청색진(靑索鎭: 희천)에 성을 쌓아 국방을 튼튼히 보강해 가며, 6대 성종(成宗) 초까지 46년간(947~992) 북방영토확장을 추호도 게을리 하지 않았다.

## 발해유민들의 정안국(定安國)

972 발해 멸망 후 46년. 압록부(鴨綠府) 일대의 발해유민들이 열만화(烈萬華), 오현명(烏玄明)의 영도아래 정안국(定安國)을 세우고 송(宋)에 사람을 보내 송이 요를 치면 돕겠다고 했다. 976년에 국왕으로 추대 받은 오현명은 연호를 원흥(元興)으로 정했다.

註) 요(遼)가 928년에 동란국(東丹國)을 스스로 요동과 요서지방으로 옮긴 후, 동쪽의 발해 유지(遺地)는 통치를 거의 포기한 상태로 남아있었다. 이제 이곳에 터를 잡고 살던 유민들이 궐기하여 발해 부흥을 기도했다. 유민들은 생여진(生女眞)과 숙여진(熟女眞)으로 나누어지는데, 생여진은 흑수말갈(黑水靺鞨)이고, 숙여진은 옛고구려 계통의 발해부족들을 별칭한 것으로 숙여진이 정안국을 세운 것이다. 〈송사(宋史)〉 외국전(外國傳)에 "정안국은 본래 마한(馬韓)의 종류이다. 거란이 발해를 공파하자 두목과 장수들이 민중을 규합하고 서쪽 변방을 보전하여 나라를 세워 개원(開元)하고 스스로 정안국이라 했다"라는 기록이 있다. 따라서 발해가 망했을 당시 나라 전체가 요의 지배아래 들어간 것이 아니라, 반항세력이 남아 정안국을 세우면서 곧바로 발해의 잔여 명맥을 이어온 듯하다. 또 한편에서는 정안국의 개원년도를 926년으로 올려 잡아 추정하고 있기도 한다. 972년 당시, 정안국의 영역은 후발해

(後渤海)라 할 만큼 강력했다. 그 강역이 동으로 함경도를 포함해 동해에 이르렀고, 서쪽으로 압록강 이북에서 서해에 이르고, 북으로 간도지방 일대와 송화강과 목단강 상류지역을 차지하여 과거 발해의 남부지역을 거의 다 차지하고 있던 때이다.

### 발해인 연파(燕頗)의 부흥운동과 오소도(烏昭度)의 오사국(烏舍國)

975 발해 멸망 후 49년. 발해 유민 연파(燕頗)가 황용부(黃龍府: 길림성 農安)에서 도독 장거(張琚)를 살해하고 군사를 일으켜 발해부흥을 외쳤다. 그러나 곧 요(遼)의 토벌군에게 패하자 그는 오사국(烏舍國)으로 도망갔다. 오사국은 발해 유민 오소도(烏昭度)가 세운 나라로 스스로 「오사성부유부발해염부왕(烏舍城浮渝府渤海琰府王)」이라 했다. 981년에는 송(宋)이 오사국과 함께 요(遼)를 치자고 했으나 송이 움직이지 않아 서로 그만 두었다.

註) 연파(燕頗)와 오소도(烏昭度): 자세한 기록이 남아있지 않아 아쉬운데, 오사국의 위치도 불명이나 정안국이 있었던 동부만주 지역으로 추정. 이후로는 995년에 연파와 오사도가 함께 철리(鐵利)를 공격하여 항복 받고, 그러나 요군(遼軍)에게 오히려 오사성(烏舍城)이 포위 당했지만 격렬한 저항 끝에 요군을 물리쳤다. 이후로는 요(遼)와 화친관계를 맺는데, 999년에 오소도는 요에 항복을 청한다. 1022년에는 철리가 관리 16호를 사로잡아 요에 바치고, 1114년에 부인(部人)들이 철리와 함께 거란과 대치하던 여진(金)에 귀부하여 오사국이 없어진다. 오(烏)씨는 발해의 귀족 6성중 하나로서 6성은 장(張)씨, 양(楊)씨, 두(竇)씨, 오(烏)씨, 이(李)씨 등이다.

### 발해 유민 대거 귀순

979 高麗 6대 경종(景宗) '태평(太平)' 4년

발해 유민 수만 명이 귀순해 왔다. 태조 이후로 발해인의 입국이 없다가 올해 한꺼번에 대규모로 들어 온 것은 거란 내부에 어떤 급격한 상황이 벌어진 때문이다. 이해에 거란이 대륙 중앙에 있는 북한(北漢)을 멸망시킨 때로서, 이로 인한 핍박이 심했던 것이라…

981 정안국(定安國) 원흥(元興) 6년

송(宋)이 요(遼)를 치고자 정안국과 함께 호각지세를 이루자고 했다. 부여부(夫餘府)가 요를 떠나 정안국에 귀부해 왔다. 국왕 오현명(烏玄明)은 송에 사신을 보내 "신은 본래 고구려의 옛 땅과 발해의 유민들로서…(中略)…, 군사를 이끌고 도와 반드시 요를 쳐서 원수를 갚고자 하오며…" 라고 하면서 요에 대한 협공협약을 맺었다. 그러나 송의 움직임이 없어 시간만 끌다가…

註) 송(宋)은 장성(萬里長城) 내에 연운(燕.雲)16주(중원의 동북지방)를 차지해야만 명실 공히 중원통일을 하게 되는 것이라, 북진책을 도모하면서 정안국을 끌어들였다. 이후 송(宋)의 북벌전쟁은 거란의 강한 반격으로 실패한 후, 반란이 빈번한 서하(西夏)문제부터 풀어야 하겠기에 거란(遼)과의 직접대결을 피하고, 고려와 여진(정안국)을 이용하여 거란의 배후를 협공할 구상을 하고 있던 때이었다.

### 동란국(東丹國: 발해 옛 땅에 세운 야율배의 거란 왕국)의 소멸

982 12월, 요(遼)가 동경의 중대성(中臺省)을 철폐하여 동란국(東丹國)이 사라졌다.

註) 야율아보기가 죽고 나자 황후의 압력으로 둘째 아들인 형인 야율배를 대신하여 즉위하고 태종(太宗)이 됐다. 이에 불만을 품은 형 야율배가 후당(後唐)에 망명(930년)한 후, 동란국은 명목만 유지해오고 있다가 57년 만에 없어진 것이다.

### 거란의 정안국(女眞) 정벌

983 高麗 6대 성종(成宗) 2년

정안국(定安國) 원흥(元興) 8년

거란(契丹, 遼)의 성종(聖宗)은 고려정벌 계획을 따로 세워 둔 채로, 직접 여진 정벌에 나섰다. 거란은 2회에 걸쳐 동쪽으로 진격하여 압록강 유역의 여진(女眞)을 공격하고 압록강 중류와 동가강(佟佳江) 유역을 점령하자, 쫓긴 여진 사람들이 압록강 건너 고려의 지경인 박천(博川), 태천(泰川) 등지로까지 밀려들어오니, 요군이 이곳까지 들어와 이듬해(984) 4월까지 토벌을 하고는 고려 수비병에게 "여진이 매양 변방에서 노략질했는데 이제 원수를 갚았으니 군사를 거두어 돌아간다"고 하고는 순순히 돌아갔다.

註) **여진(女眞)**: 발해가 거란에게 망한 뒤 거란의 지배에서 벗어난 말갈족(靺鞨族)을 여진이라 불리는데 길림성 동북지방에 살던 여진을 생여진(生女眞), 그 서남쪽에 살던 여진을 숙여진(熟女眞)이라고 했다. 숙여진은 거란의 세력 안에 편입된 상태였고 생여진은 거란의 지배권을 벗어난 지역에서 산만한 부락생활을 하고 있는데, 이후 여진족은 점차 남하하여 고려 초에는 함경도 일대와 압록강 남안(南岸) 일대에 흩어져 살았다. 고려에서는 함경도 쪽의 여진을 동여진(東女眞: 東蕃), 평안도 일대의 여진을 서여진(西女眞: 西蕃)이라 불렀다. 이때 생여진(生女眞)의 본거지(정안국의 일부)인 함경도 방면의 동북면은 요와 고려의 통치력이 미치지 않았는데, 요(거란)는 늘 고려정벌을 준비하며 시기를 엿보는 중이었고 이번에 정안국이 그 사이에 끼어 피해를 입은 것이다.

984 高麗 6대 성종(成宗) 3년

왕은 북방 영토를 확장할 목적으로 이겸의(李謙宜)에 명하여 압록강 연안에 관성(關城)을 쌓으려 했는데, 오히려 이 지역에 거주한 여진(女眞)의 역습을 받아 축성에 실패하고 이겸의는 포로가 되어 잡혀갔으며, 휘하 병졸 3분지1 밖에 살아오지 못한 사건이…

### 송(宋)나라에 백제(百濟)가…(?)

5월, 송(宋)나라에서 고려 성종을 책봉하면서 "항상 백제(百濟)의 백성들을 편안하게 하고 영원히 장.회(長淮: 중국 양자강과 회수)의 족속을 무성하게 하라" 했다.

註) 장.회(長淮) 지역은 과거 당(唐)이 고구려 유민을 대거 강제 이주시킨 지역 중에 하나인데, 이와 300년 전에 망한 백제세력과 무슨 연관이라도 있는지?? 아니면 발해유민이 세운 나라인 정안국을 일컬은 것은 아닌지??

### 정안국(定安國) 소멸(?)

985 정안국(定安國) 원흥(元興) 10년

8월, 요(遼)의 성종은 송의 세력 약화를 도모하고자 우선 압록부(鴨綠府)에 위치한 정안국(定安國)을 향하면서 고려를 친다고 위장했다. 요군은 이듬해 1월까지 수개월간 정안국을 공격하여 포로 10만과 많은 물건을 노획하면서 개선했다.

註) 이 당시 고려-송-여진-정안국 모두가 요의 침략적 공세에 적개심을 가지고 있어서, 요는 사방 모두를 상대로 하여 하나씩 처리해 나가야 했다. 이 바람에 또 하나의 발해유민의 나라가 먼저 정벌의 대상이 된 것이다. 이번에 10만의 포로와 10만 필의 군마를 잃은 채로 참담한 피해를 본 정안국이 얼마나 오래 지속되었는지는 알려지지 않는다. 이 해의 전쟁에도 지도층은 투항하지 않고 압록강 상류 쪽으로 옮겼던 것 같다. 왕자 대원(大元)이 989년과 991년에 다시 한차례 송(宋)에 상표(上表)한 사실이 있고, 1018년에도 정안국 사람이 고려에 귀부한 사실이 있기 때문이다. 서병국의 〈발해사〉에서는 정안국이 140여년 이어가다가 거란의 쇠퇴로 여진의 세력이 강해진 1114년에 여진과 힘을 합하기 위하여 여진의 금나라에 운명을 맡겼다고 했다. 이 내용이 옳은 것 같다.

986 高麗 6대 성종(成宗) 5년

1월, 송(宋)의 공략을 목표로 하고 있던 요(遼: 契丹)는 고려가 여진을 몰아내면서, 북진하자 큰 의심을 가졌다. 또 고려와 송의 연합을 저지코자 고려에 사신을 보내 친선을 꾀했지만 아무런 회답도 받지 못했다. 한편으로 고려는 태조 때부터 거란(契丹)을 발해를 멸망시킨 원수의 나라로 취급해 오고 있는 중이었지만, 고려와 송의 군사력이 요에 못 미치기에 일단 관망하는 태도를 취하고 있는 중이었다.

註) 송은 거란에서 성종이 12세의 나이로 즉위하자, 송 태종은 이를 얕보고 고려와 함께 거란 정벌군을 일으키려 했다. 그러나 고려가 확실한 태도를 보이지 않자 단독으로 전쟁을 시도했지만, 결국 송 태종은 기구(岐溝)전투에서 대패(大敗)하고 겨우 목숨만 건져 살아 나갔다. 이 패전 이후 송의 대거란(對 契丹) 정책은 전쟁을 기피하려는 소극적으로 되었다.

989 高麗 6대 성종(成宗) 8년

거란(契丹: 遼)이 3번째로 압록강변의 여진(女眞)을 공격하고…,

註) 비록 여진은 서부 압록강 방면에서는 큰 피해를 보았으나, 아직까지 30부 여진의 본거지는 함흥지방과 간도지방에 건재한 상태이었다.

990 高麗 6대 성종(成宗) 9년

10월, 왕은 압록강 바깥쪽에 살고 있는 여진을 몰아내어, 백두산 밖에서 살도록 했다. 끊임없는 서북면의 영토 확장 정책의 결과로 세력이 압록강 선까지 확보하게 되었다.

註) 그러나 동북면 쪽의 영토 확장에는 별다른 활동을 보지 못하는데, 산악지대이며 인구도 적은데다가 아직 국력이 이에 미치지 못한 까닭이다.

991 高麗 6대 성종(成宗) 10년

여진인 2천 명이 투항해왔다. 어느 쪽에도 마음 놓고 살 곳이 없기 때문이다. 왕은 이들을 받아들여 마을에 살게 하며 환심을 사 두는 한편, 고려에 맞서는 여진(女眞)은 백두산 쪽으로 몰아내 근심거리를 없애고, 압록강 남안(南岸)까지 확보한 다음 위구(威寇), 진화(振化), 내원(來遠)에 3성을 쌓고 군사를 주둔시키자, 거란(契丹: 遼)도 여진을 몰아내고, 비로소 압록강 북안(北岸)에 3성을 쌓으면서, 이때부터 고려와 거란이 서로 국경을 마주 보게 되었다. 그러나 요는 송에 대비하기 위해 병력을 재배치하면서 고려와의 충돌은 피해야 했기에 사신을 고려에 보내 영원한 평화를 유지하자고 제안한다. 왕은 이에 대해 아무런 반응을 보이지 않았다. 이로부터 당분간 고려와 요 사이에는 긴장 속에 평화가 유지되고…

註) 거란(요)은 정안국을 멸망(년도 미상)시켜 대 타격을 가한 후에 고려를 안심시키려 했으나, 오히려 고려는 송과의 관계를 가까이하며 북방에 대한 대비를 단단히 해 나갔다. 어차피 요와의 대결을 각오해야 할 상황이기 때문이다. 더구나 요는 정안국을 칠 때마다 고려를 친다는 구실을 앞세우는 위장전술을 이용해 왔었다. 속이 훤히 보였다. 그간 중국이 오대국(五代國)의 혼란기에 있었기에 고려 내정에 간섭할 분위기가 아니었고, 송(宋)이 등장하면서는 고려와 돈독한 우호관계가 있었기에 평화가 유지될 수 있었는데, 요(거란)가 등장하여 세력이 커지면서 상황이 복잡하게 되어간 것이다.

### 거란(契丹 - 遼)의 1차 침입

993 高麗 6대 성종(成宗) 12년

5월, 여진으로부터 급한 첩보가 있었다. “거란(契丹)이 고려를 치기 위해 요양(遼陽)에 원정부대를 집결시키고 있다”는 것이다. 그러나 고려는 ‘거란이 여진을 치려는 것’으로 오판했다. 그러나 8월에 다시 첩보가 왔는데, “거란의 침공부대가 이미 요양을 떠나 고려로 향한다”는 것이다. 이때부터 급박한 방어준비가 이루어지는데…

10월, 송(宋)을 정벌하기 이전에 먼저 후방에 있는 고려를 길들이기 위해, 요(遼: 契丹: 946년에 국호를 “遼”로 함)의 경종(景宗)은 소손녕(蕭遜寧)에게 80만의 대군을 주어 밀고 들어가게 했다. 고려도 이에 대비하여 미리 두 달 전부터 왕이 친히 서경(西京: 평양)에 나아가 독전하고 있었다. 우선 고려군은 소규모의 기습공격으로 적의 진격로를 교란하면서 방어를 위한 시간을 벌고자했다. 요군은 기습협공에 당황했지만, 일단, 수적우세로 봉산군(逢山郡: 평북 구성시 동남쪽 기룡리 일대, 압록강과 청천강의 중간 지점)까지 밀고 나왔다.

註) 거란 침공군의 규모가 80만 대군이라는 것은 과장인 것 같다. 〈요사(遼史)〉에는 고려침공에 80만을 동원했다는 언급이 전혀 없다. 이러한 대규모의 출병은 황제의 친정이라면 가능하겠으나, 일개 장수에게 대군을 주어 보내는 것은 불가능하다. 더구나 고려를 멸망시키겠다는 뜻도 아니었고, 고려와의 친교만을 목적으로 한 원정이다. 거란의 체제상 동경유수가 징발할 수 있는 최대 병력이 6만을 넘을 가능성은 거의 없다. 실제로 전쟁의 기간도 2개월 정도였다.

고려의 선봉 윤서안(尹庶顔)이 봉산군에 나아가 방어전을 시도했으나, 요군은 고려군을 깨트리고 선봉장 윤서안까지 포로로 하면서 청천강 북쪽 강변까지 도달했다. 왕은 일단 서경으로 돌아가야 했고, 대신 중군사 서희(徐熙)를 봉산군에 투입했다. 한편, 요군은 일단 진격을 멈추고는 글을 보내 항복하라고 위협해 댔다. 조정에서는 의견이 분분했는데 그 사이 고려로부터 응답이 없자 요군이 청천강을 넘어와 안융진(安戎鎭: 安州, 청천강 하구 南岸)을 공격했다. 여기에서 중랑장(中郎將) 대도수(大道秀: 발해 태자 대광현의 아들)와 낭장(郎將) 유방(庾方)은 통상적인 수성전(守城戰)을 하지 않고 성 밖으로 나가 검차(檢車)로 돌격하면서 격렬하게 공세를 퍼부어 거란군을 크게 깨트렸다. 요군은 호기가 꺾여 더 이상 나가지 못하고 봉산성으로 되돌아 간 채로, 입으로만 거듭거듭 항복을 재촉할 뿐인데…

註) 전쟁기간 중 한반도 북부의 지형적 성격이 심대한 영향을 끼쳤는데, 대부분이 험준한 산악과 대소 하천으로 형성되어있어 협곡과 굴곡이 심한 고갯길과 애로 지역이 무수히 많아, 이러한 지형에서는 기병(騎兵) 위주의 거란군은 이동과 보급에 불리한 반면에, 방어가 목적인 고려군의 입장에서는 산, 강, 하천의 장애물을 이용한 매복과 습격, 그리고 산성(山城)을 근거로 한 청야전술(淸野戰術)과 개문출격(開門出擊)을 혼합운용하며 효과적인 작전을 펴기에 매우 유리한 입장이었다. 그러한데도 소손녕은 왕궁만 점령하면 끝날 줄 알고 도중에 만나는 성은 그냥 둔 채로 신속하게 남진했지만, 이제 잘못하면 고려군에게 퇴로도 막힌 채 포위당할 입장이었다. 결국 그들의 전통적인 방법이 고려에서는 통하지 않았던 것이다.

### 서희(徐熙)의 담판

중군장 서희는 요군의 진격 일정을 파악하고는 타협의 여지가 있음을 간파했다. 거란은 송에 대한 정벌전 일정 때문에 더 이상 고려 땅에서 지체할 수 없었기에 고려의 서희(徐熙)를 만나 서로 환대하며 담판이 이루어졌다. 이 담판에서 고려가 다음 달 윤10월에 국경지대의 여진을 몰아낸 후에 서로 통교하기로 합의하고는 적장 소손녕(蕭遜寧)은 군대를 이끌고 물러갔다. 서로의 실리 챙기기에서 고려는 전쟁에 잃은 것보다 얻은 것이 더 많았다. 이때의 〈서희.소손녕 협정〉의 내용은 고려는 요에 조근(朝覲: 요 황제를 배알하는 것)과 정삭(正朔: 요의 달력을 고려가 사용하는 것)을 받들되, 압록강 동편 280리 땅을 고려가 영유한다는 것이다.

註) 성종(成宗)은 문약한데다가 주체성마저 약했다. 그는 요의 대군에 겁먹어 서경 이북지방을 요에 떼어주려 하면서 비상식량을 대동강에 버리라고 하자 서희와 이지백(李知白: 前 民官御使)이 왕을 설득했다. 만약 요가 고구려 옛 땅인 삼각산 이북까지 달라면 주어야 하느냐며 왕을 달랬다. 그 후 적장 소손녕 앞에 나선 서희는 "우리는 고구려를 계승하여 국호도 '고려'이다. 도읍지도 서경(평양)으로 정하려 함에 귀국의 수도인 동경(요양)과 압록강 내외의 땅도 우리의 경내에 속하니 어찌 우리가 귀국의 경내를 잠식했다 하겠는가?"라고 하며 당당히 맞서 7일간 적진에 머물면서 담판을 성립시킨 후, 돌아올 때는 낙타 10마리, 말 1백 필, 양 1천 마리 등 많은 예물까지 받아오는 외에 압록강까지의 영유권까지도 인정받아오는 외교적 큰 개가를 올렸다. 거란의 입장에서 압록강변의 양보는 손해를 본 것이 아니었다. 송을 공략함에 있어 후방의 안정이 무엇보다도 필요했기 때문이다.

### 강동6주(江東6州) 설치

994 高麗 6대 성종(成宗) 13년

6월, 고려는 원욱(元郁)을 밀사로 하여 송에 보내 그간의 사정을 설명하고 힘을 합하여 요를 협공하자고 제의했으나, 송의 태종은 무사 평온을 바라며 오히려 경거망동이라고 거절 한다. 이에 실망을 느낀 왕은 송과 단교하기로 하고, 요와 친선을 돈독히 해나가는 방향으로 정책을 바꾸었다. 마침 요는 "자기네는 압록강 서쪽, 고려는 압록강 동쪽에 각기 성을 쌓아 통로를 개척하자"는 제안을 해왔다. 왕은 서희에게 명하여 압록강변 하류일대에 여진을 몰아내고 잇달아 6개의 진(鎭)을 설치해가며 주(州)를 만들어 영역을 확보해 나갔다.

註) 송(宋)은 개국 초부터 숭문천무(崇文賤武) 정책으로 나가 문약(文弱)으로 흘렀다. 당나라가 망한 이유가 지방군 사령관들의 강력한 힘 때문이었다고 여긴 탓이다. 일선의 지휘관에게는 자신의 지휘권조차 중앙에 승인을 받아야 할 정도였다. 때문에 고려와 연합하려해도 마땅한 군사력이 없는 것이 문제였다. 반대로 고려는 2군6위로 구성되는 전문 군사집단을 확보하고 있었다. 2군은 궁궐호위를 맡았고, 6위는 수도방어와 치안을 담당하여 이들 숫자만도 4만5천을 헤아린다. 여기에 지방군이 추가로 편성되어 각자 진장(鎭將)의 지휘 아래 독자적인 작전을 펼칠 수 있는 체제였다. 여기에는 강력한 기병(騎兵)도 포함되며 대부분이 직업군인이었다. 군사편제가 이러하니 외적이 쳐들어와도 당당하게 맞설 수 있었다.

註) **강동6주(江東6州)**: 압록강 하류일대에 쌓은 6진, 장흥(長興: 태천의 동쪽, 新山), 귀화(歸化: 龜城), 곽주(郭州: 곽산), 구주(龜州: 龜城), 안의(安義, 安州), 흥화(興化: 의주)를 기본으로 곽주(郭州), 구주(龜州), 통주(通州: 宣州), 철주(鐵州: 철산), 용주(龍州: 용천), 흥화진(興化鎭)의 6주. 요는 당을 침공해 연운16주(燕雲16州: 北京과 大同을 중심으로 장성 남쪽에 있는 16주)를 획득한 후로 압록강 강변에는 매력이 적었다. 고려는 이때 새로이 거란으로부터 인정받은 압록강 동남쪽에 성을 쌓고 고려 영토에 편입시키며 신라의 통일 이후 축소되었던 강역까지 넓힐 수 있었다. 이로서 압록강이 다시 우리 역사로 돌아왔다. 실로 고구려 멸망 이후 300년이 지나 비로소 오늘날 평안북도 일대의 고구려 옛 영토를 회복하였다.

995 高麗 6대 성종(成宗) 14년

9월, 왕은 강동(江東)의 6주를 확보한 후, 전국을 10도(道) 128주(州), 449현(縣), 7진(鎭)으로 재편했다.

註) 이는 우리나라의 도제(道制)의 시초인데, 당시의 긴장된 북방관계로 보아 일종의 순찰구획의 의미가 강한 것이었다.

1005高麗 7대 목종(穆宗) 8년

1월, 동여진(東女眞)이 등주(登州: 안변)에 침입하여 30여 개의 부락을 방화하므로, 군대를 파견하여 이들을 쫓아내고 성을 쌓았다.

### 강조의 정변(康兆의 政變)

1009 高麗 7대 목종(穆宗) 12년

6대 성종(成宗)이 아들 없이 죽으매 前王 경종(景宗)의 아들 송(誦)이 17세에 즉위하니 이가 목종이다. 그런데 젊어서 혼자된 목종의 생모인 천추태후(千秋太后)가 김치양(金致陽)이란 자와 밀통하고, 또한 천추태후의 동생인 헌정왕후는 욱(郁)과 밀통한다. 성종은 김치양과 욱을 모두 귀양 보냈었는데, 욱은 도중에 죽었다. 998년에 목종이 18세로 즉위한 이후, 초기에는 천추태후(千秋太后)가 섭정했는데, 천추태후는 귀양 보냈던 정부(情夫) 김치양(金致陽)을 다시 불러 사통을 하고는 아들까지 나았다. 그런데, 1003년 목종이 갑자기 병석에 눕자 천추태후는 이 아들로 목종의 뒤를 잇게 할 음모를 꾸몄다. 이 음모를 안 목종은 당숙 욱(郁)의 아들 대량군(大良君) 순(詢)에게 자기의 뒤를 잇게 하고는, 자신의 호위를 위해 서북면도순검사(西北面都巡劍使)로 나가있던 강조(康兆)를 불러 들였다. 이때 나라 안에는 온갖 뜬소문이 떠돌았는데, "임금은 병환이 위중하여 목숨이 경각에 달려 있고, 김치양 일파는 이를 기화로 왕위를 빼앗으려 한다"는 것이다. 그러던 중 이번에는 "목종이 죽었다"라는 헛소문이 나돌자 강조는 김치양 일파를 몰아내고 목종의 뜻대로 대량군을 임금의 자리에 앉히려 했다. 강조가 군사 5천을 이끌고 개경으로 오던 도중에 목종이 아직 살아 있다는 소식을 들었다. 입장이 난처해진 강조는 어차피 목종으로서는 나라를 흥하게 하기 힘들 것으로 판단하고, 내친김에 부하 제장(諸將)과 의논한 후 별장(別將)으로 하여금 대량군을 맞이하게 하고 자신은 개경으로 들어가 목종에게 퇴위를 강요했다. 목종으로서는 스스로 불러서 화를 당한 셈이다.

註) 강조는 목종을 폐위시킨 후 대량군을 내세워 왕으로 삼았다. 이가 곧 8대 현종이다. 이와 동시에 김치양 부자를 죽이고 천추태후와 그 일당을 모두 귀양 보냈으며, 1009년에는 폐위시킨 목종을 충주로 유배 보내는 도중에 시해했다. 한편, 거란의 당시 실력자이던 황태후 소씨(蕭氏)가 죽자 조위사(弔慰使)를 파견하는 등 거란과의 유대관계에도 신경을 썼는데…

註) 목종(穆宗) 재위 13년 간 요와 활발한 외교관계는 없었지만 비교적 평화적인 관계가 지속되었다. 또한 압록강변에는 조공무역이 성행하여 보주(保州, 義州)에 각장(榷場)이 개설되어 이를 통한 시장성 교역이 6년 간(1005 ~ 1010)이나 계속되었다. 그러나 태조 이래 요를 야만시하고 송의 문화를 높이 평가하는 정책에는 변함이 없었다.

註) **천추태후(千秋太后) 황보(皇甫)씨:** 기록에는 단지 외척인 김치양과 불륜을 맺은 패륜 여인으로 되어 있지만, 고려는 신라와 마찬가지로 근친결혼에 의한 제위 대물림이 당연했으므로 인척 간에 관계가 복잡한 것뿐이다. 당시 헌애왕후 황보씨는 5대 경종이 재위 6년 만에 일찍 죽으매 당시 2살밖에 안된 아들을 왕으로 정할 수 없어 그 대신 오빠가 즉위했는데 이가 성종이다. 그런데 성종은 즉위하자마자 팔관회나 연등회, 선랑(仙郞) 등을 폐지하고 중국식 유교윤리를 정치이념으로 삼으며 왕후에게 수절을 강요하자, 젊은 부인은 외가 쪽 친척인 김치양을 애인으로 삼았다. 그 후 억불숭유정책으로 통치권을 강화하려다 오히려 문약한 나라를 만든 성종이 997년 10월에 재위 16년 만에 아들 없이 죽자 그녀의 아들(목종)이 왕위에 오르면서 헌애왕후는 즉각 중국식 유교문화를 버리고 고려를 황제국으로 격상하면서 자신의 명칭도 천추태후로 바꾸고 북진을 강조했던 왕건의 유훈에 따라 고려의 전통을 되살려 갔다. 그러나 성종의 정책을 따르던 유학파와 신라계 인물들의 불만을 사다가 결국 1009년 반대파들의 반란으로 아들 목종이 폐위되고, 현종이 왕위에 오르면서 그녀도 궁성에서 쫓겨나게 된다.

3월, 동북면의 여진해적을 진압하기 위해 75척의 과선(戈船: 전투 돌격선)을 건조했다. 이로서 해적에게 붙잡혀 갔던 왜인(倭人)들을 구출하여 왜국(倭國)에 넘겨주는 등, 남쪽의 왜와는 친선을 유지해 나가는 반면에 북방에 대하여는 계속 대립정책을 고수했다.

### 거란(글안, 契丹)의 2차 침입

1010 高麗 8대 현종(顯宗) 원년

5월, 얼마 전 고려의 낭중 하공진(河拱辰)이 동북면의 여진족(東女眞)을 토벌하다가, 오히려 패한 적이 있어 분한 마음을 먹고 있던 참에, 마침 동여진인 95명이 고려에 조공을 바치려 화주관(和州館)에 도착한 것을 하공진이 이들을 모두 잡아 죽여 버린 일이 있었다. 조정은 이 죄를 물어 하공진을 귀양 보냈지만, 이 때문에 동여진은 원한을 품고 거란에게 고려를 응징해 달라는 모략적인 호소를 했는데, 마침 실권을 장악한 요(契丹)의 성종(聖宗)은 자신의 능력을 과시하고도 싶었지만, 7년 전(993년)에 고려 중군장 서희에게 설득당해 양보했던 압록강변의 강동6주를 꼭 탈취하여 손에 넣고 싶어 하던 참이었다.

註) 이때는 거란의 전성기로 영토는 서쪽으로 천산(天山), 동으로는 만주 대부분을 아울렀으며 북으로는 몽골 전 지역, 남으로는 연운16주를 차지한 상태였다. 요 성종은 작년에 소태후가 죽자 친정(親政)에 나서면서 더욱 강력한 정복사업으로 자신의 능력을 과시하고 싶었다.

5월, 요(遼) 성종(聖宗)은 고려가 송(宋)에 대해 은밀한 접촉을 해온 것이 못마땅한데다가, 또 언제 송(宋)과 연합하여 뒤를 칠지도 모른다고 여기면서 벼르고 있던 참이다. 마침 강조(康兆)의 폐위사건도 있고 해서 이를 핑계 삼아 전국 동원령을 내리고, 송과는 외교적으로 아우른 다음, 10월, 도통(都統) 소배압(蕭排押)을 선봉으로 하여 친히 40만 대군을 이끌고 고려 정벌에 나서기로 했다.

### 흥화진(興化鎭) 전투

11월 16일, 요 성종은 자칭 의군천병(義軍天兵)이라 하면서 압록강을 넘어 순검사(巡檢使) 양규(楊規)와 진사 정성(鄭成)이 지키는 흥화진(興化鎭: 의주 백마산성)을 에워쌌다. 흥화진성은 양측이 절벽으로 되어 천연요새를 이룬 성의 지형을 무시하고 거란군은 각종 공성(攻城)기구를 앞세우고 숫자로 밀어붙였으나, 요지부동이었다. 양규의 고려군은 철벽이었다. 요왕은 답답했다. 오히려 막심한 피해만 입자, 요왕은 흥화진에 문서를 두 차례나 보내 "강조를 잡아 보내면 회군하겠다"고 설득도 해보았지만, "먼저 회군하면 요구에 응 하겠다"는 답변만 들었다. 11월 23일, 요 성종은 결국 공격 7일 만에 흥화진을 포기하고 우회하기로 하면서 20만의 잔류 병력을 이곳에 남겨두어야 했다.

註) 양규는 거란 원정군의 반을 여기에 묶어 둔 것이다. 더구나 7일간이라는 귀중한 시간을 벌어 여러 성들이 방비에 만전을 기하도록 했으며, 또한, 적의 후방을 위협하는 근거지로 기여하면서 이번 전쟁에 엄청난 영향을 끼쳤다.

### 통주(通州) 전투

25일, 요의 성종은 20만 병력을 인주(麟州: 신의주 남쪽)에 주둔시킨 채, 나머지 20만을 직접 몰고 흥화진을 피해 계곡 길로 빠져나가, 청천강 이북의 요충지인 통주(通州: 평안북도 선천 북쪽지방)로 진출했다. 이에 군권을 장악한 강조(康兆)는 직접 30만 대군을 지휘하며 통주성 밖으로 나와 청천강 3개 지류가 합쳐지는 삼수채(三水砦)에 진을 친 다음, 검차(劍車)를 앞세우고 돌격전을 벌였다. 이번에 특별히 준비한 검차는 지나가면서 닥치는 대로 깔아뭉개고 찌르고 하니 적군은 연전연패 속수무책이었다. 강조는 이 상황을 보고 그만 자만에 빠져 방심한 채로 바둑을 두는 여유까지 부렸는데, 이 틈에 적의 선봉장 야율분노(耶律盆奴)가 서쪽 측면의 삼수채를 격파하고 들어와 맹공을 퍼붓는 사태가 일어났다. 강조는 태연히 바둑을 두면서 "입 안의 음식은 적으면 씹기가 불편하다. 많이 들어오게 내버려 두라"하며 큰 소리쳤다. 끌어들여 포위섬멸할 계획이었다. 그러나 요군의 주력이 고려의 중군을 에워싸고 고려의 좌군과 우군을 중군과 차단시켜 놓자, 고려군은 셋으로 쪼개지며 어이없이 각개 격파 당하는 상황이 된 것이다. 이 바람에 진이 무너지고 적이 몰려들어 지휘부가 무너지면서 많은 중신이 붙잡히고, 좌군과 우군도 맥없이 흩어지면서 퇴각하는 도중에 3만의 사상자를 내고 말았다.

註) 강조는 비록 포로가 되었으나 고려인의 긍지를 잃지 않았다. 거듭된 요왕의 회유에도 굴하지 않고 "고려의 개가 될지언정 거란의 신하는 될 수 없다"고 항변하면서 처형당했다.

그 다음, 요왕은 후방에 버티고 있는 흥화진이 마음에 걸려서 강조의 가짜 서신을 날조해 보내 항복을 권해 보았다. 그러나 양규(楊規)는 단호했다. "나는 왕의 명을 받고 싸우는 것이지 강조의 명을 받은 것이 아니다"라며 거들떠보지도 않았다. 그러자 요왕은 이번에는 포로가 된 노전(盧戩)과 마수(馬壽)에게 항복 권유문서를 주어 통주성에도 보내보았다. 그랬더니 중랑장 최질(崔質)과 홍숙(洪淑) 등이 이들을 포박하고 수비를 강화하면서 오히려 민심을 추스르자 요왕은 결국 공격을 다그쳤다. 그러나 고려군은 밀려온 적에 대해 격렬하게 저항하며 요지부동이라, 요왕은 끝내 통주성까지 포기해야 했다.

### 곽주(郭州) 전투

12월 초, 거란군은 통주성을 우회하여 곽주성으로 가는 도중, 완항령에 이르러 김훈(金訓) 등의 기습적인 매복공격을 받고 일시 물러났다가, 12월 6일, 곽주(郭州)에 도착했다. 곽주는 안주(安州)로 가기 위해서는 반드시 통과해야하는 길목인데, 곽주 방어사 조성유(趙成裕)는 도망쳤고, 대장군 대회덕(大懷德) 등이 끝까지 저항했으나 점령당했다. 거란은 여기에 군사 6천을 남겨 성을 지키게 했다. 이제 청천강의 교두보를 확보한 거란군은 개경을 향해 파죽지세로 남진을 서두르는데…, 한편 흥화진의 양규는 흥화진과 통주에서 군사 1천7백을 선발하여 이끌고 나가 12월 17일, 기습공격으로 곽주성을 재탈환했다. 양규는 여기 곽주성에 있던 거란 주둔군을 격멸하고는 백성 7천여 명을 통주로 옮겼다.

### 서경(西京: 평양성) 전투

12월 8일, 청천강 요새인 안북부(安北府)에서 부사 박섬(朴暹)이 도망가 버리는 바람에 요군은 쉽게 안주(安州)를 점령하고, 청천강을 넘어와 숙주를 점령한 후, 10일에는 서경(西京: 평양성) 근방에 도착했다. 이에 왕 현종은 겁먹은 채 강화제의 문서를 보내 요왕을 만날 것을 청하자 요왕은 싸움을 중단시켰다. 그런데 마침 중랑장 지채문(智蔡文)이 증원군을 이끌고 성에 들어와 보니 항복이냐 싸움이냐를 놓고 대신들 간에 의견이 갈라져 있기에, 지채문은 때마침 항복을 약속하는 표문을 가지고 돌아가는 거란 사절을 모두 살해하고 표문까지 불태워버렸다. 또 동북면 도순검사 탁사정(卓思政)의 군사까지 합세하여 항복을 접수하러 온 거란의 특사 한기(韓杞)의 기병 2백 명을 죽이고, 성 밖으로 나가 적의 선봉인 을름(乙凜)의 군사까지 격파했다. 이제 요왕과의 항복절차는 무효가 되어 버렸다. 이에 격분한 요군이 공격을 벌이자 탁사정이 9천의 병력으로 막아내고 또한 후방에서는 양규가 흥화진을 나와 곽주를 들이쳐서 포로를 구출하는 등 고려군이 사방에서 항전하는데다가, 병마사로 추대된 조원(趙元)이 평양성을 굳게 지키니, 결국 요군은 서경(西京)을 포기한 채 개경(開京: 개성) 쪽으로 방향을 돌려 나갔다.

### 왕은 피난길에…

12월 17일, "적의 수가 많아 중과부적이니 일단 예봉을 피하고 장차 부흥을 도모해야 한다"며 남쪽으로 피난을 권유하는 강감찬(姜邯贊)의 의견대로 왕은 지채문(智蔡文)을 호위 삼아 피난길에 올랐다. 그러나 질서를 잃고 변절하는 자도 나오니 도처에서 왕답지 않게 백성들로부터 화를 당했다. 왕이 도망하는지라 백성들과 관리들의 이반 행위도 심했다. 도중에 하공진(河拱辰)이 자진하여 창화현(昌化縣: 파주 교하)까지 진출한 적진에 들어가 "국왕이 요왕을 조회하고자 하나 군대의 위협으로 오지 못한다"고 하자, 거란군은 일단 군사를 뒤로 물리면서 개경으로 향했다.

註) 하공진(河拱辰)은 고영기(高英起)와 함께 적진에 들어가 요왕을 만나 철군을 협상하면서 요왕이 "국왕은 어디 있느냐?"하자 "이제 강남으로 향했는데 그 소재를 알지 못 한다"고 했다. 이어서 "강남이 얼마나 먼가?"하고 묻자 이들이 고려의 지리를 전혀 모르는 것을 간파하고 "강남은 아주 멀어서 몇 만 리가 되는지 알 수 없다"고 답했다. 이 말에 요왕은 고려왕을 포기하고 개경으로 들어가 약탈 방화를 저지른다. 결국 하공진과 고영기는 고려왕의 친조를 실현시키기 위한 담보로 인질이 되어 철군길에 합류했으며, 하공진의 기개와 충성심을 높이 평가한 요왕은 그를 연경(燕京, 北京)에 살게 하고 혼인까지 시키면서 설유해 보지만 탈출기회만 노리는 점이 드러나 이듬해(1011년) 12월 결국 죽임을 당하고 말았다.

1011 高麗 8대 현종(顯宗) 2년

1월 1일, 요군이 개경에 들어가 방화, 약탈하여 개경의 옛 모습이 없어질 지경이다. 수렵 민족인 거란족의 약탈은 악명 높다. 개경은 건설된 뒤 처음으로 처절한 수모를 겪었다. 이때 하공진이 요왕을 만나 "고려왕이 친조하겠다"는 철군조건으로 협상이 이루어져 요군이 11일부터 철수하게 되는데, 요왕은 강조를 응징하겠다는 명분이외에는 다른 핑계가 없는데다, 병력의 소비도 막심했고 병사들도 지쳐있어 시간을 끌고 있을 형편이 아니었다.

註) 17세의 어린 왕은 그런 줄도 모르고 나주(羅州)까지 피난 갔는데, 가는 곳마다 백성들에게 곤혹을 치르면서도 왕답지 않게 신속한 환궁은커녕 여자를 취하고 놀이를 하는 등 비난받을 짓만 하다가 2월 23일에야 개경에 돌아왔다.

### 북방의 명장(名將), 양규(楊規) - 거란군을 그냥 보낼 수 없다

요군이 철수 길에 오르자 이때부터 귀주(龜州), 통주(通州), 곽주(郭州) 등 후방에 버티고 있던 양규(楊規)와 김숙흥(金叔興) 등의 고려군의 철저한 타격이 시작되었다.

1월 17일, 김숙흥(金淑興)이 보량(保良)과 함께 귀주에서 요군을 들이쳐 1만을 참살한 것을 시작으로, 18일에는 양규가 무로대(無老代: 의주)에서 기습공격으로 적 2천을 베고 백성 3천을 구했고, 이어서 19일에는 이수(梨樹: 의주)에서 석령(石嶺: 의주 북쪽)까지 추격하여 적 2천5백을 죽이고, 또 22일에는 여리참(余里站: 의주 북쪽지방)에서 세 번 싸워 모두 이겼으며 1천을 죽이고, 다시 28일에는 애전(艾田: 의주와 귀주 중간)에서 김숙흥과 합류하여 적의 선봉 1천을 섬멸한 후, 요왕이 직접 지휘하는 대군의 습격을 만나 종일

토록 격전을 벌이다 군사가 다하고 화살이 떨어져 김숙흥과 함께 장렬히 전사했다.

註) 홍화진의 순검사 양규(楊規): 1010년 거란의 난을 당하여 가장 빛나는 전공을 세운 장수이다. 그는 10개월간 지원군도 없이 홀로 무려 7전을 감행하여, 이 기간 중에 구한 백성들의 숫자가 무려 3만여 명에 달했으며 포획한 군마와 무기도 헤아릴 수 없었다. 난이 끝난 후 현종은 그의 전공을 높이 사 공부상서를 추증하고, 그의 아들 양대춘을 교서랑에 임명했다. 또 1024년에는 삼한후벽상공신(三韓後壁上功臣)에 추봉했다.

1월 29일, 궤멸직전의 요군이 마침 내린 폭우로 지리멸렬이 된 상태에서 겨우 압록강을 반쯤 건널 때, 여기서 또한 정성(鄭成) 장군이 기습공격을 퍼부어 요군은 또 다시 군사의 절반을 꺾인 채 황량하게 북으로 달아나니, 그간의 모든 성이 모두 다 회복되었다.

註) 이때 특이한 사항은 강동6주를 비롯하여 압록강 동쪽의 여진이 고려와 하나가 되어 요군을 격퇴시킨 사실이다. 여진은 이즈음에 고려통치에 순화되어 함께 반격전에 적극적으로 참여했다. 어쨌든 요의 성종은 고려에 와서 얻은 것 없이 군사만 꺾인 채 고생만 한 꼴이 됐다.

4월, 왕은 왕첨(王瞻)을 요에 파견하여 군사를 철수시킨데 대한 사의를 표하게 했다. 이후에도 2차례(10월과 11월)나 요에 사신을 보내 외교적인 수습을 시도하면서, 또 한편으로는 재침에 대비해 민심을 수습하고 흐트러진 체제를 바로잡아 나갔다. 그러나 요왕의 경우는 달랐다. 1차 침입 때는 위엄이라도 세웠지만, 이번에는 죽도 밥도 못 챙겼다.

註) 남송(南宋) 학자 섭융례(葉隆禮)가 펴낸 거란국지(契丹國志)에 거란이 고려를 침공한 기사를 보면 '거란이 크게 패해 장족(帳族, 거란의 명물부족으로 군관을 의미)이나 병졸, 수레도 돌아온 것이 드물었다.'고 되어있다. 즉, 형편없이 깨지고 돌아왔다는 것이다.

8월, 고려와 요에 밀려나간 여진족의 일부는 생존을 위해 해적 떼가 되어 울릉도, 대마도, 왜(倭)의 북구주(北九州)까지 노략질을 일삼았다. 또 100여 척의 해적선이 경주를 습격하여 약탈하기도 했다. 그리고 이후 80여 년 간이나 여진해적(女眞海賊)의 노략질은 계속되었다.

1012 高麗 8대 현종(顯宗) 3년

4월, 요왕은 고려의 화전(和戰) 양면정책을 무시하고 분풀이 트집 잡기에 열중이다. 작년에 고려에서 겪었던 결과에 자존심이 보통 상한 것이 아니다. 여진을 시켜 고려사신을 납치하는가 하면, 고려왕의 배알(親朝)을 요구하기도 했다. 6월에는 이도 저도 아니 되자 "강동 6주를 공취 하겠다"고 엄포도 놓아본다. 왕은 배알도 강동6주도 모두 허락할 수 없는 것들 이기에, 다음의 전쟁에 대비하여 군사를 정비하면서 송에 사신을 보내 협공을 거듭 청해보았다. 그러나 송(宋)은 고려의 사신만 후하게 대접할 뿐 여전히 움직일 기미가 없는데…

1013 高麗 8대 현종(顯宗) 4년

3월, 요는 야율평행(那律平行) 장군을 고려에 보내 고려가 6주(州)를 차지한 것을 항의하고, 7월에는 다시 야율평행에게 강동6주를 답사하게 했다. 이는 앞서의 서희와 소손녕 간의 협상을 무효화하려는 의도였다. 어차피 왕은 거란과의 일전(一戰)을 결심하고 있는 상태이었다.

註) 지난해 전역에서 회군하던 거란군에게 치명적인 타격을 가해 승리한 고려가 항복이나 다름없는 친조를 이행할 수는 없었다. 게다가 거란이 요구해온 강동6주는 청천강 방어선의 중요 거점이므로 이 또한 양보할 수 없는 곳이다. 왕은 양보는커녕 오히려 성을 구축하면서 방비태세를 강화했다.

5월, 거란은 고려의 반응이 계속 신통치 않자, 압록강을 건너 흥화진(興化鎭: 의주)에 대한 기습공격을 시도했는데, 이때 흥화진 수비장 김승위(金承渭)가 거란군의 도강을 막았다.

### 거란의 3차 침입

1014 高麗 8대 현종(顯宗) 5년

6월, 거란 성종은 더 기다리지 못하고 소적열(蕭敵烈)과 야율단석(耶律團石)에게 고려 침공조서를 내리는 한편, 9월에는 사신을 고려에 보내 강동6주를 반환하라는 요구를 해보았지만 역시 거부당하자 즉각 약 15만의 침공군을 출정시켰다.

10월 6일, 고려는 송(宋)이 움직여주지 않은 점이 불만이었지만, 통주(通州: 흥화진 남쪽)를 공격해 오는 요(遼)군을 흥화진을 지키던 정신용(鄭神勇)과 별장 주연(周演)이 급습하여 7백여 명을 사살하고 많은 적병을 익사시켰다.

### 김훈과 최질의 난(金訓과 崔質의 亂)

11월, 거란의 침입 이후 병력 증강에 따라 백관의 녹봉이 부족해지자 경군(京軍)의 영업전(永業田)으로 충당하려 했는데, 이에 군인들은 정부의 조치가 자신들의 재산을 빼앗는 것이었기 때문에 불만을 품었다. 이때 거란의 격퇴에 공이 커서 상장군에 오른 김훈(金訓)과 최질(崔質)은 박성(朴成), 이협(李協), 최가정(崔可貞), 임맹(林孟) 등과 군대를 이끌고 궁궐로 들어가 백관의 녹봉을 영업전으로 충당하게 하자고 주장한 황보유의(皇甫兪義)와 장연우(張延祐) 등을 포박하고, 왕을 협박하여 이들을 귀양 보냈다.

註) 고려를 건국한 공신들은 모두 무신(武臣)들이었으나 세월이 가면서 무신들의 지위가 날로 떨어져가는 중에 일어난 우리나라 최초의 '무신의 난'이다. 이들은 또한 무신인 상참(常參)은 모두 문신을 겸하게 하고, 어사대(御史臺)와 삼사(三司)를 금오대(金吾臺)와 도정서(都正署)로 바꿨다. 이에 따라 무관이 문관을 겸하여 정사를 함부로 하자, 나라의 기강이 문란해졌다. 이에 현종은 전 화주방어사 이자림(李子琳)이 올린 계교에 따라 서경의 장락궁(長樂宮)에서 잔치를 베풀고, 이때 이자림 등은 술에 취한 김훈 등 19명 일당을 모두 주살했다.

1015 高麗 8대 현종(顯宗) 6년

1월, 요군(遼軍)이 내원성(來遠城: 압록강 가운데의 검동도(黔同島))을 중심으로 압록강에 긴 다리를 놓고 넘어, 격렬한 고려수비군의 방어벽을 뚫고 들어와 압록강변에 보주성(保州城: 의주)을 쌓았다. 적은 계속하여 선화진(宣化鎭: 길주)과 정평부(定平府)의 정원진을 공격하여 뺏고 여기에도 성을 쌓아 이름까지 고치고는 이어서 흥화진까지 포위했지만, 고려 고적여(高積餘)의 강력한 반격으로 패한 후, 요군은 아무 소득 없이 4월에 모두 물러갔다.

註) 이어 요는 야율평행(耶律平行)을 보내 또다시 6주를 요구했지만, 고려는 오히려 사신을 억류하고 보내지 않으면서 더욱 강경한 태도로 맞섰다. 그러자 요는 다시 원정 준비를…

### 거란의 4차 침입

9월 12일, 요는 전략적으로 압록강 남쪽의 강동6주가 절대적으로 중요했다. 요는 이송무(李松茂)를 보내 6성을 정탐하면서 또다시 군사를 이끌고 통주(通州)로 몰려왔다. 이때 통주를 공격하던 요군의 배후를 흥화진에서 출격한 정신용(鄭神勇)과 별장 주연(周演)이 급습하여 7백여 명을 도륙했지만, 이 싸움에 정신용(鄭神勇) 등 많은 장수들이 전사했다. 20일, 적은 이어서 영주성(寧州城)에도 왔으나 끝내 함락하지 못하고 3일 만에 철수. 23일, 통주에서 물러가는 적을 뒤쫓아 적과 다시 격전이 벌어져 대장군 고적여(高積餘)와 소충현 등 5명의 장군이 전사하고 2명이 포로가 되는 등 여러 장수들의 손실을 보았다. 결국 통주와 영주에서 성을 하나도 차지하지 못한 채로 실패한 요군은 압록강을 건너 북으로 철수했는데…

11월, 요는 다시 정병 5만5천을 뽑아 원정에 나서 선화진(宣化鎭)과 정원진(定遠鎭)을 다시 탈취하고 성을 쌓아 침공의 교두보를 확보했다. 왕은 다시금 송에 사신을 보내 군사협공을 청해보았으나, "거란과 화해하라"는 맥 빠지는 소리만 듣고 왔다.

1016 高麗 8대 현종(顯宗) 7년

1월, 요군의 야율세량(耶律世良)과 소굴열(蕭屈烈)이 곽주(郭州: 곽산)에 대거 침범해오자, 고려군은 격렬하게 맞섰으나 수만 명의 사상자를 내며 많은 군수품도 약탈당했다. 4일 후, 요는 승리의 여세를 타고 사신 10여 명을 보내 항복과 6주의 반환을 다시금 요구하려 했는데, 고려는 압록강에서 국경도 넘지 못하게 하면서 이들과 협상도 하지 않았다.

註) 요는 계속하여 고려를 침공하는데, 이 시기를 전후하여 침입이 격화되어 가는 양상이었다. 한편으로는 요의 거란(글안)인들이 계속하여 고려에 투화(投化)해 오고 있었다. 1016년부터 2년여 간 고려로 넘어오는 거란인들의 행렬은 계속됐다. 전쟁준비로 인한 과중한 세금을 견디다 못해 도망해 오는 무리들이 끊이지 않았다.

### 거란의 5차 침입 - 흥화진 전투

1017 高麗 8대 현종(顯宗) 8년

8월 28일, 요왕 성종은 고려6주의 탈취가 번번이 실패함에 다시 장군 소합탁(蕭合卓)에게 대군을 주어 보냈다. 이들은 그 동안 공격하지 않았던 흥화진을 포위하고 9일간이나 공격을 퍼부었으나, 도리어 고려의 장군 견일(堅一) 등이 성 밖으로 나가 거란군을 대파하고 많은 물자를 노획하니, 소합탁은 군사만 꺾인 채 아무런 소득 없이 되돌아갔다.

註) 고려와 거란의 전쟁 중에 여진의 향배도 중요했다. 따라서 여진에 대한 적극적인 회유책으로 동여진

과 서여진 모두 왕래가 잦았고, 전투에도 적극적으로 협력했으며 때로는 스스로 투항해 오는 무리도 많았다. 이때에만 해도 동여진의 개다불(蓋多弗), 서여진의 개신(揩信), 목사(木史), 목개(木開) 등이 고려에 투항해왔다.

### 거란의 6차 침입

1018 高麗 8대 현종(顯宗) 9년

10월, 왕은 전쟁을 피해 보려고 사신을 요에 보내 화호할 것을 청해보기도 하고, 또 한편으로 송(宋)에도 거듭 군사협력을 청해보지만, 아무런 결과를 얻지 못했다. 오히려 거란 성종은 고려에 대한 연전연패의 분풀이만을 벼르며 더욱 더 전열을 가다듬는데…

註) **행정구역의 개혁**: 이때 왕은 전국을 양광도(楊廣道: 경기도: 양주와 광주의 통합)_경상도(경주와 상주의 통합)_전라도_교주도(交州道: 강원도)_서해도(西海道: 황해도 일대)의 5도와 동계(東界: 함경도)_북계(北界: 평안도)의 양계로 구획하고, 이를 다시 4도호부(四都護府)_8목(牧)_129군(郡)_335현(縣)_29진(鎭)으로 나누었다. 양계에는 병마사(兵馬使)를 두어 병권(兵權)과 민정(民政)을 맡겨 당시 소란하던 북변을 책임지게 하였다. 그러나 5도에 조선시대와 같이 지방장관인 관찰사와 같은 지방관직을 두지 않은 점으로 미루어 이는 행정 구역이 아니라 단순한 순찰구역이었으리라고 보는 견해도 있다.

12월, 요(遼)의 장수 소배압(蕭排押)이 지휘하는 10만의 군사가 압록강을 또 다시 넘어 왔다. 이미 대비하고 있던 고려는 즉각 상원수(上元帥) 강감찬(姜邯贊), 부원수 강민첨(姜民瞻)을 임명하고 군사 20만 8,300을 투입하여 영주(寧州, 安州)에 진을 쳤다. 북계의 주진군(州鎭軍)까지 합하면 대략 30만의 대군으로 방어벽을 친 것이다.

12월 10일, 압록강을 건너온 요군을 강감찬은 적의 집결지인 흥화진에서 성 옆을 흐르는 대천(三橋川) 상류를 막아 터트리고 정예 기병 1만2천으로 기습하여 첫 승리를 거두었다.

12월 하순, 이후 별 전투 없이 소배압은 잔여 병력을 수습하고 길을 바꾸어 청천강을 무사히 건너 남하하던 도중, 자주(慈州)의 내구산(來口山: 지금의 慈山郡)에서 강민첨의 추격군이 쫓아와 또 한 번 요절을 냈다. 이어서 서경(西京: 평양)의 마탄(馬灘: 대동강 나루터로 지금의 美林津)에서 시랑(侍郎) 조원(趙元)이 이들을 맞아 1만여 명을 또다시 도륙했다. 그런데도 소배압은 후방과의 아무런 연계도 없이 무모하게 개경을 향해 계속 남진했다. 소배압은 아직 한 번도 패배해 본적이 없는 자칭 백전백승의 장군이라며 오만방자하게 나왔다.

1019 高麗 8대 현종(顯宗) 10년

1월, 소배압은 겨우 개경까지 오기는 왔으나 고려의 청야전술(淸野戰術)과 1만의 별동대를 이끈 김종현(金宗鉉)의 기습으로 더 이상 버티고 있을 수가 없어 도로 퇴각하려고 위주(渭州: 영변)로 방향을 돌렸다. 이를 강감찬이 또다시 엄습하여 난타했다. 더구나 청천강 이북지역에는 고려 수비군이 전투력을 온전히 보존하고 있는 터이다. 이젠 독 안에 든 쥐다.

2월, 소배압이 북으로 이동하는 동안 목을 지키고 있던 강감찬은 먼저 연주(漣州: 개천)와 위주(渭州: 영변)에서 요격하여 많은 피해를 입혔고, 3월에 이르러 요군이 겨우겨우 귀주(龜州)에 당도하자 미리 들판에서 기다리던 강감찬의 고려군과 또 다시 마주쳤다. 여기에서 팽팽히 맞서는 전투 중에 개경에서 올라온 김종현이 1만의 군사를 이끌고 뒤에서 가세하고 또 때마침 남쪽에서 비바람이 몰아치자 이를 이용한 대규모의 섬멸전을 펼쳐, 압록강 지경에 이르기까지 쉴 틈을 주지 않고 몰아붙였다. 석천(石川: 皇華川?)을 건너 반령(盤嶺: 八營嶺?)에 이르기까지 적의 시체가 들판을 덮었다. 요군은 이때처럼 혹심하게 패한 적이 없었다. 살아 돌아간 군사는 겨우 수천에 불과했고, 소배압은 돌아가서 요왕에게 "무슨 낯짝으로 나를 보려느냐? 너의 가죽을 벗겨 죽여 버리리라"하는 전갈을 받자마자 다시 2만의 군사를 추슬러 야음을 타고 몰래 귀주로 달려가 명예회복을 시도했다. 그러나 성안에 들어가자마자 고려군의 역습으로 전멸된 후, 소배압은 강감찬 앞에서 혀를 물고 자결했다.

註) 소배압은 고려의 지리를 전혀 몰랐다. 더구나 고려군의 사기와 실세를 가벼이 보고 있었다. 그래서 무모한 종선침입(縱線侵入)을 감행했고, 그래서 참패를 맛본 것이다. 고려는 일찍이 중원세력도 감당하지 못한 요군을 박살냈다. 이로부터 요는 6주의 점령을 신중하게 처리하기로 방향을 바꾸었다. 그 결과 이후부터 요왕은 국왕의 친조와 강동6주의 반환을 다시는 요구하지 못했다.

4월 29일, 동여진 해적선단이 일본을 습격하고 오는 것을, 진명포(鎮冥浦: 덕원, 원산만)에 주둔해 있던 장위남(張渭男)이 지휘하는 수군(水軍)이 덕원(德源: 원산만) 근해에서 공격하여 50척의 해적선 중 8척을 나포했다. 왕은 이때 구출한 일본인 남녀 259명을 일본으로 귀환시켜 주었다.

註) 동여진 해적은 50~100척으로 이루어진 대규모 선단이었는데, 이들은 울릉도와 대마도는 물론, 일본의 이키지마(壹岐島)와 박다만(博多灣)의 지마(志麻), 조량(早良), 송포(松浦) 등지에 상륙하여 약탈을 일삼았다. 이때의 여진해적은 3천여 명의 대병력으로 3월 27일부터 4월 13일까지 대마도와 이키섬을 휩쓸며 약탈을 자행하다가 남자와 노약자 6백여 명을 죽이고 여자를 포함한 1,200여 명의 일본인 포로를 끌고 가는 중이었다.

8월, 요왕 성종은 다시 7차 침입을 계획하면서, 고려에 사신을 두 차례 보내 실상을 탐색토록 했다. 이 와중에 서로 사신교환이 빈번해 지면서 화해 분위기가 이루어져 12월에는 상호 포로교환이 이루어지는 등, 양국 간에 새로운 평화의 지반이 다져진다. 이후로는 보주(保州: 의주)와 선주(宣州: 선천)문제 이외에는 별 문제없이 평화로운 상태가 이어지면서, 송과의 친화관계도 별 문제없이 유지해 나갈 수 있게 되었다.

註) 비로소 전쟁이 끝났다. 이듬해 초부터 포로교환도 이루어졌으며, 또한 귀화를 원하는 포로와 새로이 투항해 오는 거란인들도 많아 고려에 거주하는 거란인의 수효가 수만에 이르렀는데, 이들은 집단적으로 거주하며 그들의 각종 기술에 따라 생업에 종사했으며, 이중 기량이 뛰어난 자들이 열에 하나는 되었는데 이들은 개경에 머물게 하여 관청에 속하게 했다.

註) 고려는 993년~1019년까지 27년 동안 14회 정도 거란(요)과 크고 작은 전쟁을 수행했다. 여기서 고려는 신화적인 승리를 만들면서 국제사회에서 고려의 위상을 한껏 드높였다. 비록 피해가 적지 않았음에도 동북아의 강자 거란을 격퇴함으로써 동북아의 중심 세력으로 우뚝 솟아올랐다. 이를 본 동북지역의 여진들은 고려의 영향권 안으로 들어가기를 희망했다. 결과적으로 10세기 초에 형성되던 고려, 송, 거란을 주축으로 한 동아시아 질서는 고려와 거란 사이의 군사력 균형을 토대로 이루어졌고 이 질서는 12세기 초 금(金)이 건국(1115년 완안부 여진족)될 때까지 유지되었다.

1024 高麗 8대 현종(顯宗) 15년

10월, 대식국(大食國: 아랍, 아라비아)에서 열라자(悅羅慈: Al-Raza) 등 1백 명이 와서 교역품을 바쳤다.

註) 이듬해(1025년) 9월에도 하선(夏詵: Hassan)과 라자(羅慈: Raza) 등 1백 명이 와서 교역품을 바쳤다는 기사가 나온다. 이들은 무슬림으로 대규모 선단(船團)을 이끌고 왕을 만나 국빈대접을 받았다. 이때에는 밀무역과 민간무역을 엄격히 통제되어 주로 공무역의 형태로 이루이던 시기이므로, 조직적으로 국제교역이 이루어지고 있음을 보여준다. 또한 정종(靖宗) 6년인 1040년 11월에도 이와 같은 교역 기사가 나온다.

## 발해유민 대연림(大延琳)의 흥요국(興遼國)

1029 高麗 8대 현종(顯宗: 元文大王) 20년

8월, 발해 멸망 뒤 96년. 요(遼)의 동경(東京: 遼陽)의 장군 대연림(大延琳, 대조영의 7대손)은 동경유수 부마도위(東京留守 駙馬都尉) 소효원(蕭孝元)과 남양공주(南陽公主)를 잡아 가두고 옛 나라 발해(渤海)를 다시 일으키고자 기병했다. 국호를 "흥요(興遼)"라 하고 연호를 "천경(天慶, 또는 天興)"이라 했다. 고려와의 전쟁으로 민심이 피폐해진 후 인지라, 남북여진(南女眞, 北女眞)도 모두 합세하고, 한 달이 못되어 발해의 옛 땅을 거의 대부분 수복할 정도였다.

10월, 요의 도통 숙효목(蕭孝穆)이 대규모로 공격해오자, 12월에 태사(太師) 대연정(大延定)이 고려에 지원을 요청했지만, 고려는 이틈에 요의 군사요충인 보주성을 점령하려 했다가 실패한 직후인지라 의견이 분분하여 원병을 보내지 못했는데…

註) 이 당시 고려가 적극적인 군사지원을 했더라면 역사의 흐름이 어떻게 바뀌었을까?? 요는 고려와의 전쟁 후유증으로 내정이 궁핍하여 분위기가 문란할 때였다. 하지만 고려도 마찬가지로 요를 상대로 다시 전쟁을 벌일 분위기가 아니었다.

12월, 왕은 흥요국의 출병을 거절하면서, 오히려 류소(柳韶)로 하여금 인주(麟州, 압록강 하구지역)와 위원성(威遠城, 압록강 연안)과 정융진(定戎鎭, 압록강 연안)에 성을 쌓게 하고 굳게 지키라고만 했다.

1030 高麗 8대 현종(顯宗: 元文大王) 21년

1월, 흥요국은 다시 대부승(大府丞) 고길덕(高吉德)을 고려에 보내 다시 군사 지원을 요청하러 왔다. 3월부터 요(遼)는 단기 토벌의 한계를 느끼면서 장기전을 준비하는데…

8월, 비장 양상세(楊祥世)가 몰래 요(遼)에 항복하고 요양성(遼陽城)의 남문을 열어주는 바람에 성이 함락되면서 대연림이 사로잡히고, 흥요국은 어이없게 망하고 말았다.

9월, 이때 곽주자사 이광록(李匡祿)이 고려에 와서 군사를 청하다가 나라가 망했다는 소식을 듣고는 귀국을 포기하고 돌아가지 않았고, 또한 이 여파로 다수의 발해인이 고려로 망명을 청해왔다.

## 천리장성(千里長城)

1033 高麗 9대 덕종(德宗) 2년

발해 멸망 후 말갈의 통제에서 벗어난 여진(女眞)이 차츰 세력이 생기면서 북방 국경을 노략질하니 편한 날이 없다. 이에 따라, 종전에 쌓은 여러 성들을 연결하는 장성(高麗長城)의 공사를 시작하여 12년 만인 1044년(10대 정종 10년)에 완공을 본다. 이는 글안과 여진을 대비하기 위한 방어선의 연결인데, 요(거란) 군은 수시로 방해공격을 해오기도 했지만 별 영향은 끼치지 못했다. 평북 의주(義州)에서 운산(雲山), 개천(价川), 희천(熙川), 맹산(孟山)을 지나 함남 영흥(永興)에서 정평(定平)의 해안까지 1천여 리에 이른다.

註) 그러나 이 장성(高麗長城)이 국경선을 의미하는 것은 아니었다. 오로지 방어용 시설로서, 오히려 장성 밖에 기미주(羈縻州)를 설치하여 여진에 대해 자진하여 또는 강제로 주군현(州.郡.縣)을 설치하고 지배하는 정책을 썼다. 이 외에도 1029년에 축조한 나성(羅城)은 연인원 30만 명이 동원되었으며 18Km에 달하는 토성(土城)으로 개경방비를 단단히 했고, 또한 무기의 개발을 서둘러 큰 전력증강을 이루어 나갔다.

또한 여진해적(女眞海賊)들의 침투도 문제였다. 그 때마다 신속히 격퇴하기는 하지만 수륙 양면으로 방비를 소홀히 할 수 없는 상황이었다.

註) 4년 전인 1029년 2월에 30척의 해적 떼가 나타나고, 3월에도 명주(강릉)에 침입했다. 1033년 3월과 4월에도 침입하더니, 1036년 2월과 1037년 10월에는 여진과 거란 해적들이 출몰하는 등 1050년까지 해적의 출몰이 빈번했는데, 이들은 왜국(倭國)까지 들어가 대규모 접전을 벌이는 지경이었다. 주로 대마도나 북구주(北九州) 연안까지 나가 분탕질치기에 일본에서는 동여진 해적을 '되적(刀伊賊)'이라 부르기도 했다. 왜국은 해적에 맞서기 위해 무사조직을 강화해 가면서, 한편 고려와는 표류중인 고려인들을 구출하여 귀환시키는 등의 우호관계를 유지해 나갔다.

註) 여진(女眞), 발해(渤海)가 망한 후 독립한 말갈족(靺鞨族)인데, 요의 통치아래 있던 서북지역의 여진은 고려에 호감을 가지고 많은 무리들이 귀화해왔다. 1020년부터 1110년 사이, 금(金)나라가 일어날 때까지 1만3천 명에 4,700호를 헤아렸다. 고려는 이들을 회유하여 귀화인들에게는 가옥과 토지를 주어 살게 했다. 반면에 동북면 두만강 지역과 함경도 방면에 살던 여진은 거칠어서 노략질이 심해, 때때로 군사를 보내 응징해 보기도 했지만 워낙 오지라 실패할 때가 더 많았다.

1038 高麗 10대 정종(靖宗) 4年

요는 고려가 조공을 오지 않는다고 항의하자, 사신 최연하(崔延嘏)를 보내 흥요국 관계로 소원해진 외교관계를 재개토록 하여 화해가 이루어졌다. 그러나 글안이 점거하고 있는 강동의 보주성(保州城)을 중심으로 한 영토문제는 미해결로 남겨둔 채로…

註) 고려의 외교방향은 거란에 대하여는 '형식상 접근'이고, 송에 대하여는 '내면상 친밀외교'를 유지했다. 글안에 대하여는 항시 전쟁에 대비하고, 송으로부터는 높은 수준의 문화를 받아들여야 했기 때문이다. 좌우간 어느 쪽도 소홀히 할 수는 없었다. 오랜만에 겪어보는 평화의 분위기는 1019년부터 80여 년 간 여진이 발흥할 때까지 지속되었으며, 또한 투항이나 귀화를 원하는 자는 송나라 사람이나 거란인을 가리지 않고 모두 받아들여 살게 했다.

1049 高麗 11대 문종(文宗) 3년

북방해적(海賊)들이 날뛰는 한 해였다. 6월과 7월에는 이들을 격퇴하는데 주력했으나, 10월에는 병마녹사 문양렬(文楊烈)이 해적소굴까지 추격전을 벌여 가옥을 불태우고 20여 명을 참살하고 귀환했다.

1050 高麗 11대 문종(文宗) 4년

9월, 열산현(烈山縣: 강원도 고성)에 침입한 해적을 문양렬이 23척의 선단을 이끌고 추자도(楸子島: 북제주군에 속한 섬)까지 쫓아가 9명을 참살하고 30여 동의 가옥을 소각시키면서 선박 8척을 격침시켰다. 왕은 주저 없이 문양렬을 표창하며 고려군의 용맹함을 치하하고…

1051 高麗 11대 문종(文宗) 5년

8월, 여진(女眞)이 귀주와 창주에 침입하고, 9월에는 동여진(東女眞)이 또 쳐들어 온 것을 모두 격퇴했다. 이에 따라 10월에 왕은 유음기광군(有蔭奇光軍)이란 특수부대를 창설하여 예상되는 사태에 대비했다.

### 김단(金旦)의 동여진(東女眞) 마을 토벌

1056 高麗 11대 문종(文宗) 10년

7월, 여진의 침략조짐을 알아낸 왕은 동로병마사(東路兵馬使) 김단(金旦)에게 북벌을 명해 동여진 20여 개의 마을을 깡그리 소탕했다. 이후 벌어진 전투정찰에서도 김단은 여진의 침범 기도를 여지없이 꺾어 버렸다.

1058 高麗 11대 문종(文宗) 12년

고려군의 지속적인 정비와 함께 북방족의 간헐적인 남침이 꼬리를 이었는데, 왕은 사면기광군(四面奇光軍)이란 특수돌격부대를 창설하여 적극적인 토벌정책을 펴기로 했다.

註) 이후에도 1061년 8월과 9월, 1062년에 거듭된 여진의 남침이 이어지자, 1064년 7월에 왕은 6도에 선마사(選馬使)를 보내 군마(軍馬)를 징발하여 전력을 강화시켜 나갔다. 또 1067년 6월에는 안란창의 쌀 3만석을 배로 삭북(朔北)에 옮겨 군량미로 비축하고, 1068년 7월에는 동계수군이 해적선 10

척 중 7척을 나포하고 참살했으며, 또 염라포에서 8척을 맞아 3척을 나포했다. 무기의 개선도 계속 되어 수질구궁노라는 살촉발사대를 보급하고, 1070년 11월에는 쇠창고인 고수탄철고(固守炭鐵庫)를 개경부근 네 곳에 설치했다. 북변은 항상 불안정했다. 군사력을 보강해 나가면서 1080년에는 기동훈련을 겸해 여진에 대한 대규모 토벌작전을 벌이게 되는데…

### 여진인들의 귀부(歸附)

1073 高麗 11대 문종(文宗) 27년

1월, 함흥평야 일대 동여진의 귀순주(歸順州), 창주(昌州), 성주(城州), 공주(恭州), 은복주(恩服州), 온주(溫州), 성주(誠州) 등 7주의 우두머리들이 내부(來附)하여 고려의 군현이 되기를 애걸했다. 왕은 이를 받아들여 군현(郡縣)을 설치하고, 그들 우두머리들의 이름까지 고려식으로 바꾸어 주었다.

4월, 또 다른 15주의 여진인들이 귀부하여 오자 왕은 "동북번(東北蕃) 15주의 여진인들이 서로 뒤를 이어 귀부해 오고 지금도 끊이지 않으니, 원근의 번인(蕃人: 여진과 글안인)이 모두 복종함을 기다렸다가 후에 군현을 정하겠다"하면서 16일 후 주현(州縣)을 정하고 국력이 융성해짐을 종묘사직에 사례 올렸다.

註) 이들 7주와 15주의 위치는 명확치 않은데 함남 일대로서, 모두 천리장성 밖에 새로 군현을 설치한 것으로 보인다. 여진인의 귀순 대열은 이후에도 계속 이어졌다. 권유한 것이 아닌 자연 발생 현상으로, 잠차 여건이 허락하면 언젠가는 모두 영토화 한다는 구상이었다.

5월, 동북면에 이어서 서북면의 여진인들도 귀부해 왔다. 서번(西蕃) 추장 만두불(曼豆弗) 등 여러 번족들이 서북면 병마사를 통해 귀부해 오고, 또 평로진(平虜鎭: 영변 서쪽 10리)과 멱해촌(覓害村: 함남지방인 듯)도…, 또한 6월에는 동북면 병마사를 통해 삼산(三山) 등 9개 촌과 소을포촌 등이 1,238호를 설득하여 귀순해오니, 지금의 홍원, 함흥과 북청 지방이다. 또한, 같은 시기에 동로(東路) 병마사를 통해 12촌의 1,970호가 귀부해 오고…, 고려의 통치력이 미치지 않는 외진 곳까지 자진해서왔다. 귀부는 이후에도 연이어 이어졌다.

註) 여진 부족의 귀순은 이후에도 계속되었는데, 여파한령(餘波漢嶺, 摩天嶺) 밖의 여진 추장들이 잇달아 귀순하여, 귀순지역이 "땅 끝이 닿는 데가 없다"라고 할 정도였다.

### 세계로 퍼진 꼬레아(Corea)

1074 高麗 11대 문종(文宗) 28년

왕은 번창하는 국제무역을 더욱 장려하기 위해 송(宋)과 새로운 항로를 개설했다. 이 항로는 예성강에서 해미(海美: 충남 해미)와 고군산 열도를 거쳐 흑산도와 명주(明州: 중국 절강성)를 잇는 항로로서, 여름에 순풍을 만나면 7~10일 걸렸다. 이때에는 송의 강남지방과 물품교류가 활발하여 인도 쪽으로 무역로가 연결되기도 하는데, 이때 고려라는 나라이름이 중동과 유럽지역에 알려지면서, 그들은 고려를 「꼬레아(Corea)」라고 불렀다.

註) 고려시기에 국제교역은 매우 활발했다. 나라에서도 장려했고 가장 활발한 교역국인 송(宋)측에서도 적

극적인 통상책을 취했기 때문이다. 그리하여 조공무역(朝貢貿易) 이외의 사상(私商)의 활동도 크게 활기를 띠었는데, 개경에는 송상(宋商)을 비롯한 여러 나라의 상인들이 내왕했고, 그 개경에 이르는 예성강 입구에 벽란도(碧瀾渡)가 자리하고 있어, 국제 교역항으로서의 위치를 점하고 있었다. 이곳에서 송을 비롯한 왜국, 거란, 대식국(大食國: 중동의 사라센, 사우디아라비아), 마팔국(馬八國: 인도반도의 어느 한 나라), 섬라곡국(暹羅斛國: 태국), 교지국(交趾國: 베트남) 등의 외국과 활발한 교류가 이루어져, 고려의 국명이 서양에 알려져 "꼬레아(Corea)"라고 불리워졌다. 고려시기에는 여러 나라와 교역이 활발했는데, 나라마다 교역하는 방법이나 물품, 그리고 거래 장소와 통로가 상이했었다. 이때 알려진 '꼬레아(Corea)'라는 이름이 오늘날 '코리아(Korea)'로 불리게 된 어원(語原)이 된 것이다.

### 여진 토벌

1080 高麗 11대 문종(文宗) 34년

작년 5월에도 서여진(西女眞)이 평노관(平虜關)에 침범해 온 것을 격퇴했지만, 여전히 북방은 시끄러웠다. 이에 왕은 공세적인 북벌을 명하면서, 12월에 중서시랑 문정(文正)에게 보기(步騎) 3만을 주어 정주성(定州城) 외곽에 여진족을 공략하게 했다. 문정은 야간행군으로 접근하여 새벽에 기습하는 전략으로 10여 개의 여진 부락을 초토화시키고 많은 병장기를 노획하고 개선했는데, 이는 여진 정벌이라기보다는 대규모의 군사를 동원하여 실전경험을 얻도록 하는 일석이조의 효과를 얻고자 한 작전이었다.

註) 문종 집권 37년 동안 130회의 귀화가 이루어졌으나, 고려를 침략한 경우도 24회에 달했다. 여러 회유책에도 불구하고 여진의 침구가 끊이지 않자, 귀순한 여진인들의 정착을 유도하기 위해 자치주를 운영토록 하는 '귀순주(羈縻州, 기미주)' 정책은 대단히 성공적이었다. 그러나 귀순주 정책의 부작용으로 여진인 중에 친고려파와 반대파의 반목이 생기면서 동여진이 난을 일으키자 문종은 그 한계를 극복하고자 출병을 명한 것이다.

1086 高麗 13대 선종(宣宗) 3년

요는 남쪽 국경을 압록강 선으로 여기려 하고, 고려는 고구려 구토회복을 염두에 둔 채로 긴장을 풀지 않고 지냈다. 그런데 5월, 요가 벼란간 압록강 동쪽 연안 보주성(保州城) 근처에 각장(榷場: 互市)을 설치하려 하자 충돌 없이 이를 막아야 했다. 외교적인 협상으로 2년간 사신이 오고가며 지루한 협상 끝에 결국 1088년 11월, 요왕 도종(道宗)은 아직 설치하지도 않은 각장 문제를 다시는 거론 않기로 했다.

註) 문종의 장남인 순종은 건강이 좋지 않아 즉위한지 4개월 만에 사망하고 문종의 차남인 왕증(王蒸)이 즉위했다. 이가 선종(宣宗)이다. 선종은 즉위하자 변경을 지키는 사졸에게 의복을 지급하고(1084), 병기를 제작(1091)하는 한편, 훈련을 위한 활터를 대폭 보강했으며 천균노(千鈞弩) 연습을 다시 시작(1093)하는 등, 재위 10년간 군비 강화에 온 힘을 쏟았다.

註) 각장(榷場: 互市)은 1005년부터 5년 간 지속되었으나 그 후의 전쟁으로 자연히 없어졌다. 요는 이를 되살려 압록강변에 백성을 몰리게 하여 국경을 굳히려는 속셈이고, 고려는 군사적 요충지로서 보주성을 언젠가는 반드시 회복해야만 할 장소였다. 서로가 그대로 놓아 둘 수 없는 입장이었다.

1093 高麗 13대 선종(宣宗) 10년

고려군은 돌격부대인 사면기광군(四面奇光軍)의 강화와 함께 걸출한 장수들이 배출되어 군비강화에 기여했다. 또한 유홍(柳洪)은 병차(兵車: 장갑차)를 만들어 귀주성(龜州城)에 설치하게 했고, 박원작이 개발한 신무기인 천균노(天均弩)의 뛰어난 발사능력은 고려 조야를 놀라게 한 작품으로 당시 군사적인 최대의 걸작품이었다. 바로 직후 7월, 서해 연평도에 송(宋)과 왜(倭)의 해적선이 들어 온 것을 신무기로 간단히 처리하여 나포했다.

註) 이후 1095년 7월에 이자의(李資義)의 모반사건이 있었고, 1096년 진명도 두부서가 남침한 해적들을 격퇴하는 과정에서도 군사경계활동은 엄격히 유지되었다. 여진에 대하여는 강온 양면정책으로 어루만지며, 군사력 보강도 쉬지 않고 진행해 나갔다.

1095 高麗 15대 숙종(肅宗) 원년

작년(1094)에 선종이 64세로 사망하자, 어린 태자가 즉위했다. 이가 헌종(憲宗)인데, 모후(母候)인 사숙태후(思肅太后)가 국정에 관여하면서 태후의 사촌인 이자의(李資義)가 당파를 이루며 왕권을 위축하고 있었다. 이에 무시(武臣)들과 긴밀한 관계였던 문종의 3남인 왕희(王熙)가 정변을 일으켜 이자의 일당을 제거하고 왕위를 선양(宣揚)받아 즉위했다. 이가 숙종(肅宗)이다. 숙종은 즉위하면서 부실해진 왕권을 회복하는 한편, 무신(武臣)을 중용하면서 군사체제의 보강을 서둘러 추진해 나갔다. 여진(女眞)의 움직임도 예전 같지 않아졌다.

1102 高麗 15대 숙종(肅宗) 7년

왕이 우려했던 대로 여진(女眞)의 의도가 수상해졌다. 동여진이 정주(定州)의 관문 밖에 주둔하자 이들의 추장인 허정(許貞)과 나불(羅弗) 등을 유인하여 잡아 신문해보니, 여진이 장차 고려를 침범하려 한다는 것이다.

1103 高麗 15대 숙종(肅宗) 8년

동북 만주지방 여진족 중에 완안부(完顔部)가 두각을 내더니, 추장 영가(盈歌)가 주변의 여진 부족들을 정벌해나가면서, 지금의 간도지방까지 남하해 왔다. 7월, 비로소 고려는 완안부의 존재를 의식하고 상호 사자의 내왕을 빈번히 하면서 관계를 이어나갔는데…

10월, 영가가 죽고 뒤를 이은 우야소(烏雅束: 金의 康宗)가 추장이 되면서, 결국 국경을 맞대고 있는 고려와의 충돌로 이어지게 되었다.

### 윤관(尹瓘)의 갑신전역(甲申戰役) - 갈라전(曷懶甸) 전투

1104 高麗 15대 숙종(肅宗) 9년

1월, 여진(女眞)의 우야소(烏雅束)가 완안부(完顔部) 추장이 되면서, 함흥평야에 살던 여진까지 통합하기에 이르렀다. 그러자 접경지역인 갈라전(曷懶甸: 함흥 이북 지역)의 여진부락1,753명이 우야소 쪽으로 전향하자, 왕이 이들을 불러들여 회유하여 다시 고려에 속하게 했더니, 우야소가 이들 고려의 7성(叛亡 7城)을 뺏으려 시도하면서, 완안부의 여진 군사가 천리장성 밖 정평(定州, 定平)의 성 근처에 주둔하기에 이르렀다.

註) **갈라전(曷懶甸):** 흑수여진(黑水女眞)이 거주하던 지역을 일컫는 말로서, 대체로 함경도 함흥 이북 지역(오늘의 만주 연길과 함경도 일부 지역) 을 나타내는 것으로 보인다.

2월 8일, 왕은 이대로 둘 수 없어 임간(林幹)을 장군으로 하여 토벌하도록 했으나, 훈련이 미숙한 병사를 이끌고 덤비다가 크게 패하고 척준경(拓俊京)의 활약으로 겨우 위기를 면했다. 적은 그 여세를 몰아 정주 관성(宣德關城)으로 쳐들어와 주민을 죽이며 분탕질 쳤는데,

2월 21일, 왕은 패한 임간을 파면하고, 다시 윤관에게 부월을 주며 토벌을 명했다.

3월 4일, 윤관이 나아가 정주성 밖의 벽등수(闢登水: 鳳始川)에서 접전하여 용감히 싸웠으나, 그도 역시 군사력의 열세로 출정군의 반을 잃는 치욕을 감수해야 했다. 보병(步兵)으로 편성된 아군의 피해도 막심했지만, 이로서 장성 밖의 갈라전 지역이 한동안 여진의 손에 들어가게 되는데…

6월, 적이 화평을 제의해오자 머리 숙여 이에 응하고 회군한 후, 여진과의 싸움은 기병전(騎兵戰)이므로, 윤관의 건의에 따라 기병(騎兵) 중심으로 군사편제를 바꾸기로 했다.

註) 임간과 윤관이 주축이 된 1차 정벌은 실패로 끝나고 말았다. 고려는 여진 사회가 여전히 미숙한 수준이라는 편견 때문에 충분한 정보 없이 출정했다가 큰 타격을 입고 말았다. 완안부 여진이 성장했다는 현실은 감지했으나 이 정도라고 여기지 않은 것이 패배의 원인이었다. 이로부터 군사력을 재정비하여 준비하게 되는데…

### (역사상 최초) 특수전 부대 창설

12월, **별무반(別武班),** 전국에 동원령을 내리고 병력을 증강하면서 기병(騎兵) 중심의 별무반(別武班)이라는 특수전 부대를 창설했다. 이후 3년 간 군사를 훈련시키면서, 주력부대 별무반을 신기대(神騎隊: 騎兵隊)라 하고, 보병 중심의 신보대(神步隊: 步兵隊)와 화공(火攻)과 파괴를 전담하는 특과대(特科隊) 외에도, 젊은 승려로 구성된 항마군(降魔軍: 僧兵團)을 두어 군사편제를 획기적으로 개편했다.

### "탐라국(耽羅國, 제주도)의 영토 편입 - 탐라군의 설치"

1105 高麗 15대 숙종(肅宗) 10년

반독립상태로 있던 탐라국은 통치자 호칭을 성주(星主)라 하는데, 938년(태조 21년) 탐라 태자 말로(末老)가 와서 고려의 주군(州郡)으로 취급해 줄 것을 요청한 적이 있었다. 또한 왜(倭)와 송(宋)도 탐라를 고려령(高麗領)으로 여기고 있던 사실과 탐라의 산물을 자유로이 반입해온 현실로 1079년(문종 33년) 11월부터 구당사(句當使: 관장하는 관리)를 파견하여 관리해오던 것을, 정식으로 고려에 편입하여 탐라군(耽羅郡)이라 했다.

註) **제주도(濟州道):** 제주의 명칭은 도이(島夷), 동영주(東瀛州), 주호(州胡), 탐모라(耽牟羅),섭라(涉羅), 탁라(乇羅), 탐라(耽羅), 제주(濟州) 등 시대에 따라 다르게 불렸다. 제주도의 개벽신화인 3성(三姓)신화에 의하면, 태고에 고을나(高乙那)․양을나(良乙那)․부을나(夫乙那) 삼신인(三神人)이 한라산 북쪽 모흥혈(毛興穴: 현재의 삼성혈) 땅 속에서 솟아 나와 가죽 옷을 입고 사냥을 하며 살았다. 이들은 벽랑국(碧浪國)에서 오곡의 씨앗과, 송아지, 망아지 등을 가지고 목선을 타고 제주도 동쪽 해상으로 들어온 삼공주를 맞아 혼례를 올렸다. 그 후 고을나의 15세 후손인 후, 청, 계 3형제가 당시 한국 고대왕조

의 하나인 신라에 입조(入朝)해 탐라의 국호와 벼슬을 받아 와서 탐라국을 개국하였다. 그 후 498년(백제 동성왕 20)에 백제와 통교하고 벼슬을 받는 등 백제와도 친교를 맺다가, 삼국통일 전인 662년(문무왕 2)에 신라의 속국이 되었다. 938년(태조 21)에 태자 고말로가 고려에 입조하여 속국이 됐다. 1105년(숙종 10)에는 육지에 직접 예속되어 행정구역으로 편입, 탐라국호를 폐지하고 군을 설치한 뒤 관리를 파견해 직접 다스렸다. 1153년(의종 7)에 군을 현으로 고쳐 14개 현촌을 두고, 1211년(희종 7)에 탐라를 제주로 개칭하여 오늘에 이른다.

### 윤관(尹瓘)의 북벌(北伐)

1107 高麗 16대 예종(睿宗) 2년

예종은 즉위 초(1106년 10월)부터 지록연(智祿延) 등을 보내 동북면의 산천을 탐색하는 등, 숙종 못지않게 여진 정벌에 총력을 기울여 나섰다. 12월 1일, 정벌준비가 갖추어지자, 본격적인 여진 정벌을 위해 윤관과 오연총(吳延寵)은 17만의 군사를 이끌고 정평부(定平府)를 향하고, 수군(水軍) 2천6백 명은 전함을 이용하여 도린포(道鱗浦: 都連浦)를 출발하여 정평부(정주)에서 합류한 다음 함흥평야로 향했다. 계속 북상하니 적이 모두 도주하여 무혈로 진군하던 중, 석성(石城)에서의 첫 접전에서 완강한 저항을 격파한 후 연승하면서 135개 촌을 접수하고 적병 6천을 죽이거나 포로로 했다. 특이 척준경(拓俊京)의 공이 대단히 컸다. 윤관은 출정 때부터 "적을 무찔러 강토를 넓히고 나라의 수치를 씻겠다"고 맹서했던 바와 같이 점령지에 웅주(雄州), 영주(英州), 복주(福州), 길주(吉州) 등 4성을 쌓으니, 동여진의 요을내(裹乙乃) 등 3,230명이 항복해왔다.

註) 동원된 17만 군사란 고려군이 유사시 동원할 수 있는 최대 병력 54만 가운데 약 3분지 1에 육박하는 큰 규모였다. 이때 점령한 지역은 동쪽으로는 화관령(火關嶺)에 이르고 북으로는 궁한이령(弓漢伊嶺)에 이르며 서쪽으로는 몽라골령(蒙羅骨嶺) 아래와 화관령 아래 및 오림금촌(吳林金村)과 궁한이촌(弓漢伊村)에 성을 쌓아 각각 영주(英州), 웅주(雄州), 복주(福州), 길주(吉州)라 명명하면서 수비를 위한 근거지로 삼았다.

### 9성(城)의 역(役)

1108 高麗 16대 예종(睿宗) 3년

1월 4일, 일단 밀렸던 여진은 추장 우야소(烏雅束)가 반격에 나섰다. 윤관은 이를 치려고 8천의 군사로 진격하는 도중 병목(瓶項)의 좁은 길에서 적의 복병을 만나 거의 전멸될 상태에 이르러 척준경의 구원군이 뛰어 들어와 적을 흐트러트려 위기를 면했다. 그러나 적은 또 2만의 병력으로 윤관이 물러나 있는 영주성(英州城) 쪽으로 몰려오는데…

2월 11일, 적 수 만 명이 웅주성(熊州城: 영주와 웅주는 모두 吉州에 속함)을 포위했다. 척준경이 결사 탈출하여 정평에 있는 고려군을 이끌고 오면서 직격하여 적을 흐트러트렸다. 여진이 물러나자 윤관은 공험진(公嶮鎭: 두만강 북쪽 700리 지점)에 「고려지경(高麗之境)」이라는 비(碑)를 세워 국경을 표시하고, 갈라전(曷懶甸: 함흥과 間島지역)에 9성을 쌓았다.

3월, 완안부의 여진은 고려가 9성을 쌓고 행정관청을 설치하는 등 주민을 이주 정착시키면서 영토화하려 하자, 당황하여 보기(步騎) 2만을 동원하여 영주성을 치며 총공세에 나섰다. 윤관과 임언은 처음으로 완안부의 적을 맞아 싸우며 힘들게 격퇴시키고 포로 346명 등 전리품을 얻음과 동시에 의주(義州), 통태진(通泰鎭), 평융진(平戎鎭)에 성을 쌓아 함주.영주.웅주.길주.복주 및 공험진과 더불어 북계 9성(北界 9城)을 삼고 군사를 주둔시켜 방비하도록 하고 백성을 옮겨와 살도록 했다.

4월 8일, 윤관과 오연총이 개경에 돌아와 승전을 복명했다. 그러나 이는 왕과 윤관의 오판이었다. 이튿날(9일)부터 생활터전을 잃은 여진이 이판사판으로 다시 달려들어 다시 웅주성을 포위하니 왕은 급히 오연총(吳延寵)을 보냈다. 오연총은 쉬지도 못하고 다시 출정하여 격전 끝에 27일간 포위당했던 웅주성을 5월 4일에 겨우 구할 수 있었다.

7월 7일, 여진의 저항이 갈수록 격렬해지자, 윤관이 다시 정벌에 나서 이듬해 초까지 처처에서 치열한 혈전을 거듭하면서 토산현(土山縣) 등 41현(縣)에 감무(監務)를 두었다. 고려의 병사들은 끈질겼다. 장수를 잃어가면서도 잘 싸우고 잘 지켜내 주었다.

註) ①**공험진의 비(碑)**: 윤관은 공험진에 있는 선춘령(先春嶺)에 비를 세우는데, 선춘령은 두만강 북쪽 320리 지점으로 송화강에 가까운 곳이다. 북벌 과정에서 고려군은 잔인한 복수극을 펼쳤다. 남녀노소 가리지 않고 죽이며, 무지막지하게 약탈하고 방화하여 이 때문에 완안부의 원한을 샀다. 이때의 전과는 살육이 4,940명이고 포로도 이 숫자와 맞먹었다.

**②9성(9城)**: 3군, 3주, 3진으로 함주(咸州: 鎭東軍), 영주(英州: 安嶺軍), 웅주(雄州: 寧海軍)의 3군(三軍)과, 복주(福州), 길주(吉州), 선천(善川)의 3주(三州), 공험진(公嶮鎭), 통태진(通泰鎭), 평융진(平戎鎭)의 3진(三鎭)을 말한다.

1109 高麗 16대 예종(睿宗) 4년

3월, 여진은 사태가 여의치 않음에도 이를 악물었다. 숭녕진(崇寧鎭)을 치고 길주성까지 포위했다. 이를 4월에 오연총이 나가서 악전고투 끝에 길주를 구해냈다. 그러나 5월에 오연총이 공험진에서 패전하니 윤관에게 다시나아가 여진을 물리치도록 했다. 그러나…

6월 12일, 여진 추장 오야소는 서쪽에 강한 적인 요(遼: 거란)를 두고 고려와 더 이상 싸울 형편이 못되자 사신을 보내 화평을 요청했다. '하늘에 맹세하고 대대자손에 이르기까지 공손히 조공을 바치고 또한 감히 돌멩이 일지라도 고려 땅에 던지지 않겠다'고 하는 것이다. 그런데, '영원히 배반하지 않고 조공을 바칠 터이니, 새로 쌓은 9성을 돌려 줍시사'하는 것이다.

7월 3일, 어전회의 결과 9성(城)을 돌려주자고 결정했다. 아마도 이때부터 문관과 무관의 의견이 안 맞은 모양이다. 고려군은 9성을 점령한지 600여일 만에, 18일부터 점령지에서 철수하기 시작했고 윤관과 오연총은 귀환도중 부월(斧鉞)을 회수당하는 등, 조정 대신들의 질투와 같은 극성스런 모략이 횡행했다. 윤관은 왕에게 복명도 못하고 집으로 돌아가 모든 관직을 사양한 후, 1111년 5월 세상을 떠나면서 '할 만큼 했다. 여한이 없다'고 했다.

註) 예나 지금이나 무식한 자는 말이 많고, 무능한 자의 재주라고는 남을 시기하고 모함하는 것뿐이다. 유신들은 왕의 곁에서 장막을 치고 한술 더 떠서 윤관을 "쓸데없는 전쟁을 일으켜 군사들만 희생시킨 패군지장"으로 몰아붙였다. 이래서 수많은 군사들의 피와 땀으로 확보한 고구려의 옛 강토를 어

이없게도 정치적 홍정으로 양보하고 말았으니, 윤관과 오연총의 참담한 마음이랴…. 모처럼 추진되던 북벌정책은 어이없이 좌절되었다. 이후 북벌은 이로부터 300년 후에 고려 말 최영의 요동정벌(1388년)로 나타나지만, 그러나 그 마저도 이성계의 위화도 회군으로 물거품이 되고, 이후로는 두 번 다시 북벌의 기회는 오지 않았다.

### 여진의 대금국(大金國)

1115 高麗 16대 예종(睿宗) 10년

여진 추장 오야소가 1113년에 죽고, 아우 아꾸다(阿骨打, 아골타: 生女眞의 完顔部 추장)가 뒤를 이으면서 여진을 완전 장악한 후, 요(遼)가 약해진 틈을 타 거란 정벌군을 일으켜 승승장구 요군을 격파해 나갔다. 아꾸다는 요의 지배에서 벗어나 스스로 황제라 하고 국호를 "금(金)", 연호를 '수국(收國)'이라 하며 만주일대와 중원 북부를 영토로 확보했다. 고려에게는 9성의 할양에 대한 은혜를 잊지 않았다. 이에 고려는 요와 금 사이에서 그 추이를 관망하는 정책을 폈다. 요가 원병을 청해왔지만, 따지고 보면 "요는 태조 이래 여진보다 더 오랑캐다!" 그럴 의사는 전혀 없었다. 두고 보기로 했다.

註) 아꾸다는 국호를 금(金)이라고 한 이유를 "전해오는 역사책에 의하면, 신라왕은 성이 김(金)씨로 수십 세를 이었다. 금(金)나라의 선조가 신라에서 온 것은 의심할 바가 못 되며 건국할 때 나라 이름은 여기서 취한 것이다"라고 하였으므로, 그는 신라에서 고려로 교체되던 시기에 여진 땅으로 망명한 신라왕족인 듯하다. 참고로 1777년 청나라 6대 황제 건륭제(乾隆帝)의 지시로 출간된 만주원류고(滿洲原流考)를 보면, "대개 만주말과 몽골말은 모두 군장(君長)을 한(汗)이라 한다. 한(韓)은 한(汗)과 음이 서로 뒤섞여있다. 사서에 기록된 삼한(三韓)에는 저마다 수십여 개의 나라가 있었으니 당시 틀림없이 삼한(三汗)이 있어 이들을 나누어 다스렸다고 해야 의미상 맞다. 사가들은 한(韓)에 군주라는 뜻이 있음을 몰랐을 뿐더러 용렬하고 어리석은 자들은 심지어 한(韓)을 족성으로까지 오해하였다…" "금나라의 시조는 원래 신라로부터 왔고… 신라의 왕은 김씨 성인만큼 금나라는 신라의 먼 친척이다". 건륭제 시대는 만주황실이 중국화되면서 뿌리의식이 퇴화된 시절인데도 이럴 정도였으니, 여진족이 후금(後金, 1616~)을 세운 누르하치 시대에까지도 신라 계승 의식이 매우 강했을 것이다.

### 발해인 고욕(古欲)의 부흥운동

2월, 발해 멸망 후 189년. 요(遼)가 말기증상을 보이면서 기강이 문란해져 감에 요주(饒州: 열하성 적봉 지대)에서 발해인 고욕(古欲)이 기병하여 스스로 대왕이라 했다.

4월, 요는 숙사불류(蕭謝佛留)에게 토벌을 명했는데 고욕에게 참패하자, 5월에 요의 도통(都統) 숙국소간(蕭陶蘇斡)을 다시 보내 반격했다. 고욕은 이들까지 쳐서 이겼지만 6월에 사로잡힘으로서 그의 발해부흥운동은 5개월 만에 허망한 물거품으로…

註) 금의 건국과 발해부흥운동으로 요(거란)의 국세는 급격히 기울어졌다. 8월에 요가 고려에 원병을 청해오자 의견이 분분하여 합의를 이루지 못했는데, 그 사이에 요가 70만 대병을 일으켜 금을 공격해 들어갔다가 참패하는 상황이 되었다. 이 싸움 이후 거란족, 해족, 숙여진, 실위, 올야, 철리 등 거란제국내의 많은 부족들이 금에 귀부하는 사태에서 요(遼)나라 내부에 내란까지 일어났다. 이틈에 발해인 고영창(高永昌)이 요동의 중심지인 요양(遼陽)에서 거병하여 또다시 발해부흥운동이…

1116 高麗 16대 예종(睿宗) 11년

1월, 발해 멸망 후 190년. 발해인(渤海人) 고영창은 요(遼)의 비장(裨將)으로 있던 중, 작년(1115년)에 요(遼)에서 반란을 일으켜 금(金)나라를 세운 여진(女眞)의 아골타(阿骨打)가 요군을 무찌르고 요동(遼東)으로 남하하려 하자, 발해무용마군(渤海武勇馬軍) 2천명을 모집하고 요양부(遼陽府) 부근의 백초곡(白草谷)을 수비하던 중에 발해 유민을 선동하여, 동경(東京: 遼陽府)을 점령한 다음, 발해 유민들에게 혹독하기로 이름난 요동(遼東: 遼의 東京)유수(留守) 소보선(蕭保先)을 죽이고, 자칭 "대발해국(大渤海國 또는 大元國)" 황제라 하고, 연호를 "융기(隆基)"라 했다. 요는 이를 초기에 꺾지 못하자, 의거 10여일 만에 요동 75개 주(州) 중에 50여 주가 동참하면서 요의 통치기반을 통째로 뒤흔들어 놓았다.

5월, 요의 재상 장림(張琳) 등이 군사 2만을 이끌고 반격해와 심주(瀋州: 瀋陽)를 사이에 두고 공방전을 벌이며 어려운 입장에 처하자, 고영창은 요와 대치 중이던 금(金)에 구원을 청했다. 그러나 요동 전체를 노리는 금은 발해에게 황제를 참칭한다 하며 오히려 역습을 해왔다. 금의 대장 간노(幹魯)가 공격해오고 또 변절한 신하 장현소 등이 성안에서 역공을 해오자 고영창은 장송도(長松島: 장산도)로 피했는데, 이곳에서도 신하 달불야(大撻不野) 등이 보상금을 탐내어 고영창을 잡아 금(金)에 바치니, 한동안 천하를 뒤흔들던 대발해국이 부하의 배신으로 어이없게 무너져 버리고 말았다.

註) 이때 고영창은 금(金나라: 여진)을 치려고 고려에 군사를 청하기도 했으나, 고려의 예종은 척준경과 김부식의 만류로 응하지 않았다. 요와 금, 그리고 대발해국 사이에서 경솔히 움직일 수 있는 정세가 아니었다. 고영창에게도 실수는 있었다. 거사 초기에 사방에서 호응해 온 외족들을 아우르지 못했다. 그는 발해인만의 나라를 만들려다 다른 민족들을 포용하지 못하는 우를 범했다. 그래서 발해의 유민들 이외의 해(奚)족을 탄압하고 한족의 지지는 물론 여진의 지지조차 얻지 못했다. 즉, 외부의 협력을 유도하지 못한 것이 그의 한계이었다.

3월, 요(遼: 거란)의 고립된 내원성(來遠城)과 포주성(保州城)이 여진(女眞: 금나라)에게 침공을 당하여 식량이 떨어졌다는 말을 왕이 듣고 쌀 1천 석을 보내주었으나 오히려 내원성에서 사양하고 받지 않았다. 바로 전에 고려에서 식량유출을 금지시켜 이들의 식량요구를 거절했던 사실에 분개하고 있던 데다가, 오래 버틸 의향이 없기도 했다.

4월, 요(遼)의 희망이 없어 보이자, 왕은 요와의 특수 관계를 끊어 버렸다. 이렇게 되자 내원성과 포주성에 살던 주민들 수 백여 명이 연이어 고려에 투항해왔다.

8월, 금(金)의 장수 살갈(撒喝)이 요(遼)의 내원성과 포주성을 함락하자, 요총군(遼總軍) 야율령(耶律寧)이 도망해오므로, 고려가 받아들이려 했으나, 그는 오히려 왕지(王旨)가 없음을 핑계로 호의를 거절했다. 이에 왕은 금(金)에 사신을 보내 "포주(抱州)는 본래 우리 땅이다"고 주장하니, 금태조(金太祖)는 "너희가 스스로 취하라"했다. 금 태조는 고려로 하여금 요에 대한 군사행동을 취하도록 유도한 것이다. 이때 금(金)의 군대가 개주(開州: 봉황성)을 공략하고 내원성 등을 습격하여 요의 전함을 불태우자, 요의 장군 야율령(耶律寧)은 어차피 포기해야 할 형편인 내원성과 포주성을 고려 측에 내어주고 바다로 도망쳤다. 이에 장군 김인존(金仁存)이 군사를 내어 성에 들어가 물자를 많이 접수하니 고려는 피 한 방울 안 흘리고 내원성과 포주성을 접수할 수 있게 되었다. 왕은 기뻐서 포주(고려에서는 '保州'라 했음)를 의주(義州)로 고치고, 방어사(防禦使)를 보내 압록강을 경계로 삼으니 이로부터 내원성과 포주성(保州城)은 완전히 고려의 영토가 되었다.

註) 압록강을 국경선으로 확보: 숙원이 풀렸다. 군사력을 쓰지도 않고 얻었으니 행운이었다. 그러나 금과 고려는 뒷날 이곳(내원성과 보주성)을 두고 끊임없는 분쟁을 일으키게 된다.

1117 高麗 16대 예종(睿宗) 12년

3월, 금(金)은 요의 세력을 거의 무력화시키자 강한 세를 과시해보려고 지금까지 고려를 「부모의 나라」로 섬겨왔던 관계를 정리하고자 사신을 보내 국서를 전했다. "대여진 금국(大女眞 金國) 황제는 동생 고려국왕에게 글은 보낸다.…" 당연이 고려조정은 분개했지만 그렇다고 강성해진 여진에 대해 대항하기도 고약했다. 두고 보기로 했다. 2년 후인 1119년, 금은 또 사신을 보내와 고려가 마치 금의 종속국인양 다루었다. 이에 왕은 "금의 근원은 고려이니, 또, 요동이 모두 고구려의 땅이고, 고구려를 고려가 계승…" 이라고 하며 금의 오만한 자세에 일침을 주려했는데 금은 이 문서를 접수하지 않았다. 이로부터 양국 간에는 사신의 왕래가 끊기면서 긴장의 싹이 트이게 되는데…

1118 高麗 16대 예종(睿宗) 13년

11월, 고려는 동북면의 장성(千里長城: 長州-定州-元興鎭)을 3척 이상 높이 증축하고 수군(水軍)을 증강하는 등, 금에 대한 만일의 사태에 대비해 나갔다. 그랬더니 금은 사신을 보내 공사의 중지를 요구해왔으나, 왕은 "과거부터 있었던 성을 보수할 뿐이다"라고 하면서 공사를 강행시켰다. 한편으로는 1116년부터 연이어 귀화해 오는 수만 명의 여진인들을 모두 받아들여 살게 해주고, 또 이들 중에 기예(技藝)가 뛰어난 자는 발탁하여 관직까지 주고 있는데, 금은 이 사건들을 고려가 금을 공격할 의향이 있는 것으로 여기며 보고 있었지만, 고려가 송(宋)과 연합하여 군사행동을 취할 염려로 항의를 삼가하고 있는 입장이었다.

註) 중원 땅에는 송(宋)과 금(金)나라가 요(遼)를 포위하고 있는 형국이었다. 금은 요를 견제하기 위해 고려에 대해서는 관대한 입장을 지켜가는 중이었다. 한편, 이 시기는 소설 수호지(水湖志)로 유명한 회남(淮南)지역 양산박의 도적떼인 송강(宋江)등 36명의 두목의 횡행과 강서성(江西省) 지방의 비적 방랍(方臘)이 난을 일으켜 송(宋)나라는 이를 진압하기 위해 15만의 군사가 강남으로 출병할 때(1120년)이었다.

1122 高麗 16대 예종(睿宗) 17년

5월, 그간 갈라전(曷懶甸)과 서북면의 보주(保州) 문제가 불거져 금과 고려가 각각 군사를 배치하고 대치하고 있는 가운데 한 사건이 일어났다. 동해바다에 해구(海狗)와 해동청을 포획하기 위해 근해에 온 금의 어선 2척을 고려함선 14척이 나포하여 선원을 모두 죽이고 병기를 압수한 것이다. 다행이 금태조가 더 이상의 충돌을 일으키지 않도록 하여 사건은 일단락되었다. 이 사건으로 고려로서는 금에 대한 완강한 의지를 보여준 것인데, 금으로서는 고려를 섣불리 건드려 송과 군사적으로 동맹하게 될 것을 막아야 했기 때문이다.

註) **갈라전(曷懶甸):** 흑수여진(黑水女眞)이 거주하던 지역을 일컫는 말. 위치에 대해서는 두만강 이남의 함경남북도를 포괄한다는 견해와 정평(定平)에서 함관령을 잇는 함흥평야라는 견해, 길주 이남의 함흥 일대라는 견해, 길주에서 두만강 유역까지라는 견해 등이 있는데 아직 정설은 없다.

註) 정종과 문종 시대의 안정기 이후 순종, 선종, 헌종, 숙종, 예종 대에 이르기까지, 그러니까 1034년부터 1122년에 이르는 90년 동안 고려는 전성기였다. 11세기와 12세기는 '고려비색(高麗祕色)'이라 불린 세계 최고의 청자 예술품이 나온 시기이기도 하다. 그러나 예종의 뒤를 이은 인종 시대에는 이자겸의 난과 묘청의 난이 이어지면서 정국이 불안했고, 1146년 인종의 뒤를 이어 즉위한 의종시대에 이르러 무신정변이 일어나 고려는 무인(武人) 정권시대로 들어서게 된다.

### 요(遼)의 멸망

1125 高麗 17대 인종(仁宗) 3년

금(金)의 세력이 날로 강성하여지자 요제(遼帝: 거란의 황제)는 연경(燕京)에 가서, 금의 침공군(金軍)의 공격을 막았으나, 결국 크게 패하여 요제(遼帝)는 포로가 되고 나라는 망하니, 요(遼)의 왕조는 역년 210년 만에 종말이 왔다. 이때, 거란(요)의 족속이던 야율대석(耶律大石)은 중앙아시아 쪽으로 가서 터키스탄 지방을 차지하고는, 7년만인 1132년에 「서요(西遼: 흑글안: Kara Kithai)」라는 나라를 세운다.

註) 금(金)과 송(宋)과의 관계: 그런데 금(金)이 요(遼)를 칠 때, 금(金)이 송(宋)과 연합하여 싸웠으나, 송(宋)은 허약하여 뒤만 좇아다니는 꼴이었다. 요(遼)의 옛 땅을 점령하는데 불편한 관계가 되자 금(金)은 드디어 송(宋)을 공략하기에 이르러, 하북(河北)과 산서(山西)를 휩쓸고, 송(宋)의 수도 변경(卞京: 지금의 개봉(開封))을 함락시켰다. 송(宋)의 황제는 북만주에 유폐되었고 사실상의 송의 왕조(宋王朝)도 무너진 것이나 마찬가지였다.

註) 서요(西遼): 이슬람의 역사가들은 흑거란(黑契丹)이라는 뜻으로 카라 키타이(Kara Kitai)라고 부른다. 1125년 금(金)나라에 의해 만주지방의 요(遼)나라가 망하자 요나라의 왕족인 야율대석(耶律大石)은 몽골로 탈출했다가 무리를 거느리고 중앙아시아에 진출, 1132년 위구르족(族) 등의 지원을 받아 터키계(系)의 카라칸 왕조를 멸망시키고 제위(帝位)에 올라 구르칸(德宗)이라 불렀다. 1137년 서(西)투르키스탄을 공략한 서요는 1141년 사마르칸트 부근에서 셀주크 제후(諸侯)의 대군과 싸워 승리를 거둠으로써 동서 투르키스탄의 전역이 서요의 영토에 편입되었다. 서요는 3대(代) 80여 년간 존속하여 오다가 1211년 칭기즈칸에 쫓겨 중앙아시아에 진출한 터키계 유목민인 나이만부(部)의 왕자 쿠츨루크에게 멸망되었다.

### 이자겸(李資謙)의 난

1126 高麗 17대 인종(仁宗) 4년

2월, 인종을 왕위로 만들고 또한 자신의 딸 셋도 왕비(둘째 딸은 예종비, 셋째와 넷째 딸은 인종비)로 만든 이자겸은 그 권세를 바탕으로 재물을 끝없이 갈취하는 등 횡포가 대단했다. 이자겸의 무력을 받쳐주는 이는 여진정벌(女眞征伐)의 공으로 출세한 척준경(拓俊京)이다. 왕은 이자겸의 횡포에 치를 떨고 있다가, 상장군 최탁(崔卓) 등과 모의하여 친위 반란을 일으켜 척준경의 동생과 아들을 죽이니, 화가 치민 척준경은 반격에 나서 이자겸과 함께 궁성을 깨고 불을 질렀다. 왕이 거사에 앞서서 척준경을 미리 포섭하지 않은 것이 실책이었다. 이때 궁궐의 파괴가 과거 요군의 침입 때와 다를 것이 없었다. 사태가 역전되어 도로 이자겸의 세상이 되어 버리자, 이자겸은 한 수 더 떠서 도참설(圖讖說: 앞으로 李씨의 세상이 된다는 말)을 믿고 스스로 왕이 되려 할 지경까지 왔다.

3월, 금(金)이 고려의 외교문서에서 "국서로 표(表)하지 않고 또한 신(臣)이라 칭하지 않았다"고 하는 등의 압력을 취하자, 모든 신하들이 "금은 야만족이라 머리를 숙이고 들어갈 수 없다"고 했지만 당시 권세를 장악한 이자겸(李資謙)과 척준경이 금과의 충돌을 피해야 오래도록 권세를 누릴 수 있겠기에, 자청하여 금과 군신(君臣)관계를 맺었다. 이자겸 앞에 감히 누구도 딴말을 할 수 없었다. 금으로서는 요구한 것도 아닌데 고려가 스스로 숙이고 들어오니 실로 대견했다. 이로부터 고려에 대한 금의 무력간섭은 사라졌는데, 반면에 송과는 불편한 관계가 되었다.

註) 금은 옛날의 여진이 아니었다. 요와 송을 멸망시키고 통일대국으로 강성해지니 무턱대고 버틸 수도 없었다. 일단 고개를 숙이기로 의견을 모은 것 같다.

이제 인종은 왕위를 이자겸에게 물러주려고 까지 했는데 마침, 척준경이 이자겸의 횡포에 분개하고 있다가 최사전(崔思全)의 도움으로 왕의 회유를 받아들여 이자겸을 토벌하게 되었다. 왕은 이자겸을 귀양 보냈고, 이후 이듬해(1127년) 3월에 척준경도 세도를 마구 부리다가 좌정언 정지상(鄭知常)의 탄핵을 받고 암타도(巖墮島)에 유배되었으나 곧 죽었다. 척준경은 죽으면서 "빈손으로 태어나 미련이 없다"고 했다.

1129 高麗 17대 인종(仁宗) 7년

2월, 이자겸과 척준경의 변란으로 왕권이 흔들리고 기강이 해이해지는 가운데, 북쪽에서는 금(金)이 세력을 굳히며 다시 한 번 파란을 예고하는 상황이었다. 이에 무기력해진 개경의 분위기를 일신하고자 전부터 검토대상이었던 서경천도론(西京遷都論)이 다시 고개를 들어 서경에 대화궁을 축성했다. 그러나 왕은 그의 고문인 묘청(妙淸)이 제시한 칭제건원과 금국정벌까지는 반대하는 신하가 많아 적극적으로 추진할 수 없었다.

10월, 왕은 동북경과 서북경의 관리들에게 변경을 철저히 지키라 하며 군사설비를 점검하게 했다. 금(金)은 보주(保州: 의주) 문제를 기화로 고려를 외교적인 속국으로 만들기 위해 강경책을 쓰기도 했지만, 당시 남송(南宋)을 치기 위해 주력할 때라 고려에 대한 영토적 야심은 없었다. 다만, 고려로 하여금 송과 연합하지 못하도록 하는 것이 주요 목적이었다. 어쨌든 왕은 모든 사태에 대비해야 했는데…

**묘청(妙淸)의 반란**

1135 高麗 17대 인종(仁宗) 13년

당시 고구려의 맥을 살려 금(金國)을 치자는 자주파(自主派)와 김부식(金富軾) 등 문벌 귀족들이 중심이 된 사대파(事大派) 간에 의견대립이 있는 가운데, 묘청(妙淸)은 북벌을 강력 주장했지만 문신들의 강한 반대에로 왕이 서경천도를 포기하게 되자, 이제 자주파를 대표하는 묘청이 할 수 있는 방법이라고는 무력에 의한 서경천도 뿐이었다.

1월, 묘청은 서경(西京: 평양)에서 서계와 동계(西界와 東界: 평안도와 함경도 지방)의 백성들을 규합하여 구토회복(舊土回復)을 외치니 세력이 급속히 불어났다. 국경지대에 살던 옛 고구려와 발해계의 유민들의 호응이 대단했다. 마침내 묘청은 국호를 "대위(大爲)", 연호를 "천개(天開)"라 하고 일어났다. 왕은 처음엔 북벌(北伐)에 관심을 가지고 묘청에 호응했으나, 김부식 일파의 끈질긴 방해로 왕이 서경행차를 중단하자, 묘청이 김부식 일당을 제거하고자 반란을 꾀한 것이다. 김부식이 왕을 설유하여 끝내 반군토벌의 장군이 되어 서경에 이르니, 서경의 분사시랑(分司侍郞) 조광(趙匡) 및 분사병부상서 유참(柳) 등과 반기를 들은 묘청은 스스로 죄를 인정하고 자신의 부하 조광(趙廣)에게 죽여 달라고 하여, 결과적으로 나라를 혼란시킨 장본인으로 죽음을 택했다. 이때에 윤언이(尹彦: 윤관의 아들), 윤첨(尹瞻) 등이 성을 넘어 토벌군에게 투항했는데, 김부식은 오히려 이들을 투옥시켰다. 게다가 한 수 더 떠서 김부식은 이 반란을 자신의 반대파 숙청에 이용하고자, 당시 김부식의 사대정치(事大政治)에 반대하던 정지상(鄭知常), 김안(金安), 백수한(白壽翰) 등에 대해 "서경의 반역에 이들이 참여한 행적이 있다"하면서 모두 꾀어내 참살해버리고는 사후에 왕에게 알렸다. 그런데 이 조치가 파란을 일으켰다. 이때부터 격분한 서경인(西京人)들이 조광을 앞세우고 결사항전으로 관군에 대항하자 토벌 방법이 막연해졌다.

註) **묘청의 칭제(稱帝)와 건원(建元):** 이 당시 군소 국가를 막론하고 칭제건원(稱帝建元)은 일반적인 현상이었다. 묘청은 1128년(인종 6년)부터 왕에게 칭제건원을 건의했고, 주변국과 제휴하여 금국을 정벌하자는 자주적인 북방정책을 내세웠다. 윤언이(尹彦頤)와 백수한(白壽翰) 등도 같은 의견이나, 실권을 잡은 김부식은 주변 정세도 무시한 채, 이 의견이라면 반대파로 몰면서 금국을 노하게 하고 신하된 도리를 벗어난 것이라며 결사적으로 반대했다. 단재 신채호(1880-1936)는 〈조선역사상일천년래제일대사건〉으로 김부식의 사대를 지적했으나, 당시 국제정세를 냉정하게 분석해보면 비굴한 외교로만 평가할 수 없는 측면도 있다.

1136 高麗 17대 인종(仁宗) 14년

이로부터 1년 이상을 항전한 끝에 성문이 관군에 의해 폭파되어서야 겨우 진압되었다. 토벌이 끝난 후, 김부식 등 개경의 문신들이 정권을 독식하면서 무신(武臣)을 홀대하는 풍조로 변해, 윤언이 등 북벌론자(北伐論者)들을 모두 제거시키고, 사대정치(事大政治)에 집착하는 문신(文臣)들의 천하가 되고 말았다.

註) **김부식(金富軾)과 〈삼국사기(三國史記)〉:** 이후 1140년에 대사면령이 내려지고 윤언이가 정계에 복귀할 기미가 보이자 보복을 염려한 김부식은 스스로 은퇴하여 미리 화를 피했다. 왕은 그에게 8명의 관료를 보내 〈삼국사기〉의 편찬을 명하여 4년만인 1145년 12월에 완성했는데, 오늘날 만약 이 책이 전해오지 않았다면 한국사의 체계적인 서술이 불가능했을 것이다. 그러나 이 책은 당시 존재했던 역사책인 〈구삼국사(舊三國史)〉를 두고서 별도로 삼국사기를 저술하게 하였던 이면에는, 〈구삼국사〉에서 보여준 고구려 중심의 대외 지향적인 내용에 따라 제2, 제3의 묘청의 난이 일어날 것을 예방하기 위한 목적과 함께, 경주 출신 문신 귀족들의 정통성을 확보하기 위해 신라 중심의 외교지향적이고 유교적인 서술로 〈삼국사기〉를 저술했다고 보아진다. 또한, 이로부터 130여 년이 지난 1281년에 일연(一然) 스님이 저술한 〈삼국유사(三國遺事)〉는 제목이 말해주듯이 역사책이 아니라 〈삼국사기〉에서 취급하지 않은 나머지 사건(遺事)들을 정리한 책이다. 때문에 이 책들은 상호 보완적인 관계에 있는 역사서로 보아야 하며, 〈삼국유사〉는 〈삼국사기〉에서 취급하지 않은 삼국 이외의 사건들 즉,

단군조선, 위만조선, 낙랑국, 북대방, 남대방, 가야에 관한 부분들을 설화(說話)나 야사(野史) 형식으로 수록하면서 한 권의 개인저작을 만든 것이다.

1142 高麗 17대 인종(仁宗) 20년

금(金)은 완안숭례(完顔崇禮) 등을 고려에 보내 처음으로 인종을 고려국왕으로 책봉.

註) 인종은 대국에 약한 사대주의 성향이 있었다. 김부식의 영향인 듯…. 대신들이 금(金)을 가리켜 호적(胡狄, 오랑캐, 되놈)이라고 하면 왕은 "어찌 신(臣)으로서 대국을 그렇게 부를 수 있느냐"는 식이었다. 때문에 금과의 국경문제는 평온할 수 있었다. 이로부터 23대 고종이 즉위한 1213년까지 70년간 국내문제는 시끄럽게 전개되지만, 대외관계만은 조용했다.

1146 高麗 18대 의종(毅宗) 원년

인종은 숨을 거두며 놀기에만 좋아하는 의종을 못 믿어하여 예부시랑 정습명(鄭襲明)에게 책임지고 왕을 보필하라는 유언을 남겼다. 그러나 자유로운 성격인 의종은 즉위한 후 정습명의 참견이 귀찮아 1149년 그의 벼슬을 빼앗자, 정습명이 배은망덕한 왕의 처사에 격분하여 자살해 버렸다. 그 후부터 자유로워진 왕은 간신배들과 어울려 놀이와 사치에 치중하며 "정습명이 죽었기에 망정이지"라는 말을 거침없이 하는 지경에까지…

**유시(流矢)의 변**

1162 高麗 18대 의종(毅宗) 17년

묘청의 사건 이후 개경(開京: 개성)세력과 서경(西京: 평양)세력 사이의 세력균형이 깨어지면서, 왕은 개경의 문신들 속에 휩싸여 매일 하루 종일 향락에만 몰두했다. 1월 14일, 봉은사에서 놀다가 돌아오는 도중 내시가 탄 말이 놀라 활통을 들이받아 활이 어가 쪽으로 떨어진 것을, 왕은 자신을 해치려는 것으로 오해하고 엉뚱하게 무관 14명을 귀양보내는…

註) **의종(毅宗)**: 개경의 귀족들의 독주로 뜻을 펴지 못하는 상태에서 그의 방종벽이 합세해 고려 역대 왕 중에서 가장 타락한 면을 보여 주었다. 할 일이 많았지만, 22세에 즉위한 그로서는 권신들 앞에 나약할 수밖에 없었다. 더구나 무관들은 그의 놀이 감이었다. 결국 그의 행동이 무신들의 반발에 도화선이 되어 준 것이다. 또한 이때부터 40여 년 동안 민란이 연속되었는데, 이해에 이천, 동주, 선주 등지에서 대규모의 민란이 일어났고, 1172년에는 창주, 성주, 철주 등 서북지방에서, 1176년에는 공주에서 망이, 망소이 형제들의 민란…

**정중부(鄭仲夫)의 수염**

1170 高麗 18대 의종(毅宗) 24년

무신(武臣)에 대한 멸시 풍조가 극에 달하면서, 장군 정중부(鄭仲夫)의 수염을 환관내시가 붙잡고 놀리면서 불태우는 일까지 있었다. 또, 왕은 문신들과 함께 주연을 하면서 경계근무 중인 무관들에게는 전혀 관심조차 없다. 무관들은 허기와 피로에 지친 상태로 이들을 지켜주기 위해 꼼짝도 못하고 있어야 했다. 이런 일이 매일 연속이다.

8월 28일, 드디어 천대를 견디지 못한 무신들의 분위기가 험악해지자, 정중부는 무신 이의방(李義方)과 이고(李高)와 함께 "문관(文冠) 쓴 놈은 모조리 죽여라"고 선동하여 닥치는 대로 문신(文臣)들을 찾아다니며 살해한 후, 왕을 폐위시켜 거제도로 쫓아 보내고, 왕의 동생 익양공(翼陽公)을 세웠다. 이가 명종(明宗)이다. 이로부터 무신들이 정권을 잡아 무신천하(武臣天下)가 되었다. 이어 중방(重房: 장군들이 모이는 집합소)을 중심으로 무신들이 모든 일을 처리해 나가는 세상으로 바뀌었고, 이 와중에 새로 즉위한 명종은 허수아비 신세.

註) 무신의 난(武臣의 亂)에는 이의방과 이고 같은 하급부장들의 역할이 컸다. 그 후 권력구도에 파란이 있어 1172년에 이고가 반란을 꾀하다가 이의방에게 죽고, 이의방은 1174년 12월 말 조위총의 반군을 토벌하러 가는 군사를 격려하러 갔다가 정균(鄭筠, 정중부의 아들)에게 졸지에 살해되었다. 이후부터 천하는 정중부의 것이 되었다.

### 계사(癸巳)의 난

1173 高麗 19대 명종(明宗) 4년

8월, 병마사 김보당(金甫當)은 의종(毅宗)을 거제도에서 경주로 몰래 옮기고 복귀운동을 하려다 깡패 이의민(李義旼)이 의종을 죽이고 정중부 편으로 가는 바람에 실패하여, 김보당이 처형당할 때 "문관은 모두 공모했다"고 말한 것이 화근이 됐다. 이 바람에 개경은 또 한 차례 피바람이 몰아쳤다. 10일 동안 숱한 문관의 목이 달아나고 시체는 강에 던져졌다.

註) 나라꼴이 정변으로 멍들어 가면서, 문신만을 중시하는 그릇된 풍토로 일그러지고 있던 중, 무신들의 반발로 상황은 다시 반전되어 문신들은 숨을 죽이며 연명해 가는 신세가 되었다. 한때 무심코 자행하던 오만방자한 망동의 대가를 철저히 되갚음 당하는 꼴이다. 그러나 무신들은 오히려 또 다른 족벌 체제를 일궈 부패와 부정으로 혼탁해져 갔다. 각처에서는 민중봉기가 발생하면서…

### 승도(僧徒)들의 궐기

1174 高麗 19대 명종(明宗) 5년

1월, 지난해의 계사의 난 때에 문신에 대한 대대적인 숙청바람이 불었던 그 후유증으로, 그간 문신들로부터 비호를 받아왔던 불가의 승려들이 무신정부에 대해 총궐기하고 나섰다. 귀법사의 중 1백 명이 개경 북문에서 격퇴되고, 중광사 등의 중 2천여 명이 개경동문까지 진입했다가 격퇴됐다. 이후로 이의방은 개경 부근의 사찰을 파괴하고 재물을 약탈하는 등 무절제한 보복으로 반감을 더해 가는 판이 되는데…

### 조위총(趙位寵)의 반란

9월, 무신이 집권하면서 서경(西京: 평양)출신들이 푸대접받자, 이 무렵 서경유수(西京留守) 조위총(趙位寵)이 서경에서 동계(東界: 함경도)와 북계(北界: 평안도)의 여러 성을 선동하여 반란을 일으켰다. 반란군의 규모가 묘청의 난 때보다 더 컸다. 연주(延州: 영변)을 제외한 자비령 이북 40여 성이 호응했다. 놀란 정중부는 윤인첨(尹鱗瞻)에게 3군 토벌대를 이끌고 나가 치게 했는데, 철령역(鐵嶺驛: 자비령 부근)에서 기습을 받아 패하고 반란군은 개경에 육박했다. 이에 이의방이 스스로 군사를 이끌고 나아가 서경군을 격파하고 대동강에 이르러 서경의 성 밖에서 진을 쳤으나, 추위에 견디지 못하고 철수했다.

11월, 윤인첨과 두경승(杜景升)은 다시 왕명을 받아 5천의 토벌군을 이끌고 우회하여 연주(漣州: 평안남도 价川)의 여러 진(鎭)을 차례로 평정하고 의주와 맹주(孟州: 평안남도 맹산)를 함락하며 대공방전을 펼쳤다. 그런데 12월, 이의방이 다시 서경으로 진격하려는 중에, 정중부의 아들 정균(鄭筠)이 이의방을 살해하는 바람에 세상이 정중부의 것으로 되었다.

1175 1월, 윤인첨은 예정대로 토벌에 나서 곧장 연주(漣州: 개천)로 나가 여러 달 동안 여러 진(鎭)을 차례로 평정해나갔다. 3월에는 조위총이 파견한 구원군을 샛길로부터 들이쳐서 1500여 급을 베고 220명을 사로잡으며, 6월에는 후군총관사 두경승이 대포(투석기)로 무차별 공격하여 연주성을 함락한 다음 병사의 약탈을 금하니, 이때부터 서북의 여러 성이 투항해 왔다. 이제 남은 것은 서경(西京) 뿐이다. 윤인첨은 서경을 포위하고 성에 이르는 보급로를 끊고 지구전으로 나갔다. 그러자 다급해진 조위총은 금(金國)에 사람을 보내 철령 이북 40개의 성을 들어 항복하려 했으나 금(金)의 세종은 "어찌 역신을 도울 수 있느냐"고 거절하면서 오히려 사신을 잡아 고려에 넘겨주었다. 결국 반란은 이듬해(1176년) 6월에 관군의 총공격으로 22개월 만에 평정되었다. 그러나 본격적인 반란은 이제부터다. 이때부터 전국각지에서 문신 또는 일반 민중들의 반란이 연속으로 터졌다.

註) 조위총의 봉기는 중앙의 수탈에 저항하는 농민항쟁의 성격이었다. 이 시기를 전후하여 민란(民亂)이 자생적으로 빈번하게 발생하게 되는데, 1168년에 제주도에서 민란이 처음 발생했고 무신정권이 들어선 이후부터는 전국적인 현상이 되었다. 권세가들의 토지겸병과 지방관의 탐학으로 자영농민이 몰락한 것이 원인이었다. 몰락한 농민은 유민(流民)이 되었고 대개 이들이 뭉쳐서 관아를 부수고 들어가 노략질하면서 반란의 무리가 되어갔다. 이 같은 농민 반란은 지속적으로 일어나 몽골과의 전쟁 기간에도 끊임이 없었다.

### 망이(亡伊), 망소이(亡所伊)의 반란

1176 高麗 19대 명종(明宗) 7년

1월, 충청도 공주에서 숯을 굽던 수공업자들의 집단거주지인 명학소(明鶴所)에서 망이(亡伊)와 망소이(亡所伊)가 신분해방을 내걸고 "어차피 농사지어보아야 관청 것밖에 되지 않는다. 이리 굶으나 저리 굶으나 죽기는 매 한가지다" 하며 굶주린 백성을 선동하여 1천여 명이 공주를 점령했다. 이들에 대한 토벌은 쉽지 않았는데 농민들은 필사적이었고, 이들은 9월에 예산과 직산, 여주, 충주까지 함락하고 살상을 자행했다. 그러나 관군의 총공격으로 기세가 꺾인 반란군은 화해를 요청하여, 망이는 왕 앞에 나아가 항복하고 반란 농민군은 양곡까지 나누어 받으며 귀가했다. 그러나 이내 망이의 처자가 반역자로 몰려 잡혀가자, 속은 것을 안 망이는 가야산(加倻山: 충남 예산)으로 들어가 가야사를 점거하고 철저 항쟁을 선언하니…

1177 高麗 19대 명종(明宗) 8년

1월, 망이는 다시 봉기하여 덕산, 여주, 진천 등 경기 충청 지역에 55개 고을을 점령하면서 다시 기세를 올렸다. 결국 본격적인 토벌에 나선 관군이 6월에야 겨우 평정했다. 또 한편 가야산(伽倻山: 경남 합천)에서는 손청(孫淸)이, 경상도 동부에서는 이광(李光)이 연 이어 각각 농민반란을 시도했으나 곧 평정. 그러나 연이어 민란은 또 있었다. 5월에는 서경을 장악한 민란이 일어나 이듬해(1178년) 1월에 이의민이 이끄는 관군이 진압하고, 잔여 세력도 겨울로 접어든 10월에야 평정될 지경이었다.

### 젊은 무장(武將) 경대승(慶大升)

1179 高麗 19대 명종(明宗) 10년

9월, 이때까지도 정부는 무신들 간의 정권쟁탈이 계속되었으며, 혼란한 정국을 정중부가 수습하고 정권을 장악하면서, 그를 따르는 무리들과 함께 세력을 믿고 횡포를 부려왔다. 이를 젊은 무장(武將) 경대승(慶大升)이 허승과 힘을 합쳐 철권통치를 휘두르는 정중부와 그의 일당들을 죽인 후, 무인들의 폐단을 막고자 중방정치를 무시한 채, 문관과 무관을 막론하고 학식이나 지략이 있는 이를 발탁하면서 개혁정치를 시도했다. 이렇게 5년이 지나 경대승이 30세의 젊은 나이에 병으로 죽었다. 민중들은 그를 영웅으로 받아들이고 있어 모두 나와 통곡했다. 그 후 왕은 조위총의 반란군을 토벌할 때 큰 공을 세웠던 이의민(李義旼)을 불러들였고, 이때부터 극심한 폭정으로 세상은 다시 혼란 속으로 빠져 들어갔다.

註) **경대승(慶大升):** 경대승은 문무관을 가리지 않고 비리를 저지르는 자를 제거했다. 그 방법이 과감하기는 했어도 자신이 권력을 잡으려 하지도 않았고 임금을 능멸하지도 않았으며 축재 행각도 없었다. 젊은 혈기에 불탔던 그는 정중부 일당을 제거하고 달라진 세상을 만들려 애썼다. 하지만 너무 젊었고 지지기 반도 넓지 않았다. 경대승이 죽은 후 왕은 모처럼 맞이한 개혁의 기회를 살리지 못하고 이의민의 중방(重房) 정치 속으로 빨려 들어가 다시 혼탁한 무신정권의 시대를 맞게 된다. 중방이란 고려시대 2군(二軍), 6위(六衛)의 상장군(上將軍)과 대장군(大將軍)으로 구성된 회의기관으로 무신시대(武臣時代)의 최고 정치 중심기관이다.

### 죽동(竹同)의 전주(全州) 봉기

1182 高麗 19대 명종(明宗) 12년

3월, 조정에서 전주(全州)에 정용보승군(精勇保勝軍)이라는 군사를 보내 변산(부안)에서 배를 만들게 했는데, 실무책임자인 진대유(陳大有)가 청렴한 척하면서 가혹하고 잔인하게 일을 시키자, 이에 불만을 품은 병사들과 농민들이 합세하여 진대유의 집을 불사르고 전주를 점령한 사건이 발생. 결국 관군이 나서서 40일 동안이나 성을 공격하여 겨우 진압했다.

註) 이밖에도 1176년부터 정국의 혼란과 무신들의 폭정으로 사소한 반란들이 처처에서 빈번했다. 1180년 경성(京城)의 폭동과, 1182년 9월의 귀화소의 도적 수백 명이 탈출, 충북 옥천과 충남 서산에서 주민이 봉기. 1190년 1월의 경주지방의 민란은 12월에야 겨우 진압.

### 김사미와 효심의 농민반란

1193 高麗 19대 명종(明宗) 23년

7월, 운문산(雲門山: 경남 청도군)에서 일어난 김사미(金沙彌)의 농민반군과 초전(草田: 울산)에서 일어난 효심(孝心)은 서로 연락을 취하며 수만 명이 조직적인 항전으로 토벌군을 격파하고 "신라 부흥"을 외치며 경상도 일대 각 지방을 휩쓸었다. 그런데, 토벌군 중에 이의민의 맏아들 이지순(李之順)이 반란군과 내통하고 토벌기밀을 알려주어 관군이 연전연패했다.

1194 高麗 19대 명종(明宗) 24년

2월, 다시 토벌장군을 최인(崔仁)으로 바꾼 관군이 총공세를 펴자, 관군에 밀린 김사미가 투항하려다 오히려 참형 당하고 마는데, 4월부터 관군의 연이은 총공세로 저전촌(楮田村: 경남 밀양시 산내면 용전리)에서 7천여 명의 반군이 전사하고 12월에는 효심마저 붙잡히자 반란이 겨우 평정되었다.

### 최충헌(崔忠獻)의 등장

1196 高麗 19대 명종(明宗) 26년

4월, 조위총의 반란군을 토벌할 당시 명성을 떨쳤던 최충헌(崔忠獻)이 아우 최충수(崔忠粹)와 함께 뇌물과 여색(女色)을 탐닉하며 권력을 농간하던 이의민을 살해하고 그 3족을 멸했다. 그것도 모자라 그동안 이의민에 붙어 관리가 되었던 인물들을 찾아내 모두 죽이거나 내쫓았다. 이 과정에서 무고로 죽은 자도 매우 많았다. 광풍(狂風) 같은 피바람이 불었다.

註) 이로써 20년간에 걸친 무신들 간의 정권쟁탈은 막을 내리고, 독자적인 최씨(崔氏)의 무신정권이 형성되었다. 최충헌은 이때부터 "봉사십조(封事十條)"를 왕에게 건의하여 시행하는데, ① 부정한 벼슬아치를 쫓아 낼 것. ② 세금을 공정히 할 것. ③ 남의 땅을 멋대로 차지한 자의 땅을 원주인에게 돌려줄 것. ④ 청렴한 벼슬아치를 뽑아 쓸 것. ⑤ 고위직의 사치를 막을 것 등등 참신한 내용들이다. 그러나 독재자가 된 그는 늙어 죽을 때까지 5명의 황제를 모셨다기보다는 겪었는데, 그 가운데 명종과 희종(熙宗) 2명은 강제로 내쫓고 신종, 희종, 강종(康宗), 고종(高宗) 등 4명은 자기 마음대로 끌어다 앉혔으니, 최충헌이야말로 '황제제조기'라 할 만 했다.

1197 高麗 19대 명종(明宗) 27년

9월, 명종은 최충헌 형제가 권력기반을 다지기가 무섭게 자신을 폐위시킬 줄은 꿈에도 몰랐다. 이유는 자신들이 올린 봉사십조를 제대로 이행하지 않았다는 것이다. 기어코 최씨 형제는 황제까지 갈아치웠다. 그런 다음 10월, 욕심 많은 아우 최충수가 황제와 태자를 위협하여 자기 딸을 태자비로 앉히려하자 이를 말리는 형과 불화가 생겼다. 결국 형제간에 의견이 안 맞아 서로 군사충돌로 이어졌고 최충수의 목이 달아나자, 이제부터는 최충헌의 세상이 되었다.

### 만적(萬積)의 난

1198 高麗 20대 신종(神宗) 2년

최충헌의 사노(私奴)이던 만적(萬積)이 6명의 종들과 함께 "왕후장상(王候將相)이 본래 씨가 따로 있느냐"고 하며 반란을 선동했다. 5월에 노비문서를 불태우며 반란을 계획하던 거사 계획은 동료의 배반으로 탄로가 나서 관련자 1백여 명이 예성강에 던져져 죽임을 당하고 말았는데, 비록 실패하긴 했지만 역사상 대표적인 노예해방운동 중에 하나가 되었다.

註) 민초들은 지난 20여 년간 무인(武人)들의 집권과정을 지켜보았다. 천민출신이 전쟁터에서 공을 세운 후, 장군이 되고, 그런 사람들이 쿠데타로 집권하여 권력을 잡았다. 그러니 본래 귀족이 따로 있느냐? 아무나 기회만 주어지면 권력을 잡을 수 있다고 여겨지면서 천민 같은 계급이 억울하다는 풍조가 생긴 것이다.

1199 高麗 20대 신종(神宗) 3년

8월, 황주목사 김준거가 아우 김준광, 신기지유 이적중과 모의하여 최충헌 암살을 기도했다. 황주에서 무술이 뛰어난 자들을 거느리고 몰래 개경에 들어왔는데, 최충헌이 이를 알고 역습하는 바람에 일망타진되었다. 이들은 죽거나 귀양 가거나 또는 노비가 되었다.

註) 이후 10여 년간 계획적이고 조직적인 농민반란이 세력을 키워가며 일어나다가 실패하는데, 1199년 명주(溟洲: 강릉)의 농민반란. 1200년에 진주(晋州)의 노비반란군과 합천(陜川)의 부곡(部曲)반란군의 연합. 그리고 1202년 10월, 동경(東京: 경주)에서 신라부흥을 외치고 일어난 별초군(別抄軍)의 폭동과, 탐라(耽羅: 제주) 민란. 그리고 12월에 경주, 울진 등지의 반란, 등등 반란사건은 1219년까지 향후 20여 년 동안이나 연속되었다.

1200 高麗 20대 신종(神宗) 4년

12월, 최충헌은 그의 권력에 대한 도전이 잇달아 일어나자 이를 막고자 사병(私兵)을 양성했었는데, 이를 바탕으로 도방(都房)을 설치했다. 강하고 힘센 자 3,000명을 뽑아 만든 조직으로 최충헌가를 숙직하고 호위했다. 최충헌이 출입할 때에는 모두 합쳐 둘러싸 마치 전투에 나가는 것 같았다.

1204 高麗 21대 희종(熙宗) 원년

1월, 신종이 노환으로 임종하면서 태자 영(𠦑)이 즉위하여 희종이다. 왕은 오랜만에 정식으로 왕위를 물려받으니 최충헌의 독단에 불만을 품은 세력들이 왕의 정통성을 내세워 반기를 들기 시작. 이내 최충헌 암살 기도들이 연이어 들어 나면서 피바다를…

註) 암살 기도는 계속해서 일어났다. 희종이 즉위 후 암살모의가 발각되자마자 최충헌은 영은관에 교정도감(教定都監)을 설치하고 암살 음모자들을 색출하여 처벌했다. 그럼에도 희종5년(1208년)에는 청교역(青郊驛: 황해도 개풍군)의 역리 3명에 의한 암살미수 사건이…

1211 高麗 21대 희종(熙宗) 7년

이제 왕까지 최충헌 제거에 동참했다. 왕은 측근의 무사와 승려들과 모의하고 최충헌의 심복들을 내전으로 꾀어내어 유인한 후 난투극이 벌어졌다. 무사들이 최충헌을 찾아내지 못하는 사이 최충헌의 군사들이 궁궐에 들어와 구출하여 결국 실패하고 말았다. 왕은 31세의 젊은 나이로 강화도에 유폐되고, 최충헌은 한남공(漢南公) 숙(璹)을 왕위에 앉히니, 이가 곧 강종(康宗)인데, 그는 아버지 명종과 함께 강화도에서 14년 동안 유배 생활하던 중 나이 환갑에 이르러 우연히 왕위에 올랐다. 그러나 강종은 재위 2년 만에 늙어죽자, 태자 철(瞮)이 왕위를 물려받으니 이가 22대 고종(高宗)이다.

註) **고종(高宗)**: 1212년 태자에 책봉되고, 이듬해 (1213년) 강종의 뒤를 이어 왕위에 올랐다. 고종은 최씨(崔氏)의 무단(武斷)정치로 실권을 잡지 못하다가, 1258년 최의(崔)가 살해되자 정권을 되찾았고, 고려왕 중 가장 긴 재위기간인 45년 간 왕위에 있으면서 숱한 전쟁을 겪어 나가게 된다.

1216 高麗 23대 고종(高宗) 3년

8월, 거란(契丹)의 후예족속 수 만여 명이 그들의 가족을 끌고 원(元)에 쫓기면서 고려 영내로 밀려 들어와 약탈을 하며 의주(義州), 정주(定州), 안주(安州), 귀주(龜州) 등지로 침입해왔다. 이들 거란유민은 걸노(乞奴)가 주축이 되어 감국(監國)이라 칭하며 거란부흥운동을 벌이는 한편, 고려가 그들이 요구한 군량미 제공과 그들 황제의 조칙을 거부했다 하여 9만 대군과 그의 가족들을 끌고 압록강을 건너 대부영(大夫營)으로 들어와 영주(寧州), 삭주(朔州), 의주, 운주(雲州) 등지를 공격하고 약탈하면서 계속 남하하여, 북계(北界)지역은 거란군과 그들이 데리고 다니는 처자들로 가득할 지경이었다.

註) 원(元): 몽골족(蒙古族)이 내외몽골(內外蒙古)을 통일하고 국호를 "원(元)"이라 하며 황제가 된 징기스칸(成吉思汗)은 1211년 북중국을 치기 시작하여, 1215년에는 금(金國: 女眞의 나라)의 도읍인 연경(燕京: 北京)을 공략하고, 금(金)을 황하(黃河) 남쪽으로 밀어냈다. 이때, 당시 금(金)의 지배하에 있던 거란족(契丹族)의 일부가 요동지방에서 "대수요국(大遼收國)"을 세우고 자립하려다, 몽골군에게 쫓겨 오갈 곳이 없어지니 고려 경내로 밀려온 것이다.

**개평(開平) 싸움**

9월, 이에 고려조정은 노원순(盧元純)을 중군병마사, 오응부(吳應富)를 우군병마사, 김취려(金就礪)를 후군병마사로 하는 3군을 편성하여 막았다. 고려 3군은 연주(延州)에 주둔하며, 개평역(開平驛: 평북 영변)과 원림역(原林驛)에 주둔하고 있던 거란군과 세 차례에 걸친 접전을 전개한 끝에, 특히 김취려의 큰 활약으로 거란군을 섬멸했는데, 이 싸움에서 잡히거나 죽은 거란군이 2천4백이고 도망하다 남강(南江)에 빠져 죽은 자만도 1천 명이 넘었다. 이어서 고려군은 조양진(朝陽鎭: 价川郡), 연주(連州), 귀주(龜州) 등지에서 수십 차례 교전 끝에 거란의 잔적은 청새진 넘어 모두 도주해 버렸다.

10월, 오갈 곳이 없는 거란족은 다시 압록강을 넘어와 창주(昌州), 성주(成州) 등으로 침범하니 이들을 소규모 전투로 격퇴시키긴 했으나, 집결된 잔적(殘賊)은 청천강을 넘어 서경(西京: 평양)으로 몰려들어와 고려 수비군을 깨트리고 남하하니, 왕이 이번에는 조충(趙冲) 등을 보내 막도록 했다.

1217 高麗 23대 고종(高宗) 4년

3월, 3만의 거란(契丹)군은 태조탄(太祖灘)에서 고려의 5군(五軍)을 포위하여 섬멸시키고 임강(臨江: 임진강)까지 추격해왔다. 4월에 고려는 군을 재편하여 개성으로 진출시키고 5월에는 부상 치료중인 김취려를 다시 기용하여 저촌(楮村)과 횡탄(충청, 강원지역)에서 적을 공격하자, 밀려서 패주하던 적이 원주(原州: 강원도 원주)를 점령하며 웅거한다.

7월, 고려군이 총공격으로 제천 박달재에서 적을 뭉그러트리자, 적은 명주(溟洲: 강릉)로 쫓기다가, 다시 북상하여 함경도 지방에 웅거한 여진과 결탁한 다음 또다시 남하하여 고주(高州: 高原郡: 함경남도 남쪽 끝)와 화주(和州)로 침범해 들어왔다. 이 와중에 서경(平壤)에서 병졸 최광수(崔光秀)가 출정을 거부하고 자칭 '고구려 부흥병마사(高句麗復興兵馬使)'라 하면서 반란을 시도하다가, 그만 내부 세력에게 암살당한 사건이 발생.

1218 高麗 23대 고종(高宗) 5년

7월, 왕은 징병령을 내리고 수사공 조충(趙冲)을 서북면 원수로, 김취려(金就礪)를 병마사로 삼고 3군을 파견하는 조치를 취했다.

8월, 거란(契丹)족이 이번에는 서해도(西海道: 황해도)까지 진출했다가 김취려, 조충 등의 고려군에게 곡산(谷山: 황해도 동북부), 성주(成州), 독산(禿山)에서 참패를 당한 후, 수 만 명이 강동성(江東城: 평양근처)으로 쫓겨 들어가 웅거하는 지경이 되었는데…

12월, 몽골(蒙古)의 카치온(哈嗔)이 3만의 군사를 이끌고 고려와 연합하여, 연합군이 강동성에 집결.

註) 몽골군의 등장은 고려에서 요구하지도 않은 파병이다. "아직도 고려에서 소탕하지 못하므로 황제가 군사를 보내니 군량미를 부족하지 않게 보내라. 적을 파한 뒤에는 형제의 맹약을 맺으리라"하며, 내용도 강압적이었다. 몽골이 고려를 정탐하기 위한 탐색용 출병이었다. 그러나 최충헌은 자신의 정권 유지에만 신경 쓸 뿐, 능동적으로 몽골에 사신을 보내거나 사정을 알아보는 대책도 세우지 않았다.

### 강동의 역(江東의 役)

1219 高麗 23대 고종(高宗) 6년

1월, 거란족(契丹)은 고몽(高.蒙) 연합군의 위력에 눌려 강동성에서 나와 5만여 명이 스스로 항복했다. 이를 평정한 후 원의 카치온(哈嗔)과 조충은 의형제를 맺고 포로를 분배한 다음, 이 자리에 거란장(契丹場)을 만들고 포로를 모두 고려인으로 만들었다.

2월, 몽골군이 돌아 갈 때 조충은 의주까지 따라가 전송해주었다. 그 후, 최충헌은 최충, 김취려 등의 전공을 질투하여 불러들이고는 상도 주지 않았는데…

註) 이때 카치온이 보낸 사신이 도착하여 왕에게 서신을 전하는데, 활과 화살을 멘 채로 바로 왕 앞에 나가더니 대뜸 왕의 손을 잡으면서 편지를 꺼내 주었다. 주위에서는 당황하여 어찌 줄 몰랐는데, 옆에 있던 최선단(崔先旦)이 "어찌 더러운 오랑캐가 이리 할 수 있는가?" 하며 추방하자고 했다. 그러나 잘못 건드리면 전쟁의 불씨가 될 수도 있다. 몽골 사신들은 이점을 노리고 있었다. 이래서, 왕은 참으며 오히려 선물을 주어 보냈다.

9월, 최충헌이 사망하면서, 후계자로 장남인 최우(崔瑀)를 지목했다. 최우는 최충헌이 남긴 금은보화를 고종에게 바치고 최충헌이 강점했던 공사전민(公私田民)을 원래의 주인에게 돌려주기도 하고, 빈한한 선비들을 많이 선발 등용하여 인망을 모으기에 힘썼다.

### 한순(韓恂)과 다지(多智)의 반란

10월, 의주별장(義州別將) 한순(韓恂)과 다지(多智) 등이 반란을 일으켜 청천강을 경계로 영토를 동진(東眞: 금나라의 잔당)에 귀부하고 오랑캐를 끌어들이니, 김군수(金君綏) 등이 동진의 장수 올가하(兀哥下: 우가하)를 설유시켜 잘못임을 깨닫게 했다. 올가하는 한순과 다지의 목을 베어 보내왔다. 그 후 김취려의 주장에 의해 나머지 반군에 대한 죄를 불문에 부치니 쉽게 반란은 평정됐다. 그런데 그 잔당들이 3년 후(1222년) 다시금 동진의 1만 병력을 얻어 정주(靜州), 의주(義州) 등지를 점령했다가 고려군의 역습으로 쫓겨 가기도…

註) 당시 농민군과 군인들의 항쟁은 총체적 모순에 맞서 유발된 것이다. 거란군이 충청도 박달재를 넘나들 정도로 심각했는데도, 하급 군인들은 최씨 정권에 맞서 싸웠다. 나라가 흔들릴 정도의 충격은 계속되는데, 이로부터 장차 몽골의 침략까지 연결되게 된다.

1223 高麗 23대 고종(高宗) 10년

5월, 동진(東眞)의 올가하(兀哥下)가 몰래 의주 쪽으로 침범한 것을 김희제(金希磾)가 요격하여 격퇴하면서 배 12척을 나포.

그런데, 뜻밖에 왜(倭)의 무장 세력이 금주(金州: 김해)에 침입해온 사태가 발생.

註) 그간 우호적이던 왜(倭)의 일부세력이 침범한 것은 의외였다. 당시 왜는 1156년부터 참혹한 피바람 속에 정쟁이 그치지 않았는데, 1333년까지 이른바 '가마쿠라' 시대였다. 복잡한 군사정변 속에 한 떼거리가 고려에 밀려들어온 듯하다.

1224 高麗 23대 고종(高宗) 11년

1월, 몽골의 지나친 공물 요구에 동진(東眞)의 포선만노(蒲鮮萬奴)도 반발하면서 고려에 사신을 보내와 "몽골과 우호관계를 끊었다"면서 "시장을 열어 교역을 행하자"고 했다. 왕은 이를 의심하여 응하지 않았다. 3월에 동진이 또 사신을 보내왔지만 마찬가지로 이에 응하지 않았고, 이 때문에 고려는 동진과 연합할 기회를 잃었다. 그러던 중…

### 몽골 사신 피살 사건

1225 高麗 23대 고종(高宗) 12년

1월, 6년 전(1219년)부터 고려에 몽골 사신으로 오가던 고려 전문가 자구르(著古與)는 올 때마다 시도 때도 없이 지독하게 오만을 떨며 공물을 바치라고 강요하면서, 국경을 넘을 때에는 명주 같은 물품은 들에 버리고, 수달피로 바꾸어 돌아가고는 해왔는데, 이때에도 수달피를 가지고 돌아가다가 금나라 영역인 파속로(婆速路)에서 피살되었다. 동진의 포선만노(蒲鮮萬奴)가 부하들에게 고려군의 복장을 입히고는 일을 저지른 것이다. 문제가 컸다. 이어서 동진이 몽골군의 복장을 하고는 고려 국경을 넘어와 노략질하며 이간질을 해대는 것이다. 국제 모략전에 고려가 휘말려 들어간 것이다. 왕은 외교적으로 해명을 시도했으나, 몽골은 고려의 짓으로 단정해 버리고, 기회가 오면 고려를 정벌하고자 벼르게 되는데…

1226 高麗 23대 고종(高宗) 13년

1월, 왜구(倭寇)가 경상도 연안에 출몰하자 거제현령 진용갑(陳龍甲)이 수군을 이끌고 사도(沙島)에서 전투 끝에 쫓아버린 사건이 발생. 두 번째 왜구의 출현이었다. 4월에는 왜구가 다시 김해에 들어오자 수군(水軍)

이 나서서 배 2척을 잡아 30명을 죽이고…

한편, 동진(東眞)의 올가하(兀哥下)가 또 다시 의주와 정주 일대에 침입하여 약탈을 자행하자, 김희제(金希磾)는 보기(步騎) 1만을 이끌고 북진하여 야인(野人)들의 주요 근거지인 석성(石城)을 들이쳐 함락하고 항복을 받아냈다.

註) 서북면병마부사(西北面兵馬府使) 김희제의 북벌(北伐)은 장차 북변(北邊)에서 발호할지도 모를 잠재적인 적을 사전에 제거한 조치로 보인다.

1227 高麗 23대 고종(高宗) 14년

4월, 왜구(倭寇)가 금주(金州: 김해)에 침입한 것을 노단(盧旦)이 군사를 이끌고 왜선 2척을 나포하여 30여 명을 목 베었다. 왜구는 5월에도 공주에 침입하다 쫓겨 가고…

註) **왜구(倭寇)의 침입**: 고려에 처음으로 왜구가 나타난 것은 1223년 5월에 금주(金海)에 침입이다. 그 후 1225년 4월에 왜선 2척을 나포했고, 1226년 정월에는 거제 헌령이 수군을 동원하여 싸웠으며 6월 1일에 금주에 또 침범했다. 1227년 5월, 왕은 왜에 사신을 보내 내침(來侵)을 따지자 북구주(北九州)의 소이자뢰(小貳資賴)가 도둑 90인을 잡아 죽이면서 이후 120여 년 동안 왜구가 거의 나타나지 않는다. 소이자뢰는 고려와 교역으로 이익을 취하고자 이에 호응한 것이다. 물론 왜(倭) 조정내부에서는 왜국의 수치라고 떠들기는 했지만…

### 몽골(蒙古)의 1차 침략

1231 高麗 23대 고종(高宗) 18년

몽골족이 거란(契丹)족 토벌의 공을 빙자하여 많은 조공물을 요구하자, 최우(崔瑀)는 이에 응하지 않았다. 게다가 1224년에 몽골 사신이 압록강변에서 금나라 도적떼에게 피살된 사건을 빌미 삼아, 몽골 황제 오고타이(太宗)는 금(金國) 정벌을 일으킴과 동시에 별동대(別動隊)를 따로 고려로 향하게 함으로서, 몽골 장수 살리타(撒禮塔)가 고려에 침공해왔다.

註) 몽골 오고타이(아골타)가 1차로 노린 지역은 중국 대륙이다. 오고타이는 만주에서 패권을 잡고 중원 진출을 노리면서 금, 송을 정복하기 위해 고려를 제압한다는 방침을 정했다. 이번에 고려를 침공한 이면에는 아시아 지역에 대한 정복 야욕이 도사리고 있었다.

### 장렬(壯烈)! 철산성(鐵山城)

8월, 살리타는 3만의 군사를 이끌고 와서 함신진(咸新鎭: 의주)의 항복을 받고 철주(鐵州)에 이르렀다. 이때 몽골에 포로가 되었던 고려 낭장(郎將) 문대(文大)에게 철산성(鐵山城) 아래에서 항복하라는 내용을 외치도록 했으나, 문대는 "가짜 몽골병이다. 항복하지 마라!"고 외쳤다. 몽골군은 문대를 죽이고 급히 공격했다. 성주 이희적(李希績)은 보름 동안 하루에도 몇 차례씩 파상공세로 퍼부어 대는 적의 공격을 잘 버티어 냈으나, 마침내 양식이 떨어지고 성이 무너질 위기에 처하자, 부녀자와 아이들을 모아 창고 속에 넣고 불을 지른 다음, 자신은 장정들을 이끌고 목을 베어 스스로 자결했다. 성안에 들어온 몽골군은 남은 사람과 가축을 남김없이 죽이고 불태웠다. 지금까지 만났던 적과는 질이 달랐다.

9월 3일, 철주를 점거한 몽골군은 귀주(龜州)에 이르렀다. 수성장(守城將) 서북면 병마사 박서(朴犀)와 분도장군 김경손(金慶孫)의 분전은 신기(神技)에 가까웠다. 먼저 김경손이 스스로 결사대 12명을 이끌고 겹겹 포위한 적진에 돌격하여 많은 적을 죽이고 무사히 귀환하여 병사들의 사기를 올렸다. 이로부터 적은 각종 기구를 총동원하여 맹공을 퍼부으니 박서는 돌과 물, 진흙세례 등으로 맞서 요지부동이었다. 적은 땅굴을 파고 진입을 시도했으나 이것도 발각되어 땅도 꺼지고 적도 몰살되었다. 몽골군은 "하늘이 돕는 것이지 사람 힘이 아니다"하면서 30여일 만에 공성(攻城)을 포기하고 서경성(西京城: 평양)으로 몰려갔다. 여기서도 저항이 완강하자 그대로 통과하고, 동선역(洞仙驛: 황해도 황주)으로 갔다. 이때 평안도 지역에서 민중반란을 일으켰던 마산(馬山: 평북 龜州 부근)의 초적(草賊) 두목 두 사람이 최우(崔遇)를 찾아와 전투에 참가하겠다고 자원하여, 5천의 반란군이 동선역 전투에 나서 몽골군 8천에게 큰 타격을 주며 패주시켰고, 또한 관악산(冠岳山: 서울)의 초적도 자진해서 관군과 함께 방어망을 구축하고 공격에 앞장서서 몽골군을 곤경에 빠뜨렸다. 여기서도 패한 몽골군은 방향을 돌려 용주(龍州), 선주(宣州), 곽주(郭州)를 점령한 후…

11월, 몽골군은 다시 귀주성(龜州城)을 공격했다. 결과는 마찬가지였다. 여기서 또다시 크게 깨진 몽골군은 평주(平州: 평산)로 가서 성민은 물론 닭과 개까지 씨를 말렸다. 몽골군은 그 다음 개성(開京)을 경유하여 광주, 충주, 청주 등지로 나갔다. 몽골군이 지난 자리는 모조리 쑥대밭이 되었다. 철저한 보복이었다. 그리고 12월, 몽골군은 또다시 귀주성(龜州城) 공격에 나섰다. 몽골군은 대포차(大砲車), 운제(雲梯) 등을 총동원하여 공격했으나, 박서와 김경손은 대우포(大于浦: 큰 칼을 엮어 만든 기계) 등으로 맞서, 몽골군의 공성(攻城) 기계를 모두 파괴시키니 방법이 없었다. 또다시 군세만 크게 꺾인 채 물러섰다.

註) 후에 귀주성을 돌아보게 된 몽골의 한 장수는 "내 어릴 때부터 천하 곳곳에 공성전(攻城戰)을 무수히 해보았지만, 이처럼 지독한 공격을 당하고도 항복하지 않은 성은 본 일이 없다. 이 성을 지킨 장수들은 훗날 모두 장상(將相)이 될 것이다"라고 했다.

1232 高麗 23대 고종(高宗) 19년

1월, 몽골군이 개경 근처에 주둔할 지경에 이르고, 또 북계(北界)의 여러 지역을 점령당한 상황에서 더 버티기가 어려웠다. 조정은 우선 화를 면하기 위해 살리타에게 화평을 교섭했고, 몽골군은 엄청난 물량의 선물을 요구하면서 북계(北界) 지역 72개 처에 다루가치(達魯花赤: 몽골인의 현지 행정관리)를 두고 일단 철군했다. 그리고 그 동안 항복하지 않은 성(城)에 대해 설유하자, 박서는 여러 번 고집했다가 결국 승낙했는데, 자주성(慈州城: 慈山)의 최춘명(崔椿命)이 끝내 버티고 항거하니, 그를 설득하는데 실패한 대집성(大集成)은 살례탑의 성화에 못 이겨, 결국 최춘명은 최우에게 처형당했다.

註) 최충헌이 죽은 후, 뒤를 이은 최우(崔隅)가 대집성의 딸이 자색이 있고 과부라 하여 후실(後室)로 맞아들였는데, 대집성은 이후 최우의 권력에 아부하여 아무런 전공(戰功)이 없음에도 불구하고 교만을 부렸다.

### “어차피 망할 바에야…”

5월, 조정에서는 몽골이 요구한 황당한 조건(1백만 병사의 옷, 말 2만 필, 왕손 어린이 1천 명과 대관의 남녀 각각 1천 명씩 등등…)들은 감당할 수 있는 내용도 아닐뿐더러, 차라리 기왕 망할 바에야 철저히 항전하기로 하고, 당시 실력자 최이(崔怡)의 결단으로 도읍을 강화도로 옮기면서, 전국의 백성들을 바다의 섬이나 높은 산성에 이주토록 하고는, 7월에는 은밀히 ‘다루가치’ 몇 명을 살해했다.

註) 농민봉기는 몽골전쟁 기간에도 끊이지 않았다. 전쟁 초기에 하층민들은 관군과 함께 전쟁에 적극 가담했지만 1232년 조정이 강화도로 천도하자 대규모 봉기를 일으켰다. 심지어 전쟁 기간 중 몽골군에 부역하는 사람들마저 생겨났다. 이리하여 몽골 전쟁 기간 중 무인정권은 몽골군과 민심이반이라는 두 개의 전선과 대치했다.

### 몽골(蒙古)의 2차 침략

8월, 상황이 이러하니 살리타가 다시 군사를 움직여 1만의 병력으로 침입해왔다. 그런데 이제는 적의 전술이 바뀌었다. 산성(山城)공격은 피한 채로 내려와, 개경에 이르러 부대를 넷으로 나누어 남쪽으로 향하게 했다. 그 중 살리타가 직접 지휘하는 부대가 11월에 일장산성(日長山城: 경기 광주 南漢山城)을 수십 겹으로 포위하고 공격했으나 광주부사 이세화(李世華)가 주민을 독려하며 한 달이 넘도록 완강하게 저항하니, 살리타는 작전을 바꾸어 일장산성을 포기하고 용인을 거쳐 충주로 향하려 했다.

### 처인성(處仁城)의 승려 김윤후(金允候)

12월 16일, 살리타는 처인성(處仁城: 경기도 용인)에 와서 주변에 5천의 군사를 배치한 다음, 소수의 경기병을 이끌고 정찰을 위해 동문으로 접근했다. 이를 숲 속에 매복 중이던 고려 지방군이 화살을 쏘아 살리타를 명중시키고, 그를 구출하러 온 몽골 기마병들마저도 모두 사살해 버렸다. 이때 성민(城民)들과 함께 있던 승려 김윤후(金允候)는 성주와 관리들이 도망간 뒤, 노비문서를 불사르고 2천 명의 성민을 규합하여 많은 몽골병을 포로로 잡자, 지휘관을 잃은 나머지 생존자들은 맥이 빠져 사방으로 흩어지면서 무질서하게 후퇴를 서둘렀다. 세계를 휩쓸고 다니던 저력의 몽골군의 꼴이 말이 아니다.

한편, 왕은 김윤후에게 상장군(上將軍)을 주려했으나, 그는 끝내 사양하는데…

註) 각 지방에서 수공업을 주로 하는 부곡민(部曲民: 할당된 특산품을 생산하지만 제약이 많아 많은 차별을 받고 있는 주민)들이 신분 차별에서 벗어나려면 큰 공을 세우는 길 밖에 없었다. 김윤후가 이들을 단결시켜 목숨을 걸고 몽골군에 덤벼들었다.

註) 원(元)은 서역(西域), 유럽, 중국 등지에는 노도와 같이 밀고 들어가 일거에 무찔러 점령하고 항복을 받았지만, 고려에서만은 치열한 반격에 부딪쳐 그렇지 않았다. 결국 패하면 돌아가 재정비한 후 다시 쳐들어오니 파상공격이 될 수밖에 없었다. 몽골군이 시원하게 항복을 받아내지 못한 채 끌려 다닌 곳은 오직 고려와 안남(安南, 베트남: 열대우림 때문에 작전을 제대로 펴지 못했다고 한다) 뿐이다.

1233 高麗 23대 고종(高宗) 20년

5월, 몽골군이 돌아간 뒤에도 몽골군의 서경낭장(西京郎將)을 지낸 홍복원(洪福源)이 서경(西京: 평양)에 버티고 있자, 그를 회유하러 간 대장군 정의(鄭毅) 등을 죽이고 오히려 반기를 들었다.

12월, 홍복원(洪福源)이 서경(西京: 평양)에서 성을 점거하니 최우는 북계병마사(北界兵馬使) 민희(閔曦)에게 군사 3,000명을 주어 토벌하자, 홍복원은 무리를 이끌고 요동으로 달아났다. 고려 관군은 홍복원이 도망간 후 그 가족을 체포한 다음 성민을 모두 강화도로 이주시키고 나니, 이로서 서경은 폐허가 되어버리는데…

註) **홍복원(洪福源):** 홍복원의 아버지 홍대순(洪大純)도 반역자였다. 1218년 거란족이 강동성(江東城)에 침입했을 때 자진해서 적진에 항복하여 거란족을 끌어들였던 역적이었다. 부전자전인가 보다. 홍복원은 이후에도 고려의 선유에도 만류하고 원에서 훈장까지 받으며 북계(北界)에서 친원(親元), 반고려(反高麗) 세력을 형성하는데 활약했다. 그러다가 1263년 원(元) 헌종의 후손인 영녕공(永寧公)이 홍복원이 그 자신의 조국인 고려에 대한 매국행위를 고약하게 여기고 장사를 시켜 장살(杖殺)시켜 버렸다.

## 몽골(蒙古)의 3차 침략

1235 高麗 23대 고종(高宗) 22년

8월, 동진의 옛 땅에 주둔한 몽골군이 안변도호부를 침범함으로써 전쟁이 또 벌어졌다. 대동강 부근의 용강(龍岡), 함종(咸從: 평안남도 강서군), 삼등(三登: 강동군)이 함락 당했고, 10월에는 동북과 서북면으로 몽골 증원군이 들어와 동주성(洞州城: 황해도 서흥군)을 점령했다. 이때 몽골군이 지평(砥平: 경기도 양평군)에 이르자 야별초(夜別抄)가 유격전을 벌여 많은 전과를 올리기도 하는데…, 이때부터 삼별초(三別抄)의 활동도 활발해졌다.

註) 몽골은 1243년 금을 멸망시키자 구라파(유럽) 제국과 남송 정벌을 계획했다. 이 과정에서 몽골은 남송 공략에 앞서 고려와 남송의 연합전선 구축을 막기 위한 침공이었다.

註) **삼별초(三別抄):** 별초란 요즘말로 하자면 특수부대, 특공대, 결사대 등으로 보면 맞다. 별초군은 무예가 뛰어나고 죽음을 두려워하지 않는 용사들을 가려 뽑아 조직했으며 전투 시에는 최선봉에서 공격을 도맡았다. 최씨(崔氏) 집권당시 개경(開京)의 경비를 담당하던 야별초(夜別抄)가 기구를 확대하면서 좌별초와 우별초(左.右別抄)로 되고, 포로로 귀국한 자를 모아 신의군(神義軍)이라 하여, 통칭 삼별초라 했다. 초기부터 항몽전(抗蒙戰)의 주력을 담당했고 원에 대한 적개심이 대단했다.

1236 高麗 23대 고종(高宗) 23년

6월, 몽골은 고려가 항전의 뜻을 굳히자, 남으로 송(宋)을 공격하는 한편, 고려 쪽으로는 장군 탕구(唐古)를 보내 홍복원을 향도로 하고 다시 밀고 들어왔다. 작년 9월에 몽골이 동진(東眞)을 멸망시키고 포선만노(蒲鮮萬奴)를 사로잡은 사건이 있었는데, 이후로는 몽골의 고려 침공군에는 동진의 군사까지 합세하여 들어오게 되었다.

註) 이때에는 고려와 교섭 없이 4년 동안 마구잡이로 전국을 돌아다니며 분탕질 쳐, 많은 문화재가 이때에 없어졌다.

7월, 몽골군은 개주(价州: 价川郡)를 공격하다가 고려 희경(希景) 등의 복병에 걸려 쫓겨 갔다가, 8월에는 다시 넘어와 자주성(慈州城: 청천강 상류지역)을 함락시키고, 9월에는 온수(溫水: 충남 온양)를 포위했다가 도리(都吏) 현려(玄呂)의 반격으로 패한 후, 죽주성(竹州城: 안성군 죽산)으로 왔다.

9월, **죽주성(竹州城) 공방전:** 박서와 함께 귀주성 전투를 승리로 이끌었던 장군 송문주(宋文冑)는 죽주성(竹州城: 경기 안성)에 있으면서 적의 행동양식을 이미 알고 있던 터이라, 적이 성을 포위하고 항복을 권유하자 이를 일축하고, 선제공격으로 적을 뒤로 물러서게 한 다음, 적의 공성(攻城)기계에 대한 반격용 기구로 맞서며, 15일 동안이나 그때그때 임기응변으로 몽골군을 요격하며 격살시키니 적은 대책이 막연했다. 결국 몽골군은 무수한 시체를 남긴 채 공격기계를 불 지르며 물러갔다. 그 뒤 몽골군의 일부는 남쪽 깊숙이 내려가 전주, 고부, 공주 등지를 돌아다니며 분탕질 쳤다. 이 당시 전국은 말이 아니었다. 쑥대밭을 만들며 쓸고 다니는 몽골군에게 온 나라가 노략질 마당이나 다름이 없었다.

註) 1232년(고종19)부터 1270년(원종11)까지 고려 정부가 강화도에 들어가 있는 40년 동안 국토는 미증유의 재앙을 당해 그 참상은 처절하기 이를 데가 없었다. 몽골군이 짓밟고 지나간 곳은 무자비한 살육, 약탈, 강간, 방화가 뒤따라 시체가 산을 이루고 피는 강물처럼 흘러 삽시간에 폐허로 변했다. 그야말로 들개 떼들이 새까맣게 몰려다니며 짖어대면서 분탕질치는 꼴이다. 이런 종류의 적은 전에 없이 듣도 보도 못한 종자들이었다.

### 백적의 난(百賊의 亂)

1237 高麗 23대 고종(高宗) 24년

1월, 고려시대의 중북경남(重北輕南)의 풍조에 따라 신라와 백제의 고토(故土)인 경상.전라도 지방이 차별대우를 받으므로 전라도 지방에서 이에 대한 반발로 가끔 반란이 일어났다. 이때, 초야에 묻혀있던 이연년(李延年) 형제가 백제부흥을 내걸고 난을 일으켰는데, 자칭 백적도원수(百賊都元帥: 이는 백제도원수의 오전(誤傳)이 아닌지?)라 했다. 처음에는 해양(海陽: 전남 광주) 일대의 주현(州縣)을 수중에 넣고 한동안 위세를 떨치다가, 결국 나주성(羅州城)에 진주한 전라도 지휘사 김경손(金慶孫)이 이끄는 별초(別抄)에게 패하여 죽었다.

註) 김경손(金慶孫): 1231년에 정주분도장군(靜州分道將軍)으로 있던 중, 몽골군이 침입하자 결사대 12명을 거느리고 격퇴. 그러나 뒤이어 적의 대군이 쳐들어오자 구주(龜州)에 가서 병마사 박서(朴犀)의 휘하에 들어갔으며, 우세한 병력으로 성을 포위하고 밤낮으로 공격하는 몽골군을 격퇴했고, 또 1237년에 전라도 지휘사(指揮使)로 나주성(羅州城)에 있을 때 이연년의 반란군을 별초(別抄)군을 이끌고 나가 토벌했다. 뒤에 추밀원부사(樞密院副使)가 되어 더욱 민심을 얻는데, 후에 권세를 잡은 최항(崔沆)의 시기를 받아 1249년 백령도(白翎島)로 유배되었다가, 2년 후 1251년 최항이 계모와 계모의 아들 오승적(吳承績) 등을 죽일 때, 그들과 인척관계라고 트집잡혀 바다에 던져 죽임을 당한 비운의 장수

1238 高麗 23대 고종(高宗) 25년

몽골군은 도처에서 고려군의 완강한 저항으로 계속 곤욕을 치르면서, 동경(東京: 경주)에 이르러서는 그 분

풀이로 황룡사탑을 불태워 버렸다. 이 지경이니 조정에서는 몽골군의 철수를 요청하지 않을 수 없었다. 몽골군도 또한 대책 없이 무기한 분탕질만 하고 있을 처지도 아닌데다가 고려인들의 유격전으로 군사들의 피해가 커져만 가는데…

1239 高麗 23대 고종(高宗) 26년

4월, 몽골의 탕구(唐古)는 철군 조건으로 왕의 친조(親朝)를 요구하면서 철군했다. 서로가 지쳤기 때문이다. 이때는 다루가치도 남겨두지 않았다.

註) 그 후, 고려는 친조(親朝: 왕이 직접 몽골 황제를 알현할 것)에 응하지 않고, 추가로 제시해 온 4개 항의 요구에도 답하지 않았다. 몽골은 그들 내부의 왕위계승 다툼으로 인해, 고려는 당분간 평온하게 지낼 수 있었다. 몽골은 1246년에야 왕위계승문제가 해결되어 귀유(貴由)가 즉위하니 정종(定宗)이라 칭한다. 그러더니 그 다음해 또 쳐들어왔다.

1241 高麗 23대 고종(高宗) 28년

4월, 강화도 조정은 지난 1239년 12월에 임금이 상중에 있다는 이유로 왕족 신안공(新安公) 전(佺, 현종의 8대손)을 몽골로 들여보냈다. 몽골이 거듭 고려 임금의 친조를 요구하자, 이번에는 왕족인 영녕공(永寧公) 준(綧)을 왕자로 속여 보냈다. 이 조치가 몽골에게 침략의 빌미를 제공하는데…

### 몽골(蒙古)의 4차 침략

1247 高麗 23대 고종(高宗) 34년

7월, 강화도에서의 출육(出陸)을 요구하면서, 몽골은 주장 아무간(阿母侃)을 앞세워 다시 국경을 넘어왔다. 이때는 겨우 평안도와 황해도 지방만 노략질했을 뿐이며, 수달을 잡는다 핑계하고는 산골을 누비며 피해 숨어있던 민가를 찾아 노략질만 일삼았다. 그러다가 이듬해에 몽골왕 정종(定宗)이 별안간 죽자, 황급히 본국으로 철수.

註) 이때 몽골왕 정종(定宗) 구유그의 사망은 술과 여자를 너무 밝히다가 요절한 것임.

1249 高麗 23대 고종(高宗) 36년

11월, 강화도를 근거로 항몽전(抗蒙戰)을 이끌던 최우가 죽었다. 그 뒤를 이어받은 서자(庶子) 최항(崔沆)은 피폐해진 민심을 수습하기는커녕 심복에 의존하면서 백성 수탈에 열심이었다. 원(몽골)에서는 거듭하여 왕의 친조를 요구하는데…

1250 高麗 23대 고종(高宗) 37년

섬으로 대피시켰던 북계(北界)의 백성들을 서경(西京) 관내와 서해도(西海道)의 육지로 나가게 했다. 그런데 몽골 사자는 왕의 출육(出陸)까지도 요구해왔다. 어림없는 일. 그리고 이듬해(1251년)에는 몽골의 왕위가 정해져 멍케(蒙歌)가 즉위하여 헌종(憲宗)이라 했다. 그리고 다시 1년 후(1252년), 몽골왕이 고려왕의 출륙 여부를 확인해보니, 아직도 고려왕은 강화도에서 요지부동이라 다시 고려침공을 계획.

註) 몽골왕 헌종은 사신을 고려에 보내며 "왕이 육지에 나와 맞이한다면 비록 백성은 나오지 않아도 좋다. 아니면 속히 돌아오라. 그때는 군사로 치리라"했다. 이에 최항은 정권욕심에 이를 거부했고, 이 때문에 백성이 겪어야 할 피해는 다시 막심해야 했다. 몽골의 목적이 고려의 멸망이 아닐진대 전쟁만을 고집하는 것은 현명한 처사가 아니었다. 단순히 정권 유지만을 위한 조치로서 치루지 않아도 될 희생을 또 한 차례 겪어야 했다.

### 몽골(蒙古)의 5차 침략

1253 高麗 23대 고종(高宗) 40년

7월, 몽골왕은 동생 송주(松柱)에게 1만의 군사를 주어 동계(東界)로 나가게 하고, 아무간(阿母侃)과 홍복원은 북계(北界)로 나가게 하여 대동강을 넘었다. 8월에 서해도(西海道)를 점령한 후 춘천성(春川城: 강원 춘천)을 공략하고, 10월에는 양근성(楊根城: 경기도 양평군 옥천면), 천룡산성(天龍産城), 양양 등지를 함락시키거나 항복 받고, 충주성에 이르렀다. 여기까지 점령한 성이 몇 개 되지만, 고려는 이미 침공을 각오하고 항전의 준비를 해왔기에 몽골군의 피해도 상당히 컸다.

10월, **충주성(忠州城) 전투:** 충주성(忠州城)의 별감 김윤후(金允侯)는 과거 처인성에서의 경험을 살려 노비문서를 불태우고 "힘껏 싸우면 신분을 가리지 않고 벼슬을 주겠다"하며 충주성의 천민과 노비들을 병사로 만들면서 결연히 맞섰다. 또 적에게 빼앗은 말과 소를 병사들에게 나누어주면서 사기를 돋아 두 달이 넘는 70여 일 동안, 치열한 방어전을 펼쳐 몽골군의 남진을 여기서 좌절시켰다. 결국 적장 예구(也窟)는 체면상 뒤로 빠지고, 아무간(阿母侃)과 홍복원이 남아 있다가 나중에 스스로 철수했는데…

12월, 예구(也窟)는 빈손으로 그냥 돌아갈 수 없었다. 사람을 보내 고종이 육지로 나와야 한다고 일렀다. 할 수 없이 고종이 나오자 "몽골군 1만을 주둔시키고 다루가치를 둘 것이며, 개성으로 도읍을 옮기라"하니, 왕은 왕자의 입조(入朝)를 허락하고, 몽골군의 철수를 요청하자 예구(也窟)는 터무니없이 많은 재물을 요구했다. 국고가 탕진될 판이다. 그러나 "우선 놈들을 철수부터 시키고 보자"

### 몽골(蒙古)의 6차 침략

1254 高麗 23대 고종(高宗) 41년

1월, 몽골의 예구와 아무간이 마지막으로 완전 철수한 후, 왕은 예구와의 약속을 지키기는커녕 그 동안 몽골의 앞잡이로 기세가 등등하던 이현(李峴)을 잡아 처형해 버렸다.

7월, 이 사실이 몽골에 보고되자, 몽골 황제는 다시 차라다이(車羅大)에게 고려를 치라고 명했다. 차라다이는 수전(水戰)을 담당할 병력을 강화하여 바다의 근거지를 소탕하겠다고 벼르며 5천의 군사를 이끌고 중부내륙지방까지 내려와 약탈을 벌이다, 괴산(槐山: 충북 괴산)까지 와 고려 군사들의 유격전에 걸려 패하고, 또 9월에 충주산성을 공격했다가 오히려 반격을 받고 물러나 10월에 상주산성(尙州山城: 경북 상주)을 공격했다. 성안에 있던 승려 홍지(洪之)는 몽고의 제4관인(官人)을 사살하고 몽고군의 태반을 섬멸시키니, 몽골군은 쫓기면서 그 분풀이로 고려인을 보는 대로 포로로 하여 끌고 갔는데, 이제는 백성을 죽이기보다는 포로로 주워 담았으니 그 숫자가 남녀 20만6천8백 명에 달했고, 살육된 숫자와 굶어 죽은 숫자는 헤아릴 수도 없다. 대체 이건 말이 아니다. 전국이 아비규환의 지옥이었다.

註) 최씨(崔氏) 일당은 고종(高宗)을 둘러싸고 강화도에 틀어박혀 꿈쩍도 안했다. 그 사이 적은 전국을 돌아다니며 분탕질 쳤다. 수상전(水戰)에 약한 몽고군은 강화도 공격은 엄두도 못 낸 채, 대신 분풀이로 고려 백성들에게만 피해를 입혔다.

### 몽골(蒙古)의 7차 침략

1255 高麗 23대 고종(高宗) 42년

2월, 왕이 또 다시 입조(入朝)와 출육(出陸)을 맹서한다고 하자, 차라다이는 일단 압록강변으로 군사를 물리고 관망하기로 했다. 그러나 강화도 고려조정은 끝내 요지부동.

4월, 결국 몽골군의 차라다이(車羅大)가 다시 넘어와 의주(義州), 정주(靜州)에 주둔하고는, 9월에 서경(西京: 평양)에 들어 왔다. 지금까지 고려에서 하도 혼이 나다보니 조심조심 눈치만 보다가…, 이번에는 수군을 동원하여 강화도를 압박하면서, 지금까지 약탈대상에서 제외되었던 전라도 지방으로 향했다. 조정에서는 이광(李廣)에게 전선 300척을 주어 몽골 수군에 대비하도록 했는데, 영광(전남 영광)에서 몽골군이 항로를 차단하자 이광은 육지에 올라 입암산성(笠岩山城: 전북 정읍)으로 들어가 이곳에 있던 몽골주둔군을 격살했다.

1256 高麗 23대 고종(高宗) 43년

3월, 장군 송군비(宋君斐)가 입암산성(笠岩山城: 전남 장성군 북하면)에서 몽골군을 유인하여 몰살시켰다. 몽골군의 주력부대는 훨씬 남쪽으로 진출하여 담양과 해양(海陽: 전남 광주)을 노략질하고 섬에도 몽골군의 수군이 횡행했는데, 이때 고려 수군이 전선 9척으로 공격하다 오히려 몰살당하기도 했다. 한편으로 차라다이가 이끄는 몽골군은 전선 70척을 동원해 목포 앞바다에 있는 압해도(押海島)를 공격했다. 그러나 고려 군사와 백성들이 발석차로 맞서 격퇴하니, 차라다이는 물러나 무등산(無等山: 광주)을 근거로 주변 노략질에 나섰다. 이어 북으로 올라와 충주산성(忠州山城)도 공격했는데, 공격하기만 하면 기이하게도 번개, 천둥, 우박이 쏟아져 내리므로 끝내 충주산성은 무사할 수 있었다. 몽골군은 날씨의 조화에 겁을 내어 스스로 물러났고…. 또한 이때에 별초군도 각지에서 몽골군을 기습하고 있었다.

9월, 고려 사신 김수강(金守剛)이 몽골의 헌종을 만나 철군을 요구하자, 헌종은 고려조정이 육지로 나오지 않았음을 탓했다. 이에 김수강은 "사냥꾼에게 쫓긴 짐승이 굴속에 들어갔는데, 사냥꾼이 활을 가지고 막고 있으면 어디로 나오겠습니까?"라고 반박했다. 원 헌종은 "네가 참 사신이다. 화친하자"하며 차라다이에게 철군을 지시했다. 이로서 10월에 차라다이는 군사를 이끌고 고려에서 완전 철수하기는 했으나…

註) 헌종이 군사를 철수시킨 것은 남송의 전면공격을 앞 둔데다, 겨울을 맞아 화전(和戰)양면을 구사한 것이다. 마침 김수강의 재치 있는 대답이 철군의 구실을 만들어준 것이다.

### 몽골(蒙古)의 8차 침략

1257 高麗 23대 고종(高宗) 44년

1월, 왕은 "해마다 우리를 침범하니 바쳐도 소용이 없다"는 구실을 붙여 몽골에 바치는 공물을 중지해버렸다. 윤4월에는 대몽 강경파인 최항(崔沆)이 죽고 아들 최의(崔竩)가 집권.

6월, 몽골 장수 보파대(甫波大)가 거느린 군사가 개경을 거쳐 남경에 이르자 왕은 이응(李凝)을 보내 철군을 요청했지만, 보파대는 직산(稷山: 충남 천안 서쪽)으로 남하했다. 차라다이(車羅大)는 고려가 계속하여 약속을 지키지 않자 후속부대를 이끌고 청천강을 넘어 개경(開京)으로 쇄도해 가니, 왕은 적을 환대하게 하고, 또 한편으로 김식(金軾)에게 적장을 만나게 하여, 차라다이는 왕자의 친조를 조건으로 다시 회군하고 보파대 부대도 소환했다.

### 최씨(崔氏) 무신정권(武臣政權)의 종말

1258 高麗 23대 고종(高宗) 45년

4월, 끝까지 대몽 항전을 주장하던 최의(崔竩)와 그의 수하들의 수탈이 극심하여 인심을 크게 잃고 있었다. 최의의 가노(家奴)였다가 종의 신분을 벗고 별장 자리에 오른 김인준과 임연(林衍) 등이 모의하여 삼별초와 함께 최의의 집으로 쳐들어가 야별초군이 최의를 쳐 죽여, 최의는 결국 자신이 양성한 사병의 칼날 아래 사라졌다. 이로부터 평화를 모색해 본다. 관(官)이고 민(民)이고 간에 모두가 너무도 진저리나도록 지쳤다.

註) 1196년 이래 최충헌, 최우, 최항, 최의에 이르기까지 4대 60여 년 간 최씨(崔氏)에 의한 무단정치(武斷政治)가 계속됐으며, 특히 몽골의 침략당시 지속적인 착취와 부정부패 등으로 정치가 썩어있던 때이라 나라는 껍데기뿐이었다.

### 몽골(蒙古)의 9차 침략

8월, 고려가 내부 혼란 속에 친조(親朝)의 약속을 또 어기자, 헌종은 다시 침략을 명했다. 그러나 차라다이는 남쪽으로 내려갈 마음이 없었다. 가봤자 이득도 없이 고생만 했기 때문이다. 홍다구(洪茶丘: 홍복원의 아들)를 앞세워 평안도 일대에 군대를 풀어 사방에 노략질을 시켰는데, 이때에 평안도, 황해도, 강원도 지역의 피해가 막심했다. 게다가 동진국의 수군까지 배를 타고 밀려와 고성(高城: 강원도 고성군)에 배치된 고려군선(軍船)에 불을 지르는 판에, 몽골의 동로군(東路軍)은 동북쪽의 화주(和州: 함남 영흥)를 목표로 밀려들었다.

### 쌍성총관부(雙城摠管府) 설치

12월, 몽골의 산길대왕(散吉大王) 등이 대군을 거느리고 와 화주(和州), 고주(高州: 고원), 정주(定州: 정평), 장주(長州) 등 15주에 침입해와 점령하고 주둔하니, 고려는 이곳의 백성들을 저도(猪島: 원산만 앞바다의 섬)에 피난시켰는데, 동북면 병마사 신집평(愼執平)이 "저도는 성은 크나 지키기 어렵다"하며 백성을 다시 죽도(竹島)로 옮기려했다. 그러나 죽도는 섬이 좁고 우물이 없으므로 사람들이 꺼려하며, 도망하고 흩어져 일부의 백성들이 들어가기는 했지만 식량 조달도 여의치 않자, 조휘(趙暉) 등이 몽골병을 끌어들여 신집평 등을 죽이고는 등주(登州: 안변)를 방어하던 야별초(夜別抄)까지 내몰고 고성(高城)까지 차지했다. 그리고는 철령(鐵嶺) 이북의 땅을 내놓으며 몽골에 투항해 버린 것이다. 그러자 몽골은 이곳에 화주에 쌍성총관부(雙城摠管府)를 설치하고는 조휘를 총관에 임명해 관리하기 시작. 이로부터 몽골은 철령을 국경으로 삼아 안변 이북의 땅을 원의 영토로 관리했다.

註) 고려는 이 사건이 큰 원인이 되어 몽골에 굴복하여 태자(太子)의 친조(親朝)와 개성 성곽 철폐를 약조

하고 몽골의 간섭을 받지 않을 수 없었다. 쌍성총관부는 이후 1356년까지 약 100년 동안 존속하면서 함경도 지역인 이곳을 원의 영토로 관할하여 통치했다.

### 항전(抗戰) 30년 만에 평화

1259 高麗 23대 고종(高宗) 46년

1월, 몽골병이 성주(成州: 평안남도 성천)에 들어온 것을 야별초(夜別抄)가 격퇴했고…,

2월에는 등주(登州: 안변)와 화주(和州: 영흥)에서 반란이 일어나 몽골군과 합세하여 한계성(寒溪山城: 강원도 인제)으로 공격해 오는 것을, 안홍민(安洪敏)이 이끄는 야별초가 반격하여 섬멸해 버렸다.

4월, 왕은 태자 전(倎)에게 표문을 주어 몽골왕을 알현키 위해 보냈다. 사신들이 연속하여 몽골을 오고갔다. "모든 조건을 들어주자…, 제발 이젠 그만 버티자…"

註) 이때 몽골에서는 후계자가 정해져 있지 못한 때인데, 태자 전(倎)은 후빌라이에 착안하여, 당시 송(宋)을 정벌 중이던 그를 찾아가다가 도중에서 만나 크게 환대를 받았다. 자기가 황제로 선출될 길조(吉兆)라는 것이다. 이후 후빌라이는 고려에 대해 관대했고, 조건도 예전처럼 무리한 것은 없었다. 생각대로 후빌라이가 세조(世祖)에 즉위했고 고려와는 평화의 실마리를 찾은 것이다. 전쟁에 너무나도 지쳐있던 것이다. 전 세계의 나라치고 몽골 세력에 대해 이렇게 끈질기게 물고 늘어진 나라는 전무후무했다. 1231년 1차 침공 이래 무려 30여 년 만에 몽골과의 평화가 온 것이다. 몽골 세조는 세계 80여 개 국을 정복하여 조공을 받았으나, 아직 양자강(陽子江) 남쪽의 남송(南宋)과 바다 가운데의 일본을 정벌하지 못했다. 게다가 그 사이에 있는 고려의 끈질긴 저항을 만만하게 볼 수 없었다. 그래서 세조가 고려에 요구한 사항도 상당히 파격적으로 고려에 대해 상당히 온유한 것이었다.

註) 결과적으로 몽골은 고려를 멸망시키지 못했고 부마국으로 삼아 독립을 보장했다. 고려는 1259년 3월 몽골과 맺은 강화조약에서 고려의 의관 풍속을 바꾸지 않을 것. 몽골 사신의 빈번한 왕래를 자제할 것. 개경 환도를 재촉하지 말 것. 압록강에 주둔한 몽골군을 철수시킬 것. 다루가치를 철수 할 것 등을 요구해 관철시켰다. 이 조건들은 고려가 끈질기게 항전한 보상이었고, 그 항쟁의 근저에는 바로 고려의 민들이 있었다.

註) 이로서 고려는 전통적인 자주의식을 바탕으로 외교를 펼쳐 왕실과 전통을 유지할 수 있었다. 몽골의 침략을 받은 나라치고 자신들의 자주성을 유지한 나라가 없었지만, 고려는 스스로 나라를 다스릴 수 있었다. 당시 몽골은 중국, 만주 등 동아시아를 식민지화했고, 중동지역과 이집트 그리고 러시아를 직접 지배했으며, 유럽까지도 위협해 들어갔다. 이제 몽골은 세계를 지배한 대제국(大帝國)을 이루었다. 이렇게 세계를 정복한 몽골제국이었지만 그들의 군사력으로도 고려를 항복시키지 못했고, 그 결과 고려인들은 "천하가 모두 종묘와 사직을 잃었지만 우리 고려만큼은 이를 유지하고 있다"하며 자부할만했다.

1264 高麗 24대 원종(元宗) 5년

몽골 황제 쿠빌라이는 2월과 5월에 걸쳐 두 차례나 조서를 보내 원종의 친조를 요구했다. 조정에서는 의견이 분분했지만, 가족의 생사를 걸고 친조를 주장하는 참지정사 이장용(李藏用)의 의견에 따라, 원종이 8월에 출발하여 10월에 중도(中都: 北京)에 도착하면서부터 쿠빌라이의 환대를 받았다.

### 왜구(倭寇), 다시 나타나다

1265 高麗 24대 원종(元宗) 6년

7월 1일, 한동안 잠잠하던 왜구가 남도(南道) 연안 주(州)와 현(縣)에 나타나 노략질했다. 왕은 안홍민(安洪敏)에게 명해 삼별초(三別抄)를 이끌고 나가 막게 했는데, 이후에도 왜구의 침입은 그치지 않았다. 해안은 물론 내륙에까지 들어와 약탈, 방화, 살인, 유괴, 강간 등 닥치는 대로…

註) 재작년(1263년) 2월에 왜구가 김주(金海)에 나타나 물도(勿島)에 정박 중이던 공선(貢船)을 약탈한 사건이 있었다. 이는 35년 만에 일어난 왜구의 침입사건이다.

### 최탄(崔坦)의 반란

1269 高麗 24대 원종(元宗) 10년

6월, 이제 몽골군은 고려 땅에서 물러났다. 이때 강화에서는 임연(林衍) 등이 원종을 폐위시키고 원종의 동생을 왕으로 추대했는데, 서북병마사 휘하의 최탄(崔坦)이 원종을 다시 모시겠다며 반란을 일으켰다. 이들은 압록강 앞바다 남쪽에 있는 가도(假島)로 들어가 별초군을 죽이고, 이곳을 근거지로 삼아 주변을 공격하고 육지로 나가 서경(西京)을 접수하고 북상하여 용천, 의주, 철산, 선천, 자산 등의 고을을 차지했는데, 이르는 곳마다 방어군이 쉽게 투항해 왔다. 최탄은 중앙군이 탈진 상태라 쉽게 대동강 이북지역을 점거하기는 했지만, 오래 버틸 자신이 없어 몽골에 투항하려 했더니 몽골은 2천의 병사를 서경에 보내 돕도록 했다. 원종이 11월에 복위하고 난 다음, 최탄은 위기를 느끼고 몽골에 귀부…

### 서경(西京)에 동녕부(東寧府)가…

1270 高麗 24대 원종(元宗) 11년

2월, 몽골은 일방적으로 최탄의 점령지에 동녕부(東寧府)를 설치하고는, 최탄을 총관으로 하여 소재지는 서경이고, 국경을 자비령(慈悲嶺: 황해도 봉산과 황주의 경계)으로 하자, 왕이 강하게 항의했지만, 몽골은 끄떡도 않고 오히려 이곳에 주둔한 몽골병에게 여름옷과 양곡 등을 공급하라고 강요하는 판이다. 도대체 말도 안 되는 언어도단이라지만…

註) **자비령(慈悲嶺):** 황주 남동쪽 25km에 있으며, 예로부터 개성에서 평양으로 통하는 요충지였는데, 최탄(崔坦)이 서경(西京)을 비롯한 북계(北界) 54성(城)과 자비령 이북 6성을 가지고 몽골에 귀순하여, 이곳을 동녕부(東寧府)라 칭함으로써 이때부터 자비령이 여.원(麗元)의 국경이 되었다. 사정이 이렇게 되니 고려의 영토는 후기신라의 영토와 거의 일치할 정도로 줄어들어 버렸다. 고려는 이후 기회 있을 때마다 자비령 이북의 영토를 돌려 달라 했지만 계속 묵살 당하다가, 남송과 일본 정벌을 연합하여 추진한 결과 그제야 고려를 믿고 290년, 철령 이북의 직할령을 폐지하고 동녕부 소속지역을 돌려주었다. 그래서 동녕부는 21년 만에 돌려받았는데, 이와 달리 쌍성총관부는 100여 년 간이나 존속했다.

강화도의 조정에서는 출륙문제(出陸問題), 즉 개경환도(開京還都) 문제로 시끄러웠다. 왕을 중심한 문신(文臣)들은 대개 출륙을 찬성하고, 삼별초에 속한 무신(武臣)들은 출륙은 곧 몽골에 대한 굴복이라 하여 반대했다. 당시 원종은 몽골에 들어갔다가 돌아오는 중이었는데, 삼별초의 동태가 심상치 않다는 소식을 듣고 사람을 보내어 설득하려 하였으나 성과가 없었다. 5월 27일 왕이 개경에 귀환했을 때 비빈(妃嬪)과 조정의 백관(百官)들이 강화도에서 개경으로 돌아와 왕을 맞이했다. 이로써 출륙문제는 사실상 해결된 것이나 마찬가지가 된 것이다. 이렇게 되자 조정에서는 출륙에 불응하는 삼별초의 폐지를 결의하고 29일에 장군 김지저(金之底)를 강화도에 보내 이를 통고하고 삼별초의 명부를 압수했다. 삼별초는 명단이 몽골군에게 넘겨지면 자신들이 공격당할 것으로 판단하고 반란을…

註) 삼별초(三別抄)는 원 세력을 물리치고 당당하게 환도하리라고 마음먹고 있었다. 당연히 원과의 화친을 이룬 원종(元宗)에 대해 거센 반발을 보였고, 이후로는 근거지를 남해안과 제주 일원으로 옮겨가며, 전원 옥쇄할 때까지 4년 동안의 긴 항쟁에 나서게 된다.

6월 1일, 삼별초의 지휘자인 배중손(裵仲孫)은 "몽골병이 이르러 인민을 살육하니 무릇 나라를 구하고자 하는 자는 구정(毬庭: 운동장)으로 모여라"는 방을 붙이고 반란을 일으켰다. 왕족인 승화후(承化侯) 온(王溫: 원종의 6촌)을 추대하여 왕으로 삼은 후, 대장군 유존혁(劉存奕)을 좌승선으로, 상서좌승 이신손(李信孫)을 우승선으로 삼아 새 조정을 구성한 뒤 관부(官府)를 설치하고 관리를 임명하는 한편 "우리야 말로 정통의 고려국이다"라고 했다. 별초군이 연안 경비를 철저히 했지만 왕(원종)이 몽골에 항복한 이상 수전(水戰)에 약한 원군을 강화도로 끌어들일 경우, 싸울 수 없다고 여긴 배중손은, 6월 3일에 1천여 척의 배에 공사(公私) 재물과 도내의 자녀들을 싣고, 서해 일대의 섬을 경략하면서 서서히 항진하여 8월 19일에 진도(珍島)로 들어갔다. 이곳에서 그 동안 몽골군의 분탕질에 시달렸던 백성들의 전폭적인 지지로 석축(石築)으로 된 용장성(龍藏城)을 9개월에 걸쳐 완성한 후, 이곳을 기반으로 세력을 넓혀 가는데…

註) 6월 3일에 강화도를 출발하여 8월 19일이 되어서 진도에 도착했는데, 불과 며칠이면 도착할 거리를 무려 74일이나 걸렸다. 기록에는 나타나지 않지만, 도중에 서해 일대의 여러 섬과 연해 지방에 들리면서 인심을 끌어들여 항전을 유도하면서 남하(南下)한 것이다.

11월, 김방경(金方慶)과 원의 아카이(阿海)의 연합토벌군 1천 명이 토벌에 나섰지만, 삼별초는 이를 쉽게 격멸한 다음, 삼별초는 그 여세를 몰아 남해안 일대의 거제(巨濟: 거제도), 제주(濟州: 제주도), 나주(羅州), 전주(全州) 등을 장악하면서 제해권을 확보하고, 30여 도서(島嶼)를 지배하며 독립적인 해상(海上) 왕국을 세울 정도로 세력을 확장했다.

註) 삼별초가 진도에 자리 잡자 각 주와 군현에서 소문을 듣고 찾아와 귀부하는 이들이 많았다. 밀성군(密城郡: 경남 밀양)이 먼저 호응해왔고, 멀리 개경에서까지 관노들이 규합하여 다루가치를 죽이고 삼별초에 투신하려했는가 하면, 대부도(경기 남양)에서도 주민들이 난을 일으켜 이에 호응하는 등,

몽골과 고려조정의 수탈에 반감이 많은 터인지라 틈이 나는 대로 삼별초에 협력하여, 남해안을 해방구를 만들어 가려는 풍조가 만연했다.

1271 高麗 24대 원종(元宗) 12년

진도에 고려정부를 이룩한 삼별초는 왜(倭國)에 국서를 보내 우호를 보이면서 몽골침범에 대비하자고 했다. 북방의 정세에 어두웠던 일본의 교토(京都) 조정은 고려에서 온 국서에 이전과는 딴판으로 몽골을 "가죽이나 털옷을 입는 북방 미개민족"으로 비판했으니 크게 당황했다. 그러나 이보다 먼저 일본정벌에 지대한 관심을 갖고 있던 몽골은 삼별초 문제부터 해결해야 했기에 진도 토벌을 위한 군사동원부터 서두르는데…

4월, 삼별초는 함선을 보내 합포(哈浦: 마산), 동래, 김주(金州: 김해) 등 경상도 남해안 여러 지방을 치고 개경으로 보내는 공물선까지 나포하는 등 세력을 떨쳤다. 이때까지 수차례 전투에서 이긴 것에 고무되어 삼별초는 적을 깔보는 풍조가 생겼다.

5월 15일, 고려 김방경과 몽골의 홍다구(洪茶丘)의 토벌군이 연합하여 6천의 병력과 4백여 척의 전함으로 진도를 3면으로 나누어 상륙했다. 삼별초는 자만심과 방심에 허를 찔려 불시에 기습을 당한 것이다. 토벌군이 화포와 화창(火槍) 따위의 신무기를 앞세우고 밀어 닥치니 삽시간에 삼별초의 중군이 무너지면서 전열이 우왕좌왕 흐트러졌다. 배중손이 전사하고 승화후(承化侯) 온(溫)도 홍다구에게 살해당하고 섬이 함락되었다. 몽골군의 화약무기인 철포(鐵砲)의 위력으로 어이없이 몰려서 패한 것이다. 토벌군은 어렵지 않게 강화도에서 데리고 간 사람을 포함하여 1만여 명을 사로잡고 전함 수십 척과 양곡 4천 석을 노획하면서 진도를 장악했다. 패잔병을 수습한 김통정(金通情)은 남해에서 온전히 웅거하고 있던 유존혁(劉存奕)의 부대와 80여 척의 배로 제주도를 향해 탈출했다. 제주에 들어간 별초군은 내성과 외성(內外城)을 쌓고 재건에 전력하면서 활동을 다시 벌여나가며, 11월부터는 여러 차례 남해안에 기습 타격을 가하고 철수하고는 했다. 이제 제주도에는 몽골군의 핍박을 피해 들어온 사람들로 인해 어디나 북새통을 이루게 되었다.

註) **원(元):** 강대하고 집권적인 제국(帝國)을 영위하려 한 것이 칭기즈칸의 손자인 쿠빌라이칸(世祖)이다. 그가 시도한 정치적 사업이 거의 완성단계에 이른 1271년 국호를 대원(大元)이라 하고 중국 역대왕조의 계보를 잇는 정통왕조임을 선언했다. 이어 1274년에서 1279년에 걸쳐 화이허강(淮河) 이남 지역에 있던 남송(南宋)을 평정해서 중국 전토를 영유하게 되는데, 그는 이에 멈추지 않고 일본, 베트남, 미얀마, 자바 등지에도 침략군을 보냈다.

1272 高麗 24대 원종(元宗) 13년

8월에 들어 원(元)의 세조가 삼별초 진압을 독촉했는데, 삼별초가 남해안 대포(大浦)로 들어가 조운선 13척을 털고, 전라도의 세미 800석까지 탈취해가니 이제 조정에 올라가는 조운선의 길도 막힐 지경이 되었다. 또한 일본 원정을 위해 합포(合浦: 마산) 등지에 조선소를 세워 배를 건조하고 있는 것을 막기 위해 돌격전을 벌여 홍성 앞바다에서 전함 6척, 합포에서 1차로 20척, 2차로 32척, 거제도에서 3척을 불태우는 등 기세가 등등했다.

11월에는 삼별초가 안남도호부(安南都護府: 경기 부천)까지 들어와 부사를 납치해 가는 상황인데도 조정은 속수무책…

1273 高麗 24대 원종(元宗) 14년

원(元)군은 수전(水戰)에 자신이 없었다. 일단 설득전략을 펴기로 하여, 홍다구는 김통정의 조카 김찬(金贊)을 사신으로 보내는데, 김통정은 김찬을 억류하고 나머지는 모두 죽여 타협거부를 분명히 밝혔다. 게다가 삼별초가 조선소를 대대적으로 습격할 것이라는 정보까지 입수하자 조정과 원군은 제주도에 대한 전면적인 토벌로 방침을 정했다.

4월, 토벌군은 김해에 주둔 중인 원군 2천과 한군(漢軍: 포로나 투항한 漢人으로 구성됨) 2천, 그리고 고려군 6천에 도합 1만의 병력으로 전함 160척을 편성하고, 별도로 고려수군 3천도 동원했다. 김방경(金方慶)과 홍다구(洪茶丘)가 제주도 동쪽의 함덕포(咸德浦: 조천읍)와 서쪽의 비양도(飛揚島: 제주시 서쪽의 섬)로 나누어 상륙하여 삼별초의 거점인 항파두리성(북제주군 애월읍 고성리)에서 격렬한 공방전을 펼쳤다. 삼별초는 이때에 전란에 지친 농민들의 호응이 미약하여 고전(惡戰)을 면치 못했다. 결국 삼별초의 잔여병력 70여 명이 한라산으로 쫓기면서 28일, 김통정이 자살하고, 포로가 1천3백여 명. 이로서 고려의 항몽(抗蒙)운동은 종말을 고했다. 다행이 여기서는 백성에 대한 살육이나 노략질은 없었다. 원 세조의 "살육과 약탈을 엄금한다"는 명령이 있었기 때문이다. 세계제국의 황제답게 위엄을 보인 덕분이다. 원은 이곳을 직할령으로 삼고자 다루가치와 원군 5백 명을 주둔시켰다.

註) 삼별초가 압도적인 토벌군에게 대항하면서 4년 동안이나 버틴 배경에는 고려군민들의 적극적인 호응이 있었기에 가능했다. 그러나 삼별초의 역량으로서는 강력한 몽골에 맞서 끝까지 항쟁할 수 없다는 한계가 있었다. 맞서면 맞설수록 그로 인한 피해도 비례하여 크다는 문제도 있었다.

註) 이 당시에 일본은 삼별초로부터 "우리가 망하면 일본은 원의 부림을 당할 것이다. 이를 막고자 군량과 원병을 보내라"는 전갈을 받았으나, 일본의 호죠도키요리(北條時賴) 막부는 삼별초의 요구는 물론, 원의 조공요구 조차도 묵살하면서 안이하게 우야무야 시간만 끌었다. 당시 일본 열도는 섬이라는 특성 때문에 675년간의 기나긴 세월 동안 외국의 영향을 전혀 받지 않고 무사가 정권을 지배하는 사회가 지속되었다. 한마디로 바깥세상에는 무지한 상태이었다. 결국 삼별초가 망한 후 곧바로 몽골(元)은 일본원정군을 일으키게 되지만…

6월, 원 세조는 제주도에 대한 관심이 많았다. 이곳을 근거로 남양(南洋) 원정군의 출발지로 이용하고자, 탐라국 초토사를 군민도다루가치총관부(軍民都達盧花赤摠管府)로 개편하여 직할지로 삼았다. 이 명칭은 후에(1284년) 다루가치총관부로 개칭하지만, 그게 그거였다.

1274 高麗 24대 원종(元宗) 15년

1월, 홍다구(洪茶丘)는 일본원정을 위한 선박건조를 서두르며 공장(工匠)과 인부 3만5천명을 혹독하게 다그쳤다. 장소는 목재가 풍부한 부안의 변산반도(邊山半島)와 장흥의 천관산(天冠山)이었고, 5월말까지 대선 300척과 소선 600척을 합해 모두 900척이 건조되었다.

註) 불과 4개월 만에 900척을 건조한 것은 몽골, 특히 홍다구의 가혹한 채찍으로 그 참상은 말을 할 수 없을 정도였다. 인부들의 상처 난 다리는 썩어 구더기가 들끓었다. 특히 홍다구는 그의 아비 홍복원과 더불어 우리 역사상 최악의 민족반역자다. 탁월한 처세술로 동경총관이라는 고위직에 올라 몽골군이 고려를 칠 때마다 앞잡이가 되어 갖은 횡포를 부렸다.

### 공녀(貢女)를 보내라

3월, 원은 정식으로 사신을 보내 공녀(貢女) 140명을 보내라고 요구해왔다. 몽골인들은 초원에서 자란 억센 몽골여자보다는 고려여자에 대한 관심이 대단했다. 140명, 이는 별안간 채울 수 있는 숫자가 아니다. 사신은 독촉하고… 거절할 수는 없고… 결혼도감(結婚都監)까지 두어 6개월 동안 온갖 회유를 해가며 숫자를 채워줬다. 이게 무슨 꼴이랴?

註) 공녀(貢女)란, 말 그대로 여자를 공납(貢納)하는 것이다. 원의 공녀 요구 이유는 친근정책(親近政策) 때문이라고 했으나, 사실 원나라 왕실에 여자가 부족했다. 원에는 왕실에서 필요로 하는 여자 외에도, 원의 귀족.고관이 요구하는 여자도 공급해야 했으며, 때로는 집단적 혼인을 위해 대량(大量)으로 충당해주기도 했다. 입장이 곤란해진 조정에서는 역적의 처나 파계한 승려의 딸 등으로 메워나가기도 했지만, 공녀 요구는 1355년 공민왕이 반원정책을 쓸 때까지 약 80년 간 이어졌다. 고려 여자들이 원나라 왕실에 가득하자 원에는 고려풍(高麗風)이 유행하여, 고려 여자를 아내로 맞이해야 귀족.고관으로 체면이 서는 것으로 여겼다. 한편, 고려에는 빈번한 공녀 징발로 민간에서는 딸이 12세가 되면 시집보내는 조혼(早婚)과 일부다처제까지 생기면서 결혼 풍속이 엉망이 되었다.

### 제1차 일본원정(日本遠征)

원(元) 세조(世祖)는 드디어 일본을 향해 칼을 뽑았다. 세조의 명에 의해 즉각 합포(合浦: 馬山)에 정동원수부(征東元帥府)를 두고, 몽골 장수 힌두(忽敦)가 이끄는 2만5천의 군사와 고려의 중군장 김방경이 이끄는 8천의 연합군이 고려에서 건조한 900척의 전선(戰船)으로 일본원정군을 구성했다. 여기에 수부(水夫: 일꾼) 6천7백 명과 뱃사공 등을 포함하면 모두 4만 명이 동원된 것이다. 몽골의 고려에 대한 인적 물적 요구는 막심했다. 1월에만도 300척의 군선(軍船)과 쌀 2만 섬을 강요할 정도였다.

10월 5일, 정벌군이 합포(合浦: 경남 마산)를 출발, 쓰시마(對馬島: 대마도)의 사스우라(左須浦: 고모다 지역)에 상륙. 급보를 받고 달려 나온 쓰시마 방어군 80기(騎)를 전멸시키고 10일 동안 쓰시마를 초토화 시켰다. 14일에는 이키지마(壹岐島: 대마도와 규슈 사이에 있는 섬)까지 손쉽게 점령. 여기서도 몽골군은 서슴없이 약탈과 온갖 만행을 저질렀다. 이어 17일, 규슈(九州)의 하카다만(博多灣)에 상륙하여 일본군과 마주쳤으나, 1만의 일본군은 너무 쉽게 무너지면서 하카다만을 맥없이 포기하고 전의를 상실한 채 다자이후(太宰府: 규슈에 있었던 일본의 대외창구로 하카타에서 30리 거리)까지 쫓겨 갔다.

註) **일본군과 몽골군의 용병술 차이:** 일본은 전통적으로 백병전을 중시했다. 그래서 백병전에서는 긴 일본도를 능숙하게 휘둘렀지만, 몽골군이 가벼운 복장에 조직적인 밀집 대형으로 징과 북을 치면서 돌격하며 단궁(短弓)으로 적의 접근 막은 채 돌격하는 데에는 속수무책이었다. 특히 단궁은 가벼운데다 사거리가 200m였고, 일본군의 긴 활은 무겁기만 했지 사거리가 100m에 불과한데다 일본군이

화살 한 번 날리는 사이에 몽골군은 세발의 화살을 쏘았다. 기타 무기로는 투척용 석탄(石彈)과 폭렬탄(爆裂彈)도 있는데, 점화해 투척하면 공중에서 작열하여 엄청난 굉음을 냈다. 유럽에서와 마찬가지로 일본군도 역시 전술적으로 완전히 농락당하고 있었다.

10월 20일, 김방경은 회의에서 "승세를 몰아 하카타 연안에 올라 배수진으로 공격하면 이긴다"고 강조했지만, 몽골 장수들은 피곤한 군사를 몰아 깊숙이 들어갈 수 없다고 하면서 하카타 만으로 귀함을 명했다. 그런데 이날 밤. 어이없게도 규슈(九州) 앞 바다에 태풍이 들이닥쳐 수백 척의 전함이 좌초되고 파괴되어 군사들이 무수히 빠져죽고 실종되는 사태가 발생. 연합군은 졸지에 1만3천5백의 군사를 잃은 채로 참담하게 합포로 회군해야 했다.

註) 고려군은 항상 선두를 맡았다. 몽골의 총사령관인 흘돈이 남긴 기록을 보면, "박지량, 김흔, 조변 등이 힘써 싸워 왜병을 대파하니 그 시신이 삼대와 같다. '몽골군이 싸움에 익숙하다지만 어찌 고려군에 비하리오'."라고 극찬했다. 그러나 태풍으로 망했다. 한편, 후빌라이는 일본에 대한 상식도 없고 또한 바다는 평생 구경조차 못해본 완전한 내륙인(內陸人)이다. 그는 태풍 때문에 망했다는 보고를 '이해할 수 없는 엉터리 보고'라고 여겼다.

11월, 김방경이 개경으로 돌아와 왕에게 패전을 복명하니, 왕은 원이 재차 원정을 시도할 것으로 판단하고 사신을 원에 보내 "재정이 탕진되어 함선 건조와 군량조달을 감당할 수 없으니 정벌시기를 늦추어 달라"고 부탁했다. 그러나 원 세조 후빌라이는 패전의 책임을 고려에 전가하면서, 또 다시 정벌을 명했다. 이 정도로 물러날 인물이 아니다. 하지만 세조는 일단 타협안을 내놓아 "일본에 사신을 보내 위협하여 일본왕의 입조(入朝)를 승낙 받으라."고 일렀다. 그래서 사신을 일본에 보냈더니, 일본왕은 즉각 사신 일행에게 말 한마디 해볼 기회도 주지 않고 모두 참수해버렸다. 실로 황당한 일본의 외교수준이다.

1276 高麗 25대 충렬왕(忠烈王) 2년

3월, 원 세조는 남송(南宋)을 함락하고는 곧바로, 남송의 양주 등지에서 일본 정벌을 위한 전함 600척을 새로이 건조하라고 지시했다. 한편, 남송의 범문호(范文虎)는 전쟁을 피해보고자 세조의 허락을 받아 사신을 일본에 보내 남송이 항복한 사실을 알리고 "일본도 입조하여 화를 면하라"고 했더니, 당시 일본 가마쿠라 막부는 가차 없이 이들 사신일행을 또 다시 모두 죽여 버렸다. 일본 내에서의 자만심도 좋지만 외교적으로 무지한 행위였다. 이에 원세조는 노발대발…. 즉각 합포(合浦)에 있는 정동원수부를 정동행중서성(征東行中書省)으로 확대개편하고, 고려왕에게는 전함 900척을 건조하라했다. 한편, 이듬해(1277년)에는 탐라(제주도)에 대규모 목마장(牧馬場)을 설치하게 하고 목자(牧子: 직영 목장 관리 벼슬아치)를 보내 말을 사육하도록 했다. 그리고는 여기에 1천4백 명의 원군까지 추가로 보내 경비를 담당하게 했다. 모두 일본 정벌을 위한 조치였다.

註) **남송(南宋) 멸망의 반면교사:** 북송과 남송은 모두 중국 역사상 경제적으로 가장 번영한 왕조였다. 그러나 이 두 나라는 황제권 보호를 위한 강간약지(强幹弱枝: 경호대를 강화하고 야전군을 약화시킴) 정책과 무(武)를 천시한 문치주의(文治主義)로 흘러, 때마침 흥기한 기마민족 국가인 요(遼), 금(金),

원(元)에게 차례로 비단과 돈을 바쳐 국가 안보를 사려다가 끝내 비참하게 멸망하고 말았다. 평화는 돈으로 해결되는 것이 아니다.

### 제2차 일본원정(日本遠征)

1281 高麗 25대 충렬왕(忠烈王) 7년

1월, 원은 드디어 원정군을 편성하여 동로군(東路軍)과 서로군(西路軍)으로 나누었다. 동로군은 원, 고려, 한군(漢軍)으로 편성된 4만 병력에 전함 900척으로 힌두(忻都)와 홍다구가 담당하고 고려군의 도원수는 김방경이다. 한편, 서로군은 남송의 항복한 군사 10만과 전함 3,500척으로 편성하고 아라칸(阿喇汗)과 범문호(范文虎)가 지휘했다. 동로군은 합포에서, 서로군은 절강성에서 각각 출발하여 6월 15일 이키섬(壹岐島)에서 합류하기로 했다.

5월 3일, 왕이 직접 합포에 내려와 사열식까지 벌이며, 출발한 동로군은 21일에 쓰시마 를 소탕하고 26일에 이키 섬으로 향하는데, 큰바람을 만나 선군 113명과 사공 36명이 풍랑에 쓸려 나갔다. 조짐이 좋지 않았다. 그러나 일단 세계촌(世界村) 대명포(大明浦)에 상륙하여 세찬 공격을 퍼부으면서 빠른 진격으로 연전연승했다. 그런데 너무 서둘렀다.

6월 6일, 동로군은 하카다만(博多灣)에 올라 곧바로 공격에 나섰다. 그런데 지난번과는 사정이 달랐다. 동로군은 시가섬(志賀島)과 노코섬(能古島)에 주둔하여 본토상륙을 시도했으나, 이미 준비하고 있던 일본 방어군의 저항이 격렬하여 번번이 상륙이 실패한데다가, 전염병까지 돌아 병사들이 빌빌했고, 또한 적의 파상적인 소규모 기습에 사기가 죽었다. 원정군은 일단 이키섬으로 돌아가서 서로군(西路軍)을 기다리기로 했다.

6월 18일, 예정보다 늦게 서로군의 10만 대군과 합류하여 1개월 정도 휴식을 한 후…

7월 27일, 타카섬(鷹島)을 점령하며 밀어붙였다. 마치 매가 병아리를 치는 격이었다. 이제 연합군은 교두보를 확보한 다음, 본토상륙을 준비하여 총 9천척에 이르는 병선(兵船)이 북새통을 이루었는데…

8월 1일, 엄청난 폭풍이 들이닥쳤다. 이번에도 태풍이었다. 10만에 이르는 원군(元軍: 주로 蠻軍)이 하루 사이에 거의 다 익사하는 사태가 일어났다. 병선(軍船)이 풍비박산이 난 가운데 왜의 대군이 동시에 밀려와 지리멸렬이 되어 3만여 명의 포로를 낸 외에는 거의 몰살당했다. "시체가 조수에 밀려 포구로 휩쓸려갔는데 포구가 막혀서 밟고 다녔다"고 할 정도였다. 소수의 생존자가 합포로 탈출해 나와 고려군의 생환자는 비교적 많았는데 19,397명이고, 원군은 총 20여만 명에서 3-4만이 살아왔다는데, 강남에서는 대소 선박 7천여 척의 배가 떠나 겨우 4백 척이 돌아왔다고 했다.

註) 이후, 원 세조는 일단 정동행성(征東行省)을 폐지했지만, 일본 정벌의 꿈은 버리지 않았다. 이듬해에 다시 이 기구를 부활시켜 3차 정벌을 준비시키고 배를 새로 건조해 나갔다. 그는 죽을 때까지 정벌을 추진해보았지만, 마얀마와 베트남 침공에 실패한 후에 남부지방의 농민들이 잇따라 반란을 일으켰고, 또한 고려도 합단(哈丹)의 침입을 당하는 등 시시각각 정세가 변하여 미루어지다가, 그가 1294년에 죽고 나서야 일본정벌 계획이 중지되었다.

註) **신풍(神風: 가미가제):** 당시의 태풍(颱風)이 일본을 살렸다. 몽고의 침략군이 일본정벌이 늦어 시기를

놓친 것은 전적으로 고려 덕분이다. 고려에서 몽고군의 발목을 40여 년 간이나 묶어놨고, 또한, 원정 당시 건조된 병선(兵船)은 모두 원에 대한 적개심으로 날림공사를 하였다는 기록이 있다. 일본은 이 때의 폭풍을 '가미가제(神風)라 하여 신화(神話)로 취급하고 있다. 그러나 일본은 큰 전쟁에 대비하여 많은 경제력을 쏟았음에도 전리품(戰利品)이 없는 전쟁으로 끝나자 사후 보상책이 막연했다. 이 때문에 일본은 막부정치(幕府政治)가 몰락해 가는 상황이 되고, 이 여파로 고려에는 장차 뜻하지 않은 왜구 떼의 창궐을 보게 된다.

1287 高麗 25대 충렬왕(忠烈王) 13년

원에 큰 사건이 터졌다. 세조의 친척이 되는 나얀(乃顔)이 대왕의 칭호로 흥안령(興安嶺) 동쪽(만주 동북부 지역)을 통치하다가, 반란을 일으켰는데, 원의 동북지역이 모두 가담한 대란이었다. 원 세조가 토벌군을 일으키자 왕은 느닷없이 원에 고려군을 파병하겠다고 제의하고 개경을 출발하면서 우선 선발대 1천을 보냈더니, 곧 원에서 나얀을 생포했다하여 그대로 연경에 들어갔다. 왕은 반란군이 쉽게 토벌될 줄 알고 반사이익을 보려했는데…

1288 高麗 25대 충렬왕(忠烈王) 14년

이번에는 원의 반신(叛臣) 나얀의 잔당들이 다시 반란을 일으키자, 원 세조는 고려에 5만의 군사와 양곡을 보내라고 하면서 왕에게는 정동행상서성(征東行尙書省) 좌승상을 삼아 심양, 요양, 고려의 방어책임자로 명했다. 고려를 끌어들이려는 올가미였다. 그대로 따르자니 힘에 부쳐 감당할 수 없겠기에 교섭사절을 보내 뇌물로 어우르니, "양곡의 제공은 중지하고 칠령으로 원병을 보내라"라는 답변을 받았다. 다행이다.

### 하단(哈丹)의 침입

1289 高麗 25대 충렬왕(忠烈王) 15년

7월, 나얀의 부하였던 하단(哈丹)이 카이도(海都)와 연합하여 다시 반란을 일으켜 일부 소탕되다가, 남은 세력이 건주(建州: 만주 吉林省 부근) 일대에서 준동했다. 그런데, 토벌군에 밀린 이들 3만여 명이 두만강을 건어 길주(吉州: 海洋: 함경북도 남쪽지역) 쪽으로 오자, 비상이 걸렸다. 원 세조는 고려의 끈질긴 요구에 응해 동녕부(東寧府) 관할지역을 고려에 돌려주고는 동녕부를 요동(遼東)으로 옮겼다. 그리고 원군 1만 3천을 보내면서 고려군과 함께 쌍성에 모이라 했다. 철저한 섬멸전을 펼칠 계획이었다.

1290 高麗 25대 충렬왕(忠烈王) 16년

하단적(哈丹賊)이 이윽고 화주(和州), 등주(登州)로 들어와 동쪽 변방에 침입하여 약탈을 하는데, 사람을 양식으로 삼아 잡아먹고 부녀자는 난륜(亂倫)한 후 포(脯)를 뜨는 지경이었다. 12월에는 영흥, 안변까지 점령하면서 닥치는 대로 노략질을 자행하니, 왕과 대신들은 무서워서 강화도로 피신하면서 원에는 원병 1만을 더 보내달라고 했다. 세조는 왕의 요구를 들어주면서 이렇게 한마디 했다. "너희 나라는 당태종도 어쩌지 못했고, 또 우리도 너희를 쉽게 정벌하지 못했는데, 지금 이런 작은 도둑떼를 이다지도 두려워하는가?" 이제 하단적은 개경, 곡산, 충주 등지에까지 나타나는 지경이 되었다.

1291 高麗 25대 충렬왕(忠烈王) 17년

5월, 적이 철령(鐵嶺), 원주(原州) 등지로 들어오니 수비장들은 적을 보기만 해도 도망치는 판이다. 원주별초(原州別抄) 원충갑(元冲甲)이 원주에서 치열한 공방전으로 물리치고 나니 이로부터 전세가 뒤바뀌었다. 정좌산(正左山: 충남 연기)에서는 김흔(金忻)의 분투로 적을 공주하(公州河: 금강)까지 몰아붙였다. 적의 시체가 줄을 이을 정도였다. 적은 북으로 퇴각하는 도중에도 계속 요격을 받아 서경(西京: 평양)에 이르러는 거의 소멸되었다. 돌이켜 생각하기도 싫은 끔찍하고도 징그러운 사건이다.

註) 원(元)의 수탈에 가까운 전쟁물자 강요에 쑥밭이 되어 재정악화로 시달려 있을 때 하단적(哈丹賊)이 들이닥쳐 나라꼴이 말이 아니었다. 하단적을 소탕하자 다행히 원 세조가 중국 강남에서 양곡 10만 섬을 보내와 백성들이 굶어 죽지 않았다. 원 세조의 3차 일본정벌을 위한 배려였다. 또한, 원군은 약탈도 없었고 군율도 잘 지켰다. 예전의 몽골군이 아니었다.

1294 高麗 25대 충렬왕(忠烈王) 20년

원(元)에 세조가 죽고 새로이 성종이 즉위했다. 성종은 끊임없는 고려의 탐라(耽羅) 반환에 응해 먼저 다루가치를 소환하고, 이어서 총관부도 폐지시켰다. 무려 21년 만에 탐라에 대한 직할령을 해제한 것이다. 고려는 이듬해에 최서(崔瑞)를 초대 목사(牧使)로 임명하고 명칭도 다시 제주(濟州)로 변경했다.

註) 그러나 원은 여전히 제주도의 목마장을 직속관할로 하여 그 경영을 위해 탐라총관부를 설치했으므로, 제주도는 고려와 이중적으로 귀속된 꼴이 되었다.

**탐라(耽羅)를 '제주(濟州)'로 명칭 통일**

1310 高麗 26대 충선왕(忠宣王) 3년

원의 총관부가 있을 때에도 제주(濟州)를 탐라와 섞어 불렀으나, 송영(宋英)을 제주목사로 임명하면서 이때 처음으로 '제주'라는 공식명칭을 사용하고, 정식으로 고려 군현에 편입시켰다. 제주는 '바다 건너가는 고을'이라는 뜻이다.

註) **충선왕(忠宣王):** 1298년 아버지 충렬왕과 사사건건 대립하는 사이 각종 이간질에 시달리다가 아버지의 총애를 받던 무비(武妃)와 그 일파들을 모조리 숙청하고 왕위에 올랐지만, 충렬왕파의 공작에 휘말려 7개월 만에 퇴위했다. 그 후 원나라의 정권이 바뀌자 충선왕의 힘이 커지면서 실권을 잡고, 1308년 다시 왕위에 복귀하면서 즉위하자 정방(政房)을 폐하는 등 관제를 혁신하고, 권신이 소유한 광대한 토지를 몰수하여 백성들에게 나누어주었으며, 군제(軍制), 세제(稅制)를 정비하고 원나라에 대해서도 자주적인 태도를 취했다. 왕은 원의 실정을 잘 알고 있었고 오랫동안 세자로 지내 국내사정에도 밝았다. 원의 풍습에도 밝았지만 중국 문화에도 매우 깊은 관심을 가진 국제적 감각의 군주였다. 그가 만약 조선시대에 태어났더라면 세종(世宗) 못지않은 업적을 남겼을 것이다.

1321 高麗 27대 충숙왕(忠肅王) 8년

아버지 충선왕이 원의 간섭 등으로 개혁을 마무리하지 못한 채, 왕위를 이어받은 충숙왕도 그 유지를 받아 백성의 고통을 덜도록 노력했으나, 그도 지쳤음인지 재위 8년 만에 부왕의 정책을 고치고 개혁파들을 내쫓아, 이때부터 "국고가 텅텅 비고 부정이 판을 쳤다"고 한다. 이러한 현상은 뒤를 이은 왕들도 비슷하여 결국 각종 민란의 원인으로 이어지는데…

1323 高麗 27대 충숙왕(忠肅王) 10년

원의 일본정벌이 중지되자, 왜구들이 전라도 일대에 횡행하면서 조운선(漕運船)을 털고 가는 등, 고려군이 왜구 1백여 명을 잡아 죽이기도 했는데, 이는 앞으로 30여년 후에 걷잡을 수 없이 자행될 노략질의 예고편이랄까…

## 조적(曺迪)의 난

1339 高麗 28대 충혜왕(忠惠王) 復位 원년

8월, 원(元)에 가있는 동안 충선왕인 심양왕(瀋陽王)에게 아부하면서 충숙왕을 모함하던 조적(曺迪)이란 자는 주로 원에 가서 빌붙어 먹다가 충숙왕이 죽고 충혜왕이 왕위에 오르자, 심양왕과 함께 원나라로 돌아가던 중, 충혜왕에게 능욕을 당한 경화공주((慶華公主: 忠肅王의 妃)의 말을 듣고 화가 난 조적이 궁성으로 돌아와 충혜왕의 폐위를 공언했다. 그는 개경에 들어와 일당을 데리고 24일에 충혜왕의 궁을 공격하다가 피살되었다.

註) **심양왕(瀋陽王):** 원(元)나라가 고려 사람에게 준 봉작(封爵). 충렬왕에게 왕위를 넘겨주고 원나라에 머물던 고려 충선왕이 무종(武宗)을 원나라 황제에 오르게 하는 데 공을 세워 처음으로 심양왕의 봉작을 받았다. 당시 심양(瀋陽)을 중심으로 한 요령성(遼寧省)에는 고려의 전쟁포로, 항속민(降屬民), 유민(流民) 등의 집단이 많아 고려의 영토와 같은 특수지역이어서 원나라는 고려에서 볼모로 데려간 영녕공(永寧公)을 안무고려군민총관(安撫高麗軍民摠官)에 임명하여 관장하게 했고, 충선왕을 심양왕에 봉한 뒤에는 통치권의 권한을 더욱 확대해 주었다.

1340 高麗 28대 충혜왕(忠惠王) 復位 2년

충혜왕은 복위 직후부터 편민조례추변도감(便民條例推辨都監)을 설치하여 권세가에게 피해를 본 백성들을 구제하고, 동서무역에도 힘쓰며 "정치를 고쳐 새롭게 하겠다"고 파격적인 개혁을 단행해 나갔다. 그러나 이러한 조치들은 권세가들의 반발을 초래하게 되는데…

1343 高麗 28대 충혜왕(忠惠王) 復位 5년

8월, 원으로 간 기철(奇轍), 이운(李芸) 등은 충혜왕을 퇴위시키기 위해 원의 중서성에 왕이 탐음하고 부도덕하다고 모함했다. 원 순제(純帝)는 충혜왕의 폐위에 동의하고 체포하기로 하여, 11월에 사신을 보내 왕을 포박하여 원으로 압송해갔다. 이어 8세의 장자 왕흔(王昕)이 뒤를 이으니 이가 충목왕(忠穆王)이다.

註) 〈고려사〉에는 충혜왕이 죽자 백성들이 기뻐 날뛰었다는 등, 매우 부정적으로 묘사했는데, 이는 사실이 아니다. 이후(1346년)에 좌정승 김영돈(金永旽) 등이 원 순제를 알현하고 기(奇)씨 일가의 횡포로 충혜왕이 비극적 최후를 맞았음을 지적하자 순제는 동의했다.

1347 高麗 29대 충목왕(忠穆王) 3년

2월, 원에서 돌아온 계림군공 왕후(王煦)와 좌정승 김영돈(金永旽)은 곧장 강력한 개혁기구인 정치도감(整治都監)을 설치하고, 원 제국에 빌붙어 권세를 휘두르는 부원(附元) 세력부터 제거하고자, 먼저 원 순제의 황후가 된 기황후(奇皇后)의 후광을 믿고 국내에서 탐학과 권력을 농락하던 기(奇)씨 집안의 기삼만(奇三萬)과 기주(奇柱)부터 잡아 죽였다. 그러나 다음해(1348년) 12월, 왕이 12세의 나이로 죽고 원 순제의 지시로 충혜왕의 아들 왕저(王㫝)가 즉위하니 이가 충정왕인데, 그는 즉위하자마자 정치도감부터 폐지시켰으니…

註) 기황후(奇皇后): 원나라 순제의 황후로서 기철(奇轍)의 누이이다. 1333년(충숙왕 복위 2년) 고려 출신의 내시(內侍) 고용보(高龍普) 추천으로 원실(元室)의 궁녀가 되어 순제의 총애를 받다가 1339년 황태자 아이유시리다라(愛猷識里達獵)를 낳고, 이듬해 제2황후에 책봉되었다. 황후가 되자 반대세력을 몰아내고, 자정원(資政院)을 설치해 실권을 장악했으며, 아이유시리다라가 황통(皇統)을 잇게 했다. 고려와의 외교에서는 공민왕 몰아내는데 앞장섰으며 그동안 고려가 공물로 원나라에 바치던 공녀제도를 폐지하고 고려를 원나라의 일재 지방 성(省)으로 삼으려는 정책도 반대했다. 1365년 정후(正后) 바엔후두(伯顔忽都)가 죽자 전례를 깨고 정후로 책봉되었다. 다음해 연경(燕京)이 주원장(朱元璋)에게 함락되자 몽골 내륙으로 쫓겨나고, 그 후의 행적은 알려지지 않았다. 그녀가 원에서 권세를 부리던 30여 년간 고려에서는 벼락출세를 하게 된 기철을 중심으로 한 기(奇)씨 일파의 사람들이 기황후의 권세를 믿고 오만방자한 나머지 매우 심한 탐학과 횡포를 저질렀다.

### 왜구(倭寇), 다시 나타나다

1350 高麗 30대 충정왕(忠定王) 2년

2월, 오랫동안 잠잠하던 왜구가 80여년 만에 다시 나타났다. 경상도 고성(固城), 죽림(竹林), 거제, 합포(合浦: 마산)에 대거 침입하여 합포 병영에 불사르고 적극적으로 나와 기승을 부리자, 최선(崔禪), 양관(梁琯) 등이 반격하여 3백여 명을 참살.

註) 이 이후로 왜구의 침략은 영일이 없을 정도로 연속되어 고려 말까지 왜구의 출몰이 없던 해는 1356년(공민왕 5년)과 1386년(우왕 12년) 뿐이다. 침략 규모도 대단위였지만 침범 범위도 전에 비해 전국적이었다. 왜구는 고려뿐만 아니라 명과 원에까지 미쳐 중국에서는 산동(山東) 지방이 가장 심했고 그 다음이 강소(江蘇), 절강(浙江), 복건(福建), 광동(廣東) 등이었다. 명(明) 왕조의 경우는 거의 매년 왜구의 침략을 받았다. 당시 일본은 1281년에 원의 침공여파로 막부시대가 무너지고 무사들의 전횡기를 맞아 '남북조의 쟁란' 시기에 있었다. 이 와중에 일본 전역이 황폐화되어 민생이 도탄에 빠지자 민중들은 오로지 살기 위해 누구나 할 것 없이 모두다 도적떼로 변해간 것이다.

4월, 이번에는 더 많은 왜구들이 떼로 몰려와 경상도뿐만 아니라 왜선 100여 척이 순천부(順天府: 전남 순천)에 침입하여 남원, 구례, 영광, 장흥까지 휩쓸며 선박을 약탈하고 분탕질쳤다. 또 5월에는 66척이 또 순천부에 들어와 그중 1척을 나포하고 13명을 참살했다. 그러나 민심은 흉흉해지고 조정의 권위는 땅에 떨어지는데…. 6월에는 20척이 합포(哈浦: 마산)에 들어와 병영을 불태우고 고성(固城), 회원(會原: 창원)까지 분탕질을…, 이에 고려조정의 대응이 신통치 않자 왜구들은 제 세상을 만난 듯 기승을 부리며 날뛰었다.

11월에는 동래를 휩쓸고…

## 연이어 들이닥치는 왜구(倭寇)떼

1351 高麗 30대 충정왕(忠定王) 3년

8월, 또 왜선 130척이 선단(船團)을 이루며 자연도(紫燕島: 인천 영종도)에 들어와 병영을 불태우고 재물 약탈은 물론 집집마다 돌아다니며 불 지르면서 닥치는 대로 사람들을 잡아 갔다. 아직 왜구에 대한 아무런 방어책도 없는 판에, 11월에는 남해(南海)에도…

註) 왜구 떼들이 사방에서 천방지축으로 날뛰는데도 지방의 관리들은 군사가 없으니 속수무책이었다. 고려는 육상의 부대조차 원과 명나라가 교체하는 중국대륙의 혼란으로 불안정한 국경을 방어하기 위해 정예군사는 북쪽에 집중해야 했다. 그러니 남해안의 힘없는 백성들에게는 나라가 없는 것이나 마찬가지였다.

## 공민왕의 반원정책(反元政策)

1352 高麗 31대 공민왕(恭愍王) 원년

중원대륙에서 머리에 붉은 두건을 두르고 봉기한 반란세력 홍건적(紅巾賊)이 위세를 떨치며 세력을 키워 나가자, 원 순제는 나이어린 충정왕이 감당하지 못할 것으로 여기고 폐위시킨 다음, 강릉대군 왕전(王顓)을 고려왕으로 보내 유사시에 원 제국에 도움을 줄 것을 기대했다. 이가 공민왕이다. 그러나 공민왕은 즉위하자마자 이연종(李衍宗)의 건의를 받아들여, 원의 복식을 고려의 복식으로 바꾸고 관제도 고려식으로 개정함과 동시에 북방영토 수복에 나서기로 했다.

註) 공민왕(恭愍王)의 즉위: 당시 고려의 왕은 원나라가 마음대로 정하거나 폐위시킬 때였다. 12세 때부터 원나라에 볼모로 있던 강릉대군 왕전(王顓)은 원에서 오만을 떨지 않고 신중하게 처신하여 원 조정에 신임을 얻고는 심왕(瀋王)으로 발탁되어 요심 일대를 다스리면서 고려의 제2인자로 자리를 굳혔다. 때문에 원 조정에서는 멀쩡하게 살아있는 충정왕을 강제로 폐위시키고는 강릉대군을 고려왕으로 봉했는데, 나중에 결과를 보면 원에 입장에서 호랑이를 키워 우리 밖으로 내보낸 꼴이 되었다. 그는 즉위하자마자 원의 복색을 버리고 고려의 독립을 모색하며 재위기간 내내 반원정책(反元政策)으로 일관했다. 실제로 공민왕은 개혁정치를 감행했다. 신진 사대부인 정몽주(鄭夢周)는 고강도 개혁이 단행된다면 왕조가 다시 부흥할 수 있다고 주장했다. 그러나 각고 끝에 몽골세력을 내쫓은 후, 개혁이 완성되기도 전에 설상가상으로 홍건적과 왜구의 침략이 겹쳐 우환에 시달려야 했다.

3월, 마침내 왜구가 도성에까지 이르렀다. 개경에서는 백성들의 통행이 통제되고 병사들이 긴박하게 파견되었다. 도성은 소란스러웠고 관민에게 군량과 화살을 거둬들였다. 비상사태였다. 한편, 포왜사 김휘남(捕倭使 金暉南)이 전함 25척으로 풍도(風島: 경기도 안산시 대부동)까지 갔다가 쫓겨 돌아오고, 또 교동(喬棟, 강화)에서 엄청난 수의 왜선과 마주쳐 싸우지도 않고 물러났다.

2일 후 김휘남이 착량(窄梁: 화성), 안흥(安興: 서산), 장암(長巖: 서천)에서 왜구와 싸워 1척을 나포했지만, 그 사이 왜구가 파음도(巴音島, 강화)를 들이쳤다. 또 모두량(茅頭梁: 전라도)에 들어 온 것을 김휘(金輝)가 병선을 이끌고 나가 싸웠지만 역시…

9월, 또 다시 왜구의 배 50척이 합포(경남 마산)에 침입하고…

註) 당시 설장수(偰長壽)가 건의한 내용 중에 보면: 『그 방비하는 곳이 거리가 먼 것은 50~60리가 되고 가까운 것은 20~30리 이내는 없으니 적이 쉽게 침입할 수밖에 없으며 강가에 있는 군현(郡縣) 마을의 백성들은 드문드문 있거나 또는 밀집해 있거나 각처에 흩어져 살고 있다. 도적은 많으면 1천 또는 1백 명씩 떼를 짓고, 적으면 10 또는 5명 씩 대(隊)를 지어서 침입하는데 그 침입양태는 요망스럽고 괴이하여 말로써 표현할 수 없다. 청명한 날에는 그들이 오는 현상을 엿보아서 그 많고 적음을 알 수 있으나 어두운 밤에는 알 수 없으며, 때로는 뜻하지 않은 곳으로 나와 함부로 덤빈다. 그들은 수가 많으면 허세를 부려 이리저리 교란하여 우리 병력이 분산되기를 기다렸다가 갑자기 습격하여 오기도 하고 혹은 민가를 그만두고 멀리 진지를 습격해 온다. 그들은 수가 적을 때는 미리 간첩을 보내어 부유한 집을 정탐했다가 기습 약탈해 간다. 이를 관병이 알고 추격하여 갈 무렵에는 이미 적이 약탈물을 싣고 달아난 뒤가 된다. 이제 장정을 모집하여 동원하려니 백성은 쇠잔해져 있고 도적은 이미 도망한 후가 된다. 그리고 동원한 장정들을 돌려보낼 때가 되면 도적은 다시 침범해 오는 고로 백성은 휴식할 때를 얻지 못하고 군사를 용병할 기회를 얻지 못하고 있다…〈이하 생략〉…』고 했다.

### 조일신(趙日新)의 반란

1353 高麗 31대 공민왕(恭愍王) 2년

9월 29일, 공민왕이 전민변정도감(田民辨正都監)을 설치하여 정치개혁을 해나가자 권세가들의 반발이 심했는데, 그 대표인물이 조일신(趙日新)이었다. 공민왕이 즉위하는데 공이 있어 이를 기화로 권세를 부리니 주변에서 모두 그를 경계하자, 조일신은 기철(奇轍) 일당을 제거한다는 명분으로 정변을 일으키고는, 왕을 위협하여 자신의 무리들로 관직을 채우고 기(奇)씨 일파를 죽이거나 옥에 가두었다. 그러나…

10월 5일, 왕은 기로(耆老)와 함께 반격에 나서 조일신을 잡아 죽였다. 그리고 난을 수습하는 과정에서 기륜(奇輪)과 기철 등을 요직에 앉혀 기씨 집안의 반발을 무마했다. 그리고 다음해(1353년) 6월, 원에서 기황후(奇皇后)의 아들이 황태자에 책봉되자, 이로부터 기(奇)씨들의 위세가 더욱 거세지는데…

### 홍건적(紅巾賊) 원정토벌

1354 高麗 31대 공민왕(恭愍王) 3년

원이 말기 현상을 보이면서 침체를 보이자, 많은 한족(漢族)들이 반란을 일으키게 되는데, 그 중 홍건적(紅巾賊)의 세력이 가장 컸다. 7월, 원은 이를 토벌하고자 고려에 원군을 청하니, 왕은 원의 군세(軍勢)를 파악하고 또한 실전경험을 얻고자 유탁(柳濯)과 최영(崔瑩) 등 40명의 장수와 수군(水軍) 3백 명, 육군 3천 명을 보내 돕게 했다. 원의 수도 연경(燕京)에 도착한 원정군은 재원(在元) 고려인 중에 2만3천의 군사를 뽑아 합병한 다음, 고우성(高郵城)을 근거지로 한 장사성(張士誠)의 반란군을 공격했다. 토벌군은 총 80만 대군으로 그 중 고려군 2만5천이 선봉부대가 되어 성을 함락시키고, 또 11월에는 육합성(六合城)을 깨는 등, 27회에 걸친 대소 전투에서 앞장서서 전투를 이끌어 나갔다. 그리고 치열한 공방전으로 연합군이 회안성(淮安城)을 점령하자, 적이 팔리장(八里莊)과 화주(和州)지역에서 동원한 함선 8천여 척으로 회안성을 포위하고는 장기전으로 나왔다.

## 반원(反元)의 분수령이 된 원정군의 회안성 철수

1355 高麗 31대 공민왕(恭愍王) 4년

5월, 원군이 8개월간에 걸친 회안성 공방전에서 결국 반란군을 토벌하지 못하고 철수하기로 결정하자, 고려 원정군도 현장에서 철수하여 귀환했다. 선봉에 나서서 많은 전과를 올렸지만 결과적으로 패배한 셈이 되었다. 그러고 나니, 이후부터 원의 군사력을 깔보는 풍조가 모든 곳에 만연해졌다.

註) 이때를 전후하여 원에 들어갔던 고려 군사들은 원의 실태를 새로이 파악하고 재기불능인 것을 알았다. 이로부터 오랜 숙원이던 독립을 찾고자 원의 관청을 폐지하고 그 앞잡이들을 숙청하면서, 사용하던 원의 연호까지 폐기하고 본격적인 반원(反元) 분위기가 조성되었다.

황해도 오차포(吾叉浦)에서 왜구가 400여 척의 배로 침입하자, 최영은 귀국하면서 바로 직격하여 이들 왜구떼거리까지 격멸했다. 쉴 틈이 없지만…

## 기철(奇轍)의 모반

1356 高麗 31대 공민왕(恭愍王) 5년

5월 18일, 원 제국을 배경으로 권세가 왕을 능가했던 거대 세력가인 기철(奇轍)이 자신이 떠받치던 원나라가 흔들리자 위기감을 느끼고는 아예 공민왕을 몰아내고 새 왕조를 창건하겠다며 기회를 별렀다. 하지만 공민왕이 이를 알고 선수를 쳐서 기철과 노책(盧頙) 등 부원세력(附元勢力)의 일당들은 물론 기철을 위시한 기(奇)씨 집안사람들을 모두 주살해버렸다.

註) 이 사건은 공민왕의 계략일 수도 있다. 당시 기(奇)씨가 거느렸던 많은 조직들의 저항이 미미했는데, 반원(反元) 개혁정치를 본격적으로 추진하고자 아마도 고려 내의 가장 큰 부원세력(附元勢力)인 기철을 그 희생양으로 삼은 듯하다.

## 정동행성(征東行省)을 폐쇄하고 8참(八站)까지 접수하다

기철 일당을 제거한 다음, 왕은 반원(反元)개혁을 신속하게 밀고 나갔다. 고원(高.元)연합군이 일본정벌 때 쓰던 관청으로 고려내정에 간섭을 일삼던 정동행중서성(征東行中書省)의 이문소(理問所)를 폐쇄하고, 정동행성(征東行省)도 폐쇄했다. 6월에는 인당(印瑺), 최영(崔瑩) 등을 보내 압록강 건너 서쪽의 8참(站: 연락소)을 공격하여 접수하고 압록강 우측 연안의 임토(林土: 벽동), 니성(泥城: 삭주, 昌城)까지 고려의 영토로 만들었다.

7월에는, 동북면 방면으로 류인우(柳仁雨) 등을 보내 쌍성(双城: 영흥지방) 등의 함경남도 지역의 땅을 수복했다. 쌍성에 총관부를 두고 동계(東界) 일대를 통치하던 원군(元軍)은 고려군과 당시 지방호족이던 이자춘(李子春: 이성계의 父)이 연합하여 공격하자 쫓겨 나갔는데, 이 지역에 있던 쌍성인들이 "고려왕이야말로 우리의 임금이다"고 하며 고려군을 반기었다. 왕의 조치가 하도 신속하여 백성들은 어리둥절할 지경이었다. 왕은 화주(和州: 영흥), 정주(定州: 정평), 함주(咸州: 함흥), 삼살(三撒: 북청) 등의 지역을 고종 이전 상태로 환원하고 안북천호 방어소(安北千戶 防禦所)를 설치하여 북청(北青) 이남을 확실히 해두었다.

註) 이번에 수복한 서북면과 동북면의 지역들은 실로 99년 만에 되찾은 것이다. 공민왕은 고려의 위상을

되찾기 위해 계획적으로 먼저 기(奇).노(盧).권(權)씨 등 권세가를 참살하고 관제를 개혁한 다음, 원이 남방의 병란으로 요양(遼陽) 방면이 허술할 것으로 판단하고 기선을 잡아 선제공격으로 총관부를 함락하고 쌍성 등을 수복, 압록강 건너 요양로 등 옛 땅을 점령해 나갔다. 그러나 아직 두만강을 국경으로 삼지는 못했는데, 일이 워낙 빠르게 이루어져 원은 사건의 진행과정을 제대로 알 수 없었다. 결국 뒤늦게 알고 분노하기는 했지만, 사방에서 병란이 벌떼처럼 일어나는 때인지라 고려의 행위에 대해 항의할 처지가 아니었다. "타국인이 고려인이라 사칭하고 저지른…" 이라며 말을 돌려 얼버무리며 넘어갔다.

10월, 고려와 원이 적대관계로 되자 제주에 있던 몽골인들이 제주도 순목사와 목사를 살해하고 반란을 일으켰고, 이 반란은 이듬해 2월까지 계속…

1357 高麗 31대 공민왕(恭愍王) 6년

5월과 9월, 왜구(倭寇)가 교동(喬棟: 강화)에까지 대거 침입해왔기에, 개경(開京)에 계엄령까지 내릴 지경. 이때 왜구는 승천부(昇天府: 황해도 개풍군) 흥천사에 난입하여 충선왕의 초상을 약탈하기도…. 8월에 왕은 최영을 동북면 체복사로, 홍유구(洪有龜)를 동북면 병마사로 임명하여 동북면 방어를 굳히고는, 한편으로 사천소감 우필흥(于必興)이 "물은 흑색이고 나무는 청색이므로 흑색은 부모가 되고 청색은 몸체가 됩니다."고 땅의 순리를 받아들이라는 건의를 받아들여 원의 복색을 즉각 바꾸라고 거침없이 반원(反元) 정책을 밀고 나갔다. 이후 연속하여 원나라 방식의 변발과 복식까지 금지하는 등…

### 최씨(崔氏) 정권의 종말

1358 高麗 31대 공민왕(恭愍王) 7년

3월, 집권한지 1년도 못된 최의(崔竩)는 야별초가 반란을 일으켰다는 말을 듣고 도망치다가 대사상 유경(柳璥)과 별장 김인준(金仁俊)에 의해 잡혀 죽었다. 김인준은 곧 병권을 왕에게 바치니 이로서 최씨 정권은 4대 60여 년 만에 막을 내렸다.

註) 1196년에 등장한 최충헌이 1219년에 늙어죽자 아들 최이(崔怡)가 물려받고, 1249년 11월에 최이가 병으로 죽자, 최이의 첩의 소생인 만전을 항(沆)이라 개명하고 뒤를 이었다. 1257년 최항이 죽으며 아들 최의(崔竩)가 4대 집정관이 되니 무려 60여 년 간이나 권력을 잡았다.

### 최무선(崔茂宣)의 화포(火砲)

3월, 왜선 400여 척이 각산술(角山戍: 경남 사천)에 침입했는데, 최영이 최무선(崔茂宣)이 만든 화약을 실은 특공선 30척을 이용하여 쏜살같이 달려가 왜선들을 일거에 폭파시키면서 이중 왜선 300여 척을 격침시켰다. 4월에 왕은 최영을 양광.전라도의 왜적체복사(倭敵體覆使)로 하여 왜적토벌에 전념하도록 했다. 또 왜적이 한주(韓州)와 진성창(鎭城倉)에 들어오고 이어서 교동(喬棟: 강화)에까지 들어와 불을 지르는 등…

註) 최무선(崔茂宣): 일찍이 왜구를 막으려면 화약이 필요하다고 여겨, 원나라 사람 이원(李元)을 자기 집에 살게 하면서 화약제조술을 익혔다. 그 후 조정에 건의하여 화통도감(1377년)을 두고 여러 가지 화포와 화통 등을 만들었으며, 군선(軍船)도 신식으로 만들어 왜구를 치는데 큰 역할을 했다. 그가 건

조한 화룡선(火龍船)은 후에 거북선의 모체가 되었고, 이장손의 발명품인 비격진천뢰(飛擊震天雷)도 또한 최무선의 화통과 맥을 같이 한 것이다. 그는 말년에 이성계의 혁명에 충격을 받고 아들(崔海山)에게 남긴 유언으로 "새 왕조에서 벼슬길에 나서지 마라. 신하로서 왕을 죽이고 왕씨까지 몰살시킨 것은 용서할 수 없는 일이다" 했다.

5월, 고려가 여.원 간의 국경을 이판령(伊板嶺: 마천령)으로 한다고 통고하자, 이판령 밖의 해양(海陽: 함북 길주)에서 추장 완자불화(完者不花)가 1천8백인을 이끌고 귀순해 왔다. 이제 고려의 위력이 훨씬 북방지역에까지 미치게 되었다.

### 제1차 홍건적(紅巾賊) 침입

1359 高麗 31대 공민왕(恭愍王) 8년

2월, 홍건적(紅巾賊)이 문서를 보내왔는데 "귀속하면 포섭할 것이고 반항하면 죄를 줄 것이다"라며 은근히 침략할 뜻을 비쳤다. 때마침 요양(遼陽)과 심양(瀋陽) 등지에서 홍건적을 피해 주민 2,300여 호가 귀화해오므로 이들을 서북면 군현에 나누어 살도록 해주었다.

11월에는 홍건적 3천 명이 압록강을 건너와 노략질을 하고 돌아간 사실이 있어 경천흥(慶天興), 안우(安祐) 등을 보내 방비를 강화했는데…

12월 8일, 드디어 홍건적(紅巾賊)의 잔당이 원에 쫓겨 그중 4만의 군사가 압록강 넘어 의주(義州)를 점령하고 부사와 주민 1천여 명을 살해했다. 이어 적은 정주(靜州)와 인주(麟州: 의주) 등을 점령하고 살육을 자행하자 이를 철주(鐵州: 철산)에서 안우(安祐), 이방실(李芳實) 등이 요격하여 막았다. 적이 인주와 정주로 퇴각한 후에 부근에 노략질이 빈번하자 안우가 청강(淸江: 청천강)에서 이들을 격파하긴 했으나 다시 패하여 정주로 후퇴했다. 왕은 이암(李嵒) 등을 출동시켰으나 민심이 흉흉하고 병사들이 흩어지면서 28일에 적에게 서경(西京: 평양)까지 내주었다. 이에 왕은 이암을 이승경(李承慶)으로 교체했다.

註) 元의 세력이 강할 당시의 60~70여 년간은 고려에 병란이 없었다. 그런데 이즈음부터 한족(漢族)들이 원에 대해 산발적으로 반란을 일으키는데, 그중 송(宋)왕조의 후계임을 자처하던 반란 무리들이 홍건(紅巾)을 두르고 난을 일으키다 토벌군에게 쫓기면서 고려로 밀려온 것이다.

1360 高麗 31대 공민왕(恭愍王) 9년

1월, 홍건적이 물러날 기미가 없자, 도처에서 고려군의 분전이 계속되었다. 판사 김진(金縝)은 의주와 정주의 백성을 모아 적병 150명을 죽이고 많은 양곡을 탈취하여 의주를 확보한 후, 서경을 향해 진군하다가 적 3백 명을 만나 이중 1백 명을 죽였다. 상장군 이방실도 철주에서 적을 치면서 후방을 교란하는 가운데, 개경에서 2만의 고려 토벌군이 서경을 향하니, 적은 민간인 1만 명을 학살하고 황주(黃州) 등지에서 쫓겨 나와 서경(西京: 평양)에 집결. 이승경은 쉬지 않고 서경에 들어가다가 1천 명의 보병이 전사하고 대신에 적을 수천 명 죽였다. 이승경은 적을 유인할 방법으로 보병을 앞세워 적을 유인한 다음 기병으로 들이쳐 섬멸시킨 것이다. 홍건적은 일단 용강(龍岡), 함종(咸從) 쪽으로 물러갔다.

### 추격과 소탕(掃蕩)

2월, 안우가 적의 추격을 계속하다 기습당하여 많은 손실을 본 12일 후, 다시 함종을 공격하여 정주(靜州城)에서 2만의 적병을 함몰시킨 후, 이방실이 연주강(延州江)까지 쫓아가자 적은 급하게 강을 건너다가 얼음이 깨지면서 수천 명이 익사했다. 틈을 안주고 연이어 밀어 부치자 적은 완전히 궤멸되어 압록강 넘어 겨우 3백여 명이 살아남아 도주했다. 또한 의주를 비롯한 각지에 잔류하던 적도 모두 섬멸하니, 3월 7일까지 적은 모두 사라졌다. 그렇지만, 육지에서 패망한 홍건적이 이번에는 산발적으로 해상을 통해 침입해왔다.

3월 24일, 적이 70척의 배로 서해도(西海島) 풍주(豊州), 봉주(鳳州)에 들어와 성문을 불태우고, 또 다른 100척이 안악군 원당포(元堂浦)에 들어와 노략질하고 관청을 불태우기에 이들을 맞아 30여 명을 베고 쫓아내자, 또 안주성(安州城)까지 들어왔다. 4월 1일에는 적이 황주 철화포(鐵和浦)에 들어 온 것을 목사 민익(閔翊)이 싸워 쫓아내고, 4월 3일에 이방실이 풍주에서 기습 요격으로 수백 명을 잡아 죽이니, 나머지 적은 모두 바다건너 달아났다.

註) 왕은 3월부터 2회에 걸쳐 원에 사신을 보내 홍건적 소탕사실을 알리려 했으나 사신일행은 길이 막혀 모두 수개월 만에 되돌아왔다. 만주지역의 요양로와 심양로 방면에도 홍건적의 난동이 극심하여 원의 세력이 미치지 못하는 상황이 되어 버린 것이다.

5월, 이 사이에도 왜구의 출몰은 여전했다. 전라도의 옥구(沃溝), 경기도 평택, 아산, 홍성, 수원 등지에서 분탕질이 계속되는 사이, 고려는 각처마다 연호군(煙戶軍: 지방 예비군)을 동원하면서 총력체제를 갖추었지만, 왜구들은 보란 듯이 나타나 또다시 강화도로 쳐들어 와서 백성 3백 명을 죽이고 쌀 4백 석을 약탈해갔다.

註) 지금까지 왜구들은 특별한 사정이 없는 한, 백성을 죽이지 않았다. 어디까지나 식량 약탈이 목적이고 때로는 가축을 잡아먹었다. 그런데 고려의 토벌박전이 거세어지자 난폭해지기 시작하면서, 활동무대도 남해안에서 시작하여 서해안과 동해안으로 확대되어갔다.

### 제2차 홍건적(紅巾賊) 침입

1361 高麗 31대 공민왕(恭愍王) 10년

10월, 홍건적 괴수 반성(潘城) 등이 이끄는 20만여 명이 압록강을 넘어 이성(泥城: 삭주)에 몰려들었다. 왕은 안우(安祐), 이방실(李芳實), 김득배(金得培) 등을 출병시켰다. 11월, 그러나 적의 숫자에 밀려 흥의역(興義驛: 경기 벽제 근방)까지 오니, 왕은 최영(崔瑩) 등의 반대에도 불구하고 11월 19일에 피난길에 올라 복주(福州: 경북 안동지방)로 향했다. 적은 개경(開京: 개성)을 점령하고는 사람을 태워 죽이고 부녀자의 유방을 베어 구어 먹는 등 두어 달 동안 별 짓 다했다. 12월에 왕은 정세운(鄭世雲)을 총병관(總兵官)으로 삼아 출동시켰다. 적은 원주까지 점령하여 주저앉았고, 한편, 강화도에 들어갔던 적은 성민들의 꾀에 빠져 모두 도륙 당하는 바람에 강화도는 끝내 무사할 수 있었다.

### 개경(開京) 탈환전

1362 高麗 31대 공민왕(恭愍王) 11년

1월 17일, 총병관 정세운의 명으로 안우, 이방실, 김득배, 최영 등의 20만이 개경의 적을 포위하고 반격에 나섰다. 많은 눈비가 내려 긴장이 풀어진 적은 숭인문을 뚫고 넘어온 이여경(李余慶)의 수십 기(騎)가 좌충우돌하자, 이 틈에 당황한 적들 사이로 이성계가 장병 2천을 이끌고 성에 올라 적장 사유(沙劉) 등을 베어 죽였다. 이에 적이 우왕좌왕하면서 서로 짓밟히면서 뭉그러지는 사이, 고려군의 전 병력 20만이 사방에서 동시에 돌입하여 새벽부터 밤까지 적 10만을 죽이고 엄청난 량의 물자를 노획했다. 이에 홍건적의 잔당 파두반(破頭潘)이 이끄는 패잔군 10여만은 즉시 압록강 넘어 도망치면서, 사태가 평정되었다.

註) 홍건적이 2차례에 걸쳐 동원한 병력만 총 24만이었다. 한때 공민왕이 안동으로 파천할 만큼 위협적인 공세를 펼친 홍건적은 결국 패해 한반도 밖으로 쫓겨났다. 홍건적은 지휘관 관선생이 죽은 뒤 세력이 약화되어 요동을 전전하다가 1362년 후반 무렵에 소멸했다고 알려져 있다. 홍건적 쇄락에 고려가 단단히 한 몫을 한 셈이다.

### 김용(金鏞)의 무고(誣告)

1월 24일, 왕으로부터 심임은 받았으되 홍건적 소탕에 아무런 공이 없던 김용(金鏞)은 총병관 자리도 정세운에게 내어 준 후, 왕으로부터 소외당할까 염려하여 안우와 이방실에게 왕의 밀지를 거짓으로 만들어 주어 정세운을 죽이게 했다. 그리고 25일, 장본인이 자기임이 탄로 날 것이 두려워 왕을 배알하러 가는 안우를 쳐 죽였다. 왕은 김용의 말만 듣고 안우와 한 패라고 여긴 김득배와 이방실의 체포령을 내렸고 결국 찾아내어 모두 죽이니, 이로서 홍건적 토벌에 앞장섰던 장수들이 모두 사라져 버렸다.

註) 홍건적 섬멸에 큰 공을 세운 이들 4명의 장군을 암살한 이 사건은, 이듬해에 일어난 흥왕사의 변과 함께 고려의 쇠망을 재촉한 첫 신호가 되었다.

4월, 충청도 해안으로 홍건적 잔당이 상륙하여 노략질을 하자 최영(崔瑩)이 나서서 다시 한번 시원하게 섬멸해 버렸다.

### 나하추(納哈出) 토벌

7월, 쌍성(双城: 영흥)을 잃은 원의 나하추(納哈出: 원의 유신(遺臣)으로 심양에 있으면서 자칭 행성승상(行省丞相)이라 하면서 세력을 떨치던 중임)가 이끄는 수만의 대군이 함남지방 삼살(三撒: 북청)과 홀면(忽面: 홍원) 등지에 침입하여 쌍성을 장악하고자 했다. 정휘(鄭暉)가 막았으나 번번이 실패하자, 왕은 이성계(李成桂)를 보내니, 이성계는 쫓겨 오는 병사들의 정보를 종합하여, 적의 선봉인 천여 명을 덕산동(德山洞: 함흥북쪽)에서 전멸시키고, 계속 압력을 가해 함흥평(咸興平: 함흥평야)에서 대회전(大會戰) 끝에 적을 궤멸시키고 도망하는 적을 계속 추격하며 맹공을 퍼부어 만여 명을 시살하며 쫓았다. 이제야 동북변방이 조용해졌다.

註) 그 후 나하추는 1368년 북원(北元)이 세워진 후 그는 공민왕과 이성계에게 예물을 보내며 화친을 맺었는데, 특히 전술에 뛰어났던 이성계를 깊이 존경했다. 고려에서는 그에게 정1품의 관위(官位)인 삼중대광사도(三重大匡司徒) 벼슬을 주었으나, 1387년 나하추를 토벌하러 온 명군(明軍)에 항복했고, 이후 명의 장수로 윈난(雲南)정벌에 나섰다가 병으로 죽었다.

8월, 제주도의 몽골인들이 다시 반란을 일으키고, 원에 사자를 보내 제주를 원의 직할령으로 삼아줄 것을 청하자 원은 이를 받아들여 추밀부사를 탐라만호(耽羅萬戶)로 하여 파견했다. 고려는 덕흥군의 침입을 막기에 바빠서 한동안 제주도를 방치하는데…

### 김용(金鏞)의 반란 - 흥왕사(興王寺)의 변(變)

1363 高麗 31대 공민왕(恭愍王) 12년

4월 1일, 공민왕의 반원정책(反元政策)에 불만을 품은 원은 공민왕을 고려왕으로 인정하지 않으려 했다. 이를 기회로 부원(附元)세력을 부활하려는 김용이 원에 망명중인 최유(崔濡)와 결탁하고 원의 순제(順帝)를 설득시켜 고려침공을 구상하자 원은 덕흥군(德興君)을 세워 고려왕을 삼으려 했다. 이즈음, 궁궐이 홍건적의 난리로 불에 타서 임시 궁궐을 흥왕사(興王寺: 경기도 파주군 문산, 임진각 근처)에 두고 있었는데, 원(元)의 사주를 받은 김용과 그 일당이 군사를 일으켜 반란을 일으켰다. 반란군이 흥왕사를 포위하고 왕을 죽이려 침전에 뛰어들어 왕을 죽였으나, 이는 왕이 아니고 대신 죽음을 당한 환관 안도치(安都赤)였다. 이때 좌정승 유탁(柳濯)이 수습에 나서고 최영(崔營), 안우경(安遇慶), 김장수(金長壽) 등이 급히 군사를 몰아 반란군을 모조리 섬멸했다. 김용은 사건이 실패하자 잡혀오는 적도를 심문도 안하고 즉결 처형하며 음모의 누설을 막으려 했지만 곧, 사실이 발각되어 밀성(密城: 밀양)으로 유배되었다가 계림부(鷄林府: 경주)에 투옥된 뒤 사형되었다.

註) 덕흥군(德興君): 충선왕(忠宣王: 원에 빌붙어 먹던 엉터리 왕)의 서자(庶子)로서 일찍이 중이 되어 원으로 달아나, 원제(元帝)에게 아부하고 있었으며, 원의 이름으로는 탑사첩목아(塔思帖木兒)라 했다.

4월, 왜선 213척이 교동(喬桐, 강화)에 대거 들어와 왕은 안우경(安遇慶)을 왜적방어사(倭敵防禦使)로 삼아 대비케 했다.

### 문익점(文益漸)과 목화씨

문익점(文益漸)이 원나라에 사신으로 갔다가 귀국할 때 목화씨를 붓대(筆管) 속에 숨겨 가지고 와서, 장인인 정천익(鄭天益)에게 부탁하여 자신의 고향인 단성(丹城: 경남 산청군 단성면) 땅에서 재배하도록 하였다. 이로서 의복에 혁명이 일어나게 되는데…

註) 이때 우리나라에 처음으로 목화가 전래된 것으로 알고 있으나, 백제를 멸망시킨 당인(唐人)들이 목화재배를 막아 이 땅에 목화씨가 없어졌다고 한다. 목화는 원래 해를 묵히면 심어도 싹이 나지 않는다. 〈삼국지(三國誌) 마한(馬韓)〉조에, "마한은 서쪽에 있으니 그 백성들은 토착하여 농사를 짓고 누에를 기를 줄 알며 면포를 짜서 입는다"라고 했다. 목화는 삼한(三韓)시대에도 이 땅에 있었다. 무려 700여년 만에 우리 것을 다시 찾아 온 것이다.

1364 高麗 31대 공민왕(恭愍王) 13년

1월, 김용의 일당인 최유는 덕흥군(德興君)과 함께 공민왕을 폐하기 위해 원순제(元順帝)로부터 1만의 원군(元軍)을 얻어 압록강 넘어 의주를 점령하고 선주(宣州: 선천)까지 진출했다. 왕은 최영과 이성계를 출동시키고, 정주(定州)와 수주(隨州)의 달천(㺚川)에서 적과 마주쳐 섬멸시키자 생존자 17명이 겨우 살아남아 도주했다. 원순제(元順帝)는 뒤늦게 소인배들에게 속은 것을 알고 또한 신흥세력인 명(明)과의 대치관계를 염두에 두어 고려와의 관계를 호전시킬 의향으로 덕흥군을 폐하고 장형(杖刑)에 처한 다음, 최유를 고려로 송치해 처형 받게 했다. 그런데 이성계가 출병하고 함경도를 비운사이 1월 15일, 여진족 김삼선(金三善), 김삼개(金三介) 형제가 침입해와 화주(和州: 영흥) 이북을 모두 점거하는 사태가 일어났다. 이들은 고려군의 반격을 받고 스스로 물러가기는 했지만, 편할 날이 없구나.

註) 원병(元兵) 1만은 최유로부터 "고려군은 신왕 덕흥군이 온다는 말만 들으면 싸우지도 않고 흩어진다. 일이 평정된 후 고려 대신들의 처첩과 재산을 모두 주겠다"하여 힘을 내고 출병했는데, 막상 압록강을 넘고 보니 고려군은 항복은 커녕 저항이 완강했고, 달천에서 패한 이후로 꾐에 넘어간 것을 알고는 지리멸렬이 되었다. 이 때문에 고려군은 이들을 쉽게 격살시킬 수 있었다.

3월, 왜적선 200여 척이 몰려들어 하동, 고성, 사주(四洲: 사천), 김해, 밀양, 양주(楊洲: 양산)로 퍼져 노략질을 자행했다.
4월, 한편, 전라도 도순어사(都巡御使) 김광(金鑛)이 세미선(稅米船)을 이끌고 내포(內浦)에 이르자 이를 탈취하려고 왜선들이 몰려들었다. 고려수군은 이들을 맞아 싸우지만 병사의 절반을 잃은 채 곡식도 빼앗겼고, 5월에는 경상도 도순무사 김속명(金續命)이 남해안을 따라 가다가 진해현(鎭海縣: 마산시 진동면 고현리)에 이르러 왜구 3천 명을 만나 들이치자 쫓긴 왜구들이 산으로 기어 올라간 것을 추격하여 전멸시켰다. 이것이 대규모의 방어군을 동원한 최초의 승리이었다. 6월에는 해풍군(海豊郡: 황해도 개풍군)이 침입 당하고, 또 착량(강화와 김포 사이)에 들어온 왜구를 부사 변안렬(邊安烈)이 막았다.

1365 高麗 31대 공민왕(恭愍王) 14년

3월, 왜적이 교동(僑桐島)과 강화(江華島)에 침입하여 최영이 군사를 거느리고 나가 동강(東江)을 지키며 격퇴시켰다. 이때에 왜구 한 떼가 창릉(昌陵: 황해도 개풍군 창릉리, 태조 왕건 부친의 묘소)에 까지 들어가 쿠빌라이의 초상을 가져가기도했다.

註) 남북 도처에서 벌어진 아비규환의 난세 속에서 무장들은 힘겨운 군장을 꾸린 채 이리저리 전장을 헤맸다. 그런데 2월에 만삭이던 노국공주가 산고 끝에 죽고 말았다. 계속된 전란과 반란으로 지친데다 사랑하던 왕비까지 잃어버린 공민왕은 만사가 귀찮았다. 이후부터 왕은 왕사 신돈(辛旽)에게 정권을 맡긴 채 왕비의 명복을 비는 불사(佛事)에만 전념했다.

1366 高麗 31대 공민왕(恭愍王) 15년

5월, 대규모의 왜구가 교동(喬棟: 강화)을 함락시키고는 온 섬을 들쑤시고 돌아다니면서 물러갈 생각을 하지 않으니, 처음 있는 일이다. 대개 약탈이 끝나면 돌아가는 것이 일상이었다. 사정이 이러하니 크게 놀란 왕은 안우경(安遇慶), 지용수(池龍壽) 등에게 33명의 병마사를 주어 토벌케 했다. 그러나 국고는 비어있고, 방위는 허술하고 군기는 문란하고… 게다가 병사들은 무장조차 제대로 안되어 있으니 적을 바라만 보고 있는 처지.

10월, 신돈을 앞세워 개혁을 추진하던 왕은 제주도를 토벌하고자 김유(金庾)에게 100척의 병선(兵船)을 주어 보냈으나 실패했다. 그 후 왕은 원에 사신을 보내 제주도 목마장(牧馬長)의 고려 귀속을 요구하면서 말을 원에 공급하겠다고 하여 일단 외교적으로 해결은 했지만, 이후 제주도의 말이 두고두고 원과의 분쟁의 불씨가 된다.

### 왜구를 외교적으로 막아보려 했지만…

1367 高麗 31대 공민왕(恭愍王) 16년

3월에 왜구(倭寇)가 강화부에 들어와 약탈을 자행했고…

5월에는 원의 사신 걸철(乞撤)이 와서 "왜구가 원의 해안지방까지 분탕질이니 중간 지점인 고려가 적극 막아 달라"는 요청을 해왔다.

11월, 왕은 이색(李穡)이 건의한 육수해전(陸水海戰) 전략을 보류하고 왜에 사절을 보내 왜구 근절책을 구사하기 위해 김룡(金龍)과 김일(金逸)을 보냈다. 일본과 국교를 단절한지 100여년 만에 이루어진 교류였다. 그러나 일본의 실권자인 아시카가(足利義詮)는 "도둑의 근원지는 주로 규슈(九州) 지역인데, 막부의 권한이 미치지 못하여 완전히 막을 수 없다" 하면서 "최대한 노력하겠다"는 답변을 들었다. 그리고는 고려와 무역의 뜻을 강하게 비쳤다. 그러나 실정이 이러하니 외교적인 노력도 헛일이나 마찬가지…

註) 당시의 일본(왜)은 남북조의 쟁란기에서 아시다까 정권의 초기였는데, 이때는 왜구(倭寇)가 가장 많이 발호하던 시기로, 국내질서가 어지러워 이를 통제할 힘이 없으니 변방 주민의 해외 활동이 자유로웠다. 그래서 무사(武士)나 어민들이 선단을 만들어 우리나라와 중국 연안에서 거리낌 없이 해적 행위를 자행하고 있던 때이다.

### 한족(漢族)의 나라, 명(明 帝國)의 성립

1368 高麗 31대 공민왕(恭愍王) 17년

1월, 빈농 출신의 주원장(朱元璋)이 홍건적(紅巾賊)에 투신한 이래 차츰 두각을 나타내다가, 그의 적수를 차례로 제거시키고 한족(漢族) 반란군의 총수가 되었다. 원의 세력을 몽골 본토로 쫓아내고, 국호를 명(明帝國)이라 하고는 스스로 황제가 되었다.

註) 명(明) 태조 주원장(朱元璋)은 배움도 없는 농민 태생이다. 이런 사람이 제위에 올랐으니 의심이 없을 리 없다. 개국공신이건 아니건, 자신에게 불리할 듯한 기색만 보이면 무차별 학살했다. 역대 중국 제왕 중에 가장 잔인하다했다. 혹시 이성계도 주원장의 영향을 받았는지, 그도 집권 후에 고려 충신들을 대량으로 죽였다.

11월, 고려는 이러한 새로운 상황을 맞아 원과 명 사이에서 동시에 수교하기로 했다. 이에 따라 명에 등극을 축하하는 사신으로 장자온(張子溫)을 보냈다. 명은 원과의 대치상태에서 고려의 후원이 필요했으므로, 이후 양국 간의 사이는 급속히 밀접해진다.

1369 高麗 31대 공민왕(恭愍王) 18년

7월, 거제(巨濟縣)와 남해(南海縣)에 왜구(倭寇)가 투항해와 영원히 화친하기를 청하므로, 이를 믿고 받아들였더니, 노략질만 하다가 본국으로 돌아가 버렸다. 도저히 방법이 막연한 터이라 신돈(辛旽)은 왜구를 피해 충주로 천도하자고 왕에게 건의했다가 야단만 맞았다.

註) 신돈(辛旽): 김원명(金元命)의 추천으로 공민왕(恭愍王)으로부터 신임을 받고 사부(師傅)로서 국정을 맡았다. 1365(공민왕 14) 진평후(眞平侯)라는 봉작을 받아 정치개혁을 단행하는데, 그의 개혁정치는 고려 내부의 혼탁한 사회적 적폐(積弊)를 타개하고 질서를 확립하고자, 전민변정도감(田民辨整都監)이라는 토지개혁 관청을 두어 부호들이 권세로 빼앗은 토지를 각 소유자에게 돌려주고, 노비들을 해방시켰으며, 국가재정을 잘 관리하여 민심을 얻었다. 그러나 그의 급진 개혁은 상층계급의 반감을 샀고, 백성들로부터 '성인(聖人)'이란 소리까지 나오자 왕마저도 경계하게 되는데, 1369년에 풍수지리설(風水地理說)로 서울을 충주(忠州)로 옮기자고 했다가 왕의 불신을 샀다. 그러다가 1371년 역모(逆謀)를 꾀한다는 혐의로 수원(水原)에 유폐된 후 처형되었다. 고려 말 마지막 '개혁의 꽃'은 이렇게 역모와 처첩을 탈취했다는 등의 엉뚱한 혐의를 뒤집어 쓴 채로, 개혁 6년 만에 막을 내렸다.

왕은 원이 쇠퇴하고, 명이 아직 고구려의 구토인 요양(遼陽), 심양(瀋陽) 등지를 점유하지 않은 허점을 이용해, 북원(北元)과의 관계를 끊기로 하고 북벌(北伐)을 추진하기로 했다. 때마침 원의 평장사 지쌘테물(奇賽因帖木兒)이 동녕부에 웅거하면서 원의 재기를 도모하는 한편, 그의 아버지 치저(奇轍)가 14년 전인 1356년(공민왕 5년)에 고려에 포살된 사건을 들먹이며 원수를 갚겠다고 압록강 북안을 침범했다. 왕에게는 북벌의 명분이 생긴 것이다.

12월, 오랫동안 (약 5년 간) 전쟁준비를 해온 왕은 즉각 만주 진격을 결정했다. 동북면 원수(東北面 元帥)가 된 이성계는 왕명에 따라 휘하의 군사를 이끌고 안주(安州)에서 서북면 상원수(西北面 上元帥) 지용수(池龍壽)와 합류했다.

### 이성계(李成桂)의 1차 요동정벌(遼東征伐)

1370 高麗 31대 공민왕(恭愍王) 19년

1월, 왕은 먼저 이성계에게 요동에 있는 동녕부(東寧府)를 정벌하게 했다. 이성계가 보기(步騎) 1만 5천을 이끌고 압록강과 파저강(婆猪江: 渾江)을 넘어 동녕부로 향했다. 그러자 동녕부를 지키던 이오로티모아(李吾盧帖木兒)는 험한 지형의 우라산성(亐羅山城: 동가강 유역 桓仁 五女山城)으로 진을 옮기더니, 응전하는 체 하다가 갑자기 "내 본래 고려 사람이다"하며 300여 호를 거느리고 항복해왔다. 그는 나중에 이원경(李原景)이라 이름을 바꿨다. 그러나 추장 고안위(高安慰)가 성을 굳게 수비하며 버텼지만 고려군의 공격에 형편없이 무너지고 추장이 달아나자, 그의 장수들 20여 명이 모두 항복해왔다. 성이 함락되자 항복해온 호수(戶數)가 1만여 호이었고 소는 2천여 마리나 되었다. 그러나 성을 함락했을 때 아군이 성내의 군량을 모두 불태웠으므로 군량을 취할 방법이 없어, 아군은 소와 말을 잡아먹으면서 철수해야 했다.

註) 이 원정에서 전투를 치루지 않고도 성공한 이유는 이 지역에 발해인과 고려인이 많이 거주하는데다

가 그 외 여진인 등 여러 종족이 고려에 거부감이 적었기 때문이다. 이 지역은 원 제국의 전성기에도 고려의 세력권으로 여겼으므로 고려도 많은 경비를 들여가며 군대를 주둔하며 지킬 필요성을 못 느껴오고 있었다.

2월에 이성계는 항복한 적의 장수들과 300여 호를 이끌고 개선했는데, 5월에는 명태조가 고려가 요양, 심양에 뜻이 있으면 군사를 동원하여 수습하라는 뜻을 보내왔다.

註) 동녕부(東寧府): 1269년(원종 10) 서북면병마사의 기관(記官) 최탄(崔坦) 등이 난을 일으켜 서경을 비롯한 북계(北界)의 54성(城)과 자비령(황해도 서흥군에 있는 고개) 이북 서해도(西海道)의 6성을 들어 원나라에 투항했다. 원 세조는 때를 놓치지 않고 1270년 자비령으로 경계를 삼아 그 이북의 지역을 모두 원나라 영토로 만들고 서경(西京: 평양)에 동녕부를 설치한 후, 최탄을 동녕부총관(摠管)에 임명했다. 이에 원종은 원나라의 수도 연경(燕京)에 가 세조에게 자비령 이북 지역의 반환을 요구했으나, 원은 이를 거부하고 1275년에는 오히려 동녕부를 동녕로총관부(東寧路總管府)로 승격시켰다. 1290년에 고려의 끈질긴 요구를 받아들여 이 지역을 고려에 돌려주고, 동녕부를 요동(遼東)으로 옮겨갔다.

2월, 왜구(倭寇)가 내포(內浦)에 침입하여 병선 30척을 파괴하고 조세로 받아 둔 조(栗)를 약탈. 5일 후에는 선주(宣州)에 들어온 왜구를 양연백(楊淵伯)이 급습하여 50명을 죽였다.

### 이성계(李成桂)의 2차 북벌(北伐) - 동녕부 타격전

8월, 왕은 시중 이인임(李仁任)을 도통사로 하고 지용수, 양백연(楊伯淵), 이성계로 하여금 다시 동녕부(東寧府: 요동성)로 향하게 했다. 11월, 지용수는 압록강 넘어 요양성 부근 나장탑(螺匠塔)에 이르러 "요양과 심양은 본래 고려지경이니 이제 의병을 일으켜 어루만지려한다"했다. 적은 처음에 항전하다가 고려군이 계속 나타나자 대군임을 알고는 모두 나와 항복했다. 추장은 달아나고 부원(附元)세력이던 김백안(金伯顔) 등을 포로로 하고, 나하추(納哈出) 등에게 요하(遼河) 동쪽은 본래 고려영토임을 설득했다.

註) 만주로 진격한 고려군은 잘 싸웠다. 지금의 심양(遼陽) 이남, 발해만에서 송화강(松花江)에 이르는 나하추(納哈出)군을 북으로 밀어 붙였다. 당시 이 일대는 고려, 여진, 몽골의 여러 족속이 섞여 살고 있기는 하나 인구가 적었다. 옛 전쟁은 수송이 어려워 보급은 현지 조달에 의했으나 인구가 희박하니 점령은 했어도 군대를 유지할 방법이 없었다. 안주(安州)의 사령부로 계속 연락했으나 보급은 오지 않았고, 할 수 없이 원정군은 되돌아와야만 했다. 이성계는 그의 생애에 두 번 만주에 진격했고, 두 번 다 같은 이유로 철수했다. 결국 고구려 옛 땅을 수복한다는 고려 태조 이래의 꿈은 실현되지 못했다.

11월, 여진의 달마대(達麻大)가 사자를 고려에 보내와 그가 차지하던 땅을 바쳤다. 고려는 12월 2일에 동녕부에 문서를 보내 "요, 심양 지역은 원래 고려의 영토였다"고 통고하는 한편, 이성계는 금주(金州: 요령성 金縣)와 복주(復州: 요령성 復縣)의 주민 설득용 공고문에 "요하(遼河) 이동은 고려의 영토"임을 밝히면서 주민들을 회유했다.

1371 高麗 31대 공민왕(恭愍王) 20년

2월, 여진의 이두란(李豆蘭)과 첩목아(帖木兒)가 주민 100호를 이끌고 투항해왔다.

3월, 북원(北元)의 요양성(遼陽城: 만주 요령성 창도현 이남 및 열하성 동남부) 평장사 유익(劉益)과 왕우승(王右丞)이 심양(瀋陽: 봉천)을 가지고 고려에 귀부하고자 사람을 보내 청해왔다. 이때 김의(金義)가 명의 사신을 죽인 사건 때문에 조정이 시끄러워 이 일을 말하는 사람이 없어 그만 회답을 주지 못하고 있던 중에, 유익 등이 결국은 금주(金州), 복주(復州), 개평(蓋平), 해성(海城), 요양(遼陽)의 땅을 들어 명(明)에 귀부하고 말았다. 그러자 북원은 고려에게 "요양은 본래 고려 땅이다"라고 하며 명과 교섭하여 되찾으라고 요청해 왔다. 북원의 입장에서는 고려를 앞세워 요,심(遼瀋) 지역의 주민 문제를 해결하려했다. 그러나 사소한 시비거리 때문에 굴러들어 온 복(福)을 끝내 챙기지 못하고 말았으니…

註) **북원(北元):** 원(元)이 쇠약해져 한족(漢族)의 나라 명(明)에게 쫓겨 몽골지방으로 밀려 갔는데, 1368년에 세워진 원의 잔여 세력을 북원(北元)이라 한다.

註) **요양(遼陽):** 고대부터 요동지방의 정치, 경제, 문화의 중심지로 고구려의 요동성이 있던 곳. 요양이란 명칭은 거란왕조 때 나왔다. 금나라 때에도 동경(東京)이라 불렀으며, 원 제국 시절에는 요양행성(遼陽行省)의 소재지였다.

註) 다시는 올 수 없는 기회를 스스로 포기한 꼴이다. 무력(武力)으로 통치하기 어렵다면, 더구나 이러한 기회는 옛 땅을 회복하기 위한 그 교두보가 될 터인 즉. 이 당시, 요동과 만주 일대는 세력권 밖의 공백상태이었으며, 이곳이 명은 원이, 또한 원은 명의 세력이 이 땅을 점유할 것을 우려하여 고려가 먼저 접수하도록 서로가 은근히 바라고 있던 때이기도 했다.

### 이제 왜구(倭寇)는 옛날의 좀도둑 무리가 아니다

3월에 왜적(倭敵)이 황해도 해주(海州)에 들어와 관청을 불태우고 목사(牧使)의 처와 딸을 잡아갔다. 7월에는 예성강에 들어와 병선 40척을 불태우고, 8월에는 봉주(鳳州: 봉산)에 침입. 안변에서는 부녀자를 약탈하고 양곡 1만 섬을 운반해 갔다. 왜구의 침입이 연속되니, 왕은 이성계를 서강 도지휘사로, 양백연을 동강 도지휘사로 하여 왜구 진압에 나서면서, 친히 군사 5천을 이끌고 승천부(昇天府: 경기도 개풍군)에 출동하여 군의 기강을 잡았다.

註) 이때의 왜구는 이미 단순한 바다도둑이 아니다. 비록 정치적인 목적이 아닌 재물 약탈을 위한 떼거리에 불과하더라도, 전문적인 훈련과정과 지휘체계를 지닌 군사집단으로서 수천에서 수만 명에 이르는 대규모의 침공군이란 점만은 분명했다. 그간 일본열도는 남북조로 갈려 60년간이나 피비린내 나는 전쟁이 계속됐는데, 이런 혼란한 정국 속에 주군을 잃은 무사들이 생겨났고, 또한 생계를 잃은 주민이나 패잔병들까지 해적단이 되어 도처에서 무법천지를 이루며 날뛰는 상황이었다. 이에 대처할 고려는 그간 원의 간섭으로 수군(水軍)을 육성하지 못하여 거의 붕괴된 상태였다. 이러한 결함 때문에 고려 수군은 왜구의 상대가 되지 못하여 해상 방어가 이루어지지 못했고, 그래서 왜구들은 자

유자재로 내륙 깊숙이까지 침공해왔으며 몰려 올 때마다 육지에서 처리해야만 했다. 더구나 고려는 육상의 부대조차 원과 명나라가 교체하는 중국대륙의 혼란으로 불안정한 국경지역을 방어하기 위해 정예 군사를 북방에 집중시켜야 할 시기였다.

4월, 명(明)은 요양 지방에 관심을 두기 시작하면서, 지난달 원의 유익(劉益)이 귀부한 땅에 군대의 지휘소를 삼았다고 통보해왔다. 그리고 요양로(遼陽路)에 정료위(定遼衛, 遼東衛)를 창설하고는 원의 나하추를 정벌하고, 원의 나머지 세력가지 소탕하면서 동으로 혼동강(混同江) 유역까지 진출했다. 이렇게 되니 명은 고려와 국경을 접하게 되었는데…

1372 高麗 31대 공민왕(恭愍王) 21년

3월, 조정은 제주도의 말을 가져오라고 비서감 유경원(柳景元)을 보냈더니 제주목사와 함께 살해당하고, 뒤이어 예부상서 오계남(吳季南)에게 군사 425명을 딸려 보냈더니 먼저 상륙한 3백 명의 군사가 전투를 벌이다 몰살당하여 오계남은 상륙도 못하고 되돌아왔다. 그들은 말이 명(明)나라에 제공되는 것을 용납할 수 없어 반란상태가 되니, 왕은 이들을 그냥 둘 수 없게 되는데…

3월, 왜적(倭敵)이 순천, 장흥, 탐진(耽津), 도강군(道康郡)에 들어왔고, 4월에는 진명창(鎭溟倉)을 약탈했나. 6월에는 안변, 함주(함흥)에 들어와 노략질하고, 또 동계(東界)에 안변 등지에 들어와 비축미 1만석과 부녀자를 약탈. 그 다음날에는 함주와 북청에 들어온 왜적을 만호 조인벽(州萬戶 趙仁壁)이 복병으로 크게 무찔러 왜구 70여 명을 베었다. 또 그 다음날에 왜구가 홍주(洪州)에 나타나고, 7월에는 양광도(楊廣道)에도. 9월에는 왜선 27척이 양천(陽川: 서울 양천구)에 들어 온 것을 쳤으나 수전(水戰)에 익숙하지 못한 고려군이 오히려 참패당하고…

한편, 원(몽골)은 본토로 쫓겨 가기는 했어도, 기병(騎兵)은 막강하여, 이때 고비사막을 횡단하여 몽골에 침입한 15만의 명군(明軍)을 함몰시키는 대사건이 있었다.

**사방 도처에서 왜구(倭寇)가 나타나니…**

1373 高麗 31대 공민왕(恭愍王) 22년

2월, 왜적이 구산현(龜山縣: 창원)에 들어 온 것을 도순무사 홍사우(道巡撫使 洪師禹)가 나가 수백 명을 죽이고 많은 노획물을 거두었다. 3월 8일에는 하동군에 들어오고, 4월에는 하동 가까운 섬에 나타났다가, 6월에는 왜선이 동서강에 집결하여 양천(陽川: 경기 고양)을 거쳐 한양부(漢陽府: 서울)에 이르러 관청을 불태우고 주민을 무수히 살육하니 개성까지 크게 어지러웠다. 이어 7월에는 교동(喬桐: 강화)이 함락 당하고, 9월에는 해주(海州: 황해도 해주)에 들어와 목사를 죽였다.

5월, 여원연합군의 일본 원정의 실패 후 수군재건에 피동적이었던 조정은, 화약의 성능에 고무되어 군선(軍船)의 제작을 다시 시작하여, 10월부터는 최영이 새로 만든 군선과 화전, 화통을 시험하며 비로소 왜구토벌을 본격적으로 준비하게 되었다.

11월, 왕은 왜구의 추적 섬멸을 위해 명에게 화약의 보급을 청했다. 명은 고려가 요구한 화약, 유황, 염초 등을 일단 거절했다가 이듬해(1374년) 6월에 보내주었는데, 명(明)도 원과 전쟁을 벌이는 와중에 왜구의 노략질에 시달렸다. 명은 원을 북으로 몰아낸 다음 산동반도 봉래(蓬萊)에 전진기지를 두고 대대적으로 왜구 소탕에 나섰다. 왜구들이 더 이상 산동반도(山東半島)를 넘볼 수 없게 되자 다시 고려로 몰려오는 판국이 되었다.

1374 高麗 31대 공민왕(恭愍王) 23년

4월, 또 다시 왜구 떼가 350척의 배로 합포(경남 마산)를 침범해 와서 군영과 병선을 불사르니, 죽은 사졸이 5천여 명이나 되었다. 조정은 도순무사 김횡에게 책임을 물어 목을 베고 여러 도(道)에 돌리게 했다.

8월, **"제주도 정벌"** 제주도는 아직도 원의 관리들이 있어 고려와는 사이가 좋지 않았다. 명(明)의 주원장(朱元璋: 명 태조)이 제주도 말 2,000필을 요구하여왔다. 고려는 말썽을 피하려고 제주에 알렸으나 300필밖에 보내오지 않았다. 왕은 기회로 보고 군선 314척에 병력 2만5천6백의 제주 정벌군을 일으켜 최영(崔瑩)을 총사령으로 하여 출진시켰다. 정벌군이 4면으로 나누어 상륙하니 적은 명월포(明月浦)에서 3천의 기병을 동원하여 최영이 보낸 안무사를 죽이고 대항하자 이를 추격하여 많은 말을 빼앗아 정벌군은 모두 기병(騎兵)이 되었다. 이후에 벌어진 전투에서 항복한 자는 위무하고 저항하던 자는 모두 격살 당하거나 자살했다. 이때의 토벌은 과거 삼별초 토벌전 못지않게 잔혹했다. 최영이 원병(元兵)을 일소하고 10월에 군사를 돌리니 왕은 이미 죽은 후였다.

註) 2년 전(1372년)에 제주에서 몽골인 목동들의 반란이 있었다. 제주목사를 죽이고, 또 명에 상납할 말을 거두러 들어간 고려군병 425명 중 먼저 상륙한 3백 명을 죽인 사건이다. 이 사건을 명에 알리자 명 태조는 제주에 관한 한 영토욕심이 없음을 밝히면서, 대신 사육중인 말 2~3만 필 중에 2천 필을 달라고 요청했다. 당시 명의 사신이 고려에 온지 10일 만에 자살한 사건이 있어 명과의 관계에서 불편한 사이였다. 명태조는 항거하려면 군사를 내어 쳐들어오라고까지 했다. 이를 공민왕 특유의 외유내강형 외교로 풀어나가기는 했지만…

### 공민왕 시역사건(恭愍王 弑逆事件)

9월 21일, 자제위(子弟衛)의 홍륜(洪倫)이 익비(益妃)와 사통하여 임신시키자, 환관 최만생(崔萬生)이 이를 밀고하고, 공민왕은 홍륜과 비밀을 아는 최만생 등도 함께 죽이려 하자 이를 알게 된 최만생이 선수를 써서, 홍륜과 공모하여 침전에 들어가 공민왕을 살해했다. 이 사실이 즉각 이인임(李仁任) 등 고관들에게 발각되면서 최만생 일당은 모두 참형에 처해졌다.

註) **자제위(子弟衛):** 노국공주(魯國公主)를 잃은 공민왕은 심경의 변화를 일으켜 변태적인 성격으로 변하는데, 1372년 자제위를 설치하여 젊고 외모가 잘생긴 청년을 뽑아 이곳에 두고, 좌우에서 시중을 들게 하는 한편 대언(代言) 김경흥(金慶興)에게 이들을 총괄하게 했다. 그러나 이로 인해 비빈(妃嬪)과 자제위 사이에 풍기가 문란해진 끝에, 어이없게도 공민왕이 죽임을 당하는 시역(弑逆) 사건까지 일어나게 된 것이다.

註) **공민왕과 정도전:** 정도전은 공민왕의 각별한 총애를 받았는데, 쇠망해가던 나라를 혁신하기 위해 안간힘을 다하는 개혁 군주와 새 세상을 향한 불타는 열정으로 그를 뒷받침하는 청년 정도전은 결국 권력투쟁의 희생물이 되고 만다. 공민왕이 서거하자 우왕이 들어서면서 고려는 다시 공민왕 이전으로 돌아간다. 권문세족의 세상이 되었고 친원파들이 득세했다. 그러니 대외정책에서 역사를 거꾸로 돌리는 친원반명(親元反明)으로…

11월, 심양(瀋陽: 봉천)에 자리 잡고 있던 나하추(納哈出)가 예물을 보내와 고려의 왕위계승에 관심을 표하면서 "고려의 왕은 아들이 없는데 누가 왕위에 올랐는가?"라고 물었다. 그는 심왕 호(瀋王 暠)의 손자인 탈탈불화(脫脫不花: 우왕)가 왕이 된 것에 희망을 걸었다. 그는 고려와 연합하여 명을 협공하도록 하여 재기를 꿈꾸고 있던 중이다. 그는 이후에도 계속 고려에 사신을 보내며 우호를 다져 나갔고 우왕도 관심을 많이 보였다.

註) 이후 명은 고려와 북원 또는 나하추와의 연합으로 배명협공(排明挾攻)의 길을 근절하고자 1387년 나하추를 소탕하러 나섰고, 이때 그는 명(明)에 항복했다.

**왜구(倭寇)의 창궐**

이 해에도 왜적의 침입은 여전했다. 3월에 왜적이 안주에 들어오고, 이어 경상도에도 들어와 병선 40여 척을 부수고, 9월에는 왜선 350척이 합포(마산)에 들어와 병선을 불태우고 고려군사 5천이 죽었다. 또 서해 목미도(木尾島)에서 만호 이성(李成) 등이 왜적과 싸우다가 전사하고, 2일 후에는 자연도(紫燕島)에 침입. 5월 22일에는 강릉에, 24일에는 경주와 울주(울산)에, 28일에는 삼척에, 6월에는 양주(양양), 8월에는 회양(淮陽), 9월에는 안주(安州), 12월에는 밀성(密城:?)에…, 왕은 왜구 때문에 골머리가 아팠다. 비겁한 관리들을 아무리 처벌해도 효력이 없는 것이다. 이에 정준제(鄭准提)의 계획에 따라 그를 전라도 안무사로, 이희(李禧)를 양광도 안무사로 삼아 왜인 추포(追捕: 추격과 생포)를 겸하게 했다.

1375 高麗 32대 우왕(禑王) 1년

1월, 왜구가 또 밀성(密城)에 들어와 관청을 불태우고는 사람을 잡아가고…

2월, 왕은 금적(禁賊)을 요청하러 왜에 나흥유(羅興儒)를 보냈더니, 일본 조정은 구주(九州)를 평정한 후에 금적 조치를 취하겠다고 답했다. 어쩔 수 없는 형편이었다.

3월, 왜구가 또 경양현(慶陽縣)에 침입하니 양광도 도순무사 한방언(韓邦彦)이 나가 막다가 오히려 크게 패하고…

6월, 한편, 고려는 왜구를 다스리려다 오히려 화근을 일으키게 되는데, 앞서 5월에 왜인 등경광(藤輕光) 일당이 항복해 온 것을 받아들이고 순천(順川), 연기(燕岐) 등에 살게 했더니, 이 영향을 받아 공창(公昌) 등 16인이 또 항복해 왔다. 그런데 전라도 원수 김선치(金先致)가 등경광을 유인하여 죽이려 했다가 탄로 나는 바람에 이들 모두가 도망쳤는데, 그 후부터 왜구들의 참략이 흉포해졌다. 전까지는 사람은 해치지 않았는데 이후로부터는 부녀자와 어린아이까지 도살하게 되어 전라.양광도 일대 주민들이 살 수 없게 되자, 지역이 비기 시작했다. 왜적은 강을 따라 깊숙이 들어오기도 하고, 해변에 장기 주둔하기도 하면서 피해가 극심해져 갔다. 똑똑치 못한 김선치는 졸병으로 강등되어 변방으로 배치되고…

9월, 왜구가 영주(寧州, 평안도), 목주(木州, 충남 연기), 서주(瑞州: 충남 서산)에도 침입.

## 최영의 홍산대첩(鴻山大捷)

1376 高麗 32대 우왕(禑王) 2년

6월, 왜구가 고성현(固城縣: 고성)에 들어와 민가를 불태우고, 7월에는 왜선 20여 척이 전라도 원수 본영에까지 침입하고. 이어 영산(榮山)에 들어와 군선을 불태우며 부여, 공주까지 침투한 것을 목사 김사혁(金斯革)이 정현(鼎峴)에서 막다가 패했다. 이어 적은 공주를 점령하고 연산(連山: 논산)에 있는 개태사(開泰寺)에 침입하여 원수(元帥) 박인계(朴仁桂)가 전사하는 등 사태가 커졌다. 이에 최영은 사태의 심각함을 느끼고 자원하여 그의 사병(私兵)을 이끌고 나아가, 부여 부근인 홍산(鴻山: 충남 부여)에서 기세가 등등하던 왜구를 정면 돌격으로 들이쳐서 만여 명의 왜구를 몰살시켰다. 이 싸움에서 최영은 몸에 적의 화살을 맞고도 끝까지 진두지휘했으며, 이후부터 왜구들은 최영을 백수 최만호(白首崔萬戶)라 불렀다. 왕이 전공을 치하하며 최영에게 시중(侍中)에 임명하려하자, 최영은 "지금 수락하면 전장(戰場)에 나갈 수 없으니 왜구가 평정 된 후에야 수락하겠다"고 했다.

8월, 지난 1373년(공민왕 22년)에 명의 주원장이 고려를 협박하면서 원 제국 다음에 고려를 징벌할 뜻을 보이자, 그때부터 명의 침공에 대비한 총력체제를 갖추고 최영(崔營)을 육도도순찰사(六道都巡察使)로 임명하여 군 육성을 총괄하도록 한 이래, 8백 척의 전함을 건조하여 수군(水軍)을 재건하고, 기병(騎兵) 1만 3700과 보병 7만9800을 새로이 육성했다. 그 동안 공민왕은 마장(馬場)에서 숙영하며 병선(兵船)을 검열하고 화전(火箭)과 화통(火筒)을 시험했다. 명의 횡포와 원의 간섭 사이에서 취한 강병정책의 결과였다. 그러면서 9월에는 왜구의 노략질 목표가 되어있던 조운(漕運)을 그만두게 하고…

11월, 다시 왜적(倭賊)이 진주(晋州) 반성현(진주시 반성면)을 침범하고, 또 울주(蔚州: 울산시), 회원(檜原縣: 마산시), 의창(義昌縣: 창원시)등 현을 침범하여 살인과 노략질을 하면서 거의 다 휩쓴 다음, 밀성군(密城郡: 밀양)과 동래현(東萊縣: 부산시 동래구)까지…

12월, 왜적이 거듭하여 들어와 합포영(馬山의 軍營)을 불사르고, 울주, 양주 두 고을과 의창, 회원, 함안, 진해, 고성, 반성, 동평, 기장 등의 현을 불사르며 싹 쓸어갔다.

## 화통도감(火㷁都監) 설치

1377 高麗 32대 우왕(禑王) 3년

3월, 왜구가 수원과 강화에 각각 들어와 조정이 불안한 가운데, 해주(海州)에서는 왜구의 야습으로 전함 50척이 불타고 1천여 명의 병사가 죽었다. 이에 왕은 최영을 6도 도통사(六道 都統使)로 하고 군사제도를 혁신하면서 승도(僧徒)를 모집하여 전함을 건조하게 하는 한편, 오랜 연구 끝에 화약제조법을 터득한 최무선(崔茂宣)의 건의에 따라 화통도감(火㷁都監)을 설치하도록 하여 화포(火砲)와 화전(火箭)을 중심으로 신무기의 대량 생산을 서둘렀다. 하지만, 왜구는 4월에 들어 울주(蔚州: 울산), 경주와 양산, 밀양 등지에 민가를 불태우고 언양에도 들어와 만행을 저질렀다. 이어 지리산 일대와 강화에도 왜구가 창궐하여 온갖 노략질과 부녀자 납치가 성행했다. 5월에는 왜선 50척이 강화도에, 또 다른 50척이 김해 남포에 나타났고, 6

월에는 22척이 안주(安州)와 장택현(長澤縣)에도, 또 200척의 왜선은 제주도를 점거하기도 하고… 이 중에 이성계(李成桂)는 지리산에서, 박위(朴葳)는 형산강에서 왜구를 격파하기도 했으나, 10월에는 40척이 동래(東萊: 부산 동래구)에, 11월에는 130척이 김해부(金海府: 김해시)에…. 최영과 이성계 등은 왜구 때문에 쉴 틈이 없었다. 지리산, 강화도, 개성 등지에 나타난 왜구들을 모두 쫓아다니며 격살시켜야 했다.

註) **최무선(崔茂宣):** 왜구(倭寇)가 창궐하자 화약제조법의 필요성을 절감, 원나라 이원(李元)에게서 그 제조법을 배웠다. 1377년 화통도감(火都監)을 설치케 하여 화약을 만들고, 대장군(大將軍).이장군(二將軍).삼장군.육화(六花).석포(石砲).포(火砲).신포(信砲).화.통(火).화전(火箭).철령전(鐵翎箭) 등 각종 화기(火器)를 제조하는 한편 화포를 이용한 전함(戰艦)도 건조했다. 1380년 왜구가 대거 침입했을 때 부원수(副元帥)로서 진포(鎭浦)에서 화포, 화통 등을 처음으로 사용하여 왜선 500여 척을 전멸시키고, 1383년에는 관음포(觀音浦: 경남 남해)에 침입한 왜구를 격파했다. 그 후 이성계의 위화도 회군 이듬해인 1389년에 최무선이 이성계의 반대세력으로서 숙청되고 화통도감이 철폐되자 집에서 〈화약수련법(火藥修鍊法)〉 〈화포법(火砲法)〉을 저술했다. 현재 이 책들은 전해지지 않는다.

8월에는 왜선 45척이 신주(信州, 신천), 문화(文化), 안악(安岳), 봉주(鳳州)에…, 이때 원수 양백익(梁伯益) 등이 물리치고. 또, 연안부(延安府)에 나타난 것을 장군 나세(羅世)가 전함 50척으로 섬멸하고, 이어서 또 용강현 곶포(龍岡縣)에서 2척을 포획하여 다 죽였다. 그러나 연이어 영광(靈光), 장사(長沙), 모평(牟平), 함풍(咸豊), 해주(海州), 평주(平州)등지에 왜구가 또 창궐하니…

### 정몽주(鄭夢周)의 일본 외교와 그 효과

9월, 이때 일본에 갔던 사신 정몽주(鄭夢周)가 일본 규슈(九州)의 영주들에게 왜구의 단속을 청하여 승낙을 얻고, 잡혀간 고려인 수백 명과 함께 승려 신홍(信弘)과 일본군 69명을 대동하고 귀국했다. 이때 들어온 일본군은 고려군에 협력하여 왜구소탕전에 참여했지만, 이 정도의 군사로는 큰 성과를 기대할 수 없기에 곧 돌아갔다. 그러나 이 효과는 컸다. 일본의 아시카가(足利) 막부 정권은 무역효과를 기대하며 적극적으로 고려와 교류를 트고자 했고, 이 소문이 퍼지면서 시코쿠 지방의 지도자인 오우치(大內義弘)는 "우리 조상이 백제에서 왔으니 고려는 나의 종국(宗國)이다"하며 그의 휘하의 박거사(朴居士)에게 군사를 주어 보내 고려군과 함께 왜구 토벌에 나서도록 했다.

註) 사실 조정에서는 일본 천황(天皇: 당시는 실권 없는 꼭두각시에 불과했음)이나 다이묘(大名: 막부시대의 영주)를 만나 교섭이나 항의를 해보았지만 소용이 없었다. 다만, 이를 기화로 왜구에게 해적질이 아닌 무역의 방법이 있다는 것을 알려준 계기가 되었다고나 할까…

1378 高麗 32대 우왕(禑王) 4년

2월, 왜적이 안산(安山), 인주(仁州: 인천), 부평, 강화에 침입하고, 3월에 부평과 태안(泰安)에 들어왔으며, 이어 남양(南陽)과 수원에도 와서 방화 약탈을 하니 원수 왕빈(王賓)이 나가 싸우다 패해 원병을 청하고. 또 임주(林州: 임천)와 한산(韓山)에…, 4월에는 덕풍(德豊縣)과 합덕(合德縣)에…, 게다가 왜적이 수원에 모두 모여 "장차 서울(개경)을 칠 것이다" 하니 왕은 개경 수비를 강화시켰다. 최영이 양백연과 함께 해풍(海豊)에 진을 치니 왜구가 "최영만 깨면 서울을 넘볼 수 있다"하며 대회전이 벌어졌는데 최영, 이성계와 양백연이 합하여 일격에 들이쳐 타격하니 남은 극소수의 왜구가 살아남아 밤에 도망쳤다.

5월, 일본에 금적(禁賊) 사절로 갔던 한국주(韓國柱)가 귀국할 때, 왜의 박거사(朴居士)가 거느린 186명의 왜군과 함께 귀국했다. 이들은 왜구 토벌에 많은 도움을 주었다. 7월에는 이자용(李子庸)이 귀국할 때 왜의 구주절도사로부터 고려인 230명을 인도 받아 함께 왔다.

註) 오우치가 보낸 일본군은 동해안 울주 전투에 참여하여 처참한 희생을 치르고 겨우 50명만 살아 돌아갔다. 성과는 별로 없었지만 일본군이 왜구를 막으려 한 것에 큰 의미가 있다. 일본 측에서 본다면 족리(足利) 정권을 대표하여 서국(西國)에 진치고 있던 구주탐제(절도사)가 직접 고려와의 외교업무를 보게 되고, 그 지지자인 오우치(大內氏)도 함께 고려에 사절을 보내게 되었다. 왜의 구주탐제는 고려의 하사품을 받는 재미로, 한 동안 왜구를 금지하고 관할구역 내에 무역시장에 나온 포로를 송환하면서 양국 간의 내왕이 빈번해지고, 서국(西國) 각지에서 이에 응하는 자가 속출해 양국 간의 관계가 빈번해지는 전초가 되었다.

8월, 경상도원수 배극렴이 욕지도(경남 통영)를 쳐서 50명을 참살했다. 같은 날 나세와 심덕부는 전함을 이끌고 여러 섬을 돌며 광범위하게 왜구를 수색하고 ….

註) 우왕4년(1378년)은 왜구 토벌 역사에서 획기적인 해였다. 대마도에서 출발한 왜구가 가장 먼저 접근하는 섬이 욕지도(경남 통영)인데, 경상도 원수 배극렴이 이곳을 공격했다. 지금까지 해전에서 일방적인 약세를 보였던 고려 수군이 왜구의 잠복기지인 욕지도를 공격한 것이다. 또 이듬해에는 왜구를 추적하여 포획한 것 등, 이로부터 해상 작전에 자신감이 생기는 전환점이 되었다.

1379 高麗 32대 우왕(禑王) 5년

4월, 왜적이 합포(마산)에 들어온 것을 원수 우인열(禹仁烈)이 반격하여 물리쳐 4명을 베었는데, 아군의 사상자도 80여 명이나 되었다.

### 도처에서 날뛰는 왜구(倭寇)떼

1380 高麗 32대 우왕(禑王) 6년

왜구는 쉴 새 없이 천방지축으로 도처에서 날뛰었다. 2월에 영선현(永善縣)에 들어온 것을 비롯하여 보성군(寶城郡), 부유현(富有縣)에 들어오고 3월에는 순천 송광사(松廣寺)에 침입했고, 광주, 능선, 화순에도…, 왕은 원수 최공철(崔公哲), 정지(鄭地) 등을 보내 전라도에서 겨우 막았다. 5월에는 왜선 1백 척이 홍주(洪州), 결성(結城)에 침입. 6월에는 정읍에…, 또 서주(西州), 부여, 정산, 운제, 고산, 유성(공주)에서 계룡산으로…, 이를 양광도 원수 김사혁(金斯革)이 일시 격퇴시키기는 했지만, 연이어서 금주(錦州: 금산), 옥주(沃州: 옥천), 함열(咸悅), 풍제(豊堤)에도…

註) 이때 일본열도는 전국시대(戰國時代)를 맞아 온통 전쟁터였다. 이들 왜군들은 전비(戰費)와 보급품을 확보하고자 한반도로 몰려와 노략질을 하는데, 그 단위가 군단(軍團)을 이루며 몰려 다녔다.

### 나세(羅世)의 진포대첩(鎭浦大捷)

8월, 이번에는 왜구들이 전례 없는 대규모로 침입해왔다. 500여 척의 왜선들이 금강하류 진포구(鎭浦口: 군산 건너편, 충남 서천군 장항읍 일대)에 들어와 배를 묶어 연결시켜놓고 군사를 나누어 지키게 한 다음, 2만여 명의 왜구가 상륙하여 충청, 경상, 전라지방을 휩쓸며 약탈했고 백성들의 시체가 산야를 덮었다. 이때 해도원수 나세(羅世)와 부원수 최무선(崔茂宣)이 100여 척의 전선을 이끌고 진포에 이르러 화통(火誌)과 화포(火砲)로 일제히 불을 품어댔다. 지난 30여 년 동안 고려 전역을 불안에 떨게 했던 왜구들이 섬멸되는 순간이다. 왜군들은 넋을 잃었다 "이 무슨 듣도 보도 못한 광경인가?" 포구에 묶여있던 5백 척의 배들이 삽시간에 모두 불태워졌다. 불꽃과 연기가 하늘을 뒤덮었다. 왜구들은 궁지에 몰리자 발악하면서 납치한 남녀를 모두 살해하여 시체가 산같이 쌓였고, 왜구들도 모두 불에 타죽거나 바다에 빠져죽었다. 이때 겨우 살아남은 왜군 3백여 명이 임천을 거쳐 옥주(沃州: 충북 옥천) 쪽으로 달아나 통과하는 곳마다 피바다를 만들면서 먼저 상륙한 적과 합류했다.

註) 이때에 화통도감에서 신무기를 생산하면서 이를 다룰 방사군(放射軍)을 조직하니, 이 숫자가 3천 명에 달했다. 또한 그동안 버려지다시피 한 수군을 다시 정비하기 시작하면서 화포와 화전을 장비한 특수전함 100여 척과, 그 외 전함도 수백 척을 만들어 실전에 배치했다.

### 이성계의 황산대첩(荒山大捷)

배를 잃어 퇴로가 막힌 왜구는 그 주력부대가 상주, 선산까지 침입하여 잔인한 학살과 약탈을 계속하고, 옥천과 영동에 진출한 왜구와 합하여 서남으로 경산(京山: 성주)을 거쳐 함양 사근산성에 집결했다. 왜구는 이를 치려던 고려군 500명을 무너트리면서 남원(南原)산성으로 갔다가, 성을 점령하지 못하고 운봉(雲峰: 덕유산)에 집결한 다음 "담양을 거쳐 북상하리라"고 큰소리쳤다. 고려조정을 지치게 하여 돌아갈 선박과 물자를 요구할 셈이었다.

9월, 왕은 이성계를 양광.전라.경상도 삼도순찰사로 하고 모든 부대를 지휘하게 했다. 고려군 보기(步騎) 3만은 운봉(雲峰)을 넘어 황산(荒山 또는 黃山) 서북쪽에 있는 정산봉(鼎山峰)에 올라 접전을 치르며 세 차례나 악전고투했다. 이성계는 "비겁한 자는 물러가라. 나 또한 여기서 죽으리라!"하며 일선에 나섰다. 이때 땅이 진구렁이었는데 피아가 섞인 난장판이 되었다. 왜장 아기바투(阿只拔都)가 직접 선두에 나서서 돌파공격을 시도하다가 화살에 맞아 죽자 통제력을 잃은 왜구들이 무질서해지기 시작했고, 이때부터 일방적인 대학살이 시작되었다. 이어 4면에서 포위하고 협공하니, 왜구들의 시체에서 나온 피가 냇물을 메울 정도였다. 왜구는 70여 명만이 살아남아 겨우 지리산 쪽으로 도망쳤다. 말 1,600필 등 노획품이 엄청났고 강물이 온통 새빨갰다.

註) 마지막 패잔 왜군들은 지리산에서 광주 무등산으로 들어가 규봉사에 진을 쳤다. 이성계는 결사대 100명을 뽑아 불화살로 목책을 불 지르며 공격하자 생존자들이 작은 배를 훔쳐 타고 달아나는 것을, 나공언이 쾌속선으로 쫒아가 모두 죽이고 13명을 잡아왔다.

1381 高麗 32대 우왕(禑王) 7년

6월, 왜적선 50척이 김해부(金海府) 단산성에 침범했고…

최영은 왜구를 막기 위해 이광보(李光甫)를 시켜 전함을 만들게 하고는 심하게 독촉했다. 농사에 지장을 주지 않기 위해 이번에는 승려들에게 이 일을 맡겼고, 1년이 안되어 거함 130척을 만들어 요새지에 나누니 왜적이 약간 수그러들었다.

1382 高麗 32대 우왕(禑王) 8년

여진(女眞)의 호기도(胡拔都)가 1천여 명을 이끌고 의주(義州)에 와 노략질을 하고 갔다.

10월에는 왜선 50척이 또 다시 들어와 진포(전북 군산 지역)에서 분탕질 쳤다.

1383 高麗 32대 우왕(禑王) 9년

여진의 호발도가 단주(端州: 선천군)에 다시 침범해와, 이성계는 선봉을 길주평(吉州平: 길주)에 보냈더니 오히려 쫓겨 들어왔다. 이에 이성계가 직접 나서서 토벌군을 이끌고 육박전 끝에 적을 전멸시키니, 호발도만 겨우 단신으로 살아남아 도망쳤다.

### 정지(鄭地)의 관음포(觀音浦) 해전

5월, 정지(鄭地)는 해도원수의 소임을 띠고 47척의 전함을 거느리고 나주와 목포에 주둔하고 있었다. 이때 왜구의 대선(大船) 120여 척이 경상도 남해안 일대에 나타나자 합포(哈浦: 마산)원수 유만수(柳曼殊)가 정지에게 지원을 요청했다. 정지의 수군이 섬진강 입구에서 합포의 군사와 합류할 즈음에 왜구가 남해현 관음포(觀音浦)로 몰려들은 것을, 최무선(崔茂宣)이 새로 개발한 화포(火砲)로 모두 격침시켰다. 정지는 "일찍이 오늘과 같이 통쾌한 승리를 맛본 일이 없다"고 하며 화기의 위력에 감탄했다. 이때부터 왜구의 규모가 현저하게 줄어들었는데, 1350년부터 41년 동안 기록에 나타난 것 만해도 506회나 되었으니…

1385 高麗 32대 우왕(禑王) 11년

5월, 왜선 28척이 축산도(丑山島: 경북 영덕군 축산면)에 나타나고…

9월에는 150척이 함경남도 지역인 함주, 홍원, 북청, 합란북 일대에 몰려들었다.

1387 高麗 32대 우왕(禑王) 13년

왜구의 침입 강도는 좀 수그러들기는 했어도 노략질은 여전했다. 1월에 왜구가 강화에 들어와 최영이 해풍(海豊)에 주둔하여 방어 중이고…. 8월, 1372년(공민왕23년)에 왜구 평정계획을 올렸고 또 1382년(우왕13년)에는 진포대첩을 올렸던 정지(鄭地)는 스스로 일본정벌을 청했다. 근본대책은 왜구의 본거지를 박멸하는 방법뿐이다.

註) 왜구는 고려의 토벌 전에 위축되어, 중국 연해 쪽으로 방향을 돌려 노략질을 하는 중이지만 원거리 항해라 중간 기지가 필요해 방심할 형편이 아니었다. 그러니 그 본거지를 요절내야만 왜구의 뿌리가 뽑힌다고 하는 정지(鄭地)의 주장이었다. 그러나 대책이 분분한 가운데 방향은 왜구토벌에 앞서, 북벌을 위한 요동정벌이 우선순위로 돌려지게 되었다.

1388 高麗 32대 우왕(禑王) 14년

2월, 원(元) 세력을 몽골고원으로 몰아내고, 이제 만주까지 진출한 명(明)은, 지금까지의 부드러운 태도에서 돌변하여 철령 이북(鐵嶺以北: 원이 강점하던 곳을 30년 전에 이미 고려가 수복한 영토)을 저희 땅이라고 억지 쓰더니 3월이 되면 철령위(鐵嶺衛: 이 지역을 다스릴 관청)를 설치한다고 일방적으로 통지해왔다. 이는 장차 고려를 치겠다는 뜻이다. 또한 제주도와 제주도 백성까지 내놓으라는 것을 사신을 보내 해결을 시도하려 했으나 요동에 가지도 못하고 쫓겨 왔다. 최영은 "요.심은 원래 우리 땅이며, 공험진(公險鎭)으로 경계를 삼은 지 한 두 해가 아닌데 참을 수 없다"며 요동을 정벌하기로 결심했다. 이어서 배후(裵厚)를 단장으로 하는 사절단을 북원(北元)에 보내 군사동맹을 맺고, 만주의 명군(明軍)을 배후에서 협격하도록 외교적 조치도 취했다. 일이 끝난 후에 만주 땅을 북원과 반분한다는 것이다.

3월초, 전국총동원령이 내려지고, 최영(崔瑩)이 주장(主將)이며 좌군(左軍) 조민수(趙敏修), 우군(右軍) 이성계(李成桂)의 총 병력 5만464명, 말 21,682필이 동원되었다.

註) 최영의 목적은 요하(遼河)에 진출하여 여기를 국경선으로 하려했다. 원대(元代) 이래 요양(遼陽), 심양(瀋陽) 일대는 고려인의 거주지였고, 요하는 천험지대이어서 국경으로는 요지였다. 당시 명의 주력은 외몽골에서 원의 황제를 치기 위해 출동 중이었고 요동에 주둔한 명군도 대거 참전했으므로 요동에 배치된 명군은 소수이었기에 명의 만주 방비는 허술한 상태였다. 최영이 원정을 서두른 것은 이는 노렸기 때문이다.

4월 1일, 이성계가 처음으로 4불가론(四不可論)을 들어, 이 전쟁을 반대했다. 공연히 군대만 피곤하고 점령 후에 통치도 못한 채, 두 번이나 되돌아온 쓴 경험이 있어서였다.

註) 이성계는 그의 남정북벌(南征北伐)의 수없는 전공이 말해주 듯, 당시 불세출의 영웅이었다. 그는 5년 전, 왕에게 "북계(北界)는 요심, 여진, 몽고와 연한 요충지이므로 평시에도 군사를 양성하고 군량미를 비축하여 유사시에 대비하자"고 그 방책까지 건의했으나, 어지러운 사정으로 받아드려지지 않았다. 이때의 요동정벌에 대해서도 북원과 동맹을 맺었다고 하지만 실질적인 도움을 기대할 수 없고, 출정군의 규모와 훈련, 장비면에서도 대륙정벌군이라기에는 부족했기에, 출정시기도 식량이 확보된 가을로 하자고 했지만, 묵살 당했다. 그의 4불가론(四不可論)은 ① 작은 나라가 대국(大國)을 거역하니 안 된다. ② 농사철에 군사를 일으키니 무리이다. ③ 요동을 치면 이 틈에 왜적이 들어온다. ④ 더운 장마철이라 활의 아교가 녹고 군에 전염병이 돌 것이다. 이상의 4가지 조목은 당시 상황에 맞는 지극히 실리적인 명분이었다. 또한 시기적으로도 서두른 감이 있다. 이성계의 의견대로 가을에 북진을 감행하여 요동일대를 차지했더라면 그곳을 영구히 차지하지는 못했을지라도 적어도 흥정은 할 수 있었을 텐데…

4월 18일, 원정군이 평양을 출발함에 당시 25세로 철이 덜든 우왕(禑王)이 끝내 최영의 출정을 못하게 했다. 제주도 원정 때 공민왕이 암살당한 것이 마음에 걸릴 탓이었는데, 결국 최영은 정벌군에 참가하지 못했다. 이것이 그의 일생일대 최대 실수였다. 돌이킬 수 없는 화근이 되었다. 압록강의 위화도에 가서 움직이지 않던 출정군이 5월 22일 마침내 창을 거꾸로 돌려 개경을 향해 내려온다. 이것이 무슨 변고인가?

註) 최영이 호통을 쳤다. "무슨 짓들이냐!" 이성계는 "부득이한 일이니 잠시 쉬시면 됩니다"고 변명했다. 요동은 비어 있는데 군사들은 들어가 보지도 않고 돌아왔다. 이제 최영과 함께 고려의 이상(理想)도 깨졌다. 최영은 고양, 마산, 충주 등지로 귀양 갔다가 다시 개성에 끌려와 12월에 참수 당하면서 얼굴빛 하나 변하지 않고 태연하게 유언했다. "내가 평생 동안 탐욕하는 마음을 가졌다면 무덤에 풀이날 것이고 아니면 풀이 나니 않을 것이다."

註) 철령위(鐵嶺衛) 문제: 이때 명(明)의 주원장은 거리가 먼 고려 경내에 철령위를 설치하는 것이 불가능한 일로 보고 신하들의 건의를 받아들여 압록강 우안인 황성(皇城: 洞溝)에 설치하려 했다. 그러나 황성조차도 연락이 곤란하여 나중에는 봉집보(奉集堡)로 후퇴했다가 수년 후에는 만주에 있는 지금의 철령(鐵嶺)으로 정했다. 이는 명 태조 주원장이 과욕을 부려 쉽게 고려까지 넘보다가 스스로 물러선 단순한 사건에 불과했다. 이것이 최영의 북벌을 자극했고, 결국은 이성계의 위화도 회군으로까지 이어진 것이다.

### 우왕(禑王)까지 강제 폐위시키고

6월, 이성계가 실권을 잡고는 마음대로 무사(武士)를 등용하면서 왕의 재가도 받지 않자, 우왕은 마지막으로 반격을 시도했다. 환관 80여 명으로 야음을 틈타 이성계와 조민수의 집을 습격하도록 했는데, 마침 이들이 군영에 가 있는 바람에 실패하고 말았다. 이제 이성계는 들어 내놓고 왕에게 강화도에 가서 살라고 강요했다. 이렇게 해서 우왕을 내쫓아 버린 후 후계 문제에 의견이 갈렸다. 이성계의 의견을 누르고 조민수의 의견대로 전왕(前王)의 아들 창(昌)을 세우니 당시 9세였다.

註) 이성계는 자신을 사지로 몰아넣으려 했던 최영 일파를 처단하고 실권을 장악했다. 권신들에 둘러싸여 시대착오적인 친원반명(親元反明) 세상을 꿈꾸던 우왕을 폐위하고 그 아들 창왕을 세웠다. 다시 1년 후에는 창왕을 몰아내고 자신의 인척이기도 한 공양왕을 세운다. 이에 정도전이 다시 복위하여 이성계와 개혁을 시도하며 전제(田制)개혁을 강력하게 추진하면서…

이 사이에도 왜구의 침입은 그치지 않는다. 6월에 김제(金堤), 만경(萬頃), 인의(仁義) 등에 침입했고, 7월에는 광주(光州)가 점령당해 간신히 탈환했다. 8월에는 거제도에 들어온 것을 그 중 1척을 잡아 18명을 참살하고, 이어 논산, 청주, 유성, 진잠에도 들어오고 낙안, 고흥, 풍안에 들어와 민가를 불태웠으며, 진주에서는 목사가 전사하고, 이어 옥천, 황간, 영동에…. 또, 11월에는 구례에…. 이에 이르러 도당(都堂)에서 조준(趙浚)의 방왜책(防倭策)을 검토한 끝에, 왜구의 소굴인 대마도를 공격하여 그 뿌리를 없애기로 했다.

### 박위(朴葳)의 대마도(對馬島) 정벌

1389 高麗 33대 창왕(昌王) 2년

2월, 경상도원수 박위(朴葳)에게 전함 100척의 기동함대를 거느리게 하여 정지와 함께 대마도(對馬島)를 공격하도록 했다. 이로서 1350년 이래 39년 동안 방어에만 치우쳤던 왜구와의 대결에서 방법이 바뀌었다. 박위는 합포(合浦: 거제도)를 출발하여 대마도로 달려가 정박 중인 왜선 300척에 무차별 화공을 펼쳐 모두 소각시킨 다음, 육지에 올라가 연안의 해적 시설물까지 모두 다 불태웠다. 그리고 뒤이어 도착한 김종연(金宗衍) 등이 이끄는 후속 선단과 합세하여 섬 안 깊숙이 진입, 수색 소탕전을 벌이고는 고려인 1백여 명을 구출해왔다. 이때 왜구들이 큰 타격을 입었는지, 이로부터 4년 정도는 해상이 조용해졌다.

### 유구(沖繩: 오키나와) 사신 내왕

8월, 쓰시마정벌의 효과는 엉뚱한데서 나타났다. 유구(류큐, 沖繩: 오키나와) 왕이 우리가 대마도를 친다는 말을 듣고 사신을 보내와 공물(貢物)을 올리니, 처음 당하는 일이라 당황했다. 김윤후를 답례사로 하여 귀국길에 동행하게 하고 말안장과 은수저 등의 선물과 함께 보냈더니, 이듬해(1390년) 8월에 유구왕은 김윤후 편에 칭신상표(稱臣上表)하는 문서와 토산물을 고려왕에게 바쳤다. 이것이 유구와의 첫 만남이다.

註) 이후 조선왕조에서도 유구와의 자세는 더욱 친밀했다. 조선왕조가 성립되자 1392년 8월에 사신을 보내 태조를 알현하는 등, 1500년까지 이어졌는데, 그들은 방물을 가져와서는 그 보다 많은 물품을 하사 받아 장사 속으로 이문을 많이 챙겼다. 때문에 나중에는 가짜 사신이 오기도 하지만 눈감아 주었다. 오키나와는 1872년 일본이 유구번(琉球藩)으로 고친 다음, 1879년(명치 12년)에 유구번을 폐하고 오키나와현(沖繩縣)으로 고쳐 일본 영토화했다.

### 정적(政敵)의 숙청 음모

7월, 한편, 4월부터 논의된 전제개혁(田制改革)에 조민수가 빈대했다. 이성계의 심복들이 조민수가 많은 땅을 소지한 채로 개혁을 반대하는 것이라고 몰아 조민수를 창녕(昌寧)으로 귀양 보내니, 이제부터 모든 병권(兵權)은 이성계의 것이 되었다.

### 이성계 암살 미수사건과 왕위교체

11월, 처음 강화도로 쫓겨 갔던 우왕(禑王)은 여주로 옮겨와 있었다. 죽은 최영의 친척 김저(金佇)와 정득후(鄭得厚)가 우왕을 찾았더니 칼 한 자루를 주면서 옛 심복인 곽충보(郭忠輔)에게 전하라고 했다. 이성계를 죽이라는 것이다. 칼을 받은 곽충보는 즉시 이성계에게 달려가 고자질했다. 이로서 수많은 사람들이 연루되어 마구잡이로 숙청되는데…

註) 이 사건은 이성계 측근들의 조작인 듯하다. 연금 상태에 있는 우왕에게 칼이 있을 리 없고, 더구나 그 칼을 자유로이 가지고 나올 수 있었다는 것도 납득할 수 없다.

11월 14일, 드디어 이성계는 흥국사(興國寺)에서 휘하 병력과 중신들 앞에서 자신을 과시하는 가운데 "우왕은 공민왕의 아들이 아니고 중 신돈(辛旽)의 아들이니 그 부자(父子)는 왕위에 앉을 수 없다"고 선포했다. 누구도 그 위세에 눌려 항의하지 못했다. 이어서 새 임금이 정해지고 신종(神宗)의 7대손인 정창군(定昌君) 요(瑤)가 즉위하니, 이가 공양왕이다.

註) 이성계는 우왕 14년, 창왕 1년 도합 15년 동안이나 왕으로 섬겨왔으면서도 하루아침에 가짜 왕이라고 하니 믿는 이는 아무도 없었으나, 그렇다고 누구도 그에게 아니라고 덤빌 사람도 없었다.

11월 15일, 이성계는 서둘러 정창군(定昌君)을 왕위에 앉혔다. 싫다고 사양하는 이에게 강제로 옥쇄를 쥐어준 것이다. 그리고 고려의 중신들에게는 그 동안 가짜 왕을 섬겼다하여 귀양 보내거나 파면시켰다.

12월, 이성계는 그러고도 안심이 안 되어서, 우왕이 있는 강릉과 창왕이 있는 강화도에 각각 사람을 보내 모두 목을 졸라 죽였다. (이 당시 우왕은 26세이고 창왕은 10세)

註) 이성계: 역대 우리 민족 개국인물(開國人物)을 모두 비교해보아도 이렇게 숙청과 살인을 일삼은 경우는 없었다. 위화도회군의 동기야 어찌했건, 결과는 권력을 잡고자 욕심에 자신을 잃어버린 변방출신 무장(武將)에 불과할 뿐인데…

1390 高麗 34대 공양왕(恭讓王) 2년

1월, 이성계가 8도 군마를 통솔하게 되고, 독자적인 군영을 설치하여 신변을 호위하도록 했다. 이는 무신정권에서 도방(都房)을 설치한 것과 같은 일이었다. 아울러 수많은 인사들을 고문하고 파면시켰다. 반대세력이라 의심이 가는 인물이라면 앞뒤를 가리지 않았다.

1391 高麗 34대 공양왕(恭讓王) 3년

공민왕 때에 설치한 강계만호부(江界萬戶府)에 이어 갑산지역에 갑주만호부(甲州萬戶府)를 추가하는 조치를 취했다.

註) 압록강 중류부에 앞서 설치한 강계지역과 갑산을 잇는 북방경계선을 획정한 셈이다. 그러나 강역의 추가와는 달리 북변지역은 여전히 야인(野人)들의 천국으로 방치되고…

1392 高麗 34대 공양왕(恭讓王) 4년

2월, 이성계의 선무작업으로 지난해 7월에 귀부하여 온 동여진의 올량하(兀良哈)와 알도리(斡都里)족이 왕을 알현하고 토산물을 바쳤다. 그들은 두만강 일대의 여진을 설득하여 고려에 귀부하도록 활동하고 온 것이다. 이로서 두만강 좌우 유역의 여진과 공험령 이남의 여진을 초유하여 고려령에 편입하는 조치를 했다.

註) 올량하(兀良哈)와 알도리(斡都里)족의 위치: 분명하지는 않으나 올량하는 두만강 넘어 토문 지방이며, 알도리는 그보다 더 북쪽에 있는 송화강과 호얼커하(湖爾喀河)의 합류점에 가까운 곳이다. 공험령진(公險嶺鎭)은 소하강변(蘇下江邊: 호얼커하)으로 본다. 또 선춘령은 호얼커하와 송화강의 분수산맥(分水山脈) 중의 숭령(嵩嶺) 부근이다.

### 선죽교(善竹橋)와 고려의 종말

4월, 태자 석(奭)이 명(明)에 갔다가 5개월 만에 돌아오는 것을 이성계가 마중 나가다말고, 이를 신하에게 맡긴 다음, 자신은 해주(海州: 황해도 해주)로 사냥을 떠났다. 그러다가 말에서 떨어져 중환자가 되자, 이 기회에 이성계를 제거하고자 김진양(金震陽) 등이 주동이 되어 왕에게 요청했다. 정몽주(鄭夢周)는 4월 3일 개성에 돌아온 이성계의 문병을 갔다가 싸늘한 대접만 받았다. 이성계가 죽을 지경은 아니다. 실망이다. 4일, 정몽주는 2일전에 죽은 유원(柳源)의 집에 들려 문상까지 하고 돌아가는 도중 선죽교(善竹橋)에서 이방원의 심복 부하들에게 철퇴를 맞아 죽었다. 이 일로 이성계는 분노했고 방원을 크게 질책했다. 이를 계기로 이성계는 줄곧 방원을 경계하고 멀리하게 되면서 방원을 참혹한 인간으로 여기게 된 것이다. 하여튼 이를 계기로 김진양 등, 그 동안 이성계에게 눈치가 이상했던 인물들을 모두 정몽주의 도당이라 하여 사정없이 숙청했다. 공양왕은 외로웠다. 생명의 위협까지 느낀 왕은 7월 5일 이성계에게 사람을 보내 동맹을 제의한다. 군신(君臣) 간에 동맹이라…, 제정신이 아니다.

7월 12일, 이날은 왕이 이성계의 집에 직접 가서 동맹문서에 날인한 날인데, 그보다 한발 앞서 폐왕교서가 작성되어 있었다. 그뿐이다. 왕은 "나는 본디 임금 노릇을 하고 싶지 않았는데, 억지로 데려다가 앉히지 않았느냐"하면서 맥없이 사저(私邸)로 끌려가 압송됐고, 이성계가 정식으로 왕위에 올랐다.

註) 高麗: 34왕 475년을 이어왔다. 비록 고구려의 옛 강토는 회복하지 못했지만, 거란(契丹), 여진(女眞), 몽골(蒙古), 왜구(倭寇) 등의 쉴 사이 없이 이어지는 침략에 전혀 굽히지 않았다. 코리아(Korea)라는 국명이 시사해주 듯이 우리를 세계에 알린 나라도 고려이며, 송(宋)과 원(元)을 비롯한 대륙의 강대국들과 함께 동아시아의 역사를 지배한 주인공이었다. 또한 우리 역사에서 최초로 자력통일을 이루면서 파란만장한 역사를 만들어냈다. 국가체제도 중국과 대등한 황제국(皇帝國) 체제를 지향했으므로 원(元)의 영향 아래 있던 기간을 제외하고 군주의 칭호는 물론 궁중 용어나 관부의 명칭도 황제국의 용어를 따랐다. 이러한 여건들은 고려가 초기부터 상당한 국력을 보유했기에 가능한 일이었지 조선왕조처럼 무력했으면 진작 분할의 대상이 되든지 아니면 일방에 합병되었을 것이다. 마지막에 이성계의 반란으로 어이없이 문을 닫지만, 외족(外族)에게 추호의 비굴함이 없었다. 마지막 원과 명의 대륙세력 교체기에 이르러서도 고려의 외교정책은 일관하여 '섬기기는 하되 복종하지 않을 것(事而不服)이요, 낮추기는 하되 굴복하지 않을 것(卑而不服)'이었다. 그러나 이성계는 사대정책을 추진하여 고려의 외교전통을 뭉개버렸다. 이제부터는 대국(大國)에게 평화를 의존하는 이단적(異端的)인 모습의 조선왕조가 새로이 전개될 것이다.

# 朝　鮮

1392 朝鮮 태조(太祖) 원년

7월 18일, 새로운 조정은 왕씨(王氏)들을 모두 거제도나 강화도로 보내어 그곳에서 살라고 하는 지시를 내리고, 이어서 이색, 유현보 등 고려유신 56명을 몽땅 다 파직하거나 유배.

7월 28일, 이성계는 교서를 반포하면서 "국호는 그대로 고려라 하고 의장과 법제는 전왕조의 것을 그대로 따른다"고 선언한 후, 밀직사 조림(趙琳)을 명에 보내 정식으로 왕조 건국을 알리고 승인을 요청하는 표문을 전하게 했다.

8월 7일에 공양왕을 공양군(恭讓君)으로 강등하여, 아들 석(奭)과 함께 강원도 간성(杆城)으로 귀양 보냈다가, 다시 삼척(三陟)으로 옮겼다. 세상이 바뀌었다.

11월, 백성들 민심은 새 왕조에 냉담했지만, 이미 바뀐 세상. 엉뚱한 사람이 임금이 되었으니 나라 이름(國號)을 바꾸어야 했다. 한상질(韓尙質)을 주문사(奏聞使)로 하여 명(明)에 보내 국호개정(國號改正)의 뜻을 명 태조 주원장(朱元璋)에게 알리게 했는데…

### 나라 이름(國號)을 조선(朝鮮)으로

1393 태조(太祖) 2년

2월, 명에 갔던 한상질이 돌아왔다. 명의 홍무제(洪武帝, 주원장)는 "새 왕조를 기정사실로 인정하니 이제부터 영토를 잘 지키고 간사한 짓을 하지 말라"하며 '조선'이 좋다고 했다.

이에 맞추어 새 왕조의 국호를 "조선(朝鮮)"이라 선포.

註) 명과의 충돌을 피하고자 국호를 조선(朝鮮)과 화녕(和寧: 이성계의 고향 영흥의 옛 이름)을 가지고 명 태조에게 택일해 줄 것을 청하니, 명(明)은 요동정벌을 포기한 고려군의 위화도회군이 고마웠다. 게다가 나라 이름까지 정해달란다. 「조선(朝鮮)」이 좋다고 해주었다. 그런데, 나라이름까지 남의 허락을 받아야 했을까? 역사상 전무후무한 일이 자연스럽게…

5월, 그런데, 황당한 일이 생겼다. 명에 사신으로 갔던 황영기(黃永奇)와 최연(崔淵) 등이 홍무제의 글을 들고 왔는데, "나라 이름을 정해주었더니 그 뒤로 아무 소식도 없다"며 절강(浙江)지방에서 간첩질을 했다는 등, 요동에는 뇌물을 뿌렸다는 등 말도 안 되는 소리를 늘어놓으며 "어째서 너희 고려는 전쟁을 하자고 서두르는가?"했다. 이런 황당한 질책과 공갈과 위협을 어찌 처리해야 하나? 사신을 쉬지 않고 연속하여 명에 보내 구구절절이 변명하고자 노력했으나, 의심 많고 변덕이 심한 홍무제의 말은 때마다 변화무쌍하여 전전긍긍해야 했다.

註) 명의 홍무제는 내부적으로 무수한 살육을 저지르며 권력을 다지고, 한편으로 주변국가에는 온갖 위협과 변덕으로 못살게 굴었다. 조선은 이에 맞추어 비굴할 정도로 사대(事大)의 예를 다해가면서 굽실거렸다. 국내 사육 중인 말 수천 필을 바쳐가면서도 오락가락해야 했다. 요동은 대략 이때까지도 비어있어서 한때는 요동정벌의 기운이 트이기도 했지만 끝내 우야무야 넘어갔다. 예전의 자주적(自主的)인 기상은 어디로 가버렸나? 명의 홍무제는 1398년 5월에 죽었다. 명과의 외교적인 마찰은 홍무제를 이은 건문제(建文帝)가 등극하면서 "그 나라의 일은 그 나라에 맡기리라" 하면서 비로소 해소될 수 있었다.

### 저항세력의 씨를 말려라 - 왕씨(王氏) 멸족

1394 태조(太祖) 3년

이성계가 왕이 된 다음날(1392.7.18)부터 왕씨 성을 가진 사람은 무조건 체포하여 강화도와 거제도에 집단 수용토록 했었다. 왕씨는 모두 잡혀갔다. 얼마의 인원이 갔는지 아무 기록도 없다. 그런데 4월 15일, 이들 왕씨 성을 가진 종자를 전부 바다에 쓸어 없애라 했다. 이에 따라 거제도와 강화도에서 동시에 집단 떼죽음이 일어나고, 또 17일에는 공양왕과 아들 석(奭)의 가족까지도 모두 개경에서 온 정남진(鄭南晉) 등에 의해 귀양지 삼척에서 학살되었다. 왕씨 혈통의 모든 것은 끝이 났다.

### 새 도읍지를 한양(漢陽)으로

8월, 이성계는 도읍지 천도를 서둘렀다. 고려의 터전인 개경은 불편했다. 계룡산, 모악산 인왕산 등을 두루 섭렵하며 장소를 물색한지 2년여, 태조는 한양으로 도읍지를 확정하고 한양천도를 선포했다. 그리고는 빨리 개경을 벗어나고 싶었다. 각 관서에 2명씩의 관헌을 남긴 태조가 백관을 거느리고 한양(漢陽)에 도착한 것이 10월 28일. 이듬해(1395년) 6월 6일에는 한양부(漢陽府)를 한성부(漢城府)로 개칭하고, 10월 5일에는 궁궐을 완공하고 큰복을 누리라는 뜻으로 '경복궁(景福宮)'이라 하고는 완공 축하연을 벌였다.

註) 또한 1396년 정월부터 도성(都城)의 공사를 시작하여 1398년 3월까지 2년에 걸쳐 축성공사를 마쳤는데, 왜구와 명의 침략에 대비하여 군대는 동원하지 않고 농번기를 피하면서 주로 승려와 농민을 동원했다. 경복궁을 중심으로 북쪽은 숙정문(肅靖門: 나중에 肅淸門으로 고침), 동북은 홍화문(弘化門: 동소문), 동쪽은 흥인문(興仁門), 동남은 광희문(光熙門: 또는 水口門, 또는 尸口門), 남쪽은 숭례문(崇禮門), 북쪽은 소덕문(昭德門: 서소문), 소쪽은 돈의문(敦義門), 서북쪽은 창의문(彰義門)이라 하여 8개의 문을 만들어 연결했다.

### 다시 나타난 왜구(倭寇)떼

1396 태조(太祖) 5년

8월, 건국 초기에 왜인에 대한 유화책으로 귀화하는 왜인들이 늘면서, 한동안 잠잠하던 왜구가 재작년(1394)부터 조금씩 나타나더니 이번에는 떼를 이루어 나왔다. 8월 9일, 120척의 왜구선단이 동래, 기장, 동평성을 함락하고 약탈하면서 군선 16척까지 탈취해 달아나고, 18일에는 다시 통진포의 군선 9척을 빼앗고, 23일에는 영해성에 침입했다.

10월에는 동래성을 공격하여 함락시키지 못하자 병선 21척을 불태우면서 수군 장수들을 죽였고, 11월은 평해성에 들어왔으나 조선군의 수비에 막히자 5회에 걸쳐 창고를 털어 갔지만 큰 피해는 주지 못했다. 그동안 왜구 문제를 등한시 하지 않고 왜구에 대한 공격 연습과 병선의 허실을 조사하는 등의 조치로 공세적인 대응을 준비해왔던 효과가 있었다. 이에 왕이 다시 대마도 정벌을 작정하자, 이번에는 영해(寧海)의 축산도(丑山島)에 정박 중이던 왜구 60척이 투항해왔다.

12월 3일, 결국 태조는 김사형을 오도병마도통처치사(五道兵馬都統處置使)로 삼아 일기도(一岐島)와 대마도 정벌을 명하여, 5도의 병선을 모아 출진시켰다. 이때부터 왜인들의 투항이 연이어 이어졌다.

註) 김사형의 대마도 공략은 상세 기사가 없어 자세한 내용은 모르나, 복귀일이 이듬해 1월 30일로 되어 있어 약 2개월 간 활동한 듯하며, 정벌군의 규모도 적지 않았고, 태조가 개선하는 김사형을 흥인문 밖에까지 나가 위로하며 맞이했다고 한다. 이 시기에 일본은 길야(吉野)시대에서 족리(足利)시대로 남북조의 전란이 있었는데, 남조가 패한 뒤에 그 유민이 흩어져 왜구가 되었다. 이듬해(1397) 6월에는 평안도 안주목사가 전선(戰船) 10척으로 왜선 24척을 공격하여 6척을 격파하고, 황해도의 수군(水軍)은 장산갑에서 왜선 10척을, 평안도 해안에서도 10척을 불태웠다. 1398년 10월에는 황해도 옹진에서 왜선 1척을 잡아 왜구 50명을 목 베었다.

## 여진인(女眞人)들에 대한 회유

1398 朝鮮 태조(太祖) 7년

태조는 여진과의 관계를 중시해 5년 전(1393년)에 동북면 안무사 이지란(李之蘭)으로 하여금 공주(孔州, 慶源部)와 갑주(甲州: 함남 갑산군)에 성을 쌓아 북변 지방을 지키게 했는데, 여기 경원부에 군량 3,000석을 보내고, 두만강에 병선 10척을 보내 경계를 담당하게 했다. 이렇게 동북면을 강하게 압박하자 여진인들이 많이 내부(來附)하여 왔다.

註) 태조2년(1393년)에는 오랑캐(兀良哈)의 궁부대(宮富大)가 와서 상만호를 삼았고, 4년(1395년)에는 오랑캐 만호인 파소(波所)와 천호 조이괘(照乙怪), 이도개(李都介) 등이 내부해왔고, 또 오더리(吾都里)의 상만호 퉁멍테뭉(童猛帖木兒) 등 5명과 오랑캐의 수오적개(水吾狄介) 등 4명이 내부해왔다. 이밖에도 많은 여진인들이 들어왔는데, 이러한 회유정책은 세조 초기까지 이후 60여 년이나 지속되었다.

7월 19일, **정적(政敵) 정도전(鄭道傳),** 당대 최고 실력자는 삼봉(三峰) 정도전이었고 하루하루 이방원의 목을 죄어오고 있는 중이었다. 충청도관찰사로 발령을 받은 하륜(河崙)은 한양 천도 문제로 정도전과 대립하다가 적이 된 상태인데, 충청도로 떠나는 송별식에 참석한 방원을 죽이려는 정도전의 계획을 꾀를 내어 알리자, 방원은 이숙번(李叔蕃)과 모의하여 8월 26일 밤에 의성군 남은의 첩이 사는 집에 모인 정도전, 심효생, 이근, 장지화 등을 그 자리에서 모두 살해했다. 죄명은 세자 방석(芳碩)에 당부(黨附)해 종사를 위태롭게 했다는 것이었다.

## 무인정사(戊寅靖社) - 왕자(王子)의 난

朝鮮 2대 정종(定宗) 원년

이성계가 왕이 되기 9개월 전에 부인 한(韓)씨가 죽었다. 당연히 후실인 2부인 강(康)씨가 왕후가 됨에 세자책봉에 문제가 생겼다. 강씨가 꼬드긴 것이다. 가장 막내인 7째 아들 방석(芳碩)이 세자가 되었다. 개국 초기부터 부친과 함께 공을 세웠던 방원(芳遠)은 억울했다. 분명히 강씨 소행일 것이다. 태조5연(1396)에 계모 강씨가 죽고, 지금 태조의 건강이 악화되어 들어 눕게 되었다.

8월 26일, 태조가 곧 운명할 것이라는 소식이 들리자 5째 아들 방원은 동복형제 4명(방우는 전에 죽었음)과 작당하여 궁궐을 포위하고 방석 일당을 처치해간다. 50여명의 난군들은 정도전(鄭道傳)과 심효생(沈孝生: 방석의 장인) 등을 모두 죽이니, 태조가 토벌을 명했지만 병사는 모두 방원 편이었다. 날이 새고 보니 죽으리라 던 태조가 멀쩡하자 난처한 방원은 세자의 교체를 주장했고 결국 2째 아들인 방과(芳果)가 왕세자로 되었다. 그런데 이에 그치지 않고 강씨 소생인 방번, 방석과 매부인 이제(李濟)까지 몰아 죽였다. 방원은 그래도 불안하여 병석에 누워있는 부친을 졸라 태조는 상왕(上王)이 되고, 9월 5일 방과(芳果)가 즉위하니, 이가 곧 2대 정종(定宗)이다.

註) 왕자의 난: 이복동생인 방석에게 세자 자리를 빼앗긴데 불만을 품은 이방원을 비롯한 그의 친형제들과, 정도전의 독주에 반대하는 일부 공신세력들이 합세하여 세자와 병도전 일파를 무력으로 제거하고 조정의 실권을 장악한 군란(軍亂)이다.

※ 참고: 이성계의 아들들:

1부인 한(韓)씨 소생: ①방우(芳雨) ②방과(芳果) ③방의(芳毅) ④방간(芳幹) ⑤방원(芳遠)

2부인 강(康)씨 소생: ①방번(芳番) ②방석(芳碩)

9월, 왜구가 서북면의 선주(宣州 평안북도 선천군)와 박주(搏州, 평안북도 박천군)를 침략, 10월에는 풍해도(황해도)에 들어와 병선 1척을 태우면서 선군 50명을 죽이고, 풍주(豊州, 황해남도 파일군) 서촌(西村)에도 나타났다.

註) 왜구 침입에 대한 기록은 이로서 다시 나타나지 않는다. 그밖에 기록들은 모두 항복이나 귀화에 대한 기사이다. 이즈음 대마도주 종정무(宗貞茂)는 사신을 보내는 등 조선과의 관계 개선에 적극적으로 나서던 때이었다. 조선과 일본 사이가 우호적으로 변하면서 왜구는 명의 연안 쪽으로 방향을 돌렸다. 이즈음부터 대규모의 왜구가 군단을 이루며 수천 명의 규모로 중국영토를 유린하는데…

1400 朝鮮 2대 정종(定宗) 3년

방과(芳果)는 왕이란 간판만 쓰고 있지, 실권은 동생 방원에게 모두 있었다. 방원은 형제간에 난리를 치르고 보니 한성(漢城: 서울)이 싫었던지 작년 3월에 개경(開京: 개성)으로 도읍을 옮겼었다. 그런데 1월, 함께 한성에서 소동을 일으켰던 친형 방간(芳幹)과 무력충돌이 생겼다. 방원은 이번에는 형 방간을 죽이지 않고 황해도 토산(兎山)으로 귀양 보내 버렸다. 이리하여 방원의 권력은 완전히 굳어졌다. 2월에 왕세자로 책봉되고 나니 정종은 "더 이상 왕 노릇 못해 먹겠다"고 하며 왕위를 선위했다. 이리하여 11월에는 스스로 왕위에 올랐으니, 이가 곧 태종(太宗)이다.

註) 사실상 태조 이성계의 왕권이 무력해졌음을 뜻하는 것이다. 태조는 생존한 아들 중 가장 장자인 방과(芳果)에게 왕위를 넘겨주고 물러났다. 그 뒤 방과가 정종으로 즉위했으나 실권은 방원에게 있었다. 이방원이 실권을 장악한데 반발한 4남 방간이 박포(朴苞))와 함께 군사를 일으킴으로써 형제간의 골육상쟁은 불과 2년 만에 재연되는데 이것이 2타 왕자의 난이다. 1차 왕자의 난이 이성계의 향처(鄕妻, 고향에서 혼인한 한씨) 소생 아들과 경처(京妻, 개경에서 혼인한 강씨) 소생 아들들이 벌인 이복형제간의 살육전이었다면, 2차 왕자의 난은 동복형제 사이의 살육전이었다. 두 차례의 왕자의 난에서 모두 승리한 방원이 드디어 11월 정종으로부터 선위 받아 왕위를 넘겨받는다.

### 조사의(趙思義)의 반란

1402 朝鮮 3대 태종(太宗) 2년

그런데 동북면에 불온한 기색이 감돌았다. 신덕왕후(神德王后: 태조의 繼妃)의 친척인 조사의(趙思義)가 안변부사로 발령을 받자 즉시 병력을 모아 방번과 방석의 원수를 갚는다고 일어났다. 조정에서는 이를 무마하기 위해 상호군(上護軍) 박순(朴淳)을 보냈으나, 반란군은 이들을 죽이고 병사를 평안도 덕천(德川)과 안주(安州) 방면으로 이동했다. 반란군은 7천이 넘었고, 여진의 우량하이(兀良蛤) 군사까지 합하면 1만 명이 넘었다. 이천우(李天祐)는 토벌군을 이끌고 덤볐다가 참패하고, 결국 청천강가에서 포로가 되어 잡혀죽었다. 그는 "토벌군 4만이 진군 중이다"고 둘러대며 죽임을 당했는데, 이 말이 삽시간에 퍼져나가 반란군이 겁을 먹고 우왕좌왕하던 중에, 조화(趙和)가 반란군을 흩으러 놓고자 막사에 불을 질렀다. 반란군이 뿔뿔이 도망치며 싱겁게 무너지니, 조사의는 맥없이 탈출해야 했다. 결국 조사의는 안변에 돌아와 아들 홍(洪)과 함께 관군에 잡혀 죽었다.

1405 朝鮮 3대 태종(太宗) 5년

10월, 태종은 끝내 경복궁(景福宮)이 싫었던지, 옆에 창덕궁(昌德宮)을 새로 짓고는 다시 한성(漢城)으로 도읍을 옮겨왔다.

註) 태종은 과격하게 권력을 잡았지만 재위 18년 간 뛰어난 지도자로 많은 업적을 남기면서 왕조의 기반을 닦았다. 중앙과 지방의 제도를 정비하는데, 의정부(議政府)와 6조(六曹)를 확립하고, 이때까지 동북면과 서북면을 특수지역으로 취급하던 것을 처음으로 함경도와 평안도로 개편했다. 사병(私兵)을 없애고 군사권(軍權)을 일원화했으며, 명(明)과의 거북하던 관계도 개선했다. 동(銅: 구리)활자를 만들어 서적을 인쇄하고, 학교를 세워 교육을 장려하는 등, 또한 한양은 사방이 산이라 비가 조금만 와도 물 구렁이었는데 청계천(清溪川)을 크게 파서 물이 잘 흐르도록 했다. 한편으로는 유교를 너무 밝히다 보니 여자의 재혼이 사실상 억제되었고, 적서(嫡庶)의 구별이 엄격해졌다. 이는 고려 때에는 없던 것이다.

1407 3대 태종(太宗) 7년

왕은 군사력과 화기개발에 많은 노력을 기울였는데, 이때 군사는 29만 6천명을 헤아렸다.

11월 말, 경복궁 뜰에서 화약시범행사를 가졌다. 불화살이 날고 화포(火砲)가 굉음을 내자 이 자리에 있던 일본 사신들은 깜짝 놀랐다. 모두 최해산(崔海山)과 이천(李蕆)이 주관하여 개발한 무기로서 사정거리가 600미터인 지자포(地字砲)와 현자포(玄字砲)도 개발(1443년에는 사정거리 1.5Km의 천자포도 개발)했다. 김종서는 여진을 정벌한 뒤 "왜구와 여진이 가장 두려워하는 것이 화포이다."라며 극찬을 아끼지 않았다.

## 야인(野人)들의 준동

1410 3대 태종(太宗) 10년

2월 3일, 북변에서 야인(野人)들의 도발사태가 터졌다. 조선의 북방경영 방침에 먹고 살 길이 막연해지게 되어 위기를 느끼던 야인들이 갑병(甲兵) 3백여 기(騎)로 경원부(慶源府)를 들이쳐 병마사 한흥보(韓興寶)가 전사하는 등 쑥밭을 만들었다. 29일, 왕은 길주도도안무찰리사(吉州道都安撫察理使) 조연(趙涓)에게 북벌을 명해 반격하게 했다. 3월 9일, 조연은 1,150명의 군사로 적장 파아손(巴兒孫) 등을 유인해 죽이고, 두만강 건너 적의 본거지까지 들어가 남녀 포로 수십 명을 구해 돌아왔다. 그러나 이 조치는 야인들의 반발을 불러들여 4월에는 야인들이 경원 옹구참(雍丘站), 아오지(阿吾知) 등에 들어와 주민을 다수 죽이고 돌아갔다가, 다시 들어와 역시 주민을 또 살상하고…

註) **야인(野人):** 발해의 유민인 말갈족의 이름이며, 속말말갈을 제외한 여진은 혈족관념으로 보아 우리 종족이다. 정치적인 편협한 관념으로 차별을 두어 호칭한 것인데 그렇다면, 이번에 일어난 사건을 '동족상잔' 이라고 해석해도 될까?

1413 3대 태종(太宗) 13년

이 무렵, 명(明)이 백두산 근처에 군사를 보내 장기 주둔시킬 태세를 보이자. 왕은 강계(江界)지역에 도호부를 두어 관방(關防)의 요충지화 하고 이어 갑산군(甲山郡)으로 개칭하여 군사를 보내 사태에 대비토록 했다.

註) 이어 1417년 10월에는 경원지방에 화약과 화통(火筒)을 보내 방비를 강화하고…

1418 3대 태종(太宗) 18년

8월, 왕은 남쪽의 왜구의 출몰로 골머리를 썩이고 있는 중에 야인들이 여연군(閭延郡: 경원부: 평북 자성군 중강진 부근)에 들어와 주민 70여 명을 잡아갔다는 보고가 있자, 기병 350기를 보내 방비를 강화시켰다. 또 한편, 최무선의 아들 최해산(崔海山)을 군기시(軍器寺)에 등용한 이래, 최해산은 20여 년 동안 화차(火車), 완구(碗口), 발화(發火), 신포(信砲) 등 신화기(新火器)를 새로 개발하고 화약 6,900여 근에 화기 1만 3500여 병과 화포 발사군(火砲發射軍) 1만 여 명의 군비를 확장하게 이르렀다. 한편, 흉년이 들어 식량난을 겪던 왜구가 대거 명(明)나라 연안으로 향하던 중 서해안의 비인과 해주를 공격해 식량을 약탈해간 사건이 발생.

**기해동정(己亥東征) - 이종무(李從茂)의 대마도(對馬島) 정벌**

1419 4대 세종(世宗) 2년

5월, 당시 왜에 대한 회유책으로 대마도와의 교통이 허용되자 일부 교역자 중에 도둑질하는 자가 생기더니 급기야 왜구(倭寇)가 50척의 배로 충남 비인(庇仁)에 들어와 병선 7척을 잃고 많은 병사들이 전사한 후, 5일 후 해주(海州)에 38척의 왜선이 들어와 약탈을 자행했다. 대마도주 종정무(宗貞茂)가 죽자 해적두목이 대마도의 실권을 장악하면서 다시 노략질로 나온 것이다. 왕은 이 일을 계기로 대마도를 정벌하기로 결정하면서, 이를 누구보다도 적극적으로 추진했다.

5월 14일, 왕은 류정현(柳廷顯)과 삼군 도체찰사(三軍 都體察使) 이종무(李從茂)에게 대마도를 정벌하도록 하여, 충청-전라-경상 3도 수군이 견내량(見乃梁: 마산)에 집결.

6월 9일, 병선(兵船) 227척에 병력이 1만7,300명의 대규모 해외원정군이 견내량을 출발.

6월 20일, 일본의 막부(幕府)는 규슈(九州)의 영주를 총동원해 대마도에 방어선을 쳤다. 이윽고 정벌군이 대마도의 천모만에 이르러 해전으로 109척을 불태우고 20척을 나포한 후, 연이은 상륙전으로 114명을 참살하고 가옥 2천 채를 불태우며, 수색진격으로 중국인 131명을 구출. 그러나 섬 안으로 숨어버린 왜구를 추적하다가 상륙군 1백 명이 몰살당하는 일이 있자, 이종무는 장기전을 계획하고 선단을 첨모만 안의 두지포(豆旨浦)로 이동한 다음, 훈내곶(訓內串, 船超)에 장애물을 설치하여 아사(餓死) 작전을 폄과 동시에 수색병력을 지속적으로 올려 보내 왜선 15척과 가옥 68채를 불태우고 왜구 9명을 죽이며 포로 23인을 구출했다. 26일에는 대마도주 소오사다마리(宗貞盛)의 본거지로 진격하기 위해 3군으로 나누어 니로군(尼老郡, 仁位郡)을 공격하자, 사태가 급박해진 대마도주는 급히 꾀를 내었다. 항복을 청하면서 "7월에는 태풍이 몰려온다."고 말했다. 도주의 꾀가 먹혀 들어갔다. 태풍을 우려한 이종무는 전면적인 소탕전을 포기하고 조기 철군하여 원래 계획했던 작전기일 65일에 반절도 못 채우고 7월 3일에 거제도로 돌아왔다.

註) 이때 왕의 정벌선포문에는 『대마도는 본래 우리 영토였다. 그러나 궁벽한 구석에 치우쳐 있으므로, 왜

놈들이 거주하게 두었더니 개나 쥐새끼처럼 도둑질하고 훔치는 버릇을 가지고 경인년(1410년)부터 날뛰기 시작하여…』라고 되어 있다. 당시 대마도에 대한 조선 초기의 영토개념을 보여준다. 이때 구출한 중국인 포로들을 본국으로 귀환시켜주니 이로부터 대명(對明) 관계에서 보다 우호적인 사이가 되어 주었다. 이제부터 왕은 남방의 왜구 문제에서 벗어나게 되어 북방경비 강화에 치중할 수 있게도 되었는데, 반면에 이 정벌로 왜구는 큰 타격을 입었다. 무역길이 차단되고 식량이 없어 기근에 시달려야 했다. 명에서도 왜구에 대해 강력하게 나와 그 쪽으로도 갈 수 없었다. 방법은 조선과 교역을 트는 일이다. 이때부터 도주(島主)는 조선에 사신을 보내 교통을 열어줄 것을 줄기차게 호소하게 되는데…

### 대마도를 경상도에 편입

왕은 대마도주가 항복은 했지만, 해적들이 남아있는 한 항복 받은 의미가 적다는 판단아래 재차 대마도 정벌을 하여 조선영토로 만들 계획을 세웠다. 류정현을 도체찰사로 하여 80척으로 대마도를 향하게 하고 박성양(朴成陽) 등에게 75척을 주어 귀로에 만나는 해적을 잡도록 했다. 한편 7월에 명(明)에서 귀국한 사신 김청에 보고에 의하면 "명의 김주도독 유강(劉江)이 왜구를 대파하여 참획한 머리가 차 5량, 포로가 차 50량이다" 라는 사실에 고무되어 왕은 대마도주에게 완전항복을 권하고자 병조판서 조말생(趙末生) 편에 최후통첩을 보냈다. 이로서 대마도는 경상도에 속하게 하고 대마도주 소오사다마리(宗貞盛)를 종1품(從一品)에 해당하는 판중추부사겸 대마도주 도절제사(判中樞府事兼 對馬島主 都節制使)에 명했다.

註) 왕은 즉위 초부터 대마도에 관해 "대마도는 경상도에 속하는 지역으로 원래 신라(계림) 때부터 우리 국토이었음이 문적에 있으니 잘 생각해 보라" 하여 경상도 동래현(東來縣)에 속하게 하고, 하나의 도(道)로 인정하여 당시 대마도주 종의지(宗義智)를 종3품 "대마도병마사(對馬島兵馬使)"의 관직을 주었었다. 대마도는 이후 오랫동안 조선의 영향력 아래 있게 된다. 이후 대마도가 정식으로 일본의 영토가 된 것은 1868년 메이지(明治) 유신 때였다.

1422 4대 세종(世宗) 5년

12월 24일, 야인(野人) 4백여 기병(騎兵)이 또 다시 여연군(閭延郡: 압록강변 중강진 부근)에 침입했는데, 봉화대 군사가 태만하여 알리지 못한 것이 화근이 되어 적이 깊숙이 들어와 어처구니없게 쑥밭이 되어 겨우 격퇴시키기는 했지만 피해가 막심했다. 이로부터 여연, 강계(江界), 갑산(甲山) 지역 등지에 병력을 증강해나갔다.

1426 4대 세종(世宗) 9년

대마도주(對馬島主) 소오사다마리(宗貞盛)가 교통을 열어 줄 것을 수차 요청하니, 왕은 통신사 변중문(卞仲文)과 서장관(書狀官) 신숙주(申淑舟) 등을 보내 대마도주와 통교조약(通交條約)을 맺었다. 3포(浦)를 열어주되 해마다 배 50척을 넘지 못한다는 것이다.

註) 3포(3浦): 제포(薺浦: 또는 내이포(乃而浦), 웅천), 부산포(富山浦: 동래), 염포(鹽浦: 울산). 비록 제한적인 개항(開港)이긴 했지만, 평화적인 무역항을 만들어 왜구를 진정시키고 막대한 국방비를 절약할 수 있으니 밑지는 일은 아니었다. 또한 한편으로 왕은 화기(火器) 개선에 힘써 신분을 막론하고 기술

자를 발탁하여 등용했는데, 이중 주천경의 궁노(弓弩)와 상양포법(相陽砲法)에 관한 기술이 명(明)나라까지 전해져 무기를 구입해가기도 했다.

1429 4대 세종(世宗) 11년

1월, 명나라가 여진족 정벌을 위해 조선에 청병(請兵)하려 한다는 정보가 있었다. 첩보전의 달인이기도 했던 세종은 16일 명나라에 천추사(千秋使)로 다녀온 이각의 보고를 바탕으로 "명에서 여진족을 정복하기 위해 병사를 청하려 한다"며 대신들에게 대책을 명하면서 다음과 같이 말했다. "부득이하여 명나라의 청병에 응하게 된다면 쓸 만한 병사들을 뽑아서 보내는 것이 옳다. 그러나 우리는 병사가 부족하니 일단은 우리의 사정을 명나라에 잘 알려서 청병의 어려움을 전하고 그래도 안 될 경우에 병사를 보내야 할 것이다." 명분과 실리의 조화를 이룬 지침이다. 이러한 외교적인 설득으로 청병 요청은 없도록 하였다.

1432 4대 세종(世宗) 14년

10월, 이만주(李滿住) 휘하의 야인(野人) 기병 400여 명이 함경도 여연(閭延) 경내에 갑자기 나타나 주민 26명과 소와 말을 잡아가는 것을 강계절도사 박초(朴礎)가 추격하여 되찾아왔다. 그러나 우리측의 손실도 사상자가 36명이나 있었다. 왕은 노하여 "야인들에게 우리의 무위(武威)를 보여주도록 하라" 하면서 최윤덕 등에게 현지 상황을 파악하도록 했다. 그런데 이만주가 자신 휘하의 포로를 모두 송환할테니 사람을 보내서 데리고 가라고 했다.

왕은 영북진(寧北鎭)을 부령(富寧)으로 옮기면서 북방 경략에 적극적인 태도를 보였다.

註) 여진족은 시대에 따라 달리 불렀는데, 춘추전국시대(BC770~BC221)에는 숙신(肅愼), 한(漢)나라(BC206~AD220) 때에는 읍루(挹婁), 남북조시대(420~581)에는 물길(勿吉), 수(隋)(581~618), 당(唐)(618~907) 때에는 말갈(靺鞨)로 불렀다. 현재의 만주족인 여진족은 동이족(東夷族)의 일원이었다. 고조선과 고구려, 발해 등은 그 휘하에 여러 민족을 거느리고 있었는데 여진족도 그중 하나였다. 발해 때만 해도 여진(말갈)족은 발해의 한 부분을 이루는 주요 요소였으나 고려가 만주대륙에 대한 통제권을 상실하면서 분리되기 시작했다. 그러나 민족의 계통과 언어가 같은 한 민족이었다. 중원을 차지한 금(金)나라가 고려를 부모의 나라로 인식했던 것은 우리와 여진족 사이의 깊은 혈연관계를 잘 나타내준다. 그러나 유학자들이 나라를 장악하고 중국을 사대하면서부터 오랑캐로 인식하게 되었다. 우리의 시각이 아니라 한족(漢族)의 시각으로 여진족을 보았기 때문이다.

註) **당시의 여진족:** 조선 개국 당시 여진족과 조선과의 관계는 우호적이었다. 이때의 여진은 해서(海西)여진, 야인(野人)여진, 건주(建州)여진의 3대 여진으로 나뉘어 졌는데, 해서여진은 몽골과 가까운 초원지대와 송화강 북쪽 일대에서 수렵과 경작을 하며 문화가 앞서있던 관계로 가장 큰 세력을 이루었으며, 야인여진은 흑룡강 하류와 연해주 일대 산림지대에 분포했는데 농경은 없이 어로와 수렵을 생업으로 삼던 낙후된 무리였다. 조선과 문제를 많이 일으킨 건주여진은 만주 중부지방에 있다가 고려말 동녕부(東寧府)를 통해 남쪽으로 내려와 훈춘(琿春) 방면에 자리 잡았는데, 목단강 상류에서 백두산 일대 즉, 압록강과 두만강 북안에 자리를 잡았으니 명이나 조선과 인접한 만큼 가장 개화된 부류

였다. 이러한 건주여진이 세력을 펴가며 서쪽으로 진출하게 되자 다시 3개 파로 나뉘어 건주위(建州衛), 건주좌위(建州左衛) 건주우위(建州右衛)를 형성해 나가며 이들이 후에 청(淸國)을 건국하게 된다.

### 서북면(西北面) 야인(野人: 女眞) 토벌

1433 4대 세종(世宗) 15년

이즈음 만주의 야인(女眞族: 여진족)이 무시로 두만강과 압록강을 넘어와 살면서 무리를 지어 약탈을 자행했다. 그 세력이 강해져 평안도 쪽은 영변(寧邊) 이북, 함경도 쪽은 경성(鏡城) 이북이 그들의 영토처럼 되어 버렸다. 한편 명(明)나라는 서여진(西女眞) 땅에 건주위(建州衛: 오랄산성 근처)를 두고, 동여진(東女眞) 땅에는 모련위(毛憐衛)를 두었는데 건주위에 속해 있던 파저강(婆猪江: 또는 동강(佟江)) 야인(野人)이 요동을 공격하다가 도망하여 조선 땅에 들어 온 것을 잡아 요동에 보내니, 야인(野人) 추장 이만주(李滿住)가 기병(騎兵)을 이끌고 침입해왔다.

4월 10일, 왕은 최윤덕(崔潤德)에게 보기(步騎) 1만5천의 군사를 주어 북벌을 명하자, 19일에 토벌군은 압록강을 넘어 만주지역의 올라산성(兀羅山城)과 임합라(臨蛤羅), 팔리수(八離水) 등지로 진군하여 적을 섬멸시키고 난 후 야인과 화해했다. 아군의 피해는 경미했는데 개량된 화포(火砲)의 위력이 대단했다. 왕은 국경지방의 행정도 개편하여 압록강 이남을 우리의 영토로 굳히면서, 또 한편으로는, 김종서(金宗瑞)를 함길도 도절제사로, 이징옥(李澄玉)을 회령절제사로 보내 두만강 방면을 관리하도록 하여 여진인들을 규휼하고, 이주민 우대정책을 펴서 많은 여진인들이 귀화하여 살도록 해주었다.

註) 최윤덕은 4월 19일부터 9일 동안 동가강, 혼하(渾河) 일대 여진족 본거지를 공략하여 183명을 죽이고 남녀 248명을 생포했고 각종 마필과 무기를 노획한 반면에 아군 피해는 경미했다. 일방적인 승리였다. 조선의 대부대가 압록강을 건너자 여진족은 대응을 포기하고 재빨리 도주했던 것이다. 이번의 정벌은 북방 강역의 골칫덩이를 씻어버린 쾌거였다.

### 동북면(東北面) 개척사업의 추진

1434 4대 세종(世宗) 16년

석막(石幕)에 두었던 영북진(寧北鎭)을 다시 북상시켜 백안수소(伯顔愁所)로 옮겼던 것을, 이해에 종성군(種城郡)으로 정하면서 이 조치를 필두로 6곳의 진(6鎭)을 정하고, 이후 15년간(1449년까지) 지속적인 동북면 영토 확장을 추진해 나갔다.

註) 또 왕은 여진인의 침략 요충지였던 알목하(斡木河)에 회령진(會寧鎭)을 설치하여 부(府)로 승격시켰고, 부거(富居)에 있던 경원부(慶源府)를 북쪽의 회차가(會叱家)로 옮겼다. 그리고 공주(孔州)의 옛터에 현(縣)을 두었던 것을 후에 경흥군(慶興郡)으로 격상시켰다. 이어 22년(1440년)에는 다온평(多穩平: 온성)에 온성군을 두었다가 이듬해에 종성(種城)과 온성의 2군을 부(府)로 하고, 24년(1442년)에는 장성을 쌓았다. 31년(1449년)에는 석막(石幕)의 옛터에 부녕부(富寧府)를 설치하는 등 적극적인 개척정책을 펼쳐, 그 결과 조선의 국경이 두만강에 이르게 되었다. 이에 밀려난 여진인들은 압록강 우측 연안인 파저강(波猪江) 부근으로 이주하여 명의 영향 아래 있던 건주도독 이만주(李滿住)와 합류하게 된다.

註) 또한 화포(火砲)의 개량도 계속하여, 이듬해인 1435년에는 새로 제작한 1,650문의 화포를 평안도와 함길도 각 방면에 배치하고, 또 화포장(火砲匠) 이장손(李長孫)이 비격진천뢰(飛擊震天雷)라는 폭발탄의 신무기를 개발하여 화포의 질을 혁신적으로 끌어 올렸다.

### 다시 서북면(西北面)을 토벌

1437 4대 세종(世宗) 19년

재작년(1435년) 1월에 2천7백의 야인 기병(騎兵)이 출몰했었고, 또 작년에 우디거 야인(野人) 3천 명이 여연(閭延)에 들어와 또 약탈을 했었다. 왕은 거듭되는 여진족의 침입에 분개했다. 여연이 함경도에 속한 것을 평안도에 속하게 하면서…

9월, 이천(李蕆)으로 하여금 재차 북벌을 명하며 "비록 한 명의 도적을 만나지 못하더라도 좋다"고 했다. 이천은 7일부터 16일까지 보기(步騎) 7천8백의 군사를 이끌고 올라산성(兀喇山城: 桓仁 五女山)과 아한(阿閒)지방 일대의 야인에 대한 수색전을 벌여 적 60여 명을 참살하고 많은 곡물과 주거지를 소각한 다음 압록강을 넘어 귀환했다. 왕은 무창(茂昌: 갑산 방면), 우예(虞芮: 중강), 자성(慈城: 여연군을 나눔), 여연(閭延)의 4군(4郡: 西北四郡)을 압록강 남쪽에 두어 서북국경을 지키게 했다. 이로서 압록강 북쪽과 혼강(渾江) 연안을 중심으로 세력을 확장하려던 건주여진의 기도를 좌절시켰다.

註) 이 원정은 개량된 신무기에 의한 실전경험을 쌓게 하고, 또 소극적인 대신들에게 적극적인 북방정책에 대한 교육의 효과를 노린 듯하다. 1440년에는 온성군과 부령부를 두어 모두 합해 6진(鎭)이라 했다. 이로부터 22년 후(世祖 5年, 1459년)에는 도적들 때문에 4군(四郡)의 백성을 강계(江界)로 이주시킨 다음, 그 땅을 비워둔 채 폐사군(廢四郡)이라 하게 된다.

### 김종서(金宗瑞)의 6진(鎭)

1439 4대 세종(世宗) 21년

북방의 야인(野人)들이 서로 내분이 생긴 틈을 타서, 왕은 김종서에게 두만강 방면으로 북진을 명했다. 전후 10여 년 간 김종서는 야인을 몰아내고 두만강 방면에 6진(鎭)을 설치하여 적의 침입을 막고 백성들을 이주시켜 우리 땅으로 굳혀 나갔다. 6진 중 종성(種城), 회령(會寧), 경흥(慶興)은 1437년에 설치했고, 온성(穩城), 경원(慶源), 부령(富寧)은 1439년에 설치했다. 이와 같은 북방 개척은 세종과 김종서의 합작품이었다.

註) 두만강 국경: 태조는 처음 여진(野人)족을 무마하여 두만강까지 진출했으나, 태종 때에는 그들이 극성을 부려 경성(鏡城) 이북은 포기했었고, 세종 때에 이르러는 더 남쪽으로 물러서자는 의견도 있었으나, 세종은 "조종(祖宗) 이래의 강토를 한 치도 양보할 수 없다"하여 단호히 북진을 명해 김종서로 하여금 두만강 선을 확보하도록 했다. 그리고는 여진에 대한 무마책을 써서 명예 군사직을 주기도하고 교역도 허락하여 두만강변이 조용해지게 되었다. 이는 고구려 멸망 후 빼앗겼던 두만강 연안을 거의 800년 만에 수복한 위업이었다.

### 계해약조(癸亥約條)

1443 4대 세종(世宗) 25년

대마도(對馬島)는 땅이 척박하여 자급이 어려운 곳이다. 굶주린 사람들이 수단을 안 가리고 나오니 이들이 왜구(倭寇)인데, 왕은 왜인들의 성품을 알기에 은정(恩情)을 베풀어 그들의 살 길을 열어 주기로 하고 대마도주(對馬島主) 소 사다모리(宗貞盛)와 세견선(歲遣船) 등에 관하여 신숙주(申淑舟)로 하여금 왜와 3개항으로 된 조약을 맺게 했다. 장차 왜인을 회유하여 왜구로 변신하지 못하게 하기 위한 조치였다.

註) 계해약조(癸亥約條): ① 세견선(歲遣船)은 매년 50척에 한 한다. ② 조선에서 보내주는 세사미두(歲賜米豆)는 1년에 200석 (쌀과 콩을 각각 200섬씩)으로 하다. ③ 대마도주의 확실한 증서가 없으면 입항을 금한다.

## 훈민정음(訓民正音)

1446 4대 세종(世宗) 28년

10월 9일, 사용 중인 한문(漢文)이 일반 백성에게는 배우기 어려운 문자이므로, 옛글을 본떠 새로이 28자를 편집하여, 이를 훈민정음(訓民正音)이라 하고 우리글자로 사용하도록 했다. 많은 유생들이 결사적으로 반대했지만 세종은 듣지 않았다.

註) 유학자들은 "몽골, 서하(西夏), 여진(女眞), 일본, 서번(西蕃)과 같이 중국문자를 버리고 새 문자를 만드는 것은 오랑캐가 되는 것이다"하면서 결사적으로 반대했다. 그러나 왕은 신숙주(申叔舟)를 앞세워 새 문자를 활용하도록 하면서 밀고 나갔다. 신숙주는 운회(韻會)를 번역하고 용비어천가(龍飛御天歌) 등 정음을 이용한 글을 도맡아 써나갔다. 이때 발표된 훈민정음(訓民正音)은 「백성에게 가르치는 바른 소리」라는 뜻으로서 "우리나라 말이 중국과 달라 한자와는 서로 잘 통하지 아니한다. 이런 까닭으로 백성들이 말하고자 하는바 있어도, 제 뜻을 펴지 못하는 사람이 많다. 내가 이것을 생각하여 새로 28자를 만드니, 모든 사람들이 쉽게 배워 날마다 쓰는데 편하게 하고자 한다." 라고 했다.

註) **한글날,** 1446년 음력 9월 29일 〈세종실록〉에 '이달에 훈민정음이 이루어지다'라는 기록이 나온다. 이때의 날자는 훈민정음을 해설한 책을 말한다. 그 책이 바로 〈훈민정음 해례본(訓民正音 解例本)〉이다. 몇 권이 나왔는지 알 수 없으나, 책이 언제인가부터 없어져 모르다가 1940년 경북 안동에서 발견되었다. '정통 십일년 구월 상한'이라 원고 완성 날짜가 적혀있는데, 명나라 연호 정통11년은 1446년이다. 상한은 1일부터 10일 사이이므로 한글날을 제정한 조선어학회(1948년에 한글학회로 개칭)에서 상순의 마지막 날인 음력 9월 10일을 〈해례본〉을 반포한 날로 정했다. 곧 정부와 조선어학회는 1945년부터 이를 양력으로 바꿔 10월 9일을 한글날로 정했다.

1449 4대 세종(世宗) 31년

8월, 북방의 상황이 심각했다. 몽골족이 발흥하여 명(明) 황제가 친정(親征)에 나설 정도로 만주일대가 급박해졌다. 만약 몽골 대군이 조선으로 향한다면 막을 방법이 막연했다. 왕은 김종서에게 평안도도절제사를 명하면서 바로 출정시켰다. 김종서의 나이 67세일 때였다. 함길도가 아닌 평안도를 택한 것은 몽골 대군이 침입하면 그 통로가 평안도가 될 것이기 때문이다. 전국이 비상사태로 전쟁에 대비하지 않으면 안 될 위기 상황이…

註) 당시 몽골군은 북방으로 쫓겨난 이후 최대의 전성기를 맞고 있었다. 김종서가 평안도로 떠난 8월 무렵

명황제 영종(英宗)이 직접 군을 이끌고 정벌하러 나서야 할 정도였는데, 영종이 몽골군에 패해 포로로 잡히는 초비상사태가 발생했다. 그 후 10월에 몽골군이 조선을 비켜나가 명의 수도 북경으로 향한 것이 천만다행이었다. 그리고 원(元)제국 부활을 꿈꾸며 북경으로 몰려가던 몽골군이 명의 군사에게 패하여 북경함락에 실패하고 이듬해 5월에 명군이 선부(宣府)에서 몽골군을 크게 격파하자 몽골은 명나라에 화의를 청하고 포로인 명황제 영종을 석방했다. 결과적으로 몽골군이 방향을 중원으로 돌린 것이 조선에게 다행한 일이었다. 만약 조선으로 쳐들어왔으면 개국 이래 최대의 국난이 되었을 것이다.

1450 4대 세종(世宗) 32년

1월, 집현전 출신인 양성지(梁誠之)는 "비변십책(備邊十策)"을 올렸는데, 이 중에 "예부터 북방이 염려스러운 점은 모두가 알고 있으나 남쪽의 도적들(왜구)이 두려운 줄은 모르고 있다."고 하면서 "대마도주에게는 유화적인 조치를 지속할 것"과 "남변(南邊)에 자리 잡은 왜인들의 준동을 경계"할 것을 지적했다.

1452 5대 문종(文宗) 3년

5월, 해동성인(海東聖人)이라 불리던 세종이 1450년에 죽고, 장자인 문종(文宗)이 즉위했으나 병으로 일찍 운명하면서, 12세 밖에 안 된 아들 단종(端宗)이 뒤를 잇도록 했으나 동생 수양대군(首陽大君)이 염려되었다. 후사를 황보인(皇甫仁), 남지(南智), 김종서(金宗瑞) 등 10여 명의 대신들에게 간곡히 부탁했다. 그런데…

註) 문종(文宗): 재위기간이 짧고 세종의 그늘에 가려 그리 부각되지는 않았지만 세종 못지않은 현군의 자질을 지닌 인물이다. 세종 대 후반의 치적은 사실상 문종과 세종의 공동업적이었다. 세종 25년부터 7년간은 사실상 세자 향(문종)이 임금역할을 대행한 셈이다. 즉, 세종 후반의 여러 치적들, 전세법(田稅法) 제정이나 용비어천가(龍飛御天歌) 완성, 훈민정음 반포 등의 치적은 사실상 세종과 문종의 공동작품이었다. 세자 문종은 신병이 있는 세종을 대신하여 7년간 사실상 국왕으로서 임무를 수행해왔다.

**계유정란(癸酉靖亂)**

1453 6대 단종(端宗) 2년

10월 10일, 수양대군(首陽大君)의 속마음이 드디어 터졌다. 어린아이가 왕위에 오른 후부터 생각이 달라진 그는 정인지(鄭麟趾), 한명회(韓明澮) 등과 손잡고 거사하여 김종서 부자를 살해한 다음 궁궐로 들어가 왕을 둘러쌌다. 13세에 불과한 어린아이에게 나라살림을 맡길 수는 없었다. 단종은 수양대군을 붙잡고 "숙부, 저를 살려주시오"했다. 이후 왕의 충직한 수많은 대신들을 살해하면서 또 수많은 사람들을 귀양 보냈다.

**이징옥(李澄玉)과 여진(女眞: 野人)**

10월, 두만강 변경의 6진(6鎭)을 지키던 이징옥(李澄玉)은 김종서의 후임으로, 야인(野人: 女眞)을 선무하면서 국경수비를 굳게 하고 있었다. 김종서를 죽인 수양대군 일당은 이징옥이 여진과 합하여 남으로 내려올 것을 염려했다. 김종서를 선임자 겸 스승 겸 부친처럼 모시던 이징옥은 기병(起兵)을 결심하면서, 뒤에서 여진인들이 소란을 일으키지 않도록 달래는 과정에서 여진추장은 엉뚱한 제안을 한다. "우리는 장군을 금나라(金) 태조 아구타(阿骨打)처럼 생각했고, 우리 땅에 태어나지 않을 것을 아쉬워했습니다. 북행하여 우리 금나라를 다시 일으키시고 나라의 주인이 되어 주십시오. 북에 가서 크게 된 다음 다시 내려 올 수도 있지 않습니까…?" 터무니없는 말이 아니었다. 여진인들은 이징옥을 받들어 대금황제(大金皇帝)로 세우고 대금(大金)의 도읍지는 옛 금나라와 연고가 깊은 오국성(五國城)으로 정하고 5천의 병사와 여진인이 함께 두만강을 향했다. 수양(首陽)과 한명회는 기겁했다. 결국 비열한 수법이 또 발동됐고, 두만강변 종성(種城)에서 이징옥은 심복 정정(鄭種)에게 어처구니없게 피살되었다. 이징옥은 죽었고, 여진인들의 부흥의 꿈도 함께 깨졌다.

1455 6대 단종(端宗) 4년

수양대군(首陽大君)은 거리낄 것이 없었다. 어린 조카를 내쫓고 스스로 왕이 되니, 이가 곧 세조(世祖)이다. 어린 단종(端宗)을 영월로 보냈다가 2년 후에는 그나마 목 졸라 죽였다.

**사육신(死六臣)**

1456 7대 세조(世祖) 2년

6월, 본국으로 떠나는 명나라 사신(使臣)의 환송연에서 성삼문의 아버지 성승(成勝)과 유응부(兪應孚)가 국왕 양쪽으로 칼을 들고 지켜서는 운검(雲劍)이란 것을 하게 됨을 기화로 세조(수양대군)를 처치하기로 결정하였으나 이 사실이 사전에 누설되어 계획이 좌절되었다. 이들의 계획이 일단 좌절되자 같은 동지이며 집현전 출신인 김질은 뒷일이 두려워 세조에게 단종복위음모의 전모를 밀고했고, 세조는 연루자를 모두 잡아들여 스스로 이들을 문초했다. 승지 성삼문(成三問), 형조참판 박팽년(朴彭年), 중추원동지사 유응부, 직제학 이개(李塏)는 작형(灼刑: 단근질)으로 처형당하고, 예조참판 하위지(河緯地)는 참살 당했으며, 사예 유성원(柳誠源)은 잡히기 전에 자기 집에서 아내와 함께 자살했다. 또한 사육신의 가족으로 남자인 경우는 모두 살해당했고, 여자의 경우는 남의 노비로 끌려갔으며, 사육신 외에도 김문기(金文起).권자신(權自愼) 등 70여 명이 모반 혐의로 화를 입었다.

註) 사육신(死六臣)은 성삼문, 박팽년, 하위지, 이개, 유응부, 유성원 등으로, 이들은 전에 집현전 학사로서 세종의 신임을 받고, 문종으로부터는 나이 어린 세자(단종)를 잘 보필하여 달라는 고명(顧命)을 받은 사람들로서, 1691년(숙종 17) 숙종 때 관직이 복구되고, 민절(愍節)이라는 사액(賜額)이 내려짐에 따라 노량진 동산의 묘소 아래 민절서원(愍節書院)을 세워 신위(神位)를 모시고 제사를 지내게 했다.

1458 7대 세조(世祖) 4년

여진인에 관련하여 사건이 생겼다. 건주본위 도독 이만주(李滿住)아들 구하나(古納哈)와 건주좌위 도독 동산(董山)이 조선에 귀부하겠다고 해오자, 왕은 전과 같이 이들을 회유하기 위해 정헌대부(正憲大夫)라는 직첩을 주었는데, 이 직첩이 명(明)의 관헌에게 넘어간 것이다. 그러자 명은 조선과 여진이 결탁하여 반명(反明) 세력을 형성할까 우려하며 "여진은 이미 명의 관직을 받은 터에 왜 조선이 임의로 직첩을 주느냐? 이것은 명에 항거하는 것이다"라고 항의해오자 할 말이 없었다. 또한 여진에게도 조선의 직첩을 받지 못하게 하자, 이후부터 여진과의 관계가 소홀해지면서, 여진인의 변경침범이 발생하게 되는데…

### 폐사군(廢四郡)

1459 7대 세조(世祖) 5년

이즈음에 이르러 북방에 새로운 사태가 감돌았다. 몽골족의 한 부족인 오이라트(斡赤拉特: Oirat)족이 크게 위세를 떨치자, 그 영향이 여진에 파급되게 되니 왕은 조선이 피해를 입을 것을 우려해 압록강변에 세종 때에 설치했었던 서북4군(西北四郡)을 폐지하여 일시적으로 국방경계선을 남쪽으로 후퇴시켰다. 이것을 폐사군(廢四郡)이라 한다.

### 여진(女眞) 공략

1460 7대 세조(世祖) 6년

1월, 모린위(毛鱗衛)의 여진인 1천5백 명이 회령 외곽으로 침입해왔다. 이로부터 이따금씩 조선 쪽에 와서 살고 있는 여진인을 해치려고 국경을 넘어오자, 2월부터 신숙주(申叔舟)는 북변의 실태를 조사하면서 북벌을 준비한 다음, 8월에 2천의 기병(騎兵)을 이끌고 회령에 이르러 여진추장 90명을 일거에 처단하면서 여진지휘부를 엎어버렸다. 이어 당황한 여진인을 몰아 추격하여 여진의 군사 430명을 소탕하고 9백 호의 가옥을 소각하고 돌아왔다.

### 이시애(李施愛)의 난

1467 7대 세조(世祖) 13년

5월, 그동안 함길도(함경도) 사람들은 여진을 정벌하고 6진을 개척하여 큰 공헌을 해왔다. 그런데, 왕권을 확립한 세조가 차차 북방민 등용을 억제하고 지방관을 직접 중앙에서 파견하여 중앙집권 체제를 강화하자 불만이 생겼다. 이때, 길주(吉州)의 호족 이시애(李施愛)는 세조의 정책에 불만을 품고 동생과 함께 절도사 강효문(康孝文)을 살해한 뒤 반기를 드니 함흥 이북이 모두 응했다. 북청(北青: 함흥)에서 관군과 마주친 이시애는 강순(康純), 어유소(魚有沼), 남이(南怡) 등을 대장으로 한 2만5천의 관군을 맞아 10여 차례 공방전을 벌였다. 3개월 정도 버틴 반란군이 남이(南怡)의 적극적인 반격으로 차츰 밀려 마천령까지 이르자, 관군 측의 어유소(魚有沼)는 뒤를 끊고, 남이와 이종생(李從生)이 앞을 치니 이시애는 쫓기다가, 졸지에 부하 이주(李珠)가 이시애를 결박하여 투항함으로서 난이 평정됐다.

註) 3개월여에 걸쳐 전투를 치르는 동안, 이 일대에는 이징옥 사건 이후 또 다시 쑥대밭이 되었다. 이 사건 이후 조정에서는 함길도를 좌도와 우도로 나누었으며, 반역향(叛逆鄕)이라 하여 이로부터 이곳 출신의 정계진출을 차단하다 시피 했다.

### 여진정벌(女眞征伐)

9월, 건주야인(建州의 野人) 추장 이만주(李滿住)가 명(明)의 변방을 치니 명이 토벌군을 일으키면서, 조선에 군사를 청했다. 왕은 이를 거부하기 어려워 강순(康純)을 주장(主將)으로 하고 어유소와 남이를 함께 1만의 군사를 주어 보냈다. 원정군은 압록강과 발저강을 건너 신속하게 건주위(建州衛)를 치고 구선부(九獮府)의 여러 요새도 격파하면서 이만주와 그의 아들들을 모두 잡아 죽였다. 합동작전은 말뿐이지 거의 조선군의 손으로 모든 싸움이 진행되었다. 명군(明軍)은 뒤늦게 도착하여 승전을 축하하고, 이로서 포기했던 서북면(西北面) 영토도 8년 만에 다시 회복할 수 있었다.

註) 원나라 말기에서 명나라 초기에 이르는 동안 요동 지역에서는 왕조 교체기의 혼란 속에 여진 종족들이 사오분열되어 동란이 자주 발생했다. 명나라는 이에 도움을 주기도 하면서 지역 안정에 노력했지만, 여진은 고마움의 표시도 없이 오히려 세력을 점점 키우면서 요동과 조선을 침입하고 인명과 재산을 약탈하는데 적극적이었다. 1년 사이에 97회나 명과 조선을 침략했다고 했다. 이에 따라 국경지방에 불안이 조성되자, 명나라가 응징에 나선 것이다.

### 남이장군(南怡將軍)

1468 7대 세조(世祖) 14년, 8대 예종(睿宗) 원년

9월 8일, 세조는 왕위를 찬탈한 후 불교를 일으키고, 문치(文治)에 주력하여 많은 공적을 남겼으나, 그의 업보인지 52세에 문둥병에 걸려 죽었다. 아들이 즉위하여 예종(睿宗)인데 10월 29일 권신 유자광(柳子光)의 모략으로 역적이 된 남이(南怡)가 처형되기에 이르렀다. 모든 사람들은 남이의 무고함을 알지만 유자광이 두려워 말을 못하는 중에 왕이 "너와 공모한 놈을 대라"고 했다. 남이는 강순(康純)을 쳐다보며 "저 사람과 공모했다"고 했다. 강순은 어처구니가 없어 "무슨 까닭에 나를 모함하는가?"했더니 남이는 웃으며 "내가 무고를 당하여 죽는 것을 알면서 공은 수상의 자리에 있으면서도 구하지 못하니 그 죄는 죽어 마땅하다"고 했다. 강순은 할 말이 없었다. 같이 처형당했다.

註) **남이(南怡)**: 17세에 급제한 뒤, 이시애의 난을 토벌하고, 북방 여진족을 정벌한 공으로 일등공신이 되어 세조의 총애를 받아 27세에 병조판서가 되어 가장 젊은 장관의 기록을 남겼다. 그러나 전부터 사이가 좋지 않았던 예종이 즉위하자 직위에서 물러난 후, 궁중에서 숙직할 때 혜성이 나타난 것을 보고 "묵은 것이 가고 새 것이 올 징조"라고 한 말이 트집이 되어 간신 유자광의 참소를 받아 억울하게 참형을 당하게 되었다. 조금이라도 특출한 장수가 있다하면 그냥 두는 법이 없다. 소인배들의 전형적인 수법이다.

### 홍길동(洪吉童)

1469 8대 예종(睿宗) 2년

11월, 서얼의 관리등용을 금지하는 경국대전의 반포로, 과거시험을 포기하고 활빈당을 조직하여 나주목 관할 장성현 갈재를 중심으로 활동하다가 광주 무등산, 영암 월출산 일대에서 탐관오리와 토호의 재산을 빼앗아 가난한 백성에게 나눠주던 홍길동(洪吉童)이 관군에 쫓겨 전라도 영광 다경포(법성포) 근처의 영평곶에서 배를 타고 나주 압해도(押海島: 전남 신안군 압해면) 쪽으로 활동 근거지를 옮겼다.

註) **홍길동**: 고증에 의하면 홍길동은 조선 초 15세기 중엽 명문가의 자제로 태어났으나, 신분이 첩의 자식이라 관리등용을 제한하는 국법 때문에 출세의 길이 막혔다. 좌절과 울분 속에 양반으로부터 차별받던 민중을 규합 활빈당을 결성한 후, 사회정의를 추구하는 실천적 삶을 살던 중에 관군에 체포되었으나 무리를 이끌고 탈출하여 일본 오키나와로 진출하여, 그곳에서 조선에서처럼 민중의 소리를 대변하는 민권운동의 선구자가 되었다. 조선에서 뱃길로 3000리(里)나 떨어진 일본 최남단 섬 오키나와에는 홍길동을 추모하는 기념비가 세워져 있다고 한다.

1479 9대 성종(成宗) 10년

윤 10월, 최근에는 대체적으로 평온했지만, 야인(女眞)들이 노략질하는 등 조짐이 좋지 않았다. 그런데 명(明)이 건주여진을 정벌한다며 조선의 출병을 요구해 왔다. 사실상의 명령이다. 조정은 격렬한 토론 끝에 왕이 파병 결단을 내렸다. 그러나 1만 명으로 구성된 원정대는 10여 일간 압록강 변에 머물다가 한 달도 안 돼 해산하였다. 총지휘관 어유소(魚有沼)가 겉으로 밝힌 이유는 압록강이 얼지 않아서였다. 그러나 명과의 외교문제를 우려하여 서둘러 제2차 원정대 4천 명을 보냈다. 이번에는 파병 지지자였던 좌의정 윤필상(尹弼商)이 총지휘관인 도원수를 맡았다. 제2차 원정대는 12월 9일 강을 건너 서쪽으로 나아가 명군(明軍)과 함께 건주여진(建州野人)의 본거지인 건주위(建州衛)를 공격하여 16명의 목을 베고 포로 7명을 구출하는 미미한 전과를 거두고는, 한 달 만인 16일에 돌아왔다.

註) 다행히 명나라에 대한 성의 표시로 인정되어 더 이상의 청병은 없었다. 이것이 '상국(上國)' 의 청병 요청에 따른 조선 최초의 해외 파병이었다.

註) 조선왕조 때의 역대 왕들은 세종(世宗), 효종(孝宗) 등의 몇 왕을 빼고 나면, 모두가 엉망이다. 중신들 성화에 못 이겨 중심을 잃거나 끌려 다니기 일쑤다. 8대 예종(睿宗)은 재위 1년간 남이(南怡)를 처형한 이외에는 한 일이 없었다. 9대 성종은 신하들의 의견대로 정치하다보니 그 후유증으로 연산군(燕山君)을 폭군으로 만든 것이다.

1487 9대 성종(成宗) 18년

최부(崔溥)는 도망친 노비들을 잡아들이는 임무로 추쇄경차관(推刷敬差官)에 임명되어 제주도로 파견되었다가, 이듬해 부친상으로 제주도에서 수행원들과 함께 전남 나주로 가는 중에 태풍으로 14일 동안 표류하던 중, 명나라 정강성 태주부 임해현에 이르렀다. 그는 이후 7개월 동안 머무르다 돌아온 뒤 성종의 명을 받아 중원을 여행한 기행문을 만들어 바쳤는데 제목을 표해록(漂海錄)라고 했다.

註) **표해록(漂海錄):** 당시 명나라는 몽골의 지배에서 벗어나 그때까지 상업과 통상, 교류를 강조하던 몽골제국에 대한 반동적인 조치로 쇄국정책과 농업 위주의 자급자족 경제를 지향했다. 그래서 파견되는 사신단 이외에는 조선인이 중국에 들어갈 수 있는 기회는 거의 없었다. 특히 최부의 여행기 표해록은 중국의 역사와 문화를 바탕으로 당시의 사회, 풍속, 교통, 지리 등에 대해 상세하고 정확하게 기록했기 때문에 사료적 가치가 매우 높이 평가되고 있다. 그래서 한 중국학자는 외국인이 쓴 중국 여행기 중에 가장 우수한 4편을 꼽았는데, 시대순으로 일본 승려 원인이 쓴 '입당구법순례기', 이탈리아 상인 마르코폴로의 '동방견문록', 중앙아시아의 사이드 알리 악바르가 쓴 '중국여행', 그리고 조선의 관리 최부가 쓴 '표해록'을 꼽았다.

1491 9대 성종(成宗) 22년

1월에 야인(野人: 여진) 우디거(兀狄哈: 오랑캐) 족(族)이 조산보(造山堡: 함경북도 회령지방)에 침입하여 경흥부사 나사종(羅嗣宗)을 죽인 일이 있었다. 이에 왕은 11월에 관찰사 허종(許琮)에게 8도 군사 2만4천 명을 주어 보내 토벌케 하니, 허종은 두만강을 넘어 북쪽에 있는 우디거족의 여러 부락을 소탕하고 돌아왔다.

註) 과거 조선과 명나라 국경에 거주하던 여진족의 생활은 대단히 검소했다. 그들은 재난이나 흉년을 만날 경우 항상 조선에 식량과 소금, 간장 등을 하사해 달라고 요구했다. 심지어 강을 건너 주선의 주민과 재물을 약탈하기도 했다. 그로 인해 조선 주민의 증오와 적개심은 한계를 넘기도 하여 조선군이 무력으로 여진족을 토벌하고 복수한데는 그런 이유가 있었다. 결국 건주위의 수령은 조선 군대가 펼치는 대학살을 피하기 위해 명나라 조정의 동의하에 혼하 상류 소자하 유역으로 이주했다. 나중에는 건주좌위 역시 같은 이유로 이주했다, 도중에 조선군의 공격을 받기도 했지만 부족의 일부 주민은 두만강 유역에서 파저강과 소자하로 이주했다. 그러나 그러지 못한 일부 주민은 계속 회령과 경성 일대에 머물렀다. (이후 여진은 조선과 명나라가 임진왜란에 휘말려 여력이 없어진 기회를 타 여러 곤경에서 빠져나오게 되며, 그 시기에 누르하치가 건주의 각 부족을 통일하는 기회를 잡게 된다.)

### 무오사화(戊午士禍)

1498 10대 연산군(燕山君) 4년

이극돈(李克墩), 유자광(柳子光)이 세조 때의 일을 쓰다가 김일손(金馹孫)이 기록한 사기(史記)의 사초(史草: 초본) 중에 그의 스승 김종직(金宗直)이 쓴 조의제문(弔義帝文)을 보고 "김종직이 세조를 항우(項羽)에 견주었다"는 말을 퍼트렸다. 결국 이 소문이 사림파(士林派) 제거에 이용되어 김일손을 죽이게 하고, 김종직의 관까지 파헤쳐서 시체를 베었다. 김종직의 문하생들은 모두 산골로 흐트러지고…

### 갑자사화(甲子士禍)

1504 10대 연산군(燕山君) 10년

성종(成宗때 연산군의 생모인 윤(尹)씨가 질투가 심하여, 폐비시키고 사사(賜死: 사약으로 죽임)한 일이 있었는데, 이 사실을 임사홍(任士洪)이 연산군에게 밀고하니, 지금까지 가짜 어머니를 모신 것을 알게 된 연산군은 눈이 뒤집혔다. 그 당시의 사건 전모를 확인한 연산군은 당시 이를 반대하지 않았던 윤필상(尹弼商), 이극균(李克均) 등 신진사류들은 물론, 그 심부름꾼까지도 가려내어 일대 살육을 벌였다. 이 때문에 성종 때 배양된 인재들이 거의 모두 몰살당하는데, 연산군은 이로부터 생에 회의를 느껴 사치와 향락의 늪으로 빠져 들어갔다.

### 중종반정(中宗反正)

1506 10대 연산군(燕山君) 12년

9월 1일, 중추부지사 박원종(朴元宗)은 누이가 왕에게 당하고 자결한 후, 이에 자극 받아 이조참판 성희안(成希顔) 등과 함께 연산군을 폐하기로 밀약하고 당시에 인망이 높던 이조판서 유순정(柳順汀), 연산군의 총애를 받고 있던 군자부정(軍資副正) 신윤무(申允武) 등의 호응을 얻어 먼저 권신(權臣) 임사홍(任士洪), 신수근(愼守勤) 등 연산군의 측근을 죽인 다음, 2일, 군사를 몰아 텅 빈 경복궁에 들어가서 대비(大妃:成宗의 繼妃)의 윤허를 받아 왕을 폐위시켰다. 연산군은 "내가 내 죄를 안다"하고 선선히 옥새를 내주었다. 반정공신들은 왕의 이복동생 진성대군을 즉위시키니 이가 11대 중종(中宗)이다.

## 삼포왜란(三浦倭亂)

1510 11대 중종(中宗) 5년

70년 전(1443년) 계해조약 체결 당시 60명에 한하여 허가한 삼포(三浦) 왜인촌의 거류민의 수가 세종 말년에는 약 2천 명으로 증가하였고, 점차 교만해지기 시작한 그들은 조정의 명을 어기고 관리들도 이들을 압박하는 일이 생겨 충돌이 잦았다. 중종은 새로 즉위하자 대마도주에게 통고하여 일부 왜인들의 철거를 요구하고 선박 감시를 강화했더니…

4월 4일, 대마도의 지원을 얻은 약 1천척의 왜선(倭船)이 거제도 영등포를 공격하여 점령하고, 이어서 삼포로 몰려오는 것을 성민들이 단합하여 겨우 격퇴시켰다. 그러자 왜인들은 병력을 나누어 주물도에 주둔하려 했다가 여기서 또 격퇴 당하고 난 후 다시 몰려들어 영등포를 점거한 채 노략질의 근거리로 삼았다. 한때는 내이포(乃而浦: 진해 부근)와 부산포를 함락시키고 웅천(熊川: 진해)의 수비군을 격파하기도 했다. 뒤늦게 이를 알게 된 조정에서는 19일에 황형(黃衡)과 유담년(柳聃年)을 경상좌우도방어사(慶尙左右道防禦使)로 하여 반격에 나서, 수륙양면으로 왜인들을 대파하고 3백여 명의 왜군을 참살하고 5척의 왜선을 격침하면서 난을 진압한 다음, 곧 3포의 일본인 거류민도 추방시켰다. 조정에서는 즉각 3포를 폐쇄시키고 대마도와 단교를 선언했다. 이로서 조선과 일본간의 교통이 중단되는데, 일본의 아시카가 막부(足利幕府)는 다시 수교할 것을 간청해 왔다. 이에 따라 계해조약을 개정하여 새로 임신조약을 체결, 내이포(乃而浦)만을 개항(開港)해 주었다.

註) 3포 왜란이 발생했을 당시 왜인 병력 규모는 삼포의 항거왜추(恒居倭酋)가 거느린 4~5천에 더하여 대마도주가 수백 척의 병선에 왜인들을 승선시켜 보내주었다. 이들의 규모만도 대규모인데 여기에 4~5천의 제포 왜인들은 갑주와 궁전, 창검, 방패 등을 갖추고 완전무장한 형태로 전란에 임했다. 즉 이는 사전에 계획하고 준비했음을 의미한다. 이런 준비에는 대마도주가 깊이 간여하고 있었다. 조정은 곧 5천여 명의 진압군을 보내 대응했다. 또 거제도해전에서 적선 1,000척을 막아 대파했다. 결국 삼포왜란은 15일 만에 진압되었지만, 조선측은 피살자 272명에 민가 800여 호가 불타고, 일본측은 대선 5척 침몰, 100여 척이 파손되었으며 3백여 명이 참살되는 대사건이었다.

註) 3포(三浦)가 운영되던 시기에 명(明)나라는 왜구의 피해를 줄이기 위해 해금(海禁)정책을 펴서 일본과의 통상을 막아버렸다. 때문에 명에서의 활동이 위축된 왜인들은 조선의 3포로 몰려들어 무역량이 급증하게 되는데, 당시까지 삼포는 어느새 일본 뿐 만아니라 유구국까지 남방의 문물이 풍성하게 오가는 국제무역항의 모습을 갖추게 발전했다. 중계무역항으로서의 삼포가 100여 년 동안 잘 운영해온 덕분에 해안의 평화를 유지해왔지만, 이후 이곳이 폐쇄되면서 일본과 외교가 완전히 막힌 것은 1545년, 이로부터 50년도 안 되는 사이에 조선과 일본의 역사는 완전히 달라진다. 일본은 남쪽으로 방향을 돌려 동남아 일대를 누비며 화승총을 받아들여 막강한 군사력을 키웠고, 조선은 3포를 닫은 채 외부세계에 대해 눈과 귀를 닫고 있게 되었다.

## 임신조약(壬申條約)

1512 11대 중종(中宗) 7년

삼포(3浦) 폐쇄 후 당장 궁핍해진 대마도주(對馬島主) 아시까와(足利) 막부(幕府)의 애원으로 조약을 다시 맺게 하니, 1443년 맺은 계해약조의 세견선과 세사미두를 반감하고, 제포(濟浦: 웅천)만 개항하는 외에, 왜인들의 3포 거주를 금하기로 했다. 왜인들은 처음에는 이 조치를 따랐으나 차츰 불만이 쌓여 빗나가게 되는데…

### 기묘사화(己卯士禍)

1519 11대 중종(中宗) 14년

젊은 사림파(士林派) 조광조(趙光祖)는 경학(經學)에 밝고 행동이 빨라 왕의 예우를 받아 향약(鄕約)을 실시하고 미신타파를 주장하며, 신세대 젊은 선비들을 선발해 조정에 요소에 자리잡게 했다. 또한 일없이 녹을 받는 자를 몰아내고, 백성을 위한 정치를 신속히 개혁하려 하니, 늙은 대신들과 마찰이 생겼다. 왕은 유교적인 개혁을 생각하여 조광조를 발탁한 것인데, 조광조는 기성세력을 무시하면서 과격하게 모든 것을 다 바꾸려 했다. 무조건 기존의 것을 바꾼다고 해서 그것이 곧 개혁은 아니다. 나중에는 왕까지 외면하기에 이르자, 결국 조광조는 귀양간 끝에 사약을 받았고 많은 사림(士林)들이 쫓겨났다.

註) 밀려난 대신들은 궁지에 몰려 조광조 일파를 내치기 위한 작전에 들어갔다. 나뭇잎에 꿀을 발라 "주초위왕(走肖爲王: 조씨가 왕이다)"라고 써두니 벌레들이 꿀을 따라 갉아먹었다. 영락없이 하늘의 계시 같았다. 이를 왕에게 보이니 즉각 체포령이 내리고 세상이 발칵 뒤집혔다. 조광조는 영의정 정광필의 만류로 죽음은 면하고 전라도 능성(綾城)에 유배되었다가, 정적(政敵)이었던 김전이 영의정에 오르면서 결국 사약을 받고 말았다.

1528 11대 중종(中宗) 23년

여진의 소규모 침입이 빈번하게 자행되어왔지만 명(明)의 입김에 따라 북진정책이 좌우되던 터인데, 이때 회령방면의 여진 동구내(東古內) 일당이 갑산부(甲山府)를 습격한 일도 있고, 또한 만포(滿浦)첨사가 야인에게 피살된 일이 있어 출병론이 논의되었지만, 중신들 간에 토론만 하다가 말았다.

1543 11대 중종(中宗) 38년

산동(山東) 지방을 돌아본 명(明)나라 관리 호여보(胡汝輔)가 '조선에 청병해야 한다'는 보고를 올렸다는 정보를 입수한 왕은 파병을 위한 준비를 갖췄으나, 다행히도 명군(明軍)만으로 정벌에 성공하면서 청병 요청은 오지 않았다.

註) 이러한 명의 청병 가능성은 연산군 10년(1504년)과 중종 11년(1516년)에도 있었으며, 그때마다 조정에서는 사전에 요청에 대한 군사적 대비를 갖추기도 했었다.

### 사량진 왜변(蛇梁鎭 倭變)과 정미약조(丁未約條)

1544 12대 인종(仁宗) 원년

삼포왜란(1510)을 계기로 부산포(釜山浦) 등의 3포(三浦)를 폐지한 후, 왜인의 간청으로 1512년에 임신조약을 체결했으나 왜인의 활동에 상당한 제약을 주었었다. 그러나 왜인의 행패가 여전히 계속되던 중, 왜선 20척이 사량진(蛇梁鎭: 통영시 원량면)에 들어와 사람과 말(馬)을 약탈해 갔다. 조정에서는 이 사건을 계기로 임신조약을 폐기하고 왜와의 관계를 끊으려 했는데, 이황(李滉, 퇴계) 등의 권유로 약조를 맺고 교류를 다시 열었으나, 임신약조보다 더욱 엄했고 벌칙까지 있어, 왜의 활동에 많은 제약을 주게 했다.

註) 조약 내용은 세견선(歲遣船)은 대선 9척, 중/소 각 8척 등 25척으로 제한, 선상집물(船上什物)의 일절 금지, 가덕도 서쪽에 도착한 자는 적왜(賊倭)로 규정, 모든 약속은 진장(鎭將)의 명령에 따른다 등의 6개 항이며, 이 조약의 위반 시에는 그 사실이 크면 3년, 작으면 2년 간 접대하지 않는다는 벌칙 조항을 두었다. 이 조약의 성립으로 비록 일본과 통교가 다시 이루어졌지만, 이후에도 왜구의 불법적인 침범은 계속된다.

**을사사화(乙巳士禍)**

1545 13대 명종(明宗) 원년

중종(中宗)이 죽은 후에 이복아들 간의 왕위 다툼. 중종이 장경왕후(章敬王后) 윤(尹)씨에게서 인종(仁宗)을 얻었고, 문정왕후(文定王后) 윤(尹)씨에서 명종(明宗)을 얻었으니, 장경왕후 동생 윤임(尹任: 大尹派)과 문정왕후 동생 윤원형(尹元衡: 小尹派)이 대립이 생겼다. 인종이 재위 8개월 만에 죽어 명종이 즉위했는데, 왕이 12세밖에 안되니 문정왕후가 청정(聽政)했다. 이때 윤원형이 밀고하기를 "윤임이 중종의 조카와 아들(봉성군) 중 한 사람을 왕으로 세우려 한다."고 모함하여 피의 숙청을 벌이게 되는데, 이 바람에 한때 명망이 있던 선비들까지도 덩달아 죽임을 당했거나 유배되었다.

註) 선조 초년부터 시작된 당쟁은 지배체제의 혼란을 더했다. 밖으로는 오로지 명(明)과의 사대관계에 의지한 채 정쟁과 권력다툼으로 일관하면서 급변해 가는 주변 국제정세를 파악할 여지가 없었다. 북쪽에는 누루하치가 여진의 여러 부족을 통일해 가는 중이고, 남쪽의 일본에서도 도요토미가 전국시대의 혼란기를 수습하고 불만에 찬 봉건영주들의 관심을 해외로 돌리기 위해 심상한 움직임이 일고 있던 때이다.

1554 13대 명종(明宗) 9년

1월, 함경감사 이사증(李思曾)이 스스로 휘하의 병사를 이끌고 두만강을 넘어 초관(草串)에 이르러 야인(野人) 도적 60여 명을 잡아 죽였다.

**을묘왜변(乙卯倭變)**

1555 13대 명종(明宗) 11년

왜인들은 10년 전에 맺은 정미약조의 완화조치를 요구해 왔으나 막무가내였다. 이와 같은 조선의 통제정책에 불만을 품은 왜구 70여 척이 달량성(達梁城: 전남 영암), 어란포(於蘭浦), 금갑(金甲: 珍島), 남도(南桃) 등의 보루(堡壘)를 태우고 약탈하면서 장흥(長興), 강진(康津)까지 나오는데, 이를 막던 전라병사 원적(元積)과 장흥부사(長興府使) 한온(韓蘊) 등이 전사하고, 영암군수 이덕견(李德堅)이 사로잡히는 등 사태가 커졌다. 이에 왕은 호조판서 이준경(李浚慶)을 도순찰사로 삼아 토벌하게 하여 영암에서 왜구를 크게 무찔렀다. 왜구가 물러간 후 대마도 도주(島主)는 이 사건에 가담한 왜구들의 목을 베어 보내 사죄하면서 세견선의 부활을 거듭 요청하므로, 이를 승낙하고 세견선 5척을 허락해 주었는데, 이 조치는 임진왜란 발생 전까지 계속되었다.

**임꺽정(林巨正)**

1559 13대 명종(明宗) 14년

연산군 이후 조정이 각종 사화(士禍)로 정치의 혼란과 관리의 부패로 민심이 흉흉해지고, 명종(明宗)조에 이르러는 명화적(明火賊)이 날로 창궐하여 1541년(중종 36년)부터는 규모도 대형화되어 갔다. 한편에서는 왜구가 설치고 안쪽은 산 도적 떼들이 도처에서 난무함에도 대책이 막연했는데, 이때 양주(楊州)의 백정(白丁)출신인 임꺽정(林巨正)이 불평분자들을 규합, 황해도와 경기도 일대에서 창고를 털어 곡식을 빈민에게 나누어주고 관아를 습격, 관원을 살해하는 등 대담하기가 으뜸이었으며 경기 황해 강원일대를 집안 드나들 듯했다. 한때는 개성(開城)에 쳐들어가 포도관(捕盜官) 이억근(李億根)을 살해하기도 했다. 백성들의 호응으로 관군(官軍)의 토벌을 피했으나 1560년 형 가도치(加都致)와 참모(參謀) 서림(徐林)이 체포되어 그 세력이 위축되다가 1562년 1월에 토포사(討捕使) 남치근(南致勤)의 대대적인 토벌로 구월산(九月山)에서 체포되어 처형되었다.

註) 토벌군의 어려움도 컸다. "모이면 도적이요 흩어지면 백성이 되어 출몰이 무상하니 잡을 수가 없다"라고 했다. 후에 이익(李翼)은 〈성호사설〉에서 임꺽정을 홍길동(洪吉童), 장길산(張吉山)과 함께 조선의 '3대 도둑'으로 꼽았다. 일부에서는 살육을 자행한 포악한 도둑으로 기록하고, 또 한편에서는 백성을 위한 의적이라고 평하기도 한다.

1568 14대 선조(宣祖) 원년

명종(明宗) 재위 22년간은 왕이 병약한데다가 아들이 없고, 또 안팎이 어수선하여 변란의 기미가 농후했다. 영의정 이준경(李浚慶)이 인순왕후(仁順王后) 심(沈)씨의 명으로 명종의 유언을 전하며 덕흥군(德興君: 중종의 7째 아들)의 3째 아들을 맞아 즉위시키니 이가 곧 선조(宣祖)이다.

1578 14대 선조(宣祖) 11년

일본으로 향하던 포르투갈 선박이 항로를 잃고 표착해왔는데, 이들은 상당수가 살해되고 나머지 선원들이 간신히 살아 탈출했다고 한다.

註) 일본의 경우는 1543년 이래 큐슈(九州) 남쪽 다네가시마(種子島) 섬에 근 70척 이상의 배들이 난파되어 구조되었다. 지리적인 특성이기도 했지만, 이들 난파선을 통해 들어온 철포(鐵砲: 조총)는 일본열도가 전시상태에 있던 호족들에게 엄청난 신무기이었기에 이를 적극 수용하여, 그 결과 1543년부터 10년도 채 안되어 일본 전역에 조총이 확산되었다. 외래문물을 받아들이는 데 적극적일 수밖에 없던 일본은 문을 닫아걸고 스스로 천하의 주인으로 안주하던 중국과 조선과는 입장이 달랐다. 조선은 외래인을 보면 쫓아내기 바빴다.

**경원부(慶源府) 야인사건(野人事件)**

1583 14대 선조(宣祖) 16년

2월, 10여 년 전부터 야인(野人) 추장 니탕개(李湯介)가 6진(6鎭)에 드나들 때 왕이 벼슬과 녹을 주어 후하게 대접했었다. 그런데 이때 변방의 장수가 야인을 잘못 다루게 되자 니탕개가 야인을 끌고 와 경원부(慶源府)를 점령해 버렸다. 왕은 먼저 오운(吳沄)에게 8천의 군사를 주어 막게 하고, 뒤이어서 신립(申砬)을 출병시키니 비로소 야인을 내몰고 경원을 탈환했다. 신립은 더 북진하여 두만강 넘어 그 본거지까지 공격하여 불태우고 회군했다. 이때에 개인 휴대용 소총인 승자총통(勝字銃筒)의 역할이 컸다.

1587 14대 선조(宣祖) 20년

9월, 경흥부사 이경록(李慶祿)이 군사와 백성을 이끌고 녹둔도에 가서 추수할 때 초도(椒島)에 있던 여진인(野人)이 쳐들어 왔다. 이때 장군 오형(吳亨)과 임경번(林景藩)이 전사하고 10여 명의 군사가 전사하면서 1백 60여 명의 농민이 납치되고 말 15필을 빼앗겼다. 이때에 경흥부사 이경록과 조산만호 이순신(李舜臣)이 겨우 적을 몰아내고 백성 50명을 되찾아왔으나 그 이상은 병력이 부족하여 추격을 포기했다. 그 후 이감(李鑑)은 초도를 정벌하고 여진인 32명을 죽였는데…

註) **녹둔도(鹿屯島)**: 두만강 하구가 동해에 접한 곳에 있는 섬. 본래 섭이국(聶耳國)으로 풍천임씨(豊川任氏) 발상지였는데, 발해가 망한 이후로 한때 생여진(生女眞)의 부락으로 분산되었다가, 세종시대 육진 개척에 따라 우리 영토로 회복한 곳이다. 세조 원년(1455년) 8월 기사에 "조산구의 녹둔도 농민이 농사지을 때 오랑캐의 약탈이 우려되므로 진장(鎭將)과 만호에게 비밀리에 지시하여 엄히 지키도록 하라"는 대목이 있다. 이후 1885년(고종 22)에 청국과 국경회담을 시작하기까지 약 300여 년간 우리 기록에 녹둔도에 관한 기사가 보이지 않는데, 1883년 10월 어윤중이 녹둔도를 순시하고 와서 보고하기를 "녹둔도는 본래 우리 땅이다. 지형을 살펴보니 섬 동쪽에 모래가 쌓여 저쪽 땅과 연결되어 있고, 거주자는 모두가 우리 백성이며 다른 나라 사람은 한 사람도 없다"고 했다. 그런데 조선이 빠진 러시아와 청국간의 1861년 혼춘조약으로 러시아 땅이 되었으며, 그 후 1937년 스탈린의 지시로 이곳에 거주하던 한인들이 중앙아시아로 강제이주 되면서 버려진 땅이 되고 말았다.

註) **만주(滿洲)**: 여진의 누르하치는 1589년 건주여진을 통일하여 나라의 틀을 잡게 되는데, 자신이 통일한 건주여진을 '만주구륜' 즉, 만주국(滿洲國)으로 부르기 시작했다. '구륜'은 나라를 뜻하는 여진족 단어이다. 이로부터 백두산 북쪽 벌판이 '만주'라는 명칭이 쓰였다. 실제로 여진족의 족명 여진(女眞)은 자신들이 만든 것이 아니다. 스스로는 '주르신(諸申)'으로 지칭했지만 중국인들이 '계집 녀(女)'를 붙여 만든 멸칭(蔑稱)이 여진이다. 중국은 북방 유목민족들에게 당한 피해를 분풀이하듯 멸칭을 만들어 붙였으니 흉악한 노예라는 뜻을 담은 '흉노(匈奴)', 몽매하고 고루하다는 의미인 '몽고(蒙古)' 등이 유사한 사례이다. 특히 여진족 남자에게 최대 모욕은 '아녀자 같다'는 말이었으니 '진짜 계집(女眞)'이란 의미를 담은 중국식 민족 명칭에 대한 심한 거부감을 가지고 있었다. 그러나 인위적으로 만든 '만주'는 널리 통용되지 못하다가 1632년 홍타이지가 전체 여진을 아우르는 말로 주르신(여진)이란 글자를 금지하고 만주(滿洲)라는 말만 쓰도록 강제하였다.

1588 14대 선조(宣祖) 21년

1월, 이번에는 또 여진인들이 녹둔도(鹿屯島)를 기습하여 방어군을 살상하고 약탈을 해가자, 이일(李溢)은 5천의 병력으로 두만강 넘어 북진하여 야인들의 소굴인 시전부락(時錢藩胡)을 들이쳐서 여진 부락 200여 호를 불태우고 380여명을 참살했다. 이때 이순신(李舜臣), 원균(元均), 선거이(宣居怡), 황진(黃進), 조대곤 등이 참전했다. 또 한편으로 남병사 신립(申砬)은 고미포에 웅거한 여진세력을 진압하기 위해 출병하고…

註) 이후 야인들의 움직임이 조용해지게 되었는데, 건주여진에서 누르하치가 만주의 여진을 통일하고, 그 아들 태종이 요서지방까지 진출한 것이다. 이로 인해 두만강 방면의 야인들이 대부분 요동으로 이동하여 두만강 방면 야인들의 침입이 중단되게 된 것이다. 이에 따라 녹둔도는 물론이고 경흥(慶興) 위쪽의 적도(赤島)와 경원(慶源) 위쪽의 고이도(古耳島) 등 두만강에 있는 모든 섬을 개간할 수 있게 되었다. 그러나 북쪽이 조용해지면서 이제부터는 남쪽이 시끄러워져 가고 있으니…

### 기축옥사(己丑獄死) - 정여립(鄭汝立)의 모반사건

1589 14대 선조(宣祖) 22년

10월 2일, 황해감사 한준(韓準)이 정여립(鄭汝立)의 모반을 비밀장계로 조정에 알렸다. 이 당시에 정여립은 대동계(大同契)를 만들어 마을 협동체를 구성하고는 군사훈련을 하며 왜구의 약탈에 대비한 적은 있었는데, 1587년에 전라도 손죽도에 침범한 왜구를 대동계의 무사들이 관군과 합하여 큰 공헌을 했다. 그 후 대동계의 조직이 항해도에서도 호응할 정도로 더욱 강화되어 갔고, 이것이 반역의 작당으로 둔갑된 것이다. 서인(西人)들의 모함에 정여립이 물망에 올랐고, 이를 기화로 동인(東人)에 대한 피의 숙청이 자행되었다. 숙청치고는 너무도 잔인하여 동인의 몰락을 가져왔는데, 사건 이후에도 정여립이 모반했다는 증거는 찾지 못했다. 정여립과 친했다는 이유만으로 1천여 명이 연루되어 죽었으며, 정여립은 진안의 죽도에 들어가 자결했다. 그리고 이후부터 호남지방의 학문이 없어졌다고 한다.

註) 당시 정국은 동인이 주도할 때였다. 이때 피해를 입은 사람들은 모두 동인에 속한 사람들인데, 전후 사정으로 보아 동인 계열의 사람들이 역모에 가담할 이유가 없었다. 때문에 이 사건을 조작된 역모 사건으로 보는 것이다. 왕의 정통성이 약한 선조가 취약한 자신의 정통성을 강화하기 위해 세력이 강해진 동인들을 몰아내기 위해서 동서분당(東西分黨) 대립구도를 이용하고자 했고, 이때에 걸려든 것이 바로 정여립의 모반 장계였다.

한편, 일본 전역을 장악한 히데요시(豊臣秀吉)조차도 왜구를 완전히 근절하지 못했다. 비록 노략질을 금지하는 훈령을 내렸지만, 대규모의 왜구 떼가 남해안을 습격하기도….

註) 이들 왜구는 그 과정에서 알게 된 조선의 약점을 다이묘(大名: 지방의 영주)들에게 정보를 팔았으며, 이를 바탕으로 1592년 시작된 조선의 침략이 가능할 수 있었다.

### 일본수호통신사(日本修好通信使)

1591 14대 선조(宣祖) 24년

1월, 일본에 보냈던 통신사 일행이 6개월 만에 귀국했다. 당시 일본은 1백여 년에 걸친 내란의 평정단계였으며, 스스로 '태양의 아들'이라고 하는 도요토미 히데요시(豊臣秀吉)는 조선 침략의 뜻을 이미 5년 전(1586년) 6월에 밝혔고, 조선을 거쳐 명을 치겠으니 준비하라고 대마도주 소요시시게(宗義調)에게 알렸다. 조선과 명과의 관계를 잘 아는 소요시는 전쟁을 막아보려고, 승려 겐소(玄蘇)를 조선에 보내 통신사 파견을 요청했다. 왕은 섬나라 오랑캐의 짓이라고 대꾸도 하지 않다가, 거듭 요구에 1590년 정사(正使) 황윤길(黃允吉) 부사 김성일(金誠一)을 일본에 보냈더니 이들의 귀국보고는 뜻밖에도 상반되었다. 왜가 곧 침공할 것이라고 정사가 보고하니, 부사는 아니라고 했다. 때는 태평세월이다. 전쟁 이야기는 입 밖에 내기도 싫었다. 결국 일본을 알려던 마지막 기회마저 우야무야 되고…. 그 사이 왜왕 도요토미는 군량미를 비축하고 배를 만들며 전국에 동원령을 내리고 침략 본부로 큐우슈우(九州)의 후꾸오까(福岡), 서북 나고야(名護屋)에 성을 쌓는 등 순조롭게 준비하고 있는 중이었다. 왕은 끝내 판단이 서지 않자, 만약의 사태에 대비하기 위해 남쪽의 성지(城池)를 수축하게 하고 장수를 천거했다. 이순신(李瞬臣)도 이때 발탁되었다. 그러나 각처에서 상소문이 빗발쳤다. 태평세월에 성을 수축하여 백성을 괴롭힘은 잘못이라는 것이다. 그래서 결국 이것조차 제대로 되지 못했다.

**임진왜란(壬辰倭亂)**

1592 14대 선조(宣祖) 25년

1월, 일본왕 도요토미는 교오토오(京都)에서 출동명령을 내렸다. 왜군은 큐우슈우(九州)를 거쳐 대마도(對馬島)에 집결을 마쳤고, 3월에는 종의조에 이어 대마도주가 된 소요시시게(宗義智)가 부산에 와서 전쟁이 임박함을 통첩하고 회답을 기다렸다. 그러나 조정은 이를 오랑캐의 공연한 공갈로 여기고 묵살해버렸다.

註) 전란의 원인은 오랫동안 분열되어 있던 전국시대를 통일한 도요토미(豊臣秀吉)가 자신의 권력 아래 일본열도를 안정시키기 위해서는 대외전쟁을 일으켜 큐슈(九州)지방을 비롯한 신흥 영주세력의 힘을 빼는 것이 급하다고 여기고 조선침략전쟁을 준비한 것이다. 침략군은 9번대(番隊)로 나누어 제1진은 고니시(小西行長) 18,700명. 제2진 가토(加藤淸正) 22,800명. 제3진 구로다(黑田長政) 11,000명. 제4진 모리(毛利吉成), 시마스(島津義弘) 14,000명. 제5진 후구시마(福島正則) 25,000명. 제6진 고바야가마(小早川隆景) 15,000명. 제7진 모리(毛利元之) 30,000명. 제8진 우키다(宇喜多秀家) 10,000명. 제9진 하시바(羽紫秀勝) 15,000명으로 총병력 15만8,700명이며, 그 밖에도 구키(九鬼嘉隆)과 도토(勝堂高虎)가 거느리는 수군 9,000명이 해전에 대비하고, 구니베(宮部長熙) 등이 이끄는 12,000명이 후방 경비를 맡았다. 왜란 전기간을 통해 조선에 투입된 왜군은 약 20만이었고, 10만 여명이 나고야에 예비 병력으로, 3만여 명이 교토(京都) 수비에 각각 임했다.

4월 13일, 가덕도(可德島: 부산시 강서구에 있는 섬) 봉수대 봉수감고 이등(李登)은 수평선에 새카맣게 몰려오는 선단을 발견했다. 쌀을 사러오는 대마도의 세견선으로 보았으나 규모가 너무 크기에 400척의 선단이 온다고만 보고했다. 그러나 실제로는 700척의 선단으로 구성된 일본의 조선정벌군 제1진을 이끈 고니시 유키나가(小西行長)의 군대였다. 총 출동 병력은 육군 15만8천7백과 수군 9천. 전쟁은 이렇게 시작되었다. 이튿날 14일은 부산첨사 정발(鄭撥)이 전사하고, 15일에는 동래부사 송상현(宋象賢)이 적의 설유에도 불구하고 성과 함께 순절했다. 이어 제2진 가토 기요마사(加藤淸正), 제3진 구로다 나가마사(黑田長政) 등이 도착하여 파죽지세로 북진 경쟁을 벌였다. 왕은 급히 순변사(巡邊使) 이일(李鎰)을 출병시켰으나 24일 상주(常州)에서 가토(加藤)가 이끈 왜군에게 맥없이 뭉그러지고 말았다.

註) 조선의 군편제(軍編制)대로 한다면 비상시 20만의 군사동원이 가능했다. 그러나 군정(軍政)의 문란으로 실제 동원할 수 있는 병력은 미미했고, 병기(兵器)또한 마찬가지였다. 성 위에 있어야할 화포(火砲)는 간 곳 없고, 철석같이 믿었던 승자총통(勝字銃筒)도 조준하거나 빨리 쏠 수가 없었다.

4월 26일, **탄금대(彈琴臺)**, 뒤이어 출동한 도순변사(都巡邊使) 신립(申砬)은 8천의 병사를 이끌고 험준한 조령(鳥嶺)의 지형을 이용하여 적을 막으려 했으나, 이일이 상주(尙州)에서 패했다는 소식을 듣고는 충주(忠州)까지 물러나와 탄금대(彈琴臺)에 배수진을 치고 고니시(小西行長)가 이끄는 1만5천의 왜군과 맞섰다. 그러나 조총과 활의 싸움. 28일, 조총을 앞세운 왜군에게 정면으로 맞서 3차에 걸친 돌격 끝에 전멸당하고, 신립은 남한강에 투신.

註) 신립의 배수진에 대해서는 후일 전략적인 논란의 대상이 되어 명나라 장군 이여송(李如松)도 조령의 험한 지세를 이용하지 않고, 무모한 배수진을 친 행동을 탄식했다 한다. 하지만 훈련이 안된 병사들을 대상으로 숨기 쉬운 조령 산곡에 배치해서는 원할한 매복 작전이 될 수 없다. 병사들은 틈만 나면 도망칠 생각부터 하는 판이다. 따라서 병사들을 개활지에 두어 죽기 살기로 맞설 수밖에 없다. 신립의 오판이라기보다는 그간 군대를 양성하지 않은 조선조정의 총체적 부실의 한 사례로서, 뛰어난 한두 사람의 장수가 상황을 이끌어갈 형편이 아니었다.

4월 30일, 조정은 갈팡질팡했다. 왕은 신하들의 극렬한 만류도 뿌리치며 서둘러 의주(義州)를 향해 피난길에 올랐다. 나라는 무정부상태가 되어 궁궐은 백성들에게 약탈당하고…

註) 조정의 대책은 두 가지가 나왔다. 하나는 한양을 버리고 파천(播遷)하자는 것이고, 또 하나는 요동으로 망명하자는 요동내부책(遼東內附策)이다. 모두가 다 선조의 의견이다. 국왕의 마음가짐이 이럴 정도이니…. 결국 왕의 요동 망명 계획은 좌절되었는데, 명나라는 조선이 왜와 결탁해서 명을 침략하려 한다고 믿고 왕의 요청을 거절했기 때문이다. 왕은 갈 곳이 없게 되자 세자에게 왕위를 선위한다고 하면서 자신은 몸을 빼어 도망칠 궁리만 했다.

5월 초, **조선군 최초의 승리,** 도원수 김명원(金命元)과 함께 한강의 방어임무를 맡은 부원수 신각(申恪)은 적에게 패해 상부에 보고할 겨를도 없이 후퇴, 후방에서 흩어져오는 병사들을 수습하여 다음 싸움에 대비했다. 신각은 마침 함경병사 이혼(李渾)의 부대와 만나 합세, 다시 진격하여 왜군을 양주 해현(蟹峴)에서 격파, 적 70여 명을 죽였다. 그러나 이러한 사실을 모르고 김명원은 신각이 명령에 불복하고 한강 방어선에서 도망쳤다고 보고하니 조정에서는 신각을 사형에 처하게 했는데, 그 뒤 신각의 공훈을 알리는 보고가 조정에 이르자 급히 사자를 보내 신각의 처형을 중지시켰지만, 아뿔싸!!, 이미 처형된 뒤였다.

5월 2일, 왜군(倭軍)의 선봉이 한양(漢陽)에 입성했다. 불과 20일 만에 한양에 집결한 왜군은 진격로를 2개 방면으로 나누어, 고니시(小西)는 평안도 방면, 가토(加藤)는 함경도 방면으로 진출.

註) 당시 왜군의 주요 화력은 조총(鳥銃)이고, 우리는 화살이었다. 일본은 49년 전(1543년) 도착한 폴투칼인으로부터 소총을 입수하여 개량한 끝에 대량생산하여 그중 2만5천정은 오끼나와(琉球島)에 수출하기도 했다. 수년 전 대마도주가 우리 조정에 몇 자루 선물한 일이 있었으나 창고 속에 쳐 박아 둔 채로 관심도 없었다. 결국 총과 화살의 대결. 한편, 한성(漢城) 점령을 보고 받은 도요토미(豊臣秀吉)는 너무나 기뻐서 자신이 직접 바다를 건너가 지휘하겠다며 명나라 정복계획도 세웠다. "내년 2월까지 한성으로 가서 일본의 수도를 명의 북경(北京)으로 옮기고, 스스로 북경에 행차하여 교통의 요지인 영파(寧波: 절강성)를 거쳐 인도(印度)까지 정복하겠다"며 희희낙락했다.

5월 5일, **용인전투(龍仁戰鬪),** 왕의 피난길을 호위할 근왕군 4만을 이끈 이광(李洸)과 곽영(郭嶸)이 직산에서 합류하고, 또 경상감사 김수(金睟)와 충청감사 윤선각(尹先覺)이 이끌고 올라온 군사와 다시 합류하여 수원으로 진격했다. 제법 군세가 왕성했다. 그러나 용인(龍仁: 경기도 용인군)에 이르러 왜군과 한 판 싸움에 대패하고 말았다. 권율(權栗)과 백광언(白光彦)의 만류에도 불구하고 이광이 적을 깔보고 무리하게 공격 명령을 내린 것이 화근이었다. 이튿날 한양을 점령하고 있던 왜군까지 달려 나와 초전에 참패한 조선군을 재차 공격했다. 잇따른 참패로 조선근왕군은 완전히 무너져버리고 말았다.

**이순신(李瞬臣)의 첫 출전 - 당포해전(唐浦海戰)**

전황은 바다에서도 마찬가지였다. 부산해역을 담당한 경상좌수사 박홍(朴泓)은 무기, 식량 등을 바다에 버리고 도망쳤으며 거제도에 있던 경상우수사 원균(元均)은 겨우 6척의 배를 끌고 여수에 있는 이순신에게 구원을 청했다.

5월 4일 새벽, 이순신은 전함(戰船) 24척 등 도합 85척을 이끌고 나가 6일, 당포(唐浦: 경남 통영)에서 원균(元均)이 이끄는 전선 4척 등 6척과 합류하여 91척이 된 함대는 거제도 남쪽 옥포(玉浦)에 이르러 30여 척의 왜선을 공격하여 그중 26척을 격침시켰다. 함대는 북상하여 합포(合浦: 진해시)에서 적선 5척을 더 깨부수고, 8일에는 적진포(赤珍浦: 통영 부근)에 정박 중인 왜선 13척 공격하여 모두 불태운 다음, 전라좌수영 본영(本營)이 있는 여수로 돌아왔다. 우리 측 피해는 부상자 1명 뿐, 적선 44척을 격침시킨 대승리였다.

註) 수전(水戰)기록에 당파(撞破)라는 표현이 자주 나오는데, 적선과 정면으로 충돌하여 부수는 방법이다. 당시 우리 배는 두텁고, 왜선은 얇아서 부딪치면 왜선이 부서진다. 또한 우리 수군에는 적군에 없는 포(砲)가 있는데 발사물은 수마석(水磨石), 불화살(火箭)이고 나중에는 이장손(李長孫)이 발명한 진천뢰(震天雷)가 사용되었다. 진천뢰는 속에 작은 철조각이 가득 들어있어서 터지면 많은 파편이 퍼지면서 대량의 살상력을 갖는 동양최초의 포탄이다.

5월 29일, **당항포 해전(唐項浦 海戰),** 왜선 10척이 사천(泗川: 경남 통영) 쪽으로 온다는 정보에 따라 노량에서 원균과 만난 이순신 함대는 사천에 정박 중인 왜선 13척을 공격하여 모두 불태우고, 6월 1일에도 당포에 정박 중인 왜선 21척을 들이쳐 모두 격파한 다음, 4일에는 전라우수사 이억기(李億祺)까지 합류하여 전선이 28척에서 51척으로 보강된 원균, 이억기, 이순신의 연합함대는 5일, 당항포(唐項浦: 경남 고성)에서 적선 26척을 바다 쪽으로 유인하여 모두 격침시켰다. 이때에 거북선(龜船)도 처음 출전했다. 거북선을 앞세운 선단은 왜의 선단에 똑바로 돌격하면서 적선을 쉽게 격침시킬 수 있었다. 이번 2차 출전에서는 11일 동안 4회 접전에 왜선 72척을 격침시키고 6월 10일에 본영으로 돌아왔다.

註) **거북선(龜船):** 조선 수군의 주력은 육중하게 만들어진 판옥선이다. 반면에 왜선은 작고 경쾌하여 적의 배를 따라 잡은 뒤 승선하여 백병전을 펼쳤는데, 거북선은 이들의 접근을 막을 수 있도록 개량한 특수돌격선이다. 함상 육박전을 원천적으로 봉쇄하여 적진 깊숙이 뚫고 들어가 적의 지휘선을 격파하는 것이 주 임무로서 3~5척이 있던 것으로 추정한다. 왜군에게는 거북선에게 하도 혼이 나서 공포의 대상이 되었다. 이순신의 고안에 의해서 군관 나대용(羅大用) 등이 건조한 것으로 알려지고 있으며 전란 후에는 그 모양이 조금씩 변하여 용머리(龍頭)는 거북머리(龜頭)로 되고, 치수도 일반적으로 장대(長大)해지는 등 크게 변형되어 졌다.

**최초의 민간 유격대 - 홍의 장군(紅衣將軍) 곽재우(郭再祐)**

6월 6일, 왜군은 바닷길이 막혀 전라도 방면으로 진출이 좌절되자, 소조천(小早川)이 이끄는 왜군 2만이 함안을 점령한 다음, 육로로 함양을 경유하여 전라도로 향하고자 의령으로 몰려들었다. 이때 의령에서 4월에 기병한 곽재우(郭再祐)의 2,000 의병이 유격전으로 정암진(鼎巖津: 솥바위나루) 도하작전을 전개한 왜병을 맞아 싸워 대승을 거두었다. 이때 곽재우는 붉은 옷을 입고 진두에 나서서 이때부터 곽재우를 홍의 장군(紅衣將軍)이라고 불렀다.

註) **곽재우:** 5월 4일 첫 싸움인 거름강 전투에서 갈대밭을 이용한 매복으로 3척의 왜선을 부수고 6일에는 또 다시 11척의 왜선을 맞아 또 이겼다. 이 소문을 듣고 몰려들은 장정이 2천을 헤아렸다. 정암진 싸움에서는 10명의 가짜 홍의장군을 만들어 사방에서 불시에 나타나는 의병(疑兵)작전을 벌였고, 이에 혼란에 빠진 왜군을 정면으로 들이쳐 거의 전멸시켰다. 이후 남강 도하작전을 단념한 왜군이 낙동강을 거슬러 가기 시작하자, 곽재우도 역시 대안에서 마주보고 따라 올라가며 유격작전을 벌여 전과를 숱하게 올리니, 왜군은 결국 육로(陸路)를 이용한 전라도 방면의 진출을 포기하고 말았다. 정유재란 때는 화왕산성(火王山城: 경남 창녕)에서 가토(加藤)가 이끄는 대군을 맞아 성을 지켰으며, 전후(戰後)에는 함경감사 등의 관직을 받았으나 모든 관직을 사양하고, 창녕군 비슬산(琵瑟山) 기슭에 망우정(忘憂亭)을 짓고 은둔생활로 여생을 보냈다.

6월 8일, **대동강(大同江) 전투,** 고니시(小西)가 이끄는 왜군은 5월 28일에 임진강을 넘어 대동강에 이르자 강을 건널 방책이 없어 며칠을 허비하고 있던 중에, 3천의 병력으로 평양수비를 맡고 있던 도원수 김명원(金命元) 등이 4백여 명의 결사대로 강을 건너 왜군 진영을 습격했다. 이것이 화근이었다. 기습에는 성공했으나 역공을 당해 패주하게 되자 급한 김에 배를 버리고 얕은 여울인 왕성탄(王城灘)을 건너 퇴각했다. 이것이 왜군에게 대동강을 건널 수 있는 방법을 알려준 꼴이 되었다. 비로소 왜군은 왕성탄으로 몰려들었고, 대동강을 쉽게 건너게 되자 왕은 피난을 서둘렀고, 방어군이 무너지니 평양성은 무방비가 되었다. 평양성에서 왜군은 조선군이 남겨놓은 양곡 10만 섬까지 덤으로 확보할 수 있었다.

6월 11일, 평양성을 점령한 고니시(小西)는 남쪽에서 수군이 북상하지 못하게 되자 수륙합동 계획에 차질이 생겼다. 더 이상 북진을 못하고 평양에 주저앉아 버렸다. 또 철령을 6월 12일 넘어 북상하는 가토(加藤)는 함경도에 이르러 행운을 잡았다. 부령부사 원희(元喜)가 전사하자 국경인(鞠景仁)의 반란이 있었고, 이 무리들이 왕세자인 임해군(臨海君)과 순화군(順和君) 및 많은 고관들을 묶어 가토(加藤)의 왜군에게 바쳤다. 힘 안들이고 동북면을 점거한 가토는 안변으로 돌아가 길주(吉州) 이남에만 왜군을 배치하고, 경성(鏡城)은 반역의 무리인 국세필(鞠世弼)에게. 회령은 국경인(鞠景仁)이 관리하도록 했다.

6월 22일, 도망치기에 바쁜 왕은 의주(義州)에 도착하여 명(明)에 원군을 요청하고..

註) 조선의 실상을 파악한 명의 관리들은 매우 의아해 하면서 "조선이 수당(隋,唐)과의 전역 이래 강국으로 불렸는데 지금 이처럼 허약해진 이유가 무었이냐?"고 되물었다.

## 광해군(光海君)의 분조(分朝)

6월 23일, 평안도 영변까지 피난을 간 왕은 자신이 명나라로 넘어갈지도 모른다고 세자 광해군(光海君)에게 분조(分朝)를 차리게 했다. 그리고는 왕은 오로지 명나라만 쳐다보며 의주로 향하고, 왕의 대리인이 된 세자는 강계(江界)로 방향을 바꾸어 내려오면서 조정의 역할을 대신해 나갔다.

註) 광해군(光海君)은 내치(內治)와 외교에는 성군(聖君)이었으나, 가족관계가 엉망이었다. 아버지 선조는 왕자를 14명이나 낳았다. 광해군은 후궁의 아들, 그것도 둘째였다. 그의 생모가 생후 2년 후에 죽자, 형인 임해군과 함께 의인왕후 박씨 슬하에서 자랐다. 끝내 왕후가 아이를 낳지 못하자, 광해군을 세자로 책봉하자고 정철(鄭澈)이 말했다가 줏대 없는 왕에게 야단만 맞고 귀양을 갔다. 그러다가 왜란(倭亂)이 터졌다. 다급한 왕은 4월 29일 광해군을 세자에 봉한다고 선언하고는 피난길에 올랐다. 전쟁통에는 어쨌든 똑똑한 아들이 세자이어야 했다. 그리고는 6월 23일, 광해군의 분조(分朝)가 움직이면서부터 광해군의 능력이 드러났다. 세자는 남쪽으로 분조를 옮겨 황해도 곡산(谷山), 7월 9일에는 강원도 이천으로 옮기며 병력을 모집했다. 이에 정부가 소멸될 줄 알았던 백성들이 용기를 얻고 각처에서 의병을 일으켜 봉기했다. 세자는 쉬지 않고 적지를 누비며 정부기능을 수행했다. 광해군은 전쟁이 끝날 때까지 뛰었다. 조선 역대 왕 중에 전쟁을 몸소 겪은 왕은 광해군뿐이다.

## 한산대첩(閑山大捷)

7월 8일, 왜의 수군은 거듭된 패배의 설욕을 벼르며 1백여 척의 함선을 정비하여 견내량(見乃梁: 경남 고성 앞바다) 앞에 포진했다. 이른 아침, 일본 수군대장 와키사카(脇坂安治)에게 조선 수군이 접근하고 있다는 보고가 들어오니 73척의 선단을 이끌고 있는 그에게는 낭보였다. 한편 전라좌수사 이순신은 이억기, 원균 등과 함께 55척의 함대를 이끌고 전 날 근처에 도착했는데, 왜군 함대를 치려면 포구가 좁고 암초가 많은 견내량을 지나야 했다. 여기서 적을 유인할 생각으로 5~6척을 견내량으로 보내자 예상대로 일본 함대가 전 속력으로 달려들었다. 왜군 함대가 견내량을 거의 빠져나와 한산도에 이르러 적장 와키사카는 주변을 살폈다. "아뿔싸!" 일본 함대는 좁은 해협을 빠져나오느라 진형이 흐트러진 채 나란히 늘어서 추격에 만 전념하는데 조선 함대는 학이 날개를 편 듯한 모양의 학익진(鶴翼陣)으로 기다리고 있지 않은가! 용머리를 한 정체불명의 장님배(盲船: 거북선)들은 화포를 쏘아대며 돌진해오고, 학 날개의 양쪽 끝도 점점 조여진다. 이순신의 조선 수군은 적의 좌우를 완전히 차단한 채, 지자 현자 승자총통(地字, 玄字, 勝字銃筒) 등의 화포를 쏘며 돌격하여 73척의 적선 중 59척을 순식간에 격침 또는 나포하니 14척이 황급히 도주했다.

이튿날 7월 9일, 또 한편, 이를 도우려는 43척의 적선이 안골포(安骨浦)에 있다는 정보를 탐지한 수군은 또 한 번 돌격하여 모두 격침시켰다. 이로서 평양에 있던 고니시(小西)는 북진을 아주 단념해 버리게 되었고, 서해를 통해 명(明)으로 가려던 왜군은 차질이 막심했다. 도요토미(豊臣秀吉)는 각 군대에게 "이순신과는 싸우지 말라"는 특명을 내렸다.

註) 이번에 치른 한산도 대첩으로 조선수군이 제해권을 완전히 장악하여 왜군의 수륙병진(水陸竝進) 전략을 불가능하게 만들었음은 물론, 더 이상 왜(倭) 수군이 해전(海戰)에 나서지 못하도록 확실하게 제압해 둘 수 있게 되었다.

### 고경명(高敬命)의 의병(義兵)

당시 전라도 방면을 맡은 왜군은 고바야(小早川隆境)의 2만 병력이었다. 두 길로 나누어 무주(茂州) 쪽과 영동(永同)을 거쳐온 금산(錦山) 방면군이다. 금산으로 온 왜군은 7월 8일 웅치(熊峙: 전주 부근)에서 정담(鄭湛) 등의 관군을 부수며 남하했고, 이치(梨峙: 진산 근방)에서는 권율(權慄), 황진(黃進) 등이 험준한 산에 의지하며 막는 바람에 많은 사상자를 내고 퇴각했다. 이때 의병장 고경명(高敬命)이 6천의 병력을 이끌고 금산 쪽으로 오자, 왜군은 전주(全州) 공격을 미루고 서둘러 후퇴하여 금산성(錦山城)에 들어갔다. 7월 10일, 고경명의 의병이 성을 공격하려하자 적군이 성문을 열고 쏟아져 나와 야전(野戰)이 되었다. 결국 고경명의 의병들이 여기서 몰살되었다. 그러나 이 덕분에 전주는 무사할 수 있었다. 그리고 이때를 전후하여 많은 선비들이 일어나 의병을 만들고 각처에서 적을 괴롭히기 시작했다.

註) 웅치싸움(熊峙戰鬪): 진안(鎭安)을 거쳐 웅치를 넘어 전주로 들어가려는, 안고(安國寺惠瓊)가 지휘한 왜군의 진격을 저지하기 위해 김제군수 정담(鄭湛), 해남현감 변응정(邊應井), 나주판관 이복남(李福男), 의병장 황박(黃璞) 등은 웅치에 진을 쳤다. 7월 7일 수천 적군을 맞아 첫날 분전 끝에 격퇴했다. 8일 아침 왜군은 전병력과 화력(火力)으로 전면공격하여, 백병전이 되었다. 조선군 제1선, 제2선이 무너지고 마지막 제3선도 정담의 전사로 무너졌다. 싸움이 끝난 뒤 왜군은 조선군의 시체를 모아 큰 무덤을 만들고, 표목(標木)을 세워서 "조선의 충신 의사들의 영혼을 조상하노라(弔朝鮮國忠肝義膽)"라고 써 놓았다.

7월 16일, **평양성(平壤城),** 조선의 요청으로 온 명(明)의 부총병 조승훈(祖承訓)이 3천의 병력으로 왜장 고니시(小西行長)가 있는 평양성을 공격했다. 그러나 오히려 왜군의 매복에 걸려 참패하고 쫓겨 갔는데… 이때부터 왜군에 비상이 걸렸다. 새로운 적이 나타난 것이다. 그런데, 조승훈은 한 번의 패전으로 압록강 넘어 돌아가고 말았으니…

註) 조승훈은 왜군의 수준을 무시하고 경솔하게 덤볐다가 참패했다. 그러자 오만 핑계를 대고 철군한 다음, 본국에 돌아가서는 '조선군사 일진이 적진에 투항했기 때문에 불리했다'고 무고했다. 명은 그제야 정신을 차리고 원정군을 재정비하게 됐다. 그래서 12월에 이여송에게 4만5천의 병력을 주어 다시 조선에 들어가게 했다.

註) 명(明)의 조선 파병 목적은 조선을 돕기 위한 것보다는, 왜군이 압록강을 넘으면 명의 수도인 북경(北京)의 안위가 위태해 지기 때문에, 이를 조선 땅에서 막으려 했다. 왜군을 조선 땅에 붙들어 놓기만 하면 되는 것이었다. 때문에, 죽기 살기로 덤비면서 왜군을 조선에서 몰아낼 의지는 처음부터 없었다. 또 한편으로는, 일본의 해상침략을 우려해 산동(山東)과 요동(遼東) 지역에서는 성을 수리하고 병력을 확충하면서 사태에 대비했다.

8월 1일, 명군(明軍)을 격퇴하고도 추격하지 않는 왜군의 동태를 살핀 조선 측은 적의 병세(兵勢)가 떨어진 것으로 판단하고 순안(順安)의 이원익(李元翼), 강동(江東)의 이일(李鎰), 강서(江西)의 김응서(金應瑞), 박명현(朴名賢), 대동강 수군(水軍)의 김억추(金億秋) 등이 평양 서윤(庶尹) 남부홍(南復興)이 모병한 2만 병력을 이끌고 8월 1일 4면에서 평양성을 공격했다. 그러나 이 싸움도 일진일퇴만 거듭하였을 뿐 평양성을 공략하지 못하고 양측은 9월 1일부터 10월 20일까지 휴전하기로 합의하는데…

### 조헌(趙憲)과 700 의사(義士)

8월 1일, 조헌(趙憲)은 충청도 홍성(洪城)에서 의병 1,700을 일으키고 청주(清州)에 와 승장(僧將) 영규(靈圭)와 합류하고는 전 병력을 몰아 청주성을 공격하는 중 소나기가 쏟아져 일시 물러난 사이에 왜병이 성을 버리고 달아났다. 청주를 탈환한 조헌과 영규는 평양을 향하여 북상하는 중 금산에 적이 많다는 소식을 듣고 방향을 돌려 공주(公州) 쪽으로 가는데, 이곳 감사가 의병의 승전을 시기하여 훼방을 놓아 병력이 7백 명으로 줄어들었다.

8월 16일, 권율에게 통지하여 18일에 함께 금산을 협공하기로 했는데, 권율이 사정이 있어 연기하자고 한 서찰이 적의 수중에 들어갔다. 그러나 이때 이미 조헌의 700 병력은 금산벌에 도착해있었다. 이곳으로 왜군은 준비가 덜된 의병을 친다고 서둘러 나왔다. 조헌은 뜻밖의 공격을 받았으나 7백 의병은 흔들리지 않았다. "한 번의 죽음이 있을 뿐, 오늘 이땅이 내가 죽을 곳이다." 3번 적을 물리치고 끝내 모두 전사했다. 왜군의 시체 또한 얼마나 많았는지 운반하는데 3일이 모자랐다.

9월 1일, **부산포 해전(釜山浦 海戰),** 이순신은 적의 육군이 밀려와 수군과 합세할 것을 우려하여 그 본거지인 부산(釜山)을 치기로 했다. 166척의 선단을 이끌고 부산포(釜山浦)에 오니 적선 470여 척이 있으며 육지에서도 사격을 해왔다. 이를 결사 돌파하여 맹공격을 하루 종일 퍼부었다. 도대체 얼마의 적선이 격침되었는지 가늠할 수도 없지만 대략 절반은 되리라. 적의 소굴은 불바다로 변했고, 이순신이 스스로 평하기를 "가장 통쾌한 싸움"이라고 했다. 이제 왜군은 본국과의 연락조차 불편한 상황이 되었다.

9월 7일, 경상좌병사 박진(朴晋)은 비격진천뢰(飛擊震天雷)로 경주성을 탈환.

註) 비격진천뢰(飛擊震天雷): 이 해에 이장손(李長孫)이 발명한 것을 경주성 탈환전에서 처음 사용했는데, 터질 때 천지가 진동하듯 큰 폭발음을 내며 무수한 쇳조각(파편)이 사방으로 튀는 세계최초의 폭발탄이다.

### 동북의 의병장 정문부(鄭文孚)

9월 16일, 당시 함경북도 병마평사(兵馬評事)에 있었던 정문부(鄭文孚)는 겨우 몸만 빠져 피신했다가, 지방 선비들의 호응을 받아 의병을 일으키고 경성부(鏡城府)로 향했다. 우선 사람을 보내 설유시키니 국세필이 투항했고, 길주(吉州)의 왜군 1백여 명이 이를 확인하러 오는 것을 도중에 몰살시켰다. 이후 경성(鏡城)을 완전 수복한 후 국세필과 13인을 박역죄로 처단하고, 또 회령의 유생 신세준(申世俊)은 동지들과 힘을 합해 국경인을 죽였다. 이제 의병의 근거를 굳힌 정문부는 길주(吉州), 장평(長坪), 쌍포(双浦), 임명(臨溟) 등의 큰 전투를 치른 후 이어진 여러 대소 전투에서 모두 연전연승했다. 이제부터는 가토(加藤)도 속수무책이 되었다.

10월 5일, **1차 진주(晉州) 싸움,** 바닷길이 막힌 왜군은 육로로 호남지방에 들어가고자 3만의 병력을 동원하여 진주성(晉州城)에 몰려들었다. 성안에서는 김시민(金時敏)을 중심으로 3천8백의 관군과 의병등 8천6

백 명의 수성군(守成軍)이 한 마음이 되어 처절한 악전고투 속에 6일 동안을 버티었다. 10배나 많은 적의 공세를 막아낸 것이었다. 10일, 적은 대부분의 병력을 잃은 채 물러났다. 이 때문에 주변 서부 경남지역은 물론, 서쪽으로 호남 지역까지 적의 피해가 없는 안전지대로 굳혀질 수 있었다.

註) 비차(飛車): 바람을 타고 공중을 나는 수레로서 전라도 김제에 사는 정평구(鄭平九)가 만들어 진주성 전투에서 비차로 외부와 연락을 취했고, 경상도 고성에서는 갇혀 있던 성주를 30리 밖으로 탈출하게 했다고 한다. 이 비차를 적극 발전시켰으면 조선은 서양보다 몇 백여년 앞서서 제대로 된 비행기를 만들 수 있었을 텐데…

### 상주(尙州)탈환과 정기룡(鄭起龍)

11월 23일, 경상우병사 조경(趙儆)의 휘하에서 종군하던 별장(別將) 정기룡(鄭起龍)은 개전 초부터 전쟁터를 누비고 다녔다. 주로 기병(騎兵)을 앞세운 돌격의 명수였다. 거창, 신창, 추풍령에서 적의 기세를 꺾은 후 금산(錦山)에 주둔한 왜군을 칠 때에는, 조경이 포로가 되어 적진에 있음을 간단히 돌격하여 탈취하는 등, 전진 속을 마치 집 마당같이 돌아 다녔다. 적이 상주성(尙州城)에 웅거하자, 우선 약탈을 일삼는 400여 명의 왜군의 수급을 벤 후, 상주성을 돌과 불(石攻과 火攻)을 이용하여 11월 23일 성을 완전 탈환했다.

註) 정기룡은 왜란 전체 기간을 통 틀어 60여 회의 대소전투에서 한 번도 패해본 적이 없어 신출귀몰의 명장이라 할만 했다. 그는 1586년 무과에 급제한 이래, 1590년 경상우도병마절도사 신립(申砬)의 휘하에 들어가 훈련원 봉사(奉事)가 되었다. 임진왜란이 일어나자 별장(別將)으로 승진하여 우방어사 조경(趙儆)을 따라 종군하면서 거창(居昌)에서 왜군을 격파하고 금산(錦山)싸움에서 조경을 구출한 뒤 곤양의 수성장(守城將)이 되었다. 유병(遊兵)별장을 거쳐 상주판관(尙州判官)으로 왜군과 대치하여 격전 끝에 상주성을 탈환했으며, 당시 전황을 자세히 옮긴다면 〈소설 삼국지〉 이상이라고 한다.

12월, 병조판서(兵曹判書) 이항복(李恒福)은 평안도 각처를 다니며 근왕병(勤王兵)을 모집하고 또한 군량미를 확보하면서 명(明)의 원군(援軍)을 맞을 준비를 했다. 한편 안주(安州)에서는 소서행장(小西)의 간첩망인 김순량(金順良) 등 40여 명을 잡아 처형했다.

12월 25일, 명의 원군으로 온 이여송(李如松)이 4만3천의 군사를 이끌고 압록강을 넘어오니 왕이 직접 나가서 맞이했다.

1593 14대 선조(宣祖) 26년

1월 6일, **평양(平壤) 탈환,** 작년 12월 말 압록강을 건너온 명(明) 제독(提督) 이여송(李如松)의 4만과 조선측 도원수(都元帥) 김명원(金命元) 휘하의 8천, 승장(僧將) 휴정(休靜: 西山大師)과 유정(惟政: 四溟堂)이 이끄는 2천2백의 병력이 1월 6일 총공격을 감행했다. 조명연합군(朝.明 聯合軍)은 주야 3일간 혈전을 거듭하여 4일째인 9일, 적은 1만5천의 병력 가운데 1만의 전사자를 버려두고 밤사이에 대동강을 넘어 도망가 버렸다. 이로써 평양성은 실함된 지 7개월 만에 탈환했다.

註) 이번 평양탈환전은 전란기간 중에 명군(明軍)이 거둔 유일한 승전이다. 이어 벽제관 패전 이후부터 명군은 싸움은 뒷전이고 조선에 대해 상전노릇만 해댔다. 이유는 간단했다. 조선은 왜군의 완전 축출을 원했지만, 이여송의 입장은 달랐다. 왜군이 자기 땅에 들어오지 않도록, 왜군을 조선 땅에 묶어 두기만 하면 되었다.

註) **평양기생 계월향(桂月香),** 평양성 공략에 큰 도움을 준 평양기생 계월향의 이름이 전해온다. 왜군의 포로가 되어 소서행장의 부장의 첩이 되었는데 조선 장수 김응서(본명, 김경서)를 불러들여 왜장의 목을 베게 하여 왜군 진영을 흩으려 놓았다. 그녀의 이름은 후에 '평양지', 연려실기술', '징비록' 등에 전해져 오고 있다. 진주성의 논개(論介)와 더불어 충렬의 여인으로 전해져 오고 있다.

1월 27일, **벽제(碧蹄) 전투,** 평양을 탈환한 명군(明軍)은 그중 2만이 의기양양하게 남진하여 벽제(碧蹄: 경기 고양)에 이르러 왜군 4만의 저항을 받았다. 명군은 주로 기병(騎兵)이고 왜군은 보병인데 날이 풀려 땅바닥이 진흙탕이고 보니 말이 움직이기 곤란했다. 이틈에 왜군이 3면으로 포위하면서 덤비자 이여송은 6천의 사상자를 팽개치면서 평양까지 줄행랑…

註) 명군(明軍)은 평양전투 승리 과정에서 송응창(宋應昌: 南兵)과 이여송(李如松: 北兵)의 갈등이 야기된 가운데, 이여송이 빈약한 경기병(輕騎兵)만을 이끌고 왜군을 추격하다가 초래된 결과였다. 패전 직후 이여송은 임진강 북쪽 동성역(東城驛)으로 물러난 후, 그 다음에 평양으로 후퇴했으며, 이후부터 명군은 전투보다는 협상을 우선 전략으로 방향을 잡았다.

**행주산성(幸州山城),** 1월까지 수원 독왕산성(禿王山城)에서 적을 괴롭히던 권율(權慄)은 명군의 남진소식을 듣고 한양(漢陽: 서울) 수복전에 참여하고자 북상했다. 병사(兵使) 선거이 휘하 1천7백의 군사는 시흥 광교산에 남겨 적을 견제시키고, 자신은 2천3백의 군사를 이끌고 행주산성(幸州山城: 경기 고양 한강하류 지점)에 들어왔다.

2월 12일, 벽제에서 명군을 깬 왜군은 그 여세를 몰아 일거에 행주(幸州)를 쓸어버릴 셈으로 3만의 병력을 몰아 산성을 둘러쌌다. 남쪽은 한강의 낭떠러지이기에, 3면으로 에워싸며 조총을 퍼부으며 돌격. 화살, 돌, 바위, 그리고 화포. 적은 공격부대를 7개의 진으로 나누어 교대해가며 쳐 올라오니, 조선군은 쉴 여가가 없었다. 모두가 지쳤다. 처영대사(處英大師)와 그의 5백 승병의 분전도 기록적이다. 9회에 걸친 공방전으로 날이 어두워질 즈음, 때 마침 경기부사 이빈(李蘋)이 수십 척의 배로 병사와 식량, 화살 등을 가득 싣고 도착하니 산성의 사기가 다시 높아졌다. 이 광경을 본 왜군은 산성을 포기하고 모두 철수했다. 기적과 같은 승리였다. 평양에 있던 이여송은 뒤늦게 이 소식을 듣고는 부끄러워 어쩔 줄 몰랐다. 다시 남진하겠다고 큰 소리쳐대는데…

註) 당시 왜군의 주요 무기는 조총, 이에 맞선 조선군은 당시 보유하고 있던 화약무기를 총 동원했다. 먼저 조총의 사거리 밖에서 한번에 100발의 신기전(神機箭)을 발사하는 오늘날의 다련장 로켓포와 같은 화차가 40대 이상 동원되어 먼저 적의 기세를 꺾고, 다음에는 오늘날의 권총이라고 할 사전총통(四箭銃筒) 같은 개인화기가 적을 향해 조준사격한다. 또 일종의 수류탄인 종이로 만든 지화통(紙火

筒)은 물론, 여기에 천자총통(天字銃筒), 지자총통(地字銃筒) 등을 비롯한 장거리 화포도 동원되었다. 이러한 무기를 활용하여 무려 12시간 동안의 격렬한 접전을 이겨낸 것이다. 그 중에도 화차(火車)의 역할이 가장 컸다. 후에 권율은 "행주산성의 승리는 내가 화차를 가지고 있었음이랴" 라고 회고했다.

2월 8일, 웅천의 적이 부산의 길을 막고 그 근거지를 확보해가자 이순신은 이를 없애기 위해 원균과 이억기와 합세하여 출동했다. 적이 나와 싸울 생각도 못하고 들어박혀 있자, 화포를 쏘아대며 배만 격침시킬 수 있을 뿐이었다. 땅에 올라 도망치는 적에게는 속수무책이라 상륙군이 필요했다. 이후부터는 의병들을 모아 상륙전을 시도해가기로 했다.

2월 22일, **웅포해전(熊浦海戰),** 이번에는 또 다시 웅포(熊浦)의 적을 수륙양면으로 들이쳐, 수십 척의 적선을 깨트리고 도주하는 왜병을 의병들이 포위 섬멸하는 가운데 비격진천뢰(飛擊震天雷)를 터트려 적을 몰살시켰다. 이후 4월 3일까지 해안지방을 샅샅이 살펴가며 항해하면서 적선을 눈에 띄는 대로 섬멸하니 온 해상이 조용해졌다.

### 한양 입성(漢陽 無血入城)

4월, 보급이 끊어진 왜군은 더 버틸 재간이 없었다. 조선 수군을 피해 운반해온 보급물자도, 그나마 중도에 조선의병들에게 다 털리는 지경이니, 왜군은 굶주린 채로 남쪽을 향해 19일 퇴군했다. 이에 1년 만에 조선 조정이 귀향하게 되고, 명군의 이여송(李如松)은 더욱 남하할 수 있었다. 수복된 한양의 참상은 말로 표현할 수가 없었다. 지옥풍경 그대로…

註) 패색이 짙어 만가는 왜군은 3월 20일, 한양에 집결한 병력을 점검해보니 고니시(小西)군은 침략시의 18,700명이 6,626명으로, 가토(加藤)군 1만은 5,492명으로, 오토모(大友吉統)군 6,000명은 2,052명으로 줄어있었다. 그나마도 얇은 옷을 입은 채로 동상이 걸려 몸이 성한 병사가 드물 정도로 형편이 말이 아니어서 이미 전투력은 잃어버린 상태인데다가, 군량까지 바닥나서 하루 두 끼 잡탕죽을 끓여 먹기에도 모자랐다. 한양과 부산 사이의 보급선은 완전 차단되었으며, 해상에서는 물자보급은 고사하고 통신망까지 끊어질 지경이 되었다.

5월 21일, **2차 진주(晉州) 싸움,** 도처에서 퇴각해 경남지방에 집결된 왜군 중 13만이 다시 진주로 몰려왔다. 도요토미(豊臣秀吉)의 성화로 그의 자존심을 채워주기 위한 총공격이었다. 일종의 화풀이 공격이다. 김천일(金千鎰), 황진(黃進), 최경회(崔慶會) 등의 장수들이 3천7백의 병력으로 낮과 밤이 따로 없이 적의 공세를 막아냈다. 왜군은 막심한 손실을 보면서도 물러서지 않았다. 전란 기간 동안 벌어진 최대의 공방전이 되어 쌍방의 피해가 막심한 가운데 29일, 성안에 조선 군사들이 거의 소진되면서 결국 성이 함락되었다. 성을 점령한 왜군은 이곳에 피란해와 있던 백성들까지 포함한 도합 6만여 명을 남김없이 학살했다. 이 당시 명군은 지척에 있으면서도 못 본체 했다. 유성룡이 나서보았으나 허사였다. 실망은 이만저만이 아니었다. 이때 성안에 있던 기생 논개(論介)가 왜장 게야무라(毛谷村)를 끌어안고 촉석루에서 투신하여 그 절개를 높인 이야기까지도…

### 한산도(閑山島)의 조선 수군(水軍)

이순신(李瞬臣)은 7월 15일에 진을 한산도(閑山島)로 옮기고 군사를 조련하면서, 적선을 한 척도 돌려보내지 말자고 다짐했다. 이때 충청수사 정걸(丁傑)도 수십 척의 배를 끌고 한산도에 왔다. 8월 15일, 49세의 이순신은 삼도수군통제사(三道水軍統制使)가 되었다. 9월 14일에 왜군의 조총보다 성능이 더 좋은 소총을 만들어 수군에 보급을 시작했다. 이때 선배인 원균(元均)은 난처한 입장이 되었다. 후배의 명을 받기가 거북스러워진 것이다. 그는 충청병사로 전임해가고 후임에 배설(裵楔)이 왔다. 이 무렵은 화평회담이 진행되면서 왜군 일부는 본국으로 돌아가고, 나머지는 남해안 일대로 철수했으며, 이여송의 명군도 태반이 돌아간 때였다.

### 의병장 김덕령(金德齡)'

이 무렵에는 초기에 기병했던 유력한 의병장들 중에 태반이 전사하고, 식량부족으로 해산한 단체도 많아 의병은 유명무실해졌다. 그러나 애매모호한 화평교섭이 진행 중, 김덕령은 금산전투에서 죽은 형을 이어받아, 담양에서 격문을 띄었다. 5천의 장정이 모여들었다. 그러자 왕으로부터 '충용군(忠勇軍)'이란 명칭도 받았다. 김덕령은 몸집이 작았으며 완력이 세고 무술에 능했다. 그는 한때 진주에 본영을 두기도 했고, 고성으로 상륙하려는 왜군 2백 명을 몰살시키기도 했는데…

1594 14대 선조(宣祖) 27년

2월, 조정에서는 김덕령(金德齡)을 선전관(宣戰官)에 명하고 도원수(都元帥) 권율(權慄) 휘하에 편입시켰다. 이때에 식량사정이 어려워지자 의병을 일시 해산시키고 수백 명의 정예만 남겨, 김덕령의 충용군에 통합시켰다. 김덕령은 북상하여 의령(宜寧)의 의병장 곽재우(郭再祐)와 합세한 후 낙동강에서 수로(水路)로 경북 왜관까지 운송되는 왜군의 보급로 상에서 기세를 올렸다.

3월 4일, 이순신은 척후선을 계속 띄워, 적정이 있는 대로 병선(兵船)을 출동시켰다. 이날 진해 앞에서 6척, 저도(猪島)에서 2척을 불태우고, 소소강(召所江)에 원균을 보내 14척을 깨고, 당항포에는 어영담을 보내 17척을 부수었다.

9월, 왜군은 한편 명의 심유경을 중재로 하여 명과 강화하는 듯하면서, 또한 7~8월부터 거제도 장문포(長門浦)일대를 중심으로 장기간 주둔하려 했다. 이에 이순신의 수륙협공 공격을 갈파한 도원수 권율은 김덕령과 곽재우를 견내량(見乃梁: 경남 고성)으로 보내 수군과 연합하도록 주선했다. 9월 29일부터 10월 4일까지 장문포의 왜군진지에 대한 돌파와 동시에 상륙군을 올려 보냈으나 의병은 뜻밖에 약했다. 의병과의 연합이 효과가 없어 헤어진 후, 10월 6일, 장문포에 수군을 다시 보냈으나 적은 이미 철수한 뒤였다.

註) 명과 왜 사이에 화평교섭의 주역, 사기협잡꾼 심유경(沈惟敬): 심유경은 말주변 하나로 조선에서 왜군을 물러가게 하겠노라고 나선 인물이다. 본시 막 되어먹은 건달인데, 명의 조정에서 왜군을 몰아낼 묘안을 현상 공모한 것을, 심유경이 청산유수로 병부상서 석성(石星)을 녹이니 이가 발탁되어 유격장군이란 직함으로 명과 조선, 일본을 누비면서 되지도 않을 화평교섭을 한다고 돌아다녔다. 생

각 같으면 쉬울 줄 알았는데, 명군 참전 이후부터 6년이나 더 끌었다. 그동안 심유경은 많은 역할은 했으나, 일이 뜻대로 안되고 궁지에 몰린 것이, 왜왕 풍신수길이 머지않아 죽을 줄 알았던 소서행장의 처지도 매일반이었다. 두 사람은 공모하여 풍신수길이 명황제(明帝)에게 보내는 가짜 항서(降書)를 조작했다. 이 항서를 받은 명제(明 皇帝)는 왜가 정말로 항복한 줄 알고, 사신을 풍신수길에게 보내 그를 일본국왕에 봉한다 했다. 이 글이 그대로 전달되니 풍신수길은 회가 치밀었다. 애초 명을 삼킬려던 참에 거꾸로 속국이 된 꼴이다. 때문에 정유재란(丁酉再亂)이 터지고 만다. 속임수가 탄로 난 심유경은 생각 끝에 다시 조선에 온 소서행장에게 항복하면 살 것 같아 밀서를 보내니 소서(小西)는 오라고 답했다. 그는 소서행장의 진영으로 도망치려다가 합천에서 명장(明將) 양원(楊元)에게 체포됐고, 결국 본국으로 끌려가 처형당했다.

1595 14대 선조(宣祖) 28년

건주여진의 누르하치가 자신의 기병 수만 명을 투입해 조선을 돕겠노라고 한 것을 '오랑캐의 호의'를 믿을 수가 없어 좋은 말로 거절했다. 누르하치가 왜군을 치겠다고 진짜로 기병대를 보내온다면 조선은 남북의 오랑캐를 맞아 감당할 형편이 아니었다. 그래서 건주여진과의 불화는 곤란하다고 하여 몸을 낮추기로 했는데…

12월, 여진의 누르하치가 사절을 보내와 3년 전에 있었던 사건을 거론했다. 그때 인삼을 채취하던 여진인을 조선관헌이 잡아 혹독한 형벌을 가한 적이 있었는데 이를 문제 삼은 것이다. 당시에는 조선과 만주 사이에 인삼 채취로 주민들의 월경(越境) 사고가 많은 때이었다. 이에 무관 신충일(申忠一)과 통역 하세국(河世國)을 사실상의 진사 사절로 보내 월경채삼(越境採蔘) 문제를 논의하게 했다. 이에 누르하치는 아직 나라의 기틀을 잡지 못한 상태에서 사절단을 맞자 조선과 대등한 독립국가임을 인정받고자 하는 마음으로 사절단에 호의를 베풀면서, 그 문제는 큰 문제없이 넘어가게 되었다.

1596 14대 선조(宣祖) 29년

7월 7일에 부여 홍산(鴻山)에서 이몽학(李夢鶴)이 반란을 일으켰다. 요전에도 굶주린 백성들의 무리인 송유진의 반란이 있었고 평정되자마자 이몽학이 또 일어나서 난리를 핀 것이다. 결국 이몽학이 부하에게 죽어 난은 평정되었는데, 일당 한현을 문초하니, 연루자로 당시 명망있던 사람들을 마구 들어댔다. 김덕령, 최담령, 이덕형, 곽재우, 홍계남 등. 그런데 왕이 유독 김덕령(金德齡)에게만은 물고 늘어졌다. 모든 사람들은 무죄 방면되었으나 김덕령에게만은 막무가내였고 결국, 8월 21일 6차에 걸친 고문 끝에 29세의 나이로 한 맺힌 세상을 하직했다. 그의 죄라고는 1월에 탈영한 도체찰사 윤근수(尹根壽) 하인 아들의 탈영을 다스리다 그 아버지에게 곤장을 친다는 것이 그만 죽고 말았던 일이 있었을 뿐이다.

註) 왕은 요동으로 도망치려다가 되돌아온 체면 때문에 자기 방어를 위한 희생양이 필요했다. 그래서 전란에 지친 백성들을 위로할 생각은 아니하고, 당시 백성들의 인기를 얻고 있던 이순신, 김덕령, 곽재우 등 전쟁영웅들을 제거대상에 넣고 점찍어 두었다. 먼저 김덕령이 걸려들었다. 조선 숙종 때의 문신(文臣)인 이민서(李敏敍)는 "김덕령이 죽고 난 후 여러 장수들이 저마다 스스로 제 몸을 보전하지 못할까 걱정했다. 곽재우는 마침내 군사를 해산하고 산 속에 숨어 화를 모면했으며, 호남과 영남 등

지에서는 부자 형제들이 서로 의병이 되지 말자고 했다"라고 지적했다. 용렬한 인물이 윗자리에 앉아있는 것이 얼마나 큰 비극인가를 보여주는 사례이다.

### 정유재란(丁酉再亂)

1597 14대 선조(宣祖) 30년

왜왕 도요토미는 명과의 교섭에서 속은 것을 생각하고 노발대발하며 재침을 명했다. 침공군은 눈앞이 깜깜했다. 이순신의 조선수군이 두려웠다. 앞에서 까불다가는 몰살당한다. 뒤를 쳐야한다. 1월, 요시라(要時羅)라는 왜인이 경상우병사 김응서(金應瑞)를 찾아와, 가토(加藤清正)가 아무날 아무데로 오니 수전(水戰)에 능한 당신들이 바다에서 치라고 했다.

1월 21일, 권율이 이순신을 직접 찾아와 명령을 전하는데 이순신은 병법의 예를 들어 반대했다. 사실 14일에 이미 왜군 선발 부대를 이끈 가토(加藤)는 울산 서생포(西生浦)에 와 있었다. 권율은 알아듣고 돌아갔다. 그런데 도망치는 재간 밖에 없는 조정의 대신들이 들고 일어났다. "조정을 속이고 적을 치지 않았다" 하여 3월 4일, 이순신을 압송하고 대신 원균(元均)을 삼도수군통제사로 교체했다. 이순신은 원로 중신들의 간곡한 상소의 덕으로 4월 1일에 석방되어 백의종군을 명받기는 했는데…. 거꾸로 가는 세상이다.

6월 18일, 가덕도 해전(加德島 海戰), 수군통제사 원균은 육상병력이 안골포(安骨浦: 진해) 쪽을 먼저 공격하여 왜군의 진로를 막아주기를 바랐다. 그러나 조정에서는 종사관 남이공(南以恭)을 한산도로 내려 보내 원균의 출전을 독촉하자, 원균은 남이공과 함께 100여 척의 함선을 이끌고 한산도를 출발, 그 다음 날 19일에 안골포로 쳐들어가 왜군의 기습을 격퇴하고 가덕도(加德島: 부산 서쪽) 방면으로 나갔다. 그러나 가덕도에서 원균 함대는 시마즈(島津義弘)와 다카하시(高橋統增)가 거느리는 왜군을 만났으나 접전 끝에 패하고 칠천량(漆川梁)으로 되돌아와야 했다.

### 조선수군(朝鮮水軍)의 궤멸

7월 6일, 왜군 14만5천이 6백여 척의 배로 부산에 들어왔다. 이때 원균의 함대는 꿈쩍도 안 했다. 권율은 화가나 직접 원균에게 곤장을 쳤다. 당장 출전하라고 불호령을 내렸다. 원균은 불만이었다. 현지 상황을 전혀 알 리가 없는 조정대신들이 뒤에서 주둥이만 놀린다.

7월 15일, 원균은 투덜대며 134척의 함대를 이끌고 부산으로 향하여 왜선을 추격했다. 이에 반해 일본군은 조선을 점령하기 위해서는 수군을 격파해야겠다고 600척을 한꺼번에 동원했다. 그 결과 16일까지 2일 간 이억기 이하 우수한 장수들이 다 죽고 조선수군은 전멸되었다. 원균도 고성(固城)에 기어올라 도망하다가 왜군 병사에게 참살 당했다. 당시 58세. 이제부터 바다는 왜군의 세상이 되고 말았다. 거북선이고 뭐고 다 없어졌다.

8월 3일, 왕은 이순신을 삼도수군통제사로 복직시켰는데, 그 복직사령장은 왕의 사과문이나 다름이 아니었다. 이순신이 진도(珍島)에 와 수습한 전선은 12척에 수병은 겨우 120명.

註) 조선 함대를 섬멸한 왜군은 거침없이 상륙해 무자비한 살육을 해대면서 충청도와 전라도의 백성들의 코와 귀를 베어 전리품을 만들었다. 그리고 임진왜란 때와는 달리 이번에는 전라도를 최우선 공략대상으로 삼았다. 지난번에 곡창지대를 이용하지 못한 쓰라린 경험 때문이다. 이때의 정황을 "가

는 곳마다 불을 지르고, 어린아이 보는 앞에서 부모를 베어 죽이며, 시체가 무수히 쌓여 차마 눈 뜨고 볼 수 없다"고 일본군 종군 의승 케이넨(慶念)이 기록했다. 이때의 전리품은 지금도 교토(京都) 근교에 비총(鼻塚)이란 무덤으로 남아있다.

### 명량해전(鳴梁海戰)

9월 16일, 왜군에게 그렇게 무섭던 이순신이 빈손이 되었으니 기가 막힌 기회였다. 133척의 왜선이 조선 수군을 청소하려고 덤벼들었다. 이순신은 명량(鳴梁: 울돌목, 진도 앞 해협)의 조류를 이용하여 밀물로 적을 유인하고, 썰물 때 공격하는 등 자연의 힘을 합하여 적을 막았다. 필살의 상황 속에 왜선 31척이 격침되고, 오후 2시경 화염 속에 보이는 것은 조선 수군의 13척이 버티고 떠 있을 뿐이다. 선상에서는 병사들의 감격의 울음소리가 진동했다.

註) 전주를 점령한 왜군의 목표는 서해안으로의 길목을 트기 위해 모든 해군력을 동원하여 해안을 싹쓸이할 예정이었다. 그런데 결과는 참담한 패배였고, 모든 것이 수포로 돌아갔다. 이제 수륙협공이 불가능해진 전라도 방면의 육군 사령관인 고니시(小西)는 순천으로 물러나 왜성을 쌓고 향후 11개월 동안이나 머물며 시간을 끌 수밖에 없게 되었다.

10월 29일, 이순신은 목포 앞 고하도(高下島)에 진을 옮기고, 수군 재건작업에 들어가 따르는 피난민을 돌보며 전선(戰船)을 건조하기로 했다.

註) 이순신의 수군은 1년 후에 벌어진 노량해전 때까지 전선 80척에 1만여 명의 군사를 확보하게 된다. 물론 명량해전의 소식을 듣고 찾아온 난민들의 적극적인 협조가 있었기에 수군의 재건이 순조로웠다.

### 경상우병사(慶尙右兵使) 정기룡(鄭起龍)

임진왜란 중에 별장(別將)으로 출전한 정기룡(鄭起龍)은 60여 차례의 싸움에서 이겨 상주목사가 되었는데, 왜적이 다시 오자 금오산성(金烏山城: 경북 구미)에 들어가 고령의 왜군을 쳐 적장을 생포하기도 했다. 경상우병사가 된 후 상주에서 영동(永同)의 적을 치고, 적암(赤岩里: 충북 보은)의 적군과 대치하기고 하며, 또 가토(加藤)가 상주를 지나자 이를 추격하여 격살하고, 명군과 함께 경주의 적을 격멸했다. 도무지 동서번쩍하면서 패배는커녕 실수도 없었다. 이로부터, 거창, 함양, 안음, 금산, 상주, 성주, 사천의 적을 연이어 격살하니, 명(明)의 신종(神宗)황제는 정기룡에게 명(明)의 총병관(總兵官)에 임명할 정도였다.

註) 임진왜란 때에도 종횡무진 적진을 누볐던 정기룡은 이때 토왜대장(討倭大將)이 되어 고령(高靈)에서는 적장을 생포하고 성주(星州), 합천(陜川), 초계(草溪), 의령(宜寧) 등을 탈환한 후 경상우도병마절도사에 승진, 이어 경주(慶州), 울산(蔚山)을 수복했다. 1598년에는 명(明)나라 군대의 총병직(摠兵職)을 대행하여 영남 방면의 왜군 패잔병을 소탕하고 이듬해 경상우도병마절도사에 재임되었다. 바다에 이순신이 있다면 육지에는 정기룡이 있다. 이 당시 육지에서 왜군과 싸워 이긴 장수들은 그리 많지가 않다. 조총(鳥銃)이란 신무기로 무장한 왜군에게 활로 맞서서 이기기란 어려웠기 때문이다. 따라서 육지에서 왜군에게 이긴 장수는 그만큼 뛰어난 능력이 있어야 한다. 정기룡은 무패(無敗)의 뛰어난 장수이다.

11월 11일, **울산성(蔚山城) 전투,** 전라도와 충청도에서 쫓겨 와 울산으로 철수한 가토(加藤)는 동남해안 28곳에 왜성을 축조했는데, 조선군의 습격이 두려워 주로 야간공사를 해야 했으며, 그나마 목재를 가지러 산에 들어간 병사들은 목이 잘린 시체가 되기 일쑤였다.

12월 23일, 약 5만의 조명(朝.明) 연합군이 출병하여 울산성을 에워쌌다. 외부의 지원을 끊기 위해 모든 길목을 차단하고 성을 물샐틈없이 둘러싼 채로 각종 화기를 동원하여 연일 맹공격을 퍼부었다. 쌍방의 사상자가 엄청났다. 게다가 성안에는 우물 없다. 물을 얻을 수 없어진 왜군은 수많은 아사자와 동사자를 내면서 처절한 나날을 보내야 했다. 해가 바뀌어 1월초가 되자 순천에서 달려온 고니시(小西) 부대 이외에도 외부에서 지원 차 달려온 왜군이 도합 6만 명 이상이 되자, 결국 연합군은 포위를 풀고 1월 4일에 경주 방향으로 이동했다. 13일 동안 격전 중에 왜군 6천과 연합군 5천8백 명이 전사했다.

註) 왜군은 물을 구할 수 없어 밤을 틈타 태화강변으로 왔다. 그러나 강물은 피 섞인 물이었다. 그 물로 갈증을 달랬다. 심지어 "식량은 점차 떨어져 종이를 씹고 벽의 흙을 끓여 먹어야 했다"고 했다. 연합군은 비록 왜군을 몰아내지는 못했지만, 가토(加藤)와 왜군을 궤멸 상태에 빠트렸고, 이후 왜군은 해안지역에서 농성하면서 귀국할 때까지 시간을 끌면서 마냥 버티고 있어야만 했다.

1598 14대 선조(宣祖) 31년

2월 17일, 수백 척의 전선과 8천의 병력을 양성한 이순신은 고금도(古今島: 완도와 육지 사이의 섬)로 진을 옮겼다. 왜군은 경상지방에 웅거한 채, 큰 충돌 없이 명군과 대치하며 소강상태를 유지하고 있었다. 왜군이나 명군(明軍)이나 서로가 피를 흘리기 싫었던 것이다.

7월 16일, 명의 수군장(水軍將) 진린(陳璘)이 함대를 이끌고 도착하여 조선수군과 합류.

註) **진린(陳璘):** 명의 수군도독(水軍都督)으로 왜란 막바지에 조선에 왔다. 오히려 조선수군에 방해만 되면서 도움이 안 되었지만, 이순신의 위풍에 눌리어 순순히 따랐다. 그러나 결국에는 왜군의 뇌물에 매수되어 왜군의 마지막 철수를 도우려고 기를 썼다. 여기서 참고해야 할 것은 명군의 수군 파병 시기이다. 임진왜란 때에는 이순신이 바다를 막아 명의 서해안에 왜군의 접근을 염려하지 않아도 되었지만, 이제 조선 수군이 무너지면 그 결과로 명의 본토가 직접 침공 당할 수도 있다는 가능성을 염두에 두었기 때문이다.

8월 18일, 왜왕 도요토미(豊臣秀吉)가 죽었다. 이 한사람의 미치광이 장난에 얼마나 많은 피가 흘렀나. 당시 왜군은 고니시와 가토는 남원, 전주와 충청도에 분포되어 있다가, 조명연합군(朝.明聯合軍)에 밀려 내려가, 고니시(小西)는 순천, 가토(加藤)는 울산, 소조천(小早川)은 부산 등지에 총 병력 10만이 웅거하며 퇴각을 서둘렀다.

9월 15일, 적이 순천으로 집결하여 철군하려 하는데, 이순신이 노량(露梁: 순천에서 빠져나올 바다 하구 길목)에 진치고 퇴군 길을 막아 버렸다. 돌아갈 길이 막혀버린 고니시는 독안에 쥐가 되었다. 방법이 없다. 뇌물공세로 명(明)의 장군 진린을 매수하기로 했는데…

## 조명(朝.明) 연합군의 순천 왜성(倭城) 공방전

9월에 조명(朝.明)연합군은 순천 왜성에 주둔한 고니시(小西)를 협상을 미끼로 유인하여 생포하고자 작전을 하다가 매복한 명군이 먼저 일어나는 바람에 고니시가 눈치 채고 급히 성안으로 피하여 실패한 다음인 10월 2일, 연합군은 대규모의 수륙합동 4로병진(四路竝進) 작전을 시도했다. 유정(劉綎)과 권율의 2만 육군이 육지에서 밀어내면 바다에서 이순신과 진린(陳璘)의 2만 수군(水軍)이 대기하고 있다가 섬멸하고자 한 것이다. 그러나 왜군은 조총과 화포로 격렬하게 맞서 연합군은 엄청난 병력 손실에도 불구하고 성에 접근도 못한 채 실패했다. 한편, 바다에서 기다릴 수만은 없었던 수군도 이날 밤, 성 가까이 들어가 대대적인 공세를 날이 샐 때까지 펼쳤다. 그러나 썰물의 물때를 모르는 명군의 전함들이 갯벌에 좌초되면서 23척을 잃은 채로 많은 사상자를 내며 참담하게 물러서고 말았다.

註) 근본적인 패배 원인은 명군(明軍)의 사령관인 유정의 태도에 있었다. 한편으로 화해를 시도하며 생색만 내는 것으로 마무리하려는 것이 그의 입장이었다. 이덕형의 장계에 의하면 "순차(楯車) 안에서 잠자는 이들이 많았다. 싸우지도 않고 퇴병도 하지 않으니, 유정이라는 자의 태도를 도무지 알 수 없다"고 했다. 반면에 수군 쪽의 진린은 적극적이었다. 서로가 사이가 좋지 않아 전공을 탐하려는 의도도 있었으나 결국은 육군을 맡은 유정의 비협조로 작전은 모두 실패하고 말았다. 후에 격분한 진린이 유정을 찾아가 따졌지만, 서로가 사이만 더 나빠지고 이후부터는 지상과 해상에서 따로따로 군을 운용해 나가게 되었다.

## "노량해전(露粱海戰)"

11월 17일, 고니시는 뇌물을 진린에게 쏟아 부었다. 그리고는 진린에게 다른 군대와 함께 철수하도록 연락할 통신선 1척의 통과를 눈감아 달라하여, 진린이 길을 터주자 왜군의 연락선은 즉시 사천, 남해, 곤양, 고성 등에 연락하여 고니시를 구하기 위해 몰려오게 했다. 이순신이 뒤늦게 알고 진린에게 따지니, 진린은 사색이 되어 잘못을 빌고 이순신에 복종하겠다고 다짐했다. 오후 7시경, 밖에서 온 3백여 척의 왜선이 고니시가 있는 순천 쪽으로 몰려왔다. 18일 밤 10시경, 조명(朝.明) 연합함대가 노량 앞 바다에 나가 진을 벌렸다.

11월 19일, 새벽2시, 고니시와 합류한 수백 척의 왜선이 까마귀 떼처럼 몰려나오자, 이들을 북서풍과 지형을 이용해 화공으로 몰아붙였고, 왜 선단은 퇴로를 찾던 중에 큰 바다로 착각하고 관음포 포구로 잘못 들어가 갇혀버렸다. 이제 퇴로를 잃은 왜군을 상대로 격렬한 격파공격을 벌였다. 악에 바친 마지막 살육전. 한 놈도 살려 보낼 수 없다고 병사들마다 이를 갈았다. 혼전(混戰)인 동시에 격전(激戰)이었다. 앞에서 돌격하던 진린이 탄 배가 포위되어 왜군이 배에 올라 진린에게 육박해오자 이순신이 왜군의 대장선을 공격하여 그 포위를 풀어주었고, 다시 이순신의 배가 포위되자 이번에는 진린이 자신의 배를 몰아부쳐 이순신을 구해주기도 했다. 함성과 화염과 포성. 최후의 대결전 속에 고니시는 묘도(猫島) 서쪽으로 달아나고, 뒤쳐진 50여 척이 만신창이가 된 채 살아남아 겨우 도주했다. 이때까지 왜선 100척을 포획하고 200여 척을 격침시켰다. 오후에 접어들어 노량 앞바다에는 승전의 함성이 울리고, 진린도 감격에 겨워 이순신의 배로 왔다. 이때 조카 완(莞)이 "숙부는 운명하셨습니다"고 말하며 비로소 통곡을 했다. 적탄에 맞아 쓰러지면서 조카에게 "발설하지 말고 대신 내 자리를 지켜라"했다. 조선과 명의 수군(水軍) 모두가 목 놓아 따라 울었다.

註) 이순신(李瞬臣): 영국의 넬슨이나 일본의 도오고(東鄕平八郎)는 국가가 마련해 준 함대로 단기 결전에서 이긴 장수들이다. 반면, 이순신은 이미 괴멸된 나라에서 7년이라는 긴 기간에 걸쳐 식량, 무기, 인원, 부족에 시달리며 스스로 활로를 개척하며 조국을 구한 절세의 명장(名將)이다. 인류역사가 시작된 이래 그들 덮을 해군제독은 아직 나타나지 않았다. 45년 뒤 인조(仁祖)는 충무(忠武)의 시호를 내려 오늘날 충무공(忠武公)으로 전해져 온다.

### 남해도(南海島) 왜군 소탕 작전

한편으로, 같은 시간에 고니시의 사위인 소요시토시(宗義智)가 머물던 곳인 노량해협을 끼고 있는 남해도(南海島) 왜성(倭城)에서 퇴각을 준비하던 왜군에 대한 일대 소탕전이 벌어지고 있었다. 연합군은 섬 일대를 샅샅이 뒤져가며 약 1천여 명의 왜군을 잡아 참살했다. 이 소탕작전이 7년간의 지루하고 참담한 전란의 마지막 전투가 되었다.

註) 11월 22일에야 간신히 일본으로 철수한 일본 장수인 시마즈(島津久通)가 남긴 기록을 보면: "21일, 간신히 부산포에 다 달았다. 이에 우리가 점령하고 있던 성들을 바라봤더니 연기가 하늘을 뒤덮고, 영루(營壘)가 초토화되고 있다. 사령 한 명을 보내 소식을 물어보려고 했지만, 군졸이 한 명도 없어 사령이 헛되이 돌아왔다. 지난 10월 그믐날 사천에서 서로 규정을 정하기로는, 장군들이 부산포에 모여 길일(吉日)을 골라 승리를 축하하고, 좋은 날을 택해 닻줄을 풀자고 했건만…, 더군다나 순풍, 역풍조차 분간하지 못한 채 내가 앞장서서 돛을 다는 마음이 그야말로 한심스럽구나." 이것이 일본인의 입장에서 본 침략전쟁 결말이었다. 한편, 왜란 당시 왜군과 노예상인들은 조선인 5만 명을 포로로 끌고 갔는데, 이중 일부는 동남아 유럽 등으로 팔려나갔다.

註) **임진왜란의 결과:** 유라시아 동부를 지배하고자 하는 목표로 왜란을 일으킨 도요토미(豊臣秀吉)가 여름에 사망하자, 일본군은 열도로 되돌아갔다. 전쟁의 결과 유라시아 동부에 미친 영향은 매우 컸다. 중국에서는 한인(漢人)의 명나라가 만주인의 청나라로 교체되고, 일본에서는 도요토미 정권이 몰락하고 도쿠가와(德川家康) 정권이 들어섰다. 이 영향은 타이완(臺灣)과 동남아시아에 까지 미쳐서 이들 지역의 정치적 지형을 바꾸었다. 한반도는 잇따른 쿠데타와 반란, 그리고 만주인과의 두 차례 전쟁과 점령(丁卯胡亂, 丙子胡亂)이라는 일련의 사태를 겪으며 왕조 교체에 준하는 정치적 위기를 겪었다. 그런 의미에서 임진왜란은 유라시아 동부 질서를 재편한 100년간의 장기적 변동기를 초래하는 사건이 되었다.

註) **포로로 잡혀간 조선인 도공(陶工)들:** 양대 왜란으로 많은 조선인들이 포로가 되어 일본으로 끌려갔다. 포로 숫자는 일본학자들은 2~5만 명, 한국학자들은 6~10만 명으로 추산한다. 그중 일부는 동남아에 노예로 팔려나갔고, 조선으로 송환된 자는 8,482명이라 하며, 나머지 포로들은 일본인으로 동화되었다. 대략 적어도 5만 명 이상이 일본에 남아 일본 도자기 산업에 종사 한 것으로 추정된다. 조선에서의 도공은 최하층 신분으로 허리가 빠지게 의무만 짊어진 반면, 일본에서는 특별한 최첨단 기술을 보유한 도공으로 극진하게 예우했다. 그 결과 조선 도자기의 기술과 일본인의 심미안, 장인을 우대하는 문화가 어울려 일본에서 찬란한 도자기 문화를 이루면서 전 세계에 명성을 떨치게 되었다.

1599 14대 선조(宣祖) 32년

무모한 침략전쟁은 조선은 물론 일본의 농촌을 황폐화시켰고, 그중 대마도의 피폐는 눈뜨고 못 볼 지경이었다. 대마도주(對馬島主) 소요시(宗義智)는 눈앞이 깜깜했다. 살길은 옛날처럼 조선과 교역하는 길뿐이다. 작년 12월에 이어 금년 3월과 6월에 사절을 부산에 보내 화평 노력을 해보았지만, 보내는 족족 부산에서 옥에 가두어 버렸다. 절망이다. 이러하던 때에 이듬해 1600년 9월 도쿠가와 이에야스(德川家康)가 집권하면서 일본의 사정이 변했다. 조선인 포로들을 석방 송환함과 동시에 사죄하는 사절을 조선에 보냈다. 처음에는 조선 조정에서 거절했으나, 알고 보니 일본의 정권이 바뀌어 조선 침략의 원흉인 도요토미(豊臣秀吉)에 대한 원한을 도쿠가와(德川)가 대신 갚아주고 있는 형국이라는 것이다.

**"왜(倭)와의 국교재개(國交再開)"**

1604 14대 선조(宣祖) 37년

명분 없는 침략전쟁에 반대했던 도쿠가와(德川)는 전후(戰後) 처리에 적극적이고, 조선과의 화평이 신생정권에 큰 도움이므로 적극 외교를 열고자, 일본에 억류중인 조선인을 계속 송환했다. 이에 이덕형(李德馨) 등의 주장으로 탐적사(探賊使)를 보내는데, 8월 20일 유정대사(惟政: 松雲大師, 四溟堂)와 손문욱(孫文彧)이 대마도를 건넜다.

註) 이듬해 1605년, 두 번 다시 침략하지 않을 것과 왕릉을 파헤친 도둑을 인도할 것을 제시했다. 그 해 11월에는 회답과 함께 범인 2명을 인도하여 처형 받게 했고, 1607년 1월에는 여우길(呂祐吉)을 정사(正使)로 하는 467명의 사절단이 부산을 떠났다. 이후 1609년에 일본과의 교역관계가 회복되었고 향후 260년 간 일본의 메이지유신(明治維新) 때까지 선린관계가 유지될 수 있었다.

6월 14일, 주앙 멘데스(Joao Mendes)라는 포르투갈인이 흑인 노예 2명과 선원 40여 명이 함께 남해안에 표류해 왔다. 조정은 이들을 4개월간 억류했다가 북경(北京)에 보냈다.

註) 전란을 거치는 동안 왜군에게 조총이라는 신무기에 그리도 혼이 났으면서도 아직까지도 해외문물을 받아들일 마음의 여유는 되어있지 않았다. 아쉬운 부분이다.

1608 14대 선조(宣祖) 41년

2월 1일, 선조가 57세로 죽었다. 선조와의 미묘한 관계로 미움만 받고 있던 세자 광해군(光海君)이 우여곡절 끝에 즉위하게 되었다.

註) 광해군(光海君)의 불편한 심기: 부친의 엉망인 가족관계가 광해군을 끝까지 속 썩였다. 8년 전(1600년)에 선조의 왕후 박씨가 죽고 새파란 어린것이 새 왕후로 들어왔다. 인목왕후 김씨이다. 이 여인이 늦게 아들을 낳았다. 선조의 주책이 또 발동 걸렸다. 광해군은 후궁의 소생이니 내쫓고, 귀여운 왕후의 소생으로 세자를 바꾸고 싶었다. 대신들은 옆에서 꼬드겼다. 전쟁 중 모든 풍상 다 겪고 어려울 때마다 부왕(父王)을 도왔는데 이젠 서자(庶子)취급이다. 15년간이나 세자에 있던 광해군은 불안했다. 폐세자 치고 제대로 살다 간 경우는 없다. 다행이도 부왕은 죽으면서, 어린 핏덩이에게 왕위를

준다고 차마 못한 채 광해군에게 선위 시켰다. 총명하던 광해군이건만 그 동안의 갈등으로 변해 있었다. 형 임해군을 귀양보낸 후 사약(賜藥)을 주고, 왕에게 꼬드겼던 유영경 일파를 처형했다. 그런데 이제 대비가 된 인목왕후 김씨는 아들에게 영창대군의 호까지 주었는데도 쌀쌀하기만 했다. 광해군이 대비보다 9년이나 연상인 것도 불편한 관계였다.

1613 15대 광해군(光海君) 5년

4월 25일, **칠서지옥(七庶之獄) 또는 계축화옥(癸丑禍獄),** 서양갑(徐羊甲) 등 명문가의 서자(庶子) 7명이 작당하여 강도짓을 벌이다 문경새재에서 잡혔다. 그런데 박순(朴淳)의 서자인 박응서(朴應犀)가 국문 도중 이이첨에게 광해군을 몰아내고 영창대군을 앉히려는 거사 자금을 모으기 위해서라고 자백했다. 단순 강도사건이 엉뚱하게 인목대비의 부친도 관련되었다하여 처형하고, 영창대군은 강화도에 귀양 보냈다가 대역죄로 죽였는데, 이 사건은 이이첨의 모략인 듯. 당시 영창은 9세였다. 이로부터 인목대비는 왕과 앙숙이 되었다. 왕은 조카와 이복동생까지도 처형하고 인목대비의 생모 노씨까지 제주에 귀양 보냈다. 선조가 늙어서 새 장가 든 것이 두고두고 화근이다.

**"후금(後金)의 성립"**

1617 15대 광해군(光海君) 9년

이때는 명(明)나라도 쇠퇴기에 들어 만주에 세력을 못 미치니 여진(女眞)의 무리들이 다시 활동하기 시작했다. 그 중 건주좌위(建州左衛)의 누루하지(奴兒哈赤)가 요동총병관 이성량(李成梁: 李如松의 부친)의 도움으로 세력을 확장하여 1588년에는 건주위(建州衛)와 건주우위(建州右衛)를 합병했다. 1615년에는 전체 여진족을 통일하고 1월에 정식으로 국호를 "후금(後金)"이라 하고 스스로 칸(汗: 皇帝)이 되었다. 막상 독립하고 보니 명(明)과의 무역이 막혔다. 무엇보다 우선 식량부터 문제였으니 이제부터는 침략과 약탈을 일삼게 되었다. 그러다 보니 명나라 각처를 돌아다니며 닥치는 대로 노략질을 자행했다.

註) 여진족이 이렇게 세력을 확장하고 명을 상대로 칼을 갈고 있음에도 그동안 명나라는 그렇도록 멍청하게 구경만하고 있었을까? 물론 명나라에서도 이들의 분석을 제대로 하고 있었다. 그러나 그들은 눈앞의 편안함만 추구했고 당쟁을 했다. 한편으로 혹 있을지도 모를 백성의 반란에도 신경을 쓰지 않을 수 없기도 했다. 물론, 상황을 악화시킨 결정적 요인은 변방의 작은 오랑캐가 감히 명나라에 위협이 되겠느냐는 그들의 시각이었다. 하지만 결국 무순과 청하가 점령당하고 나서야 비로소 사태의 심각성을 알게 되었다. 이에 따라 뒤늦게 대군을 움직여 건주(建州野人)를 소멸하기 위한 군사행동에 나서는데…

1618 15대 광해군(光海君) 10년

6월, 명(明)은 후금(後金)을 치고자 양호(楊鎬)를 총사령으로 10만의 군사를 동원했다. 또 임진왜란 때 참전했던 유정(劉綎), 이여백(李如柏)도 참전하여 일거에 후금의 본거지로 진군하면서, 또한 조선에게도 원병을 요청해 왔는데…, 이는 청병이라기보다는 거의 징병(徵兵) 수준이었다. 8월, 왕은 왜란(壬辰倭亂) 당시 도움을 받은 처지라 거절할 수 없어 강홍립(姜弘立)을 도원수(都元帥)로 하고 포수 3천5백을 중심으로 한 1만3천의 군사를 파견시키기로…

註) 왕은 지금까지 명나라의 원병요청을 나라 사정이 여의치 않다는 등, 왜구가 다시 침입할 조짐이 있다는 등의 핑계를 대며 미루었지만, 대신들의 여론과 명의 강경한 원병 요구를 마냥 거절할 수만은 없어 단안을 내렸다. 왕명을 받은 강홍립은 세 차례나 사퇴한 끝에 "일이 위급하다. 능히 계책을 잘 써서 내 근심을 풀어 달라"는 왕의 부탁을 받고 출정했다. 당시 여진의 누르하치는 임진왜란의 전쟁 기간을 이용한 1580년대부터 내부 통일전쟁을 시작하여 여진 6개 부족을 통일한 후, 1618년에 명나라에 대해 전면전을 선포한 상태였다.

1619 15대 광해군(光海君) 11년

강홍립은 서두르지 않고 시간을 마냥 끌면서 평안도에서 머뭇거리다가 한양을 출발한지 7개월 만인 3월이 되어서야 압록강을 건너 천천히 명군(明軍)에 합류했다.

註) 광해군은 왕으로서 인륜상 가혹했다 하지만, 이는 강조할 사항이 아니다. 태조나 태종 때에 정적(政敵)을 무자비하게 숙청했던 전례로 보아 이는 단순히 반정을 성공시킨 자들의 구실일 뿐이다. 광해군은 전후 복구에 주력하고 책의 저술을 권장했으며 인쇄술도 크게 발전시켰다. 동의보감(東醫寶鑑)도 이때의 작품이다. 함경도와 평안도 방위군에게 여진족의 동태를 정탐케 하고 성을 수축하여 국방에 틈을 주지 않았다. 병사 훈련에 역점을 두어 화약이나 병기 제작에도 많은 기여를 했고, 외교에 있어서는 명이나 후금이나 어디에도 치우치지 않았다. 이일은 잘못 다루면 큰일 난다. 망하는 명나라와 운명을 같이 할 수 없다는 것이 그의 지론이었다. 왕은 시대변화에 적응할 줄 하는 현군(賢君)이었다.

### "강홍립(姜弘立)과 심하(深河) 전투"

3월, 여진의 후금(後金)은 처음부터 야전(野戰)으로 나왔다. 기병(騎兵)의 신속한 전략이어야만 명군(明軍)의 대포(大砲)를 피할 수 있기 때문이다. 결과는 명군의 참패였다. 강홍립은 눈치껏 누루하치에게 항복하며 자신과 조선의 입장을 설명했다. 비록 6천의 전사자를 내기는 했으나 누루하치는 이해해 주었고, 강홍립 등 10여 명을 제외한 나머지 병사들은 모두 송환시켜주었다. 더구나 조선과 화맹(和盟)을 맺자고 글도 보내왔다. 왕은 명과 후금 사이를 교묘히 조정해 가며 대륙의 불똥이 조선에 튀지 않도록 했다.

註) 명(明)은 이미 세력이 커진 후금(後金)을 치고자 전력을 기울였으나 효과가 별로 없었다. 그런데 이즈음 후금이 명에 대해 말도 안 되는 이유를 붙여 선전포고를 했는데, 세력 교체의 중대 전환점이 될 사르후(薩爾滸) 전투에서 명군이 참패했다. 명의 4군 중에 서로군(西路軍)이 후금의 수도를 치려고 서둘러 훈강(渾江)을 넘어 공격하다 후금 군대의 매복에 걸려 전멸 당한, 이 싸움에 강홍립이 참전한 것이다. 광해군은 왜란 때 도둑떼에 불과한 명군의 실태를 직접 보았었다. 명이 패할 것을 예측하고, 강홍립을 보내면서 "가거든 형세를 보아 적당히 향배(向背)를 정하라"고 몰래 일러주었다. "우리가 명과 더불어 생사를 같이 할 이유가 없다"는 것이 왕의 지론이었다.

### 인조반정(仁祖反正)

1623 15대 광해군(光海君) 15년

강홍립의 항복에 명(明)에서는 조선의 무성의를 탓하며 파병을 또 요구했다. 왕은 완곡하게 거절했다. 명의 사신들은 노발대발했으나 왕은 모른 척 했다. 게다가 후금에 항복했던 병사들까지 귀국하니, 인륜(人倫)

을 중시하는 유교사회에서 왜란(壬辰倭亂)의 은인인 명(明)나라를 배반했다면서 왕에 대한 비난이 시작되었고, 더구나 왕이 선조를 독살했다는 헛소문까지 돌면서 왕은 용납 못할 인간이 되어버렸다. 이러한 분위기를 타고 이귀(李貴), 김유(金瑬), 신경진(申景禛), 최명길(崔鳴吉) 등의 역모가 진행되는데…

3월 12일, 능양군(綾陽君)과 이괄(李适) 등이 2천의 군사를 끌고 새벽에 창덕궁을 점거하고 광해군을 체포했다. 이어서 능양군이 즉위하니 이가 인조(仁祖)이다. 인목대비는 광해군을 죽이라고 난리였으나, 인조는 광해군을 강화도에 귀양 보내는 것으로 마무리했다.

註) **잘못된 반동(反動) 쿠데타:** 인조반정으로 정권이 바뀌자 평화는 깨지기 시작했다. 곧이어 이괄(李适)이 난을 일으키면서 나라가 시끄럽더니, 아무런 대책 없이 허울뿐인 친명(親明)만 드높게 주장하다가 정묘호란을 당했고, 그 후에도 국방, 외교에 아무런 방책 없이 1936년(인조 14년)에는 후금과 국교를 단절한다는 선전교서(宣戰校書)를 8도에 내려 보냈다. 큰소리 친 것까지는 좋았지만 또 다시 후금의 침략(丙子胡亂)을 자초하고 말았다. 이런 상처만을 이끌어낸 인조반정은 우리 역사에 있어서는 안 될 반동 쿠데타의 전형이 되었다.

註) 애당초 만주족은 조선을 자신들과 손잡을 수 있는 잠재적 동지로 간주했다. 중원의 한족(漢族)에게 차별받고 조공을 바치며 사는 '오랑캐'라는 연대의식이었다. 조선이 비록 명나라를 섬기는 듯 하지만 속마음은 다를 것으로 보았다. 그래서 만주와 몽골이 힘을 합쳐 중원을 정복하는 과정에서 동참하거나 적어도 중립은 지켜줄 줄 알았다. 그러나 조선의 행보는 정반대였다. 명에 찰싹 붙어 필요 이상으로 자신을 적대시하는데 열 받았다. 특히 홍타이지는 조선에 심한 배신감을 느꼈다. 조선은 '오랑캐 주제에 스스로 중화로 착각하면서 명나라 편들고, 같은 오랑캐를 적개시하는 한심한 나라'였다. 만주의 주 관심사는 중원 공략인 만큼 후방의 조선과는 문제를 일으키지 않으려했다. 하지만 조선의 외교는 양국 간의 갈등해소가 아니라 증오의 심화로 이어졌다.

### 이괄(李适)의 난

1624 16대 인조(仁祖) 2년

인조반정에서 으뜸가는 공신은 사실상 이괄(李适)이었다. 당시 후금(後金)의 동태가 심상치 않자 장만(張晩)을 팔도도원수(八道都元帥)로 삼아 평양에 두고, 이괄은 부원수 겸 평안병사로 평안도 영변에 가 있었다.

2월 1일, 그런데, 이때 역모를 꾸민다는 소문이 돌고, 이 소문에 관련되어 이괄의 외아들 전(旃)을 체포하려는 관헌들이 오자, 그렇지 않아도 논공행상에서 불쾌했던 이괄이 드디어 터졌다. 조정은 과거 광해군의 총애를 받았던 관리들을 모두 제거하기 위해 엉뚱한 누명으로 이괄, 한명련 등 많은 사람들을 없애려 했다. 이를 알게 된 이괄은 분기가 치솟아 관헌을 모두 쳐 죽이고 부하 1만2천을 지휘하여 곧장 한양(漢陽)으로 직격했다. 정충신(鄭忠信) 장군은 이괄의 억울함을 알고 있지만, 일단 반란이 되니 토벌해야 했다. 도중에 방어진을 친 관군을 쉽게 깨고 2월 11일, 이괄은 경복궁에 들어가 선조(先祖)의 10째 아들 흥안군(興安君)을 왕으로 삼았다. 인조는 공주(公州)로 피하고, 장만, 정충신, 남이흥의 관군은 서대문의 길마재에 포진했다. 새벽부터 밤까지 길마재 전투는 처절했고, 결국 이괄은 이천(利川: 경기 이천)으로 도주했다. 그 후 15일 밤, 사세가 틀렸다고 변심한 부하들에게 이괄과 한명련이 암살됨으로서 22일 만에 반란은 평정되었다.

註) 백성들은 도성을 버린 채 달아난 왕을 존경하지 않았다. 전쟁이 나면 제일 먼저 도망가는 사람이 왕이라는 것을 이미 임진왜란 때 겪었다. 하물며 외부의 침입도 아니고 내부반란일 뿐인데 왕이 달아나다니!! 이후 조정은 스스로 그 충격에 헤어나지 못했다.

註) 이괄의 난이 남긴 피해는 컸다. 이괄 자신이 훌륭한 장수였을 뿐만 아니라 부하들 또한 뛰어난 무장들이었다. 이괄의 1만여 군대는 임진왜란을 치르고 1619년 만주에 1만3천명을 파병했다가 절반 이상을 상실한 조선이 그나마 보유하고 있던 최강의 정예 병력이었다. 그러나 반란에 가담한 장교에게는 사형 외에는 다른 법도가 없는 것이 조선의 법이었다. 게다가 노련한 중간 간부와 숙련병들도 수없이 죽임을 당하였다. 최신 무기로 무장했던 조총병, 산악지형에 익숙한 기마병, 막강한 돌파력을 자랑하던 항왜병 모두가 날아가 버렸다. 관군의 피해도 컸다. 평안도와 황해도 일대의 수많은 군사들이 이괄군의 총칼에 죽거나 흩어졌다. 아군끼리의 자중지란으로 후금에 대응할 서북지역의 군사력이 녹아버린 셈이었다.

### 후금(後金)의 황제가 바뀌었다

1626 16대 인조(仁祖) 4년

후금(後金)의 누루하치가 작년(1625년)에 도읍을 심양(瀋陽)으로 옮기고 68세로 죽고 난 후, 그의 8째 아들 혼타이지(太宗)가 황제에 올랐다. 지금까지 누루하치는 조선과 한 종족이라 해서 비교적 우호적으로 넘어갔으나, 혼타이지는 성격이 달랐다. 이제부터 조선과 껄끄러운 일이 일어나게 되었다. 그러나 조선 조정은 무사태평(無事太平).

註) 후금(後金)의 태조(누루하치)가 요서의 영원성(寧遠城) 싸움에서 받은 상처로 죽자, 황 태극(皇 太極)이 왕이 되니, 이가 청(靑)의 태종이다. 조선에 대해 화친으로 일관하던 부왕(父王)과는 달리, 태종은 조선에 대해 강경론을 견지하던 인물이다. 그는 우선 목표를 명(明) 정벌에 두었지만, 명의 병력이 산해관(山海關)에 집결되어있기에 우선 명의 우방국인 조선의 정벌문제를 생각해냈다. 그러나 인조(仁祖)와 조정대신들은 국방과 외교에는 문외한이다. 선조(先祖) 때와 똑같이 답답하게 나왔다. "여진은 못된 오랑캐이고, 그곳에 투항해 있는 강홍립(姜弘立)은 역적이다". 그래서 지금까지 쌓아온 광해군의 외교적인 효력이 몽땅 헛것이 됨은 물론, 아무 방책도 없이 후금과의 문제라면 무조건 무시해 버렸다. 그 고집은 정말 대단했다. 앞뒤가 꽉꽉 막혔다.

### 정묘호란(丁卯胡亂)

1627 16대 인조(仁祖) 5년

이괄의 난 때 한명련은 이괄에 동조했다가 처형당한 후, 그의 아들 윤(潤)이 후금으로 도망가 조선의 실상을 폭로했다. 그러자 후금은 명과 대결하기 이전에 조선의 기를 꺾어 놓아야 했다. 또한, 조선 영토인 철산(鐵山)에 진치고 있는 명(明)의 장수 모문룡(毛文龍)도 쫓아 내야하겠기에, 누루하치의 조카 아민(阿敏)을 대장으로 3만의 군사를 움직여 압록강을 넘었다.

註) 대명사대(對明 事大)에서 헤어나지 못한 조정은 갈팡질팡했다. 여태껏 후금이라면 상대도 안 했다. 지난번 누루하치 때는 여진과 조선이 같은 종족(同族)임을 표하고 함께 명(明)을 치자고 하면서, 우리 종족들의 원수인 명을 섬기는데 대한 잘못을 지적하기도 했으나, 조선의 대신들에게는 마이동풍이었다. 그런데 이젠 문제가 커졌다.

註) **모문룡(毛文龍)**: 광해군 13년(1621) 7월, 후금이 요동(遼東)을 공격할 때 명(明)의 요동도사(遼東都司) 모문룡이 갑자기 의주를 넘어 조선 영역인 철산(鐵山) 앞바다에 있는 가도에 들어왔다. 목적은 후금의 후방을 교란하면서 기회를 보아 반격을 시도하려 한다지만, 1629년 6월, 정묘호란 후 철군 중인 청군에 의해 토벌되어 처형될 때까지 조선에서 약탈 등 못된 짓만 했고, 후금과 조선 사이에 외교적인 문제만 만들었다. 또, 후금 측에서는 후방의 적을 두게 되니 계속 견제를 게을리 하지 않았고, 이 때문에 조선은 중간에서 입장만 고약했다. 당시 명과 연합하여 청을 견제하려는 조선의 입장에서 이를 묵인했다지만, 무려 7년간(1623~1629)에 걸쳐 가도를 중심으로 평안북도 서해안 일대가 제3국에 점령당한 결과, 결국 올바른 영토관리를 하지 못한 사건이 되고 말았다.

1월 13일, 후금(後金)군은 곧 바로 의주성(義州城)과 창성진(昌城鎮: 의주 동쪽)을 공격하여 하루 만에 점령하고, 또한 일부 병력은 가도의 모문룡(毛文龍)을 공격했지만, 모문룡이 신미도(身彌島)로 도망가서 잡지는 못했다. 파죽지세로 밀고 내려온 후금군은 17일에 곽산(郭山)과 정주(定州)를 깨고, 21일에는 안주(安州)에서 방어사 김준(金俊)이 격렬한 방어전을 폈으나 외부의 호응이 없는 채 안주성(安州城)과 함께 함몰했다. 이것이 마지막 항전이었고, 후금군은 평양성은 무시한 채 그냥 지나쳐서 황주(黃州)를 지나 황해도 평산(平山)까지 왔다. 사태가 이에 이르자 기강 해이는 관리와 군대가 따로 없었다. 심지어 병조판서조차도 군병의 숫자를 모르고 있는 판이다. 왕은 위패를 전주(全州)로 옮기고, 조정은 강화도로 줄 행낭. 강홍립은 후금의 군대를 평산에 묶어둔 채, 강화도와 평산을 내왕하면서 화친을 중재하여 3월 3일 강화에서 화약(江華島 和約)을 맺게 했다.

註) **강화도화약(江華島 和約)의 내용**: 1) 황해도 평산(平山)에서 더 이상 전진하지 말 것. 2) 화맹(和盟)이 체결된 다음날부터 철병할 것. 3) 철병 후 다시 압록강을 넘지 말 것. 4) 두 나라는 형제지맹(兄弟之盟)으로 칭할 것. 5) 조선은 후금과 화약하지만, 명(明)에도 배반하지 않는다는 점을 이해한다.

4월, 처음부터 후금(後金)은 조선을 정벌할 뜻이 없었다. 그 목적 중에 하나인 모문룡(毛文龍)을 잡지 못하자 의주(義州)와 진강(鎮江)에 4천3백의 군사를 주둔시켰다. 이때 신미도(身彌島)에 피신해 있던 모문룡과 그 병사 및 요동난민들이 평안도 일대에서 출몰하며 약탈을 자행하니 피해가 컸다. 이럼에도 모화주의(慕華主義)에 뿌리를 둔 정봉수(鄭鳳壽) 등이 의병(義兵)을 일으켜 용천(龍川), 철산(鐵山), 의주(義州)에 웅거하자 후금(後金)이 이를 토벌하려고 1만의 군사를 동원했지만 오히려 실패했다.

6월, 정주(定州), 선천(宣川) 등에서 활동하던 의병이 패전으로 흐트러지고,

7월 17일, 후금군은 머물고 있는 동안, 민가를 노략질하는 등의 행패를 부리다가 강홍립을 남겨둔 채 모두 철수해 갔다. 그런데 이때부터 조정에서는 강홍립을 물고 늘어졌다. 강홍립이 역적이냐 충신이냐를 떠

들어대다가 결국 역적론(逆賊論)이 우세해지니, 역적으로 몰린 강홍립은 울분을 삭이며 식음을 전폐하고는 스스로 목숨을 끊었다.

註) 후금(後金)이 서진하여 소능하(小凌河), 대능하(大凌河)를 돌파하여 금주(錦州), 영원(寧遠) 등지를 공격하다 실패하여, 6월에 군사를 이끌고 심양(瀋陽)으로 되돌아 왔다. 이 틈에 명군(明軍)의 습격을 염려해 급히 조선에서 잔존 병력을 모두 철수시킨 것이다.

### 낯선 서양인과의 만남

제주도에 낯선 외국인이 표류해 왔다. 네델란드인으로 본명이 벨데브레이(J. J. Weltevree)인데, 후에 박연(朴淵, 또는 朴燕)으로 이름을 바꾸었다. 그는 수부(水夫)로 우베르케르크(Ouwerkerck)호를 타고 일본을 향하여 항해하던 중 제주도에 표착하여 동료 2명과 함께 음료수를 구하려고 상륙했다가 서울로 이송되었는데, 왕은 이들을 훈련도감에서 근무하도록 했다.

註) 병자호란 때에는 세 사람이 모두 출전하여 박연을 제외한 두 사람은 전사했고, 박연은 포로가 된 왜인들을 관리하는 한편 명나라에서 들여온 홍이포(紅夷砲)의 제조법과 조작법을 지도했으며, 이후 1653년에 하멜 일행이 제주도에 이르렀을 때에 하멜이 도감군오(都監軍伍)에 소속되어 그들을 감독하는 한편 조선의 풍속을 가르쳤으며 조선여자와 결혼하여 남매를 두었다.

### 후금(後金)의 세력 팽창

1632 16대 인조(仁祖) 10년

후금은 조선침략 다음해(1628)에 내몽골의 챠하르(察哈爾部)를 공격했고, 금년에는 태종 홍타지가 친히 나서 만주와 내몽골의 전지역을 차지하게 되었다. 이제 큰 세력판도를 이룬 후금은 조선에 대해 형제지맹(兄弟之盟)을 군신지의(君臣之義)로 고쳐야 한다고 주장하니 적어도 명(明)과 동등하게 대접해 달라는 주문이다. 논의가 정해지지 않고 시일만 끌던 중, 1635년에 후금은 챠하르 지방을 평정하고, 또 원 왕조(元朝)의 "전국옥쇄(傳國玉璽)"를 얻었다. 이제는 중원(中原)의 주인이 될 구실이 생긴 것이다.

1636 16대 인조(仁祖) 14년

후금(後金)의 장수 용골대(龍骨大)와 마부대(馬夫大)가 조선에 와서 후금의 칸(汗)에게 존호를 올릴 것이니 신하의 예의를 따르라는 국서를 전했다. 조선의 분위기는 이미 척화(斥和)로 기울어진 상황으로 왕이 후금의 국서를 받지 않은데다가, 척화론자(이들은 호란이 났을 때 달아나기 바빴다)들은 연일 객관에 몰려가 규탄시위를 벌이고 참소할 것을 주장하자, 신변에 불안을 느낀 후금의 사신들이 말을 훔쳐 타고 모두 도망가 버렸다.
3월 1일, 인조는 느닷없이 강력한 내용으로 방자한 오랑캐에 대한 전쟁준비를 선포했다. 내용은 좋았지만, 굶주리고 시달리는 백성들의 한심한 실정은 도무지 무시한 채로…
4월, 후금은 국호를 "청(淸)"으로 고치고, 년호를 '숭덕(崇德)', 칸(汗)은 관온인황제(寬溫仁皇帝)라 했다. 이때 춘신사(春信使)로 갔던 나덕헌이 '배신의 예(陪臣의 禮)'를 거부하고 응하지 않아 매까지 맞았다. 귀국길에 국서를 받아왔는데, 대청황제(大淸皇帝)라 표기하고, 조선의 왕자를 보내지 않으면 '정벌하겠다'고 했다. 그런데도 조정에서는 아무런 대비도 없이 말로만 척화론(斥和論)을 떠들고 있었다. 청(淸)은 조선에게 왕자, 대신 그리고 척화론자들을 보내지 않으면 출병하겠다는 마지막 통첩을 보내왔다. 그럼에도 맹목적인 대명사대(對明事大)에 빠진 조정은 이를 묵살하면서 마지막까지 화를 자초하고 마는데…

註) 청태종은 스스로 방어할 능력도 없이 명(明)나라에만 기대고 있는 조선 조정을 이해할 수 없었다. 청태종의 국서에는 "귀국이 산성을 많이 쌓는데, 내가 큰길로 바로 한양을 향하면 산성으로 나를 막아낼 수 있겠소? 척화를 주장하는 자들은 유신(儒臣)인데 그들이 붓끝으로 나를 물리칠 수 있겠소?" 전쟁을 피할 수 없게 된 절박한 상황, 그러나 조정의 전시(戰時)대응책은 우왕좌왕이다. 중국 땅을 지배하는 제국(帝國)에 붙어서 정권을 유지해오던 왕조의 단선적인 세계관의 한계였다.

註) **청(淸)나라**: 만주에 살던 여진인이 1616년 국호를 후금(後金)으로 정하면서 세운 나라로서 1636년 4월 11일에 누르하치에 뒤를 이은 홍타이지(Hong Taiji)는 만주인과 몽골인, 그리고 요동 지역의 한인(漢人)의 추대를 받는 형식으로 황제에 즉위했다. 그런데 여기에 조선인만 빠져있다. 감정이 좋을 리가 없었다. 그 결과, 홍타이지는 명과의 전면전을 앞두고 걸림돌이 되는 조선 문제를 해결하기 위해 침공하기로 했다. 또한 북원(北元)세력을 일소한 후 명과의 대결에서 대륙정벌을 위한 사전정비의 목적이 강했다. 즉, 병자호란은 청의 입장에서 대륙에서의 명나라 체제를 끝장내고 청나라 시대를 열기 위한 상징적 사건이었다.

註) 그러나 청태종 홍타이지가 조선을 도모하기로 결심한 것은 결코 쉬운 선택이 아니었다. 비록 조선의 전쟁준비가 허술하다고 하지만 만주국보다 몇 배나 많은 인구를 가진데다 독자적인 문화전통을 지닌 자존심 높은 나라다. 단기전이라면 충분하지만 장기전이면 승패를 알 수 없다. 지난 왜란 때 일본이 15만 대군을 이끌고 바다를 건넜을 때도 20일 만에 한양을 점령했지만 전쟁이 길어지면서 수많은 의병에 시달리지 않았던가? 게다가 산과 하천이 많은 조선 땅은 기병전에 유리한 곳이 아니다. 과거 수, 당과 거란, 몽골이 정복을 시도했다가 철저히 실패하거나 수십 년 전쟁을 치를 끝에 간신히 입조를 받아낸 역사도 있다. 더욱이 조선 조정이 해도(海島)로 달아나면 수군으로 제압한다는 보장도 없다. 또 청이 조선을 치는 동안 명군이 심양을 치지 않는다는 확신도 없다. 정치적으로도 조선을 적당히 어르고 달래서 항복을 받는 것이 목적인데, 어설프게 건드렸다가 성과도 없이 물러난다면 새 황제의 권위도 문제이고, 이웃나라의 웃음거리만 될 뿐이다. 더구나 이 경우엔 만주-몽골 연합체인 자기 나라 내부에 도전 세력이 형성될 수도 있다. 또한 조선왕이 죽기라도 하면 자신은 무자비한 오랑캐 두목이 되어 많은 조선 백성들이 옥쇄를 각오하고 덤벼들 것이며, 또한 명나라 관리들의 실망과 공포, 반감이 증폭되면서 중원정복의 꿈도 멀어질 것이다. 그럼에도 뛰어난 장수에게 맡기지 않고 스스로 지휘봉을 잡고 나선다면, 뚜렷한 명분이 있어야 했는데 다행이도 이는 조선조정이 스스로 만들어 주었다. 자신을 황제로 인정하지 않고 오랑캐 도적으로 조롱한 것이 큰 명분이었다. 이를 그냥 두면 주변국에 민망하기도 하고 위엄도 서지 않는다. 이래서 직접 친정(親征)을 하기로 결심하게 된 것이다.

### 병자호란(丙子胡亂)과 남한산성(南漢山城)

11월, 청 태종은 조선을 직접 정벌하겠다고 선언했다. 그리고는 청병(淸兵) 7만8천, 한병(漢兵) 2만, 몽골병(蒙古兵) 3만으로 혼성부대를 편성하여, 총 병력 12만 8천 명을 심양(瀋陽)에 집결시키게 하고는 원정의 길에 나섰다.

12월 8일, 청의 선봉인 마부대(馬夫大)의 기병 6천이 압록강을 건너면서 전쟁이 시작되었다. 마부대는 의주부윤 임경업(林慶業)이 백마산성(白馬山城)을 굳게 지키자, 이를 우회하면서 방어거점인 산성들은 거들떠보지도 않고 직접 한양을 향해 직공(直攻)으로 나와, 6일 만인 13일에는 안주와 평양을 거쳐 황주에 도착했다. 14일에는 개성을 통과. 왕은 당황한 끝에 우선 신주(神主)와 두 왕자(봉림군, 인평군)를 강화도로 먼저 보낸 후, 뒤쫓아 가기로 했으나, 적이 이미 홍제원(弘濟院: 서울 서대문구 홍제동)에 이르렀다 하여, 급히 수구문(水口門: 光熙門)으로 빠져 남한산성(南漢山城: 경기도 광주)으로 향했다. 청군의 빠른 진격과 조선왕조의 빠른 도주 - 전투 없는 전쟁의 시작이었다. 16일에는 산성(山城)이 적에게 완전히 포위되고, 17일부터는 청군의 공격이 시작되었다. 29일에는 청태종이 직접 이끄는 4만의 주력군까지 한양에 도착하니 기세가 대단했다. 산성 안에서는 오래 전 이서(李曙)가 부임하여 있을 당시 비축해 놓은 묵은 쌀 1만6천석이 있었으나 1만 명이 30일분 밖에 안 되었다. 절약한다면 총 14,500명이 두 달은 겨우 버틸 만 했다. 그러나 그 후로는 대책이 깜깜한데다가 이해의 겨울은 날씨마저 혹독하게 추웠다.

註) 청은 임금과 임금의 형제 자식이 직접 지휘관으로 출정하는데, 조선왕조는 임금과 왕자가 도망치기 바빴다. 전쟁에 임하는 자세부터가 너무나 대조적이다. 이럴 때 백성들이 죽기를 각오하고 나서겠는가?

1637 16대 인조(仁祖) 15년

1월 1일에 청태종이 직접 성 밖을 순찰하고, 성안에서는 여전한 언쟁 속에 주화론(主和論)이 강해진다. 2일에는 경상도의 4만 군사가 쌍령(雙嶺: 광주군 초월면)에 왔다가 포위 당하면서 처참히 무너지고, 5일에는 전라도의 2천 병사가 광교산(光教山, 수원)에 도착하여 청군을 타격했지만 탄약이 떨어져 수원으로 물러섰다. 그 외에도 성 주위에서는 관군과 의병들이 적의 포위를 뚫어보려 했으나, 대체로 전공을 생색내기 위한 것일 뿐으로, 모두 격퇴되거나 전멸 당하기 일쑤이어서 남한산성에는 접근도 하지 못했다.

註) **주화론(主和論)**: 국난을 당한 상황에서도, 현실적인 돌파구를 마련하기보다는 명분만 따지는 척화(斥和)와 주화(主和)가 논의의 쟁점이었다. 청(淸)과 화의 할 수 없다고 주장하는 척화론에 있어서도 선비의 절개와 대외명분 뿐이지 군사적 대책이 있는 것은 아니었다. 오히려 최명길 등의 주화론이 더 현실적일 수 있다. 우선 힘이 없으니 고개를 숙인 후 서서히 힘을 기르자는 것이다. 그러나 어느 쪽을 따르던 방책이 있는 것은 아니었다.

1월 9일, 이제 성 밖으로부터 원병은 포기상태가 된 가운데, 최명길(崔鳴吉)은 왕에게 강화를 위해 사신을 보내는데 대한 허락을 받았다. 물론 김상헌(金尙憲) 등의 척화대신들의 반대가 격심했지만…, 22일에는 가장 안전하다고 생각했던 강화도가 함락되어 두 왕자가 포로가 됨은 물론, 살인 방화 강간 등 처참했다. 23일, 청은 이제 마음 놓고 산성에 대대적인 공격을 퍼부었고, 24일에는 서양식 대포인 홍이포(紅夷砲)가 등장하여 그 위력 앞에 대책이 막연했다. 포격은 갈수록 강해진다. 급기야 26일에는 척화신(斥和臣)들을 청군에 내주라고 하면서 어영청의 장수와 군사들이 시위하는 사태까지 나고…. 27일, 강화도 함몰 소식을 접한 왕은 항복을 결정하고 성안의 군사를 해산하며 죄수들도 석방해 주었다.

註) 청군은 산성을 쉽게 함락할 수 없다는 것을 잘 알고 있었다. 그래서 싸움을 걸지 않았다. 단지 성을 포위해서 고립시키고 외부와 통하지 못하게 했을 뿐이다. 남한산성은 졸지에 감옥이 되었다. 청군은 사방에 노략질해가며 만행을 저질렀다. 기가 막힐 지경이다. 힘없는 백성들만이 그 희생을 모두 뒤집어쓰고 있는 꼴이다.

1월 17일, 청태종 홍타이지(愛新覺羅 皇太極)는 '대청황제(大清皇帝)'의 이름으로 조선국왕에게 "감히 황제인 나를 보고 도적이라니, 용서할 수 없다… 그래 나를 도적이라고 하자, 그렇다면 너, 조선 임금은 왜 도적을 체포하지 않는가?"라며 조롱하는 국서를 보내왔다.

註) 홍타이지는 조선에서 만주족을 오랑캐(胡虜)라고 비하하고 자신을 도적(奴賊)이라 부르는 것을 잘 알고 있었다. '남의 물건을 몰래 훔친 자를 도적이라 한다고 들었다. 우리가 정말로 도적이라면 너는 왜 사로잡지 않고 그대로 두면서 입과 혀로만 욕을 한단 말인가…'라며 '조선의 비난과 욕설에 같은 말로 응수할 생각이 없다'라고 했다.

1월, 30일, 농성 47일째, 조선 역사 이래 처음으로 국왕이 적 앞에 나가 항복하는 날. 왕과 세자가 모두 성 밖으로 나가, 삼전도(三田渡: 서울 송파)에서 청태종 앞에 사배구고두(四拜九叩頭)의 예를 올리고 정식 항복했다.

註) 청 태종은 인조의 국서를 보고 꾸짖었다. "임진전란 때 명의 신종(神宗)황제가 천하의 군사를 동원하여 백성을 구해주었기에 명을 배반하지 못한다고 했는데, 천하는 크고 또한 천하에는 나라가 많다. 너희를 구해준 것은 명나라 하나뿐인데 어떻게 천하의 모든 나라의 군사가 다 왔다는 것이냐? 망령됨이 한이 없어 오히려 부끄러운 줄 모르고 이따위 헛소리만하여 무슨 이익이 있다는 것이냐? 마땅히 양편 군사가 한 번 싸워보자. 하늘이 스스로 처분을 내리실 것이다." 이로서 홍타이지는 조선 역사 이래 한반도를 친정하여 왕을 무릎 꿇린 유일한 외국군주가 되었다. 이때부터 성립된 청의 종주권은 1894년 청일전쟁의 패배로 해소되기까지 무려 240여 년 동안이나 지속되었다. 이 속에서 전쟁이 남긴 후유증은 조선사회 깊숙이 자리 잡아 가게 되는데…

2월 1일부터 청군이 철수하기 시작했고, 철군 도중에는 닥치는 대로 노략질했다. 어김없는 수라장이다. 뒷날 심양에 도착해 보니 조선인 포로가 60만이라고도 하고, 20~50만이라고도 한다. 싹 쓸어 간 것이다. 이때 소현세자와 봉림대군 내외, 시종들 그리고 많은 척화론자가 끌려가 고초를 당했으며, 그중 세자 앞에서 맞아 죽은 홍익한(洪翼漢), 오달제(吳達濟), 윤집(尹集)을 삼학사(三學士)라 한다. 특히 이 전쟁에 참가하게 된 몽골군 3만은 유달리 포악하여 이들의 철군길인 함남 지방에는 약탈은 물론 젊은 여자는 몽땅 끌고 가버려서, 남은 것이라고는 불탄 집뿐이라고 한다.

註) 척화 삼학사(斥和 三學士): 항복하는 날, 척화론자를 끌어내라 하자 모두 몸을 사렸다. 이때 자진해서 나선 세 사람을 일컫는데, "신하된 자가 이런 때 죽지 않고 어느 때를 기다리겠느냐" 하며 나섰고, 심양에서는 "명나라의 은혜가 커 척화를 주장했을 뿐이다. 대답은 이것뿐이다. 빨리 죽여라" 했다. 청

태종은 이들을 처형한 다음, 그 충렬에 감복하여 '삼한태두(三韓泰斗)' 라고 쓴 비석을 세워주었다.

註) 후금은 명과의 교역이 막힌 이래, 국가재정을 확보하기 위해서는 전쟁에 따른 약탈이 주된 수입원이었다. 모든 병사는 약탈로 부를 축척할 수 있었고 국가의 재정에도 크게 기여하게 된다. 즉, 전쟁은 남는 장사였다. 모든 백성이 군대를 자원했고 200백만 명의 인구 중에 18만 명 이상이 군사였으니 모든 국민이 병사인 셈이다. 모든 군대재원은 현지 약탈로 조달되어 전쟁을 할수록 군대와 국가는 부유해지는 체제였다. 약탈과 전쟁은 수렵유목민의 전통이었다. 또한 전쟁포로는 곧 현금이었으니 모든 전쟁은 재물을 얻기 위한 경제전이었다. 다만, 포로 확보가 가장 중시되었는데, 포로교환 시의 몸값 계산 외에도 부족한 농업경제에 절대적으로 필요한 존재였다. 그래서 포로를 우대했는데, 포획과정에서 '옷을 벗기지 말라. 부부나 가족을 떼어 놓지 말라' 등의 군령이 엄격했고, 부녀자에 대한 겁탈은 강하게 제재했다. 강간을 저지른 병사는 대부분 사형에 처해졌다. 전체적으로 만주군의 약탈은 개별적으로 무질서하게 이루어진 것이 아니라 부대단위로 질서 있게 행해졌다.

**의주부윤 임경업(林慶業)**

3월, 이때까지도 명(明)의 심세괴(沈世魁)는 가도(椵島: 평안북도 철산 앞바다의 섬)에 머물면서, 청(淸)의 후방을 기습할 준비를 하고 있었다. 이를 섬멸시키고자 청국은 조선에 병력 동원을 청하자, 왕은 유림(柳琳)과 임경업(林慶業)에게 병선(兵船) 120척과 포수 4천 명, 사수 1천 명, 수군(격군) 1,300명을 주어 보내 청군과 합류하도록 했다. 청군에 합류한 임경업은 가도 공격에 앞서 명장(明將) 심세괴에게 통지하여, 미리 대피하게 함으로서 섬이 함락됨에도 명군의 피해는 적도록 해주었다.

註) **임경업(林慶業):** 끝까지 친명배청파(親明排淸派)였으며, 호란(胡亂)의 치욕을 당하고 통분한 나머지, 끝까지 청에 대해 반항한 장수이다. 이후에 또 청의 요청으로 요동에 파병되었을 때 임경업이 주사상장(舟師上將)이 되고, 이완(李浣)이 부장이 되어 군사 6천에 군선 120척으로 청군과 연합하여 등주(登州)를 치게 된다. 여기에서도 명군과 내통하여 오히려 청군이 피해를 보게 하니, 이를 탐지한 청 태종이 임경업을 처형하려다가, 그의 인품에 감복되어 조선으로 송환시켜주었다. 그러나 조선의 사정은 말이 아니었다. 임경업은 돌아오는 즉시 압송되었고 왕도 만나보지 못한 채, 심기원(沈器遠)의 역적모의에 관련되었다는 친청파(親淸派) 김자점(金自點) 일파의 무고로 인해 말도 안 되는 이유로 맞아 죽었다.

**환향녀(還鄕女),** 전후 처리문제로 가장 답답한 것은 포로로 잡혀간 백성들의 송환문제였다. 청 측은 1인당 얼마라고 하면서 금전을 요구하니, 사대부 집안의 포로는 더욱 비싼 값을 치러야 했는데, 특히 부녀자의 문제는 심각했다. 정절을 잃고 돌아온 환향녀(還鄕女)들은 귀국하자마자 이혼 소송을 당하게 되는데, 왕은 이를 이혼의 이유로 삼을 수 없다고 받아들이지 않았으나, 양반들은 거세게 항의하면서 모두 가문에서 축출해버렸으니…

註) 화냥년: 환향녀(還鄕女)의 비극은 계속되었다. 중부 이북지역의 백성들이 거의 해당되었는데, 오늘날 '서방질하는 계집'이라는 뜻으로 멸시되는 비속어 '화냥년'은 바로 이러한 비극적인 여성사를 함축하고 있는 것이다. 전쟁은 항상 여성들에게 끝까지 비극을 던져주었다.

1644 16대 인조(仁祖) 22년

3월 19일, **명(明)왕조 멸망,** 중원에서의 변화가 있었다. 조선조정이 상국으로 여기던 명나라가 이자성(李自成)이 이끄는 반란군에 북경성(北京城)이 함락되면서 명 왕조의 숨통이 끊겼다. 명나라는 16대 276년 만에 멸망하였다. 또 한편, 청나라의 홍타이지(태종)도 7개월 전에 죽었다. 이제부터 중원에 새 바람이 불게 되는데…

1649 17대 효종(孝宗) 원년

병자년(丙子年, 1637년)의 한이 맺힌 인조가 죽자, 둘째인 봉림대군(鳳林大君)이 즉위하니 이가 효종이다. 세자였던 소현세자(昭顯世子)가 귀국 2개월 만에 병으로 죽었다. 독살 당한 듯. 당시 청(淸)에서 수입된 서양학(西洋學)에 관심이 있던 세자는 왕으로부터 원수 갚을 생각은 안하고 딴 궁리만 한다 하여 미운털이 단단히 박혀있던 터이었다. 한발 더 나아가 인조는 세자빈 강씨와 그 가족 모두에게 엉뚱한 누명을 씌워 사약을 내리거나 처형해버린 다음, 뒤늦게 귀국한 봉림대군에게 왕위를 물려주었다. 이후에 왕이 된 효종은 척화계(斥和係)의 인물을 중용하면서 북벌(北伐)을 준비하게 되는데…

註) **효종의 북벌 계획:** 청의 수도 심양을 쳐 원수를 갚자는 정책으로, 무엇보다도 존병(尊明)주의와 대청(對淸) 적개심의 소산이다. 그러나 이때 강화된 군사력은 겨우 왕성 수비군 정도에다 수천의 상비군 정도였으니, 당시 재정 상태를 보아도 그 이상은 불가능했다. 과연 이런 상태에서 북벌이 가능했을까? 진짜 목적은 호란 이후 닥칠 정치, 경제적 위기를 피하고 자신들의 권력 유지를 위한 고도의 방략으로, 병자호란 패배에 대한 면피용이었다. 실제로 청의 강희제는 조선은 청의 위협이 될 수 없다고 판단하고, 그 결과 조선에 대한 간섭을 크게 줄이고 자율성을 허용했다.

1652 17대 효종(孝宗) 4년

나라와 부왕의 원수를 갚기 위한 일념으로, 왕은 남한산성(南漢山城)의 방비를 강화하기 위해 수어청(守禦廳)의 병력을 정비했고, 이완(李浣)을 대장으로 하여 어영청(御營廳)을 확대시켰다. 21패에 2만1천명으로 증강하고, 왕의 친병(親兵)은 모두 기병화(騎兵化)하는 한편, 포병대(砲兵隊)인 별파진(別破陣)도 창설했다. 그러나 그 이상은 재정난으로 실행하지 못했다. 이듬해인 1653년에는 유럽인 하멜(Hamel)의 일행이 제주도에 표류해오자, 이들로부터 화약과 총포의 기술을 습득하도록 했다. 이때 예조판서 이후원(李厚源)의 의견이 있었다. "후춘 부락이 날로 강성해져 청 조정의 힘으로도 누를 수 없게 되면, 그 재앙이 반드시 조선에 미칠 것"이므로 두만강 방면의 방비를 강화해야 한다고 건의했다.

1653 8월 15일, 네델란드를 출발한 동인도 회사 소속의 스페르웨르(Sperwer)호가 64명의 선원을 태우고 일본 나가사키(長岐)로 가던 중에 폭풍에 밀려 제주도에 표류해왔다. 조정은 생존자인 하멜(Hamel)과 36명에게 "외국인을 도로 보내는 것은 우리의 법속이 아니니 이 땅에서 여생을 마치도록하고 모든 필수품을 급여하겠다"고 했다. 참으로 성현(聖賢)의 나라다운 대접이다.

註) **하멜표류기**(Hamel 漂流記, 一名 蘭船濟州道難破記): 당시 서양은 대항해시대(大航海時代)를 맞아 태평양까지 누비며 무역을 겸한 해적질이 경쟁인 시기이었다. 유럽의 모든 나라가 정치적 식민지를 개발하

기 위해 경쟁을 시작하던 시기이므로, 무역선과 해적선의 차이가 없는 시대로서 하멜과 그 일행도 순수한 의미의 항해사(航海士)나 상인(商人)들이 아니었다. 이들은 13년만인 1666년 9월에 하멜과 8명이 탈출하여 일본을 거쳐 1668년 7월에 네덜란드로 귀국한 후, 「하멜표류기」와 그 부록인 「조선국기(朝鮮國記)」를 출판하여 조선을 세계에 알렸다. 이 책은 수백 년간 서양인의 입에 회자되면서 19세기에 이르기까지 조선 땅이 열강의 침을 흘리게 하는 꿈나라로 인상 짖게 하는 결정적 자료로 인식되어 졌다.

**나선정벌(羅禪征伐) 제1차**

1654 17대 효종(孝宗) 6년

당시 시베리아까지 진출한 나선(羅禪: 露國, Russia, 러시아)은 모피를 구하고자 시베리아 벌판을 넘어 동양진출을 강행했고, 이중 일부 세력은 새로운 토지와 은광을 찾아 남하하여 청국 국경과 마주치게 되었다. 또한 청(淸)은 곡물, 가축, 광석을 얻기 위해 흑룡강(黑龍江) 일대를 중요하게 여겼다. 이러한 이권경쟁이 결국은 무력대결로 이어졌고, 1651년 러시아와 청국 간에 첫 싸움이 일어나 청국군(淸國軍)이 패했다. 흑룡강 일대에 대한 재공격을 준비하던 청국은 조선에 대해 조창병(鳥槍兵: 소총부대)의 파병을 요청하니, 왕은 변급(邊岌)을 대장으로 하여 152명(이중 총포수 100명)을 파견하기로 했다.

3월 10일에 조선 원정군은 청군과 합류하여 27일에는 송화강(松火江)에 이르렀고 28일에 러시아 선단(船團)과 충돌했다. 러시아 병력은 4백 명에 대소선(大小船) 39척이고, 청군은 1천명에 소선(小船) 160척으로 구성되었는데, 조선군은 고지에서 사격지원을 했다.

5월 2일, 후퇴를 시작한 러시아군은 호통(好通)을 거쳐 300리를 후퇴했다가, 흑룡강 상류에서 바람을 타고 도주했다. 7월에 변급은 무사히 병력을 이끌고 4개월 만에 귀국했다. 이때에 식량보급은 청군이 조달했다.

**나선정벌(羅禪征伐) 제2차**

1658 17대 효종(孝宗) 10년

청국은 1954년 12월과 1955년 3월, 두 차례에 걸쳐 러시아군을 쳤으나 모두 실패했고, 그 후에도 수차 충돌이 있었으나 피차에 승리는 없었다. 이때 청은 또 조선에 사격수 파병을 요청하여, 왕은 신류(申瀏)에게 265명의 명사수를 뽑아 보냈다. 4월 21일, 회령을 출발하여 5월 9일에 영고탑(寧古塔)에서 청군과 합류했다. 5월말부터 6월에 이르기까지 러시아군과 접전 끝에 청군이 패했다. 이때 조선군이 깊숙이 들어가 잠수병을 활용하여 적의 선단을 모조리 불태우고, 러시아군의 지휘관인 스테파노프 장군까지 죽인 끝에 결정적인 타격을 주고 전멸시켰다. 아군피해는 전사자가 8명뿐인 대승리였다. 8월 27일, 조선군은 무사히 회령으로 개선.

註) **러시아의 동진(東進),** 러시아는 거대한 암벽과도 같은 우랄산맥을 넘어 16세기말부터 시베리아 정복을 시작하여 50여 년 만에 유라시아 동쪽의 오호츠크, 캄차카 등지에 도착했다. 이는 시베리아에서 러시아의 침략을 저지할만한 토착 세력이 거의 없었기 때문에 가능했다. 1574년 러시아 황제에게 시베리아 지역을 위임받은 스트로가노프 가문은 코사크(Cossack)라 불리는 무력 집단을 고용하여 빠르게 지역을 넓혀나갔다. 목적은 검은담비, 수달 등의 가죽이었다. 1581년 우랄산맥 동쪽으로 원정을 시작하여 1584년까지 3년간 오늘날의 시베리아 3분지 1을 정복했다. 코사크는 '아직도 점령되지 않은 것이 있으면 무엇이든 모두 점령'한다는 신조로 동쪽으로 나아갔는데, 이들 코사크가 대포와 총을 앞세워 선주

민의 저항을 진압하고 요새를 건설하면, 1582년부터 유배된 러시아인이 지배의 기반을 굳히는 과정이 수백 년 간 되풀이되었다. 1632년 야쿠츠크 시가 건설된 뒤, 러시아는 세력을 3방향으로 확장해 나갔는데, 하나는 동쪽으로 베링해협을 건너 알래스카로, 또 하나는 캄차카반도, 쿠릴열도 등 오호츠크 해(海) 북쪽연안 지역으로, 또 하나는 동남쪽의 아무르 강(흑룡강) 쪽이었다. 세 번째 방향에서 시간이 많이 소요된 것은 청나라를 세운 만주인이 영유권을 무력으로 주장했기 때문이다. 이를 위해 조선의 조총부대가 두 차례에 걸쳐 청국과 연합하여 러시아를 공격한 것이다. 이즈음에는 청국에서 무기의 지원에 대해 조선에게 자문을 구한 것을 보면 당시 조선군의 화력이 상당히 발전해 있었다고 보아진다. 이 싸움 이후 러시아는 한동안 아무르 강 유역에 나타나지 않았다. 그 후 1680년대에도 알바진 요새를 둘러싼 공방전이 이어지다가 1689년 양국이 네르친스크 조약을 맺으면서 사태는 일단락된다. 한편, 조선은 러시아군과 충돌하면서도 끝끝내 그들이 어떤 존재인지 조차 모르고 있었다.

1659 17대 효종(孝宗) 11년

전란이후 궁핍한 재정 속에서도 맑은 정치를 하여 국가부흥을 꾀하던 왕이 죽었다. 또한 이와 함께 북벌계획도 종지부를 찍게 된다.

註) 효종 이후 현종(顯宗)이 즉위하는데, 이때부터 왕조의 내리막길이다. 우선 변덕스럽기로 으뜸인 아들이 왕이 되니 이가 19대 숙종(肅宗)이다.

註) 북벌론(北伐論)의식은 현실적으로 중국을 지배하고 있는 청국의 문화를 선진문화로 여기지 않으려 하여, 그 결과 중국문화의 수입을 거의 봉쇄하다시피 했다. 병자호란 이후 조선의 지배층은 역사 이래 선진문화 수입의 유일한 통로를 막아 버린 채 당쟁 속으로 빠져 들어가 정치적 쇄국주의, 문화적 폐쇄주의를 유지하게 된다. 18세기 후반에 가서야 일부의 진보적인 사상가들에 의해 북벌론 대신 북학론(北學論)이 주장되지만, 세도 정치 시기로 들어가면서 쇄국주의와 폐쇄주의는 그대로 지속되어 갔다.

**만주지역의 봉금지화(封禁地化)**

1662 18대 현종(顯宗) 3년

청 세조 강희제(康熙帝)는 점점 비어 가는 만주지역에 타민족이 침투할 우려가 있다고 여기며 만주 전역을 봉금(封禁: 일정지역에 출입을 못하도록 하는 조치)하기로 마음을 먹었다. 왕조가 북경으로 천도한 이후 정치중심이 북경으로 이동하면서 청국의 많은 주민들이 너도나도 이주해갔기 때문에, 만주대륙이 점점 비어가기 시작하여 이제는 공한지(空閑地)가 되어 버린 것이다. 그래서 자신의 조상이 뿌리를 잡았던 만주지역에 외족의 진출을 막고 조종(祖宗) 발상의 땅을 지키기 위해 만주에 유조변장(柳條邊牆)을 창설하여 한족의 유입과 몽골족의 출입을 막을 수 있게 했는데…

**만주지역 월강자(越江者)들에 대한 처형**

1672 18대 현종(顯宗) 13년

압록.두만강 북쪽 봉금지에 속한 조선 영토에 들어가 산삼채취 등을 위해 월경하는 주민들이 많아졌다. 이들은 관(官)의 가렴주구에 시달림을 피해 스스로 살고자 들어간 것이다. 그러나 청국으로부터 항의를 받은 조정은 재작년(1669년)부터 잠월자(潛越者)들을 잡아 참형에 처하는데…

註) 변경을 개척하여 토민(土民)을 안정시키자는 의견도 있었으나, 위정자들로서는 북변을 개척하여 "국토를 강북(江北)으로 확장하자"는 뜻을 가진 자가 아무도 없었다. 더욱 한심한 것은 월경하는 청국인에 대한 항의는 한마디도 못한 채 우리 백성들만 잡아 죽였다. 이러한 조치는 26대 고종(高宗) 초기 때까지 2백여 년이나 계속되었다. 사대주의와 당파 싸움에 얽매여 대륙의 정세를 보는 안목이 전혀 없기에 이런 한심한 일이 자연스럽게 이어졌다.

1677 19대 숙종(肅宗) 3년

4월, 청의 강희제는 내대신 우무누(武默訥)에게 장백산(白頭山)을 답사하게 한 후, 그 결과 보고를 들으면서 "장백산은 열조 발상의 성지로서 장백산신에게 마땅히 봉호를 하고 제사를 받들어 나라가 보살핌을 받는 뜻을 밝히도록 하라"했다. 그래서 우무누는 다시 백두산에 올라 세시(歲時)에 제사를 드리고 망제를 하는데, 조선 조정은 깜깜하기만 하니…

1680 19대 숙종(肅宗) 6년

**경신대출척(庚申大黜陟),** 남인(南人)이 집권하던 때, 영의정 허적(許積)이 오랫동안 권좌에 있으면서 체찰부(體察府)와 같은 특수기관을 만들어 병권을 장악하려는 움직임을 보였다. 허미수(許眉叟)가 소(召)를 올려 장차 환란의 원인이라고 주장했다. 남인이 탁남(濁南)과 청남(淸南)으로 갈려 자중지란(自中之亂)을 일으킨 것이 이 무렵인데, 이것이 서인(西人)들에게 이용되어, 남인들이 줄줄이 벼슬에서 쫓겨나갔다.

1683 19대 숙종(肅宗) 9년

이제는 서인(西人)의 세력이 커지자, 이 중에 늙은 층과 젊은 층이 또 나뉘어 노론(老論)과 소론(小論)이 되고..

### 청국의 백두산 탐사

1685 19대 숙종(肅宗) 11년

10월, 청의 강희제(康熙帝)는 열조가 발상한 백두산에 더욱 많은 관심을 가지고 러추(駐防協領 勒楚 또는 勒出)로 하여금 백두산을 탐사하도록 했다. 이에 따라 압록강 국경지대를 측량하던 러추는 삼도구(三道溝)에서 무단으로 월경하던 조선인을 막는 과정에서 함부로 조선인에게 총질을 하다가 오히려 자신이 총상을 입는 바람에 답사를 포기하고 돌아갔는데, 오히려 조선 조정은 범인은 물론 월경한 30여 명의 조선인을 체포해 극형에 처했다.

註) 청국인들도 이미 (1661년경부터) 불법으로 만주에 들어가 농경지를 개간해오기 시작했었다. 비록 숫자는 적었지만 살기 어려운 조선인들도 형편은 마찬가지였다. 어째서 청국인은 만주 봉금지에 들어가도 되고 조선인은 안 되는가? 당시 통치자들의 퇴영적이고 근시안적인 사건처리에 한심함을 볼 수 있다. 게다가 삼수(三水)군수는 삭탈관직하고 함경감사와 병사(兵使)는 파직하고, 평안감사와 당해 지방관은 모두 강등 조치했으니…, 위정자들은 설사 국토의 일부를 잃을지언정 나라의 재난이 없기만을 바랐다. 무사안일의 대표작이다.

### 장길산(張吉山)

1687 19대 숙종(肅宗) 13년

황해도 구월산(九月山)을 중심으로 전국적으로 활동한 도둑의 우두머리로, 본래 광대 출신이나 도당을 모아 여러 곳에서 세력을 늘리며 활동했다. 1692년 관군의 토벌로 양덕(陽德: 평안남도 양덕군) 일대로 이동하고, 뒤에는 서수라(西水羅: 함경북도 경흥군 노서면) 등지에서 활동하며 마상(馬商)을 끌어들여 군대 5천과 보병 1천여 명을 거느린 큰 세력으로 성장하였다.

註) 함경도뿐 아니라 평안.강원도에서도 활동하던 그의 부대는 한때 서울의 서얼 출신 이영창(李榮昌), 금강산의 승려 운부(雲浮)와 손을 잡고 승려세력과 함께 봉기하여 서울로 쳐들어갈 계획이었다고 한다. 운부가 북쪽에서 인삼을 가져다 군자금으로 사용한 점 등, 상업 활동을 벌인 점이 특징이다. 조정에서는 그를 잡으려고 여러 차례 노력했지만 그는 끝내 잡히지 않았다. 이 시기는 전국 각지에 도적떼가 창궐했다. 부패한 벼슬아치나 양반들의 억압과 수탈과 횡포로 농민들은 농토를 빼앗기거나 스스로 유랑객이 되었다. 떠돌이 유민은 모두 도적이 되던 시대였다. 1440년에 태어난 홍길동과 1562년에 붙잡힌 임꺽정, 그리고 이 시대에 활동한 장길산을 조선시대 3대 도적으로 꼽는다.

### 기사환국(己巳換局)

1689 19대 숙종(肅宗) 15년

세자책봉(世子冊封) 문제가 있은 즉, 중신들은 왕비 장소의(張昭儀)가 아직 젊다는 이유를 들어 세자책봉을 반대했으나, 왕은 고집을 세워 겨우 3살의 아기를 세자로 하고 귀인 장씨(貴人 張氏)를 희빈으로 승격시켰다. 송시열(宋時烈)이 강열한 상소를 올리자, 남인(南人)이 기회를 타 송시열을 귀양 보내 죽게 하면서, 다시 남인의 세상으로…

### 갑술옥사(甲戌獄事)

1695 19대 숙종(肅宗) 21년

왕은 민비(閔妃)를 폐한 것을 후회하는 중에, 서인(西人)이 폐비 복위운동을 하려하자, 남인이 다시 들고일어나 서인들을 몰아 처형했다. 이후에 결국 민비가 복위되기는 했지만…

### 안용복(安龍福)과 울릉도(鬱陵島), 독도(獨島)

1697 19대 숙종(肅宗) 23년

2월, 왜(倭)의 막부(幕府)가 대마도주(對馬島主)를 통하여 공식으로 왜인(倭人)의 울릉도 왕래 및 출어금지(出漁禁止)를 통보해 왔다. 이는 동래(東萊) 사람 안용복(安龍福)의 개인적인 노력으로 울릉도(독도는 신라와 고려 때부터 울릉도에 예속되어 있음)가 조선의 영토임을 공식적으로 확인케 해준 쾌거였다. 그러나 이 사실이 양양현감을 통해 조정에 알려지자, 조정 대신들은 오히려 안용복에게 무단 월경(越境) 책임을 물어 투옥했으니…

註) 동래(東萊) 사람 안용복(安龍福)은 대마도 해적에게 소꿉동무 처녀 유유(柳柳)가 잡혀간 것을 알고 왜구의 행패를 견제해 보고자 박어둔(朴於屯)과 함께 4년 전부터 울릉도에 자리 잡고 해산물을 채취하던 중, 1696년에 왜(倭)의 어선이 나타나자 이들과 함께 왜의 오랑도(五浪島)까지 따라가 조선의 바

다에 침범해 들어와 고기 잡은 사실을 문책한 다음, 울릉.우산 양도 감세관(鬱陵于山兩道監稅官)이라고 자칭하고 일본 호키주(伯耆州: 島根縣)에 가서 번주(藩主)에게 범경(犯境)의 사실을 항의하여 사과받고 돌아 온 일로 인해 왜의 막부가 공식적으로 통보해 온 것이다. 이는 변방의 한 백성이 이루어낸 일로, 왜의 백기주(伯耆洲) 태수로부터 울릉도와 독도가 우리 땅임을 확인케 한 큰 공로는 높이 평가해주어야 한다. 그러나 당파싸움에 빠져있던 조정은 그를 범죄인 취급해버렸다.

### 청(淸國)의 지도(地圖) 제작

1708 19대 숙종(肅宗) 34년

청의 강희제(康熙帝)는 프랑스 선교사 레지(Regis) 등에게 명하여 먼저 만리장성 일대의 측량을 끝내게 하고, 이듬해(1709)부터는 만주와 내몽고 일부를 실측하게 했다. 이후 1716년까지 6여 년 간에 걸쳐 중국 땅 전체를 실측하는데 성공하여 1718년에 지도를 완성한다. 이 지도를 〈새 중국지도(Nouvel Atlas de la Chine)〉라 하는데 42장으로 구성된 일반지도로서, 서양의 측량 기사들이 만든 청나라 지도이다. 이때 당연히 조선과 청간의 국경선이 문제였다. 이 당시까지지도 양국 간에 국경이란 존재하지 않았으나 필요에 의해 국경선의 표시는 분명히 그어지게 되었다. 이 국경선을 레지선(Regis 線)이라 했다.

註) **레지선(Regis 線):** 〈새 중국지도〉에 의하면 조선과 청의 국경선은 동북에서는 두만강 하구의 약 6Km 동쪽 지점에서 시작되어 두만강 북쪽에서는 흑산산맥I(黑山山脈)을 따라 서남으로 비스듬히 이어지다가 백두산을 가로질러 압록강 상류의 모든 수계(水系)를 포함하는 동서 산맥에 선을 긋고, 혼강(渾江)의 약간 북쪽을 따라 내려와 봉황성의 남쪽을 지나 압록강 하구의 서쪽 대동구(大東溝)에 이르는 선인데, 이를 레지선이라 한다. 이것으로 조선과의 경계선임을 분명히 기록하여 장차 양국 간에 경계선 회담의 근거로 이용하게 되었다.

### 백두산정계비(白頭山定界碑)

1712 19대 숙종(肅宗) 38년

백두산이 청조(淸朝) 발상의 영산(靈山)이라 하여 그 귀속을 주장하던 청은 2년 전(1710년)백두산에서 일어난 이만지 사건(李萬枝 事件: 조선인 이만지가 백두산에서 산삼을 캐던 청국인 5명을 살해하고 물건을 약탈한 사건)을 기화로 조선과 국경문제를 처리하기로 하고, 오라총관(烏喇總管) 목극등(穆克登)에게 양국 사이의 무인지대와 백두산을 청의 영유로 하라고 지시하면서 조선에 보내 국경문제를 해결하자고 연락을 해왔다. 조선에서는 참판 박권(朴權)을 접반사로 하여 출영(出迎)하게 했다.

5월, 이때 조선 측의 접반사는 산정에 오르지도 못하게 하고, 목극등 자신이 조선 측의 접반사 군관(軍官) 이의복(李義復), 감사군관(監司軍官) 조태상(趙台相), 통관(通官) 김응헌(金應) 등을 거느리고 산정에 올라가 거의 일방적으로 정계비를 세웠다.

註) **백두산정계비:** 백두산에 세운 조선과 청(淸) 사이의 경계비로 정계비라고도 한다. 그 지점은 백두산 정상이 아니라 남동방 4km, 해발 2,200m 지점이었으며, 비면(碑面)에는 위에 대청(大淸)이라 횡서하고 그 밑에 '烏喇摠管 穆克登, 奉旨査邊, 至此審視, 西爲鴨綠, 東爲土門, 故於分水嶺, 勒石爲記, 康熙 五十一年 五月十五日'이라 각서(刻書)하고 양쪽의 수행원 명단을 열기했다. 그 후 1881년에 청나라에서 길림장

군(吉林將軍) 명안(銘安) 등을 보내 간도 개척에 착수하자, 1883년 조선 측은 어윤중(魚允中), 김우식(金禹軾)을 보내 정계비를 조사하고, 그 뒤 9월에 안변부사(安邊府使) 이중하(李重夏) 등을 보내 조선의 영토임을 주장했으나, 청은 토문(土門)이 두만강이라고 주장하여 아무런 해결을 보지 못했다. 그 후 1909년, 일제는 남만철도의 안봉선(安奉線) 개축 문제로 청나라와 흥정하여, 남만주에 철도부설권을 얻는 대가로 간도지방을 넘겨주고 말았다. 이 비는 만주사변(滿洲事變) 때 일제가 철거해 버렸다.

**신임사화(辛壬士禍)**

1721 20대 경종(景宗) 원년

장희빈이 민비를 해치려다 발각되자, 이 사건에 장희빈을 두둔한 소론(小論) 일파가 숙청된다. 숙종이 죽고 경종이 즉위한 다음, 소론 4대신(小論四大臣)을 반역의 죄로 몰아 죽여, 노론(老論)이 다시 득세…, 이 사건은 영조(英祖)를 두둔하고 경종(景宗)을 배척한 대신들을 처형한 것이다.

**탕평책(蕩平策)**

1725 21대 영조(英祖) 원년

왕이 별안간 죽은 뒤, 이때 즉위한 영조는 당쟁의 폐해를 개탄하면서 노론과 소론의 인물들을 고루 등용하는 이른바 정미개편(丁未改編)을 단행한다. 이른바 탕평책(蕩平策)인데, 그래도 그의 재임 기간 중에는 역시 자기를 두둔해 온 노론(老論)을 중용하게 되었고, 다른 당파는 들러리에 불과했다.

註) **사색당쟁(四色黨爭)에 따른 정치상황**: 1670년대에는 남인이 주도권을 잡고 있었는데, 1680년대부터 남인이 실각하고 서인이 집권. 1689년에는 다시 남인이, 1694년은 다시 남인이 축출되고 서인이 집권하면서 노론과 소론으로 갈리고, 1716년부터는 노론이 집권하여 소론을 박해하다 1721년 8월에는 노론 3대 중신들이 축출 당하고, 1722년에는 노론 173명이 처벌되다가 1725년에 연잉군(후에 영조)이 즉위한 후로는 노론의 반격으로 소론의 핵심인물이 처벌당하는 돌고 도는 상황이 이어지고 있었다. 이 과정들을 통틀어 사색당파(四色黨派) 싸움으로 비하하여 비판하는데, 내면적으로는 비판과 견제를 통해 정치세력의 균형을 유지하는데 공헌한 바도 컸다. 그러다가 탕평책으로 상호 견제의 기능이 소멸되면서, 장차 왕도정치는 사라지고 세도(勢道)정치가 들어서게 되어 국가의 통치력이 급격이 약화되어 갔다는 점도 유의해야 한다. 이들은 역사라는 거울과 유교경전이라는 표준에 따라 대의명분이란 윤리관을 바탕으로 상대를 비판하고 견제했는데, 이 점은 유럽이나 일본의 당쟁과는 근본적으로 다르다. 그들의 경우는 당파나 지역 세력을 형성하고 패권을 쥐기 위해 무력충돌을 일으키며 장기간 나라가 전쟁상태에 휘말리게 되어간 것이 일반적이었다.

1727 21대 영조(英祖) 3년

아직도 왜란과 호란의 후유증이 덜 가신데다가 각종 사화로 민심이 흉흉한 가운데 기근과 질병, 그리고 관리들의 부패로 떠돌아다니는 유랑민(流浪民)이 갈수록 늘어났다. 이때 전라도 일대에 민란이 일어나지만 곧 진압되었다. 그러나 민심은 갈수록 어수선해지고...

### 이인좌(李麟佐)의 난 - 무신란(戊申亂)

1728 21대 영조(英祖) 4년

1월, 소론은 경종 연간에 왕위 계승을 둘러싼 노론과의 대립에서 일단 승리했으나, 노론이 지지한 영조가 즉위하자 불안해진 박필현(朴弼顯) 등 소론의 과격파들이 영조가 숙종의 아들이 아니며 경종의 죽음에 관계되었다고 주장하면서 영조와 노론을 제거하고 밀풍군 탄(密豊君 坦)을 왕으로 추대하고자 난을 일으켰다. 여기에는 남인들도 일부 가담한다. 한편 이들의 거병에는 유랑민(流浪民)의 증가하여 민중의 저항적 분위기가 중요한 바탕이 됐다. 이인좌는 3월 15일 청주성을 함락하고 경종의 원수를 갚는다고 하면서 서울로 향하다 24일에 안성과 죽산에서 관군에 격파되고, 청주성에 잔류 세력도 상당성에서 박민웅(朴敏雄) 등의 창의군에 의해 무너졌다. 또 이때 영남에서는 정희량(鄭希亮)이 거병하여 안음, 거창,합천, 함양을 점령했으나 경상도관찰사가 지휘하는 관군에 토벌 당했다. 호남에서는 거병 전에 박필현 등의 가담자들이 체포되어 처형당하고…

註) 난의 진압에는 병조판서 오명항(吳命恒) 등, 소론 인물들이 적극 참여했으나 이후 노론의 권력장악이 급진전되어 소론은 재기불능의 상태가 된다. 이 사건 후 정부에서는 지방세력을 억누르는 정책을 강화하고 토착세력에 대한 수령들의 권한이 커진다. 또한 이때 반군이 군사를 동원한 여러 방식들은 뒤에 이은 홍경래의 난에 도움이 되어 진다.

1732 21대 영조(英祖) 8년

6월, **월강자(越江者) 처벌.** 박처빈 등 5명이 압록강을 넘어가서 청국인들과 거래한 일이 있었다. 조정에서는 이들을 모두 잡아 의주에서 압록강 강변에서 목을 베었고, 7월에도 이삼영이라는 사람이 월강(越江)하여 장사를 했다하여 참수했다.

註) 이러한 사건은 계속되었다. 1736년(영조10) 4월에는 청의 관헌에게 붙들린 서귀강이 참수되고, 5월에는 온성에서 월강한 4명이 또다시 참수되고 8월에는 월강자를 막지 못했다고 강계부사와 변장첨사를 유배 보내고, 1742년(영조 16) 9월에는 관서의 백성 20여 명이 월강했다고 해서 평안감사와 병사를 파직하는 등, 대륙으로 진출하려는 개척자들을 마구 극형에 처했다. 이러한 조치는 고종 초기까지 지속되었다. 이 무슨 꼴이라? 우리 땅인데도 우리 백성 마음대로 못 가게 했다. 결국 고종 때부터는 국내에서 생계를 꾸릴 수 없는 빈민들 중에 월강하는 백성들의 수가 대폭 늘어나 관헌의 힘으로 도저히 막을 수가 없게 된다.

### 사도세자(思悼世子)

1762 21대 영조(英祖) 38년

왕은 대를 이을 아들이 없던 차에 후궁 소생의 외아들 선(愃)이 태어나자 세자로 삼았다. 세자가 커가면서 세상 물정을 모르고 자란 터에, 노론(老論)의 세력이 큰 것에 착안하여 자기가 왕이 되면 "이것을 뒤 엎겠다"고 공언했다. 이게 화근이 되어, 불안을 느낀 대신들의 집중 모략으로 죽게 된다. 그것도 뒤주 속에 넣고 못을 박아 8일 만에 죽게 한 것이다. 후일에 정조(正祖)가 될 왕세손(王世孫, 당시 11세)은 아버지를 살려달라고 아우성치며 매달렸으나 막무가내였다.

## 정조(正祖) 즉위

1776 21대 영조(英祖) 52년

사도세자(思悼世子)를 죽게 만든 노론(老論)들은 불안했다. 그 아들인 왕세손이 즉위하면 그 뒷날의 일은 생각만 해도 끔찍했다. 무더기 보복일 수밖에 없다고 여긴 대신들은 왕세손을 해칠 기회를 만들고자 애썼으나 왕손과 젊은 관헌 홍국영(洪國營)의 치밀한 처신으로, 시일만 끌고 있던 중 왕이 83세의 나이로 죽었다. 왕세손이 즉위하니 이가 정조(正祖)이다. 정조의 심복 홍국영이 두각을 내면서 피의 숙청이 강행된다. 정조가 왕이 되면서 제일 먼저 규장각(奎章閣)을 설립했는데, 목적은 첫째가 종래의 기구로는 이미 동맥경화증에 걸려 일 처리가 어렵겠기에, 뜻을 같이하는 사람을 모아 학문을 토론함과 동시에 제반 정책을 수립하려함과, 둘째는 자기를 줄기차게 모함해 왔던 간신들의 숙청을 위함이었다.

## 추조적발사건(秋曹摘發事件)

1785 22대 정조(正祖) 9년

명례동(明禮洞: 서울 명동)에 김범우(金範禹)집에서 이승훈, 정약용, 권일신 등이 예배를 하고 있는데, 노름판이 벌어진 것으로 착각한 금리(禁吏)들이 왔다가, 기이한 광경을 보고 모두 체포하여 형조(刑曹)로 끌고 갔다. 형조에서는 천주학(天主學)을 하지 말라는 훈시만 하고 석방한 다음, 집주인 김범우만 구금하여 귀양 보내려 했다. 이에 성균관 유생들이 들고일어나 사학(邪學)으로 몰아붙였다. 이에 따라 김범우에게 신앙을 바꾸라고 하며 형벌을 내렸으나 막무가내였고, 결국 귀양 가서 곧 죽었다. 한국 천주학 사상 첫 순교자가 된 것이다. 이때 권일신 등도 같이 형에 처해달라고 했지만 무마되었다.

註) **정조와 서학(正祖와 西學):** 서학(西學)은 천주교와 서양의 과학문명을 합친 명칭이다. 최초의 신부 주문모(周文謨)가 몰래 들어 온 것이 정조 18년(1794년)이고, 서학으로 해서 문제가 생길 때마다 되도록 이를 확대하지 않고 온건하게 처리했으며, 서학 때문에 박해를 받는 정약용(丁若鏞)들을 비호한 것도 정조였다. 천주교는 영조 말기에 황해도, 강원도 일대에 번진 것이 정조 말에는 신자 수가 1만여 명으로 불어났다. 학문을 좋아한 그가 좀 더 오래 살았다면, 우리의 개화는 그 때 시작되었을 것이고 역사는 다르게 전개되었으리라. 그러나 왕이 죽은 후 다시 노론(老論)의 천하가 되면서 도로 원점으로 돌아가니…

1786 22대 정조(正祖) 10년

4월, 류하원(柳河源)의 상소(上疏)가 있었다. "천주교는 하늘(天)이 있는 것만 알고 임금과 어버이가 있음을 모르며 천당과 지옥이 있다는 설(說)로써 백성을 속이고 세상을 현혹케 하는 것이 홍수나 맹수의 해악보다 더하다" 하였다. 또한 서양의 서적을 가진 자를 엄하게 치죄할 것을 주장했는데, 조정이 이를 받아들이니 서학의 포교가 위축되게 된다. 그런데, 천주교도는 조상의 제사를 지내서는 안 된다는 북경주교(北京主教)의 강경한 지시가 파란을 몰로 왔다. 이로부터 관리들은 천주교도를 잡기만 하면 "너희들은 부모를 업신여기니 짐승과 다름없는 놈들"이라고 하며 마구잡이로 잡아들여 고문하여 죽였다.

### 반회사건 (泮會事件)

1787 22대 정조(正祖) 10년

이승훈(李承薰), 정약용(丁若鏞), 강이원(姜履元) 등이 반촌(泮村: 서울 명륜동, 혜화동)의 김석대(金石大) 집에 모여서, 비밀리에 천주교 교리의 성경 강습회를 열었다가 발각되어, 이로부터 천주교에 대한 조정의 탄압이 더욱 심해졌다. 그 여파로 1788년 8월에는 서울을 비롯한 전국 8도에 영을 내려 천주교의 서적을 모두 불사르게 하는 등, 탄압이 심해졌다.

### 신해사옥(辛亥邪獄)

1791 22대 정조(正祖) 15년

12월, 모친상을 당한 전라도 진산(珍山)의 윤지충(尹持忠)이 북경주교의 지시에 따라 위패(位牌)를 불사르고 천주교식으로 장례를 치렀다. 이들을 시파(時派)라 하는데, 반대쪽인 벽파(辟派)들이 들고 일어났다. 당시의 양반사회로서는 큰 충격이었다. 왕은 배교(背教)를 전제로 용서할 작정이었는데 막무가내하고 사형을 받았다.

1795 22대 정조(正祖) 19년

북경 교구로부터 중국인 신부 무문모(周文謨)가 1월에 압록강을 건너 서울에 왔다. 6월에 밀고가 있어 많은 사람들이 연루되었으나, 왕은 문제를 확대하지 않고 신부를 인도해 들여온 3명의 신도만을 처벌했다. 그러나 선교활동은 계속되어 1800년까지 신도 1만을 거느리게까지 확장되어진다.

1800 23대 순조(純祖) 원년

1월, 왕이 병으로 죽었다. 병도 대단한 것이 아니라 종기가 난 것을 침으로 터트려 고름을 짜면 될 것을 임금의 몸에 쇠붙이를 댈 수 없다하여 약으로만 치료하다가 그만 죽고 말았다. 둘째 아들이 즉위하니 대비 정순왕후(貞純王后) 김씨가 섭정을 보게 되었다. 김씨는 어린 왕을 감싸며 친정붙이를 끌어들여 정사를 마음대로 휘둘렀다. 그의 오라버니 김구주(金龜柱)는 벽파(辟派)의 거두로, 결국 세상은 노론(老論) 계통의 벽파의 천하가 되고 말았다. 끔직한 화란이 시작되었다. 시파(時派)에 대한 보복이 천주교를 미끼로 하여 12월부터 날뛰기 시작, 이후 안동김씨의 세도정치가 들어서면서 민란(民亂)의 시대를 유발하게 되니…

註) **정조(正祖)와 규장각(奎章閣):** 규장각 건물은 정조 원년(1776) 9월에 완공되었는데, 각종 서적의 수집, 교열, 증보, 편찬, 저술, 인쇄 등에 주력했고 이를 위해서 수십만 字의 금속활자와 나무활자도 만들었다. 일대 문예부흥사업이었고, 오늘날 서울대학교에 소장된 방대한 규장각 도서의 태반은 이때 이루어진 것이다. 정조는 당파를 초월하여 인재를 모았는데, 현실개혁을 주장하는 남인(南人)들이 많이 등장했고, 서얼, 서북인들도 가리지 않았다. 또 백성들의 세금을 경감하고 빈민구제에 힘썼으며, 악형(惡刑)을 폐지하는 등 어진 정치에 힘썼다. 정조는 재위 24년에 49세로 죽으니 좀 더 살았더라면…

### 신유교난(辛酉教難)

1801 23대 순조(純祖) 2년

1월 11일, 서학 금지령(西學禁令)이 내렸다. 직위고하를 막론하고 천주교 신자라 하면 사정없이 얽어서 유배, 옥사 또는 참살. 이때에만 3백여 명이 참살 당했다. 목적은 시파(時派) 숙청이었지만, 천주교도 색출은 철저했고 눈에 띄었다 하면 가차 없었다.

註) **황사영백서(黃嗣永帛書):** 이때 정약용의 맏형 약현(若鉉)의 사위 황사영(黃嗣永)은 재빨리 제천의 토굴에 숨어 북경주교에게 보내려고 쓴 장문의 편지이다. 이것이 들통 나는 바람에 황사영은 9월 29일 체포되어 11월에 능지처참 당하고 가족은 풍비박산 났다. 이 백서의 내용이 문제였는데, 신앙의 자유를 얻는 방법을 제시한 것 중 "청국 군이 관서지방에 주둔하던가, 서양 열강들의 무력 침략"을 강력히 요구했다. "교도를 죽인 조선은 이미 신(神)의 노여움을 산 사탄의 무리이기 때문에 천군(天軍)이 무찔러 없애 듯. 기독교 국가인 서양 열강들이 군대를 끌고 쳐들어오는 것만이 이 땅을 신의 은총을 받는 '가나안'으로 만들 수 있다."는 것이다. 즉, 믿음의 자유를 얻기 위해 주체를 유린하고 사대를 하고 외세를 끌어들일 것을 간청했다 하여 매도 받았다. 이 편지는 의금부에서 파기 직전에 뮈텔 주교에게 전해졌고, 1925년 조선순교자 79위 시복식 때 바티칸에 보내져 중요 순교문화재로 현재 로마 교황청에 보관중이다. 그렇지 않아도 조선 조정은 기존 지배체제에 노골적으로 저항하는 천주교에 대한 탄압을 하는 중에 이 사건은 탄압에 결정적인 정당성을 부여해주었다.

1802 23대 순조(純祖) 3년

안동김(安東金)씨 김조순의 딸이 왕비로 들어감으로서, 세도는 36년 간 안동김씨의 손아귀에 있게 된다. 안동김씨는 시파(時派)에 속한다.

1809 23대 순조(純祖) 9년

지난 1801년 제주에 표착한 필리핀 루손 사람들이 말이 통하지 않아 귀국하지 못하다가, 마침 루손의 언어를 말할 줄 아는 문순득이 나타나 말이 통했다. 이들은 이때까지 '막가외(幕可外)'만을 외치고 있을 뿐이었다. 이들은 표류 9년 만에 문순득을 만나 말이 통하면서 비로소 귀국할 수 있었다는데…

註) **홍어장수 문순득 이야기,** 오늘날 전남 신안군에 속한 우이도에 살던 문순득은 지방 특산품인 홍어를 거래하기 위해 태사도에 들러 일을 마치고 귀향하던 1802년 1월 18일 표류, 29일에 유구(流球, 오키나와)에 닿았다. 중세 이래 중개무역으로 번성한 유구 왕국은 문순득 일행을 후대하면서, 청나라 일행에 이들을 붙여 1802년 10월에 조선으로 귀국시키려 한 것이 또다시 표류하는 바람에 필리핀 루손에 도착하고 말았다. 1802년 11월부터 1803년 8월까지 일행은 루손에 머물며 에스파냐 식민지였던 이 지역의 전통적인 유럽 문물을 관찰할 수 있었다. 여기서 일행은 중국인 천주교도의 도움으로 기본적이 생활 외에 담뱃값과 술값을 벌기 위해 끈을 꼬아 팔았는데, 여러 나라 사람들이 섞어 살면서 자유롭게 상거래를 할 수 있는 경제적 풍토는 상업이 천대 받고 외국과의 교류가 거의 없던 조선 출신 문순득에게 깊은 인상을 남겼다. 그는 1803년 8월 루손에서 배를 타고 한 달 뒤 청나라 광둥(廣東) 마카오에 도착했고, 당시 국제적인 표류민 귀한 시스템에 따라 이동했다. 1803년 12월 마카오 출발, 1804년 5월 북경 도착, 11월에 조선으로 출발할 수 있었다. 고향인 우이도에 도착한 때는 1804년 1월로 표류에서 귀향까지 장장 3년이 걸렸다. 넓은 세계를 봐버린 문순득에게 조선이라는 나라는 답답하게 느꼈던 것 같다. 문순득에 관한 유명한 기록은 가톨릭교도인 정약전이 박해

를 받아 우이도에 유배되었던 시기에 집필한 〈표해시말(漂海始末)〉인데, 이 기록은 정약전의 동생으로 강진에 유배되었던 정약용의 제자 이강회가 남긴 〈유암총서(柳菴叢書)〉에 포함되어 전한다. 이는 문순득, 정약전, 이강회의 공동 작업의 결과로 보는데, 여기에 "다른 나라는 우리나라와 달라 중국, 안남(베트남), 여송(루손)의 사람들이 서로 같이 살며, 짝을 지어 장사를 하는 것이 한 나라(同國)나 다름이 없다, 하물며 안남과 오문(마카오)은 서로 그리 멀지 않고, 함께 배를 타고 함께 장사를 하니 이상한 일이 아니냐"라며 고립된 조선을 한탄했다. 1801년 제주에 도착한 루손 사람들이 끝없이 되뇌이던 '막가외'가 바로 문순득이 언급한 오문, 즉 마카오였던 것이다. 이들은 마카오까지만 가면 고향 루손으로 돌아갈 수 있지만, 조선 조정은 마카오가 어디에 있는지 조차 알지 못했던 것이다.

### 홍경래(洪景來)의 난

1811 23대 순조(純祖) 11년

안동김(安東金)씨의 세도정치(勢道政治)에 따른 삼정(三政: 田, 軍, 還政)의 문란은 농촌을 파탄시키기에 이르고, 이에 불만을 열기를 더해 가는데, 아울러 서북인(西北人: 평안도 사람)에 대한 차별대우의 불만과 거듭된 흉년까지 겹쳐 전국이 시끄러운 때였다.

12월 18일, 과거시험에 부당하게 낙방한 홍경래(洪景來)는 평안도 용강(龍岡)에서 서북인에 대한 차별 철폐를 명분으로 우군칙(禹君則), 홍총각(洪總角), 김사용(金士用), 이희저(李禧著) 등과 함께 2천 명을 이끌고 반란을 일으켰다. 순식간에 백성들의 호응을 얻어 가산(嘉山), 박천(博川), 곽산(郭山), 정주(定州) 등 평안북도 일대를 휩쓸고 선천(宣川)으로 육박했다. 이듬해 4월 19일, 수차례에 걸친 토벌군과의 싸움에서 패한 반군들이 정주성에 들어가 오랜 기간 동안 농성을 하며 버텼으나, 이요헌(李堯憲)의 관군이 성 밑을 뚫고 폭약으로 성벽을 폭파한 뒤 공격해 들어가 성이 함락되고 홍경래가 죽음으로써, 반란군은 100여일 만에 무너지고 난이 평정되었다. 이때 2,983명이 체포되어 여자와 소년을 제외한 1,917명 전원이 일시에 처형되고, 지도자들은 전사하거나 서울로 압송되어 참수되었다.

註) 임진왜란 병자호란의 두 차례의 큰 전쟁으로 농토는 황폐되었고, 더구나 관리들의 횡포까지 만연한데다가 연이은 자연재해로 흉작과 전염병까지 창궐하여 허약해진 백성들 사이에 새로운 세상을 열망하는 분위기가 형성되면서, 이틈에 이씨왕조를 타파하고 새 왕조를 건설할 정감록 사상이 유포되어 반란의 기운이 감도는 상황에서 일어난 대표적인 반란이다.

### 제주도 양제해(梁濟海)의 변란

1813 23대 순조(純祖) 13년

12월, 제주 토호 출신 양제해(梁濟海)는 평소 제주에 부임해 오는 지방관들의 탐욕과 횡포에 불만을 품어 오다, 마침 홍경래(洪景來)가 반란을 일으켰다는 소식을 듣고 군사를 일으켜 제주는 제주인들 손으로 자치한다는 거사계획을 세웠다. 그래서 16일 밤을 기해 제주, 정의, 대정 등 3읍에서 일제히 봉기하기로 했다가, 사전에 발각되는 바람에 50여 명의 모의자들이 모두 체포됨으로써, 실패한 홍경래 모방 반란이 되었다.

註) 조선왕조에 이르러 혹독한 지방차별정책이 서북지방은 400여 년 간 이어왔고, 후기에 와서는 호남(17세기 이후), 영남(18세기 이후) 지방까지 확대되어 평민 이하의 사회 층은 모든 권리를 박탈당해

오고 있었기에, 관리들의 착취가 횡행해도 농민들은 최소한의 생존권도 누리지 못했다. 이러한 불만이 쌓여 차츰 잦은 민중변란으로 연결되어 간 것이다.

**채수영(蔡壽永)의 난**

1817 23대 순조(純祖) 17년

채수영은 왕의 외척과 몇몇 세도가들이 정권을 쥐고 흔드는 것에 분개하여, 김계호(金啓浩), 안유겸(安有謙) 등과 공모하고 매약상(賣藥商) 혹은 행상으로 가장하여 "외국군의 배가 들어왔다. 홍경래(洪景來) 등이 살아 있다" 는 따위의 유언비어를 퍼뜨려 민심을 선동한 뒤, 군사를 모아 전라, 충청의 두 감영(監營)을 습격, 부원군 김조순(金祖淳), 판서 박종경(朴宗慶) 등을 살해하고, 강화에 귀양 간 은언군(恩彦君)의 아들 철득(鐵得)을 추대하는 등의 계획을 세웠으나, 공모에 가담한 박충준(朴忠俊)의 고발로 모의가 탄로나 참형당했다. 그러나 이를 고발한 박충준도 유배당하고…

1827 23대 순조(純祖) 27년

왕은 안동김씨의 세조정치를 싫어하여 18세에 불과한 효명세자(孝明世子)에게 정치를 맡겼다. 이러한 즉, 세자의 장인인 조만영(趙萬永)이 등장하여 이로서 풍양 조씨와 안동 김씨 사이에 새로운 세력다툼이 생기게 되고…

1832 23대 순조(純祖) 32년

7월 11일, 정치를 맡겼던 효명(孝明)이 21세로 죽어, 다시 정사를 보게 된 왕은, 거듭된 불행의 원인이 천주교 박해에 있는 것이 아닌가 하여, 신자의 석방을 명했다.

註) **거상(巨商) 임상옥(林尙沃):** 평안북도 의주(義州) 출신으로 1796년부터 상업을 시작하여 1810년에는 이조판서 박종경(朴宗慶)의 정치적 배경을 이용하여 한국 최초로 국경지대에서 인삼 무역권을 독점, 천재적인 상업수완을 발휘했다. 1821년에는 변무사(辨誣使)를 수행하여 청나라에 갔을 때 북경(北京) 상인들의 불매동맹(不買同盟)을 교묘하게 깨뜨리고 인삼(人蔘) 원가의 수십 배에 팔아 막대한 재화(財貨)를 벌었다. 그 재화로 기민(飢民) 및 수재민(水災民)을 구제한 공으로 1832년(순조 32) 곽산군수(郭山郡守), 1835년 구성부사(龜城府使)에 발탁되었으나 비변사(備邊司)의 논척(論斥)을 받고 사퇴하기도 했지만, 그 후 빈민구제와 시주(詩酒)로 여생을 보낸 당대의 재벌(財閥)이다.

1835 24대 헌종(憲宗) 원년

순조(純祖)가 죽고 헌종이 즉위하면서, 순조의 왕비인 김(金)씨가 수렴청정(垂簾聽政)하게 되었다. 후일에 자기 세력이 꺽일 듯 보이자 대왕대비(大王大妃) 김씨는 조만영(효명의 장인)의 조카인 조병현을 형조판서에 앉힌다. 이것이 화근이다. 나중에 조병헌은 대비(大妃)의 세력을 아주 꺾을 목적에 곁들여 천주교 탄압까지 서두르게 되었으니…

**기해사옥(己亥邪獄)**

1839 24대 헌종(憲宗) 5년

3월, 우의정 이지연은 오가 일통법(五家一統法)을 만들어 천주교 박멸을 구상했다. 이 때에 정하상(丁夏祥)의 상재상서(上宰相書)가 있었는데, 천주교가 결코 민족에 해독을 끼치는 것이 아니란 사실을 밝히는 내용이었다. 그런데 이 글이 오히려 역효과를 보아 집권자들의 태도를 더욱 난폭하게 만들었다. 게다가 배교자(背敎者) 김순성(金順性)이 앞장서서 교도들을 색출하니 프랑스 신부 등 내외의 교인들이 무더기로 희생되기에 이르는데…

### 김대건(金大建)의 순교

1846 24대 헌종(憲宗) 12년

김대건(金大建)은 프랑스 신부 모방(P. Maubant)에게 영세를 받고 1842년에 청국으로 가, 조선 전교(傳敎)의 책임을 진 마카오의 칼레리 신부로부터 신학(神學) 등을 배운 조선 최초의 신부가 되었다(1845년 8월 17일). 그 후 9월, 박해받는 조선의 교인들을 구하고자 국내에 잠입하여 들어왔는데, 그의 책무는 외국인 선교사들의 입국과 선교사의 비밀연락을 위한 항로(航路) 개설이었다.

5월 12일, 조선지도 2장과 황해도 연안을 상세히 그린 지도, 그리고 편지를 청국인 편에 배편으로 보냈다. 이 배를 좇으려는 관헌에게 체포된 김대건은 압송되었고, 6월 하순 프랑스 신부 3명에 대한 책임을 묻게 된다. 때문에 김대건은 사교(邪敎)의 괴수로 판정 받고 급히 사형을 집행한다. 집행 당시에 형리(刑吏)와의 대화: "몸가짐이 이러하면 좋으냐? 자르기 쉽겠는가?" "좀 더 똑바로 해라. 그만하면 됐다"

### 강화도령

1850 24대 헌종(憲宗) 16년

이하전(李夏銓)은 아들이 없는 헌종의 뒤를 이을 사람으로 물망에 올랐었는데, 안동 김씨들이 이른 바 '강화도령'을 후계자로 삼고 즉위 시켰다. 이가 철종(哲宗)이다. 시골 농사꾼 출신의 철종은 왕의 역할을 하지 못하므로 순조비 순원왕후가 수렴청정하면서 다시 안동김씨의 세상이 되고…

### 프랑스의 조선 진출 준비

1856 25대 철종(哲宗) 7년

조정에서는 까맣게 모르고 있는 중에, 프랑스는 조선을 식민지로 할 목적으로 게렝(De Guerin) 제독에게 비르지니(Virgine)호를 주어 조선에 대한 정보 수집을 위해 7월 16일부터 9월 30일까지 동해안의 영흥만부터 남해안과 서해 일대를 샅샅이 탐사하고 있었다. 그들은 서울로 접근하는 수로를 찾지는 못했지만, 그의 보고서에서 '청나라는 보호자 역할을 하지 못할 것이며, 러시아가 야심을 품고 정복할 준비를 하고 있으니 서둘러 들어가야 한다'면서 '보병 6천과 기마병 500, 경포병 중대 1개면 쉽게 정복할 수 있다'고 했다.

註) 게렝 제독의 보고서에서 유의할 것은 러시아가 한반도를 노리고 있다고 지적한 점이다. 서양인들 입장에서 러시아가 조선을 차지할 수 있다는 '러시아 공포증'의 첫 등장이다. 하여튼 프랑스의 조선 정복론은 이로부터 10년 후 병인양요로 연결되어진다.

註) **조선 최초의 신학교 설립:** 이즈음을 전후하여 영국과 프랑스는 경쟁적으로 한반도 해안을 측량하고 돌아 다녔다. 1787년 프랑스 선박이 제주도를 관측하고 울릉도를 발견하면서부터 1849년 리앙쿠

르호가 독도를 발견하기까지 영국 5회, 프랑스 4회의 기록을 보인다. 특히 프랑스는 조선을 미래의 식민지 후보로 여기며, 한편으로 천주교 신부를 잠입시켰는데, 대개 가톨릭이라는 종교적 색채를 띠었고, 해외 주둔한 해군 제독이 중심이 되어 공세를 편 다음에 국가가 이를 추인하는 형식이었다. 어쨌든 1855년 3월에 서울에 들어온 프랑스의 베르뇌(simeon-Francois Berneux) 주교는 주교일행의 포교활동을 지원하면서, 서울을 중심으로 경기, 강원, 충청도까지 교세를 확장했고, 최초의 신학교인 〈베른신학교〉를 설립했다. 이어 1859년부터 1864년 사이 서울에 인쇄소 2곳을 두고 교리서와 기도서를 발행했는데, 뒤이어 들어온 11명의 프랑스 신부들과 함께 천주교는 놀라운 성장을 하여 신자가 2만여 명에 이르게까지 된다.

### 녹둔도(鹿屯島)가 우리도 모르는 사이에 러시아 영토로

1860 25대 철종(哲宗) 11년

'애로호사건(Arrow War)'이라고 하는 제2차 아편전쟁이 청국에서 일어나 영국-프랑스 연합군이 58년에 천진(天津)을, 60년에는 북경(北京)을 점령하고 10월 24일, 북경조약을 강제 체결했는데, 이때 중재에 나섰던 러시아의 대청(對淸) 외교의 주역인 이그니티에프(Nicolai Pavlovich Ignatyev)는 그 중재의 대가(代價)로 11월 14일, 쇠약해진 청국을 압박해 북경조약(北京條約: 一名, 中俄北京續增條約)을 체결했다. 이로서 청과 공동 관리지역이던 우수리강 동쪽 연해주(沿海州) 일대가 모두 러시아 땅이 되는데, 이 바람에 우리에게는 아무런 통보도 없이 녹둔도(鹿屯島)까지도 러시아의 영토가 되어버렸다.

註) **녹둔도(鹿屯島) 문제:** 14세기부터 착수된 러시아의 동방진출은 17세기 네르친스크 조약과 18세기 캬흐타 조약으로 본격화되었는데, 1858년 국력이 쇄약해진 청국과의 아이훈(愛琿)조약으로 흑룡강 북쪽과 우수리(烏蘇里)강 서쪽 연해주에 해당하는 우수리강 동쪽을 청국과 공동 관리하기로 했다. 이어 블라디보스톡 항을 개설하고, 군사요충인 포시에트 항을 점령한 다음, 1886년 훈춘조약(琿春條約)으로 국경을 재정리하면서 우리가 알지도 못하는 사이에 녹둔도는 완전히 러시아 영토가 되어버렸다. 이 사실을 1889년(고종 26)에야 비로소 알고 청나라 측에 반환을 요구했으나 실현되지 못했고, 1984년 11월 북한과 소련 당국자 간에 평양에서 국경문제에 관한 회담을 열었으나 미해결인 채로 끝났으며, 1990년에는 직접 서울 주재 러시아 공사에게 섬의 반환을 요구하였으나, 역시 실효를 거두지 못했다.

### 김정호(金正浩)의 대동여지도(大東輿地圖)

1861 25대 철종(哲宗) 12년

호가 고산자(古山子)인 김정호(金正浩)는 미천한 출신이나 학문을 열심히 닦으며, 정밀한 지도의 작성에 뜻을 품고, 그 때까지의 지도나 지리 자료를 참고하여 대동여지도(大東輿地圖)를 만들었다. 물론 의심스러운 지역은 직접 답사하기도 했지만 당시 조선 지도제작 기술의 집대성이었다. 그러나 당시 그에 대한 사회적인 뒷받침도 없었고 관청에서는 국가 기밀이라며 억누르기만 했는데…

註) 대동여지도는 빛을 보지 못하다가, 이 지도를 제대로 써먹은 것은 엉뚱하게도 우리나라를 침략한 일본 군대였다. 1894년 청일전쟁 당시 일본군이 이 지도를 이용하여 군수물자의 수송과 군사 작전 등에 활용한 것이다. 김정호는 각고 끝에 1834년에 '청구도(靑邱圖)' 2첩을 완성하고, 그 후 청구도에

불만을 느낀 그는 다시 대동여지도(大東輿地圖) 2첩을 완성. 또 여지승람(輿地勝覽)의 내용을 보충하기 위해 32권 15책으로 된 대동지지(大東地志)를 간행했다. 대동여지도는 22종류의 부호를 사용하여 역(驛).창고.목장.성(城) 등을 표시하고, 중요한 도로에는 4km마다 점을 찍어 놓았으며 이것은 약 1만 6200분의 1에 해당하는 축척도로서 그가 손수 그려서 판각했다고 한다. 이 목판본은 1995년경 구총독부 건물(중앙청)을 철거하는 과정에서 그 지하실에서 발견되었다.

**민란(民亂)의 해 - 임술민란(壬戌民亂)**

1862 25대 철종(哲宗) 13년

왕의 경쟁 상대였던 이하전(李夏銓)이 역모에 관련된 옥사(獄事)가 있었다. 이런 사정을 기화로 무고를 받다 김순성(金順性) 등과 함께 대역부도 죄인으로 처형 받았다.

註) 김순성(金順性): 교도를 가장하여 천주교에 들어가 천주교를 거의 망치듯 했다. 정하상, 유진길, 조진철 등 많은 교도가 잡히게 했으며, 또 엥베르 주교를 교묘한 술책으로 잡게도 했는데, 결국 엉뚱한 죄에 몰려 죽게 되니 사람들은 김순성이 천벌을 받았다고 했다.

2월, 경상도 진주의 우병사(右兵使) 백락신(白樂辛)의 탐학에 농민들이 견디지 못할 지경이 되자 유계춘(柳啓春)은 비변사에 소장을 내는 등 항의했지만 거듭 묵살 당했다. 그러자 14일에 이계열(李啓烈) 등과 봉기하여 시위를 벌이며 탐관오리들의 가옥을 불태우며 5일간 재물을 탈취하는 등의 민란을 일으켰다. 조정에서는 백락신을 파면시키고, 농민을 달랬다. 결국 관련자 13명을 처형했는데, 이 여파가 전국적으로 퍼져 민란이 도처에서 걷잡을 수 없이 터졌다. 곧 바로 단성, 함양, 거창, 성주, 선산, 상주, 개령, 울산, 군위, 비안 등…

또한 3월부터 5월까지는 전라도 부안, 금구, 순천, 장흥과 충청도의 회덕, 연산, 공주, 은진 등지에서 연달아…, 8월부터 12월까지는 제주, 함흥, 광주(廣州), 창원, 남해, 황주 등지에로 연결되어 이 해는 '민란의 해' 가 되고 말았다.

註) 중앙에서의 당파대립과 종교박해에 혈안이 되어있는 영향으로 지방의 관리들은 그 짓거리가 엉망이었다. 여기에 부당한 각종 조세(租稅), 수령들의 탐학, 이서들의 농간, 토호들의 토색질 등으로 농민들은 파탄지경이 되어갔다. 한 해 동안 37회나 민란이 일어났다. 이로서 수십 명의 관리들이 죽고 가옥 등 1천여 호가 불타거나 약탈당했으며 민란 주모자로 총 35명 처형되고 57명이 유배당했다. 왕은 문란해진 기강을 쇄신해 보고자 암행어사(暗行御史) 제도를 활용하기에 이르지만, 정조임금이 죽은 후 어린 임금을 둘러싸고 권력을 농간한 안동김씨와 풍양조씨의 세도정치 이래 관리 전체가 썩어 있었기에 효과는 크지 않았다.

**대원군(大院君)의 개혁 시작**

1863 25대 철종(哲宗) 14년

12월 8일, 왕위에 앉아 허수아비 역할만 하던 철종이 갑자기 죽었다. 익종(翼宗: 憲宗의 부친)비(妃)인 조대비(趙大妃)는 즉각 옥새를 주머니에 넣은 채, 중신들을 모아 놓고는 속히 후계자를 정하라 했다. 안동 김씨들은 별안간 아무런 복안이 없었다. 대비께서 정하는 것이 좋겠다고 하자 "흥선군(興宣君) 이하응(李昰應)

의 둘째 아들 명복(命福)으로 하여금 익종의 대통을 잇도록 하라" 했다. 이때 12세인 명복은 꼬마들과 연날리기하다가 졸지에 왕이 되니, 이가 곧 파란 많은 생을 이어갈 고종(高宗)이다. 또 아버지인 흥선대원군(興宣大院君)은 46세, 인간쓰레기, 잡배로서만 인식되던 이하응이 실권을 쥐게 되었다.

註) 흥선대원군(興宣大院君) 이하응(李昰應)의 치적: 안동김(安東金)씨의 세도정치를 미워하는데 손이 맞은 조대비(趙大妃)와 이하응은, 임금이 어리어 대원군(大院君)의 협력이 필요하다는 명목으로 모든 실권을 맡겼다. 대원군은 바로 행동에 옮겨, ① 인사에 대수술을 가해, 문벌을 가리지 않고 인재를 뽑으며, 지금까지 관에서 기피해 오던 서북인과 개성 사람들까지 가리지 않았다. 심지어 왕(王)씨의 후손까지 중용했다. 이로써 문벌과 뇌물의 경중으로 좌우되던 인사는 사라지고 청신한 바람이 일어나게 한 것이다. ② 맹렬한 반대를 무릅쓰고 서원(書院)을 철폐했다. 당시는 범법자의 소굴이 되어, 특권을 이용해 못된 행패를 다 부렸는데, 이 무렵에는 1천 개에 달했다. 47개소로 줄이며 나머지는 무조건 간판을 떼어오게 하니 수십만의 유생들이 몰려와 농성을 벌였다. 이를 단호하게 처벌하고 악질은 체포하여 가두었다. ③ 세제를 개혁하여 관리들의 농간을 못 부리게 하고, 지금껏 면세 특권을 누리던 양반들에게도 백성과 똑같이 세금을 내도록 했다. 반발이 많았으나 전혀 양보하지 않았다. ④ 임진왜란 때 불타고, 그 후 방치되어 온 경복궁의 재건을 단행했다. 고종 2년(1865) 4월부터 고종 5년 6월까지 40개월 걸렸고, 완공 후 왕은 여기로 이사했다. 재원은 성금이나 기부금으로 충당했지만, 강제로 징수한 사례도 많았다. 거부하면 죽인다는 기세로 밀어붙였다. ⑤ 세계정세에 어두운 것이 결점인데, 때문에 8천의 천주교인을 학살하는 등 개화가 늦어졌다. 그러나 안으로는 수백 년 묵은 폐단을 일소하여 텅 빈 국고도 충실히 하고, 언제나 백성들 편에서 일했기에 걸핏하면 일어나던 민란(民亂)도 조용해졌다. ⑥ 그러나 일을 하다 보니 적도 많이 만들었다. 안 물던 세금을 내게 된 양반들도 불평이고, 서원을 잃은 유생들도 불만이다. 이 모든 것이 대원군 집권 10년간의 성과이다.

### 동학(東學)

1864 26대 고종(高宗) 원년

서학(西學)에 대응하는 동학(東學)이 퍼져 나갔다. 인내천(人乃天)의 평등사상을 기반으로 하는 반외세, 반봉건적인 민족주의 대중종교로 농민층과 피지배층에게 새로운 공감을 얻었고, 급속히 확장되어 이미 4천여 교도를 이끌게 되었다. 성격상 반정부의 인상이 깊어지자, 동학교주 최제우(崔濟遇)를 체포하여 3월11일 처형했다.

### 경복궁 중건(景福宮 重建)

1865 26대 고종(高宗) 2년

4월 2일 대왕대비인 신정왕후가 대원군의 경북궁 중건 건의를 받아들여 시작되었다. 임진왜란 이후 소실되어 방치한 채로 창덕궁을 법궁으로 이용해왔는데, 풍양조씨와 안동김씨의 50년간의 세도정치로 땅에 떨어진 왕권을 바로 잡고자 했다. 1868년(고종 5) 6월 10일 경복궁 재건공사가 마무리 단계에 이르러서 임금의 이어(移御)에 대비하여 병조에서 입직(入直)을 준비하고, 7월 2일에 드디어 임금은 대왕대비를 모시고 새 궁궐에 이사하니 비로소 경복궁은 정궐(正闕)로서의 위엄을 다시 갖추게 되었다.

註) 경복궁 중건의 문제는 당백전이니 문세 같은 좀 무리한 재원 조달인데, 대왕대비의 10만 냥 중건역비 하사와 기타 소요되는 경비를 원납전(願納錢)이라 하여 거두었는데, 1차로 일반인이 바친 75만 7086냥 4전 9푼과 왕족들이 기부한 7만 6450냥 등으로 이다. 1869년 영건도감을 철폐한 후에 집계한 원납전 등의 내용은 내하전(內下錢) 11만 냥, 단목(丹木) 5,000근, 백반 5,000근, 왕족이 바친 돈이 34만 913냥 6전, 일반인들의 원납전 727만 7780냥 4전 3푼과 백미 824석이었다. 준공된 전각은 합계 5,792칸 반이다

### 천주교 탄압이 시작되다

초기부터 골칫거리가 있었는데, 러시아의 은근한 압력이었다. 1863년 10월 러시아의 극동 사절이 원산에 들려 수교통상을 요청한 후 회담이 없자, 북상하여 포세르항으로 돌아갔다. 경흥부(慶興府)의 포세르항(港)에는 1개 대대의 러시아 병력이 남아 군사훈련을 하더니…

11월, 러시아 병 70명이 두만강을 넘어 경흥(慶興)에 들어와 협박하면서 수호통상을 요구했다. 이때는 청(淸)이 영.불 양국과 교전하여 북경까지 점령당했다가 러시아의 중재로 강화가 성립되고, 그 대가로 연해주(沿海州)를 러시아에 빼앗긴 직후였다. 큰일이다. 이때 조선에 와 있던 몇몇 천주교인들이 대원군에게 건의하기를 "한.불.영 3국 동맹을 체결하게 되면 나폴레옹 3세의 위력으로 러시아의 남하를 막을 수 있다"고 하여, 대원군은 천주교인 남종삼(南種三) 등에게 알선을 부탁했다. 그런데 일이 꼬이느라 시일만 끌다가 때를 놓치고 말았다. 당시 지방에서 포교하고 있던 다블뤼 주교와 베르뇌 주교가 서울에 왔을 때는 이미 러시아인의 월경과 통상요구가 시일이 경과하여 말을 꺼낼 분위기가 아니었다. 그리하여 3국동맹이 체결되면 포교의 자유를 얻을 수 있으리라는 선교사들의 계획도 수포로 돌아가고, 오히려 무책임한 주선(周旋)의 발설로 비난을 받게 되었다. 그렇지 않아도 천주교를 '서학(西學)이다 사학(邪學)이다' 하며 배척하던 당시, "운현궁(雲峴宮)에도 천주학(天主學)쟁이가 출입한다"는 소문이 퍼지고, 조대비(趙大妃) 이하 정부 대관들이 천주교를 비난하자, 대원군도 "외국인은 모두 신의 없는 오랑캐이고, 교인들은 믿을 수 없다"라고 여기면서 죽도 밥도 아닌 천주교와 인연을 끊기로 했다.

12월 28일, 천주교 금지가 발표되고, 29일에는 외국인 선교사 전원과 남종삼 등의 체포령이 내렸다. 이로부터 천주교인에 대한 전국적인 검거와 처형의 폭풍이 휘몰아치게 되는데..

註) **포쉐르:** 두만강과 경흥부(慶興府) 사이에 있는 강변의 포구(浦口)로서, 젊은 날의 이순신 장군이 조산보만호(造山堡萬戶)로 있을 때, 그 관내에 속한 고장이다. 그 후 두만강의 수로(水路)가 바뀌는 바람에 러시아 쪽 대륙에 속하고 말았다.

### 병인박해(丙寅迫害)

1866 26대 고종(高宗) 3년

1월, 대원군은 "천주교도는 발견하는 대로 현장에서 처치하라"고 했다. 가톨릭교 탄압의 교령(敎令)이 포고되자 프랑스 선교사 12명 중 9명이 학살당한 것을 필두로 불과 수개월 사이에 국내 신도 8천여 명이 학살되었다. 그러나 조정에서는 아직도 체포되지 않은 3명의 프랑스 신부의 행방을 찾고 있었고, 이 사건으로 산 속에 피신하여 쫓겨 다니다가 병으로 죽고 굶주려 죽는 부녀자와 어린이도 부지기수였다.

註) **천주교 박해:** 대원군 치세 동안 여러 긍정적인 개혁에도 불구하고 특권 양반층과 유생들은 강력하게 저항했다. 개혁정책으로 코너에 몰린 양반, 선비, 유생 집단은 대원군이 프랑스 신부들과 가깝게 지낸다는 소문에 편승하여 대원군을 상대로 떼를 지어 상소하고 항의 시위로 날을 보냈다. 때마침 러시아 군이 함경도 국경에서 자진 철수하여 국경 긴장이 풀어지자, 대원군은 유생들의 비위를 맞추기 위해 천주교 박해의 명분으로 성리학적 질서를 수호한다는 '위정척사'를 내걸면서 천주교에 대한 박해사건을 일으키게 된다. 또한 천주교 신자들로부터 재산을 몰수하여 경복궁 재건의 비용을 충당한다는 이유도 있었다. 그래서 2월 23일 포도청이 프랑스 신부 9명과 주동자들을 체포하여 처형하면서 1차 박해의 막이 오르고, 2차는 가을부터 겨울까지 병인양요에 대한 응징으로 서울과 해안지방의 신자를 처형, 3차는 1868년에 오페르트 도굴사건에 따른 보복으로 신자 대량 학살, 4차는 신미양요에 대한 침략 응징으로 1871년까지 잔존 신자 색출하여 처형. 이로서 모두 4차례에 걸쳐 8,000명 이상의 순교자가 발생했다.

### 왕비(王妃)책봉

대원군은 며느리로 명문거족이 아닌 배경이 없는 집안의 처녀를 골랐는데, 부인이 추천한 것이 민(閔)씨 소녀였다. 섭정에서 물러난 조대비까지 승낙하니, 운현궁(雲峴宮)에서 가례를 올리고 왕비를 맞으니 고종 15세, 민비(閔妃)는 16세였다. 경기도 여주에서 올라온 이 시골 처녀가 나중에 시아버지인 대원군의 정적(政敵)이 될 줄이야…

### 셔먼(General Sherman)호 사건

7월 11일, 살벌한 분위기 속에서 평양에 있는 대동강 신장포(新場浦)에 미국 상선 셔먼(Sherman)호가 24명의 승무원으로 와서 교역하자고 했다. 대포까지 2문을 장비하고 전원 무장한 협박용 상선인 것이다. 총칼무역에 재미를 본 선주(船主) 프레스톤(Preston)은 여기서도 통할 줄 알고 오만불손하게 총질까지 하며, 하는 짓이 해적 떼와 다름이 없었다. 물러가래도 듣지 않고 있다가, 양각도 부근 모래톱에 좌초되자 강변의 군중들에게 총격을 가해 12명의 사상자를 내기에 이르자 평양감사 박규수(朴珪壽)는 배를 불 질러 버렸다. 승무원들은 타죽거나 성난 군중들에게 짓밟혀 모두 죽었다.

註) 평양감사 박규수(朴珪壽): 극심한 천주교 박해에도 평양지역에는 피해자가 없었다. 그는 정치의 잘못으로 교인이 생겼으므로 천주교 박해는 부당하다고 여기고 반대한 것이다. 그는 또 지구의(地球儀)를 보며 세계의 중심은 자기네 나라에서 보기 나름이라고 했다. 그의 영향을 받은 김윤식, 유길준, 어윤중 등이 그의 지도를 받았고, 또 김옥균, 홍영식, 서광범 등의 개화사상이 그의 사랑방에서 나온 셈이다. 그는 세상을 뜰 때까지 개화론자로서 그의 개국론(開國論)은 젊은이들에게 많은 영향을 주었다.

8월, 조선의 천주교 탄압이 극에 이르니, 이때 젊은 신부 리델(Ridel)이 청국으로 탈출하여 실상을 폭로하고 조선 정복을 요청했다. 이에 따라 베트남을 평정하고 돌아온 로즈(Roze) 제독에게 군함 3척을 주어 조선으로 향하게 했다. 주청(駐淸) 프랑스 공사의 명으로 조선을 혼내 주려고 온 프랑스 극동함대의 로즈 제독은 강화도로부터 거슬러와 18일에 한강 어귀 서강(西江)에 도착했는데, 분위기가 험악해 병력을 증강하려고 되돌아갔다.

9월 8일, 로즈는 7척의 군함과 6백 명의 해병대를 동반하고 다시 와서 강화부(江華府)를 간단히 점령했다. 그리고는 약탈, 방화 등 못된 짓을 하면서, 선교사 살해의 주동자를 처벌하라고 주장했다. 시간은 지나 날씨는 추워지는데 회답은 기미도 없다. 그러던 중…

**병인양요(丙寅洋擾) - 병자호란 이후 230년 만에 외국군 침략**

10월 14일, 프랑스군이 상륙하여 강화도 강화부(江華府) 갑곶진(甲串津) 진해문(鎭海門) 근처의 고지를 점령하고, 16일에는 손쉽게 강화성까지 점거했다. 조정은 대책에 고심했지만 맞설 병력이 없었다. 프랑스군은 한강수로를 오가면서 무력시위를 하고 있는데, 이때 통진부에 주둔하고 있던 양헌수(梁憲洙)는 기상천외한 작전을 구상했다. 11월 7일, 양헌수는 사냥꾼으로 구성된 549명을 이끌고 강화수로를 건너 정족산성(鼎足山城)을 선점하고 포수들을 포진시켰다. 9일, 신식소총으로 무장한 프랑스군 보병 160명이 조선군을 내쫓고자 정족산성으로 들어오는 것을 매복과 기습사격으로 70여 명의 사상자를 내게 하면서 패퇴시켰다. 조선군은 1명 전사에 5명 부상. 로즈는 그만 어이없게도 큰 피해를 보자 무력시위를 중단하고, 11월 22일에 함대를 이끌고는 청국으로 돌아가 버렸다.

**오페르트(Oppert) 도굴사건**

1868 26대 고종(高宗) 5년

천주교도 학살 때에 프랑스 신부 9명중 3명이 청국으로 도망갔는데, 그 후 대원군에 대한 원한으로 군함을 불러들여 혼을 내주려고 했지만, 모두 실패함은 물론 대원군은 눈썹하나 까딱하지 않았다. 분이 안 풀린 이들은 충남 덕산(德山)에 있는 남연군(대원군의 부친)의 묘를 파서 유골을 훔쳐낸 후 조선과 흥정을 할 계획을 세웠다. 신부 페롱, 조선인 최선일(崔善一), 유태계 독일 상인 오페르트, 전주(錢主) 미국인 젠킨스는 대포를 실은 챠이나(CHAINA)호로 중국인 1백 명과 필리핀인 20명의 전투원을 태우고 5월 9일 아산만에 와 구만리(九萬里) 쪽에 상륙했다. 10일, 미리 내통한 교인 8명의 안내로 묘를 파면서 묘지기와 농민들을 위협하며 쫓아냈다. 원래 도굴을 예상하고 철벽같이 만든 묘인지라, 실패하고 마는데, 조선은 물론 주변 국가들도 큰 충격이었다. 도굴단에 협력자는 물론이고 관련 혐의가 있는 230명의 목이 잘렸다. "조선인들은 이제부터 의심할 여지없이 외국인은 야만종이요, 그들의 대부분은 강도나 도둑놈으로 믿게 됐다"고 서양의 언론조차 규탄할 정도였다. 이 사건으로 조선의 온 백성이 분노해 떨었고, 천주교도에 대한 박해는 더 철저해졌다.

**이필제(李弼濟)의 난**

1871 26代 高宗(고종) 8年

3월 10일, 동학교도인 이필제(李弼濟)는 '중국에 건너가 새로운 왕조를 세우겠다' 며 5백 여 명의 교도를 이끌고 야밤에 영해부(寧海府: 경북 영덕군)를 습격하여 무기를 탈취하고는 게릴라 전법을 구사하며 난을 일으켰다. 이어 8월 2일 문경(聞慶) 봉기를 계획하다가 기밀이 노출되어 체포된 후 12월 서울 서소문 밖에서 능지처참되었다. 이때까지 언제 기습당할까보아 공포에 휩싸여 자취를 감춘 관리들이 속출했었다고…

**신미양요(辛未洋擾)**

청국에 있던 미국 상인들이 조선과의 통상을 갈망하자, 주청(駐淸) 미공사(美公使) 로우는 셔먼호 사건을 빌미로 협상하자는 공문을 조선에 보냈다. 조선은 딱 잘라 거절했다. 그러자 4월, 로저스(Rodgers) 소장이 군함 5

척에 대포 80문, 부속함정 20여 척, 병력 1,230명으로 편성된 미국 아시아 함대를 이끌고 강화도에 나타났다. 4월 23일, 강화해협에 들어와 수심(水深)을 측량 중에 접전이 벌어져 쌍방에 부상자가 난 후, 미군은 초지포대(草芝砲臺)에 포격한 후 해병 450명을 상륙시켰다. 그리고는 광성진(廣城鎭)까지 육박하여 어재연(魚在淵) 장군이 이끄는 조선군과 백병전이 벌어졌다. 처절하기보다는 징그러웠다. 로져스는 애초 무력시위만으로 간단히 개항될 줄 알았는데, 뜻밖에 끔찍한 전투가 일어나고 보니 맥이 풀렸다. 5월 16일 로저스는 애꿎은 살상만 한 꼴이 되어 일단 포기한 채 중국으로 그냥 철수하고 만다.

註) 당시 신미양요 전투에 참가했던 미 해군장교 브레이크중령의 전사기록을 보면 "미국의 남북전쟁 때에도 이렇게 좁은 지역에서 48시간이라는 짧은 시간 동안 그렇게 치열한 전투가 벌어진 적이 없다"라고 술회할 정도로 그 당시 광성보 전투는 굉장히 치열했으며 우리 측 수비군은 350여 명이 모두 전사한데 비해 미국은 맥키 중위를 비롯한 3명의 전사자와 7명의 부상자를 냈을 뿐이다. 그리고 20명의 조선군 부상자를 치료해 주면서 인수해 가라해도 대꾸가 없으니 할 수 없이 해변에 내려놓고는 5월 16일 철수하는 수밖에 없었다. 이때부터 대원군은 곳곳에 척화비(斥和碑)를 세우면서 더욱 더 '쇄국(鎖國)일변도'로 나갔다.

註) 이때 우리 조정의 공기는 '견양(犬羊)의 무리'와 수호통상이 언어도단이라고 문을 닫아걸고 있었다. 명(明)나라나 청(淸)나라만 상대해 온 당시 사람들이 세계를 알 까닭이 없을뿐더러, 수호통상의 의미가 무엇인지도 몰랐다. 이 시기에 일본은 1854년 3월 미국과 통상조약을 맺었고, 그 후 구미 각 국과 차례로 조약을 맺어 문호를 개방했다. 그로부터 새로운 문물이 들어오고 모든 방면의 근대화를 서두르고 있을 때였다. 문호개방에 있어 우리는 일본보다 22년이 뒤졌다. 이 22년이 일본과의 관계에서 100년 이상이나 뒤진 후진국 취급을 받게 된 결정적인 열쇠가 되었다.

1873 26대 고종(高宗) 10년

10월, 최익현(崔翼鉉)의 상소가 있었다. 이제 그만 대원군은 물러가라는 것이다. 민비(閔妃)가 일어날 전초 현상이다. 애초 대원군은 외척들의 세도정치로 나라가 엉망이 되었기에 이를 막고자 시골규수를 며느리로 삼았던 것인데, 이게 또 삐딱한 증상을 보이기 시작이다. 더구나 자기가 갖은 고생과 굴욕을 참으면서 세운 임금이요, 왕비도 자기의 덕으로 그 자리에 앉은 처지이다. 배반당할 처지가 아닌데 아들이고 며느리고 같이 배반했다. 왕은 최익현을 피신시킬 겸 제주도로 귀양 보냈다. 그런데 왕인 고종도 기대와는 달리 대원군에게는 신통치 못했다. 마누라에게 쥐어서 아버지를 내쫓고, 일일이 병풍이나 발 뒤에서 마누라가 시키는 대로 입을 놀리는 지경이다.

**대원군 하야(大院君 下野)**

1874 26대 고종(高宗) 11년

8월, 심사가 뒤틀린 대원군은 성묘를 이유로 충남 온양(溫陽)에서 쉬었다. 아들인 임금이 부를 줄 알았는데, 민비의 손아귀에서 놀기 시작한 고종은 그의 환궁을 주장하는 사람들에게 오히려 화를 내는 형편이다.

조정은 차츰 민씨 일색으로 변해가고, 대원군을 추종하던 사람들은 차례로 살해되거나 자취를 감추고 말았다. 대원군이 단행한 개혁은 허사가 되어 다시 뇌물이 횡행하고 기강은 무너지고 충실하던 국고(國庫)도 비어갔다. 모든 요소에 민씨들을 확고히 심어 놓고는 세도정치를 재현한 것이다. 대원군은 경호병에게 둘러싸여 연금 상태나 매일반인 상태가 되었고, 이로부터 민비 집권 9년에 나라는 거덜이 난다.

1875 26대 고종(高宗) 12년

민비는 대원군을 몰아낸 후에도 안심이 안됐다. 마마를 앓다가 겨우 살아나 돐도 안 된 외아들인데 서둘러 세자로 책봉시키려고 안달했다. 이를 청국의 승인이 필요함에, 주청(駐清) 일본공사 소에지마를 통해 청의 이홍장(李鴻章)에게 막대한 뇌물을 뿌려 성사시켰다. 이와 관련된 관헌들에게도 푸짐하게 상을 내렸다. 게다가 세자와 왕실을 위해 굿을 한답시고 국고를 물 쓰듯 하니 나라꼴이 말이 아니게 돌아간다.

註) 이즈음에 충격적인 소식이 전해졌다. 청에 갔던 사신이 돌아와 전하기를 베트남이 프랑스의 침략으로 위기에 처했다는 것과, 일본이 대만을 점령했다는 것이다. 게다가 일본이 조선 원정을 위해 대만에 주둔한 5천의 군대를 출동할지도 모른다는 소문까지 전했다. 이때 청나라는 일본의 침략을 막을 수 있는 방법으로 미국과 프랑스와 조약을 맺으라고 충고했다. 그러나…

### 운양호(雲揚號) 사건

8월, 대략 1868년부터 일본은 줄기차게 조선과의 접촉을 시도했지만, 실패하고 오히려 다른 나라에게 선수를 빼앗길 가 우려했다. 또한 일본 내에서는 이른바 '정한론(征韓論)'으로 시끄러운 때였다. 따라서 어떤 트집을 만들어 조선과 마주 대할 사건이 필요했던 것이다. 이에 따라 일본군함 운양호(雲揚號: 운요마루)를 강화도에 보내 도발을 유도하기로 했다. 이른바 음료수 공급이 필요하여 강화도 초지진(草芝鎭)에 접근했는데 이유 없이 포격을 당했다는 사건을 만들기에 성공.

9월 20일, 운양호는 강화도 동남쪽 난지도(蘭芝島) 부근에 정박한 채 무장 병력 14명을 해안에 상륙시켜 육지의 동정을 살피는 작전을 벌였다. 사전에 아무런 연락도 없이 나타난 국적불명의 무장병력이 탄 보트를 발견한 초지진 군사들은 포격을 가했고, 일본군은 4시간 반의 악전고투 속에 귀환했다. 조선 수비병이 발포함은 당연했고, 피해 돌아가는 운양호는 영종도(永宗島)에 포격하여 피해는 오히려 조선 측이 더 컸다. 말이 쌍방의 포격전이지, 화력의 비교는 해 볼 가치도 없는 낡은 무기와 서양의 신식대포의 대결이다. 21일에야 운양호는 일장기를 게양하고, 22일에는 영종진에 기습공격을 벌여 진을 파괴하고, 일본군은 육전대(陸戰隊)까지 상륙하여 방화, 약탈까지 해댔다.

註) 그 결과 조선군은 전사자 35명, 포로 16명을 내고 첨사(僉使) 이민덕(李敏德) 이하 4백여 명의 수비병이 모두 패주하여 대포 35문, 화승총 130여 정과 그밖에도 무수한 군기 등을 약탈당한 반면 일본군은 2명의 경상자를 냈을 뿐이다. 그럼에도 일본은 이 포격전의 책임을 조선에 씌워 전권대사를 파견해서 힐문함과 아울러 무력을 배경으로 개항을 강요하게 되는데, 이를 계기로 양국 간에 강화도조약이 체결되어 조선의 개국이 어렵게 이루어진다.

## 병자수호조약(丙子修護條約: 강화도조약)과 조선의 개항(開港)

1876 26대 고종(高宗) 13년

1월 15일, 일본의 구로다(黑田淸隆) 전권대사(全權大使)가 함선 8척과 병력 8백을 거느리고 부산에 들어와 무력시위를 했고…

2월 10일, 구로다가 함선 2척, 운송선 3척에 병력 4백을 이끌고 강화도 갑곶(甲串)에 상륙하여 협상을 강요했다. 조선이 이에 응하니 더 이상 버틸 힘과 근대식 무기가 없기에 닫았던 문을 열 수밖에 없었다. 이른바 '병자수호조약(강화도 조약)'이 강화도에서 맺어졌다. 이에 따라 1877년 1월, 강화도 조약의 제3, 제4에 의거하여 '부산 국조계조약(釜山 國租界條約)'이 조인되어 개항되었다. 이어 1880년에는 원산(元山)이, 1883년에는 인천(仁川)이 개항되고…

註) 병자수호조약(강화도 조약)의 개요: 조선이 자주의 나라로 규정되고(이는 조선과 청국 사이의 관계를 이간질시키려는 조항임), 부산과 그 외 2개의 항구를 20개월 내에 개항하며, 일본인은 치외법권을 가진다 했다. 이는 일본이 처음 구미열강으로부터 강요당한 것보다 더욱 침략적인 내용이다.

註) 세계 최강국인 영국과 러시아가 상호 견제하는 과정에서, 영국이 알라스카를 점령하려하자 러시아는 영국령 캐나다를 견제하기 위해 알라스카를 87년 3월 30일 미국에게 720만 달러에 팔아 넘겼다. 영국과 국경을 맞대기에는 벅찼기 때문이다. 그리고는 이리분쟁(伊犁紛爭, 1871~1881)을 일으켜 청국령 투르키스탄(新疆省)을 점령하고 청국과 마찰을 빚었다. 이로 인해 영.러 분쟁이 청.러 분쟁으로 바뀌게 되자 청은 다른 곳에 참견할 여력이 없었다. 그러자 한반도 진출의 기회를 보던 일본이 절호의 기회를 잡았다. 이 틈에 먼저 대만을 점령(1874)하고, 그 다음에는 조선에 운양호 사건을 도발(1875)하여 강화도 조약을 체결(1876)한 다음, 류큐(琉球)를 병합하고 오키나와(沖繩)로 개칭(1879)했다. 일본이 국제 정세를 교묘히 이용한 결과였다. 이러한 와중에 프랑스, 미국, 독일 등도 저마다 한반도 침투에 나서게 되면서 열강들이 몰려와 사건이 복잡하게 돌아갔다. 우리만 세상 물정에 어두웠을 뿐…

## 청(淸國)의 압록강 이북지역 영토화

청은 조선의 동의 없이 슬쩍 압록강 하구 북안에 봉황직예청(鳳凰直隸廳)과 안동현(安東縣)을 설치하여 이 지역의 행정과 재정을 관장하는 행정기관을 발족시켰다. 이는 청이 압록강 이북 지역의 조선영토를 자국의 영토에 편입시킴을 뜻하는 동시에, 조선은 본래 조선의 주권에 속해 있었던 이 지역을 청에게 빼앗겨버린 결과가 되어 버렸다.

註) 청과 조선은 병자호란 이후 봉금정책으로 압록강과 두만강 이북지역에 200여 연간이나 공백지대를 유지해왔는데, 청의 정국이 안정되어지는 1661년 즈음부터 한인(漢人)들이 이주해 오기 시작하더니 1679년 대기근 이후부터는 이들의 이주가 폭주하여 한인촌락(漢人村落)이 무시로 형성되어갔다. 청은 1704년 봉금지에서 유민들을 몰아내려 했으나 역부족으로 오히려 만주지역이 한인 이주민들로 채워졌다. 청의 건륭제(乾隆帝)는 조선과의 협정을 지키기 위해 출입을 금했지만 결국 흐지부지되고, 1867년에는 봉황성(鳳凰城) 이남에서 왕청변문(旺淸邊門) 북쪽에 이르는 개간지가 무려 32,300여

정보에 달했다. 결국 모두가 한인들의 농경지로 잠식되어지자, 결국 청은 압록강 하류의 북쪽을 개방하여 한인들의 거주를 추인(追認)하며 개발을 조장하기에 이르렀다.

1880 26대 고종(高宗) 17년

3월, 일본이 조선과 통상이 이루어지자 뒤따라 러시아도 다시 시도했으나 이루어지지 못했다. 또 미국정부는 셔만호 사건이 미국 측의 잘못이라는 여론이 일면서 조선과 우호조약이 있어야 한다는 방침 아래 상선 '티콘데로가'호(號)로 부산에 입항하여 조선에 공문을 전했다. 이에 실패한 후 배는 일본에 돌아가 다시 접촉을 시도했는데 이때 조선을 'Korea' 라 하여 조선이 아닌 '고려(高麗)'라고 표기했다고 또 거절당했다.

1881 26대 고종(高宗) 18년

병자수호조약(丙子修護條約) 이후 수신사(修信使)로 일본에 다녀온 김기수(金綺秀)는 일본의 발전에 경탄을 금치 못하는 보고를 했다. 이에 왕도 관심을 갖게 되어 1880년에 김홍집(金弘集)을 수신사로 보냈고, 1881년 1월에는 박정양(朴定陽) 등 고관 11명과 수행원들을 신사유람단(紳士遊覽團)이라는 명칭으로 70여일 일본에 머물면서 시찰토록 했다. 또 청국에는 1백여 명을 연수교육을 위해 유학을 보내고…

**한미수교(韓.美 修交)**

1882 26대 고종(高宗) 19년

미국 상선 '티콘데로가'호의 슈펠트 제독은 일본에 머물면서 조선과의 수교에 있어, 일본의 주선이 신통치 못하자, 청(淸國)의 알선을 의뢰했고 이에 이홍장(李鴻章)이 적극 나섰다. 고종은 러시아의 침략을 막으려면 청.일 양국 및 미국과 손을 잡아야 한다는 김홍집(金弘集)의 말에 수긍하여 응하기로 했다.

5월 22일, 인천으로 미국 군함 1척과 청국 군함 3척이 들어와, 청국인 정여창(丁汝昌), 마건충(馬建忠) 입회아래 조선 측 신헌(申櫶)과 미국 측 슈펠트 사이에 조약이 조인되었다. 이에 영국과 독일도 놓치지 않고 이홍장의 양해를 얻어 조선과 국교를 맺게 되었다. 또 한편 러시아도 이에 편승하려 했지만, 이번에는 이홍장이 협조하지 않아 실패했다.

註) 청나라는 이미 아편전쟁(1839~1842)을 통해 영국에게 홍콩을 빼앗겼고, 속방이던 안남(安南: 베트남)까지 프랑스에게 빼앗긴 다음에, 러시아에게도 서부지역의 일부와 만주 북쪽과 동쪽의 영토까지 빼앗긴 다음이었다. 게다가 청나라와 일본 사이에 있던 1879년 독립국이던 류큐(硫球國)를 일본이 병합하여 오키나와현(沖繩縣)으로 개칭하고 일본 영토로 만들어 버리자, 청국의 대외관계를 관장하고 있던 이홍장은 조선에 대해 이이제이(以夷制夷) 전략으로 서양 각국으로 하여금 조선과 관계를 맺게 함으로써 일본과 러시아가 조선을 독차지하지 못하도록 하는 방법을 썼다. 이어서 영국과 한영수호통상조약이 82년 6월 6일에, 독일과는 6월 28일에…, 이제 한국은 단시일 동안에 열강의 진출무대로 변하고 말았다.

**이규원(李圭遠)과 〈울릉도 검찰일기(鬱陵島 檢察日記)〉**

5월, 조정은 울릉도에 일본인들이 들어와 벌목한다는 사실을 중시하고 부호군(副護軍) 이규원(李圭遠)을 검찰사에 임명하고 울릉도 실태파악을 하고자 보냈다. 이규원은 현지에서 일본인들의 벌목현장을 확인하고 지난

2년 전부터 왜인 88명이 상주하며 작업한 사실을 〈울릉도 검찰일기(檢札日記)〉로 보고했다. 조정은 즉각 일본에 울릉도 일본인의 무단침입과 산림벌채 금지를 요청하는 한편, 이듬해부터는 강원, 경상, 전라, 충청도의 도민을 이주시켜 개발을 시작했으며, 독도도 마찬가지로 울릉도 어민들의 어업기지로 이용하도록 했다.

### 임오군란(壬午軍亂)

한편, 민(閔)씨의 세도정치 이후 관리들이 급여를 못 받은 지 5~6년, 병사들에게 봉미(俸米)를 못 준지 13개월이 되었다. 게다가 작년(1881년) 4월에 일본의 후원으로 별기군이 새로 조직되었는데 이들은 비교적 후한 대우를 받고 있어 이 또한 불만이었다.

註) 항구가 열리면서 많은 량의 쌀이 일본에 수출되고, 때문에 쌀값이 폭등하자 썩은 관리들이 군량미를 빼내 고가에 팔아 착복하면서 급여로 지급되던 봉미(俸米)가 모자란 것이다.

6월 5일, 우선 1개월분의 봉미를 준다고 하자, 이를 받으려던 병사들은 썩은 쌀에 모래까지 섞인 것을 보고 울화가 터졌다. 이것이 폭행으로 변했고 주모자 2명이 체포되었다.

6월 9일, 주모자 2명을 처형한다고 하자 병사들이 직속상관 이경하(李景夏)를 찾았으나 그에게는 이미 실권이 없었다. 다시 병조판서 민겸호(閔謙鎬) 집을 갔으나 하인들로부터 멸시와 폭행을 당하기에 이른다. 민씨의 세상이었다. 격분한 병사들이 돌진하여 민겸호 집을 박살 낸 후 대원군(大院君)을 찾아갔다. 이제 병사들과 합심한 대원군은 마지막 기회다 싶어, 그의 심복 허욱(許煜)을 가담시켜 훈련도감의 본영을 습격하여 무기고를 부수고 총검으로 무장한 후 종로거리를 휩쓸자 세력이 갈수록 커졌다. 이들은 포도청을 깨고 동료를 구출한 후 민씨 일파와 그 추종자를 닥치는 대로 죽였다. 경기감영을 부수고 무기를 탈취한 후 일본공사관을 공격했다. 공사관은 불타고 일본공사 하나부사는 제물포(濟物浦: 인천)로 빠져 구사일생으로 본국으로 돌아갔다.

6월 10일, 수천 명으로 불어난 병사들은 민씨 집을 모두 불태우고, 이최응, 민창식, 민치상, 민영주의 형제들, 민겸호, 경기감사 김보현 등 모두 칼 탕을 쳐 죽였다. 구사일생으로 빠져나간 민비(閔妃: 명성황후)는 황급히 장호원으로 피신.

註) 대원군은 아들 고종을 향해 "여편네에게 쥐어 나라를 거덜 낸 못난 자식"이라고 욕설을 퍼부었다. 전권을 위임받은 대원군은 겨우 반군을 진정 시키고 새로이 조정을 만들어야 했다. 그러나 자기가 양성했던 사람들이 이제는 하나도 없으니 혼자 씨름하는 격이었다.

### 대원군 피납

민비(閔妃)와 내통한 고종은 뒤로 청국에 군대의 파병을 요청하고, 일본은 피해보상을 전제로 7월 5일부터 12일까지 5천의 병력을 보내왔다. 또한 대원군은 7월 13일 청국군(淸軍)의 초청을 받고 남대문 밖 황사림(黃士林)의 청군 진영에 갔다가 그대로 납치되고 말았다. 그 후 대원군은 천진(天津)까지 압송되고…

註) 충주에 피신해 있던 민비는 천진(天津)에 가 있던 김윤식(金允植)으로 하여금 청국의 세력을 끌어들여 세력을 만회해보려 했다. 일본은 임오군란의 피해를 조선에 따지고 들고, 청국은 왕비의 요청이라는 명분으로 마건충(馬建忠) 등이 이끄는 4천5백의 병력을 서울에 보낸다. 청군은 일본사이의 조정을 하겠다면서 조선이 청국의 속국이라는 둥.. 일본공사를 청군이 경호하겠다는 둥.. 하자 대원군

이 반대하고 나서니 청은 대원군을 제거하기로 한 것이다. 대원군은 7월 15일 경기도 남양만에서 배편으로 강제 압송되어 8월 16일에는 청국 보정부(保定府)에 유폐되어졌다.

### 제물포 조약(濟物浦條約)

7월 17일, 일본은 피해보상 요구가 뜻대로 되지 않자 청국을 중재시켜 강제로 조약을 체결케 했다. 이른바 '제물포조약'이다. 이에 따라 배상금 지급, 일군의 주둔 허용, 사죄단 파견등을 규정했다. 이때부터 난리를 일으킨 병사들에 대한 무차별 섬멸을 강행하여 조선군영은 풍지박산이 나버리게 되었다.

8월 1일, 다시 민비(閔妃)가 창덕궁에 들어왔다. 오자마자 복수로 시작된 재집권은 대원군 계열을 뿌리까지 뽑아 처형하고, 지방관을 제외한 모든 직위를 모두 민씨로 임명하니 말이 아니다. 부패는 여전하고 백성들은 고달팠다. 또한 청국의 압력으로 청과 상민수륙무역장정(商民水陸貿易章程)을 체결하여, 청국 상인의 자유보장과, 청군 3천의 한양(漢陽: 서울) 주둔을 인정하고, 또 조선군 1천 명을 청국식 군사교육을 시키게 했다.

註) 이후 청(淸國)의 간섭이 갈수록 세어져, 이들의 중재로 1883년 이탈리아, 1884년 러시아, 1886년 프랑스의 순으로 개항되어 갔다. 그러나 개국 준비의 미숙으로 점차 식민지화되는 결과를 초래하게 되어 가는데…

### 신건친군(新建親軍)

9월 19일, 정부는 군사제도를 개편해 5백 명씩 2개 부대로 편성된 신건친군(新建親軍)을 창설했다. 지난 1881년 겨울에 기존 5군영을 무위영(武衛營)과 장어영(壯禦營)으로 개편하고 일본식 군대인 별기군(別技軍)을 설치해 근대식 군사훈련을 시행한 적이 있었으나 군란(壬午軍亂)으로 폐지된 후, 이번에는 청국식(淸國式)의 군대를 양성하기로 한 것이다.

註) 일본식 군사훈련도 지속되었다. 경기도 광주(廣州)와 함경도 북청(北靑)에서 진행되었는데, 어쨌든 일본식이든 청국식이든 간에 모두다 국가방위보다는 군란(軍亂)으로 혼쫄났던 민비와 고종의 신변안전용에 불과한 군대로서 허락된 것뿐이다.

### 조청상민수륙무역장정(朝靑商民水陸貿易章程)

10월 4일, 청은 일본이 청의 속국인 류큐(오키나와)를 병탄하고 조선을 넘보려는 일본에 맞서 먼저 선수를 치기로 했다. 이는 경제와 무역 활성화라는 병분으로 조선에 대한 경제적 침탈행위로, 즉, 조선은 청의 속국이므로 이에 합당한 대접을 받아야 한다. 이로부터 조선은 국제적인 상식에 벗어난 완전 정의 속국으로 대접받게 된다는 내용의 장정(章程)을 청의 이홍장과 조선의 조영하에 의해 체결되었다. 이후 일본을 끌어들여 청 세력을 축출하려는 시도는 1884년 12월 김옥균에 갑신정변 쿠테타로 나타나게 된다.

註) 이 조약은 근대 조약 중에 불평등이 가장 심각한 최악의 조약으로 지적되는데, 청국은 조선을 자국방위를 위한 전방기지로 삼기 위해 이 조약을 강제한 것으로, 청국 군함을 교대로 인천에 정박시켜 조선을 자국 영향권에 두었다.

### 한미수호통상조약(韓美修好通商條約) 비준

1883 1월 9일, 고종은 청의 내정간섭과 일본의 상권 침탈이 가속화되면서 의지할 곳 없이 갈피를 못 잡고 방황하던 중에, 지금까지 수교한 나라 중에 조약 내용을 존중하고 그의 의무를 이행하려고 노력하는 모습을

보인 나라는 미국뿐이라는 사실에 눈이 번쩍 뜨였다. 그래서 영국과 일본의 방해공작을 뿌리치고 미국과 체결한 수호통상조약을 정식 비준했다.

註) 근대 조선과 조약을 체결한 나라는 미국, 영국, 독일, 러시아, 프랑스, 이탈리아, 오스트리아, 벨기에, 덴마크, 일본 등 11개국이다. 이중에 오스트리아와 벨기에, 덴마크는 외교관을 주재하지 않아 서울에 외교관을 상주시킨 나라는 8개국. 여기서 미국은 조선에 대해 정치적 불간섭주의를 고수했다. 자신의 국력이 허약했기에 장차 아시아 진출에 방해가 되는 유럽 열강이 더 이상 진출하지 않도록, 각국의 독립을 유지할 수 있도록 하는 정책을 추진하는 수준이었다. 그런데 사실상 아시아에서 서구 세력을 견제하고 독립을 이룰 수 있는 나라는 일본이 유일하다고 판단했다. 그 결과로 일본의 대륙 진출과 조선에 대한 불법 행위를 묵인하게 되는….

### 국기(國旗)로서의 태극기(太極旗) 공포

1월, 대한제국은 국가로서 승인을 받기 위한 외교의전 상의 필요에 따라 나라의 대외적 상징물로서 태극기로 만들어진 국기(國旗)와 국가(國歌)를 서둘러 만들어 공포했다.

註) 1882년 5월 22일 제물포에서 맺은 조미수호통상조약 조인 때 미국 성조기와 조선의 국기가 걸렸다는 기록이 있다. 당시 미국측 전권대사인 해군제독 로버트 슈펠트가 김홍집에게 조선이 독립국으로서 독자적인 국기를 걸 것을 요구하자 김홍집의 지시를 받은 역관 이응준이 미 군함 스와타라호 안에서 만들었다고 한다. 그 후 8월 또는 9월에 제3차 일본 수신사로 간 박영효와 일행이 태극4괘기를 고베 숙사에서 국기로 사용하고, 이를 조정에 보고했다. 조정은 이를 받아들이면서 4괘는 정조의 〈선천변위후천도(先天變爲後天圖)〉의 중심축의 4괘를 택하여 건곤감리(乾坤坎離)의 4괘를 넣은 태극기를 국기로 제정 공포하였다.

### 본격적으로 막이 오른 울릉도 개척

4월, 작년 5월에 이규원(李圭遠)의 울릉도 검찰보고를 접수한 이후, 조정은 3월에 김옥균을 '동남제도 개척사 겸 포경등사사'로 임명하고, 4월부터 백성을 이주시켜 급속히 울릉도와 독도에 대한 개척에 나섰다. 조선 초기부터 왜구의 피해를 막고자 시행되어 온 공도정책(空島政策)을 무려 450년 만에 폐지한 것이다. 처음 출발한 개척단에는 선박 4척에 사공과 공격군 40여 명이 동원되었으며, 각종 식량과 곡물종자 등은 물론 목수와 대장장이도 포함했고, 일본인의 침입에 대비하여 화약과 총검까지 준비했다. 모든 것은 치밀하게 진행되었다.

### 한-영 신조약(韓英新條約: Parkes)

11월 26일, 작년에 맺은 한영조약으로 일단 러시아의 남진을 막으려는 목적을 이룬 영국은 한 걸음 더 나아가 조선과 신조약을 강압적으로 맺어, 기존 한미조약의 경우보다 관세율을 거의 절반으로 인하시켜 적용하도록 했다. 이제 조선은 말 그대로 껍데기가 되었다.

註) 영국을 이용하여 청의 속박에서 벗어나려던 김옥균 등의 개화파의 계략은 오히려 영국에게 역이용당한 결과로…. 인하된 관세율은 이후부터 모든 열강에게 적용되어졌으며, 그 결과로 정부의 재정이 결정적으로 악화되는 등, 이 조약(파스크 조약)은 조선에 치명적인 타격을 가한 최악의 조약이 되었다. 이 조약이 모태가 되어 미국, 독일, 프랑스, 이탈리아, 러시아 등 서양 각국에 동일한 이권과 혜택을 제공

해야했으므로, 벌거숭이 상태로 제국주의 침략자들에게 이권을 뜯어 먹히는 '국제적 호구'로 전락한 것이다. 결국 개화파의 의도는 순수했을지 몰라도, 이로부터 무지막지한 피해를 당해야 했다.

### 러시아와의 수교

1884 26대 고종(高宗) 21년

다른 나라와는 청의 이홍장을 통하여 조선과 수교하는데, 유독 거절당한 러시아는, 1884년 여름 천진(天津) 주재 영사 웨벨이 직접 조선에 와 독일인 뫼렌돌프를 매수했다. 뫼렌돌프는 이홍장이 추천한 인물이어서 조선의 신임을 얻고 있던 처지이라, 고종은 그의 말에 따라 순순히 러시아와 7월 7일에 조약을 맺었다.

註) 미국과 영국을 끌어들여 러시아의 진출을 막으려다 실속 없이 이권(利權) 만 빼앗긴 청나라의 전철을 그대로 답습한 조선조정은, 청의 극성스런 참견으로부터 벗어나기 위해 이번에는 거꾸로 러시아를 끌어들이기로 했다. 미국에 대한 실망과 영국에 대한 배신감이 큰 때문이었다. 어차피 이놈이 그놈이고, 그놈이 이놈인 판이라…. 그러나 이때부터 한반도를 둘러싸고 영국과 러시아 간의 패권 경쟁이 나타나게 되었다.

### 갑신정변(甲申政變)과 3일 천하(三日 天下)

청(淸國)의 힘에 의지하여 권력을 유지하려는 민씨 계열의 수구파에 맞서, 일본의 제도와 학술을 배경으로 국정을 개혁하려는 김옥균(金玉均), 박영효(朴泳孝) 등의 개화파는 급진적 사회개혁을 주장하여 박문국(博文局)을 두고 최초의 신문인 한성순보(漢城旬報)를 발행한다. 한편, 8월에 청(淸國)이 안남(安南: 베트남) 문제로 청불전쟁이 일어나 프랑스에게 패한 후부터, 일본의 태도가 급변하여 조선 내에서 일본의 후원이 적극성을 띄자, 김옥균 등의 개혁세력들이 일본군의 무력을 이용하여 혁명을 일으키기로 했다. 10월17일, 개화파들은 우정국(郵政局) 낙성식에서 일본 유학생과 사관생도를 중심으로 정변을 일으켜, 수구파의 대표 민영익(閔泳翊)을 중상 입히고, 청이 난을 일으켰다고 속여 고종을 일본군(日兵)으로 호위케 한 후, 민씨 일파를 보이는 대로 살해했다. 일단 민씨 정권을 붕괴시키고 나서 새로이 정부를 조직하고 개혁을 시도하려 했으나, 다음날 11월 18일, 청(淸國)의 원세개(袁世凱)가 1천5백의 병력으로 수구파인 민씨 세력과 결탁하고 창덕궁에 쳐들어오니, 일본공사는 태도를 바꾸어 일본군의 철수를 명했다. 김옥균은 그 배신에 항의했으나, 일본공사는 신변을 보장하겠다며 일본망명을 권해, 결국 일본군과 함께 인천을 경유하여 망명길에 올랐다. 모든 것이 3일로 끝났다. 이제 민씨들이 또 다시 보복의 칼을 뽑았다.

註) 청나라는 서구열강에 맞서 외교 군사 정책을 근본적으로 변경하고 이를 조선과의 관계에도 적용하고자 했다. 즉, 한반도를 청나라에 병합하자는 논의가 이루어진 것이다. 그러나 이홍장은 조선의 주권을 부정하는 이 방침을 택하지는 않았지만, 청나라 군대를 조선에 주둔시키고 대원군을 납치하는 등의 강경책에는 주저함이 없었다. 그런데 임오군란을 계기로 청나라 세력이 노골적으로 그 계략을 드러내자 이에 반발하여 일본 세력을 끌어들임으로써 청나라 세력을 축출하고자 한 것이 갑신정변이다. (※ 이와 같은 사실로 김옥균 등의 갑신정변 세력을 단순히 '친일파'로 치부하면 안 된다.)

註) **김옥균(金玉均):** 미국상선 셔먼호를 불태웠던 박규수의 영향으로 서양 서적을 일찍 접했고, 1881년에는 자청해서 일본에 다녀왔다. 이후 충격을 받은 김옥균은, 나라가 망하기 전에 개혁해야 한다고

결심하고, 수구파의 타도를 서둘러야 한다는 절박감을 느꼈다. 그러나 뒷받침할 군사력이 없으면 쿠테타는 성공하지 못한다. 당시 김옥균이 믿었던 군대는 일본주둔군 150명과 전,후영병 4백 명이었는데 반해 청군과 좌,우영군은 1천여 명이었다. 또한 당시의 정황에서 약자가 강자를 이용하겠다는 발상부터도 하나의 몽상이었다. 그는 끝내 일본과 청에 배신만 당하고 1894년 상해(上海)에서 자객 홍종우(洪鍾宇)에게 암살당했다.

### 한성조약(漢城條約)

1885 26대 고종(高宗) 22년

1월 9일, 갑신정변(甲申政變) 이후 세력이 약화된 일본은 김옥균의 인도 요구를 거절하고, 피해 책임을 묻기 위해 보병 2개 대대를 상륙시켜 위협했다. 먼저 윽박지르는 놈이 임자다. 강압에 의해 김홍집(金弘集)과 일본의 이노우에 가오루(井上馨) 사이에 조약이 체결되어 일본은 거금의 배상금과 아울러 군사주도권을 다시 확보하게 되었다. 그러나 이를 기화로 조선내의 반일감정이 나타날 증상을 보이게 되는데…

### 천진조약(天津條約) - 청일 양군 공동 철병

4월 12일, 조선은 일본보다는 무조건 청국 편이니, 불리함을 파악한 일본은 주청 영국공사(駐淸 英國公使)를 통하여 청과 교섭해, 일.청 간에 조약이 이루어지는데. 청과 일본의 공동 철병과 유사시 출병할 때는 서로 사전에 통고할 것 등을 규정했다. 이에 따라 양국군대는 모두 조선에서 철수했다. 그러나 이후 원세개는 통상사무전권위원(通商事務專權委員)으로 내정간섭을 계속하고, 이로서 일본은 청과 동일한 발언권을 확보하게 되는데…

註) 청의 개입으로 갑신정변이 실패로 돌아가자 일본은 조선에 대한 청의 영향력 확대를 우려했다. 불안감을 해소하기 위해 2개 대대 병력을 조선에 파병한 일본은 이토 히로부미(伊藤博文)를 천진(天津)에 파견하여 청국과 조약을 체결했다. 청일 양군은 4개월 이내에 조선에서 물러나고, 향후 조선에서 변란이 일어나 어느 한쪽이 출병할 경우 이를 문서로 알리고 사태가 진정되면 곧 철병한다는 내용이다. 조선에서 무력충돌 가능성이 높기 때문이라는 것이 일본의 주장이지만, 사실은 청군의 조선철병을 위한 노림수였다. 두 나라는 약속대로 7월21일 조선에서 철병했다. 일본은 갑신정변 실패 후의 열세를 만회하고 조선에 대한 영향력을 확보할 수 있게 된 것에 안도했다. 이때의 일본은 이미 예전의 일본이 아니었다.

### 대원군(大院君)의 귀국

8월 25일, 청(淸)으로부터 대원군의 송환문제가 거론되자, 민비는 민영익(閔泳翊)을 보내 막으려 했으나 실패했다. 대원군이 원세개의 호위 속에 인천에 들어 왔는데, 아무도 나와보지 않았다. 27일, 원세개의 호통으로 마지못해 고종이 나와 보는 지경이다. 이제 민비는 대원군을 무시하는 태도로 나왔다. 또 민비는 예나 다름없이 돈을 물 쓰듯 하고, 조정은 부패하고 탐관오리들은 백성을 쥐어짰다. 각처에서 민란이 일어나고, 한성(漢城: 서울)에서도 밤만 되면 강도가 들끓어 마음대로 다니지 못했다. 대원군의 귀국과 함께 청의 정책이 변했다. 지금까지 지지해오던 민씨 정권을 사당(私黨)이라 하여 이홍장은 고종에게 민씨 일파의 추방을 요구하기에 이르고…

### 거문도 사건(巨文島 事件)

4월 15일, 느닷없이 주중 영국함대 소속 3척의 군함이 617명의 병력으로 전라도 남쪽 외딴섬인 거문도(巨

文島)에 상륙했다. 러시아 남하의 경계를 늦추지 않던 영국군이 대한해협(大韓海峽)의 입구인 거문도를 점령하여 포대를 쌓고 병영를 세우면서 하밀톤(Hamilton)항이라 했다. 주변국들이 발끈하여 영국군의 무조건 철수를 주장했지만…

註) 영국과 러시아 간의 세력대립이 조선에까지 왔다. 영국은 극동에서도 러시아의 남진에 예민한 반응을 보였고, 러시아는 1860년 한반도 동해(東海)에 임해 있는 블라디보스토크를 강점했는데, 이곳은 겨울에 얼어붙어 또 다른 부동항(不凍港)으로 함경남도 영흥만(원산)을 희망했다. 그런데 작년 갑신정변이 실패로 끝난 후 조선이 급속히 제정(帝政)러시아에 접근하여 한.러밀약(韓露密約)을 체결한다는 소문이 돌고, 국외에서는 아프가니스탄을 둘러싼 영국과 러시아의 사태가 급박한 때에 영국이 거문도를 점령했다. 즉, 블라디보스토크의 러시아 함대의 유일한 태평양 출구인 쓰시마 해협을 차단하기 위한 목적이었다. 다만 바깥세상에 어두운 조선조정만 모르고 있을 뿐. 영국군은 주둔기간 동안(1885년 4월부터 1887년까지) 주민들과 협력하여 병영과 포대를 건축하는 한편, 의료혜택은 물론 온건한 점령정책을 보여 주민들의 환심을 사고 있었다. 이에 놀란 청의 정여창 제독이 군함을 이끌고 거문도를 방문했는데, 놀랍게도 이 섬에 '글에 능한 사람'이 많다는 사실에 충격을 받아, 삼도 혹은 해밀턴 항으로 불리던 이 섬에 글을 아는 사람이 많다는 의미로 거문도라(巨文島)는 이름을 붙여주었다.

### 제1차 회령감계담판(會寧勘界談判) - 백두산 국경문제

9월 30일, 1881년 청나라에서 길림장군(吉林將軍) 명안(銘安), 흠차대신(欽差大臣) 오대징(吳大)을 보내 간도 개척에 착수하자, 1883년 조선 측은 어윤중(魚允中).김우식(金禹軾)을 보내 1712년 설치된 백두산정계비를 조사하게 하고, 그 뒤 9월에 안변부사(安邊府使) 이중하(李重夏), 종사관 조창식(趙昌植)을 보내 조선의 영토임을 주장했지만, 청은 토문(土門)이 두만강이라고 주장하여 아무런 해결을 보지 못했었다. 이를 결론짓기 위해 청과 담판이 회령에서 있었는데, 현장을 확인하자는 우리 측과 현장 확인 필요 없이 도문강(두만강)의 본류(本流)만을 따지자는 청국의 의견이 서로 엇갈려 회담은 결렬되고 만다.

註) 1883년 7월에 청국에 간도(間島) 국경문제에 관한 문서를 보내「경계가 분명치 못하면 후일에 분쟁이 그치지 않을 것이다」하면서 옛 경계를 분명히 함이 좋으니 대표자를 보내 답사할 것을 요청했다. 이렇게 되어 국경회담을 열게 되고, 이후 회령, 무산, 삼강구, 제2차 무산회담 등 4차례에 걸쳐 긴 회담을 가진다. 이어서 10월 6일에는 토문강 수원(水源) 지점을 둘러싸고 무산(茂山)에서 논쟁을 벌였는데 이를 무산감계담판(茂山勘界談判)이라 한다. 10월 15일에는 수원(水源)지점을 세 갈래로 나누어 조사했는데 이를 삼로분탐(三路分探)이라 한다. 정해감계담판(丁亥勘界談判)은 1887년 6월초 회령에서 열렸는데 양측의 주장이 엇갈려서 이해 5월 중순까지 공방을 벌이다가 결론 없이 끝나고 말았다. 이때 이중하(李重夏)는 "내 목은 자를 수 있어도 강토는 한 치도 줄일 수 없다"고 하며 끝까지 버텼다.

註) 정계비에 이르기를 "서로는 압록강이고 동으로는 토문강(東爲土門)" 이라 했는데, 토문강(土門江)은 두만강(豆滿江)이나 도문강(圖們江)이 아니라 송화강(松花江)의 상류부이고 물줄기는 흑룡강으로 연결된다. 북간도 지역은 병자호란 이후 약 220여 년간 무인지대로 관리되어왔는데, 쌍방이 백두산 일대를 조상의

성지(聖地)로 여겨 더럽히지 않으려는 공통점이 있었다. 정계비는 1931년 7월 말에 없어졌다. 그 당시 만주에 괴뢰만주국을 세우려는 일제(日帝)가 계획에 걸림돌이 될 것으로 보고 치운 것으로 추측된다.

### 조.로(朝.露) 비밀협정(祕密協定)

1886 26대 고종(高宗) 23년

청의 원세개(遠世凱)는 마치 조선총독처럼 행세하며, 심지어 고종을 몰아내고 왕을 바꿀 생각까지 했다. 이에 민(閔)씨들은 앉아서 죽을 수 없기에, 러시아의 힘을 빌어 맞서기로 하고 러시아 공사 웨벨(Wäber)과 8월에 비밀리에 예비교섭을 마쳤다. 결과로 "부령(富寧)을 러시아에 개방하고, 만일 제국에 분쟁이 일어나면 러시아가 군함을 파견하여 원조한다"고 했다. 원세개가 이를 탐지하고 펄펄뛰었다. 결국은 청의 압력으로 협정은 무효가 되고, 관계자는 귀양 보내는 등 일대 소동이 있었다.

### 거문도에서 영국군 철수

1887 26대 고종(高宗) 24년

2월 27일, 영국군이 대한해협에서 러시아의 목줄을 죄고자 거문도(巨文島)에 장기 주둔할 태세로 군함 13척에 총 2천명을 상회하는 병력으로 증강되어, 상륙부대가 사용할 해병대용 막사와 6개 처에 포대를 쌓아 요새를 만들고 있으니, 러시아는 그냥 있을 수 없었다. 청을 끌어들인 끈질긴 교섭 끝에, 영국군은 러시아로부터 "어떤 나라도 조선의 영토를 점령하지 못한다."는 다짐을 얻어낸 후 거문도에서 모두 철수했다.

註) 철수협상 과정에서 영국은 조선을 상대하지 않고 러시아와 청나라와 직접 교섭했다. 특히 이때 청은 조선에서의 종주국 지위를 확고히 다질 수 있었고 또한 그 행세를 단단히 했다. 영국으로서는 거문도에 '많은 경비를 들여 요새화하지 않는 한 군항으로 적당치 않다'라는 평가를 내리고, 거문도에서 철수하기로 결정한다. 당시 영국군 병력은 많을 때는 7~800명, 적을 때는 2~3백 명을 유지했다. 이 과정에서 영국은 점령과 철수 문제에 당사국인 조선은 철저히 무시했다. 조선은 이미 국제적으로 존재도 없는 나라였다. 한편, 러시아는 이후로부터 아시아를 향한 해상진출을 포기하고 대신 9,300Km 에 이르는 시베리아 관통철도 계획으로 바꾸어 육로를 이용한 진출방식을 추진하게 된다.

### 조-러 육로통상장정(陸路通商章程)

1888 26대 고종(高宗) 25년

8월 20일, 청의 원세개와 일본공사는 모두 안하무인이고 말 많고 건방지지만, 러시아 공사만큼은 점잖았다. 민씨들은 계속 러시아에 호감을 가지게 되고, 결국 러시아와 조약이 이루어져 함경도 평흥 지방을 러시아에 개방하고, 조선과 러시아 국민들의 자유왕래를 약속했다.

註) 조-러 수교는 흑해와 발칸반도, 중동과 아프가니스탄, 인도, 티베트, 중국, 조선, 동해에 이르기까지 전 지구적 차원에서 러시아와 '크레이트 게임'을 벌이고 있던 영국을 극도로 긴장시켰다. 조선이 러시아와 수교함으로써 영국이 구상했던 〈조선책략〉 외교노선이 파탄 났다. 고종과 민 왕후는 러시아와의 수교가 어떤 평지풍파를 몰고 올 것인지, 그 심각한 의미를 이해나 하고 있었을까? 우선, 당시 세계 최강국인 영국은 조선이 러시아에 넘어가는 것을 막기 위해 청의 조선 식민지화 정책을 지지했다. 조선이 청의 속국으로 남는 것이 오히려 최상이었기 때문이다.

## 방곡령(防穀令) 사건

1889 26대 고종(高宗) 26년

일본은 조선에 가장 먼저 진출했음에도 사정이 여의치 않자 방향을 돌려 경제적인 진출을 시도했다. 특히 쌀을 헐값으로 사다가 자국의 식량 공급원으로 활용하면서, 일본 상인의 횡포가 극심해지자, 9월에 이를 보다 못해 격분한 함경감사 조병식(趙秉式)은 도(道)의 흉작을 이유로 방곡령(防穀令)을 내렸다. 즉, 곡물의 대일 수출을 금지시킨 것이다. 이 때문에 원산의 일인들이 심각한 타격을 받았다. 결국, 수호조약(修好條約)을 무시했다는 구실로 군함을 파견하는 등, 전쟁 분위기로 협박하여 피해보상금 11만원을 물게 하고, 방곡령도 해제시켰다. 이제 조선 민중들의 배일(排日) 감정과 조정에 대한 불신이 극에 오르는데…

註) 영국, 러시아, 일본과 청 4개국의 세력 경쟁에서 절대 우위를 넘보지 못했던 일본은 1885년 천진조약으로 한국에 대해 무관심한 듯 가장했다. 그러나 지금은 5년 전에 비해 육군은 청과 전쟁을 대비할 정도로 증강되었고, 해군력도 그 때와는 너무도 크게 달라져 있었다. 이제는 청이나 러시아를 향해 큰소리 칠만했다. 그러니 조선쯤이야….

註) 한편으로 일본은 러시아의 대륙횡단철도가 개통이 되면 조선이 쉽게 러시아의 속국이 될 것이고, 그러면 자국의 독립유지에 치명적인 위협이 되겠기에, 러시아의 본격적인 남진에 앞서서 사전에 청 세력을 배제하기 위해 청과의 전쟁을 준비하고 있는 중이었다. 방곡령 사건을 그 도화선으로 이용하여 청국을 자극하고자했다.

## 동학(東學) 일어나다

1892 26대 고종(高宗) 29년

동학교단(東學教團)이 주도하여 대규모의 대중 집회를 처음 연 것이 11월 1일 삼례집회(參禮集會)였다. 이는 교조신원(教祖伸寃)이었는데, 이는 교도탄압중지와 선정(善政)을 요구한 것으로, 전라감사의 동학교도에 대한 침학금지공문을 보고 해산했다. 그런데, 실제로는 침학금지에 관한 효과가 전혀 없자 이듬해(1893년) 2월 11일 제1차 보은집회(報恩集會)가 열렸고 복합상소(伏閤上疏)를 단행하여, 왕이 그것을 약속함으로서 다시 해산했다. 그러나 이후 왕의 약속조차 이행되지 않았고, 오히려 탄압하는 강경책으로 나오자 1893년 3월 11일에 제2차 보은집회(報恩集會)를 열었다. 이때는 2만 명이 모였고 '소파왜양(掃破倭洋: 외세를 몰아낼 것)'과 농민을 위한 정치적인 요구가 주장되었다. 이에 선무사 어윤중(魚允中)이 왕의 전갈을 전하고, 교주 최시형(崔時亨)의 무저항 타협의 방법을 택해 일단 자진하여 해산했는데…

1893 26대 고종(高宗) 30년

4월 중순, 이미 청과의 전쟁을 각오한 일본은 그 빌미를 잡고자, 방곡령을 구실로 조선에 대한 막대한 피해배상금을 요구하자, 일본의 의도를 간파한 청국의 리홍장은 원세개에게 지시하여 조선에게 '일본의 요구를 수용하라'는 압력을 넣게 했다. 그래서 조선은 총 17만 5,700원이라는 막대한 배상금을 청에게 20만량을 차관해 해결하기는 했는데….

註) 일본은 조선을 러시아냐, 중국이냐, 아니면 일본이 취하느냐가 '문제의 핵심'이라면서 강력한 대처를 해나갔다. 결국 방곡령 파동은 외형상으로는 조선의 굴복이었지만, 사실은 일본의 강공에 대한 청의 굴복이었다. 청의 약세를 파악한 일본은 이제부터 노골적으로 청과의 전쟁을 위한 도발을 해나갔다.

### 고부민란(高阜民亂)

1894 26대 고종(高宗) 31년

1월 10일, 전라도 정읍군 옆 고부군(高阜郡)에 군수 조병갑(趙秉甲)의 탐욕과 잔인성으로 만 2년 간 착복한 총액이 2만 량. 쌀 등의 물건은 어마어마하여 계산 불능. 이에 재미를 붙이자 익산(益山)으로 전근 발령이 났는데도, 뇌물을 쓰고 눌러앉아 1월 9일 정식으로 고부군수 재발령을 받아냈다. 이에 더 이상 죽어지낼 수 없게 된 농민들은 전봉준(全琫準)을 지도자로 하고 몰려들었다. 순식간에 수천 명의 군중이 된 농민들이 고부 관청을 부수고 무장한 다음 죄수를 방면하고 창고를 열어 빈민들에게 나누어주었다. 조병갑은 전주로 도망친 후 파면되고, 후임으로 박명원(朴源明)이 와서 안무작업과 선정으로 다스리니 군중은 해산했고, 고부군(高阜郡)은 평온을 되찾았다.

2월 15일, 그 후 조정에서는 민심도 수습하고 진상도 알아볼 겸 안핵사 이용태(按覈使 李容泰)에게 역졸 8백 명을 주어 고부군에 보냈다. 이용태는 오자마자 주모자를 색출한다고 아무나 붙잡아 구타 고문하고 재산을 빼앗고 불 지르는 등 고부군은 졸지에 아수라장이 되었다. 농민들은 전라감사에게 진정해 보았으나, 오히려 이용태는 더욱 화가나 미쳐 날뛰고, 감사로부터는 대꾸도 없었다. 백성들이 살길은 뒤집어엎는 길뿐이다.

註) 1893년 수해가 전국을 휩쓸어 대부분 지역에서 농사가 망쳤다. 이런 궁핍한 상황에서 관리들의 잔인한 착취가 계속되자 백성들은 죽기 살기로 지배층에 저항했다. 대략 1880년부터 전해인 1893년까지 14년간 전국에서 52건의 민란이 발생했는데, 그 중 절반인 25건이 1890~93년의 4년 동안 발생했다. 게다가 전라, 충청, 경상의 삼남지방에서는 최근 3년 동안 기근까지 이어졌다. 이런 극한의 난세가 닥치면 대개 신흥 종교가 일어나기 마련인데…. 이런 백성들의 공황상태에서 침투한 천주교가 대표적이고, 이런 서학(西學)을 극복한다는 차원에서 불교와 선교(仙敎)를 섞은 동학(東學)이라는 종교가 싹이 텄다. 또한 증산교와 원불교도 곡창지대였던 전주를 중심으로 발생한 사실…,

### 동학농민군(東學農民軍) 집결

3월 21일, 백산(白山)은 다시 사령부가 되고, 인근 군민(郡民)들까지 모여 8천의 무리가 되었다. 중론에 따라 전봉준(全琫準)이 대장이 되고, 손화중, 김개남이 총관령(總管領)이 되어 조직을 정비했다. 이때의 결의문은 ① 사람과 물건을 다치지 않는다. ② 충효를 다해 세상을 구하고 백성을 편하게 한다. ③ 일본을 몰아내고 성도(聖道)를 밝힌다. ④ 서울로 올라가 권세가들을 진멸한다. 곧 이어 고부관아로 몰려가 엎어버리니 이용태는 도망쳐버렸다. 이때 1만 3천의 농민군이 대나무 창으로 무장하니 백산(白山)에서 "앉으면 죽산(竹山), 서면 백산(白山)" 이라는 말까지 생겼다.

註) **동학란의 진실:** 동학란은 흥선 대원군의 사주로 발생했다는데, 전봉준과 대원군이 여러 해 동안 운현궁에서 자주 만나 밀접한 관계를 유지해온 때문인지, 그의 목적은 대원군의 환궁과 집권, 그리고 옛 왕조의 질서를 다시 회복하는 것이었다. 그래서인지 6월에 대원군이 일시적으로 집권하자 체포

된 동학도를 구제할 방도를 지시하고 한 달 만에 대거 석방했는데, 반대로 대원군이 실각하자 동학도에 대한 대규모 숙청 작업이 이루어졌다는 사실이다.

註) **동학은 민란인가 혁명인가?** : 조선 왕조의 사관이나 일제 식민사가, 서양 선교사들은 동학농민운동을 '동비(東匪)의 난' 혹은 '동학란'이라 칭하면서 시대착오적 민중 소요로 평가한다. 반면에 민족주의 혹은 민중주의적 사가(史家)들은 반봉건적, 반침략(反帝) 민중운동으로 자리매김하고 있다.

### 황토현(黃土峴) 전투와 전주화약(全州和約)

4월 7일, 동학농민군(東學農民軍)은 엄격한 통제군율 아래 민폐를 끼치지 않고 진군하여 고부에서 20리 거리의 황토현에 이르러 토벌군과 마주했다. 7일 새벽, 야습으로 관군 780명을 전멸시키고 나머지는 궤멸되었다. 새로이 초토사로 온 홍계훈(洪啓薰)은 병사 1천4백과 야포를 이끌고 전주에 들어왔다. 4월 말, 이제 동학군은 호남일대를 석권했고 23일에는 황룡촌(黃龍村)에서 관군 수백을 치고 27일은 전주에 입성했다. 다시 전주로 돌아온 홍계훈의 토벌군과 대치하며 일진일퇴하는 중에, 조정에서의 민비(閔妃)는 동학이 두려워 청국에 구원을 청했다. 나중에 어찌되건 우선 정권유지부터 해야 했다. 이때 초토사 홍계훈은 동학군의 요구를 들어주면서 구태여 피를 안 흘리려 했다. 쌍방이 또한 청군을 끌어 들인다는 소문이 들리자 이래서는 안 된다고 타협이 이루어져 5월 5일에 해산했는데…

그런데 민비의 요청으로 5월 5일, 청국군 3천명이 아산만에 상륙하자, 우려했던 일본군이 기다렸다는 듯이 6일에 천진조약(天津條約)을 핑계하여 1만3천8백의 병력을 동학란과는 전혀 무관한 인천에 상륙시켰다. 그런데 동학농민군은 이미 해산한 뒤였다. 일본군 개입에 당황한 조정과 청국은 일본군에게 공동 철병을 요구했다. 일본은 오히려 청일 양국이 공동으로 조선의 내정을 개혁하자고 하면서 싫으면 자기네가 단독으로 하겠다고 나섰다. 이유는 정치가 혁신되지 않는 한 내란은 또 일어날 것이므로 이를 방지하자는 구실이었다.

註) 러시아가 시베리아 철도를 착공(1891. 5월말)했다는 정보에 따라 일본은 러시아가 자유롭게 태평양 연안에 접근하기 이전에 청과의 문제부터 정리해두어야 했다. 문제는 구실을 만드는 것이었고, 동학란이 빌미가 되어주었다. 당시 무쓰 외상은 조선주재 오토리(大鳥圭介) 공사에게 '어떻게 해서든 청에 대해 개전(開戰)의 구실을 찾아라' 라는 지령을 6월 22일에 내렸다. 러시아를 상대하기 이전에 청(淸)과의 '오픈 게임'은 일본에게 필연적이었다.

7월 21일, 이리하여 일본공사는 군대를 끌고 대궐에 들어가 왕에게 개혁을 요구하고, 대원군(大院君)을 앞에 내세우면서 개혁에 손을 대려하는데, 그러나 반대로 대원군은 청국의 지원을 받아 일본군을 몰아내려는 계획을 세우는 한편, 이에 동학농민군도 이용하려 했다.

註) 일본은 이미 군대를 출병한 다음이라, 어차피 칼을 뽑아 든 상황에서 이번 기회에 청과 한판 붙어 조선을 청나라에서 떼어내고, 일본의 우위를 확고히 하고자 했다. 그래서 새로운 출병 이유를 만들어야 했는데, 무쓰무네미쓰의 솔직한 기록에 의하면 "당장에 급박한 일이 있는 것도 아니고, 표면상 마땅한 구실도 없어 교전할 이유도 없었으므로, 이를 타개하기 위해서는 무엇인가 일종의 외교적인 정

략을 통해 정국을 일신하지 않으면 안 될 상황이었다". 그래서 벌인 것이 7월 23일 새벽의 경복궁 '침략'이었다(갑오경장). 일본은 이렇게 하면서 이를 조선-청-일이 충돌한 것으로 해석하고, 전쟁의 명분을 만들기 위해 민씨와의 정치투쟁에서 밀려난 대원군을 입궐시킴으로써 조선의 정치를 개혁한다는 그럴 듯한 명분을 만들려 하면서 대원군이 아산에 주둔 중인 청나라 군대를 소탕해 줄 것을 일본에 요청한다는 형식으로 개전을 성립시킨다는 계획이었다.

### 갑오경장(甲午更張)

7월 23일, 일본군은 용산에 주둔 중인 병력 가운데 1개 연대를 출동시켜 경복궁을 포위한 다음, 고종을 연금시키고는 강압적으로 내정개혁을 강행하여 근대적 개혁을 강요하면서, 반대하는 대원군을 내쫓고, 김홍집(金弘集)을 수반으로 하는 친일 혁신내각(親日 革新內閣)을 구성시켰다. 민씨 세상은 하루아침에 끝장이 나고 그 척족들은 모두 귀양 가는 신세로 전락했으며, 단군 이래 최대의 개벽이라고 하는 개혁이 친일 김홍집 내각에 의해 단행되었다. 지금까지 시행되어오던 과거제도도 이때 폐지되었고, 또 단발령(斷髮令)을 내려 유림(儒林)들의 반감을 사기도 하지만, 안하무인(眼下無人)으로 일본은 조선과 맺은 청국과의 조약도 모두 폐기한다 하면서 더 나아가 청국군의 철수까지 요청했다.

註) 조선을 질식시켰던 수많은 제도들이 폐지됐다. 의안(議案)이라는 형식으로 고종에게 올려 재가를 받은 개혁조치는 200가지가 넘었다. 과거제도, 신분제가 폐지되고 노비들이 해방됐다. 각종 세금이 돈으로 통일됐다. 갑오개혁의 시발이 된 동학농민전쟁에서 들어난 모순이 한꺼번에 풀렸다. 무엇보다 청과의 사대관계도 이때 청산됐다. 이대로만 됐으면 훌륭한 근대국가로 갈 개혁안들이 속속 입안되고 시행됐다. 그 망가진 나라가 이제 재건되는 것이다. 그러나 이러한 개혁도 오래가지 못했다. 이듬해 5월 3일에 고종은 잘 이행되어가던 근대화 작업을 전면 무효화시키고 민씨들이 조정으로 복귀하면서 다시 원래 상태로…

### 청일전쟁(清.日戰爭)

7월 25일, 일본은 내친 김에 정한론(征韓論)을 실현하고자 밀고 나갔다. 아산만 풍도(楓島)에 병력 1,200명을 태운 채 정박 중인 청국의 수송선을 선제공격하여 격침시키고, 8월 1일에는 대청(對淸) 선전포고(宣戰布告)를 한 후, 연이어 아산(牙山), 공주 등지에서 청국군을 공격하여 몰아냈다. 8월 7일에 황주를 점령하고 17일에는 청군 2만을 섬멸하면서 평양을 초토화하고 또한 같은 날 벌어진 황해해전(黃海海戰)에서 청국 군함 4척도 격침시켰다.

註) **청일전쟁:** 청일전쟁은 7월 23일 일본군이 경복궁을 공격함으로써 시작되었다. 이어 일본군은 서울의 조선군대를 무장시킨 다음 아산 근처에 집결한 청군을 공격할 태세를 갖추었다. 청일간의 본격적인 전투는 7월 25일 일본 해군이 풍도(豊島) 앞바다에서 청국함대를 기습 공격함으로써 시작되었다. 이 해전에서 청국군함과 청국 증원군을 태운 영국수송선 가오슝호(高陞號)가 일본 해군의 기습공격으로 격침되었다. 이어 29일에 벌어진 성환 전투에서 일본 육군은 아산에 상륙했던 청국군을 쉽게 격파해 버렸다. 일본 정부는 이처럼 육·해상의 초전에서 승리를 거둔 다음, 8월 1일에야 비로소 청국에 정식으로 선전포고를 했으며, 청국도 이에 응해 대일선전포고를 하였다. 일본 정부는 열강의 간

섭을 피해 가능한 한 빨리 승리를 거두고자 하였다. 그리하여 일본 육군이 9월 15~17일 평양에 집결한 청국군 1만 4000명을 격파하고, 17일 해군이 황해전투에서 청국함대를 격침시켜 제해권을 장악하였다. 이렇게 평양과 황해에서 대승을 거둔 일본군은 곧이어 중국 본토에 대한 공략을 서둘렀다. 일본군은 그 기세를 몰아 요동반도를 점령하기로 하고, 10월에는 청국 영토에 들어가 여순(旅順) 학살사건을 일으키고는 봉천(奉天) 남부를 제압, 이어서 산동반도의 위해위(威海衛) 군항에서 청의 북양함대를 격파함과 동시에 대만(臺灣)의 점령을 위해 평후섬(澎湖島) 작전을 벌였다. 연전연패한 청은 이듬해 1895년 3월, 이홍장을 보내 30일 휴전, 4월 17일에 시모노세키(下關) 조약을 체결했고, 이 결과 일본은 그 전리품으로 대만과 요동반도를 소유하게 되었다. 이때에 대만(臺灣) 민중은 일본에의 할양을 거부하며 완강히 저항했지만 11월 끝내 진압 당했다.

註) 1894년은 한국 근대화의 기점을 이루는 결정적인 시기였다. 동학의 봉기는 우리 역사상 가장 대규모였고 격렬한 민중 봉기였다. 청일전쟁 기간 중 추진된 갑오경장은 조선 사회를 뿌리부터 바꾸는 제도 개혁 운동이었고, 청일전쟁은 지금까지 중국 중심으로 전개되어 온 동아시아의 구도를 근본적으로 뒤집는 획기적인 전쟁이었다. 일본의 입장에서, 메이지(明治) 유신으로 근대화의 틀을 완성한 일본은 중국 중심의 질서를 일본 중심으로 바꾸어야 한다는 것이 국가적 과제이었고, 이를 위해서는 조선 문제 해결이 급했다. 그래서 중국의 고리 속에 묶여있는 조선을 독립 국가를 만든 후, 일본의 세력권에 넣어야 했다. 당시는 군함과 대포를 앞세워 강한 나라가 약한 나라를 잡아먹는 신제국주의 시대였다. 이러한 시점에 일어난 동학 농민 봉기는 때를 기다리던 일본에게 기가 막힌 기회를 마련해 주게 된다.

### 동학(東學)의 2차 봉기와 우금치(牛禁峙) 전투

전봉준은 6월부터 호남 53개 군현에 집강소(執綱所)를 두어 폐정개혁을 시행하던 중에, 대원군으로부터 밀지를 받았다. 대원군은 일본군을 축출할 전략으로 남쪽의 동학농민군을 동원하려 했다. "운명이 조석에 달려있다. 너희들이 오지 않으면…" 이러한 밀지를 받은 동학지도자들은 항일구국 봉기를 결심하고, 충청도 교주 최시형(崔時亨)과 연합하여 "척외양창의(斥倭洋倡義)"를 부르짖으며, 충청 호남의 동학군 20만을 일으켰다. 그중 2만을 앞세워 서울 진격을 서두르고.. 이어 논산에서 방어선을 뚫고 공주로 진격하여 관군 1만과 일본군 2천의 연합군과 대치했다. 전국이 들끓었다. 각지에서 전선에 참여하려고 농민군이 나오면 일본군이 차단작전으로 격퇴했고, 합류하지 못한 농민군은 현지에서 활동했다. 전국이 농민군의 세상이 된 것으로 착각할 정도였다. 한양 사람들도 술렁이면서 피란보따리를 싸들고 외곽으로 빠져나갔다. 깊은 산골만 조용했다. 그러나 결국 10월 22일부터 11월 15일까지 공주의 우금치(牛禁峙)를 중심으로 수만 명의 동학군은 처절한 공방전 끝에, 일본군의 우수한 화력에 밀려 거의 와해되었다. 차라리 학살이었다. 생존자가 5백 명도 안 되었다.

註) **동학운동의 종말:** 12월 2일, 전봉준은 순창(淳昌)에서 옛 친구 김경천(金敬天)의 밀고로 체포되어, 다음해 3월 29일 사형 당했다. 전봉준은 그의 죄상에 대한 답변으로 "탐학하는 관리를 없애고 그릇된 정치를 바로잡는 것이 무슨 잘못이며, 사람으로 사람을 매매하는 것과 국토를 농간하여 사복을 채우는 자를 치는 것이 무엇이 잘못이냐?"고 했다. 이로서 폐정혁파와 외세추방의 자주성을 띠고 혁명의

주역으로 평민을 이끌던 거사도 총 40만의 인명의 살상만을 당한 채 허무하게 막을 내렸다.

註) 일본 홋가이도 대학(北海島大學)의 이노우에(井上勝生) 교수는 2001년에 발표한 논문에서, 1894년 당시 동학농민군에 대한 일본군의 조직적이고 고의적인 대량학살을 자행했다는 사실을 밝혀냈다. 일본 대본영에서 1894년 10월 27일 하달한 '살육명령'에서 '동학당에 대한 처치는 모조리 살육할 것'과 '참살을 실행하라' 이었으며, 당시 동학농민군 사상자 40여만 명 가운데 5만여 명이 학살당한 숫자라고 한다.

한편으로 청일전쟁의 양상은 열강들의 예측과는 반대로, 9월 15일 쌍방 2만여 명의 병력을 동원한 평양회전과 17일의 황해해전에서 일본이 연승을 거둔 후, 한반도에서 제해권(制海權)과 전의(戰意)를 상실한 청국군이 모두 빠져나간 상태가 되면서, 일본군은 그 여세를 몰아 10월 24일에 압록강을 건너 중국 본토를 침공하자 청국은 자신의 영토를 지키는 것으로 정책을 조절했지만, 일본군의 신식무기에 대항할 방법도 버거웠다. 이어 11월 3일에는 일본군이 요동반도의 대련(大連)을 함락하고 여순(旅順)을 위협. 다급한 이홍장(李鴻章)은 영-러-불-독 등 열강에 조정을 의뢰하는데…

註) 청일전쟁의 시발은 러시아의 시베리아 횡단철도 착공이 분수령이다. 러시아의 아시아 진출 의지가 분명해지자 일본은 자국의 대륙진출과 맞물려 언젠가는 러시아와 전쟁을 각오해야 하는 입장이었다. 청일전쟁은 이에 대한 예비전쟁의 성격이다. 다만 열강들의 이해관계가 얽혀 마음대로 저지르지 못하고 기회만 노리고 있었을 뿐이다. 결론은 한반도를 차지하기 위한 청-러-일 간의 세력싸움에 불과했겠지만…. (이후 한국전쟁 참전 때까지 56년 동안 한반도에서 중국군의 모습은 찾아볼 수 없게 된다)

1895 26대 고종(高宗) 32년

2월, 일본군이 여순(旅順)을 지나 산해관(山海關)을 위협하자 청이 굴복하고 4월에는 요동반도 등의 점유를 조건으로 하는 시모노세키 조약(下關條約)이 청일 간에 체결되었다. 이에 기겁한 러시아, 영국, 불란서의 세 나라가 끼어들어(3국 간섭) 외교 압력으로 요동반도는 다시 청에게 돌려주었지만, 이제 조선은 마치 일본의 속국처럼 되어 버렸다. 조선에 주둔한 일본군의 숫자도 1만을 넘었다. 일본 공사(公使) 이노우에(井上聲)는 대신들도 동석한 자리에서 고종을 향해 '암탉이 울면 집안이 망한다'고 큰소리를 치는가 하면, 고종과 민비가 앉은 자리에서 모든 잘못의 책임은 민비에게 있다고 면박할 정도이니, 꼴이 말이 아니었다. 그러나 그냥 물러설 민비가 아닌지라, 러시아의 힘을 빌려 일본을 견제하기로 하고, 러시아 공사(公使) 웨벨과 러시아인에게 특혜를 주는 등의 거래가 이루어지더니, 러시아 정부는 조선의 독립을 위해 일본은 손을 떼라는 성명까지 발표했다. 2월 7일, 일본공사가 교체되어 후임으로 미우라(三浦梧樓)가 왔는데, 이자가 흉물이다. 그의 독단으로 민비를 처치할 흉계를 꾸미는데, 민비를 죽이고 대원군을 앞잡이로 세운다는 것이다.

註) 일본이 러시아의 한마디로 피 흘리며 빼앗은 요동반도를 청에게 내어준 것을 본 민비는 '인아거일책(引俄拒日策: 러시아를 끌어들여 일본을 배척한다는 방책)'으로 일본의 한반도 보호국화정책에 정면으로 도전했다. 민비는 패전으로 물러난 청의 자리를 러시아가 물려받도록 도와주어 한반도에서 본격적인 러-일 간의 대립시대가 되도록 유도했다.

### 을미사변(乙未事變) - 민비시해사건(閔妃弑害事件)

8월 20일, 일본공사 미우라의 지휘로 일본경찰, 건달, 깡패 등이 19일 밤, 대원군이 있는 아소정(我笑亭)에 집결했다. 대원군이 끝까지 반대하자 "일본은 조선의 촌토(寸土)도 요구하지 않는다"는 서면 보장을 받고야 일어났다. 즉시 경복궁으로 들어가 궁성시위대 1개 중대와 교전했는데, 연대장 홍계훈이 전사하자 저항도 끝났다. 경회루를 거쳐 왕비의 침소인 옥호루(玉毫樓)로 들어간 일본인들은 누가 민비인지 몰라 닥치는 대로 칼을 휘둘러 수라장을 만들었다. 당시 45세인 민비의 시신은 궁궐 마당에 버려진 채 석유를 뿌리고 태워졌다. 이어 제4차 김홍집(金弘集) 내각이 구성되어 더욱 급속한 개혁을 추진하게 되는 한편, 두만강 국경지대에서는 류인석(柳麟錫)의 의병(義兵)이 나타나는데…

註) 대원군에게 밀려난 민비(명성왕후)가 러시아 공사 베베르와 손잡고 친러시아 내각을 구성하자, 이에 위협을 느낀 일본 미우라 공사는 낭인(浪人)을 시켜 민비를 시해한 다음, 고종에게 강압하여 친러파(親露派)내각을 물러나게 하고 제4차 김홍집 친일 내각을 구성했다. 민비의 장례는 2년 후 대한제국이 선포된 후에 치러졌다. 이때에 고종은 "너무나 불측스러운 일이어서 만고에 유례가 없는 일이다. 원수를 갚지 못하고 지금에 이르렀으니 슬픔을 가눌 길이 없구나…"

**※ 이해 9월, 태양력(太陽曆)의 사용을 제정, 이후부터는 양력 기준으로 기재함.**
**(이하 양력: 1896년 1월 1일은 음력으로 1895년 11월 17일)**

### 을미의병(乙未義兵)

1896 26대 고종(高宗) 33년

1월, 단발령(斷髮令)과 을미사변으로 인해, 그동안 누적되어 온 배일감정이, 대중적인 젊은 세대로 연소되면서 거의 전국적인 의병항쟁이 동시다발로 터졌다. 단발령을 창안해내고 실시했던 당국자들이 원했던 것과 정반대의 상황이 벌어졌다. "목은 자를 수 있어도 머리카락은 자를 수 없다"하며 전국 곳곳에서 의병이 일어난 것이다. 임진왜란 때 이민족 침략자들에 대항하여 떨치고 일어났던 의병 전통이 300년 만에 다시 강인하게 되살아난 것이다. 가장 유명한 것은 충청도 제천의 저명한 유학자 유인석(柳麟錫)이 제자 서상열, 이필희 등과 함께 일으킨 호좌창의진(湖左倡義陣)이었다. 유인석 부대는 관군, 일본군과 전투를 벌여 승리하고 충청도 관찰사, 단양군수, 청풍군수를 처단하는 등 큰 활약을 보였다. 강원도 춘천의 거유 이항로(李恒老)의 문인 이소응이 거병하여 춘천부를 점거했으며, 강릉에서 민용호가 유생과 포수(砲手)를 합쳐 영동구군창의진(嶺東九郡倡義陣)을 편성했다. 경기도에서는 이천과 여주에서 의병이 일어나 남한산성에 집결했다. 경상도는 곽종석(郭鍾錫), 권세연 등이 이끄는 의병이 한때 안동을 점령했으며, 허위(許蔿) 부대는 금릉을 거쳐 대구에 육박했다. 전라도는 나주의 기우만이 각지의 의병을 광주로 집결시켜 호남창의군을 편성했다.

註) 전기(前期) 조선의병: 당시 친일정부와 일본세력은 이들을 폭도라 규정하고 연합토벌전을 일으켜 의병을 공격했는데, 당시 의병들은 조선왕조 때의 고질병인 양반과 천민의 차별이 골수에 박힌지라, 상호 협동과 연계에 결함을 들어내어, 결국 전투에서보다는 내분으로 자멸된 셈이 되었다. 그러나 의병의 역할은 무시할 수 없는데, 대표적인 세력들은 다음과 같다: 장성의 기우만(奇宇萬), 홍주의 김복한(金

福漢), 선산의 허위(許蔿), 진주의 노응규(盧應奎), 안동의 권세연(權世淵), 춘천의 이소응(李昭應), 강릉의 민용호(閔龍鎬), 철원의 류진석(兪鎭德), 제천의 유인석(柳麟錫), 문경의 이강년(李康秊), 지평의 이춘영(李春永), 안승우(安承禹), 김백선(金百善), 남한산성을 점거하여 일본인들을 놀라게 한 김하락(金河洛) 등이다. 그중 제천을 중심으로 충청, 경북, 강원의 3도에서 활약한 유인석, 실패하기 했지만 원산의 일인 거류지를 토벌하려던 관동의 민용호, 진주를 근거로 영남의 일인들을 괴롭히던 노응규 등이 대표적인 활동을 보여주었다. 의병들은 기개는 높았지만 제대로 훈련을 받지 못하고 장비도 빈약했기 때문에 오래 지속하기 어려웠다. 의기는 높았으나 개혁과 개화라는 당시의 시대적 요구를 읽지 못하고 전통 질서를 지키려했던 탓이다. 8월까지 대부분의 의병은 해산했고 유인석 부대와 민용호 부대는 재기를 다짐하여 평안도와 함경도를 거쳐 만주로 들어가 을사조약 이후까지 활약했다.

### 아관파천(俄館播遷)

그러지 않아도 일본이 강요한 갑오경장(甲午更張) 때에 내린 단발령(斷髮令)으로 전국이 소란하던 때에 무모하게도 남의 나라 왕궁에 들어가 왕비를 살해했으니 일은 단순치 않았다. 전국 도처에 의병(義兵)이 일어나 일본과 그 괴뢰정부에 항거하게 되었다. 서울에 있던 군대는 그 진압을 위해 지방으로 나가고 왕궁의 친위대도 대부분 시골에 내려가 토벌에 종사했다. 이틈에 러시아는 공사관 보호라는 명목으로 수병(水兵) 1백 명을 진주시키고, 불안에 떨고 있는 고종을 아관(俄館: 러시아 공사관)으로 모셔갔다.

2월 11일, 동시에 김홍집(金弘集) 등 친일대신들이 살해된 다음, 이완용(李完用) 등의 친로(親露: 친 러시아) 내각이 구성되었다.

註) 아관파천(俄館播遷)은 러시아 공사관으로 파천, 즉 임금이 피난처로 자리를 옮겼다는 뜻이다. 고종은 궁중의 여인들이 타는 가마를 이용하여 궁궐을 탈출한 다음 곧바로 러시아 공사관으로 향했다. 이로서 일본의 손아귀에서 벗어나기는 했지만, 그러나 조정에 대한 간섭이 러시아도 일본보다 덜할 것이 없었다. 향후 5년 간 미국, 영국, 러시아, 프랑스, 일본, 독일 등의 이권쟁탈 경쟁이 벌어져 조선은 껍데기만 남아가게 되는데…

### 독립협회(獨立協會)와 독립문(獨立門)

이때 미국에서 돌아온 서재필(徐載弼)이 주동이 되어 이승만(李承晩), 윤치호(尹致昊), 이상재(李商在), 남궁억(南宮億) 등이 독립협회(獨立協會)를 조직했다. 기관지 '독립신문(獨立新聞)'과 군중대회를 통해 정부의 부패와 무능을 공격하자, 고관들이 탈퇴하면서 차츰 협회를 적대시하게 된다. 한편, 11월 21일, 협회가 주동이 되어 사대(事大)의 상징이던 영은문(迎恩門)을 없애고, 그 자리에 독립문(獨立門)을 세우기로 했다.

註) **독립문(獨立門):** 높이 14.28m, 너비 11.48m 크기의 문으로, 자주민권과 자강운동의 기념물. 1894년(고종 31) 갑오개혁 이후 자주독립의 결의를 다짐하려고 중국 사신을 영접하여 사대외교의 표상으로 인식된 영은문(迎恩門)을 헐고 그 자리에 건립했다. 곧 1896년에 미국에서 돌아온 서재필(徐載弼)은 독립협회를 조직하면서 독립문 건립을 발의하였는데, 그 뒤 고종 황제의 동의를 얻고 뜻있는 많은 애국지사와 국민들의 호응을 받아 1896년 11월 21일에 정초식(定礎式)을 거행하고, 1년 뒤인 1897년 11월 20일에 완공했다.

1897 26대 고종(高宗) 34년

고종은 남의 나라 공관에 도피해 있기도 수치스러웠는데, 공사(公使) 웨벨이 표변하여 광산 채굴과 산림벌채 등을 요구하고, 또 재정을 좌지우지하면서 사사건건 간섭이다.

2월 20일, 다행이 안팎의 압력으로 러시아 공관에서 나온 고종은 경운궁(慶運宮: 덕수궁)으로 자리를 옮겼다. 하지만 국가의 모든 권리가 외국인 손에 넘어가고 무정부 상태가 되며, 국민의 반발과 비난이 격해지는 중에 국제사회에서의 한 나라임을 보이고자 10월 12일, 국호를 "대한(大韓)", 연호를 "광무(光武)"라 하고 왕호를 황제(皇帝)라 했다. 이래서 비록 외세에 휘둘리는 상황 속이었지만, 독립된 대한제국(大韓帝國)이 탄생되었다.

註) **광무개혁(光武改革):** 대한제국(大韓帝國)이 완전한 자주적 독립권을 지켜 나가기 위해서 러일전쟁이 일어난 1904년까지 열강의 세력균형시기에 자주적으로 단행한 내정개혁이 추진되었다. 먼저 왕권을 강화하고 통치권을 집중하는 데 목적을 두어 군제(軍制)에 대한 전면적이고 근대적인 개편을 하는데, 서울의 방비와 국왕의 호위를 담당하는 친위대(親衛隊)·시위대(侍衛隊)·호위대(扈衛隊)의 개편과 창설은 이와 직접적인 관련이 있는데…. 그러나 국고가 텅 비어 관리들 월급도 못주는 나라였다. 당시는 세계가 근대화를 통해 입헌군주제, 삼권분립으로 권력 분점을 통한 견제와 균형의 정치로 향할 시기였다. 그런데 고종은 이런 세계적인 조류와는 정반대로 나가면서, 주변 반대에 고종은 "대원군과 대비의 음모 때문에 황제 즉위가 부득이하다"고 고집했다. 결과적으로 구악(舊惡)은 그대로 남겨둔 채 자기 편의적이고 자기만족적인 선택적인 개혁이었다.

한편, 정부는 서상무(徐想懋)를 서변계관리사(西邊界管理使)로 임명하고 청나라 지역 간도에 사는 조선 사람들을 보호하도록 하였다. 당시 이곳에 이주해 온 조선 사람들은 오늘의 통화현(通和縣), 환인현(桓因縣), 흥경현(興京縣), 관전현(官田縣) 각 지역에 퍼져 살았으며, 그 수가 약 8,700호에 3만7천 명에 달했다.

註) 1895년 청국이 청일전쟁에서 패한 후부터 조선은 간도에 관한 한 적극적인 자세로 나갔다. 함경도 관찰사 조존우(趙存禹)가 조사한 바에 의하면 "청국인은 조선인의 백분지 일도 안 된다"고 했다. 1896년에 청국 자료에 의하면 조선인이 간도에 20,899명이고 만주 전역에는 4만 명이라고 했다. 1867년에 청은 220여 년간 유지되어 오던 간도지방에 대한 봉금정책을 일방적으로 해제하고 이민을 장려하자 조선도 1883년부터 봉금정책을 버리고 적극적으로 간도 개척에 나섰다. 1884년에는 길림성 정부와 길한규약(吉韓規約)을 체결하고 월간국(越墾局)을 설립했는데, 이는 통상국 검사소의 바뀐 이름으로 조선인의 이민 업무를 보게 했으며 1890년에는 무간국(撫墾局)을 설립하자, 이주해 오는 사람들이 배로 늘어났다.

1898 26대 고종(高宗) 35년

러시아는 3월 27일에 강제로 여순, 대련의 항만과 그에 부수된 영토를 조차(租借)했고, 이어 5월 7일에는 동청(東淸) 철도 위의 하얼빈과 요동반도를 연결하는 철도의 종점을 여순과 대련으로 확정했다. 이 일로 인해 동아시아에서의 러시아의 남하정책에 대응해오던 영국과 일본에 이어, 이제는 미국까지 끼어드는 구도가 되었다.

註) 러시아가 강제로 여순과 대련을 조차한 후, 이듬해 1899년 조선 남부의 마산항의 군사구역을 구입하려했으나 결국 일본이 먼저 차지해버렸다. 또한 1901년에는 마산 옆에 위치한 진해만을 조차하려 했다가 다시 일본에게 좌절당하고 말았다. 비록 러시아의 기도가 성공하지는 못했지만, 그 목적까지 포기하지는 않았는데…, 결국 부동항이 목적인 러시아는 만주와 한반도를 놓고 흥정하는 형세가 되었고, 미국의 입장에서는 필리핀 방어와 중국에서의 이권이 중요하였기에 적어도 러시아가 만주를 포기하지 않는 한 미국도 러시아의 남하정책을 견제하지 않을 수 없었다. 이로서 미국은 러시아의 만주 침략을 저지하고 있는 영국과 일본을 지지하는 입장이 되었으며, 이 틈에 한반도는 이때를 기점으로 점차 일본을 위한 희생물이 될 수밖에 없는 처지로 굳혀져 갔다.

**황성신문(皇城新聞) 창간**

국운이 다해가던 1898년 9월5일, 한말의 대표적인 민족지 황성신문(皇城新聞)이 창간됐다. 사장은 남궁억이 맡았고 편집진은 박은식, 장지연, 신채호 등 면면이 민족주의적 사관을 지닌 인사들로 구성했다. 문자는 국한문혼용이었지만 한글은 한자에 토를 다는 정도로만 쓰여 독립신문 이후 불기 시작한 순 한글 신문 제작 전통을 깨뜨렸고, 이 때문에 한학 독자들로부터 큰 환영을 받았다.

註) 당시 독자들은 한글전용의 민족지 〈뎨국신문(帝國新聞)〉을 '암(雌)신문', 한문을 섞어 쓰는 〈황성신문〉을 '수(雄) 신문'이라고 불렀다. 남궁억이 사장에 있었던 4년 동안 두 번이나 구속될 만큼 황성신문은 배일(排日) 민족의식을 고취시키는데 적극적이었으며, 법적인 판결을 받아 최초의 필화사건을 일으킨 사람도 남궁억이다. 1905년에는 장지연의 시일야 방성대곡(是日也 放聲大哭)이 문제가 돼 장지연은 70일간 구류를 살고 황성신문도 80여일 간 정지 당하는 고통을 겪기도 했다. 이 신문은 고종황제로부터 음으로 재정적 지원을 받기도 하며 독자도 중류층 이상에 두었는데, 일본의 국권침탈로 1910년 8월 30일 〈한성신문〉으로 개제하여 발행하다가 동년 9월 14일 제3470호로 폐간되었다.

1899 26대 고종(高宗) 36년

정계(政界)는 독립협회에 불안을 느껴 어용(御用)단체인 황국협회(皇國協會)를 만들어, 불량배와 보부상(봇짐장수) 등을 회원으로 하고 독립협회를 야비하게 탄압했다. 이리하여 독립협회는 해산하고…

註) 많은 외국인들은 개혁을 하지 않으면 나라가 망할 것으로 보았지만, 독립협회 해산으로 조선왕조는 그 의사가 없음을 분명히 한 것으로 분석했다. 그들은 조선민중의 앞날을 걱정하며 조선의 자치능력에 의문을 던졌다. 한때 조선의 주권 수호에 열성적이었던 미국공사 알렌은 조선 위정자들의 부패와 무능에 지쳐 끝내는 한국의 독립지지 입장을 포기했고 그는 1904년 1월에 "이 사람들은 자치할 능력이 없습니다. 한국은 일본에 속해야 한다"고 루즈벨트 대통령 동아시아정책담당보좌관에게 밝혔다. 당시 친한파 인사가 내린 판단이었다.

**간도(間島)에 변계경무서(邊界警務署) 설치**

1901 26대 고종(高宗) 38년

회령에 변계경무서(邊界警務署)를 설치하고 간도의 조선인 보호와 소송사무를 관장하게 했다. 이는 작년(1900년)에 러시아 군사들이 화북(華北)에서 일어난 의화단(義化團) 사건의 틈을 타고 간도에 침입하여 훈춘을 함락하고 청국 군사를 다수 학살했는데, 이때에 밀려난 청국군사들이 각지에서 도적떼가 되어 약탈이 횡행하자 조정은 두만강 연안 6진(六鎭)에 진위대(鎭衛隊)를 두어 조선인을 보호하고자 했다.

### 간도관리사(間島管理使) 이범윤(李範允)

1902 26대 고종(高宗) 39년

5월 21일, 북간도(北間島) 일대의 한국 겨류민을 보호해야 한다는 건의에 따라 이범윤이 간도관리사의 자격으로 현지에 이르러 6월말부터 거주민의 호수와 인구 등을 조사했는데, 그 실상이 참담한 상태였다. 심해지는 청국인들의 박해에 맞서 스스로 사포대(私砲隊)를 조직하고 장정을 훈련시키면서 또 서울로부터 약간의 총기를 얻어 무장하고 자체 행정과 자위권을 위해 운영을 하고 있는 중이었다. 또한 호구를 조사해 보니 1만여 호에 인구가 10만이나 되었다. 정부는 청국에 간도보호권을 주장하고 관리사를 두겠다고 통지했으나 거절 당하는 마는데…

註) 이렇게 되니 간도에 청국의 행정기관과 조선의 행정기관이 함께 설립되게 되었다. 이때 한국정부에서는 토문강(土門江) 이동(以東)을 한국의 영토로 확정하고 관청을 설치해 세금을 징수해야 한다는 주장도 있었다. 자연히 잦은 충돌이 일어나면서 군대의 출동으로까지 이르게 되는데, 1904~1905년에 러일전쟁이 일어나자 러시아와 일본이 조선과 청에 당분간 간도분쟁을 중지해 줄 것을 종용하여 국경분쟁은 일단 소강상태에 들어갔다.

註) 사포대(私砲隊)는 1904년 노일전쟁이 일어나자 이중 5백 명이 러시아군을 도와 일본과 싸웠으며, 차츰 정비되면서 후에 국내의 의병과 구한말 군인들까지 이 부대에 합세하게 되어 독립무장단체의 본류가 되어갔다.

### 영일동맹(英日 同盟)

6월 1일, 청국의 척외(斥外) 단체인 의화단(義和團) 사건이 1900년에 일어난 이후, 다른 나라의 군대는 모두 철수했으나, 러시아군은 만주에 포진한 채 철수하지 않고 있었다. 이에 러시아의 남하에 신경을 쓰고 있던 일본과 영국은 각각 청은 영국이, 조선은 일본이 이권(利權)을 가진다는 조건으로 군사적 공수동맹(攻守同盟)을 맺었다. 또한 미국까지 영국에 가세하여 일본에 원조를 제공하게 됨으로 일본은 이제 러시아에 대해 자신이 생겼다.

註) 영국은 러시아의 남하를 봉쇄하는 것 이외에 조선에는 어떤 관심도 없었다. 그래서 조약 제1조에 '영일 양국은 조선-청 양국의 독립을 승인하고, 영국은 청에 일본은 조선에 각각 특수한 이익을 갖고 있으므로, 제3국으로부터 그 이익이 침해될 때는 필요한 조치를 취한다'라고 규정했다. 즉, 영국은 러시아의 남진을 봉쇄하는 임무를 일본에 맡겼고, 필요할 경우 조선을 일본에 넘겨버린 것이다.

### 러.불동맹(露.佛 同盟)

1903 26대 고종(高宗) 40년

6월, 러시아군이 만주에 진주하자, 일본은 '만주에서 러시아의 지배적 지위는 인정하고, 조선은 일본이 확보해야 한다"는 이른바 「만한교환론(滿韓交換論)」으로 러시아와 외교적으로 교섭하려 했다. 그러나 영일동맹으로 자극 받은 러시아는 프랑스와 동맹을 맺고 조선의 39도선 분할을 요청했지만, 역시 일본에 의해 거절되었다. 그러자 9월, 러시아는 압록강 입구의 용암포(龍岩浦: 신의주 외항)를 점거하여 벌목권을 주장하며 인근에 망루와 포대를 설치하고 병력을 주둔시키며 한반도에 점유에 대한 강한 의지를 들어내자, 일본은 12월에 만주와 러시아에 대한 전쟁 방침을 굳히고 이에 따른 준비 작업에 들어가는데…

註) **용암포사건(龍巖浦事件):** 1899년의 의화단사건 이래 만주를 점령하고 있던 러시아는 1903년 4월 앞서 획득한 압록강 상류에서의 삼림벌채권과 그 종업원을 보호한다는 구실 아래 약 100명의 군대로 용암포를 점령했다. 이어 5월에는 러시아인 40명을 거주하게 하고, 포대(砲臺)를 설치하여 구련성(九連城)과 봉황선(鳳凰線)을 거쳐 안동(安東: 현 丹東)에서 용암포에 이르는 지역에 1개 여단(旅團) 병력을 배치한 다음 7월에는 러시아 삼림회사에 용암포를 조차하도록 강요하여 이를 획득하였다. 이를 계기로 한반도에서 각축을 벌이던 러시아와 일본의 대립은 더욱 첨예화되어, 이 사건이 이듬해에 러일전쟁으로 이어졌다.

### 러일전쟁(露日戰爭, Russo-Japanese Wars)

1904 26대 고종(高宗) 41년

2월 8일 오후, 조용하던 제물포(인천)항에 천지를 뒤흔드는 포성이 울렸다. 일본제국 해군이 러시아 전함에 가한 기습이었다. 이전인 2월 4일에 일본은 러시아에 대해 개전(開戰)과 국교단절을 결정하고, 이날 인천항을 기습하여 2척의 러시아 군함을 격침시키는 한편으로 요동반도에 있는 여순(旅順) 군항에서도 기습을 펼쳤다. 선전포고는 10일에야 전달되었다.

註) 러일전쟁은 1904년 2월 8일 일본함대가 여순군항(旅順軍港)을 기습하면서부터 1905년 9월 5일 강화하기까지의 러시아와 일본 간의 전쟁이다. 비록 한국과 만주(중국 동북지방)의 분할을 둘러싼 전쟁이지만 실은 「한국쟁탈전쟁」이었으며, 그 배후에는 영일동맹(英日同盟)과 러시아-.프랑스 동맹이 있어서 이 전쟁은 제1차 세계대전의 전초전이었다. 전쟁이 터지자 미국 대통령 루즈벨트는 러시아의 동진을 저지하고자 하는 일본의 행위에 적극 지지를 보내며 일본의 한국점령은 러시아 저지에 대한 당연한 대가로 여겼을 뿐 아니라, 포츠머츠 강화조약이 체결되기 전에 미국의 필리핀 지배를 전제로 하면서 "일본이 한국에 보호권을 확립하는 것이 노일전쟁의 논리적 귀결이고, 극동평화에 공헌할 것으로 인정한다"는 태프트.계(桂) 비밀협약을 1905년 7월 29일에 맺었다. 일본의 노일전쟁 비용 총 19억8천4백만 원 중에 12억 원을 영국과 미국이 제공했다.

### 한일의정서(韓日議定書)

2월 23일, 인천에 상륙한 일본군은 인천에서 서울로 직격하여 많은 건물을 점거하고 병력으로 위협하여, 외무대신서리 이지용(李址鎔)으로 하여금 강제로 의정서(議定書)에 서명하게 하니, 이로부터 조선 황실보호자라는 명분으로 내정간섭이 가능하고 군사요지의 점유, 황무지 개간 등을 허용하고, 경인선(京仁線), 경부선(京釜線), 경원선(京元線)의 철도 부설을 시작…

### 의병(義兵) 다시 일어나다

3월 20일, 함경도 함흥에서 봉기한 의병 200여 명이 화승총, 칼, 창 등의 구식무기를 들고 일어난 것을 시작으로, 5월에는 충청도 괴산과 청주에서 의병 3백 명이 일본군과 교전한 이래, 주로 충청도 지역을 중심으로 해서 점차 강원도 지역으로 확대되어갔다.

註) 1902년 初 대한제국 군인의 총수는 17,560명에 달했다. 그러나 이들의 횡포를 보노라면 군대가 아니라 민중을 수탈하는 조직폭력배를 연상할 정도로 '규율 없는 무뢰배의 소굴'이라고 지적할 정도였다. 왕조가 백성에게 무엇을 해줄 것인가 하는 고민은 없고 백성이 조정에게 무엇이든 해줄 것만을 요구하는 정권이었다. 마찬가지로 백성들이 의병전쟁을 시작했어도 이들을 지원하는 어떤 조치도 내린 적이 없었다.

4월 14일 밤, **경운궁(慶運宮) 대화재,** 함녕전 아궁이에서 발화했다는 이 불은 불어오는 세찬 북동풍을 타고 순식간에 경운궁(현재의 德壽宮) 전체를 휩쓸었다. 황제와 궁중 인사들은 서쪽 문으로 빠져나가 미국 공사관 옆의 수옥헌(漱玉軒)으로 피신했지만, 이 바람에 황제의 침소는 물론 관료들이 국무를 수행할 업무 공간마저 사라져 버렸다.

註) 참으로 이상한 화재였다. 화재 원인은 물론 소화 과정도 의문이었다. 불이 번지는 동안 미,영,러 등 각국 소방수가 몰려들었지만 궁중에서는 이들에게 도무지 문을 열어주지 않았다. 모든 전각들이 잿더미가 되도록 내버려 둔 것이다. 전후 사정으로 보아 일본의 정략을 의심하지 않을 수 없는데, 최근 발굴된 러시아 측의 자료는 일본의 음모에 의한 것이라고 밝히고 있다.

註) 그 후 고종은 경복궁이나 창덕궁으로 거처를 옮기라는 권유를 뿌리치고 경운궁의 재건을 고집했다. 열국 공사관과 거리가 멀어서 비상시에 대비가 곤란하고, 명성황후의 비극까지 기억나게 하는 경복궁과 창덕궁은 싫었다. 그래서 새로운 경운궁은 1년치의 예산이 소요됨에도 1~2년만에 거의 재건시켰는데, 일본의 방해공작과 거듭된 재난, 심각한 재정난 등에도 불구하고 밀어 붙였고, 오늘날 우리가 볼 수 있는 덕수궁의 대한문, 중화문, 중화전, 광명문, 즉조당, 준명전, 석어당, 함녕전 등은 그 당시 중건된 것들 중에 일제하를 거치면서 헐리고 남은 일부이다.

4월 하순, 일본 제1군은 5월 초 압록강 연안에서 러시아군을 격파하고, 동시에 요동반도(遼東半島)에 상륙한 제2군은 남산(南山)과 대련(大連)을 점령하고 여순을 고립시켰다. 다시 6월에는 15개 사단을 동원하여 여순항(旅順港) 부근에서 양국군이 첫 번째로 대규모적인 접전이 시작되었다. 여순에서 벌어진 전투로서 이른바 요양전투(遼陽戰鬪)이다.

6월, 일본은 조선영토를 강탈하려는 계획의 일환으로 황무지 개간을 요구해 왔다. 민간인들이 보안회(保安會)를 조직하여 대중적인 반대운동을 벌이자, 일본은 이 계획을 일단 철회하기는 했는데…

### 제1차 한일협약(韓日協約)

8월 22일, 러시아와의 전쟁에서 일본이 유리하게 돌아가자 이제 노골적으로 나오기 시작이다. 황무지 개간의 철회 대신 일본인 고문관 초빙을 강요하여 내정간섭을 목적으로, 일본공사 하야시는 외무대신 이하영(李夏營)에게 강요하여 협약을 체결했다. 공식명칭은 "외국인 용빙(傭聘)협정"이며, 한일협정서(韓日協定書)라고도 하는데, 이로서 각부(各部)에 고문(顧問) 정치가 시작되고, 각 국에 주재하던 한국공사는 소환한 후 폐쇄시켜 주권을 본격적으로 잠식하기 시작.

註) 내용은 「한국정부는 일본정부가 추천하는 일본인 1명을 재정고문으로 하여 한국정부에 용빙하고, 재무에 관한 사항은 일체 그 의견을 물어 시행할 것」 등의 내용으로 한국의 재정.외교.군사.경찰.문교 등 중요 정책을 손아귀에 넣은 다음, 일본은 이어 다음 단계인 제2차 한일협약(乙巳條約)의 공작에 들어갔다

8월, 한편 여순의 러시아 함대는 블라디보스토크로 탈출을 시도했으나 황해에서 일본 해군의 공격으로 항구 안에 봉쇄 당해버렸다. 계속 이어지는 10월의 사하회전투(沙河會戰鬪)에서 여순 공략을 맡은 노기(乃木希典)의 제3군은 여순항의 요새인 이령산 203고지에 대한 수차례의 공격으로 많은 손실을 보았지만 끝내 공략에 성공하면서, 여순항이 일본군에게 노출되자 러시아 수비군이 휴전에 응하면서 러일전쟁도 그 윤곽을 들어내기 시작했다.

1905 26대 고종(高宗) 42년

1월초, 3차에 걸친 여순(旅順) 총공격이 실패로 굳어져 "일본군의 시체가 보루를 만들었다"고 할 정도로 처절했지만, 끝내 여순항(港)은 일본군이 확보했다. 3월에는 유럽으로부터 지원군을 얻은 러시아군이 37만으로 증강하자, 일본군은 봉천(奉天: 瀋陽)에 전 병력을 쏟아 부었다. 3월 10일, 오야마(大山嚴)가 이끄는 일본군 25만은 봉천 전투에서 러시아군 11만여 명을 섬멸하면서 물리쳤지만, 일본군도 사상자가 7만에 이르는 큰 손실을 입었다. 한편 러시아는 육전(陸戰)에서의 패배를 해전에서 만회하고자 30척으로 구성된 발틱함대를 출동시켜 아프리카의 희망봉을 돌아 항해 7개월 만에 5월 27일과 28일 대한해협에서 대해전(大海戰)을 시도했지만, 이 작전까지도 도고(東鄕平八郎)가 이끄는 일본 연합함대에게 전함 38척 중 35척이 격침 또는 파괴되고 3척이 나포되면서 4,800명의 해군이 전사하는 등, 참패하고…. 반면에 일본해군은 3척 침몰, 전사 117명의 대승이었다.

註) 이제 러시아는 계속되는 패전으로 사기가 침체 된데다 그 해 1월 '피의 일요일'로 비롯된 군대의 반란과 농민폭동(제1차 혁명)이 일어나 혁명 진압이 더 시급했다. 약 20억 엔(円)의 전비(戰費) 가운데 12억 엔을 일본에 지원하던 영국과 미국도 일본이 만주를 단독으로 점령할 것을 우려했다. 그리하여 미국.프랑스는 3,4월경 러.일 양국에 강화할 것을 종용하고, 동해해전(東海海戰) 후 일본의 요청을 받아들인 미국 대통령 루스벨트의 알선으로 8월 포츠머스 강화회의가 열렸다. 남 사할린 섬의 할양(割讓)을 내용으로 한 조약이 9월 5일 조인되고, 16일 휴전이 성립됐다. 그 결과 일본은 한국 지배권의 확보와 남만주 진출이 결정된 것이다. 이것이 결국에는 대륙의 권익을 꾀하는 미국과의 대립을 잉태하게 되는데…

**가쓰라-태프트 밀약(Katsura-Taft 密約)**

7월 29일, 미국 대통령 루스벨트의 특사인 육군장관 태프트(William Taft)와 일본의 총리 가쓰라 다로(桂太郎)가 도쿄(東京)에서 은밀하게 협정에 서명했다. 미국이 필리핀을 통치하되 일본은 필리핀을 침략하지 않으며, 극동의 평화유지를 위해 미국은 러일전쟁의 원인이 된 한국을 일본의 보호국으로 만드는 것을 묵인한다는 등의 내용이었다.

註) 1898년 하와이와 필리핀 등을 합병하여 본격적으로 유라시아 동해안에서 이권을 추구하기 시작한

미국이 일본을 이용하여 서구 열강을 견제하려 한 것이 포츠머츠 협상의 배경이며,당시에 미국이 일본의 이익을 침해하면서까지 조선의 독립을 지원할 의사는 없었다. 이 밀약에 이어서 일본은 영일동맹과 포츠머스조약을 체결하고 한국에 대한 국제적 지배권을 확인받았다. 한국 정부 모르게 이루어진 비밀협상으로 일본은 미국에게 필리핀의 안전을 보장해주고 미국으로부터 한국의 보호권을 인정받은 것이다. 이 밀약은, 미국 존스홉킨스대학교의 T.데넷 교수가 루스벨트의 서한집에서 발견함으로써 1924년 세상에 알려졌다.

註) 우리에게는 좀 아이러니하게 들리겠지만, 러일전쟁의 결과로 러시아에 적개심을 가지고 있던 오스만제국, 페르시아, 인도 등의 독립운동을 자극했다. 황인종도 러시아, 유럽을 이길 수 있다는 가능성을 보여준 것이다. 한편, 중국의 손문은 한때 아시아의 희망이었던 일본이 유럽제국과 마찬가지로 아시아를 괴롭힌다고 말했는데, 참고할 것은 그의 말 중에도 '조선'은 빠져있었다. 또한, 초대 주러시아 상주 공사관이던 이범진은 "러시아가 오스만제국과의 전쟁으로 불가리아와 세르비아를 해방시켰듯이 (나는 러시아의 의한) 한국의 해방을 원하고 있다"고 했다. 일시나마 조선과 러시아는 밀월관계에 있던 중이었다. 언제나 한국과 중국이 일본에 맞서 견해를 함께해왔다는 주장은 한반도의 역사적 경험을 왜곡하는 것이다.

### 제2차 영일동맹(英日同盟)

8월 12일, 극동에서 노골적인 침략행위를 취하고 있던 러시아를 견제하기 위해 영국과 일본이 동맹을 체결했다. "일본은 한국에 있어서 정치, 군사 및 경제상의 특수한 이익을 가지며, 영국은 일본이 이 이익을 옹호 증진시키기 위하여 필요하다고 인정하는 지도 감리 및 보호의 조치를 위하는 것을 승인한다"고 약속했다. 이어서…

註) 영일동맹은 그러나 명백해진 미국과 일본의 극동에서의 대립이 이 동맹의 유지를 어렵게 하여, 제1차 세계대전 후 1921년 12월 워싱턴 회의에서 미국의 압력으로 폐기되었다. 어쨌든, 영일동맹은 일본이 조선을 병탄하는데 가장 큰 공범자이다. 영일동맹은 열강들이 자신들의 이익을 위하여 약하고 작은 나라를 희생시키는 또 하나의 전형적인 사례이었다.

### 포즈머츠(Potsmouth) 조약

9월 5일, 러일전쟁의 대세가 판가름 되어가자 미국 포츠머츠에서 미국의 권고로 강화조약(講和條約)을 맺게 되어, 먼저 번의 제2차 영일동맹(英日同盟)의 내용을 미국이 지지하고, 러시아가 승인하는 형식을 취했다. 이제 일본은 명실 공히 조선의 대부(代父)였다. 강대국들의 식민지 쟁탈 홍정에서 조선은 이제 단순한 홍정물에 불과했다.

註) 히비야 폭동: 일본 내에서 포츠머츠 조약이 체결될 분위기가 익어가자 각지에서 강화반대운동이 일어나고, 강화조약이 체결된 5일에는 히비야(日比谷) 공원에서의 집회가 폭동으로 변하면서 공공기관 200여 곳과 전차(電車) 16대가 불탄 큰 사태가 일어났다. 이어 미국공사관까지 파괴하기에 이르자, 미국의 태도가 변하여 일본인의 이민배척운동이 일어나고 양국 간에 금이 생기기 시작했다. 폭동의 원인은 일본정부가 전쟁의 실상을 제대로 알리지 않고 승리만을 홍보했기 때문에, 무지한 국민들이 승리감에 도취되어 러시아로 진격하자고 아우성친 것이다. 그러나 일본의 재정은 전쟁수행 결과 완전히 파탄에 이른 상태이었다.

10월 27일, 이제 일본은 조선에 대해 걸릴만한 장애물을 모두 없애고 난 후인지라, 이제 부터는 당당하게 나왔다. "한국의 동의를 얻을 가능성이 없을 때에는, 최후수단으로서 일방적으로 한국에 대하여 보호권의 확립을 통고할 것임"을 결정하고, 곧 '보호조약안(保護條約案)'을 확정지었다.

**제2차 한일협약(韓日協約): 을사보호조약(乙巳保護條約)**

11월 9일, 일본의 특파대사로 이토오(伊藤博文)가 부산을 경유하여 서울에 들어오니, 서울의 민심이 매우 소란했다. 동시에 이용구(李容九), 송병준(宋秉畯) 등이 주동하는 일진회(一進會)는 "일본이 외교권을 요구하는 것은 당연하고, 반대하면 자멸일 수밖에 없다"라는 성명을 발표하여, 맹렬한 반대가 일어나고 황성신문(皇城新聞)은 매일 이들을 공격했다.

11월 10일, 이토오는 공사 하야시(林權助)와 함께 수옥헌(漱玉軒: 貞洞 10번지, 미대사관 자리)을 방문하여 고종에게 직접 일황(日皇: 明治天皇)의 친서를 전했다. 그리고 15일과 16일에 이토와 고종이 본격 회담에 들어갔다. 17일, 밤 11시에 이토가 고종을 찾아가 다시 재촉했다. 고종은 모든 책임을 대신들에게 떠맡기니, 8명의 대신 중에 결사반대는 참정대신 한규설(韓圭卨), 탁지부대신 민영기(閔泳綺)의 두 사람뿐이고, 외부대신 박제순(朴齊純)은 어명이라면 별 수 없다하여 찬성으로 인정되고 나머지 5명은 찬성으로 6:2로 가결됐다. 찬성은 내부대신 이지용(李址鎔), 군부대신 이근택(李根澤), 법부대신 이하영(李夏營), 학부대신 이완용(李完用), 농상공부대신 권중현(權重顯)인데, 이들을 을사5적신(乙巳五賊臣)이라 한다. 이에 따라 사람을 외부(外部: 外務部)에 보내 국새(國璽)를 뺏어 박제순과 하야시 명의로 조약문서에 서명하니 18일 새벽2시다. 요컨대, 한국의 외교권은 일본이 행사하고, 서울에 통감(統監)을 두며 지방에는 이사관(理事官)을 둔다고 했다.

註) 먼저 1차 협약으로 내정(內政)을 뺏기고, 이제 외교권마저 뺏기니, 모든 것이 다 넘어갔다. 이토오는 귀국보고서에서 만약 조선내각이 끝까지 조인하지 않고 버텼다면 사태가 복잡하게 얽혔을지도 모른다고 했다. 즉, 내각이 총 사퇴하여 일본이 상대해야 할 상대가 없어져버리거나, 조약을 끝내 거부해서 일본 마음대로 처리했을 경우 세계 공론에 호소하면 난감하기 때문이다. 그런데 의외로 고종과 내각이 쉽게 넘어가, 오히려 일본정부도 놀랄 정도였다고 한다.

註) 실상은 이렇다. 일본이 군대로 협박하고 강요했다고 알려져 왔는데, 이토가 총칼을 앞세워 대신들을 위협하거나 고종에게 무력의 방법을 통해 조약을 강요한 것이 아니라, 이토가 고종을 알현하고 두 차례의 면담을 할 당시에는 하야시 공사와 외교관들을 대동하고 갔을 뿐 군대를 이끌고 간 것이 아니었다. 이토가 "한국의 추세를 보건데 앞으로도 외세에 의한 전화(戰禍)를 피할 수 없을 것 같으니, 우리가 위험해져서 안 되겠습니다. 그러니 외교문제를 우리에게 일임하는 것이 어떠신지요?" 이에 고종은 "불가피한 점은 알겠지만 그 형식을 갖추는 게 중요하다"라며 웅얼웅얼 말을 돌렸다. 그리고 시간이 지나면서 "뜻이 그러하다면…"하며 어물거리다가 외무대신 박제순에게 협의하도록 승낙해버렸다. 결국 '황실의 안녕과 존엄'을 보장한다는 문장이 추가된 채 초약이 체결되고, 그날 밤에 보고를 위해 찾아 온 이토에게 양국을 위해 축하한다면서 연회를 베풀어 음식을 하사하기도 했다. 고종은 그런 사람이었다. 이 과정에서 반발하는 대신들에게 "내가 알아서 한다는데 왜들 소란을 피우느

냐"면서 역정을 냈고, 그럼에도 상소와 항의가 이어지자 이들을 모두 체포해 징계를 내리는…

**전국으로 확대되는 의병(義兵)**

을사조약의 소식이 전해지자 "살왜(殺倭)"를 기치로 한 의병이 전국 각지에서 일어났는데, 강원도 지역이 발원지가 되어 충북, 경기, 경북 지역으로 파급되었다. 이때 다시 일어난 의병(義兵) 중 관동의 원용팔(元容八), 경북 동대산(東大山)의 정환직(鄭煥直) 부자(父子), 홍주의 민종식(閔宗植), 순창에서의 최익현(崔益鉉), 영해의 신돌석(申乭石) 등이 활약했다. 민종식은 5월 11일 홍산에서 일어나 19일에 홍주성(鴻州城)에 들어갔는데 이때의 홍주성 공방전이 가장 치열했다. 순창에서의 최익현은 충남 태인(泰仁)에서 80명으로 시작하여 전주로의 진출이 좌절되자 정읍, 태인, 곡성을 돌아 순창에 이르러 1천여 명이 되었다. 여기서의 교전으로 패한 후 광주관찰사를 통해 해산명령을 받고는 아무튼 모두 같은 동포이니 "나로 나를 치지 못 하겠다"고 하여 순순히 체포된 다음 대마도로 압송되어 거기서 11월 17일 운명했다.

註) 11월 17일에 을사늑약이 체결되자 민영환, 조병세, 홍만식, 이상철, 이한응 등의 고위 관료들이 잇달아 자살하고, 조선에 와있던 일본인 니시자카 유타카(西坂豊)와 청국인 반종례(潘宗禮)도 각기 자국의 반성을 촉구하며 자살했다. 조선은 자국의 속국이므로 외국에 대사를 파견하지 말라는 청국의 압박을 이겨내고 초대 주미대사로 파견되었던 박정양은 조약체결 직전에 죽었다. 또한 1907년에 군대가 해산되자 박승환 대대장이 자결했고, 초대 주러시아 공사였던 이범진은 경술국치 이듬해인 1911년 상트페테르부르크에서 자결했다. 한편, 국내에서 목숨을 걸고 일본과 싸우는 이들도 많았는데, 원주와 단양지역의 원용팔(元容八)과 정운경(鄭雲慶), 홍천의 민종식(閔宗植), 태인의 최익현(崔益鉉), 영천의 정용기(鄭龍基)와 그의 아버지 정환직(鄭煥直), 영해의 신돌석(申乭石), 영양의 김도현, 진보의 이하현(李夏玄), 죽산과 안성의 박석여(朴昔如), 여주의 이범주(李范疇), 충북의 노병대(盧炳大), 전라도의 백낙구(白樂九), 양한규(梁漢奎) 등이 활약했다.

1906 26대 고종(高宗) 43년

2월 1일, 5개의 조문(條文)으로 된 보호조약에 따라 일본은 이토오(伊藤博文)를 초대 통감(統監)으로 임명하고, 서울에 통감부(統監府)를 두었다. 통감부는 한국의 외교사무를 관리한다고 했지만, 실제로는 경무, 농상공, 총무부 등을 두어 내정 전체를 쥐고 흔들게 했다.

註) 1905년의 을사조약이 체결된 이후로 나라가 온통 초상집과 같았다. 조약체결 3일 후 참정대신 한규설(韓圭卨)은 조약폐기를 상소했고, 황성신문(皇城新聞)의 주필 장지연(張志淵)은 '시일야 방성대곡(是日也放聲大哭)'을 써서 많은 사람을 울렸으며, 11월 27일에는 최재학(崔在學) 등 5명의 평양인이 대안문(大安門) 앞에서 엎드려 상소하다가 일본군에게 체포되는가 하면, 28일에 前 참판 홍만식(洪萬植), 30일에는 시종무장관 민영환(閔泳煥), 12월 1일에는 조병세(趙秉世), 前 대사헌 송병선(宋秉璿), 학부주사 이상철(李相喆), 그 외에 김봉학(金奉學) 등 잇달아 자결했다. 또한 외교관이면서도 외교활동을 할 수 없게된 駐英 대리공사 이한응(李漢應)은 영국에서 자결했다. 이들 7인을 '을사7열(乙巳七烈)'이라 한다. 또한 5적신(五賊臣)을 죽이려고 시도하다 체포된 사람도 계속 있었고, 이러한 울분이 새해(1906년)에 들어서 '토왜(討倭)'를 강조하며 전국적인 무력의병항쟁(武力義兵抗爭)으로 퍼져갔다.

註) **독도(獨島) 문제:** 17세기에 일본인들의 울릉도에 출입이 빈번해지자, 1696년(숙종 22년)에 일본에 확인하여 울릉도와 그 부속 도서인 독도가 조선의 영토임을 상호 인정하게 되었고, 이후 일본 정부가 일본인의 울릉도 출입을 금지함으로써, 일본인들은 더 이상 울릉도와 독도에 관심을 갖지 않았다. 그 후 1904년, 일본인 어부 나카이(中井養三郎)가 무인도인 독도의 가재(물개)잡이 독점권를 이권(利權)으로 임대하겠다며 한국정부에 제출할 대부신청서를 만들어 일본정부에 알선을 요청했다. 그러자 일본 해군이 어부에게 일본 정부에 독도영토편입 및 대부신청서를 내면 책임지고 무료 대부해주겠다고 나섰다. 러일전쟁(露日戰爭) 때에 군사적 요지임을 간파한 일본 정부는, 저희 각의(閣議)에서 결의하여 독도를 1905년 일본 시네마현(島根縣)에 편입시켜 일본영토로 하고는 해군 보급기지로 사용하면서, 이 섬의 명칭을 다케시마(竹島)라고 했다. 조선 조정은 일본이 독도를 이렇게 도둑질해가는 사실을 전혀 알지 못했다. 이때부터 일본은 독도가 자기네 영토라고 주장하고 있다.

### 헤이그(Hague) 밀사(密使)

1907 26대 고종(高宗) 44년

6월 25일, 이 해에 이완용(李完用)을 수반으로 하는 친일내각이 조직된 후, 화란(네덜란드) 헤이그에서 만국평화회의(萬國平和會議)가 열리게 됨을 안 고종은 이준(李儁), 이상설(李相卨), 이위종(李瑋種)의 3인을 보내 을사조약(乙巳條約)이 무효임을 알리려 했다. 이를 탐지한 일본은 영국과 함께 집요한 방해공작을 펴, 회의장에 입장조차 못하게 했다. 세 특사는 할 수 없이 각국 대표에게 호소문을 보내고 신문을 통해 국제 여론을 환기시키려 했지만 각국 열강 대표들은 여전히 냉담했고, 이준은 병을 얻어 7월 14일에 숨을 거두었다. 그러나 그뿐이었다. 일본은 이 사건을 빌미로 5일 뒤에 고종을 강제 퇴위시키고 나서도 분이 안 풀렸는지 궐석 재판으로 세상을 떠난 이준 열사에게 종신징역을 선고했다.

註) 이준은 회의장에 참석하여 할복자살하였다고 알려져 왔는데, 당시 네덜란드 현지 보도로는 "회의장에 참석하지 못한 채로 병환으로 죽었다"고 했고, 황성신문에는 "화병에 의한 병사"라고 보도했는데, 할복자살설은 대한매일신보 7月 18日字 미확인 보도에 근거한 듯한데, 현지 언론 보도에 따르면 뺨에 난 종기를 제거하는 수술 도중 감염되어 패혈증으로 사망했다고 한다. (나머지 2인은 미국으로 망명).

### 순종(純宗) 즉위

7월 20일, 밀사 사건의 내막을 안 일본은 이토오(伊藤博文)가 나서서 고종을 강제 퇴위시키기에 이르렀고, 황태자를 내세워 허수아비 황제를 세우니 이가 곧 순종(純宗)이다. 24일, 세상은 이완용(李完用)과 이토오(伊藤博文)의 두 사람의 것이 되었다. 이 두 사람 사이에 조약을 체결하는데 이른바 한일신협약(韓日新協約, 丁未 7條約)으로, 고문정치(顧問政治)를 차관정치(次官政治)로 바꾸면서 일본통감의 지휘감독권을 강화하고, 일본인 관리의 채용을 인정하니 국내의 모든 내정이 일본에 넘어 가면서 또 그 부수 각서로 한국군대의 해산까지 결정했다.

### 군대해산(軍隊解散)

8월 1일, 일본은 총병력 8천8백 명뿐이 안 되는 군대마저 순종을 협박하여 해산 명령을 내렸다. 이 조치가 폭풍을 일으켰다. 서울이 1일이고, 지방이 5일로 무장해제를 단행키로 했다. 그런데 첫날, 서울의 시위(侍衛) 1연대 1대대장 박승환(朴昇煥)이 이에 불복하고 병사들 앞에서 자결했다. 이에 흥분한 병사들이 무기를 확보한 후 시가지로 뛰쳐나가 일본군을 만나는 대로 총격전을 벌였다. 하루 종일 벌어진 시가전 끝에 밀려난 한국군이 각 지방으로 분산되면서 이것이 전국적인 의병활동에 기폭제가 되었다.

註) 조선말의 군대는 있으나마나한 상태였다. 황현이 지은 〈매천야록(1864년부터 1910년까지의 기록)〉에 보면, 「각도에서 진위대를 창설한 뒤로 도적이 연이어 발생했으나 막지 못하였으며, 군사들이 술을 퍼 마시고 교만을 부리며 백성들을 착취하였다. 그러므로 지방에서는 그들을 두려워하기를 마치 이리나 호랑이 보듯 했고, 미워하기를 원수같이 하였다. 그 군대가 해산됨에 이르러 무지한 백성들은 손을 들고 좋아하였으나, 얼마 안 있어, 의병들이 뒤따라 일어나 일본군과 싸움을 벌여 죽거나 낭패를 보는 자가 수천수만을 헤아리게 되니, 또 군대를 창설할 때보다 못하였다.」라고 했다. 사실상 군대는 국가의 재정을 축내면서 전투력은 전혀 없었고, 권세가들의 부역 집단으로 보일 뿐이었다. 그러니 군대가 해산되었다고 해서 분노하거나 가슴아파할 이유가 없었다고 하니…

원주 진위대(鎭衛隊)의 해산일은 5일인데, 특무정교 민긍호(閔肯鎬)는 "일본 놈의 강제에 의한 해산 조칙을 거역한다 해서 군명(君命)에 항거하는 것이 아니다"라고 우기고 기병(起兵)에 반대하는 지휘관 6명을 연금한 후, 즉시 병력 250명에게 무기를 분배하니 원주 장정들까지 합세하여 6백 명이 되었다. 이튿날 여주의 진위대와 합세하여 이를 토벌하고자 출동한 일본군을 격퇴시키자, 이를 시발점으로 전국에서 들고일어났다. 그리고는 지방에서 그간 위축되어 있던 이강년(李康秊), 신돌석(申乭石), 이인영(李仁泳) 등과도 연합이 되어, 이로부터 정식 군대의 체제를 이루면서 퍼져갔다. 도처에서 각개로 일본군과 충돌하면서…

### 의병(義兵)의 서울 진공계획

11월, 경기도 양주로 모여 함께 서울공격을 준비했다. 13도(道) 총대장 이인영, 군사장 허위, 강원도 민긍호, 충청도 이강년, 황해도 박정빈, 경기황해 권중휘, 함경도 정봉준, 전라도 문태수. 다만 아직도 양반과 상놈의 인식이 남아있어 천민출신의 신돌석, 홍범도(洪範圖), 김수민(金秀敏)은 참석하지 않았다. 계획상으로는 1만의 병력이 집결키로 했으나 각처에서 토벌대와 접전이 벌어지는 관계로 2천의 병력만이 동대문 밖 30리 지점까지 진출.

1908 27대 순종(純宗) 2년

1월부터 3월까지 도합 1만여 명의 의병이 활동했는데, 그중 2월 29일 전사한 원주 진위대 출신 민긍호는 7개월 간 그야말로 동충서돌(東衝西突) 하면서 격전을 치렀다. 이후 1910년까지 의병의 피해는 사망 1만8천, 부상 3천7백, 포로 2천1백을 내면서, 그 후로는 소강상태가 되어졌다.

### 전명운(田明雲)과 장인환(張仁煥)

3월 23일, 일본인들이 한국에서의 강탈과 탄압이 드세어지자 외국의 신문들이 차츰 일본에 불리한 기사를 기재하기에 이르렀다. 이에 이토(伊等博文)는 미국인 심복 스티븐(Stevens)을 시켜 미국 신문에 일본의 정당성을 알리는 기사를 싣게 했다. 이를 기사를 본 재미교포 전명운(田明雲)이 샌프란시스코에서 스티븐을 저격했다. 불발이었다. 즉각 전명운이 스티븐의 얼굴을 총머리로 가격하는 순간, 다른 교포 장인환(張仁煥)

이 권총 3발을 쏘았다. 스티븐은 즉사했고, 전명운은 중상을 입었다. 두 사람은 우연스럽게도 같은 시각, 같은 장소에서 거사에 성공했으나, 즉시 체포되어 전명운은 석방되고, 장인환은 15년의 징역을 받았다.

### 북간도 의병대의 국내 진입

6월, 안중근(安重根)이 이끄는 북간도 의병대 3백여 명이 두만강을 넘어 함경북도 홍의동의 일본군을 기습 공격하고, 다음으로 경흥으로 들어가 일본군 정찰대를 격파한 다음, 회령에서는 5천여 명의 일본군과 마주쳐 혈투를 벌이다 패하고 대부분이 전사했다.

註) 1907년 북간도에 들어간 안중근은 엄인섭 등과 함께 의병대를 조직했다. 지원자가 3백 명이 넘었다. 총독은 김두성, 대장은 이범윤으로 추대한 다음 안중근은 대한의용군참모중장으로 임명되었다. 이때부터 무기를 구해 비밀리에 수송하고 의병을 모아들여 국내 진공을 시도했다. 여기서 겨우 탈출한 안중근은 후에 일본 추밀원 의장인 이또오를 사살하게 된다.

8월 여름, 갑오개혁(1894년) 후 충주, 제천 등지에서 의병을 일으켰던 유인석(柳麟錫)이 만주로 들어와, 간도관리사(間島管理使)이었던 이범윤(李範允)과 재정후원자인 최재형(崔在亨)을 만나 블라디보스토크(海蔘威)에 진출해 13도의군(十三道義軍), 성명회(聲明會), 권업회(勸業會)의 지도자로 추대되어 많은 의병을 양성.

註) 유인석은 이상설(李相卨) 등과 함께 두만강을 넘어 국내침공을 기도하던 중 1910년 9월, 러시아극동공화국 당국이 일본의 외교적 요구에 따라 성명회와 13도의군 간부 2백여 명이 러시아 관헌에게 체포되었다가 석방되기도 했다. 이때 안중근(安重根)은 이범윤이 만든 크라스키노 의병대(義兵隊)를 이끌고 두만강을 건너 함경도에 들어와 경흥군에 있던 일본군 수비대를 공격하기도.. 그러나 이후, 러시아령 연해주에서 활동하던 한인들은 1936년 스탈린의 한인분리정책으로 단 한 사람도 남김없이 모두 중앙아시아로 강제 이주되었다. 때문에 연해주에서의 독립운동은 그때부터 모든 종적을 감추었다.

1909 27대 순종(純宗) 3년

3월 10일, 일본내각은 '한국병합(韓國併合)에 관한 건'을 결정하여 한국을 일본의 일부로 하기 위해 경찰과 헌병을 증파하기로 하고, 또 합병을 한국 스스로 택한 것이라고 속이기 위해 일진회(一進會)를 앞세워 '합방촉진 성명'을 내도록 했다. 이어 6월 3일에는 '시정방침'까지 정하여, 합방 후 천황의 대권으로 통치하며 일체의 정무를 총독이 독재한다는 등의 모든 준비를 맞추어 가고…

7월, 두만강 북방 만주에서 기병한 최재순(崔在淳)이 안중근(安重根), 엄인석 등과 2백여 명의 의병이 함께 강을 건너와 경원의 일본군을 기습하고, 회령까지 내려오다가 반격에 나선 일본군의 포위망을 뚫고 탈출하며 무사히 물러갔다.

### 일본군의 남한(南韓) 대토벌

9월, 일본은 자국의 국가 방위를 위해 조선을 보호해야 한다는 논리에는 변함이 없었다. "조선을 지배해야 제국의 미래가 보장 된다"며, 이처럼 비중 있는 조선을 삼키고 억누르기 위해 절대로 조선인의 저항을 용납해서는 안 되었다. 이에 따라 6천여 명의 병력을 동원하여 10월까지 이른바 '남한 대토벌작전'을 벌여, 그 동안 가장 강력하게 저항하던 호남지방의 의병까지 모두 제압해 버렸다.

註) 의병들의 무기는 낡았고 신무기는 구입할 수도 없었다. 게다가 대부분이 유생과 농민들로 구성되다 보니 신분과 복벽(復辟)의 한계가 큰 장애요인이 되기도 했다. 그럼에도 1908년과 1909년에는 한 때 의병 수가 8만 명을 넘은 적도 있었고, 년간 전투회수가 2,000여 회에 달하기도 했다. 이 기간 중 무장투쟁을 벌이다 사망한 의병이 1만7천5백 명에 달했다. 이로부터 국내에서는 더 이상 의병투쟁이 전개될 여력이 없어지게 되었다. 일본은 조선에서 이렇게 격렬한 의병전쟁을 치루고 서야 비로소 '한국병합'을 진행할 수 있게 된 것이다. 이후에 의병활동은 한만국경지역으로 연결되어 해외에 독립군기지를 건설하는 방향으로 전개된다.

**이또오(伊藤博文) 사살 - 안중근(安重根)**

10월 26일, 이또오(伊藤博文)는 일본으로서는 서구열강의 침략을 막고 식민지를 개척한 일대 공신이겠지만, 우리에게는 강제 병합의 길 앞장서서 지휘한 원흉인 그가 통감(統監)에서 물러나 한일합방(韓日合邦)에 대해 러시아의 양해를 구하러 가는 도중, 하얼빈(合離貧)역에 들렸다. 이 정보를 입수한 안중근(安重根)이 역에 잠입하여 권총 6발을 쏘아 현장에서 이토오를 사살했다. 그야말로 쾌거였다.

註) **안중근(安重根):** 1904년 평양에서 석탄상(商)을 경영하다가, 1906년에는 상점을 팔아 그 돈으로 삼흥(三興)학교를 세우고, 남포(南浦)의 돈의학교(敦義學校)까지 인수하며 인재 양성에 힘쓰다가, 합법적인 방법으로는 나라를 바로잡을 수 없다고 판단하고 연해주(沿海州)로 망명하여 의병운동에 참가했다. 1908년에는 전제덕(全齊德)의 휘하에서 대한의군참모중장(大韓義軍參謀中將) 겸 특파독립대장(特派獨立大將) 및 아령지구(俄領地區) 사령관의 자격으로 엄인섭(嚴仁燮)과 함께 1백여 명의 부하를 이끌고 두만강을 건너 국내로 침투하다가 회령에서 재수 없게도 일군(日軍) 헌병대 본진과 마주쳐 총도 제대로 쏘아보지 못한 채 흩어지고 말았다. 1909년는 동지 11명과 구국투쟁을 벌일 것을 손가락을 끊어 맹세하고, 그 해 10월 침략의 원흉 이토히로부미(伊藤博文)가 러시아 재무상(財務相) 코코프체프와 회담하기 위해 만주 하얼빈에 온다는 소식을 듣고 그를 사살하기로 결심하고, 우덕순(禹德淳)과 상의하여 승낙을 얻고 동지 조도선(曺道先)과 통역 유동하(柳東河)와 함께 이강(李岡)의 후원을 받아 행동에 나섰다. 안중근은 이듬해 3월 여순에서 사형 당했다.

11월 25일, 갑산(甲山) 출신의 홍범도(洪範圖)가 그의 병력을 이끌고 북청 후치령에서 일본군 1개 대대를 섬멸했다. 그는 그 후 10여 년 간 만주 길림성 연변에서 활약하게 된다.

**이완용(李完用) 피습**

매국노(賣國奴) 이완용은 계속 불안했다. 철저히 경비벽을 쌓고 생활해오던 중, 벨기에 황제 추도식에 참석차 명동성당에 갔다가 나오면서 빠른 걸음으로 인력거에 올라타는 것을 이재명(李在明)이 뛰어들어 칼로 마구 쑤셔댔다. 이완용은 수개월 입원 끝에 살아났지만, 이재명은 1910년 9월 13일 사형 당했다.

**조선의 종말(朝鮮의 終末)**

1910 27대 순종(純宗) 4년

5월, 일제는 육군대신 데라우찌 마사타케(寺內正毅)를 3대 조선통감(統監)으로 겸직시키자, 그는 6월 24일에 대한제국의 경찰제도가 완비될 때까지 경찰사무를 헌병대에 맡긴다는 '위탁각서'를 강제로 체결하고는, 7월 9일까지 서울과 그 주변에 2천 명 이상의 군대를 은밀히 배치했다. 만약의 사태에 대비하여 철저한 진압을 염두에 둔 조치였다.

8월 22일, 통감(統監) 데라우찌(寺內正毅)는 우선 각종 신문을 폐간시키면서, 한편 이완용(李完用)과 합방안(合邦案)을 작성하고 통감부(統監府)에서 조인을 마쳤다. 작년에 이등박문이 졸지에 죽어버린 관계로 차질이 생겨서 1년이 늦추어진 것이다. 8개 조의 '한국합병(韓國合併)에 관한 조약(條約)'인데, 형식에 불과한 절차일 뿐이었다. 주요 내용은, "한국 황제는 한국 전부에 관한 일체의 통치권을 완전히, 그리고 영구히 일본 천황에게 양여한다" 이며, 한국황제를 이태왕(李太王) 또는 이왕(李王)으로 강등시켰다. 그리고는 조약 조인 일주일간 국민의 눈총이 무서워, 발표를 미루다가, 모든 단체를 해산하고 지사(志士)를 체포하는 등 온통 시가지를 일본 헌병으로 깔아 놓은 다음 29일에야 일한병합(日韓併合: 韓日合邦)을 발표했다. 일본은 합병 후 통감부를 조선총독부(朝鮮總督府)로 변경하고, 영토 점탈을 위한 토지조사국(土地調査局)도 설치했다.

註) 한일합병조약 조인: 일제의 한국 병탄은 일련의 치밀한 과정을 거쳐 전개됐다. 1905년에 가쓰라-태프트밀약(7월), 제2차 영.일 동맹(8월), 러.일 강화조약(9월)을 체결, 한국에서의 독점적 권리를 국제적으로 승인 받은 일제는 한국과도 3차에 걸쳐 한일협약을 강제로 체결해 재정, 외교, 내정권을 모두 빼앗았다. 음모는 일본에서도 진행됐다. 1909년 각의에서 한국병합이 결정되고 천황도 이를 재가하자 1910년부터 본격적인 작업을 시작했다. 6월에 새로운 통감으로 부임한 육군대신 데라우치가 모든 옥내외 집회를 금지시키고 신문, 잡지도 검열을 강화해 사실상 한국을 계엄 상태로 만든 가운데 이완용은 8월 18일, 내각회의에 합병조약안을 상정해 통과시켰다. 일본군이 속속 서울에 집결하고 한국인은 2명 이상 모일 수 없었던 8월 22일 오후 2시, 어전회의에서 합병안을 가결시킨 이완용은 발길을 통감부로 돌렸다. 그리고 오후 4시, 이완용과 데라우치가 '한일합병조약안'에 조인함으로써 한국은 조선왕조 건국 519년 만에 문을 닫았다. 일제는 8월 29일 순종으로 하여금 양국(讓國) 조칙을 강제로 내리게 했지만 친필서명이 없어 현재까지 불법과 무효라는 주장이 제기되고 있다. 한편, 한일합병(韓日合併) 당시 외국의 발표문이나 정부의 성명을 보면, 서구 열강제국들은 한결같이 "일본은 한국민의 행복을 위해 힘쓰고 있다"는 식으로 표현했다. 먼저 영국이 앞장서고, 이어서 미국이 뒤따랐으며, 이어서 러시아, 독일 등 모두 일본을 찬양 내지는 두둔했다. 오직 청국(清國)만이 이를 우려하면서 장차 만주와 몽골의 미래를 염려할 뿐이었다.

# 日帝治下 35年

### 간도협약 (間島協約 - 韓中界務條款)

1910 9월 9일, 일본은 조선을 대신하여 1907년 8월부터 2년 간 청국과 간도영유권을 중심으로 회담을 해왔다. 당시 일본은 조목조목 근거를 대가면서 청의 주장을 "편견이다, 독단이다. 근거 없다, 아무런 효과도 없

다, 부당하다, 할 수 없다." 등 명백하고도 주저 없이 당당하게 논리를 전개해 왔다. 일본은 간도를 한국영토로 확인시키기만 하면 머지않아 한반도가 일본의 영토로 될 때 간도는 자연히 일본의 영토가 된다는 계산이었다. 그런데 작년부터 일본의 자세가 돌변했다. 이제 일본의 목표는 간도가 아니라 만주 전역에 있게 된 것이다. 일본은 동삼성육안(東三省六案)을 제시하고는 일사천리로 밀어붙여 청국과 타협이 이루어지니…

註) **간도(間島) 문제**: 1881년 청국이 간도(만주 길림성 부근, 한국 접경지대) 지방을 개간하려하니, 그 곳에 많은 조선인이 살고 있자, 이후 30여 년간 조선과 수차 협상을 해왔으나 결말을 맺지 못하던 중, 조선의 외교권을 빼앗은 일본이 1909년 9월 4일 청과 간도협약(間島協約)을 맺어 안봉선(安奉線) 철도부설권 등 각종 이권을 얻는 대신 간도를 청에 넘겨주어, 100년 이상 피땀 흘려 개척했던 광대한 지역이 이로부터 청의 영토가 되어버렸다.

註) 동삼성육안(東三省六案): 일본이 제시한 6개 항목으로 ① 만철(滿鐵)의 병행선인 신법(新民屯-法庫門) 철도 부설권. ② 대석교(大石橋)-영구(營口)간의 철도 지선. ③ 경봉(新京-奉川)철도의 봉천성 밑까지의 연장선 ④ 무순(撫順), 연대(煙臺)탄광의 채굴권. ⑤ 안봉선(安東-奉川) 연안의 채광권, ⑥ 간도귀속문제의 6개항이었다. 이중 간도를 청국에 넘겨주는 대가로 다른 5개의 안을 청국이 일본의 요구에 따르는 것으로 타협한 것이다.

註) **서간도(西間島)**: 두만강 이북을 북간도(北間島)라 하면 압록강 이북은 서간도이다. 서간도 지방은 지역이 간도(北間島)보다 훨씬 넓고 땅도 비옥하며 지하자원도 풍부한 지역으로, 간도와 마찬가지로 조선과 청태종(靑太宗)과의 협정에 의거 조선영토로 구분되었던 곳으로 200여 년 동안 공백 지대를 유지해왔다. 그 후 조선 말기에 생활이 어려운 백성들이 들어가 개간하고 살아도 청국은 이를 문제 삼지 않았다. 1891년(고종 28년) 평안도 관찰사는 정부의 지시 없이도 한인(韓人) 거주 지역을 28개 면(面)으로 구획하면서부터 행정구역을 확대해 나갔으며, 얼마 전까지 한청(韓.靑) 간에 간도 문제로 시끄러울 때도 서간도는 거론의 대상이 아니었다. 조선의 외교권을 넘겨받은 일본조차 서간도에 관한 한 관심 밖이었는데, 그러다가 일본이 간도협약으로 간도(북간도)를 포기하면서 어이없게도 도매금으로 청국에 넘어가고 만 것이다.

註) **간도는 우리 땅**: 간도(間島)는 조선과 청나라 사이에 놓인 섬과 같은 땅이라는 데서 유래한다. 백두산과 송화강(松花江)을 경계로 서간도와 북간도로 나뉘며, 우리가 간도라고 할 때는 두만강 북부의 만주 땅인 북간도를 의미한다. 고조선, 고구려, 발해 때까지 우리의 영토였다가 고려 이후 오랫동안 미개척상태로 남아있던 곳이 우리의 관심권 안으로 들어온 것은 1712년 청의 강희제가 조청(朝淸)간 경계를 분명히 할 것을 제의하면서였다. 역사상 두만강이 국경으로 존재한 것은 간도협약이 이루어진 1910년부터이다. 이 지역에 살던 민족이 한민족이던, 한족이던, 여진족이던 간에 두만강을 경계로 하여 땅을 나눈 적은 결코 없었다. 이 이후 일제가 조선을 지배하고 우리에게 이렇게 교육시켜 오면서 이제는 당연한 것처럼 되었을 뿐이다. 또한, 19세기 하반기에 오면서 조선인 이주민들이 밀려들어가자 이 일대의 지명(地名)이 거의 조선식으로 붙여졌다. 和龍, 靑山里, 龍門, 延吉, 明月, 明東, 桃花洞, 石頭村, 東振, 新興 등등. 부르는 호칭도 우리말 그대로 화룡, 청산리, 용문, 연길 등으로 부른다. 중국식 이름의 馬家子,

三家子, 頭道溝, 五道溝 등이 있지만 이것은 모두가 나중에 들어온 중국인들이 만든 지명들이다. 요동은 못 찾더라도 일제가 내준 간도는 분명 우리 땅이다. 중국은 그 전에 어리석어서 외국에 양보했었던 청도(青島), 마카오, 홍콩을 다시 찾았다. 우리도 장차 간도를 중국에서 찾아와야 하는데…

### 안악사건 (安岳事件, 一名 안명근 사건)

12월, 국권피탈 이후 서간도로 이주한 안명근(安明根: 安重根의 사촌동생)은 국권을 되찾기 위해서는 인재를 양성해야 함을 느끼고 귀국한 후, 서간도에 무관학교를 설립하기 위해 황해도의 부호들인 이원식(李元植)과 신효석(申孝錫)에게 기부금을 받은 뒤, 이어서 신천군 발산(鉢山)에 사는 민모(閔某)에게도 기부할 것을 요구하다가 여의치 않자 충돌을 빚은 뒤 자리를 피했다. 민모는 즉시 이 사실을 일제에 밀고했고, 평양에서 안명근을 비롯한 배경진(裵敬鎭), 한순직(韓淳稷), 박만준(朴萬俊) 등이 검거되었는데, 일제는 이 사건을 데라우치(寺內正毅) 총독 암살을 위한 군자금을 모집한 것으로 날조하여 관련인사 160여 명을 일제히 검거하고, 이들에게 모진 고문을 하여 사건을 더욱 확대하고 날조시켜 안명근 등 16명을 재판에 회부하여 종신형 등의 선고를 내렸다.

註) 일본은 한국병합 이후 한국민의 반발에 대한 초기 제압이 필요했다. 이 같은 일은 곧바로 105인 사건으로 이어진다.

### 105인 사건

1911 일본은 합병을 앞두고 토벌작전을 벌여 의병의 활동을 잠재워 논 후, 언론과 학교를 탄압하면서 이른바 '애국계몽운동'을 저지하고자 주력하는 한편, 안명근 사건을 '총독암살미수사건' 으로 날조하여 황해도 지방의 유력인사 160여 명을 검거했었다. 그리고는 다시 이 사건을 빌미로 비밀결사 신민회(新民會)를 죽이고자 기독교도 6백여 명을 체포하고, 이중 105명을 기소하여 유죄판결을 내렸다. 이후 각종 단체를 모두 해산하면서, 이듬해(1912년)에는 5만 명 이상, 1918년에는 14만 명 이상을 검거해나가는데…

註) 당시 많은 사람들이 만주로 이주하여 독립운동기지와 무관학교 설립 등의 활동을 벌이고 있었다. 일제는 이를 방해하기 위해서는 국내에서의 자금공급원을 차단하고 또 독립인사들을 검거하면서 반일운동을 막아야 했다. 이때 검거된 인사들의 죄목들은 대부분 살인강도나 파렴치 사건 등으로 발표했는데, 마땅한 죄목이 없으니 억지로 만들어 씌웠다.

### 간도지역에서의 국권회복운동(國權回復運動)

**서전서숙(瑞甸書塾)과 명동서숙(明東書塾):** 또 한편, 북간도의 중심지인 용정촌(延吉縣 龍井村)에 들어와 있던 이상설(李相卨), 이동녕(李東寧) 등 지사들은 1906년 서전서숙(瑞甸書塾)을 세우고 독립운동을 하다가 이상설이 1907년 헤이그 밀사로 파견된 후에 문을 닫았지만, 그 후에는 이동녕이 안창호(安昌浩) 등과 더불어 신민회(新民會) 운동을 폈다. 한편, 화룡현 장재촌(和龍縣 長財村)에서는 김약연(金躍淵), 박순서(朴順瑞) 등이 황무지를 개간하여 한인마을을 만들고 명동촌(明東村)이라 이름 지은 후, 서전서숙을 계승할 목적으로 명동서숙(明東書塾)을 설립했다. 이어서 서숙의 학제를 2년제로 개편하고 독립정신을 목적으로 한 신교육(新教育)을 실시하자, 국내외 각처에서 입학지망생들이 많이 몰려들었다.

註) 서전서숙은 이름이 서숙일 뿐이지 실상은 독립군양성소와 다름이 없었다. 또한, 뒤를 이은 명동학

교 출신들도 민족교육기관의 교사로 또는 독립단체의 요원으로 크게 활약하게 되는데, 이 학교는 청산리 전투 후 1920년 일제의 한인대학살 당시에 소각되어 없어졌다.

**간민회(懇民會):** 간도에는 훨씬 전부터 많은 이주민이 건너가 정착하여 당시 총 5만여 호에 인구 30만을 헤아리는 한인(韓人)이 살게 되었는데, 다시 많은 애국지사들이 건너가게 되면서, 명동서숙이 발전하여 민족교육기관으로 자리 잡자 북간도 한인사회의 자치와 경제적 향상을 기하면서 독립운동을 하기 위한 간민자치회(懇民自治會)를 조직했다. 본부는 연길현 국자가(延吉縣 局子街)에 두었는데, 중국이 견제하는 태도를 보이자 명칭을 간민교육회(懇民教育會)로 바꾸고 합법적으로 허가를 받아 강력한 항일정치활동을 벌여나갔다.

註) 간민교육회의 주동인물은 이동춘(李東春), 이봉우(李鳳羽), 박찬익(朴贊翊), 윤해(尹海) 등이며, 후에 간민회(懇民會)로 개칭했다가 1913년 10월 중국과 일본이 만몽철도조약이 체결된 후 양국의 탄압으로 소멸되었다. 간민(懇民)은 간도(懇島: 間島)의 거주민이란 뜻이다.

**서간도(西間島)로 모여드는 항일무장단체:** 국내에서 항전이 어렵게 되자 항일무장단체들은 차츰 압록강을 넘어 서간도(西間島)로 근거지를 옮겨와 재기를 노리게 되는데, 서간도를 독립운동의 근거지로 여긴 유인석(柳麟錫)이 오도구(通化縣 五道溝)에 자리 잡은 것을 필두로, 이어서 백두산 북쪽 장백(長白縣), 무송(撫松縣), 환인(桓仁縣) 등지에는 이강년(李康秊)진의 생존자와 황해도의 이진룡(李鎭龍) 등의 의병진이 연합하여 항전의 기회를 노리고, 백삼규(白三奎), 조병준(趙秉準) 등은 관전(寬甸縣), 환인(桓仁縣) 등지를 옮겨 다니며 농무계(農務契)와 향약사(鄕約社)란 단체를 만들어 재기를 꾀했다. 또한, 홍범도(洪範圖)와 채응언(蔡應彦) 등은 삼수갑산(三水甲山)에서 장백(長白縣)과 안도(安圖縣) 지방으로 부대를 옮겨 낙수동(樂水洞)에 분부를 두고 훈련과 무기보충을 하는 중이었다.

註) 이 단체들은 1914년에 들어서면서 각처에서 양성한 독립군 385명을 근간으로 하여 봉천성(奉天省 通化縣 제8구 관할 八里哨區 小北岔) 내에 있는 백두산 서쪽 광활한 고원 평야에 '백서농장(白西農庄)'을 건설하고 서간도 독립군의 편성과 훈련을 실시해 나갔다. 이곳 훈련소의 명칭은 내외의 이목을 고려하여 일반인이 알 수 없도록 '농장'으로 정한 것이다.

**경학사(耕學社)와 신흥강습소(新興講習所):** 압록강 넘어 남만주 서간도 지역의 한인거주지역인 삼원보(柳花縣 三源堡)에 추가가(鄒家街) 일대에는 국권피탈과 함께 많은 동포들이 이주해오고 있었다. 이들 중 이회영(李會榮), 이시영(李始榮)의 6 형제와 이동녕(李東寧) 등은 황무지를 개간하여 농사를 지으면서 애국청년들을 훈련시키고자, 1910년 8월에 경학사(耕學社)를 조직하고, 그 산하기관으로 신흥강습소(新興講習所: 新興武官學校의 前身)를 설립하여 복국운동(復國運動)의 인재를 양성해 나갔다. 1912년에는 망명 이주가 늘어나자 경학사를 바탕으로 부민단(扶民團)을 조직하여 완전한 자치구로서의 행정을 폈다. 부민단은 "부여 옛 땅에 부여 유민(遺民)들이 부흥 결사(結社)를 세운다"라는 뜻이다.

註) **신흥무관학교(新興武官學校):** 신흥강습소는 얼마 후 통화현(通化縣) 합니하로 이전하면서 1913년에 신흥중학교라고 했다가, 1919년 5월에 신흥무관학교로 개칭했고 부민단이 개편되어 조직된 한족회

산하의 학교로 발전했다. 교육과정으로는 하사관반 3개월, 특별훈련반 1개월, 장교반 6개월 과정 등을 두고 폐교될 때까지 2,100여 명의 독립군을 배출했으며, 이들은 청산리전투와 주구배 주살 등 각 분야에서 활동했다. 3.1운동 뒤에는 지청천(池青天), 이범석(李範奭) 등 유수한 무관들이 이곳으로 오고, 입학지원생도 늘어났지만, 일제의 가중되는 박해로 1920년에 문을 닫았다.

**중광단(重光團):** 간도지방에는 많은 조선 의병들이 모여들었는데, 서일(徐一) 등이 두만강 이북에 산재한 의병을 모아 왕청현(吉林省 汪清縣)을 중심으로 중광단(重光團)을 조직했다. 이들은 3.1만세운동 이후부터는 무장활동을 주요 목적으로 하고 대종교도(大倧教徒)를 중심으로 대한정의단(大韓正義團)으로 개편했다가, 1919년 8월에 김좌진(金佐鎭)을 맞이하여 군정서(軍政署)라 개칭했고, 이후에는 북로군정서(北路軍政署)로 확대 개편했다.

註) 이때 김좌진이 이끄는 군정서(軍政署)는 시베리아에 출병 중이던 체코군으로부터 다량의 경무기를 입수한 후 1919년 12월, 북로군정서(北路軍政署)라 개칭하고 병력 500명을 완전 무장시킨 다음 다수의 사관생도를 배출하면서 군사행동에 주력하고, 동시에 교육과 산업발전에도 힘쓰면서 독자적인 활동영역을 넓혀갔다.

**러시아 연해주의 신한촌(新韓村)과 한민학교(韓民學校):** 독립운동사에서 러시아 연해주에 자리한 신한촌(新韓村: 블라디보스토크 부근)은 북간도의 용정과 명동보다 앞선 지역으로 평가하는데, 해외 독립운동 기지로 가장 실질적인 활동을 벌인 곳이다. 이 때 망명한 이승희(李承熙), 김학만(金學萬) 등의 민족 운동가들은 중국과 러시아의 접경에 자리 잡은 북만주 밀산부(密山府: 흥개호(興凱湖: 항카湖) 주변의 남쪽 봉밀산(蜂密山) 부근)에 황무지를 개척하여 한인 이주민을 끌어들이고, 이곳을 '한국을 부흥시키는 마을'이란 뜻의 한흥동(韓興洞)이라 하면서 한민학교(韓民學校)를 세우고, 독립운동 기지로 삼기 위해 10만 평의 땅의 개간하기 위한 사업을 추진했다. 이들은 러시아 당국의 묵인 아래 권업회(勸業會)를 창설하고 계몽과 교육사업을 해오면서, 1912년에는 신채호(申采浩), 이상설(李相卨), 장도빈(張道斌)등이 권업신문(勸業新聞)을 발간했으며, 1914년에는 대한광복군 정부를 조직했다.

註) 이곳에 집결하여 활동한 인물들은 의병계열에서만 해도 이범윤(李範允: 전 間島管理使), 홍범도(洪範圖), 유인석(柳麟錫), 이범석(李範錫), 엄인석(嚴仁錫), 안중근(安重根) 등 의병장과 그 계열의 의병들이었다. 이들 의병들은 단결하여 1910년 5월에는 13도의군(13道義軍)의 조직으로 편성했는데, 장차 국내 조직으로 전국 각지에 전투능력을 갖춘 장정을 모두 의병으로 편성하려는 계획까지 세웠다. 그러나 권업회와 광복군 정부는 1914년 제1차 세계대전이 일어나면서 중국과 러시아가 다 같이 자국 내에서의 한국인 독립운동을 탄압하기에 이르러 9월에는 모두 강제 해산되었다.

### 가쯔라(桂太郎) 암살음모사건 (하르빈 사건)

1912 7월 12일, 한일합방 당시 일본 수상이던 가쓰라(桂太郎)가 유럽시찰을 위해 7월 13일 하르빈을 통과하게 되었다. 이에 앞서 한국인 목사 손정도(孫貞道) 이하 수십 명이 가쓰라를 사살하기 위해 모였다는 밀고를 받은

러시아 경찰이 12일 한국인 92명을 체포하여 일본총영사관에 인도했다. 일본은 이중 17명을 3년 간 러시아 재류 금지시키고, 나머지는 서울로 압송하여 재판도 없이 유배 또는 퇴거, 거주제한을 조치를 내렸다.

1914 **대종교(大倧教)의 포교:** 단군(檀君)숭배를 기초로 하는 민족종교로서, 출발시기가 바로 일제(日帝)가 한국을 강점할 때이므로, 종교로서보다 항일독립운동에 더 많은 공헌을 했다. 교조 나철(羅喆)은 일본의 간섭과 강박이 심해지자 이를 항의하려고 3차에 걸쳐 도일(渡日)했으나 뜻을 이루지 못하고 귀국한 후, 구국운동이 몇 사람의 애국정객만으로는 이루어질 수 없다며 먼저 민족을 부흥시키는 원동력은 민족의식을 일깨우는데 있다고 보고, 1909년 동지 오기호(吳基鎬) 등 10명과 함께 서울특별시 종로구 재동(齋洞)에서 「단군대황조신위(檀君大皇祖神位)」를 모시고 〈단군교포명서(檀君教佈明書)〉를 공포하여 고려시대 몽골의 침략 이후 700여 년 동안 단절되던 국조 단군을 숭앙하는 단군교를 창시했다.

註) 시교(始教)한 지 1년만인 1910년, 교도수는 2만여 명으로 늘었고, 교명을 "대종교"로 개칭하는 한편, 1914년에는 대종교 본사(本司)를 만주 북간도(北間島)로 옮겨 포교 영역을 국내와 만주 일대로 확대했다. 1916년 나철이 죽자 제2세 교주 김헌(金獻)이 취임하였는데, 그는 대종교의 종리(倧理)라 할 수 있는 〈신단실기(神檀實記)〉와 〈신단민사(神檀民史)〉를 저술하고, 3.1운동 이후 만주로 들어가는 동포들을 포섭하여 항일구국운동에 앞장서게 했다. 그 실례로 1920년 일본군을 크게 무찌른 청산리(青山里)전투의 주역이던 북로군정서(北路軍政署)의 장병 대부분이 대종교인이었다. 1948년 김헌이 죽을 무렵에는 한국, 만주, 노령(露領), 중국 본토 등에 48개의 시교당(施教堂)을 가지고 있었다. 한편, 일제의 탄압이 날로 심해져 3세 교주 윤세복(尹世復)이 취임한 이후 많은 교인이 체포 학살되고, 1932년 괴뢰만주국의 탄생과 함께 대종교도 지하로 숨게 되었는데, 1937년 시교당의 수가 52개로 증가했다. 포교활동이 곧 독립운동의 일환이므로 교세 확장은 바로 독립운동의 확장이었다.

6월 10일, **대조선국민군단(大朝鮮國民軍團)과 박용만,** 1905년 2월에 미국으로 망명한 박용만은 무장투쟁을 통한 독립 쟁취라는 신념으로 하와이를 거점으로 삼아 독립군을 양성하고자 미국군대를 모방한 대조선국민군단을 창설했다. 그러나 이에 관련하여 이승만과 사사건건 의견대립을 보는데…

註) **이승만과 박용만:** 105인 사건으로 미국에 피신한 이승만을 먼저 마중 나온 사람이 박용만이고 그들은 서로 의형제를 맺었다. 그러나 이후 서로 독립운동의 방향에 마찰이 생기는데, 박용만은 무장 투쟁에 매진하는데 이승만이 동조하지 않은 것이다. 이승만은 무장 투쟁은 자금만 많이 들 뿐 현실성이 없다고 주장하면서 외교를 통하는 것이 가장 빠른 길이며, 특히 최강대국인 미국을 움직이는 것이 가장 현실적인 방법이라고 강조했다. 근본적으로 노선을 달리하는 두 사람의 갈등은 한인사회 전체의 갈등으로 심화되고 결국은 서로 패를 갈라 충돌을 일으키게 되자, 하와이 정부로부터 부여받은 특별경찰권을 잃고 1917년에는 군사학교도 문을 닫게 된다. 당시 국민군단과 사관학교의 병력은 120~300여 명에 달했는데, 1916년을 고비로 점차 쇠퇴하기 시작해 1917년경에는 해체된 것으로 보인다. 해체의 중요 원인은 제1차 세계대전의 발발로 미일(美日)간의 우호관계가 지속되면서 국민군단의 혁명적·군사적 성격이 하와이내에서 우호적인 반응을 얻지 못한 점을 들 수 있다.이 사건 이후로 박용만은 이승만을

철저히 배격하여 의형제를 맺은 지 10년 만에 원수처럼 지내게 되고, 이승만은 한인들의 자금을 박용만의 군대양성 운동이 그 자금을 갉아먹는다고 판단했다. 이로서 이승만에 대한 박용만의 적개심은 노골적으로 변하고 그들의 앙숙 관계는 임시정부 내에서의 투쟁으로 이어진다.

**세계 제1차 대전**

8월, 유럽에서의 전쟁이 일어나면서 연해주와 만주지역의 독립운동, 특히 독립군 양성 노력이 큰 시련을 맞았다. 일제와 제휴한 러시아 당국이 자국 안에서의 한인의 모든 활동을 금지시켜 권업회(勸業會)는 해산되고, 연해주에서의 중요 인물들은 가차 없이 투옥되거나 추방당했다. 또한 권업회가 주축이 되어 편성하려던 대한광복군정부(大韓光復軍 政府)도 와해되고, 독립운동의 중요 거점이던 신한촌(新韓村)도 그 기능이 약화되어 중국 상해(上海)로 옮겨야 할 만큼 국제 정세가 변했다. 또한 만주지역과 중국본토에도 1차 대전의 여파가 밀어닥쳐 일제군경의 탄압이 거세어져 가는데…

註) 유럽에서 세계대전이 터지자 유럽 각국은 아시아에 신경을 쓸 겨를이 없게 되었다. 일본은 이러한 천재일우의 기회를 이용하여, 시베리아에서 북만주 지역과 남태평양에 이르기까지 일본의 판도에 포함시키려는 의도를 들어내어, 9월에 독일에 선전포고를 하고 태평양에 분포되어 있는 독일령 여러 섬들부터 공략해 나갔다.

8월, **경원선(京元線) 완공**, 대한제국 국권을 강탈하고 한 달여 만에 서울~원산 철도 건설에 들어갔다. 동해안 북부에서 나오는 광물 같은 물자를 서울과 일본으로 실어 나르기 위해서였다. 4년여 공사 기간 일본 측량단과 건설업자들은 한·일 병탄(倂呑)에 분노한 우리 의병들의 숱한 공격을 받았다. 일본 기술자들은 몸을 보전하려고 한복을 입고 조선 사람처럼 위장하기도 했다. 우여곡절 끝에 용산~원산 32개 역 227.7㎞ 경원선이 완공됐다.

1915 **신한혁명단(新韓革命團) 사건:** 1912년에 결성된 중국 상해(上海) 거주 한인들의 모임인 동제사(同濟社) 관계자 일부와 북경과 상해 거주 독립운동자들이 단합하여 신한혁명단(新韓革命團)을 조직했다. 3월에 북경에 있던 성낙형(成樂馨), 유동열(柳東說)과 상해에 있던 박은식(朴殷植), 신규식(申圭植) 등 동제사 간부와 이상설(李相卨) 등이 협의하여 장차 독립군을 조직하고 독립전쟁을 주도할 단체를 만들고자 한 것이다. 본부는 북경에 두었고, 지부는 중국의 상해(上海), 한구(漢口), 봉천(奉天: 瀋陽), 창춘(長春), 안동(安東: 丹東), 연길(延吉), 국내에는 서울과 원산, 평양 등지에 두고 고종을 당수로 추대했다. 장차 중일전쟁이 일어나면, 중국을 지원하기 위해 안봉선(安奉線) 철도를 파괴하고, 중국 정부와 중한의방조약(中韓誼邦條約)이라는 밀약을 맺어 독일과 중국의 힘을 얻고자 했다. 그러나 유럽전쟁이 독일에 불리하게 돌아가자, 연합국 측에 가담한 일제의 입장이 오히려 강화되어 중국의 원세개(袁世凱)가 일본의 요구를 수락한 데다, 또한 고종의 밀명을 받고자 서울에 잠입했던 간부들이 거의 체포되면서, 신한혁명단은 목표를 잃고 활동을 중단해야 했다.

**한반도 내에 일본군 병력배치:** 조선 내에 일본군은 통감부(統監府) 시기에 이미 1개 사단이 있었으나. 합방 후에는 2개 정규사단이 파견되어 용산(龍山)과 나남(羅南)에 본부를 두고, 전국 중요도시에 연대 혹은 대대 병력을 배치했으며, 진해와 영흥만에는 해군기지를 두었다. 이제는 군사적으로도 한반도를 완전 장악한 것이다.

7월 15일, **대한광복단(大韓光復團)**: 경북 풍기에서 1913년에 채기중(蔡基中) 등이 일본인과 민족반역자를 응징하기 위해 대한광복회(大韓光復會)를 조직하고, 군자금과 무기를 구입하던 중 박상진(朴尙鎭) 등의 대한의군부(大韓義軍府) 및 국권회복단(國權回復團)의 비밀결사와 합류한 다음, 대구 달성공원에서 "대한광복단(大韓光復團)"으로 개편.

註) 1916년에는 노백린(盧伯麟), 김좌진 등의 많은 사람이 참여했고, 1917년에는 전국적인 조직으로 확대했다. 그리고 박상진과 채기중은 영남지방, 김한종과 장두환은 관동과 전라도 지방의 군자금을 모으는 한편, 노백린을 상해(上海)로, 김좌진을 만주로 파견하기도…

### 대동단결 선언(大同團結 宣言)

1917 7월, 상해와 만주 및 연해주에서 활동하던 비중이 큰 민족지도자 신규식(申圭植), 조소앙(趙素昻) 등 14명이 상해(上海)에 모여 국내외 독립운동자의 대동단결을 제창하면서 대한제국의 국권을 계승할 공고한 국가를 세우겠다는 의지를 표명한 공동선언문을 발표.

註) 국권 상실 이후 독립운동에 뜻을 둔 상당수의 인사들은 하와이, 연해주, 상해 등 해외에서 주로 활동했다. 국내 사정이 그만큼 좋지 않았기 때문인데, 각처에서 흩어져 활동하다보니 서로 의견교환도 이루어지지 않고 효과적인 활동도 할 수 없어 이런 현실을 타개하여 조직적이고 효율적인 독립운동을 전개하려는 목적에서 나온 것이 대동단결선언이다. 이 선언에 연명한 인물은 신규식(申圭植), 조소앙(趙素昻), 신헌민(申獻民), 박용만(朴容萬), 한진(韓震), 홍휘(洪煒), 박은식(朴殷植), 신채호(申采浩), 윤세복(尹世復), 조성환(曺成煥), 박기준(朴基駿), 신빈(申斌), 김성(金成), 이일(李逸) 등 14명이다. 이 선언을 주도한 세력은 상해에서 활동하던 신한혁명당 조직원들이다. 선언문은 "우리 대한(我韓)은 태초(無始) 이래로 한국인(韓人)의 한국(韓)이요, 한국인이 아닌 사람(非韓人)의 한국(韓)이 아니라 한국인 간(韓人間)의 주권 수수는 역사상 불문법(不文法)의 나라 법(國憲)이요, 한국인이 아닌 사람(非韓人)에게 주권 양여는 근본적 무효요, 한국 국민(民性)의 절대 불허하는 바이다"라고 하여 한일합병을 부정하고, 장차 헌법을 제정하여 각 기관을 두고 공화정의 새로운 국민국가를 이룩하자는 목표를 분명히 했다. 이는 바로 임시정부를 구성하는 단계로 이어지지는 못했지만 1919년 수립된 임시정부의 모태(母胎)가 되었다.

### 토지조사사업(土地調査事業)

1918 5월, 일본이 전국에서 시행한 식민통치의 기초 작업으로, 조선토지조사사업을 처음 계획한 것은 을사조약(乙巳條約)이 맺어지고 통감부(統監府)가 설치되었을 때인, 1910년 3월 토지조사국을 설치하고, 국권피탈과 함께 한국토지조사국의 사무를 조선총독부로 이관, 총독부 안의 임시토지조사국에서 전담하였는데, 1911년 11월 지적장부 조제에 착수하여 1912년 3월 조선부동산등기령과 조선민사령, 동 8월 토지조사령, 1914년 3월 지세령, 동 4월 토지대장규칙, 1918년 5월 조선임야조사령 등을 공포함으로써 전국적으로 토지수탈을 위한 조사사업이 본격화되었다.

註) 일본은 토지조사사업을 통하여 전체 토지 1,910만 7520필지의 소유권과 그 강계를 사정하고, 분쟁지 3만 3937건 9만 9445필지를 해결하였으며, 1,835만 2380필지의 토지에 대한 지가조사(地價調

査)를 하여 토지조제부 2만 8357책, 토지대장 10만 9998책, 지세명기장 2만 1050책, 지적도 81만 2093장 등의 지적장부를 조제했다. 또 측량에 있어서는 이동지 측량 181만 8364필, 삼각측량에 따른 기선측량(基線測量) 13개소, 대삼각본점(大三角本點) 400점과 대삼각보점(大三角補點) 2,401점, 수준점(水準點) 2,823점, 1등 및 2등 도근점 355만 1606점, 1필지조사 및 세부측량 1,910만 1989필지, 지형측량 143만 1200방리를 처리하여 1927년 초까지 8년 8개월 만에 끝을 맺었다. 이와 같은 거대한 토지조사사업은 ① 자본주의적 토지제도로 식민통치의 안정을 기하기 위해 행정구역, 도로, 헌병주재지를 설정. ② 일본인의 정착에 필요한 토지확보의 수단. ③ 무지주(無地主), 무신고 토지의 국유화로 통치기구의 재정을 굳히고, ④ 전통적인 양반계층의 지주권을 일제법상의 식민지적 지주계층으로 개편하여 식민사회 기반을 구축. ⑤ 거주를 토지와 결부시켜 한국인의 동정 파악과 함께 영구적인 식민통치 기반 구축. ⑥ 모든 자원과 세금파악을 확실히 하는 수탈경제(收奪經濟) 기반을 마련하려는 목적이었다. 이 사업의 결과 이제까지 실제로 토지를 소유해왔던 수백만의 농민이 토지에 대한 권리를 잃고 영세소작인(零細小作人) 또는 화전민, 자유노동자로 전락한 반면, 조선총독부는 전국토의 40%에 해당하는 전답과 임야를 차지하는 대지주가 되었다. 총독부는 이들 토지를 국책회사인 동양척식주식회사(東洋拓殖株式會社)를 비롯한 후지흥업(不二興業), 가다쿠라(片倉), 히가시야마(東山), 후지이(藤井) 등의 일본 토지회사와 일본의 이민(移民)들에게 무상 또는 싼값으로 불하하여 일본인 대지주가 출현하게 되었다.

10월, 일본은 러시아의 볼셰비키 혁명의 와중도 놓치지 않았다. 제정 러시아가 붕괴되면서 시베리아가 공백상태가 됨을 기화로 북만주 지방에 1만2천과 시베리아에 6만여 명이라는 대병력을 보내 실질적인 시베리아 점령을 획책했다. 이때에 미국도 러시아령에 있던 체코 군인을 구출하기 위해 7천의 병력을 파병했으나 일본과 마찰만 일으킨 채 2년 후 철군했고, 일본은 1922년까지 4년 동안 군대를 주둔한 채 시베리아를 점령한 상태를 유지했다.

### 무오 독립선언(戊午獨立宣言)

11월, 국외 각지에서 활동하던 민족운동가 김교헌(金教獻)을 비롯한 39인들은 만주 길림성에서 대한독립선언서(大韓獨立宣言書, 一名 戊午獨立宣言書)를 발표하고, 이듬해 3월까지 이를 해외 각지에 배포해 나갔다.

註) 대한독립선언서는 조소앙의 글로서, 김교헌을 비롯한 김규식(金圭植), 김동삼(金東三), 조소앙(趙素昂), 이동녕(李東寧) 김약연(金躍淵), 김좌진(金佐鎭), 김학만(金學萬), 문창범(文昌範)과 같이 남북만주와 연해주에서 활동하던 인물뿐 아니라, 신규식(申圭植) 등과 같이 상해 등 중국본토에서 활동하던 인물, 그리고 이승만(李承晩), 박용만(朴容萬), 안창호(安昌浩) 등과 같이 미주 본토와 하와이에서 활동하던 인물들이 포함되어, 요컨대 해외각지의 저명한 민족운동자가 거의 망라되었다. 이 선언서는 그 뒤에 동경유학생들이 발표한 2.8독립선언(이광수의 글)이나 서울에서 발표한 3.1독립선언(최남선의 글)보다 앞선 선언으로 평가된다. 이들은 윌슨의 민족자결주의 선언에 자극 받고, 세계의 대세는 약소국의 독립을 보장하는 것이라고 강조하며 신생국가의 정부형태의 문제까지 제기할 정도였다. 내용은 완전 자주독립과, 그 방법으로는 무력으로 침략자를 몰아내야 한다고 했다.

### 동경(東京) 유학생 2.8 선언(宣言)

1919 2월 8일, 일본에 의해 유폐되었던 고종이 1월 22일에 죽자, 일제(日帝)가 독살시켰다는 소문과 함께, 그 동안 총독부(總督府)의 무단정치(武斷政治), 헌병경찰제, 토지수탈 등으로 감정이 폭발 직전에, 동경유학생 1백여 명이 YMCA 회관에 모여 독립(獨立)을 요구하는 독립선언서(獨立宣言書)를 발표하고, 대표가 귀국하여 독립운동을 의논했다.

### 연해주에 대한국민의회(大韓國民議會) 결성

2월, 1917년 러시아혁명 이후 이에 자극 받은 한인들이 블라디보스토크 신한촌(新韓村)에 조직한 자치기구인 전로한족회(全露韓族會)는 국제 정세가 새롭게 전개되자, 한인사회의 자치를 크게 신장시킨 보다 강한 독립운동기구인 임시정부 성격의 대한국민의회(大韓國民議會)로 개편했다. 의장에 문창범(文昌範), 부의장에 김철훈(金哲勳)을 선출하고, 별도의 행정부를 조직하여 대통령에 손병희(孫秉熙), 부통령에 박영효(朴泳孝), 국무총리에 이승만, 탁지총장 윤현진(尹顯振), 군무총장에 이동휘 등 각계각층의 지도자 70~80명을 의원으로 선출했다.

註) 그 후 상해(上海)와 한성에서 각각 임시정부가 결성되어 곧 세 단체의 통합 논의가 진행되어 통합된 임시정부의 위치는 상해에 두기로 하고 1919년 8월 해산했다. 그러나 1920년 2월 문창범 등은 대한국민의회의 재건을 선언하고 러시아 한인을 결집해나가려 했지만. 1920년 4월 일본군이 블라디보스토크를 공격하여 적군(赤軍)을 격퇴할 때 한인 독입운동가들이 체포되는 상황이 되자, 5월에 극동공화국 흑룡주(黑龍州)의 흑하시(黑河市)로 근거지를 옮겼다. 그 뒤 적군에 가담하여 흑룡강 일대에서 가장 큰 세력이 되었으나, 좌파 성향의 흑룡주 한인총회가 요직을 차지하면서 민족주의적인 색채가 퇴색되어 대한국민의회는 해체되고, 코민테른(인터내셔널)의 지도를 받는 한인동맹이 러시아 한인사회를 통괄했다.

### 3.1 독립선언(獨立宣言)

3월 1일, 국내의 사회각층을 대표하는 33명의 민족대표가 최남선(崔南善)이 기초한 독립선언서(獨立宣言書)에 서명하고 태화관(泰和館)에서 선언식을 한 다음, 종로 파고다 공원에서 선언문을 낭독하여 '만세운동(萬歲運動)' 에 불을 붙였다. 이를 시발점으로 전국에서 2백여만 명이 시위했고, 비폭력시위로 시작한 운동은 일제(日帝)의 무력진압에 따라 폭동으로 번져갔다.

註) 1월에 상해(上海)의 신한청년당은 파리(Paris) 강화회의에 보낼 독립청원서를 작성하고, 김규식(金奎植)을 대표로 파견했다. 한편, 국내에서는 기독교계의 이승훈, 천도교계의 손병희와 최린, 불교계의 한용운, 문화계의 최남선, 송진우(宋鎭禹) 등의 지도자들이 도쿄에서 발표된 독립선언서를 입수하고 국내에서도 독립선언을 발표하기로 결정했다.

註) 민족대표 33인은 파고다 공원에서 선언문을 낭독 후, 바로 종로경찰서에 그 취의(趣意)를 당당히 통고하고 긴급 출동한 경찰에 의해 연행되어 투옥된 후, 최고 3년형을 받았으나 그 이전에 모두 석방되었다. 한편, 만세운동의 결과로 사망 7,500명, 부상 16,000명, 체포 47,000명, 기소된 수는 10,450명에 달했으며, 일본헌병은 166명의 사상자가 나왔다. 이로 인해 전국이 초토화되었고 집단 학살이 횡행했다.

註) 이때까지의 운동은 거의가 조선말의 대한제국(大韓帝國)에의 복귀운동의 성격을 띠었으나, 3.1운동의 결과로 봉건제도에서 공화정치(共和政治)로의 변환을 일깨우게 되었고, 이후 격렬주의(激烈主義) 운동도 나타나게 되었다. 또한 이후로 나타난 상해임시정부(上海臨時政府)의 구성도 큰 결실 중에 하나이다.

**맹산학살사건(孟山虐殺事件):** 3월 1일, 평남 맹산(孟山)에서 일본 헌병들이 그리스도교 지도자를 체포하여 고문을 가하자 군중들이 몰려와서 지도자의 석방을 요구했다. 일본 헌병들은 군중을 분견소(分遣所) 뒤 건물에 몰아넣고 문을 잠근 다음 총격을 가해 60여 명을 학살.

**강서학살사건(江西虐殺事件):** 3월 2일, 평안남도 강서군 성대면(星臺面) 사천교회(沙川教會)의 성도 수백명이 교회를 중심으로 독립시위를 하다가 신도 6명이 일본헌병에게 체포되고, 반서면에서는 3월 3일 장날에 4천여 명이 만세운동을 벌였다. 이 때 일본 경찰이 무차별 사격을 가하는 바람에 9명이 죽고 4명이 부상을 입었으며, 수십 명이 검거되고, 증산면에서는 2일에 이어 4일에도 만세시위를 벌이면서 헌병주재소를 파괴하고 일본 헌병 등 4명을 살해했다. 뿐만 아니라 잡혀간 사람을 구출하기 위해 수천 명의 군중이 사천으로 몰려가고…, 수천 명으로 늘어난 시위 군중에 위협을 느낀 일본헌병대는 즉각 만세시위운동의 주동 혐의자로 윤관도(尹寬道), 현경묵(玄景黙) 등 6명을 사살하고, 20여 명에게 중상을 입혔다. 이를 보고 분노한 군중은 맨손으로 격전을 벌여 헌병과 보조원 수 명을 때려 죽였다. 이 난투 중에 일본헌병은 한국인을 43명 사살하고, 20여 명에게 중상을, 30여 명에게 경상을 입혔으며, 병원으로 운반 도중에 절명한 군중이 20여 명이나 되어 모두 70여 명이 학살되었다.

**사천학살사건(砂川虐殺事件):** 3월 3일 평안남도 사천(砂川)에서 그리스도교 목사 한예헌(韓禮憲), 천도교 교구장 이진식(李鎭植), 최승택(崔承澤), 김병주(金炳疇) 등이 중심이 되어 독립만세를 외치면서 시위를 벌이자, 일본 헌병이 시위군중에 무차별 사격을 가해 73명을 죽였다. 군중들은 동료들의 죽음에도 두려워하지 않고 시위를 계속하여 헌병 주재소를 불사른 다음 헌병 2명을 타살(打殺)하기도하고…

**곽산의 참살(郭山慘殺: 郭山虐殺事件):** 평안북도 정주군 곽산의 시위운동은 3월 6일 절정에 달했다. 이곳은 곽산 그리스도 교회를 중심으로 봉기했는데, 수천 명의 곽산군민이 합세함으로써 요원의 불길처럼 인근지역으로 퍼져 가면서 군청사와 파출소가 방화.파괴되었다. 독립지사 박지협(朴志協)이 주동혐의로 체포와 동시에 타살(打殺)되는 참사가 일어나고, 경찰서에 체포된 시위군중은 주모자급을 포함하여 약 1백여 명에 달했다. 심한 고문으로 50여 명이 목숨을 잃는 사태가 벌어지고, 교회건물이 소각되는 등…

註) 당시 일본헌병이 사용한 탄환은 아연탄환(亞鉛彈丸)이었으며, 그 장본인은 가고시마파(鹿兒島派)로 불리는 일본헌병 가운데 가장 잔인한 일본인이다. 일본은 이들을 소방대원으로 충당하여 이용했는데, 서울을 비롯하여 죽산(竹山), 안성(安城), 용인(龍仁), 평택(平澤), 평양(平壤), 의주(義州) 등지에서 광견(狂犬)을 죽이는 데 사용하던 쇠갈고리로 한국인 수천 명을 죽인 것이다. 이후 곽산군 일대의 참살사건으로 항일의식은 더욱 높아졌다.

### 상해임시정부(上海臨時政府)

4월 23일, 한성(漢城) 정부의 정통성을 인정한 상해임시정부(上海臨時政府)가 성립되었다.

손병희(孫秉熙)를 대통령으로 하는 공화제(共和制)의 정부형태였다. 이전에 상해(上海)에서는 신한청년당(新韓靑年黨)이 활동 중이었는데 3.1운동 이후 많은 운동가들이 모이게 되자 '독립임시사무소'를 설치한 후 1천여 명이 모여 4월 10일, '임시의정원(臨時議定院)' 을 구성하고 '대한민국임시헌장(大韓民國 臨時憲章)'을 선포하면서, 행정수반을 국무총리로 하고 이승만(李承晩)을 선출했었다. 또 한편, 서울에서 3.1운동 이후 조직된 세칭 '한성정부(漢城政府)'는 임시정부 선포문을 내외에 알린 바 있으며, 또한 2월에 러시아의 블라디보스토크에서 교포들을 바탕으로 한족중앙총회(韓族中央總會)가 대한국민의회(大韓國民議會)로 개편하여 제일 먼저 정부형태를 갖춘 바 있는데, 이들 3개의 조직을 일원화하는 작업이 이후에 추진되어 결국, 4월 23일에 한성정부의 정통성을 인정한 상해임시정부(上海臨時政府)의 성립을 본 것이다.

註) 일본이 평화시위를 무력으로 진압하자, 세계 여론이 들끓었다. 해외에서 활동하던 독립투사들은 만세운동에 고무되어 임시정부 수립에 박차를 가했는데, 상해, 연해주, 미국 등 해외는 물론이고 국내에서도 시도되어 순식간에 7개의 임시정부가 만들어졌다. 그중 조선민국임시정부, 고려공화국, 간도임시정부, 신한민국정부는 전단을 통해 소식이 전해졌지만 구체적인 내용은 알려지지 않았다. 그나마 제대로 알려진 정부는 상해정부(이동녕), 한성정부(이승만), 노령정부(이동휘, 러시아령) 3개 정도이다. 대한민국임시정부의 탄생은 이들 한성, 상해, 노령의 3개의 개별 임시정부의 통합에서 비롯되었다.

註) 이로써 우리 역사상 최초의 공화주의(共和主義) 정부가 수립된 것이다. 다만, 많은 동포가 살고 있는 간도(間島)나 연해주(沿海州)가 아닌 중국 상해(上海)에 있다 보니 국민 없는 정부 형태가 되었고, 따라서 이승만이 강조한 방법론에 있어 외교독립론(外交獨立論)에 치우치다보니, 무력에 의한 투쟁을 포기하게 된 계기가 되어 일부 독립군(獨立軍) 지도자들의 이탈을 초래하기도 했다.

**대구학살사건(大邱虐殺事件):** 대구에서는 약 2만3천여 명의 군중이 만세 시위운동에 참가했는데, 군중의 대열이 온 시가지를 메우자 당황한 총독부 경찰은 군병력과 합세하여 시위 군중에게 무차별 사격을 퍼부었다. 이중 112명이 피살되고 87명이 중경상을 입었다.

### 서간도(西間島) 삼원포(三源浦)에서도 만세시위

3월 12일, 압록강 북쪽 서간도(西間島)지방 독립운동의 중심지인 유하현 삼원포(柳河縣 三源浦)와 통화현 금두복락(通化縣 金斗伏洛)에서도 독립축하회에 이은 시위운동이 일어났다.

註) 시위운동을 부민단(扶民團)이 주도했는지는 명확하지 않으나, 이곳에서 운동을 주도했던 인물들은 서간도 각지에 파견되어 만세시위운동을 촉진했다.

### 만주 용정(龍井)을 뒤흔든 3.13 만세시위

3월 13일, 북간도의 지도자들은 3월 7일에 입수한 기미독립선언서를 인쇄 배포하고, 만세운동에 참여하고자 용정(龍井村)으로 몰려 온 1만여 명이 넘는 군중을 이끌며 만세시위를 벌였다. 이때 일제는 사전에 정보를 입수하고 이를 제지하고자 중국관헌을 끌어들였다. 중국군의 맹부덕(孟富德)은 일제의 계략에 말려 휘하의 50여 명의 중국군으로 하여금 발포를 명했고, 이들은 군중에게 무차별 총격을 가했다. 결국 13명이 죽고 30여 명이 부상당했는데, 이로부터 만세시위는 만주 땅 전체에 요원의 불길처럼 격렬하게 퍼져나가, 4월까지 한인이 사는 곳이라면 예외 없이 독립선언서가 낭독되고 만세시위가 전개되었다.

註) 만주지역에서의 만세시위는 4월 말까지 연이어 발생하면서 동북만주지역을 휩쓸고 남만주 지역까지 퍼져갔으며, 군중들은 차츰 엽총 등으로 무장하기 시작했고, 여름부터는 본격적으로 동북만주 지역에서의 항일무장단체가 우후죽순처럼 일어나게끔 발전되어 갔다.

**연해주(沿海州) 신한촌(新韓村)에서도**

3월 17일, 러시아령 연해주 블라디보스톡(沿海州) 신한촌(新韓村)에도 독립선언서가 도착하여, 15일을 기해 대규모로 시위운동을 벌이려 했으나 러시아 당국이 일본주둔군의 입장을 고려하여 집회를 불허하자, 17일에 아무런 신고 없이 독립선언서를 낭독하면서 대규모 시위를 벌여 연해주 일대를 태극기로 뒤덮게 했다. 일본 영사의 항의를 받은 러시아 당국은  주동자 중에 학생 2명을 체포했는데, 이를 기화로 한인들의 휴업과 파업이 벌어지면서 시위운동이 사방으로 퍼져나가, 4월 9일에는 녹둔도에 까지 만세시위가 확대되었다.

註) 이때 일본군은 1918년 러시아 볼세비키 혁명군인 적위군과 차르의 백군 사이에 벌어진 내전에 국제간섭군이라는 명분으로 파병해있었는데, 1920년 4월 일본군은 러시아군과 한인부대가 충돌한 이른바 '4월 참변' 당시, 이를 기화로 신한촌을 습격하여 쑥대밭을 만들었다. 당시 주요 지도자들은 탈출했으나 최재형 등 동포 60여 명이 체포되어 우수리스크로 끌려가 처형당했다.

**기생조합사건(妓生組合事件):** 3월 29일, 기생 30여 명은 검진을 받으러 자혜의원(慈惠醫院)으로 가던 중, 수원경찰서 앞에 이르자 김향화(金香花)를 선두로 대한독립만세를 부르고, 병원에 가서도 검진을 거부하고 독립만세를 불렀다. 또 돌아오는 길에 경찰서 앞에서 다시 독립만세를 부르고 헤어지는데, 김향화는 체포되어 징역 6개월을 선고받았다. 이 사건은 삼일운동이 한국민족 전체의 운동이었음을 보여 주는 거사로 큰 화제를 일으켰다. 이후로 당시 기생 중에는 민족의식이 강하여 일본인들을 골탕 먹인 예가 많았다.

**정주학살사건(定州虐殺事件):** 3월 31일, 평안북도 정주(定州)에서 장날에 맞추어 만세운동을 하려고 준비하던 중, 계획이 누설되어 지도자들이 체포되자, 이에 자극 받아 5천여 명이 만세운동을 벌였다. 당황한 일경은 군대를 동원해 시위 군중 120여 명을 사살하고, 항일운동 본거지로 지목된 오산학교(五山學校)를 비롯하여 그리스도교와 천도교 교회를 불지른 다음, 이승훈(李昇薰), 이명룡(李明龍), 조형균(趙衡均) 등 정주 군민 지도자들의 집까지도 파괴하고…

**화수리 학살사건(花樹里 虐殺事件):** 4월 3일, 시위군중이 화수리(경기도 화성군 우정면 화수리) 주재소를 불 지르고, 한국인을 사살한 일본 순사 1명을 타살하자, 일경은 4월 11일 새벽, 헌병과 경찰을 투입하여 민가에 불을 지르고 뛰쳐나오는 사람에게 무차별 총질하고 칼로 찔러 수십 명을 죽였다. 비교적 부촌(富村)이던 이 마을은 이 사건으로 40여 가구 중에서 18가구만 남고 모두 불탔으며, 후에 많은 아사자(餓死者)가 생겼다.

**남원삼일운동(南原三一運動):** 4월 3일, 덕과면(德果面) 면장 이석기(李奭器)는 일본의 식목일을 기해, 군내 19면의 면장에게 독립만세를 부르도록 통고했다. 면장들은 이에 호응, 일제히 면장직을 사퇴하고 수만의 면민을 동원하여 독립만세를 불렀다. 일본 헌병은 이 시위 군중을 진압하기 위해 무차별 사격으로, 11명이 죽고 수십 명의 부상자를 냈다.

註) **일본군(日本軍) 증파:** 1918년 말 당시까지 일본은 헌병 8천과 경찰 5천4백 명 이외에 정규군 2개 사단(19사단은 나남에, 20사단은 용산 주둔) 약 2만3천 명을 주둔시키고 있었다. 4월 4일에는 여기에 일본은 만세운동을 본격적으로 탄압하기 위해 급히 보병 6개 대대와 헌병 4백여 명을 증파하기로 하고, 7일부터 전국 각지에 분산 배치시켜 나갔다.

**강계학살사건(江界虐殺事件):** 4월 8일, 평안북도 강계(江界)에서 3.1만세운동은 평양신교 학생 주하룡(朱夏龍)이 서울에서 독립선언서를 가지고 강계에 들어오면서부터 시작되었다. 그는 이곳에서 정준(鄭儁), 한봉민(韓奉民), 김경하(金京河) 등과 같이 장날에 맞추어 수천 명의 남녀노소가 모인 강계장터에서 독립만세 시위운동을 벌였으며, 군청, 면사무소, 헌병대, 파출소 등을 습격하여 방화하는 등 시위운동이 과격해지자, 이웃 군에서도 수백 명이 응원하러 모여들었다. 이때 일본헌병 1개 중대가 달려와 시위군중을 향한 무차별 사격으로, 정준과 김병찬(金秉贊), 손주송(孫周松), 한부인(韓夫人) 등이 현장에서 피살되고, 30여 명이 체포되어 고문을 받았다. 이 학살사건 이후부터 일본 헌병의 검문검색과 미행이 극심해졌다.

**제암리 학살사건(堤岩里 虐殺事件):** 4월 15일, 오후 2시경, 일단의 일본군경이 앞서 만세운동이 일어났던 제암리(堤岩里: 경기도 화성시 향남면 제암리)에 도착해서 그리스도교도 약 30명을 제암리 교회에 모이게 했다. 주민들이 교회에 모이자 일본헌병은 출입문과 창문을 모두 잠그게 하고 집중사격을 퍼부었다. 학살을 저지른 일제는 증거인멸을 위해 교회에 불을 질러, 모두 불에 타 죽었다. 이때 교회당 안에서 죽은 사람이 22명, 뜰에서 죽은 사람이 6명이다. 일본군은 또한 인근의 교회건물과 민가 등 31호에 불을 질러 또다시 살상자를 낸 파렴치한 사건을 저질렀다.

註) **무장독운동단체의 속출** (3.1운동을 전후하여)

만세시위 운동 이후, 바라던 조국의 독립은 멀어져가고 오히려 국외에까지 뻗친 일제의 탄압과 일제에 말려든 중국과 러시아 군경의 감시와 검색, 나아가 탄압만 가중되어졌다. 게다가 국내에서 활동하던 민족주의자들이 매일 수백 명씩 압록강과 두만강을 넘어 만주, 그리고 중국과 러시아, 더 나아가 미주(美洲) 등지로 몰려나가고 있었다. 민족지도자들은 이제 평화적인 방법으로는 해방은커녕 동포의 희생만 더해갈 뿐이며, 조직적이고 무력적인 방법만이 일제에 대항할 방법임을 절감했다. 이로부터 도처에서 우후죽순처럼 무장독립군대가 일어나 북간도에서만도 무려 40여 개의 크고 작은 조직이 난립하게 되는데…. 이 단체들을 종합해 보면:

1) 북간도(北間島) 방면

① 대한국민회(大韓國民會): 40만의 북간도 동포를 근간으로 1914년경 연변교민회(延邊僑民會)가 발족되

다가, 3.1운동 이후 1919년 혼춘 대한국민회(大韓國民會)와 합류하여 지회가 80여 개소나 되었다. 혼춘국민회는 1919년 3월 31일에 회원 3천명으로 조직됐었다. 그 다음 전투력은 있으나 세력 기반이 없던 홍범도 부대와 연합하면서부터, 러시아에서 무기를 구입하고 난 후 일개 전투부대로 개편되었다.

② 북로군정서(北路軍政署): 1911년 서일(徐一)이 도피해 온 의병들을 규합하여 중광단(重光團)을 조직했다. 무기가 없어 줄곧 정신교육에 치중하다가 1918년 겨울에 무오독립선언서(戊午獨立宣言書)를 발표했다. 이때 서일, 김동삼, 박은식, 김좌진 등 39인이 서명하여 무력투쟁에 의한 독립을 강조했다. 3.1운동 직전이었다. 1919년 3.1운동 이후에 중광단을 토대로 정의단(正義團)을 조직했으며, 8월 7일에는 김좌진을 맞이하여 군정부(軍政府)를 조직했다가, 북로군정서(北路軍政署)로 개칭했다. 12월, 왕청현 서대파구(西大坡溝)에 본영을 두었고 병력은 5백 명이다.

③ 대한독립군(大韓獨立軍): 조선말 의병의 집결체로서 홍범도(洪範圖)가 통솔하는 전투부대. 사령관인 홍범도가 국민회(國民會)에 자주 드나들어 이 두 단체는 이신동체(二身同體)가 되었다.

④ 독군부(督軍府: 군무도독부): 본부를 왕청현 석현(石峴)에 두고, 최진동(崔振東) 3형제가 주동이 되어 5백 명의 병력을 갖추었다. 1920년 3월부터 6월 사이에 국내 진입작전을 벌인 것은 거의 다 이 부대이다. 봉오동전투에 참전했고, 마지막에는 러시아령에서 소멸되었다.

⑤ 대한광복단(大韓光復團): 1920년 이범윤(李範允)을 대표로 안도현(安圖縣)을 근거로 했으며, 병력은 150명으로 국내 잠입하여 게릴라전을 벌였다.

⑥ 의군부(義軍府): 1920년 4월에 옛 의병을 모아 조직했으며, 상징적인 대표는 이범윤(李範允)이고, 1년여 지난 후에는 연길현, 북간도 3현, 혼춘까지 포함하고 6개 대대의 편성을 보았다. 북로군정서와 청산리 전투에 참여했으며, 밀산(密山)으로 이동할 때에도 함께 행동했다. 1921년 6월 흑하사변(黑河事變)을 당하면서 소멸된다.

⑦ 대한신민단(大韓新民團): 3.1운동 후 기독교인들이 모여 조직한 무장단체로서 6백 명의 병력을 보유했다. 왕청현과 혼춘이 활동무대였다. 1920년 4월에 두만강 연안 온성군 일대에서 일본군 1개대대와 맞서 3백여 명을 사살하여 간도 독립군 창설 이래 최대의 전과를 기록하기도 했다.

⑧ 정의군정사(正義軍政司): 한일합방 이전부터 활동했던 옛 의병들의 조직으로, 두만강 넘어 도피해와, 화전(火田)과 수렵으로 생활하면서 기회를 만들었다.

⑨ 기타: 1919년 말 천주교인을 중심으로 조직된 의민단(義民團), 청림교도(靑林敎徒)로 구성된 야단(野團), 그리고 흑룡강성(黑龍江省)에서 조직한 혈성단(血誠團) 등이 있으나 뚜렷한 무력 활동은 없었다.

2) 서간도(西間島) 방면

크게 나누어 봉오동, 청산리 전투 등의 큰 공은 북간도(北間島) 단체들이 세웠고, 경신학살(庚申虐殺) 이후 만주사변까지의 기간은 서간도 단체들의 장기적인 산병전(散兵戰)으로 나눌 수 있다.

① 한민회(韓民會)와 군정부(軍政府): 독립군 양성과 민중 계도에 앞서오던 경학사(耕學社)가 1912년 큰 흉년으로 막을 내리고, 흩어진 민심을 수습하고자 김동삼(金東三) 등이 공리회(共理會)를 조직했다. 1914년 7월 부민회(扶民會)가 공리회와 합하여 합리하(哈泥河)로 이동하고, 1919년 4월에는 동포 1만

여 호(약 6만여 명)를 토대로 한족회(韓族會)를 결성. 민사정부(民事政府)의 역할을 하고 동시에 유하현 삼원보(三源堡)를 본영으로 군정부(軍政府)를 조직했다.

② 서로군정서(西路軍政署): 앞서의 군정부(軍政府)를 상해임시정부의 기관으로 하고자 서로군정서(西路軍政署)로 개칭하고, 임정 산하에서 전투력의 기능을 갖춘 군사조직의 역할을 담당했다. 사령관은 지청천(池靑天)으로 신흥학교를 신흥무관학교로 개편하고 독립군 간부양성에 주력. 이곳에서 훈련받은 병력이 1920년 8월까지만 해도 무려 2천여 명에 달했다.

③ 광한단(光韓團): 젊은 소장파 투사들이 서로군정서의 실적에 불만을 품고 나와서, 1920년 2월에 '광한단'을 조직했다. 서로군정서가 훈련기관에 불과한 듯하여 1년 간 실적이 없자 이탈하여 새로 조직한 단체임. 광한단은 후에 통의부(統義府)로 통합된다.

④ 대한독립단(大韓獨立團): 3.1운동 후 유하현 삼원보(三源堡)에서 결성한 옛 의병장 출신들의 조직체로서, 아직도 임금에게 충성하려는 복벽(復辟)을 꿈꾸는 '기원독립단(紀願獨立團)'과 임시정부를 지지하는 소장투사들의 '민국독립단(民國獨立團)'으로 나뉘어 각각 항일투쟁을 벌였으나, 1920년 7월에 두 파가 함께 한족회, 대한청년단연합회 등과 연합하여 대한광복군사령부를 결성하여 통합하고 상해임시정부의 지휘를 받는 독립군으로 개편했다.

⑤ 대한청년단 연합회(大韓靑年團 聯合會): 전국 각지에 우후죽순처럼 널려있던 수많은 (국내) 청년단체를 상해임시정부의 노력으로 통합하여 연합회를 조직했다. 국내외에 회원이 2-3만명이나 되었으며, 그 중 무장 독립군을 의용대라 했다. 의용대는 수시로 의주, 삭주 등지에 들어가 친일분자와 첩보원 및 친일부호들을 숙청했다.

⑥ 광복군총영(光復軍總營): 청년단 연합회 중에 하나인 광제청년단(廣濟 靑年團, 대표 오동진) 이 독립단(獨立團) 및 한족회(韓族會)와 합하여 광복군사령부가 될 때 오동진(吳東振)이 제2영장(營長)이 되어 활동 중에 남만대학살이 일어날 당시 후퇴하면서 흩어졌다. 이때 오동진이 한 부대를 인솔하고 관전현 안자구(寬甸縣 安子溝)에서 '광복군총영'이라 했다. 그리고 국내에 있는 천마산대(天摩山隊)를 천마별영(天摩別營)이라 하고, 벽동 강변 파저강(波豬江)에 있는 단체를 벽파별영(碧波別營)이라 했으며, 내외각지에서 유격전을 벌이다 1922년에 광한단(光韓團) 등과 합작하여 '통군부(統軍府)'가 되면서 해산. 병력이 많을 때는 모두 6개 영에 3천8백여 명에 달하기도 하였다.

⑦ 천마대(天摩隊): 1920년 3월 이래 국내에서의 기관파괴와 암살 등 많은 공적을 남긴 단체로, 최시흥(崔時興)이 임강현 팔도강(八道江)에서 수백의 의혈청년을 지도하여 항쟁했다. 주로 한말 군인 출신이 많았으며, 후에 광복군총영에 합류하고 그 별동대로 활동했다.

⑧ 의성단(義成團): 길림성(吉林省)에서 편강열(片康烈)을 중심으로 조직된 무장단체로서, 기관파괴와 유격전에 용맹을 떨치다가, 1922년 편강열이 체포된 후에도 후임자들의 노력으로 활동을 계속했다. 후에 정의부(正義府)에 통합될 때 주요세력이 된다.

⑨ 광정단(匡正團): 1919년 3월에 무송에서 김호(金虎) 등이 주동으로 흥업단(興業團), 장백현에서 윤덕보(尹德甫)를 단장으로 조직된 군비단(軍備團), 안도현에서 김성극(金星極)이 중심이 된 광복단(光復團)의 4개 단체가, 1922년 여름에 광정단(匡正團)으로 통합됨. 단장은 김호익(金虎翼)으로 압록강 일대에서

유격활동에 활약하다가, 후에 정의부(正義府)에 흡수.

⑩ 기타: 그밖에도 국내 진입전을 주장한 태극단(太極團), 상해에 본부를 두고 간도에 지부를 둔 소년단(少年團), 1920년 11월에 결성하여 청년 2백 명이 무장한 대진단(大震團), 대한독립단에 통합된 향약단(鄕約團) 등등 많은 단체들도 결성되었다.

註) 위의 각 단체들은 하나의 독립군영으로 통합되지 못한 채 연합전선, 합동작전 등으로 항일전을 계속했다. 삼림지대나 도시 농촌을 막론하고 간도 전 지역은 전쟁터가 되었다.

### 홍범도(洪範圖)부대 국내 진격전(國內進擊戰) 〈압록강 방면〉

8월, 홍범도(洪範圖)가 이끄는 '대한독립군(大韓獨立軍)'의 결사대 2천5백 명은 앞장서서 당시 일본군의 배치가 가장 견고한 혜산진을 돌파하여 관공서를 파괴하고 친일부호들에게 군자금을 강제로 징수하고는 삼수(三水)의 중평장(仲坪場)을 거쳐 서북으로 진군했다. 최초로 벌어진 독립군의 국내진격이었다. 10월에는 강계(江界)와 만포진(滿浦鎭)을 점령하고, 자성(慈城)에서는 3일간 일본군과 접촉해 70여명을 살상시킨 후 철수했다. 아군피해는 없었다.

註) 이 같은 작전은 이듬해에 접어들면서 대한독립군과 국민회군(國民會軍), 그리고 북로군정서 등은 기회가 닿는 대로 국내 진입을 시도했다. 1920년 1월부터 3월까지 3개월 만해도 24회의 국내진입 기록이 있을 정도였다.

### 강우규(姜宇奎) 의사 - 조선총독에 폭탄 투척

9월 2일, 일본은 만세시위운동의 성격을 호도하기 위해, 총독을 교체하기로 했다. 이른바 조선인은 일본을 싫어해서가 아니라 그 동안의 총독치하(總督治下)에서의 무단정치(武斷政治)에 반감을 가질 뿐이어서, 문화정치(文化政治)를 한다는 명분을 내세운 것이다. 이날 오후 5시쯤. 신임 조선총독으로 부임한 사이토 마코토(齋藤實)가 남대문역(서울역)에 도착해 마차로 갈아타는 순간, 군중 속에서 날아온 폭탄이 마차 주변에서 폭발했다. 주위에 있던 일본인 37명이 중경상을 입었고, 그 중 경찰과 일본인 기자 2명은 이때의 상처로 목숨을 잃었으나 사이토는 무사했다. 범인은 뜻밖에 강우규(姜宇奎)란 이름의 64세 노인. 강 의사는 한일합병으로 나라가 망하자 "눈에 들어오는 것 모두가 보고 싶지 않은 것뿐"이라며 이듬해 북간도로 이주해 교육 사업에 진력하던 중, 1919년 6월 블라디보스토크에서 영국제 폭탄 1개를 구입해 서울로 잠입하여 마침 사이토의 부임소식을 들은 강 의사는 폭탄을 허리춤에 차고 군중 속으로 파고들었던 것이다.

註) 재 거사를 위해 도피한 강우규는 9월 17일 친일경찰 김태석에게 체포되어 1920년 4월 25일 사형이 언도되어 서대문형무소에서 순국했다. 공범으로 최자남(崔子男), 허형(許炯), 오태영(吳泰泳) 등이 투옥되었고, 장익규(張翼奎), 한인곤(韓仁坤) 등은 심한 고문 끝에 옥사했다.

### 김원봉(金元鳳)이 이끄는 의열단(義烈團)

11월 6일, 만세시위운동 後, 독립운동의 근거지를 해외로 옮긴 독립운동가들 중에는 일제에 대항하여 더 조직적이고 강력한 독립운동단체가 필요하다고 생각했다. 이런 필요에 따라 김원봉(金元鳳) 등 13명이 만주 길림성(吉林省)에서 항일비밀결사(抗日秘密結社)를 조직했는데, 이름을 「정의(正義)의 사(事)를 맹렬(猛

烈)히 실행한다」며 의열단(義烈團)이라 했다. 당시 만주와 중국 본토에 조직된 독립단체들이 온건하다고 본 의열단은 암살과 파괴, 테러라는 과격한 방법을 통해 활동하기로 하고 즉각 실행에 옮겨나갔다.

註) 창단 당시의 단원은 대체로 신흥무관학교(新興武官學校) 출신으로 초기에 13명으로 시작된 의열단은, 1925년에는 70명의 단체로 성장했으며 의열단의 주요 의거활동으로는 ① 밀양.진영폭탄반입사건 ② 부산경찰서 폭탄사건(1920년 9월 14일) ③ 밀양경찰서 폭탄투척(1차 미수, 2차 1920년 12월 27일) ④ 조선총독부 폭탄투척(1921년 9월 12일) ⑤ 상해 황포탄 사건(1922년 3월 28일) ⑥ 종로경찰서 폭탄투척 및 삼판통.효제동 의거(1923년 1월 12일) ⑦ 제2차 암살파괴계획 ⑧ 도쿄[東京] 니주바시(二重橋)폭탄투척(1924년 1월 5일) ⑨ 동양척식주식회사 및 식산은행 폭탄투척(1926년 12월 28일) 등을 들 수 있다. 1920년대는 가히 의열투쟁의 10년이었다. 10년간 모두 34건의 의열투쟁 중 가장 충격적인 투쟁이 모두 의열단에 의해 실행된 것이다.

### 대동단사건 (大同團事件)

11월, 대동단(大同團, 단장 전협)이 주동이 되어 고종의 아들 의친왕(義親王) 이강(李堈)을 상해(上海)로 망명하게 하여 중국 상해 대한민국임시정부의 지도자로 추대하려다가 요녕성(遼寧省) 안동(安東: 단동)에서 일본경찰에게 발각되어 간부 전원이 체포되고…

### 15만원 탈취 의거, 그러나…

11월, 윤준희, 임국정, 최봉설 등 광복단원들은 만주 용정(龍井) 부근 동량고개에서 일제가 용정영사관으로 거액의 자금을 호송하던 호송대를 사살하고, 대담하게 15만원이 든 돈자루를 걸머 맨 채로 연해주 블라디보스토크의 신한촌(新韓村)까지 갔다. 여기서 한인회 부회장이던 엄인섭에게 알리고 무기구입알선을 부탁했는데, 그만 돈에 탐이 난 엄인섭이 일경에 밀고하는 바람에 이들은 모두 총살되고, 돈은 다시 일본군에게 돌아갔다. 이 무렵 독립군은 입대지원자가 10만이 넘었으나 무기가 없어 받아들이지 못하는 실정이었는데…

註) 당시 러시아에는 백위군(白委軍)을 도우려고 연해주에 출병한 체코군대가 돌아갈 여비를 마련하기 위해 성능 좋은 총을 닥치는 대로 팔고 있었다. 이 액수이면 소총 5,000정은 살 수 있었는데…

### 조흥은행 지점 송금탈취

1920 1월 4일, 간도지역에서는 무장대(武裝隊)를 조직하여 일본관청이나 친일부호를 습격하여 무기를 빼앗고 군비를 얻어왔는데, 이 과정에서 임국정(林國楨) 등 3인은 독립군자금을 마련하고자, 회령에서 용정(龍井)으로 보내는 조선은행의 은행 마차를 습격하여 15만원을 탈취했다. 이 자금으로 시베리아 신한촌(新韓村)으로 건너가 무기 구입을 하던 중에 밀정에게 체포되어 8월에 모두 사형을 받았다.

註) 이 이외에도 의열단(義烈團)의 활동이 극렬하였는데, 조선총독부 폭파 미수, 동양척식회사와 경성일보사의 폭파 미수, 영친왕과 방자(方子)여사의 결혼식 폭파미수 등등 미수로 그친 사건은 허다하였고, 성공사례로는 부산경찰서와 밀양경찰서 폭파사건 등이 있다.

3월, 또한, 동만주 연변지역 여러 곳에 분포된 항일무장대(抗日武裝隊)들은 몇 길로 나뉘어 함경도 온성(溫

城) 일대에 한 달간 도합 8차례나 침입하여 일본군을 습격했는데, 작년 10월부터 조선인 무장대의 활동은 끊이지 않았다.

註) 반면에 만주지역에서 일본군의 반일단체 수색은 집요했다. 봄부터 병력을 증강한 일본군은 친일단체인 '보민회(保民會)'를 앞세워 반일단체 색출에 나섰으며, 간도지역에서 5월부터 8월까지 360여 명의 반일인사를 체포하고 수 백여 명을 학살했다.

### 4월 참변 (四月慘變) - 신한촌(新韓村)의 비극

1917년 러시아에서 볼셰비키혁명이 일어나자 1918년 일본은 시베리아 재류 거류민을 보호한다는 구실로 시베리아 출병을 단행했었다. 그러나 일본군은 러시아 적군(赤軍)의 집요한 공격으로 궁지에 빠져 있었다. 그러던 중, 3월에 니콜리스크에서 적군의 공격으로 다수의 일본거류민이 학살되자, 일본군은 4월 신한촌(新韓村)을 기습하여 한민학교와 한민보관 등 주요건물을 불태우고 조선인을 닥치는 대로 학살했다. 이때 연해주에서 활동하고 있던 최재형(崔在亨), 김이직(金理直), 엄주필(嚴柱弼), 황경섭(黃景燮) 등 한국인 지도자가 사살되고, 블라디보스토크에서 50여 명, 니콜리스크에서 70여 명이 체포되었다.

註) 또 다른 연해주 항일의 거점 빨치산스크의 김경천(金擎天): 블라디보스톡에서 200Km 떨어진 빨치산스크(우리 이름으로 '수청(水淸)'이라 하는 산간 마을)는 항일의사들이 일제를 피해 형성된 마을로서, 김경천 장군이 활약하던 곳이다. 이청천(李靑天)과 1919년 6월에 신흥무관학교에서 교관을 하다가 이청천은 만주에 남지만, 김경천은 러시아로 건너가 수청으로 가서 창해(滄海)청년단과 수청고려의병대를 이끌며 마적들을 제압하고 일본군과 싸웠다. 그는 이때 "백마 탄 김일성 장군"이라는 별명을 얻었다. 때로는 러시아 백군과 싸워 볼세비키 혁명에도 공로를 쌓았지만, 홍범도처럼 1936년에 강제이주열차에 실려 중앙아시아로 끌려갔고, 거기서 1942년 수용소에서 불우하게 생을 마쳤다.

### 홍범도(洪範圖)부대 등의 국내 진격전(國內進擊戰) 〈두만강 방면〉

3월 15일부터 홍범도(洪範圖), 최진동(崔振東), 구춘선(具春先), 서일(徐一), 양하청 등이 지휘하는 각 단체는 서로 연락을 취하면서 약 2백여 명의 독립군이 대동(大同) 부근에서 두만강을 건너 온성(穩城郡 유포면) 주재소를 공격하면서 시작된 국내진격은, 27일까지 13일간 연일 계속하여 감행됐다. 총 8회에 걸쳐 벌어진 온성, 종성, 회령 등지에서 기습공격을 해온 독립군은 혼춘(渾春)에 밀영을 둔 최진동(崔振東)과 양하청(梁河淸)이 지휘하는 4천5백 명의 독립군들로서 러시아제 총검으로 무장하고 중국군 복장을 개조한 군복을 입고 있었다. 이중 홍범도는 일본군의 가장 견고한 수비지역인 회령을 돌파하고 종성을 거쳐 온성군에 들어와서는 15일간이나 휩쓸면서, 이 지역에 있는 일본기관은 보이는 대로 파괴하고 민족반역자를 처단하는 등, 비록 단기간이지만 이 지역을 일시 관리하기까지 했다.

註) 3.1운동 이후 1919년 여름부터 1920년 여름까지가 북간도를 중심으로 가장 격렬한 무력항쟁을 벌인 시기였으며, 또한 중국 측의 우호적인 협조도 좋았던 시기였다. 임시정부에 의하면 1월부터 6월까지 32회의 국내진격이 전개되었고, 일제 군경 등의 관서를 파괴한 것이 34개소에 이른다고 했다. 당시의 독립군의 무기는 시베리아에서 구입하였으며 러시아제, 미국제, 독일제 등으로 속사포 및 수류탄까지 있었는데, 1920년 8월 일제 측의 보고에 의하면 "불령선인들이 소지한 주된 무기는 군총

3,300정, 탄약 195,300발, 권총이 730정이고 수류탄 1,550개, 기관총 9정을 셀 수 있다"라고 했다. 또한 이 무렵에 임시정부의 지원을 받아 4천정의 무기를 더 구입하기 위한 약 3백 명의 무기 운반대를 중소국경지대인 삼차구(三岔口) 방면에 파견했다는 기록도 있다.

註) 만주 지역에는 3.1운동 이후 일제의 탄압으로 운신의 폭이 좁아 진 반일지사들이 많이 들어와, 당시 만주 동북지역의 조선인 사회는 반일정서가 매우 높았다. 특히 한일합방 이후 이주한 조선인들은 청(淸)왕조 말에 이주한 조선인과는 매우 다르다. 이들은 20년대 말까지 북간도와 서간도 지역에 많은 무장단체들을 우후죽순마냥 조직하면서, 특히 간도를 반일 운동기지로 삼아 수시로 국내에 진입하여 일제에 상당한 위협을 주고 있었다. 또한 현지 중국관헌들의 우호적인 태도도 큰 도움이 되었는데, 동북지역에 많은 재난을 주었던 청일전쟁(1894년)과 러일전쟁(1905년) 시기에 일본군의 야만적인 강탈로 막심한 피해를 입은 기억이 생생한 중국인들에게 조선인 무장단체는 비호의 대상일지언정 일제에 합력하여 배척해야할 대상이 아니기 때문이다. 때로는 현지 중국인들이 필요한 군수품을 구매해주기도 하고, 불리한 정보를 미리 알려주는 등, 독립군이 필요한 조치를 하도록 도와주었다.

### 삼둔자 전투(三屯子 戰鬪)

6월 4일, 대한독립군(大韓獨立軍) 소속의 1개 소대가 함북 온성군 강양동(江陽洞) 상류에 있는 경비초소를 기습하여 일본군 1개 소대를 궤멸시키고 월신강(月新江) 삼둔자(三屯子, 함북 종성군과 마주보는 북간도 화룡현 월신강 지방)로 돌아왔다. 6일, 이번에는 일본군 2개 중대 병력이 복수를 위해 두만강을 넘어 삼둔자에 들어오자, 군무도독부(軍武都督府)의 최진동 부대가 매복사격을 가해, 일본군은 2개 중대 5백여 명의 병력 중 110명의 사상자를 내며 궤멸된 채로 쫓겨 갔다. 이 소규모의 전투가 도화선이 되어 사건은 점차 커져 가는데…

註) **삼둔자 전투의 진실:** 홍범도가 1920년대 초부터 두만강 접경지대를 들락거리는 중에, 박승길 부대 16~17명이 삼둔자에 있다가 도강하는 것을 일본군이 발견하고 사격하자, 도로 삼둔자에 들어갔다. 그리고 여기는 중국 땅이라고 안심하다가 일본군의 집중 사격을 받고 도주하면서 응사한 것이 전부이다. 그 후 일본군은 역습에 대비하여 1개 대대 규모의 증원군을 보냈고, 이로부터 봉오동 전투가 시작되는데…. 삼둔자 전투의 실상이 이러하다 보니 당시 과장된 기록이 매우 심하다는…

### 봉오동 전투(鳳梧洞 戰鬪)

6월 7일, 사태가 여의치 않자 일본군 제19사단은 월강추격대대(越江追擊大隊)를 새로 편성하여 중국령 북간도에 진입시켜 독립군을 소탕하도록 하고, 여기에 삼둔자 전투에 참여했던 1개 중대를 더 추가했다. 이들은 안산(安山) 방면을 거쳐 고려령(高麗嶺)을 향해 곧바로 봉오동(鳳梧洞, 一名 봉오골: 북간도 왕청현 경내를 흐르는 密江 부근) 입구로 진입했다. 홍범도와 최진동이 이끄는 7백여 명의 독립군부대는 주민들을 대피시킨 다음, 완벽한 요격과 섬멸 계획을 세워놓고 고지 위쪽 요소요소에 진을 치고 매복했다. 새벽, 독립군 1개 분대가 적을 유인하여 봉오골 안으로 끌어들이고 일제사격으로 선발대를 섬멸하니, 곧 본대가 들이닥쳤다. 이어서 정오부터 벌어진 기습매복에 걸린 월강추격대는 삼면 고지에서 퍼붓는 독립군의 화망 속에서 돌격과 기관총으로 응전했지만 3시간 여 만에 궤멸되고 말았다. 일본군은 고전 끝에 동남쪽 비파동(琵琶洞)을 거쳐 유원진

(柔遠鎭)으로 퇴각했고, 사상자가 460명이나 되었다. 어두워지면서 독립군은 썰물같이 공산동(空山洞)으로 철수했다. 전 기간 동안 8명의 사상자를 냈을 뿐이다. 며칠 후 홍범도 부대는 노두구(老頭溝)에서 일경수색대를 전멸시키는 등(老頭溝 戰鬪)의 승리를 거두고 대명월구(大明月溝)로 개선했다.

註) **봉오동 전투:** 이때 당시 3곳에서 벌어진 삼둔자, 봉오동, 노두구 전투를 모두 합쳐 '봉오동 전투' 라 하는데…. 실상을 알고 보면, 당시 동원된 일본군 추격대는 남양수비대 27명과 증원된 추격대 243명이 전부이며 사상자는 병사 1명 사망과 경찰관 1명이 부당당했다는 기록이다. 이것을 최초로 전투 승리를 보도한 6월 22일자 상해 독립신문에 적병 사상자 12명, 아군은 미상이나 시체 24구 발생(교전 중 유탄에 사망한 촌민 10여 구를 모아 놓고 촬영 후 임정으로 보내면서 일본군이 학살한 것이라고 선전한 것)이라는 보도가 나간 뒤, 임정 군무부의 통신을 받고 갑자기 120명 섬멸로 바뀌더니, 이틀 뒤에는 사망자 60명, 부상 50명으로, 또 다른 간도 국민회의의 호외에서는 150명 섬멸로 둔갑했다. 또한, 홍범도가 모든 것을 지휘하고 작전했다는데, 이것 또한 사실과 다르다. 봉오동 지역은 최진동(崔振東)의 관할구역으로 이 전투의 총 지휘는 최진동이 한 것이다. 그런데도 그가 주목 받지 못한 것은 최진동이 중일전쟁 이후 변절하여 친일 부역했기에 의도적으로 그의 역할을 축소하고 대신에 홍범도를 앞세운 것이라 여겨진다.

註) **홍범도의 변절 :** 홈범도는 봉오동 전투 이후 간도국민회의의 비호 아래 스타가 된 사람으로, 청산리 전투 이후 일본군 토벌에 밀려 만주에서의 근거지를 완전히 상실한 채 밀림을 전전하며 도주하다 투항, 귀순하거나 탈영하는 일이 속출했다. 이 상태로 잔존 병력을 끌고 흑룡강을 넘어 러시아령 이만(지금의 달네레첸스크)까지 일본군에 의해 초토화된 간도지역을 뒤로 하고 한인 사회로 이동한 후, 여기서 다시 자유시로 이동하게 되는데, 러시아로부터 전원 무장해제를 요구 당하자 서일, 김좌진 등은 부하들을 버려둔 채 간도로 돌아가 버렸고 대부분의 독립군은 러시아 아무루 주의 자유시로 이주했다. 하지만 여러 단체가 모이다보니 파벌이 생기면서 서로 피투성이의 싸움이 발생하는 중, 이를 1921년 6월 28일 러시아 군정회의 측에서 탱크로 밀고 들어가 30분 만에 완전 전멸 시켜버렸다(자유시 참변). 이때 홍범도는 군정회의 쪽에 붙어 살아남았고 극동인민대표회의에서 혁명법원에 재판위원이 된다. 이때 배심원으로 여운형, 김규식 등이 동원되어 참여했다는데…. 하여튼 이로부터 홍범도는 동지들을 팔아먹으면서 승승장구하여 볼세비키 공산당의 꼭두각시로 출세한다. 1941년에는 독소전쟁이 발발하자 참전을 자원하기도 하고, 이에 참전을 유도하는 독려 기고문을 〈레닌기치〉에 투고하기도 했다. 1943년에 그가 사망할 때는 독립운동가라는 말 대신에 조선 빨치산 운동의 거두, 레닌-스탈린당의 당원, 조국(소련)과 볼세비키당에 충직한 사람으로 부고기사가 나갔다.

### 일제(日帝)의 불령선인 초토계획(不逞鮮人 剿討計劃)

일제는 조선인 부대가 월강(越江) 추격대와 교전한 것을 빌미로, 동만(東滿: 만주 동부지역) 지방이 '어제의 낙토(樂土)'에서 불령선인(不逞鮮人)의 소굴'로 바뀌었다고 판단했다. 이로서 나온 것이 일제에 의한 '간도지방 불령선인 초토계획(不逞鮮人剿討計劃)'이다. 이의 일환으로 일제는 만주군벌 장작림(張作霖)을 집요하게 물고 늘어져 중일합동수색(中.日 合同搜索)이란 명목으로, 일본군의 간도 진입 허가를 얻어내면서, 북간도 일대를 8월18일까지 한족회와 대한독립군 등에 소속된 한인들을 사살하거나 체포하며 돌아다녔다. 그러나 중국 관헌 중에는 일제에 비협조적인 인사가 많아 바라던 성과를 얻을 수 없게 되자, 일제는 본격적으로 조선주둔군, 관동군 및 시베리아 주둔 부대 등 대규모의 토벌을 위해 2만여 명을 동원하기로 하고 동만 지방을 사방에서 압박해 들어가기로 했다. 이제는 합법적으로 만주에 대규모의 군대를 들여보낼 구실이 필요했다.

**註) 1919년부터 1921년까지의 유격전(遊擊戰) 전개**

1) 광복군사령부(光復軍司令部)

1919년 12월부터 주로 남만주에서 활약하던 각 단체의 지도자들이 모여 통일전선을 이루고, 그 명칭을 광복군사령부(光復軍司令部)라 했으며 상해임시정부에 예속시켰다. 1920년 말까지 대소 78회에 걸쳐 56개소의 기관을 파괴 혹은 소각했다. 그러나 1920년 말의 대학살사건 이후 조직이 분산되면서, 산간벽지로 뿔뿔이 흩어졌다.

2) 압록강 연안지대의 유격전

① 천마산대(天摩山隊): 많은 단체 중에서 천마산대가 가장 활약이 컸는데, 최시흥(崔時興), 최지풍(崔志豊) 등이 조직을 이끌면서 1919년 7월부터 1921년 9월까지 끊이지 않고 국경지대를 오가면서 일본군을 괴롭혔다. 각 유격대는 적게는 5명, 많으면 20여 명으로 구성했으며, 장기전을 벌이다 1921년 겨울의 대토벌에 걸려, 결국 남만주로 건너가 광복군총영(光復軍總營)에 통합되었다.

② 기타: 각 단체들이 소규모의 전투 병력을 국경지방 또는 국내에 잠입시켜 기관파괴 등을 일삼았으며, 1921년 1년에 만해도 큰 사건만 11회에 달했는데, 예를 들면, 6월 2일부터 15일간 7회에 걸쳐 대한독립군(大韓獨立軍)이 벌인 유격전에 일본군의 전사자가 많았다고 전해진다. 3.1운동 이후 4년간의 유격활동이 절정이었으며 소규모의 사건까지 합하면 무수한 기록이 될 것이다.

### 부산경찰서 폭탄

9월 14일, 의열단(義烈團)은 동경과 경성에 폭탄을 터트리면 적들은 5년이 못가서 조선을 포기할 것이라 하며, 그 준비 공작으로 먼저 밀양경찰서를 폭파하기로 했다. 그러나 폭탄 3개는 3월에 밀양에서, 7월에는 13개의 폭탄이 김해에서 발각되는 바람에 많은 의열단 단원들이 체포되어 악형을 받게 되자, 의열단 소속의 박재혁(朴載赫)은 부산경찰서에 들어가 경찰서장을 만나 “네가 우리 동지를 잡아 사업을 망쳤으니 우리는 너를 죽인다” 하며 함께 자폭했다. 이후 무기징역을 받았으나 옥중에서 이듬해 5월 11일, 식음을 전폐하고 27세 나이로 순국.

註) 고서 수집가로 변장하여 부산 경찰서장을 면담하던 중에, 박제혁은 폭탄을 빼든 순간 작동법을 몰라 우물쭈물하다가 폭탄을 놓쳐 발 앞에서 터지는 바람에 중상을 입고, 반면에 경찰서장은 파편이 오른쪽 무릎에 튀어 찰과상을 입었을 뿐….

### 일본군이 조작한 혼춘사건(琿春事件)

일제는 군대의 만주 진입을 위한 적당한 구실을 만들고자, 이미 제19사단을 중심으로 한 대병력이 출동할 준비를 갖추어 놓은 후에 한 가지 사건을 날조해냈다.

10월 2일 04시, 일본군에게 매수당한 장강호(長江好)라는 만주의 비적(匪賊) 일당 4백 명이 각본대로 두만강 넘어 만주에 있는 길림성 연변에 위치한 혼춘성(琿春城)을 습격했다. 때마침 진짜 비적이 나타나 합세한 이들은 일본인 11명과 조선인과 중국인 80여 명을 살해하고 상점 6개를 불태우며 철수했다. 좌우간 성공했다. 일제(日帝)는 기다렸다는 듯이 거류 일본인을 보호한다는 구실을 이유로 6일에 나남(羅南)에 주둔한 제19사단 등 2만 명에 달하는 병력을 들여보냈다. 중국당국에는 사전 교섭이나 연락도 없었다. 이들은 불령선인(不逞選人) 토벌이란 명목으로, 한인에 대한 철저한 보복과 방화, 살인, 강간, 약탈이 시작되었다. 마을 전체를 불태우고 파괴하는 초토전이다. 3개월에 걸친 살육으로 조선인의 피가 강물을 이루었다. 이미 일을 저질러 논 일본은 장작림에게 독립군 토벌을 강요했고, 대항할 힘이 모자랐던 장작림은 일본에 협조하는 척 하면서, 뒤로는 한인 무장단체에 연락하여 피할 것을 알려주는데…

### 청산리 전투(青山里 戰鬪)

만주군벌(滿洲軍閥) 장작림(張作霖)의 토벌대로부터 은밀히 깊숙한 산림지대로 옮겨줄 것을 부탁 받은 북로군정서(北路軍政署)는 6월에야 체코인들로부터 무기를 구입하였기에 좀 더 체제정비 및 훈련이 필요했지만, 상황이 급하므로 장백산(長白山: 白頭山) 산림을 향해 이동하기로 했다. 본영이었던 왕청현 서대파(西大坡) 산곡을 10월 10일경에 출발하여 2천8백 명(전투원 1천6백 포함)의 대 식구가 안도현(安圖縣) 방면으로 진군 도중에 난데없이 비적 떼와 마주쳐 이들을 전멸시켜 버리기도 했다. 이즈음 일본군은 조선독립군을 섬멸하고자 서대파를 향해 만주, 조선, 러시아 등지에 주둔 중이던 5개 사단을 출동시키고…

註) 청산리에 집결한 독립군 연합부대의 규모는 정확하지 않으나, 알려진 바로는 북로군정서 약 600명, 대한독립군 약 300명, 대한국민회의 국민군 약 250명, 의군부 약 150명, 한민회 약 200명, 광복단 약 200명, 의민단 약 100명, 신민단 약 200명으로 집계되어 약 2천 명에 달했다고 할 수 있다. 또한 청산리전투를 좀 더 객관적으로 보면, 중국조선족, 특히 연변조선족들의 대폭적인 지원과 당시 중국 지방관헌들의 비호를 받은 점을 감안하면, 이 전투는 단순한 조선독립전쟁이라기보다는 동북아의 전체적인 맥락을 함께 조명해야 한다.

**백운평 전투(白雲坪 戰鬪):** 10월 18일, 아군이 청산리(青山里)를 지나게 되면서 일본군 37여단과 마주치게 되었다. 19일 새벽, 매복을 마친 아군은, 일본군 선발대 1천여 명이 텅 빈 백운평에 들어온다는 정보를 듣고 기다렸다. 21일 아침 8시, 적의 선봉 2백여 명이 청산리 계곡에 들어오는 것을 기습사격으로 전멸시킨 후, 이어서 10시경에 일본군 본대가 닥치면서 격렬한 전투가 벌어졌다. 유리한 지형을 이용한 매복사격에 노출된 일본군이 중무기와 기병(騎兵)까지 동원하면서 무리한 포위돌격을 시도했지만, 절벽 위에서 퍼붓는 아군의 화망에 걸려 보두 실패하고 3백여 명의 전사자만 낸 채 모두 숙영지로 물러갔다. 김좌진은 적의 증원군이 올 것을 예견하고 병력을 이도구(二道溝) 방면으로 서서히 빼냈다.

**어랑촌 전투(漁郎村 戰鬪):** 22일 아침, 북로군정서가 이도구(二道溝)에서 강행군으로 무사히 갑산촌(甲山村)에 도착할 즈음에, 토벌대 주력이 이를 섬멸하고자 남완루구(南完樓溝)와 북완루구의 두 길을 따라 홍범도가 이끄는 대한독립군 등의 연합부대를 포위하면서 공격해왔다. 이에 아군은 예정된 저지선에서 적을 맞아 전투를 벌이는 한편으로 예비대는 적의 측면을 공격하게 했다. 그런데 예비대가 빠져나간 후 그 중간 샛길로 들어선 일본군을 독립군으로 오인한 맞은편에 있는 다른 일본군 부대가 공격하면서 치열한 전투가 벌어졌다. 그 바람에 가운데 낀 일본군은 독립군과 일본군의 양쪽 공격을 받아 전멸되고 말았다. 이곳에서 일본군은 자기편끼리의 전투에 4백여 명이 전사했다.

**천수평 전투(泉水坪 戰鬪):** 일군은 공격을 단념하지 않고 기병대로 하여금 천수평(泉水坪)의 서방고지를 따라 측면공격을 시도하고, 포병과 보병을 앞세워 격렬한 공격을 재개했다. 갑산촌(甲山村)에 도착한 아군은, 어랑촌(漁郞村)에서 마주친 120명의 일본군 1개 중대의 기마대를 몰살시키고 난 직후, 일본군은 사단 병력을 몰아 마록구(馬鹿溝) 언덕을 향해 쇄도해 왔다. 이미 일본군의 반격을 예상하고 야지골 인근 874고지에서 매복하고 기다리던 아군은 5천 명이 넘는 일본군 대부대와 맞서 하루 종일 험한 지형을 배경으로 사격을 퍼부었다. 최대의 격전이었다. 일본군은 여기서도 처참하게 1천여 명의 사상자를 낸 채 쫓겨 갔는데, 이 외에도 이도구(二道溝) 서북방 각지의 산골에서 벌어진 23일의 쉬구(水溝)전투, 24~25일의 천보산(天寶山) 부근 전투, 25~26일의 고동천(古洞川) 전투 등이 있으며, 하나같이 혈전을 치렀고 모두 승전이었다.

註) 청산리 전투: 독립군 전사에 길이 남을 전투로 기록된 청산리 전투에서 6일간에 걸친 대소 10여 회의 격전을 치렀는데, 이 싸움을 결산하면 적 사살 1,100에 부상 2,200인데 반하여, 아군 피해는 전사 60명, 부상 90명과 실종 2백 명이라고 전해져 왔다. 그러나 이 전과는 상해 임정의 독립신문에서 960명으로 보도한 것을 그 뒤 이범석이 저술한 〈우둥불〉에 의해 1,200명으로, 그 후에는 3,000명으로 크게 과장되어 만들어진 것이다. 일본 측의 보고서를 보면 이 곳에서 전사한 일본군은 모두 11명이고, 부상자는 24명에 불과하다. 반면에 독립군 측의 피해는 일본 히가시 지대(東支隊)의 기록만 해도 사살 222명, 포로 327명이라는데…. 이 전투는 독립군 간의 연합작전도 아니고, 매복하여 섬멸한 작전도 아니었으며, 일본군에게 큰 피해를 주지도 못한 허구의 소설로 보아야 할까? 아무튼 이로부터 일본군의 한인에 대한 무차별 보복이 이어졌다.

### 경신대학살(庚申大虐殺) - 일본군에 의한 북간도 한인(韓人) 대학살

청산리 전투이후 일본군의 '간도지방 불령선인 초토계획'은 더욱 큰 빛을 발했다. 이로부터 3개 월 간에 걸쳐 일본군은 북간도(北間島)의 한인(韓人)을 상대로 무차별 살육을 저질렀다. 차마 글로써 표현할 수 없는 참상이 광범위하게 일어났다. 한인(韓人)사냥. 전대미문(前代未聞)의 대 학살극이…

註) 지금까지 공식적으로 집계된 자료만으로도 80개 촌을 대상으로: 피살 3,950명, 체포 242명, 강간 76명, 교회소실 10채, 양곡소실 5,070석 이상, 가옥소실 3천 채 이상. 다만, 이중에 마을 전체가 사람과 함께 흔적도 없이 소실(燒失)되어 없어진 곳은, 이 자료에 포함되지 않았으며, 수십 개 촌이라 한다. 더불어 이 자료 중 피살자 중에는 한인 전투원은 단 한 명도 없었다는 점이다. 이 사실은 기독교 선교사로 간도에 와있던 마틴(Martin) 목사에 의해 전 세계에 공개되었다.

### 북간도 독립군(獨立軍) 통합

김좌진 사령관의 북로군정서는 가능한 한 접전을 피하며 밀산(密山: 흑룡강성 계서시(鷄西市)의 동부에 있는 우수리강 지류인 목릉하(穆棱河) 북쪽)을 향해 북정을 시작했다. 지청천(池青天) 장군이 이끄는 서로군 정서도 홍범도가 인솔한 대한독립군과 한민회 등의 연합부대와 합류하여 하나의 부대로 편성한 뒤 밀산으로 향했고, 이외에도 최명록(崔明錄)이 인솔한 군무도독부군(軍務都督府軍)과 의군부, 신민단, 한민회 등의 부대도 하나로 통합하여 대한총군부(大韓總軍府)를 조직하고 밀산(密山)으로 향했으며, 여기에서 합류한 독립군은 서일(徐一), 김좌진, 홍범도, 조성환(曺成煥), 최진동(崔振東), 지청천 등을 주축으로 약 3천5백의 병력을 3개 대대로 구성된 전투여단(戰鬪旅團)편제의 '대한독립군단(大韓獨立軍團)'으로 조직한 후, 밀산 지방이 장기항전의 근거지로는 부적당하여 곧, 약 50만의 교포가 있는 러시아령 연해주로 이동하기로 하고, 일제의 연해주 침략군인 포조군(浦潮軍)의 경계망을 뚫고 러시아 국경을 넘어 자유시(自由市)로 향했다.

### 밀양경찰서 폭탄

11월 11일, 의열단의 김원봉은 지난 여름에 실패가 폭탄운반의 번거로움에 있다고 보고, 이번에는 폭탄제조술을 익힌 이종암(李鐘岩)이 현지에서 제조하도록 하고, 이를 최수봉(崔壽鳳)이 받아 거사하도록 했다. 그리하여 11일 아침, 밀양결찰서 내에서 서장이 순사들을 모아 놓고 훈시하는 장소에 2개의 사제(私製)폭탄이 폭발하면서 피범벅 아수라장이 되었다. 부산경찰서 사건이후 두 달 만에 일어난 거사였다. 그러나 최수봉은 곧 사형되었다.

### 고려공산당(高麗共産黨)

1921 1월, 러시아의 볼세비키 혁명의 영향을 받아 조선인의 공산주의 운동이 두 갈래로 싹텄다. 1918년 1월에 김철훈(金哲勳) 등 러시아에 귀화한 교포가 중심이 된 '일크츠크 공산당 한인지부(韓人支部)'와 6월에 하바로스크에서 독립군 이동휘(李東輝)를 중심으로 조직된 한인사회당(韓人社會黨)이다. 이들 두 단체는 서로 주도권 경쟁을 벌이면서 전자는 1920년 7월에 '전로 고려공산당(全露 高麗共産黨)'으로 개칭했고, 후자는 1921년 1월에 이동휘가 상해임시정부 초대 국무총리가 되어, 여기서 이른바 상해파(上海派) 고려공산당이 된다. 1922년 11월에는 두 단체의 합당이 실패하자 코민테른은 이들을 모두 해체시켰다.

### 독립군 단체들의 국내진입 작전

2월, 독립군 1대(隊)가 두만강을 넘어 국내에 진입하여 청진항을 공격하고 대항하는 일본군 40여 명을 전멸시켰다. 그리고 지원하러 오는 일본군과도 조우하여 6백여 명(?)을 살상하는 큰 전과를 올리면서, 이후로 독립군의 국내 진입작전이 빈번해지는데…

註) 이어서 3월에는 영변과 희천에서 일경과 교전하고, 7월과 8월에는 대한독립군 소속의 3개 소대가 각각 장진(長津)-풍산(豊山), 함흥-북청, 황해도 방면으로 산개하면서 도처에서 일본 군경과 전투를 벌였다. 한편으로 또 다른 독립군 부대가 갑산군(甲山郡) 일대를 휘젓고 다니며 일경을 사살하고 또한, 천마대(天馬隊) 독립군 1대는 창성군(昌城郡) 경찰서를 파괴했다. 9월에는 광복군총영이 초산(楚山)에 진입하여 일경을 수색하여 총살하는 등…. 이해에 만해도 독립군 출동이 602건에 출동인원이 3,184명, 교전 횟수는 만주에서 73건, 국내에서 87건으로 집계되었다. 이듬해인 1922년에는 출동건수 378건에 출동인원이 2,127명, 교전 횟수는 만주 59건에 국내 87건. 1923년은 출동건수 45건, 출동인원 2,797명, 교전횟수 국외 91건에 국내 40건이다. 출동횟수는 갈수록 줄어들어 갔으나 일본군경의 피해상황은 매년 거의 차이가 없다.

### 양근환(梁槿煥)의 비수

2월 19일, 조선총독부 부참의 어용단체인 국민협회(國民協會)의 회장으로 있는 민족반역자 민원식(閔元植)을 동경의 제국호텔에서 양근환이 칼을 난자하여 살해했다. 양근환은 탈출하던 중에 히로시마 항에서 체포된 후 13년 동안 징역생활을 하게 된다.

### 서간도(西間島)에서도 한인(韓人) 대학살

일본군은 북간도를 휩쓴 다음, 이번에는 서간도의 조선독립군을 토벌하려고 병력을 보내면서, 한편 만주군벌 장작림에게 수천의 봉천순방대(중국군)를 동원하라고 했다. 장작림은 또한 뒤로 연통하여 광복군사령부(光復軍司令部)에 알려주었고, 이에 따라 독립군은 모두 산간벽지로 이동했다. 일본군은 대병력을 동원했으나 허탕치고 만 꼴이 되니 또다시 더러운 근성을 들어내, 눈에 띄는 대로 한인교포에 대한 무차별 학살극이 재연되었다. 여기에서도 그 참상은 말로 표현할 수 없이 너무도 잔혹하여 피해상황을 파악할 수도 없다.

註) 이때 잔류한 독립군이나 민족 운동가들은 일제의 학살이 자행되는 동안 교통과 통신이 두절 된데다 거류민의 피해도 커서 거의 활동할 수가 없는 지경이었다. 그러면서도 각 단체들은 좌절하지 않고 흩어진 채로 재기의 기회를 다지는데…

### 4월 참변(慘變)

4월 4일 밤, 러시아의 상황이 일본군의 러시아 철수를 주장하던 적군(赤軍)에게 유리하게 돌아가자, 일본군은 연해주의 마지막 거점마저 잃게 되는 터인지라 여기서도 광기가 터졌다. 한 밤중에 일본군은 블라디보스토크의 볼세비키 기관을 전멸시키고, 더 나아가 신한촌(新韓村)을 비롯한 주변 일대의 한인 사회까지 불시에 기습하여 야만적인 무차별 학살을 자행했다. 이것이 일본군에 의한 악명 높은 「4월 참변」이라는 것이다.

### 흑하사변(黑河事變) - 자유시 사건(自由市 事件)

밀산(密山)으로 집결한 후 러시아령 연해주로 건너간 대한독립군단(大韓獨立軍團)은 현지에서 박일리아가 이끄는 사할린 특별의용대까지 합류해 무장병력이 4천여 명이 되었다. 이들은 적계 적로군(赤界 赤露軍: 러시아군)과 밀약을 맺고 러시아 붉은 혁명에 참가하여, 이로부터 수개월 동안 적군(赤軍)의 선봉에서 활약했으며, 러시아 혁명이 완료된 이때 러시아에 약속을 지킬 것을 확인하려 했다. 독립군의 보호와 육성, 무관학교 건립, 무기 및 군사원조의 제공 등, 그러나 돌아온 반응은 '무장해제' 이었고, 독립군의 병영을 군대로 포위함으로서 그 마각을 들어냈다. 이용하다가 필요 없으니 '없애기 작전'이다. 이제 방법은 오로지 탈출 뿐.

6월 28일, 그 기미를 알아챈 러시아군은 2대의 장갑차와 30여 문의 기관총을 앞세운 선제공격으로, 탈출하려는 독립군을 사정없이 쓰러트렸다. 만주 길림성 동령현(東寧縣)을 목표로 하는 결사의 탈출 작전은 허무하게 종결되었으며, 동시에 일본군조차 어쩌지 못했던 북간도의 조선독립군 전체를 깨끗이 청소해 버린 결과가 되었다. 이곳에서 소수의 인원이 빠져 나왔을 뿐, 완전 전멸이었다. 이뿐이랴, 흑하사변(黑河事變) 이후 전 시베리아에 걸쳐 러시아는 한인에 대해 무장해제와 함께 학살을 자행했다. 이제부터 독립군은 설 땅을 잃었다. 설상가상으로 만주의 중국군마저 일본군의 압력에 못 이겨 독립군을 팔아넘기는 상황으로 돌변했다. 이로서 북간도 독립군의 무장활동은 무참하게도 막을 내린다.

註) **김좌진의 이후 행로:** 자유시 침변 이후 흩어진 무장대를 모아 1922년에 600여명으로 구성된 대한독립군단의 총사령된 김좌진은 밀산(密山)으로 이동 했다. 하지만 재원이 없는 조직이라 농가에 숨어들어 얻어먹고 지내면서 1924년에는 50명 정도로 줄어들었는데, 군자금을 빌미로 무장 강도와 같은 행동에 따른 민폐가 심했다. 결국 피해 가족들의 복수심에 편승한 공산주의 단체들의 한 분파였던 화요파가 1930년 박상실을 보내 김좌진을 암살했다.

### 독립운동가 서일(徐一) 자결

8월 27일, 10여 년 동안 북만주에서 무장독립단체를 지휘해오면서 독립군의 정신적인 지주였던 백포(白圃) 서일(徐一)은 흑하사변의 충격으로 통분을 참지 못하던 차에, 토비(土匪)들의 습격을 받아 청년 사병 다수가 희생되는 사건이 일어났다. 다음날 그는 마을 뒷산에서 스스로 목숨을 끊어 자결하고 말았으니…

註) **서일(徐一):** 일찍이 대종교(大倧敎)에 몸을 담고 1911년 동만주 황칭현에 정착하면서 오로지 일제를 물리칠 힘을 기르는 데 주력했다. 그는 중광단을 대한정의단 - 대한군정부 - 북로군정서로 확대 발전시켜나갔으며, 청산리 전투 후에 독립군을 통합하여 흑룡강(黑龍江)을 건너 자유시(自由市)를 독립운동의 본거지로 삼자는 데 합의하고, 행동통일을 위한 단체로서 대한독립군단(大韓獨立軍團)을 조직하고 총재로 있었다. 그러나…

### 조선총독부(朝鮮總督府)에 폭탄

9월 12일, 김익상(金益相)은 북경에서 의열단장(義烈團長) 김원봉(金元鳳)을 만나, 그에게서 일본기관의 파괴, 요인암살이 곧 조국독립의 첩경이라는 설명을 듣고, 조선총독부를 폭파하고 총독 사이토(齋藤實)를 암살할 것을 결심했다. 그는 곧바로 서울에 잠입하여 전기수리공으로 가장하고 대낮에 총독부에 들어가 사무실에 폭탄을 집어넣었다. 그러나 빈 사무실인데다가 불발이 되자, 그 옆에 수 십 명의 회계원들이 일하는 사무실에 또 하나를 던져 폭음과 함께 아수라장을 만들었다. 원래는 총독 사이토(齋藤實)를 암살할 목적이었다. 김익상은 유유히 빠져나와 상해로 돌아가고…

### 황포탄(黃浦灘) 의거 - 일본 육군대장 저격미수사건

1922 3월 28일, 의열단원들은 일본 육군대장 다나까(田中義一)가 동남아 시찰 후 상해를 경유한다는 정보에 따라, 양자강 하구에 위치한 항구인 황포탄(黃浦灘)에 잠입하여 다나까가 필리핀에서 오는 기선(汽船)에서 내리는 순간을 노렸다. 명사수인 오성륜(吳成崙)이 먼저 권총을 쏘았다. 그런데 다나까가 갑자기 고개를 숙이는 바람에 엉뚱하게도 뒤에 있던 영국인 여자가 맞았다. 이어 김익상(金益相)이 또 총을 쏘고 폭탄을 던지고, 뒤이어 이종암(李鍾岩)도 순서대로 폭탄을 던졌지만, 죄 없는 영국인 여인만 즉사하고 다나까는 모자에 구멍만 난 채로 마차를 타고 줄행랑쳤다. 김익상과 오성륜은 현장에서 체포되었는데, 일본은 김익상이 작년 총독부 투탄의 범인을 이때야 비로소 알게 되었다.

### 서간도(西間島) 독립군 통합

8월, 만주지역의 무장독립 활동 중 북만주 지역의 독립군은 흑하사변으로 궤멸됐으나, 남만주에서는 사정이 달랐다. 양기탁(梁起鐸)이 만주로 건너온 기회를 계기로 각 단체를 통합하기로 했다. 한족회(韓族會), 광한단

(光韓團), 청년연합회(青年聯合會), 대한정의군(大韓正義軍), 광복군총영(光復軍總營) 등의 8단(團) 9회(會)를 통합하여 통군부(統軍府)라 했다가, 남만주한족통일회의 결의로 다시 대한통의부(大韓統義府)로 확대 개편했다.

註) 경신참변(庚申慘變)과 자유시참변(自由市慘變) 이래 침체된 만주의 독립군은 독립전선의 재정비와 강화를 위한 연합군단을 결성하고자 했다. 6월에 환인현(桓仁縣)에서 서로군정서와 대한독립단 등의 단체 대표가 모여 통합조직체인 대한통군부(大韓統軍府)를 결성하고, 6월 3일에는 '통군부를 개방하여 다른 독립군 단체와 무조건적으로 통일하자'고 결의했다. 그 결과 8월 23일 환인현 마권자(馬圈子)에서 8개 단체 대표 71명이 참석한 남만한족통일회가 개최되어 새로운 통합기구인 대한통의부로 발전했다. 1923년까지 통화현, 환인현, 집안현 등 총관사무소 26개를 설치하고, 의용군 조직은 1개 대대 산하에 5개 중대와 독립중대인 유격대, 헌병대의 7개 중대로 800여 명이었다. 그러나 다양한 구성원과 지도이념의 차이에서 오는 갈등으로 1923년 2월 전덕원(全德元) 계열의 의용군이 이탈하여 의군부(義軍府)를 결성했고, 의용군 1,2,3,5중대는 1923년 8월에 대한민국임시정부 육군주만참의부(陸軍駐滿參議府)를 결성. 1924년 11월에 정의부(正義府)가 조직되면서 통의부는 참의부(參議府)와 정의부에 흡수하게 된다.

### 오갈 곳이 없어진 북간도의 독립군

12월, 흑하사변 이후 북간도에 남아있던 독립군의 일부인 신민단(新民團)은 일제의 소탕작전에 밀려 러시아령 송전관(松田關: 솔밭관)으로 일시 본거지를 옮겼다. 그러나 여기에서도 레닌의 소련정부의 해산명령과 무장해제령이 내리자, 신민단은 재소파(在蘇波)와 만주파로 분열되고, 그 후 재소파 김규식(金奎植)이 소련군 3명을 살상하는 사건이 일어나 일부 간부들이 체포되고 김규식이 만주로 탈출하면서 해체되었다. 갈 곳이 없었다.

### 김상옥(金相玉)의 의거

1923 1월 12일, 의열단(義烈團)의 김상옥(金相玉)이 폭탄과 권총을 지닌 채로 국내에 잠입하여, 서울에 온 뒤 밤 8시 10분, 종로경찰서에 폭탄을 던졌다. 폭탄은 경찰서 서쪽 경무계 사무실 복도에 터졌고, 도주하다 사살되었다.

### 고려혁명군(高麗革命軍)

북간도에서 완전 해체된 독립군 중에, 김규식(金奎植) 등은 중동선 팔면통(八面通)에서 재기를 시도했다. 5월, 연길현 명월구(明月溝)에서 병력 4백 명으로 고려혁명군(高麗革命軍)을 조직했으나, 그 이상의 활동은 어려웠다. 이로부터의 활동은 지하공작이 되어갔다. 반면에 서간도 지역의 대한통의부(大韓統義府)는 일부 병력이 평안북도 창성군에 들어가 일경과 싸우고, 초산군 판면을 습격하여 면사무소를 불태운 다음, 6월에는 의주구 고녕면 영산에서 일본군과 접전을 벌여 10여 명을 사살하기도…

### 일본 관동대지진(關東大地震)과 조선인 대학살

9월 1일 오전 11시 58분, 일본 상모만(相模灣) 해저를 진원지로 하는 강도 7~8의 대지진이 관동지방 일대를 휩쓸었다. 2일까지 계속된 지진으로 동경을 일대로 아비규환의 참상을 이루어 대략 3만6천 채의 가옥이 무너

지고, 29만여 채의 집이 불타고, 22만여 명의 사상자를 냈다. 때마침 방송과 신문마저 중단되자 근거 없는 소문들이 사실인 양 떠돌아다녔다. "후지산이 폭발했다." "오가사와라 제도가 바다 속에 잠겼다." 헛소문이 사람들의 불안감을 자극했다. 공포와 혼란에 휩싸인 주민들을 더욱 흥분시킨 것은 "조선인이 우물에 독을 탔다" "시내 곳곳에 불을 질렀다"는 소문이었다. 이 때문에 일본도와 죽창으로 무장한 자경단이 각지에 조직돼 통행인을 검문하면서 '15엔(円) 15전(錢)'과 'ぱぴぷぺぽ(빠삐뿌뻬뽀)'를 발음하게 하거나 '교육칙어'를 암송하도록 해 조선인으로 보이면 칼과 죽창을 마구 휘둘러 조선인에 대한 끔찍한 사냥이 도처에서 벌어졌다.

註) 당시 일본정부의 가또(加藤) 수상이 사망한 후, 장주(長州)군벌 산본(山本)이 새로운 수상으로 지명되면서 분위기가 흉흉했다. 이를 지진의 강습에 편승하여 일본 내무성이 악성 유언비어를 날조하여 국민의 관심을 돌리려 한 것이다. "사회주의자와 조선인이 폭동을 일으켰다", "조선인이 우물에 독약을 넣었다", "불령선인이 떼를 지어 쳐들어온다." 일본관헌들이 앞장서서 유언비어를 두둔했고 언론들조차 허위사실을 그대로 보도했다. 흥분한 민간인들은 모두 거리에 나와 조선인이라면 남녀노소 불문하고 치고 자르고 찌르고 쑤시고 베고 태워 버렸다. 인류역사상 이 이상 더 잔인한 인간학살 사냥이 있었을까? 동경(東京), 요꼬하마 등 시가지에는 온통 조선인의 시체로 덮였다. 이 인간 사냥의 피해로 사망한 조선인의 숫자는 정확히 알 수 없으나 대략 6천여 명 이상이라고 한다. 그러나 당시 일본 거류 한인들은 대부분 노동자이거나 학생들이었는데, 모두 생활이 어려워 하루살이 형편이었다. 동경과 요꼬하마의 조선인 거주자가 약 3만이었고, 진재 후 각처에 수용된 7,580명을 제외하면 간단히 2만 3천 명이 죽거나 실종된 것으로 보아야 한다.

### 김지섭(金祉燮)의 장거(長擧)

1924 1월 5일, 관동지진으로 일본 거주 조선인들이 학살당하는 참극이 빚어졌다는 소식을 접한 의열단의 김원봉 단장은 지금이 동경폭파의 기회라 여기고 단원 김지섭(金祉燮)을 파견했다. 원래의 목적은 년 초에 동경(東京)에서 제국회의(帝國會議)가 있어 조선총독 이하 각 대신들이 모인다는 정보를 듣고 의회에 들어가 정부위원석에 폭탄을 던진다는 계획이었다. 그러나 국회가 휴회한다는 보도를 본 후에 장소를 바꾸어, 오후 6시, 일본인들이 가장 숭배하는 곳을 폭파시키기로 하고 히비야 공원으로 갔다. 보초에게 제지당하자 즉석에서 이중교(二重橋)와 앵전문(櫻田門)에 폭탄을 3개 던졌다. 모두 불발이었다. 상해에서 일본으로 가는 배에 잠입하여 습기 찬 배 밑에서 12일간 있다 보니 녹이 슬어 터지지 않은 것이다. 일제는 놀라서 일체 보도를 금지시켰고, 김지섭은 1928년 2월 24일 옥중에서 순국했다.

註) 관동대지진에 한국인 학살에 대한 의열단의 보복 계획에는 이외에도 국내계획이 포함되어 있었다. 1월 서울에서 발각된 구여순(具汝淳) 등의 독립운동자금모집사건, 이듬해 3월에 북경에서 밀정 김달하(金達河) 사살, 10월에 이종암(李鐘岩) 등 8명의 경북의열단 사건, 1926년의 나석주(羅錫疇)에 의한 조선식산은행 폭파사건 등…

### 남만주(南滿洲)지역 참의부(參議府)의 활약 - 왜(倭) 총독 저격사건

작년(1923년) 통의부(統義府) 의용군이 중심이 되어 상해임시정부(上海臨時政府)와 연결하고 참의부(大韓民國臨時政府 陸軍駐滿參議府)를 만들었다. 그 후 집안현(輯安縣)을 근거로 교포 1만5천 호(戶)를 통괄하는 일종의 자치정부로 발전하면서, 5개 중대의 병력을 확보하고 있었다. 이들은 영향력을 확대하기 위하여 봄부터 활동에 들어가 5월 16일에 평안북도 초산에 들어가 일경과 전투를 벌여 4명을 사살하고, 이어 19일에는 조선총독 사이토 마코도(齊藤實)가 압록강에서 배를 타고 국경지대를 순회하는 것을 참의부(參議府) 의용군 8명이 만주 집안현 합룡개(合龍盖: 평북 고산진 건너편 江岸)의 절벽 위에서 매복사격을 퍼부었다. 선박이 급히 도주하므로 이들의 피해는 확인할 수 없었지만, 사이토(齊藤實)만은 무사했음이 확실했다. 이어 6월에 들어서서도 강계와 위원군에 들어가 교전을 별이면서…

註) 이 사건으로 독립군의 항일활동을 내외에 널리 알릴 수 있는 계기가 되어주었으며, 6월에 열린 일본 국회에서 사이토 총독은 조선식민통치의 업적을 설명하면서도 이 전투의 경위를 설명해야 하는 곤경에 처했다고 한다.

7월 2일, 통의부 사령관 겸 군사위원장인 신팔균(申八均)이 독립군의 훈련요새지인 흥경현(興京縣) 왕청문(旺淸門) 2도구(二道溝) 밀림리에서 무관학교 생도들과 독립군의 합동군사훈련 중, 일본군에 매수된 장작림군(張作霖軍) 2천 명의 습격을 받고 포위망을 뚫고 나가던 중에 희생되는데…

註) 신팔균(申八均)은 충북 진천(鎭川) 출생으로, 원래 대한제국 육군 위관이었다. 일본이 조선군대를 강제로 해산시키자 반일운동에 나서 1919년 서로군정서(西路軍政署)에 가담하여 지청천(池靑天), 이범석(李範奭) 등과 같이 신흥무관학교(新興武官學校) 교관으로 독립군 양성에 주력했으며, 1922년에는 통의부(統義府)의 군사위원장이 되어 일본군과 수십 차례 교전하면서 독립군의 사기를 높이던 중에 변을 당했다. 1963년 건국훈장 독립장이 추서되었다.

11월 25일, 남만주 8개 단체가 회의를 열고 모든 단체를 하나로 합쳐 '정의부(正義府)'를 조직하기로 결정했다. 이듬해 1월에는 통의부(統義府)를 필두로 남만주 모든 단체가 해산을 선언하고 정의부에 가입하는데…

註) 만주 독립단체의 '3부(三府)': ① 이미 활동 중에 있는 참의부(參議府)에 이어서, ② 김동삼(金東三) 등이 주도하여 발족된 정의부(正義府)는 합이빈(하르빈)과 간도선(間島線) 이남의 지역을 구역으로 했는데, 실제로는 길림성과 봉천성에 거주하는 1천5백 호(戶)의 동포를 관할했고, 정부형태를 갖추며 8개 중대의 병력을 확보했다. ③ 남만주를 정의부와 참의부가 관리하는 한편, 북만주와 북간도 일부에서도 흑하사변 이후 귀환한 독립군을 중심으로 신민부(新民府)가 1925년 3월에 조직됐다. 김좌진(金左鎭) 총사령이 이끄는 군사위원회가 사관학교를 설립했고, 둔전제(屯田制)를 하여 장정에게는 군사훈련을 실시했다. 신민부는 후(1930년)에 '한국독립당(韓國獨立黨)'으로 개편된다. 이들의 3부(참의부, 정의부, 신민부)는 사실상의 독립된 정부형태를 이루었으며, 삼권분립(三權分立)의 방법으로 구성하는 공화주의적 자치정부들이었다. 다만, 삼시조약(三矢條約: 미쓰야 협정)의 악영향으로 눈에 띄는 무장활동은 이루지 못했다.

註) 참의부는 1924년 결성 당시 5개 중대에 600여 명의 무장 병력을 갖춘 행정, 군사조직이다. 통의부 시절보다는 축소된 것인데, 통의부 의용군은 5개 중대가 있었는데 중대 당 전성기 병력은 각 500명에서 900명으로 총병력 2,000~3,000명 정도였다. 이들에 의해 한.만국경은 항상 전쟁상태가 유지되었다.

### 남만주의 통합된 독립단체 – 정의부(正義府)

1925 1월, 위축되어 가는 항일독립전선을 강화하고자 통의부를 이어갈 정의부(正義府)를 발족했다. 그러나 이상룡(李相龍)이 상해임시정부의 국무령(國務領)으로 선임되어 상해로 가자 일시 정의부 내부에 혼란이 생겼다. 이를 전 중앙회의 상임위원장이던 이해룡(李海龍)이 군민대표회의(軍民代表會議)를 열어 정의부를 남만주 지방의 한족행정부로서의 기반을 굳혀 나갔다. 또한 상비군으로 8개 중대에 700여 명의 병력을 두었다.

註) 독립운동의 구심체의 하나인 통의부(大韓統義府)가 와해되어갈 무렵인 작년 1월 운동단체 통합의 필요성을 느껴 군정서, 의성단(義成團), 광정단(匡正團), 노동친목회, 자치회, 고본계(固本契), 대한독립군단 등을 망라하여 정의부를 결성하고 본부를 길림성 화전현(樺甸縣)에 두었다. 군사행동을 주목적으로 하고, 관할지구 교포의 경제 및 문화기관을 설립하고 각 부락에 초등학교를 설립하여 초등교육을 실시. 흥경현(興京縣)에 흥화중학(興和中學), 류하현(柳河縣)에 동명중학(東明中學)를 설치하고, 화성의숙(華成義塾)을 두어 혁명간부를 양성해나갔다. 압록강을 건너 벽동(碧潼), 초산(楚山), 철산(鐵山) 등 국내 일경(日警) 주재소 등도 습격하여 맹위를 떨치다가, 1927년 참의부.신민부(新民府)와 통합하여 임시정부 산하의 군민의회(軍民議會)와 한국독립당으로 재편성하고 그 군대조직은 독립당군에 편입된다.

삭주(朔州)지방에서 군자금을 모집하던 6명의 참의부(參議府) 관서대(寬西隊) 대원이 일본 경찰과 접전을 벌이면서, 1월 27일, 경계선을 벗어나 의주(義州)로 진출했고, 3월 22일에는 다른 일행과 합류하여 영산시(永山市) 주재소를 습격하고 방화했다. 4월에는 9명의 참의부 낭림대(狼林隊) 대원이 압록강을 건너와 4개월 간 닥치는 대로 습격과 교전을 계속했고, 7월 3일에는 위원군 화창면 주재소를 소각하고…

### 참의부(參議府)의 고마령(古馬嶺) 전투

3월 16일, 참의부 제2중대는 국내공작을 계획하기 위해 집안현 고마령(古馬嶺) 계곡에서 회의를 진행하는 중, 이를 탐지한 일본군 수비대 185명이 기습하여 4시간 교전 끝에 아군 29명이 몰살당했다. 18일, 참의부는 이를 보복하기 위해 전 병력을 3대(隊)로 나누어 중대별로 초산에 진입해 19일까지 초산군 일대를 누비며 2개 주재소를 불태우고 수십 명의 순사를 죽이면서 무사히 귀환했다.

註) 이 보복전은 이후에도 계속하여 3월 25일의 동천(東川)주재소 습격, 5월 26일의 초산 유격전, 8월 30일부터 9월 21일까지의 평북 희천군 북면 주재소 습격 등이 계속 됐으며, 이러한 보복활동을 이듬해까지도 계속했다.

### 조선공산당(朝鮮共産黨)의 조직 활동

4월 17일, 국내에서 1921년경부터, 일본유학생을 통해 무정부주의와 사회주의 사상이 들어오면서, 이로 인해 국내의 각종 사회주의 단체가 김재봉(金在鳳)을 책임비서로 하는 제1차 조선공산당(朝鮮共産黨)이 조직된다. 그중 해외에서 파벌 싸움 중에 있던 고려공산당(高麗共産黨)은 참가시키지 않았다.

註) 조선공산당은 일본당국의 탄압으로 11월에 해체되는데, 이후 3년 간 4회에 걸쳐 계속하여 조직되었다가 해체됐다. 2차는 1925년 12월에 결성했으나 1926년 8월에 6.10만세사건으로 발각되었고, 3차는 一名 ML 당(黨)으로 1926년 9월부터 1928년 2월까지, 4차는 1928년 3월부터 1928년 7월이

마지막이었는데, 이는 공산주의 운동과 민족독립운동을 겸한 단체였다. 이후로는 계속되는 일제의 탄압으로 해방될 때까지 다시는 조직되지 못했다.

#### 미쓰야 협정(三矢條約)

6월 11일, 일제(日帝)의 독립군 소탕방법이 더 이상 진척되지 않자, 방법을 돌렸다. 조선총독부와 만주군벌 장작림(張作霖)과의 조약이 이루어지고, 이로부터 조선 독립군을 잡아 일본 측에 넘기면 그에 따른 보상금을 지급한다는 것이다. 이른바 '삼시조약(三矢條約)'인데, 이 때문에 만주 봉천성(奉川省) 일대에서의 무장활동이 어렵게 되었다. 게다가 일본과 소련 간에도 국교가 회복되어 일제의 노골적인 압박이 내외로 강화되는데…

註) 일본군의 시베리아 출동에 자극받은 러시아의 볼셰비키 당은, 일본과 밀약을 맺고 소련 내에 있는 모든 한국 민족주의자들을 축출 또는 체포할 것을 협약했다. 전 세계의 공산혁명과 약소민족의 해방을 표방하던 그들이었지만, 결국 실리적인 문제로 돌아서서 일본과 상호 불가침조약을 추진하는 가운데 한국인들을 핍박했다. 그들은 약소민족인 한국인들의 독립운동 같은 것에는 전혀 관심이 없었을 뿐더러, 이후부터 소련 영내에서의 일체의 독립운동까지도 허용하지 않았다.

#### 6.10 만세사건 (丙寅 萬歲事件)

1926 6월 10일, 조선왕조의 마지막 왕인 순종(純宗)의 장례식에서, 학생들이 주동이 되어 조직적인 만세운동을 벌였다. 연희전문의 이병립(李炳立), 박하균(朴河鈞), YMCA의 박두종(朴斗鍾), 중앙고보의 이선호(李先鎬), 이황희(李晃熙), 경성대학의 이천진(李天鎭) 등이 주동이 되어 순종의 국장일에 많은 민중이 참배할 것을 예상하고 3.1운동과 같은 대일항쟁운동을 계획하고 격문(檄文)을 인쇄하고 태극기를 만드는 등 사전준비를 했다. 조선총독부는 이날 경찰과 조선군사령부 휘하 일본군 5천 명을 동원하여 경비에 들어갔는데, 오전 8시 경에 종로 3가 단성사 앞을 지나면서 중앙고보생이 주창하여 '독립만세'를 부르며 격문을 뿌리고, 이어 관수교(觀水橋), 동대문, 청량리에 이르는 연도에서도 만세와 격문을 뿌려 많은 민중이 이에 호응했다. 이에 대비한 일본 헌병은 1919년 만세운동 때의 경험을 살려, 사건을 확대하지 않도록 하면서 진압시켰다. 또한 이날, 총독 사이토(齊藤實)가 참석한다는 것을 안 김호문(金虎文)은 총독의 승용차를 습격하여 칼로 2명을 죽였으나 사이토(齊)는 아니었다. 그는 추격하는 경찰 몇 명을 찌르고 체포되어 1927년 5월 사형을 받았다.

註) 이 사건으로 이날 2백여 명이 체포되고, 그 영향은 전국적으로 파급되어 순창, 정주(定州), 군산, 울산, 평양, 홍성, 공주 등에서도 일어나 전국에서 1천여 명이 체포된다. 이 밖에 사회주의계열의 권오설(權五卨), 박내원(朴來源), 민창식(閔昌植) 등도 이날을 기해 전국 규모의 민족운동을 전개하고자 미리 상하이(上海)의 여운형(呂運亨) 등과 연락하여 격문 10만 장을 인쇄하는 등 준비를 하다가 사전에 발각되는 바람에 6.10만세에는 합류하지 못했다.

#### 나석주(羅錫疇) 의거

12월 26일, 간도 무관학교를 졸업한 사격의 명수인 의열단(義烈團)의 나석주(羅錫疇)는 일제의 경제수탈 총본산인 조선식산은행(朝鮮殖産銀行)과 동양척식회사(東洋拓植會社)를 습격하기로 하고 12월 26일에 인천에 잠입하여, 식산은행에 먼저 투척했으나 불발이었고, 곧바로 동양척식회사 경성지점에 들어가 폭탄을 던지고 사원과 경찰 7명을 사살한 다음, 을지로 2가에서 포위된 상황에 "2천만 민족아! 싸워서 이겨라!"라고 외치며 자결했다.

1927 2월, 신민부(新民府)는 장차 국내로 진입하여 독립전쟁을 수행할 준비로 작전지도의 작성, 민중공작, 일제 군경의 배치도 등을 조사하기 위한 특수공작대가 3개 방면으로 파견되었다. 제1대는 압록강-강계(江界)-평양, 제2대는 백두산-함경도-강원도-경상도로 산맥을 따라 지리산(智異山)까지 백두대간(白頭大幹) 산로(山路), 제3대는 두만강-경성(鏡城)-북청(北靑) 방면으로 온갖 고초를 무릅쓰고 모두 공작을 완수하여 귀대했다. 또 한편으로, 석두하자(石頭河子)의 신민부 동부를 일경과 중국군 1개 중대가 습격하여 위원장 김혁(金爀)을 비롯한 중앙 간부를 다수 체포하여 국내로 송치시켜 일시에 큰 충격을 받는데…

註) **북만주 지역의 통합단체 신민부(新民府):** 초기 명칭은 한족연합회. 1925년 3월 대한독립군단과 대한독립군정서를 주축으로 북만주지역의 독립단체들이 통합하여 결성한 단체로 집안현(寧安縣)에서 결성했으며, 국내단체도 참가했다. 지방 조직의 확장과 동시에 500여 명의 별동대와 보안대로 무장하고, 군사부위원장 겸 총사령관 김좌진(金左鎭)의 통솔 아래 활동했다. 독립군 양성을 위해 성동사관학교를 설립했고 여기에서 배출된 500여 명의 졸업생은 모두 독립군 간부로 활동했다. 재만 동포에 대한 자치활동과 아울러 북만주에 거주하는 친일파의 암살 및 국내에 사람을 보내 조선총독 암살을 계획하기도 했으나, 1927년 2월에 일본경찰과 중국군의 습격을 받아 김혁을 비롯한 중간간부가 체포되었다. 1927년 말부터 조직 내의 군정파와 민정파가 대립하는 등 내분이 일었고, 1928년 12월에 해체된 군정파는 한족총연합회의 중심세력이 되고, 1929년 3월에 해체된 민정파는 국민부에 참여함으로써 해체되었다.

또 한편으로, 그동안 압록강을 오가며 전개하던 유격전도 삼시조약(三矢條約) 이후 일제의 추적과 만주의 중국 관료들의 감시로 활동이 침체되었다. 다만, 1927년 경북 경찰부장 등에게 보낸 시한폭탄 사건. 또한 1928년 5월, 대만(臺灣: Taiwan)에서 일본 왕족을 죽이려던 조명하 사건, 1929년 4월 18일 망우리에서 우편차를 소각한 공명단(共鳴團)의 최양옥(崔養玉) 사건 등이 대표적이다.

**註) 의열투쟁(義烈鬪爭) 목록 (1919 ~ 1929)**

| | | | |
|---|---|---|---|
| 서울역 투탄 | 강우규(姜宇奎) | 1919. 9. 2. | 수행원 1명 사망, 수십명 부상 |
| 밀양 폭탄 사건 | 곽재마(郭在驥) 등 | 1920. 3. | 미수 발각 |
| 영친왕 결혼식 사건 | 서상한(徐相漢) | 1920. 4.28. | 미수 발각 |
| 자성군수 사살 | 김영철(金誉哲) 등 | 1920. 8.16. | * 미국 의원단 방한에 앞선 광복 |
| 장연군수 사살 | " | 1920. 8. | 군총영(光復軍總營)의 의열투쟁 |
| 평남 경찰국 투탄 | 문일민(文一民) 등 | 1920. 8. | " |
| 평남도청 폭파 | 김예진(金禮鎭) 등 | 1920. 8. | " |
| 선천경찰서 폭파 | 박치의(朴治毅) 등 | 1920. 9. 1. | " |
| 신의주역 폭파 | 안경신(安敬信) 등 | 1920. 9. | " |
| 겸인포제철소 폭파 | 김예호(金禮浩) 등 | 1920. 9. | " |

| | | | |
|---|---|---|---|
| 부산경찰서 폭파 | 박재혁(朴載赫) | 1920. 9.14. | 경찰서장 중상 |
| 밀양경찰서 폭파 | 최수봉 | 1920.11. | 건물파괴 |
| 민원식(閔元植) 살해 | 양근환 | 1920. 2.16. | 東京, 제국호텔 |
| 조선총독부 투탄 | 김익상(金益相) | 1921. 9.12. | 건물파괴 |
| 田中 저격 | 오성륜 등 | 1922. 3.28. | 上海, 외국인 1명 사망 |
| 종로경찰서 폭파 | 김상옥(金相玉) | 1923. 1.12. | 건물파괴, 6명부상 |
| 서울총격전 | " | 1923. 1.17~22. | 경찰간부 다수 사망 |
| 폭탄 반입사건 | 김시현, 황옥 등 | 1923. 3. | 발각 미수 |
| 일본황태자 사살계획 | 박열(朴烈) | 1923. 9. | 미수 |
| 이중교 폭탄 | 김지섭(金祉燮) | 1924. 1. 5. | 폭탄 3개 불발 |
| 일본영사관 투탄 | 김영진(金永鎭) | 1924. 4.15. | 上海 |
| 김호문(金虎門) | 송학선(宋學先) | 1926. 4.28. | 일인 고관 2명 중상 |
| 일본영사관 투탄 | 나창현 | 1926. 9.15. | 上海 |
| 동양척식회사 폭파 | 나석주(羅錫疇) | 1926.12.28. | 다수 사살 |
| 조선은행대구지점 | 장석홍(張錫弘) | 1927.10.18. | 건물파괴, 5명 부상 |
| 일황(日皇) 장인 저격 | 조명하 | 1928. 5.14. | 대만 |
| 이리 동척(東拓) | 조인현 | 1928. 6. 2. | 발각 |
| 망우리 우편차습격 | 최양옥 | 1929. 4.20. | 우편차 소각 |

### 좌절된 한중연합군(韓.中 聯合軍)

8월, 신민부(新民府)의 총사령인 김좌진(金佐鎭)은 중국구국군 제13군과 연합군을 조직하기로 하고, 중국국민당 만주공작 책임자 공패성(貢沛誠)과 2만3천의 병력을 거느린 악유준(岳維峻), 또 비슷한 병력을 이끄는 사가헌(史可軒)과 한중 합작회의를 열어, 표면적으로는 중국중앙군 제8로군(中國中央軍 第8路軍)이라는 군호(軍號)를 사용하기로 하고 4백만 원의 군자금과 기타 무장의 조달을 받기로 약정했다. 그런데, 동삼성(東三省) 최고군벌인 장작림(張作霖)이 이를 탐지하고, 일본과의 마찰을 피하고자 이들 3명을 체포하여 구속하는 바람에, 이 계획은 좌절되고 말았다.

### 원산(元山) 총 파업

1928 영국인이 경영하는 석유회사의 감독이 조선인 노동자를 구타하면서 발단이 된 이 사건은, 노동연합회(勞動聯合會)의 지휘에 따라 노동자들이 파업에 들어갔다. 여기에 일본경찰이 개입하여 강압적으로 해결하려하자, 원산의 모든 노동자들이 이에 호응하여 총파업에 들어가 무려 4개월 간이나 지속되었고, 전국에서도 호응하여 성금을 보냈다. 이에 큰 타격을 받은 일본인 고용주들이 타협에 응하면서 결국 무마되기는

했는데, 이로부터 노동자들의 인식이 크게 향상된 계기가 되었다.

註) 한일합병 이후 일본이 국내에 벌린 식민지산업의 발전에 따라 공장 노동자가 상당히 증가되었는데, 일인에 비교한 조선인 노동자의 차별대우가 심하여 노동쟁의가 빈번했다. 1912년부터 1919년까지 8년 간 170건의 쟁의와, 1920년부터 1930년까지의 891건, 1937년~1944년까지 1,346건의 수치들이 일본의 노동수탈의 정도를 표시해 준다.

### 무산(霧散)된 3부 통합회의(統合會議)

5월 12일, 일제는 중국국민당 정부의 무기력과 동삼성(東三省)의 장작림(張作霖) 군벌의 친일적 경향을 틈타 만주침략에 적극적으로 나서면서 한인탄압에 광분하던 때인지라, 만주지역에서 활동 중이던 3부(參議府, 正義府, 新民府) 독립단체들은 역량을 총 집결하여 항일전을 펼치는 일이 시급했다. 이는 당시 모든 독립 운동가들의 염원이기도 하여, 정의부 주도아래 3부의 대표들이 집안현(輯安縣)에 모여 전민족유일당조직회(全民族唯一黨組織會)를 열고 통합을 논의하기로 했으나, 안타깝게도 26일까지 유일당 결성 방안에 주도권(主導權)을 싸고 의견이 대립되어 통합에 합의하지 못하고 결렬되었다. 그러나 이 결과로 이듬해 4월에 국민부(國民府)를 구성하면서 통합된 군정부(軍政府)를 갖추고 독립운동과 자치행정을 담당해 나가게 된다.

### 광주학생사건 (光州學生事件)

1929 6.10만세사건 이후로 학생운동이 조직적으로 발전되어, 그 동안 동맹휴학 등이 수차례에 걸쳐 확대되고 1928년 1년 동안에도 83건의 동맹휴학이 있을 정도였다. 경찰의 탄압적인 취재로 모진 학대를 받아왔던 학생들은, 10월 30일에 나주역에서 일본인 학생들이 조선인 여학생을 희롱한 사건이 있었는데, 경찰의 불공정한 학생연행에 따라 그 분노가 확대됐다. 11월 3일, 광주지역 학생들이 장작과 괭이를 들고 시위에 들어갔고, 12일부터 무력진압이 진행되자 전라도지역 전체로 학생운동이 퍼져갔으며, 12월부터는 서울의 학생들이 이에 호응하였고, 이듬해 2월까지 전국 194개 학교에서 5만4천명이 가담하였는데, 이중 1,642명 구속, 582명 퇴학, 2,330명 무기정학 처분이 내려졌다. 식민지 교육 철폐와 차별식민정책에 항거하는 대단위 학생운동의 절정이었다.

### 조선혁명당(朝鮮革命黨) 결성

4월에 국민부(國民府)를 결성한 자치정부인 민족유일당조직동맹(民族唯一黨組織同盟)은 유일당결성에 주력하여 12월에는 조선혁명당(朝鮮革命黨)을 조직하고, 본부는 국민부의 소재지인 요령성 신빈(遼寧省 新賓)에 두고 그 지부당은 국내에 평안, 황해, 강원, 충청, 전라, 경상 각도에까지 확장되어 조직원이 들어가 공작활동을 벌이고, 그 군사조직으로 조선혁명군을 두어 7개 대대로 편성하여 남만주 각지에 주둔했다. 한편, 이 무렵 북만주에서도 한국독립당(韓國獨立黨: 한독당)과 그 소속군인 한국독립군을 결성하는 중에 있었다.

註) 조선혁명군(朝鮮革命軍): 총사령관 이진탁(李振卓), 부사령관 양세봉(梁世奉)이 이끌었는데, 1932년 만주국 성립을 전후한 시기에 중국의용군과 연합하여 홍경성 전투와 영릉가성 전투 등에서 일본군과 격전을 벌여 대승을 거두는 뛰어난 기록을 남긴 후, 이진탁의 뒤를 이어 김관웅.양세봉.고이허 등이 총사령관 자리를 역임하면서 활약하다가 1936년을 고비로 쇠퇴된다. 조선혁명군의 종말은 1936년 일.만군을 대규모로 동원한 일제의 압박에 근거지를 중국본토로 이동했고, 대원들은 사방으로 흩

어진 것 같다. 조선혁명군정부는 1936년 3월의 자료에 의하면 7부 9군구와 2개 군 3개사 및 1개 독립대대를 가지고 있게 되는데, 북한 공산집단에서 주장하는 조선인민혁명군이 아니다. 기본적으로 항일반공의 민족진영 무력임을 괴뢰만주국 자료에서 밝히고 있다.

### 흥화참변(興化慘變)

9월 14일, 연초부터 흥경(興京)에서 조선공산당이 활동했는데, 그 사상이 국민부 중앙지도부까지 침투해 오고, 드디어는 200여 명의 무장대원이 국민부를 이탈하여 조선공산당에 가입하는 사태에 이르렀다. 이때 무장 부대원이 얼마 남지 않게 된 현익철이 자신의 세력을 만회하기 위해 만주군벌 장학량(張學良)에게 조선공산당에 대한 공격을 요청했고, 마침내 국민부가 동북군벌과 결탁하여 조선공산당을 유혈 진압해 버렸다. 그러나 이 전투로 동북지역의 항일 운동이 약화되면서 자신의 세력도 몰락하는 결과가 되었으니…

### 일본군의 앞잡이 선민부(鮮民府) 토벌

9월 15일, 일본은 남만주 지역의 독립단체를 진압하고 조선인을 통제하기 위해 통화(通化) 영사관의 부속단체로서 선민부(鮮民府)를 설치했는데, 그들이 일본영사관을 등에 업고 조선인에 대한 약탈과 잔혹한 학살이 심했다. 이에 환인현(桓因縣)의 조선 농민 1천여 명이 북강(北疆)에서 이들을 규탄하는 집회를 갖은 다음, 18명의 대표가 환인현 현청(縣廳)에 가서 조선인의 보호와 선민부의 처벌을 요구했다. 그러나 19일에 일본 영사관의 사주를 받은 현청은 오히려 이들을 일본 경찰에 넘겨 압송하게 하자, 24일, 조선혁명군은 대표들을 구하면서 한편으로, 통화(通化), 환인(桓因), 집안(輯安), 관전(館田) 등 4개 지역의 선민부를 공격하여 수뇌들을 죽이고 본부를 파괴했다. 이로서 일본은 선민부를 해체했다.

註) 일본은 선민부를 대체한 보민회(保民會) 세력을 확대하여 동변도 조선인에 대한 통치권을 거머쥐게 했다. 이로부터 조선인에 대한 가택 수색 등, 횡포가 자행되기도…

### 김좌진 장군 피살

1930 1월 24일, 8시경 청산리 전투의 주역인 북로군정서의 총사령이었던 김좌진 장군이 흑룡강성(黑龍江省) 해림(海林)시에서 자신이 직접 경영하던 금성 정미소 안의 정미기계를 수리하다가 암살되었다. 범인은 장군의 밑에서 오랫동안 일하던 자로서 고려공산청년회의 김일성(金一星)의 감언이설에 빠진 극좌분자 박상실(朴尙實)이었다.

### 간도(間島) 5.30 폭동

5월, 중국공산당은 1928년 2월부터 간도에 조직적으로 침투하기 시작했는데, 중국공산당은 한인들을 제2의 일본인으로 간주하고 있었기에 종파주의와 민족주의를 일소한다는 명분으로 간도폭동을 일으키도록 사주했다. 그래서 간도에 긴장사태를 만들고자 한인(韓人)동포를 끌어들여 '붉은 5월 투쟁'을 선동했는데, 용정에서의 파업을 필두로 각처에서 휴학과 파업이 일어나고 폭동으로 확대되어 공공시설을 파괴하자 일본군 75연대가 출동하여 진압에 나서면서 많은 한인(韓人)들이 희생되었다.

註) **중국 5.30 폭동:** 1925년 5월 30일, 상해(上海)에서 일본인이 경영하는 방직공장에서 중국인 노동자들이 노동자 1명이 타살된 것을 항의하다가 학생들까지 합세하여 시위를 벌였는데, 경찰의 총격으

로 10여명의 사상자가 나왔다. 중국 공산당은 이를 반장개석(反張介石).반일(反日) 운동으로 유도하기 위해 총파업과 철시, 시위를 선동했으며, 중국 공산당은 이후부터 해마다 이날을 기해 폭동을 선동해오고 있었다.

註) **간도 5.30 폭동의 경과:** 폭동은 용정 지역에서 시작되어 연길, 두도구(頭道溝), 대립자(大立子), 개산둔(開山屯), 합마당(蛤螟塘) 일대의 도시와 농촌까지 확대되었는데, 중공당은 이를 폭력 파괴 투쟁 노선으로 더욱 더 많은 한인들의 희생을 요구했다. 결국 이 폭동은 이듬해 1931년 8월 말까지 이어지는데, 폭동사건 684건, 조선인 피살자 116명, 중국인 피살자 47명, 조선인 부상자 46명, 중국인 부상자 27명, 방화 훼손 가옥 253개, 방화 훼손 학교 34개, 통신시설 피해 41건으로 그 피해가 주로 한인들에게 집중되었다.

### 8.1 길돈(吉敦: 吉林과 敦化) 폭동

간도 5.30 폭동으로 간도의 한인들이 곤경에 처해있음에도 중국공산당 만주성위(滿洲省委)는 당 조직을 정비하면서 계속하여 한인(韓人)을 폭동에 끌어들였다.

8월 1일, 우선 길림과 돈화 간의 철도 연결선에서 2개월 간 대규모 폭동을 일으키고, 이를 시작으로 각처에서 반제(反帝).반봉건(反封建)이란 구호아래 폭동을 선동하고, 12월에는 연길(延吉)에서 1만5천 명을 동원해 친일파로 지목되는 한인(韓人) 30여 명을 살해했다.

이후에도 중국 공산당 극좌분자(極左分子)들의 모험은 계속되었으며, 그 때마다 애꿎은 동포들이 주로 희생되는데…

1931 6월, **"만보산(萬寶山) 사건"** 만주 길림성 장춘현의 만보산(萬寶山) 근처에 조선인 2백여 명이 거주하고 있었다. 이들이 수전(水田)을 개간하던 중, 중국 농민들과 의견대립이 있어 공사가 중단되자 일본 경찰에게 중재를 부탁했다. 만보산 근처의 미개간지를 중국으로부터 차지한 일본인에게 10년 기한으로 다시 불하받아 관개용 수로공사를 하던 중 중국인 농민들이 이를 중단시키려 했다. 수로공사로 인해 땅이 갈리고 수해까지 예상한 중국인 농민들이 공사 중지를 요청한 것은 당연한 권리지만, 순박한 조선인 농민들은 공사 강행을 부추긴 일본인만을 믿었다. 이것이 화근이었다. 일본은 이 사건을 한중(韓.中) 이간질에 써먹었는데, "한인이 중국인에게 다수 살상되었다" 고 허위선전을 하면서 보복을 부채질했다.

7월 2일, 그 결과 인천, 서울과 평양에서 중국인 화교에 대한 폭행과 파괴가 일어나고, 이 현상이 전국적인 양상으로 퍼져갔다. 뒤늦게 만보산 한인교포와 동아일보 등이 수습에 나서서, 피해 화교에게 성금이 보내지게 되면서 일제(日帝)의 술책임이 밝혀졌다. 그러나 이미 142명의 화교가 살해되고 546명이 부상, 250만원의 재산피해를 입힌 다음이었다.

### 만주 9.18 사변 (滿洲事變)

일본군이 1928년 6월 4일에 봉천(奉天)에서 열차를 폭파하여 만주군벌 장작림(張作霖)을 폭살 시켰다. 장차 일본에 위협이 될 인물이라 여기고 선수를 친 것이다. 그런데, 그의 아들 장학량(張學良)이 집권하면서,

오히려 더욱 강력한 항일전(抗日戰)을 시도하며 10여 만의 군대를 집결시키고 있었다. 이때를 맞추어 일본은 만주 진출계획이 수립되어 또 하나의 사건을 날조하기로 했다.

9월 18일, 중국군으로 변장한 일본군이 심양(瀋陽) 북쪽 유조규(柳條溝)에 있는 만주철도의 선로를 폭파해 놓고, 그 사건을 중국에 뒤집어씌운 다음, 대병력을 투입한 것이다. 그리고 즉시 북대영(北大營)의 중국군을 공격하여 몰아내고, 19일 아침까지 봉천성(奉天省)을 완전 점령했다. 치밀한 준비아래 이루어진 이 사건을 빌미로 하여, 일본군은 3개월 만에 만주 동북부 대부분 지역을 점령했으며 장개석 정부의 무저항정책으로 손쉽게 진격할 수 있었는데, 이 사건은 더 나아가 결국에는 중일전쟁(中.日戰爭)으로 확대되어 가게 된다.

註) 일본군은 계속하여 북만주의 할빈과 치치할을 공략하고, 한편으로 여러 지방군벌과 유력자들을 회유하여 동북행정위원회를 설치했다. 1932년 3월에는 괴뢰만주국을 세우고 청국의 폐제(廢帝)인 부의(溥儀)를 데려와 2년 후 만주국 황제(皇帝)를 만들었다. 그러나 패주한 중국군이 각지에서 출몰하여 일본군에 타격을 주는데, 그 중 마점산(馬占山)은 흑룡강 성장(省長)을 수락했다가 등을 돌려 구국의용군을 조직하고 반기를 들어 항일 구국전에 영웅이 되기도…

註) 9.18사변 이후 동북지방은 일본인의 천하가 되어, 수만 명의 일본군이 만주에 몰려들었고, 조선과 만주국 간에는 국경도 존재하지 않았다. 그래서 한국독립운동의 역량도 분화되어 일부는 동북지방의 항일군과 연합하였는데 북만에서 이청천(李靑天) 등은 정초(丁超)의 호로군과 연합하고, 남만에서는 양세봉(梁世奉) 등이 당취오(唐聚五)가 이끄는 요녕 민중자위군과 연합하게 되었다. 그 후 중국 동북항일연군의 거듭되는 실패로 인해 한국독립군도 의지할 곳을 잃게 되어 한 시기에 활약하던 동북지방의 독립운동도 차츰 사라지게 된다.

일제의 만주침공이 본격화되자 한국독립당은 군사조직을 강화하고 각 군구(軍區)를 설치하여 한국독립군의 임전태세를 서둘렀다. 11월에는 길림성 오상현 대석하자(吉林省 五常縣 大石河子)에서 당중앙위원회를 열어 총동원령을 내리고 당의 모든 공작을 군사방면에 집중할 것을 결정. 이에 따라 이청천(李靑天) 장군은 중국 측과 동맹하기 위해 길림호로군연합군총부(吉林護路軍聯合軍摠部)에 가서 총사령관 정초(丁超) 장군을 만나 연합항일전선을 위한 협의에 들어갔다.

註) **이청천(李靑天):** 조선 말기 무관학교에 입교하여 2학년 때 정부유학생으로 일본의 동경육군중앙유년학교(東京陸軍中央幼年學校)에 들어갔다. 1913년 일본사관학교 제26기생으로 졸업하고 중위가 되면서 1919년 만주로 망명하여 신흥무관학교(新興武官學校)에서 독립군 간부를 양성하였다. 1920년 대한민국 임시정부 산하 서로군정서(西路軍政署)의 간부가 되고, 1921년 자유시참변(自由市慘變) 후에 고려혁명군을 조직한 데 이어 대한통군부(大韓統軍部)를 조직하여 이끌었다. 그 뒤 대한통군부를 개편하여 정의부를 조직하여 군사위원장 겸 사령장이 되었고, 1925년에는 남·북만주의 두 단체를 통합하여 국민부를 만들었다. 김좌진이 저격당한 뒤, 1930년 7월 한국독립당(韓國獨立黨) 창당에 참여하여 군사위원장이 되었으며, 별도로 한국독립군을 만들어 총사령관이 되었다. 9.18사변 이후 가장 먼저 중국인과 손잡고 항일한 것은 이청천이 이끄는 한국독립군이었다. 11월에 이청천은 한국독

립군 총사령을 맡으면서 중국의 항일의용군 이두(李杜), 정초(丁超), 마점산(馬占山) 등 부대와 연합하여 동북 북부지역에서 무장활동을 전개하였다. 1940년 임시정부가 광복군을 창설하자 사령관이 되어 1945년 환국할 때까지 항일투쟁을 계속하였다.

### 흥경사건(興京事件)

12월 17일, 9.18사변 이후 동북지역 사람들이 불같이 일어나 무기를 들고 일본군경에 항거하게 되는데, 이때 왕청문(旺淸門)의 중국인 유지 왕동헌(王軒)이 '항일(抗日)' 구호를 내걸자 주변에 무장한 군중이 삽시간에 1천 명이 모일 정도였다. 한편, 일본 주안동(丹東) 영사가 중국의 매국노 우지산과 안동현 현장 황개공에게 밀령을 내려 조선인을 보호한다는 명복으로 조선혁명군 진압에 일본경찰을 끌어들이게 했다. 이에 조선혁명당과 국민부 중앙의 간부 30여 명이 대책을 세우고자 흥경현(興京縣) 하북(河北) 서세명 집에 모였는데, 이를 보민회(保民會)가 밀고하여 일본 경찰과 흥경현청 소속 경찰이 급습, 조선혁명당 주요 간부 13명이 체포되고 말았다.

註) 이 사건 이후 조선혁명당과 국민부는 실질적으로 와해되는 상황이 되었다. 일본군경과 만주괴뢰정부는 도처에서 조선혁명군을 체포했고, 조선일 항일지사들을 처형하는데…, 이에 조선혁명군은 양세봉을 총사령관에 임명하고 무장활동을 강화하기로 했다.

### 이봉창 의거(李奉昌 義擧)와 상해사변(上海事變)

19321월 8일, 상해임시정부(上海臨時政府)의 주석 김구(金九)의 협조를 받은 이봉창(李奉昌)은, 도쿄(東京)에 잠입하여 일본천황(日本天皇)을 죽이기로 했다. 히로히토(裕仁) 일황이 도쿄 교외의 요요기 연병장에서 거행되는 신년 관병식을 마치고 황궁으로 돌아가기 위해 경시청 앞 사쿠라다몬(櫻田門)을 지날 때, 이 의사가 일황이 탄 승용차를 향해 수류탄 2개를 힘껏 던졌다. 한 개는 불발이고 한 개는 승용차 뒤쪽에서 굉음을 내며 터졌지만 거리가 멀어 뒤를 따르던 마차만 거꾸러졌다. (이봉창은 대역죄로 10월 10일 사형 받음).

그런데 1월 9일자 중국 국민당 기관지인 민국일보(民國日報)가 이 사건을 "韓人 李奉昌 投彈 倭王 不幸不中(한인 이봉창 투탄 왜왕 불행부중)"이라고 게재했고, 각 지방의 신문에서도 특히 「不幸不中(불행부중: 불행히도 빗나갔다)」 이란 글이 대서특필되었다. 결국 이 문구가 트집이 되어 사건이 확대되면서 일본과 중국 간에 외교적인 마찰로 이어지더니…

1월 28일, 느닷없이 일본해군육전대(海軍陸戰隊)가 상해에 상륙하여 이튿날 29일부터 중국 제19로군(第19路軍)과 치열한 공방전이 벌어졌다. 일본군은 '육탄 5용사'의 신화까지 조작해 가면서 밀어붙였고, 2월 중순에는 육군 3개 사단을 증파하면서 3월 중순에는 중국군을 상해에서 몰아냈다. 이렇게 전황이 확대되어가자 5월 5일, 영국과 미국이 급히 중재에 나서면서 정전협상이 이루어져 전투가 일단락되었다.

註) **상해사변:** 그 동안 당사국과 상하이에 이해관계를 가진 영국, 미국, 프랑스, 이탈리아 대표들이 정전협의를 추진하였으나 조인 예정일인 4월 29일, 윤봉길의 폭탄사건이 일어나 일본의 파견군사령관이 사망함으로써, 협상은 난항을 거듭한 끝에, 5월 5일 정전협정이 성립되었다. 이 사건은 일본이 내외(內外)의 주의를 만주국 건국공작에서 벗어나게 하려고 일부러 도발한 책략이었다.

註) 이 무렵 상해임시정부는 김구가 이끌고 있었다. 이승만이 상해로 돌아오지 않고 미국에서 활동하자 1925년 3월에 대통령 탄핵안들 통과시키고 박은식을 2대 임시대통령으로 추대했다. 김구는 국무총리 대리를 맡다가 1931년에 임시정부 주석에 올랐다. 김구는 테러를 중요한 저항수단으로 여겼다. 그래서 이봉창 의거와 윤봉길 의거가 이루어졌고 이를 기화로 중국의 장개석 총통과 연결되어 중국 정부의 협조를 끌어내는 쾌거를 올렸다. 하지만 일본이 김구에게 60만 원의 현상금을 걸고 추적하자 김구는 임시정부 식솔들을 이끌고 남경(南京)으로 도피했다. 이승만은 이런 김구를 못마땅하게 여겼다. 테러를 통한 저항은 결국 조선 백성들만 괴롭힐 뿐이라는 것이 그의 논리였다.

### 독립군(韓國獨立軍)의 한-중 연합 항일전(抗日戰)

2월 12일, 일.만(日.滿) 연합군 대부대가 비행기 엄호 아래 중동연선(中東沿線)으로 진격해오자, 한중연합군이 이를 요격하여 맞섰으나 식량과 탄약보급이 원활하지 못해, 한국독립군 총사령 이청천(李靑天)은 부대를 인솔하여 흑룡강 통화현(通化縣)으로 퇴각했다. 별동대장 안종선(安鐘善)은 중국 제3호로군 고봉림(考鳳林) 부대와 공동작전으로 3월 30일 아성(阿城: 하르빈 동북방)을 탈환했고, 독립군 제3,4,5대대는 중국 자위군 및 호로군과 연합하여 한 달 동안이나 격전을 치렀지만 탄약부족으로 일면파(一面坡) 이북 진지로 후퇴했는데, 적의 차단작전에 휘말려 2개월 동안이나 상호 연락이 두절되기도 했다.

### 일제(日帝)에 의한 괴뢰만주국(傀儡滿洲國)

3월 1일, 만주를 전격적으로 점령한 일본은 청(靑國)의 마지막 황제인 부의(溥儀)를 내세워 "만주국(滿洲國) 건국선언"을 발표하게 했다. 부의를 끌어들여 만주에 일본 괴뢰정부를 만들어 황제로 만들고, 영구점령을 기도했는데, 이때부터 일제는 반만항일(反滿抗日) 세력을 토벌하기 위해 관동군을 직접 투입하는데, 특히 압록강을 사이에 두고 있는 남만주 동변도(東邊道)일대의 한국독립군을 소탕하는데 주력했다.

註) 일본이 만주국을 설립하는 과정에서 중국의 장개석은 일본에 명분을 주지 않기 위해 일체의 대응을 피했고, 소련도 제1차 경제개발 5개년 계획을 추진하던 중이어서 중립불간섭을 선언했으며, 미국과 영국은 대공황에서 회복되지 않은 상태여서 개입할 여력이 없었다. 이틈에 일본은 이 지역의 핵심 인종이 한인(漢人)이 아닌 일본인과 상통하는 만주인, 몽골인이기 때문에 일본이 정복할 권리가 있다고 주장했다.

註) **부의(溥儀)**: 광서제(光緖帝)의 동생 순친왕(醇親王) 재풍(載)의 아들로서, 1908년 청의 제12대 황제가 되어 선통제(宣統帝)라 했으나, 신해혁명(辛亥革命)으로 1912년에 퇴위했다. 1924년 평위샹(馮玉祥)에게 쫓겨 북경(北京)을 빠져나와 일본 공사관(公使館)에 피했으며, 천진(天津)의 일본 조계(租界)에 기거하다가, 만주사변(滿洲事變) 때 일본군에 의해 끌려나와 1932년에 만주국을 집정(執政)하고 1934년에 만주국왕이 되었다. 그는 1945년에 만주국이 붕괴되면서 일본으로 가는 도중에 소련군에게 체포된 후, 1950년 공산정권하의 중국에 송환되어 수감되었다가, 1959년 특사로 풀려 나와 식물원에 정원사가 되었다.

註) **몽골(蒙古)**: 1911년 8월의 신해혁명으로 청나라가 소멸하자, 만주인과 함께 몽골인은 한인 중심의 중

화민국에 소속되는 것을 거부했다. 오늘날의 몽골국에 해당하는 외몽골 지역의 외몽골인은 한인이 대다수를 차지하는 내몽골 지역과 함께 독립국을 세우는 것이 어렵다고 판단하여 외몽골만으로 1911년 9월에 독립을 선언하고 러시아의 도움을 받아 자치주를 이루었다. 중국은 1915년 러시아제국과 캬흐타조약을 맺어 외몽골의 독립을 인정했는데, 소비에트 10월 혁명이 일어나 러시아제국이 소멸하자 1919년에 외몽골의 자치권을 폐지했다. 그러나 1920년에 반혁명 세력인 로만 운게른이 백군을 이끌고 외몽골로 들어와 중국군을 몰아내고 몽골정부를 부활시켰다. 그리고 몽골 인민당은 소련 적군 및 극동공화국 군대와 연합하여 1921년에 백군을 축출하고 몽골인민정부를 수립하여 독립을 선포했다.

### 해란강(海丹江) 대학살

3월부터 중국공산당 동만특위(東滿特委)가 연길현 의란 지구에서 대규모의 춘황투쟁(春荒鬪爭: 饑民鬪爭)을 벌여 이것이 간도 전역으로 확산되었다. 이 투쟁은 전년도의 추수투쟁(秋收鬪爭)의 여운이 가라앉기도 전에 일어나 무고한 한인(韓人) 농민들이 다시 수난을 당했다. 이로 인해 일본군과 만주군이 4월부터 대대적인 소탕에 들어가면서 폭동진압 중 많은 양민이 학살당했다. 4월 17일, 장춘에서 연길로 긴급 출동한 일본 히라가(平賀)부대는 해란강 일대의 부락민이 도적 떼와 내통했다하여 1백여 명의 부락민을 모두 참살.

註) 동만특위(東滿特委)는 가을부터 유격대를 조직하면서 연길, 화룡, 왕청, 훈춘의 각 현(縣)에 항일유격대를 조직하고, 이듬해 1933년 봄에는 '중국노농홍군(中國勞農紅軍) 제32군 동만(東滿)유격대'로 개칭한 다음 5개 대대의 병력을 편성한 후 항일유격전을 벌여나갔다.

### 남만주 조선혁명군의 흥경현(興京縣) 영릉가성(永陵街城) 전투

일본군과 만주군이 합동하여 독립군에 대한 토벌작전을 본격화하자, 남만주의 조선혁명당(朝鮮革命黨)도 중국군과 연합 문제를 논의, 한.중 연합군을 편성하고 맞섰다. 양세봉(梁世奉)이 지휘하는 조선혁명군과 이춘윤(李春潤)이 이끄는 중국의용군이 연합한 3만여 병력의 한중연합군이 일본군에 정면으로 부딪치기로 했다.

3월 11일, 조선혁명군 총사령관 양세봉(梁世奉)은 3개 중대를 인솔하고 중국의용군 왕동헌(王軒), 양석복(梁錫福)부대와 합세하여 무순(撫順) 천금채(千金寨)로 진군하다가 12일 신빈(新賓) 남쪽의 두령지(嶺地)에 도착하여 야영했다. 이때 신빈현성(新賓縣城)의 일본군이 정보를 탐지하고 공격해오자, 신빈현 흥경 영릉가(永陵街)에 매복하여 대기하고 있었던 한중연합군은 교전 1시간 만에 일본군을 격퇴하고 30여리 떨어진 영릉가성을 일몰(日沒) 때까지 점령하고, 다시 추격하여 상협하(上夾河)까지 점령했다. 이튿날, 일만(日.滿)연합군은 어제의 패배를 만회하기 위해 비행기의 엄호를 받으며 전격적으로 흥경성(興京城)을 점령하자, 한중연합군은 이를 탈환하기 위해 1만의 병력으로 총공격을 벌여 동문과 북문을 뚫고 들어가니, 일본군은 엄청난 사상자를 남겨둔 채 남문과 서문으로 빠져 퇴각했다.

5월 8일, 다시 일만(日.滿)연합군이 영릉가에 진입해와 격전이 2일 간이나 계속되었고,

6월 15일에는 일만(日.滿)연합군이 수만의 병력을 동원하여 공지(空地) 합동으로 청원(清源)과 흥경현 등지로 쇄도해왔다. 19일까지 피차에 사상자가 엄청났다.

7월 7일에도 영릉가 석인구(石人溝)에서 침입을 받았지만 양세봉의 독전과 중국군 조화선(趙化善) 부대의 지원으로 격퇴할 수 있었다. 16일까지도 도처에서 격전이 벌어졌다.

註) 3월부터 4개월에 걸쳐 벌어진 홍경현 영릉가 전투는 항일무장투쟁사에 불멸의 기록으로 남아있다. 이 전투는 양세봉의 조선혁명군 1만의 병력과 이춘윤 장군의 중국의용군 2만여 명이 합작하여 정규전으로 맞서 적의 맹공을 물리친 전과(戰果)로 항일전쟁사에 유명하다.

### 윤봉길(尹奉吉)

상해사태로 정전협상이 무르익어 갈 무렵, 일본은 그들이 큰 승리를 거둔 것 같이 전세계에 선전할 목적으로 천장절(天障節: 일본천황 생일)을 기해 상해 홍구공원(虹口公園)에서 대규모의 기념식을 거행한다고 했다. 임시정부의 김구(金九)는 절호의 기회라 여기고 윤봉길(尹奉吉)에게 거사를 부탁했으되, 이번에는 불발이나 오발 같은 사고가 없어야 했다. 중국 고급장교인 왕웅(王雄: 金弘壹 將軍)의 협조로 고성능의 도시락형과 물통형의 수류탄을 제작하면서 실험도 마쳤다.

4월 29일 오전 11시 40분 경, 여기에 일본군부의 핵심 고관들과 많은 고위층이 참석했다. 윤봉길(尹奉吉)이 태연스럽게 들어가 폭탄을 요인석 한 복판에 던졌다. 엄숙하던 식장은 수라장이 되었고, 상해(上海) 점령 일본군 총사령관 시라카와(白川義則)를 포함한 수명의 일본군 수뇌들이 죽어나갔다. 윤봉길은 자폭이 미수에 그치며 현장에서 체포되고…

註) 1개 군단이 한 달 동안 저항하고도 상해(上海)를 일본군에 빼앗겨 치욕감에 빠져있던 중국인들은 이 사건으로 일제히 환호를 올렸다. 장개석은 "백만 대병도 불가능한 거사를 한국 용사가 단행했다"고 극찬했으며, 이로서 만보산(萬寶山) 사건이후 중국인들이 한인들에게 품었던 악감정도 일소할 수 있었다. 그러나 김구 선생은 60만원의 현상금이 붙은 채 아슬아슬하게 피신 다녀야 했으며, 임정은 이후 중국의 지원 아래 여러 곳을 전전해야 했다.

### 대련폭탄(大連爆彈)

5월 24일, 비록 미수에 그치기는 했지만, 김구(金九)의 지시를 받은 유상근(柳相根)과 최흥식(崔興植)이 일본의 만주침략을 조사하기 위하여 대련(大連)에 도착하는 영국의 국제연맹조사단을 마중 나온 일본 고관을 폭살시킬 계획을 추진하다가 발각되어, 그 일대에 큰 충격을 주었다. 그런데 뒤이어 7순의 노인 이회영(李會營)이 또 다시 폭탄을 가지고 대련에 들어가려다 붙잡히고…

註) 상해사변 이후 임정 요인들은 중국측 인사들과 한중항일동맹(韓中抗日同盟)을 결성하고, 항일공수대결전(抗日共守大決戰)을 다짐했다. 우선 조선총독의 총살을 위해 이덕주(李德柱)와 유진만(兪鎭萬) 등을 국내에 잠입시켰으나, 4월 10일경 잡히고 말았다. 또, 3월 하순에 여성인 금긍호(琴兢鎬)를 연락정보원으로 삼아 배편으로 안동(安東)에 파견했다가 5월 초에 붙잡혔고, 또한 관동군 사령관과 육군대신 및 해군대신 등도 같은 방법으로 총살하고자 특수공작 훈련까지 마쳤으나 거사직전에 전원 체포되는 불운을 당했다.

註) **이후의 의열투쟁(義烈鬪爭):** 이제 의열 투쟁도 막바지이다. 1933년 3월 17일에 한국독립운동가 색출을 위한 회의장소를 덮치려다 실패한 백정기(白貞基) 사건과, 1934년의 강병학 사건이 있었으며, 1935년에는 엄봉순이 성공과 1938년의 오면직과 김동우의 성공을 끝으로 하면서, 1945년의 부민관 사건의 실패로 의열 투쟁은 막을 내린다. 중국을 포함한 모든 곳이 일제의 것이기에 운동근거지로서 발붙일 장소가 없어진 때문이다.

## 남만주 지역, 한중연합 자위군(自衛軍)

9월, 남만주에서는 항일투쟁 상황이 좋아지자, 양세봉의 독립군은 남만주의 요녕민중자위군(遼寧民衆自衛軍)의 각 로군(路軍)의 지휘관회의에 참가하여 행동을 함께 하기로 했다. 이중 조선특무대는 제1방면군 소속이 되어 사령관은 이춘윤(李春允). 이들은 항일전의 승리를 위해 일본이 점령한 심해철도 주변의 동변도 각 도시를 심양(瀋陽)을 비롯한 각지의 의용군이 합동하여 되찾기로 하고, 본격적인 공격이 이루어지는데…

9월 중순에는 양세봉(梁世奉)과 중국군의 왕동헌(王軒)이 연합한 자위군이 청원현(靑原縣)을 공격하여 성을 점거하고 역마역(驛馬驛)의 교량 16곳과 석문채(石門寨)의 심해철도를 수십 리 파괴. 9월 15일에는 탄광도시인 무순(撫順)을 습격하다가 실패했는데, 일본 수비대가 자위군이 지나간 곳인 평정산 마을 주민 3천명을 학살하여, 이른바 '평정산대학살'이 자행되었다. 10월부터는 일본군이 본격적으로 자위군 토벌에 나서 관동군 3개 사단과 항공대를 동원하여 압록강을 차단하고 요동지역으로 몰려들었다. 11월 중순, 일본군의 토벌작전에 미처 대비하지 못한 자위군은 흥경현성(興京縣城)을 격전 끝에 포기한 후, 이춘윤의 중국군과 각개로 흩어지기로 하여 양세봉은 1천 명의 조선혁명군을 이끌고 방어선을 뚫고 나가 왕청문으로 돌아왔는데, 항일의 동지인 왕동헌도 이 와중에 죽었다.

註) **양세봉(梁世奉):** 심양과 남만주 일대에서는 양세봉이 하나의 전설이 되어 칭송되고 있다. 양세봉은 1919년부터 무명소졸(無名小卒)로 투쟁하다가, 참의부(參議府) 중대장을 거쳐 1926년에는 남만주 단체인 정의부(正義府)에 들어갔고, 1932년 봄에는 조선혁명군의 총사령이 되어 무순(撫順)까지 진공해 일본군을 격퇴했다. 그 후로 승전을 거듭하여 흥경현 쌍협하(雙峡河)에서 다시 일본군을 치고, 영릉가(永陵街)에서는 중국의용군과 함께 대규모의 일본군을 패퇴시켰다. 흥경성에서는 일본군과 만주군의 합동공격을 받고도 혈전을 치르며 사수했다. 그 뒤에도 2차 영릉가 전투, 청원(清原)전투, 영릉가의 석인구(石仁溝)전투에서 중국의용군과의 연합전투도 있었지만 단독 전투가 더 많았다. 한편으로는 끊임없이 소규모 인원을 국내 진공에 투입했으며, 기록을 보면 1932년 16회, 이듬해에는 10차에 걸쳐 압록강 건너 일본군 진지 등을 습격했다. 일제는 양세봉을 제거하기 위해 1934년 9월, 마적 두목 아동양(亞東洋)을 매수해 항일부대와 연합하자고 꼬여낸 다음 저격하여 죽였다.

## 북만주 지역의 한중연합군(韓.中 聯合軍)

1930년 7월에 통합 조직된 북만주 지역 독립운동단체인 한국독립당(韓國獨立黨)은 군부(軍部)인 한국독립군의 총사령을 이청천(李靑天)이 맡아 만주의 중국군과 연합하게 되었다.

註) 만주사변 이후 일본의 괴뢰정부인 만주국이 들어서자 만주에서 활약하던 독립군과 반-만주국 세력인 중국군들은 자연스럽게 연합전선을 이루게 되었다. 1931년 12월 독립군 총사령이청천(李靑天, 또는 池靑天)은 길림성(吉林省) 자위군 총지휘관 정초(丁超)와 만나 연합전선을 결성할 것을 합의했다. 이듬해 2월 일본군과 만주군의 공격을 받은 독립군은 1932년 8월 14일 노봉림(考鳳林) 부대와 합작으로 전략적으로 중요한 쌍성보를 공격했다.

**동빈현 싸움:** 2월 12일, 일본관동군(日本 關東軍)과 만주군(일본이 만주에 세운 식민지 괴뢰만주국의 군대)

이 연합한 대부대가 한중구국(韓.中救國) 연합군을 공격해왔다.

**쌍성보 전투:** 여기에서 밀린 독립군은 쌍성보(双城堡)로 집결하여 중국의 노봉림(老鳳林) 군대과 합류했다. 9월 14일, 한국독립군은 2만5천의 노봉림 중국군과 연합하여 쌍성보 쪽으로 일본군을 몰아내니, 이윽고 일본군 역습부대가 쇄도해 왔다. 9월19일, 한.중 연합군은 세 방향에서 쌍성보 공격을 감행했다. 2시간에 걸친 공세로 괴뢰만주군은 1천 명이 다치거나 죽었고, 2천 명이 투항했다. 독립군과 노봉림군의 사상자는 각각 30~40명에 불과했으니 대승이었다. 이후 쌍성보는 피아간에 뺏고 뺏기는 혼전을 거듭하다, 어처구니없게도 중국군 내부에 반란이 생겨 쌍성보는 항공기까지 동원한 일본군에 넘어가고 말았다.

11월 17일, 한중연합군의 쌍성보 탈환전에 선봉에 나선 독립군은 일본군 1개 중대를 전멸시키기도 했지만 1주야 온종일 전투 속에, 연속되는 일본군 주력부대와 만주군의 반격에 중국군이 밀리면서 쌍성보를 포기하고 후퇴했다. 이후로 실망한 이청천은 노봉림과 이별하는데…

**경박호 전투:** 그 후 이청천은 중국구국군(中國救國軍) 제14사단장 채세영(蔡世營)과 합작. 12월 25일 경박호(鏡迫湖) 근처에서 아군을 추격해 오는 괴뢰만주군 유격기병대 2천을 호수 입구 양쪽에 매복 대기하고 있다가, 무심코 통과하려는 적을 일제히 협공하니 적은 아비규환의 일대 수라장이 되면서 몰살되었다.

### 일만(日滿) 연합군의 제1차 간도(間島) 대토벌

1933 봄부터 일본군과 괴뢰만주군은 간도지역을 대상으로 대대적인 토벌작전을 벌여 중국 구국군(救國軍)과 동만(東滿)유격대와 산림(山林)부대를 소탕해 나갔다. 이 와중에서 간도 한인(韓人)들의 입장은 고약했다. 양쪽 진영으로부터 군수품 수송과 지원 협조를 강요당하고 때로는 함께 전투도 해야 했다.

**사도하자(四道河子) 전투:** 4월부터 일본군 대부대(괴뢰만주군 포함)가 공격해오자, 4월 15일, 한중연합군은 일본군 1개 사단을 영안현(寧安縣) 사도하자(四道河子)로 유인하여 섬멸시키니 적은 대략 반수가 살아남아 야음을 틈타서 금창구(金敞口) 쪽으로 빠져나갔다. 연합군은 5월 2일부터 유격대를 보내 만주 무림자(武林子), 금창구, 주가둔(朱家屯), 황가둔(黃家屯)에 있는 일본군 1만을 기습하여 대소 20여 회 전투로 완전 소탕했다.

**동경성(東京城) 전투:** 6월 3일, 사도하자에서 크게 이긴 한중연합군은 승세를 몰아 북만주의 요충인 영안현성(寧安縣城)을 점령하기로 하고, 먼저 동경성(東京城: 발해의 옛 도읍지)을 공격하기로 했다. 전 병력을 3대(隊)로 나누어 성의 좌우로 공격해 들어가 밤부터 전개된 3시간의 맹공격 속에, 북문으로 빠져나가던 일본군은 매복에 걸려 전멸되었고, 괴뢰만주군 여단장 만이 겨우 몸만 빠져 달아난 채로 나머지는 모두 투항해왔다. 그로나 연합군은 이곳을 장기간 점령할 여력이 없었으므로 부득이 주력부대를 왕청현과 동녕현의 산간지대로 분산 주둔시켰다.

**대전자(大甸子) 전투:** 한국독립당의 독립군과 중국군 6천의 연합군은 7월 3일, 일본군이 총퇴각한다는 정보를 입수하고 수분하(綏芬河) 대전자령(大甸子嶺) 밀림 골짜기에 매복하여 기다렸다. 일본군 이즈카 연대(飯塚聯隊)가 대전자령을 반쯤 넘어서 후미가 산중턱에 이르렀을 때 일제히 기습공격을 퍼부었다. 일본군은 불과 4시간 만에 생존자 없이 전멸되고 말았다.

이어 9월 1일, 한국독립군(韓國獨立黨軍)은 왕청현과 영안현(寧安縣)의 마적단과도 연합한 후 동령현(東寧

縣)의 일본군을 공격했는데, 그 와중에 중국군 채세영 부대와 감정이 맞지 않아, 중국군이 독립군 간부들을 연금하고 무장 해제시키는 불상사가 있었다. 나중에 화해하기는 했지만 결국에는, 이후 많은 간부들이 상해로 떠나갔고, 이청천 장군도 임시정부의 소명(召命)으로 뒤따라가니, 이로서 북만주 지역에서 독립군의 무력항쟁은 막을 내린다.

註) 만주에 풍운이 험해지고 일제의 군사행동이 강해져가면서, 이청천 장군이 이끄는 한국독립군은 년말까지 중국구국군(中國救國軍)과 제휴하며 대규모의 정규전으로 맞서왔다. 이청천 장군은 항일지하운동을 지휘하면서 한중연합군의 총참모장이 되어 새로운 근거지를 찾던 중 대전자(大甸子)에 주둔하고 있던 일본군을 기습하여 대승하였다. 연합군은 일본군의 군복 3,000벌, 군수품 200여 마차, 대포 3문, 박격포 10문, 소총 1,500정, 담요 300장 등 막대한 전리품을 노획하였다. 그런데 전리품을 독립군과 중국군이 분배하는 과정에서 불화가 생겨, 연합은 곧 깨지고 말았다. 대전자령 전투를 끝으로 만주에서의 조직적인 무장활동은 종말을 맞는다. 동지들은 후일을 기약하며 중국내륙으로 이동하거나, 혹은 죽기로 맹서하고 싸우겠다며 산 속으로 들어갔다. 비록 잔여 대원이 끝가지 싸웠지만 결국 소멸의 비운을 면치 못한 것으로 보인다. 이후부터는 좌익계열에서 인민유격대(人民遊擊隊)의 이름으로 소규모의 활동이 나타나게 되지만…

### 일만(日滿) 연합군의 제2차 간도(間島) 대토벌

일본군은 11월부터 이듬해 3월까지 제2차 토벌작전을 대규모로 벌여 1백여 차례의 전투를 치렀다. 이 작전에는 쌍방 간에 많은 피해를 보게 되는데, 이 와중에도 중국공산당 유격구에는 반제동맹(反帝同盟), 농민협회, 호조회(互助會) 등의 혁명단체를 조직하고 '동만(東滿)지구 인민혁명정부'까지 성립시키면서 정치활동을 지속해 나가고 있었다.

### 일만(日滿) 연합군의 제3차 간도(間島) 대토벌

1934 4월에 동만특위(東滿特委)는 만주성위(滿洲省委)의 지시에 따라 동만유격대(東滿遊擊隊)를 '동북인민혁명군 제2군 독립사단'으로 재편하고 4개 연대와 1개 유격대를 두면서, 6월에는 안도현의 대전자(大甸子)와 대포자하(大浦柴河: 다이푸차이허)를 장악하고 왕청현 라자구를 비롯한 안도, 돈화, 연길, 왕청현 일대에 새로운 유격구를 세웠다. 이에 일본군은 9월부터 약 6개월 간에 걸쳐 3차 작전을 벌이고 대소 665회의 전투를 치르며 소탕전을 벌였다. 이 전투과정에서 제2군은 반 이상이 전사했다.

**반민생단(反民生團) 투쟁사건:** 민생단(民生團)이란 일본관동군 특무기관이 항일전선의 내부와해를 목적으로 1932년 조선인 박두영(朴斗榮)을 앞세워 조직한 친일기구로서, 주로 한인(韓人)유격대원의 귀순공작이 주임무였다. 9월에 협조회(協助會)로 개편되고 일부 변절자와 포로를 역이용하여 항일유격대에 침투를 시도하는데, 이 소문이 퍼지자 아무 관련이 없는 한인들이 민생단과 내통한 자라고 오인되어 주로 한인(韓人)들로 구성된 제2군의 제1독립사단의 많은 간부와 병사들이 살해되는 사태에 이른다. 결국 만주성위(滿洲省委)의 지시를 받은 동만특위의 서기 위증민(魏拯民)의 노력으로 수습되기는 했지만…

### 안익태(安益泰)와 애국가(韓國 愛國歌)

11월, 안익태(安益泰)는 미국 샌프란시스코에서 한인교회에 나갔다가 처음으로 〈올드 랭 사인 애국가〉를 들었다. 노래 선율이 처량한 외국 민요곡에 맞춰 불리는 것을 민족의 수치로 생각하고 서양음악에 맞춰서 제대로 된 애국가를 작곡하겠다고 결심. 그리고 이해 11월에 한인교회에서 애국가 발표회를 가졌다.

註) **애국가(愛國歌)**: 안익태는 평양에서 숭실중학교를 다니던 중 1919년 3.1운동에 연루된 애국인사 석방운동을 벌이다 퇴교당하고, 1920년 선교사의 도움으로 첼로 음악을 전공하기 위해 일본에 건너가 도쿄(東京)에서 음악과정을 마친 다음, 서양음악을 제대로 배우기 위해 미국으로 유학했는데, 샌프란시스코에 도착한 후, 한인교회에 나갔다가 처음으로 〈올드 랭 사인 애국가〉를 들었다. 노래 선율이 주로 남녀가 이별할 때 부르는 처량한 외국 민요곡에 맞춰 불리는 것을 민족의 수치로 생각하고 서양음악에 맞춰서 제대로 된 애국가를 작곡하겠다고 결심했다. 그리고 이해 11월에 작곡을 마치고 한인교회 주관으로 애국가 발표회를 가졌는데, 이후 재북미 시카고 대한인회(大韓人會)가 이를 북미 동포사회에 보급하기 시작. 그 후 유럽의 빈(Wien)으로 활동무대를 옮기는데, 안익태가 유럽으로 간 후 재북미대한인회 집행위원회는 이 애국가의 사용 허가를 받기로 하여 악보 가사를 중경(中經) 임시정부로 보냈다. 김구 주석은 이에 감격하고 1941년 1월에 사용 허가를 하면서 임시정부 공보(제69호)에 발표. 김구 주석은 안익태의 애국가를 〈한국 애국가〉로 칭하면서, 악보를 인쇄하여 중국에 산재한 독립운동 진영에 배포하는 한편, 광복군에게도 가르치게 했다. 이 애국가가 지금 대한민국에서 불리고 있는 애국가이다.

### 조선민족혁명당(朝鮮民族革命黨) 결성

1935 6월, 중국내륙지방에서 활약하던 여러 개의 독립단체를 통합할 필요를 느껴, 항주(沆州)의 조소앙(趙素昻), 김두봉(金枓奉) 등의 한국독립당(韓國獨立黨), 남경의 조선의열단(朝鮮義烈團), 북평의 유동열(柳東說) 등의 조선혁명당(朝鮮革命黨), 남경의 이청천 등의 신한독립당(新韓獨立黨), 가흥(嘉興)-진강(鎭江) 등지의 김구(金九) 등의 애국단(愛國團) 등이 대표적인 단체인데, 이들이 모여 한국대일전선통일동맹(韓國對日戰線統一同盟)을 조직했다가, 의견불일치 등으로 다시 남경에서 조선민족혁명당(朝鮮民族革命黨)을 창당한 다음, 통일동맹을 해체했다.

註) 그러나 내부에 공산주의 색채가 짙어지자, 조소앙 등이 탈당하여 한국독립당을 재건했다. 우파의 이청천 등은 새로 한국민족혁명당(韓國民族革命黨)을 창설하고, 제명된 김원봉은 다시 조선민족혁명당을 만들어 이에 맞섰다. 이후, 김구는 한독당 등 9개 단체를 연합하여 중국정부가 사천성(四川省)으로 옮겨가자, 임시정부도 1937년 11월에 한구(漢口)로, 1938년 2월에는 호남성 장사(湖南省 長沙)로, 7월에는 광동성 광주(廣東省 廣州)로, 10월에는 광서성 유주(廣西省 柳州)로 이동했다. 그리고 광선(光線)청년공작대를 조직하여 광서성 남쪽에서 중국군을 지원했고, 1939년 3월에는 서천성 기강(綦江)으로 이전, 10월에는 중경(重京)에서 한국청년전지공작대(韓國靑年戰地工作隊)를 결성하여 서안(西安) 등 여러 지역에서 중국유격대와 합류하며 정보수집, 초모공작 등을 해나갔다.

### 중한 항일동맹회(中.韓 抗日同盟會)

9월 20일, "20년래의 경험과 실력 있는 조선혁명군과 자위군사령 왕봉각은 서로 제휴함과 동시에 일반 중.한 동지를 규합하여 일치단결, 국가회복을 위하여 분투함으로써 중화민국의 행복 및 조선 독립을 기하려는 것이다"라는 선언문을 발표하며 조선혁명군과 합작하여 중한항일동맹회를 결성하고, 군사위원장은 왕봉각(王鳳閣)이고 총사령에는 조선혁명군의 제1사령인 한검추(韓劍秋)이며, 집안(輯安), 환인(桓仁), 통화(通化) 지역을 근거로 했다.

註) 일제의 만주 침공으로 미처 본토로 후퇴하지 못한 동북(東北) 군벌의 일부는 만주에 그대로 남아 일부는 투항하기도하고 일부는 항일전(抗日戰)을 계속했다. 이중에 이춘윤(李春潤)은 조선혁명군의 양세봉과 합작한 흥경현 전투로 유명하고, 또한 왕봉각(王鳳閣)은 반만항일군의 거두로 통화(通化)를 거점으로 요령민중자위군(遼寧民衆自衛軍)을 거느리고 맹위를 떨쳤다. 끝까지 항일전을 계속한 녹림왕자들 가운데 이춘윤과 왕봉각은 조선혁명군과 합작하여 동.남 만주 일대에서 정규전과 유격전으로 일제를 괴롭힌 대표적인 인물이다.

### 거듭되는 일만(日.滿) 연합군의 간도(間島) 토벌

1936 3월, 주로 간도 지역에서 활동하던 동북인민혁명군 제2군이 중국공산당의 지시에 따라 몇몇 반일(反日)부대를 흡수하여 안도현 미혼진(迷魂陣)에서 '동북항일연군(東北抗日聯軍)'으로 재편성하고 2천여 명의 병력을 갖추었다. 6월에는 남만(南滿)과 동만(東滿)의 당 책임자들이 모여 중공동남성위(中共東南省委: 南滿省委)를 조직했지만, 가을부터 이듬해 봄 사이에 일본군에 의한 대토벌작전으로 유격구는 거의 무너지고 잔여 병력이 산 속으로 피하면서 유격전을 벌였다. 그러나 일본군과 만주군 토벌대가 지나는 마을마다 한인(韓人)들이 피해를 당했는데, 연길현(延吉縣)에서만 2만 여명의 한인들이 양편으로부터 피살되는…

註) **동북항일연군(東北抗日聯軍):** 1928년 이후 코민테른은 일국일당주의(一國一黨主義) 원칙을 명분으로 중국공산당으로 하여금 한족(韓族), 몽골족, 회족(回族), 예족(薉族) 등 모든 공산주의자들의 조직을 흡수토록 했으며, 또한 동북항일연군은 투쟁목표나 강령에도 한국의 독립이나 해방이 명시되지 않았고, 총사령이 모두 중국인으로 행동방식도 또한 한중연합 성격을 가진 항일조직이 아니라 중국을 위한 공산군 용병단체에 불과했다.

### 보천보 전투(普天堡 戰鬪)

1937 6월 4일, 당시 백두산 일대 조선과 중국 간의 국경지역인 장백을 중심으로 활동하던 동북항일연군 제1군 제6사는 박달(朴達), 박금철 등이 이끄는 갑산군 내의 조직원들과 함께 300명이 동원되어 그 중 매복조를 제외한 90여 명이 압록강을 넘어 혜산진에서 20㎞ 떨어진 보천보(普天堡: 함경북도 혜산군 보천면)에 들어가 경찰주재소, 면사무소와 우체국 등의 관공서와 산림보호구 등을 불태우면서 기관총 3자루 등을 노획했다. 그리고 이곳을 빠져나가던 중에 이를 추격하는 일본군 국경경비대를 매복사격으로 60여 명을 사살했다. 이 사건은 일제탄압이 극심하였던 시기에 일어난 사건으로, 이때 김일성(金日成)이라는 이름이 세상에 알려지게 되었다.

註) 일본군은 작년(1936년) 가을부터 또 다른 작전인 '치안숙정 3개년 계획'에 따라 10여 개의 연대에 3만여 명을 투입하여 동북항일연군을 토벌하고자 만주 삼강성, 김림성, 봉천성 등지에 중점을 둔 부분적인 포위토벌작전을 벌이고 있었다. 때문에 토벌군과 항일연군 사이에는 포위와 탈출, 그리고 기습과 차단으로 접전이 빈번했던 시기이었다. 지금까지 북한이 김일성의 업적이라고 선전하고 있는 보천부 전투는 이러한 과정에서 일어난 사건 중의 하나로서, 일단의 항일군이 군용품 조달을 위해

국내에 잠입하여 벌인 침투사건이다. 이 사건은 국내에 엄청난 반향을 불러일으켰는데, 먼저 동아일보는 6월 5일 두 차례에 걸쳐 뿌린 호외에 "비적들 함남 보천보를 습격" "김일성(金一成) 일파로 판명" 등의 제호를 달았다. 김일성을 '金一成'이나 '金日成'이라고 쓰는 혼선도 있었지만, 조선일보도 이와 비슷한 내용을 연달아 보도했다. 증언에 의하면 이 당시에는 단위부대가 작전을 할 때에 부대장을 다 "김일성"으로 불렀다고 한다. 이후에도 동북항일연군이 벌인 전투들이 모두 "동북인민혁명군 김일성일대(一隊)" 또는 "김일성일파(一派) 공비"라는 제호로 국내에 보도되었고, 이로 인해 '김일성'이란 명칭이 '항일(抗日) 영웅'으로 떠오르게끔 되었다.

註) 북한은 김일성의 우상화 작업의 일환으로 보천보전투를 과장하여 '김일성의 대부대가 일본군을 크게 섬멸시킨 것'이라고 선전하고 있는데, 일본인 와다 하루키 씨는 그의 저서 '북한현대사(2012)'에서 '일본 경찰은 아무도 죽지 않았으며, 경찰 자녀 한 명이 유탄에 맞아죽었고, 일본인 요리집 주인 한 명이 살해된 정도'라며, '이 사건 탓으로 739명이 검거되고 188명이 기소돼 조직이 궤멸되는 위기를 맞았다'라고 설명하고 있다.

### 노구교 사건(盧溝橋 事件) - 중일전쟁 발발(中日戰爭 勃發)

7월 7일, 중국 북경(北京) 교외 노구교(盧溝橋) 근처에서 야간 훈련 중인 일본군을 향해 몇 십 발의 총알이 날아왔다. 범인이 누구인지 확인할 필요도 없이 일본군은 8일 새벽 포격을 시작했고, 9일에는 본대가 도착하기를 기다려 총공격을 준비했다. 그런데, 사태는 수습되었지만 일본내각이 이미 5개 사단의 출동을 승인한 뒤였다. 이로부터 8년 동안의 지루한 중일전쟁(中日戰爭)이 시작되는데…

註) 제2차 상해사변: 화북(華北)지방에서 중국.일본 간에 전란이 일어나자 전화(戰火)는 상해(上海)에까지 확대됐다. 8월 13일에 상해에 주둔 중인 일본군 육전대(陸戰隊)가 압도적으로 우세한 중국군의 포위공격을 받자, 일본은 즉각 육군을 증파함으로서 전쟁이 남경(南京), 무한(武漢) 등 중국 전토로 쉽게 확대되어갔다. 이와 때를 맞추어 한국독립운동은 새로운 국면을 맞았다. 지금까지 미온적인 태도를 보여 온 중국이 본격적으로 참전하게 됨으로서 한국독립군은 결정의 시기가 당겨졌다고 기뻐하며 전혀 새로운 활력을 얻게 되었다. 이 사건으로 중국에서는 공산군 토벌에 전념하던 장개석이 이끄는 국민당이 모택동이 이끄는 공산당과의 국공합작(國共合作)이 이루고 총체적인 항일태세를 갖추어 나가게 되었다.

### 수풍댐 착공

11월, 일제는 만주사변(노구교 사건)을 일으킨 지 2개월 후, 압록강의 수량이 매 초당 2만톤 이상으로 매우 대 용량임에 착안하여 평안북도 삭주군 구곡면 수풍동에 수력 발전소 건설에 착수했다. 수풍댐은 약 4개년에 걸쳐 1941년 여름 일부가 준공되어 저수가 시작되었고, 1942년 말에 완공되었다. 이로서 저수지의 연 면적은 345㎢에 달하고 그 낙차는 100m에 불과하나 유량이 풍부하여 64만KW의 발전량을 생산하여 당시 동양 최대의 수력발전소가 되었다.

註) 이러한 댐 공사를 위해 동원된 총 인원은 5백만 명에 달한다고 하는데, 이후 한국전쟁 당시 70% 가량의 시설이 파괴된 것을 1954년부터 복구공사에 들어가 1960년에 '조·중 압록강수력발전회사'를 만들어 현재 북한이 중국과 공동 관리한다고 한다.

### 좌익계열의 조선민족전선연맹(朝鮮民族戰線聯盟)과 조선의용대(朝鮮義勇隊)

12월, 김구(金九)가 이끄는 우익계열의 광선(光線: 光復戰線, 韓國光復運動團體聯合會)이 8월에 먼저 발족하자, 기선을 제압당한 공산세력은 김원봉(金元鳳)이 나서서 동지를 규합해나가 조선민족혁명당, 조선민족해방자동맹, 조선혁명자연맹(一名 조선무정부주의자연맹), 조선청년전위동맹 등 4개 단체를 설득하여 남경(南京)에서 조선민족전선연맹(朝鮮民族戰線聯盟: 民線)을 결성했다. 그러나 일본군에게 남경이 점령되자 본거지를 한구(漢口)로 이전했다가 무창(武昌)으로 옮기면서, 이듬해 10월 10일에는 조선청년전시복무단(朝鮮靑年戰時服務團)에 50명과 청년군관 50명을 중심으로 각지에서 180명의 인원을 확보한 다음, 중국군사위원회의 승인을 얻고 한구(漢口)에서 군사조직인 조선의용대(朝鮮義勇隊)를 발족했다.

註) 광선(光線)과 민선(民線)이 따로 결성되어, 이로부터 중국에서의 항일투쟁이 우익과 좌익으로 갈라지게 되는데, 조선의용대는 무장군대가 아니고 중국군의 항일전을 돕는 비무장 보조군이었다. 그나마 1940년 9월에 광복군이 창설된 때에 맞추어, 연안(延安)의 중국공산당이 조직적으로 의용대를 유인했고, 여기에 의용대의 공산주의자들이 호응하면서 병사들이 이탈해나가 조직이 와해되기에 이르러, 1942년 4월에는 광복군에 편입되었다. 또 한편, 1942년 8월에 무정(武亭)은 연안으로 넘어간 조선의용대원들을 기간으로 새로이 조선의용군을 창설하기도…

### 계속되는 일만(日滿) 연합군의 간도(間島) 토벌

1938 이때부터는 일본군의 간도(間島) 토벌 전략이 바뀌었다. 이른바 '진드기 전법(戰法)'으로 공군까지 동원하여 유격군을 끝까지 추격 섬멸시키는 작전으로 나왔다. 이에는 모택동의 '치고 빠지기 방법'도 통하지 않아 이듬해 1939년까지 중국의 동북항일연군은 도처에서 패하는 상황이었다. 게다가 항일유격대와 농민 사이를 떼어놓는 차단작전(遮斷作戰)이 확대되면서 산 속에 있는 부락들을 한 군데로 모아 집단부락을 만들고 외부와 차단해버리는 바람에 유격대의 식량과 정보망까지 차단되어 유격군의 전력(戰力)이 급속히 쇠약해졌다.

註) 이때에 일본관동군의 병력은 총 55만 명으로 증강되었다. 일본군은 남만주에 관동군남부방위사령부를 조직하고 이중에 일본군과 만주군 20만을 동원하여, 이른바 '삼강토벌작전'으로 항일조직을 소멸시키고자 무력토벌은 물론, 철저한 경제적 봉쇄까지 시도했다. 이러한 배경에는 동북항일연군의 무력함이 들어난 이유도 있다. 3만을 헤아리던 동북항일연군은 1940년에는 1천4백 명으로 줄어들면서 조직이 와해되고 살아남은 소수인원이 소련으로 건너갔는데, 후에 북한을 주무르게 된 김일성, 김책, 최용건이 이때 살아남은 사람들이다. 이즈음에는 중국군도 무작위로 허물어져 상해(上海)-남경(南京)-한구(漢口)-중경(重京)으로 연속하여 패퇴하는 중이었다.

### 조선인 징병제 실시

2월, 중일전쟁(中日戰爭)이 깊은 수렁 속에 들어가자, 이미 병력 부족현상이 나타난 일본은 식민지 장정을 이용하기로 했다. 육군특별지원병령(陸軍特別支援兵令)을 공표한 후 1943년에 징병제가 실시되기 전까지 17,664명의 조선청년을 입대시켰다. 더 나아가 전쟁확대에 따른 일본의 파쇼체제는 더욱 강화되면서 일선동조론(日.鮮同祖論)이 등장하고, 4월에는 '국어사용(國語使用: 조선어를 폐지하고 일본어만 사용할 것)'과 이른바 '창씨개명(創氏改名)'으로 조선인의 이름까지 일본식으로 바꾸게 했으며, 그들의 천황을 숭배하라는 이른바 '신사참배(神社參拜)'까지 강요하기에 이르렀다.

註) 전황이 악화되면서 조선인과 대만인을 징병하여 일본군에 포함시키지만, 일본군부의 경계심과 공포감이 자리 잡고 있었다. 이들에게 무기사용법을 익힌다는 것은 통치를 위협할 뿐 아니라, 당시 일본인에게 '명예로운 황군(皇軍)'의 순혈이 조선인으로 침해받는 일도 용납하기 어려웠다. 일본 육군은 전투부대의 조선인 비율이 20%가 넘지 않도록 기준을 정하고, 조선인은 포로수용소 부대 등으로 돌렸다. 그 결과 포로 학대의 이유로 B, C급 전범이 된 조선인이 많아진 것이다. 그러나 이미 일제치하에 적응해 온 국민들은 일본군, 조선인 순사 등의 채용 경우, 경쟁률은 1941년~1943년의 경우 평균 54.1:1의 수준으로 매우 치열했다.

註) **창씨개명(創氏改名):** 일제는 1939년 11월, 일본식 씨명제(氏名制)를 설정하여 1940년 2월부터 '씨(氏)'를 결정해서 제출하라 했다. 조선인과 일본인의 구분을 없애 징병제를 수월하게 추진하기 위해서도 시급한 일이었다. 총독부는 경찰력과 행정력을 동원해 창씨를 하지 않는 자의 자제에게는 학교의 입학을 거부하고 창씨하지 않는 호주는 '비국민'이나 '불령선인(不逞鮮人)'의 낙인을 찍어 사찰을 철저히 하고 노무징용의 우선대상으로 삼거나 식량 등의 배급대상에서 제외하는 등 갖은 제재를 가했다. 한국인들의 창씨 경향은 왜식으로 하는 사람은 극소수이고 대개는 자기의 관향(貫鄕)을 땄으며, '山川草木' '青山白水' '에하라 노하라(江原,野原)' 등으로 장난삼아 짓는 사람도 있었다. 이 같은 강압 속에서 기한까지 제출한 것은 322만 호로 약 80%까지 끌어올렸다.

1939 전쟁터에서의 조선인 활용을 맛본 일본은 조선총독부를 통해 값싼 노동력까지 확보하고자 국가총동원령(國家總動員令)을 공표하고, 곧 국민징용령(國民徵用令)을 실시하여 노동인력을 확보해 나가기로 했다. 이로부터 1945년 전쟁말기까지 113만 명 혹은 146만 명의 조선인들이 일본 본토나 일본군 점령지 등의 광산 또는 공장, 공사장으로 투입되었다.

註) 나라가 망했을 때 우리는 일제에 적응하며 질기게 버티고 살아왔다. 자의든 타의든 태평양전쟁의 특별지원병으로 수만 명이 참전했고, 전쟁 시기에 포로수용소에는 3천여 병의 조선인이 감시원으로 모집되어 활동했다. 이들을 포로들의 증언에 따르면 '일본인보다 더 악랄하고 가혹한 존재들이었다'고 했는데, 이중 148명이 전범으로 분류되었고, 23명이 처형되었다. 유죄로 분류된 전범 중 군인은 고작 3명뿐이라는 사실은 많은 점을 시사한다. '전쟁범죄에 관한한 조선인은 일본인 취급한다'라는 연합국의 결정으로 모든 것이 설명된다. 또 일본에 의해 동원된 노무자나 위안부, 그리고 군속을 피해자로 보지 않고 포로로 간주했다가 석방한 것도 크게 다르지 않다.

### 좌우(左右) 합작의 결실 - 전국연합진선협회(全國聯合陣線協會)

작년 10월에 김원봉(一名 김약산)이 조선의용대를 발족한 이후, 광선(光線)과 민선(民線)으로 나누어진 우익과 좌익의 대표인 김구(金九)와 김원봉(金元鳳)의 합작 여부가 과제의 초점이 되어있던 때에, 마침 장개석 총통의 권고로 년 초부터 중경(重京)에서 회합을 가진 이후, 5월에는 공개통신문이 발표되고, 7월에 전국연합진선협회(全國聯合陣線協會)가 탄생되어 명실 공히 전민족적 통일전선 형성의 터전이 열렸다. 그러나 현실은 순탄하지 않았다. 7개 당파 이외에도 미주와 하와이에 있는 단체까지 참여하여 우익 쪽으로 우세하게 분위기가 돌아가자, 김원봉의 조선민족혁명당이 탈퇴를 선언하는 등…

註) 이즈음에 장개석(張介石) 총통은 중일전쟁을 겪으면서 항일투쟁에는 연합세력의 통합만이 적을 섬멸할 수 있고, 개별적인 항쟁은 제아무리 강용하다 해도 희생만 늘어날 뿐 성과는 기대할 수 없다는 점을 깊이 인식하고 있었다. 한국독립에 많은 애정을 가지고 있던 그는 김구와 김원봉을 따로 만나 한국독립단체의 대동합류(大同合流)를 권유했고, 그래서 좌우연합이 성사되어질 수 있었다. 당시 중국 내 한국독립단체의 치명적인 약점은 파벌간의 투쟁이었다. 서구의 자유주의 사상을 받아들이거나, 소련의 사회주의 학설을 받아들이거나, 모든 것을 부정하는 무정부주의를 신앙하거나, 폭력 없는 평화주의를 추구하는 등의 파벌이 좌우 2대 파벌로 나뉘어졌다. 즉, 우익은 주로 한국독립당, 한국국민당, 조선혁명당 등이고 좌익은 조선민족혁명당, 조선민족해방동맹, 남화한인청년동맹 등이었다.

**광복군(光復軍)**

1940 9월 17일, 오전 6시. 임시정부 간부들과 한-중(韓.中) 양측 인사 200여명이 중경(重慶)의 가릉빈관(嘉陵賓館)에 모였다. 이윽고 김구 주석이 선언문을 발표하고 조직구성을 발표하면서 마침내 대한민국 임시정부도 21년 만에 합법적인 정규무장군대를 갖게 된 것이다. 1907년 대한제국 군대가 해산되고 33년 만에 맞는 감격이었다. 12명의 장교에 병력이라곤 30여명에 불과한 초라한 출발이었지만…. 여기에는, 중국 정부의 아무런 제약이나 조건 없는 호의적인 지원도 큰 힘이 되어주었다.

註) 지금까지 해왔던 의렬 투쟁방식은 일본의 가혹한 보복이 뒤따른다는 것이 문제점으로 지적되면서, 지난 1932년 12월 장개석은 김구에게 "특공을 통해 천황을 죽이면 다른 천황이 나올 것이고, 대장을 죽이면 또 다른 대장이 나올 것이다"라고 하면서, 향후 독립전쟁을 목표로 한다면 임시정부는 우선 무관을 양성한 다음에 정식 군대를 창설하는 것이 미래를 위한 것이라고 제의했다. 임시정부는 이 제의를 수용했고, 중국군은 남경, 낙양 및 강서, 호북 지역에서 이에 필요한 '군사위원회 간부 훈련대'를 3차례나 열고 그 동안 400여 명의 한국학생을 모집하기도 하였다. 이에 힘입어 …

註) 우익진영은 4월 기강(綦江)에서 조소앙계의 한국독립당, 김구의 한국국민당, 이청천계의 조선혁명당의 3당 연합대표회의를 열고, 한국독립당으로 재출발하면서 중국정부에 창군을 승인해 주도록 요청하여, 9월에 장개석(長介石) 총통의 승인 아래 광복군을 성립시켰다. 광복군은 1년 뒤 300명, 2년 뒤 340명으로 완만한 증가세를 보이는 가운데에 대일 선전포고(1941년)를 하고, 영국군에 파견돼 인도-버마 전선에 투입(1943년)됐으며, 미국 전략정보기구(OSS)와 합작해 국내진공을 위한 특수훈련(1945년)을 받았다. 그러나 조국이 없는 군대의 현실은 언제나 설움뿐이었다. 창설 2개월 만에 본부를 서안(西安), 2년 뒤에는 다시 중경(重慶)으로 옮겨야 했고, 1941년 11월부터는 중국 정부의 원조를 받는 조건으로 중국군 참모총장의 지휘를 받아야 했다. 1945년 4월에 이르러서야 한중간에 '한국광복군 지원방법'을 제정하면서 중국군의 영향권으로부터 벗어난 독립된 군대로 발전했지만, 국내진공작전은 빛도 보지 못한 채로 광복을 맞았다.

### 화북 조선청년연합회(華北朝鮮青年聯合會)

1941 10월 10일, 한편 좌익 계열에서는, 무정(武亭) 등이 중심이 되어 팔로군(八路軍) 전방사령부가 있는 산서성(山西省)에서 연합회를 조직한 후, 1942년 7월에는 조선독립동맹(朝鮮獨立同盟)이라 하고, 그 무장단체로서 조선의용군(朝鮮義勇軍)을 결성했다.

註) **일본에 의한 진주만 미해군 기지 기습공격.** 1941년 12월 8일, 미국은 일본의 침략전쟁을 견제하기 위해, 일본에 대한 교역중단 특히, 석유류 공급을 중단한다고 발표하자 일본군부는 선전포고 없이 태평양상에 있는 하와이의 미해군 기지를 기습하여 불바다를 만들었다. 일본은 중국에서의 전쟁도 감당하기 어려운 판에 태평양까지 전선을 확대했다.

註) **이승만과 진주만 사건.** 1932년 11월에 김구는 이승만에게 한국독립탄원 전권대사에 임명한 일이 있었다. 그러나 이승만이 스위스 제네바로 가서 한국을 중립국으로 인정해달라는 탄원을 했지만 성과가 없자, 아무 결과 없이 돌아온 그에게 비난일색인 분위기에서 이승만은 모든 활동을 접고 이후 6년간 칩거하면서 '일본내막기(Japan Indide Out)'를 집필했는데, 곧 일본이 미국을 침략할 것이니 미국은 전쟁에 대비해야 한다는 내용이었다. 당시 이 내용은 전혀 상상할 수 없는 일이었다. 그러나 그해 12월에 진주만 사건이 터지자 미국인들은 이승만을 예언자로 칭송하면서 이 책은 베스트셀러가 된다. 역설적이게도 일본의 진주만 공격이 이승만을 기사회생시켰다. 이로부터 상해임시정부에서도 이승만을 재평가하게 되는 계기가 되어주었다.

### 상해임시정부(上海臨時政府)의 대일 선전성명(對日 宣戰聲明)

12월 9일, 일본의 진주만 기습공격이 있던 다음날, 임시정부는 일본에 대해 선전(宣戰)을 포고(布告)했다. 그리고 중국정부와 군사협약을 맺어 광복군(光復軍)은 연합군 작전지구로서의 중국전구(中國戰區) 통솔자인 장개석(張介石) 총통 휘하에 두는 한편, 서안(西安)에 있던 광복군사령부를 중경(重慶)으로 옮기고, 무기와 군수품의 보급도 받았다. (통수권은 1944년 8월 임시정부로 이관).

註) ① 이때 미주지역에서도 재미한족연합회(在美韓族聯合會) 주관으로 1942년 한인국방경비대(韓人國防警備隊, 一名 猛虎軍)가 창설되고, 또 1백여 명의 교포청년이 미군전략정보처(美軍戰略情報處: O.S.S)의 훈련을 받게 된다.

② 또 한편, 광복군에 편입되지는 않았으나, 조선의용군이 중국의 화북지방을 중심으로 활약해왔고, 만주에서는 중국공산당에 의해 조직된 동북인민혁명군(東北人民革命軍)과 이것이 개편된 동북항일연군 한인부대(東北抗日聯軍 韓人部隊)의 활약이 컸다.

③ 후에 조선의용군은 김원봉(金元鳳)을 광복군 부사령 겸 지대장으로 하는 광복군의 제1지대로 편입되어, 이범석(李範錫)의 제2지대, 김학규(金學奎)의 제3지대와 함께 광복군의 주력부대가 되었다.

④ 1943년 6월에는 영국과 한영군사협정(韓英軍事協定)이 정식으로 체결되고, 광복군의 공작대가 인도와 버마에 파견되어 버마탈환작전에 참가하기도 한다.

### 조선의용군의 호가장(胡家莊) 전투

12월 12일, 태항산(太行山: 山西省과 河北省의 경계) 줄기에 닿아있는 호가장(胡家莊: 河北省 石家莊 부근, 북경에서 남서쪽 100Km지점)에서 조선의용군 무장선전대 30명이 민가에 들어가 쉬던 중에, 마을 촌장이 밀고하자 즉각 5백 명 이상의 일본군이 마을을 포위했다. 새벽에 동이 트면서 곧바로 격렬한 전투가 벌어졌고, 조선군은 다수의 적을 사살하면서 포위망을 뚫었다. 물론 이쪽도 태반이 전사했다.

註) 이 시기 이후, 일본군의 광란적인 소탕작전 아래 항일연합군의 각 소속부대는 대부분 소련 경내로 옮겨가야 했으며, 소수 부대만이 남아 투쟁을 지속했다. 이로부터 동북의 항일전쟁은 전반적으로 침체기에 들어가게 된다.

### 반소탕전(反掃蕩戰) - 마전(馬田) 전투

1942 연안지방에 큰 가뭄이 들자, 일본군은 연안을 포위하고 식량공급선을 봉쇄했다. 그리고 2월에 4만의 병력을 투입하여 중국 팔로군(八路軍)과 조선의용군(朝鮮義勇軍)의 섬멸전을 기도했다. 3월 30일까지의 작전이 실패하면서 1차 작전은 끝났다.

5월, 일본군은 무려 20개 사단, 약 40만의 명력을 동원하여 이른바 '5월 소탕(5月掃蕩)'이라 하고, 2중3중으로 포위하며 공격해왔다. 전차와 항공기까지 동원된 이들 중, 6만의 병력이 조선의용군을 맡았다. 하순에 이르러 사령부인 마전(馬田)까지 육박해 오자, 5천 명의 팔로군 지휘부는 조선의용대에게 탈출로를 뚫으라고 했다. 수백 명의 의용군은 사생결단하고 오직 한 곳을 목표로 하여 뚫고 나갔다. 자살공격이나 마찬가지였다. 조선군은 태반의 병력을 잃은 채로 탈출에 성공은 했지만, 이는 요행이나 마찬가지였다.

### 동북항일연군 교도려(教導旅)

한편, 소련으로 들어간 동북항일연군의 생존병력은 작년에 맺은 중소조약의 영향으로 금족령이 내려져 할 일 없이 지내던 중, 소련 극동군의 원조로 동북항일연군 교도려(教導旅: 중국특별려)를 결성했다. 소련군 300명을 포함한 1,300여명으로 구성되었는데, 목적은 만주에서 유격전을 벌이는 것이었으나 끝내 만주와 국내 진공작전은 이루어지지 못했다. 소련군이 대일전에 참전한 뒤에 일본이 곧바로 항복했기 때문이다.

註) 교도려(중국특별여단)는 4영으로 편성하여 부여장은 시린스끼 소련군 장교가 임명되었다. 김일성은 제1교도영 영장, 사령부의 부참모장은 최용건, 제3교도영의 정치 부영장은 김책이 되었다. 이들은 소련 군복을 착용하고 소련군의 계급을 따라 김일성, 최용건과 김책은 모두 대위 계급장을 달았다. 또 군내의 당 위원회에는 최용건이 서기, 김일성이 부서기, 위원에는 김책이 포함되어 있었다. 최고 간부는 중국인 2명과 조선인 2명으로, 조선인으로서는 최용건이 최고 간부였고 김일성(본명 김성주)은 2인자였다. 이중 조선인이 약 400여 명이고, 소련 국적을 가진 조선인 12명도 포함되었다. 해방 후 1945년 7월 말에 교도려의 반수는 동북으로 들어가고 반수는 조선으로 들어가기로 하고 조선공작단을 결성했는데, 단장은 김일성이고, 당위 서기는 최용건이 맡아 국내에 들어가기로 했다. 그러나 조선으로 진공한 소련군이 나진과 청진으로 진격하는 중에, 조선공작단은 9월 5일에야 출발하여 소련군을 뒤따라 9월 16일에 원산으로 입국했다.

5월 15일, 중국 국민당 지도자 장개석 총통은 한국광복군에서의 좌우익 파벌을 우려하면서, 김원봉이 이끄는 좌익 성향의 조선의용대를 한국광복군에 합병시키라고 명령했다. 그리고 장개석 총통은 "정부를 임시정부를, 당은 한국독립당을, 군은 이청천(李靑天)의 광복군에 대해 지원해야 한다"는 주가화(朱價華) 국민당 중앙조직 부장의 건의를 받아들이고 한국광복군의 무장을 한국임시정부로 통일하여 적극 지원하도록 했다.

註) 주가화를 대표로 하는 국민당 중앙당부가 김구가 이끄는 한국독립당을 지원하려는 데는, 소위 공산당 음모와 조선민족주의 역량이 공산당으로부터 이용당하는 것을 피하기 위해서였다. 주가화는 완고하게 공산당을 반대했고, 이는 김구가 이끄는 한국독립당의 견해와 일치되는 견해를 가지고 있었기 때문이다.

1943 8월, 일제는 태평양전쟁이 확대되면서 병력이 절대적으로 필요했다. 조선인 징병제인 '학도지원병(學徒志願兵)' 제도를 강행하면서, 약 4천5백 명의 전문학교와 대학의 학생들을 일본군으로 징발.

註) 정확한 통계숫자는 아니나, 2차 대전 말기까지 186,680명의 조선인이 일본 육군에, 22,299명이 일본해군에 편입되어 전 전선에 분산 배치되었다.

### 카이로(Cairo) 선언

11월 12일, 유럽지역 전선에서 추축국(樞軸國)의 하나이던 이태리가 항복하자, 연합국은 카이로에서 회담하여 전쟁후의 세계문제를 의논했다. 연합국의 대표인 미-영-중(루즈벨트, 처칠, 장개석)의 3국은 여기에서 조선의 자유와 독립을 보장한다고 했다.

註) 이 선언은 연합국이 제2차 대전 후 일본의 영토 기본방침을 처음으로 공식 성명한 것인데, 주요 내용은 일본을 응징하나 3국 모두 영토 확장의 의도가 없음을 표명했다. 제1차 세계대전 후 일본이 탈취한 태평양 제도(諸島)를 박탈하고, 또한 만주, 타이완(臺灣), 평후제도(澎湖諸島) 등을 중국에 반환하고 일본이 약취한 모든 지역에서 일본세력을 구축(驅逐)한다. 이 밖에 특히 한국에 대해서는 특별조항을 넣어 "현재 한국민이 노예상태 아래 놓여 있음에 유의하여 앞으로 한국을 자유 독립국가로 할 결의를 가진다"라고 명시하여 처음으로 한국의 독립이 국제적으로 보장받았다(그러나 한국임시정부는 인정하지는 않았다). 선언은 이상의 목적으로 3국은 일본의 무조건항복을 촉진하기 위해 싸울 것을 천명했는데, 이후에 속개된 1945년 7월 포츠담선언에서도 이 조항들을 재확인했다.

12월, **광복군 파인공작대(光復軍 派印工作隊),** 광복군 10명이 버마-인도 전선파견군(駐印緬工作隊)으로 현지에 도착하여 영국군 제17사단에 배속되었다. 임무는 일본군의 투항권유와 포로 심문으로, 1945년 전쟁이 끝날 때까지 버마 임팔작전에 투입되어 영국군 총반격에 따라 티딤(Ti-dim)까지 진격했고, 이어 2년동안 랑군 상륙작전, 만달리 작전, 북부작전 등에 참가하며 파견군의 역할을 수행했다.

註) 중경의 임정요인들은 앞으로 중국에만 매달릴 것이 아니라 영국이나 미국에도 눈을 돌리면 임정의 국제적인 승인을 얻을 실마리를 풀 수 있을 것으로 기대했다. 사실, 이번 파병은 임정과 광복군의 자주화에 직접적인 힘이 되어 주중미군(駐中美軍)으로 하여금 광복군에 대해 깊은 관심을 갖게 했다. 그러나 결과적으로 영국의 미온적인 대인도(對印度) 기본정책에 맞물려 끝내 광복군을 국제승인하의 한국군(韓國軍)을 만드는 데는 성공하지 못했다.

1944 지원병제도로 시작된 조선청년의 전쟁동원이 마침내 징병제도로 바뀌어 패전할 때까지 약 20만 명이 징집되었다. 또 8월에는 여자정신대동원령(女子挺身隊動員令)을 만들어 12세부터 40세의 여자 수십만 명(약 20만 명)이 징집되어 군수공장 등으로 가고, 또 한편 중국과 남태평양 지방의 전선위안부로 가는 등의 만행을 당하게 했다.

註) 이들 조선인(노동자, 병사, 위안부 등)들은 패전당시 기밀누설 방지를 이유로 거의 대다수 사람들이 학살되었다. 또한 요행히 살아남을 수 있었던 사람들은 해방 후 귀국에 대한 대책이 없어, 많은 사람들이 중국이나 동남아 현지에 눌러 살게 되는 경우가 대부분이었다.

註) 일본군 위안부, 일본군 위안부는 일본이 일으킨 전쟁에 강제로 끌려가 성노예 생활을 강요당한 피해자들이다. 일본군은 침략지역에서 일본군의 강간행위와 성병감염을 방지하고 군사기밀의 누설을 막기 위해 일본, 조선, 대만 등 점령지역에서 젊은 여성들을 동원하여 주둔지역과 최전방에서 집단적으로 군인들의 성적 노리개로 만들었다. 이들은 노리개 겸 소모품으로 전쟁터를 전전하면서 혹사당한 끝에 학살되거나 방치된 채로 극소수만이 살아남아 일본군의 잔학상을 전하고 있다. 이들에 관한 자료들이 전후 모두 폐기되어 그 전모를 파악할 수 없지만, 이를 최초로 폭로된 때는 1988년이고 1991년 8월에 김학순 할머니가 실명으로 기자회견을 열면서 세상에 공개되기 시작하여, 2013년까지 237명이 신고했다. 2007년 7월 미국 하원에서 일본군 위안부 피해자 문제해결을 위한 결의안이 만장일치로 통과된 후, 캐나다, 네델란드, EU를 비롯한 9개국에서도 결의안이 통과되었다. 이는 한국과 일본의 양군간의 문제가 아니라 궁극적인 인권문제임을 강조한 것이다.

註) 일제는 1938년부터 지원병제를, 1944년부터는 징병제를 시행했는데 징병제로 징집된 숫자는 209,279명에 달했다. 또한 이때부터 일제 패방 시까지 안휘성, 호남성, 강서성, 절강성 등 중국 각 전선에서 일본군에 끌려온 한적장병(韓籍將兵)들의 탈출이 잇따랐으며, 이들은 주로 한국광복군 제3지대에 합류하고 일부는 중경의 임시정부로 갔으며, 또한 그들은 한미합작 OSS 훈련에서 훈련생의 근간이 되어주었다. 한편으로 1945년 이후 탈출한 한적장병들은 중경이나 서안으로 가지 못하고 해방 시까지 현지 중국군 부대에 합류하여 적 후방 활동에 종사하기도 했는데, 이들 팔로군과 신사군 지역으로 탈출한 한인은 연안, 태항산 일대의 화북조선독립동맹, 조선의용군에 수용되었으며, 이들의 규모나 활동상은 구체적으로 파악되지 못하고 있다.

### 얄타(Yalta) 협정

1945 2월 11일, 미-영-소(루즈벨트, 처칠, 스탈린)의 3국 대표가 크림반도에 있는 얄타에 모여, '유럽에서 전쟁이 끝난 3개월 이전에 소련의 일본에 대한 참전을 결정.

註) 여기에서 유럽지역의 전후처리문제가 논의되고, 국제연합 창설 등에 관한 결정이 이루어졌다. 또한 소련의 대일참전(對日參戰)에 관한 협정도 체결되는데, 소련이 독일 항복 후 3개월 이내에 대일전(對日戰)에 참가하는 대가로 사할린(樺太), 치시마열도(千島列島)를 획득하고, 대련항(大連港)의 국제화(國際化), 소련의 여순(旅順) 조차권회복(租借權回復)의 회복, 만주철도의 중소(中蘇)공동운영 등

의 권익(權益)을 보장했다. 이듬해 이 협정 내용이 밝혀지자 미국에서는 루스벨트의 대소(對蘇)타협이라 하여 비난의 소리가 높았고 얄타회담은 계속 논란의 대상이 되었는데, 이 회담에서에 한반도에 관한 내용은 거론되지 않았다. 심지어 당시 미국 국무장관이던 에드워드 스테티니어스(Edward Stettinius)는 부하 직원에게 '한국이 도대체 어디 박혀있는 나라인지 아느냐'고 물었다는 일화가 있을 정도였다. 결국 2차 대전 종전이 임박한 시점에서도 미국 정부는 한반도 미래에 관해 그 주인인 한국인들과 단 한 번도 협의한 적이 없었던 것이다.

### 광복군의 국내정진작전(國內挺進作戰) 추진

3월 15일, 임정과 광복군은 반세기 항일전쟁을 마무리 지어야 할 최후의 결전을 위해, 모든 역량을 총집결하여 광복군을 국내 진입시켜 수도 서울 탈환전에 선봉이 되어야 했다. 이에 따라 한미(韓.美)간 양군의 합의사항으로 국내정진작전(國內挺進作戰)이 합의되었다. 이미 1943년 2월부터 추진되어 온 OSS 합작계획(韓美合作軍事行動計劃)을 실현시키고자, 광복군에게 정보, 파괴폭파, 무선통신, 유격전술 등의 훈련을 실시해 나가기로 했는데, 때마침 일본군에 학병(學兵)으로 있던 청년들이 대거 탈출하여 광복군을 찾아오는 사례가 많아져 이들을 모두 훈련교육에 투입했다.

註) OSS 유격대원의 국내정진작전은 두 가지 방법이 구상되었다. 하나는 광동(廣東)에서 출항하여 배편으로 국내 해안에 침투 상륙하는 것이고, 다른 하나는 유격대원을 비행기로 황해도 구월산에 투하하는 것이다. 본격적인 국내 상륙전투는 1946년으로 예상했다. 참고할 점은 이때 광복군의 총 숫자는 339명에 불과했다. 그래서 이는 정규군의 상륙작전이 아닌, 게릴라 침투작전 수준이겠지만…

### 포츠담(Potsdam) 선언

7월 26일, 독일이 5월 7일에 패한 후 연합국 대표인 미-영-중(루즈벨트, 처칠, 장개석)의 3국 수뇌가 베를린 근처에 있는 포츠담에서 독일에 대한 분할점령과 동유럽의 지배 등을 논의하고 일본에 대해 최후통첩을 내렸다. 일본에게는 무조건 항복을 요구하면서 "카이로 선언의 모든 조항은 이행" 되어야 하는 점과, 전후 일본의 주권영토의 한계까지 정했다. 그러나 일본 스즈키 수상은 "다만 묵살할 뿐이다. 우리는 전쟁완수에 매진할 것이다"라며 한편으로 소련에 대해 중재를 위한 화평을 제안했다. 그러나 스탈린으로부터 돌아온 대답은 소련의 대일선전포고(對日 宣戰布告)이었다.

註) 태평양전쟁의 양상이 급진전되어갔다. 미군은 2월에 아이오지마(硫黃島)를 점령하고 3월에 마닐라 점령, 4월부터 오키나와 상륙하고 수도 도쿄가 매일 밤마다 공습에 시달리게 되는 상황에 4월 5일에는 소련까지 중립조약을 폐기한다고 했고, 4월 30일에는 히틀러 자살, 5월 8일에는 독일이 항복하면서 일본 혼자 전쟁을 떠맡은 꼴이 되었다. 이러한 상황에서 이루어진 이 회담에서 일본에 대해 항복을 권고하고 대전 후의 대일(對日) 처리방침을 논의했는데, 처음에는 미국 대통령 트루먼, 영국 총리 처칠, 중국 총통 장개석(蔣介石)이 회담에 참가했으나, 얄타회담 때의 약속에 따라 소련이 대일 선전포고를 하게 되어 소련공산당 서기장 스탈린도 8월에 이 회담에 참가하여 함께 서명했다. 이 선언은 모두 13개 항목으로 되어있는데, 특히 제8항에서는"카이로선언의 모든 조항은 이행되어야 하며, 일본의 주권은 혼슈(本州), 홋카이도(北海道), 규슈(九州), 시코쿠(四國)와 연합국이 결정하는 작은 섬들에 국한한다"라고 명시하여 카이로선언에서 결정한 한국의 독립을 확인했다.

### 미국이 일본에 원폭(原爆)을 투하하니, 소련은 서둘러 참전(參戰)하고…

8월 6일, 일본은 위기감 속에 '1억 옥쇄(玉碎)'를 운운하며 가미가제특공대(神風特攻隊 – 자살폭격대) 같은 살인 작전까지 동원한 상태였다. 그러던 중 이날, 미국이 제작한 원자폭탄(原子爆彈)이 히로시마(廣島)에 투하됐다. 일순간에 도시가 날아갔다. 그로부터 2일 후인 8월 8일에는 소련이 선전포고를 하고, 9일부터는 소련군이 4천 대의 전차와 5천 대의 항공기의 호위 아래 60개 사단 150만의 대부대가 밀물처럼 만주지역으로 진격했다. 이어 오후에는 나가사끼(長崎)에 또 한발의 원폭이 투하되었다.

8월 10일, 이제 일본은 선택의 여지가 없게 되자 비로소 포츠담 선언을 수락했다.

8월 11일, 소련군의 행보는 전광석화였다. 스탈린은 시간이 모자랐다. 나진 공습에 이어 한반도 최동북단인 웅기를 폭격하고 경흥으로 진공, 12일에는 청진으로…

註) 소련군은 8월 9일 붉은군대 제1극동전선군 예하의 제25군 지휘관 치스차코프 대장에게 북한 지역 원산과 청진을 점령하라는 명령과 함께 즉시 군사작전에 들어갔다. 제386사단은 중국의 동북지방 훈춘과 도문 방향으로, 제393사단은 북한의 웅기와 나진 방향으로 향했다, 11일은 웅진과 나진항에 공중폭격과 함께 해병상륙부대가 웅기에 상륙하여 나진을 향하고, 12일과 13일에는 주력부대가 나진항에 상륙, 그러나 일본군의 저항으로 많은 희생자를 내면서 합류한 소련군은 청진을 향했으나 여기에서도 격렬한 일본군의 저항으로 15일 일본의 항복 때까지 청진을 점령하지 못하다가 16일에야 들어갈 수 있었다. 이어 18일에는 어대진에, 21일에는 원산에 상륙, 25일에는 청진의 육군과 원산의 상륙부대가 합류하여 작전은 끝났다. 이후 치스차코프 사령관이 도착한 후에는 만주에 있던 예하 부대들이 들어와 신의주, 개성, 해주, 청진, 함흥 등 북한 전 지역에 12만 명의 소련군을 배치하게 된다.

註) 소련군은 미군이 인천에 상륙할 때까지 38도선 이북을 다 점령하면서 북한의 공장 설비를 마구 반출함으로써 '배고픈 정복자'의 모습을 드러냈다. 이때 소련군이 남진을 하지 않은 북위 38도선은 전쟁 말기의 일본 관동군과 일본 조선군의 작전 분담 구역의 경계선이었다.

### 광복(光復)의 날

8월 15일, 정오, 일본천황의 항복발표가 나왔다. 그러나 중경의 임시정부 광복군(光復軍), 화북지방의 조선의용군(朝鮮義勇軍), 만주지방의 동북항일연군(東北抗日聯軍), 미주지역의 특수공작대(特殊工作隊) 등등, 이들은 이 순간에 모두 맥이 빠져 망연자실했다.

註) 김구(金九)의 〈백범일지(白凡日誌)〉에서: " 아! 왜적이 항복! 이것은 내게는 기쁜 소식이기보다는 하늘이 무너지는 일이다. 우리 광복군을 잠수함에 태워 본국에 들여보내 요소를 혹은 파괴하고, 혹은 점령한 후 비행기로 무기를 운반할 계획까지도 다 되어 있었는데, 이것을 한 번도 해보지 못하고 왜적이 항복하였으니 진실로 전공이 가석하거니와, 그 보다도 걱정되는 것은 우리가 이번 전쟁에 한 일이 없기 때문에 장래 국제간에 발언권이 박약하리라는 것이다."

# 占領軍 治下 3年

### 조선건국준비위원회(朝鮮建國準備委員會)

1945 8월 16일, 조선총독부(朝鮮總督府)의 마지막 총독인 9대 아베 노부유끼(阿部信力)는 조선내 80만 일본 민간인과 군인들의 신변보호와 안전귀국을 꾀하고자, 당시 조선인의 지도급 인사이던 여운형(呂運亨)과 행정권 이양교섭을 시도했다. 여운형은 곧 건국준비위원회(建國準備委員會)를 조직하고 치안대를 준비했으나 총독과의 교섭이 결렬되었다. 이날 미국군 선발대가 비밀리에 서울에 들어와 "미국군이 진주할 때까지 모든 체제를 변함없이 그대로 유지하며, 정식 항복할 때 일본의 통치기구를 그대로 미군에게 인도할 것"을 지시했기 때문이다. 여운형의 건준은 평양에 진주한 소련군까지도 군단위의 인민위원회로 개편할 것을 권하기도 해서, 결국 10일 단명으로 끝나고…

註) 조선총독부는 일본항복을 제일 먼저 확인하고 약 80만 명에 이르는 일본인들의 안전 귀환을 서둘렀다. 당시 가장 알려진 인물인 동아일보 사장 출신 송진우와 동아일보 편집국장인 이낸 김준연에게 접촉하여 행정권 이양을 의뢰했으나 모두 거절당했다. 송진우는 연합군이 한반도에 즉시 진주하고 중경(中京)의 임시정부가 귀국하여 정권을 맡을 것으로 판단했다. 그런데 그 사이에 여운형이 이를 승낙하여 행정권을 이양 받았다. 당시 여운형은 좌파 세력을 대표하는 인물이었고, 송진우는 우파 세력을 대변하고 있었다. 그런데 돌연 조선총독부가 행정권 이양을 번복했다. 38도선을 경계로 소련과 미국이 분할 점령한다는 사실을 확인했기 때문이다. 조선총독부는 곧 군대를 동원하여 건준이 접수하고 있던 경찰서와 방송국을 다시 차지해버린다.

註) **여운형(呂運亨):** 젊어서는 이르츠크파 공산당 활동에 열성적이다가 잠시 독립운동과 민족주의에 관심을 갖는 듯하더니, 곧 1934년부터는 일본의 극우 정치가를 비롯한 총독부 실세들과 어울려 친일 행각을 해온 전향과 변절의 기회주의자이다. 1943년에는 경성일보, 매일신보 등에 학병을 권유하는 기고를 여러 차례 한 것이 대표적이다. 이를 연고로 해방 후 송진우가 거부한 총독부와의 협상을 대신 끼어들어 정치범 석방이나 치안권 이양에 대해 순조롭게(?) 이어나가면서 정치자금까지 받아 건국준비위원회를 운영해보기로 했지만…

8월 18일, 미군 수송기 C-46기(機)가 광복군 4명과 미군 18명을 태우고 여의도에 착륙했다. 1차로 지난 16일에 귀국을 시도했다가 때마침 동경만(東京灣)에서 미군의 항공모함이 일본특공자살대의 공격을 받은 사건이 있어, 이때에도 불시에 일본군으로부터 무슨 도발을 받을지 모르겠으므로 되돌아갔다가 이날 다시 온 것이다. 그러나 일본군이 만류함으로 부득이 3시간 만에 서안(西安)으로 되돌아가야 했는데…

註) **좌절된 광복군의 국내진주계획(國內進駐計劃):** 임시정부는 반세기 항일민족투쟁에 유종의 미를 거두고자, 중국전구(中國戰區)의 일본군 내에 징집되어 온 한국인 사병 10만 명을 광복군에 흡수하여 재훈련 후, 국내에 진주시키고자했다. 중국 국민당의 장개석 총통도 동의했다. 실제로 한꺼번에 6천명의 한국인 출신 일본군이 국내에 진주한다는 계획은 결국 미군정청(美軍政廳)의 거부로 좌절되고 말았다. 이 병사들은 광복군 이청천(李青天) 사령관의 사열을 받기도 했으나, 갑자기 늘어난 병력을 무장한 채로 1946년 6월에 광복군 총사령부가 스스로 해체령을 내림으로서 이 계획은 완전히 수포로 돌아갔는데, 이 중 5개 대대 1천명은 만주로 들어가 반공의용대(反共義勇隊)를 조직하여 1년 4개월 간 활동하기도 했다.

이때 소련군 25군 예하의 393사단과 태평양함대 및 해병 상륙부대 등은 더욱 서둘러 한반도 점령을 목표로 밀고 내려와 16일까지 청진, 원산, 웅기, 나진 등을 점령하고, 23일에는 38선 근처인 개성에 도착한 다음, 여기서 일단 남진을 멈췄다. 그리고 소련군은 행정권을 이양 받은 채 일본인을 억류시키고는 27일에 평안남도 인민위원회를 시발로 공산주의자를 중심으로 각 도(道)마다 인민위원회(人民委員會)를 결성해 나가면서 북한 전 지역에 이북5도 인민위원회(이것이 46년 2월 9일에는 북조선 임시인민위원회로 발전)를 결성하는 등, 지역 자치단체를 광범위하게 조직해나가기 시작했다.

註) 소련군은 8월 28일까지 총 12만5천의 병력을 신의주, 개성, 해주에 이르는 38선까지 배치를 완료한 다음, 각 지역에 '점령군지역사령부'를 설치해 나갔다. 이때 소련군 제25군을 지휘한 치스차코프(Ivan M. Chisatiakov) 사령관은 일본군 평양방위부대 사령관 다케나토를 만나 무장해제를 협의하면서 김일성을 비롯한 빨치산에 관한 사항을 물었다. 다케나토는 "분명하게 말하지만, 조선 내에서만 10개 사단 이외에도 많은 헌병과 경찰대를 보유하고 있다. 이런 막강한 군사력에 대한 도전은 장군의 군대와 같이 잘 무장된 정규군만이 해낼 수 있다. 그밖에 여하한 무장 세력도 일본군을 건드릴 수 없었으며, 또한 조선 땅에는 그런 반일 무장 세력이 존재하지도 않았다"고 대답했다. 한편, 소련군의 진주는 초기에 주민들이 태극기를 들고 나와 환영하는 분위기였고 해방의 은인이라는 평가였다. 그러나 그 분위기는 오래가지 못했다. 폭행, 약탈, 강간과 같은 소련군의 행위에 따른 반발이 일기 시작하여 차츰 반소 시위가 일어나면서 공산당의 형태에 대해서도 반감을 가지게 되어 가는데…

註) 소련군 제25군사령부는 '북조선 인민의 사유 및 공유재산은 소련군사당국의 보호 아래 둔다'는 공약을 내세워 수많은 공장시설과 식량 및 귀중한 자원을 반출해 나갔다. 쌀의 경우 1945년 244만 섬, 1946년 290만 섬이 반출되었고, 가축 역시 1945년에 소 15만 두, 말 3만 두, 돼지 5만 두, 1946년에 소 13만 두, 말 1만 두, 돼지 9만 두 등이 반출되었다. 공장 시설의 경우는 더욱 심하여 압록강 수풍발전소의 10만Kw 발전기 3대와, 함흥, 원산, 진남포, 청진 등지의 시설에서 공작기계, 방직기계, 제련기계, 전동기, 방직사, 가성소다, 현금 등이 반출되었다. 이와 같은 점령 형태는 북한만이 그런 것은 아니었다. 당시 동유럽의 소련군정에 들어선 국가들은 대부분 같은 상황이었음에 유의할 필요가 있다. 특히 소련군정에서 발행한 붉은지폐(군표)의 유통은 북한 경제에 심각한 영향을 끼쳤는데,

무작위로 발행한 군표에 처음에는 금으로 교환해준다고 했으나 약속은 지켜지지 않았고, 1947년 화폐개혁을 했을 때도 신화폐와 바꾸어주지 않았다.

**3.8선(三八線)**

9월 2일, 미국군은 아직 오끼나와(琉球島)에 머무르고 있는 상태인데 비해 소련군이 쉽게 한반도를 장악해 나가자, 미국은 일본군으로부터 항복 받을 경계선으로서 한반도의 북위 38도선을 제의했고, 소련은 이 제의를 주저 없이 동의했다.

註) 미국은 일본 상륙 이전에 희생자가 많으리라는 문제를 풀기 위해, 소련군과 남과 북에서 동시에 공격해 들어가는 것과, 원자폭탄을 투하해 일본의 항복을 유도하는 두 가지 방법을 모두 택했다. 그 결과 일본의 결사적인 저항을 예상했던 미국은 너무 빠른 일본의 항복에 당혹해 했다. 미군이 오키나와에 머물며 원폭을 맞은 일본이 어쩌는지 지켜보고 있는 사이, 소련군은 서둘러 만주를 넘어 북한에까지 병력을 투입했다. 만약, 소련군이 먼저 일본을 점령한다면 1941년부터 일본과 싸워 온 미국은 '닭 쫓던 개'가 된다. 당황한 미국은 "소련군은 혼슈(本州)는 물론이고 홋카이도(北海道)로도 상륙하지 말라. 한반도에서는 38선 이남으로 내려오지 말라"고 요구했다. 소련이 양해한 덕분에 미군은 일본과 38선 이남 한반도에 진주할 수 있었다. 당시 소련의 의도는 남쪽 조선보다는 1차로 만주에서의 이권(利權) 확보와 2차로 일본의 북해도(北海島) 분할에 더 큰 관심이 있었다. 그런데 한반도는 중요하기는 했지만 역시 부차적인 문제였다. 더구나 일본과 가까운 한반도 남쪽은 장차 미소관계를 악화시킬 소지도 많아 보였다. 이 때문에 어떤 교섭이나 이의도 제기하지 않고 쉽게 38선을 양보했다. 그러나 북해도 분할은 미국의 반대로 실현되지 않았다. 결과적으로 한반도만 남북으로 분할된 꼴이 되고 말았다.

9월 4일, 국내파 공산당의 지도자로 명망이 높았던 현준혁(玄俊赫)이 조만식(曺晩植)과 함께 소련군 로마넨코 사령부에 출두했다가 돌아오는 길에, 트럭 조수석에서 총에 맞아 숨졌다. 이 사건은 소련군사령부의 보도금지령과 함께 수사는 흐지부지되고, 이후 소련군은 김일성을 내세우기 위한 공작으로 북한 공산당의 국내파 숙청을 본격적으로 시작하는데…

註) 범인은 현준혁과 경쟁관계에 있던 장시우(張時雨)라고도 하고, 김일성과 관련이 있다고도 한다. 어쨌든 현준혁은 소련군정의 입장에서는 불필요한 사람이었다. 민족계열과 연대하려는 온건 공산주의자가 김일성보다 먼저 평양에 조직기반을 완성하면 곤란하다는 이유였다.

9월 6일, 한반도의 38선 이남을 점령할 7만2천 명의 미군이 서울에 들어왔다. 9일에는 조선총독 아베(阿部信力)로부터 행정권을 접수받은 미 점령군은 맥아더 사령부의 포고 제1호를 발표했다. 이로부터 한반도 남쪽에서의 통치권으로서 오직 미군정(美軍政)만 인정받게 되어, 임시정부나 지난 5일에 여운형 등의 건준(建準: 건국준비위원회)이 발표한 '조선인민공화국' 등은 모두 인정받지 못한 채로 해체되어야 했다.

註) 8월 11일에 오키나와 주둔 미 제24군단 사령관 존 하지는 미국 태평양사령부로부터 한반도 38선 이남을 접수하라는 전문을 받았다. 단지 한반도로부터 가장 가깝다는 이유였다. 하지가 상륙을 준비하는 동안, 일본군은 미군 상륙 이전까지의 치안유지 권한을 맥아더로부터 위임받았고, 하지 역시 미

군이 인천에 상륙할 때 지역의 경비를 일본군이 맡도록 지시했다. 9월 8일 아침, 마침내 하지가 이끄는 2개 사단이 인천 월미도에 도착했다. 그러나 한국인에게는 이들을 환영할 권한이 없었다. 오히려 질서유지라는 이유로 일본군이 사격을 가해 2명의 한국인이 현장에서 사살되었다. 진정한 광복은 아직 오지 않았다. 미 점령군 사령관인 하지 중장은 본국으로부터 아무런 지침을 받지 못한 상태였다. 그는 임무가 단지 일본군의 항복접수에 국한 한다고 여겼기에 한국에 대한 아무런 정책이 없었다. 상륙 다음날인 9일에 그는 정책인수를 위해 아베 총독과 일본인 고위 관리들을 당분간 그대로 직무를 수행하도록 했는데, 한국인의 분노가 거세지자 12일에 모든 일본인들을 해임했다. 그러나 그 후 비공식 자문관으로 일본인 관리들을 활용했고, 수천 명의 경찰관을 비롯하여 식민정부에서 일했던 한국인 관리들을 재임용했다. 미군들은 행정능력도 없고 한국의 문화와 언어를 이해하지 못했기에 불가피한 조치였는지도 모른다.

9월 8일, **38선과 남북의 단절,** 지난 8월 24일과 26일 사이에 서울과 원산을 잇는 경원선, 서울과 신의주를 잇는 경의선, 경기도 개풍군 토성과 황해도 해주를 잇는 토해선을 차단시키고, 9월 6일에는 남북 간의 통신선이 소련점령군사령부에 의해 모두 두절되었다. 9월 8일에야 한반도에 진주한 미군이 이에 항의하자 소련 측은 통신만을 일시 개통했으나, 이마저도 곧 다시 단절시키고 말았다.

9월 19일, **김일성(金日成, 본명 金成柱)** 입국, 오전, 소련 군함 푸카초프호가 원산항에 입항했다. 그 배에는 소련군 제88특별여단 조선인 대원들이 타고 있었다. 김일성을 비롯하여 최용진(인솔 책임자), 최용건, 김책, 이동화, 문일, 유성철, 박길남, 김봉률, 이청종, 김창국, 김파우엘 등이었다. 이튿날이 추석이어서 일행은 곧바로 시내로 들어갔다.

註) 이들의 귀국은 공식적인 입국도 아니었고 환영식도 없었다. 출영 나온 사람이라고는 소련군 사령부 고위 장교 2명과 통역관 등 몇 명에 불과했다. 그때 김일성은 측근들에게 "김일성을 보지 못했고 나중에 온다고 했고 나이는 모른다"라고 하라는 부탁을 하고는 배 안에서도 자신을 김성주라고 소개했다. 그런데 당시의 이 내용을 북한판 〈조선전사〉 제22권에 보면 「장춘을 비롯한 중국 동북지방의 많은 지역을 해방시키고 진격을 계속해 적들이 난공불락의 요새라고 했던 웅산만 고개의 방어시설들을 돌파하고, 웅기, 나진, 남양 등을 해방하고 청진 방면에 대한 작전을 성공적으로 수행했다. 조선인민혁명군은 지상에서 공격하는 부대들과 더불어 해상 상륙작전을 병행했다. 청진, 나남, 원산 일대를 해방하고 공격의 성과를 남쪽으로 확대했다. (中略)… 일제를 패망시키고 조국을 반세기에 미치는 오랜 일제 식민지 통치의 굴레에서 해방시켰다」라고 거창하게 기록해 놓았다. 그래도 그렇지. 소설 수준이라 해도 너무 심했다.

註) **김일성(金日成):** 김일성은 1912년생으로 1936년 5월에 중국공산당이 조직한 동북항일연군(東北抗日聯軍)에 가담했다가 1940년 8월에 이들 조직이 일본군 토벌에 섬멸되고, 생존자 몇 명이 소련령으로 도주했다. 이때 밀정으로 오인 받아 체포되자 중국인 주보중(周保中)이 보증을 서 석방된 후, 당시

소련에 의해 창설된 첩보특수정찰부대 제88특별여단에 소속되었는데, 이 부대는 소련 극동군구사령부 아래 정찰임무를 수행하기 위한 목적아래 총원 2백 명으로 부대장은 주보중이며 중국인 1백 명과 조선인 60명, 기타 40명으로 구성되었다. 이중 김성주(金聖柱)의 직계 대원은 20명 정도인데, 증언에 의하면 광복이 될 때까지 일본군을 상대로 총 한번 쏴보지 못했다고 한다. 해방 후 1945년 8월 29일에 입국 제1진이 들어왔고, 이들 중 김성주 소련군 대위는 9월 19일에 소련군함 푸가쵸프호를 타고 원산항에 들어왔다 (당시 입국 책임자는 최용건).

9월 20일, 스탈린이 연해주(沿海州) 군관구(軍管區) 및 제25군 군사평의회에 "북조선에 반일적(反日的)인 민주주의 정당조직의 광범한 연합을 기초로 한 부르주아 민주주의 정권을 수립할 것"을 지시했다. 즉, 북한에 단독정부를 세워 소련의 위성국을 만들라는 것이다.

註) 이 지령은 남북분단의 근본적인 원인을 제공한 조치이었다. 내용 중에는 미군과의 협의 문제나 한국의 통합 또는 통일문제에 관한 언급이 전혀 없었다. 즉, 한반도의 분단을 전제로, 통일에 관한 모든 논쟁과 노력을 무시하라는 조치이었다. 즉, 소련은 조선의 통일을 우선시하기보다 자신이 점령한 지역에 친소적 정부를 먼저 수립한다는 것이었다.

註) 박명수 서울신대 교수는 〈'중앙집권화된 행정부'와 한반도의 분단: 해방전후 미국의 대한(對韓)정책에 대한 재고찰'〉이란 논문에서 "광복 직후 서울에 진주한 미군은 '한반도의 통일된 행정조직' 구성을 추진했지만 소련군이 거부해서 성사되지 못했다"고 주장. 일본군 무장해제를 위해 38선을 획정한 것은 미국이었지만 이를 실질적 행정 분계선으로 만들어 한반도 분단의 단초를 연 것은 소련이라는 지적이다. 1945년 9월 8일 한국에 도착한 하지 미군정 사령관은 미 국무성이 만든 "한반도 전체를 하나의 중앙집권화된 행정구역으로 만들어야 한다(the whole of Korea would constitute a centralized administrative area)"는 지침을 갖고 있었다. 미국은 1943년 무렵부터 패전국 식민지에 중앙집권화된 임시행정부를 만들고 연합국의 신탁통치를 거쳐 통일된 자유독립국가를 수립한다는 정책을 세워놓고 있었다. 그러나 미군보다 먼저 북한에 진주한 소련군이 남북의 통행과 연료 공급을 저지하는 바람에 분단에 대한 우려가 높아졌다. 미군은 소련군에 접촉을 제의했고 9월 16일 평양에서 첫 대화가 이뤄졌다. 미군은 하나의 정치·경제 공동체였던 한반도가 둘로 나뉜 상태가 비정상이란 점을 지적하고 석탄·전력 문제 등의 해결을 촉구했다. 하지만 소련군은 상부의 지시를 기다리고 있다고 답했다. 38선 문제가 계속 제기되자 10월 1일 마샬 미 육군참모총장은 도쿄의 맥아더 장군에게 보낸 서신에서 "가능한 한 빠른 시일 내에 '전체 한국을 위한 하나의 행정조직'(a single administration for the whole of Korea)을 가져야 한다"는 입장을 다시 밝혔다. 하지만 9월 20일 스탈린에게서 "북한에 부르주아 민주주의 정권을 수립하는 데 협조하라"는 지시를 받은 소련군은 적극적이지 않았다. 결국 대화는 중단됐고 이후 하지가 양국 정부가 직접 나서 줄 것을 요청하면서 38선 문제는 미 국무성과 소련 외무성의 현안으로 넘어갔다.

9월 30일 오후 6시, 평양시내 요정 화방(花房)에서 조만식(曺晩植)과 김일성(金日成)의 운명적인 첫 대면이 있었다. 이 자리는 소련군 25군 정치담당관인 메크레르 중좌가 마련했는데, 소련군은 당시 평양의 분위기가 조만식 판이었음을 알고 민족주의자 조만식과 공산주의자 김일성의 협력관계를 조성하고자 했다. 이 자리에서 메크레르는 조만식 선생의 협조를 구했고 조만식은 '민족통일 국가 건설'을 요구했다. 이때까지도 소련군은 북조선에 조만식 대통령과 군부책임자로 김일성을 구상하고 있던 중이었다.

### 서북 5도 임시인민위원회 구성

10월 10일, 소련군은 8월 26일 평양에 진주한 제25군 치스챠코프(CHistiakov) 사령관에 이어 소련 제1 전선군 정치부의 지시를 받고 김일성 일파가 '정치, 행정 일꾼'으로 입북, 로마넨코(Andrei Romanenko) 소장 휘하의 소련 점령군 사령부 정치부 소속되어 북한의 소비에트화에 앞장서는데, 이들은 첫 단계로 10일에 '서북5도 임시인민위원회'를 구성하고, 13일에는 조선공산당 북조선 분국을 설립하여 북한 단독정권의 기반을 다지기 시작.

### 중국 태항산(太行山)에 있던 조선의용군

10월 12일, 중국 산서성 태항산에 있던 조선의용군의 조선독립동맹 회원 1천여 명은 귀국하고자 9월에 만주 일대로 나왔다. 그리고 더욱 많은 조선 청년들이 합류하여 그 선발대가 신의주에 당도했지만, 소련군정은 이들의 입국을 철저히 방해했다. 결국 이들은 강제로 무장해제 당한 채 다시 만주로 돌아가야 했고, 훗날 연안파(延安派)로 활동하게 될 이들의 지도자 무정(武亭) 등, 일부만이 냉담한 분위기 속에 북한 땅에 들어 올 수 있었다.

註) 독립동맹은 해방 당시 도처에 산재한 민족해방세력 중 규모가 최대였으며, 비록 조국과는 멀리 떨어진 지역에 있었지만 열심히 활동했던 단체였다. 조국의 산하를 눈앞에 두고 뒤돌아서야 했던 이들은 임시정부를 거부하고 중국공산당의 지원을 받았기 때문에 한국으로부터도 무시당했다. 또한 북한에 들어간 소수의 조선의용군 지도자들도 후에 김일성이 자행한 연안파 숙청에 걸려 모두 중국으로 망명하거나 죽음을 당해야 했다. 결국 남북한 양쪽으로부터 철저히 버림받은 불운의 단체가 되고 말았는데, 이들은 끝까지 독립투쟁을 벌여오기는 했지만, 독자 노선보다는 중국팔로군에 의지해왔던 것이 그 한계였다.

### 평양시민대회 - 김일성(金日成) 등장

10월 14일, 평양공설운동장에서 10여만 명이 참가한 해방 후 최대의 군중집회가 열렸다. 소련점령군 환영행사이었다. 오전 11시경, 먼저 행사 준비위원장인 조만식(曺晩植)의 환영사에 이어 소련 제5군 군사위원 레베루제프의 답사가 있었고, 이어서 '항일의 영웅'이라고 하며 김일성(金日成)이 소개되었다. 그런데 운동장의 분위기가 술렁거렸다. 순식간에 불신과 실망의 감정이 퍼져나갔다. 백발이 성성한 원로의 독립투사로 상상했던 모습 대신 앳된 얼굴이고 보니 "가짜다!"라는 소리가 군중 속에서 저절로 터져 나왔다. 김일성은 아랑곳하지 않고 "위대한 붉은 군대의 영웅적 투쟁을 찬양하고 스탈린 대원수에게 조선 해방에 대한 감사와 영광을 보내는" 연설문을 소련군이 만들어 준대로 읽어 나갔다.

註) 33세의 김성주 소련군 대위가 졸지에 '위대한 수령 김일성'으로 나타난 이날은 그가 원산항에 들어 온지 한 달도 안 된 때였으며, 행사는 소련군의 각본대로 진행되었다. 후일에 이 광경을 북한 측 〈조선전사〉에서는 "정각 오후 1시, 그처럼 우러르며 흠모하던 절세의 애국자이시며 민족적 영웅이시며 혁명의 영재이신 위대한 수령 김일성 동지께서 연단에 오르셨다. 순간 천지를 뒤흔드는 환호성이 터져 올랐으며 그칠 줄 모르는 김일성 장군 만세 만세의 환호성이 하늘과 땅을 진감하여 삼천리강산에 메아리쳤다"고 기록했다. 가짜 김일성 소동에 소련군 병사가 군중에게 발포하여 부상자가 나오기도 했다는데…

註) **김일성 우상화,** 이 당시 '가짜 김일성 장군' 소문이 퍼져나가자 소련점령군사령부 정치부는 서둘러 김성주의 가계(家系)를 미화하여 김일성 장군을 뒷받침해주는 선전책자 '영웅의 가계'를 내놓았다. 이것이 역사를 날조한 '김일성 우상화'의 효시이다. 김성주는 소련 점령군에 의하여 김일성 장군으로 소개된 후, 처음에는 자신을 만주에서 제6사단장과 제2방면 군장으로 활동했다고 주장했다. 그러다가 1949년부터는 그 주장을 바꾸어 독자적인 항일 유격대를 조직하여, 독립을 위해 만주에서 조선을 드나들며 일제와 싸웠다고 했다. 이것이 바로 김성주의 항일투쟁 경력 부풀리기와 김일성 신격화(神格化)의 시작이다.

10월 13일, **북조선노동당,** 조선공산당은 1945년 9월11일 서울에서 박헌영(朴憲永) 총비서 중심으로 재건되었다가 공산당의 '일국일당(一國一黨) 원칙'에 따라 평양에서는 이날, '조선공산당 북조선분국(北朝鮮分局)'을 창설하고 23일에 서울 중앙당으로부터 분국 승인을 받았다. 이 북조선분국은 얼마 후 북조선공산당으로 개편되고 이듬해 8월에는 연안파(延安派) 조선신민당과 합당해 북조선노동당(北朝鮮勞動黨)으로 명칭을 바꾸었다.

10월 14일, 일제 때 항일운동을 하던 장창종(張昌鍾)은 소련군이 흥남질소비료공장의 기계 설비와 식량을 실어 가는 것을 보고 동기생들과 함께 반소(反蘇)운동을 하기로 했다. 이들 43명은 일본군이 남기고 간 수류탄과 소총을 구입한 후, 흥남시에서 치안대 습격과 소련군 앞잡이 등을 처치하기로 했으나, 정보가 누설되는 바람에 치안대원 70여 명에게 모두 체포되었다. 이중 주동자 8명은 신의주 학생사건(11월 18일) 관련자들과 함께 시베리아 유형에 처해져 우즈베키스탄 등을 전전하며 강제노역을 당해야 했다.

11월 3일, **조선민주당 창당,** 사회주의자들이 조선공산당에 결집하고 있던 시기에 북쪽의 민족주의자들은 조만식을 중심으로 조선민주당 창당을 창당했다. 조만식은 소련군이 주둔한 상태에서 공산주의자들의 협조가 필요하여 김일성에게 입당을 권했지만, 김일성은 같은 동북항일연군 출신의 최용건을 추천하여 그가 대신 참여했다.

註) 조선민주당은 창당한지 1개월도 지나지 않아 공상당보다 더 많은 당원을 확보했다. 또 3개월도 안되어서 당원이 수만 명으로 증가했다. 주로 민족자본가, 도시 소자산가, 기독교인들을 기반으로 했으나 지방 조직에는 중소지주 등도 참여하고 있었고 반공주의 성향의 인물들이 참여하는 경우도 있었다. 대체

로 보수적인 색채의 계층이 다수 참여했는데, 특히 지방 당부의 성격은 상당히 반공적인 성향이 강했다. 전반적으로 조선민주당의 강령은 남한의 한국민주당 강령보다 더 보수적이라 할 정도였다.

### 신의주 학생사건(新義州學生義擧)

11월 18일, 신의주 서쪽 용암포(龍岩浦)에서 민족진영인 고려청년동맹 주최로 독립촉성시민대회가 열렸다. 대회는 연단에 올라선 학생대표의 연설로 분위기가 바뀌었는데, 공산당이 정치훈련소로 사용하고 있는 수산학교(水産學校)의 반환을 요구했고 군중들도 이에 호응했다. 이어 학생들은 신의주인민위원회 위원장 이용흡(李龍洽)에게 따지기 위해 나섰는데, 1백여 명의 공산당원이 나타나 다짜고짜 학생대표들을 두들겨 패기 시작했다. 말리던 목사 1명이 숨지고 12명이 부상당하는 사고가 발생. 학생들은 그곳 공산당 당국과 소련군 현지 사령관에게 사건의 온건한 처리를 요구했지만 "다음엔 용서 없다"는 위협만 받았다.

11월 23일 하오 2시, 용암포 사건과 관련하여 신의주의 모든 중등학교 학생 3천5백여 명이 모여 호소문을 낭독하고 "학원의 자유를 쟁취하자! 소련군 물러가라"는 등의 구호를 외치면서 공산당 본부건물과 보안서로 몰려갔다. 그러나 사전에 대비하고 있던 보안대의 따발총과 기관총 발포로 시위는 순식간에 아비규환의 아수라장이 되면서 23명이 사망하고 7백여 명의 부상자가 발생했다. 이후로 체포와 검거선풍이 몰아닥쳤다. 1천여 명의 학생들이 체포되고, 이중 주동자급 학생들(2백여 명이라고 함)은 시베리아로 유형에 처해졌다.

註) 학생들의 시위는 소련군정과 김일성이 계획하는 북한사회주의화 프로그램에는 거의 영향을 주지 못했다. 일과성 사건으로 끝나고 말았는데, 오히려 공산당 지배를 강화하는 구실이 되어 주었다. 그러나 그 후 일어난 평양과 함흥의 학생시위에서 "신의주의 원수를 갚자"는 구호가 나왔듯이, 이 사건은 북한정권의 지우기 힘든 상처로 남게 되었다.

### 요인 입국(要人 入國)

11월 23일, **김구(金九) 입국,** 한국에 신탁통치를 실시할지도 모른다는 보도가 있어, 민중의 충격이 큰데다가, 38선 폐지운동도 일어날 즈음, 외국에서 활동하던 임시정부 요인들이 군정청(軍政廳)의 몰인정 때문에 각각 개인의 자격으로 들어왔다. 10월 17일에 미국에서 이승만(李承晩)이 들어오고, 11월 23일은 임시정부 요인들인 김구(金九)와 김규식(金奎植) 등이 중경과 상해를 거쳐 입국하면서 "조선의 분리는 절대 받아들일 수 없다"고 했다. 이어 12월 3일에는 상해에 남아있던 김원봉, 신익희, 조소앙 등 임시정부 간부 22명이 귀국했다.

註) 한편으로 평양에서는 민족주의자인 조만식과 소련군정과 마찰이 일기 시작했다. 조만식은 이즈음 소련군과 국내 공산주의자들의 실상을 인식하기 시작하기도 했지만, 소련군의 약탈행위도 문제였다. 9월의 평양고무공장의 기계탈취사건과 10월에 수풍발전소의 발전기를 뜯어간 사건이 시작이었는데, 소련군의 비호 아래 김일성은 겉으로는 조만식을 대선배로 받든 척하면서 자기들끼리 모이면 "반동 영감쟁이 조만식을 죽여야 한다"고 떠들어댔다. 이후 조만식은 조선민주당을 창당하고 민족운동을 벌이고자 했지만, 소련군정과 공산주의자들이 조선민주당을 접수하고 그를 고려호텔에 연금한 다음, 회유하였으나 굽히지 않고 월남(越南)을 종용하는 제자들의 간청도 거절하다가 1950년 10월 18일, 6.25전쟁 때 평양형무소에서 후퇴를 서두르던 인민군에 의해 500여 명의 치안사범과 함께 총살당했다.

註) **김구와 이승만:** 한편으로 남쪽의 미군정은 박헌영이 이끄는 좌파세력을 견제하고자 김구와 이승만을 우대했는데, 그러나 이들 두 사람은 독립운동 과정에서도 그랬듯이 정치관도 세계관도 전혀 달랐다. 김구가 민족주의 틀 속에서 독립국가 건설을 염원한 이상주의자라면, 이승만은 세계권력 구도의 틀 속에서 미국과 같은 자본주의 국가를 건설하려는 현실주의자였다. 또한 김구는 독립이라는 목표를 이루기 위해서는 무력 사용이나 테러행위도 무방하다고 생각하는 전형적인 투사형 인물인데 비해, 이승만은 힘없는 현실에서 대화와 타협이라는 외교적 수단을 넘어서는 행동은 오히려 독립에 걸림돌이 될 뿐이라고 믿는 전형적인 정치가형 인물이었다. 거기다 두 사람 모두 독립국가의 수반을 꿈꾸고 있었다. 결국 둘 중 하나가 사라질 때가지 서로 권력을 다툴 수밖에 없는 운명이랄까…

12월, **북한 요인 입국,** 조선독립동맹 주석 김두봉, 조선의용군 사령관 무정, 독립동맹 주석 최창익, 한빈 등 70여 명은 소련군이 마련해 준 열차편으로 평양에 도착했다. 환영행사는 물론, 환영 나온 인사들도 없었다.

註) 그들은 무기와 장비 그리고 대원들의 가족까지 중국에 남겨 두고 혈혈단신으로 왔다. 남한에서의 김구를 비롯한 임시정부 요인들의 입국과 똑같은 처지였다. 그들은 처음부터 이렇게 오려고 한 것은 아니었다. 일본의 항복으로 조선의용군은 귀국해야 했는데, 간부들은 중국공산당의 당원확인증과 추천서를 가지고 300명의 대원 1진에 출발했다. 다른 지방의 조선의용군도 같은 처지였다. 4천여 리의 장정 끝에 11월 초에 심양에 도착한 후, 제2차 국공내전으로 대원들은 중국 해방전투에 차출되어가고, 간부들만 귀국이 허용되었다. 그러는 중에도 10월 12일에 신의주에는 1천 여 명의 조선의용군 선발대가 도착해있었다. 그러나 소련군에게 강제로 무장해제 당한 채 도로 중국으로 쫓겨 나갔고, 다시 귀국을 시도했지만 이번에는 북한 보안대의 기습을 받아 다시 중국 안동으로 쫓겨 나가야 했다. 이미 소련군 이외에는 북한에 들어올 수 없다는 소련군 전략 앞에 방법이 없었던 것이다.

### 남한보다 한발 앞선 북한의 군대조직 - 북조선 임시인민위원회 직속 보안대대

12월 17일, 소련군정의 지원으로 사실상 당과 행정권을 장악한 김일성은 북조선 임시인민위원회 설치와 함께 "「민주기지노선」에 따라 남조선이 강력한 군사를 보유하기 이전에 북조선이 먼저 막강한 군사력을 건설해야만 북조선을 기지로 하여 조선을 통일할 수 있다"고 자신의 통일노선을 밝혔다. 그리고 소련군정과 함께 자위대, 치안대, 적위대를 모두 해산시키고 인민위원회 직속으로 보안대대(사령관 최용건)를 창설한 다음, 또한 북한에서 식량과 기계 등을 소련으로 실어가기 위해 조직한 철도경비대도 흡수하여 군대 창설을 서둘렀다. 이때는 남한에서 미군정이 아직 군대를 조직하기 전이라 보안대대 본부를 '경찰본부'라고 위장하면서 비밀을 유지했다.

### 모스크바(Moscow) 3상회의(三相會議)

12월 27일, 얄타.포츠담 양 협정에 근거하여 런던에서 열렸던 제1회 미.영.중.불.소 5개국 외상이사회의(1945년 9~10월)의 최종타결을 위해 미.영.소 3국 외상이 모스크바에 모여, 전쟁종결 후 처리해야 할 국제문제들, 특히 일본에서 분리된 지역의 관리 문제 및 얄타협정에 의거한 한국의 독립문제 등을 토의했다. 그 결과 모스크바 협정(Moscow 協定)이 체결되는데, 그 중 한국과 관련된 문제로는, 한국을 독립국으로서 발전시키기 위해 임시정부를 수립하고, 이를 돕기 위한 미.소 공동위원회를 구성하여 5년 간 신탁통치를 한다는 것이다. 이 조치는 조선의 독립을 빼앗는 것으로 전국에 큰 충격을 주었다. 이에 따라 전국적으로 반탁운동이 불꽃처럼 펴졌고, 김구를 중심으로 한 '탁치반대 국민총동원 위원회(託治反對 國民總動員 委員會)'가 조직되었다.

註) 임시정부 지도자들은 민족진영의 단결은 성공했지만, 공산주의자를 포섭하는 데는 실패했다. 이러한 상태에서 정부승인을 받기 위해 연합국에 대한 외교활동을 벌였는데, 제일 먼저 중국(장개석)정부가 완강히 거부했고, 미국과 영국도 이에 따랐다. 이유는 한국임시정부는 모든 항일 운동가들의 지지를 못 받고 있어 내부 분열적 요소가 많고, 임시정부가 귀국해도 너무 오랫동안 해외에 나가 있었기 때문에 국민의 지지를 받게 될지 의심스럽다는 것이다. 어처구니없는 현실이었고, 이는 장개석 정부가 저지른 수많은 실수 중에 하나가 되었다. 더구나 미국에게 거부하도록 설득하기까지 했다.

12월 31일, 오후 1시에 서울운동장에 30만 명이 운집하여 대규모 반탁 대회가 열렸다.

註) 이를 주도한 것은 신탁통치 반대 국민총동원위원회였는데, 물론 그 중심에는 김구와 임시정부 세력이었다. 이렇게 되자 미군정은 임시정부 요인들을 모두 체포하여 중국으로 추방할 계획을 세웠지만, 실행하지는 못하고 하지 중장은 김구와 협상을 시도. 그런데 반탁에 열기에 불을 지른 또 한 명의 지도자는 이승만이었다. 그는 매주 방송을 통해 반탁 연설을 하고, 심지어 6주 동안 전국을 순회하면서 반탁 강연회를 열고 조직망을 넓혀나갔다.

1946 1월 2일, 전국에서 좌우익 할 것 없이 반탁(反託)을 외치던 중에 조선공산당을 비롯한 좌익(左翼)단체들이 갑자기 찬탁(贊託) 쪽으로 바뀌었다. 평양에 다녀온 박헌영 공산당 위원장의 지시라고는 하지만 대회에 참가한 시민들은 여우에 홀린 기분이었다. 이윽고 5일에는 평양에서 반탁운동을 주도하던 조만식이 체포되고, 이에 참여했던 민족파에 대한 탄압이 본격화되었다. 반면에 서울에서는 가열된 반탁 분위기 속에 7일 밤, 한국민주당, 국민당, 인민당, 공산당 등 4대 주요 정당 대표들이 모여 공동성명을 발표하고, 이어서 9일, 14일, 16일에는 신한민족당까지 모인 5당 회의가 열렸으나, 우익의 강력한 반탁론(反託論)으로 회의는 결렬되는데…

註) 평양에서는 김일성과 조만식이 친탁과 반탁으로 대립하였는데, 당시 조만식은 조선민주당의 당수로서 북쪽의 민족진영을 이끌었고 김일성은 소련에 의지하여 조선공산당 북조선 분국을 이끌고 있었다. 초기에는 서로 화합하는 형식을 갖추었지만, 신탁통치 문제에 이르자 조만식은 타협의 의지를 보이지 않자, 조만식이 1월 초부터 연금 상태, 김일성은 1월 23일에 조만식을 공식석상에서 '반동(反動)'으로 규탄하면서 최용건을 북조선민주당 당수로 임명했다. 그러자 민족주의 계열은 반탁운동의 구심점을 잃고 대부분 월남했으며, 일부 기독교 계열과 청년학생층만이 지하로 잠복했고, 공산주의자의 찬탁지지 시위만이 거리를 메웠다. 반대로 서울은 혼란의 연속이었다. 반탁 분위기가 대세인 가운데 공산당이 찬탁시위로 자신의 입장을 알려가면서 충돌이 빈번해져갔다. 이북은 찬탁, 이남은 반탁…

1월 16일, 미소공동위원회를 열기 위한 예비회담에서 소련대표 치스차코프는 "모스크바3상회의의 결정을 반대하는 정당, 사회단체, 개인과는 한자리에서 회담할 수 없다"고 했다. 이에 미국은 "남북을 통합시키자"

고 제의했으나 소련이 거절했다(소련은 일단 만들어진 자기네 위성국가를 놓으려 하지 않았다). 결국 회의는 무기연기 되었다.

1월 14일, **국방경비대(國防警備隊)와 해안경비대(海岸警備隊),** 미군정(美軍政)의 지원으로 「남조선 국방경비대(國防警備隊)」라는 이름의 군대가 조직되었다. 작년(1945년) 10월 31일에 미군정 치안책임자인 헌병사령관 시크 준장이 아널드 소장에게 국방을 위한 업무를 제안하여 군 창설문제가 논의되기 시작했고, 그 결실로 태릉에서 15일에 제1연대 제1대대 A중대를 창설했다. 이어 4월까지 각 도에 1개씩 8개 연대가 편성되고 8월에는 제주도가 도(道)로 승격되면서 11월에 제9연대가 추가되었다. 또, 6월 15일에는 해군에 해당하는 조선 해안경비대(海岸警備隊)가 발족되면서 지금까지의 사설(私設) 군사단체를 모두 해산시켰다.

註) 국방경비대의 주요 임무는 간부양성을 위한 미국으로의 유학생 파견, 군사영어학교 및 남조선국방경비사관학교 설립과 국가 중요시설의 경비와 좌익의 폭동진압이었다. 1948년 8월 15일 대한민국 정부가 수립되자 9월 5일에는 병력규모 10만의 '대한민국 육군'으로 개편된다. 11월 30일 국군조직법에 따라 정식으로 대한민국국군으로 편입되었다. 명칭도 국방경비대 본부를 육군본부로 변경. 또한, 조선해안경비대는 8.15광복 후에 미군정청의 인가를 받아 창설된 해방병단(海防兵團)을 개편하여 1946년 6월 15일 창설된 것인데, 1948년 8월 대한민국 정부의 수립과 동시에 '대한민국 해군'으로 개편되었다.

### 학병동맹사건 (學兵同盟事件)

1월 18일, 전국이 반탁과 찬탁으로 나뉘어 투쟁이 한창이던 때, '반탁 전국학생총연맹'은 서울 정동교회에서 '반탁 시국강연회'를 개최한 뒤, 약 6백여 명의 학생들이 가두시위를 벌이자 미리 잠복해 있던 좌익계 학병동맹원들이 무기와 곤봉 등으로 시위 학생들을 습격하여 40여 명의 학생들이 부상을 입고, 그 중 몇 명은 중상을 입어 입원하는 사태가 일어났다. 곧이어 우익학생들이 반격에 나서 을지로 입구에 있던 인민보사(人民報社)와 인민당(人民黨) 본부 및 서울시인민위원회와 학병동맹 본부 등을 습격했는데, 학병동맹 측에서는 미리 준비한 무기를 이용하여 반탁학생들을 후퇴시켰다. 이에 경찰이 출동하여 학병동맹원 2명을 검거하여 조사한 결과 많은 현금, 다이너마이트 8개, 도화선 및 뇌관(雷管) 등을 은닉하고 있음을 발견하고, 서로 습격사건을 벌인 좌우익 청년 및 학생단체 주모자들을 모두 입건했는데, 좌익계 85명, 반탁학생 9명이 검사국에 송치되었다.

註) 학병동맹이란 일제강점기 말에 학병으로 끌려갔다가 귀환한 자들 중 좌익사상을 가진 자들이 1945년 9월 1일 조직한 '조선학병동맹'으로서 공산당의 전위행동대였던 극렬 좌익분자들의 모임이다

2월 8일, **북조선 종교정당 – 청우당,** 이전까지 협조적이던 조만식이 신탁통치 반대의 뜻을 표명하자 소련군은 크게 당황했다. 결국 조만식이 연금 상태가 되면서 조선민주당이 몰락하게 되자, 이를 대신하여 천도교청우당과 조선신민당이 창당되어 활동하게 되었다. 청우당은 북조선천도교청우당으로 창당하면서 위원장에 김달현(金達鉉)이 맡았다.

註) 천도교청우당은 우리 민족 고유의 종교인 천도교를 기반으로 하며, 북한에서 종교적 색채를 띤 유일한 정당이다. 일제 강점기인 1919년 9월 2일 김기전(金起田)이 창당했으나 일제의 탄압으로 해체된

천도교청년당이 전신으로, 해방 후 1945년 9월 14일 재조직되었다. 천도교북조선종무원이 1946년 2월부터 소련 당국의 인가를 받아 종교활동을 시작했는데 이 때 천도교 고원군종무원장이던 김달현이 2월 8일 북조선천도교청우당을 창당했다. 한국전쟁 직전까지 북조선 전역에 99개의 도, 군 종무원이 조직되는 등 비교적 전국적인 조직을 갖춰 나갔다. 1948년, 서울의 천도교중앙본부에서 3.1절 행사를 기해 거국적인 반공의거를 일으키라는 지령을 받았으나 김달현은 이를 거부했다. 1950년 월북한 '남조선청우당'을 흡수해 조선천도교청우당을 발족하고 김달현이 다시 위원장이 되었다. 전쟁 기간 중에는 고위 당직자는 노동당원으로 김일성을 지지했으나 일반신도들은 반공대열에 나서는 양상을 보였다. 이에 북조선정부의 박해가 심해졌고 김달현도 숙청되었다. 1959년 시군 이하 조직이 모두 해체되었으며 1960년에는 도당조직까지 해체되면서 이후 이름만 유지하게 되었다.

2월 8일, **북조선 임시인민위원회,** 평양에서 '북조선 임시인민위원회'의 수립이 선포되었다. 지난해 10월 28일에 소련점령군사령부가 설치한 '북조선 5도행정국'을 재편한 것으로, 이에 따라 인민재판 기관 설치와 조세제도의 확립 등의 20개의 정강을 발표했다.

註) 이는 임시위원회가 정책집행기구인 정권임을 나타낸 것으로, 미소공동위원회가 열리기 전에 기습적으로 조치를 취하여 남북을 분리시켜 공산화하려는 의도였다. 위원장에는 김일성이 취임했다. 이로써 김일성은 이 시점에 벌써 당의 수장이자 정권 최고 권력자로 올라서게 되었다. 국내파 공산주의자들은 이것이 당을 남북으로 분열시킬 것이라며 반대했고, 허가이 등의 소련파도 5도행정국을 그대로 둘 것을 주장했지만 김일성은 밀고 나가며 박헌영에게는 통보도 하지 않았다. 임시위원회는 1947년 2월 21일에 '임시'라는 단어를 뺀 북조선인민위원회로 격상시켰다. 이는 결국 '조선민주주의인민공화국'으로 가는 발판이 되었으며 1948년 9월 9일까지 지속되었다.

3월 1일, 해방 후 처음 맞는 3.1절 행사에 소련군정은 찬탁분위기를 잡아가기 위하여 평양역 광장에서 대규모 군중집회를 열었다. 오전 11시, 광장에는 7만여 명의 군중이 가득 들어찬 가운데 김일성이 연설을 마치고 시가행진에 들어가기 직전, 한 발의 수류탄이 날아들었다. 이때 소련군 노비첸코 소위가 계단에 잘못 떨어진 수류탄을 재빨리 집어 던지려는 순간에 수류탄이 터져 큰 피해는 막았다. 이때 40여 명이 검거되어 배후를 캤지만…

註) 소련은 즉각 이 사건이 김일성의 목숨을 노린 이승만의 추종자들이 배후에서 조종한 것이라며 비난했다. 후일 전(前) NKVD(KGB의 전신)의 장교이었던 레오니드 바씬(Leonid Vassin)은 "아무것도 내세울 것이 없는 김일성을 영웅으로 둔갑시키기 위해, 그를 암살하기 위한 계획을 연출했다"고 증언했다.

3월 5일, **북한의 토지개혁**, 북조선인민위원회가 토지개혁법령을 발표하자 북한전역이 충격에 휩싸였다. 기존의 토지소유 관계를 전면 부정하고 5정보 이상 소유한 지주와 그 소작인에 대한 무상몰수, 무상분배, 소작제 금지 등의 내용으로, 기존 지주의 농토를 몰수해 협동농장으로 운용하면서 개인농을 여기로 편입시켰다. 땅을 빼앗기는 자와 땅을 새로 갖게 된 자 사이에는 순식간에 깊은 골이 패이게 되었다.

註) 이 조치는 소련군정과 김일성의 일치된 이해관계가 깔려있었다. 북한 인구의 절대다수를 차지하는

빈농을 겨냥한 지지기반 구축을 위한 작업이었다. 또한 소련군의 징발 때문에 식량이 부족했던 것도 서둘렀던 배경이 되었다. 당시 북한 농가 가운데 지주는 4%에 지나지 않았고, 소규모 자작농이 24%이었으며, 나머지는 영세 빈농이나 소작인이었다. 그러나 실제로 북한 주민 입장에선 농지에 대한 소유권이나 경영권을 얻지 못하고 기존의 지주가 공산당으로 바뀌었을 뿐 똑같이 소작농으로서 일을 해야 했다. 이 결과로 지주편에 선 반공청년 및 학생들의 습격, 테러, 방화 사건이 꼬리를 물었는데, 일부는 일본군이 버리고 간 무기를 구해 소련군과 총격전을 벌이기도 했다. 또한 종교재산도 국유화됨에 따라 결정적인 몰락에 처한 각 종교 단체들도 이에 합세했다. 저항이 심했던 지역으로는 황해도 재령과 안악, 평남 순천, 평북 정주와 용천, 함남 고원과 함주, 강원도 안변 등인데, 이러한 거센 저항에도 불구하고 이 조치는 북한 우익의 몰락을 가속화하여, 그 결과로 38선을 넘어 월남하는 인구의 폭발적인 증가로 나타났다.

### 함흥 학생의거(咸興 學生義擧)

3월 11일, 함흥공업학교와 함흥농업학교 학생 8백여 명이 "학원의 자유를 달라!", "우리의 쌀은 어디로 갔는가?" 등의 구호를 외치며 가두시위에 나섰다. 사태가 이에 이르자 인민위원회는 긴급대책으로 학년 말 방학을 3월 13일로 앞당겨 실시하도록 각 학교에 지시했다. 그러자 13일, 방학식이 끝나면서 함흥지역의 약 5천여 명의 학생들이 일제히 시위에 들어갔고, 시민들도 이에 호응하여 약 1만5천여 명이 거리로 쏟아져 나와 결국은 보안서원과 소련군이 동원되어 일대 격돌이 일어났는데, 보안서원의 발포진압으로 학생과 시민 120여 명의 사상자를 냈다. 사건진압 이후 많은 학생과 시민들에 대한 검거열풍이 닥쳤고, 이 사건과 관련하여 검거된 학생들은 모두 재판절차 없이 시베리아 유형에 처해졌다.

註) 1945년 8월 소련군에 의하여 점령된 북한에 소련군정이 실시되면서 각 도의 도청은 소련군의 군정청으로 사용되고 있었다. 그러다 1946년 초에 소위 인민위원회가 조직되었는데, 도인민위원회가 들어설 도청은 이미 소련군이 점거하고 있었기에 그들은 함남중학의 교사(校舍)를 청사로 차지했다. 그러자 학생들은 모교사수(母校死守)를 외치며 항거하는 한편, 이 무렵 흥남비료공장을 비롯한 큰 공장의 기계가 어디론지 뜯겨가고, 식량배급이 끊기면서 시민들의 불평이 심각한 상태에 이르렀던 때이었다.

### 제1차 미소공동위원회(美蘇共同委員會)

3월 20일, 전 국민의 관심 속에 미소공동위회의가 서울 덕수궁에서 열려, 임시정부수립과 4국 신탁통치협약을 작성하려는데, 임시정부수립을 협의할 정당 사회단체 문제가 난관이었다. 이 때문에 소련대표는 자리를 박차고 나가 평양으로 가버렸는데, 남북통일에 큰 장벽이 되는 38선 철폐부터 착수하려고 한 미국 측 대표의 제의를 소련이 거부한 것이 주요 요인이었다. 회의는 무기한 휴회에 들어갔고, 이승만은 6월 3일, 전북 정읍에서 "남한에서 만이라도 우선 정부를 세워야 한다."고 주장했다.

註) 여기서 소련대표 슈티코프는 '소련은 조선이 진실로 민주주의적이며 장래 소련에 대한 공격 기지가 되지 않도록 하는데 큰 관심을 가지고 있다'고 연설했다. 솔직한 속내를 드러낸 셈이다. 즉, 소련은 조선 북부에 친소적인 정권이 수립되기를 바란 것이다. 미소의 교섭은 난항을 겪을 수밖에 없었고, 5월 6일 휴회한 후 이듬해 5월에 재개하지만, 이미 조선의 통일정부 수립은 거의 불가능한 일로 되

어가고 있었다. 한편, 미군정청 하지 중장은 신탁통치를 들어내 놓고 반대하는 이승만을 '미국의 적'이라고까지 단언하고 연금까지 하려고 했다. 이승만은 일찍이 러시아의 야욕을 잘 알고 있던 터이었다. 러시아를 일본 못지않게 한반도를 노리는 위험한 나라로 판단하고 있던 그의 반러(反蘇) 의식은 볼세비키 혁명으로 러시아에 공산정부가 들어서면서 반공사상으로 바뀌었다. 당시 상황은 공산주의자들과 타협하여 연립정부를 수립하거나 아니면 분단의 현실을 받아들이는 수밖에 없었다. 이승만은 소련이 한반도 전체에 자유로운 정부가 세워지는 것에 반대할 것이 분명하므로, 통일정부가 수립될 때까지 남한만이라도 민주적인 정부를 수립하는 것이 불가피하다고 판단했다.

5월 1일, **남조선국방경비사관학교(南朝鮮國防警備士官學校),** 군정청(軍政廳) 국방부장이던 시크 준장은 주한미점령군 철수에 대비하여 한국국방군을 창설하기로 하고, 이에 앞서 언어소통의 문제를 해결하기 위해 작년(1945년) 12월 5일에 서울 서대문구에 군사영어학교(軍事英語學教)를 설치하여 영어와 함께 군사지식을 가르쳐 통역관을 만들기 위한 교육을 해왔으나, 실질적인 군사수요에 맞추기 위해 이를 정규 간부양성기관인 「남조선국방경비사관학교(南朝鮮國防警備士官學校)」로 개편한 다음, 본격적으로 한국군 간부양성에 주력하기로 했다.

註) 이렇게 탄생된 군사영어학교의 초대 교장은 미군 리스(Rease) 중령이고 보좌관 겸 부교장으로 원용덕(元容德). 학생 정원은 60명으로 예정하여 광복군, 일본군, 만주군 출신에게 각 20명씩 안배하여, 6개의 주요 사설(私設)군사단체 대표의 추천을 받아 미군청의 군사국에서 입학시켰다. 그러나 좌익계는 처음부터 응시하지 않았고, 광복군 출신은 대부분 응시를 기피했기 때문에 어떤 사설군사단체에도 속하지 않은 군사경력자도 필요에 따라 응시를 허용하여 입학생이 200명으로 늘어났다. 군사영어학교는 6월 14일에 '조선경비사관학교'로 개칭하였다가, 1948년 9월 5일에 정식으로 '육군사관학교(陸軍士官學校)'로 개편했다.

5월 6일, **정판사 위폐사건(精版社 僞幣事件):** 미군정 수사대는 서울 중심가에 있는 치카자와(近澤) 빌딩을 수색했다. 이 건물에는 조선공산당 본부뿐 아니라 공산계 신문 '해방일보'를 발행하는 조선정판사(朝鮮精版社)가 있었는데, 이곳에서 위조지폐 1,300만원(약 12만 달러어치) 및 지폐설비가 발견되어 관련자 전원을 체포했다. 이 사건은 이후 미군정으로 하여금 공산주의자에 대한 강경책을 펴게 하는 계기가 되어주었다.

註) 좌익을 제거하기 위한 미군정의 움직임은 인천신문 급습사건, 정판사 위폐사건, 신문발행 허가제 등으로 이어졌다. 인천신문급습사건은 5월 7일 미군정 방첩대가 좌익성향이 강한 인천신문사를 급습하여 직원 60명을 연행하고, 간부 5명에게 실형을 선고한 사건이다. 조선정판사 위폐 사건은 조선공산당 기관지 〈해방일보〉를 인쇄하던 정판사가 위조지폐를 발행하여 공산당에 자금을 댄 혐의로 16명의 공산당원을 체포한 사건이다. 이때를 전후로 북측은 갖가지 지령을 내려 보냈고 남로당은 남한 내 미군 주둔상황 등 중요정보를 북측에 보고한 사실이 발견되었다. 뿐만 아니라 첩자들이 38선을 빈번히 넘나들며 소지했던 러시아어와 한글로 된 증명서도 발각되었다. 이에 따라 미군정은 대대적인 좌익 세력 색출에 나섰다. 결국 미군정은 공산당으로부터 수없이 당하고, 그들의 세력을 키워줄 만큼 키워준 후에야 비로소 공산당을 불법화하기 시작한 모양새이다. 좌익세력은 이에 맞서 대규모 파업과 폭동으로 나오는데…

6월 3일, **이승만의 정읍 발언,** 이승만은 정읍에서 남쪽의 단독정부 수립을 가시화하는 연설을 했다. 그는 통일정부를 세우는 것이 여의치 않게 되었다며 남쪽만이라도 임시정부와 같은 조직을 가져야 한다고 역설했다. 김구도 이 주장을 반대하지 않았다.

註) 이후 이승만의 단독정부 수립을 위한 행보는 가속화되었다. 김구까지 나서서 이승만의 주장을 거들었다. 곧 단독정부 수립을 위한 조직으로 민족통일총본부를 설립하여 자신은 총재가 되고 김구를 부총재에 임명했다. 이 결과 임정 출신의 쌍두마차가 한 목소리를 내자, 우익단체들이 일제히 지지하고 나섰다. 이승만이 거느린 대한민주청년동맹으로 회원이 300만 명 정도이고, 그 외에도 한민당 계열의 대한청년당, 한독당 계열의 광복청년회, 북쪽에서 월남한 서북청년회 등인데 이들 회원은 약 20만 명 정도였다. 경찰까지 이승만과 김구를 지지했다. 당시 이승만과 김구 세력을 당할 정치세력은 없었다.

### 간도(間島)지역 한인(韓人) 희생

6월에 중국 국민당의 장개석(張介石)이 공산당과의 전면내전을 선포한 후, 국부군 71군이 3만의 병력으로 교하(蛟河) 일대까지 들어오자, 공산군은 연변 각지에서 한인동포를 강제 징집하여 전선으로 보냈다. 징집이 얼마나 가혹했던지 싹쓸이 징집이었다. 이해 1월부터 1948년 말까지 연변 6개 현(縣)에서 참전한 한인이 4만3천명에 이르고, 그 외 지방 무장조직에 동원된 한인이 8만5천명에 달했다.

註) 이들 동포들의 참전은 결과적으로 간도 한인들에게 전화(戰禍)가 미치지 않게 해주었으며, 후일 간도지역에 '조선족 자치구'를 설치하는데 도움이 되어 주었다. 국공내전(國共內戰)에 성공한 중국공산당은 1949년 10월에 중공인민정부를 수립한 뒤, 1952년 8월에 연변지역 각 민족에서 선출한 '연변자치구(自治區) 제1차 인민대표회의'를 열고 '연변조선족자치구 인민정부'를 수립을 보게 했다. 그런데 1956년 12월에 중공당국은 연변 조선족 자치구를 자치주(自治州)로 격하시켰다. 한인들의 분포가 많은 점을 고려한 정치적 결정이었다. 후일 이때 결성된 한인부대 3개 사단(5만 여명)은 1949년에 북한으로 들어가 북한군의 주력부대로 편성되어 한국전쟁 당시 남침에 선봉에 서게 된다.

### 김일성(金日成), 스탈린으로부터 북조선의 지도자로 결정되다

7월 말, 지금까지 소련군정은 군부의 지시에 따라 김일성으로 하여금 당과 행정권을 장악하도록 후원했으나 스탈린 대원수의 재가는 얻지 않은 상태이었는데, 스탈린이 직접 결정하고자 했다. 이때 외무성과 정보기관은 남조선 노동당의 박헌영(朴憲永)을 추천했고, 소련군부는 김일성(본명: 金成柱)을 추천하였으며, 이들 두 사람은 모스크바에 비밀리에 들어와 스탈린의 면접을 거쳐 김일성으로 결정이 되어졌다. 스탈린과 소련군부는 김일성이 소련군 지휘관들이 명하는 임무를 고분고분 잘 들을 것으로 기대했다.

註) 김일성(金日成)은 평안남도 대동군 출생으로 본명은 김성주(金成柱). 1929년 지린 육문(毓文)중학을 중퇴한 뒤 소련에서 특무공작요원으로 훈련을 받고 1945년 소련군 소좌가 된 후, 8.15광복과 더불어 소련군을 따라 평양으로 들어와 김동환이라는 가명으로 정치공작을 폈다. 그 해 10월 14일 소련군 사령관 로마넨코가 평양 시민들 앞에서 김일성 장군이라고 그를 둔갑시켜 소개한 뒤부터 김일성으로 행세했다. 스탈린은 민족주의적 성향이 강한 인사들과 연계되어있지 않은 김성주(김일성)가 소련에 전적으로 충성할 것이라 판단했다.

8월 10일, 北韓, 소련군정이 설치한 5도행정국을 폐지되고 김일성을 앞세운 임시 인민위원회가 2월 8일에 설립된 이후부터, 지난 3월 5일의 토지개혁령과 6월 24일에 노동법령에 이어, 모든 기업을 국유화하기 위한 산업국유화법령을 잇달아 발표했다. 이에 따라 재빠르게 모든 기업소와 광산, 발전소, 철도, 체신, 은행 등 모든 기관을 무상으로 몰수하여 국유화하고, 또한 일제 지배의 협력자 등의 추궁과 추방도 철저히 시행했다. 이어서 8시간 노동제의 노동법령, 김일성종합대학 설립, 남녀평등권법 등이 발표되고, 8월 15일의 축일을 앞두면서 김일성 개인숭배 분위기를 더욱 고조시켜나갔다.

註) 이 같은 조치들은 북한을 소련과 유사한 사회로 만들려는 것으로, 남북은 결국 체제를 달리하는 사회가 될 것임을 예고하게 되었으며, 6월에 남한만의 단정을 발언한 이승만보다도 훨씬 앞선 조치들이었다. 여하튼 졸지에 세상이 바뀌었다. 이제까지 빈농, 빈민의 자제로서 저 밑에 있던 계급의 자제가 팔에 붉은 완장을 끼고, 동네를 취체하면서 활보하는 모습을 곳곳에서 볼 수 있었다. 이러한 혁명은 소련군 정치사령부의 존재가 없이는 불가능한 일이었다. 이때 북한에서 추방된 지주, 자본가, 기업가 등 유산 계층은 피난민이 되어 잇달아 38선을 넘었다. 이즈음 남한의 미군정은 5월 발생한 정판사 위조지폐사건 이후 '38선 무허가 월경 금지'를 포고하여 남북왕래에 제약을 주기도 했지만, 47년 12월까지 2년 동안 북한 인구의 1할이 넘는 111만6천6백 명이 38선을 넘어 월남하는 결과를 초래하였다.

8월 28일, **북조선노동당 탄생,** 김일성과 박헌영이 7월 중순에 모스크바에 초청되어 스탈린을 만났었는데, 여기서 스탈린은 둘에게 공산당과 신민당이 합동해 새로운 당을 만들 것을 제안했다. 이 결과로 합당대회가 열리면서 북조선노동당이 탄생하게 되었다. 신민당의 김두봉이 새로운 당의 위원장이 되고 김일성이 부위원장이 되었지만, 대회를 통해 지위에 관계없이 김일성이 최고지도자라는 것이 명확히 들어나도록 진행되었다.

### 9월 총파업

박헌영이 이끄는 남조선노동당은 지령과 선동으로 남조선 파업투쟁위원회를 만들어, 먼저 9월 23일 철도노조의 총파업을 시작으로 전국적인 극한투쟁과 파업을 유도한 다음…,

註) 9월 6일 이주하가 체포되고 7일에는 박헌영 체포령과 함께 인민일보 현대일보 중앙신문 등 좌익 3개 신문이 정간되자, 소련 지도부는 빨리 선수를 쳐야겠다는 판단에 10월로 계획했던 총파업을 갑자기 9월로 당겼다. 소련이 제공한 200만 엔으로 미군정 철폐와 인민정권수립이라는 투쟁목표를 정하고 '남조선총파업투쟁위원회'를 결성한 다음, 7천여 명의 부산지구 철도노동자들이 부산-사상 간의 철도운행을 중지, 서울에서 경성철도공장의 3천여 명이 파업, 용산지구에서는 1만3천여 명이 점거농성, 전국적으로 열차운행이 마비되면서 이어서 체신, 전기, 금속, 광산, 해운, 운수, 화학, 식료, 섬유, 토건, 출판 등의 노동자들이 모두 동참했다. 이로서 남한의 모든 산업이 마비되었다. 참고로, 총파업을 분쇄하는 데에는 경찰은 물론 김두한이 이끄는 주먹들의 공헌이 컸다. 김두한은 남로당의 전위대였다가 마음을 돌려 공산당을 때려잡는데 앞장섰던 주먹계의 강자였다.

### 대구 폭동(大邱 暴動)

10월 1일, 남로당이 대구역전에서 1만5천의 군중을 모아 파업지지시위투쟁을 선동하자, 시위는 해산시키려는 경찰과 충돌하여 밤늦게 진정이 되었는데, 2일 아침부터는 폭동으로 변했다. 이어 달성경찰서와 군청이 파괴되고 경찰이 살해당하는 사태에 이르자, 미군정은 이미 9월부터 좌익계 신문을 정간하면서 박헌영에 대한 체포령이 내린 터이라 폭동에 강경 대응으로 나왔다. 오후에 계엄령이 선포되고 경찰병력이 증원되면서 또한, 미군의 지원을 받아 3일에야 치안질서를 회복할 수 있었다. 이 와중에 많은 경찰과 공무원이 피살되고 수백 명의 부상자를 냈는데, 이로부터 파업, 데모, 농성이 전국적으로 73개 시군(市.郡)에 파급되는 양상으로 순식간에 확대되어 40여 일 동안 전국이 소란했다.

註) 당시 소련점령군 정치공작 책임자인 슈티코프(shtykov)는 박헌영 등 남한지역 공산당 지도자들에게 직접 지령을 내리고 9월 총파업 당시엔 2백만 엔, 10월 대구 폭동에는 3백만 엔이라는 거액의 자금도 제공하면서 "요구조건이 관철될 때까지 투쟁을 계속하라. 조건이 충족되면 파업을 중단하라"고 지시했다. 반면에 미군정은 한국의 실정에 어두웠다. 미군정은 미국식 민주주의 방식에 따라 좌우익을 막론하고 정치활동을 허용했는데 공산당은 이를 세력 확장에 이용했다. 미군정은 더 이상 공산당의 활동을 방치할 수 없어 공산당을 불법화하고 9월 7일 박헌영(朴憲永), 이강국(李康國), 이주하(李舟河) 등 조선공산당 간부의 검거령을 내렸다. 이를 눈치 챈 박헌영과 이강국은 북으로 넘어갔고, 이주하는 체포됐다. 이후, 대구폭동사건을 계기로 삼남지방(三南地方)은 거의 무법천지로 변하고, 경상도.전라도.충청도, 그리고 제주도에서까지 크고 작은 소요사건이 계속 일어났다. 그러한 여파는 서울.경기 지방에까지 파급되었는데, 살상 방화 습격 등 대구폭동사건의 연장이었다. 이 사건은 거의 전국적으로 1개월 이상 지속되었으며, 연속된 사건들은 남한에서 본격적인 공산당의 색출과 검거에 나서게 하는 계기가 되어 주었다.

註) 대구폭동은 10월 1일부터 11월 11일까지 41일 동안 경상북도 18개 군과 남한 전역 73개 시군에 파급되어 난동과 만행을 저질렀다. 피해는 경찰 38명 사망, 공무원 163명 사망, 행불 30명, 건물파괴 776동이었으며 시위 혐의자는 7,400명이었다. 결국 폭동은 경찰 4,500명, 김두한이 이끄는 우익청년 3,000명, 대전 제2연대의 1개 중대, 미 제2연대가 출동하여 겨우 진압했다. 이때부터 이루어진 밤낮 없는 수색에 시위가담자들은 북으로 탈출하거나 야산대가 되어 태백산과 오대산으로 들어가 훗날의 빨치산이 되었다. 또한 많은 인원들이 피난처로 대구 제6연대에 입대했다. 당시의 국방경비대는 좌익들의 좋은 피난처였다. 미군청정이 사상검증 없이 신병을 모집하자 무수한 좌익들이 피난 목적으로 입대한 것이다.

12월 12일, 북쪽의 정치적인 사태 진전에 당황한 미군정은 남한에도 정치적 구심점을 마련하기 위해 서둘러 김규식과 여운형 등이 좌익과 우익의 합작을 시도하도록 했다. 그래서 '남한 과도입법의원'을 발족시키는데…

註) 그러나 좌우 합작운동이 결국 신탁통치와 토지개혁 문제 때문에 중간 세력의 통합으로 그치고 말았다. 여기에는 공산당, 그리고 이승만, 이시영과 송진우 등이 이끄는 우익세력, 그리고 김구 선생을 위시한 임시정부계 세력에서 아무도 끌어들이지 못한 것이다. 이듬해 1947년 6월 3일에는 이를 '남한 과도정부'로 개칭하지만, 이에 자극된 이승만은 미국으로 건너가 '소련이 조선 전체를 위한 자유정부 수립에 동의하지 않을 것이 분명한 이상, 남한만이라도 단독 정부를 세울 것을 호소'하면서 유

엔에 의한 한국문제 해결을 처음으로 제의한다. 한편, 같은 시기에 김구 선생은 다시 반탁운동을 전개하고, 각처에서 좌우 세력 간에 충돌이 일어나 혼란은 계속되는데…

1947 2월 17일, **북조선인민위원회,** 지난해 11월 3일에 인민위원회 대표를 뽑는 선거가 있었는데, 이 결과로 1,200명의 도,시,군 지역 대표들이 모여 대회를 하고, 그 결과 237명으로 이루어진 입법기관, 즉 북조선인민위원회가 구성되었다. 의장은 김두봉이 선출되고 위원장은 김일성, 부위원장은 김책이 맡았다. 이는 북조선에서 공식적으로 정부가 출범함을 뜻했다. 이후에는 출입국관리도 이 인민위원회가 관장하여 사실상의 국가기관이었다.

註) 인민위원회 선거는 민주선거라고는 하나 정해진 숫자의 선거구에 동수의 후보자를 세우고, 한 사람의 후보자에 대해 찬성인가 반대인가를 묻는 형식인데, 찬성이면 투표용지를 흰 상자에, 반대면 검은 상자에 넣게 했다. 투표함이 가려져 있지 않기 때문에 비밀은 지켜질 수 없는 선거이었다.

### 중국 심양에서의 '장연지구민주자위군(長延地區民主自衛軍)'

4월 27일,김구에 의해 이루어진 단체로 만주와 연해주를 거점으로 삼아 한반도를 공격하자는 '만주계획'으로, 김구, 이청천, 이범석 등 중국 국민당 지역에서 활동했던 우익 민족주의자들이 북한을 무력 공격할 뿐 아니라 중국 내전에서 장개석 군대와 동맹하여 한국과 중국의 공산주의 세력을 소탕한다는 목적으로 중국 심양에서 장연지구민주자위군(長延地區民主自衛軍)이라는 한인반공부대(韓人反共部隊)가 결성.

註) 광복군과 조선혁명군 출신 간부를 중심으로 한 이 부대는 1948년 11월에 해산되어 유지기간이 비록 1년여밖에 되지 않았지만, 이를 통해 남북의 분단 상황을 공세적으로 해소하고자 하는 만주계획은 만주와 한반도를 동시에 시야에 넣은 국가전략을 구상한 20세기 전기 독립전쟁의 흐름을 잇는 다는 점에서 눈에 띈다.

### 제2차 미.소 공동위원회의

5월 21일, 전체주의의 침략으로부터 자유로운 국가와 민주제도를 수호하기 위해 소련을 봉쇄한다는 정책을 수립한 미국의 '트루먼 독트린'이 3월 12일에 발표된 이후에, 미소공동위원회가 서울 덕수궁에서 열렸다. 쌍방이 모두 회의에 임할 분위기가 아니었다. 이후 여전히 반탁(反託)운동이 전개되는 가운데 서울과 평양을 오가며 미소공동위원회의가 속개되어 어느 정도 진전되는 듯 보이다가, 소련 측이 위원회에 참가를 등록한 이남 측의 425개 단체를 118개로 줄일 것을 요구하면서 다시 원점으로 돌아갔다. 소련 측은 반탁단체를 제외할 것을 고집하고, 미국 측은 '의사표시의 자유'를 들어 맞서는 중, 8월 11일부터 남한 지역에서 좌익세력에 대한 대대적인 검거를 실시했다. 각처에서 파업, 폭동, 데모가 난무했기에 취한 조치였다. 결국 위원회는 결렬되고, 10월 21일 미국은 한국문제를 유엔(국제연합)에 이관하고 아울러 소련과의 대화를 포기했다. 이 기간 중 좌우합작을 추진하던 여운형(呂運亨)이 암살되고 이후부터 좌익(左翼)의 합법운동은 불가능하게 되어 갔으며, 이후의 민심은 차츰 극좌(極左)와 극우(極右)로 나누어져 갔다.

註) 지난 3월 12일에 미국의 트루먼 대통령은 의회에서 소련과의 협력 관계가 끝났음을 선언하며 소련의 팽창 정책을 용인하지 않겠다는 트루먼 독트린을 발표했다. 말하자면 냉전시대를 알리는 신호탄

인 셈이다. 이러한 분위기에서, 이미 북에서는 인민위원회라는 이름의 사실상의 정부가 들어섰고, 토지개혁 등의 조치로 그들의 혁명이 거의 마무리되는 단계이었다. 이러한 상황에서 회의가 제대로 될 수는 없었다. 사실 미국의 입장에서도 전략적으로 가치가 없게 된 한반도는 이미 거추장스러운 짐 밖에 되지 않았다. 부담스럽기 만한 한반도에서 발을 빼는 지름길은 유엔에 처리를 맡기는 것이다. 이리하여 한반도 문제는 9월 17일부터 유엔에 상정되어 처리하게 되는데…

7월 19일, **여운형 암살,** 여운형이 암살당했다. 그는 2개월 전에 근로인민당을 결성하여 재기를 노리던 중이었다. 이후 좌익과 우익 사이에는 테러가 난무했다. 이어 12월 2일에는 장덕수도 암살되었다.

註) 여운형을 암살한 사람은 백의사 소속의 18세 소년 한지근이었다. 백의사는 염응택(염동진)이 만든 우익 테러 조직으로 당시에는 신익희가 이끌고 있었다. 여운형의 죽음은 좌우합작의 종결을 의미했다. 그는 좌우합작의 좌측 대표였기 때문이다. 한편 장덕수는 한민당을 창당했는데, 김구를 추종하던 대한학생총연맹이 암살을 계획한 일이다. 이 때문에 궁지에 몰린 김구는 이승만에게 도움을 청했지만 거절당하자 이번 일로 이승만과 김구는 완전히 등을 지게 된다.

11월 14일, 유엔은 미국안(案)을 41:9의 압도적인 표차로 채택하여, '유엔임시 한국위원단'을 구성하고 1948년 3월 31일까지 자유총선거를 실시할 위원회를 설치할 것을 채택했다. 소련은 이에 승복하지 않겠다고 했다. 소련은 동유럽에서처럼 아시아 지역에서도 위성국가를 두려고 하는 중이었다.

註) 중국이 작년에 국공합작(國共合作)이 깨지면서 장개석(張介石)이 승산 없는 내전을 계속해나가는 중에, 미국은 미소 관계까지 냉각되어가자 모든 재력을 유럽에 쏟기 시작하면서 아시아 대륙에서의 개입은 원치 않았다. 이에 따라 한반도는 전략적으로 투자가치가 없다고 단정한 상태에서 미소공동위원회가 사실상 결렬되자 한국의 포기를 결론짓고, 미국이 단독으로 남한의 정권을 수립시켜야 할 부담을 유엔으로 떠넘겼다. 즉, 남한에서 손을 떼고 철수하기 위해서는 남한의 독립이 필요했고 그래서 유엔을 이용하기로 한 것이다. 북한 지역을 중요시하고 적극적으로 개입하고 있는 소련과는 아주 다른 입장이었다.

1948 1월 9일, 임시 UN한위(유엔 韓委) 8개국 대표단이 서울에 왔다. 그러나 북측의 김일성이 이들의 입국을 거절하자, 2월 26일에는 UN 소총회(유엔 小總會)에서 '가능한 지역에서 만의 선거 실시'라는 안이 41대 2의 지지를 얻어 채택되었다. 이에 김구와 김규식 등 우익(右翼) 각 단체는 반대하고, 이승만과 한민당 및 몇몇 단체는 찬성했지만, 결국 유엔은 2월 26일에 '가능한 지역에서의 총선거 실시'를 가결했다.

註) 한편 북쪽의 김일성 인민위원회는 유엔의 결의에 맞서 2월 16일에 조선민주주의인민공화국 헌법초안을 작성하고 5월 1일에 공표했다. 결국 김일성과 이승만은 각각 자기 입장에서의 단독정부론(單獨政府論)을 주장하여 그런 의미로 서로 공통점이 있었다.

2월 8일, 北韓, **조선인민군(朝鮮人民軍) 창군,** 평양역 광장에서 소련군을 모방한 복장 및 계급장을 단 인민군 보병, 포병, 기동화부대 등 2만여 명의 대병력이 소련제 신형무기를 갖추고 성대한 인민군 창군식을 올렸다. 총사령관에 취임한 최용건은 '우리들의 수령 김일성'이라는 표현을 사용했다. 처음으로 김일성이 수령이라는 호칭으로 불린 순간이다. 이어서 김일성은 '인민의 안전을 보장해 줄 군대로 조선인민이 만든 조선인민의 군대'임을 발표했다. 이제는 명실공이 김일성의 단독 공산국가가 구성된 것이다. 이어서 10일에는 조선민주주의인민공화국 헌법안을 발표했다. 남쪽과는 상의도 없이 선제적으로 통일조선에 대한 이미지를 제시한 것이다.

註) 소련군은 북한지역 점령 초부터 김일성을 후원하여 군사력을 조직 정리하기에 급급했다. 1945년 11월에 '평양학원'과 46년 6월에 '보안간부학교'를 세워 장교를 양성하고, 이곳을 수료한 졸업생을 근간으로 나남, 회령, 청진, 원산, 신의주, 평양, 함흥에 7개 연대를 편성하여 무기는 모두 소련제로 무장하는 등, 북한군 창설과 무력강화는 급속히 이루어졌다. 1947년 9월 'Wedemeyer 보고서'에는 북한군은 소련의 지원 아래 잘 훈련되었고, 충분히 장비된 12만 5천명으로 구성되어 있다고 기록되어 있다. 또한, 소련은 북한군에 3천여 명의 군사고문관을 배치하여 직접 군사훈련을 시켰으며, 소련 출신 한인들을 중심으로 제105전차여단을 창설했다. 또한 해.공군의 창설을 돕는 한편, 내무성 산하에 38선 보안여단과 철도보안여단, 조만(朝滿)국경여단 등을 두어 막강한 군사예비대도 확보해 나갔다.

### 제주도 4.3 사건(濟州道 四.三 事件)

4월 3일, 새벽 2시 한라산을 비롯한 주요 산봉우리에서 봉화가 올랐다. 50명 정도의 남로당 인민유격대와 3천 명 정도의 동조자들이 한라산에서 내려와 '5.10 총선거 파괴'의 지령에 의해 수십 개의 경찰관서를 습격하고 경찰관들과 우익인사를 조직적으로 살해하면서 유격전이 시작되었다. 이들은 전부터 혼란기를 틈타 제주에 지하조직을 구축해 왔는데, 일본군이 숨겨놓은 무기와 화약을 찾아내어 2천 명의 남로당계 분자들이 무장하고 유격전 훈련을 해오고 있었다. 이들은 남로당의 훈령에 맞추어 '남한만의 단독선거, 단독정부 반대', '반미, 반경찰, 반서북청년단' 등의 구호를 외치면서 민중봉기를 유도하였다. 결국 국방경비대가 토벌에 나서게 되었고, 이 사건은 제주도 전체를 휩쓸어 30여 만의 도민이 휘말리면서 무수한 사상자가 난 1년 후에야 겨우 진정되었다.

註) 지난 3월 1일에 3.1절 기념행사장에 단독선거를 반대하는 격렬한 시위가 일어났는데, 이를 저지하는 과정에서 경찰이 발포하여 3명이 피해를 입었고 미군정은 이를 정당방위라 결론짓고는 아무런 조치를 하지 않았다. 이에 분개한 제주도민이 파업으로 항의했으나 미군정은 오히려 경찰을 증원하고 서북청년단을 파견했는데, 이들이 제주도민을 무차별로 잡아들여 연행하고 청년 3명이 고문으로 사망하는 사태가 일어났다. 이에 남로당 제주도당은 무장 투쟁을 벌이기로 하고, 3일에 350명의 무장대가 경찰서를 공격했다. 이는 총선거와 대한민국의 건국을 방해하기 위한 조직적인 좌익무장폭동이었다. 이에 미군정은 경찰병력을 보내 진압하려 하였으나, 사태가 악화되자 군을 투입하여 제주도 전체를 초토화시켰다. 그 과정에서 제주도민 11,665명이 사망했는데, 이중 군경에 의해 9,674명, 좌익에 의해 1,314명이 학살되고 약 9만 명의 이재민과 엄청난 재산 피해를 보았다. 결국 제주에서는 5.10선거를 치르지 못했다. 이 사건은 발발 1년만인 1949년 5월 15일에야 진압이 완료되었지만, 봉기의 여파로 인한 완전진압은 6.25전쟁을 거쳐 1954년에 가서야 가능했다.

### 평양에서 열린 남북 대표자 연석회의

4월 19일, 김구와 김규식은 이북 지도자와 소련군 사령관에게 편지를 보내고 통일정부수립을 위한 남북요인회담을 제의했다. 그러자 북측은 남북요인회담은 묵살한 채 평양에서 열리는 '남북조선(제정당, 사회단체 대표자)연석회의'에 조건 없는 참석만을 요구했다. 이에 따라 4월 20일, 평양 모란봉 극장에서 남북 정당사회단체 대표 545명이 참가하는 '연석회의'가 열렸다. 그러나 "같은 민족이니 무릎을 맞대고 이야기하면 통할 것이다"하는 김구와 김규식의 선의(善意)는 통하지 않았다. 김구는 22일에 참석하여 인사말만 했고, 김규식은 아 예 처음부터 참석조차 하지 못했다. 회의는 소련군이 작성한 순서대로 진행되었다. 모든 사항은 공산당 방식의 '박수전술'로 진행되었다. 그 후 소련군정의 민정청장 레베데프(Nikolai G. Lebedev)는 회의가 "성공적"이었다고 보고했다. 결국 김일성의 입장만 살려준 꼴이 된 채, 들러리로 이용만 당하고 이들 대부분은 5월 5일에 서울로 돌아왔다.

註) 김구 일행이 북쪽에 갔을 때 각처에는 이승만, 김구 등을 타도하자는 현수막이 걸려있었다. 이를 감추고자 손질을 했으나 미처 손질을 못한 것도 많이 보였다. 이미 김구와 김규식 등도 '친일파 민족반역자'의 범주에 들어 있었다는 사실이다. 그들은 이남의 한독당(韓獨黨)을 "김구 일파를 둘러싸고 모인 친일파, 민족반역자의 집단"이라고 규정해 둔 상태이었다. 이미 민족적 감정만으로는 정국을 움직일 수 없었다. 서울에 돌아온 김규식은 총선거에 대해 "이제는 반대하지 않겠다"며 정계은퇴 의사를 밝혔고, 김구도 선거에는 불참했지만, 그 후에도 총선거에 대해서는 일절 입을 다물었다. 결국 시종일관하여 소련과 미국을 비난하며 맹렬하게 미군정에 대항한 이승만은 이후 대통령이 되었고, 한편으로 북에서 소련군정에 항의한 조만식은 연금된 채 끝내 영구히 소식이 끊기게 되는 현실이었다.

4월 29일, **조선민주주의인민공화국 헌법,** 1946년 말부터 북한의 사법 관계자들이 소련의 스탈린 헌법을 번역하고 동유럽 인민민주주의 체제에 대한 연구 등, 준비를 해나가다 작년 11월에 유엔이 한국임시위원단을 조직하자 헌법 제정이 공론화되었었다. 이날, 소련의 자문을 구하면서 북조선 인민회의 특별위원회가 헌법초안을 만장일치로 채택했다.

註) 내용은 인민위원회를 국가권력의 기초로 하는 인민적 국가 형태와 인민주권 형식을 담고 있으며, 특히 경제구성에서 국가소유, 협동단체의 소유, 개인소유를 모두 인정했다는 점인데, 2차대전 이후 동유럽과 동북아시아에 일반화되고 있던 인민민주주의 국가의 틀을 수용한 것이라 한다. 아직 남한이 헌법을 공개적으로 밝히기 이전으로, 이념을 달리하는 미국, 소련 두 강대국의 군사 분할점령 정책 속에 이념적 대립이 더욱 격화된 결과였으며, 1945년 해방당시에는 생각지도 못한 두 개의 분단 정부가 수립되는 형세이었다.

5월 10일, 결국 남쪽만의 반쪽 선거가 되었다. 이에 소련은 유권자 80%가 등록을 했는데도 선거를 인정하지 않았다. 결국 이날 테러를 자행하여 100명 이상을 살상하지만 총 유권자의 93%가 투표했고, 유엔선거감시단은 유권자들의 자유의사가 정당히 표현되었다고 평가했다. 이에 이승만이 국회의원에 출마해 90%의 지지를 얻어 당선이 된 다음 5월 31일에는 국회의장으로 선출되고, 국회는 바로 헌법제정 작업에 들어갔다.

註) 남로당(南朝鮮 勞動黨) 측의 단선(單選) 파괴활동이 상당히 치열하여 2월 7일부터 5월 말까지 수많은 사람들이 죽고 다치며 구속되는 가운데, 총선거는 엄중한 경계 속에 이남 전역에서 투표가 시작되어 93%의 참가율을 보였다. 이에 따라 5월 31일에 제헌국회(制憲國會)가 열리고, 6월 1일에는 3년간의 미군정(美軍政)이 폐지된다고 공식 발표했다. 북한은 이에 상응하는 조치로 5월 14일부터 남한에 대한 송전(送電)을 일방적으로 중단했다.

### 한미일(韓.美.日) 간의 독도 문제

6월 8일, 울릉도와 강원도의 어선들이 독도에서 고기잡이와 미역채취를 하고 있던 중, 졸지에 미공군의 B-29 폭격기 10대가 나타나 집중 폭격을 하여 어민들이 무참하게 죽어갔다. 최소 30~80여 척의 배가 침몰했고 30~80여 명의 어민이 사망했다. 사건은 미궁에 빠지는데…

註) 4년 뒤인 1952년 9월 15일에도 폭탄 4개를 투하했고, 1주일 후인 9월 22일에도 폭격기 4대가 나타나 해상에 폭탄을 투하했다. 다행이 이때 인명피해는 없었는데 이는 일본의 독도 영유권 흉계에 의한 것이었다. 한일 간의 독도문제를 알리가 없는 미군은 일본이 독도를 공군의 폭격장소로 지정해주자 독도를 목표로 항공폭격연습을 한 것이다. 일본은 독도를 국내구역으로 만들어 미공군의 훈련장으로 주었다가 나중에 환수하면 자연히 일본의 영토가 된다는 복안이었다. 1953년 5월에 독도가 미군의 훈련구역에서 제외되었고, 이때 독도는 당연히 일본에 반환된다는 것이다. 정부는 즉각 미군에게 반박했고 미군은 뒤늦게 자신들의 행동이 독도 영유권 분쟁에서 풍파를 일으킬 수 있음을 알고 어정쩡하게 뒤로 빠지며 중립의 입장을 취하게 되었다. 그러나 폭격 사건은 지금까지도 우야무야 된 상태이다.

## 大韓民國

7월 1일, 국호를 "대한민국(大韓民國)"으로 정했다. 17일에 헌법이 선포되고, 이에 따라 20일에는 초대 대통령에 이승만(李承晩)이 선출되었으며,

8월 15일, 해방 이후 정식으로 민주공화국 체제의 대한민국 정부수립을 선포.

註) 이승만은 7월 20일에 국회에서 180표를 얻어 13표를 얻은 김구를 압도적으로 누르고 초대 대통령에 선출되었다. 부통령에는 이시영(李始榮). 당시 선거를 부정했던 김구를 제외한다면 대통령으로 추대될 만한 사람은 사실상 이승만밖에 없었다.

註) 대한민국은 3.1운동으로 탄생한 '상해임시정부'의 국호이다. 새 정부는 이를 계승하여 국호를 '대한민국(The Republic of Korea)'으로 하고, 국기도 태극기를 그대로 쓰기로 했다.

註) **이승만(李承晩),** 이승만은 소년시절 과거합격을 위해 성리학을 공부했지만 배재학당에서 영어와 신

학문을 공부 해 미국의 민주주의를 동경했다. 그는 1899년 고종황제 제거 음모사건에 체포되어 한성감옥소에서 복역 중 30세 때인 1904년 특사로 출옥 후 도미하여 미국에서 1945년 귀국할 때까지 미국 체류 중 내내 조국의 독립을 위해 활동했으며 대한민국 정부수립 후 역사적 사실에 근거해 일본에게 대마도의 반환요구를 했다. 1941년 12월 일본군의 진주만 폭격 후 이승만은 임정의 대일본 선전포고문을 미국 프랭클린 루즈벨트 대통령과 국무장관 코델 헐에게 전달하면서 임정과 한국독립 승인 그리고 항일 게릴라 군사훈련 지원 요청을 진지하게 간청했지만 허사였다. 이승만은 앞으로 소련이 한반도를 점령해 친소 공산정권을 세울 것이므로 소련을 경계해야 한다고 미국정부에 강력 주장했다. 그럼에도 1945년 2월 얄타 회담에서 미국이 한반도를 소련에게 양도했다는 내용을 알게 된 이승만은 1945년 5월 유엔 창립총회에서 소련을 맹공격하였다. 이승만의 예측대로 소련은 2차 세계대전이 끝나자 북한을 점령하고 친소 공산 정권을 세웠다. 그리고 미국의 임정과 한국독립 승인 거부 배경에 공산주의자들의 방해가 있었다는 것을 알았던 이승만에게 소련과 공산당은 조국의 독립을 방해한 철저한 원수였고 자국의 이익을 우선시 하는 미국은 믿을 수 없는 나라였다. 소련은 이승만을 반드시 죽여야 한다고 결정했고 미국도 이승만은 다루기 힘든 식민지 독립운동가로 판단했다. 한국전쟁 중인 1952년 1월에는 평화선을 설정 선언했고 독도를 이 평화선 안에 넣어 한국 영토라고 세계에 선언하였다.

註) 이즈음에 1946년 필리핀이 미국으로부터 독립했고, 1947년은 인도가 영국으로부터 독립했으나 인도와 파키스탄으로 분리되는 대가를 치려야 했으며, 영국의 식민지였던 버마가 1948년에, 인도네시아는 네덜란드로부터 1949년에 독립하여 아시아에서는 남북한을 포함한 모두 14개의 독립국가가 탄생했다. 아프리카 대륙에서는 유럽의 제국주의 국가들에 분할 점령당했던 리비아가 1951년 독립을 시작으로 1964년까지 35개 신생국이 탄생했다. 어느 경우에도 독립국 지위의 쟁취가 순탄한 곳은 없었고, 독립 후에도 내적 통합과 질서를 확보하는 길에 많은 희생과 인내를 요하는 어려운 과정들이었다. 제국주의로부터의 종말은 1974년 앙골라가 포르투갈로부터 독립함이 마지막이었다.

8월 15일, 중앙청 광장에서 대한민국 수립 선포식이 거행된 이날, 김구는 담화를 발표하면서 건국에 대한 언급 없이 광복 3주년에 초점을 둔 채 "광복 3년이 지난 오늘에 와서 보면 우리에게는 비분과 실망이 있을 뿐으로 강력한 통일 독립운동을 전개하겠다"고 했다.

註) 이어 김구, 김규식이 조직한 통일독립촉진회는 유엔이 대한민국을 승인하는 대신 중경(重京)임시정부를 잠정적인 정부로 인정해줄 것을 요청하기 위해 별도의 대표단을 유엔에 파견하기로 하고, 그 준비단계로 서영해를 파리에 파견했다. 그런데 대표단장인 김규식이 이를 거부함으로서 홀로 파리에 간 서영해는 북한으로 가고 말았다.

8월 25일, 北韓, 이미 북한 땅에 실질적인 통치기구인 인민위원회를 둔 김일성(金日成)은 정권수립의 대외적인 공표시기를 남측이 발표한 이후로 맞추었다. 이날 '최고인민회의 대의원선거'를 실시하고, 이어서 …

註) 그러나 이 선거는 각 선거구에서 당의 승인을 받고 나온 단 1명의 후보자에 대한 찬반을 흑백함 두 개를 놓고, 그것도 당원이 보는 앞에서 투표함에 용지를 넣는 엉터리 선거였다. 이를 7월 28일자 유엔에 보낸 보고서에서 한국임시위원단은 '북한 정권은 소련 점령군의 창조물에 불과하며, …. 북한 정권은 그 지배권에 대해서 공평한 국제기관의 감시 아래, 국민들이 자유 분위기 속에서 의사표시를 할 수 있는 기회를 부여하려고 한 적이 한 번도 없다'고 하면서 이에 대한 불법성을 지적했다.

### 조선민주주의 인민공화국(朝鮮民主主義 人民共和國) 선포

9월 9일, 北韓, 오전 10시 평양 모란봉극장에서 북한 제1차 최고인민회의 엿새째 회의가 열렸다. 전날 회의에서 수상으로 선임된 김일성이 내각 명단을 발표하고 '조선민주주의인민공화국' 수립을 선포하자 회의장은 박수와 함성으로 가득 찼다. 이튿날엔 소련군정과 북한 지도부가 참가한 축하 연회가 열렸고 각 도·군 소재지에서도 며칠 동안 경축대회가 대대적으로 열렸다.

註) 북한 정권 수립은 치밀하게 준비한 결과였다. 1945년 9월 "친소(親蘇) 정권을 세우라"는 스탈린 지령이 떨어졌고, 이듬해 1946년 2월에 정부 역할을 하는 '북조선 임시인민위원회'가 설립됐다. "남한만이라도 임시정부를 조직할 필요가 있다"는 이승만의 '정읍 발언'이 나오기 넉 달 전이다. 1947년 2월 '북조선 인민위원회'가 정식 출범했고 1948년 2월엔 인민군이 창설됐다. 사실상의 북한 정권은 이때 이미 만들어졌다. 북한 정권 출범은 시종 소련군정이 주도했다. 공산당과 신민당을 통합해 노동당을 만들도록 했고, 북한 헌법 제정도 감독했다. 김일성과 박헌영이 제출한 내각과 최고인민회의 의장단 명단을 보고는 "남조선 대표를 늘리라"고 지시하는 바람에 인선이 갑자기 바뀌었다. '조선민주주의인민공화국'이라는 명칭도 소련군정 정치사령관 레베데프 장군이 제안한 것이다. 다만, 스탈린은 당초부터 한반도 통일에는 흥미가 없었고, 북한에 대해서만 관심을 가졌다는 것이 1993년 2월에 공개된 소련 비밀문서의 연구 결과로 확인되었다. 여하튼 결과적으로 아시아에서의 첫 사회주의 정권이 탄생한 것이다. 이는 소련이 동유럽 국가들을 소비에트화한 것이 아시아에서도 똑같은 형태로 진행되었다는 의미도 있다.

註) 그러나 12월 12일 제3차 유엔총회는 대한민국정부만이 '한반도에 존재하는 유일한 합법정부'(유엔총회결의 195 Ⅲ호)임을 결의함으로써 한반도의 유일 합법정부로서 대한민국의 법통을 확인했다.

註) '조선(朝鮮)'이라는 칭호는 조선왕조의 정식 국호이었지만, 일제강점기부터는 한반도를 부르는 지명으로만 쓰였다. 조선총독부가 '대한(大韓)'이라는 호칭을 금지했기 때문에 독립운동가들 만이 '조선'을 피하여 '대한'을 내걸고 독립운동을 했다. 3.1운동 당시에도 '대한독립만세'를 외친 것은 바로 '조선'을 거부하고 '대한'을 회복하려는 정신이 담겨있는 것이다. 그런데 국내에서 활동하던 '조선공산당'을 비롯한 좌익 단체들이 모두 '조선'을 내세우고 나왔다. 이는 전통과의 단절을 통해 사회주의 국가를 세운다는 목표를 둔 까닭이다. 여기에 수도는 서울이라 명기했다. 평양은 임시수도일 뿐이다. 즉, 남쪽정부가 외국의 괴뢰정권이라는 논리였다. 그래서 남쪽을 해방시켜야 한다는 명분을 만든 것이다.

註) **북조선 인공기(人共旗),** 소련군 사령부의 레베데프 소장의 통역과 김일성대학 부총장을 지내고 소련 정

부가 보내온 '인공기'의 러시아어로 된 도안 설명서를 우리말로 번역한 박일(朴日) 교수의 증언에 의하면, '인공기'도 북한이 제작한 것이 아니라 1947년 말 소련 정부가 모스크바 디자인 제작소에서 만들어 당시 북한에 주둔하고 있던 소련군사령부 정치부를 통해 북조선인민위원회에 보내온 것이라고 한다.

### 여수.순천 반란사건(麗水.順天 反亂事件)

10월 20일, 4월 3일부터 제주도 일원에 폭동사건이 발생한 후, 현지 주둔 국군 병력과 경찰이 합동으로 진압을 시도했으나 병력이 열세여서, 시급한 증원이 필요했다. 이에 따라 국군 제14연대가 제주도를 향해 여수항을 출발하기로 되어 있던 19일 밤, 김지회(金智會) 중위 등 반란 주모자들은 행동대 약 40명을 은밀히 규합하여 새벽 2시경 병기고(兵器庫)를 장악한 후, 비상소집 나팔을 울려 달려 나온 병사들에게 "서울은 혁명정권의 손에 떨어졌고, 이승만은 도쿄로 도망쳤다"고 하면서 총궐기를 강요한 다음, 이에 호응하지 않은 병사들은 그 자리에서 사살했다. 1천여 명의 반란군은 20일 새벽, 여수시내 경찰서와 주요 관공서를 장악하고, '인민해방'을 외치며 인공기(人共旗)를 게양한 다음, 날이 밝자 약 4만 명의 군중을 모아 놓고, 동일한 수법으로 협조를 강요했다. 이들은 소위 인민위원회와 보안대를 조직하고 각계 인사 60여 명을 잡아내 '인민재판'이란 명분으로 즉결처분하면서 여수를 점령한 후, 순천으로 몰려갔다. 이 반란의 원인은 초기 국방경비대를 모집할 때부터 미군정청이 민주주의를 내세우며 사상불문하고 경비대원을 모집한 결과, 군이 좌익세력의 침투온상이 되어왔기 때문이었다.

註) 27일, 사건이 일어난 후 1주일 만에 토벌군의 의해 진압되기까지, 반란군은 한때 순천, 남원, 광주까지 진출하며 무법천지를 확대했는데, 특히 순천에서는 여수 이상의 처참한 상황이었다. 토벌군에게 쫓긴 반란군은 많은 양민을 학살했는데, 그 중에도 여수의 고소동, 능동, 서교동 등에서는 민가 2천여 호가 소실됐다. 이 1주일 동안의 와중에서 인명피해가 3백여 명, 공공건물 및 민가 소실이 수천 호에 달했다. 이후, 반란군 중 상당수는 토벌군에 투항했지만, 잔당들은 지리산 쪽으로 도주하여 빨치산이 되었다가 김지회는 이듬해(49년) 4월에 전북 남원군 반선마을에서 사살되었다.

### 미소(美.蘇) 점령군 철수

10월 22일부터 북한의 소련군이 철수를 시작하여 12월 26일에 완전히 철수했다. 한편 미군도 12월말 보병7사단의 일본 이동을 시작으로 49년 6월 29일까지 철수를 완료…

註) 미국은 이미 작년 9월 29일에 한국을 포기하기로 결정하고, 소련이 제안한 미소 양군 철수안을 이용하여 주한미군을 철수하기로 했다. 결국 미국은 한국에서 갈팡질팡하다가 버리고 떠나기로 했다. 중국의 내전 상태의 불안정과 또 하나는 동유럽에서의 폐허가 되다시피 된 공산화에 대처하기 위해 마셜플랜(Marshall Plan)을 실시하여 막대한 자금을 투입하게 되자 한국처럼 전략상 변두리 가치밖에 없는 곳에는 더 이상 투자할 수가 없었다. 이승만 대통령은 미국에게 방위조약의 체결이나 미군 일부 병력의 계속 주둔을 요구했지만, 미군은 아무런 조치 없이 500여 명의 군사고문단과 낙후한 병기를 남겨 둔 채 그대로 철수했으며, 더구나 한국이 미국의 방위선 밖에 있다는 내용까지 공공연하게 떠들어 댔다.

註) 소련군이 철수한 후, 북한 인민군의 보병사단에는 사단마다 15명이 넘는 소련군 고급 장교가 배치되었으며, 사단장의 고문은 대좌가 담당했다. 그리고 평양의 보위상에는 스미르노프(Smirnov) 소장 이하 수십 명의 고문이 배치되었는데, 평양 공산정권 수립 후부터는 슈티코프 대사가 고문단장을 겸

직했다. 그들은 비공식으로 3천 명의 군사고문을 남겨 두었다가, 한국전쟁 발발 직전에 대부분 철수했는데, 한국전쟁 초기에 일부 고문관들은 그대로 남아 38선을 넘어 따라왔다. 그들은 인민군의 거의 모든 수준의 부대에 배치되어 남침작전을 관리했다.

**대구반란사건(大邱叛亂事件)과 반공정책(反共政策)**

11월 2일, 대구에 주둔하고 있던 제6연대의 일부 좌익계(左翼系) 군인이 주동이 되어, 여수(麗水)에서 일어난 반란을 진압하기 위해 부대가 출동한 사이, 이정택(李正澤) 상사 등이 14연대의 여수반란을 모방하다가 실패하고 체포되었다. 한편, 연대본부에서는 여수.순천에 출동한 병력 내의 좌익분자를 색출하려고 원대복귀를 명하자, 눈치 챈 출동부대의 좌익분자들이 또다시 12월 6일 귀대 중인 장교 7명을 죽이고 반란을 꾀하였으나, 대원들의 항거로 실패했고, 또한, 포항에 파견된 부대의 좌익분자들도 돌아올 때 반란을 시도했지만, 역시 실패하고 팔공산으로 잠입했다. 이후부터 한국정부는 반공(反共)을 정책으로 하고, 특히 군내 불순분자 색출을 위한 숙군(肅軍) 작업을 본격적으로 추진했다.

註) **숙군(肅軍):** 군내부에 침투해 있던 남로당 계열의 좌익분자를 색출하는 작업으로, 이듬해(49년) 7월까지 진행되었는데, 총 4,749명이 사형 또는 징역형을 받거나 불명예 제대되었고, 5,568명은 숙군의 위협을 느껴 도망쳤다. 이로써 당시 군 병력의 10%에 해당하는 엄청난 숫자가 제거되었다. 이로부터 산을 근거지로 유격전술을 펴고 있던 반군 잔당을 소탕하면서 좌익 탄압을 본격적으로 시행했는데, 이 덕분에 6.25전쟁 동안 적에게 투항하거나 군 내부 반란이 일체 없게 된 결정적 역할을 하게 된 것이다.

11월 14일, 북한은 여수반란을 돕고자 후방교란을 위해 180명의 남침유격대를 급히 강원도 평창에 있는 오대산에 침투시켰다. 인민군복에 99식 소총으로 무장한 이들은 노출되기 쉬운 겨울철 산릉을 헤매다가 국군의 토벌에 걸려 주력은 북상하여 퇴각했고, 소수 인원이 제천 쪽으로 향하다가 모두 소탕되었다.

12월 12일, 제3회 유엔총회에서 유엔 한국대표 조병옥(趙炳玉) 단장 등이 참석한 가운데 "한국정부는 한반도에서 유일한 합법 정부임'을 46대 6으로 가결하여, 대한민국이 유일한 정부임을 정식으로 유엔에서 승인 받았다.

註) 미국이 제일 먼저 대한민국을 승인하고 이어서 37개국이 뒤를 따랐다. 1948년은 미소 냉전이 격화된 해였다. 2월 23일 체코의 쿠데타에 의한 공산혁명을 시작으로 4월 1일 베를린이 봉쇄되었고, 아시아에서는 만주와 화북에서 중공군의 총공세로 장개석의 국민정부군이 크게 패하여 누가 보아도 중국의 공산혁명이 분명해져 가는 때였다. 이러한 분위기 속에서 한반도의 분할은 결국 동서냉전의 부산물에 지나지 않은 것일 뿐이었다.

1949 1월 1일, 이승만 대통령은 첫 신년연설에서, "대마도를 한국이 소유해야 한다"고 발표했다. 대통령은 한국에 대한 배상형식으로 일본에 대마도를 요구한 것이다. 이는 2년 전(1947년)에 일본이 맥아더 사령부에 울릉도와 독도에 대한 영유권을 주장했었는데, 당시 이승만은 대통령에 취임하자마자 울릉도와 독도는 물론 대마도까지도 한국영토라고 하면서 맥아더 사령부에 협조를 구하기도 했었다. 국민들의 반응은 열광적이었다. 물론, 이는 장차 있게 될 일본과의 협상에서 입지를 강화하기 위한 의도도 포함되었지만…

2월 3일, **기사문리(基士門里) 포격,** 북한군이 동해안 잔교리와 서림리에 1개 중대씩 들어와 약탈과 납치를 하고 돌아가자, 이에 대한 보복으로 육군 10연대는 105미리 포 2문으로 기사문리의 북쪽 해군기지에 5발을 명중시켰다. 북한에 대한 첫 포격이었다. 북측의 반응은 없었는데, 오히려 미군 측이 발끈했다. 이래서 엉뚱한 결정이 이루어졌다. "38도선 이북에 대한 보복은 북한의 침범 10회에 대해 한국군은 1회 정도 비율로 하는 것이 적당하다"는 것이다.

註) 1949년 10월에 중화인민공화국이 수립되고, 패전한 국민당 정부는 대만(臺灣)으로 철수했다. 중공이 처음부터 미국과 적대 관계를 원한 건 아니었지만, 미국이 대만을 지지하자 중공은 소련 외교 일변도로 나갔다. 결국 동북아에서 소련을 축으로 중국-북한으로 이어지는 공산 진영과 미국을 축으로 일본-남한-대만으로 이어지는 자본 진영이 대치하게 되었다. 이 시기에는 유럽도 마찬가지였지만, 아시아에서 다른 점은 중국, 한국, 베트남이 모두 분단 상태로 가게 된 것으로, 이곳들은 언제든 전쟁이 터질 수 있는 상황이었다.

### 조.소 군사비밀협정(朝.蘇 軍事祕密協定)

3월, 北韓, 김일성을 단장으로 하는 공화국 대표단이 모스크바를 방문하여 경제문화협정을 체결하는 동시에 '조소비밀군사협정'을 맺었다. 이 협정은 신속히 실행에 옮겨져 8월에서 9월 사이에 T34형 탱크와 항공기가 도입되고 함정 30척 등, 연말까지 4개 사단 밖에 없었던 병력을 이듬해 6월까지 6개월 동안에 약 2배 병력으로 증강시켰다.

註) 비밀군사협정의 내용은 6개 보병사단과 3개 기계화 부대의 무기와 시설 원조, 전투기 100대를 중심으로 한 공군력 강화, 120명의 특수 군사고문관 파견과 10억 원의 군수물자 원조였다. 이 약속은 신속히 지켜졌고, 또한 중국의 국공내전에 참가했던 2만5천의 의용군도 귀국하여 제5,6,7사단을 구성하여 북한군의 주력이 되었으며, 그 수는 그 후에도 계속 늘어 총계 5만여 명의 중공의용군이 북한 인민군에 편입되었다. 그리고 소련군 군사고문관들은 한국전쟁 25일전인 1950년 5월 말에 일제히 본국으로 소환되었다. 소련이 김일성에 의한 이른바 '민족해방의 내전'에 관여한 흔적을 남기지 않기 위한 용의주도한 조치였다.

註) 이때 중국에서 북한으로 이동한 한인부대는 3개 사단, 약 5만 명인데, 중국인민해방군의 한인 제164사단은 북한으로 입국해 북한인민군 제5사단으로, 제166사단은 제6사단으로, 독립제15사단은 제12사단으로 각기 개편되어 북조선인민군을 대폭 증강시켰다. 이들 3개 사단은 1946년부터 국공내전(國共內戰)이 격화되자 모택동의 공산군이 중공군 점령지역(주로 만주와 화북)에서 한인들을 징모해 3개 사단을 급조하였던 부대들이었다.

### (남로당) 국회프락치사건

수사결과 관련 의원들은 남로당 특수공작원인 이삼혁(李三赫), 남로당 중앙간부 박시현(朴時鉉) 등과 접선을 하고 있었다. 검찰이 제시한 증거로는 정재한이 월북한 박헌영(朴憲永)에게 보내는 보고서인 국회 내 남로당 의원의 프락치 비밀공작보고가 담긴 암호문서였다.

註) 지난 12월에 국가보안법을 제정하여 이로부터 공산주의 활동을 불법으로 규정하고 공산당 협조자

들을 조사 구금할 수 있는 권한을 경찰에 부여했다. 이때부터 군대, 경찰, 학교, 노동단체, 행정기관 등 주요기관들에서 상당수의 남로당 비밀당원들이 색출되었다. 불과 8개월 사이에 8만7천여 명이 체포될 정도였다. 이 와중에 드러난 국회프락치 사건은 6월 19일부터 헌병사령부에 특별수사본부가 설치되고, 14차에 걸친 공판 끝에 구형공판은 1950년 2월 10일 열려 13명 전원에게 국가보안법을 적용했고, 선고공판은 3월 14일 대법원 에서 노일환 등에게 최고 징역 10년 형을, 이구수(李龜洙) 등에게는 최하 징역 3년형을 실형으로 선고했지만 관련 피고인들이 1심 판결에 불복하여 항고, 2심 계류 중에 전쟁을 맞았다. 관련 의원들은 서대문형무소에 수감되어 있다가 전쟁 와중에 모두 출옥하여 사라졌다. 한편, 북한이 남침했을 때 60명의 국회의원이 서울에 남아있었는데, 그중 48명이 북한에 충성을 맹세하는 집회에 참석했다.

4월 15일, **한국 해병대(海兵隊) 창설.** 여수-순천 반란사건을 마무리한 후, 토벌작전을 검토하는 과정에서 "만약, 우리 해군에 육전대와 같은 특수한 전투부대가 있었더라면 결과는 달랐을 것이다"라는 결론을 내리고 해안상륙전(海岸上陸戰)의 필요성을 절감하여, 상륙전을 전담할 한국 해병대(海兵隊)를 김해 덕산 비행장에서 창설했다. 초대 사령관에는 신현준, 병력은 해군 신병13기 중에서 인수한 303명을 근간이 되어 일본 구구식(九九式) 소총으로 무장한 해병이 탄생.

### 송악산(松岳山) 5.4 전투

5월 3일, 경기도 개성(開城) 정면의 경비책임을 진 한국군 제2연대는 1월에 미군으로부터 임무를 인수받았는데, 그 동안 방어시설이 전혀 되어있지 않음에 놀랐다. 그래서 즉각 진지작업을 벌이는 중, 292고지를 북한군 3개 중대가 습격하여 점령했다. 4일, 한국군은 2개 대대 병력과 포병을 동원하여 탈환을 기도했으나 효과가 없자, 여단장 김석원(金錫源)은 10명의 결사대를 구성하여 81미리 박격포탄으로 육탄 공격시켜, 고지를 탈환하고 38선을 회복할 수 있었다. 이 전투로 "육탄 10용사"의 무용담이 널리 알려졌으며, 또한 이 싸움은 정부수립 후 최초의 남북 간의 정규군이 충돌한 사건으로 기록되었다.

註) 소련은 1947년 7월부터 북한경비대에 38선 경비를 인도하고 1948년 12월에 군대를 철수했다. 미군도 1949년 1월부터 38선 경비를 남한군에게 인도하기 시작하는데, 남한군이 경비를 맡아 남-북한군이 마주하는 상태가 되자마자 무력 충돌이 일어나기 시작했다. 이러한 분위기 속에 대규모 충돌이 송악산에서 일어난 것이다.

### 한국군 2개 대대(大隊) 월북

5월 4일, 5월에 들어서면서 남북 간의 무력분쟁이 잦아졌다. 이때 충격적인 사건이 일어났는데, 제6여단 8연대 1대대장 표무원(表武元) 소령이 춘천에서 훈련을 이유로 대대 병력을 이끌고 그대로 화천(華川) 쪽으로 월북했다. 455명의 대대 병력 중 2중대와 중화기중대는 무사히 빠져나왔고 217명이 월북했는데, 이어서 이틀날에는 2대대장 강태무(姜太武) 소령이 294명의 부하를 속여 38선을 또 넘었다. 다행이 이때에도 8중대장 김인식(金仁植) 중위를 비롯한 140명이 탈출에 성공했다. 이 사건은 군 내부의 좌익분자 숙청에 위기를 느낀 좌익계 장교들이 저지른 대표적인 월북사건이 되었다.

註) 여수반란사건 때부터 이루어진 군대 내에서 대대적인 좌익분자 숙청으로 약 4,750명의 장교와 하사

관이 군을 떠나야했다. 이는 전체 장교와 하사관의 10%에 해당하는 숫자로 군 내부에 공산분자들이 얼마나 광범위하게 침투해 있었는가를 짐작케 한다.

5월 8일, **사직리(社稷里) 전투,** 의정부에서 제1연대장 김종오(金種五) 대령은 이중간첩을 이용하여 "한국군 1개 대대가 8일 새벽 사직리를 거쳐 월북하니 접수해 달라"고 북한군에 알렸다. 이 접수부대를 섬멸할 계획이었다. 그런데 이날 새벽, 길을 잘못 들어선 2개 중대가 북한군과 마주쳐 전투가 일어나는 바람에 북측의 접수부대는 오지 않았다. 아군은 즉각 모든 부대를 귀환시켰는데, 그중 서북쪽 212고지의 최영두(崔永斗) 소대와의 연락이 두절되었다. 날이 밝도록 지시를 기다리던 소대는, 뜻밖에 수송차량을 기다리려고 도로 위에 나온 적 1개 중대를 발견하고 일제사격으로 적 104명을 사살하고 13명을 생포하는 전과를 올린 채 무사히 귀환했다. 어쨌든 보복은 한 셈이다.

5월 17일, **백천(白川) 침공,** 황해도 예성강 서안(西岸) 지구에 있는 백천(白川) 정면에 북한군이 침입해 경비원을 쫓아내고, 18일에는 경찰지서를 습격, 19일에는 연안읍(延安邑)을 점령했다. 이에 아군 2개 중대를 급파했으나 북한군은 이미 약탈을 마치고 돌아간 후였다.

5월 21일, 적 1개 중대가 옹진반도 서쪽의 국사봉(國師峰)에서 아군을 몰아낸 후, 24일까지 2~3개 대대가 침입하여 작산(鵲山)까지 점령했다. 아군은 1개 대대를 증파하여 공격했으나 적은 꿈쩍도 안 했고 오히려 1천 3백 명으로 증원하여 약탈을 계속하니, 31일, 아군은 1개 대대를 더 보내 두락산 공략을 시도하고 적 1백 명을 사살했다. 6월 4일에는 적 전투기 2대가 나타나 기총소사까지 했으며, 5일에는 김백일(金白一) 대령을 사령관으로 옹진지구전투사령부를 설치하고 여기에 추가 2개 대대와 유격부대 및 대전차 포대를 추가했다. 이날부터 많은 희생을 감수하며 공격한 끝에 6월 11일, 적 관측소를 파괴하자 이때부터 적의 화력이 맥을 못 썼다. 23일까지 잃었던 모든 고지와 진지를 탈환하기는 했지만 1개월에 걸친 혈전이었다. 그러나 적의 장비나 화력이 아군보다 월등하게 우수하였기에 많은 피해를 보았고, 이 때문에 승리했다고 할 수도 없었다.

註) 북한군의 38선 도발은 결국 한국군 병력을 공비토벌에서 빼내려는 복안이라 판단하고, 이후 주력을 공비토벌로 돌렸다. 이에 따라 9월부터는 '가을토벌'과 '9월 공세'로 나갔다.

### 북한의 인민군 유격대 남파

6월 1일, 지난해 11월에 1차로 남파 유격대를 시도하다 실패했던 북한은, 이번에는 녹음이 우거진 여름을 이용하여 철저히 훈련된 4백 명의 인민유격대를 침투시키다가 38선 부근에서 국군경비대와 접전이 벌어졌다. 그중 1백여 명만이 남하해 태백산 쪽으로 가서 지방공비와 합세했고, 이어 7월 6일에는 3차로 2백 명을 침투시켰으나 국군 토벌부대에게 대부분 사살된 후, 8월 4일에는 3백 명이, 8월 중순에는 360명이 연거푸 들어와 경북 경주 북쪽의 보현산(普賢山)까지 침투하여 경북지방의 빨치산 활동을 도왔다.

註) 북한군의 유격대는 이듬해(1950년) 3월 28일 7백 명이 오대산으로 침투할 때까지 총 10차에 걸쳐 2천3백여 명을 남파시켰다. 그러나 북한은 더 이상의 유격전을 포기하고 소위 '남조선 혁명'의 꿈을 버렸다. 남파유격대는 대부분이 목적지에 이르기도 전에 군경토벌에 걸려 모두 소탕되어졌기 때문이다. 반면에 국군 4개 사단과 많은 경찰병력을 후방지역에 묶어두게 하여 38선의 방어력을 약화시켰으니 나름대로 효과는 있었다고 볼 수 있었다.

## 반민특위(反民特委) 사건

6월 8일, 정부는 친일파를 처단하기 위한 반민족행위처벌법을 1948년 9월 22일에 제정했었다. 그런데 반민족툭별조사위원회(반민특위)가 군과 경찰의 간부들을 반민족행위자로 체포하면서 문제가 생겼다. 마침 6일에 서울지역 경찰관 모두가 사임하겠다는 청원서를 대통령에게 보내자, 이승만(李承晩) 대통령은 결단을 내리지 않으면 안 되었다. 이날 긴급명령을 발동하여 경찰로 하여금 반민특위 소속 특수경찰대(特警隊)를 강제로 해산시켰다.

註) 초기부터 미군정청(美軍政廳)은 법통시비를 가리지 않았다. 적군으로 싸운 일본군 출신이라도 배재할 형편이 아니었다. 광복군 출신이 법통을 이어야 한다고 나섰지만 그 수가 미미하고 경험마저 부족하여 현대화된 행정이나 군대를 조직하고 육성하는데 한계가 있었다. 그러다보니 일본군 출신의 조선인 장교나 조선총독부의 조선인 관리를 거의 그대로 눌러 앉혔고, 이승만 정부도 이들을 그대로 채용하여 경찰관료와 행정관료 대부분을 차지하게 했다. 군대도 마찬가지였다. 대한제국 육군무관학교가 폐교된 이후 정통성을 가진 군이 없었다. 현실적으로 이들을 배제할 경우에 나타날 공백상태에 대한 대안이 없었다. 당장 정부의 최우선 과제는 남로당 등 공산세력으로부터 나라를 지키는 것이었지만, 이들을 상대로 싸우고 있는 군인과 경찰관들을 반민족 행위자로 단죄하는 바람에 군대와 경찰이 무력화되면 나라의 생존이 위태로운 지경이다. 이에 이승만 대통령의 조치는 신속했고 단호했다. 당시 이승만 대통령이 중시하는 건국 과업의 우선순위는 반민특위를 통한 친일파 척결보다는 건국을 방해하는 공산당의 척결이 우선이었다.

註) **김일성의 반민족행위자 청산:** 북한 지역은 소련군정이 조직한 김일성 주도의 인민위원회는 토착 지지 세력의 부재라는 약점을 극복하면서 리더십을 확보하는 수단으로 일제 식민잔재 청산을 내걸면서, 그 목적은 북한 전역의 사회주의적 혁명개조에 중점을 두었다. 그래서 그들의 친일청산 방식은 주로 인민재판 형식을 취하면서 개개인을 처벌하는 인적 청산보다는 제도적 청산 방식을 중시했다. 이들의 피선거권을 박탈하거나 토지개혁을 통해 이들의 토지를 몰수 하는 등, 권력과 경제 기반을 해체하는데 주안점을 두는 한편, 일제 시기 전문직에 종사하던 이들은 반민족행위자로 간주하지 않고 그대로 활용했다. 북한도 인재가 없기는 마찬가지였기에 과거를 뉘우치면 된다고 하여 반성문을 쓰게 하고는 각 사업장이나 군대 요직에 그대로 배치했다.

6월, **김일성의 북한 장악,** 남한의 이승만 정부와는 달리 북한의 김일성은 아무런 제약도 받지 않고 강력한 공산 독재체제를 만들기 위해 북한의 유일한 정당인 조선노동당의 당수가 되었다. 여기에 정부는 물론 공산당까지 장악하여 이로부터 누구든지 저항만하면 노동계급의 반역자, 친일분자, 제국주의 주구(走狗), 또는 반동분자로 찍어 사정없이 숙청했고, 소련의 막대한 군사 경제 원조도 김일성이 정권을 강화하는데 크게 뒷받침되었다.

註) 김일성은 북한의 산업생산의 90%, 그리고 무역과 상업의 절반 이상을 직접 장악함으로써 마음 놓고 전쟁준비를 할 수 있었다. 모든 활동은 소련군이 만든 비밀조직이 주도했다. 이로써 소련은 북한을 위성국으로 만드는데 성공했고, 다음 단계는 남한을 공산화시키는 것이다. 이즈음 소련은 북한에 6개 보병

사단, 3개 기계화 부대, 8개 국경수비대에 필요한 무기와 장비를 제공하고, 또한 소련군이 철수하면서 그들의 장비도 모두 북한에 넘겨주었다. 소련은 1949년 여름부터 50년 봄까지 정찰기 10대, 야크 전투기 100대, 전투폭격기 70대, T-34 및 T-70 전차 100대와 2천여 문의 대포를 해상과 육로를 통해 신속히 공급했다. 완벽한 전쟁준비였다. 이제 북한군대는 아시아 최강의 군대가 되어가고 있었다.

### 김구(金九) 암살

6월 29일, 남북통일과 자주독립을 위해 남북협상 및 외국군의 완전철수를 주장해 온 민족지도자 김구(金九)가 현역군인 안두휘(安斗熙)에게 암살당했다. 범인은 재판과정에서 우야무야 석방되고 마는데…

註) 육군 소위 안두희가 경교장(京橋莊)으로 찾아가 권총을 쏘았다. 그는 김구가 남북협상에 응하여 정치와 사회를 혼란에 빠뜨렸기 때문에 죽였다고 했다. 8월 6일 고등군법회의에 회부되어 무기징역형을 선고받았으나 석 달 뒤 형기는 징역 15년형으로 감형되는데… 복역 중 전쟁이 일어나자 이승만 정부는 안두희를 형집행정지 처분으로 석방하여 바로 군에 복귀시켰다. 그러나 그 후 국회에서 그의 석방과 군 복귀에 관하여 문제가 제기되자 정부에서는 그를 소령으로 예편시켰다. 4.19혁명 이후 김구 암살사건의 진상 규명과 안두희에 대한 재처벌 요구가 제기되나 제2공화국 정부가 적극적으로 나서지 않아 재처벌은 물론 사건 진상조차도 제대로 되지 않았다. 그러나 그는 김구 암살범이 아무런 제재도 받지 않은데 의분을 느낀 버스 운전기사인 박기서(朴琦緖)에 의해 1996년 10월 23일 살해되었다.

6월 30일, 미군을 태운 마지막 배가 한국을 떠났다. 이승만 대통령은 미군의 철수 대신 2개 전투비행단과 구축함 2척을 포함한 해군 함정 및 정규군 10만 명에 예비군 5만 명을 육성하고 이들을 모두 미국의 무기로 무장시켜 줄 것을 요구했지만, 모두 거절당했다. 마지막에는 북한의 침략이 있을 경우의 방어약속과 상호조약 같은 것을 요구했으나 결국 아무것도 이루지 못했다. 이즈음 미국은 아시아 정세에 대해 중국의 내전상황을 보아가면서 입장을 정리하는 단계로, 한국과 대만에 대해서는 관심조차 없는 상태였다.

註) 미군은 떠날 때 일부 군 장비를 넘겨주고 갔는데, 소총 10만 정, 탄환 5천만 발, 로켓발사기 2,000대, 차량 4만 대, 박격포 다수 등이었다. 하지만 탱크나 비행기나 함정은 하나도 주지 않았다. 북한을 자극할 어떤 구실도 만들어서는 안 된다는 것이다. 미국의회는 한국의 생존가능성을 포기하면서 "공산수중에 떨어지게 될 나라에 원조자금을 낭비하지 말아야 한다"면서 원조자금의 승인조차도 부결시켰다. 이때 이승만 대통령은 미군철수 후의 안보상황을 "… 현재 우리 관점에서 볼 때 국방을 위한 적정수준의 무기 확보가 경제회복보다 훨씬 시급하다. 우리는 경제든 그 무엇이든 언제든지 재건할 수 있지만 나라를 지키는 데 실패한다면 모든 것을 가졌다 한들 무슨 소용이 있겠는가?"라며 안타까워했다.

7월 4일, **기사문리(其士門里) 사건,** 제8사단 10연대장 송요찬(宋堯讚) 중령은 북한 유격대의 잇단 남침에 대한 보복을 겸해서 북한군이 38선 부근 해안선에 배치되는 것을 막고자 단독결정으로 38선 이북에 북한군 해군기지인 기사문리 근처 대치리(大峙里)에 1개 중대 병력을 보내 해안선에 전개된 적진지를 야음을 틈타서 점령해버렸다. 오후에 북한군 1개 대대 병력이 반격해와 3시간의 치열한 교전 끝에 모두 철수해왔는데, 문제는 그 다음이었다. 이 사건과 관련된 장교와 사병들이 모두 군법회의에 회부되어 곤욕을 치렀으니…

7월, 중국의 모택동이 이끄는 중국공산당은 국호를 중화인민공화국(中華人民共和國)이라고 선포. 이때를 전후하여 중공군내의 조선인 부대를 북한에 보내 조선인민군에 편입시켰다. 49년 초부터 50년 봄 사이 약 5만의 병력이 북한군에 흡수되었다.

8월, **몽금포(夢金浦) 기습.** 작년(1948년) 5월부터 벌어진 해군함정의 잇단 월북사태에 대한 보복으로 백선엽(白善燁) 중령과 해군 특별정찰대의 이용운(李龍雲) 중령은 20여 명의 정보대원과 함께 황해도 용연군에 위치한 몽금포(夢金浦)를 기습하여 북한 경비정 4척을 격침하고 1척을 나포해 돌아왔다. 이 사건도 한동안 시끄러운 정치문제가 되었다는데…

註) 48년 5월의 해군 경비정인 통천정(通川艇)과 고원정(高原艇)의 월북, 6월의 대전정(大田艇)의 월북기도, 49년 5월의 특무정 대기함인 508정 월북사건. 모두가 일부 좌익군인들이 선상반란을 일으켜 월북한 것인데, 게다가 미 군사고문단장의 전용보트가 몽금포에 있다는 정보까지 있었다. 이로 인해 이승만 대통령은 "내가 임명한 육군, 해군 총사령관이 인민군 군대만 만들어낸다"며 분노가 대단했다. 그래서 벌인 보복 작전이었다.

9월, **가을 토벌(討伐),** 북한의 김일성과 박헌영은 3월초에 스탈린과 회담을 가진 후 대남(對南)전략을 강화하기로 했다. 북한지역을 혁명기지로 하고 남한 내 좌익 세력의 활동을 적극화해 결정적인 시기를 잡아 적화통일을 한다는 전략을 세웠다. 그 영향으로 남-북 노동당을 통합하여 '조선노동당'으로 하고, 지금까지의 유격투쟁을 보다 조직적으로 하기 위해 '조선인민유격대'를 편성하여 3개 병단(兵團)으로 구성했다. 오대산, 지리산 태백산 지구에 각각 1개 병단을 두고 박헌영(朴憲永)의 지휘 아래, 본부는 지리산에 두면서 수류탄 공장까지 갖추었다. 그리고는 소위 '9월 공세'를 펼쳐 도처에서 토벌대를 기습하고 또 한편으로 부락에 들어가 농민을 끌어들여 입산시키고 보급투쟁도 활발했다. 이에 육군은 9월에 충북 단양에 태백산지구전투사령부(太戰司)를, 호남지역에는 호남지구와 지리산지구전투사령부를 두면서 본격적인 토벌에 나섰고, 이듬해(50년) 3월 15일까지의 '가을토벌'과 '동계토벌'이 겹쳐"더 이상 빨치산은 없다"고 해도 좋을 만큼 소탕해 버렸다. 이때에 지휘관을 포함한 모든 북한 유격대원들은 생존자가 거의 없을 정도로 모두 소멸되었다.

10월 1일, **한국공군(韓國空軍) 창설,** 보유 항공기는 연락기 22대. 육군에서 분리하여 독립하고 독자적인 기구로 개편했다. 그러나…

註) 미국은 한국정부의 무기 판매와 군사원조 요청을 모두 일축하는데, "북한을 침공하여 전쟁을 일으키게 하면 안 된다"는 것이 이유였다. 결국 한국군은 미군정이 넘겨준 빈약한 무기로 38선을 경계하게 되었다. 공군과 해군도 사정은 마찬가지였다. 전투기 없는 공군, 군함 없는 해군, 전차(戰車) 없는 육군….

10월 6일, 미군이 군사고문단 500명만을 남겨놓고 철수한 이후, 이승만 대통령은 유럽의 NATO와 같은 집단안전보장 체제를 주장했으나 미국의 반응은 냉담했다. 2차 대전 이후의 군비감축 분위기에 편승해서 아시아-태평양 지역은 그들의 관심지역이 아니었다. 그래도 결국 10월 6일 미국의회에서 1950년 회계년도부터 3년간에 걸쳐 4억 1,000만 달러의 경제 및 군사 원조를 제공하는 원조법이 통과되도록 했다.

註) 또 한편, 1950년 1월 26일, 한국에 대한 정치, 경제, 군사적 지원을 위해 '미국 군사고문단 설치에 관한 한미협정(KMAC 협정)'과 '한미 상호방위원조협정(MDAP)'을 체결했다. 이 협정은 그때까지 미국이 외국과 체결한 최초의 것인데, 비록 미군의 철수는 막지 못했으나, 그 차선책으로서 이런 정도의 보장이 우리 외교가 거둘 수 있는 최대의 것이라고 하겠다.

1950 1월 12일, **애치슨라인(Acheson line):** 미국 국무장관 딘 애치슨(Dean Acheson)은 "태평양 지역의 극동 방위선이 알루샨 열도에서 일본을 지나 유구 제도로 내려가며 이 섬들은 끝까지 지켜야 하고, 이 방위선은 필리핀으로 연결된다"고 밝혔다. 여기에 한국과 대만(臺灣)은 제외됐는데, 그 이유는 미 군사력의 대량 감축 때문이었다. 그러나 이 발언은 스탈린과 김일성으로 하여금 남한점령계획에 대한 자신감을 갖도록 만들어 주었다.

註) 2차 대전 종전 후 미군의 총병력은 1,200만이 넘었는데 이를 1947년 7월까지 107만 명으로 감축했다. 이러한 분위기 속에 외교문제를 수행한 애치슨은 스탈린과 모택동의 세력 확장을 막기 위한 태평양에서의 미국의 방위선을 밝혔는데, 이는 참으로 무책임한 발표이었다. 한편, 작년 10월에 장개석 국민당 정부를 대만으로 축출하여 중국혁명을 성공시킨 후부터 대만상륙작전을 구상해온 모택동은 1950년 여름을 작전기일로 잡아놓고 준비하는 중이었기에 김일성의 남한정복계획에 부정적이었다. 더구나 49년 10월 절강성 보도와 북건성 금문도 상륙작전에서 중공군 9천명이 전멸한 소식으로 충격 받았는데, 마침 애치슨라인이 발표되자 스탈린은 미국이 극동에서 한반도에 대한 통제권을 소련에 넘겨준 것으로 착각하고 김일성의 요구사항을 들어주기로 했다. 스탈린에게는 한반도가 대만보다 더 중요했다. 후에 한국에 전쟁이 터지고 미국이 대만해협에 미7함대를 파견한다고 발표하자 중국은 대만상륙을 포기했고, 그 후 기회 있을 때마다 모택동은 스탈린의 잘못이 100%였다고 화풀이했다고 한다. 하여튼, 이 때문에 중국은 유엔 가입이 20년이나 늦어지고 대만 침공의 기회를 놓지는 대가를 치러야 했다.

1월 17일, 김일성은 박헌영이 주최하는 오찬회에 참석 중인 슈티코프 대사와 소련 외교관 앞에서 '중국이 해방을 완수한 지금 남에서 조선인민의 해방이 일정에 오르고 있다'라며 '나는 다시 스탈린 동지를 방문하여 남조선 해방을 목적으로 하는 인민군의 공격에 대한 지지와 허가를 받는 것이 필요하다'라고 그의 남조선 해방전쟁의 의지를 공개… .

### 김일성(金日成)의 전쟁준비

3월, 작년(1949년) 3월에 소련과 6개 보병사단과 3개 기계화 부대, 항공기 150대의 원조를 내용으로 하는 군사비밀협정을 맺고, 또 중공(中共: 중화인민공화국)의 협조로 중국인민해방군의 만주 거주 조선족 병사 5만 명을 북조선군에 편입시킨 이후, 김일성은 스탈린에게 전쟁 비준을 얻기 위해 3회(1949년 2월과 12

월, 그리고 1950년 3월)나 소련을 비밀리에 방문했다. 그리고는 3월초에 드디어 비준을 얻어냈다. 또 한편 김일성은 3월 24일, 먼저 남파된 인민유격대가 모두 궤멸되자, 또 다시 650명의 유격대를 남파시키는 한편, 4월에는 중국을 방문해 모택동을 만나고 왔다.

註) 그러나 증파된 인민유격대는 한국군 10연대와 8연대의 추격에 걸려 4월 11일부터 5월 2일까지 모두 소탕되었는데, 오대산과 태백산을 마지막으로 조용해졌고, 극소수의 생존자가 산곡에 은신해 있다가 전쟁을 맞이했다. 김일성이 바라던 남조선에서의 후방교란 책동은 전쟁발발 시 이렇게 되어 조용해져 버렸다. 한편, 일본군 및 국민당 정부군과의 전투를 통해 단련된 중국에서 비밀리에 입북한 조선인 전투원은 북한군 제5,6,7사단으로 재편성되어 남침의 주력부대가 되었다.

註) 김일성과 박헌영은 모스크바에서 4월 10일에 스탈린을 만났다. 스탈린은 김일성의 전쟁계획을 최종적으로 승인한다면서 중국의 모택동을 만나라고 했다. 두 사람은 5월 13일 북경에 도착했고, 여기서 모택동은 대만 해방 이후라면 도울 수 있지만, 지금은 무력통일에 대한 동의 자체만은 할 수 있다고 말했다. 모택동은 미군 참가 가능성을 말하면서 그렇게 되면 중국군을 파견하겠다고 말했다.

### 국군비상경계령의 해제

6월 11일, 북한의 남한에 대한 위장 평화공세(조만식의 교환 등)와 동시 인민군의 이동이 심상치 않아 11일 16시를 기해 전군비상경계령을 발령했다. 그러나 기간 중 특별한 징후가 없어 23일 24시에 해제하고, 24일에는 전군에 농번기 휴가 및 외출을 허용했다.

註) 비상경계기간 중 단 1건의 총격도 38선상에 없었다. 이미 인민군은 산곡에 위장하여 남침을 위한 포진을 마쳤고, 23일까지 완전한 전투배치를 끝내고 있었다. 17일에는 미국무성 극동담당 차관보 덜레스가 방한하여 38선을 돌아보았다. 그는 "전쟁의 징후가 없다. 전쟁은 일어나지 않는다"고 호언하며 22일 출국했다. 그러나 그는 미국에 도착하기도 전에 전쟁발발 '한국전쟁' 신문기사를 접해야 했다.

4월 9일경, 김일성은 하기(夏期) 각병종합동작전훈련(各兵種協同作戰訓練)을 4월 중순부터 실시한다는 지령을 내렸다. 훈련이라 하면서도 상부의 지시 없이는 통신연락도 금지했다. 모든 것은 지시대로 움직였다.

6월 7일, 김일성은 남침 준비를 끝낸 상태에서 '조국의 평화통일'을 제창하면서 "8월 4~8일 사이에 남북 총선거를 실시하자"는 등의 남침계획에 대한 은폐공작을 폈다.

### 6.25 사변(事變) - 한국전쟁(韓國戰爭)

6월 25일 일요일 04시, 최초의 신호탄이 옹진반도에서 올랐다. 무방비의 한국군은 포연 속에 뭉그러지고 소련제 전차는 남쪽으로 움직였다. 보슬비가 뿌려지는 때였다. 오전 사이에 이미 동두천, 포천이 거의 무저항으로 점령되고, 인민군의 주력은 의정부로 몰려들었다.

註) 북한군은 7개 보병사단, 1개 기갑사단, 수 개의 특수 독립연대 및 1개 공군사단으로 구성된 총 병력 11만 1천명과 210대의 항공기, 1,610문의 각종 포, 280여 대의 전차 및 자주포 등을 동시에 투입했다. 적 제1군단은 서울을 목표로 일제히 남진했다. 북한군 제1군단 예하 제1, 6사단은 제105전차

여단의 제203전차연대와 제206기계화연대의 지원 하에 개성에서 서울로 공격하고, 주공부대인 북한군 제3,4사단과 제105전차여단은 각각 연천, 철원 일대에서 의정부를 거쳐 서울로 공격해 들어갔다. 당시 한국군은 총병력 9개 사단 9만8천 명, 장갑차 27대, 대포 98문이었고, 전투기나 함정은 없는 것이나 마찬가지이어서 사실상 벌거숭이 군대이었다. 그럼에도 불구하고 전쟁 전체 기간 중에 어느 한 부대도 북한군에 투항하지 않았다.

군사적 경험이나 지식이 전혀 없는 이승만 정부는 당황했다. 내각도 무능했고 장관도 믿음직하지 못했고 육군도 전쟁대비계획이 없어서 대통령의 전쟁지휘는 사실상 불가능했다. 게다가 정부와 군대 내에 공산분자들이 아직도 활동하고 있는 터인지라, 대통령조차도 안전할 수 없었다. 시민들은 두려움 속에 피난길에 올랐다. 정부는 완전붕괴 상태였다.

6월 25일 14시, 유엔은 긴급안전보장이사회를 열고, 북한의 전쟁행위의 즉각적인 중지를 요구. 제2차 세계대전 이후에 지속 될 것으로 여겨졌던 평화 분위기에 종막이 왔다.

註) 이승만 대통령의 시급한 군사지원을 요청받은 미국 정부는 그렇지 않아도 공화당으로부터 "민주당이 집권한 뒤 중국이 적화되고, 또 동남아에 공산주의가 팽창했다"라는 비판을 받고 있는 터에, 트루만 대통령은 북한군의 남침을 소련의 세계 적화 시도의 일부로 보았다. 그는 'NATO(북대서양동맹)의 신빙성을 보장하기 위해 침략자 타도'를 위한 응전을 결심하고, 한국 정책을 지금까지의 '최소 개입'에서 '적극 지원'으로 전환했다.

6월 26일 00시 10분, **백두산 701함(艦),** 부산을 출항하여 북상 중인 한국 해군의 PC- 701함(백두산艦)은 우연히 울산 동쪽 해상에서 정체불명의 선박이 남하하는 것을 확인했다. 이를 적선으로 판단한 701함은 적선 좌현 3마일까지 접근하여 3인치 포로 사격하자 적선에서도 57㎜포와 중기관총으로 응사하여 일대 포격전이 일어났다. 이때 격침된 적선은 약 1천 톤급 수송선으로 무장병력 6백 명을 부산에 상륙시키고자 남하하는 중이었다. 701함은 후방교란을 위해 남쪽으로 침투 중인 북한군 상륙부대를 기적과 같이 해상에서 막았다.

註) 당시 우리에겐 함정이 36척 있었지만, 미국제 소해정(掃海艇) 몇 척 빼면 어선이나 다를 바 없었다. 번듯한 전함(戰艦)은 이승만의 염원이자 해군의 바람이었다. 그 비원(悲願)으로 1949년 6월 '함정건조기금각출위원회'가 발족했다. 해군이 봉급에서 성금을 떼자 아내들은 천막에서 작업복을 지어 팔았다. 이렇게 석 달간 1만5000달러를 모았다. 딱 중고 전함 한 척 값이었다. 전함 구매단이 미국에 가서 1만8000달러를 주고 산 것이 무게 450톤의 구잠함(驅潛艦)이었다. 퇴역해 벌겋게 녹슨 배를 되살리려 구매단은 수리공, 페인트공이 됐고 그해 12월 26일 명명식이 열렸다. 백두산함은 진해에 도착한 한 달 반 뒤 6·25전쟁이 터지자 진가를 발휘했다. 부산항으로 접근하던 소련제 수송선을 대한해협에 수장(水葬)시킨 것이다. 당시 남한 항구 중 접안(接岸)시설은 부산에만 있었다. 백두산함이 없어서 부산이 함락됐다면 한국에 온 100만 병력과 물자는 갈 곳이 없었을 것이다.

6월 26일, **춘천(春川) 바위,** 제17연대는 황해도 해주(海州)를 포기했고, 인민군 주력인 제3, 4사단은 의정부에 돌입했으나, 속전속결로 춘천-원주-한강 이남까지 내려 밀려던 제2, 12사단이 춘천에서 국군 6사단의 저항에 부딪쳐 3일 간이나 묶이는 바람에 서울진입이 지연되었다. 김종오(金種五) 대령의 6사단은 적의 주공에 맞서 북한강을 경계로 27일까지 저항했다.

註) **김종오 대령과 제6사단:** 춘천 전투에서 적의 주력을 3일간이나 묶어둔 것이, 북한군의 한강 도하를 3일간이나 지연시키게 한 요인이 되었고, 이 3일이 한국전쟁 전반에 걸쳐 북한군에게 치명적인 시간상의 결함을 제공했다. 즉, 유엔군의 참전과 전개 과정에서 천금 같은 시간을 제공해 준 것이다. 이후 병력의 손실 없이 축차철수와 지연반격으로 낙동강까지 내려온 6사단은, 북진 때에도 선봉에서 38선을 넘었으며, 압록강 선에 제일 먼저 도달했다. 또한 김종오 대령은 준장으로 진급 후, 1952년 10월에 9사단을 이끌고 7일간 24회나 주인이 바뀌던 유명한 '백마고지 전투'에서 중공군 1만4천여 명을 사살하며 확보했다.

6월 27일, 유엔은 미국의 주도 아래 각 회원국에게 한국전 개입을 결의하고, 이에 따라 18시부터는 일본 주둔 미국의 해군과 공군을 사용하라고 했다. 이때 유엔에서의 소련대표단은 계속 안전보장이사회에 불참하여 한국전 참여에 대한 거부권을 행사하지 않았다

註) 스탈린은 김일성을 후원하고 지원하는 문제를 북한의 내부 문제로 한정지으려는 반면에, 이승만은 한국문제를 공개적으로 소란스럽게 만들어 미국과 유엔, 즉 세계전쟁으로 넘어가게 유도했다. 이 때문에 유엔은 한국전에 신속히 개입하여 대응할 수 있게 되었고, 전쟁은 세계 최초로 유엔의 경찰행동에 의해 치러지게 되었다.

### 첫 공중전(空中戰)

6월 27일 오전, 김포비행장에서 주한외국인을 철수시키려는 미군 수송기를 파괴하기 위해 인민군의 YAK기 5대가 날아들었다. 이를 호위하던 미공군의 전투기 F-82 5대가 반격에 나서서 잠깐 사이에 3대를 격추하자 2대는 북쪽으로 달아났다. 이어 오후에는 또 다른 IL-10형 전투기 8대가 2차 공격을 위해 김포에 나타났고, 상공에서 호위 비행을 하고 있던 F-80C 제트기 4대가 재빨리 공격에 나서 4대를 격추하자 나머지 4대는 그대로 도주했다. 그리고 이날 이후부터는 서울 상공에 적기가 더 이상 나타나지 않았다.

註) 동경의 미군사령부는 주한 외국인의 철수부터 서둘렀고, 26일에 인천항에서 선박을 이용해 905명을, 27일부터는 군용수송기를 이용하여 29일까지 851명을 일본으로 수송했다.

6월 28일, 북한군이 청량리 방면에 나타나자 02시에 한강인도교를 폭파했다. 이날 서울이 함락되고 많은 병력과 피난민을 내버린 채, 한강이남에서 재편된 병력은 2만2천 명에 불과했다. 국군 중 건재한 부대는 춘천의 6사단과 동해안의 8사단뿐. 이중 6사단이 홍천(洪川)에 이르는 길목인 말고개에서 11명의 육탄결사대로 적 전차 11대를 파괴하고, 또 이어서 홍천에 들어오는 적을 2일간이나 묶어두고 타격을 주자, 적 제2군단이 재편되고 지휘관이 교체되는 등 인민군의 작전에 큰 차질을 주었다. 또한, 이날부터 미공군의

폭격기들이 출격하여 38선 이남지역의 목표물을 파괴하기 시작했고, 한국군의 사기를 올리고자 일본에 기지를 둔 미공군의 F-80, F-82 전투기와 B-26 폭격기들이 연속하여 출격했다.

### 북한 내륙에 대한 첫 공습(空襲) - 평양 비행장 폭격

6월 29일, 해질 무렵, 미공군(美空軍)의 B-26 경폭격기 18대가 평양비행장을 급습했다. 이때 지상과 공중에서 26대의 인민군 전투기가 파괴되었고, 때 이른 미군 항공기의 출현으로 평양의 수뇌들은 졸지에 갈팡질팡…

註) 미군 폭격기가 평양을 대규모로 공격하였다는 것은, 이제 한국전쟁에서 미국의 전면 개입이 피할 수 없는 사태임을 분명이 보여준 것이다. 이때부터 북한의 대응이 곧바로 바뀌었다. 즉, 전쟁의 원인이 남조선 국방군의 북침이라고 주장했다가, 7월 1일부터는 박헌영의 성명에 의해 "이승만이 미국의 지시에 의해 침략한 것"으로 바뀌어졌다. 즉, 만들어졌다.

6월 30일. 일본에 기지를 둔 미공군은 한국군의 사기를 올리는 것이 무엇보다 시급하다고 여기고 목표물 여부에 상관없이 서울 쪽으로 연속하여 폭격기를 출격시키고 있었다. 그러던 중에 30일 오후, 한강 철교를 건너려고 인민군의 전차, 트럭, 차량들과 많은 병력들이 교량 위에 복개공사가 끝나지 않아 줄을 잇고 서 있어서 앞으로 가지도 못하고 빽빽이 뒤로 몰려 빠지기도 힘든 상태로 뒤엉켜 있는 것을 발견한 B-26 폭격기 18대가, 즉각 공격에 나서서 폭격 가능한 모든 화력을 총동원하여 무섭게 강타했다.

### 연합해군의 처음이자 마지막 해전(海戰)

7월 2일, 한반도 전 해역을 초계하기 시작한 미해군 경순양함 쥬노(Juneau)호 등 3척의 함대는 아침 06시 15분, 주문진 근해에서 북상하는 적 함대와 마주쳤다. 적 함대는 어뢰정 4척, 포함 2척이 탄약운반선 10척을 호위하고 있었다. 함대는 11,000야드(약 10Km) 전방에서 최초의 포격을 가하고 계속 4,000야드(약 3.6Km) 까지 접근하면서 공격하자, 적은 제대로 저항도 못한 채 어뢰정 3척, 포함 2척, 탄약운반선 7척이 격침되었다.

註) 이 해전 이후부터 북한해군은 나타나지 않았고, 유엔 해군은 휴전 때까지 전 해상에서 완전한 제해권(制海權)을 장악한 채로 작전을 전개할 수 있었다.

### 북한 공군(空軍) 괴멸

7월 3일, 미영합동 함대인 제77 기동전대(機動戰隊) 소속 8대의 제트 폭격기 F9F2 펜더를 포함한 함재기 36대가 5시 45분에 서해(西海) 상에 위치한 항모(航母) 벨리포지를 이륙하여, 평양비행장과 철도시설, 교량, 유류저장고 등을 공격했다. 11대의 항공기를 포함하여 비행장은 파괴되었고 철도기관차 25대 및 주변 교량들까지 모두 파괴되었다.

註) 이날의 평양폭격은 다음날까지 연속되었으며, 이후 7월 한 달 동안 연속된 항공작전으로 북한 항공기 38대를 파괴하고 27대에 손상을 입혔다. 7월 20일에 이르러서는 북한공군이 유명무실하게 되어 유엔군이 제공권(制空權)을 완전히 장악하였다고 평가되었다. 결과적으로 이번의 공격이 북한공군에게 전쟁 중에 사실상 제구실을 못하게 한 큰 이유가 되었다.

## 한국 공군 첫 출격

7월 3일, 전투기가 전혀 없었던 한국 공군은 일본 이타즈케 공군기지에서 급거 귀국한 F-51 무스탕 전투기로 출격에 나섰다. 이때 이근석 대령의 편대가 안양 상공에서 적군 탱크 20여대를 공격했다. 이 대령의 전투기가 적 대공포에 맞자 그는 "3번기, 왼쪽 탄약차량 공격, 건투를 빈다"는 마지막 명령을 내린 뒤 탱크로 돌진해 산화했다.

註) 1950년 6월 6·25전쟁이 발발했을 때 우리 공군엔 전투기가 없었다. 1949년 10월 창설된 뒤 L-4, L-5, T-6 등 연락기와 정찰기 30여대만 보유하고 있었기 때문이다. 이들 항공기로 남하하는 북한군 T-34 전차를 막을 수 없었던 군 당국은 1950년 6월 26일 이근석 대령을 비롯한 10명의 조종사를 일본 이다쓰케 기지에 급파했다. 미 극동공군으로부터 F-51 무스탕 전투기를 인수받기 위해서였다. 체계적인 교육훈련도 받지 못한 채 1950년 7월 2일 10명의 조종사들은 10대의 F-51 전투기를 직접 조종해 현해탄을 건너왔다. 우리나라 첫 공군 전투기 조종사들이 탄생한 것이다. 이들 10명은 이 대령 외에 김영환 중령, 김신 중령, 장성환 중령, 강호륜 대위, 박희동 대위, 김성룡 중위, 정영진 중위, 이상수 중위, 장동출 중위 등이다. 김신 중령은 백범(白凡) 김구 선생의 아들이다.

7월 5일, 미극동군지역사령관(美極東軍地域司令官) 맥아더는 우선 일본에 주둔 중인 미제24사단의 일부를 급파했다. 그러나 선발대인 스미스(Smith) 대대는 오산 부근 죽미령(竹美嶺)에서 처참하게 뭉그러지고, 삽시간에 대전(大田), 금강(錦江) 쪽으로 방어선이 좁혀 들었다. 그 사이 일본으로부터 미군 제24사단의 주력이 속속 도착하기는 했으나 결과는 모두 오산전투에서의 참패와 다름이 없는 상황의 연속일 뿐이다.

註) **美 지상군 한국 도착**: 6월 29일 수원에서 한.미 지휘관들과 회의를 주재하던 맥아더는 그를 호위해 온 F-51기와 북한군의 YAK-9기가 자신의 눈앞에서 공중전을 벌이는 것을 보고난 후, 즉시 지상군 투입이 필요하다는 보고서를 본국으로 보냈다. 6월 30일에 트루먼 미국 대통령이 지상군 투입을 결정하자, 맥아더는 서둘러 일본에 주둔 중이던 미 제24사단 21연대부터 한국에 보냈다. 대대장의 이름을 따 '스미스 부대'로 불린 제21연대 제1대대가 군용기를 이용하여 부산에 도착한 것은 7월 1일 오전이고, 북한군과 처음 맞닥뜨린 곳은 7월 5일 오산 부근 죽미령 고개. 하지만 첫 전투는 처참한 패배를 맛보아야 했다. 잠깐 사이에 540여 명의 부대원 중 150여 명이 사망하거나 실종되었다.

註) **남침의 선봉 인민군 제4사단 18보병연대:** 남침 당시 서부전선을 맡은 인민군 제18연대는 만주 조선족으로 구성된 전투력이 가장 강한 부대로 동두천방면에서 남하해 28일 서울에 제일 먼저 들어와 중앙청을 점령했고, 3일 후에는 한강을 도하하여 오산에서 미군 스미스 대대를 괴멸시켰으며, 대전에서는 미 24사단까지 물리쳐 '무적부대(無敵部隊)'가 되고 연대장 송덕만은 공화국의 영웅이 되었다. 남침의 주력부대들은 모두 중국에서 국공내전 기간 중 전투경험이 풍부한 만주출신 부대로 이루어진 점이 특징이다. 그러나 결국은 이 부대도 다른 남침부대와 마찬가지로 낙동강전선에서 전투력을 잃고 와해되었다.

7월 6일, **동락리(同樂里),** 충주(忠州)까지 적에게 내준 국군 6사단은, 장호원의 적을 막기 위해 7연대 2대대를 보냈다. 그런데, 2대대는 가는 곳마다 적의 수중에 들어가 있어서 되돌아오는 도중, 때마침 한 발 앞서 도착한 인민군 제15사단 48연대가 음성군 동락리 초등학교에 집결한 채 휴식하고 있는 것을 기습했다. 여기서 사살 1천, 포로 97, 대포 17문, 장갑차 10대 등을 노획하여 개전 이래 최대의 승리를 맛보았는데, 이에 비해 국군은 놀랍게도 경상자 1명뿐이었다. 이 당시의 노획장비는 소련의 전쟁개입의 증거물로 유엔에 보내고, 일부는 대전역(大田驛) 앞에 전시하였다.

7월 10일, 이제 미제5공군도 전쟁준비에 질서가 잡히자, 제트기가 이륙할 수 있는 일본 내의 비행기지를 이용하여 짧은 항속거리에도 불구하고 연일 원주-평택 쪽의 교량과 철도를 파괴하는 한편, 일본의 창고에 넣어 두었던 F-51 무스탕까지 꺼내 대구로 이동하여 미24사단의 대전방어전을 지원하고, 또한, 음성-장호원-제천 간의 철도와 도로에 눈에 띠는 목표물을 찾아 폭격했다. 그러던 중, 이날 오후에는 F-80 슈팅스타 1개 편대가 평택에서 폭격으로 주저앉은 한 교량 앞에 줄지어 서 있는 적의 대열을 발견하고 공격했는데, 동시에 공격에 나설 수 있는 모든 B-26, F-82 및 F-80기들이 현장에 몰려와서 합세한 결과 많은 적의 보병을 살상하고, 트럭 117대, 탱크 38대, 장갑차 7대를 파괴했다. 또 다른 곳에서는 B-29 중폭격기 10대가 평택-수원간의 도로에서 탱크와 차량이 섞여 이동 중인 적을 발견하고 대량으로 폭탄을 퍼부어댔으며, 13일에는 원산의 정유공장과 조차장을 폭격하고, 16일에는 포항에 F-51 무스탕 중대를 배치.

**작전통제권을 유엔군에게…**

7월 15일, 이승만 대통령은 유엔군 총사령관인 맥아더 장군에게 "…현재의 전쟁상태가 계속되는 동안 대한민국 육해공군의 지휘권을 유엔군 총사령관인 귀하에게 부여하고자 한다."는 편지를 보냈다. 미국이 전쟁의 주도적 역할을 하게 하여 급박한 상황에서 한미 간에 군사협력이 강화되도록 해줄 수밖에 없는 상황이었다.

註) 미군은 장비도 허술했고 훈련 상태도 형편없었지만, 한국어를 할 줄 아는 미군도 없었다. 게다가 북한군 게릴라와 남한 주민을 구분할 수도 없는데다가 통신수단도 마련되어 있지 않아 미군과의 작전협력도 거의 불가능한 상태였다. 그럼에도 대구를 목표로 밀어붙이는 북한군에 맞선 절박한 상황에서 미군과의 보다 원활한 작전협력을 위해 대통령은 결단을 내렸다. 이러한 결단이 아니었더라면 이후 더욱 어려운 상황에 처할 것이 분명했다.

7월 17일 **화령장(化寧場) 전투,** 수도사단 제17연대는 북한군 제15사단이 속리산 동쪽 화령장 지역으로 온다는 정보에 따라 제1대대를 선발대로 보냈으나 북한군의 선발대는 이미 이곳을 지나 상주로 가고 있었다. 이에 제1대대는 적의 주력부대를 공격하기 위해 금곡리 능선에 매복한 후, 오후 4시, 이를 기습하여 섬멸시켰다. 한편 북한군 제45연대가 금곡리에서 제48연대를 지원하기 위해 갈령을 거쳐 동비령으로 오는 것을 제2대대가 동비령 양측 고지에서 7월 19일 오전 11시 접근하던 적의 탄약 수송부대를 전멸시키고, 이튿날 새벽에는 북한군 제49연대 제1대대를 기습하여 섬멸시켰다.

註) 이 전투에서 아군은 적의 1개 대대 이상의 병력을 살상하였으며, 각종 장비를 노획하는 전과를 거두었

다. 그 뒤 국군 제1사단이 독립제17연대와 임무를 교대하여 북한군의 진출을 3일 동안 저지하였다. 이 전투로 인해 북한군은 상주지역으로 진출하여 문경지역에서 후퇴 중이던 국군 제2군단의 퇴로를 차단하려 했던 계획에 차질을 빚었으며, 국군은 낙동강 전선으로 철수할 수 있는 여유를 얻게 되었다.

7월 20일, **대전(大田) 전투,** 일본에서 새로 도착한 미제1기병사단의 영동지역 전개를 돕기 위해 대전지역을 방어하고자 집결한 미제24사단은, 전면에 시내로 직공해 들어오는 전차대를 필두로, 1개 전차사단이 증강된 북한군 2개 보병사단과 맞서다가 처참하게 뭉그러졌다. 패배라기보다는 와해 수준이었다. 24사단의 병력들은 거의 각개 단위 부대나 개별적으로 대전을 탈출해 나와야 했다. 이 와중에 직접 전선에서 뛰어다니던 사단장 딘(Dean) 소장이 실종이 되었으며 태반의 병력과 장비도 포기해야 했다.

註) 당시 한반도에 전개된 미군병사들은 차라리 군복만 걸친 민간인 수준이었다. 2차 대전 후 평화 분위기에 젖어 전투훈련조차 되어있지 않은 주일미군(駐日美軍)을 급히 배치하다보니, 적을 눈앞에 두고도 병사들은 흩어졌으며, 장교들이 직접 대전차포나 소총을 들고 전투에 나서야 하는 형편이었다. 병사들은 쫓기면서 사살당하면서 전투를 익혀가야 했다.

7월 26일, **노근리 쌍굴다리,** 충북 영동군 황간면, 노근리의 철교 밑 터널 속칭 쌍굴다리 속에 피신하고 있던 인근 마을 주민 수백 명을 향해 미군들의 무차별 사격으로 300여 명이 살해되었다. 한국에 막 도착하여 충북 영동지방에 전개한 미제1기갑사단은 전진하는 인민군과 후방의 빨치산의 협공으로 곤란을 겪고 있는 중이었다. 또한 북한군은 도처에서 피난민으로 가장하여 기습과 역공을 빈번하게 해오자, 한국에 막 도착하여 전개한 미군입장에서 도대체 누가 적이고 누가 민간인인지 구분할 경황이 없었다. 이들에게 내려진 명령은 "피난민들이 전선을 넘어오지 못하게 하라. 넘는 자들은 모두 사살하라"이었다.

註) 이 사건은 전선과 후방이 얽히고 군인과 피난민이 뒤섞인 가운데 일어난 미군에 의한 학살이지만, 이외에도 양민학살은 막대하고도 전국적이었다. 일례로, 후퇴 중인 군경에 의해 7월 이후 충북지방에서는 적어도 3천여 명 이상이 보도연맹원으로 인정되어 학살되었는데, 경상남북도 지방의 경우는 거의 모든 군(郡)에서 발생할 만큼 막심했다. 특히 교도소에 수감된 죄수들의 경우는 거의 싹쓸이라고 표현해도 무방할 정도였다.

7월 30일, **바웃-원,** 한반도 상공에서 북한 공군이 궤멸되고 자취를 감추자, 유엔군은 낡은 프로펠러식 전투기까지 동원하여 전선에 투입했다. 하늘은 유엔군 편이었다. 이에 맞추어 미공군의 딘 헤스 소령을 지휘관으로 하는 한미(韓美) 혼성공군을 F-51 전투기 10대로 조직하여 대구(大邱)로 이동했다. 이를 '바웃-원 혼성부대'라 하고, 항공근접지원을 시작.

註) 한국공군은 10명의 조종사를 일본에 보내 6월 26일부터 1주일간 훈련을 받고 10대의 F-51 무스탕 전투기를 인수하여 대구기지로 돌아 온 후, 7월 3일부터 작전에 들어갔다. 인천상륙작전의 성공 이후에는 평양 미림기지로 이동하여 한국군에게 근접항공지원을 했다. 이후 중공군 개입으로 새로운 국면이 되자 12월 2일에는 대전기지로 철수. 이때까지는 미 제5공군 예하에서 임무를 수행했으나

1951년 6월 F-51전투기 20대를 확보하고 제1전투비행단으로 개편한 다음, 제1전투비행단 소속 제10전투비행전대가 1951년 9월 28일 강릉기지로 전개하여 10월 11일부터 휴전 시까지 한국육군 제2군단에 항공지원 작전을 수행했다.

註) 1950년 10월쯤 우리 공군을 지원해 무스탕을 몰던 미 공군 헤스 중령이 정비기장 최원문 상사에게 'I fly by faith'라고 쓴 쪽지를 주며 "한국어로 번역해 무스탕 기체 왼쪽에 써달라"고 부탁했다. 최 상사는 궁리 끝에 '신념의 조인(鳥人)'이라고 번역해 페인트로 써줬다. 이 말은 이후 공군의 상징이 됐다. 이승만 대통령이 헤스에게 써준 글이라는 얘기는 잘못 전해진 것이라고 한다.

8월 4일, **낙동강 교두보(橋頭堡),** 정부는 7월 17일에 대구에서 부산으로 이동하고 낙동강까지 밀린 상황에서, 김일성은 7월 20일에 충청북도 수안보(水安堡)까지 내려와 8월 15일까지 '남조선을 해방'하라고 다그쳤다. 이에 유엔군사령부는 '더 이상 던커크(Dunkirk)는 없으며, 부산으로의 철수는 없다'면서, 최후의 방어선을 낙동강 선으로 하고 4일까지 병력을 강 안쪽으로 퇴각하여 집결하고 현 전선을 사수하고자 했다. 드디어 인민군 대부대가 낙동강을 건너기 위해 몰려들었다. 피아(彼我)가 뒤섞인 8월 공세가 시작되었다. 이때부터 피의 영천대회전(永川大會戰) 10일간, 포항혈전(浦港血戰) 밀고 밀리기 한 달, 백골부대(18연대)의 기계전투(騎溪戰鬪), 포항전선의 학도병, 다부동(多富洞) 피의 사투 15일. 낙동강 돌출부 밀양의 미해병대. 이루다 어찌 말로 표현하랴…

註) 전선은 불안정했고 급하지 않은 곳이 없었다. 김천 쪽에 미1기병사단도 지켜질지 의문이고, 상주에 미25사단도 마찬가지. 중동부의 한국군은 부족한 병력과 장비로 넓은 정면을 맡았으며, 동해안은 거의 유엔군 해공군의 화력으로 버티는 실정이고, 호남 쪽은 한국해병대와 경찰병력이 혼전을 하는 중이었다. 모든 전선이 보강(補强) 및 보충(補充)이 시급했다. 그러나 더 이상 물러설 곳이 없다. 군경은 물론이고 학도의용군, 청년방위대 모두 나섰다.

### 북한 주요도시 초토화

8월 12일, 미공군은 이날 북한지역에 625톤의 폭탄을 퍼부었는데, 이는 250대의 B-17 폭격기가 한꺼번에 투하할 수 있는 양이다. 월말에는 하루 투하 량을 800톤으로 늘렸다. 11월말까지 B-29 폭격기들은 북한지역의 만포진, 강계, 회령, 남시, 신의주, 초산, 삭주, 고인동 등의 도시를 거의 80% 이상을 파괴하여 거의 초토화시켰다. 투하되는 폭탄은 대부분 네이팜탄이었다. 이 과정에서 민간인의 피해도 당연히 막심할 수밖에 없었다.

註) 네이팜탄은 소이력(燒夷力)이 매우 커서 3,000℃의 고열을 내면서 반지름 30m 이내를 불바다로 만들고, 사람을 타 죽게 하거나 질식하여 죽게 하는 방법으로 쓰이는 폭탄이다. 이 폭탄으로 대부분 북한의 도시는 평지가 되었다. 또 한편으로 북한 지역의 산업시설을 목표로 하는 전략폭격이 동시에 이어졌는데, 원산, 평양, 흥남, 청진, 나진의 주요 산업 시설 외에도 진남포, 성진을 목표물로 하였고, 9월 15일에 공군사령관 스트레트마이어는 "전략상 중요하며 크게 중요시 되는 군수산업 거의가 이제 무력화(無力化)되었다"고 발표했다.

8월 16일, **융단폭격,** 낙동강을 사이에 두고 전황이 급박해지는 상황에서, 대구 정면에 북한군의 증강 움직임을 포착한 미공군은 적의 대병력이 집결하고 있는 왜관지역에 B-29 폭격기를 전부 동원하여 조직폭격을 하기로 했다. 이날 아침, B-29 중폭격기 98대가 왜관 상공에 도착하여 30분 동안 낙동강 서쪽 연안에 500파운드 폭탄 3,084개와 1,000파운드 폭탄 150개를 투하했다. 말 그대로 '융단폭격'이었다. 이때 투하된 폭탄의 총량은 야포의 중폭탄 3만 발에 해당하는 파괴력이었다. 폭격 후, 이 지역에는 적 병력은 물론, 차량이나 대공포 등, 움직이는 것이 아무것도 관측되지 않았다.

註) 부산함락을 목표로 내륙에 있던 예비 병력까지 총동원하여 내리몰던 인민군은 유엔공군의 엄청난 항공폭격으로, 길어진 보급선에 따른 물자 보급과 병력보충의 어려움이 대단했다. 주야를 가리지 않는 항공공격 앞에 인민군은 속수무책이었다. 미제5공군이 주력인 유엔공군은 일본의 비행장을 적극 활용하고, 또 해군 및 해병항공대와 연계하여 9월 12일 북한군이 와해될 때까지 무제한 항공지원으로 지상군으로 하여금 낙동강 방어선을 유지할 수 있도록 해주었다. 미8군 사령관 워커 중장은 "만일 우리가 공군의 지원을 받지 못했다면 한국에서 배겨나지 못했을 것"이라고 했다.

8월 17일, **통영(統營) 상륙.** 김성은(金成恩) 중령이 이끄는 해병대는 한국해군의 PC-703함 등 7척의 함정으로 고전 중이던 통영지구에 적전 상륙을 감행하여, 약 40여 일 동안 공방전 끝에 적 6백여 명을 사살(아군 15명 전사)하면서 통영지역을 탈환함은 물론, 부산 진해 마산지역을 적의 위협에서 벗어나게 했다. AP 통신은 이 전투를 기록하며 '한국해병대는 귀신도 잡을 수 있을 것'이라고 보도했는데, 이로부터 '귀신 잡는 해병'이라는 말이 생겼다.

### 피어린 낙동강(洛東江)

9월 1일, 낙동강 방어선 5곳에서 인민군의 제2차 대공세가 밀어닥쳤다. 김일성은 초조했다. 1차 공세로 인해 병력의 태반을 잃었음에도, 유엔군 병력이 추가 증원되기 전에 부산을 점령하라고 다시 지시했다. 게다가 뒤로 돌아서는 병사에게는 '즉결총살'이라는 특별 지시까지 내렸다. 공세는 지난 8월보다 오히려 더 지독했다. 기계(騎溪), 포항(浦項), 마산(馬山), 영산(靈山), 창녕(昌寧), 대구(大邱), 영천(永川). 전선은 어느 곳 하나 위기에 처하지 않은 곳이 없다. 5일은 하루에만도 미군 사상자만 1,250명이 나올 정도로 절박했다. 한국군 사상자는 물론 더 많았다. 10일, 영천에서는 한국군 2군단의 반격이 있었으며, 12일에는 전 전선이 조용해졌다. 이제 북한군의 전투력은 거의 소멸될 지경이었다.

註) 낙동강 전선에서 인민군은 총 병력의 70~80%가 소멸되어 이를 보충하기 위해 점령지에서 의용군(義勇軍)이란 명목으로 강제 징집한 장정으로 보충하기에 급했다. 하지만 남한 출신 병사들은 기회만 있으면 탈출했다. 반면에 한국군은 전전(戰前)의 수준을 회복하여 94,570명의 병력을 갖추게 되었고, 여기에 미8군 78,762명 등을 포함하면 총 18만 명에 달했다. 또 한편, 김일성에게는 후방에 예비 병력이 없었다. 당연히 후방은 비어있었다. 그의 무모한 전쟁기술이 들어 났는데, 이때를 맞추어 인천상륙작전이 시도되고, 이제부터 인민군의 존재는 무시해도 좋은 상태나 마찬가지가 되었다.

9월 14일, **장사상륙작전 - 작전명 174,** 인천상륙작전의 양동작전으로 경상북도 영덕군 장사리에 학도병 772명이 국도7호선을 봉쇄하고 북한군의 보급로를 차단하기 위해 상륙하였다. 사실상 미8군의 임무였으나 학도병들이 맡았다. 총 139명이 전사하고 92명이 부상을 입었으며, 772명 중 사망과 부상을 당한 학도병을 제외하면 모두 행방불명 상태. 원래는 3일간 상륙한 뒤 귀환 예정으로 탄약 등의 물자도 3일치만 지급되었다. 그러나 상륙함인 문산호가 좌초되어 돌아오지 못하고 탄약과 식량이 부족함에도 7번 국도 차단 임무를 계속하였다. 인천상륙작전이 성공한 후 고립된 학도병들을 구출하고자 함정을 보냈지만, 결국 북한군 2개 사단 정예부대에 의해 대부분 전사했다. 구출함정은 접근할 수가 없어 철수해야 했는데, 학도병들이 상륙했던 문산호는 1997년 3월 쯤에 난파선으로 발견 되었다.

### 인천상륙작전 (仁川上陸作戰)

9월 15일, 맥아더는 한국군 포함 7만6천의 병력을 7개국 함정 261척에 승선시켜, 인천(仁川)에 상륙시켰다. 상륙지점인 월미도는 엄청난 양의 함포와 항공공격으로 이미 초토화되었기에 저항은 가벼웠으며 교두보는 쉽게 확보할 수 있었다. 당시 인민군은 미군을 밀어내기 위해 부산 쪽에만 힘을 썼고 인천에는 위병부대만을 둘 정도로 소홀히 한 것이 상륙작전의 결정적인 성공 요인이 되어 주었다. 이로부터 적을 남과 북으로 두 동강내기 위해 17일부터 한미해병대는 서울과 수원 방면으로 쇄도해 들어갔다.

註) **인천상륙작전(仁川上陸作戰)** : 미국무성과 관료들이 반대하며 말렸으나, 맥아더는 밀어붙였다. 서해안의 간만의 차가 심하여 선박의 접근이 불가능하다는 이유였다. 위장 전술로 원산과 군산에 항공공격과 함포사격으로 적을 속이며, 상륙부대는 인천을 향했다. 제1단계로 9월 15일 오전 6시 한미.해병대가 월미도에 상륙하여 작전개시 2시간 만에 점령을 끝내고. 2단계로 한국 해병 4개 대대, 미국 제7보병사단과 제1해병사단이 전격공격을 감행하여 인천을 점령하고 김포비행장과 수원을 확보함으로써 인천반도를 완전히 수중에 넣었다. 마지막 제3단계로 한국 해병 2개 대대, 미국 제1해병사단은 19일 한강을 건너 공격하고, 20일 주력부대가 한강을 건너 26일 정오에는 중앙청에 한국 해병대가 태극기를 게양했다.

### 낙동강아 잘 있거라

9월 16일 09시, 한국군과 유엔군은 인천상륙과 보조를 맞추어 전 전선에서 반격에 나서기로 했다. 그러나 폭우와 함께 인민군의 완강한 저항으로 지체하다가, 18일에야 일기도 좋아지고 21일부터는 인천상륙의 소식이 전해졌는지 인민군은 스스로 무너지기 시작했다. 드디어 23일부터 유엔군은 낙동강을 건너서 돌파와 공격에 의한 대반격에 나섰다. 이제부터 유엔 공군의 공습으로 고립무원에 빠진 낙동강의 인민군은 무작위로 허물어졌고, 이제부터 유엔군의 북진은 전쟁이 아니라 달리기 경쟁으로 변했다. 28일에 서울을 탈환한 유엔군은 하늘과 육지에서 적을 추격해 갔고, 뒤 미쳐 도망하지 못한 적은 지리산과 가야산 등으로 숨어들어 그 패잔병의 숫자가 무려 2만여 명에 달했는데…

註) 퇴각 중인 인민군의 9월 24일 보고서에 의하면 "반동파의 치안대가 조직되어 분산된 아군을 발견만 하면 무조건 총살하고 있으며 심지어는 연락병도 파견하기 곤란한 형편에 있습니다."라고 했다. 북한인민군의 괴멸상태는 상상외로 심각했다. 초기 전면적인 공격을 당한 한국군의 후퇴와 지리멸렬상보다 더 심각한 도괴(倒壞)였다. 장교들은 옷을 갈아입었고 사병들은 뿔뿔이 흩어졌다. 상하부대

간에는 명령 전달조차 되지 않았으며, 최고지휘부에도 마찬가지였다. 게다가 지금까지의 선전과는 달리 주민들이 보여준 적의(敵意)와 공격성도 문제였다. 이러한 사태는 1950년 가을 38이북의 북한 지역에서도 계속하여 나타났다.

9월 23일, **대전(大田) 학살,** 인민군은 후퇴하면서 급격하게 학살을 자행했다. 대전에서만 해도 7천여 명의 시신이 널려 있었다. 손을 뒤로 묶은 후 100명 혹은 200명 단위로 끌고 가서 미리 파놓은 호에 처넣고는 총살했다. 국군과 미군포로는 물론 반동(反動)의 혐의만 보이면 민간인 남녀노소를 불문하고 무작정 살해했다. 전주의 경우는 부녀자와 아동을 포함하여 2천 명이, 원주에서도 2천, 서울의 경우는 5만을 헤아렸다. 전국의 모든 도시들이 시체 창고들과 같았다. 수복 후에 진주한 국군과 미군은 승리감보다는 집단학살에 격분했다. 또한, 아무 혐의 없이 마을 전체를 싹쓸이한 경우도 다반사였다. 옥구군(전북 군산시) 미면 신풍리에서는 인민군이 잠자던 마을 주민 44명을 불러내 모두 생매장했는데, 부근 옥구군 미면 일대의 10여 개 마을에서 600여 명의 주민이 죽창, 장총, 농기구에 의한 타살이나 수장(水葬) 등의 방법으로 집단 학살되었다. 이 같은 학살은 또한 주로 인민위원회와 노동당원들이 주동이 되어 전국적으로 자행되었다.

註) **피의 광란:** 전남 영광군의 경우 최대의 피해를 보아 무려 21,225명이나 학살되었다. 전국적으로 총 122,799명이 학살되었는데, 이는 납북자 82,959명보다 더 많은 숫자이다. 지방에 따라 학살의 방법도 잔인의 극을 달했는데, 이에 더하여 농민들은 비현실적인 토지개혁과 현물세의 숨 막히는 철저성과 비인간성 등, 그동안 북한 김일성의 통치행각을 체험했다. 그러니 사태가 역전되자, 모든 상황은 전부 원상 복구되어야 했고 그 과정에서 또 한 번의 가공할 폭력이 뒤따를 수밖에 없었다.

### 서울수복(收復)

9월 28일, 인천을 시작으로 미국해병 제1사단과 한국 해병대가 9월 18일에 김포비행장을 탈환한 후, 행주나루터의 맞은편 한강을 건너 영등포와 여의도비행장 방면으로 나왔다. 한편 미군 제7사단과 한국군 제17연대는 서빙고 방면으로 서울의 동쪽을 포위할 태세를 갖추고, 일부는 시흥-안양-수원 쪽으로 나가 낙동강전선에 있는 북한군의 퇴로를 차단하고, 19일에는 행주 방면에서 도하한 한.미 해병대가 21일 수색을 지나 서울의 서쪽을 감싸고 있는 안산-연희고지로 진출했다. 여기서 상륙군은 북한군의 필사적 저항을 함재기와 포병의 화력을 이용하여 24일 오후 연희고지를 완전 점령했고, 때를 같이하여 서빙고 부근에서도 한강도하작전이 이루어져 미군은 남산과 왕십리 방면을, 한국군은 망우리 일대를 탈환했다. 이 같이 북쪽의 의정부 방면을 제외하고 서울 시가지를 3면에서 포위한 연합군은 25일 오후부터 시가전에 돌입, 밤이 깊어가면서 점차 서울 중심부로 조여들자, 26일을 고비로 북한군의 저항이 꺾여 다음날 25일 오전 6시 10분 한국군 해병대가 중앙청에 태극기를 게양하고, 9월 28일에 서울을 90일 만에 완전 수복하면서, 북진 또 북진.

### 3 · 8선을 넘어서

10월 1일, 동해안을 따라 북진하던 한국군 제3사단이 먼저 38선에 도달했다. 그런데, 38선 돌파지시가 없으니 일단 멈추었는데 병사들이 아우성이었다. 기어이 23연대 3대대는 38선 북쪽 12Km 거리인 양양까지 북상하여 무선보고를 했다. 이미 대통령으로부터 38선 돌파 지시를 받은 정일권(丁一權) 참모총장은

"38선은 이 순간부터 없다"고 했다. 뒤를 이어 전군이 날아갈 듯 북진했다. 맥아더의 북진명령은 정식으로 2일 00시에 있었다. 병사들의 군화가 헤어졌다. 못이 삐져나왔으나 수선할 시간이 없다. 잠 잘 시간도 없다. 걸으면서 잤고 자면서 걸었다.

註) 북진이 38선에서 멈추자 이승만은 "38선이 어찌됐다는 건가? 무슨 철조망이라도 쳐 있다는 건가? 장벽이라도 쌓여있다는 건가? 넘지 못할 골짜기라도 있단 말인가?"라고 호통을 쳐댔다. 그는 직접 정일권 총사령관에게 그 자리에서 붓으로 써서 "대한민국 국군은 즉각 북진하라"고 명령했다. 분명했다. 미군과의 충돌을 불사하더라도 북진하겠다는 의사였다. 후에 38선을 넘어 북진한 이날, 10월 1일을 기념하기 위해 '국군의 날'로 정하게 된다.

10월 10일 한국군 3사단과 수도사단이 원산(元山)을 점령한데 이어, 19일에는 백선엽(白善燁) 준장이 이끄는 한국군 1사단이 오전 11시 평양에 진입했고, 조금 후에 7사단 8연대가 평양 서북쪽에서 진입했다. 이어 20일에는 패주하는 북한 요원을 포획하고자 수송기 2백여 대가 4천여 명의 공정대(空挺隊)를 숙천(肅川)과 순천(順川)에 투하했지만, 때는 늦어 적 1개 연대 섬멸에 그치고 말았다. 김일성은 이미 12일에 평양을 빠져나간 다음이었다.

註) **평양전투:** 함흥 점령 다음날 평양은 국군1사단(사단장 백선엽)과 7사단의 8연대(연대장 김용주)에 의하여 거의 동시에 점령되었다. 이승만 대통령은 "평양만은 반드시 국군이 점령해야 한다"고 했다. 서울이 미군에 의해서 수복된 데 자존심이 상해 있었던 대통령은 평양을 우리가 점령해야 북한지역에 대한 행정권을 제대로 행사할 수 있을 것이라고 보았다. 백선엽 장군은 한미1군단의 평양공략에 미제1기갑사단을 주력으로, 국군1사단을 조공으로 교체하도록 한 뒤 제1기갑사단보다도 2분 먼저 대동강에 도달했다. 유재흥 2군단장도 대통령의 특명에 따라 7사단을 평양으로 돌려 평양 서쪽의 도심부를 선점했다

註) **원산상륙작전:** 맥아더 장군은 인천상륙의 대성공에 힘입어 인천에 상륙한 미해병1사단과 육군7사단으로 미육군 10군단을 편성하고 이들로 하여금 '원산상륙작전'을 추진했다. 그러나 김일성이 급히 소련 기술자를 불러와 원산 앞바다에 기뢰 3,000개를 설치하는 바람에, 미함정 3척이 파괴된 후 소해작업이 마무리되어 가는 20일에야 해병1사단이 원산에 상륙할 수 있었다. 때는 이미 10월 10일에 한국군 1군단이 원산을 통과한 다음이었고, 예상치 못한 기뢰제거 때문에 북진을 서두르던 1개 군단을 해상에서 1개월 정도 허비해 버린 꼴이 되고 말았는데, 미7사단은 29일에 함경남도 동북단인 이원(利原)에 상륙하게 되었다. 이곳도 상륙 4일전에 한국군 수도사단이 이미 이 도시를 지난 이후라서 적의 저항은 없었다.

註) **기뢰소해작전(機雷掃海作戰):** 당시 태평양함대 소속의 소해정 중에 극동수역에서 사용 가능한 것은 일본에 배치된 소해정 12척을 포함한 22척이 전부였다. 이에 부족한 소해정을 보충하고자 비밀을 전제로 일본 소해정의 한반도 수역 출동을 일본 정부에 의뢰, 일본은 이에 협조하고자 소해정 46척, 대형 시항선 1척과 1,200명의 구 해군 군인들로 일본특별소해대(日本特別掃海隊)를 결성, 10월 10일부터 12월 6일까지 약 8주일 동안 원산, 인천, 진남포, 군산 등 항만도시의 항구에 소해에 참여해

기뢰 27기를 처분했다. 그러던 중 10월 17일, 원산 해역 소해에 나선 MS14호가 기뢰에 접촉하여 침몰하는 사고가 발생하여 사망 1명, 중경상자 18명이 나오기도 했다.

10월 13일, **신천(信川) 학살**, 국군이 개성에 들어오자 황해도 신천군(信川郡)에서는 우익청년들이 국군의 북진에 앞서 광복동지회를 결성하고 봉기했다. 그리고 그동안 공산정권에 부역한 자들에 대한 숙청을 닥치는 대로 했다. 그러나 그 사이 밀고 밀리는 공방전 속에 우익인사들이 살해되고, 그것은 다시 보복을 불러일으키며 피의 복수가 계속되었다. 유엔군은 18일에야 들어왔는데, 이 사이에 좌우익의 상호 살육전으로 16일까지 좌익 6백여 명과 우익 4백여 명이 살해되었다. 인근 마을도 마찬가지였고, 모든 곳이 살육장이었다.

註) 유엔군의 북진에 맞추어 신천, 재령, 안악을 비롯한 황해도의 많은 지방에서는 광범위한 반공봉기가 일어났고, 이 과정에서 좌와 우는 서로를 숱하게 죽였다. 그 중에도 반공열이 가장 심한 구월산 지구가 제일 격심했는데, 그 사건 중에 하나가 신천학살사건이다. 북한은 종전 후인 1958년 8월 신천군 신천읍에 신천박물관을 만들어 놓고 반미(反美) 선전장으로 쓰고 있다. 전시장에는 모든 숫자를 과장하여 미군과 국군에 의한 학살인 것처럼 나열해 놓고는, 누가 보더라도 미국과 한국에 대한 격심한 증오를 느끼게끔 조작해 놓았다.

10월, **원산(元山) 학살,** 원산을 포기하고 패퇴 중인 북한군은 형무소 부근 방공호에서 880명의 수감자들을 5-6명을 한 조로하여 굵은 철사로 팔목을 뒤에서 동여맨 채 전부 학살하고 북상했다. 고원(高原)에서도 그랬지만, 반공의 색채가 짙었던 함흥에서는 12,700여 명이나 되는 수많은 시신이 도처에 널려 있었으며, 평양에서는 1,800명의 우파와 민족주의자의 시신이, 교외인 칠골리에는 2천5백 명이, 사도리에는 4백의 시신이, 진남포에서도…, 전국적이었다. 인민해방을 목표로 전쟁을 시작했다는 정권이, 패주하면서 자기의 공화국 인민에 대해서까지도 허다한 학살을 자행하고 있었다.

註) 그들이 남기고 간 죄수명부에 의하면, 죄수들의 죄목은 모두 반동, 간첩, 결사, 무장폭동, 선전, 테러, 예비검속이고, 출신지역은 모두 북한 지역 사람들로서 전 지역에 걸쳐 다양했다. 전쟁 중 반체제 성향이 있는 자를 미리 검거하기도 했겠지만, 검거시기가 거의 전원이 1950년이고, 특히 9월에 가까울수록 검거숫자가 많은 것으로 보아 유엔군 반격에 맞춘 반체제활동이나 지하에서 활동하던 반공조직들의 부활과 관련이 있을 것이다. 더 이상의 집계는 불가능했다. 폭파된 동굴 입구, 입구가 막힌 터널, 매몰된 우물, 흙으로 덮은 방공호. 내무장관 조병옥은 원산지역의 학살현장을 둘러보고는 북한지역을 '인간지옥'이라고 했다. 또한, 당시 유엔군 사령부는 공산군이 패주하면서 2만 명의 한국군과 3백 명의 미군포로를 학살했다고도 발표했다.

### 중국군, 압록강을 넘다

10월 19일, 중국인민지원군 12개 사단이 압록강을 건넜다. 일주일 후에는 추가로 6개 사단이 뒤를 따랐다. 18만 명이 넘는 대규모 병력이 조용히 접근해 25일부터 전투에 들어갔다. 이로부터 전쟁의 양상이 미중전쟁으로 전개되어가게 되는데…

註) 유엔군이 인천상륙 이후 38선을 넘자 중국은 염려하던 대로 전개된 사태였다. 북한의 박헌영이 10월 1일에 북경에 도착하여 중국군 출병을 요청하자, 모택동은 소련의 스탈린부터도 출병을 요구받은 터에 어차피 미국과 혁명중국이 한번은 부딪칠 수밖에 없다는 숙명적인 생각을 가지고 있었지만, 내부의 반대가 많았다. 모택동은 팽덕회(彭德懷)와 논의 끝에 5일 결정을 끌어내고 8일에 주은래(周恩來)를 소련에 파견하면서 북한에도 통지했다. 그러나 스탈린은 공군의 경우 전선의 후방에 한해서만 지원한다는 말만 되풀이하는 바람에 모택동은 한때 출병을 중지했지만, 12일 회의에서 최종적으로 참전을 결정했다.

### 저것이 압록강이다!

10월 26일, 한국군 6사단 7연대 1대대 1중대 첨병소대가 약 2시간의 전투 끝에 평안북도 초산(楚山)에 돌입했다. 이른 아침, 부락민들이 나서서 국군을 돕기 시작했다. 이어서 강변에서 2백여 명의 인민군을 섬멸한 다음, 오후 2시 15분, 제1중대 대원들은 만세를 부르며 압록강변에 태극기를 꽂았다. 대원들은 강물을 수통에 담아 이것을 대통령에게 보냈다. 이 시각, 김일성은 강계(초산에서 동으로 70Km 지점)에 있었다. 이윽고 육본 전방지휘소에는 생소한 보고가 계속 들어오는데, 25일부터 1사단 15연대에 중공군(中共軍)이 출현했다면서, 이어 장진호 방면으로 진출 중인 3사단 26연대도 중공군과 접전 중이라 했다.

註) 중공(중화인민공화국)의 6개군 18개 사단으로 편성된 18만 명의 제4야전군은 10월 19일부터 한만 국경을 넘기 시작했고, 그 후 연속하여 약 8주간에 걸쳐 총 9개군 26만이란 엄청난 병력을 한반도에 밀어 넣었다. 25일까지 전선은 박천(博川), 운산(雲山), 초산(楚山), 희천(熙川), 고토리(古土里), 단천(端川)을 잇는 선까지 진출했고, 26일에는 동해안을 따라 북진하던 국군 수도사단이 청진(淸津)으로, 미해병은 함흥과 장진호(長津湖)를 향해, 미7사단은 부전(赴戰)을 향해 진격하는 중이었다. (미7사단 17연대는 11월 20일에 혜산진 도착)

### 이승만 대통령 평양입성 환영대회

10월 30일, 이승만 대통령은 평양시청 광장을 가득 메운 환영 군중을 향해 "공산통치하에 얼마나 고생이 많았냐. 이남이나 이북이나 다 똑같이 하자는 것이 정부의 의도이니 한 혈족으로 나갑시다. 한데 뭉칩시다."고 말했다. 미국과의 갈등과 안전을 우려한 주위의 반대에도 불구하고 이승만은 평양 방문을 강행하여 이날 환영대회에 참석하고, 연설 후에는 군중 속으로 들어가 악수하고 얼싸안기까지 했다.

註) 북한 점령지 관할문제에서, 준비되지 못한 북진이다 보니 북한을 점령했을 경우의 통치문제로 유엔군과의 마찰이 따랐다. 즉, 북한 땅은 유엔군의 점령지이니 전쟁이 끝난 후에 유엔의 관리 아래 자유선거를 치러야 한다는 것이다. 때문에 미국은 북한의 점령지역이 유엔 관할이라며 대통령의 평양방문을 인정하지 않자, 이승만은 굴욕을 느끼면서 개인자격으로 평양을 방문하기로 하고, 이를 강행했다.

### 새로운 적이 나타나다 - 중공군 제1차 공세

11월 1일 저녁, 중국군의 각 부대가 일제히 공격을 개시했다. 산 속에 숨어있던 중공군은 소위 인해전술(人海戰術)의 방법으로 동시 다발로 공격해 왔다. 이것은 전혀 새로운 전쟁이다. 최강의 정규전 능력을 갖춘 미군과 역시 세계 최강의 비정규전 능력을 배양한 중공군의 충돌은 '축소판의 세계 대전'이었다. 이로 인해, 한국군 1사단의 수풍 방면 진격이 중공군의 역습으로 평안북도 운산에서 멈춰 서게 되었다. 1사단의 후퇴를 엄호하기 위해 진출한 미8기병연대는 치명타를 입었다. 특히 미8기병 연대3대대는 완전 포위되었다. 곧 이 대대를 구출하기 위해 미5기병연대가 투입됐으나 11월 2 일 저녁, 3대대의 구출 작전을 포기하게 된다. 미군 역사상 부대가 고립되어 있는 것을 알면서도 구출을 포기한 것은 전례가 없었다. 이곳 운산에서 중국군 제39군과 마주친 미제1기병사단은 2일간의 치열한 공방전 끝에 패퇴하고 철수하고 말았다. 급기야 서부전선 전체가 한꺼번에 혼란에 빠지면서, 8일부터는 소련제 제트전투기까지 나타나 유엔공군기를 공격해왔다.

註) **마(摩)의 계절**: 5일까지 이어진 중국군의 1차 공세는 중국군의 승리라기보다는 미군의 정보부재와 오만이 가져다 준 패배였다. 10월 31일까지 한국군 1사단이 잡은 중공군 포로가 25명이나 되었고 알몬드는 그중 몇 명을 심문까지 했다. 그러나 워싱턴과 동경의 사령부에서는 이 보고를 무시했다. 유엔군은 신의주 방면의 서부군과 동해안 방면의 동부군으로 나뉘어 서둘러 북상했고, 이 때문에 양군 사이에는 거의 80Km나 되는 중간 산악지대를 비워주는 결과를 초래했다. 이것이 중공군의 대공세를 부른 포진이 되어 준 것이다. 운산(雲山), 온정(溫井), 벽동(壁潼), 초산(楚山)의 중앙부를 지키던 미 제2.제25사단, 압록강 좌측 하류의 미 제24사단, 영국군 27여단, 한국군 10사단, 그리고 희천(熙川), 강계(江界), 만포진(滿浦鎭)을 지키던 한국군 2군단(6,7,8사단)이 일시에 중공군의 공격을 받고 후퇴했다.

註) **후방교란**: 중국인민지원군 사령관 팽덕회(彭德懷)는 11월 13일 전면전에 대비한 유격전을 지시했는데, 중국 42군 125사단의 2개 보병대대와 조선인민군 1개 연대를 합쳐 유격부대를 편성해 유엔군의 후방인 맹산, 양천, 성천 지역에 침투시켜 그 지역에 흩어져있는 인민군과 함께 적 후방 교란작전을 펴도록 했고, 또 적 후방에 남아있는 조선인민군은 철원평야지대를 중심으로 유격활동을 하도록 조치했다. 이 작전은 성공했고, 여기서부터 북한인민군의 역할은 보조부대로 바뀌었다. 이제 한국전쟁은 본질적으로 미중(美中) 전쟁이 되었다.

### 미군, 압록강 상류 혜산진(惠山鎭) 돌입

11월 17일, 인천상륙을 주요 임무로 했던 미제7사단은 다시 해상으로 이동, 11월 8일 함경남도 이원에 상륙하고 압록강 상류의 혜산진을 향했다. 이 때 서부전선에서는 중공군의 참전으로 청천강 일대에서 미제8군의 진격이 저지당했으나, 관북지방에는 북한공산군의 패잔병부대만 있을 뿐이었다. 그 때문에 미제7사단의 선두부대인 제17연대는 풍산-갑산-혜산진 축선으로 계속 진격하여 북한군 제42사단과 제126사단 소속의 패잔병 무리를 소탕하고, 21일 압록강변의 혜산진 나루터에 도착하여 한국군 제6사단의 초산 진격에 뒤이은 두 번째로 국경선에 도달한 부대가 되었다.

### 중공군 제2차 공세

11월 25일, **군우리(軍隅里),** 중공군의 총공세가 다시 펼쳐졌다. 청천강(淸川江) 선을 유지하던 미 제9군단은 중공군 제38, 40군의 집중공격을 받았다. 26일에는 청천강변 군우리를 경유하여 후퇴중인 미 제2사단은 퇴로를 차단하고 기다리던 중공군의 인파(人波) 공세에 뒤덮여, 격렬한 공중지원에도 불구하고 쑥밭이 되어 버렸다. 한국군 3연대에 의한 '태형(笞刑)의 계곡'이라고 이름 지어진 순천 쪽의 애로(隘路)의 돌파작전이 그나마 위안이었다. 30일까지 미제2사단은 터키여단과 함께 3천의 사상자를 내면서 대부분의 장비를 포기해야 했고, 사단의 기능도 잃게 되었다. 연속하여 12월 4일에는 평양까지 포기하면서…

註) 중공군은 11월 1일의 1차 공세 이후, 부대를 뒤로 물렸다. 유엔군을 유인하여 깊숙이 끌어들이고자 했는데, 맥아더는 이에 맞추듯 24일에 전군에 북진을 명령했다. 중국의 전통적인 포위섬멸작전이 대성공을 이루는 순간이었다. 팽덕회는 “지금이 적을 섬멸할 절호의 시기”라면서 포위섬멸과 도주차단을 명령했고, 단 2-3일 만에 전세는 결정되어졌다. 이에 당황한 트루먼 미국대통령은 원폭의 사용 가능성을 들먹였지만 영국 애틀리 수상의 충고로 단념했다. 이어 12월 6일 결정적인 타격을 입은 미군이 38선을 향해 퇴각하고 중공군은 평양을 탈환했다.

11월 27일, **장진호(長津湖) 전투,** 흥남 북방 장진호에 진출한 1만5천의 미 해병 1사단도 중공군의 포위 속에서 혈로를 뚫고 나갔다. 모두가 이제는 엉망이다. 12월 6일, 하갈우리에서 철수를 시작한 미 해병은 고토리(古土里)에서부터 '해안으로의 공격작전'을 벌였다. 황초령의 1,081고지 탈환전을 시작으로 함재기들의 항공지원 속에, 9일 오후 진흥리에서 선발대가 남쪽에서 올라오던 지원군을 만날 때까지, 얼마나 많은 중공군과 마주쳤는지 모르겠거니와 죽은 자가 다시 살아나는 듯, 중공군은 한없이 나타났다. 한마디로 지옥으로부터의 탈출이었다. 중공은 이제 30만의 병력을 한반도에 쏟아 부은 상태였고, 이중 동부전선의 장진호 방면에 나타난 중공군은 중공군 4개 군단 12만의 병력이었다.

註) 미 해병 1사단이 개마고원 장진호에서 중공군 7개 사단으로 구성된 제9병단(兵團)에 포위됐다. 1만 명 대 12만 명의 싸움이었지만 18일 동안 계속된 전투에서 중공군은 3만7천 명의 사상자를 내고 궤멸되었다. 미군 승리의 원동력이 H-5, H-19C 헬기였다. 해병1사단장 스미스 소장은 미 해병전사(戰史)에서 “하늘이 손바닥만 한 계곡에서 매복한 적을 공격하고 부상병을 후송하는 유일한 무기가 헬기”라고 했다.

12월 12일, **흥남 철수작전(興南撤收作戰),** 추위와 굶주림 속에 포위망을 뚫고 탈출한 미 해병은 3천의 전사자를 내며 흥남에 이르렀고, 반면에 포위에 나섰던 중공군도 더 이상 미군을 추격하지 않았다. 한편, 유엔군 사령부의 철수명령에 따라 12일부터 시작된 철수작전은 24일까지 12일 동안, 함경남도 흥남 항구에서 10만5천의 지상군과 10만여 명의 피난민, 1만7천5백 대의 각종 차량과 35만 톤에 달하는 군수물자를 193척의 군함으로 포항, 부산, 거제도 등지로 운송했다. 이때 후송하지 못한 4백 톤의 탄약과 폭약, 포탄 5백 개, 2백 드럼의 유류(油類)는 최종 철수 때 항만과 함께 폭파되었다.

註) 이외에도 해군은 12월 5일에 진남포에서 한국군 5,500명, 미육군 1,800명과 민간인 등 7,700명을 철수시켰고, 12월 7일부터 1월 5일까지는 인천에서 7만여 명의 군인과 차량 1,400대, 6만 톤의 화물을 대천과 부산으로 철수시켰고, 원산에서는 12월 3일부터 7일까지 7천 명의 민간인과 4천 명의 군인, 차량 1천 대, 화물 1만 톤 등을 철수시켰다.

### 새로운 공중전(空中戰)

12월 17일, 소련제 제트전투기의 출현으로 제공권의 위협을 받게 되자 미공군은 긴급히 수송해온 최신예 F-86 세이버 제트전투기를 전선에 배치하여 평안북도 상공에서 접전이 벌어졌다. 역사상 최초의 제트전투기에 의한 접전이 이날 시작되었다. 오후 3시경, MIG- 15기 4대를 발견한 F-86 4대의 편대장 힌턴 중령은 즉각 하강하면서 적기가 알아채기 전에 공격하여 그중 1대를 격추하자, 나머지 3대는 도망쳐 버렸다.

註) 소련공군의 항공기는 모두 중국공군기로 위장했으며, 조종사들도 중국 인민해방군 복장을 했을 뿐, 모든 작전은 소련의 지시에 따랐다. 그들에게는 북위 39도(평양-원산 라인) 이남으로 적기를 추격하는 것이 금지되어 있었는데, 한국전쟁 기간 중에 소련공군의 방공포병, 전투공병, 그리고 조종사들 7만여 명이 대규모로 중국 압록강변의 안동(安東: 丹東)비행장으로 이동하여 전쟁에 종사했다. 이 사실은 비밀을 유지해오다가 80년대 후반에 세상에 알려졌다. 유엔공군은 이날부터 휴전이 될 때까지 2년 반 동안 평균 14:1의 격추율을 보이면서 365대의 MIG-15기를 격추하고, YAK기 145대 도합 510대를 격추했다.

註) 스탈린은 중국과 북한에 대한 항공 엄호 약속을 위해 7월, 소련의 제64 방공군단 휘하에 많을 때는 150대 이상의 MIG-15 전투기와 조종사 및 정비병 등 2만6000여 명을 만주 안동(安東: 丹東) 기지에 중공군으로 위장하여 주둔시켰다. 그들은 많은 UN 공군기를 격추했으나, 그들도 335대의 전투기와 299명이 넘는 조종사를 잃어야 했다.

註) **세계 첫 제트전투기 교전,** 6 · 25 발발 3일째인 6월 27일에 미 공군의 F-82G 전투기가 김포 · 수원 상공에서 북한군의 소련제 야크기를 처음 격추시킨 이래 하늘은 대부분 유엔군 차지였다. 그러나 전선이 압록강까지 확대되고 중국군이 소련제 최신예 전투기 MIG-15를 몰고 참전하면서 일방적이었던 제공권에 일대 변화가 생겼다. 1950년 11월 8일, 미 공군은 B-29를 엄호하기 위해 F-80C 전투기 4기를 출동시켰고, 중국 공군은 이를 저지하기 위해 6기의 MIG-15를 출격시켰다. 양국 전투기들이 격돌한 곳은 압록강변 신의주 상공이었다. 세계 공중전사에서 중요한 의미를 갖는 제트 전투기끼리의 세계 첫 교전이었다. 승리는 미 공군에게 돌아가고 첫 격추의 영예는 러셀 브라운 중위가 차지했지만 이는 F-80C기가 성능이 우수해서가 아니었다. 중국군이 대부분 신참 조종사였던데 반해 미군 조종사들은 2차 대전 때 다양한 전투를 경험한 베테랑 조종사였기 때문이다. 중국군의 조종능력이 점차 나아지고 성능도 떨어지는 F-80C로는 MIG-15를 당해낼 수 없게 되자 미 공군은 최신예 전투기 F-86을 한반도에 급파했다. F-86 역시 MIG-15에 비해 우수하지는 않았지만 격렬한 공중전에서 유리한 몇 가지 장점을 갖고 있었다. 조종사들의 기량도 여전히 미군 쪽이 높았다. 이 차이로 6 · 25 기간 중 MIG-15는 792기 격추된데 비해 F-86은 78기만 격추됐다.

전군(全軍)이 12월 25일에는 38도선까지 후퇴하여 집결되었다. 유엔군은 병력을 보존하기 위해 자의적으로 철수하여 이때에 총 병력은 한국군 15만, 미군 9만, 참전군 1만으로 도합 25만 명의 병력을 이루고 있으며, 반면에 공산군은 중공군 30만, 인민군 16만 등 46만이며, 남만주에는 또 다른 중공군 예비병력 65만이 집결해 있는 상태였다.

註) 이즈음 중국과 북한 측에 조중연합사령부가 설치되었다. 이로부터 전쟁행위 일체는 연합사령부가 지휘하고 북한정부는 후방동원과 훈련, 군정 경비 등을 맡았다. 사령관은 팽덕회가  부사령은 등화(鄧貨)

와 북한 측의 김웅이 임명되었다. 김일성은 전쟁의 작전지도에 완전히 배제된 채로 명목상의 조선군최고사령관일 뿐이었다. 이로서 전쟁은 조직적인 면에서 미군과 중공군 사이의 전쟁으로 전환되었다.

### 중공군 제3차 공세

12월 31일, 중공군 제3차 공세의 날. 오후 5시, 임진강에서 연천, 포천, 춘천을 따라 200Km에 걸친 전선에서 포격과 함께 고함소리와 북소리는 매서운 겨울밤 날씨를 가르며 퍼져나갔다. 중공군은 화력이 약한 한국군만을 집중적으로 밀어붙였고 1월 3일에는 경기도 가평에서 경춘가도를 따라 남진하는 상황이 되었다.

1951 1월 3일, **1.4 후퇴,** 정부가 부산으로 이동하고, 계획적인 후퇴 아래 서울시민을 피난시키면서, 8일에는 북위 37도선 부근의 평택-안성-장호원-제천-삼척까지 밀려 내려갔다. 중공군은 여기서 남진을 멈췄다. 지금까지 3차에 걸친 공세로 이미 병력이 절반 가까이 줄어들은 데다가 보급선이 길어지고, 또한 후방이 비어있을 때를 대비하기 위해서였다.

註) 모택동과 소련, 그리고 김일성의 성화에도 불구하고 팽덕회는 전진을 멈추면서 "단숨에 가능할 것 같아? 천만에, 그렇게 많은 장비를 갖춘 상대를 단숨에 바다로 빠뜨릴 수 있을 까? 불가능해. 마찬가지로 상대도 우리를 밀어낼 수 없을 거야"라고 여러 차례 말했다.

1월 초순, **북한군 침투사건,** 북한은 중공군의 참전으로 전선이 남하하자, 그 기세를 몰아 인민군 제10사단을 남쪽에 침투시켜 국군과 유엔군의 후방 교란과 보급선 차단을 기도했다. 이들 주력 5천의 병력은 대구를 목표로 내려가다가 홍천과 원주에서 군경의 협공으로 병력의 절반을 잃은 후, 2월에 대구를 공격하다가 또한 궤멸되다시피 했다. 이들 중 잔여 병력은 북상 도주를 시도하다가 4월 초에 장성 일대에서 군경토벌대에 걸려 전멸되었다.

1월 24일, 한국군 3사단이 강원도 남대리(南大里)에서 인민군 2개 사단을 격퇴하면서 반격이 시작되었다. 미 1군단도 경기도 이천(利川)과 수원(水原)까지 북상했다. 중부와 동부전선에서도 미제10군단과 국군 제3군단이 홍천 북쪽으로 밀고나가 국군 제5사단은 횡성으로, 제9사단은 정선으로, 제7사단은 평창으로 진출했다. 이중 횡성방면의 약 8천의 인민군 2개 사단이 홍천과 춘천을 지키기 위해 완강히 저항함으로 해서 연일 격전이 벌어졌다.

註) 중공군의 1월 공세 기간 중 유엔공군의 활동은 빈틈없이 매우 격렬했다. 중국지원군 사령관 임표(林彪)는 "만약 강력한 항공지원이 있었다면, 적을 바다로 내몰 수 있었을 것이다. 제공권이 없기 때문에 유엔군과 겨룰 수 없다"고 짜증스럽게 말했다. 그는 후방에서의 요란한 선전에도 불구하고 1월 공세의 실패를 인정해야 했다.

2월 5일, **홍천(洪川) 반격전,** 서부전선에서 미1군단이 반격에 나서 서울 가까이 수원-안양 까지 북상하자, 동부 쪽을 맡은 미10군단과 한국군 3군단도 영월에서 나와 전방 공격부대로 지정된 한국군 8사단과 5사단이 홍천을 향해 공격해 들어갔다. 반격이 처음에는 순조로웠는데 공격부대가 횡성(橫城)을 통과한 후부터 삼마치(三馬峙) 고개에 배치된 중공군에 막혀 격렬한 공방전을 치르게 되는 등, 강력한 저항에 부딪쳐 더 이상 진전되지 못했다. 중공군은 주력을 중부전선에 투입하여 대규모의 역공세를 시도하는 중이었다.

### 국민방위군(國民防衛軍) 사건

1월부터 후퇴작전상 만 17세 이상 40세까지의 제2국민병 해당 장정을 집단 남하시키는 과정에서 군 간부들이 거액의 국고금과 방대한 물자를 부정처분하여 착복한 파렴치한 사건이 일어났다. 진주까지 이동시키는 도중 식량, 피복, 의료 및 기타 보급품이 중간에 모두 증발되어 1천여 명의 사망자와 무수한 환자를 낸 것이다. 결국 4월 30일 국민방위군 해산이 결의되고, 8월 12일에 김윤근(金潤根) 총사령관 등 5명의 관련 지휘관들이 총살되었다.

註) 중공군의 개입으로 전세가 불리해지자 만 17세 이상 40세 미만 약 50만 명의 장정을 51개 교육연대로 편성하여 남쪽으로 이동시켰는데, 이들이 부산까지 걸어서 후퇴하면서 굶주림과 추위에 시달려 1천여 명의 사망자가 나왔다. 2월에 36세 이상인 장병들은 모두 귀향하게 하였는데, 이 과정에서 국민방위군 간부들이 유령인원을 조작하여 거액의 금품을 착복하고 5만 2000섬의 양곡을 부정처분한 것이 드러나 부통령 이시영(李始榮)과 국방부장관 이 사임하는 등 정국이 어지러웠다. 결국 국회의 결의에 따라 5월 12일에 해체했다.

### 거창 양민학살사건(巨昌 良民虐殺事件)

2월 10일, 지난 1948년 여순반란사건의 패잔병들이 이듬해 3월 소탕되기까지 좌익 게릴라들의 은신처이었던 지리산(智異山)이 또다시 빨치산의 온상이 되었다. 낙동강 전선에서 패퇴한 북한군과 그 부역자들이 퇴로가 막히자 대거 지리산에 들어가 기존 빨치산과 합하여 후방을 교란하고 있었다. 여기에 11사단이 토벌부대로 와서 혼전이 거듭되었다. 모든 마을이 낮에는 대한민국이고 밤에는 인민공화국이었다. 이중 9연대 3대대(대대장 한동석 소령)가 경삼남도 거창군 신원면에서 주민들이 공비와 내통했다하여 2월 10일 내탄(內呑) 부락 골짜기에서 청장년 136명을, 11일 박산(朴山)계곡에서 527명을 중화기로 무차별 학살했다. 밤에는 공비로 돌변하는 악질분자를 소탕했다고는 하지만, 어린아이에서 92세의 노인까지 남녀노소 불문한 무차별 학살이었다.

註) 국군 11사단에 의해 무고한 민간인을 학살한 뒤 공비토벌 전과로 보고한 산청, 함양, 거창 사건을 비롯해, 경상도와 전라도 지역에서 이와 유사한 사건이 속출했는데, 밝혀진 숫자 만해도 경남 3,085명, 경북 2,200명, 전남 524명, 전북 1,028명, 제주 1,878명에 달했다.

### 중공군의 제4차 공세와 지평리(砥平里) 전투

2월 11일, 공산군 13개 사단의 10만 병력이 전 전선에 걸쳐 밀고 나왔다. 이중 중공군 3개 사단이 강원도 횡성(橫城)을 점령한 다음, 경기도 양평군 지평리(砥平里)를 주공목표로 했다. 13일, 원주 서쪽지역인 이곳이 뚫리면 전선이 양단되고 수습할 수 없는 상황이 되겠기에, 미 23연대 외에 미 제5기갑사단, 한국군 6사단, 영(英國軍) 27연대, 프랑스군(軍) 대대가 동원되어 3일주야 쉬지 않고 혈전을 벌였다. 동그랗게 진을 치고 인해전술에 맞섰다. 전투는 거의가 사격전이 아닌 육박전이었다. 결과 1:9의 백병전에서 이겨냈다.

2월 18일, 전 전선에서 중공군이 자취를 감추었다. 지켜낸 것이다.

註) 2월 2일에 횡성을 탈환한 미제10군단은 중공군을 홍천 쪽으로 밀어붙였다. 이에 중공군은 서울에 대한 압력을 줄이고자 쉬지도 못하고 지친 병사들을 다시 몰아세워 11일 밤부터 원주-횡성 쪽으로의 공세를 펼쳤다. 유엔군은 지평리에 대한 무제한의 항공지원과 보급품 투하로 지상군을 도우며 적을 물리쳤고, 이틈에 제천-평창 쪽으로 진출한 또 다른 중공군과 북한군도 또한 유엔군의 공지(空地) 합동작전인 'Killer 작전'에 걸려 모두 궤멸되었다.

2월, **백골병단(白骨兵團),** 채명신(蔡命新) 중령의 지휘 아래 육군유격부대가 1월 말에 결성되어 적 후방 침투를 목적으로 363명의 '결사11연대'가 창설되었다. 곧 이어 2월 20일에는 제12 및 13연대를 추가하여 총 647명으로 구성된 '백골병단(白骨兵團)'을 결성했다. 이들 북파(北派) 게릴라 부대는 유엔군 측에서 "북에서는 남으로 게릴라를 보내는데, 왜 우리는 못 보내느냐" 한 것이 발단이었는데, 유격부대는 인민군복장과 무장을 한 채 강원도 영월(寧越)을 출발하여 오대산 지역으로 들어가 인민군2군단 위치와 69여단의 병력분포를 입수해 항공공격을 유도하고 대남(對南)유격부대 총사령관인 길원팔(吉元八) 중장을 잡아 죽이는 등, 설악산 지역까지 적진 후방을 헤집고 다니며 적진교란과 정보입수 임무를 수행했다. 그러나 이들은 추위와 굶주림, 그리고 적의 추격을 따돌리며 생존자 260명이 3월 30일에 인제군 기린면 가칠봉 남쪽 계곡에서 7사단 3연대 수색대를 만나 귀환했으며, 이들은 나중에 분산되어 낙오되었다가 구사일생으로 귀환한 23명을 합해 총 283명만이 귀환했다.

3월 14일, **서울 재탈환,** 유엔군은 서울을 직접 공격하지 않고 동쪽으로 포위하여 홍천-양평으로 압박해 들어가기 위해, 홍천 방면으로 항공공격을 퍼부었다. 그래서인지 중공군은 전투도 하지 않고 14일에 서울을 포기했으며 15일은 홍천까지 내주었다. 그런데 중공군은 대낮인데도 불구하고 전례 없이 들어 내놓고 당당하게 퇴각했다. 이에 유엔공군은 날마다 매일 1,000회 이상 출격하여 21일 춘천을 탈환할 때까지 무차별 항공공격을 퍼부었다.

註) 이어 3월 23일에는 서울 북방 문산(汶山) 지역에 공정대를 투하하여 의정부 방면의 중공군을 섬멸하기 위한 작전을 벌였다. C-119 수송기 72대가 2,011명의 공정대와 204톤의 물자를 투하했다. 그러나 이미 적의 주력이 철수한 다음이라 성과 없는 작전이 되고 말았다.

3월 24일, 유엔군 사령관 맥아더는 미국정부의 의견도 묻지 않은 채 "언제라도 적 사령관과 일선에서 협상할 용의가 있다"라고 선언했다. 미대통령 투르먼은 불쾌했다. 4월 3일, 전선은 38도선에서 멈추었다. 결국 4월 11일, 투르먼은 유엔군 총사령관 맥아더를 해임시키고 후임으로 릿지웨이를 임명했다. 이제 만주폭격 등의 본격적인 전쟁상태의 의논은 쑥 들어가게 되고…

註) 미국 트루먼 대통령은 "한국은 큰 전쟁을 해야 할 장소가 아니다. 맥아더의 주된 임무는 일본방어이다"라며, 심지어는 한국에서의 '완전한 철수'까지 들먹이고 있었다. 그에게는 공산세력의 팽창을 봉쇄하는 것이 목적이지 결코 한반도의 통일은 염두에도 없었다. 반면에 맥아더 장군은 완전승리만을

목표로 만주 폭격을 강조하며 장개석에게 대만의 본토 공격도 종용하는 중이었다. 결과가 맥아더 해임으로 나오자 경악한 이승만 대통령은 "트루먼이 우리 꿈을 죽여 버렸다"하며 분노했다. 전쟁을 통일의 기회로 본 이 대통령은 끝까지 '북진통일'이라는 자신의 입장을 바꾸지 않았다.

3월 初, **황해도 구월산(九月山) 반공유격대 - 8240부대,** 이 시기를 전후하여 황해도 지역에서 자생적으로 구성된 반공유격대의 활동이 격화되었다. 반공유격 구월산부대는 서해지구, 옹도, 청양도 등지의 도서방위와 공격활동을 하면서 50년 12월부터 51년 10월까지 북한의 정규군에 대한 치열한 전투를 전개, 적 사살 583명, 생포 323명의 전과를 올렸다. 그러나 유격대원의 피해도 전사 113명, 부상 88명 등, 적지 않았다.

註) 황해남도 은율군(殷栗郡)과 안악군(安岳郡)에 걸쳐있는 구월산에서 구월산유격대는 50년 12월7일 황해도 은율군 장연에서 金宗璧(김종벽)대위가 부대장을 맡아 창설한 連豊(연풍)부대가 모체였다. 창설 당시 규모는 600명 정도였으나 51년 초에는 2,500백 명으로 늘어났고, 휴전직후 해체될 때까지 8백 명 규모를 유지했다. 정규부대가 아니라 유격대이었다. 적 후방에서 북한군을 교란시켜 한국전쟁당시 그 명성과 용맹을 날린 부대이다 이 부대는 미극동군의 지령에 의해 창설된 특수부대이며 한국군 특수부대의 신화적인 존재이다

註) 6.25 전쟁당시 비정규 유격부대의 조직 편제와 활동상황을 규명하는데 중요한 사료로 평가되는 구월산유격대에 대한 자료가 정부기록물정리과정에서 발굴돼 1998년 10월 1일 공개됐다. 정부기록보존소가 공개한 문서는 부대편성표 1권과 부대원명부 3권 등 모두 4권으로 돼있다. 문서에는 美극동군사령부가 대북첩보 공작에 활용하기 위해 서해안과 동해안에서 활약하던 유격대를 통합, 창설한 극동군사령부 연락파견대(제8240부대)의 연대편제표와 부대규모, 지휘관 명단과 함께 구월산부대원등 유격대원 3,329명의 출생연도, 학력, 직업, 종군부대, 종군기간 등이 상세히 기록돼 있다. 또 낙하산과 소총이 어우러져 있는 유격대원 표식과 독수리가 낙하산을 타고 내려오는 모양으로 된 낙하산침투 공로기장 등 침투방식에 따라 다른 공로기장의 실물이 첨부돼 있다. 이 문서에 따르면 구월산 유격부대는 50년 12월 7일 황해도 은율군 장연에서 김종벽(金宗璧) 대위를 부대장으로 창설한 연풍부대를 모태로 6.25 직후부터 반공유격활동을 전개하다 51년 3월초 구월부대로 개편됐다. 창설당시 6백여 명이던 부대규모는 51년 초 2,500여 명으로 늘어났다가 휴전이후 부대가 해체될 때까지 800명 규모를 유지한 것으로 되어있다. 정부기록보존소 관계자는 『현재까지 유격대원의 명부가 공개된 적이 없다』며『따라서 이번에 발견된 8240부대의 기록은 보훈혜택을 받지 못한 전사. 상이 유격대원과 유가족들에게 유용한 근거자료가 될 것』이라고 했다

### 유엔군의 북진 공세와 중공군의 제5차 공세

4월 21일, 중공군의 공세에는 일정한 주기가 있음이 드러났다. 보급 때문이다. 1차 공세는 50년 10월 25일부터 12일간, 2차 공세는 11월 25일부터 16일간, 3차 공세는 12월 31일부터 11일간, 4차 공세는 51년 2월 11일부터 8일간. 대략 1개월 간격임을 파악한 유엔군은 중공군의 공세에 맞서 정면승부를 걸었다. 전

전선에서 이날 평균 10Km를 전진했다.

4월 22일 저녁 9시, 지금까지와는 다른 중공군의 맹포격이 시작되었다. 의정부-연천-포천-사창리-화천에 이르는 전선에서 격전이 붙었다. 중공군의 인파는 광란하는 해일이었다. 그 중에도 국군 제6사단 정면이 가장 격렬했는데, 여기에는 중공군 4개 사단이 몰려왔다. 쏘고 또 쏘아도 시체더미 위로 넘어오는 중공군은 끝이 없다. 2일간의 백병전 끝에 6사단은 거의 붕괴된 모습으로 경기도 가평까지 물러서고 말았다.

4월 25일, **설마리(雪馬里) 전투,** 서부전선에서는 고랑포-임진강 선이 무너졌다. 중공군은 의정부로 몰려오고, 이때 영연방군(英聯邦軍) 연대가 포진한 파주군 적성면 설마리 임진강변 고지대에서 중공군 6개 사단 5만 병력이 영국군 889명을 둘러 싸버렸다. 60시간의 혈전(血戰). 이 연대는 1674년 창설 이래 패전이라고는 없었으며 이번이 44번째 출전이라 했다. 글로세스터셔 연대의 생존자는 단 84명 뿐. 연대 250년 전통이 중공군의 4월 공세를 여기서 막아냈다. 4월 30일, 중공군의 그림자가 씻은 듯이 사라졌다. 중공군은 7만~10만의 시체를 남기고 물러나니, 북한강과 서울 북쪽의 산야는 온통 시체더미였다.

5월 9일, **신의주 비행장 폭격,** 중공군은 장차 전개될 지상군 공세에 적극적인 항공지원을 위해 2월부터 북한 내의 신의주(新義州), 신안주(新安州), 순안(順安), 평양(平壤), 연포(漣浦), 원산(元山), 옹진(甕津), 안악(安岳), 강동(江東) 등의 비행장들에 대한 대대적인 보수와 확장공사를 하고 있었다. 유엔공군은 4월 17일부터 이 비행장들을 잘 파괴해 나갔지만, 그중 미그회랑(MIG 回廊)에 속한 신의주 비행장만큼은 보수를 완료하고 연료저장소와 탄약고는 물론, YAK기 38대, IL-10, LA-5 등 폭격기까지 대량으로 배치한 것이 확인되었다. 유엔 공군은 이날 오후, 이를 파괴하기 위해 총 312대의 항공기를 동원했다.

註) 중공군은 항공지원의 필요성을 절감했다. "우리가 강력한 항공지원만 있었다면, 4월까지의 지루한 방어전은 치루지 않아도 되었을 것"이라고 뼈 아파했다. 따라서 항공력의 증강을 서두르며 북한 내의 기지건설에 박차를 가하는 중이었다. 그러나 최후의 안전기지로 여겼던 신의주마저도 확보하지 못하게 되었다. 이날 만주지역에 있는 안동에서 MIG기 50대가 이륙했지만 기세에 눌려 돌아갔고, F-86 세이버와 F-84 선더, F9F 판저들이 고공에서 초계하는 동안, F-80 슈팅스타가 대공포를 제압했고, 그 사이에 F-51 무스탕과 해병대의 콜세어기(機)들이 지상의 모든 항공기와 건물 106동, 항공유 저장소, 보급창고, 탄약고 29개소를 모두 파괴했으며 건물 밖으로 쏟아져 나온 적 병력 대부분을 살상했다. 이 결과로 중공군은 뒤이어 벌어질 5월 공세에서도 마찬가지로 순전히 지상군으로만 작전을 펴야 했다.

### 중공군의 제6차 공세

5월 10일, 이 시기에 아군의 총 병력은 50만4천이고, 적군은 인민군 19만에 중공군 54만으로 총 73만이며, 만주의 예비 병력은 대략 57만으로 추산되었다. 아군은 10여Km 북상했는데, 징후가 이상했다. 드디어 16일, 올 것이 왔다. 적의 '5월 공세'가 시작되었다. 이때에 다른 점은 공격의 대상이 한국군만을 노린 것이다. 중공군 24개 사단과 인민군 3개 군단의 공격이 주로 춘천 동쪽 내평리(內坪里)와 양양 서북쪽 사이의 한국군부대로 몰렸다. 그런데 상남(上南)에서 현리(縣里)사이 오마치(五馬峙) 고개를 두고, 한국군 9

사단이 중요지점 확보를 위해 병력을 보냈으나 미 10군단장 알몬드 소장이 작전구역 침해라고 항의하여, 논란 끝에 한국군이 오마치 고개에서 철수했는데, 결국 이 때문에 엄청난 희생의 결과가 빚어지고 말았다. 오마치 고개를 중공군이 점거하면서부터 끊어진 보급로 때문에 엄청난 차량과 중장비를 포기해야했고, 한국군은 하진부리까지 밀려나야만 했다.

5월 18일, **용문산(龍門山!!) 전투,** 강원도 화천군 사창리(史倉里)부터 밀려온 한국군 6사단은, 장도영(張都暎) 준장 지휘아래 패배의 설욕을 벼르고 경기도 양평군 용문산(龍門山)에 포진했다. 병사마다 철모위로 머리띠를 감았다. "결사(決死)"의 두 글자가 선명했다. 장병들은 양말에 쌀을 채워 목에 걸었다. 홍천강을 건너 배수진을 쳤고, 여기에 중공군 3개 사단 2만5천이 몰려왔다. 2일 동안 밤낮 없는 치열한 사투(死鬪)가 벌어졌다. 중공군이 물러났을 때 사살 1만7천, 포로 2천의 전과가 피와 함께 기록됐다. 5월 28일, 용문산 전투가 끝났다. 화천에 이르기까지 포로를 주워 담았고, 이승만 대통령은 이 승리를 포상하기 위하여 화천 저수지의 이름을 오랑캐를 대파한 호수라 하여 "파로호(破虜湖)"로 바꾸었다.

註) 중동부 전선에서 한국군 3,4,7,9사단을 섬멸하면서 전선의 균형을 깨트린 다음 유엔군을 격멸하겠다며 벌인 중공군의 5월 공세는 하진부까지는 성공했으나, 6사단이 용문산 방어에 성공하고 또한 미2사단의 벙커고지(인제군 加里山) 고수와 미3사단의 운두령(雲頭嶺) 탈환, 한국군 1군단의 대관령 확보로 인해 중공군의 여력이 바닥이 나게 되어, 유엔군은 오히려 지금까지의 수세에 몰리던 상황에서 공세로 전환할 수 있는 계기를 얻게 되었다.

註) 전쟁기간 중에 이승만대통령은 70대 노인임에도 불구하고 전쟁을 승리로 끌기 위한 전쟁지도자가 되어있었다. 앉아서 서류나 검토하는 대통령이 아니라, 열악한 도로사정임에도 전쟁기간 중 끊임없이 군부대와 전선을 방문하며 격려했다. 더구나 한국의 기후는 겨울에는 너무 춥고 여름에는 너무 더워서 이승만처럼 연로한 지도자가 감당하기에는 어려웠다. 후에 미8군 사령관이던 밴 플리트(Van Fleet) 장군은 "이 대통령은 약 3년간 여하한 조건하에서도 1주일에 한 번은 나와 같이 일선이나 부대 훈련지역을 시찰했다. 추운 겨울날 시찰을 나갈 때 내가 죄송하다고 하면 그는 환한 웃음으로 응답했다. 품위 있는 얼굴과 휘날리는 백발이 파카의 옷깃 속에서 빛나고 있었다."라도 회고했다.

중공군은 '5월 공세'를 마치고 잠잠해졌다. 4월과 5월에 걸쳐 거두어들인 전과(戰果)는 줄잡아 21만이었다. '철의 삼각지(철원, 금화, 평강)'에도 텅텅 비었다. 6월 2일까지 유엔군은 북진을 계속했고, 동해안에는 고성까지 진출했다.

**질식작전,** 만주지역으로부터 지속적으로 넘어오는 중공군의 보급선을 끊고자 유엔공군은 3월부터 해군함재기를 이용하여 북한 지역의 철교와 터널폭격 등으로 교통망을 파괴해오고 있었다. 그럼에도 중공군의 전력보강이 계속되자, 리지웨이 장군은 적의 전선 뒤쪽에 선을 그어 공군, 해군과 해병대에 각각 일정지역을 할당하여 그 구역에 있는 모든 차량, 다리, 열차 등 목표물에 대한 무차별 항공공격을 하기로 했다. 이른바 '질식작전' 이다. 5월말부터 시작한 차단작전은 9월까지 지속되었다. 그러자 공산군은 철도를 포기하고 간선도로를 이용하여 야간에 차량을 동원했다. 자갈길에 구멍이가 파이면 신속하게 메웠고, 다리가 파괴되면 우회하거나 얕은 개울로 간단히 건넜다. 야간 항공작전까지 감행했지만 트럭에 의한 적의 보급은 줄지 않았다. 질식작전은 결국 실패한 항공작전이 되었다.

註) 보급망 분쇄작전은 주야를 가리지 않고 휴전시점까지 이어졌다. 그럼에도 결과는 신통치 않았다. 그 원인은 보급의 근원지인 만주를 폭격할 수 없었고, 또한 전선(戰線)이 정체되어 있어 적의 물자 소모가 적었으며, 북한지역의 원시적인 도로망은 파괴되었어도 무제한의 인력으로 쉽게 보수가 가능했기 때문이다.

6월 4일, **도솔산(兜率山),** 적이 난공불락임을 호언하던 천연 요새인 강원도 양구에 있는 도솔산 1148고지. 적의 춘기공세를 분쇄하고 북상한 해병대는 6월 3일 화천 저수지 일대까지 진출했는데 미 해병대가 담당했던 백두대간 중에서 가장 험준한 곳으로 많은 손실만 내고 실패한 고지를 한국해병대가 인계 받았다. 당시 대치하고 있던 북한군은 막강을 자랑하는 제5군단 예하의 제12 및 32사단. 아침 8시를 기해 시작된 한국 해병 제1연대의 공격은 9일간의 격전 끝에 15개 목표 고지를 모두 점령하는데 성공하고 다음 목표를 향했다. 더구나 험난한 지형에다가 특히 계속된 강우와 짙은 안개로 항공 및 야포 지원이 제대로 안 되는 상황에도 불구하고 해낸 것이다. 이후 제2단계 작전으로 옮아가 6월 19일 도솔산에 대한 마지막 야간공격으로 정상을 정복하면서, 총 17일간 24개 목표를 모두 점령하여 미국해병 제1사단장은 "한국 해병대가 아니었다면 이 전략적 요충지를 수중에 넣지 못하였을 것"이라고 극찬했다.

註) 이 전투를 기리기 위한 '도솔산의 노래' 해병군가(海兵軍歌)는 여기서 유래한 것이다. 국군 해병 제1연대의 쾌거를 보고받은 이승만 대통령은 해병대에게 '무적해병(無敵海兵)'이라는 휘호를 하사하여, 이후 이 휘호가 해병을 상징하는 구호로 사용하게 되었다

### 이기지도 말고 지지도 말라

6월 24일, 소강상태 속에서 소련은 유엔주재 야코트 대사를 통해 정전(停戰)을 제의했다. 한국은 당연히 반대를 주장했으나 27일, 참전 16개국이 모두 동의했다. 7월 10일부터 개성에서 휴전회담 본회의가 열렸는데, 이로부터 유엔군 각 부대에는 세계전사상(世界戰史上) 유례가 없는 기상천외한 작전명령이 전달됐다. "이기지도 말고 지지도 말라". 또한 이때에는 압록강과 두만강 이남 4Km 지역의 비행을 금지하도록 하여 항공작전에 제한까지 두었다. 이때부터 전쟁의 양상이 바뀌었다. 진격도 하지 말고 후퇴도 하지 말라. 공산군은 휴식의 여유가 생겼고, 보급도 집중적으로 할 수 있었다. 이제 전 전선이 고지(高地) 하나를 놓고 팽팽히 맞서는 상황이 되었으며, 제6사단의 화천 진격을 마무리로 하면서 전선이 다시금 38선 부근으로 굳어지게 되었다.

註) 이로부터 전선의 수많은 고지에서는 피땀과 흙이 범벅이 되는 사투가 전개되고, 수많은 전투신화(神話)가 탄생되었다: 제3차 노전평(8사단), 가칠봉(5.3사단), 883고지(7사단), 백석산(白石山: 7.8사단), 등대리(6사단), 진현리(榛峴里: 2사단), 월산령(月山嶺: 해병1연대), 펀치볼(미 해병1사단), 단장의 능선(斷腸의 稜線: 미 2사단), 월비산(月比山: 수도사단.11사단), 어은산(8사단), 금성천(金城川: 6

사단), 금성(金城) 진격전(2사단), 구화리(九化里: 1사단), 코만도 작전(미 1군단), 금성(金城: 미 24사단), 949고지(6사단), 281고지(9사단), 395고지(9사단), 암동(岩洞: 7사단), 크리스마스 고지(7사단), 662고지(3사단), 두매리(杜梅里) 고지(1사단), 불모고지(不毛高地: 미 45사단) 등등…

### 전투 따로, 협상 따로 (一面 戰鬪, 一面 協商)

7월 10일에 개성에서 시작된 휴전회담은 시일만 끌면서 지지부진하다가 장소를 10월 8일, 판문점으로 옮기기로 하고, 휴전선은 공산군 측이 38도선을 주장한 데 반해 유엔군은 다소 북상해 있는 '접촉선'을 주장하며 맞서다가, 10월 31일에 접촉선으로 타결되었다. 그러나 이 시각(10월 22일부터 10일간), 김일성 고지와 연하는 이름도 없는 무명고지(無名高地)에서 한국군 3사단은 수류탄전으로 인민군 2, 13사단을 괴멸시키고 고지를 점령하고 있을 때였다(피의 능선 전투). 휴전협상은 열렸다 깨졌다 했다. 휴전선 긋는 것과 포로교환의 절차 방법이 큰 난제였다. 공산군은 협상을 질질 끌면서, 이틈을 이용하여 군을 재편성 정비하기 위한 시간을 벌고 있었다.

註) 전쟁이 중공군 참전으로 새 국면에 접어들자 이승만 대통령은 2월 5일 '38선은 이미 없어졌다'면서 국토수복을 위한 북진통일을 주장했다. 뒤를 이어 2월 15일 임병직 외무장관도 미국에 대해 '북진통일'을 지지해줄 것을 호소했지만, 미국 트루먼 대통령이 4월 11일 유엔군 총사령관을 해임시킨 것을 계기로, 유엔 내부에서도 한국문제를 외교 교섭으로 해결하자는 움직임이 일어났다. 그래서 한국정부의 반대에도 불구하고 정전협상이 7월 10일부터 시작되는데…

註) 회담은 때로는 '독설의 교환장'이 되기도 하면서, 협상은 교착상태에 빠져 여러 번 결렬의 위기를 맞았다. 정전협정에 대한 소련의 태도는 중공의 소련에 대한 의존도를 높이는 한편으로 미국의 전력(戰力)을 약화시키기 위해 '전투의 장기화'를 선호하는 쪽이었다.

하늘에서도 사정은 같았다. 확전을 우려한 유엔군 측의 작전명령은 한만국경(韓滿國境)을 넘지 말라는 것이다. 이에 따라 공산군의 제트전투기인 MIG-15는 압록강 북변 안동(安東)을 출격기지로 하여 마음 놓고 평안북도 일대를 미그 회랑(MIG 回廊)으로 만들면서 미공군항공기를 기습할 수 있었다. 공군 조종사들은 분통을 터트렸지만, 이 질서는 휴전 시까지 유지되었다.

8월, **원자폭탄 사용 결정.** 공산군 측이 일방적으로 회담을 중지하고 억지 주장을 펴자, 미 합동참모본부는 군사적인 어려움에 닥칠 경우 원자폭탄을 사용키로 결정했다. 8월 2일에 35대의 폭격기로 나진항을 공격했는데, 원폭이 존재하는 목적과 위력을 과시하기 위해 10월에는 '허드슨하버(Hudson Harbor)'라는 암호명으로 한반도에서 몇 차례 원자탄 투하 연습까지 해두었다.

### 영도유격부대(遊擊部隊)

9월 18일 새벽 1시. 영도유격부대 대원 35명이 낙하산으로 함경북도 관모봉에 투하했다. 적지에 투입된 이들은 소규모로 이동하면서 1952년 7월 철수할 때까지 '산돼지'라는 별명을 얻으며 산곡을 누비면서 유엔군의 지시대로 적진 폭파, 정보수집 등을 하며 11명이 살아 올 때가지 적 후방에서 신출귀몰하면서 활약하기도….

註) 'Y 부대' 또는 '파라슈트 부대' 등의 이름으로 불린 영도유격부대는 공중과 해상으로 북한 후방에 침투해 기지 파괴와 정보 수집 같은 유격작전을 수행한 특수부대이다. 본부와 훈련소가 부산 영도에 있었고, 당시 육군 대위였던 한철민 대장 아래 반공청년 1,200명을 중심으로 미국 CIA의 지원을 받아 극비리에 설립됐다. 이들은 북한군 등 4,800여명을 사살하고 탄약제조창, 군수물자 창고 등 각종 군사시설물을 파괴하는 공을 세웠다. 부대 해체가 결정된 1952년 12월까지 북파되었다가 돌아온 영도유격대원은 900여 명 중 40여 명에 불과했다. 그러나 현재 추모비의 전사자 명단은 491명뿐이다. 나머지는 신원도 제대로 파악되지 않았거나, 생사가 불분명하다.

**화요일의 비극 - 미그 회랑(回廊)에서의 공중격돌**

10월 23일, 북한지역 3개 비행장 중 지금까지의 공습에서 가장 온전한 상태로 남아 있던 평안북도 남시(南市) 비행장을 파괴하고자 21기의 B-29 폭격기들이 출격했다. 계속된 북폭의 일환이었다. 이미 압록강 변에서는 34대의 F-86의 진로를 100대의 MIG-15가 막고 공중전을 벌이고 있는 한편, 이들 폭격기 편대에게도 50대의 MIG 전투기가 에워싸고 덤벼들었다. 근접호위를 위해서 폭격기를 따르던 55기의 F-84 전폭기들이 이에 맞섰고, 당시 최고의 공중전을 벌였다. 쌍방이 모두 적기의 숫자가 100기 또는 200기라고 여길 정도로 혼전이었다. 결과는 아군기 F-84 1대, 적 MIG-15기 6대의 전투기가 격추되고, 소련군 조종사들의 치고 빠지기 방법에 의해 10대의 B-29가 격추되면서, 투하한 폭탄 중에는 단 1발만이 목표물에 떨어질 정도로 엉망이었다. 이러한 상황은 10월말까지 되풀이 되었다.

註) 이후에는 F-80, F-84 전폭기들이 소규모 편대로 출동해서 고속으로 비행장 상공을 돌파하며 폭탄을 투하하고 이탈하는 방식으로 바꾸었다. 결과적으로 비행장 공습에는 이 방법이 효과적이었다. 북한의 주요 비행장에 대한 공습은 끊임없이 이어져 공산군의 전투기들이 북한 지역으로 진출하는 것을 방해했다. 이러한 비행장 폭격은 전쟁이 끝날 때까지 계속되었고, 미공군의 공습에 노출되어있는 북한의 비행장에서 공산군 항공기들의 작전이 가능한 시기는 거의 없었다고 해도 과언이 아니었다.

10월 29일, **갑산 폭격(甲山 爆擊),** 유엔 항공기들은 북파(北派) 게릴라 등에 의해 얻은 정보에 따라 많은 중요 표적들을 파괴하기도 하였는데, 그 중에 대표적인 것이 소련에서 온 보급물자에 대한 8월의 나진공습과 홍군리 발전소 파괴, 납과 은을 생산하는 금독 광산과 북창을 공습하여 군수공장과 탄약 공장을 파괴한 것 등이다. 그러던 중, 개마고원 지역에서 활동하던 반공유격대로부터 북한과 중국의 주요 공산당 간부들이 함경남도 갑산시(甲山市) 공산당 본부건물에 모여 회의를 연다는 정보가 입수되었다. 회의가 29일 09시에 열린다는 정보에 따라, 항공모함을 이륙한 B-26 경폭격기 8대는 9시 20분을 공격시간으로 맞추고 전투기 호위 없이 기습적으로 갑산시에 돌입했다. 반공유격대가 지적해 준 동쪽에 위치한 복합건물에 즉각 네이팜탄과 각종 폭탄이 작렬했고 건물은 외벽 하나만 남긴 채로 흔적 없이 사라졌다. 2일 후 유격대의 보고에 의하면 509명의 고위간부가 몰살했고, 공산당에 대한 중요 기록들까지도 모두 소실되었다는 것이다.

註) **개마고원 반공유격대(反共遊擊隊):** 백두산 서남방 개마고원 일대에서는 8.15광복 후 38선 이북이 공산화되자 소련군의 횡포와 이에 동조하는 김일성 집단에 반발하여 자생적으로 발생한 반공청년들이

1948년 11월에 김봉(金奉)을 중심으로 서북광복동지회를 결성하고 일본군이 버리고 간 무기를 이용하여 무장투쟁을 벌였다. 이들 150여 명의 개마고원 반공유격대는 유엔군이 북진해 올 때까지 3년간이나 활동하다가 대부분 현장에서 스러지고 살아남은 소수의 대원들이 1950년 11월 17일에 북진 중인 미7사단 31연대와 합류하여 12월에 흥남철수작전 때에 월남했다. 이후에는 유엔사에서 북파공작원을 침투시켜 현지에서 활동 중인 지역 반공단체와 함께 휴전 시까지 그 역할을 대신하였다.

11월 21일, 연합군 해군 함정은 지속적으로 함포를 이용한 해안선봉쇄작전을 펴가며 적의 벙커와 참호를 파괴하고, 혹은 적군 집결지에 폭탄을 퍼부어 지상군을 지원하기도 하고, 때로는 철도 파괴와 혹은 한국 해병대나 특공대 등을 육지에 상륙시켜 터널이나 교량을 폭파해 나가고 있었다. 대상지는 공산군 관할전체 해안지역을 망라했다. 그러던 중, 이날 한국군 1군단이 동해안 원산 남쪽에 위치한 고저(庫底)반도 지역에서 적의 공세로 밀리며 급박한 상황에 처하자, 중순양함인 로스엔젤레스호(號)가 단독으로 고속 항진하여 적진지에 8인치 함포 91발을 퍼부었다. 삽시간에 적진은 혼란에 빠졌고 한국군은 재보급 받을 여유를 갖게 되어, 이로서 빼앗겼던 고저고지(庫底高地)를 재탈환하고….

### 지리산의 남부군(南部軍)

유엔군의 신속한 북진으로 미처 퇴각하지 못한 인민군 패잔병들이 산간벽지에 숨어들면서 이들이 지방 조직과 합류하게 되자 지리산을 중심으로 한 1만여 명이 새로이 무장 세력을 형성하게 되었다. 이들이 후방에서 제2전선을 이루면서 북한의 지령에 따라 남부군(南部軍: 남조선 인민유격대)이라 하고, 여기에 북한에서 파견된 보위부원, 내무서원과 정치공작대원까지 합류하여 조직을 재편성한 후, 후방지역에서 습격 및 파괴 활동을 하고 있는 중이었는데, 심지어는 경부선 철도와 국도마저 통행이 보장되지 않아 유엔군의 보급선까지 위협을 받는 상황이 되었다.

11월 26일, 지리산 일대 공비를 소탕하는 토벌부대로 백선엽(白善燁) 소장의 '백 야전전투사령부'가 남원에 설치되고, 전선에서 전투 중이던 수도사단과 8사단을 뽑아 후방작전에 투입했다. 남부군 게릴라부대의 사령관은 남로당 군사책(軍事責)이었던 이현상(李鉉相). 숲이 없어 은신처가 노출되기 쉬운 겨울철을 이용한 토벌작전으로 12월 2일부터 이듬해 3월 14일까지 지리산을 기점으로 주변 운장산, 회문산, 장안산, 덕유산, 민주지산과 소백산 등까지 작전구역을 잡아 대략 9천여 명을 사살하며 남부군을 사실상 소멸시켰다.

### 평안북도 유격백마부대(遊擊白馬部隊)

북쪽에서는 유엔군이 후퇴하자 각처에서 학생과 청년들이 치안대(治安隊)를 조직하여 중공군에 대항하고 있었다. 그중 평안북도 정주(定州)일대 13개 면(面)을 중심으로 조직된 치안대원들이 1950년 11월 26일에 포구에 모여 이곳으로 파견된 윤군본부 G2 요원 김응수(金應洙)를 부대장으로 하는 반공유격대인 백마부대(白馬部隊)를 창설하고, 앞바다에 있는 애도(艾島)로 옮겨 근거를 마련하던 중, 12월 17일에 공격해 오는 인민군 1개 대대 병력 650여 명을 매복 작전으로 생존자 없이 모두 전멸시키기도 했다. 그 후 2월말부터는 철산(鐵山) 앞바다에 있는 대화도(大和島)로 근거를 옮겨 유격전을 벌이며 중공군과 인민군을 기습하고 반공(反共) 동포와 유엔군 포로를 구출하는가 하면, 보급로와 중요시설을 파괴하면서 활동해오고 있었다.

그러던 중 10월 13일에 공산군의 폭격기 8대와 전투기 12대가 폭격을 하여 3백여 명의 사상자를 낸 후로, 11월에 들어서도 야간공습이 있었는데…

11월 30일, 대화도에 중공군 2개 사단이 쇄도해 왔다. 2천여 명의 유격부대원들은 반격과 공격을 되풀이하면서 적 함정 6척을 격침시키고 3천여 명의 중공군을 사살했지만, 섬에서 철수할 수밖에 없었다. 그중 섬에 남아 끝까지 유격전을 벌이던 50여 명의 대원들 가운데 8명이 1952년 4월에 구사일생으로 탈출에 성공하여 이들을 '대화도 탈출 8용사'라고 했다. 이 전투를 마지막으로 북위 40도 선상에 있는 최후의 교두보를 적들에게 넘겨주게 되는데, 이날 전투에서 유격백마부대는 253명의 전사자를 냈고, 613명이 중상을 입었다.

註) 유격백마부대는 휴전협정 조인 1주일 전까지 활동하다가 적 지역에서 철수해 인천 앞바다에 있는 용유도로 주둔지를 옮기고, 1954년 2월 26일 우리나라 전체 유격대가 해산됨으로써 백마부대의 역사도 막을 내렸다. 유격백마부대는 병력이 2,600여 명으로, 20개 유격부대 중 그 규모가 가장 컸으며, 이들 각 유격부대는 처음에 미8군에서 관장하다가 1952년 11월에 미 극동사령부 정보처로 이관되고 휴전 후 1953년 10월에 국방부 산하 8250부대로 흡수되어 오다가 1954년 2월 국군에 편입되었다. 그중 유격백마부대는 유격작전 기간 중 552명의 전사자를 내었는데, 이들 전사자의 명단이 기록으로 보관되어 있으나 군적(軍籍)에 오르지 못하고 있다고 한다. 유격백마부대의 전과는 인민군 3천여 명 사살, 중공군 포로 600여 명, 애국 청년 구출 2,800명, 동포 구출 1만 5천 명의 전과를 올리고, 그 외에도 적의 보급로 파괴(철도·터널·교량)와 중요 시설 기습 등의 무수한 전공을 거두었다.

註) **서해의 반공유격대(反共遊擊隊):** 백령도에서 압록강에 이르는 서해안 일대에서는 피난민의 남하를 돕고, 한편으로 유격전을 전개한 반공유격대원의 숫자가 무려 5만여 명에 이르렀다. 이들은 1950년 11월 연합군이 북한지역에서 철수하고 서울-의주 간의 도로가 차단되자, 황해도 재령(載寧), 안악(安岳), 평산(平山) 등지와 인근의 섬 출신 청장년이 자발적으로 유격대를 조직하여 서해안 일대에서 적을 교란하면서 30만 명의 피난민을 남하시켰고, 유엔군과 국군의 지원을 받아 50개 부대로 재편한 후 유격작전으로, 공산군 3개 사단을 이 지역에서 묶어두는 등 연합군 작전에 크게 기여했다. 이들이 세운 전과와 입은 피해에 대한 정확한 기록은 없으나, 한때 그 병력이 50만 명에 이르렀다고 하며, 인명 피해만도 3천여 명에 달하였다고 한다. 이들 유격대는 ① 위에서 밝힌 유격백마부대 외에도 ② 구월산 유격대 (1951년 3월초- 53년 3월 = 후일 동키 1,3,6연대 등으로 개편)는 김종벽 대위와 여장부 이정숙 대장이 통솔하여 황해도 내륙지방을 근거로 활약했고, ③ 서하부대는 위에 열거한 백마유격부대 등을 흡수하여 해방구인 초도, 피라도, 피도(서해 38선 이북지역 도서들)를 휴전 직전까지 사수하고 유엔군 측 요청하의 많은 어려운 임무를 완수하며 최대의 반공 유격대를 구성하였는데, 많은 사상자와 행불자가 발생했다. ④ 주지봉 유격대 (1951.4.2~11.5)는 황해도 평산군, 재령군, 연백군 일대에서 유격기지를 구축하여 다대한 피해를 북측에 입혔는데, 여자 대원들도 적잖이 섞여 있었다. 대장은 이원복(대학생-당시 23세)으로 이상적인 제2전선 구축 사례가 되었다. 이외에도 유엔군 관할 아래 북파 되어 활약한 북파 유격대로는, ① 아벤리 공수유격지구대, ② 동키 연대(전성기는

최대 20개 연대까지 증편), ③ 켈로(KLO: 유엔군 직속) 부대, ④ 영도(Y) 유격대 (1951.4-1952.12)가 있으며, 이중 영도 유격대는 부산 영도를 기지로 하여 함경도와 강원도 지역에서 공수, 해상 침투 등으로 활약하여 많은 사상자와 행불자 발생하였는데, 특히 공수 침투된 1천 명 가까운 병력 중 생환자가 극소수일 정도로 큰 피해를 입었다.

註) 미국 중앙정보국(CIA)은 한국전쟁 당시 북한 서해안과 동북부 산악지대 주민들이 반공(反共) 게릴라 조직을 구성해 CIA의 지원 아래 게릴라전을 벌였다. 2007년 '미국 과학자 연맹'(FSA)이 CIA가 올 7월 비밀 해제한 '비밀작전 역사'(Clandestine service history) 보고서 시리즈 가운데 '한국에서의 비밀 전쟁(The secret war in Korea)' 등 5건의 보고서를 최근에 공개하였는데, 1964년 작성된 한국전 관련 보고서는 29쪽에 걸쳐 1950년 6월~52년 6월까지의 활동 실적을 소개하고 있다. 본 기사에 의하면:

*** CIA의 전쟁 개입=** 전쟁 초기 미군은 북한의 침공에 전혀 대비가 되어 있지 않아 전술정보 수집 계획조차 없고 예산도 삭감된 상태여서 CIA에 개입을 요청했다. CIA는 전쟁 발발 12주 만에 북한 후방에 요원들을 낙하산으로 투하시킨 것을 시작으로 2년간 수백 차례의 야간 비행을 통해 후방 침투 작전을 폈다. 악천후에도 불구하고 비행은 대부분 성공적이었고 요원 침투 외에도 선전전단 살포, 물품 공수 등도 했다. 초기 침투 요원들의 임무는 북한과 중국 소련 국경 인근 높은 지역에 관측소를 설치, 외부로부터 지원이 이뤄지는지를 감시하는 것이었다. 10주간의 훈련을 마치고 투입된 팀 가운데 일부는 발각돼 도주하기도 했다. CIA는 투입된 팀들의 귀환 비율은 보고서에서 지운 채 "한국인 요원들이 적절한 훈련을 받으면 북한에서 생존하며 성과를 낼 수 있음을 입증했다"고만 밝혔다. 인천상륙작전을 위한 태스크포스팀이 1950년 8월 구성됐고 CIA는 인천 연안 섬들에 요원들을 보내 정보를 수집했다. 이들이 수집한 정보는 인천상륙작전에 작은 기여를 했다고 밝혔다. CIA 요원과 한국인들로 구성된 정찰팀은 북한 동해안 지역에 정기적으로 야간 침투를 했다. "미군이 세균전을 벌이고 있다"는 북한의 주장을 반박하기 위해 미 극동사령부 의무감(준장)이 정찰팀의 안내로 직접 북한의 한 어촌에 상륙, 촌장을 만나고 오기도 했다. CIA는 장기 계획에 따라 북한 핵심부 침투도 시도했다. 보고서는 "1951년 10월에 노동당, 인민군, MSS(소련의 비밀경찰·KGB에 해당하는 기구), 정부 기관에의 침투가 잘 진행되고 있다"고 적었다.

*** 반공 게릴라 지원=** 유엔군이 38선을 넘은 1950년 10월경부터 북한 서해안 지역에서 자발적 친(親)유엔 게릴라 운동이 전개됐다. CIA와 미8군은 1951년 초부터 북한을 동서로 나눠 게릴라전을 지원하고 통제했다. CIA는 동북부 험준한 산악지대에 이미 거점들을 만들어 놓은 상태였다. 미군이 맡은 서해안에선 1951년 10월 기준으로 게릴라 규모가 8,000명에 달했다. 미군은 이들을 훈련 정도와 모집 배경에 따라 16개 부대로 나눴다. 그러나 평평한 섬 지형의 특성상 안전한 기지를 구축할 수 없었던 탓에 정전협정이 열리고 있던 1951~1952년 겨울 북한에 의해 소탕되는 '참담한 결과'를 맞았다고 보고서는 기록했다.

12월 13일, **제공권(制空權) 확보경쟁.** 미제4비행단은 청천강변의 신안주(新安州) 비행장 소탕에 나섰다가 145대의 MIG기와 마주쳐 격돌을 벌였으며 이중 적기 13대를 격추하여 가장 큰 승리를 거둔 날이 되었다. 크고 작은 공중격돌은 매일 벌어졌다. 하늘에서의 양상이 바뀌었다. 중국공군은 제공권을 확보하기 위해 총력을 기울여 달려들고 있는 중이었다.

註) 중공군은 항공력 증강을 서둘러, 만주 안동(安東) 비행장에서 만해도 MIG-15 전투기 290대를 배치하고 제공권을 확보하기 위해 전투비행훈련도 강화하고 있었다. 이에 따라 유엔군도 위기를 느끼고 신예 제트기인 F-86의 보강을 서둘러 165대를 확보하게 되었다. 12월부터의 전쟁은 발이 묶인 지상에서와는 달리 하늘에서의 전쟁으로 양상이 바뀌었다. 매일 쉼 없이 MIG 회랑(回廊)에서 제트전투기에 의한 공중격돌이 이어졌다. 중국공군은 100~200대로 편대군을 형성하고 한반도로 내려와 그냥 돌아가기도 하고 때로는 유엔공군기를 기습하기도 했지만, 끝내 평양-원산 이남지역에서의 제공권은 유엔공군의 편이었다.

1952 1월 12일, **승호리(勝虎里) 철교,** 김두만(金斗萬) 소령이 이끄는 한국공군의 F-51D 무스탕 5기가 평양(平壤) 동남방 10Km 지점에 있는 승호리(勝虎里)의 철교를 목표로 출격했다. 중국군은 전쟁 물자를 평양에 집결한 다음 각 전선으로 보급하고 있었는데, 이에 필요한 교량 10개 중 대부분 파괴했으나 오직 승호리의 철교만은 요지부동이었다. 험난한 지형을 이용해 새로 가설된 교량 주변에는 엄청난 량의 대공화기를 배치했기에 미 공군이 연 500회 출격했음에도 불구하고 파괴하지 못한 목표였다. 이 철교를 한국공군이 넘겨받아 12일에 2회, 15일에 3회 공격으로 완전 파괴하여 미 공군으로부터 극찬을 받았다.

註) 한국공군은 그 동안 진주 사천에서 제주도로, 그리고 다시 사천으로 훈련 기지를 옮겨가며 어려운 노력 끝에 단독작전능력을 인정받아, 지난해(1951년) 10월, 한국군이 사투를 벌이고 있는 동부전선의 항공지원을 위해 총 18대의 F-51D 무스탕 전투기 중 10대를 선발하여 강릉으로 옮겨왔다. 이후 강릉비행장을 기지로 한 제10전투비행전대는 10월 11일부터 지상군 지원을 위한 단독작전을 시작한 이래 주로 강원도지역에서 근접항공지원 공격을 해오고 있었다. 그러던 중에 미공군으로부터 작전을 넘겨받아 승호리 철교에 대한 공격을 감행했는데, 거미줄 같은 대공화망을 피해 고공에서 폭탄을 떨어뜨리던 미공군과는 달리, 1500피트(약 450m) 상공까지 접근하여 돌격전을 벌이듯 달려들어 신속하게 파괴했다. (※ 본 작전을 소재로 1964년에 영화 '빨간마후라'가 제작되어 많은 인기를 얻기도…)

**평화선(平和線, Peace Line) 선포**

1월 18일, 미국의 중재로 열린 한일(韓.日) 간의 협상에서 일본이 강경한 입장을 보이자 분노한 이승만 대통령은 갑자기 평화선(平和線)을 선포했다. 이는 미국의 일본 점령이 끝나면 폐지되는 맥아더 라인과 비슷한 것으로, 한반도 해안선에서 최장 200마일 거리의 해역을 한국의 주권이 미치는 지역으로 선언한 것이다. 일본은 격렬하게 항의했고 미국은 한국의 입장을 지지하지 않는다고 했지만, 이승만은 평화선을 침범한 일본 선박을 모두 나포하도록 명령했다.

註) 전후 동서냉전이 격화될 상황에서 동아시아에서의 한-미-일의 안보동맹을 구상하던 미국의 적극적

인 권유로 한일회담이 2월 15일부터 본회담이 4차례나 열렸지만, 두 나라의 과거 역사문제와 상호 불신 등 여러 가지 문제로 꼬임에다가 가장 어려운 점은 이승만 대통령의 철저한 반일감정이었다. 일본이 어업협정 체결을 고의로 지연시키자, 그의 반일성향이 발동된 것이다. 그래서 '대통령 선언'을 공포하는데, 이승만의 주장에 따라 선포하였다 하여 '이승만라인' 또는 '이라인(Lee Line)'이라고도 부른다. 해역은 해안에서부터 평균 60마일에 달하며, 이 수역에 포함된 광물과 수산자원을 보존하기 위해 설정한 것으로, 일본은 물론, 그밖에 미국, 영국, 자유중국(현 타이완) 등의 우방국들조차 부당한 조치라고 비판했다. 그러나 정부는 "한일 양국의 평화유지에 목적이 있다."고 주장하며, 이때부터 '평화선'이란 이름으로 부르게 되었다. 한편, 평화선이 선포된 지 8개월 후인 1952년 9월 당시 유엔군 사령관 M.W.클라크는 북한의 잠입을 막고, 전시(戰時) 밀수출입품의 해상침투를 봉쇄할 목적으로 한반도 주변에 해상방위수역을 설정한 '클라크라인'이 평화선과 거의 비슷한 수역이었으므로, 평화선 선포를 간접적으로 지원한 결과가 되었다. 평화선 설정 이후 이승만 정부는 이 평화선 안에서 조업하는 일본어선은 물론 중국 어선들도 모두 나포하여 처벌했다. 이 평화선은 박정희 정부 시절인 1965년 6월 한일조약 체결 때까지 유지되었다.

※ 1948년 대한민국 정부 수립 후, 이승만 대통령은 대마도 등 실지(失地)를 반드시 회복해야 한다고 선언했다. 미국 국립문서기록 관리국에 있는 2차 세계대전 후의 샌프란시스코 평화조약 준비과정 중 작성된 아래 좌측 지도에는 독도가 일본 영토에서 배제되어 있다. 또한 1946년 연합군 최고사령부도 연합군 최고사령부지령(SCAPIN) 제677호를 통해 독도를 일본 영토에서 제외한다고 명시했다. 그런데 1951년 9월 샌프란시스코 평화조약에서 일본이 포기해야 할 한국 영토에 제주도 등 4개 섬이 포함되어 있다고 했는데 독도가 빠졌다. 그러나 이것은 한국에 3,000 개 이상의 섬이 있어 다 기록할 수 없어 대표적인 섬들의 이름만 명기한데서 발생한 것이었다. 이승만 대통령은 샌프란시스코 평화조약 소식에 격분했다. 샌프란시스코 조약은 발효일이 1952년 4월 28일로 되어 있었는데 이 발효일이 지나고 나서 우물쭈물하면 국제적으로 일본영토로 인식될 수도 있었다. 당시 한국은 미국의 전폭적인 원조로 전쟁을 하고 있었고 세계에서 가장 가난한 약소국 중의 하나여서 국제적으로 협상력이 거의 없었다. 그러나 통 큰 배짱이며 미국의 속내를 잘 읽고 국제 상황 분석에 천재인 이승만 대통령은 샌프란시스코 조약 발효 직전인 1952년 1월 18일 전격적으로 독도를 경계선 안에 넣는 해양주권 선을 아래 좌측과 같이 긋고 평화선이라 선언했다. 그리고 이 평화선 안에서 어업을 하려면 한국 정부에 허가를 받아야 하고 어기면 처벌을 한다고 강력하게 선언했다. 일본은 당황한 것은 물론이고 팔팔 뛰며 항의했다. 한국 전쟁을 함께 수행하던 미국도 이승만 대통령에게 취소를 요구했다. 그러나 미국은 한국 전쟁 휴전에 강력 반대하는 이승만 대통령을 자극하면 휴전 협상이 어려워질 것으로 판단하고 모른 척 했다. 그 결과 독도가 한국 땅으로 인정되었고 지금까지 실효 지배해 올 수 있었다. (그러나 1999년 김대중 대통령 당시 발효된 신한일 어업협정에 따라 현재 독도는 한일이 공동 관리하는 중간수역 안에 있게 되었다).

### 화력(火力)이 약한 한국군만 골라 때리기

공산군은 도처에서 고지를 공격해 왔다. 이에 반해 아군은 방어전투를 해야만 했다. 중공군은 특히 한국군 지역만을 노렸다. 화력이 미군보다 약한 것을 알기 때문이다. 산과 산, 계곡과 계곡에서…, 고지 정상 모두가 혈전과 사투의 연속이었다. 351고지(5사단), 154고지(5사단), 854고지(8사단), 1090고지(7사단), 피의 고지와 독수리고지(3사단), 수도고지 및 지형(指形)능선(수도사단), 575고지(6사단)…

4월 13일, **청진(清津) 폭격,** 주로 동해안을 담당하고 있는 미해군 77기동함대는 함경북도 청진 항구의 제철소와 견사공장을 표적으로 함포와 항공공격이 혼합된 방법에 의한 공격을 감행했다. 2대의 항공모함 박서와 필리핀씨호(號)에서 3차에 걸쳐 출격한 110대의 항공기 외에 순양함과 구축함 5척이 함포공격을 맡아 총 200톤의 폭탄을 청진항에 쏟아 부었다. 함포와 항공기가 연계된 합동작전의 위력은 대단했다. 제철소는 물론 대공포대, 크레인, 하역설비, 각종 창고 및 유류탱크 등 대부분의 항만 시설이 잿더미가 되었다.

註) 4월 25일에는 좀 더 큰 규모로 합동공격을 펼쳐 북한의 가장 중요한 공업시설지역이며 철도의 중심지인 청진의 모든 시설을 파괴했다. 이러한 합동공격은 해군에 의해 1952년 초부터 진행되었는데, 이러한 질식작전은 전쟁이 끝날 때까지 지속되어 동서해안의 모든 교량과 터널을 파괴해 나갔다.

6월 23일, **수풍댐 공습(空襲),** 정전협상이 지지부진하자 미공군은 북한의 생명선인 압록강의 수풍발전소 및 기타 모든 발전소까지도 공격하기로 했다. 16시, F-86 세이버 84대가 압록강변을 초계하는 가운데, 항공모함에서 출격한 35대의 스카이레이더 폭격기가 35대의 F-9F 함재전투기의 호위를 받으며 수풍에 왔다. F-9F가 대공포를 공격하는 동안 F-84 79대와 F-80 45대는 수풍발전소에 145톤의 폭탄을 투하했다. 이때 적의 대공포는 순식간에 제압되었고 적기(敵機)의 저항도 없었다. 유엔 공군기가 공격하는 동안, 만주 안동(安東)과 대동구(大同溝)에 있던 공산군의 전투기 160대가 일제히 이륙하여 거꾸로 만주 내륙지방으로 대피했다. 그들은 비행장 공습으로 판단하고 급히 이동한 것이다. 발전소는 파괴되었고 24일에는 다른 지역의 장진호, 허천강, 부전의 발전소들을 27일까지 4일간, 공군은 730회의 전폭기 출격, 238회의 요격출격을 했고, 해군은 2일간 546회 출격했다. 아군피해는 대공포에 2대가 피격되었을 뿐인데 반해 북한은 전력생산의 90% 이상이 파괴되어 북한과 만주 일원에서의 군수공업생산에 엄청난 지장을 받았다. 그런데 이 사건으로 유엔 참전국들이 제3차 세계대전을 유발시키는 행위라고 하면서 오히려 발전소 폭격을 비난하고 나왔다.

7월 11일, **평양 폭격(平壤 爆擊),** 이번에는 공산군의 전비(戰費)지출을 힘겹게 하기 위해 48문의 대공포와 100정 이상의 기관포로 방호되고 있는 한반도 최강의 대공 요새인 평양을 폭격했다. F-86 전투기와 함재기들이 청천강 북쪽을 초계하는 동안, 미7함대 함재기와 제1해병비행단 전폭기, 한국공군 및 미 제5공군 전폭기들이 10시, 14시, 18시에 세 차례에 걸쳐, 한국전 발발 이래 최대의 항공공격을 퍼부었고 하루 동안 연 1,254대의 항공기가 투입되었다. 2일 후 평양방송은 유엔군의 잔인한 공습으로 1천5백 동의 건물이 파괴되고 7천여 명의 인명피해가 있었다고 발표했다. 그러나 휴전협상은 마찬가지로 지지부진…

### 이제는 북한 지역에 마땅한 공격목표가 없다

유엔군 항공기들은 수풍댐과 평양폭격의 성공적인 결과로부터 지금까지의 지루하게 해오던 교통망 분쇄작전에서 벗어나, 보다 가치가 있는 목표물을 찾아 나서게 되었다. 동해안의 77기동부대도 역시 새로운 공업목표물을 찾아 나서서 그 중 7월 27일과 28일에 2척의 항공모함에서 이륙한 함재기들이 각각 함경북도 신독에 납과 아연광산과 공장, 그리고 길주의 마그네사이트 공장을 완전히 파괴했고, 7월 30일에는 B-29 폭격기 63대가 신의주 부근의 경금속 공장을 완전히 파괴했다. 이 같은 공격으로 10월 중순에 이르러서는 북한지역에 전략적 목표물들이 거의 파괴되어 새로운 표적을 찾기가 어려운 정도가 되었다.

註) 이어서 8월 20일에는 엑소와 프린스턴 항공모함 2척의 107대의 함재기들이 공군의 요격기(F-86 邀擊機) 및 전폭기(F-84 戰爆機)와 연합한 '항공기동단'을 구성하고 공산군의 대규모 군수지원 지역인 평안북도 압록강 남쪽 서해안의 장평리를 목표로 대규모의 항공공격을 퍼부었다. 9월 1일에는 함경북도 한만국경에 인접한 아오지 정유공장을 도합 115대의 함재기들이 출격하여 완전히 파괴했고, 10월 8일에는 공군의 B-29폭격기 10대와 해군 함재기 89대가 교대로 함경남도 최남부에 있는 고원(高原)을 공격하여 적의 철도 및 주요 통신시설과 군부대를 초토화시켰다. 이제 북한에 남은 대규모 공격목표는 거의 없었다.

8월 1일, 유엔공군의 파괴활동에 이를 갈면서 3개월간 활동을 줄여온 중국공군은 이날부터 총력전으로 나왔다. 심지어 F-86의 호위망을 뚫고 황해도 해주 앞바다까지 침투하기도 했는데, 비교적 큰 규모로는 8월 6일에 35대의 세이버와 52대의 MIG가 공중전을 벌였고, 9월 4일에는 39대의 세이버와 73대의 MIG가 교전하여 MIG기 13대를 격추하기도 했다.

註) 9월의 경우는 세이버 6대 손실에 총 63대의 MIG기를 격추했는데, 10월말까지 한반도에서 제트기 간의 격돌을 시작한지 2년이 되었다. 공산공군은 아직도 조종술이 미숙했으며, 세이버 조종사들은 개량된 F-86F로 8대 1이라는 압도적인 비율로 MIG기를 격파해갔다. 대규모로 단행된 평양폭격은 8월29일과 30일에도 있었다. 해군과 공군이 합동으로 2일 동안 3차례에 걸쳐 연 1,403회 출격으로 평양의 대부분의 중요 목표물을 강타했다. 이때는 공산군 공군의 반격도 대담해졌다. 9월 9일의 경우, 북한군 관학교를 공격하려는 82대의 F-84 선더에게 77대의 MIG기가 달려들었으며, 그 위쪽으로는 F-86F 요격기의 방어망을 175대의 MIG기가 맹렬히 공격해 왔다. 이 결과 유엔공군은 "아군 조종사들의 MIG기 격파능력으로, 소련이 다른 지역에서의 전쟁 도발기도가 영향 받고 있음이 분명하다"고 평가했다.

10월 6일, **백마고지(白馬高地),** 철의 삼각지(鐵의 三角地)에 있는 이름도 없던 395고지에 국군 9사단 사단장으로 부임한 춘천바위 김종오(金種五) 준장은 중공군 제38군 3개 사단이 이곳을 목표로 하고 있음을 알고 두터운 방어진지를 구축했다.

06시 30분, 백마 395고지 주봉(主峰)에 중공군의 첫 포탄이 터지면서, 이로부터 10일간의 처절한 전투가 시작되었다. 밀어닥친 적의 1차 공세는 격퇴했으나, 19시 20분 적의 2차 공격으로 고지를 뺏겼다. 이로부터 하루에도 몇 번씩 주인이 바뀌고, 12일에 육탄 3용사가 박격포탄을 안고 산화하기까지, 24번이나 고지의 주인이 바뀌었다. 한국전쟁 중 가장 잔인하고 치열한 전투였다. 기간 동안 쌍방의 도합 27만5천 발의 포탄이 조그마한 고지를 모래더미로 만들던 한국전쟁사상 '지상전 최대의 꽃'의 기록이 전 세계에 알려져, 한국군의 용맹성을 보여주었다. 적은 13,400의 시체를 남긴 채 물러났다.

10월 9일, **체로키(Cherokee) 작전,** 북한지역에 마땅한 항공공격 목표물이 없어지자, 해군은 전선 후방의 군수품을 폭격하는, 이른바 '체로키 작전'을 시작했다. 공산군은 군수품을 주로 지하 터널 등에 은닉해왔지만 노출된 야적품들이 상당히 발견되자, 이를 표적으로 작전을 벌였다. 11월 한달만해도 총 522회의 체로키 공격과 212회의 근접항공지원이 있었고, 이 공격은 육군으로부터 찬사를 받았다. 지상군의 포 사정거리 밖에 있는 이들 공산군의 집결지, 참호, 포대와 군수품 야적장 등이 주요 공격대상으로, 공산군은 병력의 소집과 그들의 공격작전에 막대한 지장을 받았다. 이듬해부터는 공군까지 합세하여 전 전선에 걸쳐 적의 배후에 대한 항공공격을 휴전 시까지 계속해 나갔다.

註) 야간폭격에 나선 유엔군의 B-29 폭격기들이 MIG 전투기에 의해 피격되는 일이 잦아지자, 새로이 입수한 F3D-2 스카이나이트 전천후제트기와 F-94 스타파이어로 야간호위를 시켜 폭격기를 보호했다. B-29 폭격기는 휴전 시까지 훌륭한 폭격임무를 맡아주었다.

10월 14일, **저격능선(狙擊稜線),** 그 외에도 고지쟁탈전은 여전했다. 이번에는 정일권(丁一權) 중장이 이끄는 제2사단은 "평양을 뺏기는 한이 있더라도 오성산 만큼은 내놓을 수 없다"고 버티던 중공군에 대한 저격능선(狙擊稜線) 탈환전이 벌어졌다. 04시, 미 제9군단 16개 포병대대에 의한 30분간의 지원 포격을 시발로 11월 20일까지 무려 42일간 혈전 끝에 적 사살 14,800의 전과를 올리고, 끝내 오성산 저격능선을 확보했다. 적은 4개 사단으로 맞섰으나 결국 물러서고 말았다. 그 외에도, 수도고지 및 지형능선(수도사단), 동해안 351고지(3사단), 벙커고지(미 해병1사단), 닉키 및 텟시고지(1사단), 노리 및 배티고지(1사단), 사천강(해병1연대) 등. 혈전은 계속 이어졌다.

10월 15일, **고저(庫底) 기만상륙작전(欺瞞上陸作戰),** 미 태평양함대는 튼튼하게 구축한 고지(高地)의 지하 참호에서 나오지 않고 있는 적을 유인해 내기 위해 원산 동남방 고저(庫底) 해안에 상륙작전을 펴기로 했다. 적이 상륙지점을 방어하기 위해 벙커에서 나와 이동하거나 집결하면, 이때를 이용하여 함포나 항공기로 때려잡자는 기만용 상륙작전이었다. 제7합동상륙기동부대에는 1개 기갑사단과 보병연대가 배속되었으며, 이들은 강릉 쪽으로 향했다. 새벽부터 항공공격과 함께 함대는 실제로 상륙할 태세를 갖추고 함포를 쏘며, 한편으로 26척의 상륙주정이 산개하여 해안으로 접근했지만 때마침 강풍이 몰아닥쳐 제대로 상륙할 형편이 되지 못했다. 작전은 다음날 오후 늦게까지 이어져 함포와 항공공격을 계속 퍼부었지만, 적의 움직임이 없어서 기만작전은 실패하고 말았다.

註) 이 기간 중에 공산군의 움직임이 전혀 발견되지 않았는데, 부대를 이동할 수단이나 통신망이 전혀 되어있지 않았기 때문이었다. 연합군은 이제 언제라도 적의 배후에 상륙하여 적의 후방을 무너뜨릴 수 있다는 자신을 갖게 되었다. 만약에 유엔군이 전 전선에서 공세로 전환하여 진격했다면, 적은 보

급과 기동성에 치명적인 결함으로 쉽게 무너졌을 것이다. 그러나 더 이상의 공세나 상륙작전은 정치적인 이유로 실행에 옮기지 못했다.

1953 3월 21일, 중국공군은 지상군의 사기를 북돋우기 위해서인지, 전례 없이 MIG 전투기들이 황해도 사리원(沙里院)까지 내려와 F-86에 교전을 시도했다. 26일에는 진남포에서, 27일에는 전선 이 가까운 황해도 신막(新幕)에서도 나타났다. 이즈음 중국공군은 호전적(好戰的)으로 덤벼들었다. 중국공군은 성과를 내지는 못했지만, 유엔공군은 새로운 상황에 적극적으로 맞서 연일 북한 전역에서 공중격돌을 치러 나가야 했다.

註) 중국공군은 만주에 MIG 제트전투기 950대, 재래식 전투기 165대, IL-28 제트폭격기 100대, 기타 폭격기 65대, 지상공격기 115대 및 수송기 90대를 포함 총 1,485대의 막강한 항공력을 확보하여 크게 증강되었다. 하늘에서의 우위가 위협받을 정도가 되어 유엔공군은 긴장하게 되는데, 이에 따라 제공권을 유지하기 위한 하늘에서의 전투는 쉼 없이 이어졌고, 유엔군 조종사들은 그들의 목표인 격추왕(擊墜王)이 되고자 무섭게 달려들었다. 이제는 중국공군기들도 대담하게 들어와 북한전역이 공중격돌의 마당으로 변하게 되었다.

휴전회담의 최대 난관은 포로교환 문제였다. 유엔군이 제시한 공산군 포로는 132,474명이고, 공산군 측이 제시한 유엔군 포로는 11,559명인데 이중에는 송환을 원치 않는 사람이 많다고 했다. 유엔군은 포로의 자유의사대로 한국 및 대만 행을 주장하고, 공산 측은 모든 포로의 본국 송환을 주장하여 의견이 맞지 않았다. 그런데 3월 5일, 소련 서기장 스탈린이 죽었다. 이후 휴전회담은 급진전을 보게 되었다. 4월 26일, 부상당한 포로의 우선 교환이 타결되고, 회담은 본격적으로 추진되는데 이승만 대통령은 막무가내 "북진통일(北進統一)"뿐, 휴전은 결사코 반대했다. 미국은 한국군을 20개 사단으로 육성하고 10억 달러의 경제원조를 무상으로 제공하겠다고 이승만을 설득해보았다. 그러한 중에도….

### F-86F 전투기의 맹활약

5월 8일, 유엔공군은 주력기를 개량형인 F-86F 세이버로 모두 교체하게 되자, 이전보다 비행성능이 월등하게 개선되어 조종사들은 모두가 격추왕(擊墜王)이 되기를 원했다. 그러나 공산공군의 활동이 약해지자 "공산공군(共産空軍)은 어디로 갔는가?" "MIG기를 몰고 귀순하면 최고 1만 달러의 상금과 함께 망명을 허용한다"라는 전단을 만들어 압록강변에 살포했다. 이때부터 적기의 반응이 다르게 나왔다. 소련군이 조종하는 적기는 안 나타나고 서투른 솜씨의 적기들만이 무모하게 덤벼들었다. 이때부터 유엔군 조종사들은 6월까지 2개월간 마음껏 MIG기를 격추하면서 연이어 격추왕이 탄생했다. 이해 여름, 북한 상공은 F-86F 전투기들의 안마당이 되어 적기를 찾아 나서는 사냥꾼들의 잔칫날이 되었다.

註) 유엔공군은 숫적(數的)으로 불리한 항공력을 만회하고자 지속적으로 증강을 해온 결과 7월 31일 현재로 제5공군은 B-26 경폭격기 128대, F-84 218대, F-86F 전폭기(戰爆機) 132대, F-86F 요격기(邀擊機) 165대를 보유하게 되었다. 공산군이 6월과 7월에 공격을 시도하면서 뼈아프게 느낀 것처럼 유엔공군은 1년 전보다 훨씬 더 강력한 공군이 되어 있었다. (전쟁 초기부터 활약하던 F-51 무스탕과 F-80 슈팅스타는 52년 1월과 4월에 각각 퇴역)

## 6월 공세(攻勢): 금성(金城)지구 전투

6월 10일, 중공군의 대병력이 또다시 밀어 닥쳤다. 지난 5월 28일부터 서부전선에 미1군단 쪽으로 공세를 펼치는 척하더니, 중부전선 금성(金城)일대의 돌출부로 한국군만을 목표로 하여 한국군 제2군단 정면에 몰려왔다. 12일부터는 상황이 어렵게 되자 모든 유엔군이 나섰다. 미제5공군과 해군 제77특별 기동함대는 모든 항공력을 총 동원하여 한국군에 대한 전면지원에 나서 고도제한과 거리제한을 해제하고 적 집결지를 무차별 강타했다. 15일은 1일간 2,143회 출격으로 한국전 이래 최대의 기록을 갱신한 날이 되었으며, 19일에 가서야 전선의 안정을 회복했다. 중공군은 유엔군의 항공력 앞에 맥없이 주저앉아야 했다.

註) 휴전회담이 열리는 전쟁 후반기에 들어가면서 전쟁의 주역이 지상군에서 하늘에서의 전쟁으로 양상이 바뀌었다. 유엔공군은 북한상공에서 제공권을 확보하는 한편으로 지상군에 대한 근접지원, 북한 내의 댐과 저수지 파괴, 수송로 차단, 북한 비행장 및 주요 산업시설 초토화, 항만시설 파괴 등, 영일이 없이 주야를 막론하고 막바지 총 공세를 펼쳤다. 그중 5월 13일에 평양 북방 독산저수지 파괴는 괄목할 전과였다. 저수지물이 범람하면서 4Km에 이르는 철로와 도로는 물론, 5개소의 교량이 파괴되었고 순안 비행장을 침수시켰으며, 700여 동의 건물이 수십만 평의 농경지가 함께 휩쓸려 떠내려갔다.

## 반공포로 석방

6월 18일, 새벽 2시. 영천, 부산, 대구, 상무대, 부평, 광주, 논산 등 한국군이 경비하고 있던 7곳의 포로수용소에 전원(電源)이 동시에 끊기고 철조망이 뚫렸다. 유례가 없는 반공포로들의 대탈출이 시작되었다. 미군은 탱크와 헬기까지 동원했지만 주민들이 이들에게 옷을 갈아입히고 침식을 제공하며 돕는 데는 당해낼 재간이 없었다. 세계는 이승만 대통령의 이 대담한 조치에 경악을 금치 못했다. 3만5천6백여 명의 반공포로들 가운데 자유를 찾은 포로가 2만7천4백여 명이나 됐다. 이승만 대통령은 8일에 판문점에서 조인된 전쟁포로 교환 합의가 미국의 지나친 양보이었다고 분개하면서 조치를 내린 것이다. 이 대통령은 즉각 "제네바 협정과 인권원칙에 의하면 반공포로는 이보다 일찍 석방되었어야 했다"고 방송했다. 실로 과감하고 용기 있는 결단이었다. 이승만의 일방적인 행동에 세계는 경악했다. 엄청난 비난을 퍼부어 댔다. 이승만을 "평화를 파괴할 원흉"이라고 떠들었다.

註) 유엔군이 억류하고 있던 포로는 총 16만4천 명(중공군 7만4천, 북한군 4만8천, 나머지 남한 출신 4만 2천)이었는데, 이중 송환을 원한 포로는 민간인 억류자 7천2백, 남한출신 3천8백, 인민군 출신 53,900, 중국군 포로 5,100명 등 7만 명이었으며 이들은 8월 5일부터 9일 사이에 송환되었다. 나머지 10만에 해당하는 포로들은 북으로의 송환을 거부했다. 이 대통령은 온갖 수단을 동원하여 휴전을 반대하면서 한미방위조약의 체결을 요구했지만, 미국의 전쟁계획에는 한국방어를 포함하고 있지 않았다. 따라서 방위조약 같은 것은 원치도 않았다. 심지어 미국은 휴전에 방해물인 이승만을 제거하기 위한 '에버레디 계획(Plan Everready)'까지 세웠다. 그러나 끝내 이승만의 고집을 꺾지 못했다. 이 대통령에게 있어서 휴전이나 한미상호방위조약은 나라와 국민의 생존에 관한 문제로서 결코 타협할 사항이 아니었다. 이 때문에 대책 없는 휴전에 반대한다는 의미로 결정적인 포로석방을 강행한 것이다.

### 중공군의 마지막 7월 공세(攻勢)

7월 13일, 휴전성립이 임박함에 한 치의 땅이라도 더 확보해야 했다. 중공군의 마지막 공세. 한국군 제2군단 정면에 중공군 6개 사단이 밀물처럼 움직였다. 미군 쪽에는 꽹과리와 피리만 불어대면서 견제시키고, 이번에도 한국군 관할 지역으로만 몰아 닥쳤다. 병사들은 이 소식을 알고 이를 갈았다. "결사(決死)! 뙤놈 섬멸하자!" 한국군은 직위고하를 막론하고 모두 나섰다. 장병들은 참으로 훌륭했다. 인해전술의 붉은 광란을 금성(金城) 남쪽 10Km 선에서 막아 냈다. 격전은 19일을 고비로 일단락 지었다. 제7사단만은 별우(別隅)지구 남쪽에서 24일까지 격전이 계속 되었다. 중공군은 여력을 잃고 화천(華川)을 포기했다. 그러나 이때 5사단과 8사단은 6시간 격전 끝에 4Km 후퇴했으며, 5사단은 973고지, 수도사단은 수도고지를 빼앗겼다. 이에 한국군 제2군단은 미제11사단의 지원을 받아 한국군 6사단에게 돌파를 시도했으나, 결국 12Km 물러난 채로 휴전을 맞이해야 했다.

### 휴전(休戰)

7월 27일, 이승만 대통령은 끝까지 휴전에 반대하여, 이에 따라 한국대표는 휴전안 서명에 누락됐다. 27일 밤 10시, 전 전선에서 일제히 포성이 멎었다. 남북 쌍방이 이 시간까지 무제한의 포격을 퍼부어 댔기에, 전선의 정막은 순간적으로 싸늘한 분위기를 연출했다.

註) **허망한 총결산:** 휴전 당시에 쌍방의 병력은 유엔군 측이 78만8천(한국군 50만 포함)이고 공산군은 120만이었다. 축소판 세계대전. 제2차 세계대전 전체기간 중 사용한 폭탄의 3배가 넘는 폭약이 이 땅을 초토화시키면서, 또한 쌍방이 도합 150만의 전사자와 360만 명의 부상자를 냈다. 특히 북한지역에서는 주민의 15% 이상이 남쪽으로 탈출했고 주요 도시와 공장은 모두가 쑥대밭이 되었다. 중립국 감시위원회가 "이 나라는 죽었다. … 여기에는 아무런 활동도 없다"고 보고할 정도였다. 그리고 안으로는 민족분단을 더욱 굳히고, 남북 두 정권이 독재체제로 나가는 큰 계기가 되었으며, 밖으로는 동서의 냉전을 격화시키는 하나의 고비가 되었다. 또한 미 · 일의 안전보장체제를 재촉하는 기회가 되었고, 일본에게는 전쟁경기(戰爭景氣)를 가져다주어 고도성장을 위한 기초를 이루게 해주었으며, 일본의 재군비를 재촉하는 계기가 되었다. 오직 우리 한국인만이 엄청난 피해를 입고 폐허가 되었을 뿐이다.

**※ 참고: 한국전에 유엔군을 파견한 16개국 출병 상황.**

1. 미국: 7개 보병사단, 1개 해병사단, 기타 병참지원부대, 전술항공지원부대, 전투공정대, 2개 중거리 폭격대, 기타 함정, 구축함, 항공모함, 잠수함 등 다수. 20만8천명
2. 영국: 2개 육군여단, 2개 야전포 연대, 항공모함 1척, 1개 공정대, 순양함 2척, 구축함 8척, 해병대 및 지원부대. 1만1천명.
3. 캐나다: 1개 보병여단, 1개 포병연대, 1개 장갑연대, 구축함 3척, 1개 공수부대, 1개 수송비행단. 1,600명.
4. 터키: 1개 육군여단. 6,000명.
5. 호주: 2개 보병연대, 1개 전투비행대, 1개 공수부대, 항공모함 1척, 구축함 2척, 기타 함정.

6. 태국: 1개 보병연대, 1개 공수부대, 함정 2척. 4천명.

7. 필리핀: 1개 보병연대, 1,430명.

8. 프랑스: 1개 보병대대, 1개 전투주정, 1,065명.

9. 그리스: 1개 보병대대, 1개 공수부대, 1,250명.

10. 뉴질랜드: 1개 야포 연대 5백 명. 함정 2척.

11. 네덜란드: 1개 보병대대 900명, 구축함 1척.

12. 콜롬비아: 1개 보병대대 1,200명, 함정 1척.

13. 벨기에: 1개 보병대대 900명.

14. 남아연방: 1개 전투비행대.

15. 룩셈부르크: 1개 보병소대 50명.

16. 에티오피아: 1개 보병대대 1,100명.

※ 의무대 파견 국가 (5개국): 이탈리아, 인도, 노르웨이, 덴마크, 스웨덴.

※ 전시물자 지원국 (32개국): 아르헨티나, 오스트리아, 버뮤다, 캄보디아, 칠레, 코스타리카, 쿠바, 도미니카, 에콰도로, 이집트, 엘살바도르, 과테말라, 온두라스, 헝가리, 아이슬란드, 인도네시아, 이란, 이스라엘, 자메이카, 일본, 레바논, 라이베리아, 멕시코, 파키스탄, 파나마, 사우디아라비아, 스위스, 시리아, 대만, 우루과이, 베네주웰라, 베트남.

※ 전후복구 지원국 (7개국): 독일, 아이티, 리히텐슈타인, 모나코, 파라과이, 페루, 바티칸시티.

※ 지원의사 표명국 (3개국): 볼리비아, 브라질, 니카라과.

※ 공산권: 중국(지상군), 소련(전투기 및 조종사), 동독(조종사), 기타 상세 자료 없음. 단, 북한의 전쟁 전의 인구는 약 1,200만 명이었으나 그 중 4분지 1이 전쟁 기간 중 북한을 떠나 월남했다.

7월 28일, 평양시 중심에 11만의 시민이 운집하여 김일성은 미국을 패퇴시킨 '위대한 역사적 승리'라고 역설했다. 사람들은 미군 폭격기 B-29의 공습이 끝났음을 진정으로 기뻐했다. 반면에 정전을 원하지 않은 한국의 이승만은 어떤 행사도 하지 않았다.

8월 3일, 휴전회담 장소인 휴전선상의 판문점(板門店, 경기도 파주군 진서면 널문리)에 군사정전위원회(軍事停戰委員會)를 설치하고, 5일부터 포로교환이 시작되었다. 포로는 9월 6일까지 인민군 75,823명과 중공군 6,670명이 송환되고 13,457명을 인수받았는데 이중 한국군은 8,333명이었다. 그리고 끝까지 송환을 거부한 21,839명(인민군 7,604명, 중공군 14,235명)은 민간인 자격으로 복귀했고, 중국인은 대만으로 보내졌다.

註) 휴전 50여년이 지난 후, 중국의 비밀문서가 공개되면서 새로운 사실이 드러났다. 이승만의 반공포로 석방에 반하여, 김일성이 모택동의 지시로 한국군 포로 6만 명을 억류하였다는 것이다. 언제라도 그 진실을 꼭 밝혀내야 할 것이다.

### 북한의 전후 부흥과 사회주의 국가들의 원조

8월 3일, 소련은 북한 부흥을 위해 10억 루불을 무상 원조하기로 했다. 당시 북한의 전 국토는 1945년 패전 일본보다 더 심각하게 파괴되어 있었다. 소련에 이어서 동독과 중국이 적극적으로 도시 재건에 원조와 지원을 아끼지 않았다. 사회주의 진영의 명예를 위해 모두들 기꺼이 원조에 나선 것이다. 평양은 소련이, 함흥은 동독이 ….

註) 이러한 외국의 원조는 소련이 10억 루블, 중국이 8억 원, 그리고 동유렵 공산권 국가들과 몽골 등으로부터 무상 또는 유상으로 공업자재에서 생필품에 이르는 다양한 원조를 받았다. 이는 북한 예산의 23.6%에 해당하는 엄청난 것이었고, 이 사실은 북한이 자력갱생으로 전후복구를 마쳤다는 주장과는 거리가 먼 것이다.

### 김일성(金日成)의 남로당(南勞黨) 숙청

8월 7일, 北韓, 평양방송은 갑자기 '미제의 스파이'로서 박헌영과 연결된 과거의 남로당계 중심인물인 이승엽(李承燁), 이강국, 조일명(趙一明) 등 7명이 사형, 나머지 5명이 중형판결을 받았다고 발표했다. 이로서 김일성은 해방 이후부터 착수한 고참 국내 공산주의자 그룹의 숙청을 8년 만에 이루었다. 죄목은 '미제(美帝) 스파이'로서 국내 정보를 미국 특무기관에 제공하고 남반부 출신 게릴라 4천명을 이용하여 국가전복을 기도했다는 등이었으나, 증거로 제시한 것도 없고 자백도 없었다. 그리고 그 주변 인물들도 평북 광산에 끌려갔고 이후 모두 소식이 끊겼다. 이 작업에는 소련파인 박창옥(朴昌玉)이 나섰다. 그러나 박창옥도 2년 후에는 소련 일변도라는 비난을 받고 똑같은 신세가 되지만…

註) **피의 숙청:** 김일성은 탄압과 숙청에 관한 한 그의 재능이 탁월했다. 한 번의 숙청바람이 지날 때마다 그의 권위는 높아졌고, 정치기반은 든든해져 갔다. 그는 이후 가족 단위의 족벌 국가체제로 되어 갈 때까지 그의 숙청작업은 계속되었다. 1단계 남로당 숙청(1953), 2단계 소련파 숙청(1953~56), 3단계 연안파 숙청(1956~58), 4단계 국내파 숙청(1958~70), 5단계 빨치산파 숙청(1969~ ). 때문에 전쟁기간 중 사망한 군 장성은 강건 총참모장 1명뿐이었는데, 전쟁 후에 70여 명의 장성이 학살 또는 숙청되었고, 이 결과 참전 장성 중 95%가 김일성에게 숙청되어 사라지는 기이한 현상이 벌어졌다.

註) **북한정권의 핵심세력** : 갑산파(甲山派): 북한에서 김일성(金日成) 중심의 단일체제를 구축한 세력으로, 박금철(朴金喆), 이효순(李孝淳) 등이 주요 인물이다. 전쟁 직전 권력구조는 이 갑산파 외에 국내파와 남로당파(南勞黨派)˛연안파(延安派)˛소련파 등 여러 파벌이 공존한 상태였다. 국내파는 광복 전 국내에서 공산주의 활동을 하던 현준혁(玄俊赫)이 이끄는 조직이고, 남로당파는 남한에서 남로당을 조직했다가 월북하여 부수상 겸 외상을 지낸 박헌영(朴憲永)이 중심이다. 친중공파라고도 불리던 연안파는 중국에서 공산주의운동을 하다가 귀국한 김두봉(金枓奉)을 중심으로 모인 세력이고, 소련파는 허가이(許可而) 등 소련에 이주하였던 한인 2세들로 이루어진 파벌이다. 6˛25전쟁 전까지지는 이 세력들이 균형을 이루면서 연립정권를 구성하고 있었는데, 김일성이 패전으로 조성된 정치적 위기를 수습하는 과정에서 남로당파를 비롯한 대립세력을 제거하고, 또한 1950년대 중반에 진행된 반종파 투쟁 과정에서 갑산파가 승리하여 1958년까지 북한에는 김일성 중심의 확고한 권력기반을 구축했다. 그 후 갑산파의 주요 인물들이 북한정권에서 핵심적인 역할을 하게 되는데, 1960년대 말에는 김일성의 후계문제로 갑산파도 숙청되었다. 갑산파 숙청 과정을 통해 부상한 김정일은 후계자가 되

고, 이후 김일성만을 절대화하는 개인숭배작업으로 이어졌다. 결국 전쟁은 김일성에게 군사적으로는 실패였지만, 정치적으로는 큰 승리를 안겨준 셈이 되었다.

註) 북한은 전쟁 기간 동안 적 협력자에 대한 자세는 강경일변도였다. 이미 1951년 4월 17일에 '미 제국주의자와 이승만 역도들과 결탁하여 인민들 탄압하고 애국자를 학살한 악질 반국가적 범죄자들을 처단'하는 정령을 발표했었다. 해당자는 모두 사형에 처해지고 재산 전부가 몰수되었다. 그러나 전쟁이 끝난 후에도 이 정책을 지속할 수는 없었다. 내부적으로 갈등이 심해지자 혁명은 대중을 위한 사업이라며, 한참 늦은 1959년에 김일성은 과거를 뉘우치고 함께 나아가기를 바란다면 포섭해야 한다는 방침을 제시하기도 했다.

**전후(戰後)의 전력보강(戰力補强),** 해군은 유엔해군으로부터 해상작전지휘권을 인수받고 한국함대(韓國艦隊)를 창설했으며, 육군은 16개 사단 50만 병력의 편성으로 전선의 75%를 담당하게 되었다. 또한 공군은 전쟁기간 중 F-51기 75대로 2개 전투비행단을 창설했고, 주력기종인 F-51 무스탕을 F-86 제트전투기로 대체해 나갔다.

註) 휴전협정 후에 미국은 4-5년에 걸쳐 매년 7억 달러 정도의 군사 및 경제 원조를 제공했다. 원조는 육군 20개 사단과 증강된 해군과 공군의 유지, 49년도 수준의 생활수준 유지를 위한 경제지원, 산업시설 복구를 위한 지원 등이 이어졌다. 나라 살림은 전적으로 미국의 원조로 꾸려나가는 실정이었다. 원조 자금 사용에 있어서 미국과 의견충돌도 많았다. 이승만 대통령은 '배고픈 사람에게 생선을 주면 한 끼는 먹겠지만, 낚싯대를 주면 계속해서 먹을 수 있다'며 원조 제공자로서 사용처에 대한 간섭을 줄여 나갔다. 힘없는 폐허의 상태에서 이 대통령의 대미 외교는 세계 어느 지도자도 따라가지 못할 수준이었다. 당시 미 국무부 차관보인 로버트슨(Walter S. Robertson)은 '우리 동맹국들이 이승만과 같은 지도자들을 가지고 있다면 세계는 문제가 훨씬 적어질 것이다'라고 말할 정도이었다. 그러나 사실상의 원조 자금은 대부분 군사부문에 치중되어 경제가 정체를 면치 못했다. 언제 다시 전쟁이 일어날지 모르는 상황의 연속이었다. 중공군이 아직도 철수하지 않고 있기 때문이다.

### 지리산의 남부군(南部軍) 잔당 토벌

9월 17일, 지속적으로 진행된 토벌에도 살아남아 지리산에 웅거하던 8백여 명의 빨치산에게도 김일성의 남로당 숙청의 바람이 불어 닥쳤다. 박헌영과 이승엽을 반역도당으로 몰아 처형하고 그와 연계된 이현상(李鉉相)에게도 빨치산 실패의 책임을 물은 것이다. 이제부터 빨치산은 어디에도 의지할 곳 없는 떠돌이 무리가 되어 목적 없이 산 속을 헤매는 존재가 되어야 했다. 이날, 서부지구 전투사령부(西戰司)의 전투경찰대는 지리산 쌍계사 부근 빗점골에서 이현상을 생포하기 위한 작전을 벌이던 중 3-4명의 공비와 마주쳐 접전했지만 전과는 확인하지 못했는데, 이튿날 부근을 수색하다가 시체를 발견했고 확인해 보니 이현상이었다. 이후 12월부터는 5사단이 남원지구에 내려가 '박 전투사령부'를 발족하고 잔당 소탕작전을 벌여 이듬해(1954년) 5월 말에 마무리했는데, 이제 생존 공비숫자는 140명 정도였고, 이후의 토벌은 경찰기동대가 말아 산 속에 숨어 지내는 망실공비들을 찾아 다녔다.

9월 21일 아침, **MIG-15 귀순,** 노금석 북한공군 중위는 갑자기 비행 대형에서 이탈하여 남쪽으로 향한 채 속도를 최고로 올렸다. 긴장의 4분이 흐른 후 김포 비행장을 발견하고 곧바로 향했다. 착륙하기에 너무나 빠른 속도였으나, 그는 해냈고 "공산군 기만에 지치고 싫증났기 때문에 왔다"고 말했다. 그가 몰고 온 소련제 MIG-15 전투기는 곧바로 미공군에 인계되었으며, 이로 인해 지금까지 의문투성이이었던 적 항공기에 대한 귀중한 자료들을 대량으로 얻어낼 수 있게 되었다. 노 대위는 1954년 5월 10일 워싱턴으로 떠났다.

**한미상호방위조약(韓美相互防衛條約)**

10월 1일, 미국으로부터 10억 달러 상당의 경제 원조를 제공받고 한국군 20개 사단병력을 증강한다는 등의 계획을 승인 받으면서 한미상호방위조약이 미국 워싱턴에서 조인되어 발효되었다. 미국이 이승만 대통령으로부터 얻은 것은 '휴전불방해' 친서 한 장뿐이었다.

註) 휴전협상이 막바지로 치닫자, 이승만 대통령은 한국군 단독으로 북진할 수 없다는 사실을 잘 알고 있었다. 결국 안전보장이 최상의 대안이었다. 미국은 전쟁위험이 상존하는 이 지역에 발이 묶일 것을 경계했지만, 덜레스 미 국무장관까지 달려와 최종안을 조율했다. 주요내용은『상대 당사국에 대한 무력공격을 자국의 안전을 위태롭게 하는 것이라고 인정하고, 미국은 자국의 육.해.공군을 대한민국 영토 내와 그 부근에 배치할 수 있도록 하며, 이 조약은 상대국에게 1년 전에 미리 폐기 통고하기 이전까지 무기한 유효하다』로서, 이 조약에 따라 한반도에 무력충돌이 발생할 경우, 미국은 UN의 토의와 결정을 거치지 않고도 즉각 개입할 수 있도록 했다. 이 조약이 승인된 후 이승만 대통령은 "… 우리는 애당초 군비를 소홀히 한 결과… 치욕스럽고 통분한 40년의 노예생활을 했다. 이제 우리 후손들이 앞으로 누대에 걸쳐 이 조약으로 말미암아 갖가지 혜택을 누리게 될 것이다. 외부 침략자들로부터 우리 안보를 오랫동안 보장할 것이다"라고 담화를 발표했다. 이승만 대통령은 이 조약이 북한 공산주의의 위협만이 아니라 장래 일본의 팽창주의를 저지한다는 목적까지 염두에 두었다. 그는 6월에 주한미국대사 브릭스를 경무대로 불러 이렇게 말했다. "오늘 한국은 공산주의자의 위협 때문에 한·미방위조약이 필요하지만 내일은 일본의 위협에서 나라를 지키기 위해 이 조약이 필요할지 모른다." 이 말대로 한·미방위조약은 미국에 일본을 제어(制御)할 짐까지 지운 조약이었다. 장차 일본이 경제적으로 군사적으로 제 자리를 잡았을 때를 대비하여, 미래에도 일본을 움직일 수 있는 나라는 미국밖에 없다고 대통령은 판단하고 있었다.

1954 4월, 北韓, 김일성은 남로당계의 숙청을 종결지은 후, 비로소 떳떳하게 '정전(停戰)은 우리에게 큰 승리다'라고 하면서 '국민경제부흥 3개년 계획'을 착수했다. 목표는 전쟁 이전의 생산 수준으로 회복하는 것인데, 이는 소련과 중국을 비롯한 동구 여러 나라들의 원조 제공에 힘입은 조치이었다. 이는 분명 남한의 이승만 정권에 비해 훨씬 돋보이는 정책이었다.

註) 북한은 전쟁으로 사상자와 월남한 피난민을 합치면 인구의 3할이 넘는 3백만 명 이상의 인적손실을 보았고, 각종 학교와 병원 및 모든 산업시설이 초토화되었다. 이 원조에 의해 김책 제철소, 성진 제

강소, 흥남비료공장, 수풍발전소 등 중공업 부문의 복구 확장과 철교 등의 복구를 마치고, 57년부터 사회주의 건설 제1차 5개년 계획을 시행하기 위한 기초 작업을 해 나갔다. 그러나 진행은 순조롭지 못했다. 중공업 위주의 정책과 농업 집단화에 대한 과대요구와 과잉의욕, 그리고 책임회피들이 겹치고, 생산에 대한 권력과 행정개입이 강화될수록 각종 통계와 계획은 조작된 악순환만을 되풀이하여, 그 결과는 1956년 김일성의 위기로 연결되어져 갔다.

註) 한편 2010년 6월에 비밀 해제된 미국 CIA가 1954년 3월에 작성한 문건에 의하면, 미국은 북한이 다시 남침할 경우 북한은 물론 중국에까지 원자폭탄을 투하한다는 계획을 세웠고 지린(吉林), 선양(瀋陽), 칭다오(青島), 시안(西安), 톈진(天津) 등 5곳을 타격 목표로 삼았던 것으로 밝혀졌다. 하지만 당시 소련이 자유항구로 관리하던 뤼순(旅順)과 다롄(大連)은 제외했다고 한다.

**사사오입법(四捨五入法):** 이승만(李承晩)은 1932년에 소련의 힘을 빌려 반일운동을 해볼 뜻으로 모스크바를 방문했다가 퇴거명령을 받고 망신만 당한 일이 있은 후부터 철저한 반공주의자가 되어있었다. 게다가 미국의 경제원조 없이는 살 수 없는 국내현실에 편승하여 종신집권을 노리며, 이에 따른 '대통령 3선 금지조항'을 폐지하기 위한 헌법 개정을 강행했다. 이때 국회의원의 3분지 2인 136명의 찬성이 있어야 하는데 135명 찬성표가 나오자 사사오입의 억지를 부려 통과시키고, 1956년 5월 15일 3대 대통령에 당선.

註) 북한의 김일성이 1차로 반대파를 숙청하고, 형제국의 원조에 힘입은 경제부흥 3개년 계획으로 전후복구사업을 이행하려는 것에 비해, 한국의 전후복구는 지지부진했고 이승만의 독재만이 강화되어 갔다. 전쟁은 자연적인 대선거를 치른 결과가 되어 한때 강력했던 한국의 좌익운동도 전쟁과 공산주의 분자들 덕분에 변해 있었다. 전쟁 때 공산주의를 경험한 것이 큰 요인이었다. 이승만은 이를 바탕으로 정치기반을 다져 독재체제를 더욱 공고히 할 수 있었는데, 반면에 경제는 바닥을 벗어나지 못했고 전국이 개점휴업 상태가 되어 국민의 생활은 궁핍하기만 했다.

1955 **중공군(中共軍) 철수,** 北韓, 작년 3월부터 중국군의 일방적인 철수가 시작되어 1955년 4월까지 3차례에 걸친 공개적인 철수 4개 군단 12개 사단과 비밀철수 6개 군단 및 포병, 기타 특수병과 부대 등이 철수했다. 이는 미국과 달리 지리적으로 근접하여 비상시에 신속한 재투입이 가능하다는 판단 아래 이루어진 것이다.

註) 이 시점에서 한반도에서의 외국군은 중국군 30만 명과 주한미군 7만 명의 병력이 잔류하게 되었다. 나머지 중국군은 1958년 10월에 지원군총사령부 및 육군 제1군단의 3개 사단, 포병 지휘소, 병참사령부 등의 25만 명을 마지막으로 3차례에 걸쳐 모두 철수했다.

3월 31일, **남부군(南部軍) 소멸,** 호남지역의 내장산, 회문산, 백운산, 덕유산 일대에서 은거하며 출몰하던 남부군(南部軍)의 나머지 잔당을 소탕하고자, 2월 1일부터 2개월간에 걸쳐 남부지구 경비사령부가 토벌작전에 들어가 1948년부터 무려 7여 년 간 후방을 교란해오던 조직인 빨치산을 소멸시켰고, 마침내 4월 1일부터 지리산의 입산통제조치가 해제되었다. 한편 이후부터 전국에 걸쳐 산간을 떠도는 생존 잔당은 대략

59명으로 추정되었다.

註) 마지막 총성은 1963년 11월 12일 지리산 기슭인 경남 산청군 삼장면 상원내리에서 있었다. 이때 마지막 망실공비 2명 중 이홍이(李洪伊)가 사살되고 정순덕(鄭順德)이 총상을 입은 채 생포되는 것을 마지막으로 비로소 남한에서 빨치산이 완전히 사라졌다.

5월 10일, 16시 30분, 연평도 근해에서 북한 경비정이 조기잡이 어선에 포격을 가해 선박 5척이 침몰되어 선원 6명이 사망하고 9명이 부상입고 15명이 실종된 사건이 발생.

5월 25일, 北韓, **재일 조총련(在日 朝總聯)의 출발,** 일본에서 북한의 해외 경제창구의 역할을 하게 될 재일조선인총연합회(약칭, 조총련)가 재일교포 한덕수를 중심으로 결성.

註) 일본의 압제 하에서의 해방은 재일동포들에게 기쁨과 불안이 교차되는 사건이었다. 동포들은 무엇인가 해야 한다고 1945년 9월에 도쿄(東京)에서 재일조선인연맹 중앙준비위원회를 만들어 10월 15일에는 전국대표 5천여 명이 모인 가운데 제일조선인연맹(조련)이 결성되었다. 그러나 일본공산당원이던 김천해가 최고고문으로 자리에 앉아 실권을 장악하면서 좌경 색체를 띠게 되자, 민족계 청년들이 탈퇴하여 조선건국촉진청년동맹을 결성했고, 조련은 이에 맞서 보안대라는 행동대를 조직한 다음, 각 지방에서 불법행동을 저지르자 연합군 사령부는 이를 불법화하여 단속했다. 그러자 조련은 다시 재일조선인민주청년동맹(민청)이라는 조직을 만들고, 1947년 3월 도쿄에서 결성대회를 열고는 약 6만여 명의 구성원과 48개의 지방본부, 372개의 분회로 구성된 방대한 조직으로 개편하지만 1949년 연합군사령부가 이들 두 단체를 모두 불법화하여 해산명령을 내린다. 그 후 6.25 한국전쟁이 일어나자 1950년 6월에 구 조련계 간부 60여 명이 재일조선통일민주전선(민전)을 만들고는 1951년 1월 정식으로 발족하고 세력을 확대해 가고 일본공산당과도 긴밀한 관계를 가지면서 북한을 지원하기 위한 조국방위위원회가 조직되었다. 목적은 한국으로 보내는 군수품의 생산 및 수송을 방해, 반전 전단 살포, 테러 등을 통해 비합법적인 군사 활동을 전개한다는 점이다. 그 와중에 조직은 북한 지지파와 반대파로 분열하는 조짐을 보이는 가운데 한국전쟁이 끝나자 북한이 재일동포에 대한 지도권이 북한에 있다고 선언하고 일본공산당의 관할권을 되찾을 것을 시자하자 민전은 큰 타격을 입고 해산하기에 이르면서, 1955년 한덕수가 이끄는 재일조선인총연합회(조총련)이 새로 결성되었다. 이후 조총련은 철저히 북한당국의 의지를 대행하는 북한의 전위단체로서 북한의 대남공작기구로 이용되어갔고, 이의 대표적인 작업이 바로 북송교포 문제였다. 지금까지도 조총련은 북한에게 없어서는 안 될 존재이다. 김일성 생일행사를 비롯해 합영기업 경제특구건설 등 서방 선진국의 자본과 기술을 받아들이는데 없어서는 안 될 자금줄의 창구가 되기 때문이다.

6월, **한국공군 제트전투기 도입,** 공군은 1955년 6월 F-86F를 도입해 비로소 제트기 시대를 열게 되었다.

註) **공군의 발전:** 이후 1965년엔 F-5 초음속 전투기, 1969년에는 F-4 팬텀 전폭기를 도입했다. 1986년엔 F-16 전투기를 들여와 국내에서 생산·배치까지 하게 됐고 2005년엔 T-50 최첨단 전투훈련기를

국내 개발했다. 1949년 10월 1일 육군에서 독립해 경비행기 20대로 출발한 공군이 창군 60년 만인 2005년 기준으로 800여대에 이르는 항공기를 거느려 보유 대수 세계 8위로 성장했다. 이후 2013년에는 T-50 훈련기를 전투기로 개조한 FA-50 경공격기를 실전배치하여 노후한 F-5 전투기를 대체하게 되면서, 국산전투기의 시대를 열게 되는 발전을 이루어 나간다.

6월 21일, **북한 공군 이운용. 이인선 야크기 타고 귀순,** 북한 조선항공사령부 직속 독립연대 858군부대 소속 이운용 상위와 이인선 소위 두 명이 야크(YAK)-18 연습기를 타고 귀순했다. 평양출신이며 소련비행학교를 졸업한 이운용 상위와 평남 강서군 출신이며 중국비행학교를 졸업한 이인선 소위는 이날 오전11시경 소속부대인 조선항공사령부 직속 독립연대 858군부대에서 무단으로 나와 YAK-18 연습기로 평양을 탈출, 오후 1시 30분경 서울상공에 도달해 수차례 선회하며 귀순의사를 밝힌 후 여의도 비행활주로에 착륙했다. 이들은 정기적으로 북한의 신문지 및 연락서류를 진남포 앞바다에 있는 초도라는 섬으로 운반하는 임무를 맡고 있었는데 이날도 임무를 마치고 돌아가던 중 기내에서 탈출을 상의해 그대로 남으로 방향을 틀어 인천을 경유해 여의도공항에 착륙한 것으로 밝혀졌다. 8월 16일 공군본부는 귀순한 이운용, 이인선 장교를 공군으로 정식 편입해 각각 대위와 소위로 임명했다.

12월 5일, 北韓, 정치적인 영향을 고려하여 처형을 늦추던 박헌영에 대한 재판이 비밀리에 열렸다. 그에게 뒤집어씌운 죄목은 1919년 미국 간첩 언더우드와 접선 등의 말도 안 되는 7개 항목으로, 국내 공산주의자들 가운데 가장 걸출했던 지도자 박헌영의 비참한 종말이 왔다. 이와 함께 남로당계 간부와 당원에 대한 대규모의 숙청작업이 진행되는데…

註) **남로당 계열의 소멸:** 남로당계 당원들을 3개 부류로 나누어, 이용가치 있고 반동 요소가 적으면 사상교육으로 사면하고, 이용가치 없고 반동 요소가 없으면 직장재배치로 제거하고, 가치도 없이 반동 요소가 짙으면 비밀리에 처형했다. 그러나 여기에서 구제된 사람들조차도 1957년 다시 숙청되었다. 이때 권력 상층부의 숙청이 끝나자 1958년 12월부터는 중앙당집중지도사업을 벌여 전국적으로 일반주민들에 대한 사상교양작업으로 전 주민을 핵심계층, 기본계층, 복잡계층의 3계층으로 구분 관리하여, 그중 가장 불이익을 당한 부류는 남로당 계열이나 월북했던 자들로, 이들 대부분은 대남공작원으로 활용되었다.

### 김일성(金日成), 죽느냐 사느냐 (8월종파사건)

1956 2월 25일, 北韓, 소련의 흐루시초프가 소련공산당 전당대회에서 스탈린과 그의 개인숭배의 우상화정책을 통렬하게 비판하고 나섰다. 김일성에게는 벼락같은 사건이었다. 중공업 우선과 농촌수탈과 희생 위에 사회주의의 과정을 서둘렀던 스탈린의 과정을 답습한 결과, 식량위기와 같은 경제적 어려움이 그대로 드러나 하부 당원이나 인민대중의 불만이 켜져 갔다.

여름. 김일성은 소련 중국 등의 사회주의 국가들을 순방하면서 새로운 경제협정을 체결하는 구걸 외교를 벌였다. 그때 소련에서 수상 흐루시초프 입회 아래 김일성의 개인숭배정치 등에 대한 비판을 들은 후, 8월 30일에 조선노동당 전원회의가 열렸다. 이 회의는 연안파와 소련 2세파에게 김일성 개인숭배에 대한 반격의 자리가 되었다. 이른바 '8월종파사건'으로, 연안파와 소련파가 김일성의 축출을 기도한 사건이다.

註) 흐루시초프의 스탈린 비판은 소련의 위성국가로 발족한 모든 국가에 일어난 '사회주의의 위기'로 확대되었다. 6월에 폴란드에서 반소(反蘇) 운동이 일어나 가을에 피의 헝가리 동란이 종결되기까지 동구 여러 나라들을 흔들었다. 이러한 현상은 아시아의 중국, 북한, 북베트남에게도 나타났으며, 중공업 우선에 의한 농촌경제 파탄으로 인한 식량부족으로 노동자와 농민 모두가 정부에 대해 불만인 것이 공통된 현상이었다. 북한의 김일성도 예외는 아니었다. 반대파들의 개인숭배 비판이 잇달았고 김일성은 "당을 비판하는 것이 민주주의라면, 비판에 반대하는 것도 민주주의다!" 라고 응수했다. 김두봉은 김일성에게 "당신은 군권(軍權)을 장악하고 있으면 다냐!" 했고 이어 회의는 중단됐다. 어쨌든 이때부터 신문이나 잡지에서 "친히 김일성 장군께서…" "김일성 원수만이…" "혁명의 수령 김일성 장군…" 따위의 엉터리 표현이 사라졌다.

10월, 北韓, 새로운 사태가 일어났다. 폴란드와 항가리에서 반공폭동을 수습한 소련정부는 '10월 선언'을 발표했다. "다른 사회주의 국가와의 관계에 있어서 내정불간섭의 입장을 지킨다"라는 것이다. 덕분에 김일성은 새로운 활로를 찾게 되었다. 김일성은 "팽덕회와 미꼬얀은 두 번 다시 조선 상공에 나타나지 않을 것"이라면서 대숙청의 칼을 다시 뽑았다.

註) 이때 '8월종파사건'에 연루된 인물들은 모두 출당, 철직 처분을 받았고, 이듬해에는 소련파 인물들을 국가반란음모라는 죄목으로 모두 숙청했다. 또 그다음 해에는 연안파의 대표격인 김두봉과 국립도서관장 한무 등이 숙청됨으로서 사건은 김일성의 완승으로 마무리되었다. 이는 연안파의 결정적인 몰락이었다. 김일성은 8월종파사건을 권력투쟁의 기회로 반대세력을 제거하는 호기로 삼아 이후 김일성의 1인지배체제를 더욱 굳게 만들어준 계기가 되었다.

**독도 의용수비대(獨島 死守特秀義勇隊)**

해방 후부터 무주공간(無主空間)이 되어버린 독도(獨島)가 일본인들의 어업기지로 이용되고 있음을 분개한 울릉도 도민 홍순칠(洪淳七)은 1953년 4월에 7명의 동료를 규합하여 '독도사수 특수의용대'를 조직하고 중고(中古) 군복과 장비를 구입하면서 독도경비를 해온 이래 접근하는 일본 어선이나 순시선에 발포하며 버텨왔다. 정부는 알면서도 모르는 척.

11월 4일, 독도에 또 다시 나타나 접근하는 일본 순시선 3척에 박격포를 발사하여 16명의 사상자를 낸 사건이 공개되었다. 이윽고 5일 밤에 나타난 미군함정에 연행된 이들은 진해를 거쳐 외무부에 인계되었는데 며칠 후 풀려나 다시 독도로 향했다. 그 후 이들은 상륙하는 자에 대하여는 피아를 불문하고 사살하겠다며 버티었다.

註) 이들 민간의용대는 해방 후부터 줄곧 정부의 힘이 못 미쳐 왔던 독도를 지켜왔으며, 당시 이를 알게 된 이승만 대통령은 내심으로 좋아하면서 외교적인 문제를 고려하여 모른 체 하라며 불문에 붙였다고 한다. 현재는 한국해양경찰에서 관리중이다. 이들의 숨은 역할로 독도가 일본의 영토로 기정사실화 되어지는 사태를 막아 낼 수 있었다.

※ 한국전쟁 중 미국이 독도를 미군 폭격 훈련지에서 제외시킨 1952년 2월부터 일본인들이 침범해오

고 동년 8월에는 불법 상륙해 일본 영토로 표시도 해놓았다. 그래서 1953년 4월 한국전쟁 참전용사인 특무상사 홍순칠 씨와 45명의 울릉도 청년들이 독도 의용수비대를 조직해 경비를 시작하고 일본 영토 표시를 완전 제거했다. 독도 의용수비대는 1954년 11월 독도에 불법 접근한 1,000톤 급 일본 순시선 3척과 항공기 1대와 전투 끝에 일본인 16명의 사상자를 발생시키고 격퇴시킨 공적도 달성했다. 독도 의용수비대는 약 3년 8개월간 수비하다가 1956년 12월 한국 경찰에 경비 업무를 정식 인계하여 지금에 이르고 있다.

12월 20일, 北韓, 인민경제발전 1차 5개년 계획이 시작되었다. 전쟁 후 국유화된 공업을 기초로 계획적인 부흥과 건설 작업이 순조로이 진행되어 성장률이 1956년부터 꾸준히 상승세를 이루자, 김일성은 "조선 인민은 머지않아 흰 쌀밥에 고깃국을 먹고, 비단 옷을 입고 기와집에 살게 될 것입니다. 이는 공상이 아니라 내일의 현실입니다"라고 연설했다. 이후 "흰 쌀밥에 고깃국"이란 용어가 북한체제의 우월성을 강조할 때마다 단골로 사용했다. 그러나 시간이 지나면서 이 용어가 차츰 퇴색되어가게 되는데…

### 우리식 사회주의를 찾아서 - 주체사상

1957 12월 5일, 北韓, 그동안 진행되었던 반김일성 운동과 관련된 8월종파사건의 영향으로 김일성 그룹은 당 중앙위원회 전원회의에서 정치에서의 자주를 선언했다.

註) 1956년 12월부터 경제에서의 자주를 노선으로 채택했지만, 국방력을 우선으로 하는 중공업우선 정책으로 민간의 생활이 낳아지지 않자 소련파를 위시한 반김일성 진영에 있던 사람들이 경제난을 기화로 반김일성 운동을 벌였다. 당시 소련의 후르시쵸프가 스탈린의 개인숭배를 격렬하게 비판하면서 스탈린 격하운동을 전개하자 사회주의권 국가들은 자연히 그 영향을 받게 되었다. 결국 이 사건으로 김일성 일당들은 소련파와 연안파를 제거하기 위한 명분으로 정치에서의 자주를 강조하며 '자주선언'을 내세웠다. 이는 소련과 중공 간의 분쟁에서 살아남기 위한 전략이었지만, 이로 인해 세계적인 역사 흐름에 역행하는 쇄국정책으로 일관하게 되는데, 이후 김일성은 58년 말까지 관련자의 숙청과 추방을 철저히 단행했다. 최창익(崔昌益) 등 연안파와 결탁하여 당서기장 겸 부수상인 박창옥(朴昌玉)과 기석복, 허가이 등 소련파 그룹을 사대주의, 교조주의자로 몰아 숙청하고 친중국 노선으로 방향을 잡아가면서, 또한 전국에 펼쳐있는 스탈린과 마야코프스키의 초상화 등 전국 관공서에 걸려있던 소련인들의 초상화와 풍경화까지도 모두 제거해 나갔다. 스탈린 없는 소련은 더 이상 기댈 곳이 아니었다.

1958 **진보당의 평화통일론**, 1955년 12월에 결성된, 혁신계의 조봉암(曺奉岩)은 평화통일을 주장하면서 진보당(進步黨)을 결성하고, 1956년 5월 선거에서 이승만의 북진통일정책이 현실성이 없는 것이라고 비판하고 나섰다. 조봉암이 날로 명성이 높아가자 이를 정권유지에 위협이라고 여긴 자유당(自由黨) 정권은 1958년 1월 12일, 조봉암과 진보당간부 7명을 국가보안법 위반이라고 연행하고, 2월 25일에는 진보당을 불법화 시켰다. 그리고 조봉암은 59년 7월 말에 사형이 집행되었다. 이후 평화통일운동은 지하로 들어가게 되고…

### KNA 민항기 납북사건

2월 16일, 부산 수영비행장을 떠나 서울로 향하던 KNA기(창랑호, 대한항공공사 소속 DC-3형 여객기)가 평택 상공에서 무장 북한공작원들에 의해 납치돼 평양순안 공항에 강제 착륙했다. 정부는 만행을 규탄하는 메시지를 6.5참전 16개국에 보내는 등 강력 항의하자 기체는 그대로 두고 탑승자 26명 모두를 돌려보냈다.

註) 오전 11시 30분 부산수영비행장을 이륙한 대한민항공사(KNA) DC3형 경여객기가 여의도 공항에 도착할 무렵 승객을 가장한 납치범들에 의해 납북됐다. 여자 2명을 포함 총 6명인 납치범들은 KNA기를 평양 순안비행장에 강제 착륙시켰다. 납치범들은 비행기가 경기도 평택 상공에 이르렀을 때 탑승객 중 군인 2명의 머리를 망치로 내리쳐 실신시킨 다음 칼빈총과 엽총을 기내 앞뒤에서 발사하면서 조종사를 협박, 기수를 평양으로 돌리게 했다. 피랍기의 조종사는 미국인 윌리스 P홉스, 부조종사는 미공군의 맥클레렌 중령이었다. 피랍후 송환된 탑승자 가운데에는 국회의원 유봉순과 공군정훈감 김기완 공군대령도 포함돼 있었다. 우리 정부는 2월 20일 북한 공작원 김택선 등 3명을 납치범으로 발표했고, 25일에는 사건 배후로 기덕영 등 3명을 체포했다. 북한은 "KNA기가 '의거 월북'했다"고 선전했지만, 유엔 군사정전위원회는 2월 24일 북측에 승객·승무원과 기체를 즉시 송환할 것을 강력히 요구했다. 우리 국회는 2월 22일 북한 만행을 규탄하는 메시지를 16개 6·25 참전국에 보냈다. 당시 북한은 저우언라이(周恩來) 중국 총리의 방북을 앞두고 '남한 비행기가 자진 월북했다'는 체제 선전을 위해 납치극을 꾸몄던 것으로 알려졌다. 이후 북한은 승무원 4명과 승객 28명, 납치범 6명 등 모두 38명 중 탑승자 26명만을 3월 6일 판문점을 거쳐 송환했고 기체는 억류했다. 그리고 나머지 6명은 북한으로 귀순했다고 주장했다.

### 인민군 제4군단의 쿠데타 미수

5월, 北韓, 김일성의 연안파 숙청은 군 내부에까지 잔인하게 진행되었다. 한국전쟁에서 큰 전공을 세웠던 방호산(方虎山) 6군단장 등 많은 장성들이 연루되어 숙청되자, 평양근교에 주둔 중이던 제4군단 군단장 장평산(張平山) 중장이 노동절을 기해 휘하의 5만 군대를 동원하여 평양을 점령하고 추방된 김두봉을 추대할 계획을 세웠다. 그러나 계획이 누설되어 실패하고 이를 기화로 인민군을 '당의 군대'로 관리되게 되어, 군부의 말단 소대에까지 당의 세포가 조직되어 감시하는 등, 물샐틈없는 체제로 정비되는 결과가 되고 말았다.

註) 또한 이 과정에서 중앙당에 의한 '집중지도운동'을 벌여 직계인 7천 명의 열성당원을 총동원시켜 모든 주민의 성분을 총 점검하고, 전지역의 960만 주민을 혁명핵심세력, 중간세력, 반혁명분자의 3종류로 구분한 다음, 주민의 주거이주 제한, 5호(戶) 담당제 등 전 국민에 대한 빈틈없는 감시와 규제를 강화했다. 이 과정에서 많은 사람들이 공개 총살되고 거주지를 옮겨야 했다. 또한 '노동교화소'에도 수많은 주민들이 수용되었다. 이 조치는 5년간 시행하다가 1964년에 주민등록사업으로 이어졌고, 이에 따라 전 주민을 3계층 51개 성분으로 분류하여, 예를 들면 기독교인은 34, 자본가는 51 같은 분류번호를 부여하는 등의 특별 관리를 해가며 반혁명적 요인을 싹부터 제거해나갔다.

### 중국인민지원군(中共軍)의 완전 철수

10월 26일, 北韓, "미국의 침략에 맞서 조선을 도운다(抗美援朝)"는 명분으로 1950년 10월부터 북한 땅에 주둔해 온 중공군이 8년 만에 철수를 완료했다고 발표했다. 지난 전쟁에서 승리였든 패배였든 간에 북한에 머물러 있으면서 북한의 재건을 돕고 또한 상비군의 전력증강을 돕기 위해 주둔하다가 1954년에 전투부대부터 철수하기 시작했으며, 상호 밀약에 따라 북한군을 60만으로 편성하여 지원하고 동북3성에 6개 군을 상주시켜 유사시에 북한의 증원군으로 활용한다는 조건으로 모든 중국군을 철수해갔다.

註) 지난 8월 종파사건에서 반대파가 중국군에 기대어 쿠데타를 시도한 것이 사실이면, 김일성의 입장에서 중국군의 철수는 시급한 문제가 되었다. 그래서 2월 19일 중국 주은래(周恩來)와 협의하여 금년 내로 모두 철수한다는 공동성명을 내고 3월과 4월에 6개 사단 등 제1진 8만 명이, 7월과 8월에 6개 사단 등 제2진 10만 명, 마지막 9월과 10월에 지원군 총부와 3개 사단 등 제3진 7만 명이 철수하여 모두 북한에서 철수했다.

註) 이즈음, 김일성은 연안파 지도자를 포함해 중국과 연계가 있는 모든 사람에 대해 반당분자(反黨分子), 분파주의자, 반혁명분자란 이름 아래 9천여 명을 숙청하거나 살해했다. 전쟁 기간 중 월북한 모든 남한 출신자들도 반동분자(反動分子) 내지는 반당분자로 몰아 대부분 숙청했다. 또 있다. 전쟁 기간 중에 20만에 달하는 기독교인들이 월남했는데, 남아있던 10만9천여 명의 교인들도 처형되거나 수용소로 보내졌다. 김일성 자신의 절대 권력이나 역사 날조에 관한 조작에 걸림돌이 되는 모든 인민이나 조직은 북한 땅에서 없어져야 했다. 이어 12월부터는 중앙당지도사업이란 명분으로 전 인민에 대한 분류작업을 시작했다. 전 주민을 3개 층, 51개 부류로 하여 핵심계층, 기본계층, 복잡계층으로 나누는데, 가장 불리한 부류는 남로당 계열이나 월북했던 자들이었다. 이들은 대부분 신분을 볼모로 삼아 대남공작원으로 활용했다.

11월, **北韓**, 연안파 숙청을 마무리한 김일성은 "혁명에 큰 해독을 끼친 분파세력을 완전히 분쇄했다"고 말했다. 이제 1956년의 위기는 극복되었고 반대파도 모두 일소했다. 그는 이어서 "5개년 경제계획을 1년 앞당겨 일본을 추월하자"며 「천리마 운동」이라는 것을 주장하여 전 주민을 노동현장에 내몰았다.

註) **천리마운동**: 하루에 천리를 달리는 말과 같은 속도로 사회주의경제를 건설하자는 뜻인데, 천리마를 탄 마음가짐으로 모든 소극주의를 물리치고 생산성을 향상해나가자는 이 운동은 소련의 스타하노프 운동의 북한판이라 할 수 있다. 이때부터 전국적으로 천리마속도, 천리마직장, 천리마기수, 이중천리마작업반 등의 용어와 훈장 칭호가 속속 등장했다. 이 운동으로 제1차 5개년 계획(57~61)이 전부문에 걸쳐 예정보다 1년 빠른 4년 만에 달성했다고 자랑했지만, 70년대에 들어서면 퇴색하는 기미가 나타나자, 1976년부터 '3대혁명 붉은기 쟁취운동'이라는 이름의 경쟁운동으로 이어졌다. 이후에는 이와 함께 '80년대 속도', '90년대 속도' 등의 구호도 나타났다. 그러나 목표로 하는 자립 경제 건설은 세계와의 기술적 차이, 외화부족 등으로 시간이 갈수록 요원해져만 갔다.

1959 1월 14일, **北韓**, **노농적위대 창설,** 중국군이 철수하고부터 각종 임무와 지역을 인수받게 되자 전투부대를 재편하고 증강해나가던 중, 전 주민을 대상으로 중국의 민병대를 모방한 '노농적위대'를 창설했다. 평시

에는 향토경비를 하고 전시에는 예비 병력으로 동원되거나 후방지역의 경비를 맡게 하여 후방예비부대의 역할을 하도록 하여 142만 명으로 편성했다.

註) 이러한 예비병력 제도는 70년대가 되면서 확대되어 고등중학교 학생은 붉은청년근위대, 대학생은 대학적위대로, 규모가 큰 공장이나 기업소에는 교도대가 조직되고, 훈련의 강도도 강해져 각 병과별로 현역군과의 합동훈련을 할 정도로 강화되어갔다. 말 그대로 전 인민 무장화, 전국도 요새화. 이 조치는 60년대의 극좌 군사모험주의 정책의 한 산물이다.

8월 18일, 11시 40분, 서해 북방한계선을 경비 중이던 해군 거문함(LSM-606)은 안개가 걷히자 영해 내에 들어와 있는 북한 경비정을 발견하고 추적. 11시 52분에 서로 접근하자 북한 경비정이 3인치 포로 사격을 해와 약 20분간 포격전이 있었고, 북한 경비정은 갑판에 화염이 휩싸인 채 도주.

12월 14일, 北韓, **재일교포 북송,** 지상낙원이라고 선전된 북한 땅에 정착하기 위해 재일교포 975명이 북한선박 만경봉호에 올라 일본 니가타항(港)을 출발했다. 이때 첫 북송선인 북한선박 만경봉호는 16일에 청진항에 도착했다.

註) 마치 철수하는 중국군을 대신하듯 일본에서 재일조선인을 태운 귀국선이 도착했다. 이 해에 3차에 걸쳐 모두 2천942명이 북송되었는데, 1987년 말까지 총 187회에 걸쳐 9만3천340명이 북송되었다. 이 문제는 북한의 계획된 조종 아래 재일거류민 단체인 조총련이 간청한 것으로 하여 이루어졌으며, 1958년 11월 17일에 한국의 맹렬한 반대에도 불구하고 일본 공산당과 사회당 등의 친공(親共) 세력이 모여 '재일조선인귀국협력회'를 결성하고 북한선전에 열을 올린 끝에, 결국 1959년 2월에 일본 정부가 이를 승인했다. 이후 1987년 말까지 187회에 걸쳐 9만3,340명(일본인 처 1,830명 포함)의 재일동포들이 생활난과 민족차별로 고생하던 끝에 '노동자의 천국'과 '지상낙원'을 내세운 정치선전에 현혹되어 북한으로 들어갔다. 65년부터는 한일국교정상화에 따라 재일교포의 법적지위가 향상되고, 또 북한의 비참한 사회상이 알려지면서 북송희망자가 격감하게 되어 북송횟수가 점차 감소하다가 81년에는 북송사업이 유명무실해지면서 중단되었다. 또한 이 시기에 중국에 있는 조선족들도 10만여 명이 같은 이유로 입북했다고 한다.

1960 2월 28일, **대구지역 고등학생들의 첫 시위,** 이날은 일요일임에도 불구하고 학교 당국이 야당의 선거운동 집회에 참석하는 것을 막기 위해 등교 시키자 이에 항의하는 시위가 벌어졌다. 이 시위는 후에 벌어지는 4.19 혁명의 시발점이었다.

3월 15일, 제3대 정.부통령선거의 날. 강력한 야당 후보인 민주당의 대통령후보 조병옥(趙炳玉)이 갑자기 사망하자 이승만은 무경쟁 당선이 확정되었는데, 자유당은 이번 선거에서 이기붕(李起鵬)을 부통령에 당선시키기 위해 투표함 바꿔치기 등 온갖 방법을 다 동원했다. 그 결과 이승만이 92%, 이기붕이 72%의 표를 얻어 당선이 확정되고 종신집권에 또 한 걸음 들어선 이승만은 당시 85세. 그런데 이날 마산에서 수천 명의 시민이 개표소에 몰려가 부정선거를 규탄하면서 사망 8명, 부상 72명이 발생했다. 이어 4월 6일에 서울에서 5천 명이, 11일에는 마산에서 2만 명의 반정부 데모가 일어났고, 대구에서는 데모대와 경찰이 정면으로 충돌했다. 그런데 며칠 후 이때 실종된 마산고등학교 학생 김주열(金朱烈)이 학살된 시체가 마산 항구에 떠있는 것이 발견되자, 이것이 기폭제가 되어 그간 산발적으로 일어나던 반정부 시위가 전국적으로 퍼져나가게 되었다.

### 4.19 혁명

4월 18일, 서울에서 고려대학교 학생 4천5백 명이 데모에 나섰다. 그런데 이날 밤 깡패들이 귀가 중인 고려대학생들을 기습해 아수라장을 만들었다. 이것이 기폭제가 됐다. 이튿날 19일, 급기야 서울시내 전 대학생들이 4.19선언을 발표하며 데모에 들어가 국회의사당 앞을 꽉 메웠다. 학생들은 "모두들 경무대로 가자!"하며 중앙청을 돌아 경무대에 이르는 언덕에 이르자, 경찰의 발포가 있었고, 이에 183명이 사망하고 부상자가 6,200명에 달하는 사건으로 확대되었다. 25일에는 시민까지 합세했으며, 곳곳에는 진압경찰의 발포로 많은 희생자를 내고 있는 가운데, 계엄군까지 진출했으나 군은 중립을 지켰고 이기붕은 일가족 모두 자결했으며, 27일에 이승만은 하야(下野)를 발표했다.

註) 이미 80을 넘어서면서부터 이승만의 건강은 나빠지기 시작했다. 그는 각계의 인사들을 만나기를 꺼려했으며, 그 결과로 점차 국민들로부터 고립되기 시작했다. 이승만의 건강을 염려한 프란체스카 여사는 보고되는 내용을 통제하기에 이르렀고, 제대로 된 소식을 접하지 못하게 된 이 대통령은 광범위한 국민들의 불만을 제대로 파악하지 못하고 있었다. 4월 25일이 되어서야 비로소 상당한 선거부정이 있었음을 알고 분노했고, 즉시 학생대표들을 만나 "시위에 나선 학생들은 정당한 행동을 하고 있는 훌륭한 젊은이들이다"고 말했다. 그리고 이날 오전에 국민이 원한다면 대통령직에 사임할 것이라는 성명서를 발표하고 27일에 사직서를 국회에 제출한 후, 이화장(梨花莊)으로 돌아왔다. 수많은 사람들이 거리로 몰려나와 물러나는 노(老) 지도자를 환송하면서 아쉬워했다.

곧 이어 성립된 허정(許政)의 과도정부는 5월 29일, 이승만을 하와이로 망명하게 했으며, 내각책임제 개헌이 6월에 통과되고, 7월 29일에는 국회의원 선거가 있어 민주당(民主黨)이 대거 당선했다. 8월 23일, 국회에서의 투표결과 대통령 윤보선(尹潽善), 국무총리 장면이 선출됐는데 국무총리의 인선을 둘러싸고 민주당 내의 신파와 구파의 갈등으로 신민당(新民黨)이 분당되는 등, 또한 소장파와 노장파의 대립까지 이어져 정국이 혼란스러웠다.

註) 이승만은 물러나면서 정권을 외무부장관 허정에게 맡겼다. 이유는 부통령이었던 장면이 주변에 상의도 없이 독자적으로 사임해 버렸기 때문이다. 그래서 장관 서열 1위인 외무부장관이 행정권을 이양 받은 것이다. 그 사이에 자유당은 스스로 와해되어 버렸다.

7월, 北韓, **주체조선과 안보조약,** 1955년에 이루어졌다는 '주체 연설'을 발표. 이러한 우리 방식의 체제를 만들어나가자는 내용은 소련계와 연안계를 완전히 일소한 뒤 소련 및 중국과의 관계에서 자주적 태도를 강조한 김일성 정신인데, 이즈음 소련 및 중국과 안전보장조약을 동시에 얻어냈다. 김일성 자신의 확고한 체제구축에 앞서 중국군의 철수로 인한 안보 공백을 얻기 위한 등거리외교의 성공이었다. 7월 6일에 소련과는 10년 기한으로 파기 통고가 없는 경우 5년간 자동 연장하기로 했고, 이어 11일에 중국과 조약을 맺었는데 이는 무기한의 조약이다.

7월 30일, 동해 거진 동방 4해리 지점에서 해군 호위구축함 강원함(DE-72)은 남하 중인 북한 해군 371함을 발견하고 5000야드(약 4.5Km)까지 추적했다. 이때 북한 측의 사격을 시작으로 교전 끝에 북한 함정이 격침되었다. 4명을 생포하고 11명을 사살했으나, 아군도 1명이 전사하고 8명이 부상당했다.

8월 19일, **장면(張勉) 정부 출범,** 3개월 간의 허정(許政) 과도정부는 7.29 선거를 통해 장면 내각을 출범시켰고 국무총리에는 장면이 선출되었다. 내각책임제 구도에서 권한으로 따지면 총리가 모든 권력을 쥐게 된다. 이때까지도 군소 정당의 난립과 함께 남북협상과 같은 제의가 중구난방으로 분출되어 무질서가 일상화 되었고, 심지어 '오스트리아 방식의 중립화 통일론'까지 나오는 등 사회는 무질서 속에 대단히 혼란스러운 상태의 연속이었다.

10월 8일, 정부는 3.15부정선거의 원흉들에게 관대한 선고를 했다. 이에 학생들은 정면에서 공격하고 "장면 내각은 혁명을 배반했다" 면서 대대적인 시위를 벌였다. 한편, 이때부터 학생들은 4.19혁명 후의 정치.경제의 전개, 그 모순의 원인이 민족의 분단 때문이라고 여기게 되면서 점차 통일문제에 눈을 돌렸다. 이래서 12월 27일에는 민족자주통일중앙협의회가 결성되는 등, 활동이 확대되자 정부는 이를 진압하려 했고…

註) 이승만 정권 아래에서 쌓였던 국민의 불만이 함께 폭발한 위에, 심한 정쟁(政爭)이 겹쳐 혼란을 거듭하던 장면 정권도 1961년에 접어들면서, 정권내부에서는 다소 안정을 얻었으나, 혁신계 정치세력과 학생층이 앞장선 민족통일 문제에 대해서는 적절한 방안을 제시하지 못하고, 대신 데모규제법과 반공법을 제정하여 이에 대처하려했다. 그것이 오히려 데모를 더욱 격화시키는 결과가 되었으며, 학생들의 무작위 시위에는 통제 불능상태가 되어져 갔다. 권력을 잡은 정치인들은 자신들의 봉급과 활동비를 인상하는 데에는 신속했지만, 가난에 찌든 국민들의 어려움에 대해서는 관심조차 없었다. 집권정당인 민주당은 기강도 책임감도 충성심도 없는 돈키호테 같은 행동을 보이며, 정치인들은 자기 이익 챙기기에만 바빴다.

1961 2월 14일, 혁신계 사회단체와 학생들은 각각 투쟁위원회를 만들고, 22일에 '2대 악법 철폐'와 '장면내각 퇴진'을 요구하며 시위에 나섰다. 3월 1일은 2만여 명의 학생들이 격한 시위를 벌였고, 더 나아가 학생들은 5월 4일에 서울대 민통련이 남북학생회담 계획을 발표했다. 그들은 "형제들이여 우리 쪽으로 오라. 모두 같이 행진하자…, 가자 북으로! 오라 남으로! 우리 판문점으로 만나자!"고 주장했다. 혁신계 정당들은 일제히 지지한 반면, 정부는 '통일문제는 학생들이 관여할 문제가 아니다. 만약 시행할 경우는 전원 체포 구금할 것'이라고 했다. 그러나 학생들은 5월 20일에 판문점을 향하여 행진한다고 발표했다.

註) 4월 혁명으로 민중이 획득한 강렬한 민주화 요구는 장면 정부를 줄곧 흔들어 댔다. 교원노조의 결성을 시작으로 각 노동조합의 권리투쟁과 생활투쟁, 이어진 학생들의 통일투쟁 등, 장면 내각 9개월은 통틀어 '데모, 파업, 교원노조의 소동만 남는 인상이며, 단군 이래 최대의 자유'라고도 할만 했다. 정쟁(政爭)으로 날이 새고 해가 지는 무위무책의 장면 정권에 '민중의 실망은 발화점에 가깝다'며 '일련

의 사태에서 국민을 구출하기는 이미 불가능한 단계에 와있다'는 언론의 질타도 이어지고, '용감한 4월의 학생혁명에서 아직 1년도 지나지 않은 오늘날, 서울을 지배하고 있는 것은 환멸과 분노뿐이다'라는 해외 논조도 있었다.

4월 7일, 강원도 제진(구 저진) 동방 4해리(약 7.5Km) 해상에서 경비 중이던 묘향산함(PC-706)이 기함인 한산함(PCEC-53)과 함께 북방한계선을 침범한 북한 경비함 2척과 어뢰정 6척을 격퇴시키던 중, 이때 봉수리 부근 해안포도 사격을 가해온 사건이 발생.

註) 또한 같은 달 12일, 동해 어로저지선을 경비하던 강원함(DE-72)은 거진 동북방 3.5해리 (약 6.5Km)해상에 이르렀을 때 의아선박 6척을 레이더로 포착하고, 이것이 북한 어뢰정으로 판단하여 추적하던 중 북한 어뢰정 편대가 어뢰공격을 할 수 있는 위치에 이르자 즉시 집중포격으로 격퇴시키기도…

5월 13일, 1만 명 이상의 시민과 학생들이 시청 앞 광장에서 '구세대는 물러나라!'와 '미군 철수하라!'를 외치며 통일주장과 함께 반정부 시위에 들어갔다. 이제는 걷잡을 수 없게 된 사회적 동요에 대한 국민들의 불안이 점점 커져가는 가운데…

註) 이 시위는 민족자주통일중앙협의회에서 주도한 것으로, 이 모임에는 많은 사회주의 및 진보적 개혁주의 집단과 4월 혁명학생연합회를 비롯하여 통일을 위한 적극적 행동을 지지하는 청년단체가 속해 있었다. (이들 단체들은 군사혁명 3일후 모두 숙청되었다). 이러한 사회 분의기의 배경에는 장면 정권이 국민의 어려움을 해결하기보다는 집권당인 민주당 내부의 신파와 구파 간의 파벌투쟁, 비능률과 부패로 나라를 더욱 어려운 형편에 빠뜨린 것이다. 한국은 마치 지도자와 정부가 없는 나라처럼 보였다. 9개월의 민주당 집권기간 동안 2천여 건의 시위가 일어났고 90여만 명이 참가했다. 급진파 학생들은 심지어 국회까지 점거하며 과격한 요구를 서슴지 않았다. 강도와 절도가 날뛰고 있지만 치안능력도 무기력했다. 게다가 그동안 유지되던 반공(反共) 정책도 무너졌고, 이제 북한은 들어 내놓고 간첩을 대량으로 남파하여 남한을 전복하기 위한 활동을 증가하고 있는 중이었다. 북한의 입장에서 남한의 혼란상을 그들의 '사회주의 혁명'을 위한 절호의 기회로 보고 있었다.

### 5.16 군사혁명(軍事革命)

5월 16일 새벽, 서울 한강 인도교와 미아리 고개에서 총소리가 울렸다. 이윽고 43세의 박정희(朴正熙) 육군소장이 이끄는 3천6백 명의 혁명군이 한강을 건너 서울을 장악했다. 무혈혁명이었다. 오전 6시, '무능한 정권을 신임하지 않는다. 국민의 생활고를 구하고 조국을 위기를 극복하기 위해 군사혁명위원회를 조직했다'며 첫 성명의 방송이 나왔다. '반공(反共)을 국시(國是)의 제1의로 삼는다.'는 등의 6개 혁명공약을 내세우며 군사정변을 일으킨 혁명군은 계엄령을 선포하고 모든 집회와 언론, 출판 검열을 시행하며 국회해산과 함께 모든 정치활동을 중단시켰다. 장면 부통령은 재빨리 성당으로 도망쳐 은신. 17일에는 전방 부대를 통괄하는 제1군이 군사혁명지지를 표명하자, 이로부터 쿠데타는 전군(全軍)의 지지를 얻게 되었다. 이어 18일에는 육군사관생도들의 혁명지지 시가행진이 있었으며, 이어 장면 내각을 총 사퇴시킨 다음, 20일, 혁명위원회를 국가재건최고회의(國家再建最高會議)로 개칭하고, 이어서 중앙정보부법, 농어촌 고리채 정리법, 재건국민운동에 관한 법률, 혁명재판부 조직법, 반공법 등을 연속적으로 공포하면서 혁명정부의 자리를 굳혀 나갔다.

註) 한국군은 미국의 전폭적인 지원 아래 서구적 조직 원리와 현대적 장비로 이루어진 근대화된 군대였다. 또한 당시까지 1만여 명의 장병들이 미국에 가서 교육과 훈련을 받고 미국식 군사제도를 한국에 정착시켜 한국에서 군대만큼 현대화된 조직체는 없었다. 학생과 지식층은 데모는 할 수 있지만 정책 방향도 그것을 실천에 옮길 수 있는 조직도 능력도 없었다. 민주주의를 표방해 온 정당들도 정강정책이 아니라 인물중심으로 모인 조직에 불과했다. 그럼에도 군은 1961년 초까지 한국사회를 주도하는 엘리트에 끼지 못했다. 그러한 군대가 권력을 장악하게 된 것이다. 군사혁명 지도자들은 심각한 국가비상사태에서 그들이 행동하지 않았다면 공산주의자들이 주도하는 혁명이 불가피했을 것이라고 확신했다. 그러나 군사혁명의 가장 큰 특징은 무명 청년 장교들의 궐기라는 점이다. 이 때문에 미국은 물론 김일성도 혁명군의 내면을 파악하는데 혼선이 있어 미국은 장면을 지지한다고 했다가 후에 번복했고, 김일성도 군사정권을 지지한다고 했다가 하루 만에 번복했다. 혁명세력은 즉각 반공법 등을 공포하여 그간 통일문제에 적극 가담했던 통일사회당을 비롯한 정당, 교원노조, 학생연맹의 간부들을 체포한 다음, 경제5개년 계획과 함께 통화를 10분지 1로 하는 통화단위 변경을 시행하고, 연호도 단기(檀紀)에서 서기(西紀)로 바꾸는 등의 조치를 이어나갔다.

7월 6일, 北韓, 한국의 군사혁명은 공산진영에도 민감한 반응을 유발시켰다. 김일성은 서둘러 모스크바를 방문하여 소련과 '조소우호상호원조조약(朝.蘇 *友好相互援助條約*)'을 맺고, 돌아오는 길에 북경으로 직행하여 11일에는 '조중우호상호원조조약(朝.中 *友好相互援助條約*)'에 서명했다. 주요 내용은 '전쟁이 일어나면 즉시 모든 수단을 다하여 군사 및 그밖에 원조를 제공'한다는 것이다.

註) 다만 상호원조조약의 유효기간이 소련과는 10년이고, 중국과는 무기한이다. 또한 이때 제1차 5개년 경제개발계획을 4년 만에 달성했다고 발표했는데, 식량부족은 여전했다. 공식발표로는 370만 톤의 식량을 생산했다지만 식량난은 심각하여 "우리당 농업정책의 빛나는 승리"라는 말이 무색했는데…

9월 11일, 北韓, 5년 만에 소집된 노동당 4차 전당대회는 잇단 권력투쟁과 숙청의 연속 끝에, 과거의 정적들을 모두 매장한 이후에 열린 김일성의 독무대였다. "분파를 뿌리 채 없애 버리고 조선공산주의 운동의 완전한 통일을 실현하는 역사적인 위업을 완수했다"는 선언이 있었고, "백전백승의 김일성 장군이 영도하는 만주 항일 유격전투 시대"의 절대화는 이때를 고비로 열광의 도를 가속화해 나가면서, 김일성 절대체제를 다져 나갔다.

11월 14일, 미국의 케네디 대통령이 박정희 의장을 비공식적으로 방문을 초청하여 워싱턴에서 정상회담을 가졌다. 미국은 지금까지의 군사원조에 치중한 원조를 지양하고 한국의 경제개발계획 수립과 획기적인 개혁정책을 채택하도록 유도할 의도였다. 공산화를 막기 위한 강력한 한국 정부가 필요했다. 또한 한국 경제 발전의 가장 큰 요인이 한일 간의 적대관계에 있다고 보고 한일 간의 국교 정상화도 유도하였는데, 케네디 대통령은 박정희 장군을 만나 군사혁명을 규탄한 것이 아니라 오히려 적극 지원하기로 한 것이다.

註) 59년에 미국의 바로 코앞에 있는 쿠바가 공산화되었고, 베트남과 라오스에서는 소련과 중공의 지원을 받으며 소위 '해방전쟁'을 벌이고 있었다. 베를린, 중동, 동남아 등지에서도 공산세력과 대립하고

있는 상황이 불안한 때이었다. 케네디 대통령은 한국이 군사적으로 강해진다 해도 결국 경제가 살지 않으면 쿠바처럼 위험해진다고 판단했다.

1962 1월 13일, **제1차 경제개발 5개년 계획:** 군사정부는 '싸우면서 건설하자'라는 기치를 내세우며 국가안보와 경제발전을 2대 목표로 설정하고, 이에 맞추어 중앙정보부와 경제기획원을 창설했다. 강력한 반공정책을 추진하면서 3천3백 명의 용공분자를 검거하는 한편, 북한에 비해 열세에 놓인 경제를 발전시키고자 '조국근대화'를 부르짖으며 경제기획원을 중심으로 제1차 경제개발 5개년 계획을 발표했다. 420여 환의 부정축재 환수액을 정하고 경제개발 계획을 세우는 한편, 울산공업단지를 기공했다. 1차 5개년 계획의 목표를 외자(外資)를 적극적으로 도입하여 경제의 근대화를 달성하고, 수출촉진에 중점을 두었다. 이와 같은 배경은 자본과 부존자원이 절대적으로 빈곤한 반면에 값싼 노동력이 풍부했기 때문이다.

註) 이러한 제1차 경제개발 5개년 계획은 애초에 치밀하게 짜인 것이라기보다는 희망사항의 나열에 가까웠고 지나치게 낙관적이라고 비판받았다. 그럼에도 기간 중 8.3%라는 놀라운 경제 성장을 이루며 오랫동안 절망과 냉소에 젖어 온 한국인에게 새로운 희망과 용기를 갖게 만들었으며, 67년에 2차 계획에서는 경제성장 목표를 10%로 상향조정할 정도이었다. 박정희는 경제개발 사업을 마치 군사작전 하듯이 비장한 각오로 그러면서도 조직적으로 이끌어 나갔다. 이러한 경제개발 5개년 계획은 1991년까지 6차에 걸쳐 추진되었고, 제5차 이후부터는 경제사회발전 5개년 계획으로 바뀌고, 제7차는 김영삼 정부의 신경제계획이 겹쳐 추진됨에 따라 96년에 5개년 계획은 사실상 종료되었다. 이로서 '한강의 기적'이라고 불리는 고도성장으로 경제규모 세계 11위를 이룰 때까지 발전되었다.

8월 3일, 북한 공군대위 정낙현 MIG-15 공군기를 몰고 월남 귀순.

**주체사상의 결정판 - 4대 군사노선(軍事路線)**

10월, 北韓, 김일성은 소련과 중국으로부터 경제원조가 지지부진한 가운데, 최고인민회의를 열어 "경제발전을 일부 희생해서라도 국방력을 강화해야 한다"며 방침전환을 감행했다. 이에 따라 전인민의 무장화, 전국토의 요새화, 전인민군의 간부화, 전인민군 장비의 현대화를 지향하는 군사 강경노선을 정면으로 추진한다고 선언했다.

註) 작년에 맺은 중국과 소련으로부터의 원조는 약속대로 이행되지 않았다. 중국은 때마침 대약진 정책이 벽에 부딪쳐 사후처리에 쫓기는 판이라 남의 나라는 도와줄 경황이 없었고, 소련은 북한이 중국쪽으로 기울어짐에 따라 협정 이행을 보류했다. 더구나 조중소(朝.中.蘇) 3국 관계에 중대한 변화도 나타났다. 중국과 인도 사이에 일어난 국경분쟁과, 소련이 유고의 티토 대통령과 화해하려는 움직임을 보이자, 북한은 중국과 함께 소련에 등을 돌렸고, 소련은 북한에 대해 그 보복으로 경제 원조를 중단하면서 북한에 보낸 기술자들을 모두 소환했다. 그 후 흐루시초프가 이끄는 소련과의 관계는 갈수록 냉각되어갔다.

註) 위와 같은 배경 속에, 이러한 군사노선이 과다한 군사비 지출을 초래하면서 경제는 처음으로 지체현상을 겪기 시작했다. 전체 예산에 30% 이상을 국방비에 쓸 정도로 군비 증강에 힘을 쏟았다. 그러나 어느 나라든지 국민총생산의 20~30%를 국방비에 지출하고도 경제 성장을 발전시킬 수는 없다. 결과적으로 국방을 강화하는 데는 어느 정도 성공했지만 경제의 발전에는 완전히 실패하게 되었다.

12월 23일, 연평도 부근에서 일상적인 순찰을 하던 초계정이 북한 고속정 2척으로부터 기습공격을 받아 40분간의 교전으로 아군 3명이 전사하고 3명이 부상당한 사건이 발생.

1963 3월 19일, 북한군 20여 명이 철원 북방 군사분계선을 넘어 침범하다가 40분간의 교전 끝에 격퇴된 사건이 있었고, 7월 29일에는 순찰 중인 미군 병사를 기관총과 수류탄으로 공격하여 2명이 전사하고 1명이 중상을 입은 사건이 발생.

10월 15일, 제3공화국 탄생을 위한 대통령 선거의 날. 민정(民政)이양을 약속했던 혁명정부는 연초에 중앙정보부장 출신의 김종필(金鍾泌)이 만든 민주공화당을 기초로, 대통령에 출마한 박정희 의장이 470만 표를 얻어 16만 표차로 윤보선 후보를 따돌리고 제6대 대통령에 당선되었다. 이제 박정희 정부는 국민에 의해 선출된 정통성 있는 정부가 된 것이다.

12월, 北韓, 일제 때부터 활동하며 재능 있는 시인으로 평가받던 북한의 중견 시인(詩人) 김우철(金友哲)이 문학예술 말살을 규탄하는 유서를 남기고 평양역에서 달리는 기차에 투신자살하는 일이 벌어져 내외에 충격을 준 사건이 발생.

**한일회담(韓.日 會談)**

1964 3월, 당시 가뭄으로 식량난이 심각한 때에 미국의 대한 원조정책도 냉전의 퇴조와 더불어 눈에 띠게 줄어들자 박정희 대통령은, 새로운 돌파구로 한일 국교정상화와 그 경제 원조에 기대를 걸고자 했다. 당시 한.일 두 나라의 교류는 미국의 극동전략이기도 했다. 재작년(1962년) 10월의 「김종필(金鍾泌)-오히라(大平) 메모」로 재산 청구권 문제가 8억 달러에 낙착되었는데 그 명칭이 '독립축하금' 과 '경제원조' 로 바뀌고, 어업문제와 평화선(이승만이 선포했던 領海線)은 1억 8천만 달러의 어업자금과 바꾸었다. 이에 3월 24일에 서울대 문리대생 5백여 명이 거리로 진출한 것을 신호탄으로 각 대학 학생들도 나왔다. 2일간 '매국외교 즉각 중지'를 외치는 학생들의 시위가 전국 175개교 20여만 명이 참여하고, 4월 6일은 이에 따라 6차 한일회담은 중지되었다. 5월에 들어서도 학생들의 시위는 격렬했으며, 6월 3일에는 2만여 명의 학생들이 청와대를 향했다. 이날 밤, 비상계엄령이 선포되고 모든 학교는 휴교령이 내리면서 밤사이에 천여 명의 학생이 체포되기도 했다.

**학생시위 격화, 그리고 계엄령 선포**

6월, 혁명 후 2년 7개월 만에 권좌에 오른 박정희 대통령이 첫 난관에 봉착했다. 한.일 간 국교수립을 서두른 것이 화근이었다. 야당을 중심으로 범국민투쟁위원회가 결성되고 전국의 대학생들이 매국적인 한일회담 반대를 외치며 6월 3일까지 대학가와 거리는 최루탄 연기와 곤봉, 널브러진 돌멩이들로 아수라장이 되었다. 정부는 학생들이 단식농성 등 강도를 점차 높여나가자 강경책으로 나왔다. 6월 3일 시위가 절정을 이룬 이날, 사태가 4.19를 방불케 하면서 구호도 "박정권 타도!" "학원의 자유를 지키자" 등 반정부 색채가 짙은 정치운동으로 바뀌자, 마침내 오후 8시를 기점으로 비상계엄령을 공표하고 집회금지와 각급 학교의 휴교령을 내렸다. 계엄은 55일 뒤에 해제되었는데, 이때 반정부 시위를 주도했던 세대를 학생운동사에선 「6.3세대」라 부른다.

8월 14일, **인민혁명당사건(人民革命黨事件),** '인혁당 사건'이라고 알려진 이 사건은 중앙정보부가 "인민혁명당은 대한민국을 전복하라는 북한의 노선에 따라 움직이는 반국가단체로 각계각층의 인사들을 포섭하여 당 조직을 확장하려 했다"고 발표하고 반체제 인사 13명을 체포했다. 그러나 사건 직후 한국인권옹호협회가 무료변호를 맡고 피고인에게 가해진 고문내용을 폭로하여, 이듬해 1월에 도예종(都禮鍾)과 양춘우(楊春遇)는 각각 징역 3년과 징역 2년을 선고받고 나머지 11명은 무죄를 선고받았지만 검찰이 항소심을 제기했고, 5월에 열린 항소심공판에서 피고인 전원에게 유죄선고를 하고, 도예종, 양춘우 외에도 6명에게 징역 1년, 나머지 사람들에게는 징역 1년에 집행유예 3년을 선고. 그러나….

註) 이후 1972년 10월에 유신이 선포된 이후 유신반대투쟁이 전국으로 확산되자, 중앙정보부는 투쟁을 주도하던 민청학련(전국민주청년학생연맹)의 배후로 '인혁당 재건위'를 지목하고, 1975년 4월에 국가보안법 위반 혐의로 23명을 구속했다. 이 중 도예종 등 8명에게 사형을 선고하고, 나머지 15명도 중형을 선고했다. 사형선고를 받은 8명은 대법원 확정판결이 내려진 지 불과 20시간 만인 4월 9일에 형을 집행했다.

### 한국군의 월남(越南: 베트남) 파병(派兵)

9월, 이동외과병원(移動外科病院) 장병 130명과 태권도 교관단 10명을 처음으로 베트남에 파견했다. 정부수립 후 최초의 해외파병이다. 이어 1965년 1월 8일에는 각의(閣議) 결정에 의해 베트남에 비전투원 2천명으로 구성된 군사원조단을 파견하겠다고 발표했다. 이 파견결정은 베트남 정부와 미국정부의 요청에 의한 것인데, 이 군사원조단은 전재복구를 위한 공병부대와 자체 경비 병력으로 이루어, 부대 명칭은 '비둘기부대'로 하고 그 해 2월 25일에 제1진이 사이공에 도착했다.

註) 월남 파병은 박정희 대통령이 적극 추진했다. 박대통령은 파병 추진으로 미국과의 관계를 개선하면서 국내 정치적 입지를 다지고, 파병의 경제적 대가를 토대로 경제개발 5개년 계획을 추진해 나갈 수 있었다. 또 한편으로 한국 기업들의 군수물자 생산과 월남에서의 건설계약 참여라는 가외소득도 올렸다. 1966년에는 월남전으로 인한 수익이 전체 외화소득의 40%를 차지하면서, 월남은 한국의 첫 해외 수익 센터가 되어 주었다.

註) 한국과 월남(자유 베트남)은 국토가 남북으로 양단된 점이 같아, 오래 전부터 서로 깊은 우호관계를 맺어왔다. 월남 전쟁은 선전포고 없는 전쟁으로, 1960년 베트콩이 결성되고 1962년부터는 미국이

개입하여 전선 없는 전쟁이 본격화되었다. 특히 1965년 2월 미국이 월맹(越盟)에 폭격을 가하기 시작한 무렵에는 전쟁이 급속히 확대되어 갔다. 이 때 베트콩과 월맹의 배후에는 소련과 중공이 있고, 베트남은 미국 등 6개국으로부터 직접적인 병력 지원을 받게 되어, 그 양상은 국제전(國際戰)의 성격이 짙었다. 한편, 북한은 이에 맞서 월맹에 대한 물자지원의 확대와 함께 조종사 50명과 고문 300명을 파병했다고 한다.

10월 10일, 北韓, 중국의 모택동은 사절단으로 온 최용건(崔庸健) 최고인민회의 상임위원장에게 "미국이 월남에 매어있는 지금이야말로 남북통일의 기회"라 하면서 즉시 남조선 무장해방투쟁에 나설 것을 촉구했다. 김일성은 이를 일단 거절했는데…

註) 중국의 권유로 인도네시아 공산당이 9.30 무장봉기를 했다가 실패한 이후 일본공산당까지도 중국에 등을 돌린 상황에서, 중국의 모택동은 북한에 '반소반미'를 강요하며 이듬해까지도 무력통일을 촉구했다. 이를 김일성이 거듭 거절하자 중국은 압록강 연안에 대군을 집결시켜 평양 정권을 위압하려는 태세를 보였다. 이로서 두 나라의 관계는 악화되어 가는데…

11월 30일, **수출의 날,** 정부는 이날 수출액이 1억 달러를 초과한 날을 기념하기 위해 이날을 수출의 날로 정했다. 1962년 경제개발 5개년 계획을 시작한지 3년차 되는 해이었으며, 이후 계획 15년차인 1977년에는 100억 달러의 수출 목표를 달성하여 수출입국의 뜻을 이루게 된다.

註) 5.16 혁명을 일으킨 1961년만 해도 한국 경제는 1인당 국민소득이 겨우 83달러에, 수출은 4천만 달러 정도로 미약했었다. 이후 1962년에 '제1차 경제개발 5개년 계획'을 수립하고 모든 정책을 '수출 제일주의'에 두었다. 모든 구호는 '잘살아 보세'와 '하면 된다', 그리고 '수출만이 살길'이라는 구호 아래 정부, 재외공관, 민간단체와 사기업 등이 모두 한 몸이 되어 수출에 전념했고, 1977년에는 100억 달러 수출목표를 이루어 세계 20대 수출 강국으로 부상하게 되어갔다. 이후 기념일을 '무역의 날'이라고 바꾸었다.

12월, 北韓, 함경남도 오로군 오로읍 역전 대합실에서 한 청년이 운집한 군중들을 향해 "김일성 타도, 김일성 살인마" 등의 구호를 외치다 살해된 사건이 발생.

12월 10일, **통곡으로 대신한 애국가:** 서독 루르탄광지대 함보른 탄광을 방문한 대통령 박정희는 350여 명의 파견 광부들과 간호원들 앞에서 흐느낌과 통곡 속에 애국가를 부르며 이들을 격려해야 했다. "광원 여러분, 간호사 여러분, 가족이나 고향 생각에 괴로움이 많을 줄 알지만… 비록 우리 생전에는 이룩하지 못하더라도 후손을 위하여 번영의 터전만이라도…." 결국 대통령은 연설을 마무리하지 못했다. 본인도 울어버렸기 때문이다.

註) 외자도입의 보증방법이 없었던 정부는 독일에 인력공급의 대가로 약속할 수밖에 없었다. 이리하여 시작된 독일 파견 광부와 간호사는, 66~76년 독일로 건너간 한국 간호사가 1만30명, 광부들은

63~78년까지 7,800여명이 건너갔다. 이들의 송금액은 연간 5,000만 달러로 한때 GNP의 2%대에 달하기도 했는데, 이 당시 1인당 GNP는 79달러였다.

### 한일기본조약(韓日基本條約)

1965 4월 3일에 중단되었던 한일회담이 미국의 강한 요구로 재개되어, 이날 가조인이 이루어지자, 학생들의 시위가 다시 불붙었다. 금년이 60년 전(1905년)의 을사조약과 같은 해라고 "제2의 을사조약 반대"를 주장하기도 했지만 6월 22일, 본 조인이 이루지는 날. 1만2천의 학생들이 격렬한 시위를 벌이자 정부는 29일 조기방학 및 휴교령을 내린 채 8월 14일 한일협정과 베트남 파병안을 강제 통과시켰다. 박정희는 이 때문에 미국의 신임을 얻을 수 있었다. 학생들은 휴교 중임에도 시위가 그치지 않자 8월 20일부터 정부의 조치가 거칠어졌다. 25일에는 무장병력이 고려대학교에 진입하면서, 학원을 "반영구적으로 폐쇄할 용의가 있다"고 했고 26일부터는 서울시내에 위수령까지 발동하는 극한 상황까지 갔다.

註) 한일회담은 14년 동안의 곡절을 겪었다. 제1차 회담은 연합군 최고사령부 외교국장의 중개로 1952년 2월부터 이승만 정부와 일본의 요시다(吉田茂) 내각 사이에 시작됐는데 쌍방의 주장이 크게 엇갈려 4월에 중단. 제2차 회담은 1953년 4월에 열렸으나 평화선 문제, 재일교포의 강제퇴거문제 등으로 다시 결렬. 10월부터 재개된 제3차 회담도 일본 측 대표 구보타(久保田貫一郎)의 "일본의 36년간의 한국 통치는 한국인에게 유익했다"는 망언으로 또다시 결렬. 제4차 회담은 1958년 4월에 시작했는데, 재일교포의 북송문제로 난항을 거듭하다가 1960년에 이승만 정부의 붕괴로 다시 중단되었다. 그 후 장면 내각에 의해 그 해 10월에 제5차 회담이 열렸으나, 5.16군사정변으로 다시 중단. 그 후 박정희는 한일회담의 타결에 역점을 두고, 1961년 10월, 제6차 회담을 급속히 진전시켰다. 1962년 11월 12일 중앙정보부장 김종필(金鍾泌)은 도쿄(東京)에서 외무장관 오히라(大平正芳)와 회담, 대일(對日)청구권문제와 평화선, 법적 지위문제의 타협을 보았다. 그 후 한국 내에서는 1964년 3월 24일 학생시위에 이어 한일회담반대운동이 거세게 일어났으나 1965년 2월 20일 일본 외무장관 시이나가 방한하여 기본조약의 가조인을 함으로써 완전한 타결을 보았다.

註) 이 결과 일본과의 관계를 개선함으로써 한국은 안보면에서 일본과 미국에 이익을 준 대신, 미국으로부터 군사 및 경제 지원을 계속 받을 수 있었고 일본으로부터는 경제협력을 받게 되었다. 이제 정부는 경제개발에 필요한 힘을 얻게 되었다. 반일감정을 밑바탕으로 한 강력한 반대에도 불구하고 미국이 적극 찬성한 한일국교정상화 덕분에 일본에서 즉시 8억 달러(무상원조 3억, 공공차관 2억, 상업차관 3억 달러)의 긴급자금이 수혈되었고, 이 자금은 포항제철, 경부고속도로, 소양강다목적댐 등에 투입되었으며, 그 뒤로도 일본의 투자 및 일본 회사들과의 제휴 형태로 일본의 기술과 경험이 유입되면서 막대한 자금이 흘러 들어왔다. 사실상 당시에 일본 말고는 아시아에서 경제협력을 받을 나라가 없었다.

### 주월 한국군사령부 창설(駐越 韓國軍司令部 創設)

7월 2일, 정부는 국무회의에서 '국군 1개 사단(師團) 및 필요한 지원부대'를 베트남에 파병하기로 의결했다. 지난해 비둘기부대의 파견에 이어 정부는 '6.25전쟁 당시의 우방의 파병에 보답 한다'는 명분으로 베트남

(Vietnam, 越南) 파병을 결정하고 해병 2개 연대 규모의 '청룡부대(青龍部隊)'를 편성하여 10월 9일 꾸이년에 주둔했다. 그리고 육군 전투사단인 '맹호부대(猛虎部隊)'도 11월 22일 퀴논에 도착하여 주월(駐越) 한국군사령부를 설치했다. 이처럼 한국군 전투부대가 대거 파견되고 또 그 활약상이 내외에 알려지자, 점차 한국군 증파의 필요성이 인정되어서, 1966년 2월 22일에는 험프리 미국 부통령이 방한하여 다시 한국군 1개 연대와 1개 사단, 그리고 이를 지원하는 지원부대의 증파를 요청했다. 이에 국회는 많은 논란 끝에 3월 20일 증파동의안을 가결. 같은 해 4월 16일 먼저 '혜산진부대(惠山鎭部隊)'가 퀴논에 상륙하여 맹호부대와 합류하여 1개 전투사단을 편성하고, '백마부대(白馬部隊)'는 그 해 8월 15일 제1진이 나트랑에 도착하여 주월 한국군의 수효는 군단(軍團)급 규모가 되어, 미국 다음가는 많은 파병국이 되었다. 지원부대로는 해군 수송선단으로 구성된 '백구부대(白駒部隊)'와 공군 수송부대인 '은마부대(銀馬部隊)'가 편성되었다.

註) 1964년 7월18일 선발대 연락장교를 월남에 파견한 이래 한국군 8개 부대 - 주월 한국군사령부, 맹호부대, 백마부대(이상 2개 육군 전투사단), 청룡부대(해병여단), 십자성부대(의료지원단), 비둘기부대(공병대대), 백구부대(해군 수송단), 은마부대(공군 수송대대) - 가 1973년 3월 철수할 때까지 8년 8개월 간 총 577,472회(대부대작전 1,174회, 소부대 전투 576,302회)의 작전을 벌여 700㎢를 평정하고 월남 난민 120만 명을 정착시키며 대민사업을 동시에 진행하였다. 연인원 32만 명의 국군이 베트남 땅을 밟으면서, 한국군은 4,407명이 전사하고 1만7,060명이 중상을 입었다. 한국군은 4만 1천여 명의 베트콩을 사살했다. 주월 한국군은 외국 언론으로부터 "월남에 있는 미국인들은 전투에 있어서나 평정사업에 있어서나 한국군을 최고로 높이 평가한다. 한국군과 함께 작전을 수행해본 미군들은 미군이 한국군의 방법(전술)을 배워도 좋으리라고 믿게 되었다"라는 찬사를 받으며 8개국 참전국(미국, 호주, 뉴질랜드, 태국, 필리핀, 대만, 스페인, 한국) 중 최우수 군대로 칭송 받았다.

註) 나라에도 국운(國運)이라는 것이 정말 있는 것일까, 베트남 전쟁이 한국경제, 특히 수출에 물꼬를 트는데 결정적인 역할을 할 줄 누가 알았겠는가. 현실적으로 시간이 지날수록 군인이든, 민간인이든, 경쟁적으로 베트남행 비행기에 올랐다. 목돈을 거머쥘 수 있었기 때문이다. 아무튼 경제적 효과는 한국경제가 소생하는데 결정적인 역할을 했다. 애초 박정희 대통령의 월남파병 결정은 주한미군을 현 수준에서 유지하기 위한 것이었다. 미국이 추가 월남 파병 병력의 여유가 없어 주한미군을 이동해야 할 형편에 이르자, 박 대통령은 적극적으로 한국군의 월남 파병을 타진하면서 이를 계기로 경제 및 군사 원조의 발판으로 삼고자 했다. 1965년부터 1970년 사이에 브라운 각서에 따라 미국이 한국에 모두 10억 달러 정도를 지원했고 한국군에 대한 최신 군사장비도 대량으로 지원했다. 이러한 지원 총액은 1966-1969년 기간 동안 한국 국내총생산의 7-8%, 외화수입총액의 19%에 해당하는 큰 규모였다. 또 1968년 말에 한국은 미국에 M-16 소총 10만 정 제공 및 M-16 소총공장 건설, 전폭기 17개 대대, 전략공군기지 건설 지원 등을 받아 전력강화에도 크게 기여하게 되고, 아울러 5만여 명의 장병들이 전투경험을 쌓으면서 주둔하는 동안 한국기업들도 월남에서 납품 및 각종 공사를 할 기회가 주어짐으로써 한국 경제발전의 촉진제가 되어 결국 한국의 경제 도약에 크게 기여하게 되었다.

註) 군대를 해외에 파견하는 것은 그 나라의 영향력이 해외로 전출하는 것을 의미한다. 국군을 따라 월남으로 기업인이 가고 기술자들과 상인들이 뒤를 따랐다. 한창때는 한진, 현대, 삼환, 한양 등 80여 개의 회사들과 1만6천명의 기술자들이 미군과의 계약에 따라 활동했다. 이들이 벌어들인 액수는 철수할 때까지 5억7천만 달러(당시 년 간 수출 총액 1억 달러 수준)에 달했으며, 이 자금이 근간이 되어 경부고속도로(1970년 개통)를 위시한 2차 경제개발5개년 계획의 성공을 이끌었음은 물론, 이때에 쌓아 올린 기량과 기술, 그리고 자신감이 1971년 석유파동의 계기로 형성된 중동 건설 시장으로 진출(최성기에는 10만 명이 넘는 근로자들이 참가)할 수 있는 발판이 되어졌다.

10월 29일, **어민 납치,** 강화도 말도 어민 249명이 건너편 함박도에서 동북방 6Km지점 에 위치한 무인도 은전도에서 대합을 잡다가 어민 140명은 죽을 힘을 다해 말도 쪽으로 건너왔지만 나머지 109명은 북한군에게 끌려가는 사건이 일어났다. 그중 107명은 송환되는 사건이 발생.

註) 북한은 정적 직후에는 남한 어선들에 비교적 관대했으나, 1950년대 중반 이후 어선 납치와 포격사건이 자주 발생하기 시작하는데, 1954년부터 1956년까지는 어선 나포사건이 매년 1척에 그쳤으나, 1957년부터 크게 증가해 동해에서 9척, 서해에서 6척 등 모두 15척이 피납되더니, 57년 4월 16일 명태잡이를 하던 어선 1척을 납치했고, 58년 4월 29일 연평도 근해에서 조기잡이 하던 다복호를 비롯해 11월 7일 동해 고성 앞바다에서 어선 2척이 북한 고속정에 의해 납치되었으며, 12월 6일에는 고성 앞바다 공해상에서 42명을 포함 어선 7척 등이 납치되는 일이 이어졌다. 60년대 초에선 어선 납치가 줄다가 64년 74척으로 크게 늘었다. 급기야 65년 강화 앞바다에서 어민 109명이 납치되었다가 107명이 풀려나는 사건이 있더니, 67년 어선 46척과 어부 359명이, 68년에는 어선 90척과 어부 756명이 피납되었다. 70년대에는 1976년 16척을 고비로 납북된 어선이 1년 2~3척으로 크게 줄었다. 이는 어로한계선 변경과 보호대책 강화, 남북대화 개시와 긴장완화의 영향이기 때문이었다.

1966 2월, 北韓, 황해남도 운천군, 안악군, 장연군을 중심으로 일부 청년들이 '전쟁준비 반대'와 '평화통일 촉진' 등의 구호를 내세워 태업을 벌이려다 4명이 총살되고, 9월에 국경일인 9.9절 벽보에 그려진 김일성 초상에 "살인마 김일성 타도"라는 구호가 적힌 사건이 발생.

**중국과의 백두산 국경문제**

2월, 北韓, 작년에 소련의 흐루시초프가 갑자기 실각하면서 중단되었던 경제원조가 재개되는 등, 소련과의 관계가 정상을 찾아가자 반대로 중국과의 관계가 소원해져 가는 이즈음, 압록강과 두만강을 에워싼 중국과의 국경문제로 중국과의 관계가 더욱 악화되었다. 중국은 한국전쟁에 참전한 대가로 백두산의 분할 이양을 요구하면서 백두산 남쪽에 측후소를 설치하고 그곳을 국경선으로 삼으려고 했다. 게다가 또한 압록강과 두만강까지도 완전히 중국령으로 할 것을 요구했다.

註) 이 문제는 중.소 사이의 국경분쟁과는 입장이 정반대가 되어, 중국이 철저히 대국주의(大國主義)를 내세웠고, 북한이 이를 침묵으로 거부의사를 표시하자, 중국은 이것을 묵인으로 받아들여 이때부터 중국의 공식 지도에 두 강을 중국 소유로 했다. 국경 하천의 경우에 그 중앙을 국경선으로 하는 국제

적인 관행을 중국이 일방적으로 무시한 조치이었다. 이후 북한과 중국과의 관계는 날로 악화되어 10월에 판문점 휴전회담에서 중국대표의 모습이 사라졌고, 조국해방전쟁 기념관에서도 중국 의용군의 참전 기록이 완전히 철거되어 그동안의 피로 맺은 전투적 우의와 단결은 인민의 역사교육 현장에서까지 사라져 버리게 되었다.

7월 9일, **파월 맹호부대(수도사단)의 두코(Duc co) 전투:** 주월 한국군은 파월 직후부터 월맹군의 공격표적이 되어 대소 전투를 치러 오던 중 이때, 미 기갑사단의 '파울리비아' 작전을 측면지원하기 위해 맹호기갑연대 3대대는 캄보디아 국경으로 이동, 중대전술기지 개념에 따라 방어태세를 갖추고 있던 중 8월9일 밤 22시40분경 월맹군 2개 대대의 공격을 받아 다음날 4시30분까지 6시간 동안에 걸쳐 포병의 지원을 받으며 총검과 수류탄으로 근접전투를 벌이며 육박전으로 적을 완전히 격퇴시켜 한국군의 위상을 크게 높였다.

註) 이 전투의 개가로 인하여 주월 한국군의 〈중대 전술기지 개념〉은 주월 전 우방군의 경탄의 대상이 되었고, 미 보병학교의 교리 연구과제로도 채택됐다. 작전 결과 적 사살 188명, 포로 6명, 61미리 박격포 5문, 기타 10만여 발의 실탄 등을 노획하는 다대한 전과를 올리면서 아군 피해는 전사 7명, 부상 42명(전원 완전 퇴원)이었다.

註) 1966년 7월 맹호기갑연대 3대대는 미군의 '파울리비아'작전을 지원하러 캄보디아 쪽 국경 4㎞ 지점의 두코(Duc co)로 이동했다. 이때 우리는 대규모 인원과 화력을 동원하는 미군과 달리 중대(中隊) 위주 전술기지 방어 개념을 도입했다. 8월 9일 밤 10시 40분부터 다음날 새벽 4시 30분까지 월맹군 2개 대대가 인해전술로 아군 1개 중대를 기습했다. 적의 맹렬한 기관총과 박격포 공격을 교통호 속에서 견디던 병사들은 미군 전차 2대가 지원해주는 틈을 타 반격에 나섰다. 백병전 결과는 대승이었다. 아군은 7명이 전사했지만 월맹군 189명을 사살하고 6명을 포로로 잡았고 기관총·로켓포·실탄 수만 발을 노획했다. 미군사령관은 현장을 찾아 "보지 않고는 사실이라고 믿을 수 없을 만큼의 압승"이라고 했다. 당시 공격부대는 월맹군 88연대 2개 대대 700명 병력으로 아군보다 6배나 많았다. 공산주의자들은 후퇴 때 꼭 시체를 챙겨 가는데 그럼에도 200명가량을 남긴 걸 보면 500명 가까이를 잃은 게 분명했다. 한마디로 궤멸적 패배를 당한 것이다. (채명신 장군 회고)

### 김일성(金日成)의 신격화(神格化)와 대남(對南) 군사도발

8월 12일, 北韓, "4천만 조선 인민이 경애하는 우대한 수령 김일성 원수", "백전백승의 강철의 명장이며, 국제 공산주의 운동과 노동운동의 뛰어난 영도자의 한 사람인 김일성 수상" 등의 문구가 〈노동신문〉 논설이 게재되면서 절대화의 조작이 시작되었다. 김일성의 부모도 "혁명의성가족"으로 승화되었다. 이는 7개년 경제계획이 차질을 빚으며 성장률이 마이너스로 나타나고, 이것이 김일성 수상의 절대적인 무오류성에 심각한 도전을 받은 꼴이 되자, 북한 정권은 때 아닌 미국과의 전쟁분위기를 강조하면서 한편으로 김일성 신격화 작업으로 무마해 나가는 방법을 택했다.

註) 7개년 계획이 좌절되고 경제가 침체의 늪에 빠지게 되자 김일성에게는 1956년의 정치적 위기에 맞먹는 어려운 해가 되었다. 이 위기에서 벗어나기 위해 도입한 것이 항일유격시대의 찬미와 김일성 수상 유일사상의 강조였다. 한편으로 대폭 증가된 군사예산을 공개하면서 10월말의 미국 존슨 대통령의 방

한을 전후하여 "미국이 한반도에 제2전선을 형성하려는 술책을 부린다"고 떠들며 전쟁분위기를 조성하고 대남 무력도발을 획책했는데, 실제로 이때를 전후하여 판문점 근처 DMZ(비무장지대) 남쪽에서 유엔군 순찰대를 기습하여 미군 6명과 한국군 1명이 죽이고, 이어서 3시간 후에 다른 지점에 북한군을 침투시켜 한국군 3명의 사상자를 내게 했다. 이후 이듬해(1967년) 초에는 김일성이 "어째서 대남 공작은 실패만 하는가. 혁명은 앉아서 되지 않는다. 좀 더 강력한 공작을 해야 한다"고 떠들었다.

10월, 北韓, **남조선혁명노선,** 5일부터 12일까지 조선로동당 제2회 대표자회의에서 김일성은 "조선혁명은 세계혁명의 한 고리이다"라면서, 모든 사회주의 국가는 "힘을 합쳐 싸우는 월남 인민을 지원해야"한다면서 베트남에 의용병 파견도 주장했다. 이와 함께 북반부를 "혁명의 위력한 기지"로 만들고, 남한의 혁명세력을 강화하여 투쟁을 발전시켜야 한다고 강조. 김일성은 베트남에 지원군 파병을 결정하면서 19일에는 파견을 앞둔 공군 제203부대 조종사들을 격려했다. 이로부터 김일성은 남조선혁명을 완수하여 조국통일을 실현하는 과제에 치중해가기로 하면서 "전쟁에 대처할 준비를 잘할 것"을 강조했다.

註) **주체사상,** 8월부터 주체사상을 강조하면서 "맑스-레닌주의는 행동의 지침이다" "자기 힘을 믿어야 한다" "자주성을 견지하면서 반제 공동투쟁을 강화하자" 등등… 전례를 찾아볼 수 없을 만큼 강력한 문장과 주장들이 등장하고, 소련과의 관계를 개선하자 이번에는 중국과의 관계가 냉각되면서 중국의 문화대혁명을 비판하는 중이었다. 또한 1964년부터 미국이 베트남에 본격적으로 개입, 1965년 2월부터 북베트남을 폭격하면서 3월에는 미해병대 2개 대대가 남베트남에 상륙하는 등 전쟁 분위기가 높아가는 중이었다.

註) 베트남에 파견된 북한 공군 조종사들은 소련이 제공한 미그 전투기를 몰고 참전했다. 그 규모는 알 수 없다. 14명의 전사자 묘가 베트남에 조성되어 있다는 것이 알려져 있을 뿐이다.

1967 1월 14일, **한일호 침몰,** 경남 창원 가덕도 앞바다에서 여객선 한일호가 침몰하여 94명이 사망한 사고가 발생.

1월 19일, **장렬(壯烈)!! 56함(艦),** 동해상에서 어로보호 작전 중이던 해군 당포함(PEC-56)은 명태 떼를 좇아 조업 중인 어선들을 보호하고 있었다. 그러던 중 13시 55분, 해군 저지선을 넘어 조업 중인 50여 척의 어선을 남하하기 위해 56함은 어선들을 남쪽으로 유인하고자 해안 쪽으로 접근하는데, 갑자기 휴전선 부근 해안포대에서 56함을 향해 포격을 해왔다. 전례가 없던 조준사격이었다. 첫 탄이 기관실 후부에 명중되고 이어서 터진 포탄에 앞 갑판과 후부 43번 포대가 깨져나갔다. 14시 11분, 격렬한 포격이 멈추면서 56함은 중심을 잃고 쓰러지기 시작. 16시 20분, 56함은 인근 해역에서 달려온 다른 함정들의 구조 활동 중, 화염에 휩싸인 채 침몰했다. 이때 공군기들이 도착하여 엄호가 시작되었으나 이미 79명의 승조원 중 39명의 전사자와 무수한 부상자를 낸 다음이었다.

註) 북한은 오히려 56함이 침범했으며 격침시킨 것은 자위적 행위라고 하면서 56함의 침몰 뒤에 71, 66, 53함이 자기네 영해를 침범 했다고 처벌을 요구하는 생떼를 쓰기도…

2월 14일 **파월 해병 제2여단(청룡부대)의 짜빈동(Tra Binh Dong) 작전:** 월맹군은 이번에는 한국 해병대를 목표로 했다. 밤 11시 반, 손틴군 짜빈동에서 청룡부대 3대대 11중대는 월맹정규군 제2사단 1연대와 21연대 및 지방 게릴라 1개 대대의 대규모 기습공격을 받았다. 병사들은 외곽과 내곽방어선으로 연하는 교통호를 이용하여 일제 사격과 수류탄 및 크레모아 지뢰로 침입하는 적을 막았다. 육박전까지 벌이기도 했지만, 역습부대의 과감한 공격으로 4시간의 사투 끝에 적의 주력을 분쇄하고 전술기지를 지켜냈다. 1개 해병중대가 3개 연대 급의 기습공격을 막아냈다. 적은 아침에 250여 구의 시체를 남기고 패주했고, 청룡부대는 이 전투로 '무적해병'의 전통을 국내외에 다시금 과시하게 되었다.

註) 작년에 두코 전투에서 큰 전과를 올렸지만 월맹군의 보복이 걱정됐다. 다섯 달 후 마침내 우려가 사실로 드러났다. 파월한국군 가운데 가장 북쪽에 위치한 청룡부대 11중대가 타깃이 된 것이다. 청룡부대 주둔지 주변의 부락민들은 거의 적색(赤色)분자였다. 월맹군은 한국군의 손발을 묶으려는 듯 아이와 어린아이들을 맨 앞에 내세우며 공격해 왔다. 1967년 2월 14일, 짧았던 구정(舊正) 휴전이 끝나는 칠흑처럼 어두운 밤이었다. 월맹군은 화염방사기까지 동원했다. 수백 명이 달려들었지만 2분대장 이중재 하사가 화염방사기 사수(射手)의 뒤통수를 개머리판으로 쳐 무력화시킨 뒤에 이진 병장, 김용길 중사가 수류탄으로 적 대전차유탄포·로켓 진지를 무너뜨렸다. 피가 튀고 살이 찢기는 백병전은 다음 날 새벽까지 계속됐다. 결과는 적 사살 243명, 포로 2명. 적 1개 연대 공격을 우리 해병 1개 중대가 막아내자 미국 언론들은 제2차 세계대전 이래 최고의 승전보라 평가했다. 닉슨 대통령도 나섰다. "17년 전(6·25전쟁 때) 미국이 한국에 심었던 신뢰와 도움이 헛되지 않았다는 것을 확실하게 증명해준 쾌거입니다!" 이 전투 후 뉴욕타임스가 월맹의 지령문을 보도했다. '100% 승리의 확신이 없는 한 한국군과의 교전을 무조건 피하라.' 월맹군은 한술 더 떠 한국군을 이렇게 평가했다. '한국군은 모두 태권도로 단련된 군대니 비무장 한국군에게도 함부로 덤비지 말라.' 전투에 참가한 병사 전원이 1계급 특진했다. 대한민국 훈·포상법 제정 이래 처음있는 일이었다. (채명신 장군 회고)

註) **청룡부대:** 1965년 9월 20일에 창설되어 한국군 전투부대 선봉으로 10월 3일 부산항을 출항하여 9일에 월남의 캄란灣에 상륙한 이래 투이호아-추라이-호이안 등의 전장을 전전하며 여단급 작전에서 소대급 작전에 이르는 총 14만여 회의 대소작전을 전개하여 다대한 전과를 올렸다.

3월 15일, **파월 수도사단(맹호부대)의 오작교 작전:** 이제 파월 한국군의 위상이 커지면서 작전범위가 넓어져갔다. 주월(駐越) 한국군은 맹호, 백마 2개 사단을 투입하여 양 사단의 연결을 시도하기로 하고, 맹호사단은 푸엔성, 송카우, 투이안, 동수안군 일대에서 단계별 작전을 민사 심리전과 병행하여 최소의 희생으로 최대의 성과를 얻었다. 맹호와 백마의 전투부대는 4월 18일 작전개시 42일 만에 '오작교' 라고 명명되어진 다리에서 서로 극적인 상봉이 이루어 졌다. 이로써 한국군은 약 7만3천 명의 월남주민을 공산군의 통치에서 해방시키고, 401km의 1번 도로를 연결시키고, 인구 120만의 6,800평방km를 월남정부 통치지역으로 확보해 주었다. 이번 오작교 작전에서 올린 전과는 적 사살 939명, 포로 425명, 귀순 297명 등의 큰 전과를 올렸다. 아군의 피해는 전사 23명. 이후에도 합동작전으로 비호작전, 월계작전, 호랑이작전, 돌풍작전, 혜산진작전 등의 전투들이 이어졌다.

註) **한국군에 대한 외국 언론의 시각:** 노획한 베트콩 문서에 의하면 베트콩은 100% 승리의 확신이 없는 한, 한국군과의 교전을 무조건 피하도록 지시가 되어 있다. 한국군은 모두 태권도로 단련된 군대이니 비 무장한 한국 군인에게도 함부로 덤비지 마라(1966. 7.22 뉴욕 타임즈). 만일 한국군이 전 월남을 장악하였거나 미군들이 "고보이" 교훈을 배울 수 있었더라면 월남전은 벌써 이겼을 것이다. 칠 흙 같은 어둠 속을 96Km나 자동차로 달려도 총격도 복병기습의 기미도 전혀 보이지 않는다. 월남 지역의 그 어느 곳에서도 그와 같이 할 자는 한국군 이외는 아무도 없다(영국 런던 타임즈). 월남의 모든 사람을 다 제쳐놓고 60만 한국군에게 전쟁을 맡겨 보는 것이 어떨까? 5만에 불과한 한국군은 적의 구정 공세 기간 중 전술 책임 구역 내에 침입한 적을 단 하루 만에 격퇴했다. 베트콩의 항불 전쟁 이래 베트콩에 장악되어 있던 중부 해안 지대가 지금은 한국군에 의하여 완전히 통합되었다. (1966.3 미국 에반스빌 저널)

3월 22일, 판문점 군사 정전회 회의를 취재하던 북한의 중앙통신 부사장 이수근(李穗根)이 귀순해 왔다. 그러나 그는 1969년 1월 27일 서울을 탈출하여 캄푸치아(캄보디아)로 도피하려는 중에 사이공 공항에서 체포되어 위장간첩임이 드러났다.

註) 북한은 원래 7개년 경제개발계획이 소련과 중국의 기술과 자금 원조를 예상하고 세웠으나, 소련의 흐루시초프와 멀어지고 다시 문화대혁명의 모택동과도 선을 그어, 이 결과 경제의 어려움 때문에 계획에 차질이 있어 3년 연장할 수밖에 없었고, 결국은 전인민의 무장화로 상징되는 군사강경노선을 택하면서, '자주독립노선'을 급속히 도입할 때였다. 반면에 한국은 1차 경제개발 기간 동안 성장률 8.1%라는 획기적인 성과를 내며, 일본을 위시한 여러 나라들의 경제 원조를 바탕으로 문호를 개방하면서 경제건설에 여념이 없었다. 이리하여 이때부터 남과 북의 경제력 차이가 역전되어 가는 분수령이 되어준 시기이기도 했다.

4월 12일, 북한군 90여 명이 중부산악지대 휴전선을 침투해 들어와 제7사단과 교전이 일어났다. 이때 7사단은 3개 포병대대가 휴전 후 처음으로 585발의 포격을 가했으며, 이어 10일 후인 22일에는 북한군이 서부전선을 뚫고 들어와 미군막사를 폭파하여 미군 2명이 죽고 19명이 부상당했다. 5월 27일에는 북한 경비정이 연평도 근해에서 작업 중이던 어선단에 포격을 가해 해군이 출동하여 25분 간 엄호사격에 의한 교전이 일어나기도…

### 동베를린 공작단 사건 (東伯林 事件)

7월 8일, 중앙정보부의 발표로 세상에 알려진 이 사건은 관련자 임석진이 귀국 후 자수하면서 밝혀졌다. 1957년부터 비교적 통행이 자유로운 동베를린에 거점을 둔 북한의 대남공작단이 공작망을 국내까지 침투시켰는데, 관련자가 무려 194명에 이르렀다. 이들은 남북교류와 미군철수 및 평화통일이 불가능할 때의 무력남침 등에 대비한 간첩교육을 받았다는데, 12월 3일 선거공판에서 조영수와 정규명에게는 사형, 정하룡 등 34명이 모두 유죄판결을 받았다.

註) 이 무렵 북한 무장간첩의 준동이 격화되는데, 1월 19일 동해 공해상에서 어로보호중인 해군 56함이 북

한 해안포대의 사격으로 격침됨을 시작으로, 삼척 앞바다에서의 무장간첩선과 교전, 경북 운문산에서는 공비출몰로 경관과 주민 수명이 사망. 전북 임실에서도 교전 중 형사 등이 순직했다. 또한 7월 8일 김형욱 중앙정보부장은 국내 지식인 315명이 관련되었다는 '동백림 거점 북한 대남 공작단' 사건을 발표. 11일에는 '북괴 대남 간첩단 사건' 2차 발표를 하면서 서울대 '민족주의 비교연구회 사건'을 발표.

8월, **北韓**, 함흥 성흥광산에서 무장공비 양성소인 124군부대 출신의 제대군인 8명이 중노동을 견디다 못해 광산 노동적위대 무기고를 습격하여 점거하고 3시간에 걸친 총격전이 발생하여 전원 사살되었다.

**쉬지 않고 이어지는 북한군의 휴전선 침투**

8월 7일에는 북한군이 침투해 들어와 판문점 남방 대성동 '자유의 마을' 앞에서 미군 트럭을 습격해 미군 3명이 사망하고 17명이 부상당했는데, 3일 후 10일에는 서부전선에서 한국군 트럭이 피습당해 3명이 사망했다. 이어 28일은 북한군이 판문점 동남쪽 30여 미터에 위치한 미군 막사를 습격하여 미군 3명이 죽고 25명의 부상자를 냈으며, 또 한편 판문점 본회의장 옆에서는 북한군과 유엔군 병사들 사이에 난투극이 벌어지기도 했다. 이즈음 북한군의 도발이 차츰 격화되어, 또 하나의 베트남 전쟁이 일어날 수 있는 위험이 있다는 평가가 나올 지경이 되는데…

註) 또한 북한은 이즈음에 민족보위성 정찰국 직속으로 2,400명으로 구성된 특수 게릴라 부대를 창설하고 제124군부대라 했다. 목적은 1970년까지 남한에 각 도에 300명씩 잠입시켜, 한편으로는 발전소, 정유공장 등 산업시설을 파괴하고 요인을 암살하며, 다른 한편으로 농촌 산악지대에 유격대를 침투시키고 혁명의 근거지를 구축하고자 맹훈련에 착수했다. 이후 북한방송의 남한의 혁명투쟁 상에 대한 보도가 빈번해졌는데, "남조선 곳곳에 혁명소조(小組)가 진출하여 노동자, 농어민, 학생, 언론인을 포함한 광범한 인민혁명적 진출로 미제와 그 앞잡이를 공포에 떨게 함으로써 일대 혼란에 빠뜨렸다"는 등으로 떠들어대기 시작했다.

9월에도 북한군의 무력도발이 이어졌다. 5일에 경원선 열차 폭파사건이, 13일에도 경의선 열차 폭파사건이 있었고, 동해상에서 조업 중이던 어선을 여러 차례 납치하는 등 진행 속도가 완만할 뿐 전쟁과 다름없는 상황이 연속되었다.

10월, **대북(對北) 보복 작전,** 609특공대장으로 복무하던 이진삼 대위는 무장 공비 출신 대원 3명과 함께 특수부대를 꾸려 군사분계선을 넘어 북의 개풍군으로 침투, 북한군 감시 초소(GP)를 공격해 인민군 13명을 사살했다. 이들은 이후에도 부대원 4명과 2차례 더 북으로 넘어가 북한군 GP를 폭파하고 적군 20여명을 사살했다. 우리 군의 북한 침투 작전으로는 최대의 전과이었다.

註) 북한군은 당시 월남전이 진행 중인 상황에서 우리 군이 국지적 도발에 적극 대응하지 못할 것이라고 판단, 휴전선 인근에 무장 공비를 보내 아군과 미군 GP를 118차례 습격하고 장교와 장병, 그 가족을 잇달아 살해해오고 있었다. 이 시기에 이진삼 대위는 무장 공비 출신으로 전향한 대원 15명 중 선발한 백태산(당시 26세) 등 4명을 직접 이끌고 적 진지에 침투하여 개가를 올렸다. 그는 북한의 도발을 제대로 응

징하기 위해선 불가피했다고 하면서, 이들을 전향시키기 위해 "작전이 끝나면 장가보내 주겠다"고 회유하거나 요정이나 술집, 자기 고향 집(부여) 등으로 데리고 다니며 친형제처럼 지냈던 것으로 전해졌다.

12월 16일, 北韓, **김일성의 대남공세(對南攻勢),** 베트남 전선에서 공산게릴라의 성공에 고무된 김일성은 제4차 최고인민회의에서 "민족통일은 최고의 책무이며 우리 당과 우리 인민의 가장 중요한 과업은 제국주의자들에게 빼앗긴 땅을 다시 찾는 일이다"라고 하면서 "어떠한 희생을 무릅쓰고라도 민족통일이라는 혁명과업을 달성해야 한다"고 강조했다. 김일성은 월남에 한국군의 증파를 방해하고 남한의 경제를 파탄케 하여 주한미군 철수를 유도하고 월남처럼 남한을 공산화하기로 작정한 것이다.

註) 김일성의 대남공산화 계획에 따라 1967년에는 780여 건의 북한 무장공비 침투사건이 일어났으며, 이듬해인 68년에는 600여 건, 69년에는 150여 건의 북한군 특수부대의 침투사건이 있었다. 북한 김일성이 1970년까지 통일할 것이라고 떠드는 가운데, 한국은 당시의 상황이 마치 한국전쟁 직전 상황과 비슷할 만큼 북한의 위협을 심각하게 받아들이고 있었다. 실제로 김일성은 1970년까지 통일할 수 있을 것이라고 공언하기도 했다.

### 청와대 기습사건

1968 1월 21일, 북한 민족보위성(인민무력부) 정찰국 제124군부대 소속 장교 31명이 청와대 습격을 목표로 국군으로 가장, 18일에 남방한계선의 철조망을 뚫고 들어와 청와대 기습을 목적으로 서울에 잠입하여 21일에 세검동까지 왔다가, 이를 수상히 여기고 제지하던 종로경찰서장 최규식(崔圭植) 총경을 사살하고, 수류탄을 던지고 기관총을 난사하면서 지나가던 4대의 시내버스에 수류탄을 던져 많은 승객들을 살상했다. 생포된 김신조(金臣朝) 북한군 소위는 "박정희 모가지 따러 왔수다"라고 진술했다. 그리고 2일 후에는 또….

註) 군.경은 2월3일까지 29명을 사살하고 1명을 생포했다. 이 사건으로 많은 시민들이 인명피해를 입었으며, 그 날 유일하게 생포된 김신조(金新朝)는 귀순. 사건의 여파는 컸다. 박정희는 즉각적인 보복을 선언하고 주한 미 대사 포터(William J. Porter)에게 미국의 지원을 청했다. 그러나 그의 대답은 "하고 싶으면 혼자서 하라"는 것이었다. 참아야 했다. 한편, 이 사건을 계기로 정부는 북한의 비정규전에 대비하기 위한 250만의 향토예비군을 4월 1일에 창설하고, '서울 요새화 계획'에 의해 비상시에 서울 시민 30만~40만 명을 수용할 수 있는 대피소를 1970년까지 건설(남산 1·2호 터널)했으며, 방위산업을 서둘러 추진하고, 전방에는 155마일의 휴전선에 철책을 구축하게 했다. 1968년 한 해 동안 남북한 사이에 356건의 무력 충돌이 일어나 518명이 전사한 전쟁직전의 분위기이었다.

### 미 정보함 '푸에블로'호 납치사건

1월 23일, 이번에는 미 정보함 푸에블로(Pueblo) 호가 동해의 원산항 앞 공해상에서 북한군의 위협사격으로 1명이 사망하고 수 명이 부상당한 채로 승무원 83명과 함께 북한의 초계정 4척과 전투기 2대의 위협을 받고 납치되었다. 이에 대해 미국은 푸에블로호 및 그 승무원의 즉각 송환을 요구하는 한편, 일전(一戰)도 불사한다는 태도를 보여 항공모함 엔터프라이즈호(號)를 주력으로 하는 제7함대를 원산 해역으로 출동시키고 오키나와에 주둔 중인 전투기 2개 대대의 한국 이동, 해공군 예비역 1만5천명의 소집 등으로 전쟁직전의 상황을 방불케 되었다.

註) 북한은 이 사건을 마치 미국이 침략적인 도발행위를 하고 있는 것처럼 선전용으로 이용했다. 이때 미국

은 사건 당일 일본에서 베트남으로 향하던 핵추진 항공모함 엔터프라이즈호와 3척의 구축함 편대를 동해로 회항시키고 원산만에 대기시켰다. 다음날인 24일 오산과 군산 공군기지로 2개 비행대대를 급파하고 28일에는 항공모함 2대, 잠수함 6척 등 기동함대를 추가로 이동시켜 북한을 압박했다. 사건발생 후 11개월이 지난 12월 23일 북한은 판문점을 통해 승무원 유해 13구를 포함한 83명을 송환하고 푸에블로호 함정과 설치된 비밀전자장치는 몰수했다. 미국은 이 송환을 위해 북한에 대해 푸에블로호의 북한 영해침범을 시인.사과하는 요지의 승무원 석방 문서에 서명했는데, 이는 후일 미국의회에서 정치문제가 되기도 했으며, 또한 한국에게도 1억 달러의 추가 군사원조와 북한군 침투방지용 장비 3천만 달러의 긴급원조 및 F-4 팬텀전폭기 18대의 제공 등 값비싼 대가를 치러야 했다.

1월 25일, 이번에는 미군부대 전방 초소 근무자 5명이 북한군 15명으로부터 기습 사격을 받고 교전을 벌였다. 이때 미군 2명이 전사하고 8명이 부상당한 사건 발생

註) 이 시기를 전후한 1월 30일, 아시아의 명절인 구정 아침, 베트남 전역에서 월맹군과 베트콩의 대규모 기습공격이 시작되었다. 이른바 구정공세였다. 이것이 1개월간 지속되면서 미국 내 반전(反戰)운동과 염전(厭戰)무드가 장악하더니 결국 반전여론이 미 정부의 전쟁수행 의지를 꺾어버렸다. 이것이 김일성의 거대한 도박이 승기를 잡은 듯 보였다. 그는 호지명과 무언의 비교경쟁을 하고 싶었던 것이다. 그래서 대남 도발이 격화되는 시기였다.

4월 1일, **향토예비군 창설,** 대전 공설운동장에서 열린 향토예비군 창설식에서 박정희 대통령은 "우리는 지난 10여 년간 휴전 하의 가상적 평화를 진정한 평화로 생각하며, 우리가 처한 현실에 눈을 가리고 살았다"고 말했다. 이날부터 250만의 예비군이 구청과 군청에 예비군 대대본부가 설치되었다. 북이 칼을 들이댄다면 우리도 방패로 막겠다는 생존경쟁의 일환이었다.

註) 북한이 대남 게릴라전을 벌이기 위해 1백만 명 규모의 정규군 이외에 120만 명의 노농적위대(勞農赤衛隊)를 조직하는 등 전례 없는 군사적 위협에 직면하자, 박 대통령은 이에 맞선 조치로 '일면국방 일면건설'의 구호를 내세우며 향토예비군을 조직했다.

### 통일혁명당 사건(統革黨 事件)

4월 6일, 중앙정보부는 서울대생의 '독서회 사건' 을 발표하고, 8월 24일에는 통일혁명당 간첩단 사건을 발표하면서 관련 혐의자로 수많은 학생운동 출신들을 구속했다.

註) 통혁당사건 (統革黨事件): 또는 통일혁명당(統一革命黨)사건. 김종태(金鍾泰)는 북한의 대남사업총국장 허봉학(許鳳學)으로부터 직접 지령과 공작금을 받고 남파된 거물간첩이다. 그는 운수업으로 위장하여 통일혁명당(북한노동당의 在南地下黨)을 조직하고, 전(前)남로당원과 혁신적 지식인, 학생, 청년 등을 대량 포섭하고 결정적 시기가 오면 무장봉기하여 수도권을 장악하고 요인암살과 정부전복이 그 목적이었다. 이 사건으로 검거된 자는 158명이며, 그 중에는 문화인.종교인.학생 등이 다수 포함되었다. 이들 중 73명이 송치되는데, 김종태는 1969년 7월 10일 사형 집행되고, 이들 일당을 검

거하면서 무장공작선 1척, 고무보트 1척, 무전기 7대, 기관단총 12정, 수류탄 7개, 무반동총 1정과 권총 7정 및 실탄 140발, 12.7mm 고사총(高射銃) 1정, 중기관총 1정, 레이더 1대와 라디오 수신기 6대, 미화 3만여 달러와 한화 73만여 원 등이 압수되었다.

註) 북한은 미군이 남한에 주둔하고 있는 상황에서는 무력을 동원한 통일이 불가능하다는 판단에서, 그들의 남조선혁명론에 따르면 '남조선에서 인민들의 혁명역량의 장성과 결정적인 투쟁에 의해서만 승리가 보장'된다는 것으로 지난 4월 혁명(4.19) 같은 시기에 남조선에 강력한 혁명적 역량이 준비되어있었다면 상황이 달라졌다면서 반미구국통일전선의 결성작업을 착수하여 탄생한 것이 남조선통일혁명당이었다. 이때 남한에서는 한일회담 반대투쟁, 부정선거 규탄데모 등으로 수년간 학원이 조용하지 못했는데, 인혁당 사건, 동백림 사건, 민비련 사건, 독서회 사건, 통혁당 사건 등이 연달아 발표되면서, 이후 한동안 학생운동은 숨을 죽인 듯 잠잠해갔다. 특히 통혁당 사건에 관련하여 남베트남해방 민족전선 평양대표부의 인물이 독일 대사에게 했다는 "남조선 대중에게 일정한 영향을 줄 수 있게 조직된 혁명그룹은 이제 단 하나도 존재하지 않는다"고 했다는 말이 인상적이다.

### 북한군의 쉼 없는 대남 무력 도발

6월 17일, 서부전선 연천 북방 비무장지대(DMZ)에서 잠복근무 중에 침투하는 무장공비를 발견하여 1명을 사살하고 나머지 잔당은 모두 도주한 사건 발생.

註) 이로부터 북한은 전방지역에서 무작위로 도발을 연이어 시도해왔다. 11월까지 순서대로,

6월 19일, 경기도 연천지역 북방 비무장지대(DMZ)에 무장공비 2개조 7명이 침투한 것을 교전 끝에 모두 사살(아군 1명 전사, 4명이 부상).

7월 10일, 전방사단 CP요원이 잠복근무지로 가던 중 무장공비의 기습사격을 받고 교전하였으나 공비는 도주. 피해(부상 2명)

7월 23일, 아군 병력 8명이 DMZ 투입을 위해 진입 중, 공비로부터 기습사격 받음. 피해(전사 4명, 부상 3명)

7월 29일, 전남 목포시 허사도에 무장공비 2명이 출현, 민간인 1명 살해하고 도주.

7월 31일, 연천 백학 지역에서 아군 G P요원 4명이 관망대로 가던 중 무장공비 8명과 마주치면서 교전 끝에 1명 사살(전사 2명, 부상 1명)

8월 3일, 전방사단 연대수색중대 병력이 무장공비와 조우 교전 끝에 2명 사살하고 2명 부상 입혔음. 피해(전사 1명, 부상 2명)

8월 4일, 비무장지대에서 아군병력 6명이 GP(전방관측소)로부터 종격실로 연한 고지로 진입 중, 공비로부터 기습사격을 받고 교전. 피해(부상 1명)

9월 4일, DMZ 아군 GP 병력 7명이 약 70m 떨어져 있는 우물에서 식수 운반 중 공비의 기습사격 받음. 피해(전사 2명, 부상 2명)

9월 4일, DMZ 작업병력 피습사건: 아군 병력이 크레모아 지뢰 설치작업을 위해 진입 중, 기습사격 받음. 피해(전사 2명, 부상 2명)

9월 5일, 아군 G P병력이 잠복근무를 마치고 철수 중 기습사격 받음(전사 1명, 2명 납치)

9월 5일, 잠복근무 중이던 병력이 공비 3명을 발견, 사격을 가하자 공비도 자동화기로 응사 하며, 수류탄 10발을 투척하고 도주. 피해 (전사 1명)

9월 19일, GOP 병력이 철책선 순찰중 공비의 수류탄 공격 받음. (전사 1명)

9월 21일, GOP 잠복 근무자가 기습공격을 받음(전사 1명, 부상 2명)

10월 16일, 아군병력이 DMZ로 투입하던 중 기습사격 받음 (전사 1명)

10월 31일, 전방사단 아군 GP 병력이 수색정찰 중 기습사격 받음.(전사 5명, 부상 4명)

11월 1일, 충남 서산의 무장간첩 출현, 충남 서산 성연면 오사리에 무장괴한 2명이 출현하여 모두 사살.(전사 1명)

11월 2일, 전방사단 아군 G P병력이 철책선 순찰 중 기습사격 받음.(전사 1명, 부상 1명)

11월 8일, 전방사단. 피해(전사 2명, 부상 8명)

9월, 북한, 황해남도 신천군과 삼천군 농민 50여 명이 윤건섭(尹健燮)을 중심으로 무기고를 습격한 뒤, 구월산에 들어가 투쟁하던 사건이 발생. 사회안전부 산하의 부대가 출동하여 1주일 만에 소탕했다.

註) 이즈음 북한 내부에서 저항이 계속되자 김일성은 1973년 '국가보위부'라는 정보사찰기구를 설치하여 주민 탄압에 나서는 중이었다.

### 울진-삼척 무장공비 침투

11월 3일, 북한은 10월 30일부터 11월 2일까지 3차례에 걸쳐 울진.삼척지구에 북한군 120명을 침투시켜 군복, 신사복, 등산복 등으로 위장한 채, 게릴라전을 시도했다. 이들은 새벽에 주민들을 모아놓고 남자는 남로당, 여자는 여성동맹에 가입하라고 총검으로 위협. 주민들이 공포에 질려 머뭇거리자 대검으로 찌르는 등, 또한 뒤늦게 도착한 주민은 돌로 머리를 쳐서 죽이기도 했으며, 심지어 "나는 공산당이 싫어요"라는 말을 했다는 이유로 소사 초등학교 계방분교 2학년에 재학 중이던 이승복 어린이와 그 가족까지 모두 무참히 살해했다. 12월 28일까지 55일간 계속된 작전에서 113명을 사살하고 7명을 생포하여 침투한 120명을 모두 소탕했다. 그 과정에서 국군과 경찰 및 미군 등 52명이 전사하고 민간인 30여 명이 목숨을 잃었다. 부상자도 67명(미군 1명, 민간인 9명 포함)이나 발생하였다.

註) 북한은 서울 복판에 침투부대를 보내 놓고도 "남한에 무장유격대가 조직되어 박정희 일당을 타도하고자 영웅적인 투쟁을 전개하여 전 인민의 마음을 사로잡아 열광적인 환영을 받았다"고 떠들면서, 강원도 산간지방에 또 다른 게릴라부대를 침투시켰다. 이번 토벌작전에서 군인.경찰과 일반인 등 20여 명이 사망했는데, 북한이 산악지대와 농촌에서의 게릴라 활동 가능성을 탐색해 본 것으로, 한국에서 월남과 같은 전쟁을 할 수 있는지 시험한 것이다. 그러나 북한은 1년간의 체험으로 남한에서는 유격활동이 불가능하다는 것과 오히려 주한미군의 철수를 더욱 늦추게 한다는 점, 이와 함께 남한 주민들의 반공의식도 강화되어 역기능으로 작용한다는 것을 깨달았다. 이는 북한의 빨치산 그룹 출신들로 구성된 지도부의 빨치산 사고에 근거한 단견의 결과였다. 이후 북한은 대남공작의 방향을 바꾸어 지하당 조직의 재건과 확대 쪽으로 정책을 바꾸는데…

1969 3월 15일, 북한군의 대남 무력 도발은 해가 바뀌어서도 연속되었다. 이날, 서부전선 미군 병력이 GP 앞의 군사분계선 작업을 위해 진입 중 기습공격을 받아 3명이 부당 당하는 사건이 발생. 또 2일 후에는 이를 후송하던 헬기가 추락하여 7명이 사망.

註) 3월 16일, 북한군 8명이 강원도 주문진에 침투하여 보안부대원을 사칭하며 여인숙 투숙객 검문하고, 수상 파출소에서 경찰관을 납치하려다 사살됨(전사 1명, 부상 1명)

5월 14일, 전방사단 연대수색중대 병력이 경계근무 중 침투공비 1명 발견하고 사살

5월 15일, 미군부대 미군 병력이 철책선 점검 중 기습사격에 응사하자 도주(부상 2명)

5월 20일, 미군부대 잠복근무자(카츄사)가 침투하는 공비 3명을 발견하고 일제사격을 가하자 응사하며 도주. 수색결과 공비 시체 1구와 기관단총 등 다수의 유기물 노획.

5월 20일, 전방사단 연대수색중대 잠복조가 침투하는 공비를 발견 집중사격으로 2명을 사살하고 기관 단총 등 다수의 장비 노획. 피해(부상 2명)

5월 23일, 전방사단 야간 경계근무자가 3초소 전방에서 공비를 발견하고 사격하여 1명 사살. (전사 1명)

5월 25일, 전방사단 아군 병력이 순찰중 공비로부터 사격을 받고, 즉시 응사하여 3명 사살. 피해 (부상 1명)

6월 14일, 전북 부안 하서면 주민이 해안가에서 고무보트와 배낭 2개를 발견하고 경찰에 신고, 수색 끝에 간첩 3명 사살. 피해(경찰관 4명 부상)

7월 24일, GOP 부대 철책 경계병이 약 15m 전방에서 침투하는 공비를 발견하여 교전 끝에 3명 사살

8월 23일, GOP부대 잠복호 근무자가 철책선 남방 5 m 지점 능선으로 침투하는 간첩을 발견 교전 끝에 1명을 사살하고, 9월 8일에 경기도 가평에서 조장 김은환을 검거. 피해 (전사 3명, 부상 5명)

10월 12일, 전방사단 연대수색중대 병력이 OP 점령을 위해 전진 중 공비의 수류탄 공격을 받고 즉각 응사하여 공비 3명을 사살. 피해(전사 1명, 부상 3명)

10월 14일, DMZ 연대수색중대 잠복호에서 8명이 근무중 전방 10m 지점에서 침투하는 공비를 발견 1명을 사살. 피해(경상 1명)

4월 15일, **EC-121 미 정찰기 피격,** 동해 공해상공(북한 해안에서 90마일 거리)에서 미 정보정찰기 EC-121기가 북한 전투기의 요격으로 격추되어 3명의 승무원이 사망하고 1명의 포로를 내었다. 닉슨 미 국 대통령은 제71기동타격대를 편성하여 동해에 머무르도록 했으며, 그에 따른 보복으로 원산폭격을 시도하려 했지만…,

註) 이때 소련은 미국의 요청을 받아들여 즉시 구축함 2척을 동해에 파견하여 비행기 잔해 수색에 협력했다. 이 같은 소련의 협조 태도는 미국에게 보복을 포기하게 하고 일촉즉발의 사태를 피하게 하는데 큰 힘이 되었다. 이때 북한은 중국과 함께 다시금 소련을 비난하면서 우호를 다지고 있던 때였다. 김일성은 중국의 석유원조가 필요했기 때문이었다.

6월 22일, **국립묘지 폭파 미수,** 서울 동작동 국립묘지에서 현충각이 폭발했다. 3명의 북한 공작대가 침투하여 6월 25일 기념행사에 참가하기로 되어있는 박정희 대통령과 정부 요인의 암살을 노리고 폭탄을 장치했는데, 그만 일찍 터져버렸다.

註) 북한은 지금까지 4차례에 걸쳐 남한의 대통령을 암살하고자 시도했다. 첫 번째가 68년의 31명의 무장공비 청와대 기습사건이고, 두 번째가 국립묘지 폭파 미수, 세 번째는 74년 8월 재일교포 문세광에 의한 총격으로 육영수 여사 피살, 네 번째는 83년 10월 미얀마 양곤에서의 아웅산 폭파사건이다. 박 대통령은 북으로부터의 위협을 느끼며 또 겪어야 했다.

7월 29일, **닉슨 독트린,** 미국의 닉슨대통령은 괌에서 "핵무기와 관련된 위협을 제외한 군사방어가 관련된 문제에 미국은 아시아 국가들이 스스로 해결하도록 기대할 것이다"고 발표했다. 미국이 아시아에서 손을 떼겠다는 표시였다. 이에 대해 박 대통령은 "언제까지 미군이 주둔해주기를 바라지는 않는다. 하지만 너무 빠르다"며 우려를 표시했다.

註) 정부는 아직 북한의 군사력이 우리보다 우월하며, 남북의 긴장이 급히 악화되어가고 있는데다가 현재의 군 장비가 너무 낙후되어 자체방어가 어렵다고 평가했다. 게다가 이듬해에는 사전 통고도 없이 주한미군 1개 사단이 철수해가자 박 대통령은 크나큰 충격을 받고 이때부터 "밀어붙이기" 방식으로 대규모 방위산업을 육성하기로 하고, 핵무기를 비롯한 모든 수단까지 동원하기로 했다.

### KAL기 피랍(拉北)사건

12월 11일, 승객 47명과 승무원 4명 등 51명을 태운 대한항공(주) YS-11 쌍발 여객기가 오후 12시 25분 강릉비행장을 떠나 서울로 향하던 중 대관령 상공에서 납치되어 원산시 근처 선덕비행장에 강제착륙 당했다. 고정간첩 조창희가 이륙 후 권총으로 기장 유병하 등을 협박하여 북쪽으로 기수를 돌리게 하고, 2대의 북한 비행기가 선덕 비행장으로 유도했다. 피랍 다음날인 13일, 북한의 평양방송은 '두 조종사에 의한 자진 입북' 이라고 발표.

註) 이에 미국.인도.파키스탄 등 15개국 적십자를 통해 중재교섭을 해보았으나 묵살되고, 급기야 세계 12개의 주요 민간 항공회사에서도 북한의 만행을 규탄했다. 국제 여론이 거세어지자 북한은 납북 66일 만인 2월 14일 판문점으로 51명 중 조종사 등 12명을 억류하고 37명만 송환하는데, 한편 2001년 2월 제3차 남북 이산가족 교환방문 때 당시 스튜어디스였던 성경희의 어머니는 평양시 고려호텔에서 딸 성경희와 32년 만에 만나기도 했다.

1970 4월 8일, **와우아파트 붕괴,** 서울 동대문구 창전동 와우산 동쪽 기슭에 있던 시민아파트 제15동 건물이 준공 4개월 만에 붕괴하여 33명이 사망하고 40여 명의 부상자가 나왔는데, 부실공사가 원인이었다. 건설허가를 얻기 위해 쓴 뇌물 때문에 공사 자재를 아껴야 했다. 철근 70개를 넣어야 할 기둥에 들어간 것은 달랑 5개뿐이었다.

6월 22일, 북한 공작원 2명이 정부요인 암살 목적으로 국립묘지 현충문에 폭탄을 장치하던 중 조작 실수로 폭발하여 1명이 사망하고 1명은 도주했다.

**미제(美帝)의 각(脚)을 뜨자!!**

6월 25일, 北韓, 이날부터 7월 27일까지 1개월 간 이른바 '반미공동투쟁월간'이 시작되었다. '공산주의는 증오의 과학'이라고 말한 레닌의 말처럼 북한주민들에게 증오심과 적개심을 강조하는 대규모 행사가 황해도 신천군에 있는 신천혁명박물관에서 열렸다. 그 대상은 미일 제국주의자와 그들의 하수인인 남조선 괴뢰이었다. 그래서 세계 반미국가들과 연대하여 미국을 멸망시키면 남조선은 자동적으로 해방할 수 있다는 논리였다.

註) 미군이 1950년 10월 17일부터 50여 일 동안 군내 주민 4분에 1에 해당하는 3만5천명을 학살한 구체적 자료와 현장을 보존한 곳이라는 신천혁명박물관(실제는 허구다. 이곳 신천은 기독교인들이 많았다는 이유로 공산군에 의해 더 많은 사람들이 희생된 곳이다)에서 매년 '복수 결의모임'이 열리기 시작하는데, 어린이 놀이는 '미국놈 까부수기'이며 선교사는 '십자가를 들고 사람의 피를 빠는 승냥이'이었다. 그런데 이 행사는 매년 열리다가 1992년에는 이른바 '조선인민과의 국제적 연대성 월간'으로 슬그머니 모습이 바뀐다. 미국과의 관계개선을 위해 증오의 적을 없앴다. 그 후 1993년에는 '반미, 반전, 반핵평화운동'으로 다시 바꾸다가 1994년부터는 행사를 중단했다. 미국과의 관계개선이 되어간다는 의미였다.

註) **※ 1970년도 북한의 대남 도발 목록**

3월 8일, 경북 영덕 해안에서 해안초소 근무병이 해안순찰 중 동력보트와 적탄통을 발견했다. 이에 수색작전 끝에 해병대 병력이 간첩 2명 사살.

3월 13일, DMZ 연대수색중대 병력이 GP 동쪽 300m 지점에서 공비 3명을 발견, 교전 끝에 2명 사살. 피해(부상 2명)

4월 8일, 경기 파주 금촌 거주 농민이 은신중인 간첩 3명을 발견하고 신고하여 군·경 합동작전으로 전원 사살.

4월 29일, 전방사단 사단수색중대 매복조가 100m 전방에서 공비의 기습사격을 받고 교전끝에 2명 사살. 피해(부상 2명)

4월 29일 전방사단 연대수색중대 매복조가 공비 3명을 발견, 교전 끝에 전원 사살

5월 3일, 검거간첩을 역이용, 안면도에서 접선공작을 실시 침투한 간첩 3명을 사살.

6월 13일, 전방사단 연대 잠복초소 근무병이 우측방 개울을 따라 침투하는 공비 2명 사살

6월 15일, 미군부대 장단반도 거곡리 제1초소에서 기습사격 받고 교전 끝에 1명 사살

6월 18일, 연천군 초성리에서 아군 병력이 잠복근무 중 공비 1명이 나타나 권총으로 사격을 가하여 부상을 입히고 도주.

6월 22일, **국립묘지 현충문 폭파사건:** 북한 간첩이 국립묘지 참배요인을 살해하기 위해 현충문에 폭발물을 장치하다가 실수로 간첩 1명은 폭사하였고, 잔당은 도주.

6월 28일, 아군초소 경비정이 영흥도 북방에서 간첩선을 발견, 합동작전으로 격침시키고 내륙으로 상륙한 공비 6명 사살

6월 30일, 전방사단 까치봉 서남방 철책선 부근에서 공비를 발견하고 교전끝에 1명 사살 피해(전사 2명)

7월 5일, 경기도 김포 고촌면 뒷산에서 학생이 거동 수상자를 발견 신고하여 출동한 군 병력이 3명 사살.

7월 22일, **영덕 해안 간첩선 격침:** 경북 영덕 해안초소 앞 50m 해상에서 간첩선을 발견, 사격하자 응사하며 도주, 합동작전으로 격침. 17명 사살 추정

9월 19일, 인천시 영종도 중산리 거주 학생이 괴한 2명을 발견하여 군·경 합동작전으로 간첩 2명 사살. 피해(전사 1명, 부상 2명)

9월 22일, GOP부대 아군 잠복초소 전방 철책선에서 공비가 선제공격하여 교전끝에 3명 사살. 피해(전사 1명, 부상 1명)

9월 26일, 부산 가덕도에 침투한 간첩을 가덕중학교 학생이 산에서 괴한 2명을 발견하고 신고하여 출동한 경찰·예비군이 2명 사살. 피해(전사 2명)

10월 6일, 연대수색중대가 임진강변을 수색중 공비 3명을 발견하여 교전끝에 모두 사살. 피해(전사 2명, 부상 6명)

10월 10일, 강원도 거진 북방에서 해군함정이 간첩선을 발견, 해·공군 합동작전으로 휴전선 남방 5마일 해상에서 격침, 4명 사살 추정

10월 11일, 전남 해남 화산면 거주 박양진 집에 거동수상자 1명 출현한 것을 박씨의 처가 신고하여 경찰이 사살

10월 14일, 전방사단 연대수색중대가 박달봉 정상 10m 부근에서 공비 2명을 발견, 사살

10월 18일, 전방사단 GOP에서 소대장 외 1명이 철책선 점검 중 공비 3명을 발견, 교전 끝에 2명 사살

10월 22일, GOP 사단지역 철책선 순찰병이 이상한 소음을 청취후 수하시 총격을 받고 교전, 수색결과 철책이 절단되어 있어 간첩의 복귀로 판단하였음. 피해(전사 1명, 부상 1명)

10월 22일, 전방 사단지역 백석산 동북방 GP 외곽 철책부근에서 소음을 청취하고, 접근하다 기습사격을 받고, 교전후 확인한 결과 철책 2개소 절단 및 도주흔적 발견. 피해(전사 1명, 부상 1명)

10월 24일, 전방사단 연대수색중대 매복조가 향로봉 서북방 8㎞ 지점에서 공비 3명을 발견 교전끝에 1명 사살. 피해(전사 2명)

11월 7일, 인천 율도 발전소 예비군 초병이 해안에서 침투하는 괴한을 발견하고 수하하자, 초병을 살해하고 도주. 출동한 군 병력이 1명 사살, 1명 생포. 피해(전사 2명, 부상 2명)

7월 7일, **경부고속도로,** 길이 428km. 너비 22.4m의 고속국도로서 1968년 2월 1일부터 공사에 들어간

이래, 수도권과 영남공업지역 및 인천과 부산의 2대 수출입항을 연결하는 대동맥이 되어 주었다.

註) 경제가 급속히 팽창함에 따라 박정희 대통령은 교통문제가 경제성장의 심각한 장해요인이 될 것으로 판단하고 고속도로의 건설이 장차 가장 효과적인 방법이라고 믿었다. 경부고속도로는 기존의 철도나 국도와의 중복을 피하면서 결국 서울에서 부산까지의 주요 도시와 읍을 연결하여 그들 지역을 1일 생활권으로 묶었다. 정부의 강력한 의지로 밀어붙여 김대중, 김영삼이 이끄는 야당과 국회의원, 교수, 언론인 등의 격한 반대를 무릅쓰고 강행한 끝에 2년 5개월 만에 개통을 보았으며, 이후 산업대동맥으로 경제발전에 절대적인 역할을 감당한 한국 역사상의 대 역사로 기록되었다. 한편, 박대통령은 자신의 포부가 담긴 프로젝트를 추진할 때는 경제전문가의 말도 듣지 않았다. 세계 모든 나라가 한국의 제철공장을 지어 운영할 능력이 없다며 금융지원을 거부했을 때에도 그는 "철강은 국력"이라 선언하고 일본의 차관을 얻어 포항에 세계최대 규모의 제철공장을 세워 중공업의 모태가 되도록 했으며, 전문가들이 불가능하다고 진단한 경부고속도로의 건설도 마찬가지였다. 더구나 처음으로 수출액이 년10억 달러를 돌파하자 대통령은 이를 국가공휴일로 선언하기도 했는데, 비로소 한국이 농업사회로부터 공업사회로 탈바꿈하게 되었다.

8월 6일, **국방과학연구소 창설,** 외부 상황이 급박하게 돌아갔다. 미국의 닉슨독트린 정책으로 주한미군 제7사단이 내년 3월에 철수할 예정이며, 나머지 주한미군을 1976년까지 완전 철수한다는 통보가 있었다. 당시 북한의 군사력은 한국에 비해 압도적으로 우세했다. 박정희 대통령은 "잘못하면 김일성에게 먹힐지 모른다. 정신 바짝 차려야겠다."고 하면서 김학렬(金鶴烈) 경제기획원 장관에게 방위산업육성 계획을 수립하라고 지시하고, 1976년까지 최소한 이스라엘 수준의 국방 태세를 목표로 추진하라고 했다.

註) 박정희 대통령은 "1976년까지 최소한 이스라엘 수준의 국방 태세를 목표로 총포, 탄약, 통신기, 차량 등의 기본 병기를 국산화하고, 1980년대 초까지 전차, 항공기, 유도탄, 함정 등 정밀 병기를 생산할 수 있는 기술을 확보하라"고 했다. 1976년을 시한으로 제시한 것은 그 때가 바로 주한미군이 완전 철수하기로 한 시점이었기 때문이다.

註) **번개사업:** 박정희 대통령은 이어 1971년 11월 11일에 오원철(吳源哲) 상공부 차관보의 건의를 받아들여 중화학 공업 및 방위산업 전담 수석비서관실을 신설하고 "안보 상황이 초비상 상태다. 우선 예비군 20개 사단을 경장비 사단으로 무장하는데 필요한 무기부터 개발 생산하라. 60mm 박격포까지를 포함한다. 청와대 안에 설계실부터 만들어 직접 관리하라."고 하고, 이어 곧바로 국방과학연구소에게 긴급지시를 내려 "올해 말까지 소총, 기관총, 박격포, 수류탄, 유탄발사기, 지뢰 등의 시제품을 만들라. 병기는 총구가 갈라져도 좋으니 급히 만들라"고 했다. 그야말로 번개 불에 콩 볶아 먹어야 할 정도로 급하다 해서 '번개사업'이라고 했다. 이후 각종 실패를 거듭한 끝에 1972년 9월까지 주요 무기와 장비 등의 시제품을 만드는데 성공했다.

註) **율곡계획:** 이어 1974년 4월에는 "1980년대에는 미군이 한 사람도 없다고 가정하고 독자적인 군사

전략과 전력 증강계획을 발전시키라"고 지시했다. 이것이 이른바 '율곡계획"이다. 또 "1975년까지 사거리 200Km 지대지 미사일을 개발하라"는 극비 지시를 내렸다. 미사일이 무엇인지, 필요한 기술과 시설이 무엇인지, 자금은 얼마나 필요한지 등 아무것도 모르는 상태에서 1978년 9월, 충남 안흥 시험장에서 사거리 180Km의 백곰 미사일의 성공을 보게 된다. 이로서 세계 7번째의 미사일 개발국이 되었다. 그리고 1978년10월에는 M16 소총부터 155mm 대구경 대포까지 각종 국산무기가 창군 이래 새로 개발한 무기로 화력시범대회를 열어 벌컨포, 500MD 헬기 등의 위용을 자랑하기에 이른다. 율곡계획의 성공으로 1980년 초에 이르러는 M60 전차 60대, M47/48 전차 800대, 105mm 105mm 155mm 203mm 야전포 등 야포 2,000문, 구축함 10척, F4D/E 전폭기 및 F-5 전투기 280대 등 북한과 대적할 수 있는 현대식 무기와 장비를 갖추게 되었다.

11월 13일, **전태일 분신자살,** 서울 동대문의 평화시장 앞에서 평화시장 피복 공장의 재단사 전태일이 온몸에 휘발유를 붓고 "근로기준법을 지켜라", "우리는 기계가 아니다"고 외치며 분신자살.

註) 청계천 피목공장에서 보조로 하루 일당 50원에 14시간 힘겨운 일을 하던 22세의 전태일이 주변에 고된 노역에 시달리는 공원들을 보면서 노동운동에 뛰어들었다. 그 후 그는 평화시장의 노동환경 개선에 나서기로 하고 삼동회를 조직하여 활동했지만, 정부의 무관심과 사업주의 횡포에 억눌려 해결책이 안보이자, 이날 근로기준법 화형식과 함께 노동환경 개선을 요구하며 시위를 벌였다. 그러나 시위 역시 경찰의 방해로 인해 결국 무위로 끝나갈 즈음 온 몸에 휘발유를 붓고 분신했다. 이 사건은 한국 노동운동사에 한 획을 그은 사건으로, 이때의 청계피복노동조합을 시작으로 1970년대에만 2,500여 개에 달하는 노동조합이 결성되는 등, 이후부터 노동운동에 많은 영향을 준 사건이 되었다.

1971 1월 23일, **대한항공 여객기 납치 미수 사건,** 오후 1시 6분, 승객 60명 승무원 5명이 포함된 대한항공 F-27 여객기는 속초비행장을 이륙하여 서울로 향하던 중, 강릉 상공에서 범인 김상태가 폭발물로 조종실 벽과 동체 하부를 파괴하고 조종실로 침입하여 월북을 강요하다 실패한 사건이 발생.

註) 당시 범인이 창밖으로 눈을 돌려 지형을 살피는 순간 훈련조종사 전명세가 최천일 보안관에세 신호를 보내 권총으로 범인의 이마를 명중시킬 수 있었다. 범인은 쓰러지면서 손에 들었던 폭발물이 떨어지자 전명세가 몸을 날려 폭발물과 범인의 몸을 덮쳐 승객을 구했다. 수습조종사 전명세는 즉시 육군 외과병원에서 응급치료를 받고 헬기로 서울로 행했으나 이송 중 숨을 거두었다.

註) **※ 1971년도 북한의 대남 도발 목록**

6월 16일, 전방사단 연대수색중대 병력이 철원군 백마고지 서남방에서 매복근무 중, 20m 전방에서 접근하는 공비 3명을 발견 교전 끝에 1명 사살, 잔당은 도주.

6월 18일, 경찰이 강화 석모도에서 북한장비를 발견하고 수색중 공비 3명을 발견하여 교전 끝에 2명 사살하고, 1명 생포. 피해(부상 1명)

6월 30일, 사단수색중대 병력이 임진강변에서 잠복 근무중 공비 3명으로부터 기습사격을 받고,

교전 끝에 2명 사살, 1명 자폭. (전사 4명, 부상 12명, 장갑차 1대 전소)

7월 1일, GOP부대 아군 병력이 산병호 경계근무중 수중철책선 하단부를 굴토하고 침투하는 공비 3명을 발견하여 2명 사살, 잔당 도주.

8월 16일, 아군 병력이 DMZ 수색중 공비 5명을 발견하고 교전 끝에 전원 사살. 피해(전사 1명, 부상 2명)

8월 19일, 군단 하교대 부사관 후보생이 보초근무 중 괴한 2명을 발견하고 사격을 가하자 공비는 도주하고 기관단총과 피 묻은 붕대, 배낭 등을 노획

8월 20일, 경기도 강화군 길상면 거주 민간인이 괴한 2명을 발견하고 신고. 수색작전 끝에 안내원 2명 사살. 피해(전사 2명)

8월 21일, 전방사단 아군 병력이 매복 근무중 괴한 3명을 발견하고 교전 끝에 공비 3명 사살. 피해(부상 1명)

8월 27일, 사단 경계병이 임진강 해안에서 괴물체 4개를 발견하고 수색작전을 전개한 군 기동타격대가 간첩 4명 사살. 피해(전사 1명, 부상 1명)

9월 13일, 해병대 병력이 경북 월성 해안에서 공비3명을 발견하고 교전 끝에 2명 사살. 피해(경상 2명)

9월 18일, 김포군 양촌면에서 민간인이 괴한 4명을 발견 신고, 출동한 해병과 교전 끝에 3명 사살. 피해(전사 9명, 부상 20명)

10월 25일, DMZ 매복 근무자가 철책선 북방 50m 지점에서 공비를 발견하고 교전 끝에 2명 사살

10월 30일, 전남 소허사도에 괴선박 1척이 출현하였다는 신고를 받고 출동한 경찰은 산으로 도주하는 간첩 4명을 발견, 교전 끝에 전원 사살하고 유기한 간첩선 나포. 피해(전사 1명)

2월 8일, 군사분계선 남방 29Km 지점에 주둔한 미군 제7사단이 철수함으로서, 이제부터 휴전선 250Km 전체를 한국군이 수비하게 되었다. 이어 주한미군은 예정을 앞당겨 4월 1일까지 6만3천 명의 주둔군 중 3분지 1에 해당하는 2만2천 명을 추가로 철수시켰다. 미국은 나머지 병력도 한국의 근대화를 기다렸다가 5년 이내에 모두 철수할 계획이었다.

註) 박정희 대통령은 유사시에 미군의 즉시 개입을 문서로 보장할 것과 향후 5년 간 30억 달러의 특별군사원조를 요구했다. 일본까지도 신중을 기해 달라고 미 국무장관에게 요청했다. 그러나 미국은 국내 재정적자를 줄이기 위해 해외파견 군사력의 감축을 서둘렀고, 또한 중국과의 관계개선의 영향도 있어, "한국에 미군을 주둔시킬 이유는 없다"는 분위기이었다. 이 같은 심각한 안보 상황이 되자 정부는 국가비상사태를 선언하고 정책의 우선순위를 경제보다는 국방력강화에 두고 특별조치법을 만들어 시위를 금지하고 물자나 인력의 비상 동원 체제를 수립하는 등, 대책을 세우면서…

주변 국제환경이 전과 달라졌다. 미국과 소련이 긴장완화 분위기로 변해가고, 미국과 중국의 관계개선도 이루어졌다. 이에 따른 주변 강국들의 대 한반도 정책도 변해가니, 이제 한반도는 민족 내부 문제화의 방

향으로 나가게 되었다. 8월 12일, 한국의 적십자사가 북한 적십자사에 대해 '남북이산가족찾기 회담'을 제기하고 14일에 북측이 응함으로서 8일 만에 판문점에서 쌍방의 연락원들이 신임장을 교환하고 9월 20일, 단절되었던 남북 간의 접촉 및 첫 예비회담이 판문점에서 열렸다. 한편 남한에서는 학생들이 교련반대와 대학의 자율성을 외치고, 10월에는 부정부패 일소와 민중의 생존권 보장을 외치며 한 해 동안 학생운동이 격렬한 한해가 되었다.

註) 더불어 휴전 이후 17년에 걸쳐 제공되던 미국의 대한(對韓) 무상원조가 1970년에 끊겼고, 잉여 농산물 원조도 내년(72년)에 끊길 예정이었다. 또한 미국의 닉슨 독트린은 다시 주한미군 2개 사단의 철수로 나타나고, 이제 재정과 군사면에서의 비-미국화(非美國化) 정책은 한국으로 하여금 일본 쪽으로의 접근을 촉진하게 되어 "한국의 안전은 일본의 안전"이라는 표현이 자연스럽게 쓰여 지게 되었다.

8월 23일, **실미도 특수부대,** 새벽 6시, 북파(北派) 특수부대원들이 총을 거꾸로 잡았다. 24명의 기간요원 중 6명만이 살았을 뿐, 18명이 현장에서 사살되거나 익사했다. 23명의 특수부대원들은 3년4개월 만에 영종도 서쪽 실미도를 빠져나와 청와대를 목표로 인천 송도에서 버스를 탈취하여 서울로 들어오면서 군경과의 충돌로 2명이 죽었다. 다수의 민간인과 군경도 총격전에 희생됐다. 서울은 발칵 뒤집혔고 시민들 얼굴에는 공포가 가득했다. 마침내 서울 대방동에서 버스가 가로수에 부딪치자 모두 수류탄으로 자폭한 사건이….

註) 청와대 습격사건인 1.21사태가 계기가 되어 분노한 박정희 대통령은 그 보복조치로 특수부대 창설을 명령하여 1968년 4월 684부대를 창설했다. 인원은 남파 무장공비와 똑같은 31명이고, 인천에서 20km 떨어진 실미도가 훈련 장소였다. 훈련목적은 북한 주석궁 침투. 7명이나 숨질 정도로 혹독한 훈련이었다. 그러나 실전명령만 기다리며 묵묵히 참아온 3개월 간의 훈련이 끝나도 작전명령은 떨어지지 않았다. 보급과 지원도 예전 같지 않았지만 그래도 3년을 더 기다렸다. 그 사이 남북 대치국면이 화해 분위기로 변해가자 684부대의 존재가치가 사라지면서 대원들에 대한 푸대접이 심해지자, 이것이 원인이 되었다.

10월 15일, **위수령(衛戍令) 발동,** 그 동안 수출시장이던 미국 등의 경제가 침체에 빠지면서 경제성장률이 뚝 떨어지고 기업의 부도율이 높아지는 가운데 노사분규가 활발해져 이 해에만 해도 1,600건의 분규가 있었다. 게다가 박정희의 3선 개헌 문제와 맞물려 학생시위가 각계 단체로 확대되면서 반정부 시위로 확대되자 박 대통령은 서울지역에 위수령(衛戍令)을 발동하고 군대로 하여금 각 대학을 통제하도록 하면서…

12월 25일, **대연각 화재,** 오전 10시 17분에 발생한 서울 대연각 호텔 화재로 인하여 사망자 163명과 부상자 63명의 인명피해를 낸 대형화재가 발생.

1972 4월 18일, **주월 맹호부대의 안케 전투,** 4월 26일까지 주월한국군으로서는 가장 치열한 접전인 안케전투를 치렀다. '안케패스' 지역은 아군의 주요 보급 수송로인 월남의 19번 도로 중앙부에 위치한 전략상 중요한 지역으로, 맹호부대(수도사단) 제1기갑연대 제1중대가 638고지 일대에 전술기지(戰術基地)를 편성하여, 7.5km에 달하는 지역을 장악하고 있었다. 월맹군은 이 중요한 지역을 점령할 목적으로 1972년 4월

11일 월맹군 제3사단 제12연대 특공부대(特攻部隊)로 하여금 1중대 기지에 기습공격을 하면서 시작된 전투이다. 월맹군으로서는 월남군 2군단을 포위하려면 반드시 수행해야하는 작전이었다. 월맹군은 여기에 1개 연대 병력(3사단 12연대)과 지역 베트콩을 투입하였으며, 한국군은 파월 이래 가장 치열한 전투를 16일 동안 펼친 끝에 안케패스 지역을 장악함으로써 적에게 차단되었던 19번 도로를 개통하였고, 당시 구정공세 이후 월맹 정규군을 상대로 유일하게 연합군이 선전하여 전과를 냈던 전투이다. 결국 승리했고 적 705명을 사살했지만 한국군도 75명이 전사하고 109명이 부상을 당하는 큰 피해를 입어야 했다.

### 7.4 남북공동성명(南北共同聲明)

한편, 서울의 이후락(李厚洛) 중앙정보부장과 김영주(金英柱) 노동당 조직지도부장(1975년 4월 숙청됨)이 정치회담을 위한 비밀접촉을 하다가 마침내 7월 4일, 외세의 간섭 없이 자주적으로 무력에 의존하지 않고 평화적으로 실현한다는 내용의 공동성명을 남과 북이 동시에 발표했다. 실로 분단 후 처음으로 맺어진 민족의 합의점이다. 그러나…

註) 이 같은 합의가 이루어진 것은 2월의 미중간(美中間) 국교정상화로 인한 국제적 화해 분위기의 영향 때문이었다. 그리고 지금까지 실제로 인정하지 않았던 남한 정부를 대화의 실제적 상대로 인정한 진전이었다. 어쨌든 남북의 정부당국자들 간에 기존의 통념을 깨고 통일원칙을 이끌어냈다. 그러나 이러한 역사적 의미는 남한의 시월유신(1972. 10. 17)과 북한의 사회주의헌법 채택(1972. 12) 등에서 보듯, 통일논의를 자신의 권력 강화에 이용하려는 남북한 권력자들의 정치적 의도로 그 빛을 잃고, 급기야 김대중 납치사건(1973년 8월)을 핑계로 북한은 남북 상설 직통전화의 일방적 중단과 함께 모든 남북 간의 대화를 중단했다. 결렬의 참 이유는 북측 대표단이 처음 방문한 서울의 예상 밖의 발전상을 직접 보고 놀라 남북교류의 위험성을 느꼈기 때문이었다. 한국의 발전상을 그대로 보고한 박성철에게 김일성은 "너의 사상에 구름이 끼어 그렇게 보였다"는 꾸지람과 함께 당 중앙학교에서 6개월 간의 사상학습을 이수하라는 명령을 받았다고 한다.

### 제1차 남북적십자회담(南北赤十字會談)

8월 30일, 평양에서 열린 1차 본회담에서 흩어진 가족들의 주소와 생사를 알아내어 알리는 문제 등 5개항의 합의를 보았다. 비로소 20여 년 만에 평양의 모습이 서울에 공개되었다. 이어서 9월 13일에 열린 2차 본회담에서도 합의하여 3차부터는 의제에 관한 토의를 진행하기로 했다.

註) 적십자회담은 남과 북 모두에게 아무것도 안겨주지 못했다. 회담장은 서로간의 정치선전장으로 변했고, 서울과 평양의 체제 경쟁 장소로 쓰였다. 적십자정신인 인도주의는 어디에서도 없었다. 다만, 이산가족 문제가 온 국민의 관심 속에 전면으로 부각하는 계기가 되어 남측의 전략적 계략이 맞아 떨어지게 되었다. 즉, 자유의 바람이 북측을 위협하는 무기(?)가 되어 북측을 불안하게 만든 것이다. 이는 남측의 자신감이기도 했다. 결국 남북대화는 서로 간에 견해차이만 확인한 채로 이듬해(73년) 전반기에 이르러 교착상태가 되고 말았다.

## 10월 유신(10月 維新)

10월 17일, 주변정세가 불안해져가고 내부적으로도 사회 불안이 커지자 박 대통령은 누구도 예상하지 못한 폭탄선언을 했다. 이른바 '10월 유신'이다. 기존의 헌법 폐지, 국회 해산과 대통령 간선제 도입 등을 골자로 하는 성명서 발표와 함께 계엄령을 선포했다. 곧이어 군 병력이 시내에 진주하면서 정치인들을 검거하고, 언론에 대한 철저한 검열에 들어갔다. 한편, 북한의 김일성은 이에 맞추어 '사회주의 헌법'을 제정하고 10월 27일 공포하여 1인 통치체제를 더욱 강화시켰다. 11월 2일에 평양에서는 제2차 공동위원회가 열려 상호 비방하는 행위의 중단을 합의했다. 또한 남에서는 유신헌법에 의해 박정희가 12월 27일 8대 대통령(임기 6년)으로 정해지고, 이후에도 적십자회담과 조절위원회는 서울과 평양을 오가며 진행되는데…

註) 유신체제는 북한의 위협에 대처하기 위해 대통령의 국내 위상을 높여야 한다는 것이 이유였으며, 국가 안보와 정치안정, 그리고 경제발전을 위해서 민주주의는 뒷전으로 밀려내는 조치로서, 곧이어 여러 분야에서 거센 저항에 부닥쳤다. 이에 대하여 박대통령은 중앙정보부와 경호실을 통해 반대하는 인사들을 연금시키거나 체포해 입을 막으면서, 또한 언론을 조여 가며 신문기사를 모두 검열하는 등 강경하게 맞섰다.

註) 유신체제는 박정희 통치 18년 기간 중 가장 모험적인 선택이었다. 반정부 세력들은 '제2의 쿠데타'라고 비난했다. 박정희는 60년대를 통해 근대화라는 과업을 추진해왔기 때문에 이를 중단 없이 계속하여 자립경제의 기반을 굳게 다지고자 했다. 그는 자기가 아니면 누구도 이처럼 어려운 과업을 이룰 수 없다고 생각했다. 일본은 1868년 메이지(明治)유신에서 유래된 말로, 적극적인 부국강병(富國強兵) 정책으로 단기간에 봉건국가에서 근대국가로 탈바꿈했다. 박정희도 이 처럼 단기간에 '민족중흥의 혁명'을 조기에 달성하기 위해 필사적인 모험을 한 것이다. 그래서 제4공화국 출범과 동시에 중화학공업 건설, 새마을 운동, 방위산업 육성 등에 적극 나세게 되었다.

註) **닉슨독트린(Nixon Doctrine):** 1970년 7월에 미국은 한국과 협의 없이 주한미군 2만 명을 철수할 것이라고 발표했다. 이른바 닉슨독트린인데, "아시아의 방위는 1차적으로 아시아 국가의 책임"이라는 것이다. 이어 1971년 3월에 주한미군 제7사단을 철수시켰으며, 1976년까지 주한미군을 완전히 철수할 예정이라는 것이다. 당시 북한은 한국에 비해 군사력이 압도적으로 우세했다. 이어 1971년 7월에 먀국태통령 닉슨의 중국 방문이 발표되고 1972년에는 닉슨이 중공을 방문하여 대만(Taiwan)을 중국의 일부라고 선언했다. 이로서 미국이 한국까지 포기할 정세로 돌아가자 박정희는 1971년 12월에 국가비상사태를 선언하고, 뒤이어 1972년 10월 유신 체제를 출범시키면서, 핵무기 개발을 서두르게 된 것도 미국 정부의 급현한 아시아 정책 때문이었다.

11월, **백령도 사건,** 남한이 급속하게 공업적 군사력의 생산능력을 키워나가자 김일성은 초조해 했다. 지난 2월에 12명이 탄 어선을 격침하고 또 13명이 탄 다른 어선을 납치해간 이후, 서해5도 주변에서 빈번하게 영해침범을 해오고 있었다. 그러다가 이제는 서해5도에 입출항하는 남한 선박들은 모두 북한해군의 검문검색을 받아야 한다고 나왔다.

註) 박정희 대통령은 즉각 반격태세를 갖추고 전쟁도 불사한다는 각오로 맞섰다. 결국 김일성이 꼬리를 내렸는데, 이때부터 정부는 부족한 무기사정에도 불구하고 백령도에 예비군과 학도호국단을 모두 M-16 소총으로 무장시키고 수개월분의 비상식량까지 비축해두었다.

### 한국군 월남(越南, Vietnam) 철수

1973 1971년 11월 6일에 한국과 베트남 정부는 서울과 사이공에서 동시 발표된 공동성명을 통해 1971년 12월부터 주월(駐越) 한국군 가운데 1만 명을 단계적으로 철수시킨다고 밝혔다. 그리하여 12월 9일 청룡부대 일부 병력의 제1차 철수가 시작되었다. 이어 1973년 1월 24일의 베트남 휴전협정조인에 즈음하여 주월 한국군의 제2차 철수가 발표되고. 이 계획에 따라 1973년 1월 말부터 3월 말까지 2개월 사이에 주월 한국군은 철수를 완료했으며, 주월 한국군사령부도 3월 14일 철수했다.

註) 1964년 9월부터 10여 년 간의 해외출병으로 미국, 호주군과 함께 많은 전투를 치르며 혼전을 해왔는데, 이제 미국은 더 이상 월남에 빠져들 형편이 아니었다. 북베트남의 호지명이 남으로 밀려와 1975년 여름에 공산통일베트남이 성립되는데, 한국군에게는 귀중한 실전경험을 얻게 했고, 동시에 자주국방의 기초를 다진 방위산업 발전의 기반을 굳히며, 전쟁특수와 함께 경제개발을 앞당기는 큰 밑받침이 되어준 기간이 되었다.

3월 7일, 매년 봄·가을에 정기적으로 하는 작업인 비무장지대 내 표지판 보수 작업을 실시하던 중, 작업을 마치고 귀대하는 장병을 향해 북한군이 기습 사격을 해 왔다. 대위 1명과 하사 1명이 쓰러졌다. 박정인(朴定仁) 백골사단장(육군 3사단장)은 "차후 사태에 대한 책임은 인민군 측에 있다"고 몇 차례 경고했다. 북이 이를 무시하자 북측 GP(초소)와 북한군 보병들 배치 지역에 포탄을 쏟아 부었다. 부상 장병을 구하기 위해 연막탄도 발사했다. 이 연막탄으로 일대에 불이 붙자 지뢰들이 연이어 폭발했다. 이것이 끝이 아니었다. 그날 밤 사단 내 모든 트럭에 라이트를 켠 상태로 한꺼번에 DMZ 남방한계선까지 돌진케 했고 일부 차량은 군사분계선까지 밀고 갔다. 나중에 박 사단장은 "김일성에게 겁을 주기 위한 것"이라고 했다. 실제 북에서 난리가 나고 김일성은 전군에 비상동원령을 내렸다. 김일성은 분명 떨었을 것이다.

註) 1972년 이후 남북협상을 진행 중이던 정부는 한 달도 되지 않은 1973년 4월 3일 박 사단장을 해임했다. 미군의 요구도 있었을 것이다. 누군가 "북은 도발하면 훈장을 주고, 우리는 반격하면 벌을 준다"고 했는데 바로 이런 경우였다. 박 사단장은 회고에서 "나는 나의 판단과 행동을 후회하지 않는다. 포격을 퍼붓는 동안 그들은 단 한 발의 포도 발사하지 못했다"고 했다.

註) **※ 1973년도 북한의 대남 도발 목록**

4월 17일, 전방사단 연대수색중대 병력이 매복근무 중 공비 3명이 침투하는 것을 발견, 교전 끝에 2명은 사살, 잔당은 도주.

5월 5일, 전남 완도 거주 주민 4명이 괴한 2명을 발견하고 검거하려다 권총에 맞고 부상, 신고를 받은 경찰이 출동 1명 사살, 1명 행방불명

5월 9일, 제6차 적십자 본회담이 서울에서 열리기는 했으나 북측의 정치적 발언이 짙어지면서 앞날을 어둡게 만들었다. 결국 남북조절위가 교착상태에 들어가다가 6월 12일에 서울에서 열린 남북조절위원회를 끝으로 모든 회담이 중단되고 말았다.

6월 23일, 박정희 대통령이 '6.23 평화통일 외교정책 선언"을 발표. 그 내용은 "유엔 다수 회원국의 뜻이라면, 통일에 방해가 되지 않는다는 전제 아래 우리는 북한과 함께 유엔에 가입하는 것을 반대하지 않는다"는 7개항으로 되어있다. 그러나 북한은 "6.23선언은 한반도에 2개의 정부를 인정함으로써 분단을 영구화시키는 것이다"라고 비난하고 모든 남북대화 중단의 구실로 삼아 8월 28일, '6.23 선언'과 '김대중 사건'을 구실로 남북조절위를 중단한다고 일방적으로 선언했다. 이로부터 남북은 다시 긴장된 대치상태로 돌아서고…

註) 이로서 모든 남북 대화는 중단되었는데, 중단의 필요성은 북한 쪽이 더 절실했다. 평양과 서울을 왕래하면서 이루어진 대화에서 북한 측이 발견한 것은 예상치 못했던 남북 경제력의 격차로서, 더 이상 왕래한다는 것은 체제유지에 위험이 된다는 판단 때문이다.

7월 3일, **포항제철,** 착공 3년 3개월 만에 이날 포항제철이 경부고속도로의 3배인 1,200만 달러를 들여 준공을 보게 되었다. 여기에는 제선 제강공장 등 10개 단위 공장과 12개의 부설 시설을 거느린 국내 단위 사업장으로서는 최대 규모였다. 이로서 포항제철은 3기 경제개발5개년계획의 3대 목표의 하나인 중화학공업의 중추를 맡게 되었다. 이후 포항제철은 73년 1기 설비 준공 이후 생산 설비를 계속 확장 추진하게 된다.

註) 박정희의 산업혁명 업적 중에 대표적인 성공작을 꼽으라면 단연 포항제철과 경부고속도로 건설일 것이다. 이들 두 사업의 경제적 의미는 너무나 크다. 이후 포항제철과 경부고속도로로써 비로소 해방 이후 북한의 공업능력을 추월하기 시작했다는 점. 정부의 제철공장의 추진에 세계 여러 나라들은 불가능이라며 외면했다. 세계은행(IBRD)조차 우리가 간청한 차관을 브라질과 터키에 제공했다. 우리는 제철산업의 고로(高爐)를 운용한 경험이 전혀 없었고, 그 나라들은 있었기 때문이다. 그러나 결과적으로 그 나라들은 모두 실패했고, 우리는 성공했다. 이는 박정희와 박태준의 강력한 의지와 추진력의 결과로서 후일에 대표적인 성공사례로 평가받게 되었다. 만약 경부고속도로와 함께 이들 두 사업이 당시의 반대에 굴복해서 무산되었다면, 그리고 박정희가 아니라 해도 이런 사업이 추진될 수 있었을까?

8월 8일, **김대중 납치 사건,** 반정부 지도자로 널리 알려진 김대중은 71년 선거에서 패한 후부터 미국으로 건너가 일본을 오가며 박정희를 비판과 유신반대운동을 하고 다녔다. 그러던 중 김대중이 일본 도쿄 방문 중 시내에 있는 그랜드 팰리스(Grand Palace) 호텔 2212호실에서 이후락(李厚洛) 중앙정보부장의 지시로 6명의 이상한 청년들에 의해 납치당해 귀국한 사건이 발생.

註) 납치된 김대중은 포박되어 눈을 가린 채 자동차로 오사카(大阪)로 끌려가, 다시 '용금호'란 배에 감금된 채 대한해협을 건너 부산으로 강제 귀국되었다. 당시 김대중의 반정부 활동이 박대통령의 분노를 사자, 정보부장 이후락이 남북관계를 주도하면서 우쭐하는 기분으로 권력을 남용해 저지른 사건이다. 이 사실을 안 대통령은 격노하여 그를 해임시켰다. 이 사건은 박 정권의 최대 실책이 되어 그

로 인해 박 대통령은 정적을 납치하여 죽이려했다 하여 그의 도덕적 권위와 정통성에 회복하기 어려운 타격을 받게 되고, 반면에 피해자인 김대중은 국내외에서 '정치적 순교자'로 회자되어 유명한 민주 인사로 떠오르게 되었다.

10월, 2학기가 개강되면서 대학생들의 시위가 다시 일어나 '정보정치 철폐'와 '김대중 사건 진상규명'을 요구하며 계속되니…

12월 12일, **서해사태,** 서해 대청도 동북방 13마일 해상에서 북한 함정 1척이 백령도를 떠나 인천으로 향하던 여객선 황진호를 납치하려다가 호위 중이던 해군 함정과 20분간 대치하다가 북상했다. 이어 이듬해 1월 5일 오후 5시 경에는 북한 함정이 소청도 동방 2.5해리까지 북방한계선을 넘었고, 오후 6시경 북한 함정이 소청도 동방 2해리까지 침범했다가 우리 함정과 마주치면서 북상하는 사건이…

註) 이때 북한 측은 유엔군 통제 하에 있는 서해 5도의 접속수역 일대가 북한의 영해이므로 남측이 항행할 때는 자신들의 사전 승인을 얻어야 한다고 주장했다. 그리고 이를 어길 시는 적절한 조치를 취할 것이며 이로 인한 사태는 유엔 측의 책임이라고 통보하는 사태에 이르자, 실제로 백령도로 가는 뱃길이 끊기고 군수물자와 생필품을 수송기로 공수하는 사태가 발생했는데…. 결국 전면전을 각오한 과감한 대처로 우야무야 되기는 했다. 그러나 이때 무장의 열세를 통감하고 프랑스와 미국에서 함대함 미사일을 긴급 도입하는 등의 해상 우세를 회복하는데 2년 가까운 시간이 필요했다.

1974 4월, **민청학련사건(民靑學聯事件),** 1973년 9월 개학과 더불어 대학생들의 시위가 점차 반독재, 반체제 움직임으로 바뀌자, 일부 야당인사와 지식인과 종교인들까지 이에 동조하여 공화당정부를 규탄하는 운동을 벌였다. 사태가 커지자 정부는 1월 8일 긴급조치 1, 2호를 공포하고 위반자를 심판할 비상군법회의를 설치했다. 이에 학생들은 교내에서 지하신문 발행과 동맹휴학으로 저항하고, 일부 지식인과 교회에서는 비밀 개헌서명운동까지 벌였다.

4월 3일, 박정희는 "반체제운동을 조사한 결과, 전국민주청년학생총연맹이라는 불법단체가 불순세력의 조종을 받고 있었다는 확증을 포착하였다"고 하면서 긴급조치 제4호를 발동, 학생들의 집단행동을 일체 금지시켰다. 이후, 군법회의는 구속한 180명에 대해 인혁당 관련자 8명에게 사형, 민청학련 주모자급은 무기징역, 나머지에게는 징역 20년에서 집행유예까지를 선고했다가 이듬해 2월 15일 대통령특별조치로 대부분 석방했다.

8월 15일, **대통령 저격사건(狙擊事件),** 오전 10시 23분, 광복절 경축사에 평화통일 3대원칙을 발표하던 박정희 대통령을 향해 청중석 뒤에서 문세광(文世光)이 갑자기 뛰어나와 여러 발의 권총을 발사했다. 대통령은 무사했으나, 대통령 부인 육영수(陸英修) 여사와 합창단의 한 여학생이 유탄에 맞아 절명했다. 범인은 5월에 북한의 대일공작선이며 재일교포 북송선이기도 한 '만경봉호(萬景峰號)'에서 대통령을 저격하라는 지령을 받고 잠입한 재일교포 2세이었다. 이로 인해 한때 한일관계가 불편해졌으나, 일본정부가 책임을 솔직히 인정하고, 9월 19일 진사특사(陳謝特使)를 한국에 보내어 양국관계는 다시 회복되었다. 범인은 12

월 20일 사형이 집행됐다.

註) 이날의 총성으로 남북 간의 화해분위기는 다시 노골적인 적대감으로 바뀌었다. 큰 원인은 미국의 월남전 패배에도 있어 김일성은 사이공 함락을 보고 또다시 전면전을 벌일 생각이었다. 그러나 중국이 지원을 거부했고, 소련은 심지어 그의 방문 제의조차 거절했다. 중국과 소련은 모두 미국과의 관계 개선에 온 신경을 쏟고 있는 판이라 모두 한반도의 전쟁을 원치 않았다. 게다가 박대통령의 핵개발을 미국이 저지하고 있는 상황이었다. 부인을 잃은 박 대통령은 이후부터 과거와 같은 자신감과 결의도 잃어 갔다. 북한 공작원들이 또 다시 사건을 저지를까 우려하여 대통령 주변에 대한 통제가 삼엄해졌고, 이러한 분위기를 이용한 경호실장 차지철(車智澈)이 자신의 영향력을 키우면서 박 대통령은 차츰 국민으로부터 고립되기 시작…

註) **※ 1974년도 북한의 대남 도발 목록**

4월 2일, 리비교 공비침투 및 복귀사건: 대대 후문 보초병이 도로에서 괴한 3명을 발견하고 수하하자 "11중대 병력이다"라고 하여 암구호도 확인하지 않고 통과시켜 북상 도주

5월 20일, 추자도 간첩 사건: 간첩 2명이 북제주군 추자면 대서리 본가에 출현한 것을 조카가 신고하여 출동한 군경이 1명 사살, 잔당은 도주. 피해(전사 3명)

7월 20일, 어청도 근해간첩선 격침: 해군 함정이 어청도 근해 격렬비열도 25마일 해상에서 의아선박을 발견, 추격하자 사격하며 도주함으로 집중사격으로 격침. 간첩사살 7~8명 추정. 피해(경상 3명)

8월 15일, 육영수 영부인 피살사건

한편, 8월 23일, 내외로부터의 압력으로 긴급조치 1~4호가 모두 해제되자, 학생들의 시위가 다시 고개를 들었다. 학생과 언론인들의 반항이 드세어지며…

### 남침용 땅굴 발견

11월 15일, 지하 땅굴 굴착공사에 동원되었던 김부성이 9월 5일에 귀순해와 땅굴의 존재를 진술했다. 그의 말을 반신반의했지만, 땅굴은 그로부터 2개월 후에 그가 말한 문산 지역이 아닌 엉뚱한 곳에서 발견되었다. 처음 발견된 남침용 땅굴은 중서부 전선 경기도 파주시 적성면 고랑포리 동북방 8㎞지점이었다. 발견 당시 쌍방 간에 총격전도 벌어졌다. 지난 1971년 9월에 김일성이 "남조선을 해방시키기 위해서는 속전속결 전법을 도입, 기습을 감행할 수 있어야 하며 특수공사를 해서라도 굴착작업을 완료하라. 하나의 갱도는 10개의 핵폭탄보다 효과적이다"고 했다. 북한군은 이 지시에 따라 최신형 굴착기를 스웨덴 등지에서 비밀리에 도입하여 1972년 5월부터 땅굴작업을 시작했고 이후 공사 조기완료를 위해 온 힘을 쏟아 부었다. 그런데 들통이 났다. 이때 땅굴 속에서 발견된 소련제 다이나마이트와 북한제 전화기, 그리고 북쪽에서 남쪽방향으로 작업 일정을 기록한 흔적 등에 대해서도 "남조선의 조작이다"하며 억지를 부렸다.

註) 이후부터는 본격적으로 남침용 땅굴 탐사작업에 들어가 제2땅굴을 1975년 3월19일에 철원북방

13km지점에서 발견했고, 제3땅굴은 1978년 10월17일 판문점 남방 4km지점에서 발견. 이 땅굴은 그 위치가 서울에서 불과 44km거리에 있었기에 제1, 제2 땅굴보다 훨씬 위협적이었다. 제4땅굴은 1990년 3월3일 양구 동북방 26km지점에서 발견했는데 이로써 북한이 전선 전역에 걸쳐 남침 땅굴을 굴착해 놓았음이 증명되었다. 지금까지도 남침땅굴의 징후는 사라지지 않고 있는데, 북한이 이처럼 많은 땅굴을 파놓은 것은 유사시 특수부대를 대규모로 침투시켜 한국의 주력부대를 무력화시키고 전쟁을 단기에 끝내겠다는 목적 외에, 한국사회가 혼란해질 때 무장 게릴라를 남파시키는 침투로로 활용하기 위한 것이었다. 현재까지 징후가 발견되고 있는 곳이 17~20여 곳으로 알려졌으며, 어쩌면 거의 굴착을 해놓고 입구만을 남겨둔 채 철수했을 가능성이 많다고 보고 있다.

1975 2월 15일, 긴급조치 위반자들이 일제히 석방되었다. 그러나 학원의 시위사태는 그치지 않았다. 긴급조치가 9호까지 발표되고, 민주화의 요구는 더욱 거칠어져 가는데…

註) 이즈음 남북대화의 불확실성으로 인해 남북한 간에 극심한 군비경쟁이 벌어지고 있었다. 1972년부터 79년까지 북한은 한국전쟁 이래 유례없이 군사력을 증강시킨 기간이 되었다. 이에 따라 73년에 한미1군단 사령관으로 부임해 온 제임스 중장은 "한국군을 공격부대로 전환 시키겠다"하면서 '9일 전쟁론'을 폈다. 여기에는 1975년 4월에 캄보디아와 베트남이 공산화된 영향이 크게 작용했다. 박대통령은 비무장지대 근처에 도로를 닦고 탄약 벙커를 비롯해 여러 시설을 짓는데 엄청난 돈을 쏟아부었다. 박대통령은 월남전 패배에 놀라움이 대단했다. 미국이 월남을 배신하는 모습을 보면서 과연 미국을 믿을 수 있을지 의심했다. 이후 한국에서 이루어진 모든 제조업 투자의 75%는 방위산업 강화가 목적이 되었다. 이 무기를 토대로 1개 기계화사단과 5개 공수여단을 신설하고, 해군 병력을 배로 늘였으며 미사일과 선박을 구입하고 공군기도 최신예 제트기로 교체해 나갔다.

4월 18일, 北韓, 실로 14년 만에 중국을 방문한 김일성은 중국이 당황하여 만류할 정도의 발언을 했다. "베트남 방식에 의한 남반부의 무력 해방도 불사한다"는 초강경 연설이었다. 여기에 한마디 더 붙여서 "남조선을 해방시키는데 아무 문제가 없다"고 호언까지 했다.

註) 김일성의 이 발언으로 '10월 유신' 이후 반체제와 민주화 여론에 밀려있던 사회 분위기는 즉시 박대통령의 국민총화와 강력안보 체제로 유도되어 반체제파의 운동이 기세가 꺾이게 되었다. 이때 뉴스위크 기사는 "박정희 대통령은 세계에서 가장 운이 좋은 지도자라고 미국 정부 당국자는 말하고 있다. 왜냐하면 그가 국내적으로 어려움을 당하고 있으면, 김일성은 번번이 광기를 부려 박정희를 궁지에서 끌어냈으니 말이다"

註) **※ 1975년도 북한의 대남 도발**

4월 27일, 동래 침투간첩: 부산시 동래구 석대동 거주 민간인이 산에서 거동 수상자 2명을 발견 신고, 출동한 군·경은 간첩 1명 체포, 5월 3일 간첩 추가 검거

6월 28일, 광주 침투공비 사살사건: 전남 광주시 서구 동운동 뒷산에서 괴한 2명 발견하여 신고, 군·경은 추격 끝에 1명 사살, 1명 도주, 8월 1일 전북 완주에서 사살

9월 11일, 전북 고창 침투공비 사살사건: 전경대 해안초소 경계병이 순찰중 괴한 2명으로부터 사격을 받고 교전, 1명 사살, 1명 도주 피해(전사 3명, 부상 2명)

**핵(核)개발 프로그램,** 지난 1970년 6월에 아군 해군 경비정보다 속도나 무장이 월등한 북한 경비정이 여유만만하게 어선을 납북해 가는 사건에 충격으로 국방개발원을 설립했었는데, 때마침 미국이 1개 전투사단을 본토로 철수해 나가자 그 충격으로, 박대통령은 무기의 낙후성 때문에 자주국방의 어려움을 상쇄하려면 핵개발이 절실하다고 여겼다. 그 후 72년부터 미국 몰래 프랑스와 손잡고 착수했으나, 미국이 이를 간파하고 만류하고자 끈질기게 물고 늘어지는데…….

註) 박정희 대통령은 재래식 무기만으로는 나라를 지키기 어렵다고 판단하고, 국가의 안전을 보장할 수 있는 궁극적 수단으로 "핵무기와 미사일 개발을 통해 자주국방을 이루겠다"는 의지를 강하게 보였다. 그 후 1978년에는 "81년 국군의 날에 그 핵무기를 공개한 후 대통령직을 사임할 계획"이라 하면서 "그러면 김일성은 감히 남침할 엄두를 못 낼 것"이라고 했다. 그러나 미국의 방해는 집요했다. "원전 연료 제공을 중단하고 핵우산을 거두어 들이 겠다"고 했다. 그래도 위장한 채 연구를 진행해나갔다. 결정타는 10.26사건이었다. 박대통령의 사망으로 추진력을 잃다가 전두환 정부가 80년 12월에 핵연료개발공단을 원자력연구소로 통합하면서, 핵 개발 조직이 사라졌고 연구원들도 뿔뿔이 흩어져야 했다.

1976 3월, 北韓, 양강도의 태평 임산사업소 노동자들이 거주이전과 이동의 자유를 요구하는 전단을 살포하고, 7월에는 함경남도 광천군의 용양 광산에서 수백 명의 노동자가 충분한 급식을 요구하며 유혈폭동을 일으켰다. 한편으로 남한에서도 전국이 대학생들이 유신철폐 등을 주장하며 시위가 이어졌는데, 거의 매일 시위로 해가 뜨고 달이 뜰 지경이었다.

**한미합동 기동훈련(韓.美 合同 機動訓練) - 팀 스프리트(Team spirit),** 이즈음 미국은 월남패배에 대한 한국정부의 우려를 덜어주기 위해 북한에 대한 핵공격도 불사한다는 위협과 함께, 동부전선에서 대규모 팀 스프리트 기동훈련을 최초로 실시했다. 공수부대 낙하와 수륙양용 상륙 훈련 등을 본 북한은 신경질적인 반응을 보이다가, 8월 5일에는 한미양국이 북침준비를 강화하고 있다는 비난성명을 발표했다. 북한이 볼 때 팀스프리트 훈련은 북침을 위한 마지막 총연습이었다. 그리고 며칠 후…

註) **팀스피릿 (Team Spirit) 연합훈련,** 한반도에서 돌발 사태에 대처하기 위해 연례적으로 시행하고 있는 한.미 양국군의 연합군사 훈련으로, 미국본토와 해외기지에 배치하고 있는 육해공군부대를 신속히 한국에 투입시켜 한반도에 전개하는 훈련이다. 특히 주한 미 제7사단의 철수로 인해 북한군의 남침 가능성이 커진 것을 감안하여 1969년부터 실시된 훈련명칭 '포커스 레티나'가 그 효시이며 1971년부터의 '프리덤볼트'를 거쳐, 1976년부터는 '팀스피리트'라고 했다. 이 훈련에는 미 육해공군부대의 신속한 전략이동으로부터, 지상작전을 지원하기 위한 각종 항공작전 및 해상작전, 야전기동, 연합상륙, 기동부대에 대한 지원 등, 한국방위를 위한 모든 훈련이 포함되었다. 1978년부터는 참가 병력이 10만 명을 넘었고 B-52 중폭격기 편대와 미사일 대대 등 핵공격 능력을 갖춘 부대가 동원되는 등 그 양상이 달라졌

으며, 1984년부터는 참가 병력이 20만 명을 넘었고 훈련기간도 50~90일로 크게 늘었다. 이는 1983년 소련이 중동 산유 지역에 개입하면서 이에 대한 대비로 소련의 동해안 지역을 공격한다는 미국 레이건 정권의 '동시다발보복전략'에 의한 것이다. 그러나 남북합의서로 상징되는 1991년의 남북관계의 진전을 배경으로 한.미 측은 1992년 예정이던 군사훈련을 중지했다. 그 후 북핵(北核) 문제로 남북관계가 악화되자 1992년 10월 훈련재개를 결정하고 1993년부터는 규모와 기간을 축소하여 실시했다.

註) **※ 1976년도 북한의 대남 도발**

6월 19일, GOP부대 근무자가 북한강변 철책선 부근에 서 공비를 발견, 교전 끝에 3명 사살. 피해(전사 4명, 부상 6명)

7월 3일, 완도 공비 침투: 전남 완도군 금일읍 화목리 거주 주민 3명이 약초를 채취하기 위해 구도(무인도)로 건너간 후, 1명은 공비의 권총에 맞아 살해되고, 2명은 후일 생환.

8월 18일, **판문점 도끼 사건**, 오전 10시경 미군 장교 2명과 사병 4명, 한국군 장교 1명과 사병 4명 등 11명이 「돌아오지 않는 다리」 남쪽 유엔군측 제3초소 부근에서 시야를 가리는 미루나무의 가지를 치는 한국인 노무자 5명의 작업을 경호하고 있던 중, 북한군 장교 2명과 수십 명의 사병이 나타나 작업 중지를 요구했다. 여름만 되면 무성한 잎이 관측소 시야를 가로막아온 터라 미군장교는 이를 무시하고 작업을 진행시켰다. 그러자 곧 20여명의 북한군이 증원됐고 "죽여라"는 북한 장교의 고함과 함께 북한군은 곡괭이와 도끼 등을 사정없이 휘둘렀다. 순식간에 일어난 일로 북한군은 미군장교 2명을 살해하고 나머지 9명에게도 중경상을 입힌 후 유엔군 트럭 3대와 초소까지 부수고 돌아갔다.

8월 21일, **폴 번얀 작전 - 미친 개한테는 몽둥이가 약이다,** 도끼사건이 일어 난지 3일 후, 오전 7시, 한미 양국군 트럭 23대가 아무런 통고 없이 공동경비구역에 들어가 미공병대원 16명이 42분 만에 커다란 미루나무를 자른 후, 이어서 북한군이 무단으로 설치한 다른 장애물 두 개까지도 모두 제거해 버렸다. 이들의 호위 병력은 권총과 손도끼로 무장한 30명의 경비소대원과 64명의 한국군 특전사 대원뿐인데, 아무 일 없이 작업을 마쳤고 사건은 더 이상 확대되지 않았다. 이때 북한군은 지켜보기만 했다.

註) 그렇지 않아도 1968년의 1.21사태와 같은 해 '푸에블로호 납치사건'에 대해 미국이 아무런 보복을 하지 않은데 못마땅해 했던 박정희 대통령은 '미국은 더 이상 종이호랑이란 소리를 들어서는 안 되며, 미친 개한테는 몽둥이가 필요하다'고 하면서 한미합동작전을 통한 보복을 제의하는 등의 강경한 태도를 보였다. 미국도 월남에서 패배한 후 여타지역에서의 미국의 안보 공약에 대한 신뢰를 과시할만한 어떤 대응조치가 필요했다. 이날 미루나무 제거작전을 진행하면서 뒤에는 가위 3차 대전도 일으킬 수 있는 막강한 군사력을 동원했다. 데프콘2(공격준비태세)를 발령한 상태에서, 위에는 20대의 헬기가 1개 중대의 미군 보병을 태운 채 선회하고, 그 뒤에는 코브라 공격용 헬기가 날고 있으며, 또 저만치 상공에는 일본 가데나 기지에서 이륙한 F4 전투기 24대와 한국군 F5 전투기의 호위를 받으며 괌 앤더슨 공군기지에서 이륙한 B52 폭격기 3대가 날고 있었다. 또 오산 공군기지에는 미 본토에서 날아온 F111 전폭기 20대가 대기 중이고

바다에는 항모 미드웨이호가 중무장한 호위함 5척을 거느린 채 북한 해역으로 이동하여 공격준비를 하고 있었으며, 비무장지대 가까이에는 중무장한 한국군 보병과 기갑부대 및 포대가 대기하고 있었다. 미군들이 나무를 쓰러뜨렸다. 그때 비무장으로 작전을 수행하던 한국 특전 요원들이 갑자기 몸에 숨긴 무기를 꺼내 조립했다. 그들은 북한 초소 4개를 파괴하며 도발을 유도했다. 그러나 북한군은 꼼짝하지 않았다. 만일 이때 사건이 일어났다면 이후의 역사도 달라졌을 것이다. 여기서 북한군이 조금이라도 대항한다면 즉각 개성과 연백평야까지 진격하는 국지전 계획까지 세워놓고 있었다. 그러나 북한의 김일성이 즉각 유감의 뜻을 표명하는 사과문을 21일에 유엔군 측에 전달함으로써 일단락….

註) 한국군을 위해서는 이 사건이 대전차 미사일 '토우(Tow) 부대' 창설이나, 나이키, 허큘리스, 호크 미사일 대대의 인수, S-2 대잠 초계기와 헬기 중대, 그리고 F5E 최신예 전투기 도입 등의 국방력 증강의 계기가 되어주었다.

10월 12일, 테러국으로 악명 높인 북한이 이번에는 덴마크 주재 북한대사관 관원이 외교 특권을 악용하여 147Kg의 마약과 다량의 양주와 담배를 밀수하여 뒷거래를 하다가 현장에서 적발되어 대사 등 4명의 공관원이 추방되는 일이 발생했다. 또한 비슷한 시기에 스웨덴, 핀란드, 노르웨이 등 다른 북유럽 3국에서도 똑같은 종류의 밀수행위를 하다가 적발되어, 모두 13명의 외교관들이 전원 추방 또는 자진 출국 형식으로 쫓겨났다.

註) 사건은 전 세계 63개국 261개 신문에 연일 크게 보도되어 북한 외교관들은 심한 궁지에 몰리게 되는데, 노르웨이에서는 추방당하면서도 "노르웨이 국법을 어긴 적이 없다"고 잡아떼고 오히려 "대사관 물품을 도난당했다"는 생떼로 다시 한 번 세상에 웃음거리가 되었다.

1977 1월, 인권외교와 주한미군 철수를 선거공약으로 내세운 미국의 카터가 대통령에 취임하면서 한미관계가 불편해가기 시작했다. 카터는 취임하자마자 주한미군을 78년 말까지 6천명, 80년 여름까지 9천명, 82년 7월까지 완전철수 계획까지 일방적으로 발표했다. 여기에다 6월에는 '코리아게이트'를 추궁하는 도구로서 한국인의 원망과 경멸의 표적이던 김형욱(金炯旭) 전 중앙정보부장을 불러 의회에서 증언을 청취하고, 이 증언에 불응한 재미 한국인 실업가 박동선을 일방적으로 법원에 기소하여 한미 간에 냉랭한 분위기가 익어 가는데…

註) 미국에 인권을 중시하는 카터 대통령의 등장은 한미관계를 근본적으로 어렵게 만들면서 박 대통령과의 갈등도 깊어 가게 되었다. 카터의 주한미군 철수론은 '한반도에서 박 정권에 대항하는 내란이 일어날 경우에 주한미군이 휘말릴 수 있다'는 박정희 정권에 대한 불신에서 비롯되었다고 한다. 어쨌든 내외정세도 불안해져 가는데, 엎친데 겹친 격이랄까…

7월, 미군 헬리콥터 1대가 실수로 비무장지대를 넘어가자 북한군은 즉각 이를 격추시켜 승무원 3명이 사망하고 1명이 생포된 사건이 일어났다. 미국의 카터 대통령이 즉시 미군의 실수를 인정했고, 김일성은 이에 대한 답으로 생포된 1명과 시신을 3일 만에 송환했다.

註) 이 조치는 놀랄 만큼 빨리 진행되었다. 카터 대통령이 주한미군 철수를 강행하려 하던 때였다. 김일

성은 카터의 주장에 힘을 실어주고자, 또한 한국을 배제한 채 미국과 북한 간의 직접대화를 이끌어 내고자 발 빠른 제스처를 보여준 것이다.

11월 11일, **이리역 폭발사고,** 전북 익산시에 위치한 이리역에서 화약을 싣고 가던 화물열차가 폭발하여 역 주변 일대가 폐허로 변했다. 이 사고로 59명이 사망.

1978 1월 11일, **영화배우 최은희 납치,** 북한 공작원은 영화배우 최은희를 영화제작 한다는 구실로 홍콩으로 유인하여 북한으로 납치.

註) 또 이어서, 7월 19일에는 최은희 남편 영화감독 신상옥을 홍콩에서 납치. 다행이 이들 부부는 1986년 3월 13일 오스트리아의 빈에서 미국 대사관을 통해 탈출하는데 성공한다.

註) **※ 1978년도 북한의 대남 도발**

10월 5일, GOP부대 병사 4명이 전역 및 휴가신고 차 연대본부로 가던 중 공비의 기습으로 3명이 사망, 생존자 신고로 작전을 전개하였으나 철책을 뚫고 북상 도주.

11월 4일, 충남 광천 말봉산에서 나무하러 갔던 여인 2명이 공비에게 살해되고, 도주하면서 주민 3명을 추가 살해하고 도주한 사건이 발생

9월 26일, **유도탄 실험,** 한국의 핵개발 의혹으로 긴장하고 있던 미국은 다시 한 번 긴장했다. 미국 조야의 분위기는 긴장이라기보다는 차라리 공황에 가까웠다. 사정거리 180Km의 유도탄(missile)이 성공적으로 실험을 마치게 되자, 이로서 한국은 세계에서 7번째로 유도탄을 생산해 낼 수 있는 나라가 되었다.

註) 국내에서 자체적으로 원자력발전소를 건설하기 위한 기구인 '한국핵연료개발공단'이 지난 76년 12월에 공개된 이후 불과 2년도 안되어 발사된 유도탄으로 인해, 미국의 고위 관리들이 한국의 핵개발 의혹에 대한 조사단의 명목으로 줄줄이 방한하여 파견되었으며, 이러한 상황은 79년 카터 미대통령의 방한 시까지 계속되었다.

12월 21일, 긴급조치를 계속 발동하여 유신헌법을 유지함으로써 임기 6년을 끝낸 박정희대통령은 역시 통일주체국민회의에서 제9대 대통령으로 다시 당선됨으로써, 종신집권을 전망하게까지 했다.

1979 4월, 수도여고 교사였던 고상문은 노르웨이 여행 중 북한에 납치된 사건이 발생.

註) 결혼 15개월 만에 남편과 생이별을 한 부인 조복희는 납북된 남편을 기다리며 홀로 20여 년간 기다리다 1996년 7월 18일 김정일에게 편지 한 통 남기고 서울 은평구 구산동 집 근처 아파트 옥상에서 투신자살했다. 편지 내용은 '남편을 하루 빨리 가족의 품으로 보내지 않으면 남편을 찾아 어디든지 갈 것'이라고 눈물로 호소하는 내용이었다.

새해에도 대학가는 시위가 멈추지 않았다. 6월 25일에는 미대통령 카터의 방한을 반대하는 농성이 있었

고, 이어 9월, 2학기에 들어서면서 학생들의 시위가 다시 가열되고…

6월 29일, 미국의 카터 대통령이 도쿄정상회담에 참석한 후 한국에 왔다. 그동안 크게 불편해진 한국과의 관계에서 주한미군 철수 및 인권문제를 연계하여 결론 짓고, 남북관계에 물꼬를 트이게 할 목적이었다. 그러나…

註) 공동성명에서 주한미군 철수는 보류하기로 하면서 남북한과 미국이 참여하는 3자회담을 제의했는데, 10일 후 북한은 '사리에도 맞지 않은 엉터리 제의'라고 떠들며 거부했다.

8월 11일 **신민당사 농성 YH여공 강제진압,** 오전 2시, 1천여 명의 경찰이 신민당사 정문을 부수고 침입하여 이틀째 철야농성 중인 179명의 YH무역 여공들을 강제 해산시켰다. 여공들은 곤봉을 휘두르고 주먹과 발길질을 해대는 경찰들 앞에서는 무력할 수밖에 없었다. 이 과정에서 1백여 명이 부상하고 취재기자도 12명이나 폭행당했다. 노조 상임집행위원 김경숙은 당사 뒤편 지하실 입구에서 쓰러진 채 발견돼 병원으로 옮겼으나 곧 숨을 거뒀다. 여공들의 주장은 폐쇄한 공장을 가동시켜 일자리를 달라는 것. YH무역은 한때 수출순위 15위의 국내 최대 가발업체였으나 업주의 자금유용 등으로 내리막길을 걷기 시작, 6월에 사업장이 폐쇄된 부실기업이었다. 노조는 한 가닥 기대로 야당인 신민당을 찾았으나 유신체제가 막바지로 치닫던 때 신민당 역시 힘이 없었다. 결국 사건은 김영삼 신민당 총재의 의원직 제명과 부산.마산 항쟁으로 이어지는데…

10월, **남민전 사건 (南民戰 事件),** 인혁당사건(64년)과 민청학련사건(74년)의 배후조종자인 이재문(李在汶)이 위원장으로, 주로 지식인과 학생이 중심인 74명의 구성원을 점조직(點組織)방식으로 연결된 남민전(南民戰)은, 한국사회를 특권층.재벌.자본가.중산층.서민층.농민.실업자 등 7계층으로 나누어, 중산층까지를 민중의 적으로 정하고 자기들은 민중의 전위대(前衛隊)로서 일차적으로 민중의 봉기를 유도한 다음, 이를 인민해방군으로 발전시켜 국가전복투쟁을 하다가 북한의 도움을 받아 사회주의혁명을 성취한다는 것이 목표이었다. 이에 따라 민주화를 가장한 대정부 투쟁선동, 불온전단의 살포, 도시게릴라 활동, 북한과의 접선 등의 구체적인 활동을 하다가 모두 검거된 사건이 발생.

註) 남민전(南民戰)은 〈남조선민족해방전선준비위원회〉의 약칭으로, 1976년 2월부터 적발될 때까지 무력에 의한 적화통일노선에 따라 반국가 활동을 벌인 대규모의 도시게릴라 단체. 이는 한국전쟁 이후 최대 규모의 친북한 지하당 조직에 의한 적화음모로 베트콩식(式)의 투쟁방식을 도입한 자생적인 공산주의 조직이다.

**부마사태 (釜馬事態)**

10월 15일, 학생시위가 시민적 봉기로 발전한 부산의 15일은 도처에서 '박정희 하야' 등 반정부 구호를 외치며 경찰과 충돌하여 폭동사태로 발전했다. 지난 5월에 야당인 신민당 총재에 김영삼(金泳三) 의원이 선출되고 난 이후, 김영삼은 즉시 박 정권에 대한 공격에 나섰다. 이에 정부가 강경책을 맞서 결국 10월 4일에 김영삼 의원을 제명시키자 김영삼의 정치 근거지인 부산에서 격렬한 반정부 시위를 불러일으키게 되었다. 시위는 18일 새벽까지 많은 사상자를 내며 관공서가 파괴되는 가운데, 부산지역에 비상계엄이 선포되자 19일에는 마산지역으로 시위가 확대되었다. 이제는 고교생과 노동자까지 합류하여 사태는 수습 곤란한 지경에서, 폭동이 전국적으로 확대될 조짐이 보이자 정부는 위수령을 선포하고 탱크와 장갑차를 앞세운 군대를 동원하여 소요를 일단 진압했는데…

### 박정희 대통령 시해(弑害)

10월 26일, 중앙정보부장 김재규는 중앙정보부 관사에서 부마사태에 관련된 회의를 겸한 저녁만찬 중 박정희 대통령을 사살했다. 김재규는 당시 권력을 휘두르던 차지철(車智澈) 경호실장을 가리키며 "각하, 이 따위 버러지 같은 자식을 데리고 정치를 하니 올바로 되겠습니까?"라고 하면서 차지철과 대통령에게 권총을 발사했다. 즉시 국무총리였던 최규하(崔圭夏)의 과도정부가 수립되고 1주일간의 국민애도기간 중 많은 국민들이 조문에 참여했다.

註) 주한미대사인 글라이스틴 대사는 김재규가 최근 여러 차례에 걸친 인권문제 관련 협상에서 "미국 측의 속마음을 잘못 읽었을 것"이라고 하면서, 어쨌든 그의 착각이 이런 미친 결정을 내리는데 큰 영향을 끼쳤을 것으로 생각한다"고 술회했다. 미국 카터 행정부의 반(反)박정희 분위기가 김재규의 이런 행동을 부추겼을 가능성이 크다고 보며 이 사건에는 그의 사전준비가 매우 소홀했던 것도 눈에 띄는 점이다.

11월 중순, 北韓, **홍남 용성역 대형 폭발사고,** 함경남도 함흥시 용성역에서 열차가 폭발하여 3천여 명의 사망자와 1만 명 이상의 부상자를 낸 북한 최대의 폭발사고가 일어났다. 용성역은 함흥역에서 2.8비날론 공장, 용성기계공장 등 공장 밀집지대를 이어 주는 출퇴근 열차와 화물열차들이 통과하는 역으로, 마침 통근시간이라 많은 사람들이 붐비고 있었는데, 원인을 알 수 없는 불이 일어나 대형폭발로 이어져 용성역은 물론 인근 주택가를 완전히 쓸어 버렸다. 다섯 량의 화약 차량이 차례대로 폭발하여 순식간에 철도역은 잿더미가 되고, 인근 주택가는 융단폭격을 맞은 것처럼 아수라장이 됐으며 용성 시가지는 폐허로 변했다. 이 폭발로 20km 정도 떨어진 함흥과학원의 유리창이 깨질 정도였다. 당시 사고현장에는 군수공장인 17호 공장에서 생산된 화약이 화물열차 다섯 량에 실려 다른 곳으로 옮겨지기 위해 대기 중에 있었는데, 화물열차 한 량에 실린 화약은 5톤 정도로, 이것이 연쇄폭발을 일으킨 것이다.

### 12.12 사건

12월 12일, 박정희 시해사건의 수사를 담당하게 된 합동수사본부장 전두환은 계엄사령관인 정승화 참모총장이 그의 지위를 이용하여 조사를 회피하자 병력을 동원하여 약간의 총격전을 벌이고 정승화를 체포했다. 최규하 대통령의 재가는 사후에 받았다. 이 사건은 쿠데타라고 보기 어려웠고 김영삼 대통령은 훗날 '12.12는 쿠데타적 사건'이라 표현했다.

註) 박 대통령 서거 후에 곧 바로 보안사령관으로 지명된 전두환 육군소장은 그의 직책 상 필연적으로 대통령 시해사건을 수사하게 되었다. 중앙정보부와 청와대 비서실을 포함한 내부 쿠데타 여부 등을 종합적으로 수사해 나가던 중 정승화 계엄사령관이 그의 막강한 지위를 이용하여 조사를 회피하자, 전두환이 이끄는 합동수사본부와의 충돌이 불가피했다. 이러한 상황에서 12일로 날짜를 잡아 작전을 펼치듯 정승화 계엄사령관을 체포한 사건이다.

註) 전두환은 육군사관학교 제11기로 육사가 4년제로 바뀌면서 일본식에서 미국식으로 개편된 과정을 이수한 첫 기수(基數)로서 자긍심도 많았으며, 그런 만큼 육사 11기들은 특별한 유대관계를 유지하면서 이번 사건의 주동세력이 되었다. 그는 지난 5.16군사혁명 직후 국가재건최고회의 민원비서관을 지내면서 정치입문을 권유받았지만 사양했고, 64년에는 소수의 장교들로 구성된 '하나회'를 조직했는데 이들 멤버들이 이번 사건의 핵심세력이 되었다.

1980 1월 12일, 북한의 조국평화통일위원회가 남조선의 호칭을 정식으로 '대한민국'이라 하면서 12통의 서신을 보내와 남북수상회담을 제의해왔다. 그들의 서한전술에 의한 평화공세이었지만, 24일에 신현학 총리는 '조선민주주의 인민공화국'이라는 북한의 명칭을 사용하며 회담을 속히 시작하자고 회답했다.

註) 80년대 들어와 미소중일 4대국의 이해관계가 '한반도의 안정을 위한 현상유지' 쪽으로 돌아가면서 모든 나라가 북한의 과격한 행동에 제동을 걸고 있는 분위기였다. 이러한 상황에서 열린 남북회담이 2월부터 6월까지 9회에 걸쳐 열렸으나, 8회 때부터는 북한 측이 대화의 의욕을 잃고 광주사태를 에워싼 논쟁의 공방 장소로 만들면서 흐지부지되었다.

### 사북 사태

4월 21일, 강원도 정선군에 국내 최대탄광인 동원탄좌 사북영업소 광원(鑛員)들 4천여 명이 어용노조의 퇴진과 저임금 등에 항의하며 쟁의를 벌였다. 이에 회사 측은 광부들의 요구를 묵살한 채 경찰을 개입시키자 24일까지 광원과 가족 6천여 명이 진압경찰과 투석전을 벌이고 광업소를 점거하며 소총과 다이너마이트로 무장하는 등, 유혈폭동으로 번져나가 최악의 노동쟁의를 빚었다. 진압경찰이 도주하자 결국 군대를 투입하여 겨우 수습했다.

註) 강력한 통치기구가 사라진데다가 제2차 석유파동, 그리고 인플레를 잡기 위한 선진국의 긴축정책, 국제금리 폭등 등으로 경제가 총체적인 위기국면이 되면서 많은 기업이 부도나는 사태에서 위기를 관리한 정부기구가 없었다. 해금된 야당 지도자인 3김씨(김영삼, 김대중, 김종필)는 시국 수습보다는 과도한 집권 경쟁을 벌이고 봄부터 일어난 학생들의 시위와 노동자들의 집단행동이 빈번해지고 과격해져가는 중이었다. 이중에서 가장 과격했던 사건이 사북사태인데 진압과정에서 경찰관 1명이 숨지고, 160여 명의 경찰과 민간인이 부상을 당했고, 사북읍은 치안 공백상태에 빠졌다. 사태가 진정된 후 계엄사령부는 관련 인물 31명을 구속하고, 50명을 기소하는 등 81명을 군법회의에 송치했는데, 이 사건 이후 전국 각지에서 노사분규가 잇따라 일어나는 등 1980년대 노사문제를 가속화시키는 계기가 되었다.

5월 17일, **서울의 봄,** 유신체제 이후 국민의 민주화 열기가 들불처럼 번지던 때, 3월부터 학원자율화 및 학원의 재단 횡포의 근절을 요구하던 학생운동이 점차 달아올라 5월에 들어서는 정치적인 운동으로 확산되어 계엄령 철폐, 대통령 선거 조기실시 등을 요구하며 거리로 뛰쳐나왔다. 서울역과 시청 앞 광장에 집결한 수만 명의 학생들이 진압경찰과 맞섰으며, 치안공백과 무질서와 혼란이 가중되었다. 15일에는 10만여 명의 학생들이 서울역에서 중앙청까지의 도로를 꽉 메울 정도였다. 한편, 국가적 위기라고 본 최규하 대통령은 부분계엄을 전국 계엄으로 확대하는 한편 계엄사령관 전두환은 17일 밤에 3김(김영삼, 김대중, 김종필)으로 불리는 유력한 야당지도자를 포함한 저명한 정치인들을 체포했다. 이에 따라 모든 정치활동이 금지되고 언론검열이 실시되면서 모든 대학도 폐쇄하게 되는데…

註) '제2의 이란'이 되지 않도록 하는 것을 염두에 둔 미국의 카터 행정부는 한국에 노사분규와 학생소요가 확산되자 군대를 동원하여 질서를 유지하려는 한국정부의 계획에 동의했다. 점차 과격해진 학생 시위는 5월 15일에 최고조에 달하여 10만여 명의 학생들이 서울 중심가를 점령한 가운데 정부에 대한 권력이양 계획과 전두환 장군 축출, 모든 양심수 석방 등의 요구를 내세우며 22일까지 응답하라는 최후통첩을 발표하기에 이르렀다. 최규하 정부는 정상적인 방법으로는 수습이 불가능하다고 결론을 내리고 계엄령을 전국으로 확대한다고 발표했다. 이로서 모든 정치활동과 시위가 금지되면서 김영삼은 가택연금, 김대중은 내란음모죄로 구속되는데…

### 광주민주화운동

5월 18일, 광주에서의 학생시위도 예외는 아니었다. 서울과 기타 주요 도시에서는 계엄군이 진입하여 질서가 유지되었는데, 광주에서는 김대중 연행과 이에 관련된 악성 유언비어 등의 자극을 받아 격렬한 시위가 일어났다. 계엄군으로 투입된 공수특전단 병력이 시위 진압 경찰을 대신하여 시위 군중을 다루었는데, 21일에는 시민들이 군 차량을 탈취하고 무기고를 습격해 무장하면서 광주교도소를 공격하기에 이르고, 이때부터 시민항쟁은 폭동으로 바뀌어 주요 공공건물을 점거하고 저항하다가 27일 새벽, 군대가 투입되어 진압했는데, 정부공식 발표 사망 191명, 부상자 852명을 낸 채 10일 만에 막을 내린 이번의 사태는 한국전쟁 이래 한국에서 일어난 가장 심각하고 불행한 사건으로 기록되었다.

註) 김대중은 다음 대선(大選)에서 당선될 확률이 많은 야당지도자로 꼽혔는데 보수 세력, 특히 군부의 거부감이 가장 강한 야당지도자로서 그가 다시 정치권 전면에 나서게 된 시기에 연행되어가자, 그의 정치적 배경인 광주에서 격한 반발을 불러왔다. 사태는 계엄령 철폐와 전두환(全斗煥) 퇴진, 김대중(金大中) 석방 등을 요구하여 전라남도 및 광주 시민들이 벌인 항쟁으로 나타났다. 이때의 비상사태 수습이 그대로 정권을 장악해 가는 과정과 맞물려 전두환 정권에게, 후일에 씻을 수 없는 오점으로 남게 되었다. 이때 미국은 북한이 이 사태를 악용할 가능성에 대비해 강한 경고를 내리고 항공모함 코럴씨(Coral Sea)를 주축으로 하는 해군 전단(戰團)을 한국해역에 긴급 투입하기도…

註) 북한군 특수부대 출신의 탈북자 모임인 '자유북한군인연합'은 2006년 12월 20일 서울 정동에서 기자회견을 열고 지난 5.18 광주사건 당시 북한군 특수부대 1개 대대병력 5백여 명 이상이 개입하였고 그 중 370명이 북으로 귀환했다고 말했다. 대표 임천용 씨는 광주사건 당시 국군에 없었던 카빈 소총이나 M1 소총에 맞은 시신이 수십 여구였던 점, 시민들이 군용차량과 장갑차 등을 탈취해 진압군을 공격했던 점 등을 예로 들면서 "5.18이 순수한 동기에서 시작된 시위였을지 몰라도 여기에 북한이 불순한 의도를 갖고 개입했다는 것을 밝힌다"고 하면서 북한에서는 공개된 비밀이라고 말했다.

사실상 시위 중에 군용차량과 무기를 탈취하고 광주교도소를 공격한 주요 세력은 이들 북한 특수부대요원들로 판단하고 있다. 이와 관련하여 당시 계엄사령부는 북한군 1개 중대 정도 개입 정황은 알고 있었으나 정국 혼란을 피하고자 비밀을 유지했다고 한다.

**국가보위비상대책위원회(國家保衛非常對策委員會: 國保委)**

5월 31일, 거듭된 사회 혼란을 수습하기 위해 전국비상계엄 하에서 육군소장 전두환(全斗煥 보안사령관 겸 중앙정보부장서리)을 위원장으로 하는 '최고군사회의'의 성격을 띤 국가보위비상대책위원회(國家保衛非常對策委員會: 一名, 國保委)가 발족하였다. 위원회는 13개 분과위원회를 설치하고 국정 전반에 걸쳐 통제기능을 하는 업무를 분담하는 외에 안보태세 강화, 경제난국 타개, 정치발전, 사회악 일소 등을 통한 국가기강 확립 등을 명분으로 공직자 숙정, 중화학공업투자 재조정, 졸업정원제와 과외금지, 출판 및 인쇄물 제한, 삼청교육 실시 등 지배구조의 재편을 위한 제반조치를 빠르게 실행해나갔다.

註) 5월 30일에 최규하 대통령은 국가안보회의를 소집하고 학생시위로 시작되어 광주사태라는 최악의 위기로 발전하게 된 경과를 분석한 결과, 현재의 상황이 한국전쟁 이래 가장 위험한 상황이라고 결론을 내리고 내각과 계엄당국 간의 원활한 협조를 위해 25명으로 구성된 국보위(國保委)를 설치한다고 발표했다. 이후 국보위는 사회정치적으로 혼란의 원인이 된다고 판단되는 것이면 무엇이든 뿌리 뽑고자 했다. 따라서 부정부패 혐의로 전직 장관과 정치인 17명에게 부정 축재한 재산을 헌납하게 하고, 부패 무능한 공직자 232명을 해임시켰으며 공갈범, 깡패, 도박자, 밀수범, 기타 상습 범죄자를 잡아들여 그중 1천 명을 군법회의에 회부하고 나머지는 4주간의 순화(醇化) 교육을 받게 했다. 그리고 172개의 정기간행물을 폐간시키고 과외교육도 금지하고, 심각한 경영난에 빠진 중화학 부문 회사들의 통폐합하는 등 과감한 경제개혁조치를 단행했다. 80년 여름 동안 22개의 회사들을 통폐합했는데 이 같이 과감한 숙정(肅正) 및 개혁조치로 전두환 장군은 위기 관리자로서의 역량을 평가받는 계기가 되었다. 그러나 한편, 이 과정에서 공직자 숙청, 깡패와 상습범에 대한 순화교육 등 옥석(玉石)을 제대로 가리지 못하거나 무리한 방법으로 추진하여 인권침해 등 적지 않은 부작용을 초래하였고, 때문에 그 후 많은 비판을 받게 되는데…

**삼청교육대(三淸教育隊)**

8월 4일, 국보위(國保委)는 사회악일소 특별조치 및 계엄포고령 제19호를 발표하고 폭력범과 사회풍토 문란 사범을 소탕하기 위해 죄질에 따른 순화교육(醇化教育)과 근로봉사 및 군사재판 등을 병행하는 방법으로 빠른 기간에 사회질서를 잡아나갔다.

註) 그 결과 1981년 1월까지 총 6만 755명을 체포하고 보안사령부.중앙정보부.헌병대 요원과 검찰, 경찰서, 지역정화위원 등으로 구성된 심사위원회에서 A,B,C,D의 4등급으로 분류하여 A급 3,252명을 군법회의에 회부하고 B 및 C급 3만 9,786명은 4주 교육 후 6개월 복역케 한 다음 2주 교육하여 훈계 방면, D급 1만 7,717명은 경찰에서 훈계 방면했다. 그러나 순화교육에 있어서는 연병장 둘레에 헌병이 집총 감시하는 가운데 육체적 고통을 가하는 가혹한 방법의 훈련을 감행함으로써 1988년 국회의 국방부 국정감사 때 사망자가 54명 발생했다고 보고되었다.

8월 18일에는 집권 163일 만에 최규하 대통령은 광주사태가 정부가 범한 중대한 과오이었음을 시인하면서 이에 대해 책임을 짐과 동시에 "평화적인 정권교체의 선례를 남기고자 한다"는 사유를 들어 물러나고 22일에 당시 49세의 전두환은 대통령직을 승계하기 위해 군복을 벗는다면서 "9월 1일, 전두환은 "폐습에 물든 정치인들에게 앞으로의 정치를 맡길 수 없다"고 하면서 제11대 대통령으로 취임.

註) 8월 13일에는 당시 가택연금 상태에 있던 신민당 총재 김영삼(金泳三)이 정계은퇴를 선언하고, 8월 16일은 대통령 최규하가 하야함으로써 국보위의 정치적 조정 작업을 마무리한 후 8월 27일, 통일주체국민회의에서 전두환은 제11대 대통령으로 선출되었다. 이어 개정 헌법이 10월 23일 확정되자 국회, 정당, 통일주체국민회의가 해산되고 국보위는 신군부의 제5공화국 출범을 위한 기반을 마련한 후 11대 국회의 개원과 더불어 해산되었다.

註) **전두환**: 1970년 연대장으로 베트남전쟁에 참전했고, 이후 제1공수특전단 단장을 거쳐 대통령 경호실 차장보와 제1사단장을 지낸 후 1979년 초 국군보안사령관이 되었다. 그 해 10월 26일 대통령 박정희가 사망하자 계엄사령부 합동수사본부장으로서 계엄사령관 정승화를 체포하고, 신군부가 실권을 장악하는 데 주도적인 역할을 했다. 이어 1980년 5.17비상계엄 전국 확대조치와 함께 정권을 장악한 후 그 해 6월 국가보위비상대책위원회를 설치하고 상임위원장이 되었다. 이어 6월 27일 통일주체국민회의의 간선으로 제11대 대통령에 선출되었고 1981년 1월 창당된 민주정의당의 총재가 되어 2월 개정된 새헌법에 따라 제12대 대통령이 되었다. 재임기간 중 물가안정, 서울올림픽 유치, 무역흑자 등을 이루었으나, 군부독재라는 비판을 받았다. 1987년 6월 대통령 직선제를 요구하는 국민들의 민주화 요구를 수용하고, 대통령 단임제를 실천했으나, 퇴임 후 광주민주화운동과 5공 비리 문제의 책임을 지고 1988년 11월부터 1990년 말까지 백담사에서 은둔생활까지 하게 되었다.

9월 1일, 北韓, 함경남도 함흥역 구내에서 광산용 화약이 폭발하여 수백 명의 승객의 사상자가 발생. 이 사건은 이 지방에서 악명 높던 당 간부의 승진에 대한 불만 때문인 것으로 알려졌다.

10월, 北韓, 제6회 노동당 전당대회에서 "당과 인민이 모두 친애하는 지도자 김정일 서기를 유일한 후계자로 추대한다"면서, 이 사실을 이 대회에 초대된 118개국에서 모인 177개 대표단 앞에서 공개적으로 소개. 이 작업은 이미 73년부터 부자세습체제에 착수하고 전국에 4만여 명의 '3대 혁명 소조(小組)'를 조직하면서 치밀하게 준비해온 결과이었다.

註) 아울러 노동당의 당면한 목표로 "북반부에서 사회주의의 완전한 승리를 쟁취하고, 전국적인 범위에서 민족해방인민민주주의혁명의 과제를 수행한다"고 발표했다. 남북 간의 대화에서 나타난 북한 측의 시각을 단적으로 표현한 말이다.

註) **김일성 우상화와 부자 상속**: 이미 북한의 통치체제는 상식의 범위를 넘어선 가족국가가 되었다. 1970년대에 표현된 책 〈근로자〉에서는: "수령님을 높이 우러러 모시고 있다는 것, 우리 인민이 자기의 역사에 처음으로 맞이한 위대한 수령님을 받들고 있는 것을 최고의 영예, 최대의 행복으로 생각

하고 수령님에게 자기의 모든 운명을 전면적으로 위탁하여 수령님이 계시는 한 이 세상에 되지 않는 일이 없다는 무쇠와 같은 신념을 갖고 수령님을 위해서는 목숨을 초개보다도 가볍게 바쳐 싸우는 일이다….” 더 나아가서 1980년대에는 ”예부터 사람들은 위대한 현인(賢人)은 백두산에서 내려와 한반도를 통치했다고 말하곤 한다. 그 누구도 따라 잡을 수 없는 김일성 장군도 하늘의 뜻을 성취시키기 위해 지상에 내려오셨다. 그는 모래를 쌀로 만들 수 있고, 나뭇가지에서 폭탄을 제조할 수 있고, 또 물위를 걸을 수 있는 사람이다“. 1982년 그의 70회 생일을 맞아 평양에는 파리의 개선문보다 좀 더 높은 거대한 개선문이 세워지고, 또 주체사상을 상징하는 150m 높이의 대리석으로 된 주체사상탑이 세워졌다. 누가 뭐라 해도 김일성의 나라. 김일성의 천국(天國).

註) **※ 1980년도 북한의 대남 도발**

3월 23일, 한강 수중침투 공비사살 : 초병이 경기 고양 법곶리 한강변으로 침투하는 공비 3명을 발견, 전원 사살

3월 27일, 아군 병력이 DMZ 수색중 공비 3명을 발견, 교전 끝에 1명 사살. 피해(전사 1명, 부상 1명)

6월 20일, 보령해안 간첩선 격침: 해안 초병이 괴선박을 발견하고 사격하자 이에 응사하며 도주하는 것을 해·공군 합동작전으로 격침하고 간첩 김광현을 생포. 피해(부상 2명)

11월 3일, 전남 완도군 횡간도 거주 어민이 괴한 3명을 발견하고 신고, 군·경 합동작전으로 전원 사살. 피해(사망 1명, 부상 6명)

12월 1일, 경남 남해침투 간첩선 격침: 레이더가 남해 목도 남방 7㎞ 해상에서 괴선박을 포착하여 육·해·공군 합동작전으로 간첩선 격침, 9명 사살. (피해: 전사 3명, 부상 3명)

1981 3월 3일, **제5 공화국,** 전두환은 1월에 창당된 민주정의당(民主正義黨)의 총재가 되어 2월 개정된 새 헌법에 따라 대통령에 당선하여 제12대 대통령에 취임하였다.

註) 새 대통령이 된 전두환은 갑자기 대통령이 되었기 때문에 마치 쿠데타로 집권한 것처럼 보였다. 그는 스스로도 “나 같은 사람은 대통령감의 맨 끝자리도 끼이지 못한 사람이다. 상황과 정세의 바람이 불어 역사와 운명적으로 해후하게 되었다”라고 했으며, 정치나 경제에 대해 아무 경험도 없이 대통령이 되었다. 이를 우려해 그는 취임하자마자 상당수의 경제학, 과학기술 등 전문분야의 두뇌를 영입하였으며, 22명의 각료 중에 군 출신은 단지 국방장관과 총무처 장관뿐이었다. 또한, 그는 이승만과 박정희의 장기집권의 폐해를 절감하고 한국의 민주화는 정권의 연장이 없어야 함을 강조했다. 운도 좋았다. 마침 같은 시기에 미국의 대통령에 보수적인 레이건이 취임하면서, 공산권의 도전에 정면으로 대결하는 정책을 추구하여 공산세력에 도전을 받고 있던 제3세계 국가들을 적극 지원하는 등, 강력한 반공정책을 폈다. 그는 또 한국정부를 적극 지지한다고 하면서 취임선서를 한지 2주일도 안된 2월 2일에 전두환 대통령을 초청하여 만났다. 전임 대통령인 카터와는 달리 레이건은 주한미군을 철수할 계획이 전혀 없음을 밝혔고, 나중에는 오히려 주한미군을 4만3천 명으로 증원했다. 또한

F-16 전투기의 판매도 제안하는 등, 그의 따뜻한 영접으로 전두환의 집권이 기정사실임을 국제사회에 확인시켜 주었다.

9월 30일, **서울올림픽 유치,** 서독 바덴바덴에서 열린 제84차 국제올림픽위원회 총회에서 일본의 나고야를 52대 27의 압도적인 차이로 물리치고 1988년 올림픽 개최지로 선정되었다. 이로부터 전두환 정부는 올림픽을 단순한 스포츠 행사가 아닌 국가발전을 촉진시킬 기회로 삼고 종합적인 준비에 들어갔다. 이후부터는 우선 악취에 시달리던 한강개발부터 시작하여 교통지옥으로 표현되던 서울의 교통난 해결과 거리 정돈 및 강북고속도로 정비, 지하철 건설 등 새로운 국가 활력을 불어넣기 위한 조치들이 1차적인 행사인 86년 서울 아시안게임과 결부되어 추진되었다. 아무튼 서울올림픽은 대한민국 정부수립 이후 새마을 운동에 이은 두 번째의 큰 업적으로 기록되었다.

1982 1월, 새 정부는 각종 자율화 조치를 발표하면서, 해방직후인 1945년 9월, 미군정 포고1호로 내려져 37년 동안 시행되어 온 야간통행금지 조치까지 해제했다. 이어 중고생의 두발 자유화, 금서(禁書) 해제, 교복 자유화…

註) 대외적인 미국의 지원과 내부에서의 행정개혁 등으로 단기간에 정치, 사회적 안정이 예상보다 빨리 회복에 성공하자 자신감을 얻은 전두환은 새해부터 사회통제를 완화하는 조치를 취해나갔다. 해외여행과 해외유학에 대한 규정도 완화하는 등의 각종 자율화 조치는 그 후 사회 경제 정치발전에 적지 않은 촉매역할을 하게 되었다.

5월 15일, 강원도 고성군 현내면 지경리 해안으로 접근하는 괴한 2명을 해안초소병이 발견하여 1명 사살하고 잔당은 도주하는 사건이 발생

北韓, 이즈음 북한 내부는 시끄러웠다. 4월과 5월 사이에 함경북도 양강도 일부지역에 임업노동자들이 군(郡)초급비서와 당 간부들을 습격했는가 하면, 김일성 초상을 닥치는 대로 찢고, 김일성의 생모 김정숙(金貞淑)의 사적지를 파괴하며 다수의 사상자와 막대한 재산피해를 내게 했다. 또한 김일성의 아들 김정일(金正日)의 권력세습에 반대하는 군장성 12명을 숙청 또는 강등시키니 6월에 중공 국방상 경표의 북한 방문시 평양주재 중국대사관에 군(軍) 간부 집단 망명요청 사건이 있었고, 10월에는 10여 명의 장정을 포함한 상당수의 인민군 장교들이 만주지방으로 망명했으며, 11월 초순에는 함경남도 서천군 검덕 광산에서 광부들이 식량부족의 시정을 요구하는 시위가 발생하여 사회안전부에 의해 진압됐다. 그 외에도 지난해(1981년) 9월에는 청진직할시에서 인민군과 노농적위대의 무력 충돌사건이 있어 5백여 명의 사망자를 내었고, 11월 5일에는 신의주에서 3대혁명소조와 당 행정기관 종사자들 간의 충돌도 있었다.

註) **공포의 강제수용소,** 정치에서 독재라고 하면 누구나 반대한다. 그러나 북한에서만은 합법화된 독재가 있다. 프롤레타리아 독재가 그것이다. 공산주의 사회 건설을 위해서 그 자체를 반대하거나 저항하면 곧 반혁명분자로 분류되어 혁명화교육을 받게 한다. 이에는 사상범 외에 범법자도 포함하여 수용하는데, 그 정도에 따라 수용시설에 넣어 교화 작업을 한다. 유치장, 노동교화소, 정치범교화소,

구호소, 49호 보양소, 149호 대상구역, 특별독재대상구역 등이 있다. 이것은 1월에 함경북도 온성군에 살다가 귀순한 김용준에 의해 처음으로 알려졌는데 그는 1977년부터 드나들었다고 했다. 일본에서 공작활동을 하다 자수한 신영만 증언에 의하면 1972년에 그곳을 드나들었다고 하니 대략 70년경에 설치된 것으로 추정한다. 이 구역들은 함경북도 온성(폐쇄설도 있음), 회령, 화성, 부령, 경성, 함경남도 단천, 덕성, 요덕, 평안북도의 정평, 용천, 천마, 영변, 평안남도의 개천, 북창, 자강도의 동신, 회천 등지에 설치되어 있다. 그 외에도 양강도와 강원도, 황해도에도 존재하는 것 같지만 알려지지 않았다. 이 시설에 수용된 숫자는 모두 20여만 명으로 추산되고 있다. 이들은 탈출할 수도 없으며 재판 절차도 없다. 또 자신의 죄명도 모른다. 식량배급은 최저 수준이고 노동은 강제노동이다. 솔제니친이 폭로한 소비에트 정치범수용소의 복제판인 것이다.

### 북한 공군대위 이웅평(李雄平) 귀순

1983 2월 25일 10시 46분, 북한 공군의 이웅평(李雄平) 대위가 MIG-19 전투기를 몰고 서해 북방한계선을 넘어와 귀순하여, 1950년 이후 6번째의 항공기 귀순을 기록했다. 당시 한국군과 주한미군이 팀스피리트(Team sprit) 훈련을 하고 있었고, 북한에서는 이에 대응한 준(準) 전시상태에 있었다. 바로 이 날 로켓 사격훈련을 위해 평안남도 개천비행장을 이륙한 북한 공군의 전투기가 갑자기 편대를 이탈해 남쪽 방향으로 기수를 돌려, 곧바로 북한의 해주 상공을 지나 서해 연평도 상공의 북방한계선을 넘어 남쪽으로 진입했다.

註) 이 귀순 사건으로 인해 남북한 사이에는 긴장이 감돌았는데, 5월 7일에는 북한군 제13사단 민경대 소속 신중철(申重哲) 상위가 휴전선을 넘어 귀순해왔다. 또한 12월 3일 밤에는 부산 다대포 해안으로 침투하려던 간첩선 1척이 격침되기도….

4월, 北韓, 압록강 상류부에 있는 양강도와 자강도의 철도건설 현장에서 1만여 명의 청년돌격대원들이 굶주림을 참다못해 폭동을 일으키는 사건이 발생.

### 중국 민항기(中國 民航機) 불시착

5월 5일, 승객과 승무원 106명을 태운 중공 국영민항 소속 여객기 1대가 심양(瀋陽)을 떠나 상해(上海)로 향하던 중 권총으로 무장한 탁장인(卓長仁) 등 6명에게 납치되어 춘천 부근 미군기지에 불시착했다. 이들의 송환을 위해 중공 대표단이 10일 입국하여 3일간의 협의 끝에 합의 문서를 교환하고 기체 및 승객의 송환을 합의했다. 납치범 6명은 본인 의사에 따라 자유중국(臺灣)으로 가고…

註) 황해를 사이에 두고 있는 한국과 중국은 다 같이 경제가 날로 성장함으로써 서로 자연스럽게 교역파트너가 되어갔다. 무역규모도 비록 간접교역이기는 하지만 이미 북한과 중국과의 거래량을 훨씬 추월해가고 있는 중이었다. 이러한 때에 양국 간의 장벽이 열리기 시작한 사건이 일어난 것이다. 지금까지 북한에서 제공해온 정보로만 한국을 이해하여 왔지만, 이번 기체송환협상을 기회로 중국의 고위층이 대거 33명의 교섭단에 섞여 입국하여 한국의 현실을 직접 확인했다. 또한 송환되어 돌아간 중국인 승객들이 귀국하여 한국의 실상을 있는 그대로 전파하기도 하여, 이 사건이 한중간의 장벽을 허물어준 계기가 되어 주었다.

### 중국 미그(MIG-21)機 귀순

8월 7일, 일요일 오후 3시19분, 갑자기 경기지역에 공습경계경보가 내렸다. 인천과 서울 지역으로 확대된 경계경보는 곧 공습경보로 바뀌었다. 경보는 중국 공군의 한 조종사가 중국 다롄(大連) 상공에서 MIG-21기를 개량한 섬(殲)7 전투기로 훈련을 하던 중 편대를 이탈해 마하 2.1의 속도로 우리 영공으로 다가온 것이다. 공습경보는 휴전 이후 30년 만에 처음 발령된 것이고, MIG-21기 귀순 역시 처음이었다. 이때 초계(哨戒) 중이던 우리 공군기가 무사히 유도하여 착륙시켰는데, 조종사는 그의 희망대로 24일 대만으로 갔다.

8월 13일, **독도근해 간첩선 격침,** 독도 근해를 초계중이던 강원함이 남하하는 의아선박을 발견하고 정선을 명했으나 도주하는 것을 함상 헬기가 출동하여 격침. (19명 사살 추정)

註) ※ **1983년도 북한의 대남 도발 일지**

6월 19일, 일월교 침투공비 사살, 초병이 파주군 문산읍 임월교 다리 밑으로 침투하는 공비 3명을 발견, 집중사격으로 전원사살

8월 5일, 월성해안 침투 간첩 사살, 해병대 병력이 경북 월성군 양남 수렴리에서 침투하는 괴한을 발견하여 해·공군 합동작전으로 5명 사살. 피해(해경정 1척 침몰)

8월 13일, 독도근해 간첩선 격침

10월 9일, 아웅산 테러사건

12월 3일, 부산 다대포 침투간첩 생포, 해안 초병이 부산 다대포 해안 매복근무 중 침투하는 간첩 2명을 발견, 격투 끝에 생포하고, 해·공군 합동작전으로 간첩선 격침. 3명 사살.

### KAL(대한항공) 여객기 피격

9월 1일, 승객과 승무원 269명을 태우고 미국 뉴욕을 출발, 앵커리지를 거쳐 서울로 오던 대한항공의 KAL007편 보잉747 점보여객기가 03시 32분경 사할린 상공에서 소련 전투기가 발사한 미사일에 요격되어 격추되면서 전원 사망했다. 사건은 국제 문제화되어 소련은 KAL기의 영공침범에 대한 정당방위였다고 계속 발뺌했다. 드디어는 소련 조종사와 관제소간의 통신내용까지 공개하게 되어, 유엔에서 소련의 비인도적인 행위가 규탄 받았는데…

註) 소련 정부는 북한의 강한 반대에도 불구하고 국내 기업들에게 제3자를 통한 남한 기업과의 거래를 허가했었다. 그러나 이 사건으로 그동안 화해를 모색하던 양국은 다시 냉랭한 관계가 되어 소련 의원단의 방한도 무산되었고 지금까지의 모든 관계 개선 노력은 뒷전으로 물 건너갔다. 여객기는 단지 항로 착오로 예정항로에서 580Km 이탈했을 뿐이었는데 적을 공격할 기회만을 노리던 호전적인 대공 부대 사령관이 격추명령을 내렸던 것이다. 이 사실은 93년 1월에 소련정권을 승계한 러시아 정부에 의해 공개되었다. 그 자료에 의하면 KAL기 조종사는 12분 동안 여객기가 요동치며 물에 수장될 때까지 비행기를 치고 지나간 것이 미사일이라고는 꿈에도 생각하지 못한 것으로 드러났다.

9월, 북한, 평양교외와 강원도의 일부지역에서 주민과 인민군 사병들이 합세한 폭동이 발생. 이번 사건은 식량사정과 피복개선을 요구한 것이라 한다.

### 버마(미얀마) 아웅산 묘소 폭파사건

10월 9일, 대통령 전두환의 서남아.대양주 순방의 첫 방문지인 버마(미얀마)에서 대통령의 아웅산 묘소 참배행사를 위해 미리 대기 중이던 부총리 서석준 이하 여러 정부요인 및 기자 등 17명이 북한 테러분자가 장치한 폭발물의 폭파로 사망하고, 합참의장 이기백 등 13명이 중경상을 입는, 세계 외교사상 유례없는 일대 참변이 일어났다. 범인은 김정일의 지시를 받고 침투한 3명의 북한특수부대 요원으로 1명은 사살되고 2명이 체포되었다.

註) 사회주의 국가이던 미얀마 정부는 이 사건의 수사를 매듭지으면서 11월4일 북한과의 외교관계를 단절하는 한편, 양곤(Rangoon)에 있는 북한대사관 직원들의 국외 추방을 단행. 그 뒤 12월 9일에 테러범에 대한 사형을 선고했다. 이 사건의 영향으로 코스타리카, 코모로, 서사모아 등 3개국이 북한과의 외교를 단절했으며, 미국.일본 등 세계 69개국이 대북한 규탄성명을 발표했다. 전두환 대통령은 귀국 후 보복 공격을 주장하는 지휘관을 설득해가며 말렸고 북한의 이상동향은 관측되지 않았지만, 국군과 주한미군은 비상경계에 돌입했으며, 레이건 행정부는 항공모함 칼빈슨(Carl Vinson)호를 중심으로 한 전투전단을 예정된 날짜를 넘어 한국 해역에 계속 머물도록 했다. 귀순자의 말에 의하면, 만약 전 대통령이 살해되었다면 남한에 제2의 광주사태와 같은 폭동을 일으키려 하였으며, 몇 달 전부터 군인들의 제대까지 정지시키며 준비했다고 한다. 북한은 1968년의 청와대 기습 미수사건과 1974년 육영수 여사 저격사건 등 두 차례에 걸쳐 박정희를 살해하려 했고, 그 후 광주사태 당시에 북한은 그 위기를 활용하려 했으나 기회를 놓쳤으며, 그 이후 북한의 암살대상은 전두환 대통령이 되었다. 북한은 82년부터 해외비밀공작 업무가 김정일의 관할로 넘어갔으며, 82년 가을에도 전 대통령의 아프리카 순방 중 가봉에서 1차 시도를 했다가 아프리카의 지지를 잃을지 모른다는 이유로 포기했으며, 8월에는 전두환의 캐나다 방문 시에도 2명의 캐나다인을 매수하여 그를 암살하려 했으나 실패한 바도 있었다.

### 현무 미사일 개발 계획

11월 29일, 경제에 모든 정책을 치중하던 정부에게 북한의 연이은 도발은 냉엄한 안보 현실을 재인식하게 만들었다. 그래서 전두환 대통령은 박정희 정부에서 추진하다가 좌초되었던 백곰 미사일 개발을 다시 시작하라고 지시하면서 "북한의 상상을 초월한 만행을 직접 겪은 나로서는 88올림픽을 무사히 마칠지 의심스럽다. 북한은 모든 수단과 방법을 다해 방해하려 들 것이 분명하니, 어떤 일이 있더라도 막아야 한다"면서 "87년 말까지 무슨 일이 있어도 지대지 미사일을 개발해 실전 배치하도록 총력을 기울여 달라"고 했다.

註) 정부는 87년 말까지 지대지 미사일 1개 포대를 전력화하여 실전배치하기로 하고 미사일 명칭은 현무(玄武, 북방을 지키는 신)라 했다. 이후 1985년 5월 23일에 사거리 180Km 탄도미사일 발사시험에 성공하고, 1988년 1월부터 1개 포대가 실전 배치되어 88올림픽에 대비할 수 있게 했다. 그로부터 현무 미사일을 200여기를 생산 운용하게 되었다.

### 북한의 수해물자

1984 9월 4일, 중부지방을 강타한 폭우에 사망 147명 등 이재민 20여만이 발생하는 큰 수재(水災)를 입었다. 근래보기 드문 대형피해였다. 그런데 뜻밖에 북한적십자사에서 남한에 수재민 구호물자를 보내겠다고 제의해 왔다. 정부가 이를 즉각 수락하자 9월 29일, 북으로부터 쌀, 옷감, 의약품, 시멘트 등이 판문점, 인천, 북평을 통해 반입되었다. 분단 후 처음 있는 뜻 깊은 사건으로 기록되었다. 분단 31년 만에 처음으로 낡은 도로를 따라 수백 대의 북한 트럭이 구호품을 싣고 휴전선을 넘어왔다. 비록 쌀의 일부는 벌레가 들어있었고, 시멘트는 거의 사용 불가능했지만 한국은 전혀 불만을 제기하지 않았다.

註) 이와 같은 식의 제의가 이번이 처음은 아니었다. 1956년 7월과 1957년 5월에도 절량 농민에게 쌀 10만 석을 보내겠다는 제의를 했었다. 또한 1960년대, 1970년대에도 남한에 수재가 있거나 흉년일 때마다 그런 제의를 했었다. 모두가 심리적 차원이었을 뿐 남북관계 진전을 위한 것이 아니었다. 그래서 이번에도 당연히 남측에서 거절할 것으로 판단하고 제의한 것인데, 대뜸 수락하니 북측에 비상이 걸렸다. 묵은 쌀까지 동원하여 숫자를 맞추느라, 이때부터 북한의 식량사정이 어려워졌다는 후문이 있다. 구호품은 모두 수재민에게 분배되었는데, 물품들로만 비교한다면 남측의 생활수준에 비해 질이 크게 떨어지는 물품들이라 직접적인 큰 도움은 되지 못했지만, 상징적으로 큰 의의를 지닌 사건이 되었다. 이 사건으로 뜻밖에 남북접촉의 새로운 실마리를 열어주게도 되었고 다각적인 교류협력의 합의를 보며 이후 1년간 13차례에 걸쳐 경제회담, 적십자회담과 이산가족 교환방문이 이루어지게끔 발전되었다.

10월 19일, **부산 수영만 침투 간첩선 격침,** 해안 레이더가 수영만 동쪽 1마일 해상에서 의아 선박을 포착하자 해군 PK 고속정 편대가 출동하여 교전 끝에 이를 격침하고, 5명 사살 추정되는 사건이 발생.

### 남북경제회담(南北經濟會談)

11월 15일, 한국 측의 경제인협회의 제의로 남북한 경제회담이 판문점에서 열렸다. 물자교역 및 경제협력을 위한 토의였다. 경제협력위원회의 설치, 전용전화이용에 합의하고, 철도연결을 상호 제의했다. 20일에는 판문점에서의 남북적십자사예비접촉에서 8차 본 회담을 서울에서, 9차는 평양에서 열기로 합의하기에 이르는데…

註) 때는 중소 양국이 한국에 대한 접근경쟁을 하던 시기이었다. 또한 한국은 서울올림픽을 성공하기 위해 내외 여건을 정비해야 했고, 북한은 부진한 제3차 경제 7개년 계획(85년~)을 위해 남북대화를 발판으로 일본과 미국 등 자본주의 국가의 기술과 자본의 도입이 필요한 때였다.

### 중공(中共) 어뢰정(魚雷艇)

1985 3월 21일, 중국해군 승무원 2명이 선상반란을 일으켜 함장과 5명을 사살하고 연료가 떨어져 표류 중인 어뢰정 1척을 어선 제6어성호가 발견하여 군산항으로 예인해왔다. 중국은 실종된 어뢰정을 찾기 위해 3척의 전함을 파견하여 한국영해에 수색작전을 벌였고 이에 23일에 한국 해.공군과 해안경비대가 출동하여 대치하다가 돌아간 후, 미국의 중재로 중국은 '실수로' 침범했다고 사과하면서 한국은 중국과 홍콩에서 직접협상 후 28일 공해상에서 승무원과 함께 모두 인도해주었다.

註) 83년의 민항기 불시착사건에 이어 한중간의 또 다른 접촉의 기회를 마련해 주었다. 때마침 북한의 김일성이 잇따라 소련을 방문해 대소(對蘇)관계를 강화하고 무기를 도입하면서 중국과의 관계가 얼어 붙어가고 있는 시점인데다, 소련의 해공군이 북한 영공과 영해를 자유롭게 방문하는 것도 못마땅했다. 또한 얼마 전에는 북한이 중국제 무기를 대량으로 구입하겠다는 것을 덩샤오핑(鄧小平)이 단호히 거절한 적도 있었다. 이어 86년 아시안게임에 수백 명의 중국 선수단이 참가하면서 또다시 한중간의 비공식 접촉이 계속되어지고…

5월 23일, **미 문화원 점거 농성,** 73명의 학생들이 서울 미국 문화원 도서실에 난입하여 3일 간의 농성을 벌인 사건이 발생. 운동권이라 불리는 급진적인 학생들이 벌인 이 사건은 주한미군의 철수를 공개적으로 요구하면서 한반도 분단이 미국의 책임이라고 강변하고 "광주사태 책임지고 전두환 물러가라" 등을 주장하는데…

註) 전두환 정부는 올림픽 주최국으로서 국제적인 이미지를 개선하고 만성적인 학생시위를 해결하기 위해 1983년 말부터 일련의 자율화 조치를 펴면서, 경찰을 대학 캠퍼스에서 철수시키고 반정부활동으로 징역을 살던 수백 명의 학생들을 석방하고 이미 제적된 1천여 명의 학생들에게도 복학을 허용했다. 그러나 이러한 조치는 기대와는 반대로 반정부투쟁의 활성화로 나타나게 되는데, 노련한 투쟁가들을 중심으로 하는 각종 반체제 단체가 구성되어 더욱 조직화되고 과격한 시위 양상이 되어갔다. 그들은 또한 역대 미국 정부가 한국의 권위주의 정부를 지지했다면서 반미투쟁을 전개하는데, 그 방식으로 82년 3월에 부산 미문화원을 방화하고, 83년 9월에는 대구 미국문화원에 폭발물을 터트렸고, 이번이 3번째의 사건이 된 것이다. 이들의 통일논의는 북한의 정책과 유사했고 주장도 여러 면에서 북한에 대해 호의적이었다. 정부는 사회 안정이라는 명분하에 강력대응으로 맞서서 그 결과로 정부와 반체제 세력 간의 대립이 제5공화국 내내 계속되었다.

5월 27일, **제8차 남북적십자회담,** 서울에서 다시 열린 남북이산가족찾기 회담에서 8월에 상호방문에 합의했다. 이로써 8월 26일, 서울과 평양에서 각각 50명씩 이산가족 재회가 이루어지고 9월 22일에는 서울의 워커힐과 평양의 모란봉 극장에서 예술공연단 공연이 이루어졌다. 이때 남북적십자 총재(남한: 김상협, 북한: 손성필)는 각기 151명씩의 방문단을 거느리고 서울과 평양을 방문했는데, 처음으로 전 민족이 함께 해보는 순간이 되었다.

**이번에는, 중공 경폭격기(輕爆擊機)**

8월 24일, 일류신 IL-28 중공 경폭격기 1대가 전라북도 이리시 신흥동 정수장 제방 밑에 불시착했다. 조종사 초천윤(肖天潤)은 대만으로의 망명을 희망, 통신사는 중공 송환을 요청, 항법사는 착륙도중 사망.

北韓, **함경남도 왕장-범포 철교 열차추락사고,** 함경남도 함흥에서 열차가 함흥 근처 왕장-범포 구간에 놓인 철교를 통과하다가 탈선되어 열차 전체가 아래로 굴러 떨어진 대형 참사가 발생. 사망자가 3백 명 이상이었다는데, 흐르는 피로 철교 밑에는 질퍽한 감탕물이 될 정도였다. 함흥에서는 이즈음에 또 다른 사건이 있었다. 많은 공공건물의 옥상에 장착되어있는 대공포를 이용해 군인들이 시위대에 발포하면서 무수히 많은 민간인이 사망했다는데, 무슨 이유인지는 알려지지 않고 있다.

### 이루어지지 못한 남북정상회담(南北頂上會談)

9월 4일, 북한 대표단 허담(許談)과 그 일행 5명이 비밀리에 전두환 대통령과 만나 회담을 가졌다. 이 회답으로 10월에는 장세동 안기부장과 박철언 보좌관이 비밀리에 김일성을 방문하여 상호 친서를 교환하면서 호의적인 분위기였는데, 이 회합의 마지막 날 수개월간에 걸쳐 이루어진 남북정상회담이 간단히 깨지게 되었다. 북한 측이 뜻밖에도 막판에 '팀스프리트86' 훈련의 중단과 남북 '상호불가침협정안'을 제시했고, 한국 측은 두 가지 모두를 거절해야 했다. 결과는 이듬해 1월 20일, 북한이 '팀스프리트' 훈련을 비난하면서 모든 회담까지 무기 연기시키고 이와 함께 정상회담에 대한 논의까지도 사라지고 마는데…

註) 지난 3월부터 남북비밀접촉을 위한 청와대 보좌관으로 임명된 박철언(朴哲彦)은 북한뿐만 아니라 헝가리, 소련 등을 종횡무진 누비면서 활동해 '한국의 키신저' 라고 불리었는데, 그는 북한의 한시해(韓時海)와 서울-평양 직통전화를 개설하고 11월까지 비밀리에 42차례나 국내와 해외를 가리지 않고 만나 남북정상회담을 추진하면서 북한 부총리 허담의 서울방문을 이루어지도록 했다.

9월 14일, 86아시안게임 개막을 6일 앞둔 날, 김포공항 국제선 청사 5번, 6번 출입문 사이 쓰레기통에서 콤포지션-4 폭탄이 터졌다. 근처에 있던 일가족 4명과 공항 직원 1명이 숨지고 30여명이 중경상을 입었다. 267명의 외국인과 내국인 2만8000명, 인근 주민 6000여명, 폭발물을 다루는 1771개소를 조사했지만 범인은 끝내 못 밝혀냈다. 이로부터 1년 뒤인 87년 11월 '김현희 KAL기 테러'가 터진다.

### 또, 중공기(中共機)

1986 2월 21일, 이번에는 중국에서 전투기가 날아왔다. 중공 공군 제1사 제4정찰단 소속 진보충(陳寶忠)이 MIG-19 전투기를 몰고 와 공군기지에 불시착. 그는 대만으로 망명.

### 5 · 3 인천(仁川) 사태

신한민주당(신민당)은 직선제 개헌에 대한 재야 세력의 호응 속에 3월 11일에 서울을 시발로 부산, 대구, 대전 대회를 연이어 열었다. 그러나 4월 29일 당고문인 김대중 민추협공동의장이 소수 학생의 과격한 주장을 지지할 수 없다는 뜻을 밝히고 다음날 청와대 영수회담에서 이민우 총재가 좌익학생들을 단호하게 다스려야 한다는 의사를 밝혔다. 이에 분개한 재야와 운동권 세력은, 5월 3일 신민당 인천 및 경기지부 결성대회가 열릴 예정이던 인천시민회관에서, 대회 시작 전부터 격렬한 시위를 벌였고 이에 따른 공권력 투입으로 당 지도부가 대회장으로 입장하지도 못한 채 무산되었다. 1만여 명의 시위대는 산발적인 시위를 하다가 오후부터는 화염병과 돌을 던지며 경찰과 충돌. 이 사태로 319명이 연행되고 129명이 구속되었으며, 정부의 운동권 탄압을 본격화시키는 계기가 되었다.

註) 아울러 이해의 봄은 최루가스 속에서 지내야 했다. 학생들의 좌경 의식화된 구호와 함께 전방 입소 반대 등으로 학생들의 기습시위를 산발적으로 벌이는 가운데, 일부 학생들은 생산현장에 위장 취업하여 노동자들을 운동권으로 끌어들였으며 파업과 시위로 이 때문에 서울시내는 항시 전투경찰의

진용을 볼 수 있었다. 더구나 아시안 게임과 올림픽 주최국으로서의 입장 때문에 강력한 제재를 가하지 못하는 정부의 약점을 파고 들어가 각종 시위는 점차 대담해지고 과격해져만 가는데…

6월 24일, 北韓, 서해(남포)갑문 완공. 이 공사는 총 공사비 40억 달러가 투입되고 10여 만 명의 군대와 청년 건설자들이 동원되어 만들어진 서해갑문에 대해 북한주민들은 「시체갑문」이라 불렀다는데….

註) 서해갑문은 순수 인력으로 바다를 막는 대역사(大役事)를 단행한다며 80년대 북한 언론에서 매일같이 떠들었다. 북한이 해외 수반들이나 관광객에게 제일 먼저 구경시켜 주는 단골메뉴가 바로 이곳이다. 갑문은 1981년 5월에 착공해 5년 만에 완공했지만, 바닷물을 막거나 수중(水中)용접 등 위험한 작업에 훈련이 덜된 군인들을 투입했다가 수십 명씩 사망하는 불상사나 기중기 추락사고 등 헤아릴 수 없는 인명사고가 발생하여, 사망자는 수년간 1천여 명은 족히 될 것이라고 한다.

9월 20일, **제10회 아시안 게임(Asian Game):** 제10회 아시안 게임이 중국 선수단을 포함한 27개국 4천8백여 선수가 참가한 가운데 10월 5일까지 서울에서 열렸다. 한국은 중국에 이어 종합 2위를 기록.

註) 제2차 세계대전이 끝난 후 아시아 지역의 우호와 세계평화를 촉진할 목적으로 창설된 국제스포츠대회로서의 아시안 게임은 1934년 인도 뉴델리에서 인도.아프가니스탄.스리랑카.팔레스타인이 참가하여 열린 서(西)아시아 경기대회가 합병하여 부활한 것으로서, 대회는 4년에 한 번씩 올림픽경기대회가 열리지 않는 중간 해에 회원국 가운데 희망하는 나라가 개최하기로 되어 있는 아시아인의 축전이다. 특히 서울 아시안 게임에 북한의 집요한 방해공작에도 중국이 388명의 대규모 선수단을 파견하자 북한은 더욱 집요하게 서울올림픽에 소련과 동구권 국가들의 참가를 저지하고자 열을 올리면서 "만약 남조선에서 올림픽을 개최한다면 전쟁이 일어날 것이다. 절대로 용납할 수 없다"고 거듭 위협해 나갔지만…

### 건국대(建國大) 사태

10월 28일, 27개 대학생 1천5백여 명이 건국대학교에서 전국 반외세, 반독재 애국학생 투쟁연합 발족식 후 구내 5개 건물을 점거하며 농성 4일 만에 전원 경찰에 연행되었다. 이는 1980년 5월 이래 최대의 학생 시위가 되었다.

### 금강산 댐(DAM)

11월 6일, 이기백(李基百) 국방장관은 북한 측이 금강산 댐 공사를 중지하지 않으면 대비책을 강구할 수밖에 없다고 발표했다. 예상 저수량은 2백억 톤이며, 만약 만수위 때에 댐이 붕괴되면 서울 경기 일대가 모두 물에 잠긴다고 했다.

註) 이로부터 전 국민 모금운동이 전개되어 이에 대응할 방어용 목적의 '평화의 댐'이 화천 북쪽 북한강 상류 지점에 건설되었다. 그러나 그 후 정치적인 발표였다는 재야세력의 반발로 공사는 80m 높이의 1단계로 마쳐야 했다. 그 후 댐은 김대중 정부 시절인 2002년부터 높이를 높여 2005년 10월에 최종적으로 완공되었다. 이에 따라 평화의 댐은 현재 높이 80m에서 125m로 높아지고, 길이 601m에 저수용량도 5억 9천만t에서 26억 3천만t으로 증가했다. 댐은 강원도 양구군 방산면 천미리와 화천

군 화천읍 동촌리에 걸쳐 있으며, 만약 북한 측의 댐이 붕괴될 경우에 물이 역류하여 오히려 북한 쪽으로 흐르게 되어있다.

1987 1월 15일, **김만철 일가족 북한 탈출,** 함경남도 청진에서 의사 김만철(金萬鐵)은 그의 처가와 함께 11명의 대가족이 순시선 청진호(50톤급)를 타고 탈출하여 20일, 기관고장으로 표류 중 일본 쓰루가 항으로 예인되었다. 북측은 전원 송환을 주장했고, 남측은 귀순을 환영한다고 했는데 본인들은 제3국을 원했다. 결국 2월 7일 대만으로 향했는데 8일에는 서울로 왔다. 이때 김만철은 "따뜻한 남쪽나라를 찾아왔다"고하여 온 국민의 심금을 울렸다.

註) 이들을 한국으로 인도하는 데는 제3국들이 입국을 거부하기도 하였지만 1983년도에 귀순한 이웅평 공군소령의 역할이 컸다. 한 가족이 집단으로 탈출해 온 것은 한국전쟁이후 처음 있는 일인데, 이는 앞으로 이어질 북한주민 대량 탈북(脫北)의 예고편이 되었다.

### 이한열 사망사건 (李韓烈 死亡事件)

6월 9일, 1천여 명의 연세대학교 학생들이 국민평화대행진(6.10대회)을 하루 앞두고 이 대회에 출정하기 위한 '연세인 결의대회'를 마친 뒤, 정문 앞에서 시위를 벌이던 중 연세대학교 경영학과 2학년에 재학 중이던 이한열이 경찰이 발사한 최루탄을 맞고 세브란스병원으로 옮겨져 치료를 받았으나, 의식을 회복하지 못한 채 7월 5일 사망했다.

註) 박정희 대통령의 장기집권과 뒤이은 전두환 대통령의 집권시절 경제는 급격한 성장을 이룩했지만, 정치만은 제자리걸음 이다보니 이런 불일치에 대한 대중의 불만이 높아져 이제는 강력한 반정부 세력들이 부상하게 되었고, 이어서 최근 북한의 도발위험까지 사라지게 되자 공안당국 등의 강압조치에 의한 통치의 종식을 요구하는 분위기가 일반화되었다. 이러한 각계각층에서의 민주화 열기가 고조되었던 때에, 5월 18일 박종철(朴鍾哲)고문 사건의 진상이 밝혀진 직후에 발생한 일이어서 더욱 충격이었다. 사후 5일이 지난 7월 9일 '민주국민장'으로 치러진 영결식에는 학생.시민.정치인과 재야단체 회원 등 총 7만여 명이 참석했고, 시신은 광주 망월동 5.18묘역에 묻혔다.

### 6월 항쟁(抗爭)

6월 10일, 민정당 전당대회에서 민정당 대표인 누태우(盧泰愚)가 대통령 후보로 공식 지명되자 전국 33개 도시에서 동시다발로 대규모의 시위가 일어나, 4.19 혁명 이래 가장 격렬한 시위로 확대되어 시위대와 경찰 사이에 시가전을 방불케 하는 전투상황이 발생했다. 첫 이틀 동안 7백여 명이 부상당하면서 수만 명이 체포되었다.

註) 박종철 고문 치사사건과 이 사건으로 인해 전두환(全斗煥) 정부는 국민들에게 더욱 깊은 불신감을 심어주고, 이에 분노한 국민들의 항쟁이 걷잡을 수 없이 번져나갔다. 이어 전국 33개 도시에서 하루 1백만여 명의 군중이 시위를 벌이는 등 이른바 '6월 항쟁'이 정점에 이르자, 전두환 정권은 시국 수습을 위해 6월 29일 당시 민주정의당 대표위원이었던 노태우로 하여금 대통령 선거의 직선제 개헌을 발표하게 하는데, 이것이 6.29선언이다.

## 민주화(民主化) 6.29 선언

6월 29일, 정국이 4월 13일의 호헌(護憲) 발표로 여당(民政黨)의 간선 대통령제로 돌아가자 야당과 재야 운동권은 전국적인 가두시위 형태로 직선개헌투쟁을 벌였다. 직선제에 대한 국민의 요구와 박종철(고문치사) - 이한열(최루탄 맞고 사망) 사건 등이 한데 얽혀 시민도 함께 참여하는 전국 각 도시에서 대규모 폭력 시위가 17일 간이나 계속되어 경찰력만으로는 통제하기 어려운 상황에 이르렀다. 시국 수습에 부심하던 전두환은 노태우 후보에게 수습방안을 마련하도록 하였고, 이날 차기 여당 대통령 후보인 노태우(盧泰愚)가 직접 나서서 '대통령 직선제 개헌' 및 '김대중의 사면-복권'을 포함한 고단위 처방의 8개 항의 민주화 선언을 발표했다.

註) 1985년 2.12총선 이후 간선제로 선출된 대통령 전두환(全斗煥)의 비민주성을 비판하면서 줄기차게 직선제 개헌론이 요구되자, 전두환은 4월 13일 일체의 개헌논의를 금지하는 호헌(護憲) 조치를 발표했다. 이러한 상황에서 서울대학생 박종철(朴鍾哲)이 경찰의 고문으로 사망한 사실이 알려지면서 정국은 대결국면으로 치달았고, 6월 10일 전국 18개 도시에서 학생과 시민들의 시위가 대규모로 이어졌다. 26일에는 전국 37개 도시에서 100여만 명이 밤늦게까지 격렬한 시위를 벌였다. 경찰력이 마비되다시피 된 상황에서 전격적으로 발표된 6.29선언은 대대적인 환영을 받았고, 파국으로 치닫던 정국은 빠르게 안정되어 참된 민주주의의 길을 여는 놀라운 정치기적을 가져오게 하였다.

## KAL 858기(機) 참사

11월 29일, 승객 및 승무원 115명을 태운 바그다드발 서울행 대한항공 858기가 미얀마 영해 상공에서 폭발, 전원 사망했다. 범인은 북한 공작원 김현희로서, 김정일 지시에 의해 올림픽 방해공작의 일환으로 중동근로자들이 주로 이용하는 여객기를 폭파시켰다고 1988년 1월 15일 폭로하고 동행 음독자살한 김승일은 거물급 공작원이라고 밝혔다.

註) 1981년 9월에 독일 바덴바덴에서 88서울올림픽의 개최가 확정되는 그때부터, 북한은 집요하게 방해공작을 펴나갔다. 그러나 온갖 억지와 악선전에도 불구하고 소련을 위시한 모든 공산권국가들 마저 참가할 분위기가 되자 초조해진 김정일은 남한의 국제적 위상이 오르게 되는 것을 앉아서 보고만 있을 수 없었다. 세계 각국의 서울올림픽 참가를 막기 위해 강경수를 썼다. 그러나… 수사 결과 KAL기는 하치야 신이치와 하치야 마유미라는 일본인으로 위장한 북한대남공작원 김승일과 김현희가 김정일의 친필 지령을 받고 기내에 두고 내린 시한폭탄과 술로 위장한 액체폭발물(PLX)에 의하여 폭파되었음이 밝혀졌다. 사건의 진상이 공식적으로 발표되자 미국은 즉각 북한을 테러국가로 규정하여 각종 제재를 가하고, 일본도 북한공무원의 입국을 금지하는 등의 조치를 취했다. 그리고 1988년 2월 10일에는 이 사건의 토의를 위해 국제연합 안전보장이사회 긴급회의가 소집되어 많은 국가대표들이 북한의 테러행위를 규탄. 이 사건으로 북한은 국제무대에서 외교적 불이익을 자초하는 결과를 감수해야 했다.

12월, 北韓, **군용열차 폭발,** 중국으로부터 수백Kg의 폭약과 포탄을 싣고 출발한 북한의 군용열차가 함경북도 화순(和順)을 지나 영반(永班)으로 가던 중, 김정일 반대파들에 의해 폭파되어 약 120명이 죽고 5천여명이 부상한 대형사고가 발생. 이 사고로 주위 반경 2Km 이내의 건물들이 완전히 붕괴되었다.

12월 16일, **노태우(盧泰遇) 대통령,** 6.29선언의 결과로 오랜만에 대통령 직선제 선거가 이루어져 민정당의 노태우 후보가 대표적인 야당지도자인 김영삼(金永三)과 김대중(金大中) 후보를 누르고 득표율 37%로 제13대 대통령에 당선.

註) 이때 김영삼과 김대중은 각자 따로 출마했다. 이 두 사람은 "자신의 연고지역을 확고하게 장악한 지방호족 같았다"라는 평가처럼, 영남과 호남의 지역감정으로 나라가 쪼개질 판이었다. 결국 노태우가 직선제를 통해 당선됨으로 해서 정치적인 정통성을 확립했고, 그는 이전 정부에 비해 언론자유를 확대하고 기업에 대한 정부 간섭을 줄이면서, 동유럽 공산국가와 소련, 중국 등과 관계를 발전시켜 결국 외교관계를 수립하여 국제사회에서 북한의 입지를 약화시키고 동북아시아의 전략적 상황을 크게 변화시켰다. 이후 90년 6월과 91년 4월에는 러시아 대통령 고르바초프와의 정상회담으로 한.러 국교회복에 새 전기를 마련하고, 중국과 국교를 수립하여 북방외교의 기틀을 마련해 나갔다.

1988 2월, 北韓, **황해도 예성강 다리 건설 참사,** 평양-개성 간 고속도로 건설(1992년 2월 개통) 중 황해도 예성강 다리 건설현장에는 인민군 2군단 소속 병사들이 동원되어 공사를 진행하였는데, 상판공사까지 마친 상태였다. 사고 당일 다리 상판 위에는 2개 대대 500명의 군인들이 올라가 있었다. 그런데 두 기둥 사이에 놓여 있던 콘크리트 상판이 갑자기 무너지면서 거기에 있던 군인 수백 명이 사망했거나 부상당한 사건이 발생.

4월 26일, 제 13대 총선이 있었다. 노태우가 주도한 여당인 민정당(民政黨)이 299석 중에 125석을 차지하여 심각한 여소야대(與小野大) 국회가 구성되었다. 그러자 그동안 가려져 있던 야당세력의 5공(共)에 대한 정치공격이 펼쳐졌다. 야당을 대표하는 소위 3김(金永三, 金大中, 金鍾必)씨는 개선장군처럼 당당하게 국회로 돌아와 정국을 주도하기 위한 공세를 펼치고, 한편으로는 급진적인 학생들이 민족분단을 막는다며 서울올림픽을 반대하고 남북이 공동주최해야 한다고 판문점으로 몰려가는 상황이 되었다. 사회주의 진영의 올림픽 집단 거부 사태도 막아야 하는 노태우 정부는 야당의 정치공세에 대응하는 데에만도 급급한 형편인 가운데…

註) 정부가 약하게 보일수록 각계각층의 요구는 더욱 강렬해졌다. 노동조합은 불법투쟁이나 폭력을 주저하지 않았고, 민주개혁의 일환으로 많은 시국사범들을 석방하자 그들은 반정부투쟁에 앞장서 전두환 처단과 노태우 정권의 퇴진까지 주장하면서 사회소요는 더 빈번해지고 과격해져갔다. 대학가 시위는 쉬지 않을 지경이고 곳곳에서 화염병이 난무하고 경찰과 시위대들이 충돌하는 것이 일상사가 되는 지경에서도 노태우는 공권력 사용을 자제하는…

9월 17일, **제24회 서울 올림픽(Olympic):** 12년 만에 동서 양진영 선수단이 서울에 모여, 160개국 1만3천여 명의 선수단이 참가한 가운데 16일간 열렸다. 전 세계 회원국 중 북한, 쿠바, 이디오피아, 알바니아, 셰이셀 제도, 니카라과의 6개국만 불참했고, 한국은 소련, 동독, 미국에 이어 종합 4위를 기록한 가운데 막을 내렸다.

註) **올림픽 서울 유치:** 1984년 스웨덴 바덴바덴에서의 서울개최 확정은, 일본과 북한의 집요한 방해공작으로 엄청나게 고전한 결과였다. 올림픽은 당연히 선진국에서 열어야 한다는 고정관념을 깨기 위해 주로 제3세계와 개발도상국을 상대로 득표활동을 하는 중, 이를 훼방 놓기 위해 북한까지 끼어들

었다. 결과는, 당연히 개최되리라 방심한 일본 나고야의 홍보활동 부족에 힘입어 많은 나라들이 우리에게 동조하게 되고, 아무런 준비시설도 없이 끼어든 평양은 올림픽 개최지가 서울로 확정된 이후에도 전쟁위험, 신변보장 불확실, 내란위험 등등 비방과 중상모략만을 거듭했다. 결과는 이런 와중에 제10회 아시안게임과 24회 올림픽 대회를 모두 다 서울에서 치르게 된 것이다. 마지막까지도 북한은 서울-평양 공동개최, 종목 분산, 공동운영 등등으로 물고 늘어지다가, 막상 서울 단독으로 개최되어지자 북한 전역에 보도금지 등, 모든 정보를 봉쇄하여 주민들이 전혀 모르도록 조치해 버렸다.

註) 서울올림픽은 명실공히 세계적인 스포츠 축제였다. 이날 세계 각국에서 10억 이상이라는 사상 최대의 시청자들이 올림픽 개막행사를 TV로 지켜보았다. 이제 남한은 더 이상 전쟁의 제물이 됐던 가난에 찌든 아시아의 작은 나라가 아니라 역동적으로 번영하는 강국이라는 사실을 전 세계에 과시할 수 있는 절호의 기회로 여겼다. 일본이 1964년 도쿄올림픽을 발판으로 선진국으로 도약했던 것처럼 88서울올림픽 또한 자국의 경제 향상을 더욱 촉진시키고 국제적 위상을 고양시키는 획기적인 계기가 되리라고 기대했다. 아울러 정치적 이념을 초월하는 올림픽 게임은 북한의 동맹국인 소련과 중국을 위시한 공산권 국가들을 서울로 초청할 수 있는 흔치 않은 기회였다. 한편, 북한은 올림픽을 앞두고 전전긍긍했다. 올림픽 개막일자가 다가오자 북한은 이를 저지하거나 흠집을 내기 위해 갖은 노력을 기울였지만 실패로 돌아가고 말았다. 서울올림픽은 남한이 공산주의 국가들로부터 승인을 확보하고 그들과의 관계를 개선하기 위한 노력에 획기적인 전기를 마련했다.

### 헝가리 대사급 외교관계 수립

1989 2월 1일, 동구권 공산주의 국가인 헝가리와 대사급 외교관계를 수립. 서울올림픽이 결정적인 역할을 해주었고, 노태우 정부가 이를 잘 활용한 결과이었다. 공산국가들은 올림픽에 참가하기 위해 한국과 직접 접촉하면서, 그동안 한국은 미국의 원조로 지탱하고 있는 미국의 꼭두각시로 인식해왔다가 한국의 물질적 풍요를 보고 크게 놀라, 형편없는 저개발 국가라는 인식에서 비로소 역동적인 공업국가라는 점을 제대로 보게 된 것이다.

註) 이때 북한은 헝가리를 격렬하게 비난하고 나왔다. "남한 괴뢰정부로부터 달러를 구걸하기 위해 반역행위를 저질렀다"는 등…. 그들의 올림픽 방해공작의 좌절을 표시한 것이다. 서울 올림픽은 한국이 공산국가들과 관계를 개선하는데 결정적인 계기이었다. 때마침 세계정세는 정부가 북방정책을 추진하는데 유리한 사건들이 잇달아 일어나고 있었다. 고르바초프(Gorbachev)는 소련의 외교정책을 이념보다 실리를 중요시하는 방향으로 전환하여 1988년 2월에 소련군이 아프가니스탄에서 철수했고, 8월에는 폴란드 공산당이 비공산계열의 노동단체에 권력을 이양했다. 또 베트남에서도 소련군이 철수하고 중국과도 관계를 개선하면서 9월에는 "남북한이 관계를 개선한다면 소련은 한국과 경제관계를 개선하게 될 것이다"라고 선언했다. 이어서 1989년에는 베를린 장벽이 붕괴되고 이어 부시 미국 대통령을 만나 "양국관계는 더 이상 적대관계가 아니다"라는 역사적인 선언까지…. 노태우 정부는 이러한 탈냉전 물결에 편승하여 한반도가 유일한 '냉전(冷戰)의 섬'으로 남지 않도록 올림픽 추진과

정을 바탕으로 발 빠른 노력을 기울여 1988년 7월 5일에는 슬로베니아공화국 수도 류블리나에 무역사무소를 개설했고, 10월 3일에는 유고슬라비아가 서울에 무역사무소를 개설한 후, 10월 25일에는 헝가리 부다페스트에 상주대표부를 개설했고, 10월 27일에는 서울에 헝가리 상주대표부까지 개설했는데…, 여기에는 외교안보수석 김종휘(金宗輝)와 박철언(朴哲彦) 대통령보좌관이 주축이 되어 활동한 결과이었다. 이후 소련, 폴란드, 유고슬라비아, 알제리, 불가리아, 몽골, 루마니아, 알바니아, 중국, 베트남 등의 사회주의 여러 나라들이 뒤를 이어 수교 대열에 참여하게 되면서 발전되어갔다.

註) **북한의 경제수준,** 북한 경제는 제2차7개년계획(1978~84)으로 연12.2% 성장을 이루었지만, 제3차7개년계획(1987~93) 시기는 성장목표를 유지하지 못했다. 200일 전투구호는 2000일 전투구호로 바뀌었고, 이때 1989년의 국민1인당 GNP가 2530달러에 달했다. 그러나 이를 무역환율로 계산하면 1031달러였는데, 이 시기에 남한은 5569달러로 북한은 한국의 5분의 2 또는 5분의 1 정도에 불과했다.

7월 1일, **평양학생축전,** 중국 천안문(天安門) 광장에서 6월 4일 민주화 요구를 하던 시위 군중에 대한 중국계엄령군의 무차별 발포로 1천여 명의 희생자를 내고 유혈 진압된 사건이 있어, 긴장한 평양당국과 참가한 공산권 학생들 간에 세계청년학생축전이 평양에서 8일 동안 열렸다. 이때 한국여학생 임수경이 불법 밀입국하여 평양대회에 참가하는 충격적인 사건이 발생하여 남북 간에 불편한 분위기를 만들기도 했는데, 이 행사는 이후 동구 공산권 국가들의 붕괴로 인해 더 이상 이어지지 못하고 결국은 북한에 경제적인 부담만 안겨준 채, 공산권 국가들의 마지막 축전이 되고 말았다.

註) 이 축전은 서울 올림픽으로 실추된 북한의 위신을 세우고자 막대한 국가낭비를 초래하며 무리하게 진행된 행사인데, 이 행사를 위해 47억 달러를 들여 260여 개의 시설물을 새로 만들었고, 1천여 대의 벤츠 승용차를 구입했다. 이 축전에는 전 세계 국가가 아닌 178개 좌경 청년단체에서 2만 명 이상의 대표들이 참가했다. 그러나 이후부터 평양당국은 이 대회의 후유증으로 오염되어 가는 외부 세계의 바람을 막기 위해 사상교양을 강화하는 등, 갈팡질팡. 오직 남한에 지지 않겠다는 오기 하나로 밀어붙인 결과는, 힘든 경제를 더 어렵게 만든 '현실을 무시한 어리석은 일'이라는 국제적인 비판만 받고 말았다.

**문익환 목사 방북사건 (文益煥牧師訪北事件):** 전국민족민주운동연합(全民聯)의 상임고문이던 문익환 목사가 북한의 조국평화통일위원회의 초청을 받아 정부의 허가 없이 3월 25일부터 4월 3일까지 북한을 방문하였는데, 여기에다 6월 27일 '서경원의원 방북사건'이 연이어 일어나면서 정국은 급격하게 공안정국으로 치달았다.

8월, 北韓, **함남 둔전-성내 열차 추락사고,** 함경남도 둔전-성내 사이 높이 20~25m에 이르는 철교를 지나가던 여객열차가 레일이 옆으로 튕겨 나가면서 중량을 이기지 못해 차량들이 차례로 강 밑으로 떨어졌으며, 연이어 다섯 량이 곤두박질쳤다. 추석을 앞두고 열차마다 사람들로 만원을 이루어 열차 한 량에 최소 수백 명씩 매달려 있었기 때문에 적게는 수백 명에서 많게는 1천여 명이 사망한 것이다. 원인은 선로작업을 하던 인부들이 철로 정비를 하면서 레일 못을 뽑고 공사를 하던 중 열차가 갑자기 진입해 미처 레일 못을 치지 못한 채 열차가 철교를 통과하다 일어난 참사였다. 사망자가 많이 나게 된 것은 철교의 높이가 수십 미터인데다 하천의 물이 얕아 암반과 자갈로 구성된 바닥이 완충 역할을 거의 해주지 못했기 때문이었다.

1990 1월 22일, **보수대연합(保守大聯合),** 4개의 정당으로 분열된 정치판도는 서로간의 갈등으로 국회운영이 제대로 할 수 없게 되자 보수 성향의 대표들인 민주정의당 노태우(盧泰愚), 통일민주당 김영삼(金永三), 신민주공화당 김종필(金鍾必)은 3당 통합을 선언하고 민주자유당(民主自由黨: 民自黨)을 창당하였다. 세 지도자들은 정치적 갈등과 교착상태로 점철된 4당 체제를 청산하여 정치적 혁명을 이룰 것이라고 선언했다. 이로부터 졸지에 외톨이가 된 평화민주당의 김대중(金大中)은 더욱 강경한 자세로 정부와 여당을 공격하게 되는데…

註) 3당 통합의 내부를 들여다보면 서로의 목표는 달랐다. 노태우는 정치안정을, 김영삼은 차기 대통령 자리를, 김종필은 내각제 개헌을 목표로 했다. 서로가 이해관계에 따른 편의적 결합에 불과한 '한 지붕 세 가족' 현상이 된 것이다. 결과로 공격적이며 벼랑 끝 전술도 가리지 않는 김영삼의 영향력이 커지면서 노태우는 사실상의 레임덕 대통령으로 전락해 가는데…

北韓, **자강도 강계 군수품 공장 폭발사고,** 자강도 강계시(江界市)에 소형 트랙터 공장으로 위장되어 있던 26호 군수품 공장이 폭발했다. 이 바람에 1천 명 이상이 즉사하고 수만 명의 부상자가 발생하면서 강계(江界)시 전체가 폐허로 변했는데, 이 공장은 소형 미사일과 방사포탄 등 각종 포탄을 생산하는 북한 최대의 포탄공장으로, 당시 공장에는 이란 등에 수출하기 위해 수개월 동안 생산한 미사일, 방사포탄, 일반포탄 등이 수 천여 발 쌓여 있었다. 경비병들이 추위를 피하기 위해 불을 피웠는데, 이 불꽃이 미사일을 싸고 있던 기름용지에 튀면서 곧장 나무상자에 불길이 옮겨 붙어 걷잡을 수 없는 대형화재로 번졌다. 이때 미사일 포탄 폭발 소리는 밤새껏 쾅쾅거렸고 주변은 마치 전쟁터와 같았다. 사고수습 후 밀폐시켰던 지하 철문을 열자 작업장에는 300여 명의 기술자와 노동자들의 시체가 발견되었다. 여자들이 가운데 모여 있고 남자들이 밖을 둘러싼 모습에 더러 유서도 써 놓았다고 한다. 이들 외에도 바깥의 폭발로 사망한 사람은 1천여 명이 넘는다고, 강계 출신의 탈북자들이 전했다.

7월, 北韓, **평남 안주 탄광연합기업소 탄부 매몰,** 평안남도 안주(安州)에 있는 탄광에서 대형 매몰 참사가 발생했다. 북한에서 생산되는 석탄 총 생산량 1억4000만 톤 중에 1억 톤 가량이 생산된다는 평안남도 안주탄광연합기업소는 북한 최대의 탄광으로 수만 명의 종업원이 있는데, 해마다 수백, 수천 명의 제대군인들이 우선적으로 이곳에 집단 배치되었다. 안주지역은 평야지대여서 탄광들은 대부분 수직갱으로, 주민들이 살고 있는 마을 밑에도 개미굴처럼 석탄 채굴장이 뻗어 있었다. 수십 년간 지속적으로 석탄을 캐내다 보니 청남지구 입석탄광 지역의 지반이 점점 내려앉다가 장마 때마다 비가 고여 늪지대가 발생했다. 그런데 마침 그 밑에서 탄을 캐며 올라오던 지하 갱이 늪지와 가까워지면서 압력에 견디지 못해 터져 버려 순식간에 많은 양의 늪지 물이 갱으로 쏟아져 들어갔고 탄광 안에 있던 수백 명의 탄부들이 졸지에 떼죽음을 당했다. 인민군 1천여 명이 동원돼 한 달 동안 시체 발굴 작업을 진행했으나 워낙 복잡한 지하 굴속 여기저기에 묻힌 사망자들을 찾기는 거의 불가능한 상황이었다.

9월 30일, 서울올림픽 기간 이전부터 북한의 집요한 방해공작과 심술에도 불구하고 줄기차게 시도된 공산권의 맹주국인 소련과의 외교적 결실을 보게 되었다. 이날 유엔본부에서 세바르드나제 소련 외상과 최호중(崔浩重) 외무장관이 '한.소 수교 공동성명서(韓.蘇 修交共同聲明書)'에 서명함으로써 한국과 소련은 무려 86년 만에 국교관계를 맺었다.

註) 1983년의 'KAL기 피격사건'으로 분위기가 냉랭하던 양국관계는 서울올림픽에 788명의 대규모 소련선수단을 참가시키면서 계기가 마련되었는데, 한국과 소련의 수교는 고르바초프의 개방 정책 속에 노태우 정부의 '북방외교'가 맞물린 결과이었다. 이후 수교한지 4개월만인 1991년 1월에 사회주의 진영 초강대국인 소련에 30억 달러의 경제협력 차관을 제공하기 시작하는데, 소련은 이에 상응하여 한국의 UN 가입을 지원하며 북한에 대한 공격용 무기를 제공하지 않기로 약속했다. 더구나 소련은 북한에 대해 무역대금을 현금으로 요구하자 지금까지 대외무역의 60%를 소련에 의지해 오던 북한은 심각한 식량난과 연료부족에 처하게 되어 분노로 가득 찬 격한 반응을 보였지만 누구도 북한에 손을 들어주는 나라는 없었다. 실제로 이때부터 소련은 북한에 대한 전투기나 전차 등의 군수물자 공급을 끊었는데, 이로 인해 북한이 피해를 본 금액을 따진다면 차관의 효과는 더 클 수도 있다. 차관의 상환은 91년 12월에 소련이 붕괴되기까지 실제로 이행된 금액이 14억7천만 달러였고, 뒤를 이은 러시아 정부가 부채를 승계했지만 자금부족으로 한국에 군용물자인 탱크, 헬리콥터, 미사일, 부품 등을 제공하게 되면서, 이제 북한은 점점 더 고립무원이 처지로…

註) 1991년 소련 붕괴 이후 탄생한 러시아는 옛 소련 시절의 북한과 동맹관계를 사실상 파기하고 친한(親韓)적인 정책을 펼쳤다. 러시아는 북한을 교조적이며 전체적인 공산 체제의 전형으로 인식한 결과, 양국 관계는 극도로 악화되었다. 그 과정에서 러시아는 1961년 7월에 체결된 '우호협력 및 상호원조조약'의 파기를 통보했으며 1996년에 그 효력을 소멸시켰다. 러시아는 북한이 외부 공격을 받을 경우 소련의 자동 군사 개입을 명문화한 이 조약을 폐기함으로서, 북한과의 전통적인 동맹관계를 공식적으로 폐기했다.

註) 한소관계의 급속한 진전은 북한의 대외 관계에 결정적인 타격을 가져왔지만 이미 국제 정치의 지각변동은 김일성 혼자의 힘으로는 막을 수 없는 대세였다. 당시는 냉전 종식으로 거대한 역사적 변혁이 일어나고 있는 중이었다. 헝가리와 수교 후 1년 남짓한 기간 동안 남한은 북한의 동맹국으로서 남한을 적대시했던 폴란드, 유고슬라비아, 체코슬로바키아, 불가리아, 루마니아 등의 공산권 국가와 공식적인 외교관계를 확립했고 경제 협력 체제를 구축했다. 김일성과 절친한 사이였던 니콜라에 차우세스쿠 루마니아 대통령은 실권 뒤 처형되었다. 김일성의 또 다른 절친한 친구인 동독의 호네커 서기장도 권좌에서 쫓겨나고 베를린 장벽은 붕괴되었다. 북한의 유럽 맹방인 동독은 자본주의 국가인 서독에 흡수되어 가는 과정에 있었다. 유럽공산주의가 붕괴되자 다음 차례는 바로 김일성과 북한 정권이라는 추측이 무성하게 대두되었다. 곧바로 중국의 등소평을 만난 김일성이 제기한 질문에는 "과연 얼마나 더 붉은 기가 나부낄 수 있을 것인가"였다고 한다.

10월, 한편, 지난 1983년의 중국 민항기 불시착사건을 계기로 시작된 중국과의 비공식 외교관계가 86서울아시안게임 및 88서울올림픽 경기를 계기로 크게 발전되어 가고 있는 중에, 또한 중국 북경아시안게임과 관련하여 한국 정부는 전폭적인 지원을 아끼지 않았다. 이러한 과정에서 두 나라 간에 비공식 접촉이 크게 늘어나게 되고, 아울러 홍콩을 경유한 양국 간의 무역규모가 급속히 늘어 연간 56억 달러에 이르자 중국과 영사업무가 가능한 무역대표사무소가 북경에 개설되고…

註) 황해를 사이에 두고 마주해 있는 한국과 중국은 다 같이 역동적인 경제 성장을 기록하면서 자연스럽게 이상적인 교역 파트너가 됐다. 홍콩을 비롯한 제3국을 통한 간접교역으로 시작된 무역규모는 1979년 1천9백만 달러, 80년 1억8천8백만 달러, 84년 4억6천2백만 달러, 86년 13억 달러, 88년에는 무려 31억 달러까지 치솟았다. 이에 반해 중국의 對 북한 교역량은 미미한 수준으로 하락해 80년대 말에는 5억 달러 수준에서 맴돌았으며 그나마도 대부분이 중국의 원조 형식이었다. 다른 요인들도 있었겠지만 이처럼 자연스럽게 형성된 경제적 유대관계야말로 중국이 남한을 멀리하고자 했던 종래의 입장을 수정하는데 결정적인 역할을 했다.

1991 5월, 중국도 소련처럼 실리 중심의 정책으로 전환되면서 북한에 대한 물물교환 방식의 무역관계를 국제시세에 맞춘 외화결재를 요구. 외화수입이 별로 없는 북한으로서는 결정적인타격을 받게 되었다.

註) 뿐만 아니라, 중국이 경제성장을 위해 외국의 자본과 기술의 유치에 노력하는 중에 황해 건너편에 있는 한국의 역동적인 경제는 중국의 파트너로 안성맞춤이었다. 이로서 가을에는 한국의 유엔 가입에 거부권을 행사하지도 않아 남북 간의 힘의 차이는 갈수록 벌어지는…

9월 17일, **남북한 동시 유엔 가입,** 제46차 유엔총회는 개막 첫날 남북한의 유엔 동시 가입 안을 표결 없이, 157개 회원국이 만장일치의 축하 박수 속에 통과.

註) 이로써 남북한은 영문 국명의 순서에 따라 160번째 북한(Democratic People's Republic of Korea)과 161번째 한국(Republic of Korea)이 회원국으로 각각 정식 가입했다. 한국은 유엔가입 신청을 처음 낸지 꼭 42년 만에 가입실현을 함으로써 1948년 정부수립 이후의 숙원을 이루었다. 그러나 동시 가입을 끝까지 반대했던 북한으로서는 별로 가치 있는 일이 아니었다. 가입 수락 연설에서 한국의 이상옥 장관은 많은 박수를 받은 반면, 북한의 강성주 대표는 '주체사상'과 공산주의 고수 결의를 강조하는 발언으로 빈축을 사 좋은 대조가 되었다. 북한이 그 동안 반대한 진짜 이유는 유엔 동시가입이 이루어지면 '남조선 해방'을 포기해야 하므로 주적(主敵) 개념이 흐려져, 결국 독재정권 존립의 근거가 파괴되는 위험을 자초하게 된다는데 있었다.

12월 31일, **한반도 비핵화 선언,** 노태우 대통령은 성명에서 '우리는 핵에너지를 평화적 목적을 위해서만 사용하며, 핵무리극 제조.보유.저장.배치.사용하지 않는다'고 말했다. 아울러 북한도 '핵안전 협정'에 서명하자는 등의 5원칙을 제의했다.

註) 12월 26일 판문점에서 시작된 남북핵협상에서 한 가지 복잡한 사항은 사용된 핵연료에서 화학적 공

정을 거쳐 플루토늄을 추출하는 재처리 시설 문제였다. 양측은 이웃 일본이 민간용 핵개발을 위한 재처리 시설을 가동하고 있는 사실에 주목했다. 일본은 미국이 재처리 과정이 핵무기 확산에 영향을 미친다는 사실을 주목하기 이전 양국이 협정을 체결했기 때문이었다. 결국, 노태통령은 미국의 강력한 압력에 굴복해 핵 재처리 시설을 건설하지 않겠다고 무조건 약속한 것이다. 이 조치는 결과적으로 북한과 같은 불성실한 상대를 너무 믿고 추진했기 때문에, 북한으로부터 아무것도 얻지 못하고 우리의 핵 재처리 권리만 포기한 것이 아니냐는 비판을 받아야 했다. 평화공존을 위해 우리가 신사적으로 핵 포기 선언을 하면, 북한도 따라 할 것이라고 순진하게 믿었던 것도 잘못이었다.

註) 북한의 핵문제, 북한이 핵폭탄을 보유할 경우 남한과 일본을 비롯한 국가들의 핵무기 개발 경쟁이 촉발될 것이며, 경제가 어려운 북한이 핵 수출에 나선다면 중동지역의 테러 국가들까지 핵 원료를 손에 쥐게 하는 등 세계적인 핵 확산은 필연일 것이었다. 보다 근본적으로는 테러행위 전력이 있는 데다 국제사회에서 고립된 상태에서 그 누구도 행동을 예측할 수 없는 정권의 수중에 핵무기가 주어진다는 것은 그 자체로 끔찍한 악몽이었다. 그러나 세계가 두려움에 떨면 떨수록 북한 정부의 핵개발 계획은 점점 더 유용한 협상무기가 되었다.

12월 13일, 한국과 북한 간에 12월 13일에 채택되어 가조인된 '남북화해와 불가침 및 교류 협력에 관한 합의서'에 이어, 노태우 대통령은 미국의 양해를 얻은 후에 '한국에 배치된 미국 핵무기의 완전 철수'를 공식 발표.

註) 사면초가(四面楚歌)에 빠진 북한은 더 이상 탈출구가 없게 되었다. 더구나 북한의 핵무기 개발계획은 전례 없이 많은 초점이 되어있었다. 북한은 소련 및 중국과의 동맹관계가 약화된 이후 대외적으로 내세울 만한 강점이 없었기에 핵무기 개발계획에 큰 가치를 주었는데, 10여 년 전부터 위성(衛星)을 통해 꾸준히 관측되어 온 평안북도 영변지역의 핵 처리 공장이 문제였다. 반면에 주한미군은 57년부터 미사일과 대포 탄두에 장착된 전술핵무기를 유지하고 있었는데, 76년 월남 패망시기에는 800여 개까지 되던 숫자가 89년에는 100개로 감축된 상태였다. 이후 91년 9월에 소련이 붕괴되면서 러시아의 옐친 대통령이 실권을 잡자 미국은 이에 상응하는 조치를 취하기로 하고 전 세계에 배치된 미군의 지상 및 해상발사 전술핵무기를 철수한다고 하여, 이에 따라 한반도에서도 전술 핵무기를 모두 철수했다. 이는 또한 북한의 핵개발에 영향을 주기 위한 조치이기도 했다.

1992 5월, 北韓, **최초로 이루어진 핵사찰,** 국제원자력기구(IAEA)는 그 동안 핵폭탄 개발의 의혹을 받고 있던 북한 평안북도 영변에 설치되어있는 핵시설에 대해 최초로 핵사찰을 실시.

註) 핵사찰 결과와 북한이 신고한 플루토늄의 양이 불일치하자 IAEA는 이를 문제 삼아 영변 핵 단지의 미 신고된 2개의 시설에 대한 특별사찰을 요구했는데, 북한은 이를 피하기 위하여 1993년 3월 12일에 한미연합군의 '93 팀스프리트 훈련을 핑계로 핵확산금지조약(NPT)을 탈퇴한다고 하였다. 이로 인해 북한과 미국 간에는 전쟁 일보 직전의 긴장관계가 조성되었으나, 결국 양국은 핵문제를 해결하기 위해 다시 협상으로 방향을 바꾸었다.

### 한중 수교(韓.中 修交)

8월 24일, 지난 7월 29일에 중국과의 교섭이 마무리되어 협정에 서명하고도 중국이 북한을 달래기 위한 시간을 얻기 위해 발표를 미룰 것을 요청하여 이날 발표되었다. 북한은 당시 미국과 일본과의 외교관계수립과 일괄 타결을 바랐지만, 현실을 받아들여야만 하겠기에 침묵으로 응답할 수밖에 없었다.

註) **한중관계:** 한국전쟁 이후 적대관계가 계속되다가, 80년대에 들어와 중국의 개방이 확대되고 양국의 교류가 늘어가는 가운데 83년 5월에 일어난 중국 민항기(民航機)의 춘천 착륙사건이 양국간 교류에 기폭제가 되었다. 84년 3월에는 중국에 거주하는 한국인들의 모국 방문과 한국인들의 중국 친지방문이 허용되고, 86년 아시안게임에 이어 노태우 정부의 등장을 계기로 양국 간의 관계가 획기적으로 발전하여 88년 올림픽에 중국 선수단이 참가한 후, 88년 10월에 한국인의 중국 관광금지가 해제되었으며, 금년 10월에 북경에 영사업무가 가능한 무역대표사무소가 개설되었다. 이후 중국의 정책은 91년을 계기로 급변했다. 덩샤오핑(鄧小平)의 중국정부는 경제성장에 필요한 외국자본 및 기술의 도입과 시장 개척에 외교역량을 집중했다. 그 대상은 미국과 서유럽 및 한국이었다. 북한과 관련된 비생산적인 이념 문제 같은 것은 이미 관심 밖이었다. 91년 5월에는 북한에 대한 무역정책을 현금 결제방식으로 바꾸고, 한국의 유엔가입에 중국이 거부권을 행사하지 않기로 했다는 사실을 김일성에게 통보했다. 91년 10월과 11월에 1.2차 외무장관 회담이 있었고 92년 2월에는 양국 무역협정이, 7월에는 투자보장협정(投資保障協定)이, 이어 8월 24일에 양국은 수교의정서(修交議定書)를 교환하여 정식적 국가 간의 교류로 바뀐 전환점이 되었다. 이제 중국의 대한(對韓)정책 전환과 뒤이은 소련의 붕괴, 그리고 한중 외교관계 수립 및 노태우 대통령 중국방문 등으로 한반도를 둘러싼 지정학적 상황은 극적인 변화를 맞았다. 중국의 대외정책 변화는 한반도에 대한 영향 때문이 아니라 대만에 앙갚음을 하기 위해 취해진 조치의 일환이었기 때문이기는 하지만, 북한의 김일성에게는 뼈아픈 충격이었다.

12월, **대통령 김영삼 당선,** 1990년에 있었던 3당 합당을 이용한 민자당의 출범으로 영향력을 키워온 김영삼이 대통령에 선출되었다. 이로서 그의 평생소원은 이루어졌는데…

註) 노태우는 소련을 위시한 대부분의 공산권 국가들과 외교관계를 수립하는 등, 대외정책에서 놀라운 성과를 이루었으나 국내에서는 경제적 어려움, 부패사건, 학생데모와 노사분규 등으로 혼란을 거듭했다. 이러한 국내문제를 공격 무기로 활용하면서 영향력을 키워 온 김영삼은 드디어 평생 숙원이던 대통령 자리에 오르게 되었다. 후일 노태우는 퇴임 후 "그(김영삼)의 목표는 민주주의가 아니었다. 대통령이 되기 위해서는 무슨 행동이든지 할 수 있는 사람이다"라고 김영삼을 지원했던 것을 후회했다. 김영삼 그는 대통령 그 자체만이 목표이었을 뿐, 눈앞에 닥친 경제문제, 북한 핵문제, 세계화의 도전 등 시급한 문제를 헤쳐 나갈 국가적인 비전과 구상에 관하여서는 부족한 면이 많았다. 그는 경제적인 성장과 안정보다는 '과거와의 단절' 같이 모든 것을 정치적인 문제로만 해석하려 했다.

1993 3월 19일, **장기수(長期囚) 이인모(李仁模) 북송,** 대부분 학자들로 구성된 김영삼 정부의 각료들은 현실에 대한 대처능력이 부족했다. 그러한 가운데 한국전쟁 기간 중에 북한기자로 포로가 되었으나 공산주의 사

상을 버리지 않고 전향을 거부한 채 34년간의 징역을 살고 있던 장기 복역수인 이인모(李仁模)를 갑자기 석방하여 북한에 보냈는데…

註) 북한은 이인모를 인수하면서 대대적인 정치선전을 해댔다. 그러면서 이튿날인 12일에는 NPT(핵 확산금지조약)를 탈퇴한다고 선언하여, 오히려 남북관계의 단절을 가져오게 하는 등의 조치도 서슴지 않았다. 준비된 정책이 아닌 여론에 따라 움직이는 임기응변식의 조치로 김영삼 정부의 무능을 보여주어, 결국 미국은 한국을 빼고 북한과 핵문제에 직접 교섭에 나서게 되는 상황으로…

3월 28일, **무궁화 열차 전복 사고,** 오후 5시 30분경, 경부선 구포역(부산 북구 덕천동) 북쪽 2.5Km 지점에서 무궁화호 열차가 전복되었다. 승객 600여 명 중에 78명이 사망하고 156명이 부상당한 사고 발생. 철도 역사상 가장 큰 열차 참사였다. 한진건설이 철로 밑 34m를 뚫고 지나가는 지하 전력구 공사를 하면서 일어난 지반 침하가 원인인데, 이 사실을 철도청에 통보조차 하지 않고 진행한 것이었다.

5월, 北韓, **평양 통일거리 아파트 붕괴,** 당시 북한은 1985년 이후부터 세계청년학생축전을 비롯한 여러 가지 행사를 진행하기 위해 평양을 현대화하려는 공사를 벌였다. 평양 '광복거리'와 '통일거리'가 이에 속하는데, 김정일의 생일에 맞춰 건설하려던 '통일거리 아파트' 25층 한쪽이 무너진 사고가 발생. 사고 아파트에는 인민군 공병부대가 동원돼 건설을 마무리하고 있었는데, 겨울철 무리하게 콘크리트 공사를 진행하다가 일부 층이 얼어붙은 것을 감지하지 못하고 계속 벽을 쌓다가 얼었던 콘크리트 부분이 녹아 무너지면서 일어났다. 그러나 때마침 군인들이 사고현장에서 많이 빠져나가 있었던 찰나에 건물이 무너져 인명피해는 수십 명 안팎으로 피해가 비교적 적었다.

註) 이때 평양시는 수만 가구의 아파트를 건설하기 위해 전국 각지에서 청년들을 모집했고 많은 군인들이 아파트 공사에 참여했다. 탈북자들이 서울에 와서 놀라는 것 가운데 하나가 건설현장에 사람이 안 보인다는 것이다. 북한에서는 건설현장에 가보면 인해전술을 쓰는 듯 사람들이 항상 바글거렸다.

6월 29일, **UN 평화유지군 소말리아 파견,** 건국 이래 처음으로 아프리카의 소말리아에 '유엔 평화유지군'으로 건설 공병부대인 상록수 부대 252명 파견.

註) 정부는 처음에 전투 병력의 요청을 받았으나, 이를 완곡히 거절하고 대신 공병부대를 보냈다. 이후 평화유지군의 파병은 이듬해인 1994년 9월의 '유엔 서부 사하라 평화유지군(MINURSO)'에 의료부대 42명, 10월에 '유엔 그루지야 평화유지군(UNOMIG)'에 군 옵저버 5명, 10월에는 '제3차 유엔 앙골라 평화유지단(UNAVEM III)'에 공병부대 200명과 본부 참모요원 6명을 파견하는 등의 유엔 평화유지 활동에 적극성을 보이게 되었다.

註) 파병은 이후에도 이어졌다. 1994년 9월 유엔 서부 사하라 평화유지군(MINURSO)에 의료부대 42명과 10월에 유엔 그루지야 평화유지군(UNOMIG)에 군 옵서버 5명, 그리고 1995년 10월 제3차 유엔 앙골라 평화유지단(UNAVEM III)에 공병부대 200명과 본부 참모요원 6명을 파견, 그밖에도 1992년 7월 유엔 캄보디아 평화유지단(UNTAC)에 총선 감시를 위해 행정요원 5명(대학생), 1994

년 4월 유엔 남아공 선거감시단에 6명(외무부 4, 국회 및 중앙선거관리위원회 각 1명), 1994년 10월 유엔 모잠비크 선거감시단에 12명(외무부 5명, 국회사무처 4명, 선관위 3명), 그리고 1998년 7월 다시 캄보디아 총선참관단에 10명(외무부 4, 국회사무처 3, 선관위 3)을 파견했다.

7월 26일, **아시아나 여객기 추락,** 이번에는 김포에서 출발하여 목포로 가던 아시아나 항공기가 전라남도 해남의 야산에 추락. 이 사고로 탑승객과 승무원 66명이 사망하고 44명이 부상을 입은 대형 참사가 발생했다. 사고의 연속…

10월 10일, **서해 훼리호 침몰,** 전북 부안군(扶安郡) 위도(蝟島)를 출항하여 목포로 향하던 서해훼리호가 정원(221명)을 141명이나 초과한 채로 높은 파도에 중심을 잃고 한 순간에 침몰했다. 292명이 수장(水葬)되었는데, 악천후 속에 이익만을 앞세운 욕심의 결과이었다.

12월, 北韓, 노동당 중앙위원회는 경제개발7개년 계획을 마무리하면서 놀랍게도 주요과업을 달성하지 못했다고 시인하고 경제가 심각한 상황이라는 것을 공개했다. 또한 전과 달리 중공업대신 농업, 경공업, 대외무역을 우선한다는 3개년 과도기 계획을 발표.

註) 그동안 주요 교역 상대이었던 사회주의 진영의 붕괴와 더불어 북한의 경제침체로 '사회주의 천국(天國)' 북한은 4년 연속 경제적 고통에서 허덕이면서, 한때 한국과 맘먹었던 국민총생산(GNP)은 한국의 16분지 1 규모로 평가되었고 남북의 격차는 급속히 벌어지고 있었다. 62년부터 김일성이 입버릇처럼 떠들던 "머지않아 이밥에 고깃국 먹고, 비단옷 입고 기와집에서 살게 될 것"이라던 목표도 사라졌다. 상황이 급했다. 김일성은 80년 이래 후계자로 지목한 아들 김정일이 90년대 이후 이끌어온 통치방식에 대한 불만의 표시이었다.

1994 3월 19일, 북한의 NPT 탈퇴 협박과 핵 연료봉 처리에 대한 국제사회에서의 불신감이 높아지는 가운데, 북한에 대한 군사적인 제재 가능성이 커지며 한반도에 패트리어트 미사일 배치와 팀 스프리트 한미 연합군사 훈련이 맞물려 상황이 긴박하게 돌아갔다. 이러한 때에 판문점에서 열린 남북 특사교환을 위한 실무급 회담에서 북측 대표인 박영수(朴英洙)가 "서울은 여기서 멀지 않다. 서울은 불바다가 될 것이다"하며 회담장을 박차고 나갔다. 이후부터는 상황이 위험단계로 접어들었다. 미국은 주한미군은 물론 주일미군의 증강과 한반도 해역에 대규모 항모전단(航母戰團)을 배치하는 등, 군사력을 은밀히 증강했다. 6월 13일에는 북한이 국제원자력기구(NPT)에 탈퇴성명을 발표했고, 미국의 크린턴 대통령은 이미 북한에 대한 제재 쪽으로 마음을 굳힌 상태이었다. 그런 중에 전임 미국대통령이던 카터가 6월 15일에 평양을 방문하여 김일성과 만남으로서 분위기를 바꾸어 놓았다. 김일성은 미국이 제안한 핵 동결안을 받아들이면서 동시에 남북정상회담까지 합의하여, 결국 일촉즉발의 대치상황을 해소하면서 다시금 협상으로의 길로 분위기가 바뀌었다.

註) '서울 불바다' 발언 4일 후인 3월 23일 이병태(李炳台) 국방장관이 국회에서 1급 비밀인 '작전계획 5027'에 의한 전쟁계획의 핵심을 공개적으로 설명하여 미군 당국을 경악하게 했다. 이제 한국군까지

신경을 곤두세웠다. 그 계획은 90년대 초에 개편된 것으로 '대규모의 한미연합군이 반격을 가해 평양을 접수하여 북한정권을 무너트리고, 상황에 따라 중국 국경 인근까지 밀어붙여 결국 한반도를 재통일하며, 북한의 도발 조짐이 보이는 전 단계에서 한미 연합군이 미리 군사적 조치를 취한다'는 것이다.

註) 실제로 영변의 핵시설에 대한 폭격이 이루어질 경우, 미공군은 핵시설을 신속히 제거할 수 있을 것으로 판단했다. 그러나 이후 북한의 반응이 문제였다. 남북한의 무력충돌이 일어나면 최초 3개월간 미군 사상자 5만2천 명, 한국군 사상자 49만 명은 물론이며 여기에 더해 엄청난 숫자의 북한군과 민간인 사상자가 발생할 것이라고 추산했고, 군비는 6백10억 달러를 넘어설 것으로 보이지만 그중 극히 일부만을 동맹국들의 지원금으로 충당할 수 있을 것으로 관측되었다.

4월 15일, **경부고속전철,** 87년 당시 노태우 후보가 내놓았던 선거공약 중에 하나인 경부고속전철이 93년 8월 20일 차종 우선 협상 대상자로 프랑스와 영국의 합작회사인 알스톰(Alstom)사를 선정해 TGV(Train a Grande Vitesse, 프랑스 고속열차)로 차종을 확정한 이래, 일본, 프랑스, 독일 등의 업체와의 경쟁을 마무리하는 차량도입계약을 한국고속철도공단 박유광(朴有光) 이사장과 빌저(Pierre Bilger) 프랑스 알스톰사 회장의 21억 160만 달러에 체결.

註) 정부가 본격적으로 경부고속철도 사업을 추진한 것은 노태우 대통령이 취임한 이후부터이다. 단기적으로는 서울-부산 간을 100분 안에 연결함으로써 수송기간 단축과 함께 수송비용을 줄이고, 고도의 첨단 공업기술과 새로운 철도 운영시스템 도입 등 경제, 산업, 기술  면에서의 여러 가지 변혁과 부수적 효과를 기대했고, 장기적으로는 세계에서 가장 인구가 많은 중국, 두 번째로 돈이 많은 일본, 가장 땅이 넓은 러시아, 가장 힘이 세고 돈이 많은 미국에 둘러싸여 있는 한반도가 가지는 동북아 교통의 십자로로서의 지정학적인 이점을 살리기 위해, 아시아와 유럽을 고속철도로 잇겠다는 우리의 야심 찬 큰 구상에서 나온 것이다. 이 큰 구상은 땅에는 해양과 대륙을 잇는 TGV와 자동차 전용 고속도로를 깔고, 하늘에는 영종도에 동북아 최대, 최고, 최첨단의 '중추(Hub)공항'을 건설하고, 3면 바다에는 부산과 인천항을 시속 50~100노트(93~186Km)의 차세대 초전도선(超傳導船) 도입에 대비하여 확대, 현대화함으로써, 한반도를 동북아 교통과 물류, 그리고 금융 중심지로 만들자는 큰 계획이다. 이 계획에는 처음부터 21세기 '철의 실크로드(Silk road)'가 될 부산발 파리행 열차, 즉 태평양과 대서양을 연결하는 꿈의 고속대륙횡단열차 건설계획의 실현을 위해 TGV 도입이 유리하다는 장기적 계산이 깔려 있었다(시베리아 횡단열차를 이용할 때 기존 해상 운송보다 운임 2~30%, 40여 일 걸리는 시일을 반 가까이 줄일 수 있다).

**남북정상회담 준비,** 카터와의 만남 후 김일성은 최초의 남북정상회담 준비에 전력을 기울였다. 카터의 중재로 회합은 7월 25일 평양에서 하기로 했다. 한국의 김영삼 대통령도 적극적이었다. 김일성은 7월 7일에 묘향산 별장을 찾아 김영삼 대통령이 거처할 숙소를 직접 점검하며 진두지휘할 정도였다. 모든 준비는 신속하고도 순조롭게 진행되어가고 있었다. 그런데…

註) 이즈음 북한과 미국 사이에 핵문제로 불신이 극에 달해, 급기야 미국이 북한을 공격하려는 상황으로 치달았다. 미국의 클링턴 정부는 당장이라도 북한을 공격할 태도를 보였고, 북한 또한 '서울 불바다' 운운하며 전쟁도 불사하겠다는 자세였다. 이에 김영삼은 미국을 뜯어말렸고, 미국 측에서 지미카터가 중재자로 나서서 화해분위기를 조성했다. 그 덕분에 김영삼과 김일성의 남북정상회담까지 합의하게 이르는데, 하지만 불행하게도…

### 북한의 절대 권력자 - 김일성(金日成) 사망

7월 8일, 北韓, 한반도 북쪽 지역에 절대 왕조를 세우며 권좌에 올라 49년 간 왕권을 휘두르던 김일성이 사망했다. 사망원인은 '극심한 정신적 스트레스에 의한 심장마비' 라고 밝혀졌는데, 아들 김정일(金正日)과의 격한 언쟁이 원인이라고도 한다. 이제 대권은 아들 김정일이 상속받아 실질적인 북한의 수뇌가 됨으로서 전혀 새로운 왕조(王朝)가 탄생했다.

註) "위대한 수령… 영도의 천재… 위대하시고 거룩하신… 천재적 군자 전략가이시고 백전백승의 전설적 강철의 명장이시며… 민족의 태양이시며 민족통일의 북극성…" 등의 각종 미사여구가 따라붙던 북한의 절대 권력자가 죽었다. 그는 한국전쟁을 일으킨 장본인이며, 역사상 이처럼 우리 민족에게 엄청난 고통과 시련을 준 통치자는 없다. 그는 이후 숱한 숙청으로 내부 권력을 장악해가며 한 시대를 꾸려나갔다. 그러나 말년에는 아들 김정일에게 대부분의 권력을 넘겨주고 제2선에 물러나 있다가 최근에 전직 미국 대통령인 카터와의 만남으로 이어진 한국의 김영삼 대통령과의 남북정상회담을 주관하던 중, 그는 비로소 "식량난으로 인민이 배급을 못 받고 있다"는 사실을 알고 아들과 격론을 벌이다가 분을 삭이지 못하고 죽었다고 한다. 이에 미국이 조문성명을 한국과 상의 없이 발표했다. 그러자 김영삼 대통령이 이에 불만을 표시했고, 북한은 격분하여 남북정상회담의 중단 발표는 물론 악의적인 대남(對南) 선전을 재개하고 한국과의 공식적인 통화도 거부했다. 김영삼 대통령은 이에 개의치 않았다. 북한은 2년 내에 붕괴할 것이라고 여기고 북한의 새 지도자를 깎아 내리는 경향까지 보였다. 아울러 북한은 김일성 장례식 날 러시아가 제공한 한국전쟁관련 소련 비밀문서 가운데 몇 건을 한국정부가 발표한 것에 대해 이를 악의적 행동이라고 간주하여 김정일이 김영삼과의 회견을 바라지 않았던 것에 대한 좋은 구실이 되어주었다.

註) 김일성은 50년대 말부터 북한 내에서는 그의 권력이 아무런 제약을 받지 않았으며, 당년 82세 나이로 세상을 떠났는데, 소련의 스탈린보다는 40여 년을, 중국의 모택동 보다는 거의 20년을 더 살았고, 그가 권좌에 있는 동안 남한 대통령은 6명, 미국 대통령은 9명, 일본 수상은 21명이 교체됐다. 그는 1912년 평양에서 태어날 때 어머니는 독실한 장로교 장로의 딸이었으며 아버지는 기독교학교 출신이었다. 그는 중국 학교에서 교육을 받고 소련군 훈련소에서 4년을 보낸 덕분에 중국어와 소련어에 능통했다는데, 1945년 이북을 점령한 소련군 장교들 사이에 믿을 만하고 용감하다는 평을 얻고 있었다. 그러나 그는 일종의 종교집단과 같은 절대주의가 지배하는 폐쇄적인 국가를 창조했다. 그의 주장과 결정에 어떠한 이의나 비난을 용납하지 않았다. 반면에 그의 지시는 '성서'처럼 신성시됐기 때문에 시대 변화에 따른 적용이 되지 않더라도 변경이 쉽지 않았다. 그가 한 번 말한 것은 영구불변의 진리가 되며 그 누구도 바꿀 수 없었다.

10월 21일, **북미(北美) 제네바 기본합의,** 미국과 북한 간에 고위급회담의 형식으로 진행된 양국 간의 핵개발 관련 회담이 3차례(1993년 6월과 7월, 1994년 8월)에 걸쳐 진행된 다음에, 9월 23일부터 10월 17일까지 제네바에서, 이제까지의 회담성과를 총괄하면서 정치적 타결이 이루어지는데…

註) 기본합의서의 내용은 북한의 흑연감속원자로와 관련시설을 경수로원자로발전소로 대체하며, IAEA의 안전조치의무를 전면 이행하고 NPT에 복귀하며 임시사찰 및 특별사찰을 받는다는 등의 합의내용에 따라 북한은 핵문제를 카드로 하여 미국과의 관계개선을 이끌어내고 핵개발을 포기하는 대신에 경수로를 지원 받게 되며, 미국은 경수로 건설비용을 한국과 일본이 부담하게 되어 재정 부담이 없이 북한의 핵개발 포기와 특별사찰 수용이라는 성과를 거두었다. 그런데 이 합의는 한국과 미국의 여론으로부터 질타를 당했다. 붕괴 직전에 놓인 북한을 끌어냄으로서 통일을 지연시킬 뿐이라는 점과, 한국을 제외한 채 북미 간에 직접 대화로 이루어졌다는 점, 더구나 불량국가와 그처럼 광범위한 합의에 응했다는 점이었다.

註) 이 기본합의서는 당시 만연되어있던 김일성 사망 후의 북한 조기붕괴론과 클링턴 대통령이 11월 중간 선거를 의식하여 큰 외교적 성과를 거둔 것처럼 보이게 하기 위한 타협의 산물이었다. 그러나 그 밑바닥에선 북한이 합의한 이상 사찰을 위해 협력할 것이라고 믿는 순진한 미국식 계약문화의 사고방식과 '제국주의 세력에 대한 거짓말은 거짓말이 아니다'는 빨치산식 혁명문화를 지닌 북한 지도자의 견해차이가 깔려 있었다고 하겠다.

註) 북한은 1960년대 이후 핵개발을 추진하고 미사일 산업을 발전시켜왔다. 냉전시기에는 미국이 북한의 대량 살상무기 개발을 막을 수단이 없었다. 소련과 중국도 북한의 살상무기 개발이 못마땅했지만 전략적 고려와 내정 불간섭의 전통 때문에 쉽게 압력을 가할 수 없었다. 거꾸로 북한은 60년대 중국과 소련이 각각 갈등을 겪고, 중소분쟁이 전쟁으로 비화하는 것을 목격했다. 따라서 적대적인 대남, 대미관계에서 오는 필요성 외에도 사회진영 내부 사정이 북한으로 하여금 자체 방위력 강화에 주력하게 했으며, 나아가 핵무기를 포함한 대량 살상무기의 개발에 관심을 가지도록 만들었다. 이런 상황에서 사회주의 진영이 붕괴하자, 북한의 대량살상무기가 지구상 유일한 강대국인 미국의 규제 대상이 된 것이다.

10월 21일, **성수대교 붕괴,** 아침 7시 40분경, 서울 성수동과 강남구 압구정동을 잇는 성수대교 중간 다섯째와 여섯째 다릿발 사이의 상판 48m가 강바닥으로 추락하여 출근길의 승객 사망자 32명과 부상자 17명을 냈다. 이 다리는 교량 상판을 떠받치는 트러스(철강구조물)의 연결 이음새의 용접이 제대로 되지 않고 강재 볼트 연결핀 등도 부실했던 것으로 밝혀졌는데, 서울시의 형식적인 안전점검과 관리 소홀도 문제였다. 녹슨 부분을 페인트로 칠하는 방법으로 위험을 숨겨 오다가 결국 사고로 이어진 것이다.

10월 24일, **충주호 유람선 화재.** 사고의 연속이다. 이번엔 충주호 유람선에 불이나 25명이 사망하는 대형 참사가 또 발생, 하늘과 바다, 육지와 강도 모자라 호수에서도 사고가 터졌으니, 이제 남은 것은 지하밖에 없다는 말이 세간에 나돌기도…

註) 말이 씨가 된 것일까? 이듬해 1995년 4월에는 대구에서 지하 도시가스관이 터지고…

10월 24일, **조창호 소위 탈북** "이제 죽어도 조국의 땅에 묻히게 되었기에, 여한이 없습니다." 납북된 지 43년 만에 탈북 귀환한, 국군포로 제1호, 조창호(趙昌浩) 소위가 서울 중앙병원 입원실에 모인 기자들 앞에서 입을 열었다. 백마고지 전투에서 부하를 구하려다 포로가 된 조 소위는 노동교화수용소에서 나와, 1964년부터 13년 간 탄광에서 일하다가 금년 10월 3일에 압록강을 건너 중국에서 어선으로 탈출한지 3주 만인 23일에 귀국했다. 그의 나이 65세였다.

註) 조창호 소위의 탈북을 시작으로 국군포로의 귀환은 계속 이어지고 있으며, 2008년 12월까지 귀환한 국군포로는 본인 76명과 그들의 가족 161명에 이른다. 전쟁은 끝나지 않았다.

12월 17일, 미군 2명이 조종하던 비무장 헬기가 눈 덮인 지역을 비행하던 중에 길을 잃고 북한 쪽으로 8Km 들어갔다가 격추되었다. 1명은 사망하고 1명은 생포되었는데 이들은 미국과 북한 간의 직접 교섭 끝에 29일에 송환되었다.

註) 이 사건은 미국과 북한 간에 제네바 합의를 시험할 만한 사건이 되었다. 이 과정에서 북한의 외교부와 군부의 마찰이 노출되었고, 결국 김정일의 승인으로 석방했다고는 하지만 또다른 북미(北韓과 美國)간에 대화가 이루어진 결과였다. 이때 나타난 북미간의 대화채널이 한국의 불만을 샀으며, 김영삼 대통령은 클린턴 미국 대통령에게 "북한에서 뭔가 이상한 일이 진행 중이다. 너무 서두르지 말아야 한다."고 말했다.

1995 3월 28일, 순수 국내기술로 개발한 단거리 지대공 미사일 발사 성공, 순수 국내기술로 개발해온 단거리 지대공 미사일(K-SAM) '천마' 의 시험발사에 성공했다. 국산 지대공 미사일 개발은 이번이 처음이다. 천마는 국방과학연구소(ADD)와 민간 방위산업체가 1980년대 말부터 공동 개발해온 단거리 지대공 미사일로 유효 사정거리는 5㎞이다.

註) 우리 군의 약점으로 지적돼 온 저고도 적 항공기에 대한 요격용으로 개발된 천마는, 역시 국내기술로 개발된 30㎜ 대공자주포 비호 (사정거리 3㎞)와 함께 주로 기계화 부대나 공군기지의 대공 방어용으로 실전 배치돼 활용될 예정이다. 천마가 개발되기 전까지 수도권 및 공군기지에 주로 배치돼 있던 단거리 지대공미사일은 미국제 스팅어 , 프랑스제 미스트랄, 영국제 재블린 등이었다.

4월 28일, **대구 지하철 공사장 폭발사고.** 오전 7시 50분경. 대구 달서구 상인동 영남중학교 앞 지하철 1~2구간 공사장에서 도시가스관이 폭발했다. 출근길에 시민과 학생 101명이 사망하고 117명이 부상당하는 대형 참사였다. 파손된 건물이 무려 119동이었고, 차량 133대가 추락하거나 화염에 휩싸인 사실이 당시 참혹한 현장을 침작하게 한다. 이래서 김영삼의 '문민정권'을 '사고정권'이라고 비난하는 정권퇴진 시위가 일어나기도…

6월 12일, 미국과 북한은 북한 경수로 제공에 관해 5월 19일부터 말레이시아 콸라룸푸르에서 회합을 갖고 구체적인 경수로 공급계획에 동의했다. "각각 두 개의 냉각제 루프를 가진 약 1천MW 발전용량의 가압경수로 2기…"로 표현한 '한국 표준형 원자로'가 제공될 것이며 사업의 주계약자는 한국전력(KEPCO)이라고 서울에서 동시에 발표했다.

註) **경수로 건설**: KEDO(Korean Peninsula Energy Development Organization)는 북한이 흑연감속형 원자로 2기를 동결하는 대가로 미국이 제공하기로 한 1,000MW급 경수로 2기를 건설하기 위해 설립된 국제 컨소시엄으로 '한반도 에너지 개발기구라'고도 하는데, 한국형 원자로의 공급으로 결정되자 북한은 한국으로부터 그런 첨단기술을 수입한다는 것이 싫었지만 그 외에 대안은 없었다. 그래서 북한의 체면을 살려 주기 위해 국제 컨소시엄이 추진되었다. 그러나 한국의 이익이 무시되었다는 비난이 일면서 회담이 결렬되고 대결국면으로까지 가다가, 이날 한국이 편법을 받아들이도록 설득하여 겨우 합의에 이를 수 있었다. 이후 경수로 건설은 1997년 8월에 시작하여 2002년 10월까지 5년 동안 약 34%의 공정률을 보였지만, 그 무렵 2차 북한 핵 위기가 터지면서 중단되고 말았다.

6월 27일, 北韓, 이즈음 식량사정이 악화된 북한은 곡물부족량이 매년 2백만 톤에 달하자 '하루 두 끼 먹기운동' 등 자구책에도 불구하고 전국적인 굶주림을 피할 수 없게 되었다. 이에 절박한 식량문제를 해결하고자 1월에는 한국과 일본 등에 긴급 구호식량지원을 호소.

註) 이에 일본은 쌀 50만 톤의 공급을 약속했고, 한국의 김영삼 정부도 쌀 15만 톤을 지원하겠다고 했다. 그런데 사건이 생겼다. 쌀을 싣고 청진항에 입항한 한국 수송선에 대해 한 지방관리가 느닷없이 인공기(人共旗) 게양을 요구했다. 정부는 북한의 공식사과가 있을 때까지 쌀 하역을 중단시켰고, 이 사이에 한 선원이 청진항의 사진을 찍었다는 이유로 체포되는 사건까지 벌어졌다. 북한 측은 즉각 사과했지만, 쌀 지원 협상이 협상경험이 없는 대통령 비선조직을 통해 이루어져 세부절차를 소홀히 한 때문이다. 이 바람에 국민들의 분노를 사게 되어 대북 쌀 지원이 오히려 지방선거를 앞둔 정부와 여당에 치명타가 되는 꼴로…

6월 29일, **삼풍백화점(三豊百貨店) 붕괴,** 서울 서초구 서초동에 있던 삼풍백화점의 한 동(棟)이 오후 6시경에 폭발하듯 순식간에 주저앉았다. 이 사고로 사망 501명, 실종 6명, 부상 937명이라는 인명피해는 8·15광복 이후 가장 큰 인적 재해로 기록되었는데, 지상 5층, 지하 4층, 그리고 옥상의 부대시설로 이루어 1989년 말에 완공했으나 설계와 시공 및 유지관리의 잘못으로 빚어진 어처구니없는 대형 참사였다.

註) 이 사고를 계기로 긴급구조구난체계의 문제점이 들어나 이때부터 119 중앙구조대가 서울, 부산, 광주에 설치되었으며, 다시 한 번 부실건축물 사고로 인한 부끄러운 사고가 되었다.

6월, 北韓, **6군단(軍團) 사건,** 함경북도 청진시 나남구역에 위치하던 인민군 제6군단에서 군사 쿠데타를 기획하다가 탄로가 난 사건이 발생. 연초(年初)에 나남구역의 안전보위부에 "6군단 정치부 소속의 한 군관에 의하면 6군단의 고위층에서 평양을 뒤집어엎을 준비를 한다"는 내용의 자료를 접수한 것이 발단이 되었다.

8월 중순, 北韓, 7월 26일부터 쏟아지기 시작한 장맛비가 그치지를 않더니 금세기 최악의 홍수로 발전하여 북한지역을 휩쓸자, 과거의 전례를 깨고 과장까지 섞어가며 공개적으로 연료 및 의료지원과 함께 5억 달러의 수해복구 지원금을 유엔에 요청했다. 이때 구호단체들은 수해지역의 방문을 요구했고 북한이 이를 들어주자 구호요원들은 처음으로 북한 지방을 돌아볼 수 있게 되었는데….

註) 김일성 사망 1주기가 지난 직후 7월 30일부터 8월 18일까지 평균 300밀리미터의 폭우가 북한 전역을 쓸었다. 동시에 주체농업의 실패와 소련의 원조 중단으로 경제 전반이 무너지고 있었다. 너무나 심각한 사태였다. 이때 유엔 구호 요원들은 "가족들에게 먹일 죽을 끓이기 위해 나무뿌리와 야생 식물을 찾아 들판을 헤매는 사람들"을 보았다. 북한이 막강한 군사력을 갖춘 것은 사실이지만 다른 분야에서는 더 이상 한국의 경쟁상대가 될 수 없으며, 자원의 불균형은 북한의 군사 경쟁력마저도 급속히 약화시켰다. 김일성 사망 이후 북한은 모든 관심과 역량을 오로지 살아남기 위한 투쟁에 집중하는 지경에 이르렀다.

10월 24일, **부여 무장간첩,** 충남 부여군 석성면 정각사 입구에 무장 간첩 2명이 출현하여 교전 끝에 1명을 사살하고, 1명을 생포한 사건이 발생. 피해(전사 2명, 부상 1명)

**국민소득 1만 달러 시대,** 이해에 수출 1,000억 달러를 돌파하고 1인당 국민소득 1만 달러 시대를 달성하여 선진국을 향한 하나의 문턱을 넘어서는데, 당시 외화의 급속한 유입에 따른 원화 절상에 힘입은 바 컸다.

註) 1960년대 경제개발 계획을 추진하면서 자원이 부족한 대신 풍부한 노동력으로 이를 이용하는 수출 주도형 성장을 기본전략으로 삼은 결과였다. '수출만이 살 길이다'라며 모든 노력을 기울인 결과인데, 우리나라의 1인당 국민소득(GNP)은 1961년 83달러, 1970년 253달러를 기록한 후, 1977년에 1,011달러, 1983년에 20,14달러, 1989년에 5,000달러를 돌파했다. 그 후 연평균 10%씩 증가, 6년만인 1995년에 1만 달러를 넘은 것이다. 미국이 1만 달러를 넘어선 것은 1976년, 스위스, 독일 & 스웨덴은 1978년, 일본 1984년, 영국은 1986년, 싱가폴은 1989년, 대만은 1992년이었다.

1996 2월 7일, 北韓, **고난의 행군.** 로동신문 1면에 '고난의 행군 정신으로 살며 싸워나가자'라는 사설이 실렸다. 이 제목이 이후 가장 중요한 구호 중에 하나로 자리 잡는데…

註) 작년 7월 26일부터 시작된 북한의 홍수는 노아의 방주를 방불케하는 호우로 열흘 동안 584mm의 비가 내려 금세기 최악의 홍수를 당했다. 비가 그치자 북한은 전통적인 침묵을 깨로 외부에 도움을 호소하여 유엔과 여러 구호 단체들의 수해지역 방문을 허락했다. 95년 말에 북한 내륙이 여러 지방을 돌아본 유엔 세계식량계획(WFP) 평양 사무국장 트레퍼 페이지(Trever Page)씨는 북한 전역에 기아와 영양실조가 만연하고 있는 사실을 확인했다. 그의 말에 따르면 "가족들에게 먹일 죽을 끓이기 위해 나무뿌리와 야생 식물을 찾아 들판을 헤메는 사람들"이 넘쳐났다고 했다.

5월 23일, **북한 공군 이철수 대위 귀순,** 평남 은천비행대대 소속 이철수 대위가 MIG-19 전투기를 몰고 월남 귀순. 오전 11시 9분 북한 MIG-19기 1대가 아군 F-16기의 유도를 받아 수원 공군기지에 안착했다. 귀순기는 이날 오전 10시 45분 항적이 평소 이동 때와 달랐고 이동 속도가 평소 보다 빨라 공군작전사령부는 훈련 중이던 F-16기 2대를 임무 전환시켜 출동시켰다. 귀순기는 10시 49분 북방한계선(NLL)을 통과, 53분 서쪽 15마일 지점에서 F-16기와 접촉, 아군 조종사들이 육안으로 귀순을 확인하고 유도하기 위해 1대는 미그-19기에 접근하고 나머지 1대는 후방에서 엄호 및 초계비행을 했다. 이는 이웅평 대위가 MIG-19 전투기를 몰고 온지 13년 만에 일어난 전투기 귀순이었다.

註) 이즈음 북한의 정치나 경제적 위기는 심각했다. 이해 여름에 다시 수해가 휩쓸어 2년 연속 홍수와 가뭄까지 겹쳐 최악의 식량난에 허덕이는 가운데, 수많은 아사자(餓死者)와 탈북자(脫北者)들이 생기면서 북한체제의 붕괴마저 우려되고 있었다. 북한은 내부사정이 어려워질수록 내부통제를 위해 한국에 대한 도발적인 태도를 보였는데, 역시나 4월초에 인민무력부 부부장이 한마디 했다. "문제는 전쟁이 일어날 것인가가 아니라 언제 터지느냐 이다."

8월 12일, **한총련 연세대 점거,** 한국대학총학생회연합(약칭 한총련)은 '범청학련 통일 대축전'을 이유로 이날부터 연세대 종합관 등을 점거하며 전국에서 올라온 대학생 8천여 명이 농성에 들어갔다. 농성은 대학의 기물을 파손하면서 경찰과 대치했고 20일에 6천여 명이 연행되면서 막을 내렸다. 이 사건으로 444명이 기소되어 실형을 받았고, 과격한 시위로 인해 한총련의 입지가 약화되어 이후의 학생운동의 방향이 바뀌는 계기가 되었다.

註) 이해는 경제성장률도 떨어지고 무역수지도 237억 달러의 적자를 보면서 경제적으로 어려운 해가 되었다. 더구나 OECD 가입 당시 약속한 조건에 맞춘 노동법의 국회통과는 몇 주간의 노동자 파업과 학생들의 동조데모로 전국이 혼란에 빠지는 가운데, 재벌서열 14위의 한보그룹의 주력기업인 한보철강이 부도 처리되고 그 계열사들도 연쇄적으로 무너졌다. 당국자의 부정부패와 금융감독의 부실함이 그대로 반영된 결과였다. 김영삼 대통령이 대국민 사과까지 해야 하는 지경에서…

9월 18일 새벽 1시경, **북한 잠수함 침투(浸透),** 강원도 강릉 앞바다에 북한의 대남공작기구중 하나인 인민무력부 정찰국 해상처 22전대 소속 무장간첩 26명을 태운 북한의 350톤급 잠수함이 좌초되어 강원도 일대에 비상이 걸렸다. 이날부터 2개월 동안 동해안 일대가 군사작전지역으로 변했으며, 내륙에 상륙한 북한 승무원 11명은 산중에서 집단자살하고 공작원들은 흩어져 월북을 시도하다 모두 사살 당하고 1명(이광수 북한군 상위)을 생포했다. 이 과정에서 아군 11명, 경찰.예비군 2명, 민간인 4명이 피살되는 인명희생을 당했다. 이들의 침투 임무는 전쟁에 대비하여 한국의 군사시설에 관한 자료를 수집하는 한편, 강원도에서 열리는 전국체전에 참석하는 주요 인사들을 암살하려 했다는 것이었다.

註) 이 사건으로 20일에 김영삼 대통령은 "이번 잠수함 사건은 무력도발행위다"하면서 또다시 도발해 올 경우는 "실전을 각오해야 할 것"을 선언했다. 이에 따라 남북 경제협력을 중단하면서 KEDO에서 남한이 맡았던 활동도 중단시켰다. 결국 12월 29일에야 북한은 '깊은 유감'을 표시하고 '이 같은 사건이 다시는 발생하지 않도록 하겠다'는 성명을 발표했다. 이로서 미국의 대북 중유(重油) 공급도 재개되고…

1997 2월 25일**, 이한영 피살,** 1982년 남한으로 망명했던 김정일의 전처 성혜림의 조카 이한영이 아파트 복도

에서 총격을 받고 피살. 사건은 오리무중으로 북한공작원에 의해 피살된 것으로 판단되었다.

註) **북한의 대남 도발 요약:** 북한의 도발에 대한 구분은 다음과 같이 정리할 수 있다. 먼저, 정진 직후부터 한국군의 월남 파병 이전은 북한이 전후복구를 서두르고 반종파투쟁 등으로 정치적 안정을 도모하면서 제한적으로 도발. 둘째, 60년대 특히 베트남 파병 이후는 전후 복구를 통한 군비증강을 토대로 대남 도발을 거의 전투적으로 자행한 시기. 셋째, 70~80년대는 해상에서 북방한계선에 대한 도발을 강화하면서 무력도발의 실패를 토대로 87년 대한항공 858기 폭파와 같은 테러에 치중. 넷째, 90년대 초 동구권과 소련 붕괴 이후에 북한의 정치적 불안정으로 경제적으로 앞선 남한을 교란시키거나 생존 등의 정치적 목적을 위해 침투, 사보타지, 간첩, 테러, 해상공격 등 도발을 계속했다.

4월 20일, **북한 노동당 비서 황장엽 망명,** 북한 최고위 인사인 황장엽(黃長燁)이 동료인 김덕홍(金德弘)과 함께 필리핀을 경유하여 김포공항에 도착했다. 그는 1월 29일 일본에서 열리는 조총련 심포지움에 참석했다가 2월 11일 귀국을 위해 북경에 머무는 사이, 선물을 산다며 북한 대사관을 빠져나와 한국 총영사관으로 직행했다.

註) 황장엽은 김일성 유일사상체계 확립에 관여하고, 김정일을 후원했다가 1980년 당비서, 1984년 조국평화통일위원회 부위원장, 1987년 사회과학자협회 위원장 등을 역임한 북한 최고위급 인사였다. 그는 "북한은 정반대 방향으로 가고 있다" "북한은 거대한 감옥이다"라고 했다. 북한은 핵무기와 로켓, 화학무기를 개발 중이며 전쟁하면 이길 것으로 믿고 있다. 이를 막기 위해서는 남한이 군대를 존중하고 군사력을 강화해야 하며 철저하게 전쟁준비를 해야 할 것"을 강조했다. 그의 망명은 북한 체제의 취약성을 보여주며 사상적인 붕괴와 지도층의 균열이 시작됨을 확인시켜준 계기가 되어 북한정권의 위신을 땅에 떨어뜨려 남북관계에도 큰 영향을 미쳤다. 그의 망명에 관련해서, 남북은 각각 중국을 상대로 극렬한 외교전을 펼쳤고, 중국은 최종적으로 제3국 추방이라는 방법으로 처리해주었다.

5월 12일, **두 번째 보트 피플,** 바다에서 선박을 이용해 직행해온 첫 사례로서, 안선국 씨와 김원형 씨 일가 14명은 김만철 씨 때와는 달리 이들은 32톤짜리 나무로 만든 어선으로 이 배의 선장인 안씨는 9일 악천후를 이용해 신의주 항에서 부인과 가족 5명을 태우고 출항했다. 이틀 뒤에는 평북 철산에서 기관장 김씨의 가족 7명을 다시 태우는 모험까지 하면서 전속력으로 공해로 빠져나간 일행은 북방한계선(NLL) 부근에서 중국 어선들에 섞여 있다가 남쪽으로 향했고, 우리 측 군함이 보이자 "남조선으로 가고 싶다"고 외쳤다. 이때는 70여 시간의 무리한 항해로 목선 후미가 반쯤 물에 가라앉아 있었다.

註) 이 시기를 전후해서 북한에는 반김(反金) 폭동이나 반란 사건이 빈번했다. 95년 8월 15일에 군 사열식에서 전차포 발사에 의한 김정일 암살 미수, 주민의 12%가 사망한 함흥의 폐허, 제7군단 장교 숙청, 열차나 철탑에서 발견된 김정일을 비난하는 전단들, 96년에 신의주 등지에서의 김일성과 김정일의 대형 초상화 파괴, 97년에 신의주에서 김일성 동상 파괴, 다음해 98년에는 혜산에 있던 김일성 동상이 폭파되고, 평양에서 학생들이 시위를 벌여 수많은 체포와 처형이 뒤를 이었으며, 동해안의 오랑군에는 시위를 진압하기 위해 5천의 병력을 동원하여 5백 명 정도의 사망자를 내는 등.

註) 한편으로, 북한 체제가 곧 무너질 것으로 판단한 예측이 많았다. 그러나 북한처럼 폐쇄되고 통제된 국가가 경제난으로 붕괴될 것으로 예상한 것은 잘못된 판단이다. 더구나 북한의 수령체제는 조직적인 반대세력이 없는 가운데 노동당 조직과 군대에 의해 철저히 옹위되어 무너지기 어려운 체제다. 동유럽 공산국가들이 붕괴된 것은 이 국가들이 개방과 개혁이 이롭다고 판단하고 스스로 개방을 했기 때문에 자연스럽게 변화했던 것이다. 동유럽 국가들과는 달리 북한은 급속히 성장하고 있는 중국의 보호를 받을 수 있는 점도 달랐다. 게다가 개방은 곧 수령체제의 종말을 의미하기 때문이었다. 또한 철저히 감시받고 통제받는 주민들이 봉기한다는 것은 상상조차 하기 어려운 일이다.

7월 16일, **DMZ 총격전,** 오전 11시경, 강원도 철원 제3보병사단 관할 비무장지대에서 23분간 총격전이 일어났는데,…. 북한군 14명이 안개를 틈타 군사분계선을 넘어 70m를 침범한 것이 원인이었다. 교전은 상호 사격을 중지하자는 제안에 서로 응하면서 끝났다.

註) 북한군 14명이 안개 속에 군사분계선을 넘어 70m를 침범하자 아군의 3차례 경고방송에도 불구하고 이를 무시하고 넘어오므로 200여발의 위협사격으로 경고했다. 그러자 북한군의 두 관측소(GP)에서 아군 관측소(GP)로 소총과 기관총탄 80여발이 날라들었다. 이에 중기관총(캘리버 50)으로 70여발의 조준사격을 하자 북한군 초소로부터 박격포 10여발이 날라들었다. 이에 우리 측도 무반동포 1발씩 맞대응했고, 11시 47분 우리 측에서 방송을 통해 '사격을 중지하자'고 제안하자 23분 만에 총격전이 끝났다.

北韓, **자강도 희천-전천 구간 대형 열차사고,** 황해남도 해주에서 출발해 자강도 만포로 가던 열차가 희천-전천 사이 '개고개'라는 내리막길의 철교에서 탈선해 수십 미터 아래로 열차 전체가 굴러 떨어진 대참사가 발생했다. 금년은 식량난이 최악이었다. 주민들은 식량을 구하기 위해 너도나도 열차에 매달렸다. 열차 안은 물론 지붕 위에도 사람들이 개미떼처럼 붙어 있었다. 정전사고로 며칠 만에 열차가 도착했기에 식량 배낭을 멘 주민들이 너도나도 열차에 달려들어 사고가 난 열차 안은 사람들로 발 디딜 틈조차 없었다. 이 때문에 사망자가 2천4백 명에 달했다고 한다.

北韓, **양강도 혜산 열차사고,** 북한 최북단에 위치한 국경도시인 혜산에서 또 다른 대형 참변이 발생했다. 혜산은 고산(高山)지대로서 기찻길은 계속 오르막길인데, 길주-혜산을 운행하던 여객열차가 백암고개에서 다른 열차의 오르막 진행을 도와주기 위해, 객차 8량을 오르막에 정차시키고, 기관차를 떼어 다른 열차가 오르막을 오를 수 있도록 지원하는 동안 세워 두었던 객차 차량의 제동이 풀렸다. 시간은 새벽 3시이어서 승객들 대부분은 잠을 자고 있다가 "기차가 바람났다(제동이 안 된다)"는 고함소리에 열차 안은 아수라장이 되었다. 열차는 가속도가 붙어 무섭게 돌진했고 10개의 역을 지나 달렸으며 커브 때마다 차량들이 떨어져 나갔고, 혜산 역에는 두 개의 차량이 진입했는데 큰 폭발소리와 함께 혜산 역 일부가 크게 파괴됐다. 열차가 달리는 동안 많은 사람들이 뛰어내려 사망자는 줄었지만 객차 안에 갇혀 있던 노약자나 어린이, 여성들은 모두 사망한 것으로 밝혀졌다. 이 사고로 사망자 수는 1백여 명에 이른 것으로 전해졌다.

註) 특히 북한에서 가장 많이 일어나는 사고는 열차사고다. 이는 경제난으로 노후한 철로를 거의 방치하고 있기 때문이다. 게다가 대부분의 노선이 단선으로 돼 있어 항상 막중한 과부하에 시달리고 있다. 침목, 레일, 나사못 하나 제대로 된 것이 없어 언제 어디서 사고가 터질지 모르는 시한폭탄과 같은 것이 현재의 북한 철도이다.

12월, **금융대란(金融大亂)과 IMF 구제금융,** 1월의 한보철강의 부도 충격으로 3월 삼미그룹, 4월 진로그룹, 5월 대농그룹이 연이어 쓰러지고, 다른 재벌들도 심각한 자금난을 겪고 있던 중 7월에는 재벌서열 8위인 기아자동차가 부도에 직면했다. 정부는 이에 대처하기 보다는 시간만 끌고 있는 꼴이 되어 사태를 더 악화시켰는데, 마침 태국으로부터 시작하여 동남아를 휩쓸고 있는 금융위기의 여파에도 아무런 대책을 세우지 못한 정부에 실망한 해외투자자들이 한국에서 급히 철수해가는 사태로 이어졌다. 환율도 급격히 하락하는 상황에서 수천 개의 중소기업이 쓰러지고 정부는 차기 대통령 선거에만 몰두하는 양상이 되다가, 결국 국제통화기금(IMF)에 손을 내밀어 570억 달러의 구제 금융을 받아들여야 했다.

註) 이로서 그동안 경제기적을 자랑해 마지않던 자존심이 여지없이 짓밟혔다. 모든 일을 실무적이 아닌 정치적으로 해석하고 통치해 온 김영삼 정부의 결과라고 보아야 하며, 국제적인 요인보다는 김영삼 정부가 자초한 면이 컸다. 대다수 국민들은 IMF 경제신탁통치를 수치로 받아들였으며, 김영삼 대통령은 "무어라 죄송하다는 말씀을 드려야 할지 모르겠다"고 국민 앞에 사과해야 했다.

註) 김대중 정부도 외형상 공무원의 수를 줄였으나, 정부 기관의 수는 반대로 위원회 형식으로 6개가 더 늘었다. 뉴질랜드는 1984년 통화위기를 맞아 교통, 통신, 전력 등 정부의 상업적 기능을 우선 공기업화하고 다시 민영화하는 방식으로 10년간에 걸쳐 50개 정부기관을 통폐합해 27만 명의 공무원을 8만 명으로 감축했고, 일본은 5년간의 준비 끝에 2001년 1월 1부(府) 22성청(省廳)을 1부 12성청으로 과감하게 줄이는데 성공했다. 우리도 이를 참고로 기구를 간소화하고 정부사업을 민영화하여 싱가포르처럼 남은 공무원의 처우를 획기적으로 개선하여 부패 방지제도개혁을 했어야 했는데, 그렇게 하지 않았다.

1998 2월 25일, **김대중(金大中) 대통령 취임,** 오랫동안 국내외에서 민주투사로 이름난 김대중(金大中)이 74세의 고령으로 외환위기의 소용돌이 속에서 대통령에 취임했다. 이로서 한국은 민주국가 중에 평화적으로 야당에 정권을 이양한 첫 번째 국가로 기록되면서, 그는 현재의 외환위기를 "최대의 국난(國難)"으로 지칭하고 "모든 국민들에게 땀과 눈물이 요구되고 있다"고 하면서, 이후부터 경제개혁에 모든 초점을 맞추어 나갔다.

註) **김대중(金大中):** 대중설득력, 조직력, 정치적 술수 등 한국사회에서는 찾아보기 어려운 뛰어난 정치기술을 지닌 정치인인 김대중은 그동안 사형선고를 받기도 했고 감옥살이도 몇 차례 했으며 암살의 대상이기도 했고 망명생활도 하면서 민주화의 소신을 굽히지 않은 민주투사로 인식되어 있었다. 그러나 그의 측근들은 전임 김영삼 정부에 실패를 가져온 구조적 문제점을 간과한 채 김영삼의 성격과 리더십에 모든 잘못이 있는 것처럼 비난했다. 그러나 그도 역시 행정경험이 전혀 없었고 대부분의 측근 인사들도 마찬가지이었다. 이러한 상황임에도 국가부도 상황 직전에 몰린 경제위기를 수습하고자, 그는 당선되자마자 '달러외교'에 나섰고 단기외채의 만기연장을 얻어내며 위험한 고비를 넘기게 하는데…

6월 16일, 정부는 대북(對北) 식량지원문제를 정치, 외교적 목표와 연계하여 협상의 도구로 삼고자 했지만, 북한의 기아상태가 심각한 수준임이 밝혀지면서 정책을 수정해야 했는데, 지난해에 5만 톤의 식량이 북한에 간데 이어, 새로 입각한 김대중 정부는 민간 차원의 식량 및 구호물자 지원에 제한을 대폭 완화했다. 이러한 분위기를 타고 현대그룹의 창업주인 정주영(鄭周永)은 트럭 50대에 소 500마리를 이끌고 비무장지대를 넘어 북한을 방문.

註) 이날 정주영은 판문점을 통해 북한을 방문하여, 분단 이후 정부 관리의 동행 없이 판문점을 통과한 최초의 민간인이 되었다. 특히 그는 '통일소' 라고 불린 소 500마리와 함께 판문점을 넘었다. 이후 10월에 소 501마리를 추가로 보냈으며, 이후에도 여러 차례 북한을 방문하면서 남북 민간교류의 획기적 사건인 '금강산관광'을 성사시켜 처음으로 금강산관광 선박이 11월 18일 출항했다. 그러나 그는 북한 내부의 상황을 모르고 있었다. 1990년부터 98년까지 사이에 전체 인구의 약 15%에 해당하는 약 3백만 명이 아사(餓死)했다. 이것은 재앙에 가까운 사태이었으며, 97년과 98년은 식량사정이 심각하여 북한은 완벽하게 붕괴될 상황이었다. 그들에게 제공된 '통일소'는 북한 주민들에게는 사치품에 불과할 뿐이었다.

6월 22일, **고기잡이 그물에 걸린 북한 잠수정,** 오후 4시 반쯤 강원도 속초시 앞바다에서 북한의 잠수정 1척이 어선이 뿌려놓은 꽁치 잡이 그물에 걸려 표류하다 해군 함정에 의해 23일 새벽 동해안으로 예인되었다. 이 잠수정에서는 승조원과 공작원 등으로 추정되는 9구의 시신이 자폭한 채 발견되었는데, 발견된 잠수정은 레이더 탐지가 어렵고 잠수 및 발진속도가 빨라 북한이 정찰 및 침투용으로 사용하고 있는 70톤 규모로 길이 20m, 폭 3.1m인 유고급 잠수정이었다. 이로서 북한은 70년 이후에만도 309차례, 90년 이후에만도 15차례나 해상과 육상을 통해 무장간첩을 침투시켜왔다. 이로써 '대화' 뒤의 '도발'이라는 북한의 두 얼굴을 거듭 확인하게 되었다.

註) 북한의 잠수정이 침투한 것은 96년 9월 강릉 무장간첩 침투사건 이후 처음으로, 또 이어서 7월 12일에는 동해안에서 북한특공대원의 시신이 발견되고, 더구나 연말에는 강화도와 여수 앞바다에서 간첩선이 출몰하는 사건이 거듭되었다. 결국 북한은 대외적으로는 대화 제스처를 보이지만 내부적으로는 전쟁준비에 몰두한다는 사실이다. 그럼에도 불구하고 김대중 대통령은 전임 대통령과는 달리 '햇볕정책'이라고 하는 대북 포용정책을 고수했다. 이 시기에 북한은 각종 정책의 실패로 연속 8년째 경제가 침체되어 국내 총생산이 5년 전의 절반으로 줄고, 식량 감소량도 40%나 되었다. 이로 인한 만성적인 기아 상태로 94년부터 98년 사이에 적어도 1백만 명이 아사(餓死)한 것으로 추정되었다.

註) 북한은 53년 이후 휴전선에서의 도발, 무장공비 침투 등을 통해 남한을 교란시켜왔는데, 그들의 최고 정책목표를 한반도의 공산화에 두고 이의 실현을 위해 무장간첩을 50년 간 끊임없이 침투시켜 간첩침투 건수는 지난 1968년 이후에만도 총 322건에 이르렀다. 1968년 이후 2명 이상의 무장간첩 침투사례만 열거해보면:

68.1 21 124군부대 무장공비 31명 청와대 기습을 목표로 서울 침투
(29명 사살, 1명 생포, 1명 자폭)

68.10.30 무장공비 120명 울진 삼척에 침투(113명 사살, 7명 생포)

69.6.12 흑산도에 무장간첩선 침투 (3명 사살)

70.4.8 경기도 금촌에 북한공작원 침투 (3명 사살)

75.9.11 전북 고창에 무장공비 2명 침투 (1명 사살)

76.6.19 중동부전선에 무장공비 침투 (3명 사살)

79.10.11 동부전선 비무장지대에 무장간첩 3명 침투 (1명 사살)

80.3.23 한강하구에 3인조 공비 수중침투 (전원 사살)

80.11.3 전남 횡간도에 무장간첩 침투 (3명 사살)

81.3.27 강원도 금화에 3인조 무장간첩 침투 (1명 사살)

81.6.21 충남 서산에서 무장간첩선 격침 (9명 사살, 1명 생포)

82.5.15 동해안에 무장공비 2인조 출몰 (1명 사살)

83.6.19 임진강에 3인조 무장공비 침투 (전원 사살)

83.8.5 경북 경주 앞바다에 출몰한 간첩선 격침 (4명 사살)

83.12.3 부산 다대포에서 남파간첩 내려놓고 귀환하려던 간첩선 격침 (1명 사살 2명 생포)

85.10.20 부산 청사포 앞바다에 출현한 간첩선 격침 (5명 사살)

90. 2월 하순 강화도 하일리에 고정간첩 김낙중 1차 침투(6명)

90.10월 하순 강화도 하일리에 고정간첩 김낙중 2차 침투(6명)

91.10월 하순 강화도 하일리에 고정간첩 김낙중 3차 침투(6명)

92.2.10 서부전선 백학산 동북방 2.5km에 공비 3명 침투

92.4.14 판문점 공동경비구역에 공비 3명 침투

92.5.22 철원 남방 8백m에 공비침투 (3명 사살)

92.11.3 서부전선 전방 7백m에 공비 3명 침투

93.9.4 연천북방 DMZ내 공비 3명 침투

93.10.4 강원도 명주군 주모진 동남방 3km에 공비 3명 침투

93.11.30 강화 교동도 빈장포 해안에 공비 3명 침투

94.3.6 장단반도 임진강에 공비 3명 침투

95.10.17 임진강에 공비 3명 침투

95.10.24 충남 부여군 석성면 정각사 뒷산 남파간첩 호송을 위한 무장간첩 2명 출현 (1명 사살, 1명 생포)

96.9.18 강릉에 잠수함 탑승 무장간첩 26명 침투 (13명 사살, 11명 자폭, 1명 생포, 1명 행방불명)

98.6.22 속초 앞바다 북한 유고급 잠수정 1척 침투 (9명 자폭)

98.7.12 강원도 동해시 잠수복 차림의 무장공비 침투

98.11.20 강화도 부근해상에 침투한 잠수정이 해군의 추격을 받고 도주

이러한 북한의 간첩 남파에 맞서 우리 측에서도 첩보공작원을 파견해왔는데, 1950년대는 조직이나 운영, 훈련이 엉성해 실종자 및 전사자가 90%에 이르렀으나, 점차 정비되면서 60년대 후반엔 10%로 떨어졌다. 임수수행 중 돌아오지 않는 사람들에 대한 정보사령부가 추정하는 실종자를 보면 50년대 5,576명, 60년대 이후 1972년 7.4 공동성명까지 2,150명 등 총 7,726명이며, 이를 근거로 공작원 총 규모는 1만여 명으로 추산했다.

8월 31일, 北韓, **대포동 미사일,** 12시 7분 북한은 3단계 추진방식의 로켓을 쏘아 올렸다. 발사지점은 동해안 넘어 일본 해안 쪽이었다. 1단계 로켓은 95초 후 본체에서 분리되어 일본 부근 해상에 떨어졌으며, 2단계 로켓은 발사지점에서 1,644Km 떨어진 태평양 바다 위에 떨어졌다. 그러나 위성의 궤도 진입은 실패한 것으로 보였다.

註) 이전에 북한이 보유 사실을 밝힌 적도 없었고 알려진 적도 없었던 3단계 고체 연료 추진 로켓으로 소형 위성을 올려놓을 지구 궤도 진입을 시도했는데, 북한의 핵 보유 사실을 우려한 점과 맞물려 주변국에 큰 우려를 심어주었다. 이 로켓은 북한 내부 사정이 있기도 했겠지만, 미국의 심기는 매우 불편했다. "북한과의 대화는 물론이고, 그들을 달래는 일도 이제는 그만 두어야 할 것"이며 "이번 사태는 94년 합의안에서 벗어나기에 알맞은 구실이라 생각한다" …

11월 18일, **금강산 관광선,** 오후 5시 43분, 관광객 826명 등 모두 1,418명을 태운 금강산 관광선이 분단 이후 처음으로 강원도 동해항을 떠나 북한 장전항으로 출항했다.

註) 관광객들은 19일 아침 6시께 장전항에 도착, 그리던 금강산 땅을 밟았다.  남북 50년사에 획기적인 사건임에 틀림없는 일이었다. 그러나 채산성을 무시한 사업인 만큼 '밑지는 장사는 오래가지 못하는 법이다'가 정답이었다. 관광객이 년 간 50만 명에 이를 것을 전제로 했으나 그 이후 실제 관광객은 그 20% 수준에도 미치지 못했다. 2001년 2월말까지의 통계를 보면, 시설투자에 1억2,600만 달러, 관광선 임대료 1억 5,600만 달러, 토지 이용권 및 관광 사업권 대가 3억5,600만 달러 등 6억3,800만 달러가 투입되었고, 이 비용은 차지하더라도 각종 인건비 등 하루 6만 달러가 넘는 용선료 등을 비롯해 적자규모가 연 800억 원에 이르렀다. 정부도 국민 여론을 의식해 더 이상 지원을 하기도 고약했다. 당시 북한은 200만이 넘는 주민이 먹지 못해 굶어죽었는데, 그때까지 외국에서 식량을 한 번도 구입해 가지 않았다. 오히려 98년과 99년 러시아와 독립국가연합으로부터 MIG-21 전투기 34대와 탱크 등 군사무기와 부품을 구입하고 '핵과 미사일'을 계속 개발했다.

12월 18일, **남해안 침투 간첩선 격침,** 해안 레이더에 간첩선 포착하자, 해·공군 합동작전으로 경남 통영군 욕지도 남방 56마일(약 90Km) 해상에서 격침시켰다. 이때 반잠수정 1척, 공작원 1명 포함 사체 6구를 인양하고 간첩장비 1,209점 노획.

**연평해전(海戰)**

1999 6월 15일, 오전, 서해 연평도 인근 해상에서 북한 측 경비정이 6월 6일부터 매일 북방한계선을 넘어와 몇

시간씩 한국 영해에 머물면서 반응을 살피다가 9일째 되는 날인 15일 경비정 4척이 꽃게잡이 어선 20척과 함께 북방한계선 남쪽 2㎞ 해역까지 내려왔다. 해군은 고속정과 초계함 10여 척을 동원하여 두 차례에 걸쳐 선체를 충돌시키는 밀어내기 식으로 맞섰는데, 갑자기 북한 경비정이 기관포를 발사하고 북한 어뢰정 3척도 가담하자, 한국 해군은 초계함의 76㎜ 함포와 고속정의 40㎜ 기관포 등으로 대응했다. 순식간에 북한의 어뢰정 1척과 중형 경비정 1척이 침몰하고, 다른 경비정 3척도 크게 파손된 채 퇴각했으며, 한국 해군의 고속정과 초계함 등 2척도 선체의 일부가 파손되고, 11명이 부상당했다.

註) 북한에 아사자가 300만 명에 이르면서 한국과 미국으로부터 식량원조가 이루어지자 인민들의 사상이 흐트러지는 양상으로 되면서, 체제불안을 느낀 김정일은 체제단속을 위한 어떤 사건이 필요했다. 현대구릅의 정주영 회장이 소떼를 몰고 오는 상황에 육지에서의 도발은 곤란했다. 그래서 나온 것이 해상 도발. 그러나 결과는 북한군은 95명이 죽고 60여명의 부상자를 내며 참패했다. 해전은 14분 만에 끝났지만 해군의 1,200톤 급의 초계함이 함포로 북한 어뢰정 한 척 격침, 420톤 급 함정 완파, 중형 경비정 두 척 반파, 소형 경비정 두 척 기관실 파손 등의 피해를 입힌 뒤 나머지 적함을 추격하자, 북한 해안포대의 미사일이 발사준비에 들어갔다. 그러자 즉각 공군기가 적의 해안포대를 향해 공격 태세에 들어가고, 상황이 급박하게 진행되자 정부는 초계함의 추격을 중단시켰다. 여하튼 사건은 더 이상 확대되지 않았다. 이 사건으로 남북한 간의 대화 채널이 6개월 이상 지장을 받았다.

**註) 북한 측 주요 서해도발 일지**

56. 11.7　서해 상공 우리 측 비행기 2대 습격
57. 5.16　연평도 근해에서 어선 납북
60. 8.24　연평도 근해에서 북한 무장선 침입, 포격전 끝에 1척 격침됨
62. 12.23　연평도 근해에서 북한 함정과 교전, 우리 측 장병 6명 사상
65. 10.29　강화도 앞 바다에서 북한 함정이 우리 어부 109명 납치
71. 1.6　서해 해상에서 북한 경비정이 우리 측 어선에 포격, 1척 침몰
73. 12.7~18 연평, 대청, 백령도 근해에서 북한 경비정이 11차례에 걸쳐 침범
85. 2.5　백령도 공해상 어선 2척 납북
98. 11.24　강화도 해상에 간첩선 출몰, 도주

7월 8일, **하나원 개설,** 북한이탈주민은 한국 전쟁 이후 매년 10명 내외였으나, 1994년 김일성 사망과 북한의 경제난으로 1990년대 중반 이후 규모가 급격하게 증가하자, 북한이탈주민이 한국 사회에서 함께 살아갈 수 있게 하기 위한 체계적인 지원이 필요하게 되어 경기도 안성시에 '북한이탈주민정착지원사무소(北韓離脫住民定着支援事務所)'를 개설하여 750명 수용 규모로 문을 열었다. 정식 명칭은 길지만, 이를 '하나원'이라고 부른다.

註) 하나원 설립은 김대중 정부 초기에 "한 해 수십 명 들어오는 탈북자도 돌보지 못하면서 무슨 통일을 운운하느냐"는 여론 속에 결정됐다. 북한이탈주민은 탈북 과정에서 겪은 신체적 심리적 문제가 해

결되지 않은 상태로 체제가 다른 한국 사회에 대한 경험이 없기 때문에 심리적으로 혼란스럽고 불안한 시기에 놓이게 된다. 이를 지원하기 위해 설립된 통일부 산하 기관이 하나원은 북한주민이 한국에 입국한 후 북한이탈주민보호센터에서 일정기간 동안 조사를 마친 후 입소하게 했다. 2012년 12월 5일에는 강원도 화천군에 500명 수용 규모로 추가 개설되었다. 탈북주민의 숫자는 매년 증가하다 2009년 2914명에 이르던 탈북민은 2012년에는 1502명이 입국하며 절반으로 줄었다. 이후부터 계속 줄어들고 있는데, 이는 김정은이 권력을 잡은 뒤 탈북에 대한 단속이 매우 엄격해진 것과 관련이 있어 보인다. 하나원은 총 12주의 교육을 받으며, 수료 후에는 5년간 정착자금과 취업 장려금 및 필요시 치료를 위한 국고보조금, 임대아파트 알선 및 취업보호, 대학특례입학, 정착도우미 및 보호담당관 배정 등의 혜택을 받도록 했다. 2019년까지만 해도 대략 3만 명 이상의 탈북주민들이 이곳을 거쳐 한국사회에 진출하게 되었다.

10월 16일, **동티모르 파병,** 유엔평화유지군(PKF)의 자격으로 특전사 요원(보병 201명과 지원부대 172명, 지휘부 46명 등 총419명)들로 편성된 상록수부대 선발대가 출발했다. 인도네시아 동쪽 끝동티모르(東Timor) 최동단 로스팔로스에서 치안유지임무를 수행하기 위한 파병이다.

註) 이후 상록수부대는 2003년 10월 20일 철수할 때까지 4년 동안 현지에서 새마을운동의 성격을 띤 '호메마을 프로젝트'를 통해 다양한 대민 지원을 벌여 '말라이 무띤(다국적군의 왕)'이란 별명을 얻으며, 6개월을 임기로 하여 총 8진에 걸쳐 연인원 3천283명이 활약하면서 완벽한 임무수행 능력을 인정받아 2000년 2월 1일 다국적군 가운데 가장 먼저 유엔평화유지군(PKF)으로 임무가 전환되게 되는데, 한국군은 1991년의 걸프전쟁에서도 154명의 의료단을 참여시켰고, 1993년 6월~1994년 4월에는 유엔 회원국으로서 처음으로 유엔평화유지군으로 공병대 240여 명을 "육군상록수부대"라는 이름으로 소말리아에 파병. 1995년에도 평화유지군으로 아프리카 앙골라에 공병대 198명, 서부사하라에 의료지원단 20명과 아프카니스탄에 의료 및 공병단, 수송지원단 487명을 파견한 바 있다.

註) 동티모르는 1749년부터 포르투갈의 식민 지배를 받은 데 이어 1975년 인도네시아에 의해 27번째 주로 강제 편입됐다. 원주민들의 계속된 독립투쟁과 국제사회의 지원에 힘입어 99년 8월 30일 유엔 감시 하에서 주민투표를 실시하고 독립했다. 그러나 반독립 민병대 폭동으로 수백 명이 숨지는 등 유혈사태가 발생하자 다국적군이 파견돼 치안유지 임무를 수행한 덕택에 2002년 5월 20일 독립을 선포하고 독립영웅 사나나 구스마오가 초대 대통령에 취임하면서 253년의 외세지배를 청산하고 신생독립국으로 탄생한 나라가 되었다.

12월 12일, **외환위기 종료 선언,** 김대중 정부의 경제개혁은 매우 고통스러웠지만 기대 이상의 성과를 거두면서, 이날 "경제위기를 완전히 극복했다"며 IMF 졸업을 자찬하는 회합을 가졌다. 막대한 공적자금 투입을 통한 경기부양과 국가신용도 회복에 힘입어 경제회복도 놀라운 것이 되었다. 해외 언론과 전문가들도 한국경제의 신속한 회복에 찬사를 아끼지 않았고 김대중은 외환위기를 성공적으로 극복한 지도자로 주목받게 되었다. 그러나…

註) 김대중 정부는 그동안 경제 분야의 금융개혁, 재벌개혁, 외국인 직접투자유치, 노동개혁과 사회안전

망 구축 등 괄목한 성과를 내며 지난 2년간 각고의 노력을 했다. 그러나 샴페인을 너무 일찍 터트렸다. 모든 사람에게 착각을 유도한 꼴이 되고 말았다. 막대한 공적자금으로 인한 인위적인 경기부양은 경제 전반에 거품현상을 만들었고, 이후부터 우후죽순처럼 솟아난 벤처기업은 2년을 못 넘기고 사라졌으며 코스닥 시장을 붕괴시키다 시피 했다. 경제개혁의 탄력이 순식간에 사라지면서 국민의 위기의식도 함께 사라지자 노동쟁의가 다시 일어나고 기업의 구조조정도 발목을 잡히기 시작했으며, 부동산 가격 폭등과 함께 소비 진작을 위한 신용카드의 남발은 서민 경제에 또 다른 부담을 안겨주게 되었다. 그러나 이날로부터 김대중의 주된 관심이 국회의원 선거와 남북관계로 쏠리면서 경제문제를 등한시하게 되어, 결국 개혁은 '미완성의 경제개혁'이 되고 말았으니…

2000 2월1일, 北韓, **평남 신양 열차 연쇄 추돌(追突) 사고,** 평안남도 동쪽 신양역(新陽驛)에서 정전으로 정차돼 있던 열차 세 대가 연쇄 추돌해 막대한 인명피해를 낸 대참사가 발생. 역에는 16열차(평양-온성行)와 9열차(평양-혜산行)가 정전으로 10시간째 정차해 있었고, 열차 안에는 추위와 싸우며 전기가 들어오기를 기다리는 여행객들로 발 디딜 틈이 없었다. 그런데, 특급열차인 1열차(평양-두만강行)가 정거장 앞에 정전으로 정차돼 있다가 제동이 풀려 뒤로 미끄러지면서 시속 수백km의 가속도가 붙은 상태로 정차해 있던 9열차를 정면으로 들이박고 다시, 9열차가 튕겨 나가면서 옆에 있던 16열차를 덮쳤다. 이 구간들은 산악지대로 경사가 급한 지역이어서 기차들이 이 구간을 통과할 때는 평소에도 시속 30~50km 밖에 내지 못하는 곳이었다.

2월 9일, 北韓, **러시아와의 관계정상화,** 러시아의 부틴 대통령이 등장해 '강력한 러시아'를 제창하자 이에 호의를 가지고 러시아와 우호선린협력조약을 조인했다. 과거 소련과의 상호원조조약과는 달리 침략을 받더라도 군사원조를 실시한다는 조항은 없지만 그럴 경우 '신속하게 쌍방은 접촉한다'라고 했다. 이어 7월에 부틴이 북한을 방문하여, 북한은 소련사회주의체제가 붕괴했다는 사실을 현실로 받아들였다.

### 최초의 남북정상회담(南北頂上會談)

6월 13일, 대통령 김대중과 북한 김정일 국방위원장이 평양에서 13일부터 2박 3일간 이루어진 정상회담으로 남북한의 정상이 직접 만나기는 1945년 분단된 이후 55년 만에 처음 있는 뜻 깊은 일이었다.

註) 10년 연속 뒷걸음질 친 경제와 5년간에 걸친 식량난으로 최악의 위기에 처한 김정일 정권은 김대중의 파격적인 지원 제의를 받아들였다. 5월에 20만 톤에 달하는 비료와 식량을 보낸 김대중 정부는 여기에서 한반도의 통일과 평화정착, 민족의 화해와 단합, 남북간 교류와 협력 등에 합의는 했으나, 유감스럽게도 170만의 군대가 서로 대치하고 있는 긴장을 해소할 어떤 합의도 없었고 국제적으로 심각한 우려의 대상이 된 핵무기와 미사일 등의 안보문제는 거론도 하지 않았다. 그럼에도 김대중의 대북 포용정책이 국제적으로 인정받아 10월 13일에는 노벨평화상이 주어졌는데, 그러나 약속한 김정일의 남한 방문이 이루어지지 않은 채로 시간만 끄는 사이, 5억 달러에 달하는 자금이 현대상선 등의 경로를 비밀리에 통해 북으로 송금된 것이 밝혀지면서 〈돈을 주고 산 회담〉이라는 비난이 일어났다.

註) **김대중 정부의 햇빛정책:** 김일성이 죽은 후 정부는 김정일 정권이 곧 전복될 것으로 확신했다. 그러

나 그렇게 되지 않자, 정부는 김정일이 적어도 코너에 몰려 의미 있는 수준의 경제 및 정치개혁을 단행하게 될 것으로 여겼다. 이 같은 생각에서 나온 김대중 정부의 햇볕정책은 북한과의 교류협력을 통해 북한을 변화시킨다는 정책이다. 이에 따라 북한 경제가 연착륙하도록 대규모로 곡물과 비료를 지원했다. 이번에도 남북정상회담을 목적으로 비공식 루트를 통한 5억 달러 이상의 현금을 주면서 김정일의 권력유지를 지원했다. 그러나 아무리 좋은 정책이라도 북한이 호응하지 않으면 어렵다. 결국 김대중은 자신도 모르는 사이에 김정일에 끌려가는 입장이 되는데, 김정일의 비위를 거스를까 우려하여 북한 정권의 비판을 용납하지 않으려 했고, 북한의 변화를 이끌어 낸다는 명분 아래 일방적인 경제지원을 하는 등 더욱 유화적인 조치를 취할 수밖에 없게 되어졌다. 그리하여 막대한 규모의 현금과 물자를 북한에 보냈지만 북한은 호의적인 반응을 보이기는커녕, 한미관계를 이간시키고 남한 내 보수 세력과 진보세력 간의 갈등만을 부추겼다. 결과적으로 햇볕정책은 국내적으로 국론분열과 한미관계 약화 등 심각한 부작용만을 초래했는데, 김정일이 이끄는 북한의 최우선 목표는 사회주의 정권의 생존이지 결코 통일이 아니었던 것이다.

2001 1월 4일, 北韓, **신경제정책의 제창,** 김정일은 미국과의 관계 개선 실패에도 불구하고 앞으로 나가려했다. 대외관계의 변화에 기대를 걸고 '인민경제 전반을 현대적 기술로 개건하기 위한 사업을 착실히 해나가'야 한다는 신경제정책을 발표. 다만, 모방한 러시아의 페레스트로이카(경제발전) 정책의 중요한 기둥이 자유언론인데 김정일은 이것을 무시했다. 그 결과는 이듬해(2002년) 여름부터 나타나는데…

註) **어긋난 북미-북일관계 개선 시도,** 지난해(2000) 10월에 북미관계를 개선코자 제2인자인 조명록 국방위원회 제1부위원장이 미국의 백악관을 방문하여 김정일 친서를 전하고, 그 회답으로 10월 23일 올브라이트 국무장관이 평양을 방문. 미국과의 관계개선의 발판을 만들었으나, 미국 대통령에 공화당 부시가 당선되면서 미국의 정책이 바뀌어 결국 배반당한 꼴이 되자, 이번에는 일본과 접촉했다. 그러나 이것도 일본의 모리 요시로오(森喜郎) 총리가 이 문제로 여론의 압박에 밀려 4월에 퇴진하자, 또한 물거품이 되고 만다.

12월 22일, **일본 해상보안청 순시선의 괴선박 격침,** 북한의 괴선박이 아마이오오(奄美大) 섬으로부터 230Km 해상에서 해상보안청의 추격을 받고 9시간에 걸쳐 도주하던 선박이 총격을 받고 폭발하여 침몰하고 승무원 전원이 사망. 일본당국은 이 선박을 인양하여 수집한 증거물에 각성제가 발견됨에 따라 밀수에 이용된 선박으로 판단한 사건이 발생. 당시 일본은 북한과 외교교섭 중이던 때이라 상세한 내용은 침묵을 지켜주었다.

註) **북-일 교섭,** 북-일 간의 비밀교섭은 가을부터 이듬해까지 20여회 실시되었다. 이 시기에 미국 부시 대통령이 2002년 새해 연설에서 북한을 이라크, 이란과 함께 '악의 축'으로 규정하자, 북일 교섭은 미국에 알리지 않은 채 은밀히 진행되던 때이었다. 이후 북-일 회담은 김대중 대통령의 햇볕정책에 따른 남북경제교류의 전진과 서로 보완적인 관계에 있었고, 200년 11월에 북한정부는 개성에 한국기업을 유치하는 공업단지 건설에 관련한 법률을 제정했다. 그러나 북-일 교섭은 일본에서 생존 납

치 피해자 문제가 큰 반응을 보이면서 북-일 관계는 갑자기 험악해져 갔다. 여기에 북한의 핵개발 추진을 우려한 미국의 견제까지 겹치자 2002년 12월부터 북일 관계는 단절상태가 되고 말았다.

2002 5월 31일, **한.일 공동월드컵:** 6월 30일까지 1개월 간 한국과 일본이 공동 개최한 제17회 월드컵축구대회가 32개국이 참가한 가운데 한국과 일본의 20개 도시에서 열렸다.

註) 아시아에서는 처음으로, 또한 사상 최초의 공동 개최라는 기록까지 만들었다. 개최국인 한국 팀은 오랜 숙원인 16강 진입을 넘어 4강에 올랐는데, 지난 44년 동안 단 한 번도 이겨본 적이 없었던 한국은 네덜란드 출신의 감독 히딩크(Guus Hiddink)를 영입하여 대표 팀에 대한 과학적인 훈련과 체력 보강에 힘써온 결과였다. 그 결과 월드컵축구대회 사상 최대의 위대한 이변을 이루어내면서 대회가 열리는 동안 온 국민은 한국축구대표팀 공식 서포터스인 '붉은 악마'를 중심으로 열광적인 응원을 펼치며 수많은 인파가 거리로 나와 인상적인 응원을 펼쳤다. 북한은 공동개최 운운하며 심통 부리다가 뒷전으로 빠지고….

6월 13일, **미군 장갑차 사고,** 오전 10시45분께 경기 양주군 광적면 효촌리에서 이 마을에 사는 여중생 2명이 미2사단 소속 교량건설용 장갑차에 치여 숨졌다. 장갑차는 맞은편에서 오던 차량을 피하기 위해 방향을 틀다가 일어난 교통사고였는데, 11월 22에 가해 운전자인 미군 사병 2명이 미군법정에서 무죄평결을 받고 27일에 미국으로 출국하자, 이로부터 사건이 주한미군에 대한 부정적인 면이 부각되면서 '외국군주둔협정(SOFA)의 개정' 을 요구하는 등의 촛불시위가 한 동안 이어 지기도 했다.

**제2차 연평해전**

6월 29일 오전, 북한 경비정이 북방한계선(NLL)을 넘어와 도발의 징후를 보인지 4일 째, 북한 경비정 2척이 서해 연평도 서쪽 해상에서 북방한계선을 넘어 온 것을 해군 고속정 4척이 현장에 출동해 "돌아가라"고 경고방송을 하는 중, 북한 경비정 1척(215톤급)이 갑자기 사격을 해 왔다. 이에 피격되지 않은 우리 고속정 1척이 즉각 반격에 나섰고 인근에 있던 고속정 편대와 초계함 2척이 긴급 출동해 북한 경비정에 벌컨포 등으로 함포사격을 가해 31분간 교전이 이루어졌고, 이 과정에서 북한 경비정 1척이 화염에 휩싸이면서 도주했다. 순식간에 해군 4명이 사망, 1명이 실종됐으며 20명이 부상당하고 고속정 1척이 침몰 됐다. 이 날은 세계의 이목이 집중됐던 월드컵 축구경기가 있어 서울 상암 경기장에서는 이 시간에 한국과 터키간의 준결승전 축구경기가 진행 중이었다.

註) 그 당시 북한 해군 8전대에 근무한 탈북자 김일근 씨의 증언에 따르면, 도발 준비는 5월 말부터 시작됐다. 평소엔 출항하는 함정에만 연료를 가득 싣는데 이때부터 정박 대기하는 함정에도 "무조건 연유(기름)를 만적재하라"는 지시가 떨어졌다. 함정 탑재장비들을 100% 검열하는 항해준비검열이 연일 계속됐고, 통상 열흘 안에 끝나는 '함선 원성능 회복판정'도 한 달 내내 이어졌다. "북한군은 기름이 워낙 부족해 보통 3분의 1 정도 채운다"며 "5월 말부터 다들 '곧 뭐가 터져도 터지겠구나' 하고 생각했다". 그러다 교전 당일 오전 6시 기상과 함께 전투경보 신호가 떨어져 모든 전대원이 철모 쓰고 함선에 들어가

전투 준비를 했다. 김씨는 "684호의 사령탑(함교)이 포격을 받아 함장 김영식 대위, 기관장, 조타수가 전사했다. 부상자도 5~6명이었다"고 했다. 북측 사상자가 약 30명이라는 우리 군의 설명과 큰 차이가 난다. "684호는 사령탑이 포를 맞긴 했지만 수동 조타에는 아무 문제가 없었다"며 "3~4개월 수리한 뒤 전사한 함장 이름을 따 '김영식 영웅호'로 개칭했다"고 한다. (2012년 6월 조선일보 기사)

註) 최근 1년간 남북관계가 북한의 일방적인 비협조로 교착상태가 되자, 급해진 김대중 정부는 북한에 임동원 보좌관을 보내 철도 및 도로공사 재개, 식량 지원 등의 합의를 끌어냈으나, 김정일은 한국에서 치루고 있는 월드컵 행사에 심한 열등감이 있었다. 이에 대한 대응으로 서해도발을 다시 시도했다. 3년 전 연평해전에 대한 남한 측의 무대응도 자신감을 실어 준 원인이 되었다. 먼저 밀어내기방식의 작전예규에 따라 선두에서 접근하던 해군 고속정 참수리 357호의 조타실을 집중 공격해 기능을 마비시킨 뒤 미리 준비해 둔 대전차로켓포로 통신실을 가격하여 화재를 일으켜 침몰시켰다. 철저히 계획된 기습이었다. 결국 윤영하 정장을 포함한 해군 장병 6명이 전사했다. 북한은 두 차례 교전을 통해 북방한계선(NLL) 문제를 북한 대남부서가 활용할 수 있는 강력한 협상카드로 확실하게 자리 잡게 했다. 서해전선을 이용하여 바다에서는 위협을 가하고 육로를 통해서는 지원을 받아내는 식이다.

8월 19일, **세 번째 보트피플,** 8세 소년부터 70세 노인까지 포함된 선장 순룡범 씨 가족 13명 등 21명이 20톤 급의 어선으로 서해상을 통해 탈출해 왔다. 이들은 인천 옹진군 덕적면 영해(領海)상에서 순찰 중이던 해경 경비정에 의해 발견되었는데, 현장에서 이들은 "우리는 북에서 왔다. 남쪽으로 가고 싶다. 배가 고파서 왔다"고 했다. 이들은 지난 17일 오전 4시쯤 압록강과 청천강 사이 해안에 있는 평북 선천군 홍건도 포구에서 출발하여 공해상을 우회해 들어 온 것이다.

註) **80년대 이후 주요 탈북자 입국 일지**

1987년 2월 = 김만철씨 일가 11명 해상으로 탈북, 입국
1991년 5월 = 주콩고 대사관 1등서기관 고영환씨 제3국서 귀순
1994년 3월 = 여만철씨 일가 4명 해상 탈북 입국
7월 = 강명도(강성산 북한총리 사위).조명철(김일성대 교수)씨 중국 경유 귀순
1995년 10월 = 최주활 북한군 상좌(용성무역합영부장) 동남아 경유 귀순
12월 = 유럽 주재 북한상사 대표 최세웅.무용수 신영희씨 부부 입국
1996년 1월 = 주잠비아 대사관 현성일.최수봉씨 부부 입국
3월 = 러시아 벌목공 리태영씨 등 2명 입국
5월 = 리철수 북한군 대위 MIG-19기 몰고 수원비행장 귀순
6월 = 국경경비대 상등병 우광빈씨, 중국에서 '천인호'로 밀항 귀순
12월 = 김경호씨 가족 16명 중국.홍콩 경유 입국
1997년 1월 = 김영진씨 일가족 8명 서해상에서 표류 중 입국

4월 = 황장엽 전 노동당비서 주중 한국대사관 통해 입국

5월 = 안선국.김원형씨 일가족 14명 서해공로로 입국

1998년 2월 = 주이탈리아 유엔식량농업기구대표부 김동수 서기관 일행 입국

1999년 4월 = 국군포로 손재술씨 가족 등 5명 입국

2001년 6월 = 주중 UNHCR사무소 진입 장길수군 일가족 등 탈북자 7명 입국

2002년 3월 = 주중 스페인대사관 진입 탈북자 25명 입국

6월 = 주중 한국총영사관 진입 탈북자 24명 입국

8월 = 신의주에서 순종식씨 일가 3가족 21명이 20톤급 어선으로 입국.

10월, **2차 핵(核) 위기,** "핵을 가진 자와는 악수할 수 없다"는 김영삼 전 정부와는 달리, 김대중과 새로 탄생한 노무현 정부는 남북관계 개선에 우선을 두었지만 핵의 장벽을 넘어 설 수는 없었다. 지난 2000년의 6.15 공동선언의 합의사항도 겨우 명맥만 유지할 정도.

註) 9월 11일 아침, 탈냉전 시대 이후 미국의 안보관을 송두리째 바뀌는 사건이 일어났다. 비행기 3대가 납치되고 그중 하나가 맨하탄 남쪽 세계무역센터 건물에 충돌했다. 세계는 경악과 공포를 감추지 못했다. 북한은 서둘러 워싱턴으로 위로를 표명하는 전문 2통을 보내면서 북-미 두 정부가 테러 행위에 맞서는 기회로 삼으려 했지만 워싱턴은 전혀 그럴 생각이 없었다. 부시 미국 대통령은 오히려 2002년 연두교서에서 '이란, 이라크, 북한을 악의 축'이라고 명명했다. 미국의 대 테러 전략에 북한이 개입되었다는 증거는 없으나 미국의 대 북한 관계는 이 사건의 영향으로 강경 일변도로 바뀌어 가게 되었다.

10월 30일, 국내에서 처음으로 개발된 초음속 고등훈련기 T-50 비행성공

註) 국내에서 처음으로 개발된 초음속 고등훈련기 겸 경(輕)공격기인 T-50 '골든 이글'의 비행성공을 기념하는 행사가 경남 사천 공군기지에서 이준 국방장관과 길형보 한국항공우주산업(KAI) 사장 등이 참석한 가운데 열렸다. 지난 8월 20일 시험비행에 성공한 최고속도 마하 1.5의 T-50은 F16, F15, F22 등 세계 최신예 및 차세대 전투기의 조종 훈련을 위해 개발됐다. 디지털 비행제어 시스템과 첨단 디지털 엔진제어 방식의 엔진 등 최첨단 전자산업의 집약체로 고등훈련기 중 세계 정상급 성능을 지닌 것으로 평가받았다. T-50 개발로 한국은 자체 개발한 고유 모델의 초음속 항공기를 보유하는 12번째 항공선진국이 됐다. 공군과 KAI는 지난 1997년 10월 개발 사업에 착수한 이래 5년 만인 작년 10월 개발을 완료하고 출고식을 가졌다. T-50은 길이 13.14m, 폭 9.45m, 높이 4.91m, 최대 이륙중량 1만3454kg, 실용상승고도 1만4783m이다.

12월 30일, **개성공단(開城工團) 착공,** 전혀 새로운 형태의 남북 경제협력이 이루어졌다. 이날 개성 국제자유경제지대(開城國際自由經濟地帶, International Free Economic Zone)를 남북합작으로 조성하기 위한 착공식이 있었다. 비무장지대 북쪽 개성직할시와 판문군(板門郡) 평화리 일대에 세계적 규모의 산업단지 조성하여 남북한 기업 및 외국 기업 유치를 통한 동북아시아 지역의 중추적 자유경제지대 건설하고자 한 것이다.

註) 이는 2000년 8월에 한국의 현대아산(주)과 북한의 김정일(金正一) 국방위원장이 공업지구 건설에

합의하면서 추진했는데, 서해교전에 대한 김정일의 유감표시로 분위기를 무마한 다음, 고위급 회담 등의 남북교류를 재개하여 개성공단의 착공을 추진한 것이다. 이는 남한 기업이 경영의 주체가 되어 직접 공장을 짓고 북한 노동자를 고용하는 방식으로서, 방법은 북한이 70년간 토지 이용권을 남한 측에 임차하고, 남측이 자유경제지대 투자환경을 조성한 뒤, 국내외 기업에 분양하는 방식이다. 총면적은 2000만 평으로, 이 가운데 개성공단이 850만 평, 배후도시가 1150만 평. 그러나 북한은 곧 동결했던 핵 시설을 다시 가동하면서 NPT에도 탈퇴하는 등 한반도 긴장을 다시 높여 가는데… 이후, 개성공단은 2004년 12월 가동을 개시하였고, 2013년 4월 현재 개성공단(330만㎡)에는 총 9495억 원어치의 남측 투자자산이 있다. 이 중 123개 입주기업이 시설·설비에 투자한 것이 5568억 원으로, 2013년 5월 2일까지 북측의 공단 폐쇄 공작으로 잔류인원 800여명이 모두 철수했다. 이후 2016년 1월 6일에 북한이 제4차 핵실험을 하자 박근혜 정부는 2월 10일 개성 공단을 전격 폐쇄조치하였다. 이로서 개성공단은 15년 만에 막을 내리게 되었다.

2003 2월 15일, **한-칠레 자유무역협정(FTA) 서명,** 외교부 최성홍 장관과 칠레의 그리스티안 바로스(Cristian Barros) 외무장관 대리는 그동안 4년에 걸친 협상 끝에 2002년 10월 24일 합의를 본 바 있는 자유무역협정(Free Trade Agreement, FTA)에 정식으로 서명.

註) FTA란 2개 이상의 국가가 상품이나 서비스를 사고팔 때 부과하는 관세와 수입제한을 철폐하여 통상을 자유화하는 협정이다. 우리가 칠레를 첫 상대국으로 한 이유는 칠레가 경제규모가 작은데 반해 FTA 경험이 많고, 한국과는 서로 보완적 경제구조를 가지면서도 계절이 반대여서 농업 피해를 최소화할 수 있으며, 칠레를 우리 상품의 미국과 중남미 시장 확대를 위한 교두보로 삼을 수 있다는 것 등이다. 우리 정부는 칠레에 이어 싱가포르, 뉴질랜드, 멕시코, 캐나다 순으로 FTA를 추진할 계획이었는데 그 첫 시도가 열매를 맺은 것이다.

2월 18일, **대구 지하철 화재,** 대구시 지하철에서 신병을 비관한 정신지체 장애인의 우발적인 방화로 시작된 불이 객차 12량을 전소시키고 192명의 목숨을 앗아간 사건이 발생. 이때 부상당한 148명도 기도화상(氣道火傷)과 정신충격으로 오랫동안 후유증에 시달려야 했다. 이 사고의 여파로 이때부터 열차 내부 내장재를 불연재(不燃材)로 바꾸어 나갔다.

3월 2일 아침, 동해에서 북한 전투기 4대가 미정찰기 RC-135S와 충돌직전까지 갔다. 전투기는 정찰기에 바짝 붙어 20분간 비행했지만 적대 행위는 없었다. 북한 전투기는 통상 지상에서 가깝게 움직이기 때문에 해발 250Km에 이른 곳에서 비행한 것은 이례적이었다.

註) 20분간의 대치 끝에 정찰기는 오키나와 기지로 돌아갔는데, 그중 전투기 한 대에서 발포 명령을 내려 달라고 했지만 허락은 떨어지지 않았다. 2월 말부터 중국을 상대로 미국의 태평양과 한반도에서 벌어지는 군사행동을 비난하고 정찰기를 주시하고 있던 참이었다.

4월, 北韓, **NPT 탈퇴,** 북한은 우라늄 광산을 가지고 있으므로, 자국산 우라늄을 농축해서 사용하므로 외국에서 구매할 필요가 없었다. 그러나 이전에 우라늄 농축을 하지 않겠다고 서약한 바가 있어 NPT(핵환산금지조약)에서 탈퇴한다고 선언.

註) 북한은 줄곧 미국의 공격을 경계하면서, 국방을 위해 핵무기를 보유하는 것이 불가결하다는 사고방식을 굳히고 있었다. 3월에 미국이 대량파괴무기 존재의 이유로 이라크를 폭격하고 지상군을 투입해 침공하자, 북한 지도부는 이 전쟁에서 미국이라는 나라의 본질을 확인한 결과였다.

註) **노무현 대통령,** 새로 대통령에 취임한 노무현 대통령이 마주한 현실은 참담했다. 전방위로 악재였다. 한미관계는 무너져갔고 북한은 핵시설을 재가동했으며 미국은 이라크 파병을 코앞에 두고 있었다. 인권변호사 출신의 노무현 대통령은 악재를 마주한 상황에서 본인의 성격이나 이력 면에서 보아 제대로 준비되어 있지 않았다. 여기에 미군 장갑차에 치어 사망한 두 명의 여중생 사건으로 반미분위기까지 겹쳐져가고 있었다. 노무현은 도의적이고 서민적이었지만 금년처럼 남한이 심각한 도전에 처해있을 때 높은 지위에 있기에는 어울리지 않은 인물이었다. 부시 미국 대통령은 노무현과의 만남에서 그의 보좌관에게 "열 받게 만든다"라고 했다. 그럼에도 2004년 다수의 반대에도 불구하고 노무현 대통령은 이라크 연합군에 한국군 3천 명을 파견했다.

4월, **서희제마부대(徐熙濟馬部隊) 이라크(Iraq) 파병,** 이라크 전쟁 후에 이라크의 재건과 복구사업을 지원하기하기 위해 파병된 서희부대는 공병부대이고 제마부대는 의료지원단으로서, 4월 17일 선발대 20명이 먼저 파견된 뒤, 4월 30일 공병대 2백여 명과 의료지원단 90명 등 3백 명이 1차로 파견되었다. 총 병력은 서희부대 575명, 제마부대 100명이며, 이후 이듬해(2004년) 4월까지 3차례에 걸쳐 파견되어 이라크 남부 나시리아에서 전쟁으로 파괴된 시설의 복구 지원과 현지인 진료 활동을 펼치다가 1년 후 뒤이어 파견된 자이툰 한국군 부대에 흡수 통합되었다. (이후 자이툰 부대는 아르빌 지역에 주둔하며 2008년 12월 20일에 완전 철수할 때까지 이라크 재건 활동 업무를 수행하게 된다)

註) **이라크전쟁(Iraq War):** 2001년 9월 11일 미국 대폭발테러사건(9.11테러사건)이 일어난 뒤 2002년 1월 미국은 북한과 이라크, 이란을 '악의 축'으로 규정하고 이라크의 대량살상무기(WMD)를 제거함으로써 자국민 보호와 세계평화에 이바지한다는 대외명분으로, 미군은 동맹국인 영국군 및 오스트레일리아군과 함께 2003년 3월 20일 바그다드 남동부 등에 미사일 폭격을 시작으로 이라크에 진격했다. 전쟁은 26일 만에 끝이 났는데, 동원된 병력은 30만 명으로, 이 가운데 12만5천여 명이 이라크 영토에서 직접 작전에 참가했다. 이 전쟁에는 '전자전(電子戰)'으로 불릴 만큼 첨단무기가 동원되었는데, 개량형 스마트폭탄(JDAM), 통신.컴퓨터.미사일 시스템을 마비시키는 전자기 펄스탄, 전선과 전력시설 기능을 마비시키는 소프트폭탄(CBU-94/B) 외에 지하벙커.동굴파괴폭탄(GBU-28/37), 열압력폭탄(BLU- 118/B), 슈퍼폭탄(BLU-82), 무인정찰기 겸 공격기인 프레데터, 지상의 왕자로 불리는 개량형 M-1A2 에이브럼스전차, AC-130 특수전기 등이 사용되었다.

**이어도 해양과학기지 완공**

6월 10일, 이어도는 제주도 최남단 마라도에서 남쪽으로 149Km 거리에 수심 4.5m에 있는 수중섬이기에 평온한 날에는 보이지 않지만 파도가 5~6m 정도만 되어도 바위 모습이 드러나 보인다. 이 섬을 탐사하여 우리 해역의 영유권 확보를 위해 해양기지를 설치하기로 하고 8년 만에 완공을 본 것이다.

註) 광복 이후 육당 최남선 선생의 제안으로 1951년과 1973년에 이어도에 대한 탐사를 시도했었는데, 목적은 이 섬에 대한 영유권 확보를 위한 것이었다. 그러나 탐사에 성공은 1984년 5월 9일에야 이루어졌는데, 2년 후인 1986년 10월에 정밀탐사에 들어가 1987년 8월 11일 이 해역에 등부표를 설치한 후, 1995년 기상측정을 위한 철골 구조물을 설치할 계획을 세웠다. 그리고 8년 후인 2003년에 비로소 종합 해양 기지가 완공되었다. 여기서 총 44종 108개의 관측 장비를 갖추어 기온, 풍향, 습도, 염도, 조류 등의 해양 정보 및 황사와 같은 대기오염 물질의 이동과 지구 온난화 등 환경문제에 대한 수백 종의 자료를 수집하고 있다. 이어도는 국제해도에 소코트라 록(Socotra Rock)이라 포기되는데 1900년 6월 5일에 영국기선 소코트라호가 암초에 부딪치는 사고가 있어 이를 영국 해군성에 보고한 결과로, 이 암초를 'Socotra Rock'이라 표기하고 있다. 이 섬은 현재 한·중공동권리 수역 바로 아래 공해상에 있고, 마라도에서 149Km, 중국 퉁다오(童島)에서 247Km, 일본 도리시마(鳥島)에서 276Km 떨어져 있어 국제법상으로 우리나라 배타 경제수역에 들어온다.

2004 4월 22일, **北韓, 용천역(龍川驛) 열차 폭발사고,** 평안북도 용천역(龍川驛)에서 시리아로 향하고 있던 열차가 폭발하여 용천시가 폐허로 변한 사건이 일어났다. 이 사고로 200명 가까운 사람이 죽고 1500명 이상이 부상했으며 8000여 채의 집이 부서졌는데, 때마침 중국을 방문하고 돌아오던 김정일의 전용열차가 통과한지 15~30분 후인 낮 12시30분경 발생하여 조직적인 테러로 보기도 했다. 폭파 당시 열차에는 다량의 북한제 스커드-D(사거리 700km) 미사일이 실려 있었으며, 분해된 채 수송되던 미사일 부품과, 액체 로켓 연료가 폭발사고 때 함께 폭발했다고 한다. 이 사고로 큰 분화구가 생겼고 반경 500m 이내의 모든 것이 파괴되었다. 북한 당국은 "40톤의 질산암모늄 비료를 실은 화차와 유류를 실은 화차를 교체 연결하는 과정에서 사고가 났다"고 발표했다.

4월 30일, **자이툰 부대 (Zaytun Division) 이라크 파병,** 이라크의 공병 지원과 의료 지원을 위해 파병된 3백 명의 서희부대와 제마부대에 이어 두 번째로 이라크에 파병된 '이라크 평화재건 사단'으로 '자이툰(Zaytun) 부대' 라 불렀다. 부대는 2월 23일에 창설된 뒤, 8월 3일 선발대가 출국하고, 이어 28일에 절반 이상이 특전사령부와 해병대 및 특공대원들로 구성된 본진 3천여 명이 출국하여 이라크 북부 에르빌 공항과 가까운 에르빌주(州)의 라슈킨과 스와라시에 주둔했다. 자이툰부대는 인구의 대부분이 쿠르드족(族)인 이곳에서 도시와 농촌의 재건사업 지원과 치안 유지 지원, 정보 인프라 지원, 인도적 지원 활동, 현지 친화 활동 등 70여 개의 프로젝트를 가지고 인도적 지원 활동을 했다.

註) 자이툰(Zaytun)은 아랍어(語)로 평화의 상징인 올리브를 뜻한다. 그러나 자이툰 부대의 파병은 한국 정부가 파병 계획을 세울 때부터 여론이 찬반양론으로 갈라져 논란이 끊이지 않았다. 각종 시민사회단체들

이 미국의 명분 없는 전쟁에 3천 명이나 되는 젊은이들을 파병하는 것은 있을 수 없는 일이라고 주장하며 반대했다. 때문에 정부는 자이툰 부대를 파병하면서 출병식과 환송식도 비공개로 진행한 뒤, 성남시에 있는 서울공항을 통해 출국시켰다. 자이툰 부대는 2008년 12월 19일 모두 철수함으로서 4년 반의 기간 동안 대민사업 등의 성공으로 이라크에 파병된 다른 나라 파견군에게는 모범사례로 기록되었다.

7월, **대량 탈북민 문제,** 노무현 대통령에 대한 탄핵 기각 결정이 대법원에서 내려진 5월부터 노무현 대통령이 다시 직무를 시작하자마자 400명 이상의 대량 탈북난민 문제가 발행했다. 중국을 경유하여 들어온 베트남 호치민 시에 누적된 탈북자 수가 많아 이를 남한으로 수송할 비상수단이 필요한 때였다. 결국 이들은 특별기편으로 대거 입국하게 되는데…

註) 노무현 정부는 탈북난민 문제에 대해 미온적인 태토를 취하려 해왔지만, 남한의 언론 생리가 이를 불가능하게 만들어주었다. 뉴스가 퍼져나가자 전 세계 언론들이 큰 관심을 보여주는 상황에서 북한은 더욱 강경한 태도를 보였다. 이로서 어쨌든 남북관계는 정체 단계로 접어들었다.

2005 9월, 北韓, **제4차 6자회담,** 북한, 한국, 미국, 중국, 러시아, 일본 등 6개국이 참여한 회담에서 미국과 북한이 각자의 안을 내놓고 맞서왔으나, 북한 측은 미국 부시 대통령의 압박에 거부감을 보이며 회담 중단을 발표하고 나아가 핵무기를 제조하겠다고 밝혔다.

2006 7월 5일, 北韓, **미사일 발사,** 김정일은 미국과의 대화를 하고 싶었으나 무시당하자 대포동2호 장거리 미사일과 단거리 미사일 6발을 발사를 감행했다. 이에 대한 반응으로 먼저 일본 코이즈미 정권이 만경봉호 입항과 북한 요인 입국 금지 등의 강경 대응책을 발표하고, 납치자 문제를 다시 거론했는데, 미국은 오히려 6자회담 재개를 시도하여 최대 95만 톤의 중유를 공급하겠다고 했다. 그러나…

註) 미사일 발사를 사전에 탐지한 미국은 자국을 향할 경우 요격할 준비가 되어있다고 말했다. 그러나 발사 1분 만에 실패한 것으로 판명나자 럼스필드 국방장관은 안도했고, 덕분에 미국의 노스컴(NORTHCOM)은 예행연습을 할 기회를 얻었다. 나머지 6대의 중,단거리 미사일은 좀 더 먼 러시아 연안의 일본해에 떨어졌다. 그런데 이에 대한 우리 정부의 대응은 방만하기 짝이 없었다. 노무현 대통령이 보고를 받은 시각도 발사 130분이나 지난 후이었으며, 남한 공격용으로 개발된 탄도 미사일이 2발이나 발사되었는데도 청와대는 우리와 무관하다는 듯이 행동했다. 오히려 남북대화의 끈을 놓으면 안 된다고 남북장관급 회담까지 추진하는 등…

10월 9일, 北韓, **핵 실험,** 지난 미사일 발사 이후 1개월도 지나지 않아 이번에는 북한의 핵실험 정황이 포착되었다. 미국은 이를 강행할 경우 일어날 수 있는 일에 대한 엄포를 놓았지만, 북한은 이런 협박을 믿지도 신경 쓰지도 않은 채로 실제 실험을 강행. 미리 중국에는 시기와 장소, 예상수율(약 4킬로톤)을 알려주었다. 사후 알려진 규모는 1킬로톤 정도로 그다지 성공적이지도 인상적이지도 않았지만 북한은 큰 자부심을 가지고 있기 때문에 장차 핵무기 개발을 포기할 가능성을 강하게 나타낼 뿐이었다.

註) 이로부터 1년이 지난 2007년 말, 이스라엘 공군이 시리아 핵원자로(북한 지원으로 건설된 것으로 알려짐)를 파괴한 이후 북한은 미국의 저자세가 장기적으로 미국의 강력한 반응을 불러올 가능성이 적다고 파악했다. 북한은 외교적으로 핵실험이 어느 정도 힘을 발휘했고 더 나아가 오랜 시간 갈망해 온 존중을 약간이나마 받았다고 여겼을 것이다.

2007 1월 1일, **반기문(潘基文) 장관의 유엔 사무총장,** 유엔 안전보장이사회는 2006년 10월 9일 비공개회의를 열고 매번 1위를 차지한 반기문 외교통상부 장관을 추천했다. 이어 13일에 192개 전 회원국이 참석한 가운데 만장일치로 제8대 유엔사무총장으로 선출.

註) 이로서 2007년 1월 1일부터 한국이 배출한 유엔 사무총장이 앞으로 5년간 유엔을 지휘하게 되었다(이후 연임으로 2016년 말까지 임무를 수행하게 됨). 유엔 사무총장은 유엔총회를 비롯하여 안전보장이사회, 경제사회이사회, 신탁통치이사회 등 모든 이사회 회의에 사무국 수장 자격으로 참석하며, 국제분쟁 예방을 위한 조정과 중재 역할에 독자적 정치력도 사용할 수 있을 뿐 아니라 빈곤 및 질병퇴치, 인권보호 등 사실상 모든 문제에 대해 주도적인 역할을 할 수 있는 권한을 가진다. 한국의 입장에서 반기문 유엔 사무총장이 '21세기 열린 세계주의자'로 한반도에 아직 남아있는 냉전의 잔설(殘雪)을 녹여 지구촌 시대에 외톨이 신세로 허덕이는 북한을 국제 사회에 정상적인 일원으로 끌어내는 데에 일익을 담당해주기를 기대했다.

6월 30일, **한-미 FTA 타결.** 칠레와의 FTA 발효로 그 효용성이 입증되자 정부는 싱가포르와 유럽자유무역연합(EFTA, EU에 가입하지 않은 스위스, 노르웨이, 아이슬란드, 리히텐슈타인 등 서유럽 4개국)을 비롯하여 아세안(ASEAN, 동남아국가연합), 미국, 캐나다 등 15개국과의 FTA 협상에 역점을 두었다. 그 결과 싱가포르와는 2004년 11월에 타결을 보았고, 2005년 5월에는 EFTA 타결, 11월부터는 ASEAN 과의 접촉을 유지하면서 한-미 FTA를 추진했다. 여기에는 각종 좌파 운동권 단체들의 극렬한 반대가 있었는데 그 진통 끝에 6월 30일에 미국 워싱턴에서 협정문에 공식 타결을 보았다.

註) 한-미 FTA 타결 소식에 특히 놀란 나라는 이웃인 일본과 중국이었다. 이들 나라는 즉각 한국과의 FTA를 서둘러야 한다고 한목소리를 냈다. 또한 유럽연합(EU) 측이 미국에 우선권을 빼앗길 수 없다고 FTA 협상에 매우 적극적으로 나오게 된 동기도 되어주었다. 다만, 한미 FTA는 다음 정부인 이명박 정부에서 비준되어 2012년 3월 15일자로 발효하게 된다.

10월 2일, **노무현 대통령 방북,** 임기가 얼마 남지 않은 노무현 대통령이 평양을 방문하여 김정일과 면담을 했다. 노무현 대통령은 국가 원수로는 처음으로 걸어서 군사분계선을 넘어 평양개성고속도로를 통하여 평양에 도착했으며, 김정일 위원장은 4·25문화회관 앞에서 영접. 3일 정상회담을 열고, 4일 6·15남북공동선언에 기초한 '남북관계 발전과 평화번영을 위한 선언'(약칭 2007남북정상선언문)을 채택.

註) 일본이 강경 일변도로 가고 있을 때 미국 내에서는 압력만 가하다가 북한의 핵무장을 막지 못했다는 비판이 일고 있었다. 그래서 1월 중순, 북한과 6자회담을 재개하기로 합의. 그 결과 2월 13일에 북

한은 핵시설을 포기하기로 하고 이를 봉인하며 미국은 북한과 외교관계 협의를 개시하고 북한에 대한 테러지원 국가 지정을 해제하기로 했다. 5개국은 북한이 취하는 2단계 조치에 따라 중유 5만 톤과 이후 95만 톤을 원조한다고 합의했는데, 일본은 납치문제가 해결되지 않았기 때문에 중유 공급에 응할 수 없다고 했다. 그러나 9월 초에 일본은 국제적인 압박으로 아베 수상이 퇴진. 반면에 한국의 노무현 대통령이 평양을 방문하고, 연말에는 영변 핵시설 폐쇄를 상징하는 냉각탑 폭파가 이루어지고…. 남북 정상의 합의문에서 세부 실천 과제는 상당히 야심찬 내용들이었으나, 이듬해 2008년 2월에 취임한 이명박 정부 이후에서는 살아남을 과제는 하나도 없었다. 많은 전문가들도 거의 실현 가능성이 없는 내용들이라고 평했다. 사실상 이명박 대통령이 이끄는 새 정부는 노무현과 김정일이 이끌어낸 합의를 완전히 무시하는 자세를 취했다.

註) 대통령 노무현은 후보시절부터 "남북관계만 잘 하면 다 깽판 쳐도 괜찮다"고 말했었고, 대통령 위임 후에도 사실상 전 정부의 햇볕정책을 그대로 계승했다. 아니 오히려 더 가속화했다. 그 결과 김대중 노무현 정부 10년 동안 남북정상회담을 위한 비밀 송금 외에도 햇볕정책의 명분 아래 엄청난 규모의 대북지원이 이루어졌다. 통일부 자료에 의하면, 정부 차원에서 쌀 등, 식량지원에 무상지원이 57만여 톤, 유상지원 260만 톤이고, 비료 무상지원도 255만 톤에 달했다. 정부 차원의 대북지원과 민간 차원의 지원을 포함하면, 햇볕정책 10년 동안 약 2조 7,300억 원이라는 엄청난 규모의 지원이 이루어졌던 것이다. 결과적으로 당시 최악에 있던 김정일 정권을 기사회생하게 했다고 볼 수 있다.

註) 지난 10년간 정부는 북한의 변화를 유도하기 위해 막대한 경제 지원을 했고, 국제사회에서도 북한의 입장을 옹호했지만 북한의 변화는 없었다. 당시 노무현 정부가 북한의 실체와 의도에 대해 얼마나 깜깜했는지를 감지할 수 있다. 실제로 김정일은 노무현 대통령이 평양 방문을 마치고 돌아간 후 본심을 드러냈는데, "지금 남조선과의 평화 공존은 일시적"이며, "언젠가 쳐부수고 조국을 통일해야 한다"고 하면서 이런 말을 남겼다. "나는 남한 점령군 사령관으로 가겠다. 1,000만 명은 이민 갈 것이고, 2,000만 명은 숙청될 것이며, 남은 2,000만 명과 북조선 2,000만 명으로 공산주의 국가를 건설하면 될 것이다."

2008 2월 26일, 北韓, **미국 뉴욕필하머니오케스트라 평양 공연,** 동평양 극장에서 이루어진 미국의 뉴욕필하머니오케스트라 공연은 1시간 반 동안 진행되었고, 드보르작, 거슈윈, 비제, 번스타인 등의 음악을 연주하고 엔딩곡으로 '아리랑'을 선사했다. 공연이 끝나자 6분 동안이나 관객들의 열광적인 박수갈채가….

註) 지난해 8월, 북한 문화부의 편지로 시작된 공연 제의는 미국의 긍정적인 조치로 순조롭게 진행되었다. 이때는 6자회담이 눈에 띄는 진전을 이루고 있었고, 7월에 영변 핵시설의 가동을 다시 중단했으며 국제원자력기구(IAEA)가 영변으로 복귀해 감시업무를 재개한 때였다. 공연은 생방송으로 중계되었으며 필요한 물류는 비무장지대 통과와 긴급 출입국허가 등에 따른 절차도 기적에 가까울 정도로 순조로웠다. 이는 당시에 김정일이 워싱턴과의 관계정상화를 원한다는 반증이었다. 북한은 그 답례로 북한 국립교향악단의 미국 방문을 추진하려 했으나 6자회담 진행과정과 맞물려 결국 미국 땅을 밟지 못했다.

5월 2일, **광우병 촛불 시위,** 이명박 정부의 한미 FTA(자유무역협정) 이행에 따른 미국산 쇠고기 수입 재개 협상 내용에 대한 반대 의사를 표시하려는 시민들의 촛불 시위가 연일 수천 명이 서울 광화문 거리를 100일 이상 계속되면서, 차츰 쟁점이 교육 문제, 대운하, 공기업 민영화 반대와 정권퇴진 등의 정치적으로 점차 확대되는데….

註) 시위는 이명박 정부가 출범한지 몇 개월이 지나지 않은 시점이었다. 이명박 정부는 전임 정권인 노무현 정부와는 가치관이 전혀 다른 보수 성향의 정권으로, 출범하자마자 여러 분야의 정책 변화를 추구하는데 그중에 촛불 집회의 직접적 명분을 제공한 것은 한미 FTA 협상이었다. 데이비드 캠프의 한미 정상 회담을 하루 앞둔 4월 19일에 전면 개방의 내용으로 한미 쇠고기 2차 협상이 타결되었으며, 4월 29일 MBC(문화방송) PD수첩에서 미국산 소의 위험성을 다룬 〈긴급취재, 미국산 쇠고기, 과연 광우병에서 안전한가?〉를 방영하였다. 이것이 기폭제가 되어 시위가 확대되었는데 방송 내용은 이후에 편파적인 편집과 오류 부분이 지적되었지만, 일단 시작된 시위는 이명박 정부의 국정 전반에 대한 비판과 퇴진 요구로 확대되었다. 후반에는 각 좌파계열의 각 정당, 시민단체 등이 주축을 이루면서 점차 반정부 시위로 확대되는데, 시위 양상이 과격한 폭력성을 띠게 되면서 참여인원이 적어지자 시위는 싱겁게 마감되었다.

7월 11일, **금강산 관광지구 민간인 피살,** 금강산 관광객 피격 사망 사건은 7월 11일 오전 4시 50분경(혹은, 오전 5시 15분~20분 경) 금강산관광지구에서 한국인 여성 관광객 박왕자 씨(53세)가 북한의 군사 경계지역을 침범하였다는 이유로 북한군에 의해 사살되었다. 피살자의 이름을 따서 '박왕자 씨 피살 사건'이라고도 하며, 박씨가 군사 경계지역을 침범하였다는 주장은 현재 북한만이 하고 있으며, 한국에서 요구하고 있는 진상규명을 거부함에 따라 사건의 실제 경위는 밝혀지지 않았다.

註) 언론과 가족 증언에 의하면 박씨가 산책하던 구역은 군사지역과 가까운 지점이었음에도 불구하고 비교적 엉성한 철조망만이 설치되어 있었으며, 민간인이 군사지역인지 민간인 지역인지 구분하기 어려운 상황이었다고 한다. 사격 직전 박씨에게 경고를 하였다는 북측의 주장이 있으나, 확인된 바는 없다. 이 사건을 시작으로 6.15 공동선언 이후 남북관계가 8년 만에 변곡점이 생기게 된다. 이때부터 지금까지 금강산 관광지구로 남한 관광객이 들어갈 방법이 사라졌고, 같은 해 개성관광도 중단되었다. 그렇게 햇볕정책은 사실상 사멸했다. 이후 남북관계는 2016년에 개성공단의 가동이 중단되면서 악화일로를 걸었다.

2009 1월 20일, **용산 참사,** 서울 용산에 위치한 남일당 건물에서 29명의 사상자를 낸 사고가 일어났다. 사망자 6명 중 5명은 상가 철거를 반대하는 주민이고 1명은 경찰 특공대원이었다. 사건은 지난 2007년 12월에 철거 계약인데 철거 용역업체는 2008년 6월 30일까지 철거를 완료하되 이를 어기면 매일 510만원을 배상한다는 조건이었다. 그러나 상가와 주택 세입자들의 저항으로 이를 어기게 되자 강제 철거에 이르게 되었고, 이에 반발하는 주민 50여 명이 1월 19일에 남일당 건물 옥상을 점거하고 농성을 시작. 이후 경찰기동대 등이 진압에 나서던 중 망루 내부에 불이 나면서 참사를 빚었다.

註) 용산 국제빌딩 주변 재개발 과정에서 보상에 불만을 가진 철거민들이 건물 옥상에 망루를 설치하고

이틀간 점거 농성을 벌였다. 당시 철거민들은 화염병과 시너를 가지고 있었다. 진압 과정에서 불이 붙으면서 4m 높이 망루가 무너졌다. 이 화재로 철거민 5명과 김남훈 경사가 숨지고 24명이 부상했다. 당시 용산철거대책위원회 위원장 이모씨 등 7명에게 징역 4~5년의 실형이, 다른 2명에게는 집행유예가 선고됐고, 이씨는 2013년 1월 사면됐다.

4월 5일, 北韓, **인공위성 발사,** 뇌졸증으로 모습을 드러내지 않던 김정일이 회복되면서, 군사용 로켓의 성공 여부를 가늠하려는 의도로 인공위성을 발사했다. 이날은 미국 오바마 대통령이 핵무기 철폐에 대해 프라하에서 연설하는 날이었다. 화가 난 오바마는 연설 중에 북한을 '규칙위반'이라 비난하며 '벌을 주겠다'고 말했고, 김정일은 크게 반발하는데…

註) 북한의 은하2호 로켓의 1단과 2단은 성공적으로 분리되었다. 그러나 3단이 말썽을 부려 결국 태평양 한 가운데 떨어졌다. 미사일 발사 일주일 후 UN 안전보장이사회는 비난 성명을 발표하고 북한은 다음 날(4월 14일) 6자회담에 탈퇴하며 영변 핵시설의 재가동을 시작했다고 발표했다. 다시 한 번 IEAE 사찰단은 짐을 꾸려야 했고 이틀 후 16일에는 북한발 비행기를 타야 했다. 잇따른 대응으로 UN은 새 제재안을 발표하는데, 북한은 이에 더욱 도발적인 조치를 취하겠다고 하는 경고성명을 내면서…

5월 23일, **노무현 전 대통령 자살,** 퇴임 후 1년이 조금 지난 시점에서 노무현 전 대통령이 자살했다. 븍한의 2차 핵실험 관련 보도가 한창인 때 그의 죽음이 전해지면서 김정일은 자발적으로 애도의 메시지를 보냈고, 남한에 대한 연락할 기회를 잡는데 …

註) 미국 클링턴 전 대통령의 방북 몇 주 후 8월에는 김대중 전 대통령까지 사망했다. 김정일은 이 기회를 빌려 조문단을 파견하고 이명박 대통령에게 모종의 메시지를 전했지만, 2008년 2월에 취임한 이명박 대통령은 세계적인 동향을 살피며 사건을 이해하는 기업인 타입이지 정치인 타입이 아니었다. 이명박 정부는 일부 대북 정책을 25년 전의 전두환 시대의 것들로 되돌렸다. 대다수의 국민들은 지난 김대중과 노무현 정권의 대북 포용정책에 환멸을 느끼고 있던 시기이었다.

5월 25일, 北韓, **2차 핵 실험,** 이번에는 도전적으로 핵실험을 실시했다. 이 결과로 유엔 안보리에서 6월 12일 화물검사와 금융제재를 축으로 하는 제재결의 1874호를 채택. 김정일은 6월 15일에 핵무기 개발을 더욱 추진하겠다는 성명으로 맞서고, 일본정부는 16일에 수출 전면금지를 중심으로 하는 추가제재를 결정.

註) 이번에는 전번 것과는 다르게 북한 핵무기 개발 능력의 확실한 증거를 보여주기에 충분했다. 자료검토 결과 가장 높은 수치에 해당하는 6킬로톤을 넘을 거라는 결론을 내렸다.

9월, 중국 상하이(上海) 주재 북한 무역대표부 심모대표의 부인 리모씨가 자녀와 함께 국내에 입국한 것으로 알려졌다. 간부급 북한 인사의 탈북은 2000년 10월 홍순경 태국 주재 북한 대사관 과학기술참사관 일가의 입국 이후 9년 만에 처음인 것으로 전해졌다.

註) **北 고위층 탈북 일지** 다음은 국내에 알려진 북한 고위급 인사 및 그 가족의 탈북 일지.

▲1950.4 = 북한공군 이건순 중위, IL-10기 김해비행장에 착륙 귀순

▲1953.9 = 북한공군 노금석 상위, MIG-15에 백기를 달고 귀순

▲1967.3 = 조선중앙통신사 부사장 이수근씨 판문점 통해 귀순

▲1974.6 = 북한 정치보위부 지도원 공탁호씨 귀순

▲1983.2 = 북한군 이웅평 상위, 중공제 MIG-19 몰고 입국

▲1983.5 = 북한군 제13사단 민경수색대대 참모장 신중철 대위 귀순

▲1989.9 = 북한군 김남준 소위 등 3명, 한강하류 헤엄쳐 귀순

▲1991.5 = 주 콩고 북한대사관 1등 서기관 고영환씨 입국

▲1994.5 = 강성산 정무원 총리 사위 강명도씨 입국

▲1994.7 = 조명철 김일성대 교수 입국

▲1995.9 = 북한군 상좌(남한 중령~대령 중간) 최주활씨 귀순

▲1995.12 = 북한 대성총국 유럽지사장 최세웅씨 일가 4명 입국

▲1996.1 = 현철해 북한군 총정치국 상무부국장(대장)의 조카인 잠비아 주재 대사관의 현성일 서기관 입국

▲1997.2 = 북한 조선노동당 황장엽 국제담당비서 입국

▲1997.8 = 장승길 이집트 대사와 형 장승호 프랑스 경제참사관 미국망명

▲1999.1 = 독일 베를린 주재 북한 이익대표부 김경필 서기관 부부 미국망명

▲2000.10 = 홍순경 태국 주재 북한 대사관 과학기술참사관 일가 입국

▲2009.3 = 중국 상하이 주재 북한 무역대표부 대표의 부인 리모씨 입국 .

11월 10일, **대청해전,** 11시 27분, 북한의 상해급 경비정 등산곶 383호가 북방한계선(NLL)을 침범하고 남측의 두 차례에 걸친 경고 통신을 무시하고 2.2㎞를 계속 남하하자, 해군 고속정이 경고사격을 하고 북측이 남측의 참수리 525호에 대하여 조준사격을 해 옴으로써 대응사격을 하였다. 11시 40분 북측의 경비정 등산곶 383호가 함포와 기관포의 파괴로 퇴각하자 남측은 사격을 중지했다. 이후 북한 경비정은 반파되어 다른 함선에 예인되는 큰 피해를 입고 북상했으며, 한국 해군은 함선 외부격벽의 파손을 입었다.

### 천안함 침몰(天安艦沈沒)

2010 3월 26일,밤 9시 22분, 백령도 근처 해상에서 해군의 초계함인 PCC-772 천안이 격침되어 침몰했다. 이 사건으로 승조원 104명 중에 46명이 사망했다. 두 동강 난 선체의 함미(艦尾)는 20일 만에, 함수(艦首)는 29일 만에 인양하여 평택 해군기지로 예인했다. 이어 정부는 천안함 침몰 원인을 규명할 민간·군인 합동조사단을 구성하고, 한국을 포함한 오스트레일리아, 미국, 스웨덴, 영국 등 4개국의 24여명의 전문가로 구성된 합동조사단은 2010년 5월 20일 천안함이 북한의 어뢰공격으로 침몰한 것이라고 발표.

註) 정부는 즉시 개성공단을 제외한 남북 교역과 교류 및 협력 중단, 북한 선박의 한국해역 진입금지, 한국인의 방북제한 등의 강경 제재방안을 발표(5.24조치)했고, 조사단의 조사결과 발표는 미국과 유럽 연합, 일본 외에 인도 등 비동맹국들의 지지를 얻어 국제 연합 안전보장이사회의 안건으로 회부되었으며.

안보리는 천안함 공격을 규탄하는 내용의 의장성명을 채택. 그러나 북한이 자신들과 관련이 없다며 부인하고, 중국과 러시아가 반대하면서 북한을 직접적으로 비난하는 내용에 이르지는 못했다.

6월 30일, 아프카니스탄 재 파병, 아프카니스탄에서 재건업무를 지원하게 될 오쉬노(아세나) 육군 항공지원 헬기부대가 오늘 특전사 특임단에서 환송식을 가졌다. 오쉬노 부대는 앞으로 아프칸 파르완주에서 지방재건팀의 주둔지 경계와 호송, 경호 임무를 맡게 되며 주로 아프칸 주재 한국 대사관의 경비 임무를 수행하게 될 것이다.

註) 지난 2007년 말 아프카니스탄에서 철군한 이래 약 2년 반 만에 재 파병되는 아세나(Ashena) 부대는 15일에 재건단의 선발대를 보냈고, 이어 30일에 경호부대 138명을 서둘러 출국시켰다. 이번 파병인원은 바그람 미군 공군기지 내에서 운영 중인 의료·직업훈련팀과는 별도로 아프간 내의 1개 주에서 PRT 활동을 하게 될 예정이며, 우리 인력과 시설의 보호를 위한 자체 경비와 이동시 안전호송을 위한 적정 수의 경찰 및 군 경비병력이 포함된다. 북대서양조약기구(NATO) 국제안보지원군(ISAF) 동부사령부가 위치한 아프가니스탄 바그람기지. 14개국 3만 4000여명의 군인과 군무원이 배치돼 있는 바그람 기지엔 한국 지방재건팀(PRT)과 항공지원대가 있다. PRT는 한국인 50명, 현지인 78명으로 구성됐으며 병원, 직업훈련원, 숙소, 항공대 숙소 등 4개의 건물에서 생활한다. 특히 이번 파병은 지난 2004년 노무현 정부 때의 이라크 파병 당시 3천여 명이나 많은 병력을 보내면서도 결정 과정이 매끄럽지 못해 외국 언론으로부터 '마지못해 보내는 것 같다' '믿을 수 없는 동맹국' 이란 혹평까지 받은 잘못을 반면교사 삼아 신속한 결정과 신속한 파병으로 추진했다.

### 연평도 포격사건

11월 23일 오전에 북한은 한국군과 주한 미군의 육해공 연합 훈련에 대해 자국에 공격을 가하려는 것이 아니냐며 중단을 요청하는 전통문을 발송했다. 하지만 국방부에서는 연례적인 훈련일 뿐이라며 훈련을 진행했는데, 오후 2시 34분, 훈련 종료 후 한 시간 즈음되어 북측은 76.2mm 평사포, 122mm 대구경 포, 130mm 대구경 포 등을 이용하여 연평도 군부대 및 인근 민가를 향해 개머리 해안부근 해안포기지로부터 포격을 시작했다. 이에 대해 한국군은 첫 타격 13분 후 K-9 자주포를 무도 포진지에 50발, 개머리 포진지에 30발 총 80여발을 발사했다. 북의 공격은 오후 3시 41분까지 170여발이 발사된 것으로 파악되었다. 한국군은 오후 2시 38분에 KF-16 2대를 긴급 출격시키고, 이후 추가로 KF-16 2대와 F-15K 4대를 출격시켰으나 이후 도발이 계속되지 않아 항공 타격은 이루어지지 않았다.

註) 북한의 기습 포격으로 우리 해병대 장병 2명(서정욱 하사·문광욱 일병)이 전사하고, 민간인 2명이 숨졌다. 군인 중경상 16명, 민간인 중경상 3명 등 인명피해가 발생했고, 각종 시설 및 가옥이 파괴됐다. 연평도에서 검은 연기가 피어오르는 장면은 전 언론을 통해 생중계됐다. 6·25전쟁 정전 이후 57년 만에 대한민국 땅에 북한군 포탄이 떨어진 것이다. 연평도 사건으로 인한 후속조치로 이명박 대통령은 25일 안보경제점검회의에서 "교전수칙을 수정하여 더욱 강력한 대응방안을 강구하고, 서해 5도의 군 전력을 증강하라"고 하면서 국방력 강화를 통해 국민보호에 만전을 기할 것을 주문. 이 사

건은 한국전쟁 후 북한에 의한 최초의 민간인 살상이라는 점에서 한반도의 전쟁위협이 결코 환상이 아니라는 점을 보여주었다. 한편, 한국군의 대응사격으로 북한군은 40여명의 사상자(10명 사망, 30여명 중경상)를 낸 것으로 추후 확인되었다.

2011 12월 17일 08시 30분 北韓, **김정일 사망 - 아들 김정은(28세) 권력 승계,** 금년에도 김정일은 중국, 몽골 및 러시아를 방문하고 군 시찰, 경제시찰 등 바쁘게 움직였다. 자신의 죽음을 예견하고 행동하듯 했다. 그러나 후임자 김정은에 대한 어떤 직책도 마련해주지 않은 채 갑자기 심근경색으로 사망했다. 30일에 로동당 중앙위원회 정치국이 회의를 열고, 김정은을 인민군 최고사령관으로 '높이 모시었다'고 선포. 이로서 김일성 시대에 이어 김정일 시대도 끝났다. 이로서 북한 현대사에 '3대 세습왕국'이 시작된 것이다.

註) 김정은은 유럽(스위스) 유학을 했고 20대 후반 젊은 지도자라고 해서 북한에 변화가 올지 모른다는 기대가 있었다. 그러나 그는 세습권력을 공고히 하기 위해 고모부(장선택)를 비롯한 고위간부들을 공개총살하거나 숙청하는 등 공포정치를 폈다. 그의 공포정치는 박근혜 정부 출범 전후로 절정에 달했는데, 2016년 말에 발간된 〈김정은 정권 실정 5년 백서〉에 따르면, 5년간 340여 명의 고위 간부들이 공개 총살당하거나 숙청당했다고 한다. 또한 그는 핵무기와 미사일 개발에 모든 것을 걸었다.

2012 3월 15일, **한미 FTA,** 한국과 미국 간의 상품 및 서비스 무역에 있어서의 관세 철폐 등에 관해 맺은 협정으로, 2012년 3월 15일 0시를 기준으로 발효.

註) 이는 2006년 6월 5일 협상을 시작한 지 5년 9개월, 2007년 4월 2일 정부 간 협상이 타결된 지 4년 11개월, 2010년 12월 3일 재협상 타결 뒤 15개월여 만이다. 2011년 10월 21일 버락 오바마 미국 대통령이 한·미 이행법안에 서명하여 미국 측 비준절차가 완료되고, 이후 한 달 만인 2011년 11월 22일 대한민국 국회에서 여당 단독으로 한·미 FTA 비준안을 통과시킴으로써 한·미 양국은 발효 준비작업을 거쳐 발효되었다. FTA 발효에 따라 우리나라의 대미 수출품목에 대한 관세가 3월 15일 새벽 0시부터 즉시 철폐되었으며, 협정 발효 이후 10년에 걸쳐 모든 공산품에 대한 관세가 단계적으로 없어지게 되었다.

4월 13일, 北韓, **인공위성을 빙자한 미사일 발사,** 김정은 체제의 출발은 좋았다. 2월 29일 미국과 합의하여 핵실험과 장거리 미사일 발사 중지, 영변의 우라늄 농축시설 일시정지, IAEA 사찰 허용, 휴전협정 준수 등을 약속하고, 미국은 북한 적대시 정책의 수정과 관계개선을 노력하며 영양식품 24만 톤을 제공하기로 했다. 그러나 다른 한편으로 남한의 이명박 정부를 '역적패당'으로 몰면서 3월 16일에는 인공위성 발사계획을 발표하고 4월 13일에 이를 강행했다.

註) 다만, 이전의 김정일 스타일과는 좀 달랐다. 발사장을 외국인 기자에게 공개한 것. 발사가 실패했다는 것을 즉각 발표한 점 등이다. 유엔안보리와 한국정부는 강하게 반발하고, 북한은 위성 발사가 민족적 권리라며 2월 29일의 북미 합의를 파기하겠다고 나섰다.

12월 12일, 北韓, **위성발사와 제3차 핵실험,** 지난 봄에 실패한 인공위성 발사를 다시 시도하여 이번에는 위성을 궤도에 올려놓는데 성공했다. 유엔안보리는 이듬해 1월 22일에 제재강화 결의를 만장일치로 채택. 그러자 북한은 민족적 권리를 무시당했다며 2월 12일에 3차 핵실험을 강행.

註) 북한이 핵을 보유한다는 의미는 한국에 대한 위협 수준을 넘어 미국과 대결구도로 갈 수 있음을 뜻한다. 북한이 핵을 그들의 운명을 좌우할 것이라는 효용론을 넘어 장차 핵탄두의 소형화 능력과 미사일 탑재 기술을 가지게 된다면 특히, 한국에 대한 현실적인 위협일 것이다. 쉬운 문제가 아니다.

2013 3월, 北韓, 3월 7일에 유엔안보리에서 중국과 러시아를 포함해 만장일치로 북한제재 결의가 채택되자 북한의 태도는 더욱 강경해졌다. 3월부터 실시되는 한미합동군사훈련 '폴-이글'이 1일부터, B-52 폭격기가 동원되는 '키-리졸브'훈련이 11일부터 시작되자. 7일에는 김영철 정찰총국장이 '정전협정 백지화'를 선언. 8일에는 '핵보유국 지위'를 영구화할 것이라는 성명을 발표. 그러자 미국은 28일에 핵무기 탑재가 가능한 스텔스 폭격기 B2-A 2기를 '폴-이글'훈련에 투입했다. 북한은 이에 대한 반응으로 31일에 '핵 개발 경제발전 병진'을 노동당 공식 노선이라고 선언….

2014 10월 30일, **한국형 FA-50 경공격기,** 원주의 제8전투비행단에서는 대통령 임석 하에 1년 동안 비공개로 진행했던 최초의 한국형 경공격기 FA-50의 전력화(戰力化) 행사가 열렸다.

註) FA-50은 공군의 노후화된 F-5E/F, A-37 전투기 대체를 위해 개발되어 한국항공우주산업(KAI)이 국내기술로 제작한 최초의 국산 경공격기로 최대 속도는 마하 1.5다. 2005년부터 공군이 운용 중인 초음속 고등훈련기 T-50을 기반으로 공대공·공대지 미사일과 기관포 등은 물론 JDAM(합동정밀직격폭탄), 다목적 정밀유도확산탄 등 최대 4.5t의 무장이 가능하다. FA-50 경공격기는 초음속 경공격기로 주로 지상 표적을 제압하는 임무를 수행한다. 가까이 접근한 구소련제 MiG-21급 전투기를 상대로 공중전을 수행할 수 있는 수준이며 북한 공군의 구형 전투기들에 비하면 손색이 없다. FA-50은 미국 국무부의 수출승인을 받았으며 록히드마틴사의 기술지원과 공동개발로 완성했는데, 시기적으로, 2005년 10월부터 디지털 시스템이 적용된 F-15K 전투기를 도입하면서 디지털 특성에 충분히 적응한 시점이라서, FA-50 경공격기의 가치도 동시에 높아졌다. FA-50의 또 다른 특징은, 초음속 훈련기를 전투용 항공기로 개량한 것인데, 그런 사례는 전 세계적으로 그리 많은 편은 아니다. 미국 노스롭사가 T-38A 초음속 훈련기를 개조하여 F-5A 전투기를 최초 비행시킨 것이 1959년이며, 일본이 T-2 초음속 훈련기를 개조하여 F-1 지원전투기를 최초 비행시킨 것이 1977년이었다. 동북아시아에서는 1980년대 대만 AIDC사의 IDF 경국, 1990년대 일본 미츠비시사의 F-2를 들 수 있다. FA-50은 T-50이라는 훈련기 플랫폼이 있었기에 개발이 가능했다.

2015 8월 4일, **목함 지뢰 사건:** 경기도 파주시 육군 1사단 수색대원들이 휴전선 철책 통문 근처에서 지뢰를 밟아 부사관 2명이 무릎과 발목을 잃는 부상을 입었다. 국방부 조사단은 "폭발한 기뢰의 파편이 북한의 목함지뢰와 일치한다"고 결론을 내렸다. 북한군이 군사분계선을 400m나 넘어와 지뢰를 매설했다는 것은

명백한 도발이었다. 이에 대한 대응으로 대북 심리전 확성기 방송을 2004년 6월 남북합의에 따라 중단된지 11년 만에 재개.

註) 대북 확성기 방송에 대한 북한의 반응은 '공개 경고장'을 통해 "대북 심리전 방송을 즉각 중지하고 모든 심리전 수단을 모조리 철거하라" 하면서 "불응하면 모든 수단들을 초토화해버리겠다"고 위협. 그리고 20일부터 북한의 군사행동이 나왔다. 오후 3시 반에 고사포 1발과 76mm 자주포 3발을 발사하자, 남측은 즉각 155mm 자주포 29발을 날려 보냈다. 동시에 한미연합군이 "한미 공동 국지도발 대비계획"을 적용하면서 비상경계 상태에 들어가자 갑자기 북한이 꼬리를 내렸다. 북측은 시한을 정해 놓고 강하게 나서면 남측이 뒤로 물러서리라고 오판했던 것이다. 8월 21일 오후 4시경, 김양건 조동당 비서가 통지문을 보내 남북 고위급 회담을 요청하고 이에 김관진 안보실장은 북한군 황병서 총정치국장을 포함하자고 제의하여 22일부터 43시간에 걸친 회담 끝에 6개 항목을 합의했다. 그 결과 대북 방송의 중단과 재발 방지 약속을 하고 대북 심리전 방송을 중단.

9월 3일, 박근혜 대통령의 중국 전승절(戰勝節) 행사에 참석. 천안문(天安門) 망루에 시진핑, 푸틴과 나란히 선 박 대통령의 모습은 충격 그 자체였다. 이는 작년(2014년) 7월에 중국 지도자 시진핑의 한국 방문 답례이기도 했지만, 당시 미국은 북핵 문제에 대해 전략적 인내로 대응하고 있었기에 북한을 움직일 수 있는 중국과의 관계 개선이 필요하다는 견해도 많기는 했었다. 그렇지만 미국의 오바마 정부는 2011년 11월부터 중국 견제를 위한 아시아 중시정책을 펴고 있었기에 박 대통령의 중국 방문은 미국의 경각심을 높였고, 미국 죠 바이든 부통령은 "미국 반대편에 배팅하는 것은 좋은 배팅이 아니다"라고 했다.

註) 중국은 공산당의 국가전략에 따라 움직이는 국가다. 따라서 박근혜 대통령이 시진핑과의 친분을 활용하려던 것은 너무 순진한 생각이었다. 박근혜 대통령의 친중 행보로 미국 및 일본과의 관계, 특히 한미일 안보협력에 차질을 가져왔다고 본다.

2016 1월 6일, 北韓, **4차 핵실험,** 오전 10시 30분, 북한의 핵실험장이 위치한 함경북도 길주군 풍계리 일대에서 4차 핵실험을 강행. 북한은 이를 '주체조선의 첫 수소탄 시험'이라고 주장했는데, 지진 규모로 봤을 때 수소폭탄이라기보다는 수소폭탄실험의 전단계인 증폭핵분열탄 실험을 했을 가능성으로 추정, 북한은 이미 과거의 핵실험으로 인해 유엔 안전보장이사회(안보리)의 대북제재 결의와 이를 바탕으로 한 양자제재 등 이중, 삼중의 제재를 받고 있었는데. 이와 같은 국제사회의 거듭된 경고에도 불구하고 핵실험을 단행.

註) 북한의 4차 핵실험은 박근혜 정부의 외교정책을 파탄 냈다. 즉, 중국과의 관계를 개선하여 미국과 중국 사이에 중간적 입장을 취해 미-중 양국에 중요한 국가가 되는 것이었는데, 핵 실험 후 북한에 대한 유엔 제재에 대해 중국은 북한 정권을 붕괴시킬 수 있는 제재는 받아들일 수 없다는 입장을 되풀이하자, 이에 실망한 박근혜 대통령은 사드 배치를 결심. 이후 중국과의 관계는 극도로 악화된다.

2월 11일, **개성공단 폐쇄:** 지난 7일에 북한이 대륙간탄도미사일 개발을 위한 우주발사체인 광명성호를 발사했다. 9일에 박 대통령이 오바마 미국 대통령과 아베 일본 총리로부터 잇달아 전화를 받아 대책을 협의하고, 10일에 개성공단을 폐쇄한다고 발표했다.

註) 대통령은 공단 폐쇄에 관해 "개성공단을 통해 작년에만 1,320억 원이 들어가는 등 지금까지 총 6,160억 원의 현금이 달러로 지급되었다"면서 "우리가 지급한 달러 대부분이 북한 주민의 생활 향상에 쓰이지 않고 핵과 미사일 개발을 책임지는 노동당 지도부에 전달되고 있는 것으로 파악되고 있다"고 했다면서, "이를 막기 위해서는 북한으로의 외화 유입을 차단해야한다는 상황인식에 따른 것이며, 개성공단 중단의 손실은 국가안보를 위한 비용"이라고 했다.

2월 26일, **제주해군기지 준공,** 해군과 정부는 2014년까지 1조300억 원을 투입해 전투함 20여 척과 15만 톤급 크루즈선 2척이 동시에 정박할 수 있는 45만㎡의 건설 계획을 내놓고, 항만의 상주 인원은 장병과 가족을 포함해 7천5백여 명 정도가 될 것으로 예측했다. 각종 시위단체의 반대도 심했는데, 2006년부터 후보지인 위미리와 강정마을에서 조직적인 방해공작을 했지만 이를 국책사업으로 돌려 강행한 끝에 준공일자가 예정보다 2년이 지체되었다.

註) 해군기지의 필요성은 1993년에 처음으로 제기됐다. 대한민국 수출입 물량의 99.8%가 제주 남방해역을 지나기 때문에, 이 지역의 안전이 확보되어야 한다는 점이다. 당초 예정지는 강정항이 아닌, 화순항이었지만 화순 주민들과 환경단체들의 반대로 무산되고 다른 몇몇 마을이 유치를 희망하게 됐다. 이에 따라 결성된 '위미리 해군기지 추진위원회'가 결성되자 서귀포시 강정마을도 유치위원회를 만들어 유치 건의서를 제출, 2007년 6월 당국은 평가 끝에 강정마을에 해군기지를 건설할 것을 결정했다. 2008년 9월 국가정책조정회의에서는 사업을 국책사업으로 승격하여 추진했다. 이에는 "중국에 대한 견제로 제주도에 해군기지와 공군기지가 필요하다"는 것을 강조했다. 만일 이어도에서 무력충돌이 일어날 경우 현재 해군 작전사령부인 부산에서 이어도까지는 481km에 달하는데, 이는 중국의 287km보다 훨씬 길지만, 만약 제주도에 해군기지가 들어서면 불과 174km로 그 거리를 줄일 수 있다고 했다.

7월 8일, **사드(THAAD) 배치 발표:** 류재승 북방부 국방정책실장과 토머스 밴달(Thomas Vandal) 주한 미군사령부 참모장이 사드 1개 포대를 배치한다고 발표.

註) 9월에 중국 항저우에서 열린 G20 정상회의에서 박 대통령은 "사드는 북한 핵을 벙어하기 위한 것"을 강조했지만 시진핑은 "지역 분쟁을 격화시킬 수 있다"고 대응했다. 그리고 사드 배치에 협조한 한국 롯데기업에 보복을 하기 시작했고, 12월 16일에는 항공모함 랴오닝함과 수십 척의 함정으로 서해에서 실탄 사격훈련을 하면서 "소국이 대국에 대항해서 되겠냐. 너희 정부가 사드 배치를 하면 단교 수준으로 큰 고통을 주겠다"고 압박, 2월 28일에는 "모든 조치를 취해 한국을 징벌할 수밖에 없고 이 처벌을 피할 수 있을 것이란 상상도 하지말라"고 하고, 3월 1일에는 사드가 배치될 성주 골프장은 중국군의 타격 목표가 될 것"이라고 위협했다.

註) 사드(THAAD)는 미국 육군의 탄도탄 요격유도탄 체계로, 정식 명칭은 종말단계고고도지역방어(Terminal High Altitude Area Defense)이다. 단거리(SRBM), 준중거리(MRBM), 중거리(IRBM) 탄도유도탄을 종말 단계에서 직격파괴로 요격하도록 되어있다.

9월 9일 北韓, 오전 9시 30분 **第5차 핵실험,** 북한이 9일 핵실험 성공을 공식 발표. 조선중앙TV는 이날 오후 '조선핵무기연구소' 명의의 성명을 보도하면서 "핵탄두 위력 판정을 위한 핵폭발 시험을 단행했다" "시험이 성과적으로 진행됐고, 방사성 물질 누출이 전혀 없었다"고 했다. 이어 "미국의 가증되는 핵전쟁 위협으로부터 우리의 존엄과 생존권을 보위하고 진정한 평화를 수호하기 위한 국가 핵 무력의 질량적 강화조치는 계속될 것이다"라고 주장.

註) 북한은 정권수립일인 이날 오전 9시 30분(한국시각) 함경북도 길주군 풍계리 인근서 5차 핵실험을 감행했고, 이 때문에 규모 5.0 지진이 발생했다. 국방부 관계자는 "이날 핵실험 위력은 10kt 정도로 추정되고, 현재까지 북한이 단행한 핵실험 중 가장 큰 규모로 보인다"고 설명했다. 1kt는 TNT 1000t의 폭발력에 해당하며, 지난 1월 4차 핵실험 당시의 위력은 6kt이었다.

註) **북한 핵개발 관련 일지**

1985년 12월 12일 북한 핵무기비확산조약(NPT) 가입
1991년 12월 31일 남북한 한반도 비핵화 공동선언 합의
1993년 3월 12일 북한 NPT 탈퇴 선언
1994년 11월 1일 북한 핵 활동 동결 선언
2002년 12월 12일 북한 핵 동결 해제 발표
2005년 2월 10일 북한 핵무기 보유 선언
2005년 5월 11일 북한 영변 5MW 원자로에서 폐연료봉 8천개 인출 발표
2005년 9월 19일 6자회담서 '北 모든 핵무기와 현존 핵계획 포기' 등 6개항의 9·19공동성명 채택
2006년 10월 9일 북한 제1차 핵실험 실시
2007년 2월 13일 6자회담서 영변 원자로 폐쇄 및 불능화 합의
2007년 7월 15일 영변 원자로 폐쇄
2009년 5월 25일 북한 제2차 핵실험 실시
2013년 2월 12일 북한 제3차 핵실험 실시
2013년 4월 2일 영변 원자로 재가동 발표
2016년 1월 6일 북한 제4차 핵실험, 조선중앙TV "첫 수소탄 시험 성공적 진행" 발표
2016년 9월 9일 북한 제5차 핵실험 실시

2017 5월 10일, **문제인 대통령 취임,** 이 즈음 북한은 어느 때보다 핵무기와 미사일 개발에 온 힘을 쏟을 때였다. 핵실험은 물론, 대륙간탄도미사일(ICBM), 잠수함발사미사일(SLBM) 등 미사일 완성에 광분했다. 이러한 심각한 시기에 새로 취임한 문제인 대통령은 김대중, 노무현 정부의 햇볕정책을 적극 계승하여 추진하겠다고 하면서 6월 20일에는 "남북대화 분위기 조성을 희망한다."고 했고, 6월 25일에는 "내년 2월 평창동계올림픽에 남북단일팀을 구성하자"고 제안.

註) 일본 〈아사히신문(朝日新聞)〉 보도에 따르면, 북한 김정은 위원장은 재외공관에 긴급 지령문을 보내

"미국에 심리적 압박을 가해 '북한의 핵개발 포기는 불가능하다'고 판단하게 한 뒤, 평화협정 체결을 실현하라"고 지시했다. 또 "문제인 정권이 계속되는 기간이 우리에게 절호의 기회다. 호전세력이 소란을 피우기 전에 통일과업을 반드시 실현해야 한다"고 했다.

2018 1월, 北韓, 김정은은 신년사에 '국가 핵무력 완성의 역사적 대업을 달성했다'고 선언,

註) 특히 판문점 정상회담 1주일 앞둔 4월 20일에 "국가 핵 무력 완성과 핵무기 병기화"를 선언하고 핵무기를 "평화수호의 강력한 보검"이라 했다. 한편, 러시아 푸틴 대통령은 2017년 9월 "북한은 풀을 뜯어먹을지언정 핵무기 프로그램을 중단하지 않을 것"이라 말한 바 있다.

2월 9일, **제23회 평창 동계올림픽,** 2월 9일부터 25일까지 개최된 동계올림픽은 대한민국에서 최초로 개최하는 동계올림픽이자 아시아에서 세 번째로 열린 동계올림픽이다. 강원도의 세 도시에서 개최된 대회는 평창군과 정선군에서 설상 종목이, 강릉시에서 빙상 종목이 열렸고, 이는 1988 서울 올림픽을 개최한 지 30년 만에 2번째로 개최한 올림픽으로, 첫 번째로 개최한 동계올림픽 대회이다. 아시아에서는 일본 삿포로와 나가노에 이은 3번째 동계올림픽이었다.

註) 2018년 초에 조명균 통일부 장관이 1월 9일에 올림픽 참가 문제를 토의하자고 북한에 제의하자, 북측은 기다렸다는 듯이 응답했다. 이에 따라 2월 9일에 북한은 북한 정권의 명목상 수반인 김영남과 자신의 여동생 김여정, 현송월을 포함한 삼지연 관현악단 등 고위급 대표단과 선수단을 평창에 보냈다. 이때 청와대를 방문한 김여정은 문제인 대통령에게 김정은의 방북 요청 메시지를 전달….

4월 27일, **판문점 남북 정상회담,** 동계올림픽 폐막 후인 3월 5일에 북한의 진의를 파악하겠다며 정의용 국가안보실장을 평양에 보냈고, 그 결과 정상회담이 성사되었다. 정의용은 또한 "김정은 위원장이 체제안전이 보장되면 핵을 보유할 이유가 없다는 점을 명백히 했다"고 보고하면서 "가능한 한 조기에 미국 대통령과도 만나고 싶다"고 전했다. 이러한 분위기로 판문점에서 남북정상의 만남이 성사되었다. 여기서 판문전 선언이 공표되는데….

註) 판문점 평화의 집에서 남북 정상이 채택한 선언은 ① 개성에 남북공동연락사무소를 설치하고, ②동해선 및 경의선 철도와 도로를 연결하며, ③ 일체의 적대행위를 전면 중지하고, ④ 서해 북방한계선(NLL) 일대를 평화수역으로 설정하며, ⑤ 항구적인 한반도 평화체제를 구축하기로 하고 이를 위해 2018년 안에 종전선언을 하고 정전협정을 평화협정으로 전환하기 위해 노력하며, ⑥ 단계적 군축을 실시하기로 했다. 그리고 5개월 후인 9월에 문제인 대통령이 평양에 가게 되는데….

6월 12일, **싱가포르 미북정상회담,** 청와대 정의용 안보실장의 중재로 마침내 싱가포르에서 미국 트럼프 대통령과 북한 김정은 위원장과의 만남이 이루어졌다. 그러나 여기서 미북 공동성명의 제3항인 '한반도의 완전한 비핵화를 위해 노력한다.'는 조항에 대해 '북한의 비핵화'가 아닌 '한반도 비핵화'로 해석하면서 논란이 일어나, 결국 미국과 북한 간의 비핵화 협상은 교착상태를 벗어나지 못한 채로….

註) 어렵게 미북 정상회단이 성사는 되었지만, 그 과정은 순탄치 않았다. 5월 13일에 존 볼턴(John

Bolton) 백악관 국가안보보좌관이 '북한의 모든 핵무기를 폐기해 미국에 가져다주는 리비아식 핵 폐기를 공식화하면서, 그 대가로 김정은 체제를 보장하는 동시에 북한의 전력망과 도로 등 인프라와 농업 발전을 지원하는 '북한판 마셜 플랜'도 제시했다. 이에 북측이 발끈하고 나서 이를 거부하고 미북정상회담을 취소하겠다고 나서자 결국 미국은 5월 24일 회담 취소를 결정. 이에 당황한 김정은이 문제인 대통령에게 중재를 요청했고, 트럼프는 문제인 중재자의 '완전한 비핵화 의지를 보증한다'는 말을 믿고 정상회담을 하기로 했다.

7월 27일, **국방개혁 2.0 발표,** 과거 노무현 정부의 '국방개혁2020'을 '국방개혁1.0'이라 보고 이를 계승 발전시키겠다는 것인데….

註) 국방개혁의 주요 목적은 ① 작전통제권의 임기 내 전환, ② 상비병력 50만 수준으로 감축 및 사병 복무기간 18개월로 단축 등이다. 그런데 북한은 사실상 핵보유국이 되었고, 동아시아는 신냉전시대로 접어들었는데 이를 고려한 것인지 의문이다. 특히 육군의 병력은 36만 5,000명으로 줄어든다. 북한의 병력은 총 128만 명인데 비해 여기에 40% 수준에 불과하다. 적정 규모를 유기하기 위해서는 오히려 복무기간을 늘여야만 할 형편이었다. 게다가 북한군의 남침을 막기 위한 대전차방벽과 기계화 보병사단을 연이어 해체하고, 병력부족을 보완하는 기동(機動) 전력도 약화시켰다. 이어서 문제인 정부는 방위력 개선을 위한 무기 도입과 개발 사업을 중단하거나 연기했다.

9월 19일, **2차 남북 정상회담,** 판문점 회담의 연속으로 문제인 대통령이 평양에 가서 평양공동선언문을 발표. 두 정상은 "한반도를 핵무기와 핵위협이 없는 평화의 터전으로 만들어야 한다는데 인식을 같이 했다"고 말하고 남북군사합의, 경제협력, 이산가족상봉 등에 관한 것도 합의했다고 했다.

註) 비핵화와 관련해 김정은 위원장은 동창리 미사일 발사대 폐기와 미국의 '상응 조치' 이후 영변 핵 시설 폐기를 약속했다. 당시 문제인 대통령은 평양 능라도경기장에 운집한 15만 군중 앞에서 연설했으며, 부인을 동반하고 김정은 내외와 함께 백두산 정상에 오르기도 했다. 그 후 9월 하순에 문제인 대통령은 유엔 총회 기조연설에서 대부분을 북한과 김정은에 대한 국제사회의 지지를 호소했는데, "김 위원장은 가능한 한 빠른 시기에 비핵화를 끝내고 경제발전에 집중하고 싶다는 희망을 밝혔습니다. …(중략)…, 나는 국제사회가 길을 열어준다면, 북한이 평화와 번영을 위한 발걸음을 멈추지 않으리라 확신합니다."고 했다. 이어서 미국외교협회(CFR) 연설에서는 "김정은은 젊고, 솔직하며, 공손하고, 웃어른을 공경한다"고 하면서 "나는 김정은이 진실 되고 경제개발을 위해 핵무기를 포기할 것을 믿는다."고 말했다. 이를 두고 26일자 블룸버그(Bloomberg)통신은 "문제인 대통령이 유엔에서 김정은의 수석 대변인이 되었다"는 제목의 기사를 보도하기도….

註) **9.19 남북군사합의:** 평양회담에서 채택된 남북군사합의에 대해 문제인 대통령은 "이번 회담에서 가장 중요한 결실은 군사 분야 합의"라 했고, 정의용 안보실장은 "사실상 불가침 합의"라고 말했는데…, 그 내용을 보면, ① 대규모 군사훈련 및 무력증강 문제, 다양한 형태의 봉쇄차단 및 항행방해 문제, 상대방에 대한 정찰행위 중지 문제 등에 대해 '남북군사공동위원회'를 통해 협의한다. ② 2018년 11월 1일부

터 군사분계선 일대의 각종 군사연습을 중지한다. ③ 해상에서는 서해 남측 덕적도 이북으로부터 북측 초도 이남까지의 수역, 동해에서는 남측의 속초 이북으로부터 북측 통천 이남까지의 수역에서 포 사격 및 해상 기동훈련을 중지한다. ④ 군사분계선으로부터 동부지역은 40Km 서부지역은 20Km 범위 내 비행금지구역을 설정한다. ⑤ 서해 해상에서 평화수역과 시범적 공동어로구역을 설정한다. ⑥ 한강하구를 공동이용하기로 한다. 이로서 수도권은 사실상 무방비 상태가 된 것이나 다름없게 되었다. 또한, 전방 감시를 위한 경계초소인 GP 철거도 북한의 숫자가 2배 이상 많은데도 남북이 같은 수의 GP를 철거했다. 이 때문에 우리 군의 눈과 귀를 가리고 손발을 묶었다는 비판이 쏟아졌다. 이는 북한의 비핵화 가능성은 희박하고 남북 간 기본적 신뢰도 없는 상태에서 안보역량부터 훼손시킨 중대한 실책으로, 5년 임기를 가진 대통령이 가볍게 처리할 문제는 결코 아니었다.

2019 2월 28일, **하노이 2차 미북정상회담,** 지난번 미완의 상태로 끝난 미북정상회담이 문제인 대통령의 다시 한 번 중재에 나서면서 베트남의 하노이 시에서 다시금 미북정상회담이 열렸다. 여기에서 트럼프 미국 대통령이 5개의 핵 시설 폐쇄를 요구했고, 김정은은 영변 핵시설 하나만을 포기하겠다고 하면서 "이것이 가장 큰 것"이라고 하자, 트럼프 대통령은 "맞지만, 또한 가장 오래된 것"이라고 거부하면서 회담은 결렬되었다.

註) 문제인 정부는 북한의 농축 우라늄 프로그램을 제대로 파악하지 못했기에 영변 핵시설이 북한 핵 자산의 80% 되는 것으로 과대평가했다. 쓸모없는 영변 핵시설을 버리면 남북경협도 재개되리라 기대했던 김정은 위원장은 문제인의 중재역할에 크게 실망. 문제인은 4월 11일 미국 백악관에서의 회담에서 다시금 중재안을 내지만, 트럼프는 "우리는 핵무기를 없애는 빅딜을 논의할 것"이라며 거부했다. 이로부터 김정은 정권은 문제인 대통령을 향해 "오지랖 넓은 중재자, 촉진자 역할을 할 게 아니라 제정신을 가지고 할 소리는 당당히 해야 한다"고 비난하고, 문제인 대통령의 8월 15일 광복절 축사에서 남북 경제협력을 위한 '평화경제'를 발표했지만, 북한은 이에 대해 "평화경제? 삶은 소대가리가 웃을 일"이라고 비난하면서 단거리 탄도미사일 2발을 발사…. 북한은 5월부터 무력시위를 본격화했다. 이는 9.19 남북 군사합의를 위반하는 것인데, 연말까지 모두 14차례에 걸쳐 미사일을 발사했다.

2020 6월 16일, **남북공동연락사무소 폭파,** 북한은 오후 2시 49분 북한이 개성공단에 위치한 남북공동연락사무소 사무처를 폭파했다. 통일부는 남북공동연락사무소 폭파 피해액을 102억으로 추산했는데….

註) 6월 4일에 북한 김여정 노동당 제1부부장이 대북 전단 살포를 경고하며 "남조선 정부가 응분의 조치를 하지 못하면 금강산 관광 폐지에 이어 쓸모없게 된 개성 공업지구가 완전 철거될지, 북남공동연락사무소 폐쇄가 될지, 있으나마나한 북남군사합의가 파기될지 단단히 각오해야 할 것"이라 협박. 이어 9일에는 남북 공동연락사무소를 통해 유지해 오던 남북 당국 사이의 통신연락선, 남북 군부 사이의 동서해 통신연락선, 남북통신시험연락선, 노동당 중앙위원회 본부청사와 청와대 사이의 직통 통신연락선을 북한이 일방적으로 모두 차단했다. 그리고 13일에 김여정이 대북전단을 문제 삼으며 "멀지 않아 쓸모없는 북남공동연락사무소가 형체도 없이 무너지는 비참한 광경을 보게 될 것"이라 했고, 이날 16일에 개성에 있는 남북공동연락사무소를 폭파하여 파괴했다.

註) 이로서 문제인 정부가 한반도 평화시대를 열었다고 자찬했던 판문점 선언이 사라져 버렸다. 김여정은 그 다음날에 "철면피한 감언이설을 듣자니 역겹다"라는 등의 독설 담화를 발표. 북한은 판문점 선언 및 평양공동선언의 미 이행과 하노이 회담 실패에 대한 분노를 남북공동연락사무소 폭파로 분풀이 하면서, 문제인 대통령의 '운전자론'이나 '북미관계 견인론'에 쐐기를 박았다.

# 歷代 世界表

## 1.「桓 國」歷 代 表

| 世代 | 환 인 (桓 因) | 비 고 |
|---|---|---|
| 1 | 안파견(安巴堅) 또는 거발한(巨發桓) | 역년(歷年)<br>BC 7199 ~ BC 3898<br>(3,301年間 존속) |
| 2 | 혁 서(赫 胥) | |
| 3 | 고시리(古是利) | |
| 4 | 주우양(朱于襄) | |
| 5 | 석제임(釋提壬) | |
| 6 | 구을리(邱乙利) | |
| 7 | 지위리(智爲利) 혹은 단임(檀任) | |

## 2.「神市 倍達國」歷代表

| 世代 | 在位年 | 환 웅 (桓 雄) | 即位年度 |
|---|---|---|---|
| 1 | 94 | 거발한(巨發桓)이라고도 함 | BC 3898 |
| 2 | 86 | 거불리(巨佛理) | 〃 3804 |
| 3 | 99 | 우야고(右耶古) | 〃 3718 |
| 4 | 107 | 모사라(慕士羅) | 〃 3619 |
| 5 | 93 | 태후의(太候儀) | 〃 3512 |
| 6 | 98 | 다의발(多儀發) = 태호 복희(太皞 伏羲) | 〃 3419 |
| 7 | 81 | 거 련(居 連) | 〃 3321 |
| 8 | 73 | 안부련(安夫連) | 〃 3240 |
| 9 | 96 | 양 운(養 雲) | 〃 3167 |
| 10 | 100 | 갈 고(葛 古) 또는 독로한(瀆盧韓) | 〃 3071 |
| 11 | 92 | 거야발(居耶發) | 〃 2971 |
| 12 | 105 | 주무신(州武愼) | 〃 2879 |
| 13 | 67 | 사와라(斯瓦羅) | 〃 2774 |
| 14 | 109 | 자오지(慈烏支) = 치우천왕(蚩尤天王) | 〃 2707 |
| 15 | 89 | 치액특(蚩額特) | 〃 2598 |
| 16 | 56 | 축다리(祝多利) | 〃 2509 |
| 17 | 72 | 혁다세(赫多世) | 〃 2453 |
| 18 | 48 | 거불단(居弗檀) 혹은 단웅(壇雄) | 〃 2381 ~ 2333 |

註) 14세 환웅자오지(치우천왕) 때에 도읍을 청구(青丘)로 정했으며, 총 18대까지 1,565년 간 존속.

2. 현재 절(사찰)에 보면 가장 큰 건물인 법당의 현판이 「대웅전(大雄殿)」으로 되어있는데, 이는 대조신환웅전(大祖神桓雄殿)의 줄임말이며, 그 옆 작은 전각은 「삼성각(三聖閣)」인데, 이는 삼신(三神: 환인, 환웅, 치우 또는 단군)을 모셨던 민족전래종교의 한 증표가 된다.

# 3.「檀國朝鮮」歷代表

| 世代 | 在位年 | 단 군 (檀 君) | 卽位年度 |
|---|---|---|---|
| 1 | 93 | 왕 검(王 儉) | BC 2333 |
| 2 | 58 | 부 루(扶 婁) | 〃 2240 |
| 3 | 45 | 가 륵(嘉 勒) | 〃 2182 |
| 4 | 38 | 오사구(烏斯丘) | 〃 2137 |
| 5 | 16 | 구 을(丘 乙) | 〃 2099 |
| 6 | 36 | 달 문(達 門) | 〃 2083 |
| 7 | 54 | 한 율(翰 栗) | 〃 2047 |
| 8 | 8 | 우서한(于西翰) | 〃 1993 |
| 9 | 35 | 아 술(阿 述) | 〃 1985 |
| 10 | 59 | 노 을(魯 乙) | 〃 1950 |
| 11 | 57 | 도 해(道 奚) | 〃 1891 |
| 12 | 52 | 아 한(阿 漢) | 〃 1834 |
| 13 | 61 | 흘 달(屹 達) | 〃 1782 |
| 14 | 60 | 고 불(古 弗) | 〃 1721 |
| 15 | 51 | 대 음(代 音) | 〃 1661 |
| 16 | 58 | 위 나(尉 那) | 〃 1610 |
| 17 | 68 | 여 을(余 乙) | 〃 1552 |
| 18 | 49 | 동 엄(冬 奄) | 〃 1484 |
| 19 | 55 | 구모소(┌牟蘇) | 〃 1435 |
| 20 | 43 | 고 홀(固 忽) | 〃 1380 |
| 21 | 52 | 소 태(蘇 台) | 〃 1337 |

※ 여기까지의 개국 후 1,048년 간을 상대(上代)라고 한다면,
3조선(三朝鮮)으로 개편한 22세 단군부터는 하대(下代)로 나눌 수 있다.

| 世代 | 在位年 | 단 군 (檀 君) | 卽位年度 |
|---|---|---|---|
| 22 | 48 | 색불루(索弗婁) | BC 1285 |
| 23 | 76 | 아 홀 (阿 忽) | 〃 1237 |
| 24 | 11 | 연 나(延 那) | 〃 1161 |
| 25 | 88 | 솔 나(率 那) | 〃 1150 |
| 26 | 65 | 추 로(鄒 魯) | 〃 1062 |
| 27 | 26 | 두 밀(豆 密) | 〃 997 |
| 28 | 28 | 해 모(奚 牟) | 〃 971 |
| 29 | 34 | 마 휴(摩 休) | 〃 943 |
| 30 | 35 | 내 휴(奈 休) | 〃 909 |
| 31 | 25 | 등 올(登 ┌) | 〃 874 |
| 32 | 30 | 추 밀(鄒 密) | 〃 849 |
| 33 | 24 | 감 물(甘 勿) | 〃 819 |
| 34 | 23 | 오루문(奧婁門) | 〃 795 |
| 35 | 68 | 사 벌(沙 伐) | 〃 772 |
| 36 | 58 | 매 륵(買 勒) | 〃 704 |
| 37 | 56 | 마 물(麻 勿) | BC 646 |
| 38 | 45 | 다 물(多 勿) | 〃 590 |
| 39 | 36 | 두 홀(豆 忽) | 〃 545 |
| 40 | 18 | 달 음(達 音) | 〃 509 |

| 41 | 20 | 음 차(音 次) | 〃 491 |
|---|---|---|---|
| 42 | 10 | 을우지(乙于支) | 〃 471 |
| 43 | 36 | 물 리(勿 理) | 〃 461 |
| ※ 여기까지가 역년 1,908년이 됨으로 〈삼국유사〉의 내용과 일치함.<br>이후부터는 대부여(大夫餘)라 하였음. | | | |
| 44 | 29 | 구 물(丘 勿) | BC 425 |
| 45 | 55 | 여 루(余 婁) | 〃 396 |
| 46 | 46 | 보 을(普 乙) | 〃 341 |
| 47 | 58 | 고열가(古列加 또는 高列加) | 〃 295 ~ 238 |

註) 〈환단고기(桓檀古記)〉 중 〈단군세기(檀君世紀)〉 편의 내용을 기준으로 하였으며, 총 존속기간은 2,096년으로 대야발(大野勃)이 지은 단기고사(檀奇古史)의 내용과 일치한다.

## 3.1. 馬韓世家代表

| 世代 | 在位年 | 단군(檀君) | 卽位年度 |
|---|---|---|---|
| 1 | 55 | 웅백다(雄伯多) | BC 2333 |
| 2 | 49 | 노덕리(盧德利) | 〃 2278 |
| 3 | 50 | 불여래(弗如來) | 〃 2229 |
| 4 | 4 | 두라문(杜羅門) | 〃 2180 |
| 5 | 39 | 을불리(乙弗利) | 〃 2175 |
| 6 | 28 | 근우지(近于支) | 〃 2136 |
| 7 | | 을우지(乙于支) | 〃 2108 |
| 8 | | 궁 호(弓 戶) | |
| 9 | 55 | 막 연(莫 延) | 〃 1993 |
| 10 | 15 | 아 화(阿 火) | 〃 1938 |
| 11 | 118 | 사 리(沙 里) | 〃 1923 |
| 12 | 90 | 아 리(阿 里) | 〃 1805 |
| 13 | 83 | 갈 지(曷 智) | 〃 1715 |
| 14 | 82 | 을 아(乙 阿) | 〃 1632 |
| 15 | 54 | 두막해(豆莫奚) | 〃 1550 |
| 16 | 125 | 독 로(瀆 盧) | 〃 1496 |
| 17 | 84 | 아 루(阿 婁) | 〃 1371 |
| 18 | 2 | 아라사(阿羅斯) | 〃 1287 |
| 19 | 53 | 여원흥(黎元興) | 〃 1285 |
| 20 | 110 | 아 실(阿 實) | 〃 1232 |
| 21 | 31 | 아 도(阿 闍) | 〃 1122 |
| 22 | 36 | 아화지(阿火只) | 〃 1091 |
| 23 | 121 | 아사지(阿斯智) | 〃 1055 |
| 24 | | 아리손(阿里遜) | 〃 934 |
| 25 | | 소 이(所 伊) | |
| 26 | 77 | 사 우(斯 虞) | 〃 754 |
| 27 | | 궁 홀(弓 忽) | 〃 677 |
| 28 | | 동 기(東 杞) | |
| 29 | 79 | 다 도(多 都) | 〃 588 |
| 30 | | 사 라(斯 羅) | 〃 509 |

| 31 | | 가섭라(迦葉羅) | |
|---|---|---|---|
| 32 | | 가 리(加 利) | |
| 33 | | 전 내(典 奈) | |
| 34 | | 진을례(進乙禮) | |
| 35 | 128 | 맹 남(孟 南) | " 366 ~ 238 |

## 3.2. 番韓世家代表

| 世代 | 在位年 | 단군(檀君) | 卽位年度 |
|---|---|---|---|
| 1 | 82 | 치두남(蚩頭男) | BC 2333 |
| 2 | 13 | 낭 야(琅 邪) | BC 2251 |
| 3 | 51 | 물 길(勿 吉) | " 2238 |
| 4 | | 애 친(愛 親) | " 2187 |
| 5 | | 도 무(道 茂) | |
| 6 | 26 | 호 갑(虎 甲) | " 2098 |
| 7 | 57 | 오 라(烏 羅) | " 2072 |
| 8 | 40 | 이 조(伊 朝) | " 2015 |
| 9 | 15 | 거 세(居 世) | " 1975 |
| 10 | 14 | 자오사(慈烏斯) | " 1960 |
| 11 | 53 | 산 신(散 新) | " 1946 |
| 12 | 49 | 계 전(季 佺) | " 1893 |
| 13 | 18 | 백 전(伯 佺) | " 1844 |
| 14 | 56 | 중 전(仲 佺) | " 1826 |
| 15 | 43 | 소 전(少 佺) | " 1770 |
| 16 | | 사 엄(沙 奄) | " 1727 |
| 17 | | 서 한(棲 韓) | |
| 18 | 64 | 물 가(勿 駕) | " 1664 |
| 19 | 46 | 막 진(莫 眞) | " 1600 |
| 20 | 36 | 진 단(震 丹) | " 1554 |
| 21 | | 감 정(甘 丁) | " 1518 |
| 22 | | 소 밀(蘇 密) | |
| 23 | | 사두막(沙豆莫) | |
| 24 | | 갑 비(甲 飛) | |
| 25 | | 오립루(烏立婁) | " 1441 |
| 26 | | 서 시(徐 市) | |
| 27 | 41 | 안 시(安 市) | " 1393 |
| 28 | 19 | 해모라(奚牟羅) | " 1352 |
| 29 | 1 | 소 정(小 丁) | " 1333~1333 |
| 30 | 61 | 서우여(徐于余) | " 1285~1225 |
| 31 | 40 | 아 락(阿 洛) | " 1224 |
| 32 | 47 | 솔 귀(率 歸) | " 1184 |
| 33 | 32 | 임 나(任 那) | " 1137 |
| 34 | 13 | 노 단(魯 丹) | " 1105 |
| 35 | 18 | 마 밀(馬 密) | " 1092 |
| 36 | 20 | 모 불(牟 弗) | " 1074 |

| | | | |
|---|---|---|---|
| 37 | 40 | 을 나(乙 那) | " 1054 |
| 38 | 2 | 마 휴(摩 庥) | " 1014 |
| 39 | 29 | 등 나(登 那) | BC 1012 |
| 40 | 17 | 해 수(奚 壽) | " 983 |
| 41 | 12 | 오문루(奧門婁) | " 966 |
| 42 | 28 | 누 사(婁 沙) | " 954 |
| 43 | 26 | 이 벌(伊 伐) | " 926 |
| 44 | 64 | 아 륵(阿 勒) | " 900 |
| 45 | 51 | 마휴(麻休) 또는 마목(麻沐) | " 836 |
| 46 | 33 | 다 두(多 斗) | " 785 |
| 47 | 6 | 내 이(奈 伊) | " 752 |
| 48 | 10 | 차 음(次 音) | " 746 |
| 49 | 1 | 불 리(不 理) | " 736 |
| 50 | 30 | 여 을(餘 乙) | " 736 |
| 51 | 4 | 엄 루(奄 婁) | " 707 |
| 52 | 30 | 감 위(甘 尉) | " 703 |
| 53 | 10 | 술 리(述 理) | " 673 |
| 54 | 15 | 아 갑(阿 甲) | " 663 |
| 55 | 14 | 고 태(固 台) | " 648 |
| 56 | 18 | 소태이(蘇台爾) | " 634 |
| 57 | 11 | 마 건(馬 乾) | " 616 |
| 58 | 10 | 천 한(天 韓) | " 605 |
| 59 | 75 | 노 물(老 勿) | " 595 |
| 60 | 15 | 도 을(道 乙) | " 520 |
| 61 | 34 | 술 휴(述 休) | " 505 |
| 62 | 18 | 사 량(沙 良) | " 471 |
| 63 | 15 | 지 한(地 韓) | " 453 |
| 64 | 38 | 인 한(人 韓) | " 438 |
| 65 | 25 | 서 울(西 蔚) | " 400 |
| 66 | 34 | 가 색(哥 索) | " 375 |
| 67 | 1 | 해인(解仁), 一名 산한(山韓) | " 341 |
| 68 | 16 | 수 한(水 韓) | " 340 |
| 69 | 9 | 기 후(箕 詡) | " 324 |
| 70 | 25 | 기 욱(箕 煜) | " 315 |
| 71 | 39 | 기 석(箕 釋) | " 290 |
| 72 | 19 | 기 윤(箕 潤) | " 251 |
| 73 | 11 | 기 비(箕 丕) | " 232 |
| 74 | 27 | 기 준(箕 準) | " 221~194 |

註) BC 194에 위만(衛滿)에게 망함

# 4. 檀君 歷代 [在位年] 비교

| 世代 | 檀君 | 단군세기 | 단기고사 | 규원사화 |
|---|---|---|---|---|
| 1 | 왕 검 | 93 | 93 | 93 |
| 2 | 부 루 | 58 | 58 | 34 |
| 3 | 가 륵 | 45 | 45 | 51 |
| 4 | 오사구 | 38 | 38 | 49 |
| 5 | 구 을 | 16 | 16 | 35 |
| 6 | 달 문 | 36 | 36 | 32 |
| 7 | 한 율 | 54 | 54 | 25 |
| 8 | 우서한 | 8 | 8 | 57 |
| 9 | 아 술 | 35 | 35 | 28 |
| 10 | 노 을 | 59 | 58 | 23 |
| 11 | 도 해 | 57 | 58 | 36 |
| 12 | 아 한 | 52 | 52 | 27 |
| 13 | 흘 달 | 흘달(屹達) 61 | 홀달(忽達) 61 | 홀달(忽達) 43 |
| 14 | 고 불 | 60 | 60 | 29 |
| 15 | 대 음 | 대음(代音) 51 | 벌음(伐音) 51 | 벌음(伐音) 32 |
| 16 | 위 나 | 58 | 58 | 18 |
| 17 | 여 을 | 68 | 68 | 63 |
| 18 | 동 엄 | 49 | 49 | 20 |
| 19 | 구모소 | 55 | 55 | 25 |
| 20 | 고 홀 | 43 | 43 | 11 |
| 21 | 소 태 | 52 | 52 | 33 |
| 22 | 색불루 | 48 | 48 | 17 |
| 23 | 아 홀 | 76 | 76 | 19 |
| 24 | 연 나 | 11 | 11 | 13 |
| 25 | 솔 나 | 88 | 88 | 16 |
| 26 | 추 로 | 65 | 65 | 9 |
| 27 | 두 밀 | 26 | 26 | 45 |
| 28 | 해 모 | 28 | 28 | 22 |
| 29 | 마 휴 | 34 | 34 | 9 |
| 30 | 나 휴 | 35 | 35 | 53 |
| 31 | 등 올 | 25 | 25 | 6 |
| 32 | 추 밀 | 30 | 30 | 8 |
| 33 | 감 물 | 24 | 24 | 9 |
| 34 | 오루문 | 23 | 23 | 20 |
| 35 | 사 벌 | 68 | 68 | 11 |
| 36 | 매 륵 | 58 | 58 | 18 |
| 37 | 마 물 | 56 | 56 | 8 |
| 38 | 다 물 | 45 | 45 | 19 |
| 39 | 두 홀 | 36 | 36 | 28 |
| 40 | 달 음 | 18 | 18 | 14 |
| 41 | 음 차 | 20 | 20 | 19 |
| 42 | 을우지 | 10 | 10 | 9 |
| 43 | 물 리 | 36 | 25 | 15 |
| 44 | 구 물 | 구물(丘勿) 29 | 구물(丘勿) 40 | 구홀(丘忽) 7 |
| 45 | 여 루 | 55 | 55 | 5 |
| 46 | 보 을 | 46 | 46 | 11 |
| 47 | 고열가 | 58 | 58 | 30 |

註) 〈단군세기〉는 고려 공민왕 12년(1363년) 저술이고, 〈단기고사〉는 천통 21년(719년) 작품이며, 〈규원사화〉는 조선 중엽 17세기 저술이다. 이 중에 〈규원사화〉는 단군조선의 역년이 1,205년으로 되어있어 다른 책에서보다 단군조선의 존속기간이 짧게 기록되어있다. 〈단군세기〉와 〈단기고사〉에서 나온 단군조선의 존속기간은 2,096년으로 서로 일치한다. 단, 10대와 11대 단군에서만 차이를 보일뿐이다. 또한, 책의 내용 중에 〈단기고사〉에는 현대적인 기계용어들이 등장하기도 하여, 본편에서는 〈단군세기(환단고기)〉를 주로 참고하였다.

## 5.「北 夫 餘」歷 代 表

| 世代 | 在位年 | 단 군 (檀 君) | 卽位年 |
|---|---|---|---|
| 1 | 45 | 해모수 (解慕漱) | BC 239 |
| 2 | 25 | 모수리 (慕漱離) | " 194 |
| 3 | 49 | 고해사 (高奚斯) | " 169 |
| 4 | 34 | 고우루 (高于婁 또는 解于婁) | " 120 |
| 5 | 49 | 고두막 (高豆莫) | " 108 |
| 6 | 2 | 고무서 (高無胥) | " 59 |

註) BC 58년에 고주몽의 고구려로 이어짐

## 6.「東 夫 餘」歷 代 表

| 世代 | 在位年 | 단 군 (檀 君) | 卽位年 |
|---|---|---|---|
| 1 | 39 | 해부루 (解夫婁) | BC 86 |
| 2 | 41 | 금 와 (金 蛙) | " 47 |
| 3 | 28 | 대 소 (帶 素) | " 6 |

註) AD 22년에 고구려에 투항하여 흡수됨.

# 7. 上古史 要略

BC 7199 桓國 (안파견 桓因)
BC 3898 倍達 - 神市 (거발한 桓雄)
BC 2707 " - 青丘 (자오지 桓雄)
BC 2333 朝鮮 - 아사달 (왕검 檀君)
BC 2241 (3韓 分朝)

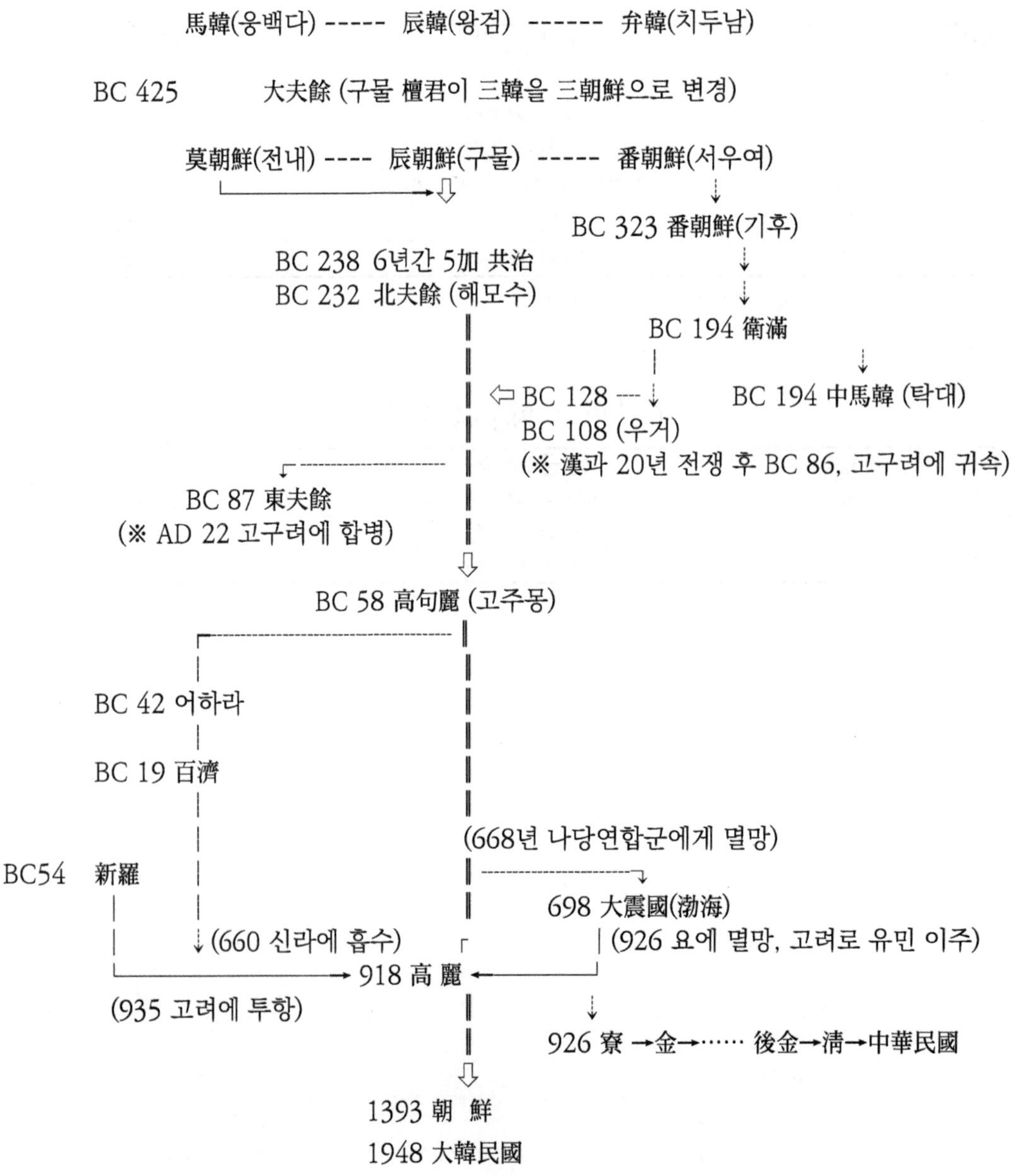

馬韓(웅백다) ----- 辰韓(왕검) ------ 弁韓(치두남)

BC 425 大夫餘 (구물 檀君이 三韓을 三朝鮮으로 변경)

莫朝鮮(전내) ---- 辰朝鮮(구물) ----- 番朝鮮(서우여)

BC 323 番朝鮮(기후)

BC 238 6년간 5加 共治
BC 232 北夫餘 (해모수)

BC 194 衛滿

BC 128

BC 194 中馬韓 (탁대)

BC 108 (우거)
(※ 漢과 20년 전쟁 후 BC 86, 고구려에 귀속)

BC 87 東夫餘
(※ AD 22 고구려에 합병)

BC 58 高句麗 (고주몽)

BC 42 어하라

BC 19 百濟

(668년 나당연합군에게 멸망)

BC54 新羅

698 大震國(渤海)

(660 신라에 흡수)

(926 요에 멸망, 고려로 유민 이주)

918 高 麗

(935 고려에 투항)

926 寮 →金→…… 後金→淸→中華民國

1393 朝 鮮
1948 大韓民國

# 8. 高句麗 歷代帝王表

| 世代 | 在位年 | 帝王 | 年號 | 卽位年度 |
|---|---|---|---|---|
| 1 | 39 | 고주몽 (高朱夢) | 다물(多勿) | BC 58 |
| 2 | 37 | 유 리 (琉 璃) | | " 19 |
| 3 | 26 | 대무신 (大武神) | | AD 18 |
| 4 | 4 | 민 중 (閔 中) | | 44 |
| 5 | 5 | 모 본 (慕 本) | | 48 |
| 6 | 93 | 태 조 (太 祖) | 융무(隆武)) | 53 |
| 7 | 19 | 차 대 (次 大) | | 146 |
| 8 | 14 | 신 대 (新 大) | | 165 |
| 9 | 18 | 고국천 (故國川) | | 179 |
| 10 | 30 | 산 상 (山 上) | | 197 |
| 11 | 21 | 동 천 (東 川) | | 227 |
| 12 | 22 | 중 천 (中 川) | | 248 |
| 13 | 22 | 서 천 (西 川) | | 270 |
| 14 | 8 | 봉 상 (峰 上) | | 292 |
| 15 | 31 | 미 천 (美 川) | | 300 |
| 16 | 40 | 고국원 (故國原) | | 331 |
| 17 | 13 | 소수림 (小獸林) | | 371 |
| 18 | 7 | 고국양 (故國壤) | | 384 |
| 19 | 22 | 광개토 (廣開土) | 영락(永樂) | 391 |
| 20 | 79 | 장 수 (長 壽) | 건흥(建興) | 413 |
| 21 | 27 | 문자명 (文咨明) | 명치(明治) | 492 |
| 22 | 12 | 안 장 (安 藏) | | 519 |
| 23 | 14 | 안 원 (安 原) | | 531 |
| 24 | 14 | 양 원 (陽 原) | | 545 |
| 25 | 31 | 평 원 (平 原) | 대덕(大德) | 559 |
| 26 | 28 | 영 양 (嬰 陽) | 홍무(弘武) | 590 |
| 27 | 28 | 영 류 (榮 留) | | 618 |
| 28 | 26 | 보 장 (寶 藏) | 개화(開化) | 642 ~ 668 |

註) 북한의 경우, 2006년 과학백과사전출판사가 손영종 박사를 필자로 해서 펴낸 '조선단대사(고구려사 1)'는 한국 역사학계와는 다른 주장을 하고 있다. 한국 역사학계는 삼국사기를 근거로 광개토태왕을 동명성왕의 12세 손(孫)으로 정리했다. 그러나 광개토태왕릉비에는 광개토태왕을 동명성왕의 17세 손(孫)으로 밝히고 있다. 손영종 박사는 이를 근거로 삼국사기가 누락시킨 다섯 손(孫)의 다섯 왕을 찾아냈다. 삼국사기가 '고구려 2대왕인 유리(琉璃)왕의 이름은 유리(類利) 혹은 유류(孺留)이다'와 '5대인 모본왕은 해애루라는 다른 이름을 갖고 있었다'고 밝힌 것과 광개토태왕릉비에서 동명성왕의 세자를 유류로 표기한 것, 그리고 중국 사서들에 적혀 있는 것을 참고해 삼국사기가 누락시킨 5명의 고구려 왕을 찾아냈다. 그는 고구려의 2대왕은 유리왕이 아니라 유류왕이고, 3대왕은 여률왕, 4대왕은 대주류왕, 5대왕은 애루왕, 6대왕은 중해왕(추정 이름), 7대왕이 삼국사기에서 2대왕으로 설명된 유리왕이라고 밝혔다. 손영종 박사는 삼국사기가 2대 유류왕에서 6대 중해왕까지를 7대왕인 유리왕에 합쳐버린 것이 삼국사기의 실수라고 주장하고 있다.

## 9. 百濟 歷代帝王表

| 世代 | 在位年 | 王 (임금) | 卽位年度 |
|---|---|---|---|
| 1 | 46 | 온 조(溫 祚) | BC 18 |
| 2 | 49 | 다 루(多 婁) | AD 28 |
| 3 | 51 | 기 루(己 婁) | 77 |
| 4 | 38 | 개 루(蓋 婁) | 128 |
| 5 | 48 | 초 고(肖 古) | 166 |
| 6 | 20 | 구 수(仇 首) | 214 |
| 7 | 1 | 사 반(沙 伴) | 234 |
| 8 | 52 | 고 이(古 爾) | 234 |
| 9 | 12 | 책 계(責 稽) | 286 |
| 10 | 6 | 분 서(汾 西) | 298 |
| 11 | 40 | 비 류(比 流) | 304 |
| 12 | 2 | 계 (契) | 344 |
| 13 | 29 | 근초고 (近肖古) | 346 |
| 14 | 9 | 근구수 (近仇首) | 375 |
| 15 | 1 | 침 류(枕 流) | 384 |
| 16 | 7 | 진 사(辰 斯) | 385 |
| 17 | 13 | 아신 (阿莘 또는 阿華) | 392 |
| 18 | 15 | 전 지(腆 支) | 405 |
| 19 | 7 | 구이신 (久爾辛) | 420 |
| 20 | 28 | 비 유(毗 有) | 427 |
| 21 | 20 | 개 로(蓋 鹵) | 455 |
| 22 | 2 | 문 주(文 周) | 475 |
| 23 | 2 | 삼 근(三 斤) | 477 |
| 24 | 22 | 동 성(東 城) | 479 |
| 25 | 22 | 무 녕(武 寧) | 501 |
| 26 | 31 | 성 (聖) | 523 |
| 27 | 44 | 위 덕(威 德) | 554 |
| 28 | 1 | 혜 (惠) | 598 |
| 29 | 1 | 법 (法) | 599 |
| 30 | 41 | 무 (武) | 600 |
| 31 | 19 | 의 자(義 慈) | 641 ~ 660 |

## 10. 新羅 歷代帝王表

| 世代 | 在位年 | 王 (임금) | | 卽位年度 |
|---|---|---|---|---|
| 1 | 58 | 박혁거세 (朴赫居世) | | BC 54 |
| 2 | 20 | 남 해(南 解) | 차차웅(次次雄) | AD 4 |
| 3 | 33 | 유 리(儒 理) | 이사금(尼師今) | 24 |
| 4 | 23 | 탈 해(脫 解) | " | 57 |
| 5 | 32 | 파 사(婆 娑) | " | 80 |
| 6 | 22 | 지 마(祗 摩) | " | 112 |

| 7 | 20 | 일 성(逸 聖) | " | 134 |
|---|---|---|---|---|
| 8 | 30 | 아달라(阿達羅) | " | 154 |
| 9 | 12 | 벌 휴(伐 休) | " | 184 |
| 10 | 34 | 내 해(奈 解) | " | 196 |
| 11 | 17 | 조 분(助 賁) | " | 230 |
| 12 | 15 | 첨 해(沾 解) | " | 247 |
| 13 | 22 | 미 추(味 鄒) | " | 262 |
| 14 | 14 | 유 례(儒 禮) | " | 284 |
| 15 | 12 | 기 림(基 臨) | " | 298 |
| 16 | 46 | 흘 해(訖 解) | " | 310 |
| 17 | 46 | 내 물(奈 勿) | 마립간(麻立干) | 356 |
| 18 | 15 | 실 성(實 聖) | " | 402 |
| 19 | 41 | 눌 지(訥 祇) | " | 417 |
| 20 | 21 | 자 비(慈 悲) | " | 458 |
| 21 | 21 | 소 지(炤 知) | " | 479 |
| 22 | 14 | 지 증(智 證) | 왕(王) | 500 |
| 23 | 26 | 법 흥(法 興) | " | 514 |
| 24 | 36 | 진 흥(眞 興) | " | 540 |
| 25 | 3 | 진 지(眞 智) | " | 576 |
| 26 | 53 | 진 평(眞 平) | " | 579 |
| 27 | 15 | 선덕여왕(善德女王) | " | 632 |
| 28 | 7 | 진덕여왕(眞德女王) | " | 647 |
| 29 | 7 | 태 종(太宗武烈王) | " | 654 |
| 30 | 20 | 문 무(文 武) | " | 661 |
| 31 | 11 | 신 문(神 文) | " | 681 |
| 32 | 10 | 효 소(孝 昭) | " | 692 |
| 33 | 35 | 성 덕(聖 德) | " | 702 |
| 34 | 5 | 효 성(孝 成) | " | 737 |
| 35 | 23 | 경 덕(景 德) | " | 742 |
| 36 | 15 | 혜 공(惠 恭) | " | 765 |
| 37 | 5 | 선 덕(宣 德) | " | 780 |
| 38 | 13 | 원 성(元 聖) | " | 785 |
| 39 | 2 | 소 성(昭 聖) | " | 798 |
| 40 | 9 | 애 장(哀 莊) | " | 800 |
| 41 | 17 | 헌 덕(憲 德) | " | 809 |
| 42 | 10 | 흥 덕(興 德) | " | 826 |
| 43 | 2 | 희 강(僖 康) | " | 836 |
| 44 | 1 | 민 애(閔 哀) | " | 838 |
| 45 | 1 | 신 무(神 武) | " | 839 |
| 46 | 18 | 문 성(文 聖) | " | 839 |
| 47 | 4 | 헌 안(憲 安) | " | 857 |
| 48 | 14 | 경 문(景 文) | " | 861 |
| 49 | 11 | 헌 강(憲 康) | " | 875 |
| 50 | 1 | 안 강(安 康) | " | 886 |
| 51 | 10 | 진성여왕(眞聖女王) | " | 887 |

| 52 | 15 | 효 공(孝 恭) | " | 897 |
|---|---|---|---|---|
| 53 | 5 | 신 덕(神 德) | " | 912 |
| 54 | 7 | 경 명(景 明) | " | 917 |
| 55 | 3 | 경 애(景 哀) | “ | 924 |
| 56 | 8 | 경 순(敬 順) | “ | 927 ~ 935 |

## 11. 金官伽倻 歷代表

| 世代 | 在位年 | 名(이름) | 卽位年度 |
|---|---|---|---|
| 1 | 157 | 수 로(金首露) | 42 |
| 2 | 240 | 거 등(居 登) | 199 |
| 3 | 32 | 마 품(麻 品) | 259 |
| 4 | 55 | 거질미(居叱彌) | 291 |
| 5 | 61 | 이시품(伊尸品) | 346 |
| 6 | 14 | 좌 지(坐 知) | 407 |
| 7 | 30 | 취 희(吹 希) | 421 |
| 8 | 41 | 질 지(銍 知) | 451 |
| 9 | 29 | 겸 지(鉗 知) | 492 |
| 10 | 11 | 구 형(仇 衡) | 521 ~ 532 |

註) 낙동강 하류 일대를 차지한 부족국가로 본가야(本伽倻)라고도 함. 재위년수에 의문이 있지만, 상세 자료 불명. 10대 491년 간 존속하다가 532년에 신라에 투항하여 합병됨

※ 대가야(大伽倻: 합천지방)에 관하여 알려진 바로는 ① 이진아시왕(伊珍阿豉王), ③~④? 금림왕, ⑥~⑦? 가실왕, ⑧이뇌왕(異腦王) ⑨도설지왕(道設智王: 月光太子)이며, 562년 신라에 합병됨.

## 12. 渤海 歷代 皇帝表

| 世代 | 在位年 | 廟號 | 皇帝(황제) | 名(이름) | 年號 | 卽位年度 |
|---|---|---|---|---|---|---|
| 1 | 20 | 太祖 | 高皇帝(고왕) | 祚榮(조영) | 天統 | 699 |
| 2 | 18 | 光宗 | 武皇帝(무왕) | 武藝(무예) | 仁安 | 719 |
| 3 | 56 | 世宗 | 文皇帝(문왕) | 欽茂(흠무) | 大興 | 737 |
| 4 | 1 | | | 元義(원의) | | 793 |
| 5 | 1 | 仁宗 | 成皇帝(성왕) | 華與(화여) | 中興 | 794 |
| 6 | 14 | 穆宗 | 康皇帝(강왕) | 嵩璘(숭린) | 正歷 | 795 |
| 7 | 4 | 毅宗 | 定皇帝(정왕) | 元瑜(원유) | 永德 | 809 |
| 8 | 4 | 康宗 | 僖皇帝(희왕) | 言義(언의) | 朱雀 | 813 |
| 9 | 1 | 哲宗 | 簡皇帝(간왕) | 明忠(명충) | 太始 | 817 |
| 10 | 12 | 聖宗 | 宣皇帝(선왕) | 仁秀(인수) | 建興 | 818 |
| 11 | 27 | 莊宗 | 和皇帝(화왕) | 彝震(이진) | 咸和 | 830 |
| 12 | 13 | 順宗 | 安皇帝(안왕) | 虔晃(건황) | 大定 | 857 |
| 13 | 31 | 明宗 | 景皇帝(경왕) | 玄錫(현석) | 天福 | 870 |
| 14 | 25 | | 哀帝(애왕) | 諲譔(인선) | 清泰 | 901~926 |

# 13. 高麗 歷代帝王表

| 世代 | 在位年 | 大王 (임금) | 卽位年度 |
|---|---|---|---|
| 1 | 25 | 태조(太祖) 왕건(王建) | 918 |
| 2 | 2 | 혜 종(惠 宗) | 943 |
| 3 | 4 | 정 종(定 宗) | 945 |
| 4 | 26 | 광 종(光 宗) | 949 |
| 5 | 6 | 경 종(景 宗) | 975 |
| 6 | 16 | 성 종(成 宗) | 981 |
| 7 | 12 | 목 종(穆 宗) | 997 |
| 8 | 22 | 현 종(顯 宗) | 1009 |
| 9 | 3 | 덕 종(德 宗) | 1031 |
| 10 | 12 | 정 종(靖 宗) | 1034 |
| 11 | 37 | 문 종(文 宗) | 1046 |
| 12 | 1 | 순 종(順 宗) | 1083 |
| 13 | 11 | 선 종(宣 宗) | 1083 |
| 14 | 1 | 헌 종(獻 宗) | 1094 |
| 15 | 10 | 숙 종(肅 宗) | 1095 |
| 16 | 17 | 예 종(睿 宗) | 1105 |
| 17 | 24 | 인 종(仁 宗) | 1122 |
| 18 | 24 | 의 종(毅 宗) | 1146 |
| 19 | 27 | 명 종(明 宗) | 1170 |
| 20 | 7 | 신 종(神 宗) | 1197 |
| 21 | 7 | 희 종(熙 宗) | 1204 |
| 22 | 2 | 강 종(康 宗) | 1211 |
| 23 | 46 | 고 종(高 宗) | 1213 |
| 24 | 15 | 원 종(元 宗) | 1259 |
| 25 | 34 | 충열왕 (忠烈王) | 1274 |
| 26 | 5 | 충선왕 (忠宣王) | 1308 |
| 27 | 17 | 충숙왕 (忠肅王) | 1313~1330 |
|  | 7 | (復位) | 1332~1339 |
| 28 | 2 | 충혜왕 (忠惠王) | 1330~1332 |
|  | 5 | (復位) | 1339~1344 |
| 29 | 4 | 충목왕 (忠穆王) | 1344 |
| 30 | 3 | 충정왕 (忠定王) | 1348 |
| 31 | 23 | 공민왕 (恭愍王) | 1351 |
| 32 | 14 | 우 왕(禑 王) | 1374 |
| 33 | 1 | 창 왕(昌 王) | 1388 |
| 34 | 3 | 공양왕 (恭讓王) | 1389~1392 |

# 14. 朝鮮 歷代 王位 在位年表

| 世代 | 在位年 | 王 (임금) | 卽位年度 |
|---|---|---|---|
| 1 | 6 | 태조(太祖) 이성계(李成桂) | 1392 |
| 2 | 2 | 정 종(定 宗) | 1398 |
| 3 | 18 | 태 종(太 宗) | 1400 |
| 4 | 32 | 세 종(世 宗) | 1418 |
| 5 | 2 | 문 종(文 宗) | 1450 |
| 6 | 3 | 단 종(端 宗) | 1452 |
| 7 | 13 | 세 조(世 祖) | 1455 |
| 8 | 1 | 예 종(睿 宗) | 1468 |
| 9 | 25 | 성 종(成 宗) | 1469 |
| 10 | 8 | 연산군 (燕山君) | 1494 |
| 11 | 38 | 중 종(中 宗) | 1506 |
| 12 | 1 | 인 종(仁 宗) | 1544 |
| 13 | 12 | 명 종(明 宗) | 1545 |
| 14 | 41 | 선 조(宣 祖) | 1567 |
| 15 | 15 | 광해군 (光海君) | 1608 |
| 16 | 26 | 인 조(仁 祖) | 1623 |
| 17 | 10 | 효 종(孝 宗) | 1649 |
| 18 | 15 | 현 종(顯 宗) | 1659 |
| 19 | 46 | 숙 종(肅 宗) | 1674 |
| 20 | 4 | 경 종(景 宗) | 1720 |
| 21 | 52 | 영 조(英 祖) | 1724 |
| 22 | 24 | 정 조(正 祖) | 1776 |
| 23 | 34 | 순 조(純 祖) | 1800 |
| 24 | 15 | 헌 종(憲 宗) | 1834 |
| 25 | 14 | 철 종(哲 宗) | 1849 |
| 26 | 44 | 고 종(高 宗) | 1863 |
| 27 | 3 | 순 종(純 宗) | 1907~1910 |

註) 이성계의 쿠데타에 의해 국호를 고려에서 조선으로 변경하고 27왕 518년 존속.

일본에게 국권을 넘겨주면서 역사를 마감.

## 15. 大韓民國 歷代 大統領 在位年表

| 順 | 在位年 | 대통령(大統領) | 즉위년월 | 비 고 |
|---|---|---|---|---|
| 1 | 12 | 이승만 (李承晩) | 1948. 8 | |
| 2 | - | 허 정 (許 政) | 1960. 4 | 권한대행 4개월 |
| 3 | 1 | 윤보선 (尹潽善) | 1960. 8 | |
| 4 | 18 | 박정희 (朴正熙) | 1961. 5 | 5.16 군사혁명<br>(국가재건최고회의 의장) |
| | | | 1963. 12 | |
| 5 | 1 | 최규하 (崔圭夏) | 1979. 10 | 권한대행 2개월 |
| | | | 1979. 12 | 제10대 대통령 |
| 6 | 8 | 전두환 (全斗煥) | 1980. 8 | 제11대 대통령 |
| | | | 1981. 2 | 제12대 대통령 |
| 7 | 5 | 노태우 (盧泰愚) | 1988. 2 | |
| 8 | 5 | 김영삼 (金永三) | 1993. 2 | |
| 9 | 5 | 김대중 (金大中) | 1998. 2 | |
| 10 | 1 | 노무현 (盧武鉉) | 2003. 2 | |
| 11 | - | 고 건 (高 建) | 2004. 3 | 권한대행 3개월 |
| 12 | 4 | 노무현 (盧武鉉) | 2004. 5 | |
| 13 | 5 | 이명박 (李明博) | 2008. 2 | |
| 14 | 4 | 박근혜 (朴槿惠) | 2013. 2 | |
| 15 | - | 황교안 (黃敎安) | 2016. 12 | 권한대행 5개월 |
| 16 | 5 | 문재인 (文在寅) | 2017. 5 | 제19대 대통령 |
| 17 | | 윤석열 (尹錫悅) | 2022. 5 | 제20대 대통령 |

註) 북한(北韓)은 김일성(金日成)이 최고통치자로 1948년 9월부터 1994년 7월 사망할 때까지 46년 동안 집권한 후, 그의 후계자인 아들 김정일(金正日)이 정권을 이어받아 사상초유의 세습 왕권식 사회주의국가를 유지. 그로부터 17년 후 2011년 12월 17일에 김정일 사망으로 아들 김정은이 대권 승계하여 김씨 왕조의 3대 세습 정권 탄생.

# 〈參考文獻〉

## 上古代


1. 金殷洙 譯註　〈桓檀古記〉 가나 出版社, 1985
2. 임승국 譯註　〈桓檀古記〉 정신세계사, 1986
3. 北崖　〈揆園史話〉 훈뿌리, 1986
4. 大野勃　〈檀奇古史〉 훈뿌리, 1986
5. 金教獻　〈神壇民史〉 훈뿌리, 1986
6. 金東春　〈天符經과 檀國史話〉 가나 出版社, 1986
7. 徐熙乾　〈잃어버린 역사를 찾아서〉 고려원, 1986
8. 金殷洙 譯註　〈符都誌〉 가나출판사, 1987
9. 박문기　〈맥이(貊耳)〉 정신세계사, 1987
10. 안호상　〈겨레역사 6천년〉 기린원, 1992
11. 최종철　〈환웅┌단군 9000년 비사〉 미래문화사, 1995
12. 강기준　〈다물, 그 역사와의 약속〉 도서출판 다물, 1997
13. 李重宰　〈上古史의 새 發見〉 明文堂, 1997
14. 이병화　〈대륙에서 8600년 반도에서 600년〉 한국방송출판(주), 2002
15. 김종서　〈잃어버린 한국사 6000년(고대사편)〉 한민족역사연구소, 2002
16. 김병호　〈우리의 잃어버린 역사를 찾아서〉 하서출판사, 2003
17. 최태영　〈한국 고대사를 생각한다〉 눈빛, 2003
18. 김상천　〈고조선과 고구려 역사를 다시 본다〉 도서출판 주류성, 2003
19. 성삼재　〈고조선, 사라진 역사〉 동아일보사, 2005
20. 이덕일 외　〈고조선은 대륙의 지배자였다〉 역사의 아침, 2006
21. 朴大在　〈고대한국 초기국가의 왕과 전쟁〉 景仁文化社, 2006
22. 김운회　〈대쥬신을 찾아서 ①┌②권〉 (주)해냄출판사, 2007
23. 이정훈　〈홍산문명 VS 황하문명 4000년 전쟁〉 신동아 2008. 9월호
24. 이기훈　〈동이 한국사〉 책미래, 2014
25. 전문규　〈실증 환국사 ①┌②권〉 (주)북랩, 2015

## 三國時代


1. 申采浩 〈朝鮮上古史〉 東西文庫, 1977
2. 金富軾 〈三國史記 I ┌II 劵〉 東西出版社, 1978
3. 一 然 〈三國遺事〉 東西出版社, 1978
4. 千寬宇 〈인물로 본 韓國古代史〉 正音出版社, 1982
5. 李瑄根 〈大韓國史 제1권〉 韓國出版公社, 1984
6. 金聖昊 〈沸流百濟와 日本의 國家起源〉 知文社, 1985
7. 한상구 옮김 〈天武天皇의 祕密〉 고려원, 1990
8. 이도학 〈새로 쓰는 백제사〉 푸른역사, 1997
9. 윤석효 〈신편 가야사〉 도서출판 혜안, 1997
10. 서병국 〈고구려 제국사〉 도서출판 혜안, 1997
11. 김용만 〈고구려의 발견〉 바다출판사, 1998
12. 李基東 〈百濟史 硏究〉 一潮閣, 1999
13. 최 진 〈다시 쓰는 한┌일 고대사〉 대한교과서(주), 1999
14. 최재석 〈古代韓國과 日本列島〉 보광문화사, 2000
15. 김용만 〈인물로 보는 고구려사〉 창해, 2001
16. 부산대학교편 〈한국 고대사 속의 가야〉 도서출판 혜안, 2001
17. 이종욱 〈신라의 역사 ①┌②권〉 김영사, 2002
18. 김용만 〈새로 쓰는 연개소문傳〉 바다출판사, 2003
19. 洪元卓 〈고대 한일관계사: 百濟倭〉 일지사, 2003
20. 이윤섭 〈"天下의 中心" 고구려〉 코리아쇼케이스, 2004
21. 조유전 외 〈한국사 미스터리〉 황금부엉이, 2004
22. 윤명철 〈광개토태왕과 한고려의 꿈〉 삼성경제연구소, 2005
23. 노종국 〈백제부흥운동 이야기〉 도서출판 주류성, 2005
24. 문안식 〈백제의 흥망과 전쟁〉 혜안, 2006
24. 노태돈 〈삼국통일전쟁사〉 서울대학교출판문화원, 2009
25. 김종성 〈철의 제국 가야〉 (주)위즈덤하우스(역사의 아침), 2010
25. 서동인 〈흉노인 김씨의 나라, 가야〉 주류성, 2011
26. 이희진 〈의자왕을 고백하다〉 도서출판 가람기획, 2011
27. 이희진 〈근초고왕을 고백하다〉 도서출판 가람기획, 2011
28. 송동건 〈고구려와 흉노〉 흰두루, 2012
29. 박창범 〈하늘에 새긴 우리 역사〉 김영사, 2015
30. 오운홍 〈한반도에 백제는 없었다〉 시간의 굴레, 2021

## 渤海史

1. 王承禮 〈발해의 역사〉 한림대학출판부(아시아문화연구소), 1988
2. 서병국 〈발해┌발해인〉 일념, 1990
3. 사회과학원 역사연구소 편 〈발해사〉 한마당, 1993
4. 上田 雄 〈발해의 수수께끼〉 교보문고, 1994
5. 임상선 編 〈발해사의 이해〉 신서원, 1996
6. 서병국 〈발해사①-발해의 건국과 주민구성〉 한국학술정보(주), 2006
7. 서병국 〈발해사②-발해의 정치〉 한국학술정보(주), 2006
8. 소원주 〈백두산 대폭발의 비밀〉 사이언스북스, 2011
9. 柳得恭/송기호 옮김 〈발해고(渤海考)〉 (주)홍익출판사, 2011

## 高麗時代

1. 李東歡 〈東國兵鑑〉 三中堂, 1975
2. 李民樹 〈高麗人物列傳〉 瑞文文庫, 1976
3. 盧啓鉉 〈高麗領土史〉 甲寅出版社, 1993
4. 정성희 〈인물로 읽는 고려사〉 청아출판사, 2000
5. 안주섭 〈고려 거란 전쟁〉 경인문화사, 2003
6. 송은명 〈인물로 보는 고려사〉 시아출판사, 2003
7. 이윤섭 〈역동적 고려사〉 필맥, 2004
8. 정순태 〈여몽연합군의 일본정벌〉 김영사, 2007
9. 이 영 〈잊혀진 전쟁 왜구, 그 역사의 현장을 찾아서〉 에피스테메, 2007
10. 정혜은 〈고려, 북진을 꿈꾸다〉 도서출판 플래닛미디어, 2009

## 朝鮮時代

1. 羅萬甲 〈丙子南漢日記〉 瑞文文庫, 1977
2. 李殷相 〈李舜臣〉 東西文庫, 1977
3. 姜熙英 〈姜弘立 將軍〉 野實社, 1977
4. 金義煥 〈全琫準 傳記〉 正音社, 1977
5. 姜周鎭 編 〈韓國과 蘇聯〉 中央出版. 1979
6. 김성한 〈길따라 발따라 (上┌下卷)〉 사회발전연구소, 1982
7. 李炳注 〈길따라 발따라 (1┌2卷)〉 행림출판, 1982
8. 金得榥 〈白頭山과 北方疆界〉 思社研, 1987

9. 李離和　〈人物韓國史〉 한길사, 1988
10. 노계현　〈조선의 영토〉 한국방송대학교출판부, 1997
11. 白山學會　〈大陸關係史 論考〉 백산자료원, 2000
12. 이민웅　〈임진왜란 해전사〉 청어람 미디어, 2004
13. 임채청 외　〈간도에서 대마도까지〉 동아일보사, 2005
14. 요시노마코토　〈동아시아 속의 한일 2천년사〉 도서출판 책과함께, 2005
15. 한민족공동체발전협회　〈두 주먹 불끈 쥐고 읽는 통한의 역사〉 도서출판 집사채, 2005
14. 이한우　〈태종, 조선의 길을 열다〉 (주)해냄출판사, 2005
16. 최문형　〈한국을 둘러싼 제국주의 열강의 각축〉 (주)지식산업사, 2006
17. 양태진　〈우리나라 영토 이야기〉 예나루, 2007
18. 이덕일　〈김종서와 조선의 눈물〉 도서출판 옥당, 2010
19. 천제센　(홍순도 옮김) 〈청제국 건설자, 누르하치〉 돌베게, 2015
20. 장한식　〈오랑캐 홍타이지 천하를 얻다〉 도서출판 산수야, 2015
21. 박종인　〈매국노 고종〉 와이즈맵, 2021
22. 진명행　〈조선 레지스탕스의 두 얼굴〉 (주)양문, 2021

## 日帝治下

1. 朴殷植　〈韓國獨立運動之血史〉 瑞文文庫, 1975
2. 李康勳　〈武裝獨立運動史〉 瑞文文庫, 1977
3. 李範奭　〈우둥불〉 三育出版社, 1978
4. 尹相根　〈太平洋戰爭 (卷1 및 卷4)〉 英一文化社, 1978
5. 野村浩一　〈中國現代史〉 한길사, 1980
6. 朴成壽　〈民族史의 脈을 찾아서〉 집현전, 1985
7. 한국일보사　〈再發掘 韓國獨立運動史 (Ⅰ, Ⅱ권)〉 한국일보사, 1987
8. 조선족략사편찬조　〈朝鮮族略史〉 백산서당, 1989
9. 대한매일 특별취재반　〈저기에 용감한 조선군인들이 있었소〉 동방미디어, 2001
10. 金行湜　〈日帝의 韓國侵略과 抵抗史〉 독립정신선양회, 2001
11. 한국민족운동사학회편　〈韓國 抗日民族運動과 中國〉 국학자료원, 2001
12. 김승일　〈중국항일전쟁과 한국독립운동〉 시대의창, 2005
13. 조문기　〈조선혁명군 총사령관 양세봉〉 도서출판 나무와 숲, 2007
14. 김용삼　〈세계사와 포개 읽는 한국 100년 동안의 역사 ①~⑥〉, 2021

## 大韓民國


1. 페렌바크 〈實錄 韓國戰爭〉 文學社, 1965
2. 한국국방학회편 〈國防 (제1권 제1호)〉 한국국방학회, 1979
3. 金學俊 〈연재"歷史는 흐른다"(70-78號)〉 朝鮮日報, 1980
4. 林隱 〈金日成王朝祕史〉 한국양서, 1982
5. R.프트렐 編/姜勝基 譯 〈韓國戰에서의 美空軍戰略〉 행림출판, 1982
6. 丁一權 〈戰爭과 休戰〉 東亞日報社, 1986
7. 金 奉 〈북에서 온 유격대장의 수기 - 개마고원〉 부름, 1988
8. 林建彦(하야시 다께히꼬)/최현 옮김 〈南北韓 現代史〉 三民社, 1989
9. 중앙일보 특별취재반 〈祕錄, 조선민주주의인민공화국 (상ㆍ하권)〉 중앙일보사, 1992
10. 백선엽 〈實錄 智異山〉 고려원, 1992
11. 蔡命新 〈死線을 넘고 넘어〉 매일경제신문사, 1994
12. 고태우 〈한 권으로 보는 북한사 100장면〉 가람기획, 1996
13. 돈 오버도퍼/뉴스위크 한국판 번역팀 譯 〈두 개의 코리아〉 중앙일보사, 1998
14. 임영태 〈북한 50년사(①ㆍ②권)〉 들녘, 1999
15. 김중생 〈조선의용군의 밀입북과 6ㆍ25전쟁〉 명지출판사, 2000
16. 全仁植 〈적진 800리의 혈투〉 (주)건설연구사, 2002
17. 박명림 〈한국 1950: 전쟁과 평화〉 (주)나남출판, 2002
18. Joseph C. Goulden 〈韓國戰爭 祕話〉 청문각, 2002
19. Malcolm W. Cagle/신형식 역 〈韓國戰爭 海戰史〉 21세기 군사연구소, 2003
20. A.V.토르크노프/구종서 역 〈한국전쟁의 진실과 수수께끼〉 에디터, 2003
21. 돈 오버도퍼/이종길 옮김 〈두 개의 한국〉 도서출판 길산, 2003
22. 노병천 〈이것이 한국전쟁이다〉 21세기군사연구소, 2004
23. 김경학 외 〈전쟁과 기억〉 도서출판 한울, 2005
24. 김형아/신명주 譯 〈박정희의 양날의 선택〉 (주)일조각, 2005
25. 재스퍼 베커/김구섭ㆍ권영근 옮김 〈불량정권〉 도서출판 기파랑, 2005
26. 이정식 〈대한민국의 기원〉 (주)일조각, 2006
27. 김충남 〈대통령과 국가경영〉 서울대학교출판부, 2006
28. 조갑제 〈盧泰愚 육성회고록〉 조갑제닷컴, 2007
29. 김성보 〈북한의 역사 ①ㆍ②권〉 (주)역사비평사, 2011
30. 지만원 〈제주4.3반란사건〉 도서출판 시스템, 2011
31. 김창훈 〈한국 외교 어제와 오늘〉 한국학술정보(주), 2013
32. 매일경제 〈기회의 땅, 북한, 다가오는 대동강의 기적〉 매일경제신문사, 2013

33. 차하순 외 11인 〈한국현대사〉 세종연구원, 2013
34. 和田春樹/남기정 譯 〈와다 하루끼의 북한 현대사〉 (주)창비, 2014
35. 박영규 〈한권으로 읽는 대한민국 대통령 실록〉 웅진지식하우스, 2014
36. 이정규 〈대통령의 경제학〉 도서출판 기파랑, 2014
37. 조성훈 〈대남도발사〉 백년동안, 2015
38. 돈 오버도퍼, 로버트 칼린/이종길, 양은미 역 〈두 개의 한국〉 도서출판 길산, 2015
39. 고태우 〈북한사 다이제스트 100〉 가람기획, 2015
40. 김충남 〈대통령의 안보리더십〉 플레닛미디어, 2022

## 종합 (通史)

1. 김성한 〈역사소품 人物〉 어문각, 1985
2. 黃源甲 〈歷史人物列傳〉 한국일보사, 1988
3. 文一平 외 〈朝鮮名人傳「(上卷)〉 조선일보사, 1988
4. 李萬烈 〈韓國史年表〉 역민사, 1996
5. 梁泰鎭 〈인물로 본 한국 영토사〉 다물, 1996
6. 박덕은 〈우리 역사 속에 난〉 떡갈나무, 1997
7. 한국역사연구회 〈한국역사 속의 전쟁〉 도서출판 청년사, 1997
8. 신규호 〈한국역사인물사전〉 석필, 1998
9. 하일식 〈연표와 사진으로 보는 한국사〉 일빛, 1998
10. 이기백 〈韓國史 新論, 한글판〉 일조각, 1999
11. 이덕일 외 〈유물로 읽는 우리역사〉 세종서적, 1999
12. 이덕일 외 〈우리 역사의 수수께기 (1「2권)〉 김영사, 1999
13. 박선식 〈한민족 대외 정벌기〉 청년정신, 2000
14. 이이화 〈한국사이야기 (②~⑨권)〉 한길사, 2000
15. 이만열 〈우리 역사 5천년을 어떻게 볼 것인가〉 바다출판사, 2000
16. 송승호 외 〈역사스페셜 (①~⑦권)〉 효형출판, 2000/2004
17. 이이화 〈이이화의 못 다한 한국사 이야기〉 도서출판 푸른역사, 2001
18. 이희근 〈한국사, 그 끝나지 않는 의문〉 다우출판사, 2001
19. 온창일 〈韓民族戰爭史〉 集文堂, 2001
20. 김덕진 〈연표로 보는 한국역사〉 도서출판 선인, 2002
21. 이재범 외 〈한반도의 외국군 주둔사〉 도서출판 중심, 2003
22. 金得榥 〈잊혀진 故土, 滿洲의 역사〉 삶과꿈, 2003
23. 김갑동 〈옛사람 72인에게 지혜를 구하다〉 푸른역사, 2003

24. 양승운 외 〈바다의 실크로드〉 청아출판사, 2003
25. 황원갑 〈민족사를 바꾼 무인들〉 도서출판 인디북, 2004
26. 김용만 외 〈지도로 보는 한국사〉 도서출판 수막새, 2004
27. 한국정신문화연구원 〈한국사연표〉 동방미디어(주), 2004
28. 주강현 〈제국의 바다 식민의 바다〉 (주)웅진씽크빅, 2005
29. 김성남 〈전쟁으로 보는 한국사〉 도서출판 수막새, 2005
30. KBS HD 역사스페셜 〈HD 역사스페셜 ①~⑤권〉 효형출판, 2006
31. 존카터코벨/김유경 편역 〈부여기마족과 왜(倭)〉 글을읽다. 2006
32. 최진열 〈대륙에 서다〉 미지북스, 2010
33. 이덕일 〈한국사, 그들이 숨긴 진실〉 역사의 아침, 2012
34. 한국정치외교사학회 이재석, 조성훈 〈한반도 분쟁과 중국의 개입〉 선인, 2012
35. 부경대학교 대마도연구센터 〈전란기의 대마도〉 국학자료원, 2013
36. 서경덕과 한국사 분야별 전문가 〈당신이 알아야 할 한국사〉 메가북스(주), 2014
37. 김시덕 〈동아시아, 해양과 대륙이 맞서다〉 (주)메디치미디어, 2015
38. 두산세계대백과 〈http://100.naver.com/백과사전/역사/한국사〉
39. 엔싸이버홈 〈http://search.encyber.com/백과사전/역사와지리/역사/한국사〉

**한국 9000년 사**

**1판 1쇄 발행** 2024년 1월 12일

**지은이** 김충서

**편집** 김해진 **마케팅·지원** 김혜지

**펴낸곳** (주)하움출판사 **펴낸이** 문현광

**이메일** haum1000@naver.com **홈페이지** haum.kr
**블로그** blog.naver.com/haum1007 **인스타** @haum1007

ISBN 979-11-6440-495-7(13910)

좋은 책을 만들겠습니다.
하움출판사는 독자 여러분의 의견에 항상 귀 기울이고 있습니다.
파본은 구입처에서 교환해 드립니다.